INSTITUTION
AU DROIT MARITIME.

P. B. BOUCHER

DE PLUSIEURS SOCIÉTÉS SAVANTES;

Membre et Professeur de droit Commercial et Maritime de l'Académie de Législation de Paris.

Né à Bordeaux le 17. Novembre 1758.

INSTITUTION
AU DROIT MARITIME,

OUVRAGE complet sur la Législation maritime, ayant pour base l'Ordonnance de 1681, à laquelle sont adaptées les Lois de l'ancien et du nouveau régime; des Réflexions, des Jugemens étayés des Autorités les plus respectables; notamment d'Émérigon, Valin et Pothier; des Formules de divers Actes, Traités, Comptes; des Instructions nouvelles sur la Course maritime.

PRÉCÉDÉ d'un Discours, d'un Projet de Code commercial et maritime à établir avec les Puissances étrangères; et d'un Mémoire relatif aux assurances sur la vie;

OUVRAGE UTILE

AUX Marins, Négocians, Commissaires des relations commerciales, Agens et Tribunaux du Commerce des Ports de mer et de l'intérieur, aux Riverains, aux Membres de l'Ordre judiciaire, et autres.

PAR BOUCHER,

AUTEUR de plusieurs Ouvrages, Parères, Mémoires sur le Commerce et la Marine; de la Société Académique des Sciences, de celle des Inventions et Découvertes, de l'Athénée des Arts; Membre et Professeur de Droit commercial et maritime à l'Académie de Législation.

« Il semble que la nature ait voulu offrir l'empire de la mer » à la France, par l'avantageuse situation de ses deux côtes, » également pourvues d'excellens ports aux deux mers, Océane » et Méditerranée. »

Test. pol. du Card. de Richelieu, fol. 122.

A PARIS,

Chez
- LEVRAULT, SCHOELL et Compagnie, quai Malaquais.
- TREUTTEL et WURTZ, quai Voltaire.
- BLANCHON, rue et hôtel Serpente.
- RONDONNEAU, au Dépôt des Lois, place du Carrousel.
- TERELONGE, rue des Petits-Augustins.
- L'AUTEUR, rue Sainte-Marguerite, n.° 499, près la cour du Dragon.

AN XII. (1803.)

AVIS.

Le Propriétaire de cet Ouvrage déclare qu'en vertu du décret de la Convention nationale, du 19 juillet 1793, il poursuivra devant les Tribunaux tous contrefacteurs d'éditions qui ne porteroient pas la présente signature.

Paris, ce premier vendémiaire an XII.

PRÉFACE.

L'ACCUEIL favorable que le Public a fait à ma *Science des Négocians et Teneurs de livres*, et à mes *Institutions Commerciales*, m'a encouragé à composer cet Ouvrage. En l'entreprenant je ne me suis pas dissimulé qu'il ne falloit rien moins qu'une grande persévérance, des recherches pénibles, et sur-tout un tact particulier pour saisir les principes de la partie de Législation que j'ai entrepris de traiter. Si je n'eusse consulté que mes propres moyens, sans doute que j'eusse renoncé à mon projet aussitôt qu'il fut conçu ; mais le désir de completter, le plus qu'il étoit en mon pouvoir, mes ouvrages, m'a fait passer par-dessus cette puissante considération, et je me suis décidé à présenter au Commerce le fruit de mes veilles.

Il est sans doute hardi, et peut-être téméraire, d'écrire sur cette partie, après les célèbres Émérigon, Valin et Pothier ; mais les progrès du commerce, (469) ceux de la philosophie économique, et l'introduction des lois nouvelles m'ayant conseillé cette entreprise, je n'ai plus écouté que mon zèle, espérant que mes efforts pourroient suppléer, en partie, à mon insuffisance : s'ils n'ont pas été couronnés par-tout d'un heureux succès, j'ai lieu d'espérer de trouver une excuse légitime dans les louables motifs qui m'ont fait prendre cette détermination.

Sans doute je n'ai pas la présomption de croire que j'ai fait un Ouvrage exempt d'erreur : Eh ! comment pourrois-je l'espérer, puisque ceux des plus grands hommes n'en sont pas exempts. En effet, il n'est pas rare de les voir entrer en contrariété avec la raison, et avec eux-mêmes : par exemple, Valin ne voyant dans l'écrivain qu'un scribe, (516) est entré en contrariété avec la raison, puisque cet officier a des attributions qui lui sont particulières (518, 520, 523, 525, 527, 531, 535, 546.) Cet auteur prétend aussi, d'une manière absolue, qu'il n'y en a plus sur les vaisseaux marchands, (517) quoiqu'il y en ait un de droit quand il n'y en a pas un en titre. (594, 217, 566) Dans le cours de son Commentaire, Valin ridiculise Merville par-tout où il en trouve l'occasion, parce que cet ancien Commentateur suppose qu'un capitaine ne peut point savoir écrire; (893 à 897) et après avoir dit et prouvé qu'il n'a pu être admis en cette qualité, sans avoir reçu cette éducation, (895 à 896) il finit par tomber dans l'erreur qu'il redresse; (896) certes il n'est pas possible de s'opposer plus fortement à soi-même. Émérigon n'a point été exempt de pareille erreur par rapport au contrat à la grosse. (1228, 1225)

Merville a fait plus, il a prétendu que $\frac{1}{45}$ étoit à-peu-près égal à une $\frac{1}{4}$. (990) Toubeau a confondu le contrat d'assurance avec le contrat à la grosse. (1168, 1196, 1197) Charles Dumoulin prétend que la gageure se fait entre deux étrangers qui n'ont aucun intérêt à la chose sur laquelle elle est faite, quoiqu'il en puisse être différemment; (1267 à 1268) enfin jusques dans les lois romaines, on trouve des antinomies les plus sensibles : aussi un auteur a-t-il dit ingénieusement : *Le Droit Romain est un arsenal où tous les partis trouvent des armes.* Au surplus, les lois des nations modernes en sont-elles exemptes ? Voit-on, sans étonnement, l'ordonnance du Commerce de 1673 dire, tit. 5, art. 4. « Les porteurs » de lettres seront tenus de faire protester *dans dix jours* APRÈS *celui de l'échéance*; et dans l'art. 6, *dans les dix jours* doivent être compris celui de l'échéance; ce qui n'est pas exact, comme s'en sont expliquées les lois subséquentes.

Que l'on ne se méprenne pas sur mes intentions, elles ne sont pas de critiquer des grands hommes et des chefs-d'œuvre qui sont désignés pour passer à l'immortalité; et certes personne plus que moi n'est disposé à acquitter le juste tribut d'éloge et de reconnoissance que la société entière leur doit; ainsi je n'ai donc d'autre intention que d'indiquer quelques erreurs qui ne prouvent autre chose sinon que les plus belles productions des hommes portent toutes l'empreinte de l'imperfection humaine : conséquemment si contre mon attente et l'attention que j'ai portée dans la rédaction de mon ouvrage, il s'est glissé quelques erreurs, j'ai donc le droit, sans être trop exigeant, de réclamer quelqu'indulgence; et j'epère que les hommes justes, qui comptent pour quelque chose les efforts d'un citoyen, ne me la refuseront pas.

J'ai cherché à résoudre quelques questions qui méritent d'autant plus la sollicitude du Législateur, qu'elles sont continuellement des pommes de discorde jetées dans le commerce, telles sont celles relatives 1.° aux usages; (21 à 50) 2.° à la solidité; (74) 3.° au bénéfice de division et de discusion; (75 à 78, 1459 à 1462) 4.° à la qualité de marchand (*a*); (79 à 100) 5.° au fret acquis; (1400 à 1442) 6.° aux courtiers et interprètes (279, 281, 282, 283, 284, 190 à 294, 296, 297 à 306.)

Il seroit encore nécessaire que le Législateur s'expliquât clairement sur les contrats dit improprement *assurance sur vie*, (1380 à 1399.) Je crois prouver, contre tout ce qu'ont dit les Auteurs, qu'il ne contient aucune clause qui puisse blesser la morale la plus austère. Les bornes de mon ouvrage ne m'ayant pas permis de m'étendre autant que le sujet l'exigeoit, j'ai fait un Mémoire particulier à cet égard, que je crois propre à détruire tout ce qu'on peut en avoir dit pour proscrire ce contrat. (971)

J'ai retrouvé, avec la plus grande satisfaction, dans nos lois nouvelles plusieurs points que je désirois voir éclaircir; je n'ai point l'amour propre de croire avoir provoqué ces éclaircissemens, ni les innovations qui les ont suivies; mais je crois être autorisé à penser que je suis le premier qui ait rendu publique de pareilles idées. En effet, le Législateur a déterminé le temps auquel les agens de change et courtiers doivent réclamer leur salaire (*b*), ce qui

(*a*) On ne trouve dans aucun ouvrage des principes certains pour tirer une ligne de démarcation entre le particulier marchand, ou réputé tel, d'avec celui qui ne l'est pas, ou n'est pas réputé tel; il est cependant bien important, surtout par rapport à la contrainte par corps, de faire ces distinctions.

(*b*) Voyez mes *Institutions commerciales*, parag. 485, fol. 87 et 770.

n'avoit pas lieu auparavant. Le Gouvernement a inséré dans son traité d'Amiens, que les banqueroutiers seroient rendus de part et d'autre; je ne connois que deux traités étrangers qui portent pareille convention, le traité de 912, conclu entre la Russie et la Grèce, et un autre traité conclu entre Hambourg et le Danemarck. Enfin, la loi du 17 ventôse an XI, porte, art. 17 : " Les » établissemens de commerce ne pourront jamais être considérés comme ayant été faits sans esprits de retour ; j'ai agité cette question, et j'ai cherché à la résoudre dans mes *Institutions commerciales*, parag. 222.

J'ai pris pour base de mon ouvrage l'ordonnance de 1681, en présentant les articles tels que je les ai trouvés, cependant en suivant un ordre différent: ces articles sont aisés à reconnoître, parce qu'ils sont renfermés entre deux guillemets, et qu'ils ne sont point précédés, comme les autres articles, de lois, *de l'époque*. Je ne pouvois sans doute prendre de meilleures bases, puisque cette ordonnance est reconnue pour être un chef-d'œuvre de législation adopté, en grande partie, par les nations maritimes; mais comme elle sera un peu retouchée lors de la rédaction définitive du *Code commercial et maritime*, lorsque ce *Code* paroîtra je ferai un supplément de quelques pages, afin de completter mon ouvrage, autant qu'il me sera possible ; j'en agirai de même par rapport à mes *Institutions commerciales*.

Je ne parle point de la division de mon livre, parce que la table des matières est plus que suffisante pour donner ces éclaircissemens.

(a) Voyez mes *Institutions commerciales*, parag. 1946.

DISCOURS

DISCOURS

Prononcé par l'Auteur à l'ouverture de son Cours de droit maritime de l'an XI, à l'Académie de Législation.

L'IMPORTANCE du commerce, et sur-tout du commerce maritime, est si généralement reconnue, qu'il seroit déplacé de vouloir la prouver ici. Mais ce ne sera peut-être pas une chose inutile que de répondre au petit nombre de détracteurs que peut avoir encore ce genre d'industrie, en recherchant par quels moyens on a, de tout temps, remédié aux abûs dont ils se plaignent; et en prouvant qu'à l'aide de quelques lois simples et toujours dictées par un esprit de protection, on a prévenu les effets de la mauvaise foi, et l'on a régularisé cette branche importante de l'économie publique.

Pour cela nous devons remonter aussi haut que possible dans l'antiquité, et présenter les bases que les peuples devenus célèbres par le commerce, ont posées à cette belle partie de la législation.

Les Grecs sont ceux que l'histoire dit avoir publié les premières lois maritimes. Démosthène et Xénophon nous apprennent que dans Athènes, les marchands avoient des juges parmi eux, ces juges se rendoient sur les vaisseaux, et prononçoient sur les contestations qui étoient soumises à leurs jugemens. Athènes étoit une ville de commerce, située sur le bord de la mer; son port étoit ouvert à toute l'Asie mineure; et les prêts d'argent, que nous appelons aujourd'hui grosse aventure, n'avoient guère pour objet que le commerce maritime; aussi l'intérêt y étoit-il très-haut par rapport aux risques qu'il y avoit à courir. Lorsqu'un marchand revenoit d'une traite, il avoit vingt jours pour rendre le prêt et les intérêts convenus : si, passé ce temps, il ne s'étoit pas libéré, alors on réduisoit l'intérêt du prêt à 12 pour cent, qui étoit le taux de l'intérêt ordinaire : dans les autres prêts on pouvoit exiger les intérêts des intérêts, ce qui supposoit donc une loi particulière pour les prêts maritimes. D'après ces observations, il semble qu'on seroit autorisé à dire que le contrat à la grosse a pris naissance chez les Athéniens. Voilà la seule loi qu'on puisse recueillir chez eux, par rapport à la marine.

Les lois Rhodiennes, qui viennent ensuite, sont de la plus haute antiquité. Il existe aujourd'hui une collection sous ce titre, publiée à Bâle en 1561, par Simon Scardins, et ensuite par Léunclave et Masquard, frères, à Francfort, en 1596 ; elle est à la fin du tome 2, du droit Grec et Romain, extrait de la bibliothèque de François de Thou. Le titre, comme l'observe M. Azuni, porte que ces lois ont été tirées du onzième et quatorzième livre du digeste, sans dire néanmoins si ce sont celles de Justinien, ou celles du disgeste des anciennes lois Rhodiennes, divisées en différens livres. Tel est le recueil des lois nautiques, connu aujourd'hui sous la dénomination de lois Rhodiennes, qui, en faveur de ce nom, ont été réputées celles de l'Ile de Rhode, fameuse dans l'antiquité, et sont regardées comme les premières lois maritimes. Cependant ce recueil a été traité bien différemment par les savans, les uns les ayant regardées comme les véritables lois Rhodiennes, les autres les ayant condamnées comme apocryphes.

Quoi qu'il en soit, lorsque Rome se préparoit à la conquête de l'Orient, les Rhodiens craignant ses armes victorieuses, s'unirent à elle. Ce fut à cette époque que la République romaine eut occasion d'apprécier les lois de ces insulaires, et qu'elle se les appropria. Elle les reçut donc, mais elle ne les reçut pas comme les autres lois Grecques, qui devinrent lois Romaines, après avoir été gravées sur les douze tables ; elle les adopta comme raison écrite et respectée, en leur laissant leur nom originaire : aussi l'Empereur Antonin, consulté sur un cas de droit maritime, répondit-il : « Je suis » maître de la terre, mais *la loi Rhodienne qui tient lieu de droit des gens,* » *est maîtresse de la mer.* On se conformera aux dispositions de cette loi, » pour tous les points auxquels les lois Romaines n'ont pas dérogé ; c'est » ainsi qu'avant nous, Auguste l'avoit ordonné. »

Auguste fut donc le premier qui donna sa sanction aux lois Rhodiennes ; c'est ce que l'on présume, lorsque l'on réfléchit qu'avant le règne de cet Empereur, les Romains n'avoient jamais eu une marine formidable. Ces présomptions se changent en certitude lorsqu'on réfléchit encore qu'Auguste décida que les lois Rhodiennes seroient suivies comme *la loi Julia* qu'il avoit promulguée. C'est ce qu'on voit dans la loi 3, du digeste *ad legem Rhodiam de jactu.*

C'est à-peu-près de cette époque que date la suprématie des Romains sur mer ; car avant cette époque, quoique l'Égypte et l'Ile de Rhode fussent déchues de leur ancienne splendeur, elles conservoient toujours leur prépondérance ; et même du temps de Pompée, les Gaulois rivalisoient avec la République romaine pour l'empire de la mer.

Auguste sentant que pour être tranquille possesseur de l'empire de la terre, il falloit s'emparer de l'empire de la mer, forma et entretint plusieurs flottes, les unes pour la conservation des provinces de l'empire, les autres pour faciliter le commerce : en conséquence, il y en avoit une à Misène, pour la sûreté de la partie occidentale de l'Italie; une dans le golfe Adriatique; une sur la mer Rouge, pour protéger le commerce d'Arabie, de l'Éthiopie et des Indes; une autre sur le Pont-Euxin, soit pour contenir dans l'obéissance ces vastes régions qui en sont voisines, soit pour se procurer les marchandises qui en provenoient.

Ce fut vers l'an 259 de Rome, que fut établi le collége des Marchands, appelé *Mercuriales* : ce collége fut appelé ainsi, parce que les marchands se rassembloient dans le voisinage du temple de Mercure, et que les Romains regardoient ce Dieu comme le protecteur du commerce. On oublia dès-lors les lois de Romulus qui le défendoient, et on l'encouragea par tous les moyens possibles. En conséquence, la statue de Mercure fut placée dans les marchés et autres endroits publics, afin que ce Dieu présidât à toutes les transactions commerciales; et César qui, en homme éclairé, sentoit toute l'importance du commerce, ne crut pas mieux prouver l'intérêt qu'il y prenoit, qu'en conservant soigneusement chez lui la statue du Dieu, sous les auspices duquel il se faisoit. Huet observe que lors de la première institution de ce collége, il se rapportoit au commerce intérieur de Rome, et qu'ensuite il s'étendit au-dehors.

Rome voulant donner le plus grand encouragement au commerce, surtout au commerce maritime, fit frapper ses monnoies sous différens emblêmes nautiques, tels qu'un Neptune, un Dauphin, comme l'avoient fait les Tyriens, les Sidoniens, les Bizantins et les habitans de Leucates, de Chelédoine, de Syracuse et de beaucoup d'autres villes.

Ici, lequel des deux admirer le plus, ou la bonne politique des Romains, ou leur sagacité à choisir celle qui étoit propre à les conduire au but qu'ils se proposoient d'atteindre ? D'un côté, ce peuple éclairé ne balance point à adopter les institutions de ses ennemis, quand il croit qu'elles peuvent être utiles à ses intérêts; de l'autre, il est prompt à deviner les motifs qui les ont fait éclore, et à en suivre la direction. En effet, quel autre moyen de rappeler plus efficacement au peuple la prédilection particulière que le Gouvernement a pour la marine, que les monnoies ? Continuellement sous les yeux de chaque citoyen, elles entretiennent en eux l'idée que le commerce et la marine sont le soutient de l'État, et les invite à embrasser la profession de négociant ou de marin; et ce stratagême devenoit d'autant plus utile à Rome, que le peuple étoit encore imbu de quelques préjugés sur ces deux professions.

Après la bataille d'*Actium*, l'Egypte étant devenue province romaine, Auguste jugea qu'elle seule pouvoit approvisionner la capitale ; il prit le soin d'en augmenter la fertilité, et créa une flotte sous le nom de *Sana imbole, Felix-embole*, pour importer les grains dont Rome pouvoit avoir besoin. Cette flotte jouissoit de grandes prérogatives ; entre autres priviléges, Sénèque remarque qu'elle seule avoit droit d'arborer la petite voile nommée *Supparum*, lorsqu'elle approchoit de la côte d'Italie ; elle étoit escortée par des vaisseaux légers, qui avoient soin de chasser les pirates, et d'avertir à Pouzolles et à Rome, que la flotte d'Égypte n'étoit point éloignée. On députoit aussi à Ostie quelques Sénateurs, pour recevoir les provisions et accueillir les mariniers. Aussitôt que ceux-ci étoient arrivés, ils étoient obligés de se présenter chez le Magistrat, *pour protester, sous la religion du serment, que le froment qu'ils apportoient étoit celui qu'on leur avoit livré.* Au premier coup-d'œil, cette formalité paroît étrange, et pourroit faire croire qu'à cette époque, les lois maritimes chez les Romains étoient très-imparfaites ; mais on se tromperoit bien, si on le jugeoit ainsi : cette formalité étoit d'une absolue nécessité. Comme rarement les hommes passent tout-à-coup du vice à la vertu, et qu'avant que le commerce et la marine fussent en honneur chez les Romains, les marins n'étoient que des gens de mauvaise réputation, parce qu'ils étoient un corps composé d'esclaves, de voleurs et de mal-intentionnés, on leur faisoit faire serment, par argument, sans doute, de l'édit du préteur : *Nautæ, caupones, stabularii, ut recepta restituant.* Par cet édit, le serment des marins étoit requis dans certaines circonstances ; ce qui prouve que le Gouvernement étoit persuadé que ces hommes, toujours disposés à violer les lois de l'État, savoient quelquefois respecter celles de la religion.

Le commerce de Rome prospérant de plus en plus, Nicopolis vit relever ses murs ; Carthage et Corinthe se rétablirent ; Alexandrie devint l'entrepôt des productions qu'on tiroit de l'Éthiopie et des Indes ; des escadres eurent ordre d'aller reconnoître les côtes d'Europe, depuis le Cap Cimbrique jusqu'aux Palus Méotides, et celles de l'Afrique jusqu'au-delà du détroit de Belmandel : enfin, ce fut sous Auguste que l'Empire romain, devenu aussi puissant sur mer que sur terre, vit se former la compilation de cent lois qui servent actuellement de base à celles des États maritimes d'Europe.

Arrivé à cette époque, il ne reste plus qu'à présenter ces bases, qui s'appliqueront naturellement aux instructions que ce cours doit donner.

C'est au livre 4, titre 9, qu'il est parlé, pour la première fois, dans les Pandectes, des navires et mariniers. On trouve au commencement du 14.e livre du digeste, le titre *de exercitoriâ actione*. La dernière loi qui est d'Africanus, veut que le maître ou le propriétaire du navire, qu'il appelle *exercitor navis*, et au bénéfice duquel sont tous les émolumens, soit condamné par le préteur à remplir toutes les obligations qui ont été contractées par celui qui est chargé de la conduite du vaisseau, qu'il appelle *magister navis*, c'est-à-dire, le capitaine, soit pour ce qui concerne le fret, soit pour l'achat ou la vente des marchandises.

Tribonien, dans le titre 1.er du 14.e livre, en parlant de l'action exercitoire, traite encore des matelots dans la seconde. Il y est dit, par rapport au *jet*, que toutes les fois que pour sauver le navire ou les marchandises, on est forcé d'en sacrifier quelques-unes, en les jettant volontairement à la mer, tous les propriétaires des marchandises chargées sur le navire, doivent contribuer à cette perte, et indemniser, par ce moyen, celui qui a opéré le salut de tous.

Quoique le digeste, dans le livre 22, parle de l'usure nautique ou de l'intérêt maritime, dans le titre de *nautico fœnore*, cet intérêt est encore restreint par les nouvelles lois. Ces lois permettent un intérêt plus fort que celui de l'argent prêté pour le change, attendu le péril auquel est sujet celui qui prête, péril qu'il ne court pas dans les contrats faits pour les affaires de terre : nous avons vu qu'il en étoit ainsi à Athènes.

On trouve dans le livre 44, titre 5, une loi d'Ulpien, traitant des délits privés et vols. L'action est perpétuelle contre les propriétaires des navires et contre ceux qu'ils emploient, dans le cas où il se seroit commis quelque vol.

Le titre 62 veut que si quelqu'un meurt *ab intestat*, et sans héritiers légitimes, le fisc ne soit pas toujours appelé à l'hérédité, mais bien quelquefois certaines personnes, certaines sociétés ou corps moraux ; aussi une loi de ce titre ordonne-t-elle que dans le cas de mort d'un matelot, sans héritiers, la corporation des matelots lui succédera à l'exclusion du fisc. Cette loi, qui d'un côté étoit impolitique, parce qu'elle étoit propre à provoquer l'homicide, étoit, d'un autre côté, très-politique, puisqu'elle tendoit à encourager la profession la plus utile à l'État, et sans doute il n'a rien moins fallu que cette dernière considération, pour que le Législateur passât par-dessus l'inconvénient présenté.

Le livre 11 du Code veut que les naviculaires ou maîtres de navires qui formoient une espèce de société et de collége, dont la fonction étoit de transporter les biens des particuliers, soient obligés de recevoir à bord, de la part des adminitrations provinciales, du blé, de l'huile, de l'orge, du vin, de l'argent pour les transporter à la ville ou aux camps. Il est traité dans ces lois qui composent ce livre, des priviléges, des délits et des peines de ces naviculaires.

Ce titre est suivi d'un autre, qui traite de la convention tacite, de laquelle il résultoit, que tous les biens des mariniers étoient obligés et hypothéqués en faveur du fisc, dans le cas du titre précédent. Le titre 5 de cette loi veut aussi que l'on puisse employer de force les navires du ports de deux mille muids, quand le besoin l'exige, sans égard pour aucun privilége dont ils pouvoient jouir.

Les Novelles contiennent encore quelques dispositions applicables à l'usure nautique; la 106.ᵉ approuve les différens usages en vigueur, lesquels avoient établi à 12 pour cent et plus cette usure. Mais la 110.ᵉ défend, sous quelque prétexte que ce soit, de porter plus haut l'intérêt maritime.

Le titre placé sous l'expression *de furtis*, établit que les marchandises des commerçans, battus par la tempête, ou éprouvant quelqu'autre malheur, qui aborderont dans quelque lieu de l'empire que ce soit, resteront dans l'entière puissance de ceux à qui elles appartiennent avant ce fâcheux événement, à moins qu'ils ne soient reconnus pour ennemis de l'Empereur ou pour pirates, et cela sous peine de confiscation des biens et d'autres peines.

La constitution 56 de l'Empereur Léon fixe la nature de l'action du propriétaire d'un fond de terre, situé le long de la mer, qui veut interdire la pêche sur le bord de sa propriété; elle veut que tout propriétaire d'une pareille terre ait le droit de défendre, à qui que ce soit, de pêcher sur ses rives sans sa permission. Cette constitution prescrit la distance à laquelle doivent être en mer les unes des autres les stations des pêcheurs, et elle la fixe à trois cent soixante cinq pas romains.

La constitution 102 veut que quelqu'un qui désire prendre une station pour la pêche, n'ayant pas le terrain suffisant, puisse contraindre son voisin à entrer avec lui en société, et à lui céder le terrain qui lui manque. Et la constitution 103 exige que, dans le cas d'une semblable société, celui qui a cédé une petite partie de terrain, partage le gain par égale portion avec celui qui en a cédé une plus grande partie ; parce qu'en ce cas le gain n'est point produit par la plus grande ou la plus petite quantité de terrain, mais par l'industrie et les travaux des pêcheurs.

Parmi les lois que rendit Trajan, dans l'intention de réprimer les abus qui existoient dans le commerce, il en est une sur les naufrages, qui ne paroît point dictée par l'esprit de sagesse, que l'on retrouve dans la plupart des lois romaines ; cette loi vouloit, pour les vols commis sur les côtes, à la suite d'un naufrage, que les possesseurs des terres voisines de l'endroit où le naufrage avoit eu lieu, dédommageassent les propriétaires des choses naufragées, lorsqu'elles avoient été volées. On sent bien que cette loi avoit été rendue, non-seulement pour empêcher que les effets ne fussent volés par les propriétaires de ces terres, mais encore pour les engager à veiller à ce que toutes autres personnes ne les volassent pas. Néanmoins cette loi n'étoit point basée sur des principes équitables, puisqu'il pouvoit arriver que quelque précaution qu'eussent pu prendre ces propriétaires, quelques étrangers enlevassent quelques effets.

Telle est la série des principales lois maritimes que l'on trouve dans le Code des Romains.

Après les lois romaines les plus anciennes et les plus célèbres sur la marine, sont celles contenues dans la collection connue sous le nom de *Consulat de la mer*, qui, dès son origine, devint la loi commune de presque toutes les nations de l'Europe. On trouve dans ce livre le mode judiciaire pratiqué au Tribunal et Consuls de Valence, et tout ce qui a rapport aux obligations marimes. Lubeck, dans ses Annotations sur les avaries, pag. 110, recommande d'avoir recours au livre du Consulat : « Il renferme, dit-il, » presque toutes les lois et coutumes des places maritimes. » Les auteurs ne sont point d'accord sur l'origine de cette compilation.

Les lois Amalfitaines sont celles qui paroissent suivre dans l'ordre du temps le Consulat de la mer. La ville d'Amalfi, d'où elles tirent leur nom, étoit située dans la Province que l'on appelle aujourd'hui Salerne. On ignore quel étoit le contenu de ces lois.

Les lois d'Oléron dont la publication eut lieu en 1152, tiennent un rang honorable parmi les lois maritimes des nations de l'Europe. Ce code, comme le prétend M. Azuni, ne présente point seulement des décisions applicables à la France, et particulièrement à la Guyenne, mais encore à toutes les nations, puisqu'il y est question des règles que doivent suivre les gens de mer, du Jet, des naufrages, etc., elles sont basées sur la saine raison et l'équité naturelle; aussi les rôles d'Oléron, ainsi que les autres lois maritimes, quoique originairement faites pour des localités, sont devenues lois générales, par la sagesse de leurs dispositions.

A la suite des jugemens d'Oléron, on doit placer les ordonnances de Wisbuy. Les publicistes du nord prétendent qu'elles sont plus anciennes que le Consulat; mais Clairac soutient fortement le contraire, et ajoute qu'elles ne sont même pas aussi anciennes que les jugemens d'Oléron. Il cherche à prouver cette assertion en observant, que ne dût-on partir que de 1266, époque à laquelle la copie de cette compilation fut imprimée à Rouen, elles auroient toujours l'antériorité d'origine, puisqu'il est vrai que même en 1288, Wisbuy n'étoit point érigé en ville; cependant Selden croit qu'elles remontent à-peu-près à cette dernière époque.

C'est sans doute ce qui a fait dire au citoyen Bouchaud, professeur de cette académie, que « les lois Wisbuyennes, dès leur origine, furent très-célèbres dans tous les pays septentrionaux de l'Europe : elles sont, dit-il, *un supplément de ce qu'on appelle le rôle d'Oléron.* » Certes, ceux qui connoissent les talens de ce professeur distingué, n'appelleront point de son jugement.

L'article 45 de cette ordonnance, traite du prêt à la grosse, et de l'hypothèque qu'il donne au créancier. M. Azuni observe que l'art. 66 parle des cautions stipulées pour les navires. Cela fait voir, dit-il, que le contrat d'assurance maritime avoit commencé dès-lors à s'introduire dans le commerce, sous la forme et le nom de caution, et que par conséquent, c'est sans aucun fondement que quelques écrivains soutiennent que l'origine des assurances ne remonte pas plus haut que le quinzième siècle.

On peut dire, à l'appui de ces observations, que les Romains ont connu et pratiqué le contrat d'assurance : suivant Tite-Live, lors de la seconde guerre punique, les entrepreneurs chargés de faire transporter en Espagne les munitions de guerre et de bouche, stipulèrent que la République seroit garante des pertes qui, dans le cours du voyage, seroient occasionnées par les ennemis ou par la tempête. A la vérité, on ne voit ici qu'un simple cautionnement contre les événemens de mer; mais voici un fait plus décisif. Cicéron ayant remporté en Cilicie une victoire,

écrivit

écrivit au proquesteur Caninius-Sallustio à Laodicée, qu'il auroit soin de se procurer des *répondans* pour les deniers publics qu'il enverroit à Rome. Qu'étoit-ce que ces répondans, sinon des assureurs qui, pour un certain prix qui leur étoit accordé, et que dans nos usages nous appelons prime, s'engageoient à réparer toutes les pertes qui pourroient arriver? il y a en effet toute apparence qu'ils ne s'exposoient pas à courir des risques gratuitement : or, comme dans ce cas il y avoit assureur, prix d'assurance et risques maritimes, on peut affirmer que les Romains ont connu et pratiqué le contrat d'assurance. Voilà sans doute des faits constans qui répondent victorieusement aux auteurs qui placent l'origine du contrat d'assurance à des époques très-postérieures aux Romains.

La République de Marseille institua des lois maritimes. Ses statuts municipaux, qui furent promulgués dans le treizième siècle, renferment, au sujet de la navigation et des contrats maritimes, plusieurs chapitres dignes de l'antiquité la plus éclairée ; elles furent gravées sur la pierre.

La Hanse Teutonique eut aussi ses lois maritimes; elles furent publiées pour la première fois à Lubeck, en 1591. M. Azuni observe que la jalousie des Puissances, leur intérêt particulier, et le temps ont réduit cette sage institution à quelques villes. Je ne suis pas tout-à-fait de l'avis de ce publiciste. Les Gouvernemens entendoient trop bien leur intérêt, pour être jaloux de cette institution; mais ils craignoient de la voir maîtresse, pour ainsi dire, de la terre et de la mer. Elle auroit pu en effet occasionner de grands désordres dans le système politique, s'ils n'eussent point provoqué sa dissolution. Aussi Jean de Wit observe-t-il que la guerre entre la Suède et le Danemarck ayant éclaté en 1360, soixante-six villes se liguèrent pour protéger leur navigation, qui étoit troublée par les Belligérans, ce qui supposoit leur marine armée en guerre.

Après toutes ces lois, qui sont les plus remarquables, on peut citer le *Guidon de la mer:* il traite des contrats maritimes; il y est parlé du contrat d'assurance : c'est le seul code ancien qui ait défini et présenté explicitement ce contrat. Quoique le style en soit suranné et le texte corrompu en divers endroits, il n'en est pas moins précieux, par la sagesse des vues qu'il renferme : il fut fait pour Rouen.

A la suite de ce code, on peut placer l'ordonnance de Philippe II, Roi d'Espagne, faite pour les assurances de la bourse d'Anvers, en 1593.

Le Coutumier d'Amsterdam vient immédiatement après; il est de l'an 1598, il traite des assurances; mais depuis il a été singulièrement retouché et amplifié.

La compilation intitulée *Us et coutume de la mer*, peut être ensuite citée. On y trouve particulièrement les dispositions des ordonnances des Rois Charles VI, de l'an 1400; de Louis XII, de 1450; de François I.er, de 1517; de Henri III, de 1584.

Il ne reste plus qu'à parler de la célèbre ordonnance de 1681. Lors de la rédaction de cette ordonnance, les amirautés, les chambres de commerce, les savans du Royaume et les Parlemens furent consultés. C'est une compilation de toutes les lois dont nous venons de parler; elle fut mise en ordre, dit-on, par Mauvré, avocat au Parlement. La sagesse de ses dispositions a été reconnue non-seulement en France, mais encore dans l'étranger, où souvent elle est d'une grande autorité, notamment en Angleterre. Cette ordonnance sera la base de nos instructions: nous n'en saurions prendre de meilleure, quoiqu'elle doive, dans le nouvel ordre de choses, être retouchée, et qu'elle ait même reçu quelque atteinte pendant le cours de la révolution. Ces deux dernières considérations nous engagerons cependant à parler des nouvelles lois qui y ont formellement dérogé, et à faire des rapprochemens avec le nouveau projet de code. Dans tous les cas, la connoissance parfaite des dispositions de l'ordonnance de 1681, sera essentiellement utile, puisqu'il est vrai que souvent on a à prononcer sur des cas survenus entre étrangers, ou nationaux et étrangers, qui, dans presque toutes les circonstances, se sont soumis aux règles qu'elle prescrit. Et comme toutes les lois précédemment citées sont le principe de celle-ci, nous y aurons recours souvent, soit pour faire connoître la solidité de ses principes, soit pour l'expliquer ou la commenter; car il est difficile de bien faire connoître les règles de la loi nouvelle, si on ne connoît celles de l'ancienne. Au surplus, nous conférerons le tout avec quelques lois nouvelles faites par les étrangers.

Le cours de droit maritime sera divisé en trois parties, dont voici les sommaires.

La première traitera des personnes, des choses, des contrats, obligations et actions qui en naissent.

La deuxième, de la neutralité, de la course maritime.

La troisième, de la police maritime, des tribunaux.

Il est à remarquer que la plupart des Jurisconsultes, qui d'ailleurs sont très-instruits, se trouvent embarrassés lorsqu'il est question de certains usages, et que souvent ils n'entendent pas très-bien le langage des négocians et marins ; cette remarque nous engage à descendre dans certains détails qui ne se trouvent dans aucun ouvrage. Pour ajouter à l'intérêt de ce cours, nous ferons voir les pièces originales recueillies dans les endroits les plus propres à faire acquérir cette pratique, si utile dans le commerce, c'est-à-dire, dans les comptoirs des négocians ; enfin, nous nous efforcerons de faire un cours complet sur la théorie et la pratique des lois et usages du commerce maritime.

PROJET DE CODE COMMERCIAL ET MARITIME

A ÉTABLIR

ENTRE LA FRANCE ET LES NATIONS ÉTRANGÈRES.

Articles à insérer dans les traités.

Un Code commercial et maritime uniforme seroit sans doute le plus beau présent que le siècle éclairé dans lequel nous vivons pourroit faire aux peuples commerçans, ou pour mieux dire à tous les peuples. Un traité stipulé sous la garantie universelle venant à couronner l'œuvre, rendroit à jamais célèbre l'époque qui auroit sanctionné ce code dicté par la raison.

Le commerce général ~~de l'Europe forme~~ une grande République dont l'intérêt est le Souverain, et la confiance la force motrice; si l'un domine avec un pouvoir absolu dans ses transactions, l'autre en met les ressorts en activité, et en régularise les mouvemens.

La République du commerce est gouvernée par trois espèces de lois; par des lois générales établies par le concours tacite des nations; par des contrats politiques passés entre les Souverains; par des lois locales établies par chaque Gouvernement dans son territoire.

Lorsqu'il survient certaines contestations entre les sujets de deux Etats en matière de commerce ou de marine, ils en appellent aux traités; si les traités sont muets, ils en appellent aux règles générales; si les règles générales sont sujettes à interprétation, ils en appellent à leurs ministres, et ceux-ci à leurs Souverains. Les jugemens sont-ils contradictoires, les torches de la guerre s'allument, le combat s'engage, et la querelle ne se termine qu'après que le plus fort a prouvé au plus foible qu'il avoit raison; mais comme la raison du plus fort n'est pas toujours la plus raisonnable, la confiance se retire, les bourses se ferment, l'industrie s'anéantit, le commerce se paralyse, et l'agriculture tombe, à la suite de ce désastreux événement, dans un état déplorable.

Au rapport de Platine et de Toubeau, lors du couronnement de Pererieux, Roi de Cypre (a), il s'éleva une contestation entre les prevôts des marchands des Républiques de Venise et de Gênes par rapport à la préséance; le Roi l'ayant accordée au prevôt des marchands de Venise, les Génois lui déclarèrent une guerre qui dura dix-sept ans. Cette guerre fut si sanglante et si opiniâtre que presque tous les Princes d'Europe s'y intéressèrent avec chaleur; ce fut dans cette circonstance que, pour la première fois, on se servit du canon sur mer.

Vers 1748 la Prusse jetat le gant à l'Angleterre, en faisant rendre des jugemens contradictoires à ceux qu'elle avoit rendus : voici le fait.

Le Roi de Prusse ayant contesté formellement aux tribunaux anglais le droit de juger les navires de ses sujets arrêtés par les corsaires de la Grande-Bretagne, depuis 1745 jusqu'en 1748; il nomma des commissaires pour examiner les griefs, selon le droit des gens, universellement reçus; ces commissaires ayant jugé plus favorablement lesdits navires, ce Roi en dédommagea les propriétaires sur les capitaux anglais hypothéqués en Silésie, qu'il avoit promis de rembourser aux sujets de la Grande-Bretagne, en vertu du traité de Breslau et de Dresde.

Si l'Angleterre n'eût point eu des ménagemens à garder envers la Prusse, point de doute que cette étincelle n'eût provoqué un grand incendie qui ne se seroit éteint qu'avec des flots de sang.

Suivant l'auteur de l'Histoire de la puissance navale d'Angleterre, les Provinces-Unies ayant vu arrêter tous leurs bâtimens dans les ports britanniques, elles se plaignirent amèrement de cette violence, et firent l'offre de s'en rapporter *au jugement du Parlement de Paris*; mais comme les Anglais virent que leur cause n'étoit point favorable, ils rejetèrent toute voie de conciliation, et gardèrent les bâtimens hollandais.

« C'est une chose fort singulière, dit Aubner, que la manière dont on juge de nos jours les bâtimens neutres, saisis par les vaisseaux de guerre ou armateurs des parties belligérantes, rien n'est plus équivoque, ni même plus mal fondé que la compétence des Juges ou des tribunaux nommés pour décider du sort des navires. Cette compétence, établie d'abord par des simples ordonnances ou lois civiles, et ainsi purement arbitraire, n'est fondée que sur la coutume; et cette coutume est encore une de celles qui

---

(a) Quelques auteurs appellent ce Roi Pierien, d'autres Pierre; il étoit de la famille de Lusignan; il régnoit en 1384.

heurtent de front les premiers principes du droit des gens et ceux de toute administration de justice. »

« Tous les publicistes, dit *Azuni*, étoient persuadés que le jugement de toutes les prises appartenoit exclusivement aux belligérans; Hubner est le premier qui ait tenté de démontrer combien cette doctrine est erronée, et d'indiquer, à la vérité, la maxime contraire qui, si elle avoit été mieux développée, auroit certainement eu l'avantage : mais Lacroix et un autre auteur allant droit au but, désirent que *de pareilles causes soient portées devant un tribunal permanent et neutre, établi dans une ville indépendante.* On choisiroit, disent-ils, les députés de tous les peuples de l'Europe, pour membre de ce conseil *amphyctionique*, dont l'entrée ne pourroit être interdites qu'aux représentans des parties intéressées.

Daguesseau dit : « C'est une maxime inviolable qu'un Français ne peut jamais être traduit devant un Juge étranger. » En argumentant d'après la maxime du grand homme, on peut donc dire hardiment qu'un étranger ne peut point être traduit devant un Juge Français; ceci me paroît exact en thèse générale, mais par rapport à la faveur accordée au commerce, contre la règle, par sentence de la conservation de Lyon, confirmée par le parlement de Paris, Milleri et compagnie, fermiers de l'Etat de Milan, furent condamnés et par corps à restituer au comte de Sacco, marchand de soie en gros à Lyon, ses biens qu'ils avoient fait saisir; l'objet du procès étoit une somme considérable. La protection de l'Ambassadeur de la Reine, et même de l'Empereur, fut impuissante dans cette affaire. Il y a plus, la jurisdiction consulaire de Bordeaux condamna par corps, en 1775, et le parlement confirma la sentence, un négociant de Galvay en Irlande, qui, après y avoir fait faillite, s'étoit réfugié dans cette ville, un de ses créanciers étant venu le poursuivre; il prétendit qu'on ne pouvoit le rechercher en France pour une dette contractée en Irlande : pour fortifier ses assertions, il argumenta de la faveur dont jouissent les criminels. Les Magistrats, sans s'arrêter à ces considérations, portèrent le jugement dont il vient d'être parlé. Le motif de l'arrêt fut que *les engagemens de commerce sont du droit des gens*; de même, dirent les Juges, qu'on peut contracter en tout lieu, on peut être arrêté en tout lieu. (*a*)

(*a*) On ne conçoit sans doute pas trop pourquoi une Puissance étrangère prend sous sa protection le monstre qui a souillé ses mains dans le sang de l'innocence, comme si la cause de l'humanité outragée n'étoit point aussi favorable que celle du commerce. A la Côte-d'Or,

La loi du 4 floréal an 6 veut, art. 4, que tout Français qui s'est soumis à la contrainte par corps en pays étranger, pour l'exécution d'un engagement qu'il y a contracté, soit contraignable en France : voilà sans doute une excellente loi, puisqu'elle rend hommage aux principes. Mais par rapport au jugement dont j'ai parlé plus haut, et par rapport à cette loi, qui est-ce qui nous garantit la réciprocité ? Les moralistes diront sans doute tampis pour la nation qui ne sera pas juste ; mais le commerce, qui avec la morale consulte son intérêt, dira tampis pour nous qui sommes justes. La loi du 17 ventôse an 11, porte :

Art. 14. L'étranger même non résident en France, pourra être *cité* devant les tribunaux français pour l'exécution des obligations par lui contractées en France avec un Français ; il pourra être TRADUIT devant les tribunaux de France, pour les obligations par lui contractées en pays étranger envers les Français.

D'abord je crois que pour pouvoir traduire un étranger devant un tribunal français, il faudroit qu'il y eût une capitulation expresse, comme il y en avoit à l'égard de la conservation de Lyon ; mais s'il n'y en a pas, et qu'il y ait même des lois contraires chez l'étranger, que deviendra l'effet de la loi ? Aussi, par rapport aux assurances, a-t-on fait cette question.

Si, par exemple, en pays étranger un Français contracte des assurances avec un étranger, les Juges de France connoîtront-ils de la matière ? Sur cette question, quelques personnes se décident pour l'affirmative, parce que, disent-elles, les assurances sont du droit des gens, et que notre ordonnance est assez généralement suivie par toutes les nations; d'autres se décident pour la négative, en observant que l'on doit suivre les lois du lieu du contrat, afin, disent-elles, que l'étranger qui ignore nos usages, ne soit par trompé. En thèse générale, cette dernière solution me paroit exacte, quoiqu'elle ne soit point exempte de contestation, sur-tout si on se réfère aux premières opinions ; mais supposons plus, supposons qu'un

où le droit des gens n'est pas contraire au droit naturel, le meurtrier est poursuivi par-tout, et lorsqu'il est pris, on le livre à la famille de celui qu'il a victimé. Sans entrer dans d'autres réflexions qui, sans doute, se présentent à l'esprit de tout homme sensible, je terminerai celles-ci en disant que je désirerois que les Puissances stipulassent dans leur traité, que tout assassin, de quelque nation qu'il fût, seroit arrêté par-tout, et jugé dans l'endroit où il auroit été pris, suivant les lois de son pays.

Batave se trouve momentanément en Angleterre, et que par la voie de sa correspondance, il contracte des assurances avec un Français ; en cas de contestation, cette contestation se jugera-t-elle d'après les lois de France, d'Angleterre ou de Hollande ? Comme les argumens avancés dans la dernière opinion sont également applicables aux deux contractans, comment le décidera-t-on ? Ici les sentimens seront encore partagés ; les uns diront que quoique le contrat d'assurance ait été, sur ces derniers temps, un objet de législation, régi par des principes dont les bases sont consignées dans la raison écrite, qu'il n'est pas moins vrai que la manière d'entendre les pactes qu'il renferme, tient plus à l'usage des places maritimes, qu'aux règles du droit civil. D'autres, en argumentant d'après les maximes générales, diront que pour tout ce qui concerne l'ordre judiciaire, on doit suivre l'usage du lieu où l'on plaide, et que pour tout ce qui est de la définition du fonds, on doit suivre en règle générale les lois du lieu où le contrat a été passé. Supposons que cette dernière opinion prévale, (chose de laquelle je doute) ; dans ce cas et sous tous ces rapports, il faudra donc suivre, pour l'ordre judiciaire et pour le fonds, les lois d'Angleterre ; et conséquemment lorsque le négociant voudra traiter avec l'étranger pour le faire avec connoissance de cause, il faudra qu'il étudie la législation de tous les peuples, et qu'il se ruine en payant des commissionnaires, des procureurs et des avocats, et ce peut-être après avoir obtenu plusieurs parères de différentes places, qui seront contradictoires les uns aux autres

Il est un nouveau contrat qu'on apppelle fret acquis, qui, je crois, n'a été reconnu légalement que par la déclaration du 17 août 1779. L'art. 6 de cette déclaration a beaucoup exercé les négocians et jurisconsultes des places commerçantes. Pour son interprétation, cet article porte :

« *Le fret acquis* pourra être assuré, et ne pourra faire partie du délais-
» sement du navire, s'il n'est *expressément compris dans la police d'assu-*
» *rance* ; mais le fret à faire appartiendra aux assureurs, comme faisant
» partie du délaissement, s'il n'y a clause contraire dans la police d'as-
» surance. »

Avant d'entrer dans des observations sur *le fret acquis*, voyons ce qu'on entend par fret généralement parlant, fret acquis et fret à faire.

Le fret généralement parlant est le prix de la location du navire, et conséquemment son fruit civil ; et comme il est de principe que l'accessoire

soire du gage, fait partie du gage; même il suit de-là que celui qui a privilége sur le corps du navire, a également privilége sur son fret.

Le fret acquis est celui qui, aux termes de la convention entre le locateur et le locataire, doit être payé à tout événement dans le cas de perte du vaisseau, comme dans celui d'heureuse arrivée. Ce nouveau contrat paroît tirer son origine de l'esprit de l'art. 18 du titre du fret de l'ordonnance de 1681, où se trouvent ces mots : « Le maître est tenu de restituer » ce qui lui aura été payé, *s'il n'y a convention contraire.* »

Le fret à faire est le prix du louage du vaisseau, tout comme le précédent. En argumentant d'après les art. 13 et 18 du susdit titre, où il est dit : » Le maître doit être payé du fret par contribution sur les marchandises » jetées à la mer pour le salut commun; *mais il ne lui est dû aucun fret* » *pour les marchandises perdues par naufrage ou échouement, ou pillées* » *par les ennemis.* » En argumentant, dis-je, d'après ces articles, on doit conclure que le fret ne doit point être payé d'avance; aussi, lorsqu'il est payé d'avance, ne le considère-t-on que comme prêt. L'art. 15 défend de faire assurer *le fret à faire*, parce qu'il offre une chose incertaine.

Puisqu'il n'est pas permis de faire assurer *le fret à faire*, si je suppose que mon navire ait été affrété par des étrangers en retour d'un port quelconque, avec convention que s'il arrive dans mon port, le fret me sera payé à un prix; mais que s'il arrive à un autre port, il me sera payé à un autre prix: ce navire étant arrivé à ce dernier port, et voulant le faire venir dans le mien, pourrois-je faire assurer son fret comme *fret acquis?* Dans cette hypothèse, la question se réduit à ce peu de mots: le fret qui m'est dû est-il fret acquis, ou fret à faire? Sur cette question, les sentimens ne sont pas les mêmes, parce que les uns interprètent l'art. 6 de la déclaration de 1779 d'une manière, et les autres d'une autre manière. A combien donc de contestation donne lieu l'ambiguité de cette loi? il auroit été utile que les rédacteurs du nouveau Projet de code commercial en eussent dit un mot; mais comme il n'est pas possible aux hommes les plus attentifs de prévoir tous les cas, il paroît qu'ils n'y ont pas songé. Il faut espérer que lorsqu'ils s'occuperont de la rédaction définitive de ce code, qu'ils fixeront nos idées à cet égard. Dans tous les cas, soit qu'ils en parlent, soit qu'ils n'en parlent point, comment le négoce de France s'arrangera-t-il avec les étrangers, qui peut-être sont aussi indécis que nous sur ce point?

Il est d'usage de payer les balances du commerce en argent: comme les Gouvernemens ont adopté deux mesures de valeur, variables l'une envers l'autre ; en cas que la différence de ces deux valeurs soit trop sensible, le négociant débiteur sera-t-il autorisé de payer sa dette en or plutôt qu'en argent ? ce cas, qui n'a point encore été prévu, au moins que je sache, peut faire éclore de vives discussions.

Par exemple, dans ce moment il y a un appel au Gouvernement français sur un jugement rendu par le prêteur de Hambourg, le 14 juin 1802, et autres subséquens, relativement à la réclamation de 80,000 marcs de banque, achetés par le citoyen Maupas, négociant à Paris, à M. Sieveking, négociant de Hambourg, étant à Paris à l'époque de cette remise. Fait. (*a*)

M. Sieveking se trouvant à Paris, le citoyen Maupas lui fit la remise d'une somme en mandat pour acheter les 80,000 marcs ci-dessus ; et comme ces 80,000 marcs ont été laissés entre les mains de M. Sieveking, après avoir été acquis sous la condition d'être remboursés après un certain temps écoulé au-delà de la demande, et que d'ailleurs ils portent intérêt, ne devant pas être considérés comme dépôt mais prêt. C'est donc sur ce prêt qu'est établie la discussion. Les titres du citoyen Maupas sont, 1.° une lettre ainsi conçue :

Paris, le 13 floréal an 4. Monsieur Maupas. « J'ai bien reçu les quatre cent cinquante mille livres *mandats* que M. Maupas m'a envoyés ; je l'invite à completter la solde de ce qu'il m'en a vendu. Je le salue sincérement.

Signé Sieveking.

2.° Une autre lettre ainsi conçue :

Paris, le 13 floréal an 5. Monsieur Maupas. « J'envoie à M. Maupas, par son jeune homme, la reconnoissance des quatre-vingt mille marcs, conforme à ses désirs. Je le salue de cœur. Sieveking. » La reconnoissance étoit ainsi conçue :

Reconnoissance. « Je soussigné, G. H. Sieveking, négociant à Hambourg, actuellement à Paris, reconnois que le citoyen Pierre Maupas, négociant à Paris, m'a remis la somme de quatre-vingt mille marcs de banque, laquelle somme je m'oblige de tenir à sa disposition, en m'en prévenant trois mois d'avance. Je m'oblige en outre de lui en payer l'intérêt à raison de quatre pour cent l'an, pendant tout le temps que la susdite somme de quatre-vingt mille marcs me restera entre les mains. Paris, le 13 floréal an 4. de la République française, ou le 2 mai 1796 vieux style. »

Signé Sieveking.

(*a*) Il paroît un mémoire sur cette affaire, rédigé par le Jurisconsulte Dufriche-Foulaines.

Autre lettre. *Paris, le 16 floréal an 4.* « Je suis sensible aux témoignages d'amitié de M. Maupas. Je ne peux pas accepter sa soupe pour demain ; j'espère trouver l'occasion de m'en dédommager. Il peut être persuadé de ma discrétion *sur les fonds qu'il m'a remis entre les mains.* Je l'invite à cultiver les dispositions du jeune homme qui m'a déterminé à les accepter.

SIEVEKING.

N. B. Le tout est absolument écrit de la main de M. Sieveking.

M. Sieveking étant mort, et le citoyen Maupas ayant réclamé de sa veuve le paiement de sa créance, en vertu des titres que l'on vient de lire, cette dernière prétendit n'en avoir aucune connoissance. Assignation de la part du citoyen Maupas devant le prêteur de Hambourg, en paiement de ladite somme.

Allégation de la veuve de son ignorance, de celle des associés de son mari, du silence de ses livres de commerce, de titres faux et falsifiés. Sentence du 14 janvier 1802 du prêteur, qui ordonne que le citoyen Maupas sera tenu de prouver l'authenticité et la vérité des écritures et signatures par lui représentées. Appel de la part de la veuve Sieveking. Le citoyen Maupas offre d'exécuter la sentence.

Dans ces circonstances, le Sénat rend un décret le 5 juin même année, par lequel *sous prétexte de doute et d'incertitude* qui s'élèvent sur la créance réclamée, *et sur la vérité de la reconnoissance produite*, il admet *la veuve Sieveking, ses associés, son teneur de livres, à jurer qu'ils n'ont aucune connoissance de cette créance ; qu'il ne s'est trouvé aucun vestige dans les livres et papiers du défunt, et qu'elle croit la reconnoissance fausse et falsifiée* ; sauf à statuer ensuite ce qu'il appartiendra. Opposition au jugement de la part du citoyen Maupas. Demande de sa part de l'établissement de la commission pactée et convenue par l'art. 9 du traité subsistant entre la France et Hambourg. (*a*)

Décret du Sénat du 28 juillet qui déclare que la commission demandée ne peut point avoir lieu ; que si cependant les parties le désirent, il sera établi une commission composée de Sénateurs auxquels les parties seront

(*a*) Cet article porte en substance : « Que pour juger promptement toutes *les affaires contentieuses de* SES SUJETS (du Roi de France) dans la ville de Hambourg, il y auroit une commission particulière pour la plus prompte instruction et décision des affaires de commerce, soit en accommodant les parties, soit en en référant au Sénat...... En attendant, le Sénat de Hambourg pourvoira aussi, par un réglement, à ce que les procès des sujets du Roi, autres que ceux qui *sont relatifs au commerce*, soient terminés le plutôt possible, etc.

obligées de porter leur dire et raison dans l'espace de quatorze jours, sans cependant nuire au décret. Appel au Gouvernement français de la part du citoyen Maupas.

Ici je ne puis m'empêcher de manifester quelques opinions quoique étrangères à mon sujet. On m'en tiendra sans doute compte, puisqu'elles tendent à conserver l'honneur et la fortune à un galant homme qui n'a d'autre tort que celui d'avoir mal placé sa confiance.

QUESTION. 1.° Les titres de créance du citoyen Maupas sont-ils suffisans pour établir évidemment et légalement sa créance? 2°. La veuve Sieveking peut-elle être reçue à observer que cette créance n'est point portée sur les livres de son mari, que ses associés n'en ont aucune connoissance, qu'elle fera serment n'avoir aucune connoissance de cette créance, et que le teneur de livres fera serment qu'il n'en est point fait mention sur ses registres? 3.° La créance du citoyen Maupas est-elle une créance de commerce? 4.° le citoyen Maupas est-il autorisé à demander la commission stipulée dans l'art. 9 du traité de 1789? 5.° en cas de refus, quel parti doit-il prendre?

SUR LA PREMIÈRE QUESTION. Tous les actes rédigés par écrit sont présumés véritables, à moins que ceux qui entreprennent de les contester ne justifient le contraire. Il faut qu'un acte rédigé par écrit soit détruit par d'autres actes contraires qui soient de même nature. La preuve testimoniale n'est point admise contre. *Leg.* 25, ff. *de reg. jur.* (*a*); c'est seulement de la vérification d'écriture. Les lettres entre marchands sont obligatoires. *Loi publ. § final. D. Depos.*; à plus forte raison des lettres et une reconnoissance.

Marquardus dit que toute l'école est d'accord, et que le STATUT DE HAMBOURG veut que les lettres missives fassent preuve entière, *ayant force d'actes et d'instrument publics*, principalement dans les villes où il y a grand négoce. Voyez *les discussions de la Rote de Gênes, 2 nomb. 9, la 74, n.° 2, la 146 n.° 8, et la 142 n.° 4.* Donc, etc.

SUR LA SECONDE QUESTION. C'est une maxime générale que nul ne peut se faire un titre à lui-même; à partir de ce principe, la veuve Sieveking ne peut donc point arguer de ses livres. Conséquemment le teneur de livres ne peut point être reçu à serment; pour assurer leur silence, il en faut dire autant des associés.

Lorsque la veuve Sieveking et ses associés offrent de faire serment, ils n'offrent pas de prouver par cet acte que la somme n'est point due, mais

(*a*) Hambourg est régi par le *Droit Romain*, au moins je le crois ainsi.

ils offrent de prouver qu'ils n'en ont pas connoissance ; dans ce cas, il est inutile qu'ils fassent serment, parce qu'il n'y a aucun danger à les croire sur parole : et comme l'ignorance d'un fait ne détruit pas le fait, du moment que ce fait est évidemment démontré ; son existence étant constante, on ne peut le révoquer en doute. Conséquemment les titres du citoyen Maupas, qu'il y ait serment ou non, doivent rester dans toute leur force.

Sur la troisième question. La créance du citoyen Maupas est une créance consentie sous le nom individuel de M. Sieveking, et non sous le nom social de *Sieveking et compagnie* ; cette créance lui est donc particulière, car il est de principe général et constant, que l'associé qui souscrit des engagemens sous son nom individuel, n'engage pas sa société, comme ayant fait ces engagemens dans son intérêt particulier : dans ce cas, il n'est pas étonnant que les livres de commerce n'en parlent point, et que les associés du citoyen Sieveking n'en ayent point eu connoissance, parce que, aux termes de leur contrat social, ou même contre sa teneur, le citoyen Sieveking a fait une transaction commerciale pour son compte ; ce qui ne regarde point les tiers qui contractent de bonne-foi. Il est encore possible que la veuve n'ait point eu connoissance de cette créance, parce qu'il se peut que M. Sieveking ait eu des raisons particulières pour la lui faire. Mais tout ceci ne prouve pas la fausseté des engagemens.

La créance du citoyen Maupas est une créance de commerce, 1.° parce qu'elle a eu pour objet la vente de plusieurs marcs banco qui, par rapport aux Français, sont marchandises, ou bien de plusieurs mandats qui, par rapport aux Hambourgeois, étoient aussi marchandises, et que le paiement en a été fait en mandats, monnoie de France, et *vice versâ*. Or, du moment que dans une transaction il y a d'un côté une marchandise donnée ou à donner, et que de l'autre côté il y a son prix donné, y ayant vente, il y a donc commerce, et conséquemment opération de commerce ; 2.° parce que les contractans étoient tous les deux négocians ; 3.° et comme les marcs laissés entre les mains de M. Sieveking établissent un prêt, et que tout prêt fait à un négociant est sensé lui être fait pour alimenter son commerce, la transaction a donc tout ce qu'il faut pour caractériser une affaire de commerce.

Sur la quatrième question. Le Sénat de Hambourg s'est emparé illégalement de la cause ; aux termes du traité, elle devoit être jugée par une commission *ad hoc*. Il est inutile d'observer que cette commission ne doit être nommée que pour les Français seulement, l'expression du traité étant ainsi conçue : *Toutes les affaires contentieuses des sujets du Roi dans la ville de Hambourg*, annoncent assez qu'elle doit être créée particulièrement, par rapport aux litiges survenus entre les Français et les Hambourgeois.

Cette création n'est pas la première de ce genre. En 1614, par un concordat passé entre Henri-le-Grand, et Jacques, roi de la Grande-Bretagne, il fut convenu qu'il seroit formé à Bordeaux une commission que l'on nommeroit Juges conservateurs des Français et Anglais, composée de sujets des deux nations, pour prononcer sur les différens élevés entre négocians Français et Anglais. Histoire d'Ang., par Duchêne, page 1154.

Au reste, la marche qu'a tenue le Sénat de Hambourg est à l'avantage du citoyen Maupas, puisqu'il n'est pas dit dans le traité à quel tribunal les appels ressortiroient, et que jamais la commission stipulée entre les deux Puissances n'a été installée, la seule voie et l'heureuse voie qui reste donc au citoyen Maupas, et qu'il a encore plus heureusement employée, c'est d'en appeler au Gouvernement français.

Sur la cinquième question. Dans l'appel au Gouvernement français, le citoyen Maupas doit supplier ce Gouvernement à juger lui-même sa cause en appel, à l'exemple du Roi de Prusse; (fol. xxi) et comme il n'y a point de doute que le jugement qui sortira ne soit en sa faveur pour la sûreté de son exécution, si les héritiers Sieveking se refusent, il doit demander des lettres de représailles, conformément à l'ordonnance de la marine, tit. des représailles; car ce titre est parfaitement applicable à l'espèce. En effet, il y est dit, art. 1.er :

« Ceux de nos sujets dont les vaisseaux ou AUTRES EFFETS auront été pris ou arrêtés hors le fait de la guerre, etc. Donc que le citoyen Maupas peut demander, dans l'hypothèse, des lettres de représailles que sans doute il obtiendra.

Le code de Frédéric, Roi de Prusse, de 1784 et 1786, tom. 1.er, fol. 6, parag. 47, porte : « Si un étranger rend des lois onéreuses aux étrangers en général, et aux sujets des Etats prussiens en particulier, *ou s'ils souffrent sciemment de pareils abus*, LE DROIT DE REPRÉSAILLES AURA LIEU. » C'est sans doute ici le cas d'appliquer la maxime.

Cette courte digression ne milite pas peu, je pense, en faveur de mon projet ; et elle est d'autant plus décisive, qu'elle repose sur des faits de fraîche date. Je reviens à mon objet.

Il est un moyen propre à dissiper toutes les incertitudes, à animer la confiance, à établir la plus grande sécurité dans le commerce, c'est de proposer aux Puissances du nord et du midi de rédiger, de concert, un code commercial et maritime uniforme ; point de doute que la plupart d'entre elles n'accèdent à cette proposition.

Quelques personnes trop confiantes dans la manière de voir des anciens, et trop peu dans celle des modernes, qualifieront sans doute mes désirs du nom de beau rêve politique. Charles-Quint, diront-elles, voulut établir une monarchie universelle, et il finit par ne régner que sur une petite vallée d'Espagne. Louis XIV eut le même projet ; les revers qui succédèrent à ses victoires, posa des bornes à son ambition. Plusieurs ont désiré que l'Europe ne formât qu'une vaste République, et leurs désirs n'ont point été accomplis. L'abbé de Saint-Pierre désiroit voir établir une paix perpétuelle. Hélas ! depuis qu'il a écrit, les événemens nous ont prouvé qu'un pareil projet ne peut s'exécuter qu'idéalement ; d'autres ont voulu assujettir les hommes à un seul et même culte : leur volonté est restée sans exécution ; enfin, Macé de Richebourg conseilloit l'uniformité dans le poids et titre des monnoies d'Europe, et ses conseils n'ont point été écoutés, quoique anciennement la plupart des pistoles de divers États fussent uniformes sous ces deux rapports, et même dans leur dénomination.

Sans chercher à démontrer les obstacles insurmontables qui s'opposoient à l'exécution de tous ces projets gigantesques, je vais essayer de les ramener à mon opinion, en leur présentant les *grands exemples que nous ont laissé nos antiques et gotiques aïeux* ; et conséquemment si ces mêmes personnes croyent que l'on ne peut jamais bien faire qu'en copiant ce qui a déjà été fait, elles se convaincront que le projet que je propose est exécutable.

Philippe, Roi de Macédoine, demanda aux Athéniens qu'ils portassent une loi particulière pour le commerce entre ses sujets et leurs citoyens. Démosth. trad. d'Ang. tom. 1, fol. 96 et 97.

On voit, dit M. Azuni, *syst. mar.*, *tom. 1, fol. 183*, dans les lois des Visigoths, que les contestations qui s'élevoient entre les marchands étrangers, devoient être décidées par leurs propres Juges, appelés alors *Tolonarii*. Dufresne observe à ce sujet, qu'anciennement en France, parmi les dignités du Palais, il y en avoit une appelée en latin *Mercati Palatii Tolonearium*, dont la fonction étoit de présider aux portolans, c'est-à-dire aux marchands fréquentant les ports, et de juger les procès qui s'élevoient entre eux à l'occasion du négoce maritime.

Vers l'an 742, Charlemagne régnant, les Germains, suivant Clairac, incliné à vivre fraternellement, s'allèrent d'intérêt. En 1164 cette association étant devenue plus considérable, elle fit le principal siége de son établissement à Brème, ville d'Allemagne de la Basse-Saxe. Vers l'an 1254 les bourgeois de Lubeck, Dantzich, Cologne et des villes sur le Rhin, vivant suivant leurs lois, firent et jurèrent une ligue offensive et défensive entr'eux : ces confédérés furent les premiers qui donnèrent de la splendeur à cette association instituée pour favoriser le commerce, la marine, et que les Français appellèrent, *Anse Teutonique.* Les Souverains voyant que cet établissement étoit très-propre à donner le plus grand mouvement au commerce, lui concédèrent plusieurs priviléges, dont plusieurs furent même impolitique, comme j'espère le prouver ci-après. En l'an 1360, au rapport de Jean de Wit, la guerre entre la Suède et le Danemarck ayant éclaté, les endommageant beaucoup dans leur navigation, elle engagea soixante deux villes suivant les uns, et quatre-vingt-une suivant les autres, de divers Royaumes et Républiques, du nord et du midi, à entrer dans cette confédération, qui fut appelée *Aenzée Steden,* qui signifie, suivant Clairac, *ville sur mer,* et suivant Lambecius, *Corporation unie pour l'intérêt de chacun de ses membres.*

Vers l'an 1461 Louis XI entra dans cette confédération et la favorisa le plus qu'il put : à cette époque ou à-peu-près, les villes anséatiques communiquèrent leurs priviléges aux Français ; et en 1547 ces mêmes priviléges furent de nouveau confirmés.

Pour juger les différens commerciaux et maritimes, les villes anséatiques avoient un Juge-Consul, un greffier et autres officiers ; de Thou disoit qu'il y avoit plus de 400 ans que la Anse Teutoique avoit des Consuls dans divers pays ; un autre auteur dit que celui qui rendoit la justice en cette qualité, étoit un vieillard, qui avoit le droit de choisir ses assesseurs, un questeur ou trésorier, et un secrétaire ou greffier. Quand les affaires étoient difficiles, il devoit en communiquer au Sénat de Lubeck ; *les appels ressortoient à l'une des quatre-vingt-une villes confédérées,* avantage précieux qui étoit très-propre à inspirer la plus grande confiance dans les transactions commerciales d'étranger à étranger.

Les principeaux priviléges de la Anse Teutonique étoient la ligue offensive et défensive ; *qui frappoit l'un,* dit Clairac, *frappoit tous les autres.*

A en juger d'après les diverses versions des auteurs, il paroît que cette confédération eut pour motif, trois causes alors bien déterminantes : 1.° l'esprit de fraternité qui régnoit parmi les Germains ; 2.° la nécessité de faire cause commune, contre les pirates et écumeurs de mer et les nations

nations belligérantes ; 3.° la nécessité d'avoir *des tribunaux impartiaux pour juger les causes commerciales survenues entre étrangers.*

Cependant la Anse Teutonique, dont les efforts étoient couronnés du plus heureux succès, parvenue à son plus haut appogée de gloire et de force, ne tarda pas à inspirer quelques craintes aux Gouvernemens d'Europe ; maîtresse pour ainsi dire de la terre et de la mer, elle ne menaçoit rien moins que de renverser les trônes, bouleverser les Républiques, et établir sur leurs ruines une République oligarchique universelle, qui, indubitablement se seroit écroulée sur ses propres bases, par sa trop forte masse, et sa trop grande élévation : ces craintes engagèrent les Gouvernemens à la dissoudre, et pour ne point causer de trop fortes commotions, ils détachèrent peu-à-peu quelques parties, et il ne reste plus aujourd'hui que les villes de Lubeck, Hambourg, Dantzick, Brème, Rostock et Cologne.

Si les Gouvernemens d'Europe eussent mieux entendu leur intérêt, ils n'auroient jamais permis au commerce de se donner lui-même des lois ; mais il lui en auroient donné eux-mêmes, ou tout au moins une constitution telle que la force maritime eût resté en leur pouvoir ; par cette sage prévoyance ils auroient dirigé ses mouvemens vers le bien des États, et n'auroient point vu s'élever sur leur tête une masse énorme de Puissance, menaçant de les écraser, et conséquement ils ne se seroient point vu forcé de détruire une institution à jamais célèbre et célébrée, qui, en adoptant les changemens qu'auroient nécessité les circonstances, auroit continué de fortifier leur Puissance en faisant la félicité du commerce et le bonheur des nations.

D'autres institutions qui peuvent être considérées à certains égards les unes comme le germe de la Anse Teutonique et les autres comme ses ramifications, et qui prouvent combien il est utile que le commerce soit gouverné par des lois uniformes, ce sont 1.° les gardiateurs des foires de Lyon chez les Romains ; 2.° les jugemens d'Oléron ; 3.° les lois de Wisbuy ; 4.° l'établissement des gardes des foires de Brie et de Champagne, auxquels succédèrent les conservateurs des priviléges de ces foires ; 5.° nos ordonnances de 1673 et 1681.

Guillaume Pradin nous apprend, que vers l'an 172 de Rome, les marchands de toutes les provinces du monde se rendoient à Lyon, où ils y avoient compagnie, communauté et *leurs Magistrats conservateurs.* Olaus Magnus et Joanes, disent que les lois de Wisbuy avoient force de loi dans tous les ports, plages, et mer d'Europe jusqu'au détroit de Gibraltar. Toubeau nous instruit que la jurisdiction de la conservation de Lyon étoit reconnue par une parfaite acceptation, et par les traités faits avec les Puissances; de sorte, dit-il, que les Prélats, Princes, Barons, chrétiens et mécréans, y consentoient et vouloient que leurs sujets, quoique de retour en leur pays, fussent obligés de répondre devant cette conservation, de manière que depuis peu on a vu mener des prisonniers d'Angleterre et de Barbarie en vertu de ses sentences.

Par le traité de Henri IV, Roi de France, et Jacques I.er du 26 mai 1606, art. 7, il est dit: parce qu'il est impossible de pourvoir aux plaintes particulières, et même sur la qualité des marchandises et denrées qui se transportent de l'un à l'autre royaume, et des fautes et abus qui s'y commettent, a été accordé, que pour mieux et promptement y pourvoir, en la ville de Rouen seront nommés par Sa Majesté très-chrétienne, deux notables marchands français, lesquels, avec deux marchands anglais de pareille qualité, qui seront aussi nommés par l'ambassadeur de la Grande-Bretagne, ... recevront les plaintes desdits marchands anglais, et videront tous différens qui pourront intervenir sur le fait dudit trafic de ladite province. Même institution à Londres.

Pour partager les avis, il falloit nommer un Juge français de plus en France, et un Juge anglais de plus en Angleterre; et lorsqu'il survenoit de grandes difficultés, il falloit que les Juges, de part et d'autre, en référassent au conseil de leur Souverain, qui devoit juger sur-le-champ sans aucune dilation, dit le traité.

Art. 8. Le semblable établissement sera fait et observé ès villes de Bordeaux et Caen; comme aussi ès villes dudit royaume de la Grande-Bretagne et royaume d'Irlande, pour, par ceux qui seront nommés et députés, être pourvu aux plaintes et difficultés qui peuvent survenir sur le réglement dudit commerce et trafic, en la même forme que dessus.

Art. 9. Et pour mieux pourvoir au soulagement desdits marchands de part et d'autre, a été arrêté que lesdits marchands tant français qu'anglais, lesquels seront appelés dorénavant *Conservateurs du commerce*, seront nommés et députés d'an en an, et feront serment devant le prieur et Consuls, tant de la ville de Rouen et autres villes du royaume de France où ils seront établis, qu'en la ville de Londres et autres où besoin sera, de bien fidèlement s'acquitter de ladite charge; et seront tenus, pendant ledit temps, d'y travailler, selon les occasions, gratuitement, sans exiger aucune chose des uns et des autres sujets, si ce n'est pour les actes par écrit que les parties voudront lever, dont par eux en sera fait taxe raisonnable.

Art. 10. Tous les salaires excessifs et autres profits et menus droits que prennent les officiers des lieux sur lesdits marchands de l'un et de l'autre royaume, les gardes et contre-gardes, les chargeurs, déchargeurs, amballeurs, porteurs, et généralement tous autres, seront réglés et modérés par lesdits conservateurs, en sera fait par eux une taxe raisonnable qui sera envoyée au conseil de l'un et l'autre Prine. (Corps diplomatique, tom. 3, fol. 61.)

Dans les foires de Plaisance, qui s'établirent par la destruction de celles de Besançon, l'ex-Consul et les deux conseillers que la République de Gênes y envoyoit, étoient Juges du commerce entre toutes sortes de personnes. Toubeau, fol. 196.

Les nations étrangères avoient le droit autrefois de constituer en Espagne des Juges et conservateurs dont la jurisdiction s'étendoit fort loin. Ces magistrats furent établis à l'instar de ceux que la Anse Teutonique avoit; mais depuis long-temps ils n'existent plus, et le traité de commerce fait entre la cour de Vienne et celle de Madrid en 1725, en reconnoît tacitement l'abrogation. L'art. 30 porte : « Pour ce qui regarde les Juges-conservateurs » qui, sous les règnes précédens; étoient en Espagne une magistrature fort » considérable, que les Rois avoient autrefois permis aux nations les plus » favorisées de se constituer, avec pouvoir de connoître et de juger privativement toutes les causes de leurs nationaux, tant civiles que criminelles, » on est convenu que si Sa Majesté catholique accordoit à l'avenir ce privi- » lége à quelqu'autre nation, quelle qu'elle fût, le même doit être pareil- » lement entendu accordé aux sujets de Sa Majesté impériale. *Hubner.* »

Aujourd'hui même nous voyons que les étrangers sont pour ainsi dire forcés d'adopter nos lois commerciales et maritimes.

Lorsque la Anse Teutonique existoit, le commerce de presque toute l'Europe étoit donc assujetti à des lois uniformes? Pourquoi ne feroit-on pas revivre en partie cette belle institution, en faisant les changemens que réclament les circonstances? Par ce nouvel ordre de choses, on feroit disparoître de terribles luttes de Gouvernement à Gouvernement, qui trop souvent ont ensanglanté la mer et la terre, en tarissant les sources du commerce. Un pareil motif a établi le pied de Léipsick, de Groman et de convention, c'est-à-dire, des lois générales instituées dans diverses parties d'Allemagne, pour régler une système monétaire uniforme. D'ailleurs le code que je propose n'est-il pas en partie généralement adopté tacitement entre les nations, par rapport aux réglemens d'avaries, délaissement, assurances, fret et protet, parce que ces contrats et les actions qui en dérivent sont régis par un droit des gens coutumier? Mais, dira-t-on, s'il y a un droit de gens coutumier de reconnu par les nations, à quoi bon l'écrire? Plusieurs raisons exigent que ce droit soit écrit, 1.° parce que les lois commerciales et maritimes ont vieilli par-tout; 2.° parce que les usages qui sont venus interpréter ou remplir les lacunes de ce droit ont été établis, pour la plupart, par des intérêts particuliers; 3.° parce que le commerce, qui jadis étoit consenti dans certaines parties de l'Europe, est aujourd'hui répandu par-tout; 4.° parce qu'actuellement les intérêts du commerce étant les mêmes en tout lieu, il doit être assujetti à des règles communes.

L'Empereur Antonin sentit bien l'inconvénient des usages et l'avantage qui en résultoit de suivre une loi écrite, lorsque, consulté sur un cas maritime, il répondit :

« Je suis maître de la terre; mais la loi Rhodienne qui tient lieu de droit » des gens, est maîtresse de la mer. On se conformera aux dispositions » de cette loi, pour tous les points auxquels les lois romaines n'ont pas » dérogé; c'est ainsi qu'avant nous Auguste l'avoit ordonné.» (Voyez fol. x.)

Mais ici se trouvoit la difficulté : où étoit le tribunal sur l'impartialité de laquelle on eût pu compter pour la juste application de ces lois? Le tribunal romain, comme le sont actuellement tous ceux d'Europe à l'égard des contestations survenues entre nationaux et étrangers, n'étoit-il pas l'agent et le patient, l'accusateur et l'accusé, le demandeur et le défendeur, le Juge et le jugé, comme l'Angleterre l'a été suivant ce qui a été dit plus haut à l'égard des Prussiens et des Hollandais, et comme voudroient l'être aujourd'hui les Hambourgeois à l'égard du citoyen Maupas?

La piraterie est un crime contre le droit des gens, que toutes les nations sont intéressées à prévenir parce qu'elle leur est également nuisible, quoique ses effets leur soient indirects. En Angleterre la piraterie est déclarée félonie; sans bénéfice du clergé, tout Anglais qui, en temps de guerre, commet des hostilités contre un Anglais, ou donne sur mer assistance aux ennemis, est traité comme pirate. En fait de piraterie il n'y a pas de complicité; tous ceux qui y ont coopéré sont traités comme agens principaux. M. azuni définit ainsi le pirate.

» Le pirate, dit-il, est celui qui parcourt les mers avec un navire armé sans commission ou patentes d'aucun Prince ou Etat souverain, ou bien *lorsqu'ayant commission, il les parcours sans déclaration préalable ;* et je crois que cette définition est d'autant plus exacte, qu'elle se trouve fortifiée par la législation anglaise qui dit : « *En fait de piraterie il n'y a pas de complice ; tous ceux qui y ont coopéré sont traités comme agens principaux.* » Ces observations me donnent occasion de donner une autre définition du pirate, et de présenter les distinctions nécessaires pour le développement de mon sujet.

Il y a quatre espèces de pirates, 1.° le forban qui, sans commission d'aucun Prince ni Gouvernement, pille tous les vaisseaux indistinctement, même ceux de sa nation ; 2.° le pirate proprement dit, qui est celui qui, comme le forban, cours les mers sans commission ; néanmoins il en diffère, parce qu'il ne pille point les vaisseaux de sa nation, et qu'il est autorisé tacitement par son Gouvernement, qui lui permet de relâcher et de s'approvisionner sur son territoire ; tels sont, par exemple, dans le Levant, les *Arnontes*, et dans les mers de l'Inde, à la côte de Malabar, les pirates d'Angria ; 3.° les pirates de la côte d'Afrique, tels que les Algériens, les Tripolitains, les Tunisiens, etc. qui, en vertu des préceptes écrits dans leur livre appelé *Kilabhadaïa*, dans lequel ces barbares supposent que Mahomet leur a permis de violer tous les traités qu'ils ont fait avec les infidèles, et de courir sur eux toutes les fois qu'ils en trouveroient l'occasion, courent les mers et exercent leur brigandage. Il n'y a donc jamais de paix définitivement arrêtée avec ces Puissances ; tout au plus y a-t-il des trèves que l'on entretient par des présens ; 4.° les pirates de la Grande-Bretagne, qui en vertu de la commission de leur Souverain, courent les mers, arrêtent vaisseaux amis et ennemis, sans aucune déclaration de guerre ; aux présens près, ces écumeurs de mer ressemblent aux pirates d'Afrique. Les Puissances maritimes ne sont jamais en paix avec eux ; il n'existe jamais que des trèves qui sont rompues quand leurs intérêts le commandent. Aussi a-t-on vu les pirates anglais autorisés par Jacques II, à ouvrir leurs ports à leurs confrères les pirates de Tunis, lorsqu'ils étoient poursuivis par les Hollandais. *Lett. hol. tom. 2, fol. 345.*

J'espère que l'on ne me contestera pas ces vérités, parce qu'elles sont clairement démontrées ; et comme mon sujet comporte que je ne parle que des pirates de la côte d'Afrique et de ceux des îles britanniques, ce sont donc d'eux seuls que je vais m'occuper.

BARBARESQUES. Toutes les nations ont été douloureusement affectées du tort que portoit à leur commerce particulier les barbares d'Afrique ; toutes ont senti la nécessité de réprimer leurs excès : mais toutes, jalouses les unes des autres, ont voulu se garantir de leur rapacité, en y laissant exposées les autres. Ce calcul, sans doute, indigne des nations civilisées, pouvoit trouver autrefois quelques excuses aux yeux de l'intérêt, parce que le commerce avoit établi son domicile chez quelque Puissance qui sentoit la nécessité de le fixer chez elles, et que celles qui en étoient privées, avoient besoin de l'attirer sur leur territoire ; mais aujourd'hui que le puissant motif qui faisoit faire ce calcul atroce, n'existe plus, puisque le commerce répend également ses bienfaits sur toute l'Europe, par quelle fatalité les nations s'obstinent-elles à laisser piller les nations ? Quel est donc le prestige qui leur fait si fort illusion, en leur voilant le tort qu'elles éprouvent, lors même que les pirates d'Afrique respectent leur pavillon ? En effet, tout le commerce d'Europe est lié d'intérêt ; les barbares d'Afrique ne peuvent jamais victimer une nation, sans que toutes les autres nations ne s'en ressentent. Un Espagnol a-t-il tombé dans les griffes de cet animal vorace, il est ruiné ; en se ruinant, il ruine plus ou moins un Français, un Italien, un Suédois, à raison du plus ou moins de liaison d'intérêt qu'il a avec eux.

Henri IV, Roi de France, en Roi et en administrateur éclairé, avoit bien senti tous ces inconvéniens auxquels il voulut parer par une ligue générale ; mais la rivalité du commerce, mise en avant par l'intérêt particulier, rendit ses efforts infructueux.

En 1661 il fut proposé une coalition entre la France et la Hollande pour détruire les Barbaresques, motivée sur l'intérêt commun. Turenne sondant les intentions des Provinces-Unies, leur dit qu'Alger et Tripoli n'étoient point imprenables. *Lett. et nég. de J. Wit, tom. 2, fol. 45.* Mais hélas ! le projet échoua, parce que le même motif s'opposa à son exécution. Eh ! comment les Hollandais se décideroient-ils à abattre ces Puissances, eux qui leur fournissent les armes avec lesquelles ils attaquent leurs vaisseaux, et plongent leurs matelots dans les fers. Ils préfèrent bien mieux leur vendre quelques boulets de canon, leur payer de très-forts tributs, se voir quelquefois pillés, que d'en venir à une extrémité qu'ils regarderoient comme destructive de leur commerce ; et c'est ainsi que la cupidité ayant un corps opaque devant les yeux, perd de vue son véritable intérêt.

Quelle est la Puissance maritime qui pourroit parler d'une manière aussi impérative aux pillards mahométans que les Anglais ? Pas une sans doute ; une foible partie de leur force seroit plus que suffisante pour les engager à radier, sur leur code religieux, le verset qui leur ordonne de courir sur tous ceux qui ne sont pas de leur secte. Mais un puissant motif est là qui les engage à les protéger plutôt qu'à les détruire. En effet, voulant régner absolument et à quelque prix que ce soit, sur les mers, ils sont bien aises de voir affoiblir les autres Puissances maritimes; il appartient donc aux autres Puissances maritimes d'abattre cette monstruosité politique; et il est d'autant plus avantageux pour elles d'en venir à cet expédient, qu'indépendemment des plaintes que l'humanité porte journellement à leur tribunal, elles lui porteront des coups mortels qui retomberont douloureusement sur la Grande-Bretagne. Mais qu'ont fait les nations pour atteindre ce noble but? Voici la série des événemens les plus remarquables qui sans doute montrent plutôt leur foiblesse que leur gloire.

Louis XIV bombarda Alger, fit respecter son pavillon par les Barbares; mais il laissa en proie le commerce d'Europe à ses ennemis, et conséquemment il n'atteignit que fort peu le but que la morale et la politique lui commandoient de viser.

En 1794 le commerce des Etats-Unis étant fortement inquiété par les Algériens, le congrès passa une loi pour autoriser le Président à acheter ou faire construire deux frégates de quarante-quatre canons. *Voy. aux Etats-Unis. Laroche Foucault, tom. 8, fol. 74.* Mais par une convention secrète, connue néanmoins de tout le monde, les États-Unis donnèrent une somme d'argent au Dey d'Alger, à titre de présent, mais qui dans le fait, comme tous les présens de cette nature, étoit un tribut.

Dans le journal des débats du 20 frimaire an 11, il y est dit: « *Le Gouvernement* danois est résolu d'avoir constamment à l'avenir une frégate dans la Méditerranée, pour observer soigneusement la conduite et les armemens que pourroient faire les Barbaresques. » Le rédacteur du journal fait cette judicieuse observation, il dit: « Si cet usage prévaloit dans tous les cabinets de l'Europe, il y auroit en permanence une petite armée navale dans la Méditerranée, qui, placée en état d'observation sur les côtes de Barbarie, *présenteroit au monde l'étrange spectacle* DE LA PUISSANTE EUROPE, *épiant la conduite de quelques* PETITS PRINCES BARBARES. »

L'ingénieux rédacteur auroit dû ajouter: « Mais au lieu que *la puissante Europe* épie la conduite des pirates, si elle fondoit sur eux, détruisoit leur marine, sappoit leurs murailles jusque dans leur fondement, n'y auroit-il pas plus d'avantage, puisqu'après avoir fait succomber le loup vorace qui détruit partiellenment son foible troupeau, elle auroit plus de force pour tomber sur le tigre maritime qui le détruit en masse, en faisant gémir le commerce d'un pôle à l'autre.

La France, bien loin de vouloir amener son pavillon à l'aspect de celui de la Grande-Bretagne, a commencé d'abord à forcer les Algériens à ployer le leur devant le sien, en exigeant que ces Barbaresques donnassent la liberté à plusieurs esclaves italiens, et lui payassent, pour me servir de leur expression, une forte rançon. Cet acte, qui paroissoit devoir prouver aux Barbares que les Français n'étoient point d'humeur de se laisser vexer, donna lieu à la correspondance suivante :

LETTRE du premier Consul BONAPARTE au Dey d'Alger, pour demander réparation des griefs dont la République française avoit à se plaindre ; et réponse du Dey d'Alger, qui donne pleine et entière satisfaction.

Du 29 messidor an 10.

BONAPARTE, premier Consul, au très-haut et très-magnifique Dey d'Alger ; Que Dieu le conserve en prospérité et en gloire.

« Je vous écris cette lettre directement, parce que je sais qu'il y a de vos Ministres qui vous trompent et qui vous portent à vous conduire d'une manière qui pourroit vous attirer de grands malheurs. Cette lettre vous sera remise en mains propres par un adjudant de mon palais. Elle a pour but de vous demander réparation prompte, et telle que j'ai droit de l'attendre des sentimens que vous avez toujours montrés pour moi. Un officier français a été battu dans la rade de Tunis par un de vos raïs. L'agent de la République a demandé satisfaction et n'a pu l'obtenir. Deux brigs de guerre ont été pris par vos corsaires qui les ont amenés à Alger, et les ont retardés dans leur voyage. Un bâtiment napolitain a été pris par vos corsaires dans la rade d'Hières, et par là ils ont violé le territoire français. Enfin, du vaisseau qui a échoué cet hiver sur vos côtes, il me manque encore plus de 150 hommes qui sont entre les mains des barbares. Je vous demande réparation pour tous ces griefs, et ne doutant pas que vous ne preniez toutes les mesures que je prendrais en pareille circonstance ; j'envoie un bâtiment pour reconduire en France les 150 hommes qui me manquent. Je vous prie aussi de vous méfier de ceux de vos Ministres qui sont ennemis de la France ; vous ne pouvez pas avoir de plus grands ennemis ; et si je désire vivre en paix avec vous, il ne vous est pas moins nécessaire de conserver

server cette bonne intelligence qui vient d'être rétablie, et qui seule peut vous maintenir dans le rang et dans la prospérité où vous êtes; car Dieu a décidé que tous ceux qui seroient injustes envers moi, seroient punis. Si vous voulez vivre en bonne amitié avec moi, il ne faut pas que vous me traitiez comme une Puissance foible; il faut que vous fassiez respecter le pavillon français, celui de la République italienne qui m'a nommé son chef, et que vous me donniez réparation de tous les outrages qui m'ont été faits. Cette lettre n'étant pas à une autre fin, je vous prie de la lire avec attention vous-même, et de me faire connoître par le retour de l'officier que je vous envoie, ce que vous aurez jugé convenable de faire. »

Réponse du Dey d'Alger.

« Au nom de Dieu seul, de l'homme de Dieu, maître de nous, illustre et magnifique Seigneur Mustapha-Pacha, Dey d'Alger, que Dieu laisse en gloire. »

» A notre ami Bonaparte, premier Consul de la République française, Président de la République italienne,

» Je vous salue, la paix de Dieu soit avec vous.

» Ci-après, notre ami, je vous avertis que j'ai reçu votre lettre, en date du 29 messidor. Je l'ai lue : elle m'a été remise par le général de votre palais, et votre vékil, Dubois-Thainville. Je vous réponds article par article.

» 1.° Vous vous plaignez du rais Ali-Tatar. Quoiqu'il soit un de mes joldaches, je l'ai arrêté pour le faire mourir. Au moment de l'exécution, votre vékil m'a demandé sa grace en votre nom, et pour vous je l'ai délivré.

» 2.° Vous me demandez la polacre napolitaine, prise, dites-vous, sous le canon de la France. Les détails qui vous ont été fournis à cet égard ne sont pas exacts; mais, selon votre désir, j'ai délivré dix-huit chrétiens composant son équipage : je l'ai remis à votre vékil.

» 3.° Vous demandez un bâtiment napolitain, qu'on dit être sorti de Corfou avec des expéditions françaises. On n'a trouvé aucun papier français; mais selon vos désirs, j'ai donné la liberté à l'équipage, que j'ai remis à votre vékil.

» 4.° Vous demandez la punition du rais qui a conduit ici deux bâtimens de la République française. Selon vos désirs, je l'ai destitué ; mais je vous avertis que mes rais ne savent point lire les caractères européens; ils ne connoissent que le passe-port d'usage ; et pour ce motif, il convient que les bâtimens de guerre de la République française fassent quelque signal pour être reconnus par mes corsaires.

» 5.° Vous me demandez 150 hommes que vous dites être dans mes Etats. Il n'en existe pas un. Dieu a voulu que ces gens se soient perdus, et cela m'a fait de la peine.

» 6.° Vous dites qu'il y a des hommes qui me donnent des conseils pour nous brouiller. Notre amitié est solide et ancienne, et tous ceux qui chercheront à nous brouiller, n'y réussiront pas.

» 7.° Vous demandez que je sois ami de la République italienne. Je respecterai son pavillon comme le vôtre, selon vos désirs. Si un autre m'eût fait pareille proposition, je ne l'aurois pas acceptée pour un million de piastres.

» Vous n'avez pas voulu me donner les 200 mille piastres que je vous avois demandées pour me dédommager des pertes que j'ai essuyées pour vous. Que vous me les donniez ou que vous ne me les donniez pas, nous serons bons amis.

» 9.° J'ai terminé avec mon ami Dubois-Thainville, votre vékil, toutes les affaires de la Calle, et l'on pourra venir faire la pêche du corail. La compagnie d'Afrique jouira des mêmes prérogatives dont elle jouissoit anciennement. J'ai ordonné au Bey de Constantine de lui accorder tout genre de protection.

» 10.° Je vous ai satisfait de la manière que vous avez désiré pour tout ce que vous m'avez demandé; et pour cela, vous me satisferez comme je vous ai satisfait.

» 11.° En conséquence, je vous prie de donner des ordres pour que les nations mes ennemies ne puissent pas naviguer avec votre pavillon ni avec celui de la République italienne, pour qu'il n'y ait plus de discussions entre nous, parce que je veux toujours être ami avec vous.

» 12.° J'ai donné ordre à mes rais de respecter le pavillon français à la mer. Je punirai le premier qui conduira dans mes ports un bâtiment français.

» Si à l'avenir il survient quelque discussion entre nous, écrivez-moi directement, et tout s'arrangera à l'amiable.

» Je vous salue, que Dieu vous laisse en gloire.

» Alger, le 13 de la lune de Rabiad-Ewel, l'an de l'hégire 1217. »

Bien loin que le Dey d'Alger se décourageât, il s'et permis, comme nous l'apprend le journal de Paris du 23 ventôse an 11, de congédier l'agent de la République, en lui donnant deux mois pour sortir de ses États. Alors partit de Toulon les frégates *le Rhin* et *la Cornélie* qui devoient être suivies de la frégate *la Maison*, pour aller croiser devant Alger et empêcher les corsaires de ces pirates à nuire à notre commerce. Depuis cette époque, tout s'est arrangé; et pour cette dernière fois sans doute, le Gouvernement a bien voulu ne point écraser de sa toute-puissance, l'ombre d'un Gouvernement qui ne tient la sienne que du mal-entendu des autres.

Anglais. Si j'ai prouvé que les pirates qui habitent les côtes d'Afrique peuvent être réduits à la raison, il n'est pas moins aisé de prouver que ceux qui habitent les bords de la Tamise peuvent y être aussi réduits. Mais avant que d'en venir aux preuves, voyons si c'est à tort que l'on accuse la nation anglaise de piraterie.

En 1756 les sujets du Roi Georges s'emparèrent, sans aucune déclaration de guerre, de trois cents bâtimens français, dont cent quatre-vingts étoient richement chargés. En 1778 ils s'emparèrent de tous les vaisseaux de l'État qui purent rencontrer, sans que l'on se doutât qu'ils eussent intention d'arborer l'étendard des combats; en 1780 les Puissances du nord et du midi furent obligées de se coaliser sous la dénomination de *neutralité* armée, pour faire respecter leur pavillon. Actuellement, année 1803, ils viennent de nous prendre des vaisseaux avant que d'avoir rempli les formalités ordonnées par le droit des gens.

Ce brigandage est-il une *guerre ?* Non, parce que la guerre est celle qu'une nation déclare à une autre nation, d'une manière publique et solennelle. (1357)

Ce brigandage est-il une *hostilité ?* Non, parce que l'hostilité est l'effet d'une guerre déclarée. (1360)

Ce brigandage est-il *un arrêt de Prince ?* Non, parce que l'arrêt de Prince est incompatible avec l'esprit de déprédation. (1362)

Ce brigandage est-il une *piraterie?* Oui; mais une piraterie exercée en grand, sous la protection du Gouvernement britannique. (1364, *ibid.* 1365)

Liberté des mers ! liberté des mers ! est le cris unanime que répètent les échos politiques d'un pôle à l'autre, et si les intérêts mal combinés des Puissances maritimes empêchent encore quelque temps que les accens de la raison ne frappent leurs oreilles, le trident de Neptune, placé entre les mains des orgueilleux Bretons, par l'indolente insouciance des Gouvernemens qui pourroient le lui arracher, deviendra pour eux le sceptre du monde; car il est plus probable que celui qui est maître de la mer devienne maître de la terre, que celui qui est maître de la terre, devienne maître de la mer.

Si tout ce que j'ai avancé est démontré et prouvé, il seroit donc utile que toutes les nations fissent main-basse sur les Anglais par tous les moyens possibles que la loyauté peut avouer ; car comme dit fort bien l'anglais Blakstone :

« Le pirate ou le brigandage sur mer est un délit contre la loi des sociétés : un pirate est l'ennemi commun du genre humain ; et comme il a renoncé à tous les avantages aussi bien qu'au Gouvernement de la société . . . . . en déclarant la guerre au genre humain, le genre humain doit la lui déclarer à son tour. » M. Azuni étaye parfaitement bien les sages conseils de cet auteur, il dit :

« L'intérêt évident et commun de toutes les nations les oblige naturellement et nécessairement à s'unir et à se confédérer pour consolider leurs droits de propriété, par une espèce de garantie universelle. »

Oui, il est instant de se soustraire du joug humiliant que fait peser sur la tête des nations ce tyran des mers, si elles ne veulent point être décidément leurs esclaves, en voyant la prophétie du membre de la chambre se réaliser. (1835).

Oui, il est instant de réformer cette bigarrure qui existe dans les lois commerciales et maritimes de l'Europe, de détruire ces usages absurdes introduits par l'ignorance et le plus souvent par l'intérêt particulier, usages d'autant plus funestes, que tantôt ils sont contredits, tantôt ils sont contestés, suivant qu'un intérêt contraire ou un même intérêt se trouve satisfait. Il est encore instant de faire disparoître cette bigarrure qui existe, pour poser un poids légal qui empêche la balance politique de pencher en faveur de la Puissance usurpatrice qui, profitant de la contrariété des intérêts, l'attire tout entier de son côté.

S'il est vrai que le commerce est le lien de la société dont les opérations sont assujetties à des règles communes ; s'il est vrai, comme l'observe Blakstone, que la loi marchande est une branche de la loi des nations ; s'il est vrai, comme l'observe Hubner, que les matières intéressantes du droit des gens sont étroitement liées avec ce qui constitue aujourd'hui la base et le grand pivot de la force des Etats ; s'il est vrai que plusieurs cas commerciaux se régissent par un droit des gens coutumier ; s'il est vrai qu'en France on a été obligé d'écrire les coutumes, afin de les rendre plus certaines, et y élaguer tout ce qui y étoit abusif, pourquoi n'écriroit-on pas les lois coutumières du commerce des nations, et ne créeroit-on pas des tribunaux à l'abri d'être soupçonnés de partialité ?

Si j'ai démontré la nécessité, la possibilité et même l'indispensabilité d'établir des lois uniformes dans le commerce général de l'Europe, et d'établir une ligne propre à en imposer à la nation violatrice, je désirerois que le Gouvernement français proposât aux Gouvernemens étrangers; 1.° un Code commercial et maritime uniforme; 2.° des articles à insérer dans les traités, dans lequel il seroit déclaré en principe.

Articles essentiels à insérer dans le Code commercial, etc.

1.° Que dans les matières commerciales et maritimes, le créancier pourra faire donner assignation à son choix, ou au lieu du domicile du débiteur, ou aulieu auquel le contrat a été passé, ou au lieu ou le paiement doit être fait; (a)

2.° Que lorsqu'il n'y aura pas de convention contraire les balances des commerces seront payées en argent et non en or;

3.° Que tout banqueroutier ou débiteur pourra être arrêté en tout pays, à la requête d'un ou de plusieurs de ses créanciers; (b)

4.° Que tout étranger marchand sera dispensé de donner caution, soit en demandant, soit en défendant; (c)

5.° Que tous faux fabricateurs de papier de crédit marchand, pourra aussi être arrêté à la requête d'un marchand sujet d'une des Puissances confédérées : dans ce cas on conviendroit du genre de punition à infliger au coupable;

6.° Que les appels des jugemens ressortiroient par-devant l'un des tribunaux de l'une des Puissances confédérées, au choix du défendeur.

Les autres articles énonceroient tout ce qui auroit rapport aux contrats, obligations, et actions qui résultent des affaires de commerce.

Principaux articles à insérer dans les traités.

1.° Que tout fabricateur de papier public répandu sous le simulacre de la signature d'une des parties contractantes pourra être, d'après sa réclamation, arrêté et jugé chez celle où se sera commis le délit, sans que celle-ci puisse réclamer aucun frais de procédure, ce sera la peine de son imprévoyance;

(a) Ce qui est conforme à quelque chose près à notre ordonnance de 1673.

(b) Pareille convention a été faite entre la Russie et la Grèce, le Danemarck et Hambourg.

(c) Plusieurs arrêts l'ont ainsi décidé en France.

2.° Il en devra être de même à l'égard des monnoies; (a)

3.° Qu'en cas qu'un seul vaisseau marchand soit arrêté sans déclaration de guerre préalable, qu'alors toute la confédération s'armera; dans ce cas le commerce devra participer aux frais de l'armement : mais si c'est un vaisseau de la marine militaire la confédération s'armera à ses frais;

4.° Que s'il arrive que l'une des Puissances confédérées entre en guerre avec une autre, que les neutres seront rigoureusement respectés, et que dans le cas contraire la conféderation s'armera comme il vient d'être dit dans le troisième paragraphe. (b) etc., etc., etc.

(a) Quoique les monnoies soyent du droit des gens, on sait que Turgot se plaignoit qu'à *Birmingam* il y avoit une fabrique presque publique, de pièces de deux sols au coin de France, et qu'elles étoient à Calais, Dunkerque et sur toute la côte, un objet de contrebande très-considérable. On sait encore que lorsque le Roi de Prusse et celui de Sardaigne voulurent passer au creuset leur billon, il s'en trouva une quantité considérable de faux : d'où pouvoit venir tout ce faux billon, si ce n'est de chez quelque Puissance qui avoit intérêt de le laisser fabriquer ? Que sait-on encore si en passant leur monnoie d'or et d'argent à la refonte, s'ils n'en auroient point trouvés beaucoup de fausses. Je pourrois bien citer d'autres faits propres à faire valoir mes opinions; mais je crois ceux-là suffisans.

(b) Par ce moyen on évitera les lenteurs, très-préjudicables aux nations commerçantes qui doivent marcher à la suite des propositions de s'armer en neutralité. Enfin tout ce qui aura trait à la course maritime y devra être traité avec toute la clarté et précision possible; si du moins contre la raison et la justice on étoit toujours d'avis de faire la guerre au commerce, lorsque l'on seroit d'avis de la faire à l'humanité.

Un ancien avocat, homme très-instruits, à qui je communiquai quelques bases de ce projet, eut la bonté de m'observer que le sûr moyen d'établir un code commercial uniforme, étoit celui d'en rédiger un chez soi tellement parfait, qu'il forçât les étrangers à l'adopter.

Supposons que l'on atteigne cette perfection, comme il n'est point probable qu'il soit adopté simultanément par les étrangers, des siècles se passeront avant qu'il puisse faire autorité entr'eux et nous, et c'est d'autant plus probable, que n'étant adopté que tacitement il ne pourra faire loi qu'après que la Jurisprudence qui en sera résultée, sera parfaitement établie; pendant ce temps-là les abus précédemment exposés existeront, et au moment où il sera généralement adopté, les circonstances l'auront vieilli.

D'après ces raisons, que je crois décisives, si ce projet que je me propose d'adresser au Gouvernement, d'après l'invitation qui m'en a été faite par les sociétés savantes desquelles j'ai l'honneur d'être membre; si ce projet, dis-je, est digne de fixer un moment son attention; si le Gouvernement croit devoir en faire part du tout ou partie aux Gouvernemens étrangers, si l'exécution suit la proposition, ce sera une grande chose de plus que la France offrira à la postérité, et que l'histoire s'empressera d'écrire dans les fastes des nations civilisées.

N. B. Ce projet est susceptible d'un très-grand développement : si je me suis contenté de ne présenter que quelques paragraphes, c'est que par rapport aux bornes de mon ouvrage, je n'ai eu d'autre intention que d'indiquer la matière plutôt que de la traiter.

MÉMOIRE
SUR LE CONTRAT
APPELÉ ASSURANCE SUR LA VIE,

Tendant à prouver que ce contrat n'a rien de contraire aux principes, a la morale et aux mœurs.

Le flambeau de la philosophie qui éclaire aujourd'hui presque toutes les parties de l'économie publique, n'a point encore réfléchi quelques rayons lumineux sur un objet d'un intérêt majeur, *les assurances sur la vie :* si la prévention de nos aïeux les a enveloppées du voile du préjugé, arrachons-le, présentons-les dans leur grand jour, et démontrons qu'elles n'ont rien en elles que la morale la plus austère ne puisse avouer.

Ce contrat, que je considère comme très-essentiel dans le commerce maritime, a même, dans ce siècle de lumière, des publicistes très-recommandables contre lui; fort de ces grands principes, *la vie de l'homme est hors de prix, qu'il est odieux que sa mort devienne un objet de spéculation*, le frappent d'anathème, le proscrivent des transactions morales en s'étayant de cette immortelle compilation, appelée *Droit Romain*, dont la législation française et batave ont été les échos. Mais quelle peut donc être le motif d'une pareille erreur ? Le croiroit-on, des mots. Essayons de le prouver; pour en venir là, remontons, autant que possible, à l'origine du contrat d'assurance, et parcourons rapidement ses principes et ses résultats, afin d'en venir plus facilement à notre but.

Le contrat d'assurance, généralement parlant, a une origine qui se perd dans la nuit des temps. La seule trace que j'en aye pu trouver dans l'antiquité, m'a été présentée par Tite-Live, liv. 2, épit. 17. Cet auteur nous apprends que Cicéron, étant en Cilicie, prit des répondans pour les deniers qu'il envoyoit à Rome; ces répondans étoient, à n'en pas douter, des assureurs qui se chargeoient des risques du transport, moyennant un certain prix; c'est donc a tort que Giovan, Vilani, Clairac, Savary et autres auteurs ont prétendu que ce sont les Juifs qui inventèrent les assurances sous Dagobert..

Le contrat d'assurance est un contrat aléatoire, par lequel l'un de ceux qui le souscrit se charge des risques, des cas fortuits auxquels la chose est exposée, moyennant un certain prix. Une chose ne peut devenir l'objet d'une assurance, qu'autant qu'elle est appréciable; or comme la vie de l'homme est inappréciable, elle ne peut donc pas être l'objet d'une assurance.

Il est de l'essence du contrat d'assurance, qu'il ne fournisse pas à l'assuré un moyen d'acquérir en exposant sa chose aux risques; car s'il lui fournissoit ce moyen, ce ne seroit plus une assurance, mais une gageure; conséquemment si j'expose aux risques une chose valant 10,000 francs, et que je fasse assurer cette somme, le contrat formera une assurance; mais si je la fais assurer 20,000 francs, elle formera une gageure; la raison est que l'assurance ne doit offrir à l'assuré qu'une indemnité de la chose périe, et non un moyen d'acquérir.

Dans l'assurance on doit distinguer deux choses, l'objet qui fournit l'occasion de l'assurance, et son prix. Cette distinction est essentielle à faire pour prouver que ce n'est pas sur la chose qu'est faite l'assurance, mais sur sa valeur; car pour que la chose pût être l'objet de l'assurance, il faudroit que l'assureur eût le pouvoir d'assurer qu'elle périra ou ne périra pas; or, il n'appartient à aucune puissance humaine de pouvoir donner une pareille garantie; mais il appartient à tous les hommes de pouvoir assurer que si la chose vient à périr, que sa valeur ne périra pas. C'est positivement ce qui arrive dans le contrat qui fait l'objet de ce mémoire.

Il y a deux sortes d'assurances sur la vie, l'une que l'on fait faire sur la sienne propre, et celle que l'on fait faire sur celle d'autrui : nous ne nous occuperons essentiellement que de la première, comme étant directe à mon objet.

Dans l'homme nous devons considérer deux choses, son individu et ses facultés industrielles; si nous considérons l'homme sous ses rapports individuels, nous devons décider qu'il ne peut point devenir l'objet d'une assurance, parce que nul ne peut assurer qu'il vivra ou ne vivra pas; mais si nous considérons ses facultés industrielles, nous verrons qu'elles pourront devenir la matière d'une assurance, ou d'une assurance participant de la gageure : deux exemples rendront ceci sensible.

Premier exemple. Un marinier s'embarque, il fait assurer ses loyers seulement dans le cas où il viendroit à périr, ses loyers ayant un prix déterminé ou susceptible de l'être, peuvent donc devenir l'objet d'une assurance.

Deuxième

2.e *exemple.* Un marinier s'embarque, il fait assurer une rente à sa famille s'il vient à périr : comme dans cette hypothèse ses facultés industrielles sont inappréciables, puisqu'il auroit pu gagner plus ou moins s'il eût vécu, le contrat qu'il aura passé n'offrira donc plus une assurance, mais une gageure.

Un ancien chef-d'œuvre de législation maritime, le Guidon de la mer, par opposition aux assurances proprement dites, s'exprime ainsi, chap. 16, Art. 5.

« Autres sortes d'assurances sont faites par les autres nations sur la vie des hommes, en cas qu'ils décèdent étant en voyage, de payer telle somme à leurs héritiers ; . . . . ces pactions ont été *réprouvées* parce qu'elles entrenoient *une infinité d'abus et de tromperie.* » L'ord. de la marine, art. 10, celle d'Amsterdam, art. 24, défendent de faire aucune assurance sur la vie. Il paroît que ces deux lois ont été calquées sur le Guidon.

Grivel, disc. 57, n.° 28, va plus loin que le Guidon. Cet auteur dit : « Ces gageures sont de sinistres augures, et peuvent occasionner *des crimes.*

Le Guidon observe, comme on l'a vu, que le contrat appelé assurance sur la vie, est contraire aux bonnes mœurs : Et en quoi ? c'est ce qu'il ne dit pas, et c'est sans doute ce qu'il auroit été embarrassé de dire : et moi, tout au contraire, je soutiens et crois pouvoir prouver, qu'il porte avec lui un caractère de moralité qui exprime, avec la plus grande force possible, les tendres sentimens d'affection de celui qui le souscrit. En effet, un père de famille se détermine à franchir les mers pour recueillir des moyens d'existence qu'il désespère trouver chez lui. Un brave marin part pour exercer son état, en laissant une femme et des enfans qui soupirent d'avance après son retour, parce qu'il ne leur laisse que de quoi pourvoir, pendant quelque temps, à leur absolu nécessaire ; l'un et l'autre prenant ce parti pour faire subsister ceux qui font l'objet de leur plus chère prédilection, ils font assurer la valeur de leurs moyens industriels. Peut-on dire, sans bouleverser les principes, confondre les idées, et présenter la vertu sous les couleurs du vice, que cette action, marquée au coin de la tendresse parternelle, soit contraire aux bonnes mœurs ?

Grivel nous dit que ces gageures sont de sinistres augures, et qu'elles peuvent occasionner des crimes. Eh ! de la part de qui peuvent-elles occasionner des crimes ? Sera-ce de la part de l'assuré ? il n'y a pas d'apparence ;

car il n'est pas présumable que pour rendre tributaire son assureur, il aille terminer volontairement ses jours dans l'élément qu'il a tenté de franchir pour rendre l'existence de ses héritiers plus agréable. Sera-ce de la part de l'assureur? Ce n'est pas encore présumable, parce que, quelle que soit l'atrocité que l'on puisse lui supposer, l'intérêt l'emportant sur ses intentions criminelles, le retiendra afin de ne point devenir tributaire des héritiers de l'assuré. Sera-ce de la part des héritiers de l'assuré ? Il y a impossibilité absolue, puisqu'une immensité d'eau les sépare de la victime qu'ils seroient tentés d'immoler. Aussi à Naples, à Florence, en Angleterre et autres endroits, les assurances sur la vie sont-elles permises, et qui plus est, en Angleterre il est permis de faire des assurances sur la vie du Monarque, vu que plusieurs pensions s'éteignent par sa mort ; la raison est que l'assuré en payant une prime, a sa pension garantie pendant tout le temps qu'il vit, quoique le Roi soit décédé.

Pour proscrire les assurances dites sur la vie, les moralistes s'étayent sur ces grands principes : *La vie de l'homme est hors de prix, il seroit odieux que sa mort devînt un objet de spéculation.* D'après cet énoncé qui présente des règles générales, il sembleroit que tout calcul, basé sur la vitalité, dût être banni parmi nous ; il en est cependant différemment, puisque le don mutuel, ce pacte dont la chance se réduit entre deux époux, à savoir lequel des deux enterrera l'autre, est autorisé par les lois.

Qui plus est, la rente viagère ne jouit-elle pas de la plus grande faveur, quoiqu'elle comporte les calculs des vices, de la santé, et conséquemment ceux des probabilités de la durée de la vie ? certes, si les avantages qui en résultent ne l'emportoient de beaucoup sur les inconvéniens qu'elle présente, point de doute que la main bienfaisante du Législateur ne s'empressât de la radier du code dont elle fait partie, en la frappant d'une éternelle proscription.

Voulez-vous connoître tout ce que peut avoir d'immoral le contrat à fond perdu ? Jetez un coup-d'œil sur ce vieillard septuagénaire, qui au moment de le souscrire se présente appuyé sur un bâton, la tête courbée vers l'élément qui semble l'attirer à lui, et vous verrez qu'après l'avoir signé il se redressera, mettra de côté le moyen qui avoit certifié sa décrépitude ; se présentant alors avec l'apparence d'un homme qui a pu secouer les quatre-vingt-dix années qui pesoient sur sa tête, par sa bonne mine il annoncera à son acquéreur qu'il lui payera au-delà de son prix, la propriété qui lui a aliénée. Cependant l'acquéreur stupéfait de cette subite métamorphose, ne pouvant revenir sur le contrat que l'hypocrite lui a arraché par astuce, désespéré d'avoir été dupe de son stratagême, ne peut-il pas se livrer à quelque excès? Certes il ne faut que connoître un peu le cœur humain, pour se convaincre de quoi est capable l'intérêt lorsqu'il se trouve blessé; mais laissons-la le style hypothétique, et présentons un fait que ma plume se refuseroit d'écrire, s'il n'étoit absolument nécessaire pour faire ressortir mon sujet.

Nous trouvons dans le troisième cahier du journal de l'académie de législation f.° (383) le récit suivant :

« Louis Blondeau Duparc, de la commune de Clussay, au village de Lénier, département des deux Sèvres, avoit vendu, à rente viagère, un domaine à Pierre Bouguillaume, et à Jeanne Chipot son épouse; ceux-ci ne pouvant pas ou ne voulant pas servir la rente, la nuit du 30 messidor au 1.er thermidor an 5, ils assassinèrent leur vendeur et le jetèrent dans un puits. » Les assurances dites sur la vie peuvent-elles provoquer de pareil crime, qui plus est en faire naître le désir? Non sans doute, cependant elles sont proscrites et les rentes viagères sont permises, quelle contradiction !

Néanmoins la raison, secouant le joug du préjugé, on vit se former à Paris, le 3 novembre 1787, une compagnie d'assurance sur la vie; l'ouverture de cet établissement ayant donné le signal du combat, les moralistes et les économistes s'excrimèrent ensemble jusqu'au moment où la disparution de l'entreprise mit un terme à leur querelle, querelle qui n'eut d'autre motif que des misérables mots. Le législateur considérant les mots qui expriment les principes comme des mots sacramentels, n'a pas hésité dans son ordonnance maritime de s'énoncer ainsi : *Défendons de faire aucune assurance sur la vie des personnes* : sans doute que s'il eût songé à distinguer l'individu de ses moyens industriels, il ne se seroit pas décidé à établir une pareille prohibition.

Il est sans doute assez inutile d'entrer dans tous ces détails, puisqu'il suffit de démontrer et prouver que le contrat d'assurance ne présente que des conventions morales dégagées de tous inconvéniens; cependant je n'ai pas hésité de les présenter, afin de chercher à convaincre ceux qui pourroient lui être contraire : d'après les raisons que j'ai alléguées, je résumerois donc cette notice en disant :

1.° Que c'est improprement qu'on appelle ce contrat, contrat d'assurance sur la vie, mais que l'on devroit l'appeler *contrat d'assurance sur facultés industrielles;*

2.° Que l'assurance sur facultés industrielles est conforme aux règles de la morale, et est moins suceptible d'inconvéniens que les contrats les plus innocens;

3.° Que ce seroit encourager le commerce maritime et la marine elle-même, si elle étoit autorisée par la loi.

TABLE DES SECTIONS ET CHAPITRES CONTENUS DANS CE VOLUME.

(a) *Nota.* On trouvera quelques erreurs dans la série des chapitres, sections et parties, mais elles sont sans conséquence, vu que celle de la pagination et des paragraphes est exacte.

DEUXIÈME PARTIE.

SECTION III.

Des choses.

SECTION IV.

TROISIÈME PARTIE.

SECTION V.

SECTION VI.

SECTION VII.

SECTION VIII.

SECTION IX.

QUATRIÈME PARTIE.

SECTION X.

INSTITUTION

INSTITUTION

AU DROIT MARITIME.

CHAPITRE PREMIER.

NOTIONS ET RÈGLES GÉNÉRALES.

Exécution des Lois ; Sénat Conservateur ; Pouvoir Législatif ; Tribunat ; Corps Législatif ; Gouvernement ; Traités ; Conseil d'Etat ; Ministres ; Tribunaux ; Contrainte par corps ; Usages ; Mandat ; Cas fortuits et de force majeure ; Cas imprévus ; Fortunes de mer ; Cas sinistres ; Cas insolites.

1. EXÉCUTION DES LOIS. Décret du 21 septembre 1790. « L'Assemblée nationale décrète, que jusqu'à ce qu'il en ait été autrement ordonné, les lois non abrogées seront provisoirement exécutées. »

2. SÉNAT CONSERVATEUR. Constitution de l'an 8, tit. 2, art. 20. « Il élit les Législateurs, les Tribuns, les Juges de cassation et les Commissaires de la comptabilité. » Art. 21. « Il maintient ou annulle tous les actes qui lui sont déférés, comme inconstitutionnels, par le Tribunat ou par le Gouvernement. »

3. POUVOIR LÉGISLATIF. Const. de l'an 8, tit. 3, art. 25. « Il ne sera promulgué de lois nouvelles que lorsque le projet en aura été proposé par le Gouvernement, communiqué au Tribunat, et décrété par le Corps législatif. » Art. 26. « Les projets que le Gouvernement propose sont rédigés en articles. En tout état de la discussion de ces projets, le Gouvernement peut les retirer ; il peut les reproduire modifiés. »

4. TRIBUNAT. Art. 28. « Le Tribunat discute les projets de loi ; il en vote l'adoption ou le rejet.... Il défère au sénat, pour cause d'inconstitutionnalité seulement..... les actes du Corps législatif et ceux du Gouvernement. »

5. CORPS LÉGISLATIF. Art. 34. « Le Corps législatif fait la loi en statuant par scrutin secret, et sans aucune discussion de la part de ses membres,

sur les projets de loi débattus devant lui par les orateurs du Tribunat et du Gouvernement. »

6. GOUVERNEMENT. Art. 39. « Le Gouvernement est confié à trois Consuls nommés pour dix ans, et indéfiniment rééligibles ; mais, par la loi du. . . . . ils sont Consuls à vie. » Art. 44. « Le Gouvernement propose les lois, et fait les réglemens nécessaires pour assurer leur exécution. »

7. TRAITÉS. Art. 49. « Le Gouvernement entretient des relations politiques au dehors, conduit les négociations, fait les stipulations préliminaires, signe, fait signer, et conclut tous les traités de paix, d'alliance, de trêve, de neutralité, de commerce et autres conventions. » Art. 50. « Les déclarations de guerre et les traités de paix, d'alliance et de commerce, sont proposés, discutés, décrétés et promulgués comme les lois. Seulement les discussions et délibérations sur ces objets, tant dans le Tribunat que dans le Corps législatif, se font en comité secret, quand le Gouvernement le demande. » Art. 51. « Les articles secrets d'un traité ne peuvent être destructifs des articles patens. »

8. CONSEIL D'ETAT. Art. 52. « Sous la direction des Consuls, le Conseil d'état est chargé de rédiger les projets de loi et les réglemens d'administration publique, et de résoudre les difficultés qui s'élèvent en matière administrative. » Art. 53. « C'est parmi les membres du Conseil d'état que sont toujours pris les orateurs chargés de porter la parole au nom du Gouvernement, devant le Corps législatif. Ces orateurs ne sont jamais envoyés au nombre de plus de trois, pour la défense du même projet de loi. »

9. MINISTRES. Art. 54. « Les Ministres procurent l'exécution des lois des réglemens d'administration publique. » Art. 55. « Aucun acte de Gouvernement ne peut avoir d'effet, s'il n'est signé par un Ministre. »

10. TRIBUNAUX. Art. 60. « Chaque arrondissement communal a un ou plusieurs Juges-de-paix. . . . Leur principale fonction consiste à concilier les parties, qu'ils invitent, dans le cas de non conciliation, à se faire juger par des arbitres. »

11. *Tribunaux civils*. Art. 61. « En matière civile, il y a des Tribunaux de première instance, et des Tribunaux d'appel. La loi détermine l'organisation des uns et des autres, leur compétence, et le territoire formant le ressort de chacun. »

12. *Tribunaux criminels*. Art. 62. « En matière de délits, emportant peine afflictive ou infamante, un premier Jury admet ou rejette l'accusation : si

elle est admise, un second Jury reconnoît le fait; et les Juges formant un Tribunal criminel, appliquent la peine. Leur jugement est sans appel. » Art. 68. « La fonction d'accusateur public près un Tribunal criminel, est remplie par le Commissaire du Gouvernement. »

13. *Tribunaux de police correctionnelle.* Art. 64. « Les délits qui n'emportent pas peine afflictive ou infamante, sont jugés par des Tribunaux de police correctionnelle, sauf l'appel aux Tribunaux criminels. »

14. *Tribunal de cassation.* Art. 65. « Il y a, pour toute la République, un Tribunal de cassation, qui prononce sur les demandes en cassation contre les jugemens en dernier ressort, rendus par les Tribunaux; sur les demandes en renvoi d'un Tribunal à un autre, pour cause de suspicion légitime ou de sûreté publique : sur les prises à partie contre un Tribunal entier. » Art. 66. « Le Tribunal de cassation ne connoît point du fond des affaires dans lesquelles les formes ont été violées, ou qui contiennent quelque contravention expresse à la loi; et il renvoie le fond du procès au Tribunal qui en doit connoître. »

15. *Dispositions générales.* Tit. 7, art. 76. «La maison de toute personne habitant le territoire français, est un asile inviolable. Pendant la nuit, nul n'a le droit d'y entrer que dans le cas d'incendie, d'innondation, ou de réclamation faite de l'intérieur de la maison. Pendant le jour, on peut y entrer pour un objet spécial déterminé, ou par une loi, ou par un ordre émané d'une autorité publique.» Art. 77. «Pour que l'acte qui ordonne l'arrestation d'une personne puisse être exécuté, il faut 1.° qu'il exprime formellement le motif de l'arrestation et la loi en exécution de laquelle elle est ordonnée; 2.° qu'il émane d'un fonctionnaire à qui la loi ait donné formellement ce pouvoir; 3.° qu'il soit notifié à la personne arrêtée, et qu'il en soit laissé copie.» Art. 82. «Toutes rigueurs employées dans les arrestations, détentions ou exécutions, autres que celles autorisées par les lois, sont des crimes.» Art. 83. «Toute personne a le droit d'adresser des pétitions individuelles à toute autorité constituée, et spécialement au Tribunat.» Art 86. «La Nation française déclare qu'il sera accordé des pensions à tous les militaires blessés à la défense de la patrie, ainsi qu'aux veuves et aux enfans des militaires morts sur le champ de bataille ou des suites de leurs blessures.» Art. 87. «Il sera donné des récompenses nationales aux guerriers qui auront rendu des services éclatans en combattant pour la République.»

16. CONTRAINTE PAR CORPS. Loi du 15 germinal an 6. Tit. 1, § 1,

art. 1. « La contrainte par corps ne peut être prononcée qu'en vertu d'une loi formelle. » Il résulte deux considérations de cette disposition ; la première, qu'elle ne peut être exercée si elle n'est prononcée ; la seconde, qu'elle ne peut être prononcée qu'en vertu d'une loi formelle. » Art. 2. « Toute stipulation de contrainte par corps, énoncée dans des actes, contrats et transactions quelconques ; toute condamnation volontaire qui prononcerait cette peine, hors les cas où la loi l'a permis, sont essentiellement nulles. » § 4, art. 6. « Tout jugement rendu en contravention aux articles précédens emportera nullité, et donnera lieu à prise à partie, dépens, dommages et intérêts contre les Juges qui le prononceroient. » Titre 2, § 1, art. 1. « La contrainte par corps aura lieu dans toute l'étendue de la République française ; 1.° contre les banquiers, agens de change, courtiers, facteurs ou commissionnaires dont la profession est de faire vendre ou acheter des marchandises moyennant rétribution, pour la restitution de ces marchandises ou du prêt qu'ils en toucheront ; 2.° de marchands à marchands, pour fait de marchandises dont ils se mêlent respectivement ; 3.° contre tous négocians ou marchands qui signeront des billets pour valeur reçue comptant ou en marchandises, soit qu'ils doivent être payés sur l'acquit d'un particulier y nommé, ou à son ordre, ou au porteur ; 4.° contre toutes personnes qui signeront des lettres ou billets de change ; celles qui y mettront leur aval, qui promettront d'en fournir avec remise de place en place, et qui feront des promesses pour lettres de change à elles fournies ou qui devront l'être. » Art. 2. « Sont exceptés des dispositions énoncées au § 4 de l'article précédent, les femmes, les filles et les mineurs non commerçans. » Art. 3. « Les femmes et les filles qui seront marchandes publiques, ou celles mariées qui feront un commerce distinct et séparé de celui de leurs maris, seront soumises à la contrainte par corps, pour fait de leur commerce, quand elles seroient mineures ; mais seulement pour exécution d'engagement de marchand à marchand, et à raison des marchandises dont les parties feront respectivement négoce. Cette disposition est applicable aux négocians, banquiers, agens de change, courtiers (1), facteurs et commissionnaires, quoique mineurs, à raison

(1) D'après la disposition de cet article, il est clair qu'un mineur peut être reçu courtier, ce qui est contraire aux dispositions des lois antérieures sur le courtage ; mais cette contradiction est annullée par l'arrêté des Consuls du . . . . qui fixe l'âge des agens de change et courtiers, à . . . . .

de leur commerce. » Tit. 2, sect. 2, art. 4. « La contrainte par corps aura lieu pour l'exécution de tous contrats maritimes tels que grosses aventures, chartres-parties, assurances, engagemens et loyers de gens de mer, ventes et achats de vaisseaux, pour le frêt et le naulage, et autres concernant le commerce et la pêche de mer. » Tit. 3, § 1, art. 1. « Tous jugemens emportant contrainte par corps pourront, s'ils sont définitifs, être exécutés, nonobstant l'appel, en donnant caution. » Art. 4. « Aucun jugement de contrainte par corps ne pourra être mis en exécution 1.° avant le lever et après le coucher du soleil; 2.° les jours de décadi (sans doute actuellement le dimanche); 3.° pendant la durée de ceux indiqués par la loi pour la célébration des fêtes républicaines; 4.° pendant le temps des assemblées primaires; 5.° contre aucun électeurs durant le cours des assemblées électorales, ainsi que pendant les trois jours qui auront précédé leur tenue, et les trois qui l'auront suivie; 6.° en aucun temps, dans un lieu public destiné aux cultes; dans l'enceinte du Corps législatif, du Directoire exécutif, d'un Tribunal ou d'une Administration publique quelconque. » Art. 5. « Hors le cas et les lieux ci-dessus indiqués, la contrainte par corps peut être mise à exécution par-tout, et même à domicile, en se conformant à l'article 359 de la Constitution. » A quoi on peut ajouter en se conformant à l'art. 76, tit. 7 de la Constitution de l'an 8 » (15). Art. 6. « Toute exécution faite en contravention aux articles précédens, comportera nullité, et donnera lieu à des dommages et intérêts envers la partie lésée. »

17. Loi du 4 floréal an 6 relative à la contrainte par corps pour engagemens de commerce entre les Français et les étrangers.

Art. 1. « Tout étranger résidant en France, y est soumis à la contrainte par corps pour les engagemens qu'il contractera dans toute l'étendue de la République avec des Français, s'il n'y possède pas des propriétés foncières, aucun établissement de commerce. » Art. 2. « S'il y possède des propriétés foncières ou un établissement de commerce, il ne sera pas contraignable par corps pour l'exécution des engagemens énoncés au précédent article, que dans les cas où les Français peuvent être contraints par cette voie pour des stipulations de même nature. » Art. 3. « La contrainte par corps aura lieu contre lui pour tous engagemens qu'il contractera en pays étrangers, et dont l'exécution réclamée en France emporteroit la contrainte par corps dans le lieu où ils auront été formés. » Art. 4. « Tout Français qui s'est soumis à la contrainte par corps en pays étrangers pour l'exécution d'un engagement qu'il y a contracté, y est également contraignable en France.

18. DROIT D'AUBAINE ET DE DÉTRACTION. Décret du 15-17 avril 1791. « L'assemblée nationale, après avoir entendu le rapport des comités réunis. . . . , ne voulant laisser aucun doute sur l'intention qu'elle a manifestée par son décret du 6 août 1790, concernant l'abolition du droit d'aubaine et de détraction, déclare qu'il doit être exécuté dans toutes les possessions françaises, même dans les deux Indes. »

19. NATURALISATION. Constitution de l'an 8, tit. 1, art. 2. « Tout homme né et résidant en France, qui, âgé de vingt-un ans accomplis, s'est fait inscrire sur le registre civique de son arrondissement communal, et qui a demeuré depuis pendant un an sur le territoire de la République, est Citoyen français. »

Art. 3. » Un étranger devient Citoyen français, lorsqu'après avoir atteint l'âge de vingt-un ans accomplis, et avoir déclaré l'intention de se fixer en France, il y a résidé pendant dix années consécutives.

Art. 4. » La qualité de Citoyen français se perd, par la naturalisation en pays étranger; par l'acceptation de fonctions ou de pensions offertes par un Gouvernement étranger; par l'affiliation à toute corporation étrangère qui supposeroit des distinctions de naissance; par la condamnation à des peines afflictives ou infamantes.

Art. 5. » L'exercice des droits de Citoyen français est suspendu, par l'état de débiteur failli, ou d'héritier immédiat, détenteur à titre gratuit de la succession totale ou partielle d'un failli; par l'état de domestique à gages, attaché au service de la personne de ménage; par l'état d'interdiction judiciaire, d'accusation ou de contumace.

Art. 6. » Pour exercer les droits de cité dans un arrondissement communal, il faut y avoir acquis domicile par une année de résidence, et ne l'avoir pas perdu par une année d'absence. »

20. MAJEUR ET MINEUR. Les lois nouvelles ont fixé l'âge requis pour le mariage, à quinze ans révolus pour les hommes, et à treize ans révolus pour les filles. C'est donc à ces âges qu'est fixé celui de la puberté civile pour les deux sexes. Toutes personnes sont censées déclarées majeures à vingt-un ans accomplis. Loi du 22 septembre 1792. Autrefois on n'étoit majeur qu'à vingt-cinq ans. L'art. 6 du tit. 1 de l'ordonnance de 1673 porte : « Tous négocians et marchands en gros ou en détail, comme aussi les banquiers, seront réputés majeurs pour le fait de leur

commerce et banque, sans qu'ils puissent être restitués sous prétexte de minorité. » Or, comme la minorité commence à l'âge de puberté et finit à celui de la majorité : il suit de-là que la minorité commence à quinze ans pour les hommes, et à treize ans pour les filles, et conséquemment le marchand pubère peut donc être contraint par corps aussitôt qu'il est entré dans l'âge de la minorité, en suivant ce qui est prescrit par la loi sur cette matière. Mais si l'on réfléchit sur les funestes conséquences qui peuvent résulter de l'emprisonnement d'un mineur de treize ans et de quinze ans, on sentira combien la loi seroit vicieuse s'il n'étoit pas permis au Juge d'en tempérer la rigueur ; en effet, la perfidie, l'astuce, l'inexpérience plongeroient-elles, par exemple, une jeune fille de treize ans dans les cachots, l'effroi qu'elle pourroit éprouver en entrant dans cet asile, qui semble n'avoir été destiné originairement qu'au crime, ne risqueroit-il pas de faire chez elle une telle révolution, que la mort même pourroit en être la suite ? Mais la loi, qui ne veut que ce qui est juste et nécessaire dans la dureté utile de ces expressions, donne néanmoins au Juge la faculté de prendre un tempéramment plus humain et plus conforme à ses instructions. Elle dit (1) : « La contrainte par corps ne peut être prononcée qu'en vertu d'une loi formelle. » Si le Législateur eût voulu que la contrainte par corps fût prononcée dans tous les cas qu'elle a présenté, il eût dit : *La contrainte par corps sera prononcée*, et non pas, *ne peut être prononcée* ; dans le premier cas la loi parlant d'une manière décidément absolue, le Juge ne pourroit se dispenser de la prononcer ; mais dans le second cas, il semble que le Législateur ait laissé quelque chose d'arbitraire au Juge. Or, il me semble que lorsqu'une loi de rigueur ne prononce pas d'une manière décidément absolue, et que de l'autre, l'humanité, pour ainsi dire outragée, réclame son radoucissement, le Juge ne peut se dispenser de l'écouter. Aussi Balde dit-il dans son Conseil 198, que dans les causes des marchands, où il ne s'agit que de la bonne foi, il en faut ôter toutes les pointilles de droit et de la loi. Décius étaye cette opinion en observant que chez les marchands on doit regarder principalement l'équité, et non point la dureté et la rigueur de la loi ; Angelus, dans son Conseil 77, s'exprime en ces termes : « Dans les cours des marchands, les choses qui ne répugnent

(1) Art. 1 de la loi du 15 germinal an 6.

ni à la nature ni à la loi, s'exécutent comme la loi même » D'après ces observations et ces opinions on peut donc dire hardiment, qu'un Juge est dispensé de prononcer la contrainte par corps contre un individu de l'un ou de l'autre sexe, s'il n'a pas atteint sa dix-huitième année. »

21. USAGE. L'usage est la manière ordinaire d'agir, qui, après avoir été autorisé par plusieurs jugemens, ou une assez longue habitude, a passé en force de loi. Chez les Romains, les lois décidoient que l'usage n'avoit force ni de raison, ni de loi. *L. 2, Cod. quœsit. long. Cons.* Cependant ils accordoient une certaine autorité à l'espèce d'usage consacré par la chose jugée, mais seulement pour l'interprétation des lois et non pour leur abrogation. *Dict. L. 34, ff. de Legib., L. 38 d. Cod. tit.* Tertullien dit : « Pour examiner si un usage doit être suivi, il en faut chercher la raison dans son commencement. » L'on sait, disent Straccha, *gl. 11. N. 15*, et Casaregis, *disc. 190*, *N. 13*, que dans le commerce l'usage l'emporte aisément sur la théorie du droit. En effet, quoiqu'il soit de règle que celui qui agit *pour compte d'ami*, n'est pas obligé en son nom propre, dès qu'il nomme son mandant, néanmoins contre cette règle, celui qui assure, ou se fait assurer pour compte d'un autre, est personnellement engagé. C'est l'opinion d'Emérigon, qui cite Clairac qui dit, « qui se fait assurer par commission d'autrui, avec ces mots, *à lui appartenans*, *ou que appartenir puissent*, le désignent personnier; car s'il n'est associé, et soit simple commissionnaire, doit user d'autres termes, savoir est, *sur telle marchandise faire assurer par tel, pour le compte de tel, à lui appartenant, ou qui appartenir puisse* : ces mots lors atterrent la personne de celui qui est nommé, et non pas les marchandises d'autrui, chargées par divers et autres connoissemens, reconnoissances ou charte-partie. « D'après cet énoncé du Guidon, on doit voir qu'il n'est pas trop propre à étayer l'opinion d'Emérigon, et que c'est mal-à-propos qu'il a cité cet article; néanmoins l'usage n'en est pas moins certain; plusieurs jugemens l'ont confirmé; et Valin et Pothier attestent que celui du commerce est, que l'assureur s'adresse au commissionnaire pour le paiement de la prime. »

22. Quoique cet usage contrarie les principes, il est néanmoins nécessaire de le maintenir pour favoriser le commerce, vu la difficulté qu'il y auroit à atteindre les mandans que l'on ne connoît point, sur-tout lorsqu'ils sont étrangers. En effet, c'est la raison qui a fait admettre cet usage.

23. Le Consulat de la mer, ch. 40, dit que dans les affaires maritimes, les

les Juges doivent prononcer leurs sentences en conformité des coutumes et statuts de la *mer* ; et Marquardus, lib. 2, cap. 13, n. 16, observe que, dans les jugemens du procès entre assureurs et assurés, il faut s'en tenir aux usages établis dans le commerce.

D'après la Rote de Gênes, Stracha, Roccus, Targa, Casaregis, Gibalinus, l'usage en pareille matière a force de loi : cette règle est conforme au droit commun.

24. L'usage a été introduit par l'une de ces trois raisons ; 1.° pour suppléer à la loi ; 2.° pour l'interpréter ; 3.° pour l'atténuer. L'introduction de l'usage pour la première raison n'a point dû trouver d'obstacle ; mais pour les deux autres elle a dû éprouver des contrariétés, parce que les lois portent, notamment l'art. 36 de l'ordonnance de Roussillon ; l'art. 208 de celle de Blois ; l'art. 1 de celle de Louis XIII de 1629 (1) et des autres rois ses prédécesseurs, que les Juges jugeront suivant la disposition des lois et des ordonnances, et l'édit de 1673 ne fut enregistré au Parlement de Rouen, qu'à condition que les Prieurs et Consuls jugeroient selon la disposition du droit, des ordonnances du Roi et coutumes des pays. L'ord. de 1667, tit. 1, art. 6, parle de la manière la plus claire à cet égard. Il y est dit :

« Voulons que toutes nos ordonnances, édits, déclarations et lettres patentes *soient observés* tant aux jugemens des procès qu'autrement, sans y contrevenir; ni que *sous prétexte d'équité*, *bien public*, amélioration de justice, ou de ce que nos cours auroient à nous représenter, elles *ni les autres Juges* s'en puissent dispenser, ou en modérer les dispositions, en quelque cas et pour quelque cause que ce soit. »

25. Bornier observe, sur cet article, que les Rois n'ont jamais communiqué à qui que ce soit le droit d'interpréter leurs ordonnances, et Jousse dit : « *Les Juges, quels qu'ils soient*, souverains ou subalternes, sont tenus indispensablement de l'observation des ordonnances, édits et déclarations; et il ne dépend pas d'eux de s'en dispenser ou d'en modérer les dispositions. En cela ces auteurs paroissent être les échos d'Alexandre et d'Alciat, qui disent que *c'est de la lettre que les édits et ordonnances se doivent prendre.* Voyons actuellement si la loi est exécutée, et conséquemment si les opinions des auteurs sont suivies.

(1) Cette ordonnance prescrit l'observation de toutes les ordonnances, *non spécialement révoquées, ou non abrogées* par un *usage* contraire *reçu et approuvé par le Roi.*

26. Les déclarations du 28 novembre 1702 et 27 mars 1718 annullent les transports et cessions faits dans les dix jours qui précèdent la faillite; et la loi du 11 brumaire an 7, tit. 1, art. 5, veut que « l'inscription qui seroit faite dans les dix jours avant la faillite, banqueroute ou cessation publique de paiement d'un débiteur, ne confère point d'hypothèque. »

27. D'après les expressions de toutes ces lois et opinions, on devroit conclure que le négociant qui a transporté ou cédé la veille de sa faillite, provoquée, par exemple, par les ravages d'une grande incendie, doit s'attendre à voir invalider ses opérations; cependant il en est tout différemment lorsqu'il paroît clairement qu'il n'y a ni fraude ni dol de sa part : dans ce cas la loi est interprétée, puisque le Juge ne rend un jugement qui lui est contraire, que parce qu'il présume qu'elle n'a été faite que pour les circonstances dans lesquelles la bonne-foi du cédant et du cessionnaire ne paroîtroit pas dans un grand jour : donc le Juge interprète la loi.

28. « Personne n'ignore, dit le Journal du Palais, que l'usage est le meilleur interprète des lois. *L. 37, ff. de Legib* (1). C'est par la pratique que l'on digère les lois et qu'on en discerne le véritable sens : la théorie, sans la pratique, ne sert quelquefois qu'à égarer l'esprit. La réunion de l'un et de l'autre forme le véritable Jurisconsulte. Dumoulin, Traité de *eo quod interest, N. 38.*

29. Mais quelques égards qu'on doive à l'usage, son pouvoir ne s'étend point jusqu'à vaincre la raison et la loi. Je parle ici de la loi véritable et proprement dite, qui prend sa source dans la sagesse éternelle, qui est aussi immuable qu'elle, et qui existoit avant que d'avoir été gravée sur la pierre, ou tracée sur la toile. *Cicéron, de Legib., Lib. 2, cap. 4.*

30. Il n'en est pas de même des lois arbitraires et de police : l'usage contraire les abroge. *L. 32, ff. de Legib.* Elles vieillissent par le temps; elles s'évanouissent avec les motifs qui les avoit fait naître. Cujas, sur la loi *1 ff. de Justitia et Jure.* D'Aguesseau, *Tom. 9, pag. 446.* Le commerce, plus que tout autre partie de l'économie publique, est susceptible de l'application de ces principes. En effet, presque tout y est circonstanciel.

31. Non-seulement dans le commerce la loi est interprétée, mais même atténuée par convention stipulée expressément dans les contrats. En voici un exemple. A Amsterdam, l'art. 3 des assurances ordonne « que les

(1) Si l'usage s'établit d'après des décisions uniformes de plusieurs Tribunaux; si les usages interprètent la loi, les Tribunaux interprètent donc les lois.

polices contiendront le nom du navire, celui du maître ou capitaine, celui du lieu où le navire doit charger, et celui du lieu où il doit aller, sous peine de nullité de police, si la faute vient de l'assuré, si elle vient du courtier il en sera responsable à l'assuré. » Le premier article déclare nuls et invalides tous contrats d'assurance qui se feront à Amsterdam, contraire à l'ordonnance, quelques stipulations, conditions ou sermens qu'ils puissent contenir. Ces articles ne sont pas toujours suivis à la lettre, car il se fait beaucoup d'assurances qui ne sont pas en tout conformes, et d'autres qui sont même contraire à l'ordonnance. Mais quand cela arrive, il faut mettre une clause dans la police, par laquelle les assureurs *renoncent expressément à toutes les lois, ordonnances et placards qui contrarient une telle assurance.* Ricard, fol. 250 et 251. Renoncer explicitement aux lois de son pays et de la manière la plus formelle, et ce qu'il y a de plus fort, voir les Tribunaux sanctionner de pareilles infractions, sont autant d'excès qui, au premier coup-d'œil, paroissent devoir ne point être tolérés; mais la faveur du commerce, qui est à côté de cette licence, imposant silence à l'autorité, force la loi de plier devant l'usage. A la vérité, dans ce cas, les actions qui peuvent résulter de pareils contrats ne peuvent point s'intenter devant la chambre d'assurance (1), mais elles sont admises par les Echevins (2), ainsi qu'à la cour de Hollande. Ricard, *ibid.*

32. Les lois de la Hollande, dit l'auteur du Commerce de la Hollande, tom. 2, fol. 316, ont plus restreint la liberté des assurances que celles de France; mais *l'usage* y est venu au secours du commerce sur plusieurs articles intéressans (fol. 318). On a soin, dans ce cas, d'insérer dans la police *une renonciation expresse à toutes les lois, ordonnances et placards qui sont contraires à une telle assurance.*

33. Trois motifs ont introduit les usages dans le commerce; 1.° la raison; 2.° l'intérêt; 3.° les préjugés. Les premiers acquièrent force de lois, mais les autres, lorsque leurs vices sont évidemment démontrés, ne peuvent jamais faire lois, si anciens et si accrédités qu'ils soient. Conséquemment lorsque la

(1) La chambre des assurances est composée ordinairement de Commissaires choisis parmi les Echevins qui entendent également le droit et le commerce. Elle est établie pour décider sur les différens qui surviennent entre les marchands et les assureurs.

(2) Les Echevins, qu'on nommoit anciennement *Jurats*, parce qu'ils sont obligés, avant que d'entrer en fonction, de faire serment d'être inviolablement attachés aux lois, jugent et prononcent les sentences sur toutes sortes d'affaires, tant civiles que criminelles.

loi est muette, ou a besoin d'être interprétée ou atténuée, et qu'on appelle l'usage à son secours, il est de la prudence des négocians, des Jurisconsultes et des Juges de remonter à leurs principes pour en connoître l'origine, de voir les conséquences qui peuvent résulter de leur application, et de bien examiner si les raisons qui les ont provoqués existent encore. Dans tous les cas, les Juges ne doivent les admettre que lorsque la faveur du commerce, d'accord avec la raison, le leur commande.

34. J'ai dit que les usages peuvent être établis par l'intérêt ou les préjugés, en voici une preuve.

Les hommes ayant, de tous les temps, cherché à abuser des mots, pour satisfaire leur cupidité, ils ont profité de toutes les circonstances qui pouvoient favoriser leurs desseins. L'Amérique n'ayant guère d'autre monnoie métallique que des pièces espagnoles et portugaises, les colons les considérant comme marchandises, suivant ce qu'elles sont réellement dans le fait, pour en empêcher l'exportation, leur donnèrent un numéraire d'un tiers plus fort qu'elles ne comportoient relativement à notre ancienne unité monétaire, qui étoit une livre. En conséquence, en supposant que la piastre valût 6 livres, et qu'il fût égal d'avoir cet écu espagnol, ou un écu français, parce que l'un et l'autre achetoient également les mêmes valeurs, la piastre fut appelée 9 livres; il s'ensuivit de-là, que, contre la raison et le bon sens, 6 livres furent réputées égales à 9 livres, ou, pour parler abstraitement et d'une manière à faire sentir plus sensiblement ce ridicule, que *6 étoit égal à 9*; et conséquemment, par une suite de ce renversement d'idées, on dit que 100 livres de France égaloient 150 livres d'Amérique, et que 100 livres d'Amérique égaloient 66 livres ⅔ de France: comme on pourroit m'objecter que deux valeurs peuvent bien être intrinséquement *en parité*, pendant que leur numéraire ou nombre qui leur est attaché est *en disparité*, ou que l'une est plus demandée que l'autre, j'observerai que par rapport aux matières d'or et d'argent, elles ne peuvent jamais être portées, les unes aux autres, à une telle disparité; et que d'ailleurs, en règle générale, la monnoie nationale mesurant la monnoie étrangère, comme étant une marchandise, la même dénomination ne peut point être attachée aux deux monnoies. Cependant, comme l'Amérique avoit pour elle la loi, elle étoit la maîtresse de porter la piastre au numéraire qu'elle jugeoit à propos, parce qu'elle est marchandise. Mais en France, où l'argent monnoyé au coin de l'état étoit véritablement monnoie, et que le tit. 27, art. 18 de l'ordonnance de 1667 porte, « que les sommes seront exprimées, à l'avenir, dans les jugemens, en livres, sous et deniers tournois, et qu'encore que les actes portent le parisis, la somme n'en sera pas augmentée; il suivoit de-là, que les régnicoles devoient stipuler, dans leurs contrats, en livres tournois, représentant, par rapport au nombre, la quantité de fin que le Législateur lui a assignée, et non autrement. »

35. Cependant, quoique l'art. 13 du chap. 2 du Guidon de la mer veuille que la chose assurée au-delà du quart de la valeur, soit réputée faite sur une estimation frauduleuse, et que l'art. 8 du tit. des assurances veuille que l'estimation en soit faite, pour que l'assuré ne fasse pas faire une assurance au-delà de la valeur de la chose qu'il veut soumettre aux risques maritimes; néanmoins, un navire valant 30,000 livres, expédié de Bordeaux pour les colonies, étoit estimé, suivant le numéraire des colonies, à 45,000 livres, et donnoit, par cette évaluation, une estimation d'un tiers au-delà de la vraie valeur, et conséquemment contraire aux lois du Guidon, de celle de notre ordonnance de 1681, en contrevenant à celle de 1667 sur l'évaluation de la monnoie; dans cette circonstance, l'assureur étoit obligé, en cas de perte, de payer à l'assuré toute la valeur imaginaire ajoutée à la valeur réelle.

36. On disoit, pour autoriser cet usage singulier, « qu'on n'évaluoit pas la livre-monnoie des îles à l'instar de la livre tournois; mais la chose assurée que l'on disoit mesurer sur celle de France : » alors il paroissoit assez singulier que par un galimathias de cette espèce, on pût prétendre que le vaisseau eût acquis un tiers de plus de sa valeur dans un voyage où il avoit été détérioré. Je demande si on a jamais pu avancer un pareil sophisme à des hommes à qui on a pu croire un peu de bon sens; cependant cet usage s'est maintenu jusqu'en 1779, époque à laquelle une déclaration du 17 août est venue le détruire. Pothier, n. 149, paroît être le premier qui se soit élevé contre cet abus.

37. Quoique cet usage fût reçu dans le commerce avant la déclaration précitée, on ne peut se dissimuler que s'il y eût eu des réclamations avec appel aux principes, on ne l'eût fait tomber aussitôt qu'il se montra en contrariété avec la raison. Il en faut dire autant de tous les autres usages introduits par les mêmes motifs.

38. Violer l'esprit de la loi, en feignant d'en respecter la lettre, c'est une fraude plus criminelle qu'une violation ouverte : elle n'est pas moins contraire à l'intention du Législateur; elle est l'effet d'une malice plus artificieuse et plus réfléchie. *L. 29, ff. de Legibus.*

39. Lorsqu'il s'agit de vérifier l'usage des négocians, on a tel égard que de raison, aux *parères et certificats* qui sont communiqués. Casaregis, Journal du Palais; Savari, parère 16, page 144, ont fait beaucoup plus d'attention aux *actes de notoriété* expédiés par les Chambres de Commerce. Gibalinus, Santerna; mais, lorsqu'il s'agit d'un véritable point de droit, on n'a guère égard qu'au sentiment des Jurisconsultes.

40. A quels signes peut-on distinguer l'usage abrogateur de la loi? Est-ce à *perpétuité* de la même chose, ou suffit-il qu'une innovation dans la Jurisprudence même ait été généralement accueillie? Cette *généralité* de Jurisprudence exige-t-elle une uniformité d'arrêts dans tous les Parlemens, ou bien, pour chaque province, suffit-il de l'uniformité des arrêts du Parlement qui la régit?

41. Quelle est la force de l'usage? introduit-il un droit positif nouveau, ou ne fait-il que neutraliser le droit reçu? Est-il possible d'abroger une loi, sans remettre en vigueur les autres lois de la matière, conséquemment sans introduire un droit positif nouveau? Telles sont les questions que l'on trouve dans un journal intitulé : *Jurisprudence du Tribunal de Cassation*, an 10, 1er. cahier, fol. 15.

42. *Sur ces questions.* L'usage est abrogateur de la loi, quand la loi a des vices nuisibles à la faveur du commerce, ou contraires à la raison, ou lorsqu'elle a été dictée par des circonstances qui n'existent plus. Dans ces cas, l'usage abroge la loi, ou dans son principe, ou dans ses conséquences, ou dans l'un et dans les autres : par exemple, l'usage abroge la loi dans son principe, dans cette hypothèse. L'art. 23 du tit. 5 de l'ordonnance de 1673 porte : « Les signatures au dos des lettres-de-change ne serviront que d'endossement et non d'ordre. :c., s'il ne contient la date et le nom de celui qui en a payé la valeur, etc. »

43. Cet article ayant été trouvé très-gênant pour les négocians, le commerce s'en est affranchi; en effet, il est des négocians prudens, qui ne voulant faire circuler sur la place leur signature que dans les justes proportions de la confiance que l'on accorde à leur solvabilité, pour ne pas trop les multiplier, vendent une marchandise, prennent en paiement un billet endossé en blanc, et le donnent en paiement à d'autres négocians, sans y apposer leur signature; ce qui, dans ce cas, ne devient, par rapport à eux, qu'un vrai papier-monnoie. Si cette latitude n'existoit pas, ces mêmes négocians n'auroient pu vendre qu'au comptant, ce qui, dans ce cas, auroit fait manquer leurs opérations, en nuisant à cette circulation qui est l'ame du commerce.

44. Le Parlement de Toulouse ayant consulté d'Aguesseau sur un pareil fait, l'illustre Chancelier lui écrivit une lettre, en date du 8 septembre 1747. « Je suis d'avis, après avoir consulté un homme très-instruit sur toutes les matières de commerce, sur-tout celui des lettres-de-change ; et les Commissaires du bureau du conseil de commerce sont d'avis, *que les abus des endossemens en blanc ne peuvent être mis en balance avec les grands avantages qui en résultent pour le bien et la facilité du commerce.* »

45. Quoique Savary cote un arrêt du Parlement de Paris, du 21 mai 1681, confirmatif d'une sentence du Consulat de Tours, qui décide qu'un ordre qui n'est pas daté est nul; cependant l'auteur du Répertoire de Jurisprudence, qui a senti le vice de la loi et de cet arrêt, observe, avec autant de sagacité que de raison, que ces dispositions ne sont plus observées entre banquiers, négocians et marchands; que le Législateur est censé avoir consenti qu'en matière de commerce, les dispositions de ses ordonnances peuvent être *modifiées, changées, anéanties même par l'usage*; que cette indulgence n'a sans doute eu d'autres motifs que la faveur extrême du commerce, en simplifiant toutes ces opérations, pour éviter le préjudice irréparable qui résulteroit d'un attachement trop scrupuleux à des formalités qu'on a regardées de bonne-foi comme superflues. « D'après l'évidence de ces raisons et des autorités respectables, l'usage n'acquiert force de loi et ne l'emporte sur elle que quand il y a des motifs bien déterminans, et ces motifs sont la faveur du commerce et la bonne-foi. Conséquemment ce n'est ni de l'uniformité des jugemens, ni de leur diversité ou de leur opposition, que l'on peut arguer de l'adoption ou de la réjection de l'usage, mais des deux principales raisons alléguées. »

46. L'usage abroge la loi dans ses conséquences et non dans son principe, à l'égard de l'enregistrement des sociétés, parce que cette loi est favorable dans son motif, et défavorable dans ses résultats. En effet, l'art. 2 du tit. 4 de l'ordonnance de 1673 porte :

« L'extrait des sociétés entre marchands et négocians, sera *registré* au greffe de la jurisdiction consulaire..., *à peine de nullité des actes et contrats passés tant entre les associés qu'avec leurs créanciers et ayans cause.* »

47. Je dis que cette loi n'est point abrogée dans son principe, quoique Brillon, Bornier, Jousse, Sallé et beaucoup d'autres commentateurs et Jurisconsultes prétendent qu'elle soit tombée en *désuétude*, parce qu'elle est d'abord suivie, même dans le moment actuel, par beaucoup de négocians qui se piquent de délicatesse, de bonne-foi et de prudence; car si

l'acte social n'est point enregistré conformément à l'ordonnance, il en peut résulter des événemens fâcheux par rapport aux tiers et par rapport à l'un des associés ; par rapport aux tiers, parce qu'en cas de faillite, il est des circonstances qui favorisent la fraude des associés, en ne se présentant pas comme tels, chose qui est arrivée très-souvent ; par rapport à l'un des associés, parce que l'art. 3 prescrivant que l'acte social soit enregistré, mentionne le temps auquel la société doit finir, si l'acte social n'a pas été enregistré, et si, immédiatement après la dissolution sociale, l'un des associés contracte, sous le nom social, un engagement quelconque, sans pouvoir l'acquitter, l'autre associé sera tenu de payer; ce qui n'arriveroit pas, si les formalités prescrites par l'ordonnance avoient été remplies : donc que la raison, la bonne-foi, la faveur du commerce, et l'usage dans lequel sont la plupart des négocians, de faire enregistrer leur pacte social, milite en faveur de la loi et de mes opinions.

48. Je dis que cette loi est abrogée par l'usage dans ses résultats, parce que ses résultats sont contraires à la raison, la bonne-foi et la faveur du commerce. En effet, si la société devient nulle à l'égard des associés, l'un et l'autre étant également coupables aux yeux de la loi, que deviendront les capitaux versés, les bénéfices ou les pertes qui en seront résultés ? celui qui sera détenteur du tout, emportera-t-il tout ? cela est cruellement inique. Aussi les lois de Sardaigne de 1770, plus justes, portent-elles, art. 3, chap. 5, tit. 16, que le traité sera *nul*, seulement à l'égard des tiers, avec remboursement de tous les dommages qui pourroient en résulter à son préjudice, si l'acte social n'a pas été enregistré au Consulat : dans ce cas, l'usage dans lequel sont les Tribunaux de reconnoître ces sortes de sociétés, même les sociétés tacites, est un usage légitime. Exiger que les engagemens de commerce d'une société soient nuls à l'égard du tiers, c'est exiger une chose attentatoire à la bonne-foi et à la faveur du commerce, l'ame des transactions commerciales existant dans la bonne-foi et la célérité de leurs opérations ; puisque, dans quatre minutes, un négociant traite pour un million d'affaires, qu'il manqueroit quatre minutes plus tard, si la loi étoit maintenue. Pour sa propre sûreté, il faudroit qu'avant qu'il traitât, il allât s'assurer de l'existence de la société, ce qui souvent pourroit lui prendre une journée entière ; dans ce cas, après avoir pris ses précautions, un autre négociant étant venu sur ses brisées, ou bien le cours ayant augmenté, il se verroit déçu de ses spéculations : donc, dans ce

cas,

cas, comme dans le précédent, les conséquences de la loi sont justement abrogées par l'usage.

49. Il seroit utile, pour le bien du commerce, qu'il fût rendu une loi qui ordonnât rigoureusement l'enregistrement des traités de société, à peine de . . . . d'amende contre chacun des contrevenans; et peut-être seroit-il mieux d'adopter l'art. 11 du tit. 16 de l'édit du 5 octobre 1713, rendu à Genève; il porte :

« Tous les négocians seront obligés de s'inscrire dans un livre qui sera dans la chancellerie, pour être vu d'un chacun, et ce, par leurs noms et surnoms, et ceux de leurs associés, les clauses de leur société qui peuvent intéresser des tiers, et les changemens qu'ils y feront dans le temps d'iceux, à peine d'amende et de dommages et intérêts des parties civiles; mais, à l'égard des comptes en participation, il ne sera pas nécessaire de les enregistrer. »

50. Mais qu'entend-on par compte en participation? comprend-on, sous cette dénomination, le compte fait en société pour une opération, ou bien pour plusieurs? Deux négocians achètent une marchandise, ils la vendent, voilà un compte qui se fait entre eux en participation; mais si à la suite de ce compte ils en font un, deux, trois, quatre, etc., cette société, qui a toute l'apparence d'une société momentanée, quoique dans le fait elle présente le caractère d'une société ordinaire, sera-t-elle société en participation ou société générale? Dans ce cas, la chose se trouve remise à l'arbitraire du Juge : grand inconvénient; mais cet inconvénient disparoîtroit, si le Législateur déclaroit que lorsque les négocians feront un compte entre eux dont le montant sera de . . ., elle devra être enregistrée comme toute autre société.

51. MANDAT. Le contrat de mandat, dit Pothier, est un contrat par lequel l'un des contractans confie la gestion d'une ou de plusieurs affaires, pour la faire en sa place et risques, à l'autre contractant qui s'en charge gratuitement et s'oblige de lui en rendre compte.

52. Celui qui confie la gestion de l'affaire à l'autre s'appelle, en terme de droit, *mandator;* nous l'appelons *mandant;* celui qui s'en charge, *mandatarius* ou *procurator;* nous l'appelons *mandataire* ou *procureur.* Il est de l'essence du mandat qu'il soit *gratuit,* s'il est intéressé, c'est-à-dire, si le mandataire reçoit un salaire, c'est un *contrat de louage.*

53. Le mandataire contracte, par le contrat de mandat, l'obligation 1.° de faire l'affaire qui en est l'objet et dont il s'est chargé; 2.° d'y apporter tout le soin qu'elle exige; 3.° d'en rendre compte. Le mandataire est comptable,

non-seulement des affaires qu'il a gérée, mais aussi de celles qu'il s'étoit chargé de gérer. Cette obligation est fondée sur ce précepte général de droit naturel, commun à tous les contrats, *qui ne permet pas de manquer à ce qu'on a promis. L. 1, ff. de Pecun. const.*

Le contrat de mandat diffère essentiellement de celui de louage, en ce qu'il peut se rencontrer des circonstances qui peuvent permettre au mandataire de renoncer à son mandat, tandis que les mêmes circonstances ne le permettront pas à celui qui a loué ses services. En effet, le mandataire peut quelquefois se décharger de l'obligation d'exécuter le mandat, quoiqu'il ne soit survenu aucune juste cause qui l'en dispense; c'est lorsqu'il fait savoir au mandant qu'il n'entend pas l'exécuter, dans un temps où la chose est encore entière, c'est-à-dire, dans un temps où le mandant est à portée, ou de faire par lui-même l'affaire, ou de trouver facilement une autre personne qui veuille s'en charger. Car, comme dit Paul, « celui qui seroit chargé d'un mandat peut impunément en signifier au mandant son déport en deux cas; 1.° lorsque le mandant ne souffre rien; 2.° en cas de légitime empêchement. » Mais il n'en est pas de même de celui qui a loué ses services pour exécuter quelques missions déterminées; il est tenu de l'exécuter, ou bien de dédommager le locateur. Cependant ce principe reçoit une exception à l'égard des mariniers; ils peuvent être contraints à rendre leur service. Pothier, louage des matelots, fol. 432. Conséquemment de simples dédommagemens ne suffiroient pas.

54. Non-seulement le mandant a le droit d'exiger du mandataire de la bonne-foi, mais encore *tout le soin et l'habileté que demande l'exécution du mandat;* en conséquence le mandataire est responsable envers le mandant de tout le tort qu'il lui a causé dans la gestion de l'affaire, non-seulement par son dol, mais par sa faute, de quelque espèce qu'elle soit. *L. 13, Cod. mand.* Si cela est ainsi, que sera-ce donc à l'égard de celui qui loue ses services? Aussi la *loi 3, § 5, l. 5, ff. nautæ*, veut-elle que comme le capitaine est un mandataire à gage, il *réponde de sa faute très-légère.* Tous les docteurs sont d'accord sur ce point. Ces mots *mandataire à gage* sont impropres, puisque le mandataire donne ses services gratuitement. Le mot locataire ou conducteur conviendroit mieux : mais ces expressions étant adoptées parmi nous, je les adopte aussi.

55. D'après ces définitions, les mariniers et commissionnaires ne sont donc point de vrais mandataires; mais des conducteurs qui ont loué leur service pour la conduite de la chose qui leur a été confiée, puisqu'il est vrai qu'il est

de l'essence du contrat de mandat qu'il *soit gratuit,* et qu'il est de l'essence du contrat de louage qu'il y ait *un prix* déterminé ou déterminable, ce qui est différent. Il suit donc de-là que l'exécution du contrat de mandat ne devroit point être exigée aussi rigoureusement que celle de louage. Aussi Socinus, et Alexandre dans son 147 Conseil, disent-ils, contre l'opinion de plusieurs auteurs, que les mandataires *ne sont pas obligés à tout ce que feroit un diligent père de famille.* Ce qui me paroît, au surplus, une erreur : si le mandataire n'est pas tenu de sa faute légère, au moins doit-il faire tout ce qu'un diligent père de famille feroit; car le contrat de mandat étant *consensuel,* c'est-à-dire, exigeant le consentement mutuel des parties, si le mandataire ne se sent pas en état d'exécuter le mandat, pourquoi l'accepte-t-il ?

56. CAS FORTUITS ET DE FORCE MAJEURE. On appelle cas fortuits les événemens que la prudence humaine ne sauroit prévoir. *L. 2, § 7, ff.* On appelle force majeure, celle à laquelle on ne peut résister. *L. 15 § 2, ff. Locaté. L. 25, § 6, ff. eod.* Ces deux points se confondent souvent ensemble. Par exemple, si après avoir loué mon navire, le Gouvernement le requiert pour le service de l'Etat, dans cette circonstance il y a *cas fortuit et force majeure.* Mais si le feu du ciel brûle mon bâtiment, il n'y a, à proprement parler, que *cas fortuit.* Comme aussi si j'envoie mon bâtiment aux colonies, lorsque je sais que la mer est couverte de corsaires ennemis, prévoyant qu'il peut être pris, s'il est capturé par un corsaire beaucoup plus fort que lui, il n'y a à proprement parler que *force majeure.*

57. Le mandataire n'est jamais tenu des cas fortuits. *L. 13, Cod. mand.*, sauf convention contraire, s'il n'a point été mis en demeure. *L. 27, § 3, ff. de pact.* Le locataire n'est point tenu des cas fortuits ni de force majeure, s'il n'y a rien de sa faute. *L. 11, § ff. Locat.* L'emprunteur supporte aussi la perte de la chose qui lui a été prêtée pour être consommée, aussi *la loi 11, Cod. si cestum pet.*, décide-t-elle que le débiteur d'une somme d'argent n'est point libéré par l'incendie de ses effets, par la raison que l'argent et les autres effets qui ont péri ne sont pas la chose qu'il doit; mais une somme d'argent qui, ayant été déterminée, ne peut périr. Le débiteur d'un corps certain, comme, par exemple, lorsque quelqu'un a emprunté un cheval pour son usage, si ce cheval est volé par force majeure, celui qui l'aura emprunté ne sera pas tenu de la perte, sauf convention contraire.

58. Si la chose est périe par le fait, ou la faute de la caution, ou depuis qu'elle a été mise en demeure, il n'y aura que la caution qui demeurera obligée auprès de la chose, le débiteur principal en sera déchargé. *L. 32, § fin.*

ff. de usur. L. 49, *de verb. oblig.* S. la chose est périe par la faute ou le fait de l'un des co-débiteurs solidaires, ou depuis sa demeure, les autres co-débiteurs en seront tenus. *L. 18*, ff. *de duobus reis.*

59. Si la chose étoit périe par le fait ou par la faute de l'un des héritiers, du débiteur, ou depuis sa demeure, ses co-héritiers n'en seroient pas tenus. *L. 48*, *§ 1*, ff. *de leg. 1.* Car quoiqu'ils soient tenus hypothécairement du total de la dette, ils ne sont personnellement débiteurs chacun que pour leur part; parce qu'ils ne sont point entre eux débiteurs solidaires, et conséquemment ils ne sont pas tenus l'un pour l'autre. Pothier.

60. Dans le contrat de nantissement, le créancier s'étant chargé du risque des choses qui lui ont été données, est dédommagé de ce risque par la sûreté qu'il se procure.

61. Un débiteur peut se charger, non-seulement du risque d'une certaine espèce de cas fortuit, mais encore en général de tous les cas fortuits. *Voy. loi 6*, *cod. de pign. act.* Néanmoins quelque générale que soit la clause, elle ne comprend que ceux qui ont pu être prévus par les parties, et non pas ceux qu'elles n'ont pu prévoir et auxquels il n'y avoit lieu de s'attendre. *Arg. L. 1*, *§ 9*, ff. *de transact.* Guthier estime que cette décision doit avoir lieu, quand même la clause s'exprimeroit en ces termes : *Je me charge de tous cas fortuits, tant prévus qu'imprévus.* Pothier. Conséquemment si je vous loue un bateau qui doive m'être rendu, si ce bateau a été requis par l'État, ou s'il a été submergé avant que j'en eusse la nouvelle, dans ce cas la clause deviendroit nulle, fondé sur ce que la chose n'existoit pas lors du contrat, et qu'il est de l'essence du contrat de louage qu'il y ait une chose existante qui soit l'objet du contrat. Voyez ci-après Cas insolites, par. 99.

62. En général le cas fortuit et la force majeure retombent sur le propriétaire, sauf convention contraire.

63. CAS IMPRÉVUS. Le cas imprévu ou survenant à la suite d'une imprévoyance, retombe sur celui qui l'a provoqué par son impéritie ou sa négligence. *Arg. tiré de Santerna d. Loco.* Il faut distinguer le cas imprévu du cas insolite.

64. FORTUNES DE MER. Les fortunes de mer proprement dites, sont celles qui procèdent des écueils et des tempêtes. En matière d'assurance, on entend par ces mots toutes les pertes et tous les dommages qui arrivent sur mer par *cas fortuit*, et même les fautes du capitaine, suivant ce qui en a été convenu. Dans ce cas, *fortunes de mer* est un genre qui comprend tout ce dont les assureurs se sont rendus responsables, sauf les modifications que l'ordonnance ou les pactes apportent à cette règle.

65. **CAS SINISTRE.** Le cas sinistre présente l'idée de l'entière perte du navire. Casaregis, disc. 27. Mais le mot sinistre, dont nous faisons un adjectif des deux genres, *un accident sinistre, une aventure sinistre.* En italien, *sinistro :* les Italiens en font un substantif masculin. *Malheur, désastre, tempête* ; le mot sinistre comprend toute perte et tout dommage arrivé en la chose assurée. Straccha, *gl. 24. Targa, cap. 52, not. 2.* Cette manière de parler a été adoptée parmi nous.

66. **CAS INSOLITES.** Le mot *insolite,* qui vient de l'opposé du verbe latin *soleo, avoir coutume,* signifie ce qui n'est point d'usage, ce qui est inusité. Les Italiens disent *insolito,* pour dire inusité, extraordinaire, contre l'usage, contre les règles.

67. Casaregis, *disc. 1, n. 56 et 149 ; Straccha, gl. 15, n. 9 et 13 ; Roccus, not. 63 ; Santerna, part. 3, n. 72 et seg.*, disent que les assureurs ne sont pas garans des cas insolites et extraordinaires, à moins qu'une clause de la police ne les rende responsables. Pothier, *des obligations, n. 668*, va plus loin, comme on l'a vu au §. 99 *des cas fortuits et de force majeure.* Il estime que, malgré une pareille clause, on ne peut point répondre des cas que l'on n'a pu prévoir ; mais l'opinion commune est que les assureurs répondent de tous les accidens, quelque insolites, inconnus, ou extraordinaires qu'ils soient. Kusike, *diatr., pag. 831 ;* Locunius, *lib. 2, cap. 5, n. 5, pag. 980 ;* Scaccia, *§ 1, quest. 1, n. 134, Devicq. § 74 ;* Marquardus, *lib. 2, cap. 13, n. 66 ;* Rogues, *not. 63.* Valin observe, avec juste raison, que l'exception des *cas insolites* n'est pas admissible parmi nous à la vue de notre ordonnance, qui comprend absolument *toutes fortunes de mer.* Néanmoins, pour éviter toute discussion, il seroit prudent d'insérer, dans les polices d'assurances, ces mots : *Les assureurs répondent de tous les cas insolites possibles.*

68. **TRAITÉS ANTÉRIEURS A L'ACTE DE NAVIGATION.** Voy. l'art. 1 de la loi du 21 septembre 1793, la loi du 4 germinal an 2 ci-après.

Art. 1. Les traités de navigation et de commerce existant entre la France et les nations avec lesquelles elle est en paix, seront exécutés selon leur forme et teneur.

Art. 2. Dans tous les ports et lieux de France, on se conformera aux mêmes lois, décrets et tarifs.

69. La loi du 3 nivôse an 3 enjoint à tous les agens de la République, à tous les commandans de la force armée, aux officiers civils et militaires, de faire respecter et observer, dans toutes leurs dispositions, les traités qui

unissent la France aux puissances neutres de l'ancien continent, et aux Etats-Unis de l'Amérique, et qu'aucune atteinte ne sera portée à ces traités, et que toutes dispositions qui pourroient leur être contraires, sont annullées.

70. L'arrêté du Directoire du 12 ventôse an 5, qui rappelle ces dispositions, ordonne, de plus, que les modifications qui pourroient avoir été faites, soit directement avec le Gouvernement français, soit avec d'autres étrangers, soient exécutées ; conséquemment il a entendu que le traité passé, le 6 février 1778, entre la France et les Etats-Unis, soit considéré comme nul, à certains égards, par la raison que celui des Etats-Unis, passé avec l'Angleterre, y a porté atteinte par l'art. 2 et 21 du traité qu'ils ont fait avec cette dernière puissance, le 19 novembre 1794; mais depuis il paroît que l'on s'est arrangé.

71. COLONIES. Les Colonies françaises sont parties intégrantes du territoire français; comme telles, elles sont sujettes aux lois générales de l'État.

72. ACTE DE NAVIGATION. Loi *contenant l'acte de navigation*, du 21 septembre 1793.

La Convention nationale, après avoir entendu le rapport de son comité de salut public, décrète :

Art. 1. « Les traités de navigation et de commerce existant entre la France et les puissances avec lesquelles elle est en paix, seront exécutés selon leur forme et teneur, sans qu'il y soit apporté aucun changement par le présent décret.

2. Après le 1.er janvier 1794, aucun bâtiment ne sera réputé français, n'aura droit aux priviléges des bâtimens français, s'il n'a pas été construit en France, ou dans les colonies, ou autres possessions de France, ou déclaré de bonne prise faite sur l'ennemi, ou confisqué pour contravention aux lois de la République, s'il n'appartient pas entièrement à des Français, et si les officiers et trois-quarts de l'équipage ne sont pas Français.

3. » Aucunes denrées, productions ou marchandises étrangères, ne pourront être importées en France, dans les colonies et possessions de France, que directement par des bâtimens français, ou appartenant aux habitans des pays des cru, produit ou manufactures, ou des ports ordinaires de vente et première exportation, les officiers et trois-quarts des équipages étrangers étant du pays dont le bâtiment porte le pavillon : le tout sous peine de confiscation des bâtimens et cargaisons, et de 3,000 liv. d'amende, solidairement et par corps, contre les propriétaires, consignataires et agens des bâtimens et cargaisons, capitaines et lieutenans.

4. » Les bâtimens étrangers ne pourront transporter, d'un port français à un autre port français, aucunes denrées, productions, ou marchandises des cru, produit ou manufactures de France, colonies ou possessions de France, sous les peines portées par l'article 3.

5. » Le tarif des douanes nationales sera refait et combiné avec l'acte de navigation, et le décret qui abolit les douanes entre la France et les colonies.

6. » Le présent décret sera, sans délai, proclamé solennellement dans tous les ports et villes de la République, et notifié par le Ministre des affaires étrangères, aux puissances avec lesquelles la nation française est en paix. »

73. Loi du 27 vendémiaire an 2, *relative au décret du 21 septembre 1793, contenant l'acte de navigation.*

Art. 1. « La laine non ouvrée. . . . . . la soie brute, les espèces d'or ou d'argent, la cochenille, l'indigo, les bijoux d'or ou d'argent, dont la matière vaut au moins trois fois le prix de la main-d'œuvre et accessoires, ne sont pas compris dans la prohibition d'importation indirecte, décrétée par l'acte de navigation.

2. » En temps de guerre, les bâtimens français ou neutres peuvent importer indirectement d'un port neutre ou ennemi, les denrées ou marchandises de pays ennemi, s'il n'y a pas une prohibition générale ou partielle des denrées et marchandises du pays ennemi.

3. » En temps de paix ou de guerre, les bâtimens français ou étrangers, frêtés pour le compte de la République, sont exceptés de l'acte de navigation.

OBSERVATION.

Ce sont les bâtimens étrangers, dont l'équipage est nourri et soldé par le Gouvernement, et non ceux seulement affectés pour son service. (*Décision du 17 brumaire, an 5.*)

4. » Les bâtimens au-dessous de trente tonneaux, et tous les bateaux, barques, alléges, canots et chaloupes, employés au petit cabotage, à la pêche sur la côte, ou à la navigation intérieure des rivières, seront marqués d'un n°. et des noms des propriétaires, et des ports auxquels ils appartiennent.

5. » Les numéros et noms des propriétaires et des ports seront insérés dans un congé que chacun de ces bâtimens sera tenu de prendre chaque année, sous peine de confiscation et de cent francs d'amende.

6. » Ceux des bâtimens qui seront pontés, paieront trois francs pour chaque congé; il ne sera payé qu'un franc pour celui des bâtimens non pontés.

Ire.

OBSERVATION.

Voir l'art. 26 pour un bâtiment ponté de 30 tonneaux et au-dessus.

7. « Un bâtiment étranger étant jeté sur les côtes de France ou possessions françaises, et tellement endommagé que le propriétaire ou assureur ait préféré de le vendre, sera, en devenant propriété française, et après radoub ou réparation, dont le montant sera quadruple du prix de vente du bâtiment, et étant monté par des Français, réputé bâtiment français. »

OBSERVATION.

Renvoyé à l'art. 2 de l'acte de navigation du 21 septembre 1793. — Voir également une décision du 29 thermidor an 10, qui précise le mode pour constater la valeur des réparations.

8. « Les bâtimens français ne pourront, sous peine d'être réputés bâtimens étrangers, être radoubés ou réparés en pays étrangers, si les frais de radoub ou réparation excèdent six francs par tonneau, à moins que la nécessité de frais plus considérables ne soit constatée par le rapport, signée et affirmée par le capitaine et autres officiers du bâtiment, vérifié et approuvé par le Consul ou autre officier de France, ou deux officiers français résidant en pays étranger, et déposé au bureau du port français où le bâtiment reviendra.

9. » Les bâtimens de trente tonneaux et au-dessus auront un congé où seront la date et le numéro de l'acte de francisation, qui exprimera les noms, état, domicile du propriétaire, et son affirmation qu'il est seul-propriétaire (ou conjointement avec des Français dont il indiquera les noms, état et domicile); le nom du bâtiment, du port auquel il appartient; le temps et le lieu où le bâtiment a été construit, ou condamné, ou adjugé; le nom du vérificateur qui certifiera que le bâtiment est de construction . . . .; qu'il a . . . . mâts, ... ponts; que sa longueur, de l'éperon à l'estambord, est de . . . . pieds, ... pouces; que sa hauteur entre les ponts est de . . . . pieds, . . . pouces; (s'il n'y a qu'un pont) que la profondeur de la cale est de . . . . pieds, ... pouces; qu'il mesure . . . . tonneaux; qu'il est un bricq, ou navire, ou bateau; qu'il a ou n'a pas de galerie ou de tête.

10. » Ces congés et actes de francisation seront délivrés au bureau du port ou département auquel appartient le bâtiment.

11. » Le propriétaire donnera une soumission et caution de vingt francs par tonneau, si le bâtiment est au-dessous de deux cents tonneaux, et de trente francs par tonneau, s'il est au-dessus de deux cents tonneaux; de quarante francs par tonneau, s'il est au-dessus de quatre cents tonneaux. Les congés ne seront bons que pour un voyage. »

OBSERVATIONS.

Renvoyé à l'article 26 ci-après.

Le voyage n'est censé fini que par le retour du bâtiment dans le port où le congé a été délivré; dans les autres, on doit se borner à viser le congé. (*Lettre de la régie du* 1.er *floréal an* 4.)

Les congés délivrés aux armateurs d'Ostende et de Dunkerque pour les bâtimens servant à la pêche, sont bons pour un mois, quel que soit le nombre d'expéditions faites pendant ce temps. (*Décision du* 22 *prairial an* 5.)

Il en est de même pour les congés des autres bâtimens employés à la pêche. (*Décision du* 27 *nivôse an* 8.)

La durée des congés des bâtimens non pontés de la rivière de Seine, quoique au-dessus de 30 tonneaux, qui, par leur construction, ne peuvent aller en mer, est d'une année, et le droit d'un franc seulement. (*Décision du* 18 *germinal an* 8.)

12. « Aucun Français résidant en pays étranger, ne pourra être propriétaire, en totalité ou en partie, d'un bâtiment français, s'il n'est pas associé d'une maison de commerce française, faisant le commerce en France ou possession de France, et s'il n'est pas prouvé par le certificat du Consul de France dans le pays étranger où il réside, qu'il n'a point prêté serment de fidélité à cet état, et qu'il s'y est soumis à la jurisdiction consulaire de France.

13. » Le serment à prêter par le propriétaire, avant la délivrance des congés et actes de francisation, sera en cette forme :

Je (*le nom, état, domicile*) jure et affirme que (*le nom du bâtiment, du port auquel appartient le bâtiment*) est un (*espèce, tonnage du bâtiment, et description, suivant le certificat du mesureur-vérificateur*), a été construit à (*lieu de construction*) en (*année de construction*) a été (*pris, ou confisqué, ou perdu sur la côte; exprimer le lieu, le temps des jugemens et ventes*); que je suis seul propriétaire dudit bâtiment, *ou* conjointement avec (*nom, état, domicile des intéressés*), et qu'aucune autre personne quelconque n'y a droit, titre, intérêt, portion ou propriété; que je suis Citoyen de France, soumis et fidèle à la Constitution des Français, ainsi que les associés ci-dessus (*s'il y en a*); qu'aucun étranger n'est directement ou indirectement intéressé dans le susdit bâtiment.

14. » Le préposé du bureau se transportera à bord du bâtiment, pour en vérifier la description et le tonnage, et en sera responsable.

15. » Tous ceux qui prêteront leur nom à la francisation de ces bâtimens étrangers, qui concourront, comme officiers publics ou témoins, aux ventes simulées; tout préposé dans les bureaux, consignataire, agent des

bâtimens et cargaison, capitaine et lieutenant du bâtiment, qui, connoissant la francisation frauduleuse, n'empêcheront pas la sortie du bâtiment, disposeront de la cargaison d'entrée, ou en fourniront une de sortie, auront commandé ou commandent le bâtiment, seront condamnés solidairement et par corps en six mille francs d'amende, déclarés incapables d'un emploi, de commander aucun bâtiment français. Le jugement de condamnation sera publié et affiché.

16. » Le propriétaire, ou les propriétaires, se soumettront par le cautionnement qu'ils seront tenus de donner, sous peine de confiscation du montant des sommes énoncées audit cautionnement, outre les autres condamnations prononcées par le présent décret, à ne point vendre, donner, prêter ni autrement disposer des congé et acte de francisation; à n'en faire usage que pour le service du bâtiment pour lequel ils sont accordés; à rapporter l'acte de francisation au même bureau, si le bâtiment est pris par l'ennemi, brûlé ou perdu de quelque autre manière, vendu en partie ou en totalité à un étranger, et ce dans un mois, si la perte ou la vente de la totalité ou partie du bâtiment a eu lieu en France ou sur les côtes de France, et dans trois, six ou neuf mois, suivant la distance des autres lieux de perte ou de vente.

» Dans le même cas et les mêmes délais, les passes pour la Méditerranée seront remises au bureau. »

Observations.

La loi du 19 thermidor an 4, a défendu la vente à l'étranger des navires français et de prises; une décision du 7 fructidor de cette même 4e. année, a assujetti ceux neutralisés au cautionnement prescrit par les art. 11 et 16 de la présente loi du 27 vendémiaire, afin d'assurer leur retour dans nos ports. Ce retour doit être surveillé avec le plus grand soin. — Le Ministre de la marine a invité les Préfets maritimes à apporter une attention scrupuleuse dans l'examen des pièces que produiroient les armateurs, pour justifier de la perte ou de la condamnation de leurs navires. La décision du 7 fructidor n'exigeoit pas le retour seulement à la paix, mais dans un délai proportionné à la longueur et à la durée du voyage. — Les Préfets maritimes sont dans le cas d'adresser toutes les pièces produites pour constater la perte des bâtimens neutralisés, aux Tribunaux de commerce, qui expriment leur opinion sur la validité des motifs allégués. Cette première vérification faite aux frais des armateurs, les pièces, accompagnées de l'avis du Tribunal de commerce, sont présentées au Conseil d'administration de marine, qui propose définitivement, suivant les circonstances, l'annullation du cautionnement, ou les poursuites. — Le Directeur des douanes est appelé à la délibération du Conseil: dans tous les cas, une ampliation de la délibération lui est remise, afin qu'il fasse constater sur les registres la perte du navire neutralisé, ou procéder aux poursuites nécessaires. Dans cette dernière supposition, le produit des amendes est versé dans la caisse des douanes. (*Circulaires du Directeur général des douanes, des 24 vendémiaire et 12 pluviôse an 10*).

17. » Les ventes de partie du bâtiment seront inscrites au dos de l'acte de francisation, par le préposé du bureau qui en tiendra registre, et auquel il sera payé six francs pour chaque tel endossement. »

OBSERVATIONS.

On ne doit que le même droit, quoique le bâtiment soit vendu en totalité, parce qu'il n'y a qu'un endossement.

Si on vendoit le navire en quatre portions distinctes, comme il y auroit quatre endossemens, il seroit dû autant de 6 francs.

Celui qu'un héritage rend propriétaire d'un bâtiment, doit, quoiqu'il n'y ait pas de vente, acquitter le même droit de 6 francs, parce qu'il y a mutation de propriété, qui doit être inscrite au dos de l'acte de francisation. (*Décision du 2 germinal an 7.*)

Si, lors d'une seconde vente ou transmission de tout ou partie d'un bâtiment, on reconnoissoit que la vente ou transmission antérieure n'auroit point été inscrite au dos de l'acte de francisation, il faudroit faire payer, avec le second droit, le premier non acquitté. (*Lettre du 12 vendémiaire an 6.*)

Le changement de propriétaire ne donne point lieu à un nouvel acte de francisation ; on inscrit seulement la vente au dos de cet acte.

Cette inscription ne doit avoir lieu qu'autant que la vente est passée devant un officier public, ou devant un Tribunal de commerce. (*Décision du 26 pluviôse an 7.*)

Celle faite par un courtier n'est pas valable. (*Décision du 22 brumaire an 7.*)

Le changement de nom d'un bâtiment, résultant du remplacement d'une dénomination proscrite dans le régime républicain, doit être annoté, sans frais, au bas de l'acte de francisation, en fixant son rapport avec le navire, par un certificat énonçant le nom substitué. (*Décision du 6 ventôse an 7.*)

18. « Toute vente de bâtiment, ou partie de bâtiment, contiendra la copie de l'acte de francisation, et sera faite par-devant un officier public, sans qu'il soit perçu plus de quinze sous (75 centimes) pour droit d'enregistrement, quel que soit le prix de la vente.

» 19. Les noms du bâtiment et du port auquel il appartient, seront marqués à sa poupe en lettres blanches, de quatre pouces de hauteur, sur un fond noir. Défenses sont faites d'effacer, couvrir ou changer le nom du bâtiment ou du port, sous peine de trois mille francs d'amende, solidairement et par corps, contre les propriétaires, consignataires, agent ou capitaine.

» 20. Si l'acte de francisation est perdu, le propriétaire, en affirmant la sincérité de cette perte, en obtiendra un nouveau, en observant les mêmes formalités, et à la charge des mêmes cautionnemens, soumissions, déclarations et droits, que pour l'obtention du premier.

» 21. Si, après la délivrance de l'acte de francisation, le bâtiment est changé dans sa forme, tonnage, ou de toute autre manière, on en obtiendra un nouveau, autrement le bâtiment sera réputé bâtiment étranger.

» 22. Après la publication du présent décret, aucun bâtiment français ne pourra partir du port ou département auquel il appartiendra, sans acte de francisation et congé, conformément au présent décret.

» 23. Le préposé du bureau laissera partir, avec un ancien congé, les bâtimens qui ne seront pas dans le port ou département auxquels ils appartiennent, en exigeant une soumission et caution, du quart de la valeur du bâtiment, que ces actes seront pris au bureau où ils doivent l'être, dans un délai qui sera fixé suivant la distance du lieu ou la longueur du voyage proposé.

» 24. Le préposé du port où sera le bâtiment, transmettra, s'il en est requis, à celui du port ou département auquel appartient le bâtiment, l'état de description, mesurage et tonnage du bâtiment, par lui certi[illegible].

» 25. Sur cet état ainsi certifié, qui sera déposé au bureau du port ou département auquel appartiendra le bâtiment, le préposé de ce bureau recevra du propriétaire du bâtiment les cautionnement, déclaration, soumission, affirmation, ordonnés par le présent décret, et délivrera un acte de francisation, sur l'exhibition duquel le préposé du bureau du port où sera le bâtiment, l[illegible] donnera un congé.

» 26. Il sera payé pour l'acte de francisation des bâtimens de cent tonneaux et au-dessous, neuf francs; et cent tonneaux et non au-dessus de deux cents, dix-huit francs; de deux cents tonneaux et au-dessous de trois cents, vingt-quatre francs, et en sus, six francs pour chaque cent de tonneaux au-dessus de trois cents : on payera six francs pour chaque congé.

OBSERVATION.

Consulter les articles VI et XI ci-dessus.

» 27. Une moitié du produit des confiscations et amendes prononcées par le présent décret, frais déduits, sera donnée au dénonciateur ou aux préposés dans les bureaux saisissant et poursuivant; l'autre moitié sera au profit de la République.

» 28. Les actes de francisation et congés seront, dans les vingt-quatre heures de l'arriv[illegible] bâtiment, déposés au bureau, et y resteront jusqu'au départ.

» 29. Les droits de fret, ancrages, feux, phares, tonnes, balises, signaux, lestage, délestage, pontage, traversage, et tous les autres de cette nature, sous quelque dénomination que ce soit, sont supprimés.

» 30. Les bâtimens français au-dessous de trente tonneaux, venant d'un port français sur l'Océan dans un autre sur l'Océan, ou d'un port français sur la Méditerranée dans un autre sur la Méditerranée, payeront trois sous (15 *centimes*) par tonneau; s'ils viennent d'un port français sur l'Océan dans un sur la Méditerranée, et *vice versâ*, ils payeront quatre sous (20 *centimes*) par tonneau.

» 31. Les bâtimens français venant des colonies et comptoirs des Français en Asie, en Afrique, en Amérique, dans un port de France, payeront six sous (30 *centimes*) par tonneau. »

Observations sur les deux articles précédens.

Une loi du 14 floréal an 10 ordonne qu'il sera perçu sur les navires français et étrangers, une moitié en sus du droit de tonnage, dont le produit doit être exclusivement affecté aux dépenses d'entretien et réparations des ports.

Le droit de tonnage est imposé sur la contenance et non sur le volume du navire; ainsi les dimensions pour la jauge doivent toutes être intérieures. Elles donneroient un résultat exagéré, si elles s'étendoient à l'épaisseur des planches de bord et à la saillie du bâtiment.— Consulter, au surplus, l'observation sur l'article 34 ci-après. (*Circulaire du Directeur général des douanes, du 8 thermidor an* 10.)

Le droit de tonnage est dû à l'entrée de chaque port, même dans le cas de relâche forcée. (*Loi du* 4 *germinal an* 2, *tit.* 2, *art.* 6.)

Il est dû, quand même le bâtiment ne resteroit pas vingt-quatre heures dans le port.

Un bâtiment échoué, conduit dans un port pour y être radoubé, doit le droit.

Le droit de tonnage n'est exigible que vingt jours après l'arrivée du bâtiment. (*Loi du* 4 *germinal an* 2, *tit.* 3, *art.* 12.)

Mais il doit être acquitté avant le départ.

Bâtimens exempts du droit de tonnnage.

1°. Un bâtiment français de trente tonneaux et au-dessous. Par une conséquence naturelle, le demi-droit additionnel de la loi du 14 floréal, n'est pas exigible sur ceux de cette contenance. (*Décision du* 29 *thermidor an* 10.

2°. Un bâtiment qui, forcé d'entrer dans un port et d'y décharger sa cargaison, est condamné comme ne pouvant plus tenir mer. (*Décision du* 7 *frimaire an* 6.)

Nota. Voir les articles 35, 36 et 37 pour les droits d'expédition, d'acquit, permis et certificat.

« 32. Les bâtimens français venant de la pêche, de la course ou d'un port étranger, ne payeront aucun droit. »

OBSERVATIONS.

Les premiers ne doivent avoir à bord que les produits de leur pêche ; les seconds, que les marchandises composant la cargaison du navire pris.

Une décision du 28 pluviôse an 10 porte, que l'immunité accordée aux navires pêcheurs, par cet article 32 de la loi du 27 vendémiaire, est étendue à ceux qui les suppléent, en transportant les produits de la pêche aux lieux les plus avantageux de la vente.

33. « Les bâtimens étrangers venant dans un port de France, payeront deux livres dix sous (2 *francs* 50 *centimes*) par tonneau. »

OBSERVATIONS.

Consulter également la loi du 14 floréal an 10, indiquée à la suite de l'art. 31, qui ordonne de percevoir une moitié en sus du droit de tonnage.

Un bâtiment étranger doit le droit, quelle que soit sa contenance, chargé ou non.

On doit le droit, quand même le bâtiment ne porteroit que des passagers. (*Décision du 3 nivôse an* 5.)

Celui qui, après avoir déchargé sa cargaison dans un port, se rend dans un autre port, doit, dans ce dernier port, un nouveau droit de tonnage. (*Décision du* 11 *ventôse an* 5.)

Un arrêté du 26 ventôse an 4, y assujettit, *au cas de relâche forcée*, les navires étrangers, dont la destination n'est pas pour un port de France, et ceux qui chargent ou déchargent quelques marchandises, ou qui reçoivent quelques réparations.

Tout bâtiment, soit français ou étranger, dont la majeure partie du chargement consiste en grains ou autres comestibles, n'est sujet qu'à un seul droit de tonnage, quoiqu'il fasse son déchargement dans plusieurs ports. Ce droit est acquitté au premier port d'arrivée. (*Même arrêté.*)

Les eaux-de-vie, les oranges et le poisson ne peuvent être considérés comme comestibles. (*Décision des* 22 *floréal an* 6, *et* 16 *thermidor an* 7.)

Le double droit de tonnage n'est pas non plus exigible à l'égard des navires étrangers entrant par détresse dans un port de la République, avec destination ultérieure d'un autre port français, lorsqu'ils ne font, dans le premier, ni réparation, ni opération de commerce. Alors le droit n'est dû qu'au port de destination. (*Même arrêté du* 26 *ventôse an* 4.)

Une décision du 27 fructidor, même 4e. année, exempte aussi d'une seconde perception, les navires étrangers qui, chargés dans un de nos ports, sont forcés de relâcher dans un autre, en retournant à l'étranger, pourvu qu'ils n'y fassent point de déchargement et n'y reçoivent point de réparation.

Une décision du 8 frimaire an 10, porte également, que tout navire étranger qui, après avoir chargé des productions nationales dans un port de France, iroit compléter sa cargaison en marchandises aussi nationales dans un port où il ne feroit pas de déchargement et ne recevroit point de réparation, ne seroit assujetti qu'à un seul droit de tonnage.

Cette faveur est exclusivement réservée aux chargemens de marchandises nationales, et n'auroit point lieu si une partie de la cargaison étoit composée de productions étrangères, c'est-à-dire, provenant de nos entrepôts. Elles seules, en effet, conservent le caractère étranger, les autres étant ou nationales par l'origine, ou nationalisées par les droits d'entrée et de sortie qu'elles ont acquittés.

L'exclusion seroit aussi encourue, soit dans le cas de déchargement quelconque qui formeroit une sorte de cabotage sévèrement interdit aux navires étrangers, soit, comme il est dit plus haut, dans celui de réparation, puisque l'entrée dans le second port n'auroit pas pour motif unique le complément de la cargaison. (*Circulaire du directeur général des douanes, du 11 frimaire an 10.*)

Un arrêté des Consuls du 21 frimaire an 10, réduit le droit de tonnage à 1 fr. 25 c., dans les ports de la Manche, sur les bâtimens anglais dont la contenance n'excède pas 20 tonneaux, chargés de laines brutes et autres matières premières. (*Consulter l'observation à la suite de l'article 35 ci-après pour le droit d'expédition.*) — La classe des matières premières se trouvant bornée à celle dont l'importation est encouragée par les lois, c'est-à-dire, aux espèces qui, jouissant à l'entrée d'une immunité absolue, n'acquittent que le droit de balance. Ainsi l'exemption accordée par cet arrêté, n'est point aux navires qui seroient chargés en tout ou en partie de marchandises que le tarif auroit imposées à des droits d'entrée.

Toutefois les navires anglais de 20 tonneaux et au-dessous sont dans le cas du privilége, même sur leur lest, s'ils chargent en retour des productions de notre sol, de notre industrie ou de notre commerce, que le tarif exempte de droit à la sortie, ou impose à des droits modiques, afin d'en faciliter l'exportation. (*Circulaire du directeur général des douanes, des 23 frimaire et 4 nivôse an 10.*

OBSERVATIONS.

34. La Convention nationale, après avoir entendu le rapport de sa commission des douanes, a décrété, le 12 nivôse an 2, ce qui suit :

L'article 34 du décret du 27 vendémiaire est rapporté; le tonnage des bâtimens sera calculé de la manière suivante :

« Ajouter la longueur du pont, prise de tête en tête, à celle de l'étrave à l'estambord ;
» déduire la moitié du produit; multiplier le reste par la plus grande largeur du navire
» ou maître-bau ; multiplier encore le produit par la hauteur de la cale et de l'entrepont,
» et diviser par 94. — Si le bâtiment n'a qu'un pont, prendre la plus grande longueur
» du bâtiment; multiplier par la plus grande largeur du navire au maître-bau, et le pro-
» duit par la plus grande hauteur, puis diviser par 94. » — *Consulter au surplus les observations sur l'article 31 ci-dessus.*

35. « Les bâtimens étrangers payeront, pour frais d'expédition, d'entrée et sortie, dix-huit francs, s'ils sont de deux cents tonneaux et au-dessous; trente-six francs, s'ils sont au-dessus. »

OBSERVATIONS.

Le bâtiment exempt du droit de tonnage, l'est aussi de ceux d'expédition. (*Décision du 23 pluviôse an 2.*)

L'arrêté des Consuls du 21 frimaire an 10, indiqué à l'article 33 ci-dessus, exempte du droit d'expédition, dans les ports de la Manche, les bâtimens anglais dont la contenance n'excède pas 20 tonneaux, qui auroient apporté des laines brutes et autres matières premières, ou qui sur leur lest chargeroient en retour des productions de leur sol, de notre industrie ou de notre commerce. (*Voir cet arrêté à sa date.*)

Il résulte d'une décision du 19 brumaire an 10, que la loi du 27 vendémiaire, en établissant un droit d'expédition sur les navires de 200 tonneaux et au-dessous, n'a pas eu l'intention de comprendre dans cette disposition des embarcations de la contenance de quatre à cinq tonneaux. En conséquence, de petites barques espagnoles de cette contenance, retournant des ports de France les plus éloignés de la Méditerranée en Espagne, ne doivent acquitter dans leurs diverses relâches, soit volontaires ou forcées, que le droit de tonnage et autres droits accessoires de l'article 37, suivant les circonstances.

(*Voir les observations sur l'article 36 ci-après, à l'égard d'un bâtiment étranger autorisé à aller d'un port de France dans un autre.*)

« 36. Les bâtimens français de trente à cinquante tonneaux payeront deux francs; de cent cinquante à trois cent, six francs; au-dessus de trois cents, quinze francs. »

OBSERVATIONS.

Tout bâtiment étranger, autorisé à aller d'un port de France dans un autre, acquitte à son entrée, s'il n'a pas d'autorisation de retour, la moitié des droits fixés par l'article 36, et la moitié de ceux déterminés par l'article 35 précédent; et dans le cas où le capitaine d'un bâtiment étranger venant de l'étranger auroit acquitté la totalité des droits fixés par ledit article 35, il lui est tenu compte de la différence qui se trouve entre la moitié de ces droits et la moitié de ceux fixés par l'article 36, s'ils sont du port d'arrivée pour un autre port de la République, avec autorisation spéciale. (*Décision du 22 thermidor an 6*).

« 37. Tous acquits, permis et certificats aux cargaisons étrangères seront payés un franc; ceux pour cargaisons françaises, dix sous (50 *centimes.*)

OBSERVATIONS.

Il doit être perçu un droit particulier d'acquit pour chaque expédition. (*Décision du 17 floréal an 5.*)

Mais ce droit, n'étant qu'accessoire, n'est dû qu'autant qu'il y a lieu au paiement d'un droit principal de navigation.

Le droit de permis est dû sur chaque déclaration de chargement ou de déchargement. (*Décision du 17 floréal an 6.*)

Mais il n'est délivré qu'un permis pour la même partie de marchandise, quelle que soit la durée de son chargement et déchargement.

Le droit est dû sur les bâtimens navigant en rivière, dès qu'ils ont 30 tonneaux. (*Décision du 17 floréal an 5.*)

Les navires pêcheurs y sont sujets pour le déchargement du produit de leur pêche. (*Décision du 25 pluviôse an 7.*)

Mais les habitans de l'île de Bréhat ne payent qu'un seul droit de permis pour le chargement

gement et déchargement des objets qu'ils ont fait venir de la terre ferme, sur des barques de 4 à 5 tonneaux. (*Arrêté du 25 brumaire an 6.*)

Sont exempts de droit de permis, 1.° les provisions de beurre et de tabac, à l'usage des équipages, le mot *cargaison* ne pouvant être appliqué à cette partie d'approvisionnement militaire;

2.° Les bâtimens pris sur l'ennemi, leur déchargement se faisant par autorité de justice:

3.° Les navires sortant ou entrant sur leur lest.

» 38. Le registre pour entrée et sortie des bâtimens contiendra la date d'arrivée ou de départ; l'espèce, le nom du bâtiment; le nom du capitaine, le nombre des officiers et matelots, la nation dont ils sont; le lieu d'arrivée ou destination; la date et le numéro du manifeste général des cargaisons, qui sera signé et déposé par les capitaines dans les vingt-quatre heures de l'arrivée et avant le départ, distinctement, et outre les déclarations à faire par les consignataires et parties intéressées à la cargaison pour acquitter les droits.

» 39. Les actes de francisation seront extraits du registre où seront inscrites les déclarations de construction, mesurage, description et propriété, ordonnées par le présent décret.

» 40. Le 13 messidor, an deuxième de la République française, le jaugeage des vaisseaux sera modifié suivant les nouvelles mesures qui seront alors en vigueur; et toutes les dénominations relatives aux poids et mesures, mentionnées dans le présent décret, seront rapportées aux poids et mesures uniformes pour toute la République. »

74. SOLIDITÉ. Le mot solidaire se dit des obligations que passent plusieurs personnes ensemble, en telle sorte pourtant que chacun s'engage et promet de payer seul la somme totale, de même que s'il étoit seul obligé. *Trevoux.*

La solidité ne se présume pas, il faut qu'elle soit expressément stipulée entre les co-obligés; elle ne peut être suppléée ni sous entendue par ces mots: *Nous payerons conjointement;* on doit se servir du mot *solidaire*, *solidairement*, ou de mots à-peu-près semblables, autrement chacun n'est débiteur que pour sa part.

75. BÉNÉFICE DE DIVISION. Est une exception par le moyen de laquelle l'une des cautions peut demander de n'être garante que de sa part, et non pour le tout; conséquemment, le fidéjusseur à qui le créancier demande toute la dette, obtient, par cette exception, que le créancier soit tenu de partager sa demande entre lui et ses co-fidéjusseurs lorsqu'ils sont solvables, et qu'en conséquence il soit reçu à payer sa part.

Le bénéfice de division est une atteinte portée aux principes. En effet, plusieurs cautions sont différentes de plusieurs débiteurs principaux; les cautions s'engagent pour le tout, et les débiteurs pour leur part, sauf convention contraire dans l'un et l'autre cas; aussi n'a-t-on étendu ce bénéfice qu'au cautionnement pur et simple.

76. BÉNÉFICE DE DISCUSSION. L'obligation de la caution n'étant qu'accessoire et subsidiaire à celle du principal obligé, et n'étant exigée que pour suppléer à ce qu'il manquera d'acquitter, on la regarde comme conditionnelle; elle n'a son effet que lorsque le débiteur ne peut pas payer : ainsi la caution ne peut être poursuivie qu'après que le créancier a fait les diligences nécessaires pour la discussion du principal obligé, et qu'il n'a pu en être payé. *Denisart.*

77. BÉNÉFICE *de division et de discussion. Commerce.* Par rapport au bénéfice de division, le commerce suit *le § 4 du tit. fidej. Instit.*; et par rapport au bénéfice de discussion, il suit la loi qui étoit en usage avant la novelle 4 de Justinien. En effet, après que Maynard a fait voir en ses questions, que, généralement parlant, l'ordre de droit et de discussion doit être gardé, il fait exception des marchands, quoiqu'ils aient signé purement et simplement, sans y ajouter *solidairement l'un pour l'autre*, *un seul pour le tout*, ou autres semblables termes. A la vérité, quantité de docteurs sont contre cette opinion, ainsi que plusieurs arrêts; mais ce n'est pas le plus grand nombre. Les arrêts modernes sont pour. Quoi qu'il en soit, notre ordonnance de 1673, les constitutions de Sardaigne de 1770, et toutes les lois commerciales de l'Europe confirment les anciennes lois romaines sur ce point, par rapport aux effets de commerce, dont les tireurs, accepteurs et endosseurs sont solidairement obligés, sans pouvoir demander le bénéfice de division et de discussion; et pourquoi refuseroit-on la même faveur à tous les autres engagemens, qui, même par leur nature, ne présentent pas autant de diversité d'intérêt ?

78. Le Tribunal de Commerce de Paris a rendu un jugement le 6 fructidor an 6, par lequel il a condamné solidairement deux particuliers qui avoient garanti ainsi un billet de leur père, négociant : *nous garantissons le présent billet.* Appel. Le Tribunal d'appel du département de la Seine réforma le jugement du Tribunal de Commerce, le 19 messidor an 7, fondé sur ce que les deux fils n'étoient point associés. Pourvoi en cassation; le Tribunal de cassation rejeta le pourvoi le 15 thermidor an 9.

PREMIÈRE PARTIE.

SECTION PREMIÈRE.

Des personnes.

Les personnes qui coopèrent dans les transactions commerciales et maritimes, peuvent être réduites à cinq, savoir ; les producteurs, les marchands ou négocians, leurs intermédiaires, les marins et les consommateurs. Nous parlerons de chacune de ces personnes en particulier.

CHAPITRE II.

Des Producteurs, des Intermédiaires, et des Consommateurs.

79. On appelle producteurs, les personnes qui, exploitant leur terre, fournissent au négoce les choses provenant de leur exploitation, tels sont les propriétaires de vignoble, de bois, forêts ou mines; et celles qui, par le travail leurs mains, ont façonné les matières premières ou secondaires d'autrui, sans avoir d'autre intérêt, sur ces matières, que celui de leur labeur. Conséquemment, les marchands de bois qui vendent celui qu'ils ont récolté dans leurs biens-fonds ; les constructeurs, lorsqu'ils sont censés ouvriers ; ceux qui ont vendu les denrées provenant de leur récolte pour l'avituaillement d'un navire ; et ceux qui ont fourni leur magasin pour le recevoir ; ceux qui ont coopéré à son chargement ou déchargement ; les charpentiers, les perceurs et les calfats sont autant de producteurs non compris, pour leurs travaux et leurs fournitures, dans la classe des marchands ou négocians.

80. On appelle intermédiaire celui qui est placé entre les producteurs et les consommateurs : tels sont les marchands et négocians qui acquièrent directement ou indirectement des producteurs ; comme par exemple, les marchands de bois, chanvre, etc., les fabricans, les assureurs et donneurs à la grosse, qui empruntent ou sont censés emprunter de l'argent pour faire

leur commerce; les courtiers, les commissionnaires qui sont, ou placés entre les producteurs et les consommateurs, ou entre leurs intermédiaires, ou entre le producteur et son intermédiaire, ou encore entre l'intermédiaire et le consommateur; tous ces individus étant censés négocians, sont assujettis aux lois et aux Tribunaux du négoce.

81. On appelle consommateur celui qui acquiert la chose mobiliaire, ou reputée telle, pour son propre usage; tel est celui, par exemple, qui achète des échalats pour l'utilité de ses vignes, de la toile pour son ménage, ou d'un bateau destiné à porter seulement ses denrées, ou bien qui emprunte de l'argent pour faire cultiver ses terres, ou pour les besoins de sa maison : conséquemment, comme consommateur, il n'est point assujettis aux lois qui régissent le négoce.

CHAPITRE III.

Des Marchands, Commerçans ou Négocians; de ceux réputés tels, et de ceux à qui le commerce est interdit.

82. Les mots, ayant dans le discours la plus directe influence sur les choses, il est utile de définir exactement leur signification pour en fixer le véritable sens et éviter les méprises préjudiciables : pour atteindre ce but, je vais, le plus que je le pourrai, remonter à l'étymologie de celui de marchand ou de négociant.

83. La seule dénomination qui convienne à l'intermédiaire qui se place entre le producteur et le consommateur, ou entre d'autres intermédiaires comme lui, etc., pour acheter et vendre, est celle de marchand ou négociant.

84. Le mot Commerce, en latin *Commercium*, signifie à la lettre, dit le synonymiste Roubeau, Échange de marchandises, *Commutario Mercium.* « C'est ainsi, qu'avant l'auteur cité, Marquardus s'en étoit expliqué, liv. 1, chap. 2. » Ce mot, dit le même Roubeau, est formé de *Com*, avec, ensemble, et de *merx*, *merces*, marchandises, qui vient de *mar. marc. marque.* La *marque du marchand,* ou d'une chose à vendre (1).

85. « Le commerce ne se fit d'abord que par échange immédiat. Dans tous

(1) C'est de-là qu'est sans doute venue la dénomination de cette mesure pondérale, appelée *marc, marque, marchand, poids des marchands.* Note de l'Auteur.

les sens, ce mot exprime échange, communication réciproque ». Marquardus et Forbonnais opinent aussi comme Roubeau. A la vérité, en ergotant un peu sur le mot, on pourroit répondre à ces auteurs, que l'on ne communique que les pensées et non les choses, communication qui forme ce qu'on appelle le commerce des lettres, le bon ou le mauvais commerce des personnes ; mais comme dans mon objet il est inutile de pointiller, je m'en tiendrai à ce que disent les auteurs.

86. *Le commerce*, dit encore Roubeau, est l'échange *de valeurs pour valeurs égales* (1) ou d'objets équivalens, et qui se payent l'une l'autre ; *le négoce* est le travail exercé au service *du commerce* (2), ou cette partie *du commerce* exercée par des gens voués aux entreprises, aux soins, aux travaux de cette profession. C'est donc a tort, dit-il, qu'on dit *le commerce*, pour désigner le corps de ses agens, qui ne sont pas en effet *tout le commerce*, mais qui servent *le commerce*, ce seroit plutôt *le négoce*.

87. *Le commerce* embrasse tous les échanges et toutes sortes d'échanges qui se font dans toute l'étendue de la circulation, depuis *la production* jusqu'à *la consommation*, depuis le cultivateur ou le propriétaire qui vend la denrée de son cru et qui est le premier *commerçant* sans être *négociant*, jusqu'au consommateur qui termine les échanges en faisant le dernier achat de la chose pour son usage. *Le négoce* n'est qu'un service particulier que rendent *au commerce* des agens, des personnes éclairées, intelligentes et laborieuses, en épargnant aux producteurs ou aux fabricans et aux consommateurs, la peine de se rapprocher les uns des autres, pour leurs ventes et leurs achats ; en calculant et balançant les moyens des uns et le besoin des autres, pour les accorder ensemble ; en combinant et multipliant même les échanges en divers lieux, en divers pays, pour rendre plus favorable le débit de la denrée ; en formant enfin les spéculations et exécutant les opérations nécessaires pour conduire les objets d'un terme à l'autre, avec le plus d'économie et d'avantage possible.

88. « Les Celtes (c'est toujours Roubaud qui parle) disoient *neg*, avec un *e* et un *g*, *nech*, avec un *c* et un *h*, pour dire travail, peine, affaire, négoce ; les Latins, pour dire *négoce*, disoient *negotium*, mot composé ordinairement par les étymologies de *nec*, avec *e* et *c*, et *otium*, privation de loisir, occu-

---

(1) On voit que Roubaud rapporte à l'action ce qui devroit, dans le fait, appartenir exclusivement à la pensée, au rapprochement, aux communications réciproques ces désirs des contractans.

(2) Ceci est une vérité, et étaye, je crois, ce que j'ai dit dans la note ci-dessus.

pation; les mots Celtes ont été conservés dans le galois, avec le sens qu'ils y attachoient. »

89. Marquardus dit, que *negocium* est quasi *negans otium*, signifie, qui ne donne point de repos, parce que dans le commerce il y a toujours infiniment à travailler.

90. D'après toutes ces définitions on doit donc considérer comme commerçant les producteurs et les consommateurs, et les intermédiaires comme marchands ou négocians.

91. En jugeant tout ce qui vient d'être dit par aperçu, on estimera que j'ai entré dans un détail minutieux, surabondant, et peut-être inutile à mon objet; mais en approfondissant mes vues on me saura gré sans doute de l'avoir présenté. En effet, la loi de germinal an 6, sur la contrainte par corps, étant de droit étroit, il est nécessaire de tirer une ligne de démarcation très-exacte entre les personnes qui sont ou ne sont pas négocians, pour éviter les conflits de jurisdiction ou la mauvaise application de la loi; et pour rendre ceci plus sensible, je vais donner quelques exemples.

92. *Premier exemple.* Une personne qui n'a jamais fait de négoce a acheté une marchandise qu'il a payée en son billet, ou bien qu'il doit par compte, il l'a revendue avant de l'avoir payée; son créancier pourra-t-il exercer ses actions contre elle au Tribunal de commerce, quoiqu'elle n'ait point de patente de boutique de négoce ostensible, et même qu'il soit prouvé que c'est la première opération de ce genre qu'elle ait faite?

93. En partant des principes que j'ai déduits, je dirais affirmativement *oui*, contre même le sentiment de Paul de Castres, conseil 161. Barthole sur la loi *Mela*, Accurse et plusieurs autres sur la loi 1, §. *Mercis*, qui tous prétendent qu'un homme n'est point marchand pour avoir une fois acheté pour revendre. Je dis donc affirmativement oui, parce que cette personne a été pour ce seul fait seulement, *intermédiaire* entre le producteur et le consommateur. Si indépendamment de la raison sur laquelle est fondé le principe, il faut étayer cette opinion d'une autorité, je citerai, indépendamment de divers jugemens qui ont été rendus en sa faveur l'instruction consulaire de Paris, édit de 1705, fol. 9, l'instruction consulaire de Bordeaux, réimprimée par ordre des Juges et Consuls de cette ville, en 1795. Il y est dit, fol. 184:

94. « Pourront être assignées par-devant les Juges et Consuls *toutes sortes de personnes* qui auront acheté des barriques ou autres marchandises qu'ils

auront revendues, sans qu'ils puissent obtenir leur renvoi, si le créancier peut justifier ou vérifier la revente d'icelles, comme il a été jugé en la cour de la bourse les 29 juillet et 5 août 1689, confirmé par arrêt du Parlement de Bordeaux du 4 sept. 1693, contre Jean Pradillon, avocat pris comme marchand. » Par arrêt du 28 janvier 1567, il avoit été enjoint aux héritiers d'assigner indistinctement toutes sortes de personnes, sans prendre connoissance de l'état et qualité, lorsqu'il était question de marchandise.

95. L'auteur du Répertoire de Jurisprudence n'est point cependant de cet avis. « L'objet, dit-il, de la Jurisdiction consulaire, selon l'édit de 1563, est la connoissance des procès élevés entre marchands pour fait *de marchandises seulement*; mais comment, dit-il, doit-on entendre ce terme *de marchand*? Un particulier s'occupe *accidentellement* d'une négociation de marchandise, doit-il être pour cela *réputé marchand?* Il répond négativement, en observant que s'il pouvoit exister quelque doute à cet égard, il suffiroit de recourir à l'art. 3 du tit. 12 de l'ord. de 1673, qui ordonne que les Juges connoîtront indistinctement *entre tous les citoyens*, des lettres-de-change ou remises d'argent de place en place. Pour cela, dit notre auteur, elle se sert de ces mots: *entre toutes personnes*, au lieu que l'ordonnance de 1563 use de ceux-ci: *entre marchands*. Disons, même à l'appui de notre auteur, que la déclaration du 28 avril 1765, porte que sont justiciables des Consuls tous ceux qui font commerce, *autant qu'ils sont marchands*, ce qui peut être interprêté ainsi: que s'ils ne sont pas marchands de profession, ils ne seront pas justiciables de ce Tribunal.

96. Il y a, pour le moins, autant de raisons à donner pour prouver qu'ici les mots *entre marchands* ont un sens aussi général et absolu que ceux *toutes personnes*; mais comme la déclaration du 20 juillet 1566, porte que les Juges et Consuls ne connoîtront point *des achats faits par les personnes non marchandes pour l'usage de leur maison*, cette déclaration dit donc implicitement, qu'ils en devront connoître lorsqu'elles feront des achats pour revendre.

97. Fils de famille ou mineur, dit Automne, sont réputés marchands et émancipés, quant à leur commerce, *dès le premier acte de marchandise*. Lapey. fol. 246, n°. 51. Par arrêt du Parlement de Bord. de l'an 1594, un jeune homme qui avoit acheté des vins et chargé un navire, avoit obtenu des lettres royaux pour être relevé, fondé sur *ce qu'il n'avoit fait que ce seul acte de marchand*; il fut débouté de ses lettres. Mais, dira-t-on, toutes ces assertions ne tendent point à détruire ce qui est prescrit par la déclaration

du 28 avril 1765, sauf l'instruction consulaire de Bordeaux, qui n'a point le droit d'abroger une loi émanée de l'autorité. Nous verrons ci-après, en argumentant d'abord, d'après la raison, les principes, et sur-tout la loi du 4 germinal an 6, que les choses sont remises dans leur état naturel.

98. L'auteur du Répert. de Jurisprud. continue en disant : « Les décisions particulières des Tribunaux que l'on cite, paroîtroient cependant établir une Jurisprudence contraire (à sa doctrine); mais peut-être ne sont-elles qu'un exemple de l'abus qu'on fait si souvent, dans la Jurisprudence, de l'autorité des arrêts particuliers. »

99. Notre auteur est, je crois, dans l'erreur, puisque ce point est établi implicitement par la déclaration du 20 juillet 1566 précitée, et ensuite par la Jurisprudence des arrêts. Ceux qui sont d'abord contre l'esprit de cette déclaration, et ensuite contre la Jurisprudence des arrêts, veulent, quelques-uns, que pour être réputé marchand, il faut au moins être patenté, ou bien avoir boutique ou magasin ouvert; d'autres, moins exigeans, veulent qu'il y ait plusieurs actes de commerce de fait. J'observerai d'abord, par rapport à la patente, aux boutiques et magasins, qu'il y a beaucoup de personnes qui font un négoce assez considérable en chambre, sans patente, boutique ni magasin, qui, achetant et vendant au comptant, considèrent, pour premier et plus sûr bénéfice, cette économie, motif qui engage plusieurs personnes à prendre ce parti, jusqu'aux marchands de volailles. Cependant toutes ces personnes sont bien négocians ou marchands; mais d'après l'avis de celles dont il vient d'être parlé, si ces marchands sont en retard de faire un paiement pour lequel, contre leur usage, elles auront contracté un engagement, elles ne pourront point être convenues devant le Tribunal de commerce.

100. Mais admettons, avec ces mêmes personnes, qu'il faille un certain concours d'affaires pour caractériser un marchand; alors ce concours sera-t-il relatif au nombre ou à la somme? Par exemple, faudra-t-il trente affaires de 30 ou 40 francs, ou bien deux affaires de 6000 francs suffiront-elles? Admettons, pour couper au plus court, l'un et l'autre : dans ce cas, il faudra faire des enquêtes de part et d'autres; alors deux difficultés se présenteront, 1.° celle de trouver le nombre suffisant de personnes; sera-t-il trouvé? la plupart d'elles ne voudront pas en convenir, parce que leur transaction tiendra au secret de leurs affaires; de sorte que le créancier, après beaucoup de peine et de frais, se trouvera avoir couru, de porte en porte, pour rien, et sera forcé de poursuivre son débiteur par les longues et dispendieuses

voies

voies ordinaires : dans ce cas, il s'estimera trop heureux si, en gagnant son procès, il ne se trouve en perte que de son capital.

101. Quel est le motif qui a dicté l'art. 2 du tit. 12 de l'ord. de 1673, et de l'art. 1 du tit. 2 de la loi du 15 germinal an 6, qui rendent justiciables du Tribunal de commerce, toutes personnes qui ont souscrit des lettres-de-change ? ce n'est pas parce que ces personnes ont acheté ou vendu de l'argent, vu que la nature de la monnoie ne comporte pas cette transaction ; mais c'est parce qu'elles ont acheté ou vendu, d'abord les sûretés des routes qu'elles donnoient contre les voleurs, et ensuite les frais de transport, connus les uns et les autres sous le nom collectif de change. Car, sûreté à part, si je donne mon argent à porter par la poste, ou par un voiturier, et qu'il m'en coûte $\frac{1}{8}$, $\frac{1}{4}$ pour cent, si je trouve une personne qui veuille me faire parvenir cet argent dans le lieu où je vais, pour $\frac{1}{16}$, $\frac{1}{8}$ pour $\frac{2}{8}$, partageant avec lui l'onéreux du transport, il est clair, qu'en ce cas, il remplit les fonctions de voiturier, conséquemment d'intermédiaire entre le producteur et le consommateur. Cela étant ainsi, celui qui aura rempli ces fonctions, ayant fait un acte de négoce, il devient donc négociant pour cet acte, et, comme tel, justiciable au Tribunal de commerce : disons donc, en thèse générale, que toute personne qui fait un acte de négoce, est censé négociant pour cet acte seulement,

102. A la vérité, il sembleroit que l'art. 1 du tit. 2 de la loi du 4 germinal an 6, qui est rigoureusement de droit étroit, déroge au principe que j'ai établi ; il dit : « La contrainte par corps aura lieu........ Par. 2, de *marchands à marchands*, pour fait de marchandises dont ils se mêlent...... Par. 3, contre tous les négocians ou marchands qui signeront des billets pour valeur reçue comptant ou en marchandises, etc. »

103. Mais comme cette loi ne définit pas les mots marchands et négocians, et qu'elle rend ensuite justiciable du Tribunal de commerce toute personne qui fait un premier acte de commerce par lettres-de-change, la quatrième phrase interprétant la deuxième et la troisième, on peut donc dire qu'elle entend par marchand ou négociant, tous ceux qui se sont mêlés, une ou plusieurs fois, de marchandises. Ainsi, lorsqu'une personne fait un seul acte de négoce, s'étant fait marchand momentanément, il est reconnu pour tel momentanément : dans ce cas, comme en tout autre, la volonté de l'individu ne peut point caractériser ce contrat; mais, contre sa volonté, ce contrat se caractérise; et, comme les jurisdictions sont de droit étroit, que nul ne peut en convenir, sans égard aux individus, ayant égard aux choses, il est

donc essentiel, pour fixer l'attribution des jurisdictions, de reconnoître, d'après les principes, la nature des contrats.

104. Mais, dira-t-on, l'argent ne se consumant point par l'usage, n'y ayant point de consommateur, il ne peut y avoir de producteur; je répondrai qu'il est vrai que l'argent ne se consume point par l'usage; mais que se consumant civilement, la consomption qui s'en fait produit le même effet, à l'égard du contractant, que si elle étoit faite par l'usage; et il seroit, je crois, inutile de chercher à ergoter sur les mots, parce que cette consomption civile de l'argent est reconnue par la justice, le droit, et les auteurs qui ne sont que les échos de la raison.

105. Au surplus, pour tout acte de commerce, il faut avoir égard par rapport aux mineurs, aux femmes marchandes publiques, et à celles qui font un commerce distinct et séparé de celui de leurs maris; il faut avoir égard, dis-je, aux dispositions des art. 1, 2 et 3 du tit. 2 de la loi du 4 germinal an 6. Voyez fol. 4 à 5.

106. *Deuxième exemple.* Du moment que le négociant ou marchand de profession ne se rend pas intermédiaire dans une transaction entre le producteur et le consommateur, d'après les raisons qui ont été données, ayant toujours égard au caractère du contrat, il ne peut point être convenu par-devant le Tribunal de commerce; ainsi, si le négociant fait un compte avec son boulanger, son boucher, son tapissier, et même s'il leur consent des billets à ordre, avec énonciation de la vraie cause, ces créanciers ne pourront point exercer leur action devant le Tribunal de commerce, mais devant les Tribunaux ordinaires. Tout ceci est conforme aux lois, notamment à l'article 6 du tit. 12 de l'ord. de 1673, et aux arrêts et sentimens des auteurs. (Voyez mes Institutions commerciales, pag. 80 et suiv.) Mais si un marchand ou négociant emprunte une somme, suivant Innocent, Jason, Barthole, Salicet, Aretin et Straccha, cette somme est si fort présumée employable en marchandise, et cette présomption est si forte, qu'elle équipole à une preuve; dans ce cas, le litigieux qui pourra en résulter, rentrera dans les attributions du Tribunal de commerce. Autre chose seroit, s'il étoit dit, par exemple, dans le billet, que cette somme a été empruntée pour acheter un lit, etc. Or si, dans ce cas, la loi a égard à la nature du contrat, et non à celle de l'individu, pourquoi, dans toute autre circonstance, n'auroit-elle pas la même attention? Dans le cas contraire, ne seroit-ce pas admettre deux poids, deux mesures?

107. *Troisième exemple.* Première question. Une personne a frété un bateau, avec condition qu'il en paieroit le fret d'avance; il le sous-

frète à une autre personne, sans avoir rempli son engagement; le fréteur aura-t-il droit d'exercer ses actions devant le Tribunal de commerce ?

Seconde question. Une personne qui n'a jamais fait aucun négoce, souscrit un billet de Pierre, qu'il ne paie pas à l'échéance, ou bien une police d'assurance qu'il ne paie pas après la perte, ou bien un connoissement dont il ne paie pas le fret exprimé dans cet acte, parce qu'on a eu la complaisance de lui laisser emporter sa chose, s'en rapportant à sa promesse, pourra-t-elle être actionnée au Tribunal de commerce ?

Dans toutes ces hypothèses, on doit se décider hardiment pour l'affirmative, parce que, par rapport à la premièr. question, cette personne a acheté et revendu l'usage du bateau; autre chose seroit s'il eût loué ce bateau pour voiturer les matériaux propres à l'exploitation d'un bien de campagne, ou à édifier une maison. Par rapport à la seconde question, la personne ayant fait un acte qui lui fait courir les chances du bénéfice ou de la perte, en se plaçant, dans toutes ces circonstances, entre le producteur et le consommateur, devient intermédiaire, il peut être convenu au Tribunal de commerce. Ces solutions sont applicables aux individus des deux sexes, majeurs et mineurs.

108. MINEUR. Pothier, n. 91, H. T. dit que « les mineurs qui sont *marchands de profession*, peuvent être parties dans un contrat, pour faire assurer les effets de leur commerce. » Il ajoute, les mineurs peuvent y être aussi parties comme assureurs, *s'ils font le commerce d'assurance.*

109. Émerigon fait ensuite cette question en parlant de l'auteur cité, tom. 1. fol. 94 : ces derniers mots, dit-il, ont besoin d'être expliqués. Le commerce d'assurance, commence par *un premier acte.* Or, le mineur qui, pour la première fois, aura signé une police d'assurance, pourra-t-il s'en faire relever sous prétexte de minorité ?

110. « Il est vrai, dit cet auteur, qu'un seul acte de commerce ne rend pas négociant; il faut avoir acquis cette qualité par une suite d'affaires mercantiles, et par l'aveu de ses concitoyens. Il cite, à l'appui de son opinion, Straccha et Marquardus. Ainsi, dit-il, de ce que j'ai fait un acte mercantile, je ne suis ni admissible au Conseil de ville dans la classe des négocians, ni justiciable des Juges et Consuls pour un billet à ordre, *valeur reçue comptant;* mais si je tire une lettre-de-change, je serai justiciable du Tribunal de commerce, et soumis à la contrainte par corps, quand même je n'aurois jamais fait aucun acte de commerce : on me condamnera non comme négociant, mais comme tireur d'une lettre-de-change. » Il dit ensuite : « Si je

signe une assurance, je serai justiciable du Tribunal de l'amirauté, qui connoîtra de cette obligation, nonobstant tout privilége à ce contraire (art. 2, tit. de la compétence); car, en cette matière, *on s'arrête beaucoup plus à la chose qu'à la qualité de la personne.* Il suit de ces principes, que le mineur de vingt-cinq ans, qui signe une police d'assurance, est véritablement assureur, et obligé, comme tel, quoique ce soit pour la première fois qu'il ait signé pareilles polices; l'art. 1, H. T. est général; il n'excepte point les mineurs, lesquels, pour fait de commerce, ne peuvent alléguer leur minorité : telle est la règle; il n'est pas permis de s'en écarter, à moins qu'il n'y ait *dol ou surprise, ce qui dépend des circonstances du fait.*

111. FILS DE FAMILLE. Ce qu'on vient de dire des mineurs de vingt-cinq ans, s'applique aux fils de famille. Le commerce ne connoît ni les effets de la puissance paternelle, ni le *Sénatus-consulte* Macédonien.

112. FEMMES. Il en est de même des femmes. L'exception du *Sénatus-consulte* Velleyen n'est pas admise dans les Tribunaux mercantiles. La femme mariée qui souscriroit des assurances, seroit soumise à la contrainte par corps pour le paiement de la perte; on pourroit saisir ses biens paraphernaux; et, à l'égard de la dot, les poursuites seroient suspendues pendant le cours du mariage, à moins que le mari ne consentît à l'aliénation des biens dotaux, pour exempter ou délivrer son mari de la prison. *Vid.* Dupérier, *liv.* 1. *quest.* 3. Il ne faut pas perdre de vue que, par rapport aux mineurs et aux femmes, il faut avoir égard à la loi du 15 germinal an 6, sur la contrainte par corps.

113. Je crois que ce qui vient d'être dit ne milite pas peu en faveur de mes opinions. En effet,

114. 1.° Je conviens, avec Straccha, Balde et Marquardus, qu'un seul acte de commerce ne rend pas négociant, par la raison qu'une personne qui fait un acte d'une profession, n'est pas censée pour cela être de cette profession; et avec Émerigon, je dis que, dans cette circonstance, il ne faut point s'arrêter à la personne, mais à la chose; et, en argumentant d'après mes principes, je dirai encore que, pour changer la direction de la chose, il faudroit en changer la nature, ce qu'on ne pourroit faire sans bouleverser les règles.

115. 2.° Je conviens, avec Émerigon, que si une personne fait un acte mercantile, elle ne sera pas justiciable du Tribunal de commerce pour un billet à ordre, *valeur reçue comptant;* parce que, comme il a été dit que (106.) s'il est présumable qu'un négociant de profession emprunte de l'ar-

gent pour son commerce dans l'espèce, il est présumable que la personne, non négociant de profession, a emprunté de l'argent pour ses besoins journaliers. Il y a parité de raison pour le décider ainsi.

116. Je me suis un peu appesanti sur ce chapitre, parce que son motif est des plus intéressans : s'il est erroné, il pourra provoquer des discussions dont les résultats ne pourront être que très-avantageux à la société.

117. PERSONNES *à qui le commerce est interdit.* Le négoce étoit interdit aux Sénateurs romains. Il ne leur étoit permis que d'avoir une barque de 300 septiers pour les fruits qu'ils recueilloient de leurs terres. *Tite-Live*, *lib. 11*, *N°*. *63*. La loi Julia leur fit ensuite défense absolue d'avoir des vaisseaux, à peine de concussion et d'être expulsés du Sénat. Par les constitutions impériales, tout trafic étoit prohibé aux Gouverneurs de provinces, de peur que le peuple ne fût la proie de leur rapine. L. 33, l. 46, ff.

118. Pour assurer la tranquillité et la liberté des négocians, le roi Jean, par son ord. de 1353, défendit à tous *Juges et officiers* de faire aucun commerce, directement ni indirectement, par eux-mêmes ou sous des noms empruntés, à peine de confiscation des marchandises, et de punition arbitraire. L'art. 1 de la déclaration de décembre 1701, renouvelée par celle de 1765, défend aux Nobles, Magistrats, ou en charge, de faire le négoce. Par l'ordonnance d'août 1695, le négoce est prohibé aux officiers de la marine et des classes; par le réglement du 3 mars 1781, titre 1, art. 20 et 35, il est défendu aux Consuls et Vice-Consuls de faire aucun commerce, directement ou indirectement, sous peine de révocation. Les lois défendent aussi aux préposés des douanes de faire le négoce. Cependant il est permis aux Juges du Tribunal de commerce de faire le négoce. C'est une exception qui procède de la nature de leur profession; car si pour être Juge du Tribunal de commerce il faut être négociant, il est clair que ces négocians ne doivent pas abandonner leur état pour exercer gratuitement leurs fonctions : comme aussi anciennement les négocians pouvoient être Jurats, Capitouls. Le Législateur l'avoit décidé ainsi, afin d'honorer leur profession.

119. Il n'est pas non plus défendu aux avocats de faire le négoce. Marquardus, *lib. cap. 9*, *N°*. *24*. Conséquemment, hors ces exceptions, le négoce est donc interdit à tous Magistrats, Juges et personnes en place, sur-tout à celles qui ont des deniers publics en maniement. La raison est qu'ils pourroient être partiaux dans certaines circonstances, influencer dans d'autres, ou bien quelquefois agens et patients, ou bien encore victimes des hasards

attachés au négoce, et conséquemment victimer les personnes qui, par rapport à leur état, auroient été forcées de suivre en eux la foi publique.

120. Malgré les lois qui prohibent le négoce à certains individus, si quelqu'un d'eux venoit à faire une opération commerciale sans qu'il paroisse qu'il eût intention de continuer, comme, par exemple, s'il a acheté 100 mètres de toile pour son ménage, et que cette toile ne pouvant point remplir son objet, il la revende; il ne s'ensuivra pas de-là qu'il mérite d'encourir les peines portées par les ordonnances; parce qu'il seroit injuste que l'on exige, d'une personne qui s'est trompée, ou qui a été trompée dans son opération, qu'elle en soit entièrement la victime, en lui interdisant la faculté de la réparer, en partie, lorsqu'il en trouve l'occasion.

CHAPITRE IV.

Des Constructeurs et des Ouvriers travaillant à la confection des Navires; des Fournisseurs.

121. Plusieurs artistes et artisans concourent spécialement à la confection des navires; savoir : les constructeurs, les charpentiers, les perceurs, les calefats, les poulieurs, les cordiers, les voiliers, forgerons, etc. Les constructeurs sont, à l'égard des navires, ce que sont les architectes à l'égard des édifices.

122. Les constructeurs, comme les architectes, entreprennent la confection des bâtimens qui leur sont particuliers, pour leur compte ou pour celui des propriétaires : dans l'un et l'autre cas, leurs conventions établissent un contrat de louage d'ouvrage.

123. Le contrat de louage d'ouvrage peut se résoudre par le consentement des parties; quelquefois par la volonté de l'une des parties; quelquefois par la mort de l'une des parties; quelquefois par une force majeure.

124. Si le contrat de louage se résout du consentement des parties, le locateur ou propriétaire doit payer au conducteur ou entrepreneur le prix de ce qui a été fait, à moins qu'il n'y ait convention contraire.

125. Si le contrat se résout par la volonté du locateur, il doit une indemnité au conducteur; mais, lorsque le marché est conclu, le conducteur ne peut point se dispenser de l'exécuter.

126. La mort du locateur ne résout pas le contrat, son héritier lui succède

dans ses droits et actions; de même, la mort du conducteur ne résout pas le contrat, s'il peut être remplacé.

127. Le contrat de louage s'éteint aussi à la suite d'une force majeure; conséquemment, soit que l'entrepreneur ait convenu de fournir le bois, soit que ce soit le propriétaire, et que le Gouvernement requière tout le bois de construction pour ses chantiers, le contrat, par ce fait, sera résolu, au moins s'il n'est pas probable que, dans un certain délai, on puisse en avoir d'autre.

128. Il est prudent de faire enregistrer au Tribunal de commerce ces sortes de contrats.

129. Dans le consulat de la mer, chap. 52, nous trouvons cette disposition: « Si le calfat qui prend un ouvrage à forfait, doit payer les ouvriers qui travaillent sous lui, le propriétaire est tenu de les avertir, de peur qu'ils ne soient trompés; si le propriétaire manque de les avertir, ils sont en droit, faute de paiement de leur salaire, de faire saisir et séquestrer le travail par eux fait, laquelle séquestration durera jusqu'à ce qu'ils soient payés de leur salaire, avec dépens, dommages et intérêts; mais si, dès le principe, le propriétaire les avoit avertis de ce dont il s'agit, cette saisie n'aura pas lieu.

130. Valin, art. 17, tit. de la saisie, page 349, cite ce chap. 52; il dit: « Une observation à faire au sujet du privilége des charpentiers, et autres ouvriers employés à la construction ou radoub du navire, est que, pour être en état de l'exercer, il faut qu'ils ayent travaillé par *ordre du propriétaire*; s'ils n'ont été employés que par un entrepreneur à qui le propriétaire ait payé le prix convenu entre eux deux, ils n'ont alors aucuns priviléges à prétendre sur le navire, et il ne leur reste qu'une action simple contre l'entrepreneur dont ils ont suivi la bonne-foi...... Tout cela, ajoute-t-il, *s'entend néanmoins*, si les ouvriers et fournisseurs ont su que l'ouvrage étoit alors à l'entreprise, et qu'ils n'avoient à faire qu'à l'entrepreneur. »

131. Valin suppose donc, comme le Consulat de la mer, que les ouvriers doivent être avertis de l'arrangement; mais ne pouvant être avertis valablement que par une signification, il faut donc qu'une signification leur soit faite par ministère d'huissier, sans cette formalité, ils pourront avoir action contre le propriétaire, l'entrepreneur venant à faillir.

132. La déclaration du 16 mai 1747, veut que, « lorsque les négocians font construire des navires ou bâtimens à forfait par un maître-constructeur, les marchands fournisseurs et autres ouvriers n'aient d'action directe que *contre le constructeur*, sur les ordres duquel ils avoient fourni ou travaillé

pour la construction du navire, sauf à eux cependant à se pourvoir par voie de saisie et arrêt, ou opposition entre les mains du propriétaire ou armateur, sur la somme qu'il pourra devoir au constructeur, sur laquelle ils auront préférence à tous autres créanciers du constructeur. »

133. Cette déclaration suppose donc, contre le Consulat et l'opinion de Valin, qu'il n'est pas nécessaire qu'il y ait de signification de la part de l'armateur, et que conséquemment si l'entrepreneur vient à faillir, les ouvriers, etc. ne pourront faire qu'opposition entre les mains des propriétaires, sans pouvoir être payés de ses deniers, s'ils ne doivent point à l'entrepreneur.

134. Cette déclaration n'a point été enregistrée dans tous les Parlemens; cependant elle le fut à celui de Bordeaux, qui y fit une modification pleine de sagesse; il y est dit : « Ordonne que les marchés à forfait pour la construction des vaisseaux, ne pourront être mis à exécution, que par préalable ils n'aient été enregistrés ès greffes des siéges des amirautés. »

135. Je dis que cette modification est pleine de sagesse; car si les marchés ne sont point ainsi enregistrés, il pourra arriver qu'à la suite de la faillite de l'entrepreneur qui auroit contracté, sous seing privé, avec le propriétaire, avec condition que celui-ci feroit les paiemens, que par collusion entre eux ils déchirassent leur traité, et en fissent un autre, par lequel il paroîtroit que c'étoit l'entrepreneur qui étoit chargé de faire ces paiemens, ce qui, au reste, suppose que ce dernier n'auroit rien, ou peu de chose à perdre, et que le fruit d'une pareille spoliation seroit partagé entre les deux parties.

136. J'ai vu pareil stratagême arriver dans une association générale. Cette société, lors de son contrat, adressa une circulaire à ses correspondans, dans laquelle elle les prévenoit qu'elle avoit contracté une société générale, dans laquelle tous les membres nommés étoient engagés, quoique la raison sociale fût *un tel* et comp^e^. (1) seulement. L'extrait de l'acte social n'ayant pas été enregistré aux termes de l'ordonnance; les circulaires ayant été égarées par les créanciers, la faillite de cette société s'étant déclarée, elle déchira ou cacha son traité social : comme l'associé qui avoit paru en nom n'avoit rien, et que celui qui étoit resté derrière le rideau avoit quelque chose, les créanciers voulurent tomber sur ce dernier, qui, d'accord avec l'autre fripon, prouva qu'il n'étoit que commis : on transigea suivant leur volonté,

(1) On sait qu'il existe dans le commerce un usage très-abusif, de se dire en compagnie, quoiqu'on soit seul, afin de se donner plus de crédit. C'est un des mille abus à réprimer.

volonté, et ils partagèrent sans doute le fruit de leur astuce. Des créanciers dignes de foi m'ont assuré avoir reçu une circulaire contenant les avertissemens dont j'ai parlé; mais ils ne purent les produire, parce qu'ils les avoient égarés, et que, sans doute, ceux qui en avoient, ayant été intéressés, feignirent de ne plus en avoir.

137. Ces observations font, je crois, tomber, au moins en partie, celles de Valin; car, comment est-il possible que l'armateur instruise les ouvriers, si, par exemple, il a payé son navire à mesure qu'il se construisoit? Un navire est mis sur le chantier aujourd'hui, on y travaille, on continue d'y travailler pendant trois, six mois, ensuite on suspend le travaux pendant quelque temps; on les reprend, on les quitte, l'armateur pourra-t-il annoncer chaque fois que l'activité reprendra, aux ouvriers qui vont, qui viennent, le contrat passé entre lui et son entrepreneur? On sent toute la difficulté de la démarche; démarche qui devient encore bien plus difficultueuse par rapport aux fournisseurs de bois, et sur-tout par rapport aux fournisseurs étrangers: mais, par un enregistrement au Tribunal compétent, les ouvriers peuvent être instruits, quelles que soient les mutations qui surviennent parmi eux, en allant consulter cet enregistrement; et les fournisseurs de bois nationaux et étrangers peuvent s'en instruire par leurs correspondans. Alors tout est dans l'ordre, parce que la collusion devient impossible, ou au moins sans effet.

138. Cependant comme la loi que prescrit le Consultat de la mer est formelle, qu'il y a trop de difficulté à faire signifier le contrat aux parties intéressées; dans ce cas, je crois qu'il suffiroit, 1.° de faire enregistrer le traité au Tribunal de commerce; 2.° de faire afficher, de temps à autre, au quatre coins du chantier, l'extrait du traité. Il faut faire attention que dans le commerce, on ne suit les formalités que quand il y a nécessité absolue; hors ce cas, on a égard à la bonne-foi et à toute conduite qui a atteint, d'une manière précise, le but de la loi. (26 et 27.)

139. Jusqu'au ministère de Maurepas, l'art de la construction n'étoit assujetti qu'à un service routinier. Ce Ministre ayant aperçu cet inconvénient, Olivier, constructeur français, lui conseilla de le diriger par les principes, en lui appliquant les sciences mathématiques. Le Ministre ayant apprécié l'avis de cet artiste, il l'envoya en Angleterre pour y perfectionner son art, qui, à cette époque, y étoit plus avancé qu'en France. De plus, il établit à Paris une école publique de construction, dont la direction fut confiée

à Duhamel. Dès ce moment, non-seulement la France a égalé l'Angleterre dans l'art de construire les navires ; mais encore elle l'a surpassée.

140. Dans la loi du 30 vend. an 4, tit. 8, art. 1, il est dit, art. 1 : L'École des ingénieurs, constructeurs, actuellement existante à Paris, est conservée sous le nom d'*Ecole des Ingénieurs de vaisseau.* Art. 3, le choix entre les élèves sera fait chaque année par un examen de concours sur la géométrie descriptive, la mécanique, et les autres parties du travail affecté à la première année d'études de l'Ecole polytechnique. Art. 4, le traitement des élèves, admis à l'École des ingénieurs de vaisseau, sera de 1500 francs par an, Art. 5. Quant au surplus de l'instruction donnée à l'École des ingénieurs de vaisseau, et à son régime, ils continueront d'avoir lieu comme par le passé. « Il n'est rien innové également par rapport au nombre des élèves. Les cinq élèves pour la construction des bâtimens de commerce qui y étoient attachés, y seront reçus de même chaque année et aux mêmes conditions. Ils auront la faculté de suivre tout l'enseignement de la première année, donné à l'École polytechnique, que celui de l'École particulière des ingénieurs de vaisseau. »

141. Turgot, dont la sollicitude ministérielle lui prescrivoit le devoir de promener un œil vigilant sur toutes les parties de l'administration, s'étant aperçu que la construction des navires étoit plus chère en France qu'en Angleterre, et que celle d'Angleterre étoit plus chère qu'elle ne le seroit si elle étoit abandonnée à l'activité, aux soins de négocians, fit les réflexions suivantes :

1°. On abandonne quantité de bois, sous prétexte qu'il est usé; 2°. on multiplie les copeaux par intérêt, et des journées d'ouvriers se paient pour hacher le bois inutilement ; 3°. le bois rejeté, haché, coupé mal-à-propos, a payé un fret onéreux.

142. Tout en sentant la nécessité d'avoir des magasins bien approvisionnés, et même de multiplier les construtions en temps de guerre, il crut parer aux inconvéniens dont il a été parlé, en faisant construire les vaisseaux de guerre en Suède, d'après les plans, et sous la direction des constructeurs français ; d'amener les vaisseaux tout faits, tout gréés, montés d'une partie de leurs canons, et chargés des matériaux propres à en construire d'autres dans nos chantiers.

143. Ce Ministre avoit calculé que l'épargne *du fret dispendieux* qu'exigent toutes les parties du bois qu'il faut réduire en copeaux, celle de la refonte du cuivre pour les pièces de bronze, dans un pays qui le tire de l'étranger,

où le charbon est rare et cher ; et enfin, la différence du prix des subsistances, et de la main-d'œuvre en Suède et en France, pourraient procurer une économie des *deux cinquièmes, sur la construction des vaisseaux de l'Etat ;* d'ailleurs, par cet expédient, le Ministre Turgot espéroit trouver le dédommagement de la main-d'œuvre, par le profit que pourroit retirer la France de l'extension du goût de nos productions agricoles et manufacturières que donneroient en Suède les Français passés dans ce royaume pour exécuter ses plans.

CHAPITRE V.

Des Propriétaires de Navires.

144. Plusieurs règlemens, ordonnances et déclarations, notamment celle du 21 octobre 1721, art. 26, veut qu'il n'y ait que les Français nés dans le royaume, qui puissent être propriétaires des bâtimens qui navigueront sous le pavillon de l'État, à peine de confiscation de la part qui pourra appartenir aux étrangers, même naturalisés, et Français mariés dans les pays étrangers à des filles étrangères.

145. Le motif de cette loi est très-sage, d'abord, parce qu'elle est propre à déterminer le nombre de vaisseaux utiles à la marine marchande, et ensuite à assurer le fret et autres accessoires, aux armateurs français, et conséquemment à favoriser la prospérité nationale ; s'il en étoit différemment, par exemple, s'il étoit permis à un négociant anglais d'être propriétaire d'un vaisseau français, il est bien certain que le navire et son fruit civil pourroient fort bien passer en Angleterre. (72, art. 2.)

146. On peut devenir propriétaire d'un navire, de différentes manières, 1.° en le faisant construire ; 2.° en l'achetant sur rade ; 3.° en l'achetant dans l'étranger ; 4.° en l'achetant lorsqu'il est en voyage ; 5.° en l'acquérant par décret.

147. Sous l'ancien régime, lorsqu'on vouloit faire construire un navire, on étoit obligé d'en faire la déclaration au greffe de l'amirauté ; et comme l'art. 8 du ch. 2 du tit. 1 de la loi sur les hypothèques, du 11 brum. an 7, porte, qu'il n'est rien innové aux dispositions de l'ordonnance de 1681 ; et quoique la loi du 27 vend. an 2 y déroge formellement, comme on le verra

ci-après, il résulte de ces considérations, que la déclaration qui se faisoit au greffe de l'amirauté, doit être faite au Tribunal de commerce. (73, art. 18.)

148. Sous le même régime, on pouvoit acquérir un navire sur rade sous seing privé, ou par acte authentique; dans l'un comme dans l'autre cas, il étoit affecté aux dettes du vendeur, jusqu'à ce qu'il eût fait un voyage en mer, sous le nom et aux risques du nouvel acquéreur. Art. 2 des tit. du navires de l'ord.: mais aujourd'hui, d'après l'art. 18 de la loi du 27 vend. an 2, on ne peut vendre ou acheter un navire que pardevant notaire, ou autre officier public, ce qui doit sans doute s'entendre des bâtimens en voyage comme de ceux qui sont en rade (73, art. 12.); et comme on appelle navire presque tous les bâtimens à deux et trois mats, il reste à savoir quel sera le *minimum* de tonnage d'un navire, pour être déclaré sujet à remplir les formalités prescrites. Par rapport à celles que prescrivoit l'ordonnance de 1681, on ne considéroit comme bâtiment de mer que celui de dix tonneaux; tel étoit l'usage.

149. Comme il peut arriver, par exemple, qu'un armateur s'embarque sur son navire pour aller à Cadix, et qu'arrivé à cette ville il vende son navire à un Français qui, conformément à l'art. 12 de l'acte de navigation, sera associé d'une maison française, dans ce cas, quelle formalité les contractans seront-ils obligés de remplir ? Conformément à l'art. de la loi du 27 vend. an 2, l'acte de propriété en devra être fait devant le Commissaire des relations commerciales. (73, art. 12.)

150. Un navire ne peut être acheté en voyage que pardevant un officier public, conformément à ce qui a été dit; en cela la loi du 27 vend. an 2 déroge encore à l'art. 3 du tit. du navire de l'ordonnance de 1681, qui en permettoit la vente sous seing privé; néanmoins il reste encore de cette ordonnance, que la vente faite au terme de la nouvelle loi ne peut préjudicier aux créanciers du vendeur, afin de prévenir les fraudes.

151. Si l'acquisition d'un bâtiment est faite à la suite d'un décret, alors l'acquéreur en devient le propriétaire incommutable. Nous entrerons dans d'autres détails lorsque nous traiterons des navires et autres bâtimens de mer.

152. L'art. 2 du tit. 8 du liv. 2 de l'ordonnance porte :

» Les propriétaires des navires seront responsables des faits du maître :
» mais ils en demeureront déchargés en abandonnant leur bâtiment et le
» fret. »

153. Quoique l'ordonnance porte que les propriétaires seront déchargés

de leur responsabilité dans le cas qu'elle cite, et en faisant l'abandon qu'elle prescrit, il est néanmoins des circonstances où cette faculté leur est interdite. Par exemple, les faits du capitaine sont ou ne sont pas personnels à l'armateur : dans le premier cas, l'armateur en est quitte en abandonnant le navire et le fret ; conséquemment le capitaine demeurant responsable des marchandises chargées dans son bord, le bâtiment et le fret, conjointement seuls, en répondent ; dans le second cas, indépendamment de cet abandon, l'armateur doit payer le surplus, s'il en est dû.

154. Au nombre des faits qui ne sont pas personnels à l'armateur, sont ceux qui résultent des dettes contractées hors les besoins du navire, sauf celles contractées d'après les art. 5 et 17 du tit. du Capitaine ; l'art. 2, tit. des chartes-parties, et l'art. 8 du tit. des contrats à la grosse. Si, dans tous ces cas, le propriétaire a donné son assentiment, point de doute que les dettes contractées par le Capitaine, ne soient personnelles à l'armateur. Conséquemment, dans le cas contraire, il en sera différemment. Ainsi, si le capitaine passe, par exemple, un contrat de grosse dans le lieu de la demeure des propriétaires, sans leur consentement, ces contrats n'auront aucune force contre ceux-ci, et le donneur n'aura hypothèque et privilège que sur la portion du maître, qui seul restera obligé. Pothier, Casaregis, Vinnius, Stypmannus, Kuricke, Loccenius. Néanmoins si on justifie que l'argent a été utilement employé aux besoins du navire et à la décharge des armateurs, on aura contre eux l'action, *de in rem verso.* Vinnius, Roccus, Casaregis. Mais si le capitaine, par exemple, avoit chargé son navire plus qu'il ne devoit, et que cet excédent de charge donnât lieu à quelques sinistres ; s'il avoit mal lesté et arrimé son navire, et qu'il en survînt des avaries ; si, par son imprévoyance ou sa négligence, il avoit donné occasion de voler dans son bord ; dans tous ces cas, l'armateur seroit responsable, quoiqu'ils ne lui fussent pas personnels ; néanmoins il en seroit quitte en abandonnant son navire et le fret ; et comme l'art. de l'ord. ne fait reposer la responsabilité de l'Armateur que sur ces deux choses, il suit de-là que la cargaison demeure en propriété à l'armateur, qui a droit de recourir sur le capitaine.

155. Au nombre des faits qui sont personnels à l'armateur, on peut placer le salaire dû au pilote-lamaneur qui aura piloté le navire d'un endroit à un autre, quoique le navire ait fait naufrage par la suite, sous la conduite d'un autre pilote, l'armateur, indépendamment du capitaine, ne sera pas

moins tenu de payer. Il est encore tenu de payer lorsque le capitaine a emprunté de l'argent à la grosse pour les besoins du navire.

156. Si le navire appartient à plusieurs, tous sont tenus solidairement des faits du maître. Loccenius, Vinnius sur Peckius, *loc. cit. fol. eodem* 155, *lois* 1 et 2, *ff. de exercitoriâ actione.* Kuricke, quest. 20, fol. 875, ord. de 1673, tit. 4, art. 7, où il est dit : « Tous associés seront obligés solidairement aux dettes de la société. » Cette solidité se divise entre les héritiers des associés, suivant la loi générale des obligations, sauf aux créanciers à se pourvoir sur les biens de la société. Bacquet, Traité des droits de justice, ch. 21, n. 251.

157. Comme le Capitaine est un mandataire qui contracte en nom qualifié, il n'est pas obligé personnellement; mais il est d'usage que le créancier s'adresse à lui, afin de lui faire reconnoître la dette, et prévenir l'exception du propriétaire, qui ne manqueroit pas de demander qu'il fût mis en cause pour reconnoître ou contester. Cependant, rien n'empêche le créancier de poursuivre le maître et le propriétaire tout ensemble, ou le propriétaire, après avoir fait condamner le maître seul; et la procédure qu'il y a alors à faire, se réduit à faire déclarer exécutoire contre le propriétaire, le jugement qu'il a obtenu contre le capitaine. Sentence de Marseille, du 24 avril 1750; car le propriétaire étant sur le lieu, ou étant représenté par un correspondant, c'est contre lui seul que la condamnation doit s'exécuter, et nullement contre le capitaine.

158. Les propriétaires répondent, non-seulement des faits de leur capitaine choisi par eux-mêmes, mais encore des faits de celui qui, pendant le voyage, a été subrogé maître, quand même la subrogation eût été prohibée; le tiers, qui est de bonne-foi, ne doit pas en souffrir, sauf aux propriétaires leur action contre qui de droit. *L. 1, § 5, ff.*

159. Il n'y a d'action directe et de condamnation exécutoire contre le maître, que lorsque l'engagement lui est propre et personnel, comme pour l'obliger de remplir ses connoissemens, de répondre de ses faits, de ses fautes ou délits; dans ces cas, les jugemens sont exécutoires contre lui et le propriétaire. Arrêt du 15 juillet 1782, rendu contre le capitaine Meynetc, et Toussaint Paul, armateur.

160. L'art. 3 porte : » Ne seront toutefois les propriétaires des navires » équipés en guerre, responsables des délits et déprédations commises en » mer par les gens de guerre, étant sur leurs vaisseaux, ou sur les équi-

» pages, sinon jusqu'à concurrence de la somme pour laquelle ils auront » donné caution, si ce n'est qu'ils en soient participans ou complices. »

161. Par l'art. 13 du 23 juillet 1704, et l'art. 17 du 21 octobre 1744, il a été dérogé à la disposition du présent article ; en conséquence l'armateur en course est tenu de tous les dommages et intérêts résultans des délits et déprédations de la course, sans pouvoir être quitte en payant la somme pour laquelle il a donné caution.

162. Valin dit, par rapport à la responsabilité des délits et déprédations, « que, dans le cas où l'armateur y seroit participant, non-seulement il seroit tenu, par action civile solidaire, de tous les dommages et intérêts résultans, mais encore qu'il pourra être poursuivi à l'extraordinaire, suivant la nature du délit, pour en subir la juste peine. » Jusqu'ici notre auteur me paroît très-judicieux ; mais dans le paragraphe suivant, je crois qu'il a erré, il dit : » Cependant pour le réputer complice, à l'effet de l'assujettir à l'action au criminel, ce ne seroit pas assez qu'il ait connoissance des déprédations, et même qu'il en eût partagé les profits, il faudroit encore qu'il fût convaincu d'avoir ordonné ou conseillé ces déprédations, soit par écrit, ou de vive voix ; mais, par rapport à la restitution avec dommages et intérêts solidaires, il suffiroit qu'il eût pris sa part des choses pillées ou volées, et même qu'il n'en eût pas fait la révélation, sinon aussitôt qu'il en aura eu connoissance, au moins avant qu'il en fût porté des plaintes. » Notre auteur conclut donc implicitement, que lorsque l'armateur aura partagé un vol fait par le capitaine qu'il n'aura point conseillé, il en sera quitte pour la restitution avec les dommages et intérêts.

163. Les délits, les vols ou déprédations dont il est ici question, peuvent être exercés sur des navires amis, ou sur des navires ennemis : dans le premier cas, c'est une violation manifeste du droit des gens ; dans le second cas, un attentat porté au contrat de société.

164. Si, par exemple, des vols, des déprédations sont exercés contre des navires amis ; comme d'abord vol, c'est un crime très-répréhensible ; comme vol fait à des amis, c'est un vol qui mérite d'autant plus d'être réprimé sévérement, qu'il peut jeter de la défaveur sur la nation entière, et la plonger dans des guerres qui peuvent avoir les suites les plus fâcheuses (1).

---

(1) Si les Génois et les Vénitiens, au rapport de Platine, se sont fait une cruelle guerre par rapport à la préséance que prétendoient leurs marchands respectifs, au couronnement de Pierre, Roi de Chypre, que pourroit être celle où il s'agiroit d'intérêt ? les suites fâcheuses qui pourroient en résulter, peuvent être incalculables.

165. Si ce vol ou déprédation est fait, par exemple, sur un vaisseau ennemi, légalement capturé, c'est un vol fait à la société de laquelle est membre l'équipage : comme vol fait à l'association, il mérite aussi d'être sévérement réprimé, parce que dans ce contrat que tous les peuples favorisent, comme étant fondé sur des bases morales et politiques, l'égalité doit y présider. Aussi les Romains déclaroient-ils infame l'associé qui trompoit son associé Si donc, dans une association ordinaire, un associé qui trompe son participant est rigoureusement puni, que sera-ce lorsqu'il trompera les associés, qui, pour soutenir l'honneur national, l'intérêt de l'État, s'exposent à tous les dangers attachés à l'état de marins et de militaires?

166. Actuellement que je crois avoir prouvé que, dans toutes ces circonstances, les vols doivent être sévérement punis, il ne reste plus qu'à prouver la complicité de l'armateur, en cas de partage, lorsqu'il a lieu sans qu'il ait ordonné ou conseillé le vol.

167. Le complice, dit Ferrières, est celui qui est accusé ou soupçonné d'avoir eu part à un crime commis par quelqu'un conjointement avec lui, ou de l'avoir aidé à le commettre, ou d'avoir été participant du complot. On l'appelle en droit, *socius et particeps criminis.*

168. Comme celui qui a été complice d'un crime est souvent aussi coupable que celui qui l'a commis, en cas de conviction, ils doivent être également punis : ce qui dépend néanmoins des circonstances; celui qui ne s'est trouvé que par hasard en la compagnie d'un homme qui a commis un crime,......... doit être renvoyé absous, *quant à la peine corporelle.* « Au mot receleur, Ferrières dit encore : « Ils sont ordinairement punis des mêmes peines dont on a coutume de punir les voleurs, principalement quand ils ont tiré quelques profits du vol; ce qui est très-juste; car, dit-il, s'il n'y avoit point de receleurs, il n'y auroit point de voleurs. »

169. Pourquoi quelques capitaines partagent-ils les fruits de leur spoliation avec les armateurs? parce que ceux-ci étant les chefs et les gérans de la société, épiloguant ou pouvant épiloguer les choses, ils les dénonceroient s'ils ne les réduisoient au silence en les intéressant. Dans ce cas, que l'armateur ait autorisé le vol avant ou après, qu'il ait recelé l'effet volé ou la valeur pour ce qui le concerne, le tort qu'il fait aux vaisseaux amis ou à son équipage, n'est-il pas le même? les effets n'en sont-ils pas aussi funestes? Clui qui ratifie, qui approuve un crime, n'est-il pas, non seulement aussi coupable que celui qui l'a commis, mais plus coupable, puisqu'il en partage les fruits, sans s'exposer aux mêmes dangers que le voleur? Je conclus donc en disant, que

que dans ces circonstances, les armateurs doivent être punis des mêmes peines que les capitaines, et cela me paroît d'autant plus raisonnable, qu'il n'y a guères qu'eux seuls, comme gérant l'affaire sociale, qui puissent découvrir les malversations des capitaines; et c'est ainsi qu'en punissant sévèrement l'auteur de la cause, on en préviendra les funestes effets.

170. Comme notre article parle en termes généraux des bâtimens équipés en mer, il suit de-là que ce qu'il prescrit est applicable aux corsaires et aux vaisseaux armés, en guerre et en marchandises, que l'on appelle vulgairement Lettres de marque; mais il faut observer, dans ce dernier cas, que ces derniers se régissent par les lois instituées pour la navigation ordinaire, et celles en guerre, suivant les circonstances.

171. L'art. 4 dit : *Pourront tous propriétaires de navires, congédier le maître en le remboursant, s'il le requiert, de la part qu'il aura au vaisseau, au dire de gens à ce connoissant.*

172. Nous verrons ci-après, en parlant sur le titre du capitaine, qu'anciennement on intéressoit le capitaine dans le navire; il paroît, d'après notre article, que l'usage étoit encore tel lors de sa rédaction. Cependant, aujourd'hui, ce n'est plus guères l'usage; néanmoins, comme on voit quelquefois de pareilles conventions, il est utile de dire quelque chose à cet égard : nous y reviendrons en temps et lieu.

173. Il est de principe, dans le contrat de société, que lorsqu'un des associés a été nommé géreur de l'affaire sociale par l'acte, il ne peut être révoqué postérieurement sans cause légitime, parce que, dans ce cas, il est censé qu'il n'a contracté une association qu'avec la certitude de jouir de cette faveur. Par la même raison, l'associé qui est nommé gérant de la société pendant son cours, peut être révoqué à volonté, parce que sa nomination n'a été faite qu'en vertu d'un mandat, et qu'il est de principe que le contrat de mandat peut être révoqué comme étant de sa nature révocable. Si l'ordonnance a dérogé aux premiers principes énoncés, c'est par rapport à la faveur du commerce.

174. Il ne faut cependant pas croire que lorsqu'il plait aux armateurs d'ôter le commandement de leur navire au capitaine, qu'ils ayent le droit de le forcer à recevoir le remboursement de sa part, si d'ailleurs il a satisfait aux conditions du contrat, parce que si ce droit existoit, le contrat seroit violé dans son essence, qui est l'égalité; mais le capitaine peut exiger, par argument des articles 10 et 21 du titre de l'engagement et des loyers de matelots, d'abord le paiement du tiers de ses appointemens, si le voyage n'est

pas commencé, et le total s'il est congédié pendant le voyage. Sentence de l'amirauté de Marseille, du 28 nov. 1752, qui condamna les propriétaires d'un navire à payer 620 l. au capitaine pour le tiers de ses salaires, quoiqu'il fût congédié sans cause avant le départ du navire. Le capitaine peut encore exiger sa part, parce qu'il est censé n'avoir donné son consentement à la société, que parce qu'il devoit en être le géreur, aux termes des conventions. Or, comme il est de principe que pour que le contrat de société soit valable, il faut qu'il soit consuel, où seroit ce principe, si on refusoit au capitaine la part qui lui revient, après que ces premières conventions ont été annullées, même contre la règle, dans l'intention de favoriser le négoce?

175. Valin, sur notre article, fait cette observation : « Comme, dit-il, par l'article suivant, en ce qui concerne l'intérêt commun des propriétaires, c'est l'avis du plus grand nombre qui doit décider, il faut dire que le concours unanime n'est nullement nécessaire pour congédier le maître, leur co-intéressé, et qu'il suffit tout de même de l'avis du plus grand nombre; mais alors si le maître requiert son remboursement, j'estime qu'il n'y a que *ceux qui l'ont congédié qui en sont tenus, et qu'ils ne peuvent obliger les autres d'y contribuer, nul ne pouvant être forcé d'acquérir;* c'est assez pour eux qu'ils souffrent le déplacement d'un maître qu'ils croyent devoir être conservé. Cependant, quoiqu'ils n'ayent pas concouru pour lui donner son congé, rien n'empêche qu'ils ne soient admis à entrer en part de sa portion, en offrant de contribuer à son remboursement aussitôt qu'ils auront été informés que le maître l'aura requis. »

176. Je dirois, à l'appui des opinions de Valin : Si, aux termes de l'art., le plus grand nombre qui congédie le maître, pouvoit forcer le plus petit nombre à rembourser le capitaine, il pourroit arriver que leur défaut de moyens fût tel, pour opérer ce remboursement, qu'ils seroient réduits eux-mêmes à demander leur retraite, parce qu'il arrive souvent que lorsqu'on fait une entreprise, on ne la fait qu'avec la certitude de n'employer exactement que la somme qu'on y destine, et que cette somme peut être la seule que l'on ait à sa disposition.

177. Néanmoins, contre ce que dit Valin, contre ce que je viens de dire moi-même, je crois pouvoir le combattre avantageusement. Je n'employerai même pas, à ce sujet, le texte de l'art. 5 de l'ordonnance qui, en parlant impérativement, dit : « *L'avis du plus grand nombre sera suivi.* » Je ne m'étayerai pas non plus des principes qui veulent *que l'on ne distingue pas*

là où la loi ne distingue pas, mais je m'étayerai, autant que je le pourrai, de la raison, des argumens et des faits.

178. Lorsque les négocians contractent une société, il doivent s'attendre à une perte de fonds, ou à une augmentation de fonds; mais comme à l'impossible nul n'est tenu, si l'un des participans n'a pas de quoi, ou ne veut pas continuer la société, en alléguant que ses moyens ne lui permettent pas, la société est finie. Mais s'il faut une augmentation de fonds pour poursuivre l'entreprise, celui qui n'a pas le moyen de les fournir, peut-il demander sa retraite sans être tenu à des dommages et intérêts? lorsque l'on souscrit une société, on détermine l'apport des mises; en déterminant la somme de cet apport, n'est-ce pas renoncer à toute autre demande? car si on n'entendoit pas y renoncer, on le présenteroit indéterminément. Lorsqu'il arrive dans la société en commandite pour la course, qu'il faut un supplément de fonds pour terminer la campagne, les actionnaires sont tenus de le fournir; et s'ils ne les fournissent pas, ils sont privés des avantages ultérieurs qui peuvent résulter. Quoique dans l'espèce il peut être question d'une société générale ou de toute autre, je ne doute pas qu'y ayant parité de raison, la même loi ne doive être suivie; conséquemment, si, parmi les associés, quelqu'un d'eux ne veut pas, ou ne peut pas contribuer à rembourser le maître, il peut donc demander à être remboursé de sa part. Dans ce cas, il sera remboursé, ou il ne le sera pas; s'il est remboursé, tout sera fini; mais s'il ne l'est pas, il pourra les forcer à ce remboursement, ce qu'ils feront de leurs propres déniers, ou en licitant le navire : si le navire est licité, et qu'il y ait de la perte, elle sera supportée au taux déterminé par l'acte social, par les vendeurs seulement; et, si les uns veulent liciter, et les autres ne le veulent pas, se sera le cas de réclamer, par ces derniers, l'exécution de l'art. 5 ci-après; dans ce cas, chacun sera tenu de payer l'associé qui se retire dans le rapport de sa mise. Cependant si le navire a commencé à être chargé, comme ce chargement a été fait sous la foi publique, et que, conséquemment, les chargeurs ne peuvent ni ne doivent souffrir des mutations survenues dans la société, dans ce cas, ce sera de deux choses l'une, les armateurs devront des dommages et intérêts aux chargeurs; ou bien, ils ne vendront leur navire qu'à un négociant qui se sera soumis à coutinuer leurs opérations : sous ce rapport, la dissolution peut donc avoir lieu sans aucun inconvénient, par rapport aux tiers.

179. Puisque l'associé opposant a le droit de se retirer si les mutations que les autres associés veulent faire dans la circonstance présente ne lui

8 *

plaisent pas ; s'il reste, c'est parce qu'il suppose trouver de l'avantage dans sa persévérance ; s'il croit y trouver de l'avantage, il consent donc tacitement à approuver les changemens opérés, et conséquemment il doit suivre la loi commune. Dans ce cas, le principe que présente Valin, *que nul n'est forcé d'acquérir,* n'étant pas violé, n'est donc point applicable à son objet, et conséquemment l'associé réclamant doit, ou se retirer, ou fournir le supplément nécessaire.

180. Un co-propriétaire de bâtiment ne peut vendre sa part et subroger à ses droits son acquéreur, sans le consentement des autres associés ; la raison est que l'adoption d'un associé dépend du choix et de la volonté de la société. Et comment l'associé pourroit-il substituer quelqu'un à sa place, puisqu'il est de principe qu'une société est résolue, non-seulement par la mort de l'un des associés, mais encore par sa retraite injuste ? Aussi Masuer, Boutaric, Serres, Pothier, Denisart, disent-ils qu'il faut que pour qu'un héritier succède aux droits du décédé dans l'affaire sociale, il y ait une convention expresse ; et, malgré ces assertions, Pothier trouve cette subrogation irrégulière, vu, encore une fois, que l'adoption du choix des associés est libre et volontaire : ainsi cette infraction aux principes, lorsqu'elle a lieu, n'a d'autre but que celui de favoriser le commerce. Un associé peut-il en substituer un autre à tous ses droits ? Par sentence de l'amirauté de Marseille, et par arrêt du 6 juin 1778, il a été jugé qu'un associé ayant vendu sa part, et ensuite emprunté dessus, que les donneurs à la grosse avoient privilége avant le cessionnaire. Un associé peut bien subroger quelqu'un à son intérêt, mais alors celui qui est ainsi subrogé, sans avoir été accepté par la société, n'a d'autre droit que celui de faire rendre compte au cédant, et non aux autres.

181. Mais si la société est en commandite, le commanditaire pourra-t-il substituer quelqu'un à sa place ? Je n'y vois d'autre difficulté que celle d'être obligé de confier le détail d'une affaire particulière à quelqu'un à qui on ne peut accorder le même degré de confiance que l'on accordoit à celui qui s'est désisté ; au moins cela pourroit-il être : dans ce cas, c'est un inconvénient ; mais cet inconvénient levé par quelque clause particulière, il n'en existe plus ; la raison est que le commanditaire est un être passif dans la gestion.

182. Lorsque les négocians arment un bâtiment en société ; s'ils sont, par exemple, trois associés, ils font un traité en *triplicata* : s'il est fait sous seing privé, comme il est d'usage assez général, ils stipulent ordinairement celui ou ceux qui seront géreurs de l'affaire sociale : dans ce cas, le géreur stipule les contrats d'après la teneur du traité, ce qui suppose une

association particulière pour cette chose seulement; dans cette circonstance, la société prend la dénomination de société de compte à tiers, si les trois fractions d'intérêt sont égales, et de compte à participation si elles sont inégales. (49.)

183. Mais si la société est réellement générale, c'est-à-dire, qu'elle ait été contractée sous la responsabilité de tous, et pour le commerce des choses dont on est convenu, ou dont on peut convenir, l'armement d'un navire étant une branche des spéculations projetées, n'y ayant point ordinairement de convention particulière écrite pour cet objet; dans cette hypothèse c'est le cas d'appliquer l'art. 6 ci-après de l'ordonnance.

184. Voyons actuellement si cet article 6 du tit. 11, qui veut les trois quarts des créanciers en somme, mérite d'être conservé, ou bien s'il demande une réforme; et, pour rendre plus sensibles les développemens que je veux présenter, je prendrai pour base la société générale dont je viens de parler.

185. L'avis du plus grand nombre que réclame notre article, est réclamé aussi par les lois *Nulli* et *Planè*, ff. *quod cujusque universitalis nomine*, lois qui paroissent avoir dicté celle que prescrit l'ordonnance.

186. Lorsque l'art. 4 ci-après prescrit que l'avis de ceux qui auront la plus grande part dans le vaisseau, prévaudra, sa décision est conforme à la loi *Majorem*, ff. *de paotis*, qui paroît avoir servi de base d'abord à l'art. 6 du tit. 11 de l'ord. de 1673, et ensuite à l'ord. de 1681. Bouteiller, auteur très-ancien, prétend qu'à partir du temps qu'il a écrit, il y avoit environ quatre cents ans que l'on vouloit établir l'ordre qu'a établi depuis l'ordon. de 1673; il ajoute que si un créancier étoit plus fort en somme que tous les autres, sa voix prévaudroit sur les leurs réunies.

187. En New-Yorck, par une loi de 1788; en Sardaigne, par l'art. 10 du tit. 16 des lois et constitutions publiées en 1770, et en d'autres endroits, on suit à-peu-près les dispositions de l'ordonnance de 1673, qui a servi de modèle aux législateurs étrangers. Mais si je consulte l'art. 8 de l'ordonnance d'Amsterdam, du 2 avril 1659, j'y vois que « le plus petit nombre des créanciers sera obligé de suivre et de se conformer au plus grand nombre, lequel doit être composé des trois quarts des créanciers et des deux tiers de la dette, ou bien des deux tiers des créanciers et des trois quarts de la dette. » C'est-à-dire, que, dans le premier cas, il faut que le plus grand nombre soit composé des trois quarts des créanciers en nombre, ayant à répéter entr'eux les deux tiers de la masse des dettes; dans le second cas, les deux tiers ayant à répéter les trois quarts de la dette. Cette loi vaut nous mieux, comme le verrons ci-après. (222.) Revenons au Capitaine.

188. Lorsqu'on réfléchit sur le silence de la loi sur un fait important, lorsqu'on réfléchit sur la défaveur qui peut être jetée sur un capitaine renvoyé pour une cause inconnue, on sentira que la Jurisprudence des Tribunaux, qui, en argumentant d'après les articles 10 et 21 du titre de l'engagement des matelots, et conséquemment qui se bornent à allouer au capitaine, pour tous dommages et intérêts, leurs appointemens payés en tout ou en partie, suivant les circonstances; on sentira, dis-je, que les dommages qui lui sont alloués ne sont guères propres à le dédommager : mais aussi, si on réfléchit sur tous les graves inconvéniens qui pourroient résulter des causes de renvoi déduites devant les Tribunaux, on verra que la faveur seule du commerce a forcé le législateur à passer par-dessus les principes; en effet, s'il eût fallu que les armateurs déduisissent les motifs du renvoi devant les Tribunaux, voilà des procès; les circonstances pourront être telles que l'armateur sachant tout, ne pourra rien prouver. Par exemple, si un armateur veut charger en cueillette, et qu'il ne trouve pas de chargeur, parce que ceux qui voudroient charger sont prévenus contre lui ? Comment prouver ces faits ? Quel sera le chargeur qui, pour être utile à l'armateur, voudra se mettre en cause dans un procès, qui, peut-être, pourroit le ruiner ? Pas un seul, sans doute; mais l'ordonnance passant sur les principes, prévient tous ces inconvéniens; conséquemment si l'armateur renvoyoit un capitaine en déclinant la cause du renvoi devant le Tribunal, s'il obtenoit gain de cause, il ne lui devroit point d'appointement; mais s'il la perdoit, ce ne seroit plus des appointemens qu'il auroit à lui payer, mais des vrais dépens, dommages et intérêts.

189. « L'on éviteroit peut-être, dit Valin, cet inconvénient, de congédier un capitaine, si l'on pratiquoit l'art. 15 de l'ordonnance de la Hanse Teutonique, portant défense d'engager un capitaine sans lui avoir fait exhiber son attestation, et le congé qu'il aura eu par écrit des autres bourgeois qu'il aura servis (ce qui s'entend précédemment), à peine de vingt-cinq écus d'amende. »

190. Cette précaution ne pouvant pas obvier à l'inconvénient dont j'ai parlé plus haut, ainsi que dans beaucoup d'autres, je crois qu'elle deviendroit inutile; d'ailleurs, le silence des armateurs qu'ils ont précédemment servis, n'équivaut-il pas à un certificat exhibé, vu que la bonne ou mauvaise conduite d'un capitaine est presque de suite proclamée à la bourse ? Il est donc nécessaire que les choses établies restent telles qu'elles sont, quoique très-rigoureuses, c'est ainsi que le veut la faveur du commerce.

191. Dans l'art. 5, il est dit : « En tout ce qui concerne l'intérêt commun des propriétaires, l'avis du plus grand nombre sera suivi; et sera réputé le plus grand nombre, celui des intéressés qui auront la plus grande part dans le vaisseau. »

192. « Cette décision, dit Valin, est dictée par la droite raison » : nous allons l'examiner et voir si elle mérite une pareille assertion.

193. Cette législation ne me paroît pas meilleure que celles que j'ai précédemment citées, parce qu'elle prête autant à la fraude : par exemple, dans la faillite, en admettant les trois quarts en somme, c'est inviter le failli à jeter dans son passif beaucoup de dettes imaginaires, à faire des bonnes compositions à quelques forts créanciers qui feront la loi aux autres : mais du moment qu'il faut le concours du nombre des créanciers et de celui des sommes, s'il jette dans son passif des créances imaginaires, et que l'invalidité de ses créances soit soupçonnée par quelques petits créanciers, le concordat n'aura pas lieu. Or, si la loi est vicieuse sous le rapport des faillites, elle ne l'est pas moins dans le cas de notre article, parce que, s'il y a soupçon de collusion entre le plus gros bailleur de fonds et le capitaine, d'après la loi, les autres associés seront forcés d'en encourir les résultats fâcheux ; d'ailleurs, comme il est assez d'usage que dans les sociétés générales, le plus gros bailleur de fonds n'a été obligé de fournir un surcroît de mise que pour balancer l'industrie de ces co-associés, au moins quand il a été convenu que les bénéfices se partageroient en égale portion, en lui donnant la prépondérance, on remet le sort de la société entre les mains du plus ignorant ; ce qui présente encore un grave inconvénient. D'après ces observations, on doit voir que je ne suis pas de l'avis de Valin, et je crois que pour prévenir les inconvéniens que je viens de présenter, qu'il seroit utile que, dans le nouveau *Code maritime*, il fût déclaré que, dans le cas exposé, il faudroit suivre la marche qui est suivie à Amsterdam par rapport aux faillites (187.), et que la vente du vaisseau ne pourroit avoir lieu, que sous la condition que le nouveau propriétaire rempliroit les engagemens contractés par les anciens envers les chargeurs, etc.

194. Mais supposons actuellement une chose qui n'est guères à supposer, supposons, dis-je, que la société ne trouve pas d'acquéreur; dans ce cas, quel parti y aura-t-il à prendre ? Dans cette hypothèse, ce sera le cas de porter la discussion devant des arbitres, conformément à l'art. 9 du tit. 4 de l'ord. de 1673, et ce, aux risques, périls et fortune de qui il appartiendra. Dans cette

circonstance, les parties pourront tomber dans les inconvéniens présentés dans les observations de l'art. précédent; mais comme ce cas ne peut arriver que rarement, les inconvéniens ne doivent pas être pris en considération; et d'ailleurs, il fera naître l'espoir aux capitaines de voir rendre hommage aux principes, en rendant les armateurs plus réservés en ne prenant point de déterminations qui peuvent être quelquefois provoquées par le caprice ou par l'esprit de vexation. Ainsi, de pareils évènemens n'étant point répétés souvent, ne pourroient qu'être utiles au commerce; mais je crois que le décret du Juge n'est pas nécessaire, puisque l'ordonnance se contente d'une sommation, et que les circonstances ne permettent pas quelquefois d'employer le tems à plaider.

195. Mais comme ce que je viens de dire est mon opinion particulière, il faut donc se référer à la loi, et dire que l'avis de ceux des propriétaires qui ont la plus forte mise dans le navire, doit prévaloir sur celui des autres; en conséquence, le plus fort participant a le droit de régler l'entreprise et la destination du navire, de choisir le capitaine et le reste de l'équipage, de fixer leurs gages, et de dresser les instructions convenables au voyage, à l'effet de quoi il peut contraindre les autres intéressés de fournir leur contingent pour le radoub, armement, mise hors du navire; et, sur le refus, de prendre de l'argent à la grosse, pour leurs comptes et risques, après avoir fait rendre un jugement contre eux pour y être autorisé. Consulat de la mer, chap. 46, et art. 59 de l'ord. de 1681, qui, comme l'ord. Teutonique, permet au capitaine de prendre, dans ce cas, à la grosse: voyez cet article qui d'ailleurs prescrit qu'il ne pourra prendre de l'argent à la grosse, pour compte des refusans, que vingt-quatre heures après avoit fait sommation par écrit, de fournir leur portion; au surplus, le plus grand nombre n'a pas le droit de vendre le navire: ainsi décidé par l'amirauté de Marseille, le 20 juillet 1751. Il est bien entendu que c'est sauf conventions contraires, et dans les cas exprimés dans l'art. 1 du titre. 4 de l'ord. de 1673, dans lequel il est dit: « Toute société générale, ou en commandite, sera *rédigée par écrit*....... et ne sera reçu aucune preuve par témoins, contre ou outre le contenu en l'acte de société, ni sur ce qui seroit allégué avoir été dit avant, lors, ou depuis l'acte, encore qu'il s'agît d'une somme moindre de cent livres. »

196. D'après cet article, si, dans l'acte d'association, il avoit été convenu que la voix de l'associé ou de deux associés qui auroient le moins mis de fonds dans la société, prévaudroient sur toutes les autres, ce seroit le

cas

cas d'abandonner la loi que prescrit notre article, pour suivre celle du contrat.

197. Comme le capitaine n'est réellement maître sur son bord, quant aux choses qui appartiennent de droit aux armateurs, que du moment qu'il a mis à la voile, il suit de-là qu'il n'est maître, sous ce rapport, avant qu'il ait levé l'ancre, qu'après que les armateurs, au terme de notre article, lui ont déféré la direction de l'armement, et l'autorité d'exercer, à ce sujet, toutes les actions qu'ils pourroient exercer eux-mêmes : dans ce cas, les capitaines sont autorisés à prendre des deniers à la grosse pour le compte des associés, refusant de fournir leur part dans les cas exposés ci-dessus ; conséquemment, si les armateurs ne lui ont pas déféré ce droit, il leur appartient exclusivement.

198. Valin et Pothier, sur l'art. 18 du tit. du capitaine cité plus haut, disent : « Qu'un emprunt fait par un capitaine après une simple sommation, seroit trop brusque : il convient, disent-ils, qu'auparavant il fasse ordonner aux refusans, que faute par eux de se mettre en règle, il demeurera autorisé d'emprunter à la grosse pour leur compte et risque. »

199. Émérigon réplique ainsi sur ces assertions : « Ces auteurs parlent d'après ce qui se pratique ordinairement ; mais je crois que le décret du Juge n'est pas nécessaire, puisque l'ordonnance se contente d'une sommation, et que les circonstances ne permettent pas quelquefois d'employer le temps à plaider. »

199. En effet, l'urgence, le précaire, attachés aux opérations commerciales, militent en faveur des opinions émises par ce dernier auteur. Ce sont, sans doute, ces raisons qui ont fait dire à Targa, chap. 6, not. 8, d'après le Consulat de la mer, que « l'interpellation n'est pas nécessaire » : dans ce cas, le Consulat et l'auteur cités, vont donc plus loin que l'ordonnance ; et l'on doit conclure, d'après ces considérations, que la loi ayant pris, par indulgence, un temps convenable, elle doit être exécutée à la lettre.

200. Dans une société, le plus grand nombre des associés peut-il forcer le plus petit à contribuer, pour sa portion, à la cargaison du navire, et si, faute de charger des marchandises jusqu'à concurrence de sa portion, le plus fort intéressé peut-il charger jusqu'à concurrence de sa portion, avec exemption de fret, comme le confondant en lui-même ?

201. Cette double question s'est présentée à l'amirauté de la Rochelle en 1754. Le plus petit intéressé, auquel le voyage voulu par le plus grand, ne plaisoit pas, consentit à payer sa part au radoub et à l'équipement du navire,

mais il refusa de la fournir à la cargaison, et de charger des marchandises pour son compte; il observa que si l'on ne pouvait pas en trouver, le navire étoit à faux fret pour ce qu'il manqueroit de marchandises pour compléter la cargaison, et que les pertes en seroient communes; il ajouta, de plus, que le fret pour sa part lui devoit être payé de toutes les marchandises que l'autre chargeroit.

202. La question de savoir si le plus petit intéressé pouvoit être forcé à fournir sa part au chargement, ne souffrit pas de difficulté, n'y ayant aucune loi ni décision en vertu de laquelle il y fût obligé. La seule question qui resta à décider, étoit celle-ci : *Le plus fort intéressé qui vouloit charger à proportion de sa mise, pouvoit-il le faire sans que le plus petit pût prétendre le fret pour sa part?* En faveur de l'affirmative, le plus fort intéressé appuyait ses prétentions de quelques parères de la Rochelle, de Bordeaux, de St.-Malo et de Bayonne.

203. Émerigon et Ricard, avocats de Marseille, produisirent une savante consultation qui étoit en faveur du plus petit intéressé; dans cette consultation ils donnèrent la décision la plus frappante. Malgré cela, pour couper court à la chicane, le plus petit intéressé céda sa part à un tiers; alors tout fut terminé, de manière que la question est restée sans jugement définitif.

Comme cette question peut se reproduire, je vais hasarder un jugement.

204. La première question consiste à savoir si le plus fort intéressé peut contraindre l'autre à fournir sa part dans la cargaison; elle a été décidée comme elle le devoit, pour la négative.

205. La seconde question consiste à savoir si celui qui aura chargé une grande partie du navire, sera tenu de payer le fret de son chargement.

206. Dans une société, lorsqu'il n'y a pas de convention contraire, tous les individus qui y participent sont considérés, en particulier, comme étrangers, parce qu'elle est un corps moral auquel sont subordonnés tous les membres qui la composent. En conséquence, un associé veut-il emprunter de l'argent ou acheter de la marchandise à la société; si elle décide qu'il ne sera pas plus favorisé qu'un étranger, il n'a pas le droit de réclamer une faveur particulière. Vouloir donc charger un navire appartenant à la société sans en payer le prix, c'est vouloir s'emparer d'une marchandise sans en payer la valeur. Un navire est un objet principal, le fret est son fruit civil, par conséquent son accessoire; or, comme il est de règle que l'accessoire suit le sort du principal, si l'associé pouvoit exiger de percevoir ses fruits à lui

seul; par la même raison, il auroit le droit de s'emparer du navire à lui seul, ce qui n'est pas dans l'ordre de la justice.

207. Dans l'espèce, le plus petit intéressé a fourni sa part convenue à l'achat du vaisseau; il a fourni, dans les proportions, l'argent nécessaire à son radoub et à son grément; or, comme dans ce cas, il a fourni aux charges et aux dépenses, il doit donc participer, dans leur rapport, aux bénéfices qui en peuvent résulter. Je conclus donc en disant, que quoiqu'un associé ne veuille point fournir à la cargaison du vaisseau, il ne doit point, pour cette raison, être privé des bénéfices qui peuvent résulter du voyage qu'il se propose de faire.

208. Dans l'art. 6 il est dit : » *Aucun ne pourra contraindre son associé de procéder à la licitation d'un navire commun, si ce n'est que les avis soient également partagés sur l'eentreprise de quelque voyage.* »

CHAPITRE VI.

Des Intermédiaires du Négoce.

209. Si les producteurs et consommateurs ont, par le négoce, des intermédiaires, le négoce lui-même a aussi les siens. Les intermédiaires du négoce sont, 1.° les commis, 2.° les supercargues, 3.° les commissionnaires, 4.° les courtiers, et 5.° les marins. On doit comprendre sous l'expression de mandataire, tous les individus dont nous venons de parler; cependant, il est bon d'observer que ce ne sont pas des véritables mandataires, puisqu'il est vrai qu'ils retirent un salaire de leurs travaux, et qu'il est de l'essence du contrat de mandat qu'ils soient gratuits. Mais ce sont des mandataires dont la fonction participe même plus du contrat de louage que de celui de mandat : cependant, pour suivre le langage reçu, tout absurde qu'il me paroît être, je les appelerai mandataires. Je vais traiter de chacun de ces individus en particulier; et pour le faire d'une manière propre à bien classer les idées, je vais faire connoître le langage des auteurs, langage qui a souvent jeté la confusion dans l'esprit des négocians et jurisconsultes les plus exercés.

210. Le propriétaire du navire, ou celui qui le louoit en entier pour le faire naviguer à son profit, étoit appelé chez les Romains, *Exercitor*, parce qu'il exerçoit une espèce de commerce, liv. 1, § 14, *ff.* Il résulte des lois du

même titre, que par extension de mot, ils appelèrent *Exerciteur*, l'esclave qui représentoit le maître dans la propriété du navire, et qui, en conséquence, agissoit comme s'il eût été propriétaire; sous ce rapport, l'*Exercitеur* étoit vraiment mandataire, puisqu'il est vrai qu'étant esclave, tout ce qu'il faisoit étoit fait gratuitement; et c'est sans doute ce qui a fait considérer, depuis, le préposé du négociant, comme mandataire : celui à qui le soin du vaisseau et du commerce étoit confié, s'appeloit *Magistrum navis*.

211. Pendant le cours du voyage, le *Magistrum navis* remplissoit la fonction de capitaine et de commis, que nous appelons *supercargue;* et il étoit fort indifférent qu'il fût esclave, homme libre, majeur ou mineur de 25 ans, comme on peut le voir en la loi 1, § 4, *ff. eod.*

212. Lorsqu'il s'agissoit d'une navigation importante, on établissoit quelquefois sur le navire plusieurs maîtres, *plures Magistros*, afin qu'ils se surveillassent réciproquement; quelquefois ils avoient une même tâche, et quelquefois des tâches différentes. *L. 1, §. 13, ff. eod.*

213. Les Romains avoient aussi des commis pour leur commerce de terre; ils les appeloient *Institores*. Cujas dit qu'ils sont quelquefois appelés *Officinatores*. Hérodote dit que les Lydiens ont été les premiers qui en ont fait les fonctions.

214. Parmi nous, la fonction de capitaine de navire est distinguée de celle de supercargue. Lorsque dans un navire il y a un capitaine et un supercargue, le capitaine est chargé de la partie maritime, et le supercargue de la partie commerciale; s'il n'y a pas de supercargue à bord, le capitaine remplit quelquefois ces deux fonctions. Je dis quelquefois, parce qu'il peut a river, et cela arrive, qu'un commissionnaire soit chargé de faire ce que feroit le supercargue; dans ce cas, on dit que la cargaison est consignée au capitaine; et dans le second cas, on dit qu'elle est consignée au commissionnaire. Cette distinction est essentielle à faire, parce que, par raport aux contractans, les résultats sont différens.

215. Le titre de *exercitoriâ actione* du digeste veut que le maître ou le propriétaire du navire, *exercitor navis*, et au bénéfice duquel sont tous les émolumens, soit condamné à remplir toutes les obligations qui ont été contractées par celui qui est chargé de la conduite du vaisseau, soit pour ce qui concerne le fret, soit pour l'achat ou la vente des marchandises. Ce titre diffère du titre *Nautæ, Caupones, Stabularii ut recepta restituant*, en ce que, par cette action, l'armateur du navire est tenu de rendre ce qui a été confié à lui ou à ceux qu'il a chargés de la conduite du navire, et qui l'y ont

reçu sous la promesse de le mettre en sûreté. Cette disposition de la loi est applicable à tous ceux qui se trouvent sur le navire, et il veut, en outre, qu'ils soient condamnés au double, *ex quasi delicto*, à raison du dommage causé par chacun de ceux, du ministère desquels il se servoit. Par cette loi, l'armateur est obligé par le contrat fait par le maître ou capitaine de son navire, et cela pour tout ce dont ce dernier s'est chargé.

216. Tout ce qui vient d'être dit, prouve donc que les Romains distinguoient leurs préposés par deux dénominations différentes, puisqu'ils appeloient les préposés de mer, *Institor*, ou instituteur, et les préposés de terre *Exercitor*, ou exerçant. Bouteiller, dans sa Somme rurale, est, je crois, un des premiers auteurs qui a commencé à embrouiller le langage sous ce rapport, et à jeter de la confusion dans les idées; cet auteur dit: « Sachez que l'institoire est proprement la chose qui est par le marchand commise à varlet; et exercitoire est celle qui seroit commise par la femme qui seroit marchande. » Rapprochez ces assertions du texte du droit, et vous jugerez du cas que vous devez en faire.

217. Maréchal appelle *complimentaire* le préposé du négociant, qui tient les livres; mais Savone et Leprêtre appellent ainsi le préposé qui a la signature de la maison, et Fachin, l'associé qui, dans une société en commandite, fournit son industrie. Vous voyez que, d'après tous ces auteurs, le mot complimentaire a des significations bien opposées, et conséquemment inapplicables, par celui qui ne sauroit point en faire le choix. Cependant il paroît que, par rapport aux préposés des négocians, la dénomination de facteur a prévalu sur celle de *complimentaire* qui, dans le fait et comme l'observe fort bien Boucher d'Agis est celui sous le nom duquel le commerce se fait. Or comme, dans une société en commandite, le nom du commanditaire ne paroît point; le nom de *complimentaire* est donc opposé à celui de *commanditaire*.

218. Ferrières nous dit au mot facteur: «Facteur est pris en droit pour celui qui est chargé d'une procuration qui lui donne le pouvoir d'agir au nom d'un autre. Mais, dit-il, dans l'usage, c'est un commis préposé à la vente de certaines marchandises et denrées. » Rien n'est moins exact que cette définition, comme nous le verrons ci-après. Boniface dit: Le facteur, mandataire ou commissionaire, peut vendre à crédit les marchandises de son commettant, sans qu'il soit obligé de répondre de l'insolvabilité des acheteurs. Chopin s'exprime ainsi: Les facteurs de la compagnie de la banque sont préférés aux autres créanciers, pour les frais par eux avancés pour le fait de la

banque. Laroche-Flavin observe que le facteur est domestique, ainsi, dit-il, celui qui vole son maître, doit être condamné à être pendu. Nos nouvelles lois appellent aussi les commis et commissionnaires, facteurs.

219. Dans le droit, contre ce que nous dit Ferrières, on n'appelle pas toujours facteurs le commissionnaire seulement : mais encore le commis à gage, et, dans l'usage, le facteur n'est pas une espèce de commis préposé à la vente de certaines marchandises; mais un commis véritable, ayant commission de son commettant, de vendre, non-seulement une espèce de marchandise, mais encore de vendre, d'acheter, et de faire tout ce dont il est convenu; et lorsque Boniface nous dit que le facteur commissionnaire peut vendre à crédit, sans être tenu de l'insolvabilité des débiteurs, son assertion ne doit point être prise dans un sens absolu, parce que si son commettant lui mande qu'il lui accorde une commission *du décroire*, il est sous-entendu que lui commissionnaire doit répondre des débiteurs, puisque, dans le droit et dans l'usage, on appelle également le commissionnaire et le commis, facteurs; on est un peu embarrassé pour appliquer les règles que nous donnent Chopin et Laroche-Flavin, on ne sait point trop si elles sont applicables aux commissionnaires ou aux commis. L'un dit que le facteur de la banque est préféré aux autres créanciers, et l'autre nous dit que s'il vole son maître, il doit être pendu ; l'application à faire est d'autant plus embarrassante, qu'il y a des commis voyageurs qui restent des années entières dehors, et ceux-là peuvent souvent être pris pour commissionnaires, parce qu'ils sont ordinairement porteurs d'une procuration. Tout ceci prouve que, lorsqu'on lit les anciens auteurs, ainsi que les anciennes ordonnances, il faut prendre garde de ne point tomber dans aucune méprise, que lorsqu'on parle ou écrit il faut aussi prendre garde de ne pas employer une expression pour une autre; et qu'en affaire, il est très-essentiel de fixer invariablement le sens des expressions.

220. Le mot facteur est une expression générique, suivant le sens qui y attachoient les anciennes ordonnances, les arrêtistes, les coutumes, et suivant même le sens qui y attachent nos nouvelles lois, dont les expressions spécifiques sont commis, supercargues, commissionnaires et courtiers. La loi du 15 germinal an 6, sur la contrainte par corps, considère le mot facteur comme synonyme de celui de courtier; mais comme, dans le négoce, le mot facteur a vieilli, je me servirai de celui actuellement usité, *commis*.

CHAPITRE VII.

Des Commis.

221. Dans le négoce, on appelle commis, le préposé d'un négociant chargé d'une, de deux ou plusieurs parties du négoce de son commettant, ou bien de quelques fonctions qui y sont accessoires, comme de tenir les livres, de faire la correspondance, etc.

222. Les commis négocians sont réputés majeurs comme s'ils faisoient eux-mêmes le commerce; de telle sorte qu'un commis mineur ne pourroit pas se faire relever d'une obligation qu'il auroit faite à son maître: c'est ainsi que s'en explique Charondas; et si l'ordonnance de 1673 n'en parle point, c'est un oubli de ses rédacteurs.

223. Comme les commis ont des appointemens, tout ce qu'ils font d'utile est censé fait pour le compte de leur commettant, ainsi qu'il a été jugé par la Rote de Gênes; il résulte de cette règle, que le commettant a action, non-seulement contre son commis, mais encore contre ceux avec qui il a traité, quoiqu'il n'ait aucune cession ni transport; ainsi jugé par la Rote de Gênes.

224, Par le réglement de la place de Lyon du 7 juillet 1669, art 7, les maîtres ne peuvent aussi désavouer ce qui est écrit sur le bilan par leurs facteurs et agens, parce que, sans doute, en ce cas, ils ont une procuration tacite; en effet, opérant de la même manière que pourroient opérer les commettans, sans qu'il y ait réclamation de leur part, ils sont censés être avoués par eux pour agir pour leur compte.

225. Par l'art. 414 de l'ordonnance de Louis-le-Juste, les commis doivent avoir une procuration enregistrée au Tribunal de commerce; mais cette sage loi est tombée en désuétude comme tant d'autres, les négocians et marchands se contentant de donner à leurs commis une simple procuration sous seing privé, et assez souvent même ils ne leur en donnent pas: dans ce cas, les commis ne sont censés avoir procuration tacite, qu'après qu'ils ont signé, payé, reçu quelquefois sans être désavoués par leur commettant; mais, dans tous ces cas, il faut que les commis agissent au nom et pour le compte de leur commettant; jugé ainsi par les marchands de Lubeck, en 1661 : alors le commettant est tenu de tous les faits de son commis.

226. Quoique régulièrement tout mandat finisse par la mort du mandant,

néanmoins l'utilité du commerce a établi que la commission de ces personnes durât même après la mort du négociant qui les a préposés, jusqu'à ce qu'ils soient révoqués par l'héritier ou autres successeurs; et en contractant pour les affaires auxquelles ils sont préposés, ils obligent l'héritier du négociant qui les a préposés, ou sa succession vacante, s'il n'en a point laissé. *Pothier.*

CHAPITRE VIII.

Des Supercargues.

227. Le supercargue est un commis à gage, ou payé seulement pour le temps que dure sa commission, ou bien intéressé dans la spéculation pour laquelle il est chargé; sous ce rapport, il est considéré comme associé. La fonction du supercargue consiste à recevoir le prix du fret, à vendre la cargaison, et à acheter les retours; conséquemment, le capitaine ne peut disposer des marchandises, ni séjourner dans un port sans son consentement, et s'il le fait, il en répond en son propre et privé nom.

228. A l'égard du supercargue, nous avons adopté quelques principes du Droit Romain, que j'ai précédemment cité. Comme les lois romaines, les nôtres veulent que le commettant soit tenu des faits de son supercargue, et qui plus est, qu'ils répondent de ceux que les supercargues ont subrogés à leur lieu et place, quand bien même la subrogation eût été prohibée. Le tiers qui est de bonne-foi ne doit pas en souffrir, sauf aux propriétaires, leur action contre qui de droit, l. 1, § 5, *ff*: tel est la doctrine générale; le supercargue doit être Français, suivant l'art. 17 de la déclaration du 20 octobre 1727.

229. Si un simple commis doit avoir une procuration de son commettant, à plus forte raison le supercargue est-il tenu d'avoir une pareille pièce; mais comme ordinairement la procuration qui lui est délivrée est synalagmatique, vu qu'elle renferme des clauses qui appartiennent au contrat de louage, lorsqu'il est considéré comme commis, et au contrat de société, lorsqu'il est considéré comme participant, elles sont faites en double; elles prescrivent les obligations réciproques auxquelles se sont assujetties les parties, et il est même d'usage que le commettant lui délivre un journal cotté et paraphé au Tribunal de commerce, et le plus souvent par lui-même, dans lequel il doit porter,

porter, jour par jour, et par ordre de date, le contenu de toutes ses opérations; c'est un argument tiré de l'art. 10 du tit. du capitaine de l'ordonnance de 1681. Il ne doit pas non plus, d'après l'art. 28 du tit. 1, lorsqu'il est participant à la spéculation, faire aucun négoce pour son compte particulier; et l'article 30 porte, qu'il est tenu de donner un compte signé de lui aux propriétaires, contenant l'état et le prix des marchandises, de leur chargement, et des sommes par lui empruntées, comme aussi les noms et les demeures des prêteurs.

230. Quoique l'ordonnance de 1681 ne défende point à celui qui est chargé de la gestion d'une cargaison, du fret du navire, etc., de ne point faire de négoce pour son compte; néanmoins s'il n'en a point la permission par écrit de son commettant, je ne crois pas qu'il puisse se le permettre, 1.° parce que si une pareille tolérance avoit lieu, il pourroit abuser de la signature de son commettant; 2.° c'est que, par ses conventions, il est censé lui avoir aliéné tout son temps; 3.° c'est qu'ayant son passage sur un bâtiment, et recevant un salaire en agissant pour lui, il est censé agir pour son commettant, qui ne supporte ces charges que parce qu'il suppose qu'il ne s'occupera que de ses intérêts; 4.° c'est qu'il pourroit arriver qu'une bonne spéculation se présentant, il pourroit fort bien la faire pour son compte, en laissant les mauvaises pour le compte de son commettant; 5.° c'est que, pendant qu'il s'occuperoit de ses affaires, il négligeroit celles qui lui sont confiées : toutes ces raisons, dont une seule est décisive, militent, je crois, en faveur de mon opinion. Or, si cela est ainsi, je croirois que toutes les bonnes spéculations que seroit dans le cas de faire le supercargue, pourroient être exigées par son commettant, quoique faites hors de son mandat, et qu'il seroit en droit de lui laisser les mauvaises, comme ne s'étant point engagé à les reconnoître; les circonstances pourroient même être telles, qu'il seroit en droit d'exiger des dépens, dommages et intérêts. On doit sentir que ces observations ne peuvent être applicables qu'au commis et capitaine, supercargue, et non au commis commissionnaire; il faut cependant distinguer la vente qu'il pourroit faire de ses marchandises en vertu de son *port permis*.

231. Ici cependant, se présente une difficulté. Il est d'usage dans le négoce maritime, d'accorder *un port permis* au géreur de cargaison, c'est-à-dire, de lui accorder la permission d'emporter une certaine quantité de marchandises, que l'on appelle pacotille, pour son compte particulier; et quoique, comme l'observe fort bien Valin, le port permis soit un privilége personnel,

néanmoins ordinairement il reçoit ces marchandises de quelques particuliers, avec convention qu'il en fera les retours et partagera avec eux les bénéfices : dans ce cas, il a donc permission de vendre pour son compte, mais non d'acheter. Cependant l'usage tolère encore ce dernier arrangement; mais je crois que l'achat du retour doit se borner à l'emploi du produit de la pacotille, et tout achat plus fort est un abus qu'il est urgent de réformer, et on en sentira la nécessité d'après les observations précédemment faites. Les anciennes ni les nouvelles lois ne disent rien à cet égard, et je crois que les rédacteurs du nouveau projet de Code commercial et maritime auroient rendu un service au négoce, s'ils avoient rempli cette lacune.

CHAPITRE IX.

Des Commissionnaires.

232. Les commissionnaires sont momentanément des préposés du négoce, pour faire quelques opérations pour le compte du négociant, moyennant une rétribution payée d'après la convention, et à défaut, d'après l'usage de sa place. Le commissionnaire diffère donc du commis, sous plusieurs rapports; en effet, le commissionnaire ne doit pas toute son industrie et son temps à son commettant, et le commis lui doit l'un et l'autre. Le commissionnaire est payé pour chaque opération qu'il fait, et le commis, soit qu'il en fasse, soit qu'il n'en fasse pas, est payé à l'année : ils ont cependant cela de commun ensemble, c'est qu'ils répondent également de leur négligence et de leur impéritie; dans tous les cas, ni l'un ni l'autre ne répondent point des cas fortuits, ni de force majeure, s'il n'y a convention expresse. (56)

233. Les commissionnaires sont assujettis aux règles rigoureuses du contrat de mandat (51) : il y en a de plusieurs espèces. Mais voulant me renfermer, autant que je le pourrai, dans la partie que j'ai entreprise, je ne parlerai que de ceux employés dans le négoce maritime.

234. Les ordres se donnent aux commissionnaires par la voie de la correspondance; et lorsqu'ils répondent, ils sont dans l'usage de rappeler la date et les principales circonstances du mandat; et comme les engagemens qu'ils contractent renferment des conventions synallagmatiques, la lettre et la réponse qui en est la suite, équivalent à des traités faits en double : néanmoins, quoique ces sortes d'engagemens ne portent point ces mots,

fait double, comme le veulent les lois dans les affaires ordinaires, ils n'en sont pas moins valables; c'est une faveur dont le négoce jouit; qui plus est, il est des circonstances qui rendent obligatoires les lettres auxquelles les commettans ou commissionnaires n'ont point répondu.

235. L'ordonnance du commerce, tit. 3, art. 7, ordonne à tous les négocians de mettre leurs lettres en liasse: comme on en saisit aisément le motif, je n'entrerai point dans aucun détail à cet égard. Jousse observe que les termes de la loi sont *plutôt des conseils que des obligations*; et moi, je crois que vu sur-tout l'importance de l'objet, la loi donne plutôt un ordre qu'un conseil.

236. Dans les ordres que donne le commettant à son commissionnaire, pour faire faire des assurances, il faut qu'il ait attention de les rédiger avec clarté et précision; car la plus petite omission pourroit singulièrement compromettre ses intérêts, parce que les risques de mer sont singulièrement variés, et sur-tout qu'il évite de présenter aucune alternative, vu que s'il en présente une, et que le commissionnaire choisisse celle qui sera défavorable à son commettant, elle se tournera au préjudice de celui-ci: c'est ainsi qu'il a été jugé par la Rote de Gênes.

237. Les ordres que le commettant donne à son commissionnaire pour faire assurer son navire ou sa cargaison, ou le tout ensemble, doivent contenir, autant que cela se peut, le nom du navire, du capitaine; sur-tout, et c'est de rigueur, le nom du port d'où il doit partir, et celui où il doit aller; le nom de ceux auxquels il doit faire escale et relâche; le nom du lieu où est le navire, lorsqu'il ordonne de faire assurer, ou les nouvelles qu'il en a à cette époque.

238. Les lois de France et de Hollande prescrivent également toutes ces conditions, avec cette différence que l'ordonnance en Hollande déclare nulles les polices qui n'y sont pas conformes; et que celles de France permettent de faire assurer les chargemens qui seront faits sur quelques navires qu'ils puissent être, sans désignation du maître ou capitaine, ni du vaisseau, pourvu que le consignataire, ou, ce qui est la même chose, celui à qui l'envoi est fait soit dénommé dans la police: ainsi, un négociant qui veut faire assurer un retour d'Amérique, qu'il attend sur le premier vaisseau qui doit en partir, doit nommer dans son ordre ses correspondans de différens ports où il a ordonné que ses marchandises lui seroient adressées.

239. Si celui qui fait assurer en France ne désigne ce qu'en terme de commerce maritime on appelle *aucun pour compte*, c'est-à-dire si le com-

missionnaire ne désigne pas la personne pour laquelle il fait assurer, il est présumé agir pour lui-même; l'ordonnance ne l'oblige pas à avouer sa *qualité de commissionnaire;* mais soit qu'il l'énonce, soit qu'il ne l'énonce pas; contre les règles du contrat de mandat, il est censé être le vrai assuré; car les commissionnaires contractent souvent en leurs noms propres, quoique ce soit pour le compte de leur commettant, dont ils ont ordre de ne pas divulguer les affaires; conséquemment nous dérogeons en France au consulat de la mer, ch. 349, et nous n'avons point adopté sur ce point les statuts de Gênes, et autres lois étrangères semblables. Tel est l'usage attesté par Valin et Pothier. Cet usage paroît avoir été établi par la difficulté qu'il y auroit à poursuivre un commettant étranger, qui souvent pourroit être un homme sans moyen (21 et 22).

240. Casaregis fait cette question: l'assureur a-t-il également action contre le commettant et le commissionnaire pour le paiement de la prime? Il opine indéfiniment pour l'affirmative : mais cela doit s'entendre lorsque le commettant n'a point soldé son commissionnaire.

241. Par une suite de l'usage dont je viens de parler, le commissionnaire qui s'est fait assurer pour compte d'autrui, et qui est porteur de la police d'assurance, peut, en son nom propre, faire abandon et demander la perte; et en argumentant d'après tous ces usages, on doit sentir que le commissionnaire qui assure pour compte d'autrui, doit aussi personnellement la perte; plusieurs arrêts l'ont ainsi jugé.

242. Le commissionnaire, comme je l'ai dit, doit exactement exécuter son mandat. Les exemples qui suivent, vous en feront sentir toute la nécessité.

243. Des marchands de Palerme ayant mandé à un négociant de leur acheter une certaine quantité de blé, et de le leur envoyer avec ceux qu'il devait envoyer à un autre particulier, ce négociant en chargea une partie avec ceux de ce particulier, et l'autre sur un autre bâtiment. Ce bâtiment ayant péri, les négocians de Palerme entendirent être remboursés de cette perte, et quoique le commissionnaire alléguât qu'il avoit agi en bon père de famille, la Rote de Gênes le condamna aux dépens, fondé sur ce qu'il n'avoit pas rempli exactement sa commission.

244. Un négociant de Siracuse devoit de l'argent à un négociant de Gênes. Celui-ci pria le précédent d'employer l'argent qu'il lui devoit, en froment, pour lui être envoyé à Gênes; mais qu'il souhaitoit être averti à temps de l'embarquement, afin qu'il se fît assurer, ajoutant à cet ordre, qui jusqu'ici

avoit été précis : *je vous prie pourtant de faire comme pour vous, me rapportant à vous en toutes choses.* Le Siracusain sur cet ordre achète du froment, d'abord pour le compte de son commettant, ensuite pour le sien, et charge le tout sur un vaisseau qui échoua; comme il n'avoit point donné avis du chargement à son commettant, qui conséquemment ne put pas faire assurer, ce commettant prétendit qu'il n'étoit point tenu de la perte, parce qu'il n'avoit point reçu d'avis du chargement, et que, conformément à ses désirs, il n'avoit pas pu faire assurer. Par sentence de la Rote de Gênes, le commettant fut condamné, fondé sur ce que le commissionnaire, conformément à l'ordre qu'il en avoit reçu, avoit fait comme pour lui-même. Ce jugement est conforme au principe que j'ai établi plus haut, que l'alternative est favorable au commissionnaire, et prouve en même tems, que si le mandataire est tenu d'exécuter rigoureusement son mandat, que le mandant est aussi tenu de son côté, de bien préciser son mandement, s'il veut qu'il soit exécuté selon ses désirs.

245. Cependant, contre la règle, Marquardus et Straccha, contre quelques docteurs qu'ils citent, opinent différemment dans l'espèce suivante. Les marchands de Cologne, disent-ils, donnent commission aux marchands de Lubeck, d'acheter des marchandises, et de les faire conduire à Amsterdam, à condition qu'elles ne seroient pas changées de vaisseau, et de prendre des assureurs pour les périls, *qu'ils estimoient se devoir faire à 8 p. %.* Les marchands de Lubeck n'ayant point trouvé d'assurance à cette condition, à moins *de 15 p. %*, les donnèrent au premier *à 8 p. %*. Dans le voyage on changea les marchandises de vaisseau; elles périrent. Les auteurs cités prétendent que les marchands, prouvant qu'ils n'avaient point trouvé personne qui voulût assurer à cette condition, à moins *de 15 p. %*, ils devoient être réputés diligens et en avoir usé en bon père de famille.

246. La question et la décision qui viennent d'être présentées, méritent d'autant plus d'être approfondies, que l'une est très-intéressante par elle-même, et que l'autre est d'un plus grand poids, parce que leurs auteurs sont des autorités respectables et respectées; et, pour le faire avec connoissance de cause, et autant de précision qu'il me sera possible, il sera nécessaire d'entrer dans tous les détails que comporte la question; elle est belle, elle mérite donc cette attention.

247. Pourquoi les marchands de Cologne ne veulent-ils pas que leurs marchandises soient transbordées? Ils ne veulent point, sans doute, que leurs marchandises soient transbordées, parce qu'ordinairement, on ne les

transborde que lorsque le vaisseau ne va pas droit au lieu où les marchandises doivent être déchargées ; et comme il peut arriver que dans les lieux où elles seroient, il ne se trouvât pas de navire tout de suite pour le port auquel elles seroient destinées ; il pourroit se passer un temps assez considérable pour faire manquer la spéculation. En effet, quelquefois une marchandise qui arrivera deux ou trois jours plutôt, peut gagner 25 p % , et les perdre si elle arrive deux ou trois jours plus tard ; il est donc des circonstances qui exigent que les négocians fassent leur opérations avec toute la célérité possible. Voilà par rapport au commettant. Pourquoi, à présent, les assureurs demandent-ils 15 p % de prime, si la police porte que les marchandises ne changeront point de vaisseau, et ne demandent que 8 p %, si la police porte qu'elles pourront en changer? C'est parce que, quel que soit le péril dans lequel se trouve le navire, il est convenu que les marchandises ne seront point transbordées : or, comme dans ce cas, les riques de mer sont plus considérables pour eux, ils prennent une prime plus forte ; et, comme dans le cas du péril, la marchandise étant transbordée, peut offrir les mêmes inconvéniens, par rapport aux commettans dont j'ai parlé plus haut, il est censé que ceux-ci préfèrent s'exposer à être remboursés par leurs assureurs, que de s'exposer à voir manquer leur spéculation. L'intention et l'intéret des commettans sont donc présumés être, qu'ils préfèrent ne point faire leurs spéculations, que de s'exposer aux chances du retard; et comme l'ordre qu'ils ont donné à leurs commissionnaires est précis, qu'il n'y a point d'alternative, qu'ils paroissent décider à donner 8 p % pour éviter le transbordement, je dis que les commissionnaires ne devoient point charger ni à 8 p % aux conditions du transbordement, ni à 15 p. % aux conditions de non transbordement, et qu'ils devoient, avant que de charger, prévenir leurs commettans de la difficulté qui se présentoit ; que faute par eux d'avoir eu cette prévoyance, ils devoient être condamnés aux dépens, dommages et intérêts, d'après leur conduite arbitraire. Je me range donc du côté de l'avis des docteurs, et suis absolument contre celui de Marquardus et Straccha ; et, ce que je dis est si vrai, que si un commissionnaire a ordre de charger sur une barque, et qu'il charge sur un navire, qui est, sans contredit, un bâtiment d'une plus grande force et d'une plus grande capacité, qui est censé être moins exposé aux risques maritimes que le premier, si ce navire vient à périr avec les marchandises, le commissionnaire est tenu de la perte : encore une fois, le mandataire doit exécuter rigoureusement les ordres de son commettant. Voici encore une preuve de cette vérité. Un commissionnaire de la Rochelle, ayant eu ordre de faire assurer à 1 $\frac{1}{2}$ p $\frac{0}{0}$; n'ayant point trouvé des assureurs à ce taux, il fit assurer à 1 $\frac{3}{4}$ p $\frac{0}{0}$, l'assuré n'ayant voulu payer que le taux qu'il avoit proposé, le commissionnaire fut condamné à payer le surplus. Où en seroit le négoce, si les commissionnaires, par les mains desquels passent la plupart de ses opérations, avoient le droit de faire arbitrairement tout ce qui leur plairoit, sous prétexte qu'ils ont fait pour le mieux ?

248. Il y a deux sortes de commissions : la commission simple ; la commission du *decroire*, que quelques auteurs, et le plus grand nombre des négocians appellent improprement commission du *ducroire*. Dans la commission simple, les commissionnaires ne répondent point des débiteurs ; dans la commission du *decroire*, qui est beaucoup plus forte, les commissionnaires répondent des débiteurs, parce que le mot de *decroire* est un vieux mot français opposé à celui *de croire*. Ainsi, lorsque les contractans stipulent dans leur correspondance le *décroire*, c'est comme s'ils stipuloient que le commettant ne voulant *pas croire* en la solvabilité du débiteur, n'ajoute foi qu'à celle du commissionnaire.

249. La commission simple étant la plus usitée, lorsque le contrat ne porte point de clauses distinctives, elle est censée convenue ; conséquemment la commission de *decroire* doit toujours être stipulée, à moins que les parties ayant accoutumé de stipuler ainsi, oubliassent d'en parler ; dans ce cas, il est censé qu'ils n'ont point entendu, par leur silence, déroger à leur ancienne convention.

250. Les commissionnaires contractant toujours avec leur commettant par leur correspondance réciproque, doivent sacrifier tout ce qui est compliment à la proposition principale ; et quoiqu'il ne soit point dans l'ordre rigoureux de l'honnêteté de parler d'un ton impératif, cependant les commettans sont obligés d'écrire sur ce ton, pour ne point présenter une alternative, qui, en cas d'événement, se tourneroit tout à l'avantage du commissionnaire : ainsi, si un commettant, par un excès d'honnêteté, écrivoit à son commissionnaire : *Vous ferez faire une telle assurance, si cela vous fait plaisir*, n'accorderoit il pas à son commissionnaire la faculté de faire ou de ne pas faire l'assurance qu'il lui commet ? Conséquemment, si le commettant vouloit faire assurer que la chose pérît sans avoir été assurée, et qu'il réclamât sa perte à son commissionnaire, celui-ci ne seroit-il pas en droit de lui observer : m'ayant donné l'alternative de faire ou de ne pas faire assurer par ces mots : *Si cela vous fait plaisir ?* il ne m'a point *fait plaisir* de faire assurer, et je n'ai point chargé personne de vos risques.

251. Des personnes qui se piquent d'écrire avec élégance et pureté, observent que le style négociant est dur, même malhonnête et plein de barbarisme. On peut leur répondre, que s'il est dur, et, en apparence, malhonnête, c'est que leur intérêt exige qu'ils parlent presque toujours impérativement, que s'il est barbare à leurs yeux, c'est parce que ce qui est devenu terme technique, élégant dans la civilisation moderne, seroit pour eux un néologisme qui pourroit préjudicier à leur intérêt. Quel seroit le mot nouveau qui pourroit suppléer, par exemple, à celui de *baratterie*, qui veut dire *tromperie*, qui, suivant Restaut, qui a l'air de parler d'après Luca et Straccha, est un mot barbare, inconnu de l'antiquité, quoique les Catalans disent encore aujourd'hui *barattar*, pour dire tromper? Vous n'en trouveriez aucun; car le mot *baratterie*, qui, dans sa principale acception, signifie tromper, comprend aussi sous lui, comme l'observe Valin, le dol, la simple imprudence, le défaut de soin et l'impéritie, tant du capitaine que des gens de l'équipage. Aussi notre ordonnance porte-t-elle, art. 28: « Les assureurs ne seront tenus des pertes et dommages arrivés par la faute des maîtres et mariniers, si, par la police, ils ne sont chargés *de la baratterie de patron*. » Au surplus, les places commerçantes, même de France, ont établi des usages qui donnent plus ou moins d'extension à ce mot.

252. Le commerce ayant des lois, des formalités et des usages qui lui sont particuliers, il emploie tout ce qui peut le mettre à son aisé; et si l'*et-cœtera* des notaires a occasionné souvent de vives discussions, je n'ai point appris que les abréviations dont se servent les négocians aient occasionné aucune altercation lorsqu'elles ont été employées suivant les usages. La volumineuse correspondance des négocians les ayant engagés d'abréger, le plus qu'ils pouvoient, les écritures de leurs livres et de leurs lettres; de là est venu un style qui est devenu indéchiffrable aux personnes qui ne sont point initiées dans le style marchand. Par exemple, un commettant ordonne-t-il à son commissionnaire de tirer ou remettre sur Amsterdam: en lui cotant le change, il conçoit ainsi son ordre: Vous tirerez ou remettrez sur Amsterdam *à 54*; cela veut dire que le commissionnaire tirera ou remettra sur Amsterdam, *à 54 deniers de gros au change de trois livres tournois*. S'agit-il d'accuser la réception d'une lettre missive, celui qui accuse cette réception s'énonce ordinairement ainsi: J'ai *reçu la vôtre* de telle date, au lieu de dire *j'ai reçu votre lettre* de telle date: ce style n'est point élégant, mais il est utile; il n'en vaut donc que mieux par rapport à son objet.

Il

253. Il est à remarquer que les choses vraiment utiles, que leur utilité s'en trouve prouvée par l'ancienneté de leur origine, et par la continuité de leur usage reçu par tous les peuples, telle est l'invention des lettres de change, des assurances (que les Romains ont connu et pratiqué, comme je crois l'avoir prouvé, contre le sentiment des auteurs, dans mes ouvrages), et celle des abréviations dans les écritures mercantiles.

254. Cicéron, dans son oraison *pro Roscio*, nous fait voir que, dans son temps, les marchands avoient deux livres, l'un que les Romains appeloient *adversaria, à diversitate rerum in eo scripturam*, que nous apelons journal, brouillard ou mémorial; et l'autre, *codex*, que nous appelons livre de raison, Dans le premier, les marchands écrivoient confusément et *brièvement* leur recetté et leur dépense, qu'ils radioient et biffoient incontinent dans l'autre. Ils écrivoient très-proprement, distinguant le tout par ordre. L'*adversaria* des Romains répondoit donc au livre que nous appelons au'ourd'hui journal, et leur *codex*, au livre que nous appelons, par rapport à son format, *grand livre*, ou, par rapport aux notions résumées qu'il présente, *livre de raison*, avec cette différence, que les Romains ne regardoient que ce dernier comme légal, lequel, à raison de ce, pouvoit être représenté en justice, et que nous, nous admettons le journal de préférence, comme étant le principe de l'autre, et qui conséquemment, contre ce qui se pratiquoit à Rome, doit être écrit proprement, sans rature.

255. Je juge que *le codex* étoit chez les Romains le livre des marchands, auquel ils ajoutoient le plus de foi, parce que Cicéron, dans son oraison *pro Roscio*, observe, que non-seulement sa partie n'avoit point mis son *adversaria* au net tous les mois; époque à laquelle la loi 16 au *cod. de fid. instrum.* vouloit qu'il fût mis au net, ni même tous les six mois, mais au bout de trois ans.

256. Straccha croit que Justinien a pris le titre de son *code*, d'après celui du livre des marchands, appelé *codex*, et cela paroîtra vraisemblable, lorsque l'on réfléchira que *le codex* est une collection de toutes les notions relatives au négoce du marchand, qu'il est antérieur au code Justinien, et que ce code est une collection de lois.

257. Comme les livres des marchands romains étoient tenus avec brièveté, le droit et Budée appellent l'*adversaria*, *brevis*, *neque brevis inventus est in chartulis defuncti*.

258. Les Italiens ont retenu la méthode d'écrire brièvement leur journal, et pour écrire encore avec plus de brièveté; comme les Egyptiens et les Chi-

nois, ils emploient certains caractères hiéroglyphiques, de manière qu'ils emploient un caractère ou un signe, pour écrire un mot. Cette abréviation, qu'ils appellent *abacus*, a été autorisée par la Rote de Gênes; d'Italie elle a passé dans le reste de l'Europe, est c'est ainsi, par exemple, que nous, Français employons un caractère hiéroglyphique, réprésentant une *double croix*, pour exprimer la dénomination d'une monnoie de Portugal, appelée cruzade; et ce qui est remarquable, c'est que sur les balles, tonneaux etc. nous employons le même signe pour écrire le mot *numéro*.

259. Il résulte donc de toutes ces observations, qu'un commissionnaire ou commettant ne seroit point écouté, s'il se plaignoit d'une abréviation qu'il n'auroit point comprise, pourvu, comme il a été déjà dit, qu'elle fût conforme aux usages reçus, et que, quoique les ordres doivent être claires, ils ne pécheront point contre la clarté, ni la précision; seroient-ils pleins de mille abréviations et caractères reçus par les places commerçantes.

CHAPITRE X.

Des Courtiers.

260. Les Latins appeloient les Courtiers, *proxenetæ*; Sénèque, *pararii*; Tiraqueau, *conciliatores*; Cujas, *interprètes*; quelques ordonnances et coutumes, *facteurs* ou *coratiers*.

261. Boudot dit que le mot *proxeneta* signifie entremetteur; que le mot *pararius* a la même signification; *conciliator* signifie *conciliateur*; et Cujas, lorsqu'il appelle les courtiers interprètes, c'est sans doute parce que ceux qui sont dans les ports de mer, sachant ordinairement une ou plusieurs langues étrangères, interprètent les demandes que font les capitaines et marchands étrangers, et il paroît que le mot coratier ou courtier tire son étymologie du mot *courir*, parce qu'en effet les courtiers doivent beaucoup courir, pour concilier leur commettant. D'après toutes ces définitions, on peut donc dire hardiment, que les différentes dénominations qu'ont reçues les courtiers, se rapportent toutes à celle *d'entremetteur*. En effet, les courtiers sont des entremetteurs qui interposent leur ministère dans le négoce, pour rapprocher et concilier les parties, moyennant une rétribution, appelée en latin, *Proxeneticum*, et en français, courtage, qui, dans certains cas, est réglée

par la loi : mais, en général, par l'usage ou la convention; d'où il suit que lorsque la loi ne prononce pas, et qu'il n'y a point de convention, on suit l'usage de la place.

262. Platon n'aime pas les courtiers; il prétend que cet état habitue à la tromperie et à l'impudeur: mais Sénèque, au contraire, en fait grand cas, et il prétend avec raison qu'ils sont fort utiles au négoce. Oui, le courtier est un agent très-utile; pratiquant continuellement une partie, il en a une connoissance parfaite; par son activité, il facilite les rapprochemens, et donne le plus grand mouvement au négoce; comme homme pour ainsi dire public, il fait les fonctions de notaire, et fixe les parties contractantes dans leur obligation respective, et tout cela dans une minute. C'est donc à tort que quelques auteurs ont prétendu que les courtiers étoient à charge au négoce.

263. Le négoce étant divisé en plusieurs parties, il y a plusieurs espèces de courtiers : mais je ne parlerai que de ceux employés dans les transactions maritimes.

264. D'après nos nouvelles lois, les courtiers doivent avoir vingt-cinq ans accomplis; ils doivent avoir un carnet coté et paraphé au Tribunal de commerce, dans lequel ils doivent écrire, par ordre de date, sans aucun blanc, et par articles séparés, leurs opérations, et ils sont tenus de donner extrait aux parties intéressées au plus tard dans les 24 heures. Cet extrait doit être un bordereau, qui doit faire mention de la nature de l'opération, des prix et condition du marché, ainsi que du nom et de la demeure des contractans. Nul ne peut être reçu courtier, s'il a fait faillite ou banqueroute. Le nouveau projet de code de commerce paroît se référer aux lois faites et à faire; il doit aussi être patenté. Par la loi du 28 ventose an 9, les courtiers sont assujettis à un cautionnement. Le nombre en est fixé. Les courtiers ne peuvent aussi faire, pour leur compte, aucune espèce de commerce ni négociation; il est même défendu aux marchands de prêter leur nom aux courtiers pour faire indirectement le négoce avec eux.

265. Deux espèces de courtiers sont entremetteurs dans le négoce maritime, les courtiers de navires et les courtiers d'assurance.

266. DES COURTIERS DE NAVIRES. Les courtiers de navires font ordinairement les chartes-parties; lorsque le locataire ou l'affréteur ne sait pas signer, il signe pour lui, et il est engagé comme s'il eût signé lui-même. Les courtiers de navires se chargent de remettre les manifestes aux douanes, ces manifestes sont des états de chargement signés du capitaine, qui doit en faire le dépôt dans les 24 heures, suivant la loi du 4 germinal

an 2, soit avant le départ, soit après l'arrivée du bâtiment; ils se chargent aussi de faire décharger les acquits à caution, qui sont une expédition délivrée par les officiers des douanes pour assurer l'arrivée de la marchandise à sa destination. Enfin, les courtiers de navires sont chargés de faire toutes les démarches pour les capitaines, de leur procurer la vente de leurs marchandises et leur retour, ainsi que le fret dont ils peuvent avoir besoin.

267. L'article 27 du tit. 3 du liv. 3 de l'ordonnance de 1681, fait défense à tous courtiers et autres, de *sous-fréter* les navires à plus haut prix que celui porté par le premier contrat, à peine de 100 francs d'amende, et de plus grande punition, s'il y échet : pourra néanmoins, dit l'ordonnance (art. 28.), l'affréteur prendre à son profit le fret de quelques marchandises, pour achever la charge du navire qu'il aura entièrement frété, pourvu que ce soit au même prix du premier fret, sans augmentation; et qui plus est, il peut même sous-fréter le navire, en mettant quelqu'un à sa place; pourvu encore qu'il le fasse au même prix, l'esprit de l'ordonnance étant de prévenir les monopoles. Les statuts de Bordeaux portoient une pareille défense. En vertu de ces statuts, les juges de l'amirauté de cette ville, par jugement du 21 mars 1654, cassèrent et annullèrent un sous-affrétement.

268. DES COURTIERS D'ASSURANCE. Ce sont des courtiers chargés de procurer des assureurs aux négocians, de rédiger les polices, et assez souvent de régler les avaries, et de recevoir le montant des primes. L'art. 68 du tit. des Assurances de l'ordonnance de 1681, fait défense à tous courtiers d'assurance de faire aucune police dans laquelle ils soient intéressés directement ou indirectement, par eux ou personnes interposées, et de prendre transport des droits des assurés, à peine de 500 francs d'amende. Le réglement de Marseille, du 29 mai 1778, porte :

« Les courtiers ne pourront se dispenser de vaquer, par eux-mêmes, à toutes leurs fonctions sans le secours d'autres personnes; sera néanmoins permis à chaque courtier d'avoir, pour les opérations extérieures, un seul commis qu'il présentera, et dont il fera enregistrer le nom à la chambre de commerce : faisons, y est-il dit, très-expresses inhibitions et défenses audit commis, de proposer, ébaucher, concilier, traiter, ni résoudre par lui-même, aucune affaire, de quelque nature qu'elle soit, sous peine d'une amende de 1000 francs, dont le courtier sera solidairement responsable avec son commis. » Ce réglement se trouve confirmé, en termes généraux, par la loi du 28 mai 1791 : il y est dit, art. 13 : « Les courtiers et agens de change, de banque et de commerce, ne pourront, à peine d'interdiction, se servir de commis, facteurs et entremetteurs, pour traiter et conclure les marchés, ou négociations dont ils seront chargés. »

269. Les carnets des courtiers font foi en justice, et ils doivent d'autant plus faire foi, que les parties ont reçu chacune un bordereau conforme à l'article qui y est passé.

270. L'art. 20 de la troisième section de l'arrêté des Consuls, du 17 prairial an 10, porte : « Que les courtiers auront la faculté de se faire payer de leurs droits après la consommation de chaque négociation, ou sur des mémoires qu'ils fourniront de trois mois en trois mois. » Mais comme les courtiers sont privilégiés dans les faillites pour leur salaire, s'il leur est dû plus de trois mois, qu'en résultera-t-il ? C'est ce que la loi ne dit pas : et comme le privilége est de droit étroit, il est présumable qu'ils perdront leur privilége pour le surplus de temps qui leur sera dû.

CHAPITRE XI.

Des Interprètes.

271. Les étrangers fréquentant nos ports, n'entendant pas, pour la plupart, la langue, ont besoin d'interprètes pour traiter avec les nationaux. Pour être interprête, il faut avoir été reçu en cette qualité au Tribunal de commerce. Le Législateur ayant senti toute l'importance du ministère des interprètes, a cru devoir leur prescrire des règles pour éviter que les citoyens ne fussent point trompés.

272. L'art. 1 du tit. des interprètes, porte : « Les interprêtes ne pourront faire fonction de leurs commissions, qu'elles n'ayent été enregistrées au siége de leur établissement, et qu'ils n'ayent fait expérience de leur capacité, et prêté serment devant le lieutenant du siége.

273. Pour être reçu interprète, il faut bien savoir la langue étrangère pour laquelle on se propose de se faire recevoir, et être d'une moralité et d'une conduite sans tache. Il seroit nécessaire aussi, lorsque l'on reçoit un interprète, et qu'il y auroit concurrence, que les candidats fussent catéchisés sur la grammaire, et les principes de la langue française et étrangère ; on sait qu'un seul mot mal interprété est souvent d'une grande conséquence, puisqu'il peut provoquer des décisions contraires à la rigoureuse justice.

274. Art. 2. « Interpréteront dans les siéges d'amirauté, privativement à tous autres, les déclarations, chartes-parties, connoissemens, contrats et tous actes dont la traduction sera nécessaire. »

275. D'après cet article, les Juges du Tribunal de commerce ne peuvent commettre pour interprète que celui qu'ils auront reçu solennellement ; cependant, comme il peut arriver qu'il se présente des étrangers parlant une langue peu connue, comme, par exemple, le russe, et que, conséquemment, il n'y ait pas d'interprète juré ; dans ce cas, les Juges peuvent en nommer un d'office, en lui faisant déclarer, sous la religion du serment, qu'il traduira le plus fidèlement qu'il lui sera possible.

276. Art. 3. « Serviront de truchement à tous étrangers, tant maîtres de navires, que marchands, équipages de vaisseaux, et autres personnes de mer. »

277. Dans le cas de cet article, les étrangers et même les nationaux ne peuvent se servir que des interprètes jurés au Tribunal de commerce, à moins cependant que l'interprète ne fût récusé pour quelques raisons légitimes ; dans ce cas, les Juges pourroient en nommer un d'office, en lui faisant faire serment de traduire suivant la vérité.

278. Art. 4. « Les traductions ne feront foi que lorsque les parties auront convenu d'interprètes, ou qu'ils auront été nommés par les Juges. »

279. Valin fait, sur cet article, ces réflexions : « Ceci, dit-il, regarde les traductions de l'interprète juré, aussi bien que tout autre interprète, soit parce que l'article ne distingue pas, soit à cause qu'une traduction non ordonnée en justice doit naturellement paroître officieuse, et, comme telle, peut être présumée fautive, sans attaquer ni intéresser même la probité de l'interprète ; or, elle est officieuse, en ce que l'interprète prévient l'ordonnance du Juge, et de-là, on a droit de la supçonner de n'être pas exacte, en ce qu'il se peut, ou que l'interprète n'ait pas donné à la pièce toute l'attention qu'il y auroit apportée s'il eût pensé que sa version dût faire règle, ou qu'on lui ait présenté une autre pièce que celle qui fait le sujet de la contestation : en un mot, une traduction, en pareil cas, n'est qu'une pièce privée et non juridique, qui, par conséquent, ne doit pas faire foi.

280. « Je ne pense pas néanmoins, dit-il encore, que pour avoir traduit d'office, ce soit un moyen de récusation contre l'interprète juré, à l'effet de l'exclure, de donner en forme la traduction ordonnée par le Juge. »

281. Il semble que Valin veuille, contre le texte de l'ordonnance, insinuer que l'interprète ne peut point être pris par les parties sans le concours

du Juge, et que lorsqu'il aura été traduit d'après le concours des parties, la traduction ne soit considérée que comme une pièce privée; cependant, il me paroît que l'ordonnance s'exprime clairement, lorsqu'elle dit : *Lorsque les parties auront convenu d'interprètes*, ou *qu'ils auront été nommés par les Juges*. Ici, la conjonction disjonctive *ou* marque une alternative ou partition qui distingue les deux choses et ne les assimile point. Si ces inductions sont exactes, les parties peuvent donc nommer légalement leur interprête, et, conséquemment, la traduction vaudra comme pièce authentique, jusqu'à ce que, dans ce cas, comme dans celui où le Juge l'auroit nommé officiellement, l'une des parties démontre que la pièce en litige est mal traduite.

282. A la vérité, Valin fait ensuite une réflexion qui sembleroit devoir prouver en faveur des précédentes; il dit : « Au reste, comme notre ordonnance parle toujours des interprètes *au pluriel*, elle suppose qu'il y en a plusieurs. Cependant s'il y en avoit réellement plusieurs pour chaque langue étrangère, quoique régulièrement il n'y en ait qu'un en chaque amirauté, ce seroit alors *que la traduction devroit se faire aux termes de notre article*; et, supposé qu'un interprète eût déjà donné une traduction d'office (1), il seroit de la règle, en ce cas, d'ordonner que la traduction en forme seroit faite par deux autres; *mais s'il est seul, c'est à lui à en faire la traduction par le privilége que lui attribue l'article ci-dessus*, et tout ce que l'on peut faire, c'est de nommer une autre personne pour travailler à la traduction avec lui, ce qui s'entend toujours, sauf la récusation pour cause juste et légitime. »

283. Que l'interprète ait été pris par les parties, ou qu'il ait été donné par les Tribunaux, en est-il plus ou moins interprète dans un cas que dans l'autre ? Les juges pourront-ils surveiller sa traduction, s'ils ne savent point la langue étrangère qu'il professe, parce qu'ils l'auront nommé eux-mêmes? D'ailleurs, lorsque les parties prennent un interprète juré, rigoureusement parlant, on ne peut pas dire qu'ils ont pris cet interprète, mais on doit dire que c'est *la loi qui leur a donné*; et, comme dans le principe elle

(1) Il faut prendre garde de ne se point méprendre sur ce mot d'*office* dans l'usage, il signifie dans sa principale acception, et dans cette circonstance, *interprète nommé par le juge*; mais il a plu à Valin de lui faire sous-entendre ces mots, *interprète nommé par les parties pour avoir une traduction de laquelle elles ne doivent faire aucun usage*. Je crois que l'on doit l'interpréter ainsi, en rapprochant ce qu'il dit ici de ce qu'il a dit plus haut.

vouloit plusieurs, que l'on en a senti l'inutilité, et que même, dans certains ports, il y a eu impossibilité, l'usage est venu tempérer la rigueur de la loi, et l'on peut dire, en ce cas, que l'interprète pris par les parties peut traduire pour elles, comme l'arbitre pris par les parties peut prononcer sur leur différend. Autre chose seroit peut-être si l'une des parties avoit pris l'interprète sans le concours de l'autre, et encore ce seroit des difficultés élevées d'autant plus inutilement, que la partie qui auroit à se plaindre d'une traduction, pourroit la faire réparer, même dans le cas où il auroit été donné par le Tribunal, en alléguant les fautes qui pourroient la vicier.

284. Valin continue en disant : « Mais si les interprètes jurés sont des interprètes nécessaires, c'est-à-dire, qu'on ne peut se dispenser d'employer dès qu'il est question de traduction; cela n'est vrai que dans les jurisdictions pour lesquelles ils ont été établis. Dans les autres jurisdictions, il est *libre aux parties et aux Juges d'en choisir ou nommer d'autres*, parce qu'à leur égard, les interprètes jurés sont sans titres, et qu'ils ne peuvent être considérés que comme experts, parmi lesquels il est permis de choisir; dans ce cas, ces interprètes devant être considérés comme personnes sans caractère, devront prêter serment et affirmer leurs traductions. »

285. Art. 5. « Les interprètes, convenus ou nommés, se chargeront au greffe des pièces dont la traduction sera ordonnée, après qu'elles auront été paraphées par les juges, et seront tenus de les rapporter avec la traduction, dans le temps qu'il leur sera prescrit, sans qu'ils puissent exiger ni prendre plus grand salaire que celui qui leur sera taxé. »

286. L'ordonnance requérant le procès-verbal des pièces sujettes à traduction, il doit y être procédé en présence des parties duement appelées; dans ce cas, le Juge doit coter, apposer son *ne varietur*, et parapher chacune de ces pièces, le tout pour être déposé au greffe ; après cela, les interprètes nommés ou convenus, serment préalablement fait, s'ils ne sont jurés, reçoivent les pièces des mains du greffier, lui donnent leur récépissé, dans lequel ils doivent déclarer qu'ils se soumettent de les rapporter, avec leur traduction, dans le temps qui leur aura été prescrit par le jugement qui aura ordonné les traductions; ou s'il n'y a pas eu de délai marqué, lorsqu'ils en seront requis ou sommés, ou dans celui qui leur sera fixé par le Juge. Au surplus, quoique l'ordonnance n'exige pas que la traduction soit affirmée, si les interprètes ne sont pas jurés, néanmoins cette formalité doit être remplie, et il doit également en être dressé procès-verbal ; mais s'ils sont interprètes jurés, leur certificat au pied de chaque traduction, vaudra affirmation. 287.

288. L'interprète n'est pas le maître de la taxe de son salaire, c'est au Juge à le fixer; il ne peut rien exiger au-delà, sans être prévaricateur, et puni comme tel.

289. Art. 6. « Pourront aussi servir de facteurs aux marchands étrangers dans les affaires de leur commerce. »

190. Valin dit, sur cet article : « Ce n'est là qu'une faculté accordée aux interprètes de se servir de facteurs ou aides aux marchands étrangers qui parlent leurs langues, pour lesquelles ils sont institués interprètes, et non-seulement, en cela, il ne leur est pas attribué un privilége exclusif, comme à l'égard des traductions et du droit de servir de truchement; mais comme ils ne peuvent user de cette faculté au préjudice des courtiers conducteurs, s'ils ne sont en même temps nommés courtiers par leur commission, et cela, quoique les maîtres à qui ils serviroient de facteurs seroient présens pour agir par eux-mêmes, avec leur aide, dans toutes les opérations relatives au courtage; » et c'est ainsi qu'il faut entendre l'art. 14 ci-après.

291. Les interprètes peuvent servir de truchement aux étrangers dans trois circonstances; 1.° en justice, pour interpréter les demandes du Juge et les réponses de l'étranger; 2.° comme courtiers, lorsqu'ils sont reçus en cette qualité; 3.° comme facteurs, pour traiter dans leurs affaires.

292. Pour être truchement en justice, il faut être interprète juré, et à défaut, faire serment comme il a été dit; car si cette solennité doit être remplie lorsqu'il est question de traduire la plume à la main, à plus forte raison doit-elle avoir lieu lorsqu'on traduit oralement, parce que, dans le premier cas, on ne peut point sous-entendre de mal entendu, et qu'ici on peut le sous-entendre. Or, comme l'observe fort bien Pothier: « Le soupçon légitime de subornation....... est une juste cause de reproche, qui doit faire rejeter la déposition d'un témoin, lorsqu'il est prouvé et avoué, que la partie qui le produit lui a fait....... quelque présent, ou lui a donné à manger ou à boire chez elle ou au cabaret, à ses dépens. » En argumentant d'après ce que dit cet auteur, on peut donc dire hardiment que l'interprète, facteur ou courtier de l'étranger ne peut point être son truchement en justice, d'abord vu ses liaisons d'intérêt avec lui, et ensuite parce que, dans l'un ou l'autre cas, il est son mandataire.

293. Pour être courtier de navire des étrangers, il faut entendre leur langue, afin de pouvoir interprèter les papiers de bord, et prescrire aux capitaines la conduite qu'ils doivent tenir dans les douanes, et les instruire de

ce qui peut les intéresser; dans ce cas, les courtiers sont des interprètes différens de ceux dont je viens de parler.

294. Les personnes qui savent la langue de l'étranger qui les prend pour facteurs-interprètes, ne peuvent être interprètes jurés pour lui, ni courtiers pour lui et pour les autres : elle ne peuvent point être interprètes jurés pour lui, parce qu'elles sont ses mandataires; elles ne peuvent point être leurs courtiers, parce qu'il y a des courtiers reconnus par la loi, et les courtiers en titre ne peuvent être leurs facteurs hors les choses de leur ministère, parce qu'il leur est défendu par les anciennes et nouvelles lois, d'être facteurs, ni même teneurs de livre, faire aucun négoce pour leur compte, ni pour autrui, ni être commis ou facteurs d'aucun négociant.

295. Art. 7. « Aucun ne pourra faire fonction de courtier-conducteur, de maître de navire, qu'il n'ait été immatriculé au greffe de l'amirauté, sur l'attestation que quatre notables marchands du lieu donneront sur sa capacité et probité. »

296. Comme les courtiers dont parle cet article, sont sujets aux lois dont j'ai déjà parlé, par rapport aux autre courtiers, je me contenterai de dire que, par ordonnance du 24 janvier 1662, et les arrêts du Conseil des 10 février et 7 mars de la même année, il avoit déjà été fait défenses, sur peine même de 500 liv. d'amende, à tous maitres de navires de se servir d'autres courtiers que les jurés; le dernier de ces arrêts défend même aux commis des fermes de recevoir aucune déclaration des maîtres ou capitaines, s'ils sont assistés d'autres conducteurs. D'après cet arrêt, si donc quelqu'un entreprenoit sur les fonctions de courtiers-jurés, ceux-ci seroient fondés à se pourvoir en dommages et intérêts, tant contre le capitaine, que contre celui qui lui auroit servi de conducteur; cependant, d'après l'article 14 ci-après, les capitaines peuvent agir par eux-mêmes, sans être tenus de prendre des courtiers.

297. Par jugement de l'amirauté de la Rochelle, du 7 juin 1738, confirmé par la Table de Marbre, et par arrêt du 15 mars 1740, et autres arrêts, il a été défendu aux commissionnaires d'agir, comme le feroient les courtiers aux douanes, ailleurs même pour le compte de leur commettant, tout ceci regarde actuellement les capitaines républicoles, et même quelque étranger : mais, par rapport à ces derniers, il y a une restriction, si les traités faits avec la puissance à laquelle ils appartiennent, portent, que *les marchands et capitaines pourront charger de leurs affaires qui bon leur semble.* Les capitaines et marchands ne sont point tenus de se servir de courtiers-jurés,

pour leurs ventes, achats et autres choses de cette nature ; mais pour ce qui est des déclarations à faire aux douanes, etc. ils doivent s'en servir. La première raison est, dit Valin sur l'art. 14, « que par aucun traité, de quelque nature qu'il soit, *les étrangers ne peuvent pas en France être de meilleure condition que les Français :* la seconde raison est que s'agissant ici d'actes judiciaires et authentiques où la forme est essentielle, avec affirmation par serment, il faut nécessairement qu'elles soient faites par les maîtres de navires, ou par interprètes-jurés.

298. « Il ne seroit pas naturel, dit-il, que les officiers de l'amirauté et autres, reconnussent pour interprètes des gens sans caractères....., encore moins des gens produits par les parties intéressées ; par conséquent disposés à favoriser et à déguiser la vérité dans les déclarations, autant que cela pourroit leur convenir. »

299. *Lorsque Valin dit que les étrangers ne peuvent point en France être de meilleure condition que les Français*, il dit donc implicitement que le courtage rend la condition des Français mauvaise, et que conséquemment les étrangers ne peuvent point l'avoir meilleure qu'eux. Or, comme l'ordonnance, en instituant le courtage, a eu intention de rendre la condition des Français meilleure, en leur donnant des officiers qui assurassent légalement leurs conventions. Si l'étranger est convenu tacitement par ses traités qu'il seroit le maître de courir les riques d'être trompé, n'est-il pas le maître de les courir ? Que le législateur interdise cette faculté à ses sujets, il a raison, parce qu'elle gêne le particulier pour le bien général ; mais qu'il l'interdise aux étrangers, il exerce un acte d'autorité qu'il ne peut exercer sous aucun prétexte, et certes, ce n'est pas son intention.

300. Valin observe encore, que s'agissant d'*acte authentique, avec affirmation et serment*, il faut qu'elle soit faite par le maître du navire, ou par interprètes jurés.

301. De tous les temps, on a pu affirmer par procureur, lorsqu'il y a eu empêchement légitime, et jamais les lois n'ont désigné le mandataire qui devoit remplir cette formalité. Or, lorsque le capitaine ou le marchand ne sait pas la langue, y ayant empêchement légitime, il peut donc se faire représenter, conformément aux traités, par qui bon lui semble ; car il peut bien accorder sa confiance à un de ses amis, et la refuser à un courtier interprète, qui peut avoir reçu son caractère, parce qu'on étoit sûr qu'en cas de prévarication on pourroit le rechercher en tout temps ; faculté, pour ainsi dire, interdite à l'étranger ; dans ce cas, si le mandataire pêche par la

forme ou par le fond, tant pis pour celui qui l'aura commis, parce qu'il pouvoit faire un meilleur choix.

302. Valin observe encore qu'il ne seroit pas naturel que les officiers de l'amirauté et autres reconnussent pour interprètes des gens sans caractère. Cet auteur a raison par rapport aux amirautés, parce que les amirautés étant des jurisdictions où les contestations qui pouvoient intéresser les tiers se portoient; dans ce cas, il étoit nécessaire qu'il y eût un interprète juré par rapport au tiers; mais pour faire les déclarations aux douanes, ce n'étoit pas nécessaire, parce qu'il n'y avoit que le marchand ou capitaine étranger qui y étoit intéressé.

303. Notre auteur continue en disant: «que les interprètes sans caractère, produit par les parties, pouvoient être disposés *à favoriser;* et si le capitaine, sachant le français, se présente lui-même, comme le permet la loi, n'y a-t-il pas, pour le moins, autant de risques ? »

304. Si l'opinion de Valin, et les arrêts qu'il cite, prévaloient actuellement, les étrangers se verroient aujourd'hui évincés totalement de la teneur de leur traité, parce que l'art. 7 de l'arrêté des Consuls, du 17 prairial an 10, qui rappelle les dispositions de l'art. 7 de la loi du 28 ventôse an 9, veut que toutes négociations faites sans intermédiaire sans qualité, soient déclarées nulles; ainsi, pour me servir des expressions du commentateur, *comme les étrangers ne peuvent pas, en France, être de meilleure condition que les Français,* ils ne peuvent donc pas prendre pour entremetteurs les personnes qui leur conviennent : cependant plusieurs traités portent le contraire, notamment celui de l'Angleterre, de 1786, auquel il n'a point été dérogé par le traité d'Amiens, du 5 germinal an 6. Ce traité porte, art. 18 : «Il a été statué, et *l'on est convenu* qu'il seroit entièrement libre à tous marchands, capitaines de vaisseaux, et autres sujets du Roi de la Grande-Bretagne, dans tous les États de sa Majesté très-chrétienne, en Europe, de traiter leurs affaires par eux-mêmes, ou d'*en charger* qui *bon leur semblera*, et ils ne seront tenus de se servir d'*aucun interprète* ou *facteur* (1), ni de leur payer aucun salaire, si ce n'est qu'ils veuillent s'en servir.

(1) Le mot facteur est ici synonyme de celui de courtier; on doit le décider ainsi, vu que jamais aucun Gouvernement n'a décidé que les négocians nationaux, et par conséquent les négocians étrangers, se serviroient de *facteur-commis*; mais les Gouvernemens, notamment celui de France, ont décidé que les négocians, leurs sujets, se serviroient de facteurs-courtiers, lorsqu'ils ne pourroient pas agir par eux-mêmes. Comme je l'ai dit plus haut, les anciennes ordonnances et les anciens auteurs appellent les courtiers, les commis et les commissionnaires, également facteurs.

305. Pourquoi les étrangers sont-ils convenus dans leurs traités, qu'ils prendroient pour interprètes ou courtiers qui bon leur sembleroit? c'est pour éviter de faire des frais, ou des moindres frais, un ami, une connoissance, un facteur même pouvant leur rendre des services à meilleur marché : les Hambourgeois vouloient tellement alléger leur négoce des frais qu'ils pouvoient éviter, qu'ils ont été long-temps à se passer de courtiers.

306. D'après toutes ces raisons, je crois que tout étranger qui aura pour lui les traités, pourra naviguer sans le ministère de courtier légalement reçu, sans cependant que la convention écrite par celui qui en a fait les fonctions puisse valoir en justice; et que, conséquemment, sa négociation ne sera pas nulle, si, d'ailleurs, il existe d'autre preuve, qu'il pourra faire faire ses déclarations aux douanes par un facteur qui le représentera; mais que lorsqu'il sera forcé de paroître au Tribunal de commerce, il sera tenu de se servir d'un interprète reconnu par ce Tribunal : la bonne-foi due aux traités l'éxige, l'intérêt qu'a la France d'attirer les étrangers le veut.

307. Art. 8. « Les interprètes et courtiers auront un registre coté et paraphé, en tous les feuillets, par le lieutenant de l'amirauté, dans lequel ils écriront les noms du maître et du navire pour lesquel ils sont employés, le jour de leur arrivée, le port et la cargaison du vaisseau, avec l'état des droits et avances qui auront été payés, et des salaires qu'ils auront reçus, à peine d'interdiction, et sera, le tout, arrêté et signé par le maître. »

308. Les courtiers doivent donc tenir un registre de toutes leurs opérations, notamment ils doivent enregistrer les chartes-parties, pour que, si la copie s'égare, on puisse y avoir recours. »

309. Art. 9. « Faisons défenses aux interprètes et courtiers d'employer dans leurs états, autres ni plus grands droits que ceux qu'ils auront effectivement payés, et de faire payer ou souffrir être payé par les maîtres qu'ils conduiront, autre chose que les droits légitimement dûs, même sous prétexte de gratification, à peine de restitution et d'amende arbitraire. »

310. L'esprit de cet article est que les courtiers ne doivent rien exiger ni recevoir, sous prétexte de prompte expédition, etc. Mais rien n'empêche, dit Valin, en d'autres termes, qu'ils ne reçoivent quelques gratifications pour les petits services extraordinaires qu'ils peuvent rendre, pourvu néanmoins qu'il fût d'ailleurs prouvé que le courtier a fait autre chose que son devoir; car s'il avoit reçu cette gratification à titre de récompense de ses devoirs, il n'échapperoit pas à une humiliante restitution et à l'amende dont parle notre article.

311. Je ne suis nullement de l'avis de ce commentateur, parce que, sous prétexte de services extraordinaires, les courtiers recevroient des gratifications pour de prétendues promptes expéditions, qui souvent ne seroient que des chimères, et que, si elles étoient vraies, occasionneroient des passe-droits, on ne peut pas plus préjudiciables, à ceux qui n'auroient pas été généreux; et ce sont sans doute de pareilles considérations qui ont motivé l'art. 7 du traité de 1786, fait avec l'Angleterre; il y est dit :

« Si quelque officier, ou quelqu'un en son nom, *sous quelque prétexte* que ce soit, exige ou *reçoit publiquement ou en particulier, directement ou indirectement*, d'un marchand ou d'un autre, *aucune somme d'argent ou quelqu'autre chose* que ce soit, à raison de droit dû, d'impôt, de visite, ou *de compensation même*, sous le nom *de don fait volontairement*, ou *sous quelqu'autre prétexte que ce soit*, au-delà ou autrement du tarif; en ce cas, si ledit officier, ou son substitut, étant aussi devant le juge compétent du lieu où la faute a été commise, s'en trouve convaincu, il donnera une satisfaction entière à la partie lésée, et il sera même puni de la peine due et prescrite par les lois. » (1)

312. Quant au droit de courtiers, leur salaire étant réglé par un tarif, et à défaut, par l'usage, ils ne peuvent rien exiger au-delà, même sous prétexte de peine extraordinaire.

313. A l'égard des interprètes jurés, leur salaire étant toujours proportionné à leur travail, il est arbitré par le tribunal, et ils seroient punissables s'ils exigeoient au-delà de ce qu'ils auroient été taxés.

314. L'art. 10 veut « que les courtiers soient tenus de fournir, pour les maîtres qui les emploient, les déclarations nécessaires aux greffes et bureaux établis pour les recevoir, à peine de répondre, en leur nom, des condamnations qui interviendroient contre les maîtres, faute d'y avoir satisfait. »

315. Cet article ne prescrivant que les devoirs des courtiers de navires envers les maîtres, sans prescrire à ceux-ci les obligations qu'ils doivent remplir envers les courtiers, il résulte de son silence, que l'arrêt du Conseil du 7 mars 1662 doit être exécuté; d'après cet arrêt, il faut que les maîtres

---

(1) Comme l'on voit, cet article est basé sur celui de notre ordonnance, avec cette différence, qu'il y a plus de développement, et qu'il y est tacitement parlé des officiers des douanes et des courtiers; c'est ce que l'on juge d'abord par ces mots, *quelques officiers*, et ensuite par celui-ci, *compensation*; c'est-à-dire, pour les peines extraordinaires compensées par un don quelconque.

remettent à leur arrivée à leurs courtiers, leurs chartes-parties, lettres de mer, connoissemens, factures de cargaison, manifestes, acquits à caution et de paiemens, et autres pièces nécessaires, pour qu'ils fassent les déclarations voulues par la loi.

316. Ce préalable rempli, c'est au courtier choisi par le maître, de faire avec lui, ou seul, si celui-ci ne veut pas le suivre dans ses démarches, à faire les *déclarations* au bureau des classes et aux douanes, conformément à la loi, sous peine d'être responsable de sa faute, de son impéritie, ou de son imprévoyance; et quoique la loi du 27 vendémiaire an 2, art. 8, veuille que les capitaines déposent leur manifeste dans les vingt-quatre heures au bureau des douanes, néanmoins si ce capitaine a un courtier, et que celui-ci ne remplisse pas pour lui cette formalité, il en sera lui seul responsable: la raison est que le courtier de navire étant un officier public, le capitaine a suivi en lui la foi publique.

317. Il est dit dans l'art. 11 : « Faisons défenses, à peine de 30 liv. d'amende, aux courtiers et interprètes, d'aller au-devant des vaisseaux, soit aux rades, soit dans les canaux ou rivières navigables, pour s'attirer les maîtres, capitaines ou marchands, qui pourront choisir qui bon leur semblera. »

318. Cet article doit être rigoureusement maintenu pour inspirer cette confiance, sur-tout aux étrangers, si nécessaire pour les engager à traiter sans crainte; car que doivent penser des étrangers, lorsqu'ils voient des personnes, ayant un caractère public, courir dix, vingt lieues en mer après eux pour avoir leur pratique; indubitablement ils doivent croire que ce sont des hommes dénués de tous moyens, qui se proposent de s'indemniser de leur surcroît de peines en les faisant rançonner. J'ai vu à Bordeaux, il y a cinq à six ans, de certains courtiers de navires envoyer au bas de la rivière guetter les Américains, qui souvent les recevoient comme ils le méritoient : et certes, quand on réfléchit sur les funestes conséquences qu'entraînent de pareilles démarches, on verra que la peine de 30 liv. d'amende est trop douce; de pareilles gens méritent d'être destitués.

319. La célérité que réclament les affaires du commerce exigeant que l'on puisse disposer des courtiers et des interprètes à tout moment, il leur est ordonné, par l'art. 12, de faire leur résidence dans les lieux de leur établissement, à peine de privation de leur commission. D'après cet article, l'amiral pouvoit, sous l'ancien régime, destituer un courtier de navire, s'il n'étoit pas résident dans les lieux de son établissement, sans lui faire

signifier préalablement de venir y faire sa demeure : mais aujourd'hui que, d'après la loi du 28 ventôse an 9, tit. 11, art. 6, le Gouvernement s'est réservé le droit de nommer lui-même les courtiers, ils ne peuvent être destitués que par lui : mais il n'en est pas de même des interprètes, comme ils sont nommés par les Tribunaux de commerce, ils peuvent donc être destitués par les mêmes Tribunaux.

320. Art. 13. « Les interprètes et courtiers ne pourront faire aucun négoce pour leur compte, ni même acheter aucune chose des maîtres qu'ils servent, à peine de confiscation des marchandises, et d'amende arbitraire. »

321. L'art. 10 de la sect. 1.re de l'arrêté des Consuls, du 17 prairial an 10, défendant aux courtiers, en général, de faire le commerce, il est donc défendu aux courtiers de navires d'acheter pour revendre ; et quoique l'art. 13 de notre ordonnance fasse la même défense aux interprètes, cela doit, sans doute, s'entendre des marchandises achetées à leur commettant; car sans cela, comme il y a certains interprètes qui ne sont que rarement occupés, comment feroient-ils pour vivre, s'ils n'avoient d'autre industrie que celle d'interprètes ?

322. Art. 14. « Les maîtres et marchands qui voudront agir par eux-mêmes, ne seront tenus de se servir d'interprètes ni de courtiers. Voyez le paragraphe (297 à 306.)

323. Art. 15. « Faisons défenses aux courtiers et interprètes, de mettre un prix aux marchandises et denrées qui arrivent au port de leur résidence, à peine de punition exemplaire. »

324. L'arrêté des Consuls, du 17 prairial an 10, §. 5, a prévenu cette espèce de monopole. L'art. 26 porte :

325. « Les syndics et adjoints de courtiers de commerce se réuniront (après la bourse) pour recueillir le cours des marchandises, et le coter, article par article, sur le bulletin. »

CHAPITRE

CHAPITRE XII.

Du Professeurs d'Hydrographie.

326. Le mot hydrographie signifie description de l'eau. La science de l'hydrographie fait connoître les plages et les mers que le marin a à parcourir pour arriver au lieu de sa destination : par conséquent l'hydrographie est une branche de la géographie.

327. La science de la navigation embrasse avec elle plusieurs autres sciences, particulièrement l'astronomie, la géométrie, la trigonométrie et les météores. Elle embrasse de l'*astronomie* ce qui est du mouvement du soleil, autant qu'il approche ou qu'il décline tous les jours de la ligne equinoxiale, son cours diurnal ou quotidien sur l'horizon et sur les rumbs, c'est-à-dire, en cet endroit, les lignes qui marquent les vents sur les boussoles et cartes de marine, de la rose ou compas; le mouvement de la lune pour les marées, et des gardes du pôle, qui font la petite ourse; et pour la nuit, l'usage de l'astrolabe, et de l'arbalestille des globes célestes et hauturiens.

328. La navigation embrasse *la géométrie*, en ce qu'il est utile de découvrir les distances vues et non vues; de reconnoître la justesse ou l'irrégularité des instrumens de mathématiques qui lui sont propres, et corriger les opérations fautives que l'on peut avoir faites avec ces instrumens.

329. La navigation embrasse *la trigonométrie*, ou mesure des triangles sur les angles formés par les rumbs ou lignes que le navire a suivies et sillées, faisant chemin à sa route, que la rose du compas désigne, et qui en forme les angles.

330. La navigation embrasse la connoissance des météores pour prévoir les orages autant qu'il est possible.

331. Le Législateur ayant senti que la plupart des personnes qui voudroient se destiner à la mer, pourroient bien n'avoir pas les moyens de se donner toutes ces connoissances, ou que les ayant, il étoit nécessaire de s'assurer qu'ils les possédassent à un degré convenable; en conséquence, il institua gratuitement des professeurs. Cependant, à Bordeaux, le professeur se faisoit payer une certaine rétribution : il y a apparence que cet abus n'existe plus. J'ai connu des personnes qui avoient la plus grande inclination pour la mer, qui ne se présentoient point à cette école, parce qu'elles n'avoient

point les moyens de donner ce qui étoit d'usage ; conséquemment c'étoit des hommes précieux que l'État, pour ainsi dire, perdoit par la prévarication des professeurs. Voici les dispositions de l'ordonnance :

332. Art. 1. « Voulons que dans les villes maritimes les plus considérables de notre royaume, il y ait des professeurs d'hydrographie, pour enseigner publiquement la navigation.

333. Art. 2. » Les professeurs d'hydrographie sauront dessiner, et l'enseigneront à leurs écoliers, pour les rendre capables de figurer les ports, côtes, montagnes, arbres, tours et autres choses servant de marques aux hâvres et rades, et de faire les cartes des terres qu'ils découvriront. »

334. Il n'y avoit autrefois que la marine militaire qui avoit des maîtres de dessin, mais la marine marchande n'en avoit point. Dans ces dernières écoles, on s'y bornoit à enseigner à prendre hauteur en mer, à estimer la route, régler les manœuvres jusqu'à un certain point, afin de dresser des pilotins, ou aides-pilotes, et la pratique faisoit ensuite le reste pour faire des pilotes.

335. 3. « Tiendront, quatre jours au moins de chaque semaine, leurs écoles ouvertes, dans lesquelles ils auront des cartes, routiers, globes, sphères, boussoles, arbalêtes, astrolabes et les autres instrumens et livres nécessaires à leur art. »

336. Quoique cet article prescrive que les leçons seront données quatre fois par semaine, néanmoins les professeurs ferment leurs écoles pendant trois mois, à l'époque des vacances : cet usage fut approuvé dans le temps par le Ministre de la marine.

337. Art. 4. « Les directeurs des hôpitaux des villes où il y aura école d'hydrographie, seront tenus d'y envoyer étudier annuellement deux ou trois des enfans qui s'y trouveront renfermés, et de leur fournir les livres et instrumens nécessaires pour apprendre la navigation. »

338. Lors de la rédaction de l'ordonnance, il y avoit fort peu de marins, et on cherchoit à en former le plus que l'on pouvoit ; mais depuis, le nombre s'étant accru, sur-tout par les enfans de marins, le ministre Meaurepas, par sa lettre du 14 nov. 1734, répondit que le motif de l'art. ayant cessé, il valoit mieux employer les enfans des marins.

339. Art. 5. « Les professeurs d'hydrographie examineront avec soin les journaux de navigation déposés au greffe de l'amirauté du lieu de leur établissement, et les corrigeront en présence des pilotes qui auront erré dans leur route. »

340. Cet article ne s'observe plus à la rigueur, c'est-à-dire, que, sous l'ancien régime, les journaux ne se déposoient point à l'amirauté, conséquemment aujourd'hui ils ne se déposent point au bureau de la marine; mais rien n'empêche que le pilote, ou celui qui le représente sur un vaisseau marchand, ne les dépose entre les mains du professeur d'hydrographie, non-seulement pour faire vérifier les notions de route, mais encore pour que le professeur puisse en extraire les renseignemens utiles qu'ils pourroient y trouver, afin de les faire parvenir au Ministre de la marine.

341. Art. 6. « Ne pourront retenir plus d'un mois les journaux qui leur seront communiqués par les greffiers, auxquels nous enjoignons de le faire sans frais, à peine d'interdiction. »

342. Les journaux doivent être rendus aux pilotes après avoir été corrigés en leur présence, parce qu'ils leur sont utiles pour les guider dans d'autres voyages, et d'ailleurs pour prouver leur service.

343. Art. 7. « Déclarons les professeurs d'hydrographie enseignant actuellement, exempts de guet et garde, tutèle et curatèle, et de toutes autres charges publiques.

344. Art. 8. » Leur faisons défenses de s'absenter des lieux de leur établissement, sans congé de l'amiral, ou des maires et échevins qui les gageront, à peine de privation de leurs appointemens. »

345. Le professeur doit recevoir aujourd'hui la permission du Ministre de la marine, s'il veut s'absenter pour long-temps; et du bureau de la marine, lorsqu'il ne veut s'absenter que pour quelques jours. Le bureau de la marine ne doit la lui accorder que sous la condition qu'il se fera remplacer : ce sont des inductions que je tire du rapprochement que je fais des nouvelles lois aux anciennes.

RÉGLEMENT

Du 1.er janvier 1766.

346. Art. 1. « Il sera établi deux hydrographes-examinateurs pour visiter, chaque année, toutes les écoles d'hydrographie, et examiner les sujets instruits dans lesdites écoles.

Art. 5. » Les Juges seront toujours au nombre de trois; savoir, l'hydrographe-examinateur de l'inspection, et deux professeurs des ports voisins, lesquels seront appelés à cet effet par un ordre de l'amiral,

Art. 7. » Les Juges du concours examineront publiquement tous ceux qui se présenteront, et éliront à la pluralité des suffrages, parmi les prétendans, les deux sujets qu'ils jugeront les plus dignes de remplir la place vacante.

Art. 15. » Permet néanmoins sa Majesté à toutes personnes, de donner des leçons particulières d'hydrographie et de pilotage; et aux villes et autres corps, de faire tels établissemens qui seront jugés utiles pour cet objet; mais ne pourront lesdits maîtres de pilotage, les professeurs de mathématiques, ou autres, qui n'auront point été établis professeurs d'hydrographie, en la forme prescrite..... en prendre le titre, à peine de 300 liv. d'amende.

Art. 18. » Lesdits professeurs (hydrographes) enseigneront le pilotage et l'usage des instrumens nautiques, à tous les gens de mer qui se présenteront dans les écoles d'hydrographie, et feront des leçons publiques aux jours et heures qui seront déterminés dans le réglement particulier, qui sera donné pour chacune desdites écoles.

Art. 19. » Il sera composé un cours élémentaire de pilotage et de navigation à l'usage des écoles d'hydrographie, qui sera remis auxdits professeurs, et qu'ils seront tenus de suivre dans leurs leçons.

Art. 21. » Dans tous les autres ports du royaume, les officiers des amirautés veilleront à ce que les professeurs des écoles qui y sont établies, donnent exactement leurs leçons, et se conforment à tout ce qui sera prescrit dans les réglemens; ils tiendront la main à la police de ces écoles, et en rendront compte, tous les six mois, à l'amiral et au secrétaire d'État ayant le département de la marine.

Art. 26. » Pourront se présenter à l'examen d'une école, tous les gens de mer, classés dans l'un des quartiers de l'inspection de laquelle ladite école dépend, pourvu qu'ils soient âgés de vingt ans; et ils seront seulement tenus de représenter leur livret pour justifier leur âge et leur qualité, sans qu'on puisse exiger d'eux aucun certificat d'étude dans les écoles, non plus que des certificats de service de navigation.

Art. 27. » Après que l'hydrographe-examinateur aura interrogé et examiné tous ceux qui se seront présentés à cet effet, il déclarera publiquement les noms de ceux qui lui auront paru suffisamment instruits du pilotage, leur en délivrera à chacun un certificat qui sera signé de lui et visé par les officiers de l'amirauté, lesquels dresseront procès-verbal de l'examen.

Art. 28. » Dans les écoles des principaux ports, il sera accordé à ceux qui se seront distingués dans leurs examens, des prix consistant en instrumens nautiques.

Art. 39. » Enjoint sa Majesté aux officiers de l'amirauté, de n'admettre à la réception de capitaine ou de maître, que ceux des gens de mer qui seront établis et habitués dans l'étendue de leur jurisdiction, ou ceux qui représenteront un certificat des officiers de l'amirauté du lieu de leur demeure, portant permission de se faire recevoir dans un siége, conformément aux dispositions du régl. du 15 août 1725.

Art. 42. » Aucun navigateur ne pourra être reçu dorénavant pilote-hauturier, sa Majesté voulant que ladite qualité demeure supprimée; mais ceux qui, ayant été reçus avant la publication du présent réglement, auront navigué pendant deux ans depuis leur réception, pourront être admis à commander des navires comme capitaines, sans nouvel examen ni réception, et il leur en sera expédié des lettres.

Art. 43. » Les gens de mer âgés de vingt-un ans, et qui auront quarante-huit mois de navigation, soit sur les vaisseaux du Roi, soit sur les bâtimens de commerce, pourront être embarqués en qualité de second capitaine.

Art. 45. » Les capitaines des navires expédiés pour les voyages de long cours, seront tenus de remettre au greffe de l'amirauté, lors de leur retour, et en faisant leur rapport, tous leurs journaux de navigation et de route, à peine de 60 liv. d'amende, et de plus grande en cas de récidive.

Art. 46. » Dans les ports où il aura été établi un professeur d'hydrographie, lesdits journaux lui seront communiqués par les greffiers de l'amirauté, conformément à l'ord. de 1681; et ledit professeur pourra retenir ces journaux pendant quinze jours, passé lequel délai, il sera tenu de les remettre au greffe, pour être restitués aux capitaines. »

Décret du 29 *avril* 1791.

347. Art. 14. « Il y aura des écoles gratuites d'hydrographie et de mathématiques dans les principaux ports de l'État. »

Décret du 21 *et* 30 *juillet* 1791.

348. Art. 1. « Il y aura un examinateur des aspirans de la marine, dont les fonctions seront d'être Juge des concours qui seront ouverts, chaque année, dans les principales villes maritimes, tant pour les places d'aspirans de la marine, que pour celles d'enseignes entretenus.

349. Art. 2. » Il y aura deux examinateurs hydrographes, dont les fonc-

tions seront d'examiner les navigateurs qui se présenteront pour le grade d'enseigne entretenu. Les examens, pour ce grade, auront lieu deux fois chaque année, et à des époques fixes, dans tous les ports où seront établies les écoles.

350. Art. 3. » La place d'examinateur des aspirans de la marine, et celle des deux examinateurs hydrographes seront à la nomination du Gouvernement, et elles ne pourront être remplies que par ceux qui auront professé les mathématiques, au moins pendant cinq ans, dans quelques-unes des écoles nationales.

351. Art. 4. » Il sera créé des écoles gratuites et publiques de mathématiques et d'hydrographie, dans les villes suivantes, et chaque école aura un professeur. »

Décret du 30 vendémiaire an 4.

352. Art. 1. Les écoles de mathématiques et d'hydrographie, destinées pour la marine de l'État, et les écoles d'hydrographie, destinées à la marine du commerce, prendront, à l'avenir, le nom d'*Écoles de navigation.*

353. Art. 2. » La disposition de la loi des 21 et 30 juillet 1791, sanctionnée le 10 août 1791, concernant ces écoles, sont maintenues. »

SECTION II.

CHAPITRE XIII.

Des Marins en général, et de l'Équipage en particulier.

354. Les marins, vus sous les rapports d'utilité générale, sont cosmopolites; la mer et la terre entière sont leur patrie; en tous temps, en tous lieux, dans toutes les contrées, l'agriculture, l'industrie et le commerce trouvent en eux des intrépides intermédiaires, prêts à franchir les bornes les plus reculées, et à s'exposer à tous les périls pour faciliter leurs rapprochemens. Les marins, vus sous des rapports moins généraux, ne sont plus des cosmopolites, ce sont des hommes attachés au sol qui les a vu naître, qui, toujours prêts à verser leur sang pour le faire respecter, en fait, au premier signal, des militaires redoutables.

355. Les marins ne sont plus ce qu'ils étoient avant le siècle d'Auguste;

si, à cette époque, ils étoient des gens de mauvaise foi et sans probité, ce sont aujourd'hui des hommes pleins d'honneur et de loyauté. A travers une rusticité acquise au milieu de leurs pénibles et périlleux travaux, perce un air de bonté et d'humanité, que l'on retrouve rarement dans le commun des hommes. Prêts à partager avec le malheureux, le pécule qu'il a acquis avec tant de peine, il est disposé à sacrifier sa vie, s'il le faut, pour l'arracher aux horreurs de la mort, s'il en est menacé. Ces derniers faits sont assez souvent consignés dans nos journaux, pour que je sois dispensé d'en citer quelques exemples : c'est donc à tort que le Consulat de la mer, Clairac et autres auteurs, prétendent, pour me servir de leurs expressions bannales, que *les mariniers sont des gens mauvais, des voleurs, des indociles, surchargés de tous les vices qu'ils ramassent dans les lieux où ils abordent.* Tout ce qu'on peut dire pour justifier leurs assertions jusqu'à un certain point, c'est que, sans réfléchir, ils ont jugé les marins de leur siècle, comme les Romains jugeoient les leurs avant qu'ils eussent honoré leur profession.

356. Pierre-le-Grand portoit bien un tout-autre jugement sur le compte des marins : d'abord, garçon charpentier de navire dans le beau chantier du village de Sardan, dans la République Batave, il choisit un simple maître d'équipage dans cette République pour en faire, en Russie, un vice-amiral : et lorsqu'il pouvoit faire par eau une route qu'il pouvoit faire plus agréablement par terre, il donnoit toujours la préférence à la première voie : cette prédilection pour les marins et la marine, n'a pas peu contribué à graver son nom sur la pyramide des grands hommes.

357. L'équipage d'un navire est composé des officiers, des officiers mariniers, des matelots et des mousses. D'après l'art. 3, art. 2 de l'ord. de 1681. l'écrivain doit en faire mention sur son registre. Le rôle d'équipage est à bord une pièce essentielle, sur-tout en temps de guerre, pour constater la neutralité; parce que, lorsqu'il paroît dans la nomenclature que le nombre des individus nationaux est plus petit que celui prescrit par les lois, et que le plus grand nombre est composé d'étrangers, et sur-tout d'individus appartenant à une nation ennemie, toutes ces circonstances préviennent mal contre le bâtiment, parce qu'elles tendent à faire voir qu'il est ennemi, naviguant sous pavillon neutre.

358. Les équipages des vaisseaux marchands se règlent sur le nombre des tonneaux qu'ils peuvent porter; les armateurs leur allouent ordinairement une certaine somme d'avance.

CHAPITRE XIV.

Des Capitaines et Patrons.

359. Les Romains appeloient *nauicularis*, celui qui étoit chargé de la conduite du navire. Les anciennes lois maritimes des nations les appeloient Nocher, maître ou patron. Notre ordonnance les appelle capitaine, maître ou patron. Mais, dans l'usage, on appelle *capitaines*, ceux qui commandent sur toutes les mers, les vaisseaux de l'État et ceux de la marine marchande, sur-tout ceux qui commandent au long cours. Ceux qui commandent au petit cabotage, sont appelés, sur l'Océan, *maître*; et sur la Méditerranée, *patron*. On appelle maître de barque, ceux qui commandent de très-petits bâtimens. Aussi, Targa, dit-il, que ceux qui commandent des barques et autres bâtimens, destinés pour le petit cabotage, sont de simples patrons de navigation, et qu'il y a une extrême différence entre ceux-ci et les capitaines. Au surplus, comme il n'y a aucune nécessité à bien faire une distinction, il est assez indifférent que l'on se serve de la dénomination de maître ou patron dans le petit cabotage.

360. Clayrac dit, « Le titre de maître, *magister*, est un titre d'honneur, d'expérience et de bonnes mœurs; c'est pourquoi, par l'ordonnance de l'Amirauté de 1584, les maîtres de navires, avant que de pouvoir prendre cette qualité, doivent être examinés et jugés capables d'être reçus au commandement ».

361. Le capitaine de navire, qui veut remplir son emploi avec honneur et distinction, doit être bon hydrographe, expérimenté dans les manœuvres, et essentiellement négociant et militaire.

362. S'agit-il de la simple conduite du bâtiment, le capitaine, les yeux constamment fixés sur la carte et la boussole, en dirige la marche, et commande à ses subordonnés avec le ton convenable pour se faire obéir au premier signal. S'agit-il de négoce, et sur-tout du négoce de nos Colonies, s'il est consignataire, sa vigilance le porte, aussitôt qu'il est arrivé, à louer un magasin, à faire décharger sa cargaison, la faire étaler, et à ouvrir la vente: arrivé à cette époque, c'est là qu'il déploie ses talens mercantiles : d'abord, il examine le nombre de concurrens, quelle est la qualité de leurs marchandises, quelles sont les plus rares ou les plus abondantes, quels en sont enfin

le

le prix ; ensuite rétrogradant jusque dans le lieu de son départ, promenant un œil attentif sur les contrées qui lui offrent des débouchés, il examine quelle est la denrée la plus propre à procurer à son commettant un retour avantageux, alors il se décide à faire des échanges ; ses opérations sont-elles achevées, il lève l'ancre, met à la voile, et termine sa mission, en justifiant, le plus qu'il a pu, la confiance de ceux qui l'ont employé. S'agit-il d'être militaire, et de se mesurer avec l'ennemi ; dans cette circonstance, ce n'est plus un timide négociant assis dans son comptoir, calculant ses intérêts ; mais c'est un guerrier plein d'audace, et qui, occupant la première place au champ d'honneur, donne l'exemple de l'intrépidité et du courage à tous ceux qui sont sous ses ordres. Est-il vainqueur, son caractère change de face ; ne conservant du vrai militaire que l'honneur, la loyauté et la magnanimité, il se dépouille de toute idée de destruction, et ne voit dans les malheureux que le sort a fait tomber dans ses mains, que des hommes pour qui l'humanité réclame des soins, des égards et des attentions, qu'il leur donne avec autant de bonté que de générosité. Est-il vaincu, aussi courageux dans le revers qu'il l'a été dans le combat, la force de son caractère lui fait supporter son infortune avec résignation ; fier d'avoir fait son devoir dans la malheureuse circonstance, il trouve une douce consolation dans le témoignage de ceux qui ont combattu sous ses ordres, et dans la justice que lui rend l'ennemi qui sait apprécier la vertu.

363. Lorsqu'une tempête, un combat, ou tout autre événement maritime, forcent l'équipage à abandonner son bâtiment, le capitaine oublie cette maxime proclamée par les lâches, *sauve qui peut*, pour se rappeler qu'avant de songer à sa conservation, il doit songer à celle de ses subordonnés ; aussi ne se décide-t-il à sortir, de son navire, que le dernier ; il n'ignore pas que s'il laissoit un simple mousse à bord, que l'humanité lui en feroit constamment un cruel reproche, et que le déshonneur le suivroit par-tout où il pourroit aller. La France, à qui la pratique de toutes les vertus n'est point étrangère, peut se vanter qu'elle a rarement appliqué le sceau d'une pareille lâcheté à quelques-uns de ses capitaines ; c'est une des vertus qui les a placés honorablement parmi ceux des autres nations.

364. Nous trouvons dans le journal, intitulé le Citoyen Français, N.° 1181, art. Angleterre, en date du 17 pluviôse an 11, une anecdote qui ne fait pas moins d'honneur aux Anglais qu'aux Danois.

365. Lors du combat de Campordown, un lieutenant de la marine danoise, nommé *Kisberg*, à la suite de l'engagement qui eut lieu avec la flotte

anglaise, le 11 octobre 1797. *Le vaisseau le Delft*, sur lequel il étoit premier lieutenant, ayant été considérablement endommagé, le lieutenant anglais, nommé *Bullen*, se rendit à bord, et fit envisager à l'officier Danois, que le vaisseau menaçant de couler bas, il falloit qu'il se sauvât. Le Danois répondit qu'il ne pourroit jamais se résoudre à abandonner ses blessés. Le lieutenant anglais, frappé de cette résignation, répondit, *que Dieu vous récompense, mon brave camarade, voilà ma main, je vous donne ma parole de rester avec vous* : le vaisseau ayant coulé bas, l'Anglais se sauva à la nage, mais l'infortuné Kisberg périt ! ! !

366. Si tout mandataire est tenu de justifier de l'exécution de son mandat, à plus forte raison le capitaine en est-il tenu, puisque, pour ainsi dire, l'existence de ceux qui sont sur son bord, et une bonne partie de la fortune de ses commettans, est remise entre ses mains; aussi Clairac, *jugement d'Oleron, art. 2, pag. 14 ; l'ord. de Wisbui*, art. 14, chap. 12, n.° 28; *ordon. de la marine*, art. 15, 22, 25, 26, 33, tit. *du capitaine*, art. 8, tit. du pilote, disent-ils, quoiqu'en d'autres termes « : c'est une maxime ou loi générale de la mer, que le maître ne doit faire sortir le navire du port, faire jet, couper mât ou cable par bout, ni rien entreprendre qui soit de conséquence, en quelque grand danger qu'il se trouve engagé ou surpris, si ce n'est l'avis et conseil de la majeure partie de l'équipage et des marchands, s'il y en a dans le bord. Le maître doit tout assembler pour y délibérer. »

367. Émerigon nous dit, tom. 1, fol. 276, je trouve dans mes recueils un certificat conçu en ces termes : « Nous capitaines et anciens propriétaires de bâtimens marchands, attestons, en faveur de la vérité, que lorsque dans le cours de la navigation, et sur-tout dans les lieux de relâche, il arrive quelqu'accident extraordinaire qui concerne le navire ou la cargaison, le capitaine ne manque pas d'en dresser *procès-verbal*, qu'il fait signer par tous ses officiers, en attendant qu'il puisse faire son consulat par-devant quelque Consul de la nation, ou Magistrat. »

368. L'art. 8 du tit. 3 de la loi du 22 août 1791, prescrit aussi implicitement aux capitaines, de rédiger des procès-verbaux; au moins pour les relâches, retards, etc. Il dit :

369. « Les capitaines et maîtres de bâtimens seront admis à justifier qu'ils auront été retardés par des cas fortuits, comme fortune de mer, poursuites d'ennemis et autres accidens, et ce, par des procès-verbaux rédigés à bord et signés des principaux de l'équipage, ou par des rapports faits aux Juges

du Tribunal qui remplacera celui d'amirauté au lieu de destination, ou aux officiers de la municipalité à défaut de ce tribunal, et les procès-verbaux ou rapports seront affirmés devant lesdits Juges. » Un procès-verbal est bien plus propre à attester un fait, qu'un rapport réfléchi qui peut être fait en conséquence.

370. Lorsque le capitaine a terminé ses affaires, il ne doit plus songer qu'à faire voile pour son retour. En conséquence, il doit choisir un temps favorable; car, s'il mettoit à la voile dans un temps évidemment mauvais, il répondroit des événemens qui pourroient en résulter. Les lois romaines, et Roccus, le décident ainsi; comme aussi s'il négligeoit de lever l'ancre lorsque le temps est favorable, il répondroit des événemens qui pourroient survenir, *loi* 6, *ff.* sauf le cas où il seroit retenu pour cause de maladie ou autre empêchement légitime qui l'empêche d'en profiter, *loi* 10, *Rod. de Jactu.*

371. Le droit anséatique enjoint aux capitaines de mettre à la voile deux ou trois jours après que le chargement est achevé, pourvu que le temps le permette, à peine d'une amende de 50 florins: la même disposition se trouve dans l'ancienne ordonnance teutonique, et la *loi* 122, *ff.* veut qu'il réponde du sinistre occasionné par sa négligence.

372. La déclaration du 21 octob. 1727, art. 17, défend aux capitaines d'embarquer pour chirurgien, supercargue, nocher ou officier marinier, aucun étranger, même naturalisé, soit par lettres-patentes, soit par l'édit de port franc, à peine de 500 f. d'amende pour chacun des étrangers ou naturalisé, qui aura été embarqué en d'autre qualité qu'en celle de matelots ou passager. Les articles 18 et 19 font défense à tous Français de donner le commandement de leur bâtiment à aucun capitaine étranger ou naturalisé, et même à aucun Français marié, dans les pays étrangers, à une fille étrangère, à peine de 1000 f. d'amende. L'art. 20 veut que les capitaines qui se marient dans les pays étrangers, soient déchus de leur qualité. *Voyez naturalisation, par.* 19.

373. A l'égard des dettes des mariniers, l'art. 14 de la susdite déclaration porte : « Défendons d'arrêter pour dettes civiles les maîtres, patrons, pilotes et matelots *étant à bord* pour faire voile, si ce n'est pour les dettes qu'il auront contractées pour le voyage. »

374. La faveur seule du commerce maritime, et l'intérêt que tant de personnes ont ordinairement à ce que le voyage d'un navire ne soit pas retardé par un intérêt particulier, exigeoient cette disposition, conforme à *la loi* 3,

cod. de navicularis, à la *loi uniq. cod. de mandinis,* et plus particulièrement à l'art. 6 de l'ord. de Wisbuy, où il est dit : « Il est inhibé d'arrêter et prendre prisonniers les maîtres, les pilotes, ou matelots, dans le navire, pour dettes civiles, lorsqu'ils sont prêts à faire voile ; mais le créancier pourra faire exécuter, saisir et vendre ce qu'il trouvera dans le navire, appartenant à son débiteur. » En argumentant d'après l'article de l'ord., on doit conclure que le marinier, quoiqu'à terre au moment où le navire se disposeroit à faire voile, il ne pourroit pas être arrêté ; car, dans ce cas, n'étant pas à bord, il devroit y être, et conséquemment il est censé y être. Dans l'un comme dans l'autre cas, c'est un homme utile à la navigation, dont il est présumable que le navire ne peut se passer ; mais comme la défense n'est faite que pour les dettes civiles, ce sera toute autre chose si c'est pour toute autre dette ; dans ce cas, le capitaine, maître, patron ou matelot pourront être arrêtés en quelque temps que ce soit, non-seulement en vertu d'un décret de prise de corps, mais encore en conséquence, ou d'une provision décernée contre lui, ou d'une sentence qui l'aura condamné au paiement d'une somme pour réparation civile, ou enfin d'une condamnation aux dépens, soit qu'ils tiennent lieu d'intérêts civils ou autrement, *le tout* en matière criminelle : c'étoit ainsi que cela se pratiquoit sous l'ancien régime. Cependant, comme la contrainte par corps ne peut, d'après la loi du 15 germinal an 6, art. 1, être prononcée qu'en vertu d'une loi formelle, que dans l'énumération des cas qu'elle présente, ceux-ci ne sont pas exprimés, et que l'art. 19 abroge toutes les lois qui y sont contraires, il suit de-là que la contrainte par corps n'a plus lieu pour les cas ci-dessus exprimés. Notre article excepte aussi, en matière civile, les dettes contractées pour raison du voyage, et cela, parce que ses dettes sont privilégiées et provisoires, telles que sont celles causées pour hardes et vêtemens achetés à l'occasion du voyage. Néanmoins la loi du 15 germinal an 6 déroge encore formellement à ces dispositions, parce qu'elle n'admet pas la contrainte par corps en matière civile lorsqu'il ne s'agit pas de commerce, art. 3 du tit. 1 ; mais il en doit être tout autrement pour les achats des marchandises destinées à être revendues (16) payables comptant.

375. L'ordonnance de 1555, et l'art. 63 de celle de 1584, défendent aux taverniers ou hôteliers de donner à manger chez eux, ou de prêter de l'argent aux mariniers, sans le consentement du maître ou capitaine qui en aura répondu, sous peine de perdre la nourriture qu'ils leur auront fournie, et l'argent qu'ils leur auront prêté. Il est de règle, que dès que l'armateur a

commencé de nourrir l'équipage à bord, il ne doit plus être permis au capitaine ni aux gens de l'équipage, de prendre des repas à l'auberge ou au cabaret, lorsqu'ils viennent à terre, même pour le service du navire, sans le consentement de l'armateur, qui, sans cela, demeureroit doublement chargé de leur nourriture. Ainsi, si le capitaine permettoit à son équipage ou à quelques matelots, ou autres, de manger à terre, il donneroit lieu à une action contre lui pour le paiement de cette dépense superflue, faite contre le gré de l'armateur; en ce cas, l'événement retomberoit sur lui seul; et même étant assigné avant son départ, conjointement avec l'armateur, comme c'est l'ordinaire, il sera seul condamné, s'il ne justifie qu'il n'a agi que du consentement de l'armateur : mais les cabaretiers, bien conseillés, attendent que le navire soit parti pour attaquer l'armateur, comme tenu des faits de son capitaine; parce qu'alors, étant incertain si le capitaine a tort, on a coutume de condamner, par provision, l'armateur de payer, sauf à répéter sa part sur les appointemens du capitaine; parce qu'en ce cas, il se trouve subrogé aux droits de celui à qui il a payé. C'est l'opinion de Valin, qui ajoute : Il faut avouer, au moins, qu'on ne voit s'élever des discussions de cette nature, que lorsque la dépense paroît forte et affectée de la part du capitaine, sans cela, en effet, un armateur auroit mauvaise grace de se plaindre.

376. Mais, supposons qu'un marinier mange à bord et à terre, c'est-à-dire, qu'il fasse double repas, quel sera le sort du capitaine par rapport à cette dépense superflue? Il est clair qu'il ne sera pas tenu de cette dépense; car on ne lui pourra pas alléguer qu'il ait donné un consentement tacite à ce marinier de manger à terre, s'il justifie qu'il a pris tous les jours ses repas à bord.

377. Dans quelque situation que se trouve le capitaine, il doit être sur son navire, comme un père de famille est dans son ménage; et si le pavillon qu'il arbore lui délègue en quelque sorte une autorité magistrale, il ne peut en user qu'avec toute la prudence et les ménagemens possibles; car la loi qui a posé les limites de son autorité, ne lui permet pas de les franchir sans se rendre coupable.

378. L'art. 1 du titre du capitaine porte : « *Aucun ne pourra, ci-après, être reçu capitaine, maître, ou patron de navire, qu'il n'ait navigué pendant cinq ans, et n'ait été examiné publiquement sur le fait de la navigation, et trouvé capable par deux anciens maîtres, en présence des officiers de l'amirauté et des professeurs d'hydrographie, s'il y en a dans le lieu.* »

379. Comme la loi du 24 août 1790, tit. 13, art. 1, veut que toutes les

affaires de commerce de terre et de mer soient portées devant le Tribunal de commerce. En argumentant d'après cette loi, on devroit conclure que les Juges des Tribunaux de commerce remplacent, dans le cas de l'art. précité de l'ord., les officiers de l'amirauté; cependant, dans le commerce maritime, il faut distinguer deux parties : la partie purement maritime, et la partie purement commerciale; l'une est de la compétence du Bureau de la marine, et l'autre des Tribunaux de commerce. Dans ce cas, ce n'est donc point devant les Juges du Tribunal de commerce, que doit être fait l'examen exigé, mais devant les officiers du Bureau de la marine.

380. Au reste, voici les changemens qui ont été opérés depuis la révolution.

381. Extrait de la loi du 3 brumaire an 4;

Concernant la réception des capitaines des bâtimens du commerce, maîtres au petit cabotage.

Capitaines des bâtimens du commerce pour le long cours et le grand cabotage.

Art. 9. « Tout navigateur âgé de vingt-quatre ans accomplis, et ayant soixante mois de navigation, dont une campagne sur un bâtiment de la République, sera susceptible d'être capitaine des bâtimens du commerce, pourvu qu'il ait répondu d'une manière satisfaisante à un examen sur la théorie et la pratique de la navigation, sur toutes les parties du grément et sur la manœuvre.

Art. 10. » Tout capitaine des bâtimens du commerce, appelé au service de la République, sera embarqué en qualité d'enseigne de vaisseau : s'il a commandé trois campagnes de long cours, et s'il est âgé de trente ans accomplis, il sera employé en qualité de lieutenant de vaisseau.

Art. 12. » Tout navigateur non reçu capitaine des bâtimens du commerce, ni aspirant, mais qui aura dix-huit mois de navigation en qualité de second sur des bâtimens du commerce, de vingt hommes au moins d'équipage, appelé à servir sur les bâtimens de la République, sera employé en qualité d'aspirant de la première classe. »

Maîtres au petit cabotage.

Art. 13. « Nul ne pourra être fait maître au petit cabotage, s'il n'a soixante mois de navigation et vingt-quatre ans d'âge; et s'il ne satisfait pas à un examen sur la manœuvre, sur les sondes, la connoissance des fonds, le gisement des terres et écueils, les courans et les marées, sur l'usage de la boussole et de la carte, et sur la connoissance des entrées des principaux ports de la République. »

382. L'arrêté des Consuls du 11 thermidor an 10, porte :

Art. 1. « Nul ne sera, désormais, admis à l'examen présent pour être reçu maître au petit cabotage, s'il n'a au moins vingt-quatre ans d'âge, et soixante mois de navigation effective, dont douze mois sur les bâtimens de la République.

Art. 2. » Défendons à tous mariniers de monter aucun bâtiment en qualité de maîtres, et à tous propriétaires d'en établir sur leurs vaisseaux, qu'ils n'aient été reçus en la manière ci-dessus, à peine de trois cents liv. d'amende contre chacun des contrevenans.

Art. 3. » Ceux qui se trouveront maîtres lors de la publication des présentes, ne seront néanmoins tenus de subir aucun examen.

Art. 4. » Celui qui aura été reçu pilote, et qui aura navigué en cette qualité pendant deux années, pourra aussi être établi maître, sans subir aucun examen, ni prendre aucun acte au siége de l'amirauté.

383. Le pilote, dont il est ici question, est le pilote hauturier. Les pilotes, second pilotes et aides-pilotes, ont été supprimés par les nouvelles lois de l'ancien et nouveau régime.

Art. 5. « Appartiendra au maître de faire l'équipage du vaisseau, de choisir et louer les pilotes, contre-maître, matelots et compagnons; ce qu'il fera néanmoins de concert avec les propriétaires, lorsqu'il sera dans le lieu de leur demeure.

Art. 6. » Dans les lieux où il y aura des pauvres renfermés, les maîtres en faisant leur équipage, seront tenus d'y prendre les garçons dont ils auront besoin, pour servir de mousses dans leurs vaisseaux.

Art. 7. » Le maître qui débauchera un matelot engagé à un autre maître, sera condamné en cent livres d'amende, applicable, moitié à l'amiral, et moitié au premier maître, lequel reprendra ce matelot, si bon lui semble. »

384. Dans ce cas, la moitié de l'amende doit revenir au Gouvernement, et l'autre moitié au capitaine, qui a eu son matelot débauché.

Art. 8. « Il verra, avant que de faire voile, si le vaisseau est bien lesté et chargé, fourni d'ancres, agrès et apparaux, et de toutes choses nécessaires pour le voyage. »

385. L'art. 12 du tit. 3 de la loi du 13 août 1791, porte : « Lorsqu'un capi-

taine ou armateur voudra mettre un navire en armement, il sera tenu d'appeler deux officiers visiteurs qui, après avoir reconnu l'état du navire, donneront leur certificat de visite, en y exprimant brièvement les travaux dont le navire leur aura paru avoir besoin pour être en état de prendre la mer.

386. L'art. 13 porte : » Lorsque l'armement sera fini, et que le navire sera prêt à prendre charge, il sera requis une seconde visite ; le procès-verbal de la première sera représenté, et le certificat devra exprimer le bon et dû état dans lequel se trouve alors le navire.

387. Art. 14. » Ne seront assujettis à ces formalités que les navires destinés au long cours; et aux moyens de ces dispositions, toutes autres visites ordonnées par les précédentes lois sont supprimées. »

388. Quoique cette visite soit faite par des hommes publics; si, cependant, il arrivoit quelque événement au navire, par le mauvais état dans lequel il se seroit trouvé; état qui n'auroit point été aperçu par les visiteurs, le capitaine n'en seroit pas quitte en rapportant les certificats de visite, parce qu'étant de son intérêt, de l'intérêt de l'armateur, de l'équipage et des chargeurs, qu'il ait une connoissance exacte de l'état de son navire, connoissance qu'il peut mieux acquérir que personne, vu qu'il en a continuellement toutes les particularités sous les yeux; il deviendroit, dans cette circonstance, responsable de l'événement.

389. Art. 6. « Le capitaine demeure responsable de toutes les marchandises chargées dans son bâtiment, dont il est tenu de rendre compte sur le pied des connoissemens. »

390. Dans ce cas, il doit rendre le même poids, mesure, qualité et quantité de marchandises, car le capitaine est tenu de tous les dommages qui arrivent par sa faute à la marchandise ; car, moyennant que le propriétaire lui en paye le fret, il doit rendre la marchandise telle qu'il l'a reçue, à moins que ce dommage ne procède d'un accident qu'il n'a pu prévoir ni empêcher. Consulat de la mer, Casaregis, Targa, guidon de la mer, Clairac et Roccus. Dans le cas où les marchandises se trouvent détériorées par la faute du capitaine, il en répond sur le pied du connoissement.

391. Cependant au moyen de la clause *que dit être* insérée dans le connoissement, laquelle signifie que le chargeur a *dit* que les marchandises étoient de telle qualité et quantité, sans que le capitaine l'ait vérifié, le capitaine n'est point garant du poids ou de la mesure. *Consulat de la mer* ; autre chose seroit, si, sans nécessité, il avoit ouvert des balles ou tonneaux ; dans

dans ce cas, il répondroit des poids mentionné dans le connoissement : plusieurs jugemens ont confirmé cette doctrine. Au surplus, la clause *que dit être*, ne décharge point le capitaine *du nombre de tonneaux et de balles.* Casarégis. Le nouveau projet de C. de Com., et de M., porte « : Tout capitaine, maître ou patron, chargé de la conduite d'un navire ou autre bâtiment, est responsable des marchandises dont il se charge ».

392. Art. 10 «. Sera tenu (le capitaine) d'avoir un registre ou journal, côté et paraphé en chaque feuillet, par l'un des principaux intéressés au bâtiment, sur lequel il écrira le jour qu'il aura été établi maître ; le nom des officiers et matelots des équipages, le prix et conditions de leur engagement, les paiemens qu'il leur fera, la recette et la dépense concernant le navire, et généralement tout ce qui regarde le fait de sa charge, ou pour raison de quoi il aura quelque compte à rendre, ou quelque demande à faire ». Ce point de l'ordon. est confirmé à celle de Charles VI, de 1400, art. 2 et 3 ; de celle de 1543, art. 48 ; de Charles IX de 1562, art. 47 ; et de celle de 1582 et 1584, art. 33.

393. Il n'est plus nécessaire que le capitaine écrive le jour qu'il a été établi maître, ni les noms des officiers et matelots de son équipage, non plus que le prix et les conditions de leurs engagemens, ainsi que les avances qu'ils ont reçues, parce que tout cela est constaté dans le rôle d'équipage. Art. 8 du réglement du 24 octobre 1681 ; art. 18 et 19 du tit. 1 du liv. 8 de l'ordonnance de 1689 ; ce qui a lieu pour la navigation du petit cabotage.

394. Au surplus, comme le second capitaine, et à défaut le lieutenant, fait aujourd'hui les fonctions de l'écrivain, il doit suivre ce qui est prescrit à ce sujet par l'ordonnance, en observant, néanmoins, que l'obligation d'écrire sur son registre les agrès et apparaux, armes, munitions et victuailles du vaisseau, portée par l'art. 2 du tit. de l'Écrivain, est remplacée actuellement par l'inventaire que l'on est dans l'usage de dresser du tout, et dont le capitaine a un exemplaire, et l'armateur un autre, qui est le double. [illegible] ventaire délivré à l'armateur, est terminé par une reconnoissance du capitaine ; il en est de même de la facture générale des marchandises qui composent la cargaison, dont il remet encore un double au propriétaire, outre les connoissemens particuliers qu'il délivre aux marchands-chargeurs, dans lequel le fret ou nolis est réglé ; ce qui n'empêche pas qu'il ne transcrive la facture générale sur son journal ; ce qui est même

prudent, parce qu'alors elle ne risque pas de s'égarer en se confondant avec d'autres papiers.

395. Indépendamment de ce journal de comptabilité, les capitaines tiennent un journal-routier dans lequel ils font mention de tous les événemens de leurs voyages, de la variation des vents, et autres choses semblables ; des baies et plages où passe le navire depuis le jour de son départ jusqu'à celui de son arrivée : mais la loi du 13 août 1791, porte :

396. Art. 4. « Les commandans des bâtimens de commerce de long cours, tiendront un journal de voyage, chiffré et paraphé par le chef des classes du lieu de leur départ ; et ils seront tenus, en faisant leur déclaration, de représenter leur journal, qui sera arrêté et visé par le préposé du bureau des classes, et les commandans seroient tenus de les représenter au besoin.

397. Art. 5. » Dans les ports et hâvres où il n'y a pas de bureau des classes, les déclarations des commandans de navires et gens de mer, seront reçues de la même manière par le Juge-de-paix ; les vus de relâche pourront être donnés par le préposé de la douane.

398. Art. 11. » Si toutefois il y avoit dans le navire un écrivain chargé, du consentement du maître, de tenir état de tout le contenu en l'article précédent, le maître en sera dispensé.

399. Art. 12. » Faisons défenses aux maîtres et patrons de charger aucunes marchandises sur le tillac de leurs vaisseaux, sans l'ordre ou du consentement des marchands, à peine de répondre, en leur nom, de tous les dommages qui en pourroient arriver. »

400. Le tillac est la couverture du vaisseau ; et comme c'est sur cette couverture que les matelots font leurs manœuvres, et qu'elle est exposée aux injures du temps, il est défendu de déposer des marchandises dessus, leur place est dans la cale.

401. Art. 13. » Les capitaines sont tenus, sous peines d'amendes arbitraires, d'être en personne dans leur bâtiment, lorsqu'ils sortiront de quelque port, hâvre ou rivière. »

402. Cet article suppose donc que, pendant ce temps, ils ne peuvent point confier le commandement du navire à tout autre, si expérimenté qu'il soit, leur présence est donc indispensable ; cependant, contre ce qu'il prescrit, j'ai vu des capitaines s'absenter, et ne rejoindre leur navire qu'après qu'il avoit descendu la rivière. Cèt un abus auquel je ne conseille pas les capitaines de se fier, cependant, contre ce qui est décidé par les lois Rhodiennes et le droit anséatique, qui défendent de coucher hors du bord

sans nécessité, à peine d'amende arbitraire : il n'est pas défendu aux capitaines dont le navire est dans un port, ou en rade sur ces ancres, de descendre à terre, et même d'y coucher, pourvu qu'il y ait à bord des gens capables d'avoir soin du navire. A la vérité, la déclaration du 24 août 1712, ordonne à tous les capitaines et autres officiers de navire, de coucher dans leurs bâtimens, à peine de perdre leurs appointemens, et d'être mis en prison pendant trois mois ; mais comme cette loi n'a été rendue que par rapport aux bâtimens marchands, qui, en temps de guerre, peuvent être enlevés dans le port par les ennemis, comme il est arrivé souvent, cette déclaration n'est point applicable aux cas à l'abri de pareils événemens.

403. On ne peut point arrêter pour dettes civiles les maîtres, patrons, pilotes et matelots *étant à bord* pour faire voile, si ce n'est pour les dettes qu'ils ont contractées en voyage. C'est la disposition de l'art. 14. Cet article est si clair, que je crois inutile de le commenter.

404. Art. 15. « Le maître, avant que de faire voile, prendra l'avis du pilote, contre-maître et autres principaux de l'équipage. »

405. Cette loi est une loi générale de la mer ; qui plus est, il ne doit point faire sortir son navire du port, faire jet, couper mât ou cables par bout, ni rien entreprendre qui soit de conséquence, en quelque grand danger qu'il se trouve, si ce n'est par l'avis et conseil de la majeure partie de l'équipage, et des marchands, s'il y en a dans le bord. Le maître doit tout assembler pour y délibérer. *Jugement d'Oléron, ord. vis. Targa, ord. 1781, art. 15, 22, 26, 33; tit. cap. art. 8, tit. du Pilote.* Pour le jet, si les marchands sont sur le navire, ils doivent être consultés ; mais s'ils refusoient le jet, conformément aux jugemens d'Oléron, l'ord. de Wisbuy, et autres réglemens, il peut jeter la même chose ; cependant après avoir consulté le maître d'équipage, et des plus expérimentés mariniers, c'est-à-dire, les principaux de l'équipage, conformément au tit. du Jet, art. 2 et 18 de l'ord. Si cependant le capitaine se détermine à cet acte contre l'avis commun, il se rend responsable de tous les dommages qui en peuvent résulter ; c'est l'opinion de Valin.

406. Casarégis est d'un avis contraire; parce que le capitaine étant maître, la loi, dit-il, ne l'assujettit pas à se soumettre aveuglément à cet avis, s'il est mauvais. Tout décisif que me paroît être ce jugement, je ne me rend cependant point à sa décision ; et peut-être Valin trouvera plus de partisans que Casarégis, lorsqu'on réfléchira qu'il est très-rare de voir que, dans tout un équipage, il n'y ait pas des hommes aussi expérimentés que peut l'être

le capitaine, qui, comme lui, sont intéressés au salut commun. Si cela est ainsi, il me paroît absurde de vouloir que la voix seule du capitaine l'emporte sur celle d'un équipage, lorsqu'on suppose que quelques individus qui le composent, ont autant de connoissance que lui sur la nature du danger; et conséqemment je ne crois pas que la qualité de maître doive l'emporter sur ces considérations.

407. Il est d'usage, dans les cas extraordinaires, que le capitaine et les officiers assemblés dressent un procès-verbal sur les déterminations qu'ils ont prise; cependant les circonstances peuvent être tellement urgentes, que non-seulement le capitaine n'a point le temps de dresser procès-verbal tout de suite, mais encore de délibérer : dans ce cas, je pense qu'il peut prendre tout sur lui; mais je crois qu'après que le sinistre est passé, il doit dresser un procès-verbal très-circonstancié sur tout l'événement.

408. Art. 16. « Sera tenu (le capitaine), avant que de se mettre en mer, de donner au greffe de l'amirauté du lieu de son port, les noms, surnoms et demeures des gens de son équipage, des passagers et des engagés pour les îles, et de déclarer, à son retour, ceux qu'il aura ramenés, et les lieux où il aura laissé les autres. »

409. Les amirautés étant supprimées, il paroît naturel de rapporter les attributions de cet article au bureau de la marine, d'autant plus que la loi du 13 août 1791, tit. 2, art. 1, porte : « Le chef des classes, dans chacun des principaux ports, sera chargé de la délivrance des congés, passeports, et même de celle des commissions en guerre, dans le cas et la manière qui auront été déterminés.

410. Art. 17. » Ne pourra (le capitaine), dans le lieu de la demeure des propriétaires, faire travailler au radoub des navires, acheter des voiles, cordages ou autres choses pour le bâtiment, ni prendre, pour cet effet, argent sur le corps du vaisseau, si ce n'est de leur consentement, à peine de payer en son nom. »

411. La défense que fait au capitaine, cet article, d'emprunter sans le concours des propriétaires en ce cas, suppose la permission d'emprunter en tout autre; parce que, comme l'observe fort bien Pothier, les propriétaires sont censés n'avoir préposé le maître pour les affaires du vaisseau, qu'en cas d'absence, et pour ce qu'ils ne pourroient faire commodément par eux-mêmes. En effet, le capitaine n'est véritablement *maître*, qu'après avoir mis à la voile; jusqu'alors il est soumis à l'ordre des armateurs, qui ont même le pouvoir de le destituer à volonté. (*Voyez le chap. des Propriétaires.*)

412. En ce cas, il faut donc que le propriétaire rembourse le capitaine de tout l'intérêt qu'il pourroit avoir dans le navire, sans déduire, si cela lui fait plaisir, les raisons pourquoi il le remercie. Cet article est calqué, à certains égards, sur le Consulat de la mer, chap. 47, 50 et 56. Clairac dit sur ces articles : « Par la lecture des ordonnances et autres coutumes de la mer, il appert qu'il ne se doit commettre de patron ou maître *à gage ou à louage ;* mais il est plus assuré qu'il soit comme bourgeois, et qu'il ait quelque part en la propriété du vaisseau; la raison en est déclarée au guidon, titre des délais et titre des assurances sur le corps de nef. Car, dit-il, le maître étant intéressé à la propriété, est d'autant plus enclin à conservation d'icelle; cependant, en cas d'abus ou de malversation, et pour cause légitime, le maître, ou comme bourgeois, peut être chassé et mis hors par les autres bourgeois, en lui payant la part qu'il a audit navire, et le remboursant du prix qu'il l'a acheté. » Ordon. hanse teut., art. 14.

413. L'ord. de 1681 suppose donc, comme Clairac, que le maître est intéressé dans le navire; mais elle diffère de cet auteur, en ce qu'elle sous-entend que le propriétaire peut remercier le maître, même lorsqu'il ne seroit point en faute, et que Clairac et les lois qu'il cite prétendent qu'il ne peut être remercié qu'en *cas d'abus ou de malversation.*

414. Comme l'art. de l'ordonnance précité, le Consulat de la mer décide que, dans le lieu de la demeure des propriétaires, le capitaine doit avoir leur consentement pour acheter les agrès nécessaires au navire.

415. L'ancienne ordonnance de la hanse teutonique s'explique ainsi : « Le maître étant en son pays, ne pourra prendre plus de *bomerie* que jusqu'à proportion seulement de ce que vaut la part qu'il a dans le navire : et faisant le contraire, les autres portions n'en seront pas tenues ni obligées ; comme aussi, il ne pourra prendre aucun fret à l'insçu, et sans le consentement de ses bourgeois. » L'ord. de 1584 renferme à-peu-près les mêmes dispositions.

416. Pothier observe, qu'il résulte du texte de toutes ces lois, que le contrat à la grosse passé par le capitaine, dans le lieu de la demeure du propriétaire, sans leur consentement, n'ont aucune force contre ceux-ci. Le donneur n'a hypothèque et privilége que sur la portion du maître qui lui reste obligée. Cependant, Vinnus, Roccus et Casarégis prétendent, que si on justifie que l'argent a été utilement employé aux besoins du navire, et à la décharge des armateurs, on aura contre eux l'action *de in rem verso.* Cette décision me paroît juste; il peut arriver qu'un propriétaire soit absent,

ou bien que les circonstances soient telles que ce capitaine soit forcé d'agir arbitrairement, ou bien encore qu'il croie devoir en agir ainsi sans la permission du propriétaire : dans ces cas, celui qui a fourni ses deniers utilement, ne doit point perdre son hypothèque, sauf au propriétaire à faire, vis-à-vis le capitaine, les démarches qu'il croira nécessaires pour être remboursé, non pas de la dépense qui pourra avoir été faite, mais du tort qu'elle pourra lui avoir occasionné par la manière dont elle aura été faite ; et la preuve de tout ceci se trouve dans plusieurs arrêts, notamment dans celui du 9 août 1748, qui a validé un emprunt fait par un capitaine dans un district différent que celui qu'habitoit le propriétaire, l'ancien droit commun décidoit que l'on étoit censé présent, lorsque l'on demeuroit dans le même bailliage.

417. Comme la vie des marins et la fortune des chargeurs dépendent, en grande partie, du bon état du navire, l'art. 18 veut que, « si toutefois le navire étoit affrété du consentement du propriétaire, et qu'aucun d'eux fissent refus de contribuer aux frais nécessaires pour mettre le bâtiment dehors, le maître pourra, en ce cas, emprunter, à la grosse aventure, pour le compte et sur la part des refusans, vingt-quatre heures après leur avoir fait sommation par écrit de fournir leur portion ».

418. Cet article porte donc une juste exception au précédent ; cependant la loi du 13 août 1793, semble porter une modification à l'ordonnance, puisqu'elle veut qu'un navire ne puisse partir, qu'après avoir été trouvé en état de voyager, par des experts, ce qui suppose donc qu'il n'appartient point au capitaine seul de décider sur l'état du navire, mais aux experts, sur le procès-verbal duquel les propriétaires sont tenus de faire toutes les dépenses nécesaires pour mettre le navire en état.

419. Art. 19. Pourrra (le capitaine) aussi, pendant le cours de son voyage, prendre deniers sur le corps et quille du vaisseau, pour radoub, victuaille, et autres nécessités du bâtiment ; même mettre les apparaux en gage, ou vendre des marchandises de son chargement, à condition d'en payer le prix sur le pied que le reste sera vendu ; le tout par l'avis du contre-maître et pilote, qui attesteront sur le journal la nécessité de l'emprunt et de la vente, et la qualité de l'emploi ; sans, qu'en aucun cas, il puisse vendre le vaisseau, qu'en vertu de procuration spéciale des propriétaires.

420. Les lois et les usages ont apporté des grandes modifications à cet article.

421. Pour qu'un emprunt soit valablement fait, il faut que, conformé-

ment aux jugemens d'Oléron, qui veut l'avis du marinier; de notre ord., art. 19., qui veut que cet emprunt soit fait de l'avis des contre-maîtres et pilotes, et qu'il soit attesté sur le journal de la nécesité de l'emprunt, et à la déclaration du 21 octobre 1727, qui exige que les capitaines ne puissent emprunter qu'en faveur d'un français en pays étranger, et que l'acte de l'emprunt en soit passé à la Chancellerie du Consulat: il faut, dis-je, que toutes ces formalités soient remplies.

422. Cependant l'usage a modifié la rigueur de la loi, et il a prévalu, avec d'autant plus de faveur, que la déclaration précitée ne concerne que les vaisseaux qui naviguent aux côtes d'Italie, d'Espagne, de Barbarie, et aux Echelles du Levant. En toute autre navigation, on s'en rapporte à la bonne-foi des capitaines et prêteurs, pourvu néanmoins qu'à l'égard du capitaine, la nécessité en soit prouvée par le procès verbal, autorisé par les officiers de l'équipage. A l'Amérique, les capitaines se conduisent différemment, ils se pourvoyent devant le Juge du lieu, qui, après s'être convaincu de la nécessité de l'emprunt, leur permettent d'emprunter de la manière la plus convenable.

423. Il y a un commentaire sur l'ordonnance de 1681, qui prétend que les capitaines ne sont plus en usage de prendre de l'argent à la grosse, mais qu'ils sont dans l'usage de tirer des lettres de change. L'auteur, qui est anonyme, paroît argumenter, d'après la doctrine de Kuricke et de Stypmanus, l'un dit que dans le pays étranger le capitaine peut prendre des deniers à la grosse; 1.° s'il en a besoin; 2.° s'il ne trouve aucune *lettre de change sur ses armateurs;* 3.° si la vente des marchandises de la cargaison étoit plus onéreuse que le change maritime. Et l'autre dit: « que, dans ce cas, le capitaine doit *tirer lettres sur ses armateurs*, plutôt que de prendre deniers à la grosse sur un change considérable. Plusieurs arrêts ont jugé le contraire en pareille circonstance, fondés sur ce que le capitaine avoit excédé son mandat légal: cette raison prouve donc que le capitaine, ayant l'option de prendre de l'argent à la grosse, de mettre les agrès et apparaux en gage, ou bien de vendre des marchandises, il doit choisir la voie la moins onéreuse à son commettant, en se renfermant étroitement dans son mandat; chose qu'il doit constater dans son journal, pour être parfaitement en règle.

424. Quoique la loi paroisse dure à cet égard, néanmoins sa rigueur est nécessaire. Si je suppose que la dépense extraordinaire soit considérable, en tirant des lettres de change sur son commettant, il le force de contracter des engagemens rigoureux, qu'il ne lui sera point possible peut-être de réaliser:

mais dans le cas de l'article, si le capitaine a pris de l'argent à la grosse, si le vaisseau vient à périr, l'armateur n'est point compromis; s'il a engagé, ou bien que le vaisseau arrive à bon port, les choses engagées ou hypothéquées répondent de l'hypothèque, et l'armateur n'a plus à appréhender pour son crédit, les suites rigoureuses du protet.

425. L'art. précité de l'ordonnance veut, que les marchandises qui auroient été vendues, soient payées sur le pied que le reste sera vendu; et s'il n'en reste pas, alors elles seront payées au cours de la place où elles auroient été vendues, si elles ne l'eussent déjà été. Car il peut arriver que le capitaine, prévoyant plus d'avantage à vendre une marchandise plutôt que toute autre, ait vendu la première par préférence.

426. En règle générale, le commissionnaire qui promet, qui stipule, qui agit en sa qualité de préposé, ne s'oblige pas en son propre. Il est simple représentant, lorsqu'il justifie et qu'il agit en vertu de son mandat.

427. Si l'art. précédent autorise le capitaine d'emprunter dans le cas de nécessité, le suivant lui défend de faire aucun emprunt, lorsque les besoins du navire ne le requiert pas.

428. Depuis l'ordonnance de 1681, les billets à la grosse souscrits sous la signature privée du capitaine ont autant de force, même au préjudice d'un tiers, qu'un contrat public, comme il a été jugé par un arrêt du 26 juin 1767; mais il faut que, conformément à l'art. 16 du tit. de la saisie, que le billet soit causé, pour la nécessité du navire, et que le donneur soit dans la persuasion que son argent aura l'emploi désigné; et comme il lui seroit difficile, en cas d'événement, de prouver cette persuasion, il est, je crois, nécessaire, pour éviter toute discussion, qu'il ne se décide à prêter qu'après que le Juge, ou bien le Commissaire des relations commerciales, aura attesté la nécessité de l'emprunt; de sorte que le donneur pourroit bien perdre son privilége, s'il n'avoit point égard à toutes ces considérations. Aussi, dans ce cas, le donneur ne pouvant point faire l'emploi de son argent, il n'est pas tenu de le prouver; les auteurs et le droit sont d'accord sur ce point. Comme aussi, s'il étoit interdit au capitaine de prendre de l'argent à la grosse, le donneur ne perdra point son privilége, s'il prouve qu'il ignoroit la défense; et il y aura juste présomption d'ignorance, s'il remplit toutes les formalités dont j'ai parlé plus haut. D'après toutes ces considérations et le texte de l'ordonnance, qui veut que le capitaine soit tenu, en son nom, des emprunts qu'il pourra avoir fait sans nécessité, si le donneur n'a pris toutes les précautions nécessaires, il n'aura d'autre recours que contre le capitaine. Au surplus, je crois

crois qu'il est essentiel, lorsqu'il n'y a point de péril dans la demeure, que lorsque le capitaine se trouve dans un port qui lui permet d'écrire à ses commettans et d'en recevoir la réponse, il doit lui faire part de ses intentions, et ne rien entreprendre sans avoir reçu de leurs nouvelles.

429. Tout mandataire étant tenu d'exécuter son mandat, et lui étant interdit d'y renoncer dans des temps contraires, à moins que quelques puissantes raisons soient propres à favoriser cette renonciation. (53.) L'art. 21 veut que :

430. « Les maîtres, frétés pour faire un voyage, soient tenus de l'achever, à peine des dommages et intérêts des propriétaires et marchands, et d'être procédé extraordinairement contre eux, s'il y échet. »

431. Cet article étant très-clair, je crois qu'il est inutile de le commenter; et j'observerai seulement que, quelquefois, conformément aux ordres de l'armateur, le capitaine reste dans nos Colonies, ou dans les États-Unis, pour y gérer sa cargaison; et que, dans ce cas, il remet le commandement du navire en retour au second : de pareilles conventions sont sans difficulté; mais il faut pour cela que le capitaine présente requête au Juge, dans laquelle il doit exposer que, suivant l'accord qu'il a fait avec son commettant, il remet le commandement à son second. Sur cette requête, le Juge autorise le capitaine à expédier le navire sous le commandement du capitaine en second, à la charge par celui-ci d'observer les formalités voulues par l'ordonnance. Cette formalité remplie, le capitaine subrogé se présente au Juge, déclare qu'il accepte la qualité qui lui est déférée, et promet de se conformer aux ordonnances de la marine; si la permutation arrive aux États-Unis, les parties intéressées observent les mêmes formalités devant le commissaire des relations commerciales.

432. Il semble que cet arrangement ne doit point avoir lieu, en considérant les chargeurs et les assureurs, qui sont censés n'accorder leur confiance qu'au premier capitaine. Une considération plus forte l'emporte sur celle-ci, la nécessité de favoriser le négoce. Mais s'il arrive que le capitaine vienne à mourir, contre la décision de Roccus, qui prétend que si, pendant le voyage, le capitaine devient impotent, ou qu'il meure, l'équipage pourra en nommer un autre.

433. Contre l'opinion de cet auteur, la déclaration du 21 octobre 1727, art. 25, veut « qu'en cas de mort du capitaine dans les pays étrangers, pour raison de maladie ou autrement, que le commandement du navire appartienne à celui qui sera en second, sans qu'il puisse être donné à aucun capitaine qui se

trouvera en pays étrangers. » Néanmoins il est permis aux armateurs, par la même déclaration, d'envoyer en France un capitaine, en en faisant leur déclaration au bureau des classes, du nom de ce capitaine nouveau; dans ce cas, il doit leur être délivré un certificat pour prouver cette nomination.

434. A l'égard des marins criminels, l'art. 23 dit :

435. « Tous ceux qui seront prévenus de meurtres, blasphêmes ou autres crimes capitaux commis en mer, le maître, contre-maître, et quartier-maître, soient tenus, à peine de 100 livres d'amende solidaire, d'informer contre eux, de se saisir de leur personne, de faire les procédures urgentes et nécessaires pour l'instruction de leurs procès, et de les remettre, avec les coupables, entre les mains des officiers de l'amirauté du lieu de la décharge du vaisseau, dans le royaume. »

436. La punition des crimes capitaux n'est point du tout aujourd'hui de la compétence du capitaine. Il en est de même de toute peine qui va à la diffamation ou à l'interdiction; c'est à la justice qu'il faut avoir recours en pareille circonstance; mais il faut seulement et conformément à l'art. 30 de la hanse teutonique, à l'art. 46 de l'ordonnance de 1584, et au présent article, arrêter les coupables, et de se saisir des instrumens dont ils se sont servis pour commettre le crime, afin de remettre le tout entre les mains des Juges du lieu de la charge ou décharge du vaisseau dans la République; ce qui s'entend des Juges du lieu de l'armement du navire, si le crime a été commis avant le départ ou dans la traversée du retour, ou aux Tribunaux de la colonie où le navire a fait sa décharge en allant, si le crime a été commis dans la traversée de l'aller, ou avant le départ du navire pour le retour.

437. Il ne seroit pas permis, en cas de relâche dans un port étranger, même ami, de remettre le coupable à la justice du lieu; mais s'il y avoit sur ces lieux un commissaire des relations commerciales français, le capitaine pourroit, si quelques circonstances l'exigeoient, lui remettre le criminel qui, après avoir instruit son procès, le renverroit en France pour le faire juger.

438. L'amende de 100 liv. ne peut être remise ni modérée.

439. Quoique par nos nouvelles lois, les Tribunaux de commerce et les bureaux de classes remplacent, chacun dans leur attribution, les amirautés dans tous les cas maritimes civils, il suit de-là, que quoique l'art. 10 du titre de la compétence de l'ordonnance veut que les amirautés connoissent de tous crimes et délits commis sur la mer, les ports, hâvres et rivages, les

Tribunaux de commerce et les bureaux de classes ne sont point compétens pour ces sortes de délits : ainsi en argumentant d'après la loi du 13 août 1791, tit. 2, art. 16, qui veut qu'en cas que les capitaines de ports soient maltraités, ils pourront faire arrêter le coupable en rapportant leur procès-verbal ; il faut donc qu'il soit fait un procès-verbal signé de l'état-major, et employer les formes voulues par le code criminel ?

440. Dans le 24.e article il est dit :

441. « Défendons aux maîtres, à peine de punition exemplaire, d'entrer sans nécessité dans un hâvre étranger; et en cas qu'ils y fussent poussés par la tempête ou chassés par les pirates, ils sont tenus d'en sortir et de faire voile au premier temps propre. »

442. Cet article doit être rigoureusement exécuté, parce qu'en entrant sans nécessité dans un port étranger, et même français, il peut porter de grands préjudices à ses armateurs ; aussi tout capitaine qui se détourne de sa route sans nécessité, ou qui fait des relâches inutiles, est-il puni sévèrement.

443. Le devoir du capitaine est donc de se rendre au lieu de sa destination le plutôt qu'il lui est possible ; il est obligé de suivre son droit chemin, et de faire voile, sans qu'il lui soit permis de s'arrêter sans nécessité; *loi 7, c. de navicularis*. Le consulat de la mer défend aux patrons de toucher dans les ports de sa route, à peine de tous dommages et intérêts, à moins qu'ils n'ayent besoin d'acheter des agrès, ou de se pourvoir des choses nécessaires à la navigation. L'ordonnance de Wisbuy veut que, si le maître entre dans un autre hâvre que celui pour lequel il a été frété, il déclare par serment, avec deux ou trois matelots, qu'il y a été contraint par nécessité.

444. Point de doute, que d'après le consulat de la mer, que le maître qui fait fausse route ou relâche non-nécessaire, ne soit au moins tenu des *dommages* et intérêts envers tous les intéressés; cependant il n'en sera pas de même envers les assureurs, vu qu'ordinairement les polices d'assurances renferment les clauses de *baratterie*, et sur-tout celle de faire indifférement *échelle*.

445. Le besoin de veiller à la conservation des personnes employées aux risques maritimes ; les moyens de prudence à employer pour faire un voyage exempt de tout événement, paroissent avoir dicté l'article qui suit aux Législateurs.

446. Art. 25. « Enjoignons à tous maîtres et capitaines qui feront des voyages de long cours, d'assembler chaque jour, à l'heure de midi, et toutes

les fois qu'il sera nécessaire, les pilotes, maîtres, et autres qu'ils jugeront experts au fait de la navigation, et de conférer avec eux sur les hauteurs prises, les routes faites ou à faire, et sur leur estime.

447. Le capitaine devant donner à son équipage l'exemple de toutes les vertus et des qualités que doit avoir un bon et franc marin, il ne doit, dans le danger, abandonner son navire quand le péril est évident (363.); et comme le Législateur a présumé que quelquefois un capitaine pourroit se faire illusion en pareilles circonstances, il a fait défense, art. 26, à tout capitaine, d'abandonner son bâtiment, pendant le voyage, pour quelque danger que ce soit, sans l'avis des principaux officiers et matelots; et, en ce cas, il est tenu de sauver avec lui l'argent, et ce qu'ils peut de marchandises les plus précieuses de son chargement, à peine d'en répondre en son nom, et de punition corporelle.

448. Cet article confirme l'art. 5 de l'ord. de décemb. 1400; celle de 1584, art. 66, qui défend aux capitaines d'abandonner le navire pour eux sauver, dans le doute que ce ne fussent ennemis; et la déclaration du 26 sept. 1669 porte : « il est fait défense à tous capitaines d'abandonner le vaisseau en mer, à peine de trois années de galères. »

449. Les ordonnances veulent donc que le capitaine et son équipage ne se déterminent à abandonner leur navire que lorsque le péril est imminent; conséquemment l'avis des principaux officiers et matelots, joint à celui du capitaine, ne suffiroit pas pour mettre ce dernier à l'abri des rigueurs des ordonnances, si d'ailleurs il étoit prouvé que l'abandon du navire eût été provoqué par la pusillanimité. Targa dit que la juste crainte est une espèce de violence; elle est impérieuse par elle-même, de sorte que l'abandonnement du vaisseau, occasionné par le doute de ne pouvoir résister, et surtout d'être fait esclave, est un sinistre fatal qui est pour le compte des assureurs : cependant Casarégis observe, avec raison, que si on se trouve dans des circonstances capables d'excuser la crainte, la crédulité et l'erreur même du capitaine, il ne doit point être accusé d'avoir abandonné son navire témérairement. Le Parlement d'Aix a confirmé cette doctrine par un arrêt de mars 1696, dans lequel il jugea, 1.° que la juste crainte équivaut à un danger réel; 2.° que celui qui, par sa faute, occasionneroit cette juste crainte, mérite punition.

450. Puisque l'article précité de l'ordonnance veut que les marins sauvent l'argent et tout ce qu'il y a de plus précieux, il étoit juste aussi qu'il les

déchargeât des pertes qu'ils pourroient en faire sans qu'il y eût de leur faute; aussi l'art. 28 porte-t-il :

451. « Si les effets ainsi tirés du vaisseau, sont perdus par quelque cas fortuit, le maître en sera déchargé. »

452. Quelquefois il arrive que les capitaines s'associent avec d'autres personnes à profit commun ; dans ce cas, comme mandataire et associé, il ne doit point faire aucune opération pour son compte, par rapport aux raisons que j'ai déduites en parlant des supercargues (230) : ces raisons n'ont point échappé aux Législateurs. Il est dit, art. 28 :

453. « Les maîtres et patrons qui naviguent à profit commun, ne pourront faire aucun négoce séparé pour leur compte particulier, à peine de confiscation de leurs marchandises au profit des autres intéressés. »

454. De tous les temps les nations commerçantes ont fait leurs efforts pour que le négoce se fît avec bonne-foi et loyauté. Le négoce maritime, plus que tout autre, a besoin de ces deux puissans appuis ; la difficulté qu'il y a à suivre un mandataire, un associé dans sa gestion, a fait sortir des lois, sinon propres à renfermer étroitement les contractans dans leurs obligations, au moins utiles pour les détourner des routes obliques qu'ils seroient tentés de prendre : Clayrac observe, « qu'il appert par les ordonnances et coutumes de la mer, qu'il ne doit point y avoir de maître ou patron à gage, et qu'il est plus assuré qu'il soit combourgeois, c'est-à-dire, qu'il ait part dans la propriété du vaisseau. » Par l'art. 55 des ordonnances de la hanse teutonique, il est permis au maître et pilote de charger, en leur particulier, chacun douze barils, et aux officiers et matelots à proportion. Dans l'art. 56 il est dit : « si, pour faire du déplaisir à ses bourgeois, le maître vend sa part au navire, etc. » Dans l'art. 57 il est observé, en ces termes, que « si le maître fraudateur prend d'argent à la grosse aventure, et pour cet effet engage le navire, etc. Il sera cassé pour toujours, et puni sans aucune grace. » Art. 58, le maître étant en son pays, ne pourra prendre plus de bomerie que jusqu'à proportion seulement de ce que vaut la part qu'il a dans le navire ; et faisant le contraire, les autres portions ne seront pas tenues ni obligées. Art. 59, si les bourgeois sont en discord. . . Le maître pourra néanmoins prendre argent à la grosse aventure, pour ceux qui ne voudront ou refuseront de contribuer leur part, pour faire et fournir l'équipage. Art 69, le maître étant en pays étranger, s'il a nécessité d'argent pour le navire. . . . Il pourra prendre de l'argent à la grosse.

455. Le guidon de la mer, ch. 15, article 5, dit : « Les propriétaires après

l'achat du navire y établissent un maître, qu'ils accueillent ordinairement à quelque portion de la nef, afin qu'il en soit plus soigneux. » Dans l'ordonnance de 1584, art. 95, il est dit :

456. « Pour éviter aux inconvéniens qui arrivent chaque jour, *pour l'argent baillé à profit*, et pris par les mariniers en plus grande somme qu'il ne leur est requis pour leur voyage ; défendons, tant au bailleur, qu'au preneur, sur peine de perdition dudit argent, et de dix écus d'amende, applicable, moitié au dénonciateur, et le reste à l'amiral, d'en bailler et prendre qu'en la présence et du consentement du maître de navire et principal bourgeois, dont sera par eux fait registre, pour y avoir recours si besoin y est. » Cet article paroît être la base sur laquelle a été fait l'art. 29 de notre ordonnance ; cet article porte :

457. « Leur faisons défenses (aux capitaines) d'emprunter pour leur voyage plus grande somme de deniers que celle qui leur sera nécessaire pour le fonds de leur chargement, à peine de privation de la maîtrise et de leur part au profit ».

458. Valin observe, que disposition de cet article n'a de relation qu'avec celle de l'article précédent ; c'est-à-dire, qu'elle ne regarde tout de même, que le maître ou patron, naviguant *à profit commun*, qu'il soit propriétaire du navire ou non. Il observe de plus, que,

459. Il lui est défendu (au capitaine) avec raison, d'emprunter à la grosse, ou d'une autre manière, plus d'argent qu'il n'en faut pour l'équipement du navire et pour le fonds de son chargement. Et par rapport à la double peine prononcée dans cet article contre le capitaine, c'est-à-dire, *de la maîtrise et de sa part au profit*, il continue, en disant : « Il faut, ce me semble, qu'il ait fait *l'emprunt frauduleusement*, et qu'en conséquence il ait porté la somme entière dans la dépense de son compte, supposant l'avoir employée en total pour l'utilité commune. Alors, convaincu de fraude par ce faux emploi de la somme dans son compte, il ne pourra éviter la peine dont il s'agit. Mais si, dans son compte, il ne fait entrer en dépense que la partie de la somme qu'il a réellement appliquée au profit commun, il n'y a rien à lui imputer à crime, et tout ce qu'il échoit, c'est de lui faire supporter, en son nom propre et particulier, l'excédent de la somme.

460. L'explication que donne le commentateur de l'ordonnance ne me satisfait nullement. Si je consulte l'art. 95 de l'ord. de 1584, je vois que le capitaine ne peut emprunter que sans le consentement et en présence du propriétaire, non-seulement pour compléter sa part ou sa mise, mais en-

core pour faire son *voyage*. Ce qui suppose que le propriétaire, le capitaine et le prêteur sont sur les mêmes lieux. Si je consulte l'art. 29 de l'ordonnance, je vois qu'il est défendu aux capitaines d'emprunter plus grande somme que celle qu'ils ont besoin pour le *chargement*, et non pas pour leur part au chargement; à la vérité, il y a dans cet article, pour *le fonds de leur chargement*. Or, comme ces derniers mots ne peuvent point s'appliquer à la part du capitaine, qui n'est qu'une *part au chargement*, et non un chargement; il est donc sous entendu qu'il est chargé de faire le chargement en entier, ce qui suppose l'absence de l'armateur, ou bien une procuration de sa part.

461. Dans les anciennes ordonnances, nous avons vu 1°. que le capitaine n'étoit intéressé que dans le navire; 2.° qu'il pouvoit emporter douze barils en port permis; 3.° que si le maître *fraudateur* prenoit de l'argent à la grosse sur le navire, il étoit puni; ce qui, sans doute, signifie que s'il emprunte sur son navire pour ses besoins particuliers, au-delà de son intérêt, il sera puni comme frauduleux; 4.° que le capitaine étant en son pays, ne peut prendre à la grosse sur son navire, que jusqu'à concurrence de sa part; ce qui prouve la justesse de l'argument qui vient d'être avancé, et en même temps qu'il pourra emprunter par-tout ailleurs, sur la totalité du bâtiment, pourvu que l'emprunt soit fondé sur l'intérêt de tous; 5.° que les propriétaires qui ne voudront pas fournir leur part, que le capitaine pourra la fournir en prenant de l'argent à la grosse pour leur compte; 6.° que le capitaine peut prendre de l'argent à la grosse, dans les pays étrangers, pour les besoins du navire; 7.° que l'ord. de 1681 diffère de celle de 1584, en ce que la première suppose l'absence de l'armateur, et celle-ci sa présence.

462. En rapprochant toutes ces ordonnances, on voit que le capitaine peut emprunter à la grosse pour lui, pourvu que son emprunt n'excède pas son intérêt; et pour me servir des expressions de l'ordon., pour le fonds de son chargement (et non au-delà), pour tous, lorsque les circonstances l'exigeront; et conséquemment, que s'il empruntoit pour lui au-delà de son intérêt, ou bien pour tous au-delà des besoins du navire, il seroit, au terme de nos ordonnances, déchu de son grade de capitaine, et privé des bénéfices résultans de la spéculation, s'il ne remboursoit pas l'excédent emprunté, à ses associés.

463. Il me semble que Valin s'énonce mal, lorsqu'il dit, par rapport à la punition du capitaine, *il faut qu'il ait fait l'emprunt frauduleusement*, et qu'en conséquence *il ait porté la somme entière dans la dépense de son*

compte, supposant l'avoir employée en total pour l'utilité commune : ce n'est point, en ce cas, l'emprunt qui est frauduleux, puisqu'il est accusé; mais c'est la supposition de l'emploi qui est fauduleuse. Et lorsque le même auteur nous dit : *Mais, si dans son compte il ne fait entrer en dépense que la partie qu'il a réellement appliquée au profit commun, tout ce qu'il échoit, c'est de lui faire supporter, en son nom propre et particulier, l'excédent de cette somme* ; il suppose donc que le capitaine a emprunté plus qu'il n'avoit besoin pour l'intérêt commun, et que conséquemment il en doit l'excédent : avec lui je conviens que jusqu'ici il n'y a rien de criminel, d'autant plus que sa part répond de cet excédent s'il ne le rembourse pas; mais s'il a diverti ces deniers d'excédent, et qu'il y ait perte dans la spéculation, et que d'ailleurs il n'ait point de quoi payer, je crois qu'il sera encore, dans cette circonstance, dans le cas de l'ordonnance,

464. Voilà, je pense, ce que l'on peut raisonnablement dire par rapport au capitaine frauduleux envers ses associés; car l'art. 95 de l'ord. de 1584, et l'art. 29 du tit. du capitaine de celle de 1681, n'ont été faits que pour prévenir ce genre de fraude. On tirera sans doute cette conséquence, lorsque l'on réfléchira que le premier article veut que les donneurs à la grosse soient punis par la perte de leur argent, et ce, pour prévenir toute collusion entre eux et le capitaine; et que le second veut que le capitaine n'emprunte que la somme qu'il a besoin pour le fond de son chargement : comme les donneurs, à leur tour, pourroient être fraudés, les lois sont venues aussi à leur secours. Voici comme s'exprime le guidon de la mer, chap. 19, art. 10 :

465. « Le trop d'argent, pris à profit, fait une véhémente présomption contre le maître du navire, qu'il soit consentant ou participant de la perte ou prise de son navire; car, comme en toute traite, soit maritime, soit terrestre, le but et fin des trafiquemens est de gagner et profiter, celui-ci ne peut avoir entrepris son voyage en intention de gagner; qui, auparavant de gagner, est déjà au *restor* (c'est-à-dire dans le cas de remettre la somme). Partant, il est à inférer de nécessité, qu'il se soit imaginé quelque malheureuse fin en sa navigation, pour, par sinistre moyen, s'acquitter de ses dettes, lesquelles, loyalement, il ne peut payer, sa navigation étant accomplie; car l'abus y étant tel, on considérera la ruine et perte des navires, marchandises perdues, pillées ou prises, plus par la défaute susdite, que par l'impétuosité et tourmente de la mer, dont cette prescription ou présomption, avec la moindre preuve que l'on pourra faire, les rendra coupables de mort. »

Clairac

466. Clairac étaye ou cherche à étayer cet art., de l'art. 95 de l'ordonnance de 1584, d'après laquelle j'ai précédemment argumenté; de l'art. 55 de l'ord. de la hanse teutonique, qui ne parle que *du port permis*, et non du contrat à la grosse; de l'article 53 de la juridiction de la marine, qui est une répétition littérale, de l'art. 95 de l'ord. de 1584. Je crois qu'en cherchant à étayer l'art. 10 du guidon de toutes ces ordonnances, il a manqué son but, puisque l'ordonnance de 1584, et la juridiction de la marine, supposent une collusion entre le capitaine et le donneur, dont l'un se trouve puni par la perte de son état, et l'autre par la perte de son argent; et que le guidon suppose que le donneur innocent peut être trompé par la perte du bâtiment, et de la cargaison provoquée par le capitaine, pour extorquer au donneur le surplus des deniers que comportoit en valeur la chose sur laquelle il les avoit donnés. Quant au renvoi qu'il fait à l'art. 55 de l'ord. teutonique, point de doute que cette autorité ne soit inapplicable à son objet, puisqu'il n'y est point question de grosse; aussi trouvons-nous dans l'ord. de 1681, au titre des contrats à la grosse, un article qui a prévu ce cas. *Voyez cet article.*

467. Dans cet article, qui paroît avoir été fait d'après le guidon, contre la loi du contrat à la grosse, si le donneur a été fraudé, quoique le navire se perde, il n'en sera pas moins restitué : donc que Clairac a eu tort de citer les autorités dont j'ai déjà parlé, pour étayer ses opinions.

468. Pothier, qui souvent a voulu régir les affaires de commerce par les lois civiles qui régissent les affaires ordinaires, observe, par rapport au cas prévu dans l'ordonnance, *que la fraude ne se présume pas*; qu'ainsi l'emprunteur doit être facilement écouté à justifier sa bonne intention, et qu'on doit se contenter qu'il allègue, pour se justifier, quelque chose de plausible. « Il est vrai, qu'en règle générale, la fraude ne se présume pas; mais ici et dans l'hypothèse, il y a plus que *présomption*, *il y a fait*; car si les effets chargés ne s'élèvent pas à la somme empruntée, d'après l'article 15, du tit. des contrats à la grosse, il peut faire ristourne du surplus : donc que si le preneur ne remet point ce surplus, il ne doit point être présumé frauduleux, mais réputé tel. (Voyez l'art. 26 du Capitaine, *note feu.*)

469. Casarégis prétend que le capitaine peut prendre de l'argent à la grosse, sur faculté, c'est-à-dire, sur cargaison pour compléter son chargement, et ne pas retourner vide; cela pouvoit être ainsi autrefois, surtout lors de la découverte du nouveau monde, époque à laquelle toutes les spéculations pouvoient être lucratives : mais aujourd'hui où les spécula-

tions ne donnent point en général assez de bénéfice pour couvrir le change maritime, qui s'élève communément de 20 à 25 p $\frac{0}{0}$; je crois qu'un capitaine pourroit se repentir d'avoir passé les bornes de son mandat, en empruntant, dans cette circonstance, s'il y avoit de la perte dans la spéculation.

471. Comme il arrive que quelquefois les capitaines empruntent pour les besoins du vaisseau, même dans le lieu de la demeure du propriétaire, soit d'après sa permission tacite, soit d'après sa permission positive; et qu'il est nécessaire que celui-ci ait une connoissance exacte de sa cargaison, soit qu'elle lui appartienne, soit qu'elle ne lui appartienne pas, ou bien soit qu'il ait associé le capitaine avec lui; l'art. 20 veut que,

471. Les capitaines soient tenus, sous peine de privation de la maîtrise et de leur part au profit (ce qui suppose qu'il doit naviguer à profit commun comme associé) de donner avant leur départ, aux propriétaires du bâtiment, un compte signé d'eux, contenant l'état et le prix des marchandises de leur chargement, les sommes par eux empruntées, et les noms et demeures des prêteurs.

472. Cet état est nécessaire: dans tous les cas, si l'armateur a donné son vaisseau à loyer pour être chargé en plein, il lui est essentiel de connoître quelle est la quantité de tonneaux qui y est chargée; s'il l'a loué en cueillette, il faut qu'il ait une connoissance des quantités et qualités des marchandises, pour savoir quel est le fret qu'il doit attendre; s'il l'a chargé à profit commun avec le capitaine, il faut encore qu'il ait une connoissance exacte de l'espèce, de la quantité et qualité des marchandises, pour voir si toutes les conditions du contrat sont remplies; et il faut aussi qu'il ait une connoissance exacte des créanciers, pour savoir à qui la société doit payer, et voir si les emprunts sont sérieux et véritables. Mais si, au contraire, le propriétaire a chargé lui-même (comme il est d'usage assez général) son navire, c'est à lui à donner une facture de la cargaison au capitaine sur sa reconnoissance, pour lui en être tenu compte sur le double qu'il lui laisse.

473. La loi 2 *ff. de lege Rhodia*, et le droit royal d'Espagne, d'après laquelle Barthole et Paul Castre disent: qu'il est permis, en cas que les vivres manquent à l'équipage, d'en prendre par voie de fait, si ceux qui en ont se refusoient à en donner, à la charge toutefois de leur en payer le prix, a motivé l'art qui suit:

474. Article 31. « Si les victuailles du vaisseau manquent dans le voyage,

le maître pourra contraindre ceux qui auront des vivres en particulier, de les mettre en commun, à la charge de leur en payer le prix. »

475. Lorsque les vaisseaux partent d'un port, ils emportent plus de vivres qu'ils ont besoin pour faire le trajet, afin de n'en pas manquer ; s'ils n'arrivent pas à-peu-près à l'époque que l'on avoit présumé. Ces vivres, que l'on appelle en terme de marine victuailles, sont fournis par les armateurs ; et conséquemment lorsque les navires reviennent, comme nous le verrons ci-après, le capitaine doit rendre compte au propriétaire de tout ce qu'il en reste ; aussi l'article 32 porte-t-il :

476. « Défendons à tous maîtres de revendre les victuailles de leur vaisseau, et de les divertir ou récéler, à peine de punition corporelle. »

477. Le Législateur a défendu de revendre les vivres des vaisseaux pour prévenir le monopole ; et s'il arrivoit qu'un capitaine les revendît, et qu'il en récélât les deniers en provenant, il commettroit un vol qui mériteroit punition corporelle. Quoique cet article parle impérativement, cependant il arrive assez souvent, que lorsque les navires bien munis de vivres rencontrent dans leur route d'autres navires qui en manquent, ils leur font part de leur superflus, ce qui est autorisé par l'article suivant.

478. Art. 33. « Pourront (les capitaines) néanmoins, par l'avis et délibération des officiers du bord, en vendre aux navires qu'ils trouveront en plaine mer, dans une nécessité pressante de vivres, pourvu qu'il leur en reste suffisamment pour leur voyage, et à la charge d'en tenir compte aux propriétaires. »

479. D'après l'expression de cette loi, un capitaine ne pourroit donc point vendre des vivres à un navire qui en manqueroit, si, étant près de terre, il pouvoit s'en procurer ; mais seulement lorsqu'il est en plaine mer.

480. Article 34. Au retour des voyages le reste des victuailles et munitions sera consigné par les maîtres entre les mains des propriétaires.

481. Un capitaine pouvant occasionner de grands préjudices aux intéressés au navire, en se détournant de sa route, en c mmettant ou laissant commettre des vols, ou en laissant altérer les marchandises, ou bien en emportant des marchandises de contrebande, ou bien en ne se conformant point aux ordonnances et lois des ports dans lesquels il entre : l'art. qui suit, après avoir parlé sommairement de tous ces cas, prescrit une punition à celui qui se sera rendu coupable d'un seul. Cet article, qui est le 35, veut donc que, « si le maître fait fausse route, commet quelque larcin, souffre qu'il en soit fait dans son bord, ou donne frauduleusement lieu à l'altération

ou confiscations des marchandise ou du vaisseau, il soit puni corporellement. »

482. Le devoir d'un capitaine étant de se rendre au lieu de sa destination, le plutôt qu'il peut, il doit suivre son droit chemin et faire voile sans se détourner, suivant ce que prescrit la loi 7, *c. de navicularriis*; cependant s'il s'en détournoit par ignorance et non à dessein prémédité, il tomberoit dans le cas d'un mandataire qui auroit péché par impéritie (54) : il en est de même du capitaine qui, pouvant prendre un chemin sûr, s'engage mal-à-propos et sans nécessité dans un endroit dangereux; dans ce cas, il répond des événemens. *Loi 4 ff. de mortis causa donat. La loi 7, c. si recta navigatione relicta. La loi 3 de naut. fen.*

483. Un navire peut faire naufrage, ou être pris par les ennemis dans trois circonstances; par cas fortuit ou fortune de mer; par l'impéritie du capitaine; par son dol.

484. Si c'est par cas fortuit ou fortune de mer, c'est un événement malheureux, fait pour inspirer la pitié et non les reproches. Si c'est par impéritie, le capitaine est responsable de l'événement, et peut être plus ou moins puni, suivant que son ignorance approche plus ou moins du délit.

485. Lart. 36 de l'ord. de 1584 s'exprime ainsi : « Un capitaine sera convaincu d'avoir livré son navire à l'ennemi, s'il est prouvé, non-seulement qu'il l'ait conduit dans un port ou trop près des côtes ou corsaires du pays ennemis, sans être moralement en état de résister; mais encore s'il y a preuve qu'il n'a pas fait tout ce qui dépendoit de lui pour éviter un vaisseau ennemi, avec lequel il n'étoit pas en état de résister. Il en sera de même si, n'ayant pu absolument empêcher le navire ennemi de l'atteindre, il s'est rendu sans combat; car la lâcheté ne peut pas aller jusque-là, et la présomption est qu'il y a perfidie. (362.)

486. Si le bâtiment fait naufrage ou est pris par les ennemis, par le dol du capitaine, c'est un crime des plus répréhensibles, qui mérite la plus sévère punition.

487. Par l'art. 11 du guidon, il est dit que, « par les anciennes constitutions, si aucun marinier, pendant le naufrage, ou durant le combat de mer, empêchoit de sauver le navire, ou donnoit occasion au naufrage, si la perte des biens étoit de grande valeur, ils étoient fustigés, et mis après aux galères pour trois ans, ou relégués aux œuvres publiques pour le même temps; que si, avec la perte des biens, ils eussent occasionné de mort aux autres personnes du navire, ils étoient punis comme homi-

cides ; et que si les biens perdus n'étoient pas de grande valeur, l'on avoit égard à leur mauvaise volonté, ils étoient flagellés davantage. »

488. L'art. 68 de l'ordon. de 1584 dit, que « s'il arrive aux mariniers pour provoquer une relâche, font couler le breuvage, perdre le pain, ou font faire eau au navire ; et que s'il arrive qu'ils se portent à des voies de fait envers le capitaine, que celui-ci peut employer les armes, et que par l'avis de sept principaux officiers de l'équipage, il procède sommairement et de plein en faire justice jusqu'à sentence de mort et exécution, déchargeant lesdits capitaine et maître qui les auront jugés ; mais pour conspiration, ils doivent les faire juger par l'amirauté. »

489. Notre ordonnance, sans entrer dans tous ces détails, dit :

490. Art. 36 : « Le maître qui sera convaincu d'avoir livré aux ennemis, ou malicieusement fait échouer ou périr son vaisseau, sera puni du dernier supplice ;

491. Parce qu'en ce cas, il est aussi criminel qu'un commandant peut l'être, lorsqu'il a livré, par trahison, une place forte.

492. Suivant Aristote, le naufrage que fait un navire est présumé être arrivé par la faute du maître, ce qu'il exprime ainsi : « Le maître du navire doit absolument faire le jet, obéissant à la nécessité ; parce que le naufrage lui est attribué, comme s'il en étoit cause. » Straccha donne la même décision ; néanmoins Barth[illegible] et Arrétin pensent qu'un seul témoin suffit pour prouver un naufrage ; parce que, disent-ils, il n'est point à présumer qu'il y ait ni fraude ni négligence.

493. Il n'en est pas de même, disent-ils encore, de l'incendie du vaisseau, du vol et autres cas semblables, dans lesquels il y a non-seulement apparence de faute, mais qui arrivent rarement sans cela. Dans ce cas, dit ce premier auteur, les choses doivent se faire avec toutes les formes et formalités. Salicet prétend que la preuve que le naufrage ou autres cas fortuits sont arrivés par dol, par faute, par négligence, soit fort difficile à faire ; si les marchands le soutiennent, ils doivent être reçus à le prouver ; mais qu'ils le doivent aussi faire dans toutes les formes et procédures ordinaires. La loi *item quœritur* §. 1 et 2, *ff. locati*, le décide de la même manière : néanmoins, suivant notre ordonnance, la peine de mort ne peut point être prononcée sur une simple présomption, quoique cette présomption ait toujours lieu, mais d'après une conviction parfaite.

494. Par rapport à la citation d'Aristote, fait par Merville, Valin observe que ce n'étoit pas la peine que ce commentateur empruntât des notes sur

le guidon. « Les autorités, dit-il, qu'il a citées sur cet article, pour dire que tout naufrage est présumé arrivé par la faute du maître, puisqu'il est obligé de convenir que sans preuves il n'y a de condamnation à lui faire subir ; ce qu'il faut entendre tant au civil qu'au criminel. » D'après cette observation, il paroît que son auteur trouve de la superfluité dans celle de Merville.

495. Pour répondre cathégoriquement à Valin, commentons le commentateur Merville lui-même. Les présomptions sont des conséquences probables qu'on tire d'un fait connu, pour connoître ceux qui sont inconnus. Marcardus dit que « c'est une règle établie, que dans le cas où la vérité est obscurcie, les conjectures et les présomptions doivent être admises. » En matières criminelles, les présomptions ont plus ou moins de force, suivant la bonne ou la mauvaise conduite qu'a toujours tenue l'accusé. La *loi 5, ff. de Pœnis*, veut que quand les présomptions vont à la décharge de l'accusé, elles la lui procurent ; mais, dit la loi, quand elles sont contre lui, elles ne lui font jamais subir la peine établie par la loi contre le coupable, du crime dont il est accusé.

496. En thèse générale, le capitaine est un mandataire à gage, qui répond de la faute très-légère, *l. 3, §. 5 ; l. 5, ff. Nautæ.* D'après ces lois, si le capitaine n'a pas prévu ce qu'il auroit dû prévoir, il est en faute. *Straccha.*

497. Le capitaine est en faute, s'il a failli par ignorance de son art, *l. 132, ff.* Le capitaine est obligé de bien agréer, calfeutrer et conditionner son navire, afin d'arriver à bon port, et que les marchandises soient rendues saines et sauves au lieu de leur destination, *l. 19, §. 1, ff. Consulat, Vinnius, Targa, Straccha.* Le capitaine est en faute, s'il a chargé son navire outre mesure, et que cette surcharge ait donné lieu a quelque sinistre, *l. 1, c. l. 7, §. 2, l. 27, §. 23, ff. ad l. aquil. ; l. 1, §. 4, ff.* Le capitaine est en faute, s'il n'a pas lesté et arrimé son navire d'une manière convenable, art. 8, tit. Cap. droit anséatique. Le capitaine est en faute, s'il ne s'est point procuré un bon équipage, *l. 16, ff,* droit anséatique. Enfin, le capitaine est en faute, s'il part avec un équipage qui n'est pas assez nombreux pour conduire le bâtiment. *Casarégis, Straccha, Kuricke, Roccus,* joignoient à toutes ces considérations, les mille et un cas dans lesquels un capitaine malhonnête auroit intérêt de faire périr son bâtiment : et comme tous les cas qui viennent d'être déclinés ne peuvent point être rigoureusement prévus, ni vérifiés avant le départ du bâtiment, et que la plupart des vaisseaux périssent par un des inconvéniens qu'ils présentent, il peut donc y

avoir de justes présomptions de la faute du capitaine lorsque son vaisseau fait naufrage.

498. A la vérité, le procès-verbal rédigé légalement de concert avec les officiers de l'équipage, devroit bien écarter toutes présomptions ; mais cet équipage étant mal composé, comme il est dit ci-dessus, et pouvant même être pris à partie, suivant les circonstances, soit en totalité, soit en partie, comme il auroit intérêt à déguiser les faits, donc l'attestation du capitaine et celle de son équipage ne peuvent point écarter les présomptions; conséquemment le navire qui a fait naufrage doit être présumé avoir naufragé par la faute du capitaine, jusqu'à ce qu'il ait détruit ces présomptions par des faits parfaitement évidens ; et ces faits seront évidens, lorsqu'interrogé, par exemple, en particulier, ses attestations concorderont parfaitement avec celles de l'équipage, catéchisé isolément.

499. Straccha et Barthole disent que, dans ces circonstances, les témoins sont ouïs, et les enquêtes sont faites par-devant le Juge le plus prochain des lieux où les choses sont arrivées, sans que la partie soit appelée, parce que très-souvent elle est très-éloignée ; que cependant on ne doit pas laisser d'ajouter aux témoins, et que cela doit passer en loi.

500. A Gênes il a été rendu un décret, par rapport à un naufrage, sur la déposition d'un seul témoin : quoiqu'il semble qu'un pareil témoignage soit contre le droit, il faut que la déposition soit bien précise au fait ; et cette précision ne doit point même être supplée par la multiplicité des témoins, qui ne déposeroient pas bien positivement 40.ème décision de la Rote de Gênes.

501. D'après l'art. 13 du tit. 2 du 23 août 1795, il est défendu aux capitaines et maîtres de bâtimens, de ne mettre en mer, ou sur les rivières affluentes, sans être porteur de l'acquit de paiement des droits ou autres expéditions, suivant les circonstances, tout usage contraire étant formellement abrogé.

502. Il ne peut être chargé non plus sur les navires, ou autres bâtimens, ni en être déchargé aucune marchandise, sans le congé ou la permission par écrit des préposés à la régie, et qu'en leur présence, à peine de 100 livres d'amende, hors le cas d'urgente nécessité relatif à la sûreté du bâtiment.

503. L'art. 1.er du tit. 6 de la loi du 4 germinal an 11, veut « qu'aucune marchandise ne puisse être embarquée ou déchargée qu'en plein jour, entre le lever et le coucher du soleil. »

504. Par l'art. 1.er du tit. 2 de ladite loi du 22 août 1791, « les capitaines

et maîtres des navires, barques et autres bâtimens qui auront été forcés de relâcher par fortune de mer, poursuite d'ennemis, ou autre cas fortuit, sont tenus, dans les vingt-quatre heures de leur à bord, de justifier, par un rapport, des causes de la relâche.

505. D'après l'art. 1.er du tit. 2 de la loi du 27 vendémiaire an 2, aucune marchandise ne peut être importée par mer, soit d'un port étranger, soit d'un port français, sans un manifeste signé du capitaine, qui doit exprimer la nature de la cargaison, avec les marques et les numéros en toutes lettres, des caisses, balles, barils, boucauts, etc.

506. Art. 2. Si le manifeste n'est pas exhibé, si les marchandises n'y sont pas comprises, ou s'il y a différence entre les marchandises et le manifeste, *le capitaine sera personnellement condamné à une somme égale à la valeur des marchandises omises ou différentes, et à une amende de 1000 fr.*

507. Art. 3. Le capitaine, arrivé dans les quatre lieues de la côte, remettra, lorsqu'il en sera requis, une copie du manifeste au préposé qui viendra à son bord, et qui en visera l'original.

508. Par le décret du 27 vendém. an 2, art. 58, le manifeste doit être signé et déposé par le capitaine dans les *vingt-quatre heures* après l'arrivée ou avant le départ, distinctement, et outre les déclarations à faire par les consignataires et parties intéressées à la cargaison, pour acquitter les droits.

CHAPITRE XV.

DE L'ÉCRIVAIN.

509. L'ÉCRIVAIN est une espèce de notaire ou greffier établi dans un vaisseau pendant un voyage de long cours, pour rédiger et recevoir tous les actes relatifs aux personnes et aux choses; et lorsque son registre est légalement tenu, il fait foi en justice. Les anciennes ordonnances maritimes et notre ordonnance, n'exigent pas absolument qu'il y ait un écrivain en titre à bord, elles laissent les armateurs les maîtres à cet égard; mais elles veulent, comme nous le verrons ci-après, qu'il y en ait un de droit. Clairac, fol. 12, place l'écrivain après le maître, le pilote en second, le contremaître, les facteurs premier et second; et après l'écrivain, il place le chirurgien.

510.

510. Valin dit sur le titre de l'écrivain : « Il n'est point parlé de l'écrivain dans les us et coutumes de la mer du Ponant ; il en est seulement fait mention, et très-superficiellement, dans les notes sur le huitième article du jugement d'Oléron. » Cela, dit-il, n'est point étonnant, la navigation et le commerce maritime ayant alors des bornes si étroites.

511. D'après les assertions de cet auteur, il semble qu'il n'y a que les notes des jugemens d'Oléron qui parlent de l'écrivain, encore est-ce foiblement ; cependant le Consulat de la mer en parle très-disertement, même d'après l'aveu qu'il en fait ultérieurement, fol. 480 et autres, dans les chapitres 55, 56, 57, 58, 991, 110 et 114, ainsi que l'ordon. de Wisbuy, art. 38 ; et comme cet auteur prétend, dans sa préface, tom. 1.er, fol. 8, qu'après les lois romaines, les plus anciennes lois maritimes sont comprises dans la collection du Consulat, et qu'il juge que le commerce avoit des bornes très-étroites, par la raison qu'il n'étoit point fait mention de l'écrivain dans les lois maritimes, que très-foiblement ; en argumentant d'après ses propres argumens, on doit donc conclure que, lorsque le Consulat et les jugemens d'Oléron ont été institués, que le négoce avoit beaucoup plus d'étendue qu'il le suppose, et que conséquemment il a erré lorsqu'il a prétendu que le commerce étoit renfermé dans des bornes étroites, et que les lois maritimes ne parloient que très-foiblement de l'écrivain.

512. Notre auteur continue en disant : « Dans la suite la navigation s'étant accrue, et les cargaisons étant devenues plus considérables, il y a apparence que l'usage de mettre des écrivains sur les vaisseaux marchands, pour tenir des états des cargaisons, agrès, munitions, etc., ne s'établit que pour suppléer aux maîtres ou capitaines qui ne savoient pas écrire. » On seroit tenté d'être de l'avis de cet auteur, en lisant ces mots dans le chap. 99 du Consulat, où il est dit : « De toutes les choses jetées, l'écrivain de la nef doit charger son manifeste et faire registre ; et en cas qu'il n'y ait pas d'écrivain dans le bord, il convient d'en faire attestation au premier port par le témoignage du marinier, si le Consulat veut que l'attestation soit faite au premier port, lorsqu'il n'y a pas d'écrivain à bord ; ce qu'il suppose que le capitaine lui-même sachant écrire, et non ses compagnons, il ne peut se faire un titre en sa faveur. Le chap. 100 du même Consulat me fortifie dans ces inductions, il y est dit ;

513. « En la mer du Levant, le patron ne se mêle pas de la cargaison ; car c'est du devoir particulier de l'écrivain complimentaire, auquel les

18

marchandises sont tenues d'être manisfetées, toutes les denrées qu'ils font porter à bord, tant avant qu'après le départ, dont la *reconnoissance doit être faite*, et le chartulaire ou le papier de l'écrivain chargé. » Qu'est-ce que c'est que cette reconnoissance, si ce n'est un connoissement ? Or, si lorsqu'il y avoit un écrivain, il falloit qu'il y eût des connoissemens donnés par lui ; lorsqu'il n'y en avoit pas, ils devoient donc être donnés par le capitaine, donc que le capitaine devoit savoir lire. A la vérité, il auroit été possible qu'à cette époque il s'y trouvât des capitaines qui ne sussent pas écrire, comme il arrive encore aujourd'hui parmi les patrons de barques (1) ; et que conséquemment étant obligé de dresser des connoissemens, ils les faisoient écrire par quelques officiers publics ; et qu'étant astreint de faire leur rapport à terre, il étoit plus naturel qu'ils le fissent verbalement. Mais toutes ces observations ne prouvent pas que les écrivains aient été institués, parce que les capitaines ne savoient pas écrire ; car si cela eût été, les écrivains n'auroient été obligés que d'écrire, et les capitaines seroient restés chargés de la gestion du fret, comme lorsqu'il n'y avoit point d'écrivain ; mais, au contraire, les écrivains, suivant le chap. 100 du Consulat de l'ord. de Wisbuy, art. 38, non-seulement étoient chargés d'écrire, mais encore de la gestion du fret : il faut donc chercher le motif de l'institution des écrivains, dans tout autre que celui que suppose Valin ; et cette recherche est d'autant plus utile, qu'il s'agit de réfuter les opinions erronées d'un homme d'ailleurs justement célèbre, qui, par son autorité, fortifie des abus.

514. Lorsque les écrivains, sur les navires, ont été institués, ils l'ont été pour éviter les abus de confiance des capitaines. Il est tellement vrai, qu'anciennement les armateurs n'avoient point une confiance illimitée dans leurs capitaines, que suivant Clairac, fol. 11, le maître devoit être intéressé dans le bâtiment ; c'est ce qu'il dit en ces termes :

515. « Par la lecture des ordonnances et autres coutumes de la mer, appert qu'il ne se doit commettre de patron ou maître positif, c'est-à-dire, à gage ou à louage ; mais il est plus assuré que le maître soit combourgeois, et qu'il ait quelque part en la propriété du vaisseau. Consulat, chap. 47, 50 et 56. La raison, dit-il, en est déclarée au guidon, titre des délais, et au titre des assurances sur corps de nef ; car, le maître étant intéressé à la propriété, est d'autant plus enclin à la conservation d'icelle. » Quoique les armateurs

(1) Nos nouvelles lois veulent que tous les patrons sachent lire et écrire.

prissent la précaution d'intéresser les capitaines pour les engager à veiller avec plus de vigilance à leur propriété, ils croyent encore ajouter à leur sûreté, en établissant des écrivains sur les navires, qui contrôloient les capitaines, et tenoient des écritures de toutes leurs opérations.

516. Il sembleroit cependant, d'après le Consulat, que l'écrivain n'étoit point un homme absolument passif dans l'intérêt du navire, puisqu'il est qualifié *d'écrivain complimentaire;* et que ce mot complimentaire, suivant plusieurs auteurs, et sur-tout suivant nos usages, veuille dire, *associé qui fournit son industrie.* On se tromperoit si on le croyoit ainsi; il signifie, dans le sens que lui donne le Consulat, *écrivain-commis;* car s'il étoit politique d'intéresser le capitaine, il auroit été impolitique d'intéresser l'écrivain. En effet, en étant intéressé comme le capitaine, comme lui il auroit été porté à tromper l'armateur; mais n'ayant point d'intérêt sur le navire, il ne devoit point être tenté de malverser, sur-tout en cas de perte dans la spéculation; parce que, quel que fût l'événement, il étoit payé de ces gages, au lieu qu'il n'en étoit pas de même du capitaine : donc l'écrivain étoit une espèce de notaire et de mandataire à ces égards, et non pas comme le prétend Valin, un homme fait pour remplacer le capitaine qui ne savoit pas écrire; argument justifié par l'art. 6 du titre du pilote, comme nous le verrons bientôt. (217.)

517. Quoi qu'il en soit, dit encore notre auteur, il y a long-temps qu'on se passe d'écrivain sur les navires marchands, et que ses fonctions ont été réunies à celles du maître ou capitaine; de sorte qu'on ne voit plus d'écrivain que sur les vaisseaux du Roi, sur ceux de la compagnie des Indes, et sur les navires armés en course, excepté néanmoins la mer du Levant, où l'usage s'en est conservé sur les navires allant dans les Echelles. L'observation que fait ici Valin, fait sentir combien il seroit essentiel qu'il y eût des écrivains en titre dans les vaisseaux destinés aux longs cours, qui sont comme les navigations dont il parle, des voyages principaux.

518. L'art. 1.er du titre de l'écrivain porte : « L'écrivain sera tenu d'avoir un registre ou journal, coté et paraphé en chaque page par le lieutenant de l'amirauté, ou par deux des principaux propriétaires du navire. »

519. Nous avons vu, en parlant du capitaine (394), que tout ce qui est attribué à l'écrivain, l'est aussi par l'usage au second capitaine, etc., qui en fait les fonctions, avec cependant les modifications introduites par d'autres usages et nouvelles lois.

520. Il est dit dans l'art. 2 : « L'écrivain écrira dans son registre..... le

nom de ceux qui décéderont dans le voyage, le jour de leur décès, et s'il est possible, la qualité de leur maladie et le genre de leur mort; les achats qui seront faits pour le navire depuis le départ, et généralement tout ce qui concerne la dépense du voyage. »

521. Quoique cet article prescrive à l'écrivain de porter sur son registre *le décès des personnes*, etc.; néanmoins lors même qu'il y avoit un écrivain à bord, il étoit d'usage que le capitaine constatât lui-même ces sortes d'événemens, fondé sur ce qu'étant chargé de rendre raison de toutes les personnes embarquées sur son navire, c'étoit à lui à instruire de leur sort qui de droit; c'étoit un abus. L'écrivain doit remplir ces formalités sur son registre; il le doit même aux termes de l'ordonnance : d'ailleurs, on ne sauroit jamais trop bien constater ces sortes d'événemens; en ce cas l'usage est vicieux.

522. Lorsque cet article impose à l'écrivain de mentionner sur son registre les achats faits pour le navire, etc., il entend donc que l'écrivain soit le contrôleur du capitaine, puisque l'art. 10 du tit. du capitaine prescrit la même loi au capitaine : ce rapprochement justifie donc ce que j'ai dit plus haut.

235. L'art. 3 porte : « L'écrivain écrira pareillement toutes les délibérations qui seront prises dans le navire, et le nom de ceux qui auront opiné; lesquels il fera signer, s'ils le peuvent, sinon il fera mention de l'empêchement. »

524. Quoique l'écrivain ou le capitaine ait la précaution d'écrire ses délibérations sur son journal, il est d'usage de les dresser séparément par un procès-verbal, lequel doit contenir les noms de ceux qui auront opéré : ce procès-verbal doit être signé de ceux qui savent signer, ou le peuvent, sinon il doit être fait mention du refus, et du motif du refus, ou de l'empêchement de signer; et pour que ce procès-verbal mérite une entière croyance, il doit être fidèlement copié sur l'original, certifié et attesté de ceux qui auront rempli ces formalités dans le précédent. Car s'il n'étoit pas d'abord porté sur le registre, *ad hoc*, on pourroit soupçonner assez légitimement qu'il auroit été dressé après coup : j'ai vu mettre à Bordeaux ce moyen en avant par rapport à la prise du navire *la Nuestra Seignora del Carmel y Animas*, capturé par le corsaire *l'Indemnité*, capitaine Renaud : ce moyen auroit indubitablement réussi, si les Juges n'eussent été déterminés par d'autres circonstances.

525. L'art. 4 veut que « l'écrivain veille à la distribution et conservation des vivres, et qu'il écrive sur son registre ce qui est acheté pendant le voyage, et mis entre les mains du dépensier, auquel il doit faire rendre compte de huitaine en huitaine. »

526. Comme tout ce que porte cet article regarde le maître ou capitaine plus particulièrement, vu que l'écrivain doit se conformer à ses ordres pour la distribution et l'économie des vivres, ses droits se bornent donc encore à contrôler le capitaine, qui, de son côté, suivant l'usage, écrit toutes les dépenses occasionnées pour le navire.

527. L'art. 5 porte : « Donnons pouvoir à l'écrivain de recevoir les testamens de ceux qui décéderont sur le vaisseau pendant le voyage, de faire l'inventaire des biens par eux délaissés dans le navire, et d'y servir de greffier aux procès criminels. »

528. L'écrivain ou celui qui le représente, comme le second capitaine, etc., a donc le droit de recevoir les testamens de ceux qui décèdent dans le voyage; ce qui s'entend des gens de l'équipage comme des passagers. Quant à l'inventaire des biens délaissés par les morts dans le vaisseau, sa confection appartient rigoureusement de droit à l'écrivain; ce qui résulte de l'art. 4 du titre des testamens. M. Valin ne voit ici qu'un simple scribe fourni au capitaine par l'armateur; mais, moi, j'y vois un officier, pour ainsi dire, public, chargé sur-tout, dans cette circonstance, d'une fonction sur laquelle le capitaine n'a d'autre droit que la surveillance; et comme dans d'autres cas l'écrivain est contrôleur du capitaine, le capitaine est ici le contrôleur de l'écrivain, vu qu'il doit récoler les effets du défunt, puisque la garde lui en est confiée; et quoique le réglement du 23 août 1739, art. 1.er, prescrive au capitaine de remettre au greffe de l'amirauté les effets et l'inventaire des gens morts sur les vaisseaux, il n'est pas dit pour cela qu'il en soit le rédacteur. Cependant Valin, parlant de ce réglement, prétend que le capitaine lui-même doit faire cet inventaire, à défaut d'écrivain; il est dans l'erreur, et son erreur provient de ce qu'il ne voit dans l'écrivain qu'un *simple scribe*, lorsque l'intention du Législateur est de lui attribuer une fonction plus honorable. En effet, le capitaine ne devant point être agent et patient, ce n'est pas à lui à faire cet inventaire, lorsqu'il n'y a pas d'écrivain en titre, parce qu'il y en a toujours un de droit dans le vaisseau : cet écrivain de droit est le pilote, comme nous le verrons dans l'article 6 de son titre; à lui seul appartient cet emploi. Que l'usage soit contraire à la raison, cela peut être, et sans doute est; mais cet usage absurde ne peut ni ne doit prévaloir sur les principes.

Et conséquemment, si le Législateur donne la faculté aux armateurs d'avoir ou ne pas avoir dans leur bâtiment un écrivain *en titre*, il leur refuse celle de ne pas en avoir un de droit, autre que le capitaine.

529. Si je suppose, le capitaine a le droit de faire un inventaire, un testament, et qu'étant de mauvaise foi il lise l'un et l'autre, comme si tout y étoit; l'esprit de respect et de subordination permettra-t-il aux témoins de demander de lire après le capitaine? Sent-on la dangereuse conséquence de cet inconvénient? En faisant attention que l'ordonnance, dans tous les cas principaux, désigne l'écrivain ou son remplaçant, on verra que le Législateur n'a pas voulu que le capitaine pût se faire de titre à lui-même.

530. Valin dit, pour ce qui est des fonctions de greffier que l'écrivain devoit remplir sur le vaisseau dans les procès criminels, il n'en est plus question; et le maître ne lui a pas succédé en cette partie, n'étant pas naturel d'exiger une procédure en règle sur les navires marchands, comme il a été observé sur l'art. 23 du titre du capitaine. Je crois qu'il est utile d'interpréter cet auteur, lorsqu'il dit qu'il n'est pas nécessaire d'exiger du capitaine une procédure en règle; il suppose donc qu'il en doit être fait une en règle, ou non en règle : si cela est ainsi, sur ce qu'il dit préalablement, qu'il n'en est plus question, il entre donc en contrariété avec lui-même : disons donc qu'il faut que le pilote ou autre, à défaut d'écrivain, instruise l'affaire sur son journal en forme de procès-verbal, dans lequel il doit énoncer la nature du délit avec toutes ces circonstances. Il seroit dangereux de faire ces sortes de détails verbalement; le défaut de mémoire dans quelques témoins, la foiblesse ou la compassion de quelques autres, risqueroit d'impliquer des contradictions contraires à la justice, qui deviendroient favorables ou défavorables au prévenu.

531. L'art. 6 dit : « Le registre de l'écrivain fera foi en justice; lui défendons, sous peine de la vie, d'y écrire chose contraire à la vérité. »

532. Suivant le Consulat, chap. 55 ou 57, les statuts de Marseille, Casarégis et Targa, il faut que l'écrivain ait prêté serment en justice. Valin observe sur cet article : « C'est en quoi le maître, quoique subrogé à l'écrivain, en diffère; c'est que son registre ne fait pas foi par lui-même contre un tiers; il faut que les choses qu'il y atteste soient certifiées par les principaux de l'équipage, ou par un procès-verbal en forme qui y soit relatif; ou enfin qu'il fasse une déclaration en conformité au greffe de l'amirauté, laquelle déclaration doit être aussi attestée par la déposition des gens de l'équipage de la marine, indiquée sur les articles 7 et 8, tit. 10, liv. 1.er Nous voyons

encore même, par les réflexions de Valin, que l'écrivain n'est pas un simple scribe, mais une espèce de notaire qui donne un caractère authentique à ses actes.

533. Valin observe encore que, par la même raison que le registre seul de l'écrivain ne fait pas foi, s'il y écrivoit chose *contraire à la vérité*, qu'il seroit difficile de le condamner à mort pour cette fausseté; mais seulement si l'objet étoit de conséquence, il seroit sujet à peine afflictive, sur-tout s'il avoit eu la témérité d'affirmer ou de faire certifier les mêmes faits, reconnus faux dans la suite. Les réflexions de Valin sont d'autant plus exactes aujourd'hui, que les lois criminelles sont très-radoucies.

534. L'édit de mars 1531, avoit prononcé la peine de mort contre tous ceux qui seroient atteints et convaincus d'avoir fait et passé *des faux contrats*, et porté des faux témoignages en justice. L'ord. de 1680 confirme la précédente; l'une et l'autre s'applique particulièrement aux notaires, et conséquemment aux écrivains des bâtimens, ou à ceux qui les représentent. L'art. de l'ord. qui a été fait un an après, ou à-peu-près, confirme donc les ordonnances précédentes. Mais l'art. 44 de la loi du 25 septembre 1791, ne porte que la peine de huit années de fer, si ce faux est commis en écritures authentiques.

535. L'art. 7 porte : « Les connoissemens que l'écrivain signera pour ses parens, seront paraphés en pays étrangers par le Consul, et en France, par l'un des principaux propriétaires du navire, à peine de nullité. »

536. Valin observe sur cet article, qu'il donneroit lieu de présumer que s'il y avoit un écrivain sur le navire qui signât les connoissemens, le maître ne seroit pas responsable des marchandises énoncées dans ses connoissemens, puisqu'il n'est pas dit ici que les connoissemens que l'écrivain signera pour ses parens, seront paraphés du maître; cependant, cette présomption n'est pas compatible avec les dispositions des articles 9 et 27, titre du capitaine, et de l'art. 5, titre des connoissemens, aux termes desquels le maître est responsable de toutes les marchandises chargées dans son navire. Quoi qu'il en soit, comme l'écrivain, dit encore cet auteur, ne devroit pas répondre des marchandises, il ne seroit pas naturel que les connoissemens qu'il pourroit signer en faveur de ses parens, au degré marqué par l'ordonnance pour les récusations, fissent foi, sans les formalités prescrites par cet article, ou sans la reconnoissance du maître ou capitaine.

537. Comme Valin, je ne vois pas qu'il y ait contradiction dans cet article, et ceux qu'il cite.

538. En effet, si l'écrivain, comme il a été dit, est une espèce de notaire, le capitaine est une espèce de dépositaire qui répond de sa cargaison, quoiqu'il n'en ait point donné reconnoissance, et que ce soit un Commissaire des relations commerciales qui ait signé le connoissement.

539. L'art. 7 du titre de l'écrivain, veut que *l'écrivain signe le connoissement, et l'art. 9 du titre du capitaine et autres, veulent que le capitaine réponde de toutes les marchandises chargées dans son bord.* Et comme l'art. 7, d'après lequel j'argumente, veut que l'un des principaux propriétaires signe les connoissemens dont il y est parlé ; il est bien clair que, lorsque le propriétaire n'y est pas, que le capitaine peut signer pour lui, comme étant son mandataire ; c'est aussi l'avis de Valin, mais qu'il présente en d'autres termes,

540. Valin fait ensuite cette question : « Mais aujourd'hui que le maître est aussi l'écrivain, savoir s'il peut signer des connoissemens pour ses parens au degré dont il s'agit, à l'effet d'engager les propriétaires du navire, ou de faire foi, soit en cas de jet pour la contribution, soit en cas de naufrage contre les assureurs ?

541. Il répond ainsi à cette question : La première question ne peut être intéressante que dans l'hypothèse de l'insolvabilité du capitaine, attendu que c'est à lui à faire bon des marchandises dont il s'est chargé par connoissement, et en garantir les propriétaires de toutes les poursuites qui pourroient être exercées contre eux à l'occasion des connoissemens. Mais enfin, de manière ou d'autre, le connoissement du capitaine en faveur d'un de ses parens, ne doit pas faire foi, ni donner aucune action contre les propriétaires du navire, à défaut de paraphe aux termes de cet article ; à moins d'en tous les cas, qu'il n'y eût preuve par ailleurs, ou par témoins non suspects de la réalité du chargement. Le parent, porteur du connoissement, devroit s'imputer de n'avoir pas pris sa précaution pour lui donner un degré de certitude capable de rassurer contre tout soupçon de collusion entre lui et le capitaine.

542. Pour ce qui est de la seconde question, le connoissement ne fera pas plus foi par lui-même en cas de jet ; mais la preuve supplétive du chargement sera admise, et il ne faudra pas même d'autre que celle du jet, si l'état des marchandises jetées se trouve conforme au connoissement ; car pour être en état de demander la contribution à la perte des effets jetés, il n'est pas essentiel absolument de justifier le chargement par un connoissement juridique : ce sont les circonstances qui doivent décider en pareil cas.

cas. De même en cas de naufrage, la preuve supplétive sera admissible contre les assureurs, pour dissiper le soupçon que fait naître l'objet de la parenté.

543. Dans l'art. 8 il est dit : « L'écrivain ne pourra quitter le vaisseau, que le voyage entreprit n'ait été achevé, à peine de perdre ses gages et d'amende arbitraire. »

544. Valin dit sur cet article : « Il est plus aisé de remplacer un écrivain, lorsque l'on veut en avoir, qu'un maître ou capitaine; ainsi, il n'est pas étonnant que la peine de l'écrivain qui quitte le navire avant que le voyage soit achevé, soit bornée à la perte de ses gages et à une amende arbitraire; tandis que le maître qui refuse d'accomplir son engagement, est tenu de tous les dommages et intérêts des propriétaires et marchands, et peut même, suivant les circonstances, être poursuivi à l'extraordinaire, suivant l'art. 21 du titre du capitaine. » En effet, le second ou le lieutenant peut remplacer l'écrivain.

545. Lorsque l'écrivain déserte, est-ce au capitaine d'en nommer un autre? Dans ce cas, si l'écrivain est un simple scribe, comme le prétend notre auteur, le capitaine peut en nommer un autre; mais s'il a la qualité que je lui suppose, je croirois qu'il devra en faire nommer un d'office, si cela se peut; et dans le cas contraire, il devra le nommer de concert avec les principaux de l'équipage, fondé sur ce que l'écrivain est l'homme de tous, le contrôleur du capitaine, que conséquemment il ne peut point être nommé par lui, sans donner lieu à des présomptions d'intelligence.

546. L'art. 9 veut « que vingt-quatre heures après le voyage fini, l'écrivain soit tenu de mettre au greffe de l'amirauté les minutes des inventaires, informations et testamens faits dans le voyage, à quoi il peut être contraint par corps. » Cela doit être ainsi, parce que ce sont des titres probans contre, ou pour le capitaine; donc, etc.

547. L'art. 4 du titre 2 de la loi du 13 août 1791, veut « que les déclarations et rapports des officiers commandant les bâtimens de commerce, soit au retour du voyage, soit dans le cas de relâche ou d'accident pendant le voyage, soient faits au bureau chargé de la délivrance des congés, c'est-à-dire, au chef des classes; et comme cet article ne prescrit pas le temps de faire ce rapport, il faut s'en tenir, pour le surplus, aux termes de l'ordonnance. » Tout ceci est applicable à l'écrivain, ou à celui qui le représente.

CHAPITRE XIV.

DU PILOTE.

548. Il y a deux sortes de pilotes; le pilote hauturier pour la navigation en pleine mer et au long cours, et le pilote côtier, autrement appelé locman ou lamaneur, pour la navigation de port en port et le long des côtes.

549. Le pilote hauturier doit joindre la pratique à la théorie. La théorie lui donne les connoissances nécessaires pour prendre hauteur en mer, et faire les opérations convenables pour la sûreté de la navigation ; et la pratique lui apprend à faire une juste application des règles. A l'égard du pilote-côtier, tout ce qu'on exige de lui, c'est qu'à la science de la manœuvre, il joigne la connoissance des côtes, des courans et des dangers qu'il y a, à éviter les bancs de sable, les côtes.

550. Le pilote hauturier dont il est ici question uniquement, est un homme de mer, qui, après avoir appris, sous un maître d'hydrographie, l'art de la navigation, en faisant usage de l'arbalête, de l'astrolabe et des autres instrumens convenables à cette science, et après avoir mis les règles en pratique, a été trouvé capable de conduire un navire pour les voyages les plus longs.

551. La fonction de pilote, suivant l'art. 3 ci-après, est de commander à la route. Une ordonnance rendue pour la Rochelle, le 27 février 1719, enjoint, sous peine de 100 livres d'amende, à tout négociant qui armeroit à l'avenir, des navires de cent tonneaux et au-dessus, pour le long cours, de prendre, dans le nombre de leur équipage, un des apprentis instruits au pilotage, pour faire les fonctions de pilotin, aux mêmes gages et conditions du dernier des matelots.

552. Comme l'emploi de pilote étoit très-important, l'art. 1.er veut : « qu'aucun pilote ne soit reçu, et n'en puisse faire les fonctions, qu'il n'ait fait plusieurs voyages en mer, et qu'il n'ait été examiné sur le fait de la navigation, et trouvé capable et expérimenté par le professeur d'hydrographie, deux anciens pilotes et deux maîtres de navires, en présence des officiers de l'amirauté. »

553. Les autres conditions prescrites, depuis cette ordonnance, pour la réception des capitaines, ont aussi été déclarées communes aux pilotes;

conséquemment, pour être reçu pilote, il faut avoir 25 ans accomplis, et qu'outre les voyages requis sur les vaisseaux marchands, avoir fait deux campagnes, de trois mois au moins chacune, sur les vaisseaux de la marine de l'État. Ordon. du 16 octobre 1683, 27 janvier 1688, art. 11, liv. 1, tit. 1. Ordon. 15 avril 1689, art. 1, tit. 2. Régl. du 15 août 1725.

554. Le pilote doit donc être reçu avec les mêmes formalités que le capitaine, avec cette seule différence, qu'il faut au maître 5 ans de navigation sur les navires marchands; et que pour le pilote, il suffit qu'il ait fait un certain nombre de voyages, c'est-à-dire, un peu moins que le capitaine. En effet, l'art. 4 du capitaine porte « que celui qui aura été reçu pilote, et qui aura navigué en cette qualité pendant deux années, pourra être établi maître, sans subir aucun examen. » Par une lettre du ministre Maurepas, du 20 novembre 1736, le nombre des voyages, pour être reçu pilote, est fixé à trois voyages de long cours, quoiqu'ils ne composassent point trois ans complets de navigation.

555. Par une lettre du 11 décembre de la même année, il fut décidé par le même ministre, qu'on pouvoit être reçu, après cinq ans de navigation, maître et pilote tout-à-la-fois, sans qu'il fût nécessaire de passer d'abord par le degré de pilote, pour ne pouvoir ensuite être déclaré maître qu'après deux années de navigation.

556. L'art. 2 porte : « Celui qui voudra se faire recevoir pilote, sera tenu, pour prouver ses voyages en mer, d'en représenter les journaux lors de son examen. »

557. Cette preuve ne consiste plus dans les journaux de navigation; elle se tire uniquement du certificat du commissaire aux classes du département où les navires sur lesquels il a navigué, ont été armés et désarmés : dans ce cas il doit subir l'examen en règle, tant de la part du professeur d'hydrographie pour la théorie de la navigation, que de la part des maîtres et pilotes pour la pratique et la manœuvre; le tout de la manière qu'on en use envers le capitaine. Comme les officiers de la juridiction maritime ne peuvent recevoir capitaines que les mariniers habitués dans l'étendue de leur juridiction, ils doivent observer la même règle à l'égard des pilotes de toute espèce. Art. 12, tit. 1 du liv. 8 de l'ordonnance de 1689.

558. Art. 3. « Le pilote commandera à la route, et se fournira de cartes, routiers, arbalêtes, astrolabes, et de tous les livres et instrumens nécessaires à son art. » Ce qui est confirmé par l'ordonnance de 1689, liv. 1, tit. 15, art. 2.

Par l'art. 4 de la même ordonnance, il est enjoint au pilote de prendre garde qu'il n'y ait point de fer qui puisse faire varier l'aiguille du compas.

559. Quoique la fonction de pilote consiste à commander à la route, le capitaine a le droit de surveiller ses opérations, de le contrôler, de lui ordonner; enfin le pilote est subordonné au capitaine, comme étant l'officier qui vient immédiatement après lui. Néanmoins si le capitaine réformoit la route du pilote, corrigeoit ses opérations, en ordonnant une manœuvre contraire à la science; les événemens qui pourroient en résulter retomberoient sur lui, le droit du capitaine se bornant à faire part au pilote de ses observations et objections; et, en cas de contrariété d'avis, ils doivent recourir à celui des principaux de l'équipage, suivant ce que prescrit l'art. 8 ci-après.

560. Puisque le pilote n'a pas d'autre fonction dans le navire que celle de commander à la route, il n'a donc pas le commandement du navire, et encore moins la gestion de la cargaison, quand elle est confiée au capitaine : conséquemment, en cas de mort ou d'absence du capitaine, et quoique de droit, il soit après lui le premier officier du vaisseau, il ne doit pas prendre le commandement sous aucun de ces rapports; mais comme depuis assez long-temps il est assez d'usage qu'il y ait un second capitaine à bord, et un lieutenant et même un sous-lieutenant, lorsque le capitaine meurt ou s'absente, il est remplacé par le second capitaine; et celui-ci, en cas de pareille circonstance, par le lieutenant, et ce, sans considérer s'ils ont été reçus maîtres ou pilotes; il suffit que le choix qu'a fait de ces officiers, l'armateur, ait été approuvé au bureau des classes, en dressant le rôle d'équipage, de sorte que l'un des deux peut représenter le capitaine à l'exclusion du pilote; et qui plus est, à défaut d'officiers intermédiaires entre le maître et le pilote, le commandement du navire appartient au contre-maître, par l'art. 5 du titre qui le concerne. Il en seroit différemment, si le pilote avoit été reçu à-la-fois sur le navire second capitaine et pilote. Tout ceci paroît consacré par l'usage, sauf la dernière restriction qui l'est par la loi.

561. La déclaration du 21 octobre 1725, art. 25, veut « qu'en cas de mort ou de débarquement du capitaine dans les pays étrangers, pour raison de maladie ou *autrement*, le commandement du navire appartienne à celui *qui sera en second sous lui*, sans qu'il puisse être donné à aucuns capitaines qui se trouveront en pays étrangers.... Il est permis néanmoins aux armateurs des vaisseaux qui se trouveront dans ledit cas,

d'envoyer de France des capitaines pour commander leurs vaisseaux, sans qu'aucuns de ceux qui pourront se trouver dans lesdits pays étrangers, puissent être choisis pour avoir ledit commandement : et voulons, y est-il dit, qu'avant de faire partir de France lesdits capitaines, lesdits propriétaires et armateurs soient tenus d'en aller faire déclaration au bureau des classes, dont il leur en sera donné certificat, signé de l'officier des classes, lequel contiendra le nom du capitaine, maître ou patron choisi par eux, son signalement, et le fol. du registre où il sera porté. »

D'après cette déclaration, le second capitaine, en l'absence du capitaine, devient donc de droit, *ipso jure*, capitaine en premier.

562. L'art. 4 porte : « Dans les voyages de long cours, le pilote aura deux papiers-journaux. Sur le premier, il écrira les changemens de routes et de vents ; les jours et heures des changemens ; les lieues qu'il estimera avoir avancé sur chacun ; les réductions de la latitude et longitude ; les variations de l'aiguille, ensemble les sondes et terres qu'il aura reconnues ; et sur l'autre il mettra, de vingt-quatre heures en vingt-quatre heures, au net, les routes, longitude et latitude réduites, les latitudes observées, avec tout ce qu'il aura découvert de remarquable dans le cours de sa navigation. »

563. Lorsqu'il y avoit des pilotes, il étoit d'usage que ce pilote eût un journal en forme, sur lequel il rapportoit les observations faites dans le courant de la journée, sur des feuilles volantes ; en quoi l'esprit de l'ordonnance étoit rempli.

564. Art. 5. « Enjoignons, en outre, à l'écrivain, de mettre, au retour des voyages de long cours, copie de son journal au greffe de l'amirauté, et d'en prendre un certificat du greffier, à peine de 50 livres d'amende ; et sera le certificat délivré sans frais. »

565. Il y a long-temps qu'il n'est plus d'usage d'obliger les pilotes de déposer, au greffe de l'amirauté, leurs journaux de voyages, soit de long cours ou autres. On y a suppléé par l'obligation que l'on a imposée aux capitaines, de faire mention, dans leurs rapports, de ce qu'ils auront découvert de remarquable dans le cours de leurs voyages, afin que les officiers de l'amirauté fussent en état d'en informer le Ministre de la marine, comme ils y étoient obligés ; ainsi le pilote, au lieu de déposer son journal au greffe de l'amirauté, le remettoit entre les mains du professeur d'hydrographie, pour l'examiner et y faire les corrections nécessaires, conformément à l'art. 5 du tit. 8. Ce qui se pratique à ce sujet, à l'égard des

pilotes sur les vaisseaux de la marine militaire, ne diffère pas beaucoup. Art. 9, tit. 15, liv. 1 de l'ord. de 1689.

566. Art. 6. « Au défaut d'écrivain, le pilote sera tenu, quand il en sera requis par le maître, de recevoir par état les marchandises dans le bord, et de faire l'inventaire des biens et effets de ceux qui décéderont sur les vaisseaux, qu'il fera signer par le maître et par deux des principaux de l'équipage. »

567. Ici Valin confirme ce que j'ai dit plus haut, par rapport à l'écrivain. Ce commentateur dit : Maintenant qu'il n'y a plus d'écrivains sur les navires marchands, *c'est un officier que le maître ou capitaine charge de ce soin ;* et, aux termes de cet article, le pilote peut être choisi pour cette fonction, c'est-à-dire, pour enregistrer les marchandises sur le livre de bord, qui sert à constater leur entrée à l'embarquement, comme leur sortie à la décharge.

568. Le pilote, dit-il encore, peut être choisi de même au défaut de l'écrivain, pour faire l'inventaire de ceux qui décèdent durant le voyage ; mais alors il faut que cet inventaire soit signé du capitaine et de deux principaux de l'équipage : au lieu que lorsqu'il est fait par l'écrivain, il suffit que ce soit en présence des parens, s'il y en a, sinon de deux témoins qui signeront.

569. Cet article impose donc la loi au capitaine de requérir le pilote à défaut d'écrivain, pour remplir ses fonctions ; et à celui-ci, de déférer à la réquisition du capitaine, parce que les mots, *le pilote sera tenu*, et ceux-ci, *quand il en sera requis par le maître, sont impératifs.* Je dis qu'ils sont impératifs, parce que si le Législateur ne l'eût point entendu de même, il auroit dit : le pilote, ou tout autre officier de l'équipage, sera tenu, etc. Si cela est ainsi, Valin n'auroit donc pas dû dire que le pilote pouvoit être choisi pour cette fonction ; mais il auroit dit qu'il devoit être choisi pour cette fonction, sauf le cas où il auroit été jugé incapable ; et lorsqu'il dit, en argumentant d'après l'art. 4 du titre des testamens, qu'il suffit, quand c'est l'écrivain qui fait l'inventaire, qu'il soit signé de deux témoins ; mais que dans la présente hypothèse, il faut qu'il soit signé du capitaine et de deux principaux de l'équipage. Ces distinctions sont surabondantes ; parce que, dans tous les cas les plus importans, ce sont le capitaine et les principaux officiers du bâtiment qui signent ; la bienséance, la subordination, la responsabilité qui leur est déférée, rendent ces formalités de rigueur ; et

comme, dans l'hypothèse, le pilote n'est pas un écrivain en titre, il doit faire attester ce qu'il écrit.

570. L'art. 7 porte, « que le pilote qui, par ignorance ou négligence, aura fait périr un bâtiment, sera condamné en cent livres d'amende, et privé, pour toujours, de l'exercice du pilotage, sans préjudice des dommages et intérêts des parties; et s'il l'a fait par malice, il sera puni de mort. »

571. L'ignorance, sur-tout en pareille circonstance, est presque équivalente à un délit; dans ce cas, la moindre punition que mérite le pilote qui fait périr un bâtiment, par impéritie, est sans doute celle que prescrit l'ordonnance.

572. L'ignorance ne peut guère être supposée dans un pilote, après l'examen rigoureux qu'il a subi solennellement; cependant il peut arriver que la protection, plutôt que sa capacité, lui ayant donné son grade, il ne justifie pas toujours la confiance que l'on a pu lui accorder.

573. Que le pilote seul, par dessein prémédité, ou de concert avec le capitaine, ou bien qu'exécuteur de ses intentions, il fasse périr le bâtiment, il doit être puni de mort tout comme ces derniers, dans les deux derniers cas supposés; et il ne seroit pas exempts de cette juste punition, même en alléguant qu'il a suivi les ordres du capitaine, parce qu'il peut faire prévaloir son avis contre celui du capitaine, en prenant celui des principaux de l'équipage; et que, d'ailleurs, nul subordonné n'est tenu d'exécuter un crime quand son supérieur le lui commande.

574. Les dommages et intérêts sont une suite nécessaire, non-seulement de tout crime, mais encore de toute impéritie, négligence, faute même très-légères, quelle que soit leur nature, qui, à raison de ce, mérite une sévère punition. Argument tiré des lois 3, § 5, l. 5, ff. *Nautæ*.

575. Dans l'art. 8 il est dit : « Faisons défenses aux maîtres de navires de forcer les pilotes de passer en des lieux dangereux, et de faire des routes contre leur gré; et en cas de contrariété, ils se régleront par celui des principaux de l'équipage. »

576. « Les défenses portées en cet article, observe Valin, et la règle qu'il établit ensuite pour lever le partage d'avis entre le maître et le pilote, fournissent la preuve, d'un côté, que le pilote n'est pas le maître absolu de la route, pour la régler à son gré indépendamment du capitaine; et d'un autre côté, que le maître, quoique contrôleur et inspecteur de la route du pilote, n'a pas droit de l'obliger d'autorité, de la changer; de sorte que, s'il le fait, et qu'il en résulte quelque fâcheux événement, il s'en rendra respon-

sable; de manière que, suivant les circonstances, il pourra être poursuivi extraordinairement, et puni selon l'exigence du cas. » Lorsqu'un pilote donne sur un écueil qu'il pourra éviter, il en répond. Argument tiré de Kuricke, pag. 725, Loccenius, Casarégis, Roccus, Straccha.

577. Il s'ensuit aussi que si le pilote voit que la manœuvre ordonnée par le capitaine, ne peut avoir que des suites fâcheuses, c'est à lui à s'y opposer, et à demander l'avis des principaux de l'équipage, pour sa décharge, sans quoi il sera présumé avoir colludé avec le capitaine, ou du moins il sera coupable de manquement au devoir de son emploi, dans un cas extrêmement important.

578. Si un capitaine dirige sa route vers un feu trompeur, et qu'il soit victime de son erreur, lui et le pilote sont-ils responsables de cet événement? Il faut distinguer le cas où ils n'auroient pas pu et où ils auroient pu prendre un pilote-côtier : s'ils n'ont pas pu prendre un pilote-côtier, point de doute qu'ils ne soient excusables du malheureux événement qui peut en être résulté; mais s'ils ont pu se faire piloter, et qu'ils ne l'ayent point fait, c'est une témérité condamnable qui mérite punition. Par l'art. 42 du réglem. du 1 janvier 1786, les pilotes hauturiers sont supprimés : en conséquence, on ne peut plus en recevoir, et ses attributions passent de droit au second capitaine.

CHAPITRE XV.

DU CONTRE-MAITRE OU NOCHER.

579. Le contre-maître ou nocher, en latin *proreta*, commandoit autrefois depuis la proue jusqu'au mât de misaine, icelui compris; parce que le maître commandoit les manœuvres depuis la pouppe jusqu'à l'arbre, ou grand mât. Il étoit néanmoins entendu que ce commandant étoit subordonné à celui du capitaine ou patron : il auroit été dangereux qu'il y eût une rivalité de pouvoirs. Actuellement, le maître est l'aide ou le représentant du capitaine, pour tout ce qui appartient à la manœuvre.

580. Art. 1.er « Le contre-maître ou nocher aura soin de faire agréer le vaisseau; et avant que de faire voile, il verra s'il est suffisamment garni de cordages, voiles, et de tous les apparaux nécessaires pour le voyage. »

581. Quoique la loi veuille que le vaisseau soit visité avant et après le chargement,

chargement, le capitaine et le contre-maître ne sont point dispensés de voir tout par eux-mêmes; et en cas que quelque chose de nécessaire soit échappé à la recherche des visiteurs, ils doivent leur en faire leur réclamation, afin qu'ils statuent sur leur demande.

582. L'art. 2 « ordonne au contre-maître, lors du départ, de voir lever l'ancre; et pendant le voyage, de visiter chaque jour toutes les manœuvres hautes et basses; et s'il y remarque quelque défaut, il veut qu'il en donne avis au maître. »

583. Cet article ne dispense pas encore le capitaine d'avoir la même surveillance, parce que ce qui peut échapper à la vigilance de l'un, peut bien ne point échapper à la vigilance de l'autre; mais, dit Valin, indépendamment de l'avis que le contre-maître doit donner au capitaine, des défauts qu'il remarque dans les manœuvres, rien n'empêche qu'il ne travaille provisoirement à les réparer, pour prévenir les progrès du mal, en attendant qu'il puisse en avertir le capitaine.

584. Lorsque Valin parle de la remarque du contre-maître *dans les manœuvres*, il suppose que le vaisseau fait voile, et que conséquemment le maître ou capitaine est dans le navire. Or, si le maître est dans le navire, et par la même raison à quelques toises de distance du capitaine; comment est-il possible que le contre-maître puisse agir provisionnellement sans sa participation? Disons donc que le contre-maître doit de suite en avertir ou faire avertir le capitaine de l'inconvénient qui se présente; et qu'alors, de concert, il emploie les moyens propres à y remédier.

585. L'art. 3 porte : « Le contre-maître exécutera et fera exécuter dans le vaisseau, tant de jour que de nuit, les ordres du maître. »

C'est là sa principale fonction, et l'équipage doit lui obéir dès qu'il ordonne quelque manœuvre, sans examiner s'il en a l'ordre exprès du maître, ou non; sauf le blâme qu'il pourra encourir de la part du capitaine, s'il a commandé une manœuvre irrégulière, sans ordre. Cependant s'il arrivoit que par malice ou impéritie, le contre-maître commandât une manœuvre qui paroîtroit propre à compromettre le navire; l'équipage, tout en exécutant, doit faire prévenir le capitaine de tout ce qui se passe; mais préalablement il doit obéir, la subordination, si nécessaire dans tout état de chose, est encore plus essentielle sur mer que par-tout ailleurs.

586. L'art. 4 veut « qu'en arrivant au port, le contre-maître fasse préparer les voiles et ancres, et amarrer le vaisseau, frêler les voiles, et dresser les vergues. »

Comme dans cette circonstance il y a plus qu'une manœuvre ordinaire, il ne doit agir que par ordre et sous les yeux du capitaine : cette observation est applicable à toutes les circonstances un peu extraordinaires ; et lorsque l'ordonnance prescrit que le vaisseau soit amarré, ce n'est que dans le cas où la proximité de la terre, et la situation du port permettroient cet amarrement ; mais dans le cas contraire, il doit faire mouiller l'ancre, comme étant l'unique moyen de fixer le vaisseau dans l'endroit où on veut le faire séjourner.

587. Dans l'article 5 il est dit : « En cas de maladie ou absence du maître, le contre-maître commandera en sa place. »

Non-seulement le contre-maître remplace le maître en cas de maladie ou d'absence, mais encore en cas de mort, suivant ce qui a été dit. Puisque le contre-maître vient immédiatement après le maître, il doit donc commander à l'exclusion du pilote, ou par préférence à lui, attendu que l'emploi du pilote est borné à la direction de la route du navire pour le lieu qui lui est indiqué. Cependant le droit de commander n'est dévolu au contre-maître, au défaut du capitaine, qu'autant qu'il n'y a pas d'officier intermédiaire établi sur le navire entre le capitaine et lui. S'il y a un second capitaine, c'est celui-là qui commandera sans difficulté ; et de même s'il y a aussi un lieutenant, à défaut de capitaine et de second, c'est à lui que le commandement passera, au préjudice, tant du pilote que du contre-maître ; à moins que le pilote ne fût reconnu, dans les rôles d'équipage, pour pilote et second. Par rapport à la direction de la cargaison, ce sera le droit de commander qui en décidera, si l'armateur n'en a disposé autrement, en mettant un commis ou supercargue sur le navire pour gérer la cargaison.

CHAPITRE XVI.

DES MOUSSES, NOVICES ET MATELOTS.

588. Le matelot est l'homme de mer qui, après avoir acquis une certaine expérience, est destiné à travailler aux manœuvres des bâtimens.

589. Le matelot étant à-la-fois et homme de mer et homme de guerre, les Gouvernemens ont adopté divers systèmes pour en augmenter le nombre,

et s'en procurer la quantité nécessaire sur leur bâtiment, lorsque le besoin de l'État l'exigeroit.

« La Seigneurie de Venise, dit Clairac, laquelle se pique de l'empire de la mer, et d'avoir nombre de personnes de condition qui soient bons capitaines de navire, ne permet point qu'aucun grand bâtiment, ou galère forte, soit pour aller en course ou en marchandise, au compte du public ou des seigneurs particuliers, si elle n'est montée de deux jeunes fils de Sénateurs, ou de haute noblesse, afin de leur apprendre l'art de naviguer, la guerre navale, et le commerce maritime : cette jeunesse travaille dans le bord, reçoit le commandement, et l'exécute avec obéissance, tout ainsi que le reste, ou que les autres de l'équipage. »

590. Cependant l'auteur de l'Etat politique de l'Angleterre, tom. 8, p. 169, prétend que l'un des abus qui a contribué à perdre la marine à Venise, a été celui de donner le commandement des escadres aux nobles Vénitiens, sans aucun égard à leur qualité personnelle. Il seroit sans doute facile de rétorquer les argumens de cet auteur, et prouver que la marine vénitienne a été détruite par des causes plus funestes. Mais comme il n'entre point dans mon sujet d'entrer dans des pareils détails, je laisse au lecteur le soin de porter le jugement qu'il croira convenable. Au surplus, on verra ci-après quelle est une des principales causes de la décadence de la marine vénitienne. Suivant Jonh Carry, tom. 3, fol. 18, Charles II, après sa restauration, s'efforça d'engager la noblesse dans le service de mer; et pour animer les personnes de distinctions à faire prendre ce parti à leurs enfans, il porta l'attention jusqu'à envoyer sur la flotte un de ses fils pour y servir en qualité de simple matelot. J'apprends d'un Anglais qu'il en est de même aujourd'hui en Angleterre.

591. La Hollande, avant sa dernière révolution, et vraisemblablement encore, suivoit le système qui étoit adopté en France avant Louis XIV. Lorsque la République avoit quelque flotte à mettre en mer, elle faisoit d'abord battre un ban, quelquefois elle annonçoit une petite gratification d'environ 6 ou 7 florins par homme; mais en général elle payoit un mois de solde d'avance, sans gratification. Chaque matelot, tant que la campagne ne couroit pas, recevoit environ trois florins par semaine; dans ce cas leurs amis répondoient d'eux; et pour leur épargner, autant que possible, les dégoûts de la mer, on employoit, pour gréer le navire et faire son arumage, des officiers de poste et des journaliers entretenus uniquement pour ce travail. Lorsque le bâtiment étoit prêt à partir, ils en étoient instruits par un tambour, et ils se rendoient tous à bord.

592. Lorsque la gratification et les avances ne suffisoient pas pour avoir le nombre de matelots nécessaire à l'armement, la République mettoit un embargo sur tous les bâtimens ; les matelots étant alors sans emplois, ils étoient forcés de s'embarquer sur les vaisseaux de l'État. Par le réglement qui l'ordonnoit ainsi, on n'a jamais vu durer un embargo plus d'un mois ou six semaines. Dans ce court espace de temps, les équipages des vaisseaux de guerre ont toujours été portés au complet depuis 1672 jusqu'en 1758; c'est-à-dire, dans l'espace de quatre-vingt-six ans, on n'a vu que deux embargos.

593. Deux choses contribuoient, dans la République, à rendre ces stratagêmes fructueux : 1.° le respect que le Gouvernement portoit à la liberté des citoyens ; 2.° l'esprit national qui y régnoit, qui, pour peu qu'il fût stimulé par l'intérêt, achevoit l'ouvrage : néanmoins, on ne peut point se dissimuler que ce système est vicieux ; 1.° parce que le marin qui avoit assez de moyens pécunieux pour attendre la levée de l'embargo, pouvoit éviter de servir l'État; 2.° ce que, lorsque l'on en venoit à un embargo, on portoit le plus grand préjudice au commerce.

594. En Angleterre, comme le service du Roi sur mer y est trouvé très-dur par les matelots lorsqu'ils y sont appelés, ils se considèrent comme étant dans un état d'esclavage ; de-là est venue la nécessité d'employer des moyens différens pour avoir des matelots pour le service de l'État. Ces moyens sont la bonne volonté et la force.

595. Lorsque la bonne volonté n'amène pas la quantité de marins nécessaire pour le service, on a recours à l'enrôlement forcé, ou à la presse, *to press*, ou *to impress*. La presse n'est point autorisée par aucune loi positive ; mais elle l'est par un ancien usage, et même les cours de Wesminster ont tellement entendu la désapprouver, qu'elles mettent au rang des meurtres involontaires, l'action de tuer l'officier ou le matelot qui exerce, par ordre du Roi, cette violence.

596. La presse doit son origine à une espèce de marché qu'anciennement les rois d'Angleterre faisoient avec les capitaines, qui s'engageoient à fournir des compagnies d'hommes pour le service de la marine. Lorsque ces officiers ne pouvoient point avoir, par la bonne volonté, les hommes dont ils avoient besoin pour satisfaire à leur traité, ils enivroient les malheureux qu'ils avoient pris dans leur filet, afin de leur faire souscrire leur enrôlement; s'ils ne réussissoient pas, ils les présentoient comme des perturbateurs du repos public, qui avoient reçu leur prêt, c'est-à-dire de l'argent pour arrhes,

et ils les amenoient de force : on se servit, par la suite, de ce stratagême pour enrôler les gens de mer. En 1745, on assuroit à Londres que l'amirauté, en cas de poursuite, défrayoit l'officier-enrôleur, et que lorsqu'il perdoit son procès, elle payoit l'amende pour lui.

597. Lorsqu'en Angleterre on procède à la presse, on saisit les matelots embarqués ou non embarqués sur les vaisseaux marchands, les bâtimens pêcheurs, n'importe, et les gens sans aveux, dont plusieurs sont même rien moins que tels; on les transporte sur une prison flottante, grillée à-peu-près comme les cachots dans lesquels on renferme les criminels. Ce sont ordinairement des lieutenans ou des bossemans qui sont chargés de lever ainsi les hommes pour le service maritime : ils courent les rues, armés d'un bâtons; ils chassent devant eux, comme un troupeau de moutons, tous ceux qu'ils croyent propres au service, et même les frappent s'ils refusent de paroître devant leur Magistrat : enfin, y paroissent-ils? ils sont envoyés à bord des bâtimens gardes-côtes, où ils demeurent entassés.

598. Cependant Guillaume III déclara, par acte, que quiconque n'est pas marinier de profession, et désire servir sur les vaisseaux marchands, peut demander une permission de l'amirauté; alors cette soumission garantit, pendant deux ans, celui qui se fait matelot, de la crainte d'être enlevé pour le service du roi. La reine Anne étendit cette exemption à trois ans : on a vu, il n'y a pas encore long-temps, presser toute espèce de personnes qui n'avoient jamais navigués.

599. Vers la fin du siècle dernier, on chercha à classer quarante mille matelots; d'un côté, on institua des peines s'ils ne se rendoient pas quand on les appelleroit; de l'autre côté, on leur accordoit des priviléges avantageux : néanmoins, en 1710 on abandonna ce projet, comme n'atteignant qu'en partie le but que l'on se proposoit, en prétextant qu'il étoit attentatoire à la liberté. Ceci prouve qu'une institution, qui peut être bonne à un peuple, ne peut rien valoir pour un autre.

600. Les Vénitiens recoururent aussi à la violence pour se procurer des matelots sur leurs vaisseaux de guerre; lorsqu'après que leur commerce eut tombé, à la suite de la découverte que firent les Portugais, d'une route aux Indes Orientales par le Cap de Bonne - Espérance. A cette époque, le nombre de leurs matelots ayant beaucoup diminué, ne s'en étant pas trouvé comme ci-devant, de bonne volonté pour fournir aux équipages de la République, elle employa ce moyen, qui fut, dit-on, un de ceux qui lui fit

perdre sa prépondérance dans la Méditerranée, dont elle avoit été si long-temps la dominatrice.

601. En Suède, les matelots sont répartis dans plusieurs établissemens; ils sont répandus le long des côtes dans plusieurs quartiers, où ils ont un logement, et des terres assignées pour leur subsistance et celle de leurs enfans. Ils sont passés en revue par les officiers, et on leur donne tous les ans un uniforme complet; en temps de paix, on leur permet de servir sur les vaisseaux marchands : ils sont préférés, par les négocians, aux autres matelots, vu qu'ils sont meilleurs marins, et qu'ils connoissent mieux la subordination.

602. S'il arrive que le roi ait besoin d'un plus grand nombre de matelots, que ceux qui sont enrôlés, on bat la caisse, et chaque volontaire reçoit un ou deux mois de gratification. Une sévère discipline; une police exacte, distinguent la marine militaire suédoise, de celle des autres nations. Quand un père de famille est tiré au service, on alloue un certain fonds pour la subsistance de sa femme et de ses enfans, jusqu'à ce qu'ils trouvent des moyens d'y pourvoir par eux-mêmes.

603. Il y a dans les principales villes des États-Unis, des sociétés marines, dont le but est, dans quelques villes, d'assurer la subsistance des femmes et des enfans des capitaines ou maîtres morts à la mer, ou d'assurer des secours aux équiqages de tous vaisseaux naufragés sur les côtes.

604. Avant Louis XIV, lorsque la France vouloit faire quelque armement un peu considérable, on fermoit les ports; alors les matelots se trouvant sans emplois, ils étoient forcés de s'enrôler dans la marine de l'État : mais depuis l'édit de 1637, et le réglement général du 6 octobre 1674, on n'emploie plus de pareils stratagêmes, ils sont distribués par classes dans chaque département.

605. En France, il est d'usage assez général de ne recevoir pour matelots que ceux qui ont été préalablement mousse et novice.

606. Le mousse est un enfant de douze ans au moins, et de seize à dix-sept ans au plus, embarqué sur un navire pour y servir de garçon de bord au capitaine et officiers-mariniers : après avoir servi en cette qualité un certain temps, il doit être enrôlé comme matelot, à l'âge de dix-huit ans. Art. 4, tit. 5, liv. 8 de l'ordon. de 1689, et cela, quoiqu'il n'ait servi que sur des barques de pêcheurs.

607. Le novice est un jeune homme qui, soit qu'il ait été mousse ou non, s'engage pour servir une campagne sur un vaisseau marchand. Pour

être reçu en cette qualité, il faut que celui qui se présente ne soit pas au-dessous de l'âge de seize ans, ni au-dessus de celui de vingt-cinq. Art. 3 de l'ord. du 22 décemb. 1739, confirmée en cette partie par l'art. 1 de l'ord. du 21 décembre 1759; même pour les vaisseaux de l'État, un an de navigation suffit au novice pour devenir matelot. Art. 12 de l'ord. du 23 juillet 1745.

608. Les noms des mousses, novices et matelots, sont également inscrits sur les registres des classes; mais pour cela, les novices et les mousses ne sont pas encore enrôlés à l'effet d'être commandés pour le service : il faut servir comme matelot pour y être sujet.

609. Par la déclaration du 28 juillet 1661, relative à celle du mois d'oct. 1647, il a été accordé aux matelots et autres gens de mer, divers priviléges, comme l'exemption du logement des gens de guerre, de guet, et gardes de portes de villes et châteaux, de tutèle et curatèle, séquestre et garde des biens, et régime des fruits pendant l'année de leur service. L'art. 6 de l'ord. du 12 décemb. 1759, a admis les novices à la participation de ces mêmes priviléges.

610. Un autre privilége important, est celui de refuser, de plaider, et de se défendre des actions civiles contre eux intentées pendant l'année de leur service pour l'État, ce qui emporte la surséance et la suspension de *toutes* poursuites contre eux *en leur procès et différens civils;* à l'effet de quoi il leur suffit de produire un certificat du commissaire de la marine, portant qu'ils sont effectivement employés au service de la marine de l'État.

611. Ce privilége, et les précédens, leur ont été accordés d'abord par édit du mois d'août 1673, confirmé depuis par l'ordon. du 15 avril 1689, liv. 8, tit. 1, art. 14, et par arrêt du conseil du 9 mars 1755.

612. Par édit du mois d'août 1669, les ord. de Louis XIII, du 17 avril 1635, et 23 janv. 1638, par la déclaration du 20 juillet 1665, et l'édit du mois d'août 1669, il est fait défense à tout français de s'habituer dans les pays étrangers, avec injonction à ceux qui s'y étoient atablis, de retourner dans le royaume, sur peine, contre les uns et les autres, de confiscation de corps et de biens. Par ce dernier édit, il fut aussi enjoint à ceux qui étoient au service d'une marine étrangère, de retourner dans six mois; et défenses furent faites à tout français de servir hors du royaume, dans la marine, à peine de la vie.

613. Par la déclaration du 10 octobre 1680, la peine de mort a été commuée en celle des galères à perpétuité. Ord. de 1689, liv. 8, tit. 1, art. 29, et autre ord. du 25 juin 1698.

614. Par l'édit du mois d'avril 1689, les étrangers furent invités à prendre

parti dans la marine de France; en accordant à ceux qui, après avoir servi cinq ans, voudroient s'habituer dans le royaume, le privilége de n'être plus réputés aubains, et de jouir de tous les droits de régnicoles; ce qui a été confirmé par l'ordon. du 15 avril 1689, liv. 8, titre. 1. L'arrêté du comité de Salut public du 25 prairial an 3, porte : « Le comité de Salut public arrête, « que la commission de la marine et des colonies est autorisée à donner, à ses agens, les ordres et les instructions nécessaires, à l'effet d'enrôler de gré à gré tous les marins des pays neutres, alliés ou amis, qui voudront s'embarquer sur les vaisseaux et autres bâtimens de la République. » Art. 5 de l'*instruction* qui suit : « Il ne pourra être embarqué que dans la proportion d'*un* cinquième d'étrangers sur la totalité de l'équipage de chaque bâtiment. »

615. Par l'art. 20 du réglement du 23 janvier 1727, il faut même, pour le petit cabotage, un mousse, dès qu'il y a trois hommes d'équipage; d'ailleurs, il faut un mousse par dix hommes : de plus, afin que les pêcheurs soient exempts de servir, à leur tour, sur les vaisseaux de l'État, de même que les capitaines ou maîtres des autres bâtimens, ils doivent avoir un garçon de bord chaque voyage qu'ils font.

616. Par le réglement du 23 janvier 1727, art. 21, il est ordonné de prendre un novice sur chaque bâtiment : mais par l'ord. du 23 juillet 1745, il est aussi prescrit de prendre un novice sur quatre hommes d'équipage; de manière que s'il y a douze hommes portés sur le rôle, y compris le capitaine, le chirurgien et les mousses, il doit y avoir trois novices.

617. Les novices ne peuvent avoir moins de seize ans, ni plus de vingt-cinq, et ils ne peuvent être reçus s'ils ne sont reconnus d'une complexion robuste et propres à devenir bons matelots. Article 3 de la susdite ordonnance.

618. L'art. 4 porte : « Seront réputés novices, tous les jeunes gens qui n'auront point navigué, ou qui n'auront servi que sur les rivières à la pêche du poisson frais; et tous ceux qui au-dessous de l'âge de dix-huit ans, seront reconnus trop foibles pour être matelots, et néanmoins trop forts pour rester mousses. » L'article 5 veut que les enfans des gens de mer soient employés par préférence à tout autres.

619. Par l'article 6 « il est permis aux armateurs et capitaines de choisir les sujets qu'ils voudront employer en qualité de novices; et s'ils n'en peuvent trouver suffisamment, il doit leur en être fourni par les commissaires de marine et des classes. »

620. S'il ne s'en présente pas assez de gré à gré, les commissaires sont autorisés,

autorisés, par l'art. 7, à en commander d'autorité; mais aux termes de l'article 8, ils ne peuvent commander que des jeunes gens qui auront déjà fait quelque navigation à la mer ou sur les rivières ; et s'il n'y en a pas suffisamment dans leur département, ils en demanderont aux officiers des départemens voisins, lesquels en feront la levée, soit de gré ou d'autorité.

621. Les particuliers qui se seront engagés de gré à gré, et qui refuseront d'exécuter leur engagement, seront commandés d'autorité par lesdits commissaires, et pourront être arrêtés pour les obliger de s'embarquer, art. 9. Par l'art. 10, la solde de ces novices sera réglée par le commissaire, à proportion de leur travail et de leur capacité; ce qui s'entend sauf les conventions arrêtées entre les armateurs et les novices. Mais, par l'art. 1.er de l'ord. du 4 Juillet 1784, il est dit : « Les armateurs et capitaines, maîtres et patrons des navires marchands, ne seront plus astreints à embarquer un nombre déterminé de novices, et seront libres de n'en admettre qu'autant qu'ils le voudront, quelle que soit la destination de leurs bâtimens pour le commerce ou pour la pêche, et de quelque nombre d'hommes qu'ils soient équipés. »

L'art. 2 porte : « Il continuera d'être embarqué sur chacun des navires qui seront armés dans les ports du royaume, un mousse par dix hommes d'équipage, conformément aux ordonnances du 15 août 1732. »

Par l'art. 5 de l'ordon. du 12 décembre 1759, il a été permis aux novices de quitter le service après leur première campagne; ceux mêmes qui en auront fait plusieurs, pourront quitter à la paix, sans pouvoir être contraints de continuer le métier de la mer.

L'art. 12 porte, « que les novices qui auront navigué un an, ne pourront plus être embarqués qu'en qualité de matelots, et qu'alors ils seront inscrits en ladite qualité sur les registres des classes. »

622. Quelque expérience qu'ait acquise un Français, il ne peut s'engager valablement à aucun capitaine ou maître de navire comme matelot, qu'il n'ait été enrôlé aux classes, et qu'il n'en ait retiré son bulletin, c'est-à-dire, le certificat qu'il est classé, avec indication des années qu'il doit servir, art. 7, tit. 5, liv. 8 de l'ord. du 15 avril 1689. Il est défendu pareillement à tous capitaines, maîtres ou propriétaires de navires ou autres bâtimens de mer, de les employer, sans s'être assurés qu'ils sont effectivement enrôlés, à peine de 500 livres d'amende, et de punition corporelle en cas de récidive, art. 6, tit. 1 du même liv. de ladite ordon.

Les art. 15 et 17 du même tit. veulent, de plus, que quoique classés, ils ne soient pas en tour de service sur les vaisseaux de l'État ; de manière qu'ils ne peuvent s'engager sur les vaisseaux marchands qu'en temps libre; et même ayant la liberté de s'engager, il faut que leur engagement soit tel qu'ils puissent être de retour avant le commencement de l'année de leur service.

L'art. 16 veut, que ceux qui sont classés ne changent de condition ni de demeure, sans l'avoir déclaré au commissaire de leur département. De là, les capitaines, ou maîtres des vaisseaux marchands, ne peuvent engager les matelots des provinces voisines du lieu de leur armement, qu'après s'être fait représenter le congé à eux accordé par le commissaire du département qu'ils auront quitté, et le certificat du commissaire du département où ils se trouveront, portant qu'il les a enrôlés dans les classes du département où ils ont transféré leur domicile; à peine, contre les matelots, d'être punis comme déserteurs, et de cinq cents livres d'amende envers les capitaines, maîtres ou patrons.

623. Les matelots ne peuvent non plus s'engager dans le service des troupes, soit de terre, soit de la marine ; et s'ils le font, sans déclarer qu'ils sont enrôlés dans les classes, soit avant l'engagement, soit dans les huit jours, ils encourent les galères, ord. du 27 mars 1725, et art. 6 de celle du 16 novembre 1759. L'art. 7 déclare ces engagemens nuls, et veut que les officiers avec lesquels les matelots auront contractés, ne puissent prétendre le remboursement d'aucuns frais.

624. L'obligation de servir tour-à-tour sur les vaisseaux de l'État, subsiste même après qu'ils sont devenus officiers mariniers, et qu'ils ont été reçus pilotes ou maîtres ; et ces derniers n'en sont exempts, qu'en prenant sur leur bord, à chaque voyage qu'ils feront en mer, un mousse par dix hommes de leur équipage, art. 31 du même tit.

L'art. suivant ajoute, que s'ils sont une année sans aller à la mer, ils perdront leur exemption, et seront obligés de servir, à leur tour, sur les vaisseaux de l'État, sans pouvoir recouvrer l'exemption, qu'après avoir navigué trois années consécutives en qualité de capitaines, maîtres ou patrons : disposition qui a été étendue aux maîtres de bateaux de pêche, par l'art. 9 du régl. du 31 août 1722.

625. Par ord. du 12 janvier 1734, il a été réglé qu'ils continueront d'être assujettis au service, jusqu'à ce que, par rapport aux capitaines, ils aient été portés, en cette qualité, sur un rôle d'équipage, suivi d'un congé de

l'amiral ; et pour les pilotes, jusqu'à ce qu'ils aient été établis sur un rôle d'équipage en la même qualité ; de manière que leurs noms ne doivent être inscrits sur ces rôles des classes qui y sont destinés, qu'après avoir fait leur première campagne dans lesdites qualités.

626. L'art. 7 de l'ord. du 18 octobre 1740, veut que les maîtres ou patrons reçus pour la navigation du petit cabotage simplement, quoiqu'ils soient tenus pareillement d'avoir un mousse par dix hommes d'équipage, et même un dès qu'ils ont trois hommes d'équipage, ils soient assujettis au même service ; mais pour être reçus ainsi maîtres, il n'est pas nécessaire qu'ils aient fait deux campagnes sur les vaisseaux de l'État, comme il résulte de l'art. 6 et du préambule de ladite ordon.

627. L'ordonnance du 28 juillet 1746, veut que les officiers-mariniers et matelots pourvus d'offices, ou chargés des fonctions relatives à la police et à des services publics, ne soient point exempts de servir, à leur tour, si la finance de leurs offices n'est de la somme de 500 l. et au-dessus, et s'ils ne renoncent à exercer toute fonction de matelot. La même ord. veut aussi que ceux qui seront chargés des fonctions concernant la police des villes et paroisses maritimes, qui seront employés aux pataches et bateaux des fermes, et généralement à des services publics, ne puissent, sous ce prétexte, être exempts de l'ordre et discipline des classes ; que nonobstant lesdits emplois, ils soient commandés, à leur tour, pour le service des vaisseaux de l'État.

628. En faveur de la pêche, les maîtres de barques qui ne font d'autres navigation, sont exempts de ce service, toutefois en tenant sur leurs bâtimens un mousse, et rapportant aux Commissaires des classes les congés qui leur auront été délivrés en qualité de pêcheurs, pendant trois années consécutives. Art. 33, tit. 1.er, liv. 8 de l'ord. de 1689 ; et art. 8 du régl. du 15 août 1722. Néanmoins ils peuvent être commandés pour les cas extraordinaires et pressans, art. 3, tit. 5 du même liv. Il doit en être tenu un registre particulier, art. 11 du régl. du 31 août 1722.

629. Voilà quelle est la série des lois de l'ancien régime. Voici l'extrait de celles du nouveau régime, qui, à certains égards, ne sont guères que des répétitions des précédentes, à quelques petites modifications ou emplifications près ; et quoiqu'elles ne paroissent avoir été rendues qu'en faveur de la marine de l'État, elles ne sont pas moins applicables, sous bien des rapports, à la marine marchande.

Loi relative à l'avancement des gens de mer, en paye et en grade, sur les vaisseaux de l'État.

Donnée à Paris, le 7 janvier 1791.

Décret de l'Assemblée nationale, du 31 décembre 1790.

Art. 1.er « Nul ne pourra être embarqué comme mousse avant l'âge de dix ans. Il y aura deux payes de mousse : la haute paye ne sera accordée qu'au mousse âgé de quatorze ans, et qui aura douze mois de navigation.

2. » Nul ne pourra être embarqué comme novice avant l'âge de seize ans accomplis. Il ne pourra être fait matelot qu'après douze mois de service de novice, sauf l'exception portée dans l'article suivant, et seulement lorsqu'il aura été jugé bon matelot par le capitaine du vaisseau sur lequel il aura fait sa dernière campagne de novice.

3. » Tout mousse, à l'âge de seize ans accomplis, sera novice de droit; et s'il avoit alors vingt-quatre mois de navigation, et qu'il fût jugé bon matelot, on pourra lui en donner le titre et la paye. Cet avancement ne pourra être fait que par le capitaine du vaisseau sur lequel il aura fait sa dernière campagne de mousse.

4. » Tout homme ayant dix-huit ans, et six mois de navigation, comme novice, soit sur les vaisseaux de l'État, soit sur les bâtimens de commerce, ne pourra être appelé que comme matelot.

5. » Il y aura trois payes de matelot. Ils commenceront par la basse paye, et ne pourront être avancés d'une paye à l'autre, qu'ils n'aient fait douze mois de navigation sur les vaisseaux de l'État, dans la paye immédiatement inférieure. Les matelots ne pourront obtenir, que par leur bons services, l'avancement dont leur temps de navigation les rendra susceptibles.

6. » Les matelots qui, sans avoir servi pour l'État, auroient, depuis l'âge de seize ans, quatre ans de navigation pour le commerce, seront appelés au service public, à la seconde paye de matelot.

7. » Nul ne pourra être fait officier-marinier, de quelque classe que ce soit, s'il n'a douze mois de navigation à la haute paye de matelot.

8. » Ceux qui auront été employés pendant une année en qualité de maîtres d'équipage, sur un bâtiment de commerce de trente hommes au moins d'équipage, et qui auront reçu de leurs capitaines un certificat de capacité, ne pourront être appelés au service de l'État dans une qualité inférieure à celle de quartier-maître.

9. » Le commandant du vaisseau choisira pour le service de gabier, parmi les matelots, ceux qu'il y jugera les plus propres, et il sera attribué un supplément de paye à ceux qui seront spécialement chargés de ce service, seulement pendant le temps qu'ils le rempliront.

10. » Il y aura quatre grades d'officiers-mariniers de manœuvres : premier maître, second maître, contre-maître, et quartier-maître; trois payes dans le premier de ce grade, deux dans le second et dans le troisième, et six dans le quatrième.

11. » Nul ne pourra être fait quartier-maître, s'il n'a fait douze mois de service en qualité de gabier, sauf l'exception portée dans l'article 8.

12. » Nul officier-marinier ne pourra parvenir dans chaque grade, d'une paye à l'autre, qu'après avoir navigué au moins six mois dans la paye immédiatement inférieure, ni passer d'un grade à un autre, qu'après avoir été employé six mois à la haute paye du grade inférieur.

13. » Il y aura pour les gens classés trois grades d'officiers-mariniers de canonnage, maîtres, seconds maîtres, et aides-canonniers; et trois payes dans le premier grade, quatre dans le second, six dans le troisième.

14. » Ne pourront être admis comme matelots-canonniers, que ceux qui auront été dans les écoles, ou qui, s'étant instruits ailleurs, se seront présentés à l'examen du maître canonnier d'un des départemens, et en auront reçu un certificat d'instruction.

15. » Ne pourront être fait aides-canonniers, que ceux qui auront deux ans de service en qualité de matelots-cannoniers sur les vaisseaux de l'État, ou dans les écoles des ports.

16. » Il y aura trois grades dans chaque classe d'ouvriers, maîtres, seconds maîtres, et aides; trois payes dans le premier grade, quatre dans le second, six dans le troisième.

17. » Nul ouvrier ne pourra être fait aide, qu'il n'ait trois ans de service pour l'État, dont une année au moins de navigation, et pour les deux années restantes, le temps de service dans les ports ne sera compté que pour moitié de sa durée effective.

18. » Il sera accordé un supplément de paye aux ouvriers qui justifieront, par un certificat du directeur des constructions, qu'ils réunissent les deux professions de calfat et de charpentier.

19. » Il y aura trois payes de pilotes-côtiers : les pilotes-côtiers ne pourront passer d'une paye à l'autre, qu'ils n'aient fait trente mois de navigation dans la paye inférieure.

20. » Il sera accordé des supplémens de solde à tous les premiers maîtres et au pilote-côtier de chaque vaisseau. Ces supplémens seront réglés suivant la force des vaisseaux, et la classe à laquelle appartiendra le premier maître : ils ne seront payés que pendant la durée des campagnes, sans que les maîtres, qui en auront joui, puissent y prétendre, lorsqu'ils seront embarqués sur des bâtimens inférieurs.

21. » Il y aura huit payes de timoniers : ceux de la plus haute, auront le titre de chefs de la timonerie. La paye sera graduée de la première à la dernière ; ceux de la plus basse, ne pourront être pris que parmi les matelots qui auront au moins vingt-quatre mois de navigation en qualité de matelots, et qui auront fait preuve de capacité par un service de six mois au moins à la timonerie sur les vaisseaux de l'État ; ils ne pourront passer d'une paye à l'autre, qu'après avoir fait au moins douze mois de navigation dans la paye immédiatement inférieure.

22. » Les matelots qui, ayant navigué trente mois à la haute paye sur les vaisseaux de l'État, n'auront point été faits officiers-mariniers ou timoniers, pourront être employés en qualités de matelots vétérans.

23. » Il y aura deux payes de vétérans : on ne pourra être élevé d'une paye à l'autre, qu'après dix-huit mois au moins de navigation sur les vaisseaux de l'État dans la paye inférieure.

24. » Pour toutes les augmentations de paye et les avancemens de grades, chacun des officiers de l'état-major des principaux maîtres, fera la liste de ceux dont il proposera l'avancement. Chaque liste ne pourra comprendre un plus grand nombre de sujets que celui dont l'avancement pourra être ordonné. Le capitaine ne pourra choisir que parmi les sujets proposés sur ces listes, ceux qu'il destinera à être avancés.

25. » Tout commandant de vaisseau de l'État, après un an de campagne, et au retour de chaque campagne, fera une revue de tous les hommes de son équipage ; et sur les listes des officiers de l'état-major et des maîtres, désignera ceux qu'il jugera dignes d'avancement : il en sera dressé procès-verbal, enregistré sur les deux rôles. La paye sera accordée du moment de cette revue ; mais, à l'exception des promotions faites en remplacement des places vacantes, ceux qui auront été avancés en grade ne pourront, sous ce prétexte, cesser de remplir leurs premières fonctions.

26. » Les avancemens de grades autorisés par l'article précédent, après un an de campagne, ne pourront jamais être portés en totalité qu'au douzième au plus du nombre des hommes de l'équipage *du vaisseau*, *pris*

indistinctement suivant le mérite des sujets dans toutes les classes de l'équipage, et sans être assujettis à aucune proportion entre elles ; et dans les cas de campagne d'un moindre temps, les avancemens seront réduits en proportion : les avancemens en paye pourront être du double seulement.

27. » Chaque législature prononcera sur la proportion établie par l'article précédent, et l'augmentera ou diminuera suivant les besoins du service et l'état des classes.

28. » Au retour dans le port de désarmement, tout commandant de vaisseau remettra au bureau des armemens les procès-verbaux des avancemens qu'il aura faits. Le commissaire vérifiera si le temps et le service des hommes avancés sont conformes aux règles prescrites par les précédens articles, et n'admettra que les avancemens conformes à ces règles.

29. » Il n'y aura pas d'autres grades d'officiers-mariniers que ceux établis par les précédens articles, et ils exerceront toutes les parties du service que le capitaine leur confiera, soit à bord, soit dans les chaloupes et canots, sans qu'ils puissent s'y refuser ni prétendre aucun supplément.

Décret de l'Assemblée nationale du 31 *décembre* 1790.

Art. 1.er « Tout citoyen français pourra embrasser les professions maritimes. Tous ceux exerçant ces professions, seront obligés au service public sur mer ou dans les arsenaux ; à cet effet, ils seront classés, et dès-lors dispensés de tout autre service public.

2. » Les professions maritimes sont la navigation dans l'armée navale ou sur les bâtimens du commerce pour tous ceux qui font partie de l'équipage, en qualité d'officier ou dans toute autre qualité ; la navigation et la pêche en mer, sur les côtes ou dans les rivières, jusqu'où remonte la marée, et pour celles où il n'y a pas de marée, jusqu'à l'endroit où les bâtimens de mer peuvent remonter ; le service sur les pataches, les bacs et bateaux ou chaloupes dans les rades ; les états de charpentier de navire, perceur, poulier, calfat, voilier, cordier et tonnelier, établis dans les ports, villes et lieux maritimes.

3. » Les pêcheurs, hâleurs de Seine, bateliers et mariniers des bacs et bateaux et autres bâtimens sur les étangs, lacs, canaux et rivières dans l'intérieur du royaume, seront aussi classés. Leur obligation au service public sur mer et dans les arsenaux, aura lieu dans tous les cas de guerre ou de préparatifs de guerre, mais une fois seulement en temps de paix, pour une campagne d'un an.

4. » Tous ceux qui auront embrassé quelques-unes des professions maritimes, qui les auront exercées au moins un an et auront atteint l'âge de 18 ans, seront inscrits sur les rôles des classes, et seront appelés, chacun dans leur profession et dans leur grade, au service public, à tour de rôle.

5. » Les gens de mer seront appelés sur la flotte, les ouvriers navigans sur la flotte ou dans les arsenaux, et les ouvriers non navigans dans les arsenaux seulement, pour y servir, chacun dans son état et dans les grades qu'ils auront obtenus, aux revues de désarmement du vaisseau sur lequel ils auront fait leur dernière campagne.

6. » Nul ne pourra être inscrit sur les registres comme matelot-ouvrier, s'il ne justifie qu'il est en état d'exercer sa profession, soit en prouvant son apprentissage, soit en subissant un examen.

7. » Tout matelot-ouvrier qui auroit navigué comme matelot de manœuvre, et fait en cette qualité deux campagnes, sera censé avoir renoncé à sa profession d'ouvrier.

8. » Tout citoyen français qui commencera à naviguer, ne pourra s'embarquer et être inscrit sur le rôle d'équipage, sous aucune dénomination que celle de mousse, novice ou aspirant.

9. » Tous les hommes de profession maritime qui ne seront pas actuellement commandés pour le service, ou qui ne seront pas dans le cas d'être compris dans les levées dont les ordres seront donnés, seront libres de s'embarquer sur les navires marchands et bateaux de pêche, ou d'aller dans les différens ports et arsenaux du royaume, travailler et s'y embarquer, à la charge seulement de faire inscrire leurs mouvemens sur la matricule des classes de leur quartier, et de celui où ils se rendront, et sur leurs livrets qui leur serviront de passe-ports; et à l'égard de ceux qui s'embarqueront sur les bâtimens de commerce ou de pêche, la formalité de l'enregistrement sur le rôle d'équipage et la tenue de ce registre, auront lieu comme par le passé.

10. » Tous ceux qui auront atteint l'âge de cinquante-six ans seront dispensés de l'obligation au service; et ceux qui voudront renoncer aux professions maritimes, seront déclassés par le fait seul de leur déclaration et renonciation, un an après les avoir faites; mais ne seront pas reçus à les faire en temps de guerre ou de préparatifs de guerre.

11. » Tous les citoyens âgés de vingt-quatre ans, de professions maritimes dans chaque syndicat, tels qu'ils se trouvent formés s'assembleront au chef-lieu de leur territoire, et en présence des officiers municipaux, ils éliront leur

leur Syndic dans la forme prescrite par les décrets de l'Assemblée nationale, pour l'élection des Maires et pour le même temps. Ils procéderont ensuite, et de la même manière, à l'élection d'un suppléant pour remplacer le Syndic, en cas d'absence ou de maladie.

Ces élections se feront en même temps dans les syndicats de chaque quartier.

12. « Nul ne pourra être élu Syndic, s'il ne sait lire et écrire, et n'est âgé de plus de quarante ans; et s'il n'a fait au moins trente-six mois de navigation ou de service dans les arsenaux, il sera tenu de résider dans l'étendue du syndicat.

13. » Les Commissaires établis dans les quartiers, seront conservés. Ils tiendront les matricules et les registres où seront inscrits les gens de mer de leur quartier. Ils recevront les ordres de l'administration sur l'époque des levées et le nombre des hommes dont elles doivent être composées, en feront la répartition entre les différens syndicats de leur quartier, et adresseront les ordres particuliers aux syndics chargés de leur exécution. Ils surveilleront la comptabilité des paiemens à faire dans chaque quartier aux gens de mer qui l'habitent. Ils seront chargés de la correspondance avec l'administration de la marine, exigée par ses différentes fonctions; enfin à eux appartiendront les ordres relatifs aux départs des levées. Ils seront également chargés de l'expédition et délivrance des rôles d'équipage, et de la certification de tous les extraits des pièces nécessaires pour constater l'état des gens de mer, et leurs conventions avec leurs armateurs.

14. » Le Commissaire des classes tiendra un rôle particulier de tous ceux qui, n'ayant pas atteint l'âge de dix-huit ans, exercent des professions maritimes, ou qui, désirant embrasser ces professions, en feront déclaration pour être appelés, d'après leur vœu, au service de l'armée navale, comme mousses, novices, ou aspirans.

15. » Les marins qui voudront faire le service public, quoiqu'ils n'y soient poins appelés par le tour de rôle, pourront en faire la demande au Commissaire de leur quartier, avant les ordres de levée. Il tiendra un registre de ces demandes, et ceux qui les auront faites seront commandés de préférence pour servir dans le grade et la paye qu'ils auront acquis, sans qu'on puisse outre-passer, dans aucun cas, le nombre d'hommes de chaque grade ou de chaque paye, exigé par les besoins du service. Il ne sera ordonné de levée que pour compléter, dans chaque classe, les besoins du service.

16. » Le Syndic tiendra un extrait de la matricule du Commissaire pour

son syndicat; et aussitôt qu'il aura reçu l'ordre de levée, il fera l'indication des hommes qui devront la composer, aux termes de l'article 4, et fera publier, de suite, l'ordre et l'indication.

17. » Si quelqu'un réclame contre l'indication du Syndic, la réclamation sera portée sans délai devant la municipalité du chef-lieu, qui entendra le plaignant, celui qu'il prétendra devoir lui être substitué et le Syndic, et prononcera de suite, de façon qu'en admettant la réclamation, la même décision ordonnera et indiquera le remplacement.

18. » Il ne sera reçu aucune nouvelle réclamation quatre jours francs après la publication des ordres de levée et de l'indication du Syndic. La levée formée, ceux qui la composeront seront assujettis à la subordination prescrite par les ordonnances de l'armée navale.

19. » En cas de refus ou retardement à l'exécution des ordres du Commissaire, si c'est de la part du Syndic, il en sera personnellement responsable, et si c'est de la part des hommes de service, la municipalité sera tenue de prêter main-forte à la première réquisition du Syndic, à peine aussi d'en répondre.

20. » Tous les citoyens de professions maritimes de chaque syndicat, lors de l'assemblée au lieu ordinaire et devant les Officiers municipaux, après avoir fait leur élection, arrêteront les réclamations qu'ils croiront utiles à l'intérêt de leur syndicat, sur les inégalités de répartition et de levée.

21. » Tous les Syndics de chaque quartier, s'assembleront dans la quinzaine après leur élection, devant le directoire du district où est situé le chef-lieu du quartier, et en présence du Commissaire.

22. » Si dans cette assemblée, les Syndics reconnoissent que leur quartier a été chargé d'une contribution de levée au-dessus de ses forces; que la conduite du Commissaire, ou autres chefs, ou quelques dispositions réglementaires ont donné lieu à des plaintes légitimes, ils formeront leur pétition, et l'adresseront au directoire de leur département et au Ministre de la marine, pour mettre le Pouvoir exécutif, et au besoin le Corps législatif, en état d'y pourvoir.

23. » A compter du 1er janvier prochain, les places d'inspecteurs-généraux et particuliers des classes, d'Intendant-général des classes, de Commissaire-général des classes, des chefs des classes et officiers d'arrondissement, sont supprimées. Il sera accordé des pensions de retraite, ou le retour au service, à ceux qui en seront susceptibles.

24. » Les officiers qui ont quitté le service de la marine pour être atta-

chés à celui des classes, seront traités pour leurs pensions de retraite, comme s'ils avoient continué de servir dans le grade qu'ils avoient avant de quitter le service de la marine. »

Ils pourront concourir pour être admis dans la nouvelle organisation du corps de la marine, conformément à ce qui sera prescrit.

25. « Les officiers qui avoient quitté le service de la mer avant d'être employés dans les classes, ajouteront au temps de service qu'ils avoient en quittant, celui pendant lequel ils auront été employés dans les classes, et recevront une retraite proportionnée à cette somme de services et au grade qu'ils remplissoient avant de quitter la marine.

26. » Tout ce qui est prescrit par le présent décret pour le classement des gens de mer, s'exécutera sans distinction dans toutes les parties du royaume, l'Assemblée nationale supprimant tout privilége, usage et exception à ce contraires. »

630. Loi du 3 mars 1793. Elle déroge aux articles 2, 3 et 4 de la loi du 7 janvier 1791 ; il y est dit :

Art. 1. « Les citoyens non actuellement inscrits sur les registres des classes maritimes de la République, qui se livreront à la navigation intérieure des rivières et des canaux, pendant la guerre, ne pourront, tant qu'elle durera, être assujettis aux levées pour le service maritime.

Art. 2. » Seront pareillement exempts de levées pour le service maritime, tous citoyens qui, n'étant pas classés, feront, sur les côtes de la République, la pêche des sardines ou de tous autres poissons, connue sous le nom de *petite pêche*.

Art. 3. » Après la guerre, tout citoyen qui, en vertu des articles précédent, navigueroit sur les rivières et les canaux, sera censé marin ; et, en cette qualité, assujetti au service maritime de la République, s'il déclare que son intention est de continuer l'une ou l'autre de ces navigations, ou s'il la continue trois mois après la publication de la paix. »

631. Décret du 21 sept. 1791. Administration des classes.

Art. 35. « Les quartiers des classes seront distribués suivant leur localité, dans la dépendance de l'ordonnateur du port le plus voisin, et conformément à la nouvelle division géographique du royaume, et suivant le réglement qui sera présenté par le Ministre, et décrété par le Corps législatif.

Art. 38. » Les Syndics des marins établis dans chaque syndicats, auront des enrôlemens ou gages réglés par la loi, et proportionné à l'importance de leur service. »

632. Loi concernant l'inscription maritime du 3 brumaire an 4, section 1, *de l'inscription maritime.*

Art. 1. « Il y aura une inscription particulière des citoyens français qui se destineront à la navigation.

Art. 2. » Sont compris dans l'inscription maritime;

1.° Les marins de tout grade et de toute profession, navigant dans l'armée navale, ou sur les bâtimens de commerce;

2.° Ceux qui font la navigation ou la pêche de mer sur les côtes, ou dans les rivières jusqu'où remonte la marée; et pour celles où il n'y a pas de marine, jusqu'à l'endroit où les bâtimens de mer ne peuvent remonter (1);

3.° Ceux qui naviguent sur les pataches allégées, bateaux et chaloupes, dans les rades et dans les rivières.

Art. 3. » Tout citoyen qui commence à naviguer, ne pourra s'embarquer ni être employé sur les rôles d'équipages d'un bâtiment de la République ou du commerce, que sous la dénomination *de mousse*, depuis l'âge de dix ans jusqu'à quinze ans accomplis; et sous celle de *novice*, au-dessus de ce dernier âge : néanmoins, tout mousse ou novice qui, ayant navigué pendant six mois, dans l'une de ces deux qualités, aura en outre satisfait à l'examen prescrit, sera employé sous la dénomination d'aspirant de la dernière classe.

Art. 4. » Il sera donné connoissance des diverses dispositions de la présente loi, à tout citoyen commençant à naviguer, et il sera incrit sur un rôle particulier.

Art. 5. » Sera compris dans l'inscription maritime, tout citoyen âgé de dix-huit ans révolus, qui, ayant rempli une des conditions suivantes, voudra continuer la navigation ou la pêche. »

1.° D'avoir fait deux voyages de long cours;

2.° D'avoir fait la navigation pendant dix-huit mois;

3.° D'avoir fait la petite pêche pendant deux ans;

4.° D'avoir servi pendant deux ans en qualité d'apprentif-marin;

---

(1) Ce mot *bâtiment* prête beaucoup à l'arbitraire : on appelle bâtiment de mer le vaisseau à deux et trois mâts; mais il y a aussi des barques à deux mâts. Il auroit été sans doute plus convenable de dire, *un bâtiment de tant de tonneaux;* alors plus d'arbitraire, parce qu'il n'y auroit point d'équivoque.

633. A cet effet, il se présentera accompagné de son père, ou de deux de ses plus proches parens ou voisins, au bureau de l'inscription de son quartier, où il lui sera donné connoissance des lois et réglemens qui déterminent les obligations et les droits des marins inscrits.

Art. 6. « Celui qui, ayant atteint l'âge et rempli l'une des conditions exigées par l'article précédent, continue la navigation ou la pêche sans se faire incrire au bureau de son quartier, ainsi qu'il est prescrit, sera compris dans l'inscription maritime, étant censé y avoir consenti, par le fait seul qu'il continue à naviguer.

Art. 7. » Tout citoyen français compris dans l'inscription maritime, est dispensé de tout service public, autre que ceux de l'armée navale, des arsenaux de la marine, et de la garde nationale dans l'arrondissement de son quartier. »

SECTION II.

Des arrondissemens, quartiers et syndicats maritimes, et de l'appel des marins au service public.

8. « Chacun des principaux ports de la République aura un arrondissement maritime qui sera divisé en quartiers, composé de syndicats, et ceux-ci de communes, conformément à ce qui est déterminé par le réglement.

9. » Dans les quartiers maritimes, l'inscription des gens de mer sera confiée à des administrateurs de la marine ; ceux-ci auront sous leurs ordres des syndics choisis par le gouvernement, et de préférence parmi les anciens marins. Les uns et les autres seront subordonnés à l'ordonnateur ou commissaire principal de l'arrondissement. »

Chaque syndic tiendra, pour son syndicat, un extrait de la matricule de l'administrateur du quartier, sur lequel il suivra les mouvemens des gens de mer.

10. « Tout marin inscrit sera tenu de servir sur les bâtimens et dans les arsenaux de la République, toutes les fois qu'il en sera requis.

11. » Les marins qui se présenteront pour servir de bonne volonté dans l'armée navale, seront notés sur un registre particulier, et commandés de préférence.

12. » Tout matelot et même tout novice, ayant déjà navigué, qui se présentera volontairement pour servir sur les bâtimens de la République, recevra, à titre de gratification, un mois de solde une fois payé. La même

gratification sera accordée aux officiers-mariniers qui se soumettront à servir à la paye de matelot de la haute classe.

13. » Si le nombre des marins enregistrés volontairement dans un quartier excède le contingent à fournir par ce quartier, ceux qui se seront présentés les premiers au bureau de l'inscription maritime, seront employés de préférence.

14. Si, dans un quartier, le nombre de marins enregistrés de bonne volonté est moindre que le contingent fixé pour ce quartier, il y aura lieu à une levée.

15. » Dans chaque quartier maritime, les marins sont distribués en quatre classes :»

La première comprend les célibataires ;

La seconde, les veufs sans enfans ;

La troisième, les hommes mariés, et n'ayant point d'enfans ;

Et la quatrième est composée des pères de famille.

16. « La seconde classe ne sera mise en réquisition que lorsque la première, étant épuisée, n'aura pu suffire aux besoins du service. Il en est usé de même à l'égard des troisième et quatrième classes.

17. » Dans chaque quartier, le marin qui aura le moins de service sur les bâtimens de guerre, sera requis le premier ; et, s'il y a égalité de service, le plus anciennement débarqué, soit des bâtimens de la République, soit de ceux de commerce, sera tenu de marcher, sans qu'il puisse prétendre à la gratification accordée à celui qui se sera volontairement présenté pour faire le service public.

18. » Les officiers-mariniers qui se seront présentés les premiers à l'enregistrement volontaire, seront admis à servir dans la proportion d'un dixième du nombre des matelots de leur quartier appelés au service de l'armée navale.

19. » Les administrateurs des quartiers maritimes ayant reçu l'ordre de commander des marins pour le service public, feront la répartition entre les différens syndicats, du nombre des gens de mer à fournir par leurs quartiers respectifs.

20. » Ils remettront aux syndics des extraits de l'état de répartition, et ceux-ci formeront des listes nominatives pour chaque commune de leurs syndicats.

21. » Si le marin désigné pour marcher a des réclamations à faire, il s'adressera à l'administration municipale de son canton, qui y fera droit

après avoir entendu le syndic ; et dans le cas où le réclamant auroit des motifs légitimes pour ne pas marcher, celui qui devra le remplacer sera désigné au même instant.

22. » Il ne sera reçu aucune nouvelle réclamation quatre jours francs après la publication des listes.

23. » En cas de refus ou de retardement à l'exécution des ordres de l'administrateurs du quartier, de la part des marins commandés pour le service, l'administration municipale du canton sera tenue, sous sa responsabilité, de prêter main-forte à la réquisition du syndic. »

Section III.

Des avantages attachés à l'état des marins inscrits.

24. « Tout marin qui aura atteint l'âge de cinquante ans révolus, sera de droit exempt de la réquisition pour le service des vaisseaux et arsenaux de la République, sans néanmoins perdre la faculté de continuer la pêche ou la navigation, même sur les bâtimens de l'État.

25. » Tout marin, quel que soit son âge, qui voudra renoncer à la navigation et à la pêche, sera rayé de l'inscription maritime, par le fait seul de sa déclaration et renonciation, un an après les avoir faites ; et, dès-lors, il ne jouira plus d'aucun des avantages résultant de cette inscription. Ces déclarations et renonciations ne seront pas admises en temps de guerre, et demeureront même sans effet, si la guerre a lieu avant l'expiration d'une année, à compter du jour où elles auront été faites.

26. » Si, après s'être fait rayer de l'inscription, un marin se détermine à reprendre la navigation ou la pêche, il sera réinscrit au grade et à la paye qu'il avoit lors de sa radiation.

27. » Tout marin qui ne sera pas actuellement commandé pour le service, sera libre de s'embarquer sur les navires marchands, ou bateaux de pêche, ou d'aller dans les différens ports de la République, travailler ou s'y embarquer, à la charge seulement de faire inscrire son mouvement sur le rôle des gens de mer de son quartier, et de celui où il se rendra.

28. » Il sera accordé, aux marins inscrits, des pensions suivant leur grade, âge, blessures ou infirmités. Ces pensions seront réglées sur la durée de leurs services à bord des bâtimens, et dans les arsenaux de la République, et sur les navires du commerce.

29. » Le service sur les bâtimens de la République comptera, en temps de paix, dix-huit mois pour un an, et dans les arsenaux, année pour année. »

Le service sur les bâtimens du commerce sera compté, en temps de paix, six mois pour un an, et en temps de guerre, année pour année : sur les corsaires, l'année sera comptée double comme pour les bâtimens de la République.

30. « Les veuves et enfans des marins ont droit aux secours et pensions accordés aux veuves et enfans des défenseurs de la patrie.

31. » Il sera accordé un secours par mois à chacun des enfans des deux sexes au-dessous de l'âge de dix ans, de tout marin en activité de service sur les bâtimens ou dans les ports de la République.

32. » Les enfans des marins seront embarqués de préférence, en qualité de mousses, sur les bâtimens de la République et sur ceux du commerce.

33. » Tout marin appelé à servir sur les bâtimens ou dans les arsenaux de la République, recevra une conduite pour se rendre au port de sa destination ; et s'il est retenu chez lui par les ordres du bureau de l'inscription maritime, sa solde lui sera payée tout le temps que son départ est retardé.

34. » Tout marin au service de la République pourra déléguer, pour être payé à sa famille, pendant la durée de sa campagne, jusqu'à la concurrence du tiers de ses salaires présumés gagnés, déduction faites de ses avances.

35. » En cas de naufrage d'un bâtiment de la République, et de perte constatée des effets d'un marin, il lui sera tenu compte de son salaire jusqu'au moment du naufrage : la valeur des effets lui sera remboursée d'après le réglement, et il lui sera payé une conduite.

36. » Le produit net des prises faites par les bâtimens de la République appartiendra aux équipages preneurs, et sera réparti suivant les réglemens. »

Les différens grades des gens de mer sont : mousses, novices, matelots, quartiers-maîtres, contre-maîtres, seconds maîtres, et maîtres de manœuvres ; aides, seconds maîtres, et maîtres de canonnage, de timonnerie, de charpentage, de calfatage et de voilerie, et pilotes-côtiers.

38. « Les avancemens des marins seront réglés suivant la durée de leurs services sur les bâtimens de l'État : des actions d'éclat, ou un mérite distingué, accéléreront leur avancement.

39. » Les officiers-mariniers, parvenus à la première classe de leur profession,

profession, pourront être constamment entretenus : le nombre de ces entretenus sera déterminé d'après les besoins du service.

40. « Le dixième des places d'enseigne de vaisseau pourra être donné aux maîtres entretenus de manœuvre, de canonnage et de timonnerie. »

SECTION IV.

Des apprentis-marins.

41. « La République entretiendra annuellement, à son service, deux mille apprentis-marins.

42. » Les apprentis-marins seront enrôlés volontairement, et serviront pendant deux ans sur les bâtimens ou dans les ports militaires.

43. » Ils seront remplacés tous les ans par moitié. Leur solde et leur vêtement seront fixés par le réglement. »

SECTION V.

De l'appel des ouvriers propres aux travaux des ports.

44. « Les charpentiers de navires, perceurs, calfats, voiliers, pouliers, tonneliers, cordiers et scieurs de long, exerçant leur profession dans les ports et lieux maritimes, et non inscrits comme marins, seront appelés dans les ports militaires, dans les cas de guerre, de préparatifs de guerre, ou de travaux extraordinaires et considérables. Il en sera tenu un enregistrement particulier dans les bureaux de l'inscription, et ils seront dispensés de toutes autres réquisitions que celles relatives au service de la marine.

45. » Les ouvriers désignés dans l'article précédent, seront appelés dans les ports suivant les règles prescrites par les articles 14, 15 et 16 de la présente loi. Ceux de la troisième et de la quatrième classe auront un quart en sus du salaire journalier auquel ils auront été taxés d'après leur capacité. Ce supplément de salaire sera payé à leurs femmes dans le lieu de leur domicile.

46. « Indépendamment du quart en sus, il sera payé à chacun des enfans des deux sexes de ceux de la quatrième classe au-dessous de l'âge de dix ans, un secours par mois, dont la quotité sera déterminée par le réglement.

Pendant la durée de leur service dans les ports de la République, ils jouiront de tous les avantages attribués aux ouvriers qui y sont constamment employés.

47. » Le Directoire exécutif est chargé de présenter à l'approbation du Corps législatif le réglement pour tous les objets mentionnés en la présente loi.

634. D'après l'ord. de 1584, art. 66. Dès que le matelot est valablement engagé à un capitaine ou maître, il est obligé de faire le service du navire. Ce service consiste dans l'équipement, à se rendre aux jours et lieux assignés pour charger les vivres, fréler les voiles et charger les marchandises, tant du propriétaire que de tous les marchands.

635. Depuis long-temps l'usage est que les matelots chargent et déchargent les marchandises, les marchands chargeurs n'étant tenus de faire porter leurs marchandises, à leurs frais, que jusqu'au quai si le navire y est amarré, ou jusqu'au vaisseau s'il est à l'ancre; après quoi c'est au maître à les faire charger dans son bâtiment par ses matelots. Il en est de même pour la décharge, le tout s'il n'y a convention ou usage contraire.

636. Il est remarquable que lorsqu'il survient des avaries aux marchandises, lors de leur charge ou décharge du bâtiment, elles sont aux risques et périls du maître ou capitaine; et lorsque par l'usage ou la convention, les maîtres ou capitaines font charger ou décharger les marchandises, les risques sont à sa charge jusqu'au quai; mais si, par l'usage ou la convention, les propriétaires font charger ou décharger eux-mêmes leurs marchandises, elles sont à leurs risques jusqu'au moment où elles sont rendues à bord.

637. Pour ce qui regarde l'arrangement ou l'arrimage des marchandises dans le bâtiment, il y a des gens préposés à cet effet, qu'on appelle arrumeurs, terme dérivé de *rum* ou *ruma*, qui signifie, en portugais, règle ou ligne droite; et de-là vient que les lignes de la rose du compas sont nommées *rumbs de vent.* C'est le propriétaire du navire qui en fait choix; ce qui est, suivant Valin, un abus: ces gens là, dit-il, lui étant dévoués par état dès qu'il les emploie.

638. Quoique la réflexion de cet auteur soit susceptible de quelque justesse, puisqu'il soit vrai que l'armateur peut faire placer ses marchandises plus avantageusement dans le bâtiment, que celles des autres chargeurs, quoique portées à bord les premières; néanmoins, si les chargeurs avoient chacun leurs arrumeurs, il arriveroit souvent des contestations entre eux, vu que chacun d'eux prendroit le parti de son commettant, et voudroit arrumer à sa fantaisie; et les inconvéniens qui pourroient résulter

de ce défaut d'ensemble, pourroient être tels, qu'ils risqueroient de compromettre le navire et l'équipage : mais, en laissant à l'armateur le soin de choisir ses arrumeurs, y ayant plus d'accord dans l'arrumage, ces inconvéniens ne peuvent plus être appréhendés; et s'ils se présentent, l'armateur doit devenir responsable des événemens provoqués par le mauvais arrumage; car quoique l'art. 8 du tit. du Capitaine, veuille que le capitaine voie, avant le voyage, si le bâtiment est bien chargé, c'est à-dire, *arrumé*; néanmoins, comme le mauvais arrumage ne devient presque sensible que lorsque le bâtiment a éprouvé des roulis ou tangages; il suit de-là que les mauvais effets qui résultent d'un arrumage mal-entendu, ne doivent point retomber sur lui, mais sur l'armateur qui a fait choix d'arrumeurs qui ne savoient point leur métier.

639. Il y a encore une autre raison : tel vaisseau, pour être bon voilier, a besoin d'être chargé sur son avant, pendant que tel autre a besoin de l'être sur son arrière; lorsque l'armateur choisit ses arrumeurs, il peut leur faire cette observation, et tous concourent à l'exécution de ses ordres, ce qui peut-être n'arriveroit pas dans le cas contraire.

640. Clairac dit sur les jugemens d'Oléron, fol. 55 : « Ce n'est pas que la plupart des équipages ne fussent autant capables de faire le service de l'arrumage, aussi bien que les arrumeurs; mais ils ne veulent pas s'en mêler ou l'entreprendre, tout à dessein, pour éviter les reproches que les marchands pourroient leur faire en cas d'accident. » Or, si les marchands chargeurs produisoient chacun leurs arrumeurs, qu'une certaine quantité de marchandise fût bien arrumée, et l'autre mal, et qu'il en résultât quelque événement, ne seroit-il pas malheureux pour les chargeurs qui auroient fait un bon choix, de se trouver lésé, sans pouvoir demander aucune indemnité, par la faute de ceux qui auroient fait un mauvais choix? mais les arrumeurs étant choisis par l'armateur, celui-ci répond donc aux chargeurs de l'arrumage : aussi l'art. 23 de l'ordonnance de Wisbuy porte-t-il : « Si le navire est mal arrumé, et qu'il arrive que le vin se perde par la faute du maître..., le maître est obligé de payer; mais si les matelots déclarent le contraire moyennant serment, le coulage ou la perte sera sur le marchand. »

641. La fonction des arrumeurs consiste à arranger les marchandises dans le navire, après avoir fait choix de celles qui doivent être placées en première ou dernière sole, de les fixer de manière à ce qu'elles ne puissent point se dégrader par le vacilement; et que le navire soit chargé dans un tel ordre, qu'il conserve bien son à-plomb; ils doivent aussi régler l'en-

..ment qu'elles y prennent, et la valeur en tonneaux par rapport au pa... ent du fret; parce que, dans le prix du fret, on a égard au poids et au volume de la marchandise. En effet, une livre de plomb doit bien moins payer de fret qu'une livre de coton, vu que cette dernière marchandise prend bien plus d'encombrement que la précédente.

642. L'ord. de 1681, tit. du Matelot, art. 1.er, porte : « Les matelots seront tenus de se rendre aux jours et lieux assignés, pour charger les vivres, équiper le navire, et faire voile. »

643. A Bordeaux, les gens de l'équipage, sauf convention contraire, suivent l'ordonnance, c'est-à-dire, qu'ils ne chargent que les vivres, et non les marchandises; les matelots ne sont employés qu'à la confection du gréement et l'armement du navire; et il y a ensuite des hisseurs qui hissent les marchandises de la gabare sur les navires, et les descendent dans la cale aux arrumeurs.

L'art. 2 porte : « Le matelot engagé pour un voyage, ne pourra quitter, sans congé *par écrit*, jusqu'à ce qu'il soit achevé, et que le vaisseau soit amarré à quai et entièrement déchargé. »

644. Tout matelot engagé pour un voyage, est obligé d'exécuter son engagement, sans pouvoir s'en dispenser, s'il n'a une excuse légitime : on sent quelles en seroient les funestes conséquences, s'il en pouvoit être différemment : ainsi c'est une excuse légitime que la maladie ; mais si c'étoit des affaires de grand intérêt qui le retinssent, je crois qu'il devroit se faire autoriser, afin de se faire remplacer. Valin dit sur cet article : « L'excuse est légitime s'il a cinquante ans passés, suivant la note 2 sur l'art. 18 de la juridiction de la marine; mais elle n'est bonne à alléguer qu'auparavant l'engagement, et non après, s'il n'est survenu quelque infirmité. » J'ouvre la juridiction de la marine, et j'y lis : « Si le compagnon est plus vieux de cinquante ans, sans office, il sera *inepté ;* » c'est-à-dire, jugé incapable de servir. Ceci suppose donc que le matelot ayant caché son âge, que la supercherie ayant été découverte, il doit être renvoyé *ou inepté*, c'est-à-dire, ne point être apte à son état. Dans ce cas, son renvoi n'est point provoqué par son allégation, mais par celle du maître : cependant Valin paroît lui attribuer à lui-même cette allégation, puisqu'il dit que l'*excuse est légitime s'il a cinquante ans passés ; mais*, dit-il encore, *elle n'est bonne à alléguer qu'auparavant l'engagement, et non après*. Valin suppose de deux choses l'une, ou que le matelot a été forcé de s'engager, ou qu'après avoir contracté son engagement volontairement, il s'en est repentit, et veut le faire

annuller. Dans le premier cas, l'allégation doit être valable : dans le second elle ne peut point l'être, parce qu'il a renoncé à ses droits en s'engageant; mais il reste au maître le droit de le renvoyer, si bon lui semble, d'après les raisons que j'ai données plus haut.

645. L'ordonnance de Wisbuy, art. 63 dit, que si le pilote ou matelot achète un navire, est fait maître, ou se marie, il sera quitte envers son maître en lui rendant ce qu'il a reçu. Valin observe, avec raison, par rapport aux deux premières considérations, que la faveur du commerce et la bienséance pouvant être des excuses légitimes, parce que, dit-il, par rapport à la seconde, il ne convient pas à un homme qui a droit de commander aux autres, qu'il soit sujet au commandement de son égal, s'il ne s'y est soumis après avoir acquis sa nouvelle qualité; il rejette la troisième considération.

646. Suivant le chap. 158 du Consulat, le matelot peut renoncer à s'embarquer si le voyage est entièrement changé : mais d'après l'art. 24 de l'ordonnance de la hanse, si le plus grand nombre des matelots accepte ce changement, les autres sont obligés de s'y soumettre, autrement ils seront punis comme mutins; c'est ainsi que l'observe Valin. Voici de quelle manière cet article s'explique :

« Si le maître change la devise du voyage, et prend une autre route, il doit, par préalable, s'accorder avec les matelots, *ou* leur payer ce qui sera jugé leur être dû, pour ce changement, par la majeure partie; et si quelqu'un ne veut pas obéir, il sera puni comme mutin. »

647. La conjonction disjonctive, *ou* présentant ici une alternative, la mineure partie de l'équipage doit suivre la loi qu'aura faite la majeure partie : or, si la majeure partie décide qu'elle fera le nouveau voyage pour et à telle condition, la mineure partie sera obligée de suivre les autres, à peine d'être considérés comme mutins; mais par rapport au paiement, il y a, je crois, deux choses à considérer : la première, est le paiement qui doit être fait en cas qu'il soit décidé, par la majeure partie, que l'on sera payé pour dédommagement du changement de route proposé; et la seconde, pour le paiement qui doit être fait en cas que le changement de route ait été accepté. Dans l'un comme dans l'autre cas, un matelot ne pourra point être considéré comme mutin, s'il trouve son salaire mal apprécié; et je pense que s'il proteste contre l'arrangement qui, dans sa manière de voir, aura blessé ses intérêts, il pourra les faire arbitrer par le Tribunal de commerce, pour en passer par sa décision. Au reste, ce changement de voyage ne peut guère avoir lieu que lorsque le capitaine, ne trouvant point assez de fret pour le lieu où il

vouloit aller, d'accord avec l'armateur et les chargeurs, il se dispose à aller dans un autre endroit : mais si le capitaine, par baratterie, vouloit changer de voyage, la mineure partie de l'équipage ne seroit point obligée de suivre l'avis de la majeure.

648. Le changement du capitaine n'est point une excuse suffisante pour renoncer à l'embarquement, et l'équipage est obligé de suivre le capitaine subrogé Kuricke, contre la décision du Consulat; ce qui s'entend, soit avant le voyage commencé, soit après. Il sembleroit d'abord que l'opinion du Consulat devroit prévaloir sur celle de Kuricke, en considérant que, lorsque l'équipage a consenti à s'embarquer, il avoit donné sa confiance au premier capitaine; et que comme la confiance ne se commande pas, il n'est point tenu de l'accorder au capitaine subrogé : cependant, comme tous les capitaines n'ont été reçu qu'après avoir fait des preuves solennelles de capacité; que l'armateur lui-même est intéressé à faire commander son bâtiment par un homme en état; que plusieurs circonstances peuvent exiger ces mutations; et que la faveur due au commerce exige qu'il ne soit pas un moment en souffrance. Toutes ces considérations veulent donc que l'opinion de Kuricke prévale sur celle du Consulat.

649. Les matelots ne peuvent aussi point renoncer à l'embarquement par rapport au changement de navire; statuts de Marseille, pag. 457, à moins qu'il n'y ait tout-à-la-fois changement de navire et de capitaine, et encore sera-ce au Juge à décider en ce cas, suivant les circonstances; c'est un argument tiré de l'art. 7 de l'ordonnance du 23 juillet 1745, qui permet au commissaire des classes de prendre même des novices d'autorité pour embarquer sur les vaisseaux marchands, quand il ne s'en présente pas de bonne volonté. Or, comme dans le cas proposé, le Juge ne se détermine à condamner l'équipage à faire le voyage, que lorsqu'il voit que le retard qu'éprouveroit le navire, en ordonnant une nouvelle levée, pourroit nuire aux intérêts des négocians; il y a au moins, dans ce cas, autant de raison à alléguer que dans l'autre, pour autoriser le commissaire des classes à interposer son autorité. La faveur due au commerce le veut ainsi.

650. L'engagement étant pour le voyage, l'officier ou matelot est donc obligé de l'accomplir; et il ne peut quitter, sans congé, que le voyage ne soit achevé; art. 66 de l'ordon. de 1584. Or, le voyage n'étant censé achevé qu'à l'époque à laquelle le navire est amarré à quai, ou mis sur ses ancres, et entièrement déchargé, si l'équipage, d'après la convention et l'usage, est tenu de le décharger; dans le cas contraire, qu'après qu'il a été dégréé et

désarmé. Il faut donc se régler, à cet égard, d'après les usages des port ou les conventions. L'art. 54 de l'ord. de Wisbuy, porte : « il est inhibé aux matelots de sortir du navire, et le désemparer après le voyage et la décharge faite, qu'au préalable il ne soit dégarni et lesté suffisamment.

651. Ces préalables remplis, le capitaine et l'équipage ont accompli leurs engagemens, et le paiement de leurs honoraires et salaires se fait sur le décompte du commissaire de la marine, fait de concert avec le propriétaire, après qu'ils ont passé en revue ; et, après le paiement effectué, le commissaire délivre, à chacun des mariniers, un permis pour se retirer chez eux. Les salaires des matelots français ne doivent être payés que dans les lieux où le navire a été armé, quoiqu'il soit désarmé ailleurs ; et quoique le matelot ait été laissé, ou qu'il ait été congédié en pays étranger. Déclaration du 18 décemb. 1728 : arrêt du Conseil du 19 janv. 1734 ; mais ces règles ne concernent point les officiers et matelots étrangers qui naviguent sous le régime de leur nation, à moins qu'elles ne soient établies par quelque traité de commerce, ou bien que le matelot étranger navigant momentanément sur un navire français, ne soit point domicilié en France. En 1752, par sentence de l'Amirauté, un capitaine d'un vaisseau hollandais fut congédié à Marseille par les propriétaires, il demanda son salaire et son droit de conduite. Les propriétaires requirent le renvoi de la cause par-devant les Juges de Hollande ; ils furent déboutés du déclinatoire. Arrêt du Parlement d'Aix, du 15 décemb. 1752, qui confirma la sentence.

652. Le congé dont parle l'article précité, ne regarde que le dégagement du matelot, avant ou pendant le voyage ; lequel congé ne peut être accordé que par le propriétaire, ou par le maître en son absence. Il est même à observer que, dès que le matelot est compris dans le rôle d'équipage, il ne peut plus être congédié que du consentement du commissaire aux classes, qui alors en fait mention en marge du rôle. Mais jusqu'à ce qu'il soit employé sur le rôle, le congé dont il a besoin pour être dispensé de servir aux termes de son engagement, qui est formé dès qu'il est convenu de son loyer, suffit étant donné par le propriétaire ou le maître : et, comme il a été dit, il ne peut être donné par aucun autre, pas même par les officiers de l'amirauté lorsqu'ils existoient, et conséquemment par les officiers actuels des classes. Ordon. de 1689, liv, 8, tit. 1.er art. 25 : l'article ajoute, que les officiers-mariniers et matelots qui quitteront sans congé, seront privés de ce qu'il leur sera dû ; mais pour cela il est sous-entendu s'il n'y a cause

valable, laquelle doit être jugée par les officiers des classes; dans ce cas le congé vaut autant que s'il étoit consenti par le propriétaire ou maître, sauf le mal jugé.

653. Quoique l'article dont il est question prescrive que le congé doit être donné par écrit, s'il a été donné verbalement par le maître devant témoins, avant que le matelot ait été porté sur le rôle d'équipage, et qu'il lui ait laissé emporter ses hardes et son coffre, le congé n'en sera pas moins bien donné, et sera valable; ainsi jugé à Marseille en octobre 1752. Il en est tout autrement lorsque le matelot a été sur le rôle d'équipage, au moins si c'est pendant le voyage; l'art. 9 de l'ord. du 1.er août 1743, ayant réglé que le congé ne seroit accordé aux gens de mer qui le demanderoient pendant le voyage, que pour causes particulières et jugées indispensables par les officiers des classes dans les ports du royaume, ou par les Consuls, ou leurs représentans dans les pays étrangers, desquelles causes il seroit fait mention sur le rôle d'équipage.

654. Lorsqu'un matelot, à l'arrivée du navire, descend à terre, et ne retourne point en temps opportun pour travailler au désarmement, on prendra un journalier, à sa place, pour son compte, sauf le cas où il resteroit à terre pour cause légitime.

L'art. 3 dit: « Si le matelot quitte le maître sans congé par écrit, avant le voyage commencé, il pourra être pris et arrêté, en quelque lieu qu'il soit trouvé, et contraint, par corps, de rendre ce qu'il aura reçu, et de servir autant de temps qu'il s'y étoit obligé, sans loyer ni récompense; et s'il quitte après le voyage commencé, il sera puni corporellement.

655. Cet article regarde tout officier comme les matelots; argument tiré de l'art. 9 du titre du Chirurgien. Par divers réglemens, notamment par les articles 10 et 15 de celui du 22 juillet 1753, la solde due aux déserteurs demeure au profit de l'État, afin que les armateurs et capitaines ne provoquent point la désertion des gens de l'équipage, par des mauvais traitemens, pour profiter de leur salaire.

656. Comme aussi il arriveroit que souvent les matelots déserteroient en Amérique, pour se rembarquer à plus gros gages; par l'ordon. du 23 décemb. 1721, et l'arrêt du Conseil du 13 mai 1738, les conventions faites par les matelots déserteurs, qui s'embarquent dans les colonies, doivent être autorisées par les Intendans, Commissaires-ordonnateurs desdites colonies, ou leurs subdélégués, auxquels il a été enjoints de régler lesdits salaires

salaires à un quart de moins que ce que lesdits matelots gagneroient sur les navires par eux abandonnés.

657. D'après la susdite ordonnance de 1721, tout matelot trouvé aux colonies après le départ du vaisseau sur lequel il est arrivé, est réputé déserteur, s'il n'est muni d'un congé de son capitaine, visé de l'Intendant ou Commissaire-ordonnateur; et, comme tel, il doit être arrêté et mis en prison, pour y rester jusqu'à ce qu'il puisse être renvoyé en France par un navire où il manquera de matelots. Alors le capitaine auquel le matelot sera donné en remplacement, doit payer, par avance, sur la solde qu'il gagnera, ses gîtes, geolages et subsistances, dans la prison, depuis le temps qu'il y sera entré jusqu'au jour de sa sortie, et en rapporter la quittance du geolier, qui sera visée par l'Intendant, Commissaire-ordonnateur, ou Subdélégué; au moyen de quoi la somme contenue en ladite quittance, sera déduite au matelot sur ses salaires, lors du paiement, qui lui en sera fait au désarmement : à lui enjoint, au surplus, de se rendre à son département aussitôt après son arrivée en France, et de se représenter au Commissaire des classes, à peine de trois mois de prison. Art. 3 et 4 du réglement du 19 mai 1745.

Par l'ordonnance de 1719, et par l'art. 8 du réglement du 19 mai 1745, il est défendu à tous cabaretiers et hôteliers des colonies, de recevoir chez eux aucuns matelots sans en donner avis, le même jour, au commandant du lieu, avec injonction de s'assurer de la personne desdits matelots, à peine de 100 liv. d'amende.

Par l'art. 1.er dudit réglement du 19 mai 1745, il a été défendu à tout capitaine d'un navire de France, de débaucher, dans les colonies, des matelots engagés dans d'autres navires du royaume, à peine de 300 liv. d'amende, applicable, moitié à l'amiral, et moitié au premier capitaine ou maître, lequel pouvoit reprendre son matelot si bon lui sembloit.

L'art. 5 défend très-expressément, à tous matelots, de s'embarquer aux colonies sur des navires de France, et à tous capitaines de les y embarquer, qu'ils n'aient été inscrits sur les rôles d'équipage par les officiers des classes, à peine contre les matelots d'un mois de prison à leur arrivée en France, de perte de la solde qui leur aura été promise, et de restitution de celle qui leur aura été payée d'avance; à l'effet de quoi la retenue leur en sera faite dans les voyages qu'ils feront dans la suite. A l'égard des capitaines, leur punition est de trois mois de prison; et ils sont menacés d'une plus grande peine, en cas de récidive.

L'art. 6 porte : Que tout capitaine de bâtiment armé aux colonies pour le cabotage et la navigation d'icelle, qui débauchera un matelot de quelque navire de France, sera condamné à une amende de 300 liv., applicable aussi moitié à l'amiral, et moitié au maître du matelot, et en outre à trois mois de prison pour la première fois; et en cas de récidive, déclaré incapable de commander aucun bâtiment de mer; et pourra toujours, le capitaine du navire de France, reprendre son matelot si bon lui semble.

L'art. 7 fait tout de même défenses, sous pareille peine de 300 liv. d'amende, et en outre d'un mois de prison, à tous maîtres ou patrons des bâtimens des colonies, d'engager aucun matelot provenant des équipages des navires de France, sans la permission par écrit des Intendans, Commissaires-ordonnateurs, ou leurs subdélégués; laquelle permission ne pourra leur être accordée, que dans le cas où le matelot aura obtenu son congé de son capitaine, et qu'il ne se trouvera pas d'ailleurs des navires de France qui aient besoin de remplacement.

658. Toutes ces dispositions ont été confirmées par le réglement du 22 juin 1753, et par celui du 11 juillet 1759, dont voici les principales dispositions de ce dernier, servant de supplément pour perfectionner la police et la discipline des équipages des navires expédiés pour les colonies d'Amérique.

Art. 1.er « Il sera fait à bord des navires marchands, aussitôt après leur arrivée aux colonies françaises de l'Amérique, par le commissaire, ou autres officiers chargés du détail des classes, une revue exacte de tous les gens de mer dont les équipages seront composés, et des passagers engagés qui auront été embarqués en France, et le capitaine de chaque navire leur en remettra le rôle jusqu'à son départ.

Art. 3. « Ledit officier vérifiera s'il se trouve à bord des matelots, ou autres gens de mer, qui n'aient point été compris sur le rôle de l'équipage; et il fera arrêter, sur-le-champ, ceux qui se trouveront dans ledit cas, Sa Majesté voulant qu'ils soient détenus en prison aux frais du capitaine, jusqu'à ce qu'ils puissent être renvoyés sur un autre navire de la même province du royaume où lesdits matelots auront été embarqués.

Art. 4. « Cet officier des classes fera mention, sur chaque rôle, des mouvemens arrivés dans l'équipage pendant la traversée du bâtiment, de même que ceux qui auront lieu jusqu'à son départ.

Art. 5. « Aucun capitaine ne pourra congédier un seul homme de son équipage, sans la permission dudit Commissaire, laquelle il apostillera et signera sur le rôle; il lui rendra compte, pareillement, de ceux qui lui désorteront, pour être aussi apostillés; et il pourra prendre un seul homme en remplacement, ou comme passager, qu'il ne soit établi sur son rôle par ledit Commissaire, lequel fera une seconde revue avant le départ du navire, sous peine de 300 liv. d'amende envers le capitaine, pour chaque homme qu'il aura débarqué, ou remplacé sans l'aveu de l'officier des classes, et d'être déchu de sa qualité.

Art. 4. « Si toutefois, après l'arrivée et décharge du vaisseau au port de sa destination, le maître ou patron, au lieu de faire son retour, le frète ou charge pour aller ailleurs, le matelot pourra quitter, si bon lui semble, s'il n'est autrement porté par son engagement. »

659. L'engagement, pour aller ailleurs, doit être prouvé par écrit, sans quoi ce sera le cas de s'en rapporter au serment du matelot, conformément à l'art. 1.er tit. 4 de l'engagement et du loyer du matelot.

660. Valin dit sur cet article : « Comme il est de règle que le capitaine, ou maître, doit retourner son navire au port où il a fait son armement, et d'où il est parti; il peut arriver que son engagement envers son matelot, et celui du matelot envers lui, ne cesse pas par l'arrivée et la décharge du navire au lieu de sa destination; ou plutôt cela ne pourra guère se rencontrer, que dans le cas d'une navigation au cabotage de port en port, où le maître arrivé, par exemple, en ce port, après y avoir déchargé ses marchandises, et voulant profiter d'un fret qu'il trouve pour Bordeaux ou Bayonne, etc. prendra ici un matelot pour ce voyage; l'engagement de ce matelot finira alors à la décharge du navire à Bordeaux ou à Bayonne, s'il n'y a convention contraire par écrit.

661. Mais s'il s'agit d'un armement fait ici pour Saint-Domingue, comme le capitaine fait sa soumission de ramener le navire dans ce port, le voyage n'est pas fini par l'arrivée du navire à Saint-Domingue, lieu de sa destination, il ne peut l'être qu'au retour du navire dans ce port. Ainsi, sans convention particulière, qui doit être justifiée par écrit, le matelot ne peut quitter le maître à Saint-Domingue, sans encourir la peine de désertion, et le maître ne peut l'y congédier non plus, qu'aux conditions portées par l'art. 10 du tit. 4 du loyer des matelots.

662. De même, dans la navigation au cabotage, où le maître est obligé de ramener son navire dans le port où il a commencé sa navigation; art. 18 des jugemens d'Oléron. S'il a, par exemple, équipé son bâtiment à Calais pour cette ville, ou pour Bordeaux, de même que son équipage ne peut le quitter qu'au retour du bâtiment à Calais, de même il ne peut le congédier à l'ar-

rivée en cette ville, ou à Bordeaux, sans le dédommager, en lui payant ses loyers en entier, et les frais de retour ou de la conduite.

663. Dans tous ces cas, néanmoins, le maître ne peut alonger la navigation malgré les matelots, c'est-à-dire, qu'arrivé à Saint-Domingue, il ne lui est pas libre de les obliger d'aller ensuite au Mississipi ; ou, arrivé de Calais ici, il ne peut les contraindre d'aller ensuite à Bordeaux. « Non-seulement, dit encore Valin, le matelot pourra, sans offense, quitter le capitaine : comme ce sera par le fait de celui-ci, et que cela vaut congé de sa part, il sera tenu du paiement des gages en entier, et des frais de conduite, le tout s'il n'y a convention contraire, qui, encore une fois, doit être prouvée par écrit. »

664. La première observation de Valin m'a paru un peu amphibologique. Dans la première phrase, il dit qu'il peut arriver que les engagemens réciproques du maître et du matelot ne cessent pas à l'arrivée et à la décharge du bâtiment à sa destination, et que cela ne pourra guère se rencontrer que dans la navigation de port à port, dans laquelle le maître, arrivé à sa destination, va ensuite au-delà pour profiter d'un fret avantageux ; et que dans ce cas, l'engagement du matelot pris au lieu de la première décharge, finira à ce port où il fera la seconde décharge : il y a donc ici deux considérations ; l'une, qui résulte de l'engagement du matelot, pris dans le lieu du premier départ, pour la navigation à un lieu convenu, et ensuite pour tout autre : dans ce cas, comme à la fin le vaisseau doit revenir dans le lieu de son premier départ, le second voyage suppose donc une convention expresse. L'autre considération résulte de l'engagement qu'un matelot, du port où a été fait le premier déchargement, prend avec le capitaine, de le servir pendant le second voyage ; dans ce cas, il est clair que l'engagement doit finir aussitôt l'arrivée et après la décharge du bâtiment, parce qu'il n'est pas présumable que ce matelot ne s'est point engagé, sauf convention contraire, pour ramener le bâtiment au lieu de son premier départ ; et que, d'ailleurs, l'article de l'ordonnance qui motive ces observations, est précis sur ce point.

D'après ce qui vient d'être observé, on doit donc dire :

1.° Que lorsque le matelot s'engage, il ne contracte son engagement que pour l'allée et le retour ; 2.° que si après que le vaisseau est arrivé au lieu de sa destination, le maître veut aller dans un autre lieu que celui de son départ, le matelot peut le quitter, en demandant le surplus de ses gages et les frais de son retour ; 3.° que le matelot qui s'engage dans tout autre lieu que celui du départ primitif, pour un autre port, ne s'engage que pour l'allée seulement : alors, du moment que le vaisseau est arrivé et déchargé, son engagement finit.

665. Cependant il arrive souvent que les capitaines consignataires qui sont destinés aux Colonies du vent, ne trouvant point à se défaire de leur cargaison au lieu de leur destination, lèvent l'ancre et font voile vers la Colonie sous le vent ; soit que l'équipage se prête de bonne grace à ces mutations, soit que l'usage les autorise, soit qu'il y ait eu des conventions expresses, je n'ai point entendu dire que jamais il y ait eu des réclamations à cet égard. Si de pareils arrangemens sont autorisés par l'usage, l'usage déroge donc aux règles ci-dessus énoncées.

666. Dans la guerre maritime de 1780, qui fut terminée par le traité de paix de janvier 1783, on voyoit souvent des navires sorti d'un port de France, revenir dans un autre port français, et même souvent dans un port étranger, où ils vendoient leur chargement. Or, comme le vaisseau doit revenir dans le port de son départ primitif, il est clair que dans ces circonstances il n'y avoit qu'une force majeure qui pût les contraindre à déroger à la règle. En effet, la crainte d'être pris par les ennemis, pouvoit autoriser une pareille conduite ; dans ce cas, l'engagement du matelot finissoit-il au lieu de l'arrivée et du déchargement du vaisseau? En argumentant d'après Roccus, Casarégis et Pothier, qui disent : « Si par crainte des ennemis, ou par quelqu'autre fortune de mer, arrivée dans le cours de la navigation, on change le voyage, les assureurs ne sont pas déliés, et répondent des sinistres soufferts dans le cours du nouveau voyage forcément. » En argumentant, dis-je, d'après ces auteurs, on doit répondre négativement ; parce qu'il est de principe qu'une convention, un contrat, ne peut se résilier par l'effet d'une force majeure non-autorisée par les lois de l'État, si les parties pouvant l'exécuter, l'une le voulant, l'autre s'y refuse.

667. Cependant, je croirois que le capitaine pourra renvoyer son équipage, s'il pense ne pouvoir sortir de long-temps du port où il a déchargé sans danger : dans ce cas, les matelots doivent être payés de leur loyer échu ; argument tiré de l'art. 9 du tit. de l'engagement et des loyers des matelots, et non du surplus ; autre argument tiré de l'art. 10, qui dit : « Si le maître congédie le matelot pendant le voyage, sans cause valable, il lui paiera le voyage et les frais de retour. Or, comme ici il y a une cause valable, il ne leur est donc dû que les loyers échus et les frais de retour, parce qu'une force majeure est venue porter atteinte au contrat.

Les frais de retour lui sont dus, parce qu'il est de règle que le matelot soit renvoyé sans frais, au lieu où il a pris le navire qui devoit y revenir.

L'art. 5 porte : « Depuis que le vaisseau aura été chargé, les matelots ne pourront quitter le bord, sans congé du maître, à peine de 5 francs d'amende, même de punition corporelle en cas de récidive. »

Non-seulement les matelots ne peuvent s'absenter du bord, sans la permission du maître, lorsque le navire est chargé, mais encore lorsqu'il est en chargement, et même lorsqu'il est prêt à être chargé. Dans les deux premiers cas, s'il s'absente du bord sans permission, il est sujet à la rigueur de l'article; dans le troisième cas, il peut être condamné à quelques punitions, comme condamné au pain et à l'eau, aux fers et autres choses semblables. Ce qui résulte des anciens réglemens, des us et coutumes de la mer.

668. Plusieurs raisons exigent cette discipline rigoureuse. 1.° Il est essentiel, lorsque le navire est en partie gréé, que les matelots soient constamment à bord pour prévenir les avaries qui pourroient survenir; 2.° en temps de guerre, pour que les corsaires ne s'emparent point en rade, comme il est arrivé quelquefois, des navires dépourvus de matelots; 3.° pour qu'en cas qu'un matelot déserte, on puisse le savoir sur-le-champ, en faire une prompte recherche, ou en prendre un autre à la place; 4.° pour entretenir l'ordre et la discipline si nécessaires au succès de la navigation.

669. Au surplus, si les matelots abandonnent, sans le consentement du capitaine, même du propriétaire ou marchand chargeur, le navire étant en mer, en s'embarquant sur la chaloupe, sous prétexte qu'il est en mauvais état, ou bien qu'il craint d'être pris par les forbans, c'est un délit qui emporte peine de galère pour trois ans; et plus grande peine s'il échoit. Décl. du 22 sept. 1699.

670. Nul autre que le capitaine, et à son défaut l'officier immédiat, ne peut donner une permission aux matelots pour aller à terre, à peine d'interdiction. Art. 32, tit. 3, liv. 4, de l'ordon. de 1689.

L'art. 6 « Défend à tous mariniers, matelots, de prendre du pain ou autres vituailles, et de tirer aucun breuvage sans la permission du maître ou dépensier préposé pour la distribution des vivres, à peine de perte d'un mois de leurs loyers, et de plus grande punition s'il échoit. »

671. La défense portée en cet article, regarde tout l'équipage; et qui plus est, si le capitaine vouloit vendre ou disposer des vituailles, ou les dissipoit, les gens de l'équipage seroient fondés à s'y opposer et à s'en plaindre, et même le capitaine encourroit des peines s'il les laissoit

gaspiller : la raison est, qu'il est très-important de conserver des vivres, qui sont d'autant plus précieux à la mer, qu'il n'est pas possible de pouvoir les remplacer par d'autres.

672. Le décret du 29 septembre 1793, porte, art. 5 : « A la fin de la campagne, les vivres qui n'auront pas été consommés, seront remis aux préposés à la tenue des magasins, sans qu'aucun officier ou matelot puisse prétendre aucune indemnité pour économie ou défaut de consommation. Art. 6. « Aucun officier ou matelot ne pourra, sous aucun prétexte, transporter tout ou partie de sa ration à terre ; et l'officier, commandant à bord, veillera soigneusement à ce qu'il ne soit débarqué aucuns vivres, à moins que l'ordre du service ou les besoins de l'équipage ne l'exigent; et, dans ce cas, le capitaine ou l'officier commandant à bord, en donnera le permis signé de sa main. »

673. Le capitaine qui vend les vivres en mer, sans urgente nécessité pour les acheteurs, commet un vol : aussi l'art. 9 de la hanse teutonique veut qu'il soit puni comme voleur.

674. Les matelots qui détournent les marchandises, voiles, cordages ou argent du fret, d'après l'art. 7 de la hanse teutonique, doivent être punis comme voleurs ; et l'ord. de 1689, l'art. 4, tit. 3, art. 18, rendue en faveur de la marine de l'État, veut que le matelot qui volera, ou recelera, ou portera à terre les agrès, munitions et provisions du vaisseau, soient mis aux galères perpétuelles, si le vol excède la valeur de dix livres, et que s'il est au-dessous, qu'il en paye le quadruple et qu'il ait la cale.

675. Lorsque l'on réfléchit sur les événemens qui pourroient résulter du vol d'une chose absolument nécessaire à la conservation du vaisseau et de son équipage, on verra que la punition n'est pas trop sévère, même pour de simples bagatelles, parce qu'en les tolérant, ce seroit encourager le matelot à en voler de plus considérables; d'ailleurs ces vols se répétant très-souvent par l'effet de la tolérance, finiroient par provoquer des sinistres effets. Ainsi en conciliant l'art. de l'ordon., et l'art. précité, et l'art. 22 du tit. du capitaine, si le vol excède la valeur de 10 liv., le voleur perdra un mois de gage, sera mis à la boucle, ou condamné à la cale, de l'avis du second capitaine et du lieutenant, même à plus grande peine, suivant les circonstances, qui sera alors prononcée par le Juge compétent.

676. Comme les lois criminelles sont très-radoucies, je crois que dans l'espèce on peut appliquer le décret proclamé le 22 août 1790. Le tit. 2 porte, art. 30 : « Tout matelot ou officier-marinier coupable d'avoir, dans une

circonstance quelconque, frappé avec arme ou bâton un autre homme de l'équipage, sera frappé de douze coups de cordes au cabestan.

Art. 43. « Tout homme, sans distinction de grade ou d'emploi, coupable d'avoir volé à bord des effets appartenans à quelque particulier, sera frappé de douze coups de cordes au cabestan; en cas de récidive, il courra la bouline : dans tous les cas de vol quelconque, le voleur sera obligé à la restitution des effets volés.

Art. 44. » Tout homme coupable d'un vol avec effraction, d'effets appartenant à des particuliers, soit à bord, soit à terre, sera condamné à recevoir la cale; en cas de récidive, il sera condamné à six ans de galères.

Art. 45. » Tout homme qui, descendu à terre, s'y rendra coupable d'un vol, si c'est sur territoire français, sera frappé de douze coups de cordes au cabestan; si c'est sur territoire étranger, recevra la cale. Si le vol excède la valeur de 12 fr., l'homme qui s'en sera rendu coupable, sera condamné à courir la bouline; et, en cas de récidive, à six ans de galères.

Art. 46. » Tout homme coupable d'avoir volé et fait transporter à terre des vivres, munitions, agrès, ou autres effets publics du vaisseau, sera condamné à courir la bouline.

Art. 47. » En cas de récidive, ou si un premier vol de vivres et autres effets publics excédoit en vivres une valeur de cinquante rations, et en autres effets une valeur de cinquante livres, l'homme qui s'en sera rendu coupable sera condamné à trois ans de galères.

Art. 48. » Tout homme coupable d'avoir volé, en tout ou en partie, l'argent de la caisse du vaisseau, ou de telle autre caisse déposée à bord du vaisseau, sera condamné à neuf ans de galères.

Art. 49. » Tout homme coupable d'avoir volé, à bord, de la poudre, ou d'avoir recelé de la poudre volée, sera condamné à trois ans de galères.

Art. 50. » Tout homme coupable d'avoir volé, ou tenté de voler de la poudre, dans la fonte aux poudres, sera condamné à neuf ans de galères.

Art. 51. » Tout vol d'effets quelconques fait à bord d'une prise, lorsqu'elle n'est pas encore amarinée, sera regardé comme un vol d'effets particuliers, et l'homme qui s'en sera rendu coupable, sera frappé de douze coups de cordes au cabestan.

Art. 52. » Tout homme coupable d'avoir dépouillé un prisonnier, de ses vêtemens, et de les avoir volés, sera frappé de vingt-quatre coups de cordes au cabestan.

Art.

Art. 53. « Lorsqu'une prise sera amarinée, elle sera regardée comme possession nationale ; et tout vol d'agrès, munitions, vivres et marchandises, sera censé vol d'effets particulier, et puni conformément aux articles 45, 46, 47, 48, 49 et 50.

Art. 54. « Les dégâts commis à terre par les marins, seront rangés dans la classe des délits emportant peine afflictive. S'ils excèdent la valeur de 12 l., ils seront punis, en ce cas, de douze coups de cordes frappés au cabestan, outre la restitution des dommages civils ; tous autres dégâts au-dessous de cette valeur, seront soumis aux peines de disciplines. »

677. Un vol auquel les armateurs ne portent point assez d'attention, ce sont ceux que font nuitamment les gardiens de navires : à l'aide de leurs canots, ils emportent le bois servant à l'arrumage, les cordages, poulies, fer, etc.; car il est peu de gardiens fidèles : cependant sous l'ancien régime on a vu punir de mort de pareils délits. Néanmoins, je crois qu'en pareilles circonstances, on ne peut qu'appliquer l'art. 19 de la loi du 25 septembre 1791, laquelle porte, par rapport *aux vols d'effets ou marchandises,* que les serviteurs ou commis de celui qui leur aura confié des effets ou marchandises, pour son service, seront punis de quatre années de fers.

Art. 7. « Le matelot, ou autre, qui aura fait couler les breuvages, perdre le pain, fait faire eau au navire, excité sédition pour rompre le voyage, ou frappé le maître, les armes à la main, sera puni de mort. »

678. Par rapport au crime du matelot ou de tout autre personne qui aura fait couler les breuvages, ou perdre le pain; et si c'est en telle quantité que l'équipage soit en danger de périr, l'article ci-dessus lui est applicable ; mais si la perte est telle qu'elle ne cause qu'un léger dommage, on doit sentir que la peine doit être proportionnée au délit; et cela me paroît d'autant plus raisonnable, qu'il est assez difficile, en pareille circonstance, de prouver la mauvaise intention : au reste, comme il ne paroît pas naturel qu'une personne quelconque se porte à un pareil acte, sans être persuadée qu'elle en sera elle-même la première victime, ces cas ne peuvent guère arriver que, lorsqu'étant près de terre, on peut faire une relâche pour completter les vivres, et en profiter pour déserter. Ces observations tendent à prouver qu'il faut distinguer si le navire est près des côtes, ou s'il est en pleine mer : dans le premier cas, les présomptions doivent être plus fortes que dans le second ; et si elles sont telles qu'elles équivalent à des preuves complètes, les punitions n'en doivent pas moins être différentes, par la raison que

les choses qui paroissent les plus vraisemblables, sont assez souvent celles qui sont le plus éloignées de la vérité.

679. Pour ce qui est de faire faire eau au navire, un pareil délit ne peut arriver en pleine mer, que lorsque celui qui est décidé à le commettre, est à-peu près sûr de trouver un autre bâtiment qui lui donnera du secours; car, encore une fois, il n'est pas naturel de penser qu'il s'est porté à un acte dont évitablement il doit être la victime; mais cela peut arriver, et même arrive, sur-tout de la part de certains capitaines, qui, d'accord avec leurs armateurs, font périr les bâtimens dans l'intention de profiter des assurances, ou de la grosse aventure. Ces sortes d'événemens se répétoient assez souvent chez les Grecs, comme on peut le voir dans les Oraisons de Démosthène : mais comme celui qui se porte à un pareil acte n'appelle pas de témoins; avant que de chercher à établir des fortes présomptions, il faut voir si au moment où la voie d'eau s'est déclarée, s'il pouvoit être soupçonné d'y avoir un autre bâtiment à proximité, ou bien si on étoit près des côtes, ou en pleine mer; l'une de ces circonstances doivent engager le Juge à être plus ou moins sévère dans le jugement qu'il se décide à porter.

680. A l'égard du matelot qui frappe le maître, c'est un crime qu'il est essentiel de punir sévèrement, par rapport aux funestes conséquences auquel il peut entraîner; cependant il faut distinguer s'il le frappe avec des armes, ou sans armes. Dans le premier cas, on ne doit point, non-seulement considérer comme arme une épée, un sabre, un mousquet, mais encore une hache, un couteau, et tout instrument propre à blesser mortellement. Dans cette hypothèse, le subordonné qui s'est porté à cet excès, mérite la mort, ou au moins les fers à perpétuité : aussi les décrets sanctionnés le 22 août 1790, et rendus pour la marine de l'État, portent-ils, tit. 2, art. 16 : Tout matelot, ou officier-marinier, coupable d'avoir levé la main contre un officier pour le frapper, sera condamné à trois ans de galères.

Art. 17. « Tout matelot, ou officier-marinier, coupable d'avoir frappé un officier, sera condamné à la mort. »

681. A l'égard du subordonné qui frappe son supérieur sans armes, malgré qu'il soit très-essentiel de punir de pareils excès, nos lois de l'ancien régime, et celles du nouveau sont muettes sur ce point. Les lois maritimes anciennes, notamment l'ord. de Wisbuy, art. 24, le jugement d'Oléron, le Consulat, chap. 165, sont si ridicules sur ce point, qu'elles sont considérées comme nulles : que doit donc faire le capitaine en pareille circonstance ? Je

pense que s'il appréhende d'autres excès, après qu'il a fait mettre le coupable aux fers, il doit dresser un procès-verbal signé de l'État-major et de l'équipage, pour le remettre, à son retour, au bureau de la marine, pour que les Juges ordonnent ce que de raison.

682. Pour ce qui s'agit du matelot qui aura excité une sédition pour rompre le voyage, c'est un excès qui est des plus répréhensible, parce qu'il tend à compromettre la vie des officiers, les intérêts des armateurs, et cette confiance si nécessaire dans le commerce maritime, sur lequel repose, en grande partie, la prospérité et la force de l'État : Néanmoins Valin fait les distinctions suivantes. Cet auteur dit : « En ce qui concerne la sédition, soit pour rompre le voyage ou autrement, il est entendu que ce doit être une sédition formelle et absolument sérieuse, et que le matelot, ou autre, *qui ne feroit que tenir des propos séditieux, sans parvenir à former la sédition, n'encourroit pas la peine de mort.* » Il termine ainsi ses réflexions, sans présenter aucun parti.

L'art. 9 du tit. 2 de la loi du 21 août 1790, rendue pour la marine de l'État, porte : « Tout homme coupable d'avoir tenu des propos séditieux, ou tendant à affoiblir le respect dû à tout genre d'autorité qui s'exerce à bord....... sera mis en prison, ou aux fers pendant six ans. »

683. Il faut convenir que la punition est bien au-dessous du délit, et je dirai plus, qu'elle est même encourageante ; car, si le matelot a envie de se débarrasser de son capitaine, et par suite, de ses autres officiers, il courra sans doute, sans effroi, les risques de la réussite : s'il ne réussit pas, il en sera quitte pour une légère punition. Quoique notre code criminel soit très-radouci, néanmoins l'art. 34 de la 2.ème sect., du tit. 2 de la 1.ère partie de la loi du 25 novembre 1792, porte : Que quiconque sera convaincu d'avoir verbalement menacé la propriété d'autrui, sera puni de quatre années de fers, quoiqu'il y ait loin de l'effet à la menace : néanmoins, le Législateur ayant senti le danger de laisser familiariser ceux pour qui il a fait la loi, à un pareil langage, a cru devoir le prévenir, par la menace, d'une punition rigoureuse : si cela est ainsi, que sera-ce donc à l'égard de celui qui, dans son petit état, provoque la révolte ? En 1698, les mariniers d'un vaisseau massacrèrent le capitaine, l'écrivain, le nocher, le pilote, et s'enfuirent dans l'Archipel ; en 1696, deux matelots tuèrent leur capitaine ; en 1745, à la suite d'une révolte de l'équipage, le capitaine fut obligé de relâcher ; en 1760, en 1762, pareils événemens sont arrivés, sans compter ceux que je n'ai pu recueillir. S'il y avoit des lois vigoureusement répressives pour prévenir de

pareils délits, il est sûr et certain qu'ils ne se répéteroient point aussi souvent.

684. Oui, je le répète, la punition est trop douce, parce qu'on ne sauroit jamais trop établir une sévère discipline sur les bâtimens, par rapport aux raisons que j'ai données. Pourquoi, en Suède, les armateurs préfèrent-ils composer leurs équiqages de matelots du roi, que des leurs propres ? parce que les uns sont plus disciplinés que les autres.

L'art. 8 porte : « Le matelot qui dormira étant en garde, en faisant le quart, sera mis au fer pendant quinzaine ; et celui de l'équipage qui le trouvera endormi, sans en donner avis au maître, sera condamné en cent sous d'amende. »

685. Le matelot de quart ou de garde, étant une sentinelle faite pour veiller à la sûreté du bâtiment, il est d'une dangereuse conséquence qu'il s'endorme ; les capitaines de vaisseaux seroient donc coupables eux-mêmes, si, en pareilles circonstances, ils n'exécutoient point le prescrit de l'ordonnance.

Art. 9. « Le marinier qui abandonnera le maître et la défense du vaisseau, dans le combat, sera puni corporellement. »

686. Sur la punition de peine corporelle que veut cet article contre le marinier qui abandonnera, dans le combat, son capitaine, Valin prétend que cette peine doit être celle du fouet, sans extension à autre peine. Mais comme l'ordonnance parle en termes généraux, je crois que les peines particulières doivent être appliquées aux divers cas particuliers. Si, par exemple, un lâche matelot va se cacher, en tenant des propos tendant à décourager les autres, il est très-clair qu'il est bien plus répréhensible que celui qui se met à l'abri du combat, sans rien dire : donc que le premier mérite une peine plus rigoureuse que celui-ci.

687. Valin fait une observation, sur cet article, qui peut entraîner de funestes conséquences, parce qu'elles tendent à ramolir le courage, essentiellement nécessaire dans l'état de marin. Cet auteur dit, à propos de l'article 31 du tit. 2 du liv. 4 de l'ord. de 1689, rendu pour la marine de l'État, qui veut que le lâche matelot soit puni de mort : Un matelot ne s'engage pas sur un vaisseau marchand, dans l'idée de se trouver exposé à combattre aussi souvent que sur les vaisseaux du roi : son engagement a pour objet direct le service du navire ; et il faut que la valeur soit bien naturelle à la nation française, pour avoir soumis à la peine corporelle tout matelot qui manquera de courage dans un combat où il ne s'agit pas du service du roi.

Autre chose est de l'armement en course, dont l'objet est précisément d'affronter les périls, et de chercher les combats : il est juste alors de punir la lâcheté comme une infraction honteuse de l'engagement, mais ce ne sera toujours que du fouet.

688. Je répondrai à ces argumens, que lorsqu'un individu veut se faire marinier, il sait qu'il contracte l'engagement d'être militaire, puisqu'il est enrôlé ou classé comme tel, avec défense de s'enrôler dans d'autres corps, même de la marine. Lorsque l'armateur et le capitaine forment leur équipage, ils le forment avec la persuasion qu'enrôlant des mariniers, ils enrôlent des militaires qui défendront le bâtiment contre tous les écumeurs de mer, ou forbans qui pourroient l'attaquer : de-là, un contrat tacite entre les mariniers et les armateurs, pour la défense du navire. Or, si le matelot se cache au moment du danger, il viole le contrat, et dans ce cas, la punition se proportionne à l'infraction. Le marinier, étant soldat au service marchand, de même qu'au service de l'État, il doit être puni comme marinier et comme soldat, quand il manque à son devoir, sans pouvoir alléguer qu'il n'étoit pas au service ; et si, sur les navires marchands, suivant ce qui se pratique sur ceux de l'État, le matelot lâche n'est pas puni de la peine de mort, c'est que sa lâcheté ne peut point entraîner à d'aussi funestes conséquences, dans le premier cas, que dans le second.

689. Au surplus, si au moment du combat, le matelot abandonne le capitaine, en s'enfuyant, par exemple, dans la chaloupe, il doit être puni de trois ans de galères. Art. 5 de la déclar. du 22 sept. 1699.

Art. 10. « Défendons à toutes personnes de lever, dans l'étendue de notre royaume, terre et pays de notre obéissance, aucuns matelots pour les armemens et équipemens étrangers; et aux sujets de s'y engager sans notre permission, à peine de punition exemplaire. »

690. Le service de l'État, celui du commerce exigeant que l'on puisse compter sur le nombre des matelots, a dicté cet article : mais ce n'étoit pas assez de faire des pareilles défenses, il falloit encore prévenir les abus qui auroient pu résulter de l'arbitraire des capitaines, qui, profitant de la lacune de la loi, auroient été tentés de donner des matelots français aux étrangers ; c'est ce qu'a fait l'ord. de 1689, liv. 8, tit. 1, art. 27. Par cet article, il est défendu aux capitaines, maîtres et patrons, de laisser et congédier aucuns matelots de leurs équipages dans les pays étrangers, à peine de 500 livres d'amende, et de plus grande s'il échoit. Qui, plus est, l'ord. du 25 juillet 1791, voulant faciliter le retour en France des matelots dégradés, assujettit

chaque capitaine, maître ou patron, sans distinction du port, des bâtimens, à prendre sur son bord les matelots qui leur seront donnés par les Consuls; savoir, le nombre de quatre à six par vaisseau, et de deux ou trois par barque ou autre bâtiment. En conséquence, pour le passage ou nourriture de ces matelots, le capitaine est payé à raison de six sous par jour pour chacun d'eux, pendant tout le temps qu'ils seront sur le bord, payable par le trésorier de la marine, sur les certificats d'embarquement délivrés par les Consuls, et sur ceux de débarquement donnés par les Commissaires aux classes des ports où ils arriveront, visés et arrêtés par l'Intendant desdits ports.

691. La loi du 18 pluv. an 3, porte, art. 3, par rapport aux gens de mer déserteurs : « Les envoyés, chargés d'affaires, agens ou Consuls de la République française en pays étrangers, délivreront aux gens de mer et ouvriers qui se présenteront à eux pour se repatrier, un certificat, en vertu duquel ils pourront librement rentrer dans leurs quartiers. . . . . .» Cette loi ne prononce aucune peine contre ceux qui ne rentreront pas.

692. Quoique l'art. 29 de l'ord. de 1689, veuille que les charpentiers, calfats, canonniers, les officiers-mariniers et matelots qui sortiront du Royaume pour aller servir chez les étrangers, qui y transporteront leur domicile, s'y établiront par mariage ou autrement, soient punis comme déserteurs. Cependant, comme il importe au commerce et à la navigation, d'être instruits dans les lois, usages, la langue et le commerce des étrangers, l'article 30 permet aux jeunes marins de l'âge de 14 à 15 ans, de s'embarquer sur les vaisseaux anglais et hollandais pour apprendre les langues; mais à condition qu'ils prendront un congé des Commissaires de leurs départemens, et que leurs père ou mère, ou autres parens domiciliés et en état de répondre de l'engagement dans lequel ils entreront, se soumettront devant les Commissaires de les représenter à l'âge de 18 ou 20 ans, à peine de 500 liv. d'amende.

693. Comme il importe aussi aux négocians de faire instruire leurs enfans dans tout ce qui peut leur être utile pour faire le commerce étranger; par interprétation de l'art. 30, ils se soumettent à remplir les formalités qu'il prescrits lorsqu'ils veulent envoyer leurs enfans au-dehors : aussi voit-on journellement des négocians français faire passer leurs enfans dans des comptoirs anglais, bataves, hambourgeois, etc., et recevoir chez eux les enfans des personnes à qui ils ont adressé les leurs; dans ce cas, après être convenu d'une exacte réciprocité d'égard et de dépense, les permutans se payoient

réciproquement par compensation ; le Législateur ne sauroit donc trop favoriser ces sortes d'arrangemens.

694. L'ord. du 20 nov. 1685 fait défense aux pilotes lamaneurs, de piloter aucune personne à bord des vaisseaux étrangers dans les rades, sans la permission des officiers de l'amirauté, à peine de 500 livres d'amende pour la première fois.

695. Par l'ord. du 20 octobre 1723, il est permis d'employer jusqu'à un tiers de l'équipage de matelots étrangers, mais non au-delà, à peine de 1500 livres d'amende et de confiscation, tant du navire que de son chargement.

696. Valin observe que l'ordonnance de 1723 ne prescrivant que le capitaine, le capitaine en second, le lieutenant, l'enseigne, le maître, le premier pilote ne soient point étrangers, qu'il s'ensuit de-là que les autres *officiers-mariniers* peuvent être pris parmi les étrangers, pourvu qu'eux et les autres matelots étrangers ne forment pas ensemble plus d'un tiers de l'équipage, non compris les officiers ci-dessus désignés qui doivent nécessairement être français.

697. Valin est dans l'erreur par rapport aux *officiers-mariniers*, et il n'a erré que parce qu'il n'avoit pas connoissance de *la déclaration du* 21 *octobre* 1727. En effet, on ne la trouve pas, dans la nomenclature, par ordre chronologique des lois maritimes, placée dans le second vol. de son Commentaire. L'art. 17 de cette déclaration fait défense aux capitaines d'embarquer pour écrivain, chirurgien, supercargue, nocher, ou *officier-marinier, aucun étranger, ou naturalisé*, qui aura été embarqué en d'autre qualité qu'en celle de *matelot ou de passager*. Ce qui signifie que, quoique ces officiers eussent déjà navigués en France comme officiers-mariniers ou passagers, ils ne pourront néanmoins être rembarqués que comme matelots. Au reste, l'ord. du 4 juillet 1784, porte, art. 3 : « il ne pourra, à l'avenir, être admis dans le nombre des matelots qui composeront les équipages des navires, qu'*un sixième d'étrangers*, au lieu d'un tiers qui étoit précédemment autorisé ; et *il ne pourra en être employé aucun comme officier-marinier*, sans une permission expresse de sa Majesté. »

698. La lettre de Louis XIV, écrite le 1er mars 1710 au comte de Toulouse, enjoint aux Commissaires et commis de bureaux des classes, de faire mention, sur le rôle d'équipage qu'ils délivreront, du nombre des étrangers qui y seront compris, que le nombre soit du tiers ou au-dessous, à peine de révocation. Si tout ceci regarde la marine marchande, à plus forte raison, il regarde la marine militaire ; si ces étrangers meurent pendant le voyage,

leurs gages, leurs pécules peuvent être réclamés dans les deux ans par leurs parens. Réglement du 23 août 1739; décision du Ministre Maurepas, du 18 mars 1743. De-là il s'ensuit, par identité de raison, que ces matelots étrangers peuvent tester comme régnicoles.

699. Pour inviter les étrangers à s'engager au service de la marine de l'État, par édit d'avril 1687, confirmé par l'ordonnance du 15 avril 1689, liv. 8, tit. 1, art. 8, ils ont été déclarés exempts du droit d'aubaine, avec droit de jouir de tous les avantages des régnicoles après cinq ans de service, sans être tenus de prendre des lettres de naturalités (19).

700. Au surplus, il paroît naturel de n'employer les matelots étrangers sur les bâtimens français, que quand il en manque de républicoles.

CHAPITRE XVII.

DES PERCEURS, CALFATS, POULIEURS, CORDIERS ET VOILIERS.

701. Plusieurs artisans concourent spécialement à la confection des vaisseaux; savoir, les constructeurs, les charpentiers, les perceurs, les calfats, les poulieurs, les cordiers et les voiliers.

702. Les anciennes ordonnances avoient assujettis ces trois métiers à l'apprentissage et à la maîtrise, chacun d'eux étoit séparé et faisoit un corps à part; mais depuis, comme on a sans doute vu que les charpentiers pouvoient professer, sans inconvéniens, les métiers de perceurs et calfats, sans qu'à la vérité le perceur et le calfat pussent exercer ceux de charpentiers, on a toléré qu'ils fissent les trois états, suivant les circonstances, parce que l'on s'est aperçu que ces métiers ne s'apprennent que par une grande pratique, qu'il n'est pas probable qu'un constructeur emploie, pour travailler son bois, un homme incapable, parce que son intérêt pourroit être lézé. Toutes ces considérations ont fait tomber en désuétude les lois sur les apprentissages et maîtrises; aussi l'art. 1 du tit. des charpentiers, de l'ordon. de 1681, porte-t-il :

« Les métiers de charpentiers, calfateurs et perceurs de navires, pourront être ci-après exercés par une même personne, nonobstant tous réglemens ou statuts contraires. »

703. Cet article, qui en apparence paroît contrarier ce que j'ai dit plus haut, puisque j'ai dit qu'à la vérité *le perceur et le calfat ne peuvent point*

exercer

exercer le métier de charpentier, ne le contrarie nullement, parce que le Législateur a bien vu que contre l'usage, un perceur, un calfat pouvoient bien savoir le métier de charpentier, et que dans ce cas ils pouvoient être employés comme tels; et que dans le cas contraire, le constructeur ne se décideroit point à faire travailler comme charpentier un perceur, un calfat, qui ne se seroient occupés qu'à percer les bâtimens ou à les calfeutrer; conséquemment, il n'a point été utile que le Législateur présentât aucune restriction.

704. La loi du 3 brumaire an 4, porte, article 14, sous le texte des officiers-mariniers de charpentage, de calfeutrage et de voilerie : Il y aura trois grades dans chaque profession d'ouvriers navigans; aide, second maître et maître. Il y aura quatre classes dans le grade inférieur, et trois dans chacun des deux autres grades, art. 15. Pourront être faits aides, les ouvriers navigans, qui auront au moins douze mois de navigation, en qualité de matelot, sur les bâtimens de la République, et trois ans de service en qualité d'ouvrier dans les ports et arsenaux de l'Etat. *Le double de ce temps sera exigé pour le service rempli sur les navires et dans le port du commerce.*

705. Les articles 2, 3, 4, 5 et 6 étant abrogés tacitement par nos nouvelles lois, comme portant sur les apprentissages et maîtrises, je ne les présenterai pas dans cet ouvrage. Je dirois, seulement sur l'art. 3, que ce n'est pas comme le veut la loi, que ce soit les Juri-Prud'hommes qui veillent à la construction du bâtiment; mais que c'est le capitaine, ou à défaut un autre officier.

706. L'art. 7 porte : « Ceux qui voudront faire radouber des vaisseaux, pourront se servir d'ouvriers forains, et faire, si bon leur semble, visiter l'ouvrage par les jurés du lieu. »

707. Quand à la permission de se servir d'ouvriers forains, c'est-à-dire, de ceux étrangers au port, cette règle doit être observée pour prévenir le monopole de ceux qui y sont constamment résidant. Mais il me semble que Valin erre, lorsqu'il dit : « Il est aisé de remédier à cet inconvénient, en les assujettissant à une taxe fixe, avec injonction de s'y conformer, et défense de rien exiger au-delà, comme il en a été usé à l'égard des pilotes-côtiers, des maîtres d'alléges. »

708. Lorsque la loi a créé, par exemple, *les pilotes-côtiers*, elle a déterminé un nombre tel, que leur état les mît à même de vivre. Ces marins établis légalement, d'autres ne peuvent s'initier dans le même emploi, et

conséquemment présenter une concurrence; d'ailleurs, étant en petit nombre, si leur salaire n'étoit point fixé, ayant la faculté de s'entendre, ne pouroient-ils pas en porter le prix à un taux excessif, qu'ils seroient d'autant plus sûr d'obtenir, qu'en bien des circonstances on ne pourroit se passer d'eux? Mais les ouvriers dont il est ici question, comme tous les autres, ont leur salaire réglé par la concurrence; conséquemment ils doivent subir la même loi, sauf le cas où il y auroit, comme parmi les autres ouvriers, une coalition pour forcer la main aux maîtres; et je crois que la faveur du commerce maritime ne peut pas plus exiger que l'on règle le salaire de ses ouvriers, que celle de l'humanité ne peut exiger que l'on règle celui des garçons boulangers, qui travaillent aux principaux besoins de notre existence. D'après cet exposé, on ne peut pas plus régler le prix de leur travail, que l'on ne peut régler le prix du grain, qu'importe le négociant dans l'Etat, sauf dans l'un et l'autre cas, s'il y a exagération trop considérable à employer les moyens répressifs que prescrivent les circonstances. Ce seroit autre chose, s'ils formoient une corporation fixe en nombre et permanente, comme, par exemple, les arrumeurs.

CHAPITRE XIX.

DU CHIRURGIEN.

709. Les maladies naturelles qui peuvent survenir aux gens d'un équipage; les accidens malheureusement trop fréquens auxquels ils sont exposés, exigent, dans le long cours, qu'il y ait au moins un chirurgien à bord. Lorsque les us et coutumes de la mer furent établis, il n'y fut point fait mention de chirurgien, parce qu'alors la navigation étoit à-peu-près bornée au cabotage. La proximité de la terre, la facilité que l'on avoit de pouvoir y descendre les malades, dispensoit d'embarquer des hommes sur les bâtimens professant l'art de guérir; mais aujourd'hui, par rapport aux voyages de long cours, ils sont devenus d'une absolue nécessité; aussi notre ordonnance a-t-elle fait un titre particulier pour les chirurgiens.

710. Il ne faut point se dissimuler que l'on ne prend pas assez de précaution dans l'examen du chirurgien des bâtimens; pourvu que dans leur examen, ils répondent suivant les principes reçus, les voilà adoptés sans savoir s'ils sont capables de mettre en pratique la bonne théorie dont ils ont

fait preuve. Cependant, dans la chirurgie, la pratique est pour le moins aussi essentielle que la théorie : le jeune homme qui se sera instruit dans le cours d'un professeur, qui aura assisté aux visites des chirurgiens et médecins dans les hôpiteaux, qui aura parfaitement bien fait son cours d'anatomie, aura-t-il le talent nécessaire pour professer honorablement son emploi, si sa main n'est point exercée aux opérations ?

711. Ces réflexions, que je communiquai à un de mes parens, chirurgien, que l'on vouloit embarquer en qualité de chirurgien-major dans une frégate, l'obligèrent à ne point accepter. Mais, hélas! combien en est-il de moins raisonnable, qui, sans consulter leurs moyens, se laissent aller à l'impulsion de l'amour-propre et de l'intérêt, se disposent à aller acquérir la pratique qui leur manque sur les malheureuses victimes confiées à leur soin ! ! !

712. Il seroit donc très-essentiel que l'on veillât à ce qu'il ne fût reçu pour chirurgien de bâtiment, que les sujets qui auroient fait leur preuve dans la théorie et la pratique ; aujourd'hui il y a assez d'individus livrés à cette profession, pour que l'on en puisse faire utilement le choix.

L'art. 1.er du titre du chirurgien porte : « Dans chaque navire, même dans les vaisseaux pêcheurs, faisant voyage de long cours, il y aura un ou deux chirurgiens, eu égard à la qualité des voyages et au nombre des personnes. »

713. Quand l'ordonnance parle des vaisseaux pêcheurs, il ne faut point entendre ceux qui vont à la pêche de la morue et de la baleine. L'article 8 du réglement du 5 juin 1717, veut qu'il y ait toujours à bord, un chirurgien au moins par cinquante hommes ; à quelle quantité qu'il puisse monter, c'est-à-dire, que quoiqu'il n'y ait qu'un homme au-delà de cinquante, il faut deux chirurgiens ; et autrement, autant de chirurgiens que de cinquantaine d'hommes. Et, comme il y a des voyages qui, sans être de long cours, passent le cabotage ordinaire, l'art. 7 veut que « les bâtimens qui auront vingt hommes d'équipage et au-dessous, soient obligés de prendre un chirurgien pour toute navigation qui ne sera pas du cabotage, c'est-à-dire, du petit cabotage. »

714. En conciliant les deux articles de cette déclaration, il faut donc dire que si le bâtiment a vingt hommes d'équipage, il faudra un chirurgien ; que conséquemment jusqu'à cinquante, il n'en faudra non plus qu'un, mais que s'il y a cinquante-un hommes, il en faudra deux ; et comme dans les voyages de long cours, notre ordonnance veut qu'il y ait un chirurgien, il s'ensuit

donc de-là que quand l'équipage ne seroit composé que de douze hommes, il faudroit qu'il y eût un chirurgien.

715. A l'égard de la traite des noirs, sous l'ancien régime, les chirurgiens étoient toujours proportionnés en nombre à celui de l'équipage ; cependant, les armateurs qui étoient dirigés par un esprit d'humanité, et qui, d'ailleurs, entendoient leur intérêt, avoient toujours un nombre suffisant de chirurgiens, soit parce que ce nombre étoit nécessaire par rapport aux noirs malades, soit aussi parce que cette navigation étant dangereuse par les maladies qu'elle provoque, le bâtiment auroit bien pu être privé de chirurgien sans cette précaution.

Art. 2. Aucun ne sera reçu pour servir en qualité de chirurgien dans les navires, qu'il n'ait été examiné et trouvé capable par deux maîtres chirurgiens, qui en donneront leur attestation.

716. Cet article est confirmé par le réglement de 1617, qui veut, de plus, que l'attestation des deux maîtres chirurgiens soit enregistrée au greffe de l'amirauté. Par arrêt du conseil du 4 février 1686, il est ordonné que ceux qui se présenteront pour être embarqués sur les navires, en qualité de chirurgiens, seront examinés par le lieutenant du premier chirurgien, avec un autre chirurgien ; et que le coffre de chirurgie sera aussi visité par le lieutenant du premier chirurgien, avec le plus ancien apothicaire, autre que celui qui aura fourni les drogues.

717. Les deux chirurgiens-examinateurs sont ceux de la marine. Il est défendu, par l'art. 4 du réglement précité, à tout chirurgien, de donner de pareilles attestations, à peine de nullité et de 300 fr. d'amende, si ce n'est en cas de mort, d'absence, de maladie, ou cause légitime de récusation; dans ce cas il peut être nommé des chirurgiens d'office.

718. L'examen de celui qui se présente pour être admis chirurgien sur un vaisseau, se fait en conséquence d'une ordonnance, sur pétition, et l'attestation de deux chirurgiens de la marine étant rapportée, il intervient une seconde ordonnance qui le reçoit chirurgien pour le service des vaisseaux, ce qui suffit pour toutes les campagnes qu'il aura à faire dans la suite.

719. Si le chirurgien est reçu dans un autre port, il est admis, sans nouvel examen, et sans autre cérémonie que celle de représenter ses lettres de maîtrise, ou un rôle d'équipage sur lequel il ait été établi en qualité de chirurgien.

Art. 3. « Les propriétaires seront tenus de fournir le coffre du chirurgien, garni de drogues, onguens, médicamens, et autres choses nécessaires pour le pansement des malades pendant le voyage; et le chirurgien, les instrumens de sa profession. »

720. Valin fait cette observation sur cet article.

721. « S'il est des armateurs assez judicieux pour fournir le coffre du chirurgien, d'un assortiment convenable des meilleures drogues; il en est aussi qui ne s'en mettent guère en peine, en alléguant que les chirurgiens sont dans l'usage de les appliquer à leur profit : que cela soit vrai, ou non, c'est toujours une mauvaise excuse; ainsi, on ne sauroit être trop exact dans la visite des drogues; et, pour empêcher le changement, il conviendroit que la clef du coffre fût déposée à l'amirauté, pour être remise au capitaine, en prenant ses dernières expéditions.

722. » Quand aux instrumens de chirurgie, également sujets à la visite, il est naturel que le chirurgien les fournisse à ses frais, comme le pilote ceux qui sont également nécessaires à son art; mais il y a cette différence, que le pilote ne peut tromper sur cela, au lieu que le chirurgien, après avoir *montré de bons instrumens, qu'il a souvent emprunté à cette fin, y en substitue des mauvais après la visite* : nouvelle raison pour faire introduire l'usage de déposer la clef du coffre au greffe de l'amirauté, jusqu'au départ du navire. »

723. Valin fait ici une observation parfaitement juste, et donne un excellent conseil; et, pour le prouver, je vais citer, à son appui, un fait qui m'a été raconté par son auteur :

724. « Un barbier-chirurgien, ou soi-disant tel, s'étoit embarqué sur un bâtiment marchand : il fut obligé de faire l'amputation d'une jambe à un matelot; n'ayant point d'instrument propres à faire cette opération, il en fabriqua, suivant l'aveu qu'il m'en a fait, avec des rasoirs, qui rendirent l'opération extraordinairement longue et douloureuse. J'avoue que le trait de ce bourreau, et le sang-froid qu'il mit dans son récit, me soulevèrent d'indignation, au point qu'elle manqua éclater avec toute la force qu'il méritoit, d'autant plus qu'il me parut qu'il n'avoit point du tout embarqué d'instrumens nécessaires à des opérations de ce genre, qui, malheureusement, sont trop fréquentes. D'après ce fait, il est donc évident que, non-seulement le chirurgien peut subsistuer des mauvais instrumens aux bons, mais encore ne point se munir d'aucuns; au surplus, je ne suis pas surpris que le barbare se soit trouvé sans instrumens, mais je suis supris de ce qu'il paroît qu'il soit resté sans punition. »

Art. 4. « Le coffre sera visité par le plus ancien maître du lieu, et par le plus ancien apothicaire, autre, néanmoins, que celui qui aura fourni les drogues. »

725. Mais d'après l'esprit du réglement de 1717, s'il y avoit quatre chirurgiens dans le port, ou quatre apothicaires, il paroît qu'il suffiroit que la visite ne dût être faite que par les deux principaux de chaque état, afin de ne point multiplier les frais de visite mutuellement, sauf cependant le cas où les avis seroient partagés : dans ce cas, il faudroit qu'un troisième fût adjoint pour départager les avis.

726. Comme aussi si l'apothicaire de la marine fournissoit les drogues, c'étoit un de ses confrères qui donnoit le certificat de visite. Les chirurgiens de la marine ont encore le privilége de visiter les navires soupçonnés de mal contagieux.

Art. 5. « Les chirurgiens seront tenus de faire faire la visite de leur coffre, trois jours au moins avant que de faire voile ; et les maîtres chirurgiens et apothicaires, d'y procéder vingt-quatre heures après qu'ils en auront été requis, à peine de 30 fr. d'amende, et des intérêts du retardement. »

727. Il est ordonné aux chirurgiens de faire faire la visite de leur coffre trois jours avant le départ du navire, afin d'avoir le temps de remplacer les instrumens défectueux et les drogues de mauvaises qualités, et suppléer à ce qui y manque.

Art. 6. « Faisons défenses aux maîtres, à peine de 50 fr. d'amende, de recevoir aucun chirurgien pour servir dans leur vaisseau, sans avoir copie, en bonne forme, des attestations de sa capacité, et de l'état de son coffre. »

728. La contravention à cet article ne peut plus avoir lieu, parce que les certificats de réception et le rôle d'équipage demeurent déposés au bureau des classes. Mais s'il arrivoit que le maître changeât de chirurgien, sans que les formalités exigibles n'eussent été remplies, il n'en seroit pas quitte pour l'amende de 50 francs que prononce cet article, par la raison que ce seroit une espèce de faux qui mériteroit tout autre punition plus rigoureuse.

Art. 7. « Enjoignons aux chirurgiens de navire, en cas qu'ils découvrent quelque maladie contagieuse, d'en avertir promptement le maître, afin d'y pourvoir suivant l'exigence du cas. »

L'article 6 du tit. 13, liv. 1.er de l'ordonnance de 1689, dit de plus, « que le chirurgien informera, chaque jour, le capitaine de l'état auquel se trouvent les malades blessés, et sur-tout qu'il l'avertira des maux qui pourroient se communiquer, afin de séparer ceux qui en seront attaqués : et, comme il est possible qu'un individu de l'équipage ait une maladie qui peut se communiquer, je ne doute nullement qu'en ce cas le capitaine n'ait le droit de le laisser à terre au premier endroit où il pourra. Dans ce cas, l'écrivain, ou celui qui en fait les fonctions, doit dresser son procès-verbal, attesté des principaux de l'équipage, pour servir de décharge au capitaine, de ces personnes, lorsqu'il sera de retour. »

729. Clairac dit, folio 29, si le maître découvre que l'officier ou matelot est entaché de quelque maladie contagieuse, comme ladrerie, vérole, teigne, et autre telle, qui se prend de l'un à l'autre, il le pourra descendre, et le laisser à la première terre, sans être obligé de lui payer aucun loyer; ce que toutefois le maître doit vérifier au retour, par deux ou trois personnes de son équipage.

Art. 8. « Leur faisons défenses aux chirurgiens de rien exiger ni recevoir des mariniers et soldats *malades ou blessés* au service du navire, à peine de restitution et d'amende arbitraire. »

730. Comme l'espoir que pourroit avoir un moribon, un blessé, qu'un chirurgien lui donneroit plus de soins en l'intéressant, le porteroit quelquefois à des sacrifices nuisibles, le Législateur, pour prévenir des pareils abus, a fait défense aux chirurgiens de rien *exiger,* c'est-à-dire, de ne point convenir de demander, sous quelque rapport que ce soit, aucun paiement particulier : mais ce n'étoit point assez de défendre *d'exiger*, il falloit aussi défendre de *recevoir;* c'est encore ce que le Législateur a fait, parce qu'il a senti que pendant le cours de sa maladie, le malade ne cesseroit de faire des présens à celui qu'il pourroit considérer comme le dépositaire de son existence, pour l'engager à lui donner plus de soins; d'ailleurs, si de pareils abus existoient, il en pourroit résulter que tous les soins seroient donnés à celui qui pourroit intéresser son chirurgien, pendant que celui qui seroit sans moyens, resteroit sans secours. Mais, d'après les sages dispositions de la loi, le chirurgien porte également son attention à tous ceux qui ont besoin de son ministère.

731. Valin dit sur cet article : « Il faut observer néanmoins, que comme l'article ne parle que des mariniers et soldats, rien n'empêche le chirurgien de recevoir des officiers *qu'il aura traités*, les marques de reconnoissance qu'ils voudront bien lui donner, pourvu qu'il n'y ait aucune sollicitation ou mauvaise pratique de sa part, et de même des matelots et mariniers, si c'est après leur guérison. »

732. Valin conclut donc implicitement, par ces mots, *qu'il aura traités*, que les officiers-mariniers, et explicitement que les matelots et autres mariniers pourront faire des présens à leur chirurgien après leur guérison. Et, comme dans les gens de mer il s'y trouve au moins autant de gens d'honneur que parmi les autres citoyens, celui qui, pendant sa maladie, aura fait clandestinement des fortes promesses à son chirurgien, se verra forcé à les réaliser au retour de sa santé ; et si, après n'avoir pas satisfait à ses promesses, il retombe malade, ne seroit-il pas possible que le chirurgien se rappelât qu'il lui a manqué de parole ?

733. Disons mieux ; disons que, lorsque la loi ordonne au chirurgien de ne *rien recevoir*, elle s'exprime d'une manière absolue, c'est-à-dire, qu'elle veut absolument que le chirurgien ne reçoive aucun présent de ses malades pendant leur maladie, ni après leur guérison. D'ailleurs, comme je l'ai déjà dit, si dans ce dernier cas, il étoit permis au chirurgien de recevoir des présens, il pourroit arriver qu'il portât tous ses soins à ceux qu'il reconnoîtroit fortunés et généreux, pendant qu'il négligeroit ceux sur lequel il n'auroit aucun espoir de récompense.

734. Valin continue en disant : « Il convient encore d'observer que l'article ne parle que des mariniers, malades ou blessés *au service du navire*. De sorte, dit-il, que s'il s'agissoit de quelque *mal, ou maladie, dont la cause fût étrangère au service du vaisseau*, le chirurgien seroit autorisé à prétendre ses salaires comme tout autre chirurgien, n'étant pas gagé pour cela.

735. D'après l'observation de Valin, on est fondé, sans doute, à faire cette question : qu'entend le commentateur par ces mots : *Malades au service du navire, dont la cause de la maladie est étrangère au navire ?* Un matelot, par exemple, a une fièvre putride, une fluxion de poitrine, sera-ce, ou ne sera-ce pas un malade atteint d'une maladie de l'espèce dont il entend parler ? Et, pour me servir de ses expressions, *la cause sera-t-elle étrangère au navire*, si, par exemple, ce matelot tombe malade le lendemain que le vaisseau aura mis à la voile ?

736. Si je consultois l'art. 3 du présent titre, je verrois qu'il veut que le propriétaire du navire fournisse le coffre du chirurgien, garni de drogues, médicamens, etc., pour *les pansemens des malades*. Si on ne saisit que le sens littéral de cet article, on verra que ce mot *pansement*, s'applique seulement aux *mariniers blessés ;* mais comme il peut arriver, par exemple, qu'à la suite d'une manœuvre laborieuse, un marinier tombe malade,

parce

parce qu'il aura ou a eu une sueur rentrée, en rapprochant ces mots *malades ou blessés*, qui se trouvent dans l'art. 8; il est bien clair que les médicamens embarqués sont destinés aux traitemens des maladies internes et externes des mariniers; et que conséquemment, quelle que soit la maladie dont un marinier est affligé pendant le cours du voyage, il n'est pas tenu de payer le chirurgien qui l'aura soigné, parce que celui-ci doit être à son service aussi gratuitement que les remèdes qu'il lui a administré.

737. Lorsque l'ordonnance se sert de ces expressions, *malades ou blessés*, elle parle en termes généraux, sur-tout par rapport au mot *malades;* or comme la loi ne distingue pas, il n'est donc pas permis de distinguer.

738. Les ordonnances maritimes qui ont parlé sur un pareil sujet, confirment tacitement tout ce que j'avance; j'ouvre l'ordon. de la hanse teutonique, et je lis dans l'art. 35 : « Si quelque matelot tombe en *infirmité de maladie*, il sera porté à terre (1) et nourri comme, et tout ainsi que dans le navire, ensemble, servi par un autre matelot. »

739. Cet article est calqué sur l'article 7 du jugement d'Oléron : il est dit dans cet article, quand il advient *qu'aucune maladie*, (c'est-à-dire une maladie quelconque) prend un des mariniers de la nef, *en faisaut le service* de ladite nef, (un marinier est censé faire son service, dès l'instant qu'il est à bord) le maître le doit mettre hors de la nef, et ne lui doit qu'un hostel, et lui doit bailler lumière, comme graisse ou chandelle, et lui doit bailler un valet de ladite nef, à le garder, ou lui donner une femme, qui prenne garde à lui; et s'il lui doit pourvoir de telle viande, comme on use en la nef; c'est à savoir autant comme il prenoit quand il étoit en santé, ne rien de plus, s'il ne plaît au maître; et s'il veut avoir viandes plus délicates, le maître n'est pas tenu les requérir, si n'est à ses dépens........ il doit avoir son loyer tout comptant, en rabattant les frais, si le maître en a fait. »

740. Nous voyons donc que dans ces deux lois maritimes, que le maître est, non-seulement obligé de fou[illegible] aux mariniers malades atteint d'une maladie quelconque qui s'est déclaré[illegible] bord, un logement et leur ration, encore un quelqu'un pour les garder; et que conséquemment, que s'ils

(1) Comme lorsque cette ordonnance et autres semblables ont été rédigées, la navigation étoit bornée au cabotage, il n'y avoit point de chirurgien à bord des vaisseaux, vu la facilité de pouvoir descendre les malades à terre; et conséquemment, l'armateur ne s'étant point engagé forcément ni volontairement de donner un chirurgien à l'équipage, c'étoit donc au malade à se donner et payer le chirurgien.

ont été descendus à terre, c'étoit parce qu'il n'y avoit point de médicamens et de chirurgiens à bord; mais qu'au surplus, qu'elles entendent que ces malades soient à terre, comme ils auroient été dans le navire, s'ils y eussent pu rester.

741. A la vérité, il est bien sous-entendu que les malades devoient payer de leurs deniers les médicamens et les chirurgiens, lorsque leur situation n'étoit point la suite de quelque blessure reçue au service du navire, distinction parfaitement exprimée dans l'art. 18 de l'ordonnance de Wisbuy, où il est dit : « Le matelot étant à terre, pour le service du maître ou navire, s'il arrive d'être blessé, il sera traité et pansé aux dépens du navire. » Ce qui suppose que le cas contraire arrivant, l'un et l'autre sera à ses dépens ; mais si ces ordonnances entendent que les malades paient leurs médicamens et leur chirurgien, c'est parce que l'armateur a sous-entendu dans ses conventions, en ne fournissant pas l'un et l'autre, que les deux ensemble seroient à la charge des malades. Mais il en est autrement des gardes, l'humanité voulant qu'à bord le marinier valide serve gratuitement l'invalide : la même loi a lieu à terre, par rapport au malade; et si le garde est payé à terre par l'armateur, celui-ci n'a pas à s'en plaindre, parce que le malade, soit dans le navire ou à terre, il faut qu'un homme à ses gages, reste dans l'un et l'autre cas, inactif.

742. Au surplus, comme Valin ne parle dans sa restriction que du paiement du chirurgien, et non de celui des remèdes; et que par son silence, il paroît donner à entendre, que dans tous les cas ils ne doivent point être payés, soit que les médicamens soient un accessoire du chirurgien, et *vice versa*, point de doute qu'ici, comme dans toute autre circonstance, l'accessoire ne doive suivre le sort du principal : conséquemment, si le chirurgien est payé, les remèdes doivent être payés; si le chirurgien n'est point payé, les remèdes ne doivent pas être payés.

743. Il a été rendu, le 13 septembre 1750, une sentence de l'amirauté de Marseille, à la vérité, en faveur d'un capitaine, qui fait plus que de confirmer tout ce qui a été dit.

744. Le capitaine d'un navire tomba malade au Cap Français, il fut traité dans une maison particulière, par un médecin et un chirurgien du pays. Le tribunal, dont nous venons de parler, admit le compte des frais de maladie, dans lequel étoient compris les honoraires des médecins et des chirurgiens, les salaires d'une garde, etc. Si mieux les armateurs n'aimoient que le tout fût liquidé par les ports.

745. Il est bon néanmoins d'observer, que si le matelot avoit été traité par le chirurgien, par exemple, d'une maladie honteuse, non-seulement il devroit payer le chirurgien, mais encore les médicamens. La même chose pourroit avoir lieu si, je suppose, le matelot s'étoit embarqué en ayant la fièvre. En Hollande on retient un tant sur la paye de l'équipage, pour payer le chirurgien.

746. Valin fait ensuite cette question : Des passagers tombés malades, que le chirurgien aura traités, est-il fondé à leur demander un salaire? Le contraire, dit-il, a été jugé à l'amirauté de Marseille, le 20 octobre 1752, sur ce principe que le chirurgien est gagé : mais, observe-t-il, peut-on dire qu'il est gagé pour les passagers, puisqu'ils sont étrangers à l'équipage ? Il conclut implicitement pour la négative.

747. Lorsque les négocians arment leurs bâtimens, ils font leur armement avec toute l'économie possible. Plus ils économisent, moins ils font payer le fret, les passages et les marchandises ; et conséquemment moins ils économisent, plus ils font payer le fret, les passages et les marchandises : le chirurgien augmentant les frais de l'armement, il est bien clair que la masse des frais généraux se trouvant ex-haussée, le fret, les passages et les marchandises sont ex-haussés de prix en proportion ; or si le prix des passages est ex-haussé, les passagers payent donc d'abord le prix du passage ; plus, les frais du chirurgien. Si cela est ainsi, pourquoi Valin voudroit-il que les chirurgiens fussent payés deux fois ; une fois par l'armateur, aux dépens des passagers, et une autre fois par les passagers, et condamne-t-il l'amirauté de Marseille pour avoir tenu ce langage ? Dans ce peu de mots, *le chirurgien est gagé*.

748. Si ces inductions sont justes, disons donc que les passagers ayant payé leur passage, à raison des commodités, des avantages et des secours qu'ils espéroient trouver dans le bâtiment, il seroit injuste de vouloir leur faire payer une seconde fois l'une de ces choses.

Dans l'article 9 il est dit : « Ne pourra, le chirurgien, quitter le vaisseau dans lequel il sera engagé, que le voyage entrepris n'ait été achevé ; à peine de perte de ses gages, de 100 fr. d'amende, et de pareille somme d'intérêt envers le maître. »

Cet article veut donc que le chirurgien déserteur perde ses gages, paye 100 fr. d'amende, sans doute applicable au fisc ; car si la loi eût voulu que ces 100 fr. fussent applicables au propriétaire, elle auroit porté cumulativement 200 fr., et ensuite 100 fr. au maître, c'est-à-dire au capitaine, qui doit en rendre compte au propriétaire, comme étant son mandataire.

749. Il est remarquable que cet article ne veut pas, comme pour les matelots déserteurs, que les chirurgiens soient poursuivis et arrêtés, ni contraints par corps à exécuter leur engagement. Cependant, si on réfléchit qu'il est des circonstances dans lesquelles il seroit impossible de trouver des chirurgiens capables d'exercer dignement leur profession; que certains passagers ont donné la préférence à un bâtiment, parce qu'ils ont été déterminés en partie par la bonne opinion qu'ils avoient du chirurgien; on sentira que les chirurgiens qui désertent devroient être punis au moins aussi rigoureusement que les matelots.

750. Au reste, voici une déclaration qui a paru depuis que Valin a écrit.

Déclaration du 15 *novembre* 1767.

Art. 1. « Tous les navires destinés aux voyages de long cours, soit qu'ils soient armés en marchandises, ou pour la pêche, et pour quelque destination qu'ils soient expédiés, autre que pour la navigation, comme pour être de grand ou petit cabotage, il y aura toujours un chirurgien, quoique l'équipage, indépendamment des passagers, soit au-dessous de vingt hommes... Il y en aura deux, quand le nombre excédera cinquante hommes...... Leur défendons pareillement d'expédier aucun bâtiment destiné pour le grand cabotage, qu'il n'y ait un chirurgien, lorsque l'équipage sera de vingt hommes.

» Art. 11. Tout chirurgien embarqué sur un bâtiment marchand tiendra exactement un livre journal, sur lequel il écrira toutes les maladies qu'il aura traitées dans le cours du voyage, et les remèdes qu'il aura administrés, et ce à peine de ne pouvoir jamais servir en ladite qualité sur lesdits bâtimens marchands; et sera ledit journal signé du capitaine, et remis, à l'arrivée du navire en France, aux chirurgiens-jurés de l'amirauté du lieu du désarmement, qui certifieront au bas l'examen qu'ils en auront fait, et ce qu'ils en pensent.... Ledit chirurgien sera tenu aussi de retirer un certificat du capitaine, de la conduite qu'il aura tenue pendant le voyage.

Art. 13. » Le coffre de médicamens et d'instrumens de chirurgie sera visité et examiné, conformément aux art. 4 et 5 de l'ord. de 1681, titre du chirurgien, trois jours avant le départ du navire......

Art. 14. » Pour prévenir le changement des médicamens et instrumens de chirurgie, après que ledit coffre de chirurgie aura été visité et approuvé dans la forme; . . . . . Il sera déposé au greffe de l'amirauté, pour n'en sortir qu'au moment de l'embarquement du capitaine, auquel, à cette fin, ledit coffre sera remis par le greffier, avec sa clef, pour ensuite le confier au chirurgien, lorsqu'il sera rendu à bord; défendons de descendre ledit coffre à terre, ni d'en changer les drogues et instrumens, à peine de trois cents liv. d'amende, solidaire contre l'armateur, le chirurgien et le capitaine. »

751. Voilà les vœux de Valin accomplis : néanmoins, comme un assortiment d'instrument de chirurgie coûte très-cher, et qu'un jeune chirurgien qui s'embarque n'est point ordinairement riche, il seroit à désirer qu'il fût rendu une loi qui ordonneroit que tels et tels instrumens seroient fournis par l'armateur lui-même.

Par l'art. 4 de l'ordonnance du 4 juillet 1784, il est dit : « Il ne sera embarqué de chirurgiens sur les navires destinés aux voyages de long cours, que lorsque les équipages seront de quinze hommes et au-dessus, les mousses compris; et il n'en sera pareillement embarqué sur ceux expédiés pour toutes les côtes et îles de l'Europe, même au-delà du détroit du Sund, dans la mer Baltique, ainsi que pour toutes celles de la Méditerranée et de la côte occidentale d'Afrique, jusques et compris les îles Canaries, que lorsque lesdits navires auront vingt hommes d'équipage : sera, d'ailleurs, la déclaration du 15 novembre 1767, exécutée selon sa forme et teneur, en tout ce qui n'est pas contraire au présent article. »

DEUXIÈME PARTIE.

SECTION III.

DES CHOSES.

752. Le mot *chose* est un substantif féminin générique, qui signifie ce qui est; il se dit donc indifféremment de tout. Sa signification se détermine par la matière, le genre, ou l'espèce.

753. Dans le droit, on distingue deux sortes de choses; les choses corporelles, et les choses incorporelles. Les choses corporelles sont celles qui, ayant un être réel, sont visuelles : tel est, par exemple, un navire, une ancre, etc. Les choses incorporelles sont celles qui n'ont qu'un être intellectuel, et qui, conséquemment, ne s'aperçoivent que par cette faculté de l'ame, appelée entendement; tel est une créance, une assurance, etc.

754. Le droit divise les choses corporelles, en meubles et immeubles. On appelle meuble, tout ce qui, par sa nature, peut être transporté comme ne tenant pas à un fonds; tel est l'argent, un vaisseau, etc. On appelle immeubles, les fonds de terre, les maisons, etc.

755. D'après ces deux définitions, tout ce qui est susceptible de placement, quel que soit son volume et sa valeur, est donc reconnu, à raison de sa mobilité, meuble; et tout ce qui n'est pas susceptible de déplacement, quel que soit son petit volume et sa petite valeur, vu son immobilité, est donc immeuble.

CHAPITRE XX.

DES NAVIRES, DE LEURS AGRÈS, APPARAUX, ET AUTRES BATIMENS DE MER.

756. Le mot *navire* est un substantif masculin, du latin *navis* : ce nom se donne, en général, à tous vaisseaux à trois mâts, gréé et construit dans la forme des vaisseaux de ligne et des frégates; mais il se dit plus ordinairement en parlant des vaisseaux marchands. Néanmoins, comme il est très-essentiel, par rapport à la commission et aux assurances, de bien fixer la

signification de ce mot, je dirai donc, que dans le langage maritime des nations, on appelle navire, vaisseau, bâtiment, toute masse de charpenterie propre à flotter et être conduite par eau : ces expressions étant considérées, par les marins, comme synonymes, elles présentent également les mêmes idées.

757. Si je consulte les lois romaines, qui ont servi de base aux lois des nations, j'y vois que les chaloupes et les plus petites barques sont comprises sous la même dénomination. *Navigii appellatione, etiam rates continentur, liv.* 1, § 14, *ff. de fluminibus :* les Romains y comprenoient même les radeaux. *Schedia. D. Lege* 1, § 6, *ff. de exercit. ac.*

758. Clairac, termes de marine, page 32, dit : « Le terme de vaisseau comprend toutes les espèces de navire, galères, barques et bateaux. » Néanmoins, comme le langage maritime n'est pas décidément uniforme dans tous les ports, et qu'il peut arriver que tel se sert d'un mot pour exprimer le genre, pendant que tel autre se sert du même mot pour exprimer l'espèce ; il faut donc que le commettant qui ordonne, par exemple, à son commissionnaire de faire charger une marchandise sur une espèce de bâtiment, qui lui promet plus d'avantage, emploie, dans son ordre, l'expression reçue dans le lieu du contrat.

759. La masse totale d'un navire se compose de la coque du navire, de ses agrès et apparaux; mais comme cette masse forme un corps dividu, les agrès et apparaux, par rapport à l'acte de revendication, ne sont pas confondus avec le navire même.

760. Paulus avoit décidé que la chaloupe étoit comprise dans la vente que l'on fait d'un navire avec ses agrès : conséquemment il rangeoit la chaloupe dans les agrès et apparaux. Mais Labeon fut d'un avis contraire. La chaloupe, dit-il, ne diffère du navire que par sa capacité, et non par le genre. Il est certain que si on se réfère matériellement aux premières notions (756), chaloupe et navire sont deux bâtimens servant à la navigation ; mais comme la chaloupe et le canot sont accessoires au navire, qu'il est de principe que l'accessoire suit le sort du principal, si on vend le navire aves ses agrès et apparaux, on sous-entend donc vendre aussi la chaloupe et le canot : tel est, au surplus, l'usage attesté par Kuscike, *quest.* 5 *; Loccenius, lib.* 1, *cap.* 2, *n.*° 10 *; Straccha, de navic., part.* 2, *n.*° 14, *et de asse cur., gl.* 8, *n.*° 7 *; Targa, cap.* 52, *n.*° 5.

761. Le mot *apparaux*, synonyme d'agrès, à certains égards, étant un plu-

reil, qui se dit au singulier *appareil*, d'où dérive le verbe neutre *appareiller*, qui lui-même, signifie, en général, faire toutes les dispositions, par le moyen des apparaux, pour sortir d'un port et mettre à la voile. Ce mot apparaux comprend donc tout ce qui est nécessaire pour exécuter une pareille disposition. Or, comme dans ce cas, la chaloupe, le canot, sont utiles dans plusieurs circonstances, comme, par exemple, pour appareiller, en particulier, l'ancre; il suit de là que la chaloupe et le canot, comme toutes les manœuvres courantes et dormantes du vaisseau, font partie de ses agrès et apparaux; et que, par conséquent, l'un et l'autre ne doivent point être considérés comme des espèces qui n'appartiennent point au même genre.

L'art. 1.er du tit. 10 de l'ordonnance, porte : « Tous navires et autres bâtimens de mer, seront réputés meubles, et ne seront sujets à retrait lignager, ni à aucuns droits seigneuriaux. »

762. Il y a long-temps que les navires et les bateaux sont déclarés meubles. Brodeau, sur l'art. 90 de Paris, n.° 4; Ferrière, sur le même article, n.° 14; Duplessis, Traité des meubles, fol. 135, édit du mois d'octob. 1666, Rec. de Neson, tom. 2, fol. 80; Stypmann, *ad jus maritimum, part. 4, cap. 1. n.° 4, fol.* 363; Catelan, tom. 2, pag. 285; Gravesal, pag. 159; Daix, pag. 683, édit de décembre 1666; et qu'en cette qualité ils ne sont pas sujets *au retrait lignager*. Tiraqueau, §. 1, gl. 7, n.os 87 et 89; Grimaudet, liv. 4, chap. 17; Kuricke, quest. 9, fol. 862; Loccenius, *de jure maritimo*, *lib.* 3, *cap.* 6, *n.°* 4, *fol.* 269, dit que c'est le droit commun; mais que, en quelques villes du Nord, le citoyen est préféré pour l'achat d'un navire à tout étranger; *jure pro pinquiori*, dit-il, *quasi jure congrui vel retractus*.

763. Cependant, en Normandie et en Bretagne, les navires étoient sujets aux lots et ventes, quoique l'ordonnance prescrivît le contraire. Boërius, quest. 177, n.os 6 et 8, avoit aussi pensé qu'à Bordeaux, les lots et ventes étoient dûs en vente de navire : mais suivant ce qu'allègue Boyer, il paroît qu'ils n'avoient lieu que dans l'ancienne coutume. En effet, Boyer, en la décision de Bordeaux, 177, n.° 6, cite, à ce sujet, la vieille coutume de Bordeaux, qui, dit-il, étoit semblable à celle de Bretagne. Toutefois, dit Clairac, fol. 398, en France, ces anciennes coutumes sont abrogées, et par la jurisprudence moderne, il n'y échoit de trait lignager, n'y n'est dû lots et ventes; Fesson, §. 8; Tiraqueau, *de retractu*, §. 1, *glosa 7*, n.os *88 et 100;* Chap. *lib. 2, tit. 1, n°. 14;* Argentré, *cout. Bret.* §. *29;* Straccha, 2 *p. n°. 31.* Tous ces auteurs sont d'avis que les lots et ventes ne sont pas dûs. La raison est, dit Clairac, que les navires sont véritablement meubles; au surplus,

surplus, tout ceci est confirmé par l'art. 8 de la loi du 11 brum. an 7. Il y est dit :

« Il n'est rien innové par la présente, aux dispositions de l'ordonnance de la marine, du mois d'août 1781, concernant le droit de suite, et les priviléges auxquels les navires et bâtimens de mer continueront d'être affectés, même dans les mains d'un nouvel acquéreur, pour les cas qui y sont exprimés, et sans qu'il soit besoin d'*inscription*. Aussi les navires, les chaloupes, les vaisseaux, les bateaux qui se trouvent dans une succession appartiennent-ils à l'héritier des meubles. *Denisard.*

764. Mais le navire, quoique meuble, est destiné au transport des marchandises; étant vendu, n'est pas réputé marchandise à l'effet de payer un droit qui n'est dû que sur des marchandises. Arrêt du Parlement de Paris, du 19 janvier 1605; c'est-à-dire, que le navire, comme tout autre corps, contenant, tels par exemple, que caisses, barriques, ballots, etc., étant vendu avec sa cargaison, ne paye pas le même droit que la marchandise, comme étant deux choses distinctes; ce qui, quelquefois, n'a pas lieu à l'égard des autres choses contenantes. Au surplus, voyez l'acte de navigation, fol. 27, art. 17 et 18.

Art. 2. « Seront néanmoins, tous vaisseaux, affectés aux dettes du vendeur, jusqu'à ce qu'ils aient fait un voyage en mer, sous le nom et aux risques du nouvel acquéreur, si ce n'est qu'ils aient été vendus par décret. »

765. En droit, les meubles sont susceptibles d'hypothèque. *Leg. 34, ff. de pigno rib., et hypot, et leg. 12, cod. de distr. oign.*, ce qui étoit en usage dans quelques pays de droit écrit; en conséquence, le créancier pouvoit suivre son meuble, et le revendiquer en des mains étrangères : mais, depuis la loi du 11 brumaire an 7, les meubles n'ont plus de suite par hypothèque dans toute la France; cependant, comme cette loi se réfère, par rapport aux navires, à l'ordonnance de 1681, il faut avoir égard à ses dispositions.

766. Comme la chose est très-importante, je vais présenter la vente du navire dans trois circonstances : 1.° comme étant faite avant que le navire ait fait un voyage, conséquemment considéré comme immeuble; 2.° comme étant faite après un voyage, par conséquent considéré comme immeuble; 3.° comme étant faite par décret, et par cette raison considéré comme immeuble.

767. *Navire vendu avant un premier voyage, considéré comme immeuble.* Dans l'ancienne jurisprudence, il falloit observer, pour l'aliénation des

meubles précieux, les mêmes formalités que pour l'aliénation des immeubles : *in alienatione mobilium pretiosorum eadem solemnia quæ in immobilium adhiberi debent*, disent les anciens Jurisconsultes; mais l'article 344 de la coutume de Paris, qui a prescrit les formalités de la vente des biens-meubles au plus offrant et dernier enchérisseur, après une simple publication et affiche, a lieu en la vente des meubles les plus précieux; et jamais on ne peut les vendre par décret, quelle que puisse en être la valeur. Arrêt de 1611 rapporté par *Brodeau* sur l'art. 144 de la coutume de Paris. La raison s'en trouve dans les espèces suivantes, rapportées par *Automne* et *Ferrière*.

« Un Portugais ayant emprunté 24,000 fr. sur un diamant, le prêteur obtint de le vendre au Pont-au-Change. L'emprunteur appela en la Cour, en observant que la chose étoit si précieuse, qu'elle devoit être égale à l'immeuble; il allégua Dumoulin, *cout. de Paris, sect. 22, n. 47; et Chopin, liv. 1, tom. 1, n°. 32*, qui dit seulement que si le vendeur est lésé outre moitié du juste prix, il est restitué comme immeuble. Le créancier répliqua, avec raison, *que la peine étoit selon fantaisie et affection effrénées des hommes qui achètent les choses dix fois plus qu'elles ne valent, plus par vanité et faste, que par nécessité.* » Par arrêt du Parlement de Paris, la sentence fut confirmée. Ferrière paroît être de cet avis. Cet auteur dit :

« Quelque précieux que soient les meubles, ils ne peuvent être réputés *immeubles que par fection*, attendu que leur valeur et l'excès du prix, qui dépend le plus souvent *de l'affection et de la rareté*, ne change rien à la *nature des choses.* » Néanmoins, Clairac dit, fol. 599 : « Au regard des hypothèques, et de la suite d'icelles, un navire est *censé immeuble.* » Arrêt du 26 juin 1612.

768. Qui ne verra, au premier coup-d'œil, une contradiction dans cette diversité de jurisprudence ; aussi certains auteurs disent-ils : Quoi ! un navire est meuble, et il est susceptible d'hypothèque ! c'est un meuble, il peut être vendu par décret. En effet, d'après le premier aperçu, on ne peut pas plus dire qu'un meuble est susceptible de recevoir la même impression de l'immeuble, que la mobilité n'est susceptible de recevoir la fixeté de l'immobilité.

769. Cependant, quoique la décision de l'ordonnance péche dans son principe, en suivant l'ordre des analogies elle est très-avantageuse dans ses conséquences : tout ce qu'on peut lui reprocher, c'est d'avoir péché dans l'énonciation ; car il est contre la raison et le bon sens, de dire : *Les*

navires seront réputés meubles ; parce que c'est dire, en d'autres termes, qu'ils sont *immeubles ou immobiles*, quoiqu'ils soient *meubles ou mobiles*, ce que, sans doute, on ne contestera pas. Quoi qu'il en soit, il n'est pas moins vrai que cette dérogation à l'ordre analogique est très-avantageuse. Un navire n'est pas comme une superbe armoire, un beau diamant, dont la valeur s'estime par la vanité et l'ostentation ; son besoin est réel : il est, pour ainsi dire, de première nécessité, d'une valeur considérable ; sous ce rapport, il doit être affecté aux dettes du vendeur, jusqu'à ce qu'il ait fait un premier voyage ; c'est-à-dire, que par une vente simultanée, le vendeur ne puisse point préjudicier à ses créanciers, latitude qui donne le temps à ceux-ci de veiller à leurs intérêts. D'après ces observations, il découle naturellement comme de sa source, quoique l'ordonnance ne distingue pas, et quoiqu'il soit de principe que l'on ne distingue, là où la loi ne distingue pas, que les créances chirographaires, hypothécaires et privilégiées sont, dans ce cas, affectées aux navires. Dans le premier cas, le navire est considéré comme meuble ; dans le second cas, comme immeuble, on ne doit point se dissimuler que dans cette décision, les principes sont mis à la torture ; mais aussi il ne faut point se dissimuler que la faveur du commerce ne doive l'emporter sur ce léger inconvénient.

770. *Navire vendu après un premier voyage, considéré comme meuble.* Dans ce cas le navire est considéré comme meuble, parce que la tradition qui en a été faite, a reçu une approbation tacite par le silence des premiers vendeurs : tout est encore ici dans l'ordre ; cependant ceci donne lieu à cette question. Un armateur a acheté un navire, il a resté un temps considérable en rade, comme ont resté plusieurs de nos bâtimens marchands avant la dernière paix. On demande si cette longue *starie* équivaudra à un premier voyage ?

771. En argumentant d'après les raisons que j'ai déduites du motif de la loi, je répondrois très-affirmativement, oui ; c'est-à-dire, qu'après cette longue *starie*, le vaisseau sera décidément meuble, par la raison que cet armateur en aura acquis vraiment la propriété, d'après le silence de ces créanciers. Pourquoi le Législateur a-t-il voulu que le navire soit affecté aux dettes du vendeur, en son nom et à ses risques, jusqu'à ce qu'il ait fait un premier voyage ? En voici la raison. Le Législateur a dit : Les armateurs étant intéressés à faire naviguer leurs navires dans le plus bref délai, s'ils avoient la faculté de les vendre avant un premier voyage, par cette vente trop précipitée, ils pourroient nuire à leurs créanciers. Or,

en ne leur permettant de faire une pareille vente, qu'après un premier voyage, les créanciers auront un temps convenable pour pouvoir exercer leur action, et seront conséquemment à l'abri des collusions qui pourroient être faites dans les ventes, qui souvent ne seroient que simulées. Par parité de saisons, si un navire ne faisoit, par exemple, qu'un voyage de quinze jours, un mois, ce voyage n'ayant point donné un temps convenable aux créanciers, seroit considéré comme non-avenu. Les lois des nations du Nord, plus précises que notre ordonnance, veulent, suivant Loccenius de *Jure maritimo, lib. 3, cap. 6, n.° 4*, notamment en Danemarck et à Hambourg, qu'on ne puisse vendre un navire qu'après dix ans; à Dantzik, qu'après trois ans; à Stralsund, qu'après six ans; à Lubec, qu'après sept ans. Il seroit donc avantageux au commerce m[illegible]e, que dans nos nouvelles lois on assignât un temps convenable pour [illegible] genre de prescription; car, en disant qu'il faut qu'un navire ait fait un voyage, pour prescrire contre les créanciers du vendeur, c'est présenter une prescription vague, qui souvent peut devenir nuisible au commerce.

772. Cependant Valin paroît être d'un avis contraire; il prétend qu'un simple voyage d'allée et de retour, c'est-à-dire, un voyage incomplet, même au petit cabotage, suffit. Il est aisé de voir que non-seulement il n'a point saisi l'esprit de l'ordonnance, ni même la lettre; et on en sera convaincu, lorsqu'on réfléchira que certains voyages au petit cabotage peuvent être faits dans quatre ou cinq jours.

773. *Question*. Un armateur a acheté un navire à un autre armateur qui étoit en société, il lui fait faire un voyage en son nom seul : on demande si ce voyage, qui ôte le droit de suite aux créanciers du vendeur, ôtera ce droit aux autres co-intéressés ? Sur cette question, on répond négativement; si du moins cet acheteur avoit connoissance de la société, la raison est qu'il n'a pu acquérir que ce qui appartenoit au vendeur dans le navire : mais comment pourra-t-on prouver, à cet acheteur, qu'il avoit connoissance de la société, si le pacte social n'a pas été enregistré au tribunal de commerce ? Sera-ce par quelque acte mercantile ? il n'en a pas été témoin : Sera-ce par la notoriété ? elle n'est pas parvenue jusqu'à lui. Tout ceci prouve que la loi sur l'enregistrement des sociétés, ne peut ni ne doit tomber en désuétude.

774. Sur cette question, Valin fait celle-ci, en en laissant la solution à ses lecteurs. (Après avoir cherché à faire sentir ce qui, dans l'hypothèse, paroît tomber sous le sens) : « N'y auroit-il pas un temps dans lequel les

co-propriétaires seroient non-recevables à demander leur portion? Il me semble, dit-il, que l'on pourroit admettre la fin de non-recevoir en faveur de l'acheteur, s'il avoit, sous son nom seul, fait faire au navire un voyage complet au long cours, à moins qu'il n'y eût preuve que lors de son achat il savoit que le navire n'appartenoit à son vendeur que pour une portion.

775. Plus tranchant que Valin, comme il est difficile d'établir la preuve de l'ignorance ou de la connoissance de la société dans une pareille espèce; je dirois, contre le principe que j'ai énoncé plus haut, *que l'armateur n'a pu acquérir que ce qui appartenoit au vendeur ;* que si l'acte social n'a pas été enregistré au tribunal de commerce, conformément à la loi, le voyage fini, le navire ne doit plus être affecté aux participans. C'est ainsi qu'en plaçant la punition à côté de l'infraction, on fera respecter les lois.

776. Un autre observation, dit Valin, à faire au sujet de notre article, est que ce voyage au risque de l'acquéreur, opérant la prescription à son profit, il n'y aura que ceux des créanciers qui se seront pourvus contre l'acquéreur avant le voyage, ou qui auront formé leur intervention dans l'instance, aussi avant ce temps-là, qui puissent l'inquiéter, pour le rapport du navire, ou du prix, jusqu'à concurrence de leur dû; de manière que s'il aime mieux leur payer leur dû que d'abandonner le navire, l'intervention formée postérieurement au voyage achevé, de la part de quelqu'autre créancier, quelque privilégié qu'il soit, non-seulement ne pourra nuire à cet acquéreur, mais même empêcher les créanciers, plus diligens, d'être payés, suivant cet axiome : *vigilantibus jura subveniunt.*

777. Mais aussi, si au lieu, par l'acquéreur, d'offrir de payer les créanciers qui l'ont poursuivi avant le voyage achevé, il aime mieux abandonner le navire; alors le navire étant mis sous la main de la justice, à l'effet d'être vendu judiciairement, c'est un abandon qui tourne au profit de tous les créanciers, aussi bien en faveur de ceux qui n'étoient plus en état d'inquiéter l'acquéreur, que les autres; de manière que ceux qui avoient laissé prescrire l'acquéreur contre eux, sont recevables à former opposition aux criées du navire, et à demander d'être payés, par préférence même aux autres, si leurs créances sont plus privilégiées.

778. *Navire vendu par décret.* Quoique le navire n'ait point fait de voyage au nom et au risque de l'acquéreur, du moment qu'il a été vendu par décret, il purge toutes les dettes du vendeur.

Art. 3. « La vente d'un vaisseau étant en voyage, ou faite sous seing privé, ne pourra préjudicier aux créanciers du vendeur. »

779. Comme je l'ai dit (148), la vente d'un navire ne peut plus être faite sous seing privé ; néanmoins, quoiqu'elle soit faite dans l'hypothèse par acte authentique, elle ne peut point préjudicier aux créanciers du vendeur.

780. Si cet article ne dit pas, comme le précédent, jusqu'à ce que le navire ait fait un voyage, *sous le nom et aux risques de l'acquéreur*, c'est que par rapport au *nom*, la chose n'est plus praticable ; et par rapport aux *risques*, elle ne le seroit que dans le cas d'une convention expresse.

781. Valin observe que cet article, et le précédent, est applicable tout de même à la vente d'une portion du navire, et aux petits bâtimens comme aux grands vaisseaux, n'y ayant aucune raison de différence, ou plutôt l'article ne distinguant point.

782. Mais, dit-il, il faut dire le contraire de la cargaison, parce qu'elle n'a rien de commun avec le navire; et, à plus forte raison, d'un chargement particulier de marchandises dans un navi[illegible] l'article ne parlant que de la vente du navire, ne doit pas souffrir d'ex[illegible]ntion à la cession d'un intérêt de la cargaison, ou d'un chargement de marchandises.

783. Pourquoi, dit encore Valin, seroit-il moins permis à quiconque d'accepter d'un négociant, *sans fraude*, la cession de pareils objets, sous prétexte qu'ils sont sur mer, ou aux colonies, que s'ils étoient en France? [illegible]r, personne ne doute que ces sortes de cessions ne soient licites pour l'avantage et circulation du commerce; et que l'acheteur, ou cessionnaire, ne soit à couvert de toutes recherches, soit qu'il ait signifié, ou non, le transport, la maxime, *simple transport ne saisit*, établie par l'art. 108 de la coutume de Paris, n'étant pas applicable à ces sortes de négociations; il conclut en disant que l'on ne doit pas exiger que le cessionnaire fasse enregistrer la cession qui lui est faite au greffe de l'amirauté. Tel est, dit-il, l'usage constant du commerce, fondé sur ce qu'il importe extrêmement de favoriser la rapidité de ses opérations. Valin termine en citant un arrêt du 11 mars 1752, qui étaie ses opinions.

784. Cependant il fait cette restriction dans l'espèce, il dit : « Il faut excepter néanmoins celui qui auroit vendu ces marchandises *sans jour et san[s] [t]erme* (1); et, à son défaut, celui qui auroit prêté à la grosse sur les

---

(1) [illegible] sont des expressions prises dans l'art. ..... de la coutume de Paris, qui signifient ma[illegible] ses vendues pour être payées de suite, comme, par exemple, dans la journée, le len[de]main, etc. Dans l'usage, lorque les négocians achètent *au comptant*, si le vendeur

mêmes marchandises : dans ce cas, la cession seroit *nulle de plein droit.*

785. Ce qui vient d'être observé, au reste, ne regarde que la négociation, ou cession, de choses négociables de leur nature par endossement, dont la tradition ne peut se faire sur-le-champ : s'il s'agissoit d'une vente de marchandises, qu'il fût au pouvoir du vendeur de livrer incessamment, comme l'ayant dans sa possession, le contrat seroit alors dans les termes du droit commun; c'est-à-dire, que l'acheteur ne seroit fait vraiment propriétaire des marchandises, au préjudice des créanciers de son vendeur, qu'autant qu'il en auroit eu la délivrance et la tradition effective. Avant cela, quoiqu'il eût payé le prix de la vente, il ne seroit pas en droit de retirer les marchandises des magasins du vendeur, au préjudice de la saisie d'un créancier; parce que de la maxime, *meubles n'ont suite quand ils sont hors de la possesion du débiteur.* Il en résulte, de la proposition inverse qui est indubitable, qu'ils peuvent être saisis par ses créanciers, tant qu'ils sont encore en sa possession.

786. Enfin, Valin pense que les factures, connoissemens, et polices d'assurances peuvent se négocier, se transporter; mais, dit-il, s'il s'agissoit d'un *mandement* (1) donné par un négociant à un autre, sur un tiers débiteur envers le tireur du mandement, nul doute alors que le porteur du mandat ne fût assujetti à la formalité de la signification ; et que jusques-là, une saisie faite entre les mains de ce tiers, par quelques créanciers du tireur, ne l'emportât sur le porteur de ce mandement.

787. L'observation de Valin, par rapport au *mandat*, ne me paroît point exacte : la signification ne sera nécessaire que dans le cas où le mandat n'auroit point été accepté. Je sais que l'on pourra m'observer : mais si, par collusion, l'accepteur n'a apposé son acceptation qu'après la saisie de l'opposant, qu'il est d'usage de ne point dater les acceptations; et que, supposé même que contre l'usage, l'acceptation fût datée avec époque anterieure à la signification, quoique réellement elle le fût à époque postérieure pour nuire à l'opposant; cette décision, si elle avoit lieu, ne seroit-

---

entend être payé sur-le-champ, il réplique *comptant compté.* Le mot *comptant* revient à ceux-ci, *sans jour et sans terme* ; et les mots *comptant compté*, à ceux-ci, *paiement fait sur-le-champ.*

(1) C'est-à-dire, d'un titre de créance appelé, dans le langage mercantile, *mandat.*

elle pas nuisible? Il faut en convenir, c'est un inconvénient, mais cet inconvénient est bien moins grand que celui qui résulteroit d'une décision contraire; personne, dans cette dernière hypothèse, ne pouvant point compter sur des fonds réels, n'oseroit entreprendre.

788. En jugeant la chose par analogie, je dirois que dans le contrat de *mandat* dont il est ici question, comme dans la lettre-de-change y ayant *tireur*, *porteur et accepteur*, la chose doit être décidée de la même manière; et c'est d'autant plus certain, qu'il est plus présumable qu'une lettre-de-change a été acceptée après coup, qu'un mandat, vu la distance des lieux qui y oppose un obstacle. En effet, le mandat se tire d'un lieu sur le même lieu, et la lettre-de-change d'un lieu sur un autre lieu. Or, j'ouvre Marquardus qui parle, d'après plusieurs auteurs qu'il cite, et j'y lis. *Lib.* 3, *cap.* 11 : Il n'y a presque point d'opposition qui puisse empêcher le paiement d'une lettre-de-change acceptée, que le dol; comme de soutenir que la lettre-de-change n'est pas écrite, ni signée de la main de celui que l'on dit l'avoir tirée; ou offrir de prouver que le paiement en a déjà été fait, conformément aux ordonnances de l'Empire, de l'année 1654.

789. *Question.* Une lettre-de-change, tirée de place en place, saisit-elle aussitôt et de plein droit, le donneur de valeur des fonds que doit au tireur, celui sur qui elle est tirée, *à l'effet* d'empêcher les créanciers du tireur de saisir lesdits fonds?

790. Ou bien la saisine ne s'opère-t-elle qu'au moment et au moyen de l'acceptation? Le Tribunal de la Seine, en appliquant les art. 24 et 25 du tit. 5 de l'ordonnance de 1673, a jugé que le donneur de valeur étoit saisi de plein droit, à l'instant même où l'ordre lui est passé, des fonds qui sont l'objet de la délégation. Le Tribunal d'Appel a confirmé ce jugement le 11 fructidor an 8. Voyez mes Institutions Commerciales, §. 1078.

791. Je termine cette digression, que j'ai cru utile, pour revenir à mon objet.

792. Emérigon, tom. 1, fol. 319, ne pense pas comme Valin à l'égard de la négociation des connoissemens, par conséquent des factures. « Ces sortes de cessions, dit-il, déferent au cessionnaire un simple droit *ad rem*, qui lui donne pouvoir de requérir la délivrance des effets indiqués, sans le mettre en possession effectuée de la chose même. Ainsi, jusqu'à ce que la tradition réelle ait été faite, dans un temps utile, au porteur du connoissement,

connoissement, il n'a qu'une action personnelle, qui est subordonnée aux droits des tiers (1). »

793. Je crois donc qu'une pareille cession ne sauroit nuire, ni au privilége du vendeur primitif, non payé du prix, ni au privilége du donneur à la grosse, ni aux droits de la masse des créanciers. Telles sont nos règles; le connoissement n'a jamais été considéré parmi nous, comme un papier négociable. Le transport du titre est une tradition feinte, qui s'évanouit par la facilité ou l'insolvabilité notoire du cédant.

794. Si la doctrine que je combats étoit adoptée, elle fourniroit aux banqueroutiers un moyen très-facile d'éluder leurs engagemens maritimes. Tout ce que je viens de dire, a lieu dans le cas même où il s'agit d'une marchandise qui doit être consignée *au porteur du connoissement.* Ce porteur n'est rien de plus que le mandataire du propriétaire véritable. Si les effets lui avoient été consignés dans un temps utile, la cession faite en sa faveur seroit valable, sauf le cas de fraude; mais si la faillite du cédant survient avant la consignation effectuée, les droits des tiers sont conservés en leur entier.

795. C'est assez qu'on ait attribué parmi nous aux *polices d'assurances*, la qualité *de papier négociable;* mais cet usage est une exception à la règle générale, et ne doit pas tenir à conséquence. L'arrêt que cite Valin eut pour motif les circonstances particulières de la cause.

796. Par sentence de Marseille, du 26 janvier 1752, la police d'assurance a été déclarée négociable comme un billet à ordre; Valin ajoute qu'elle peut même être négociée comme un billet au porteur.

797. *Questions.* Pourquoi considère-t-on les polices d'assurance comme effets négociables? Les connoissemens peuvent-ils se négocier?

798. *Sur la première question.* La police d'assurance ne devenant titre de créance pour l'assuré, que lorsque la chose assurée a péri, si la police porte la forme bannale qu'elle sera payée *à ordre*, elle sera négociable comme *un billet à ordre au porteur;* la raison est que la police tombe dans la cathégorie de l'un ou l'autre effet, parce que dans ce cas l'assureur se trouve avoir consenti dans le fonds un billet à ordre ou au porteur envers l'assuré, égal, au style près, à tout autre billet; conséquemment n'y ayant

(1) C'est-à-dire, que le porteur du connoissement n'a point d'action réelle sur la chose qui lui a été vendue, n'ayant d'action que contre celui qui la lui a vendue.

point de plus ni de moindre inconvénient dans une négociation que dans l'autre, l'usage et non la loi a autorisé ces sortes de transactions; car, lorsque Valin, tom. 1, cite l'art. 3 du titre des assurances pour faire valoir ses opinions, il ne s'ensuit pas de-là que la loi ait décidément prononcé sur l'espèce. En effet, que porte cet article? Il porte textuellement : « La police contiendra, etc....... et généralement toutes les autres conditions dont elle voudront convenir. » Ce qui se sous-entend, pourvu qu'elles ne soient point contraires aux lois ou aux mœurs. Or, cette stipulation ne dérogeant point à la lettre même de la loi, et encore moins à son esprit, donc elle est valable; mais si la police n'étoit point à ordre ou au porteur, tombant dans le cas des simples billets ou promesses; il faudroit, en ce cas, faire signifier le transport, pour éviter les suites de l'opposition d'un tiers.

799. *Sur la seconde question.* Le connoissement et la facture ne sont point, par leur nature, propre à être assimilés aux billets à ordre; la propriété d'un billet à ordre est fondée, par rapport au créancier, sur la dette passive de son débiteur; enfin, c'est une somme qui lui est due. Le connoissement ou facture, au contraire, est un titre d'une propriété payée par le propriétaire, ou à payer. Lorsque ce propriétaire sort sa marchandise de son magasin domiciliaire effectif, pour la transporter dans son autre magasin domiciliaire élu, appelé navire, la marchandise n'est pas moins dans son domicile, dans l'un comme dans l'autre cas; conséquemment, en suivant les règles du droit commun, rapportées par Valin lui-même, la saisie que pourroit faire un tiers entre les mains du cessionnaire seroit valable, quoique faite dans le domicile tacitement élu du propriétaire, comme si elle eût été faite dans son domicile effectif. Il y a, je crois, parité de raison qui engage à le décider ainsi. Voilà, je pense, les règles de droit déduites de la raison.

800. Lorsqu'on transporte une police à ordre, ou au porteur, on ne peut pas dire décidément qu'on mise aux droits d'un tiers, puisque l'espèce de novation qui s'est opérée dans le contrat fait avec l'assureur, égale celle qui peut résulter d'un engagement fait par billet; je dis une espèce de novation, parce que réellement il y en a une en effet; la prime ne se paye ordinairement qu'après l'arrivée; le propriétaire, dans ce cas, se trouve donc débiteur : la chose assurée périt-elle ? il se trouve créancier; conséquemment y ayant changement de sort entre les contractans, il y a donc changement de contrat; contrat nouveau, et par la même raison novation.

Lorsqu'on transporte un connoissement, point de contrat, de novation; le droit commun reste donc dans toute sa force.

801. L'acquéreur d'un billet de grosse à ordre, qui en a payé la valeur, en devient véritable propriétaire. Les risques maritimes sont pour son compte, et le profit nautique lui appartient. Au retour du voyage, si le preneur est insolvable, le porteur du billet aura action de garantie contre l'endosseur, à l'exemple de ce qui se pratique en matière de billets à ordre; telle la doctrine de Casarégis. Disc. 55, où la question est très-bien traitée.

802. Cependant, disons vrai, j'ai vu souvent transporter des factures et des connoissemens, je n'ai point appris qu'il y ait jamais eu aucune réclamation, soit que le cas ne se soit pas présenté, soit que l'on ait craint d'élever des difficultés en pure perte; mais il ne faut point se dissimuler qu'il peut en résulter des grands inconvéniens, sur-tout par rapport aux donneurs à la grosse.

Art. 4. « Tous navires seront jaugés, incontinent après leur construction, par des gardes-jurés, ou prud'hommes, du métier de charpentier, qui donneront leur attestation du port du bâtiment, laquelle sera enregistrée au greffe de l'amirauté. »

803. D'après la loi du 27 vendémiaire an 2, contenant des dispositions relatives à l'acte de navigation, il est dit, art. 13 : « Que l'espèce de tonnage du bâtiment et description, suivant le certificat du mesureur-vérificateur, sera attestés par serment par le propriétaire avant la délivrance du congé; et comme la loi du 13 août 1794, tit. 3, veut que les places de jaugeurs soient données au concours; elle n'admet donc point, comme l'ordonnance, d'autres jaugeurs que ceux-là. »

804. Il est nécessaire de connoître la jauge du vaisseau; c'est-à-dire, sa capacité et son port.

805. 1.° Parce que le congé, ou passe-port, en doit faire mention. Art. 3, tit. 10 des congés et rapports de l'ordon.; acte de navigation;

806. 2.° Parce que la charte-partie en doit aussi faire mention. Art. 3, tit. des ch.-part.;

807. 3.° Parce qu'il y a certains droits dus par les navires.

808. A l'égard des navires étrangers, on ne s'arrête pas à la jauge qui a été faite dans les pays étrangers, on doit les rejauger en France, suivant le réglement du 13 juin 1709.

Art. 5. « Pour connoître le port et la capacité d'un vaisseau, et en régler la jauge, le fond de la cale, qui est le lieu de la charge, sera mesuré à raison de quarante-deux pieds cubes pour tonneau de mer.»

Art. 6. » Seront tenus tous les officiers de l'amirauté, à peine d'interdiction de leur charge, de faire tous les ans, au mois de décembre, un état de tous les vaisseaux appartenans aux bourgeois de leur ressort, qui contiendra leur port, âge, qualité et fabrique, avec le nom des propriétaires, et de l'envoyer au Secrétaire-d'État ayant le département de la marine.»

809. Cet article étoit tombé en désuétude, à l'égard de l'amirauté, sous l'ancien régime, les Commissaires aux classes de la marine en étoient chargés. Ce sont, sans doute, aujourd'hui les mêmes officiers qui en sont chargés.

810. Arrêté des Consuls relatif à la construction, dans les ports de France, des navires marchands pour compte espagnol.

Art. 1.er « La construction des navires marchands, pour compte espagnol, est permise dans les ports de commerce de la République.

Art. 2. » Les navires ne pourront excéder le port de trois cents tonneaux, et la construction n'en pourra être entreprise que d'après l'autorisation préalable du Ministre de la marine et des colonies.

Art. 3. » Les navires dont la construction est autorisée par le présent arrêt, payeront le droit de douane à la sortie, ainsi qu'il sera réglé ultérieurement.» Ce droit est fixé, par arrêté du 20 vend. an 11, à 15 fr. par tonneau.

SECTION IV.

CHAPITRE II.

DES CONGÉS ET PASSE-PORTS.

811. Lorsque les navires marchands veulent partir en temps de paix, ils doivent prendre un congé du bureau de la marine, et en terme de guerre, un passe-port du Gouvernement ; car, quoique la loi du 13 août 1791 porte que les passe-ports seront délivrés par le Commissaire des classes ; comme ces sortes de patentes doivent faire foi envers les puissances neutres, il faut nécessairement qu'elles aient cette grande forme authentique pour être reconnues valables, et éviter mille abus qui pourroient résulter d'une marche contraire.

812. *Le congé* est en France une espèce de passe-port, ou permission de naviguer, délivré par le Commissaire des classes, sous l'autorité du Ministre de la marine, et au nom du Gouvernement, pour autoriser le capitaine d'un bâtiment de commerce à naviguer au lieu de sa destination et à faire son retour. Aucun vaisseau ne peut sortir du port sans un congé, qui doit être enregistré au bureau des classes du lieu de son départ, à peine de confiscation.

813. Dans le congé, il est fait mention du nom du capitaine, de celui du vaisseau, de son port en tonneaux, de sa charge, du lieu de sa destination et de celui de son départ.

814. Quand un bâtiment est entré dans un port, le capitaine qui le commande doit représenter son congé au Commissaire des classes, dans l'instant qu'il fait son rapport; et s'il étoit obligé, pendant son voyage, de relâcher en quelque port, il doit en déclarer la raison au Commissaire, ou au Commissaire des relations commerciales de France, si c'est en pays étranger, et y représenter son congé. Si un capitaine de bâtiment du commerce étoit trouvé sans congé, il seroit regardé comme forban ou écumeur de mer.

815. Le réglement du 1.er mars 1716, art. 2, veut que les capitaines ou patrons de bâtiment passent leur soumission à l'amirauté, pour le retour du bâtiment dans *l'un des ports du Royaume, dans le terme porté par le congé*, sous peine de 1500 fr. d'amende, et de peine corporelle, s'il est vérifié qu'ils aient abusé du congé qui leur a été délivré. Les déclarations de janvier 1723, du 21 octobre 1727, renouvellent les mêmes dispositions.

816. La première loi qui a ordonné de prendre des congés, est l'ord. de Charles VI, [illegible] 1400.

817. En Bretagne, on appeloit autrefois une certaine expédition, donnée par les préposés des fermes, *congé ou Brieux*.

818. Dans la Méditerranée, on appelle le congé, *Consulat*. Tout ce qui est payé pour raison des congés, n'est point réputé du nombre des avaries : c'est le maître seul qui doit supporter ces mêmes frais.

819. La loi du 22 août 1791, titre 2, art. 13, appelle *congé ou permis*, la permission par écrit des préposés de la régie, pour charger ou décharger les navires devant eux; cette loi doit être exécutée, à peine de confiscation des marchandises, et de 100 fr. d'amende. La même loi, titre 11, art. 2, défend aux Juges et leurs Greffiers de délivrer de pareils congés.

820. *Le passe-port,* dit M. Lescallier, est une patente ou permission du Souverain, qui autorise un bâtiment marchand de sa nation, à faire le commerce, et le fait reconnoître par-tout où sa nation n'est pas en guerre. Un bâtiment trouvé à la mer sans passe-port, est réputé *forban* : il en est de même de celui qui auroit un passe-port, ou congé falsifié, ou contrefait.

821. Le passe-port doit exprimer le nom du vaisseau, son port en tonneaux, le nombre de son équipage, etc., le lieu de son armement, et celui de sa destination : il doit être limité dans sa durée.

822. Néanmoins, on peut l'accorder pour *un temps limité*, *ou sans limitation;* ou l'on peut y *omettre ces circonstances :* tout cela ne fait rien à la validité du passe-port. Quelquefois la nature de la traite pour laquelle est destiné le navire, ne permet pas seulement qu'on les y détermine. Dans ce cas sont, par exemple, *les bâtimens destinés pour le trafic*, *ou un certain commerce d'économie, pour le grand et le petit cabotage, et ainsi de suite.*

823. Au reste, cette pièce est absolument nécessaire pour la sûreté de la navigation des neutres. Cela est si vrai, que c'est la seule qu'exigent rigoureusement les Républiques barbaresques, et à l'exhibation de laquelle les navires de leurs amis sont à couvert des insultes de leurs corsaires.

824. Quoiqu'un passe-port serve pour le retour comme pour l'aller, le capitaine, ou maître du navire, n'est pas moins obligé de prendre congé au bureau des classes, pour s'en retourner chez lui, comme en temps de paix; décision applicable aux vaisseaux étrangers, comme aux vaisseaux français, suivant le réglement du 1.er mars 1716, art. 1.er, soit qu'ils veuillent s'en retourner chez eux, soit qu'ils veuillent aller dans quelqu'autres ports de la République.

L'art. 1.er du tit. des congés et rapports porte : « Aucun vaisseau ne sortira des ports de notre royaume, pour aller en mer, sans congé de l'amiral, enregistré au greffe de l'amirauté du lieu de son départ, à peine de confiscation. »

L'art. 1.er du tit. 2 des congés et rapports, de la loi du 13 août 1791, porte : « Le chef des classes, dans chacun des principaux ports, sera chargé de la délivrance des congés, passe-ports, et même de celles des commissions en guerre, dans le cas et de la manière qui auront été déterminés; et quant aux actes de propriété des navires, ils seront enregistrés au Tribunal du commerce, lesquels Tribunaux seront, en outre, chargés de veiller à ce que les navigateurs n'éprouvent ni retard ni difficultés, et ne soient obligés de payer autres ni plus grands droits que ceux qui seroient établis, sous quelque dénomination que ce soit.

Art. 2. » Les congés seront faits à l'avenir dans la forme suivante :

Art. 3. » Les congés ne seront délivrés que sur la représentation des actes de propriété, des billets de jauge, des procès-verbaux de visite de navires, des déclarations de chargement et acquit à caution, ou quittance de paiement des droits, et de la quittance du Receveur des droits sur la navigation. »

825. La loi du 22 janvier 1793 an 2, porte, art. 1.er : « La Convention nationale considérant qu'il est instant de déterminer, dès-à-présent, 1.° la nouvelle forme, soit des congés de bâtimens de commerce français, soit des passe-ports à délivrer aux bâtimens étrangers; 2.° l'époque précise où ils commenceront à avoir cours; 3.° le mode à suivre pour prévenir de ces dispositions toutes les Puissances et États maritimes. »

826. Prévoyant que les délais nécessaires pour les notifications à faire aux Puissances maritimes et l'envoi aux colonies, ne permettent pas d'espérer que les nouveaux congés et passe-ports puissent avoir lieu avant plusieurs mois. . . . . , décrète ce qui suit :

Art. 1.er « Les congés et passe-ports de commerce maritimes, rédigés sur les anciennes feuilles imprimées, auront cours jusqu'au 1.er juin prochain exclusivement.

Art. 2. » Les modèles de congés et de passe-ports présentés par les comités réunis, seront exécutés et adoptés, à commencer du 1.er juin prochain, pour les bâtimens qui sont hors le territoire français; et à compter de ce jour, pour les bâtimens qui partiront des ports de la République.

Art. 3. » Le Pouvoir exécutif est chargé de faire connoître, sans délai, ces nouvelles dispositions aux Puissances et États maritimes, en leur faisant passer des modèles du nouveau congé. »

827. Comme notre article n'exige pas de prendre un congé pour la sortie, il est évident qu'il n'en faut pas pour l'entrée. Ord. de 1543, art. 13; et de 1584, art. 57. Mais comme à l'entrée il faut qu'ils représentent leur congé, il s'ensuit qu'à défaut de représentation du congé, leurs navires seront sujets à confiscation, ce qui est applicable aux nationaux et étrangers.

Question. Si un capitaine français ou étranger a perdu son congé, quel sera le sort du navire ?

828. Dans ce cas, point de doute que la confiscation du navire n'ait provisoirement lieu, ainsi que l'arrêt du capitaine, et on arrêtera le capitaine

et l'équipage, parce qu'il y aura, dans ce cas, un soupçon de piraterie; mais les choses rentreront dans l'ordre, du moment que le bureau de la marine aura obtenu un duplicata du congé : si cependant le capitaine étoit étranger, il faudroit que ce duplicata fût revêtu de toutes les formes extraordinaires, pour lui donner le caractère d'authenticité nécessaire en pareille circonstance. C'est mon opinion.

828. Au surplus, il ne suffit pas d'avoir un congé, il faut encore qu'il soit enregistré au greffe du bureau de la marine du lieu du départ, sans quoi le navire seroit sujet à confiscation, sauf cependant le cas où le congé n'auroit point été enregistré par l'oubli, ou la faute des officiers du bureau des classes; par la raison qu'il seroit absurde de rendre responsable une personne, de l'inexécution d'une formalité avec laquelle il est censé qu'elle n'est pas familière, pendant que celle qui a caractère public, en qui la foi publique réside, qui, par état, est censée avoir toutes les connoissances nécessaires pour remplir ponctuellement son emploi, feroit retomber son impéritie, ou sa distraction, sur celui à qui la loi a ordonné de se soumettre, ce qui seroit cruellement injuste.

829. La loi du 21 sept. 1793, relative aux congés des bâtimens sous pavillon français, porte :

Art. 1.er « Les congés des bâtimens sous pavillon français, seront dans trois jours, à compter de celui de la publication du présent décret, pour ceux qui seront dans les ports; et dans huit jours de l'arrivée de ceux qui entreront, rapporter et déposer au bureau des douanes nationales, avec les titres de propriété. Tout déchargement et départ des bâtimens seront différés jusqu'après la délivrance d'un acte de falsification.

Art. 2. » Tout armateur, en présentant congé et titres de propriété du bâtiment, sera tenu de déclarer, en présence d'un Juge-de-paix, et signer sur le registre des bâtimens français, qu'il est propriétaire du bâtiment, qu'aucun étranger n'y est intéressé directement ni indirectement, et que sa cargaison d'arrivée des colonies, ou comptoirs des français; ou sa cargaison actuelle de sortie pour les colonies, ou comptoirs des français, n'est point un armement en commission, ni propriété étrangère.

Art. 3. » Si l'armateur ne réside pas dans le port où est le bâtiment, le consignataire et le capitaine donneront, conjointement et solidairement, caution de rapporter, dans un délai convenable, les actes de propriété et la déclaration affirmée et signée par le vrai propriétaire du bâtiment et cargaisons.

Art.

Art. 4. » Si la propriété du bâtiment, et même celle des cargaisons pour le commerce entre la France, ses colonies et comptoirs, n'est pas prouvée française par titres, par serment, les bâtimens et cargaisons seront saisis, confisqués, vendus, et moitié du produit donné au dénonciateur.

Art. 2. » Ne seront néanmoins les maîtres tenus de prendre aucun congé pour retourner au port de leur demeure, s'il est situé dans le ressort de l'amirauté où ils auront fait leur décharge. »

831. Actuellement comme il n'y a plus d'amirauté, il faut avoir égard aux arrondissemens maritimes, en faisant attention que l'exemption d'un nouveau congé n'est que pour le retour en droiture; car l'article dit simplement *de retourner :* de sorte que si le maître du bâtiment, au lieu de s'en retourner directement au lieu de son départ, passe dans un autre endroit, et y décharge quelques marchandises, quoique le lieu où il aura déchargé soit dans le même arrondissement maritime, il devra prendre un nouveau congé. C'est l'opinion de Valin. « Il y a, dit-il, nécessité de prendre un nouveau congé, attendu que c'est réellement un nouveau voyage ; car, dit-il encore, si le maître en partant du port de la Rochelle, eût déclaré qu'il vouloit aller à l'Ile-de-Rhé, ou à Marans (*a*), il ne lui auroit été délivré de congé que pour cet endroit ; ce qui l'auroit mis dans l'obligation d'y prendre un nouveau congé pour s'en retourner chez lui, ou s'en aller ailleurs. »

832. Il est très-vrai que dans l'espèce il y a un nouveau voyage; qu'à juger la chose dans le sens de la lettre de l'ordonnance, il est nécessaire de prendre un nouveau congé; mais en jugeant l'espèce, suivant l'esprit de la loi, sera-ce la même chose? Quel a été le motif qui a exigé en principe les congés? Valin, lui-même, nous les fait connoître. « Il dit, d'une part : les délits, excès et déprédations qui se commettoient en mer par des armateurs de navires; et d'autre, par le peu de soin que plusieurs armateurs apportoient à l'équipement et à l'armement des vaisseaux, ce qui exposoit souvent le pavillon Français à recevoir des affronts. Tels furent les motifs des défenses faites à toutes personnes d'armer à l'avenir des navires, sans congé de l'amiral. »

833. Si les choses sont telles; si un vaisseau navigue dans son arrondissement maritime, je ne vois pas qu'il y ait plus d'inconvéniens à le

(*a*) La Rochelle, Marans, et l'Ile de Ré, étoient avant que les amirautés ne fussent détruites dans l'arrondissement de la même amirauté.

laisser naviguer dans un lieu plutôt que dans un autre, dès l'instant qu'il finit par s'en retourner au lieu de son départ primitif. Or, comme la liberté est l'ame du commerce, pourvu qu'elle soit renfermée dans de justes bornes, pourquoi y porter atteinte, lorsqu'il n'y a pas nécessité? Je ne vois aucune raison qui puisse, ni qui doive l'exiger. Si ces inductions sont justes, c'est donc à tort que Valin a critiqué le commentateur Merville, lorsqu'il dit: « Ainsi le commentateur n'a pas pris le sens de cet article, » parce que Merville a dit : « Car, dans ce cas, le congé d'aller en mer, qu'un maître de navire a fait enregistrer au greffe de l'amirauté du départ du vaisseau, sert non-seulement pour le départ et retour, mais encore pour retourner au port de la demeure du maître. » A la vérité, Merville est ici un peu amphibologique; mais néanmoins sur le fond, suivant moi, il a raison. Au reste, comme Valin ne paroît le décider ainsi, que dans l'intention de conserver les droits de l'amiral, puisque ces droits sont abolis, la conséquence doit disparoître avec le principe. Néanmoins, comme Valin fait autorité, avec juste raison, dans plusieurs circonstances, il n'y a point d'inconvéniens à remplir les formalités qu'il prescrit.

834. Au surplus, comme les maîtres ou patrons sont spécialement chargés de prendre des congés nécessaires pour leur navigation, l'inobservance de la loi entraîne avec elle la confiscation du navire, quoiqu'ils n'en soient pas propriétaire, sauf le recours du propriétaire contre eux.

Art. 3. « Le congé contiendra le nom du maître, celui du vaisseau, son port, sa charge, le lieu de son départ et celui de sa destination. »

835. Cet article est applicable au cabotage, comme au long cours.

836. Pour quelque temps que le congé soit donné, il est nul, du moment que le voyage est fini. Après ce temps, les capitaines et patrons doivent les représenter aux officiers du bureau de la marine du port où ils ont fait leur retour, à peine de 200 francs d'amende contre les capitaines au long cours ou au grand cabotage, et de 50 francs pour ceux du petit cabotage, art. 11 de la même ordonn., du 18 octobre 1740.

CHAPITRE XXI.

DES RAPPORTS, OU CONSULAT.

837. On appelle Rapport sur l'Océan, et Consulat sur la Méditerranée, la déclaration que devoit faire autrefois au greffe de l'amirauté, et qui se fait actuellement, d'après le vœu de l'article 3, titre 2, de la loi du 13 août 1791, au chef des classes : Tout maître ou capitaine de navire, à son arrivée dans un port, de quelque nation qu'il soit, doit, en conséquence, déclarer d'où il vient; s'il est en règle; ce qui lui est arrivé dans sa route; les risques qu'il a courus; les événemens qui lui sont arrivés; les phénomènes qu'il a aperçus; les événemens provoqués par la mauvaise conduite de son équipage, et les passagers qui sont morts pendant la traversée. Enfin, tout ce qu'il a appris, vu ou su de relatif à sa navigation et à celle des autres. Le capitaine doit faire son rapport en personne : tout ceci est du droit des gens, observé chez toutes les Nations; ce qui est conforme à la *loi uniq., cod de littorum custodiâ.*

838. Le guidon de la mer, ch. 8, art. 1, dit : Que dans les consulats « il se commet de grands abus : vu que par le moyen d'iceux, les patrons des navires *rejettent tous les accidens sur la tourmente et cas fortuits,* pour affranchir leur nef de la contribution des avaries, même les marchands chargeurs, qui ont le maître du navire à leur dévotion, les font dresser à leur fantaisie, par quoi à l'avenir lesdits maîtres ne seront croyables, n'y leur équipage, au simple rapport qu'ils font au premier bureau de leur descente; mais si l'attestation peut se faire par d'autres moyens, ce sera le plus sûr. »

839. L'observation du guidon mérite d'être prise en considération : Je suis sûr, d'après ce que j'ai aperçu moi-même, qu'il se fait bien des rapports contraires à la vérité; conséquemment, lorsque la circonstance exige d'avoir un rapport, ce seroit de le faire faire isolément, par des personnes qui auroient des intérêts opposés, ou tout au moins aucun intérêt. Les contrariétés qui pourroient en résulter, jetteroient de grands rayons de lumière sur les faits que l'intérêt personnel voudroit ensevelir dans l'ombre du secret.

840. Les rapports ou consulats doivent être faits pardevant le magistrat

du premier endroit où l'on aborde. *Navicularices..... Provinciæ Judicium, ejus scilicet in quâ res agitur. adire festinet, l. 2, c. naufrag. ibiq. doctores.* Clairac fortifie cette doctrine, en disant :

841. Les maîtres des navires et autres mariniers qui ont fait naufrage, sont obligés par les lois de la mer, de faire attestation judiciaire de tout ce qui leur est arrivé; *et ce au premier port qu'ils descendent. Jurisdic. de la m. pag. 410.* Casarégis, *disc. 1, n. 38; disc. 2, n. 3; disc. 23, n. 12; disc. 142, n. 10;* Roccus, *de navib., not. 95.* Si au premier endroit où on aborde, il n'y a point de juge, le consulat doit être fait en l'endroit le plus prochain. Casarégis, *disc. 1, n. 38.*

842. Si on aborde dans un lieu où il n'y ait point de Consul (de Commissaire des relations commerciales) de la nation, on doit faire son consulat pardevant *le Juge* du lieu, quoique sujet d'une puissance étrangère. *Doctores ad l. 2 et 3, c. de naufrag.* Straccha, *gl. 28.* Roccus, *not. 59, resp. 28, n. 9, resp. 34, n. 3.* Casarégis, *disc. 1, n. 28.*

Art. 4, Titre, congé et rapports : « *Tous maîtres et capitaines de navires seront tenus de faire leur rapport au lieutenant de l'amirauté, vingt-quatre heures après leur arrivée au port, à peine d'amende arbitraire.* »

843. L'esprit de cet article est confirmé dans l'art. 11, du titre 4, du réglement du 12 janvier 1717, rendu pour les Colonies; il veut aussi que les rapports soient faits dans les vingt-quatre heures.

844. Lorsque l'ordonn. parle *de l'arrivée au port*, on peut hardiment ajouter ces mots, *et la rade*; la rade étant un espace de mer dont le port ne fait qu'une partie, où les vaisseaux mouillent l'ancre en arrivant, pour attendre le vent ou la marée, pour entrer dans le port. Dans le cas de relâche, la même formalité doit être remplie : argument tiré de l'art. 27, du tit. des consuls. Dans tous les cas, le rapport du capitaine doit être fait sous serment. Lorsque les mariniers apportoient à Rome du blé d'Egypte, ils devoient déclarer, par serment, qu'ils avoient déchargé le même qui leur avoit été délivré.

Art. 5 : « Le maître faisant son rapport, représentera le congé, et déclarera le lieu et le temps de son départ; le port et le chargement de son navire; la route qu'il aura tenue; les hasards qu'il aura couru, et toutes circonstances considérables de son voyage. »

845. Avant qu'un capitaine ou maître de navire soit reçu à faire son rapport d'arrivée ou de relâche, il faut qu'il représente son congé; la

raison est que son rapport ne pourroit pas plus faire foi, dans le cas contraire, que ne pourroit faire foi celui d'un pirate.

846. Valin distingue deux sortes de rapports, les grands et les petits : les grands rapports, sont ceux des voyages de longs cours; et les petits rapports sont ceux du cabotage, où il est arrivé quelque chose de remarquable, ou des avaries extraordinaires.

847. Ces sortes de rapports ne peuvent se faire aux bureaux des ports obliques ; ils doivent nécessairement être faits au principal bureau des classes, à la différence des petits rapports.

848. Dans les petits rapports, il n'est question de déclarer que le lieu et le temps du départ ; le nom, le port et le chargement du navire ; la route tenue, et le jour de l'arrivée. S'il y a quelqu'autre chose à déclarer, c'est le cas d'un grand rapport. Ordon. de la hans. teut., art. 34; art. 21 de l'ord. de 1517 ; et art. 17, tit. 4, régl. du 12 janv. 1717.

Art. 6. « Si pendant le voyage il est obligé de relâcher en quelque port, il déclarera au lieutenant de l'amirauté du lieu, la cause de son relâchement, et lui représentera son congé, sans être tenu d'en prendre un autre pour se remettre en mer. »

849. Le capitaine qui relâche dans un port, sans y être forcé, ou sans cause juste et raisonnable, est réputé faire fausse route; et, comme tel, exposé à la perte de l'assurance, ou aux dommages et intérêts envers l'armateur.

850. L'art. de l'ordon. est applicable aux capitaines étrangers comme aux républicoles. Dans le rapport que fait le capitaine ou maître, en pareille circonstance, il doit déclarer le nom de son navire, son port et son chargement; le lieu d'où il vient, et celui où il va, le temps de son départ; ce qu'il a vu, dans sa route, qui mérite d'être remarqué, sur-tout en temps de guerre, et quand il en sera requis : art. 21 de l'ord. de 1517; ord. de 1543, art. 13; et de 1584, art. 23 et 24. En argumentant d'après l'art. 4, le rapport doit être fait dans les vingt-quatre heures; ce qui, au surplus, est ordonné par l'art. 1 du tit. 6 de la loi du 22 août 1791, qui ordonne, de plus, de représenter aux préposés des douanes, lorsqu'ils se rendront à bord, le manifeste ou état de chargement.

851. Les capitaines doivent, de plus, dans les vingt-quatre heures de leur arrivée, faire, au bureau des douanes, une déclaration sommaire, contenant le nombre des balles, ballots et tonneaux de leur chargement, indiquer le port de leur destination ultérieure, et prendre certificat du

tout des préposés des douanes, à peine de saisie et de confiscation, et de 500 fr. d'amende, pour sûreté de laquelle les bâtimens et marchandises sont retenus : même art., et art. 5.

852. Si un bâtiment entre, par détresse, dans un port, qui n'est pas celui de sa destination, le préposé de la douane permettra la décharge du bâtiment, la vente des objets de nature périssables, ou qu'il sera nécessaire de vendre pour payer les frais de radoub, conformément aux lois et tarifs; le surplus pourra être rechargé, et le bâtiment partir pour sa destination, en payant le droit de tonnage, et demi pour cent de la valeur des objets non vendus, pour frais de magasin. Loi du 4 germinal an 2.

853. Les préposés des douanes constatent, seuls, la relâche forcée dans les îles assujetties à un régime d'exception : même loi, tit. 1, art. 4.

854. Presque tout ceci regarde les vaisseaux étrangers, et les vaisseaux nationaux de long cours, vu que les marchandises françaises, transportées d'un port à l'autre, de France, sont libres dans la circulation, et que les droits appartenans à l'amiral, comme le droit d'ancrage, tonnes et balises, sont supprimés. (29.)

855. Cependant, si un navire français navigant d'un port à l'autre, au petit cabotage, étoit obligé de payer quelque droit, il seroit tenu de prendre un nouveau congé, pour prouver qu'il n'est point parti clandestinement, même le vaisseau n'auroit-il pas resté vingt-quatre heures en rade : la raison est, qu'en pareille circonstance, le congé est requis pour assurer les droits.

Art. 7. « La vérification du rapport pourra être faite par la déposition des gens de l'équipage, sans préjudicier des autres preuves. »

Art. 8. » Les officiers de l'amirauté ne pourront contraindre les maîtres de rectifier leur rapport; mais les rapports non-vérifiés ne feront point foi pour la décharge des maîtres. »

856. Les dispositions de ces deux articles ont été établies pour maintenir le respect, la subordination de l'équipage envers son capitaine; car s'il en étoit autrement, ç'auroit été mettre, en quelque sorte, le chef de la navigation dans la dépendance de ses subordonnés; mais par le prescrit de la loi, le maître peut, s'il le désire, faire vérifier son rapport par ses compagnons de voyage, et produire d'autres preuves si le cas échoit. Cependant, si les doutes de la vérité étoient tels, que les officiers préposés à recevoir le rapport du capitaine, ne voulussent pas y ajouter foi, la loi, venant au secours du capitaine, le décide à renforcer ses preuves par la voie du témoignage, toujours en lui conservant l'honneur de son caractère, qui ne se

trouve nullement compromis : car, ce sera de deux choses l'une, ou il voudra qu'on l'en croye sur parole, ou il fera rendre compte par son équipage; s'il veut qu'on l'en croie sur parole, on ne le croira pas si on le juge à propos; s'il veut qu'on ne l'en croie pas, il fera attester les faits par son équipage; alors il sera cru de la même manière que toute autre personne est crue lorsqu'elle fait attester ce qu'elle avance. Conséquemment, si des faits contraires démentoient ce que lui et ses témoins pourroient avoir dit; si les procès-verbaux contrarioient ce qu'il auroit avancé; enfin s'il y avoit d'autres circonstances qui démontrassent la fausseté de son rapport, il seroit dans le cas que seroit toute autre personne en pareille circonstance; enfin le capitaine rentre, à cet égard, dans la cathégorie de toute autre personne qui avance des faits certifiés par un témoignage.

857. Son rapport, au surplus, fait tellement preuve contre lui, qu'il n'est pas recevable à rien alléguer de contraire : arrêt du Parlement d'Aix, du 7 juin 1748; sentence de Marseille, du 2 septembre même année.

Art. 9. « Faisons défenses aux maîtres de décharger aucune marchandise, après leur arrivée, avant que d'avoir fait leur rapport, si ce n'est en cas de péril éminent, à peine de punition corporelle contre les maîtres, et de confiscation des marchandises contre les marchands qui auront fait faire la décharge. »

858. La loi du 4 germinal an 2, porte : « Qu'outre l'exhibition et le dépôt du manifeste auxquels les capitaines sont assujettis, à leur arrivée dans les ports, l'armateur ou consignataire est tenu, trois jours après l'arrivée du bâtiment, de donner par écrit, et de signer l'état des marchandises qui lui appartiennent, ou qui lui sont consignées.

859. La déclaration des bâtimens doit être faite, quand même ils seroient sur leur lest : art. 2, tit. 10.

Art. 10. « Les greffes de l'amirauté seront ouverts, en tout temps, depuis huit heures jusqu'à onze du matin; et depuis deux heures après midi jusqu'à six, pour l'enregistrement des congés et la réception des rapports.

860. A l'égard de cet article, il faut suivre les lois réglementaires des bureaux des classes et des bureaux des douanes; les courtiers de navires, les pilotes-cotiers, et autres préposés peuvent instruire ceux qui seroient dans l'ignorance.

861. Cependant, lorsqu'on le peut, il vaut mieux prendre un courtier; parce que, par état, ils connoissent mieux ces sortes de détails que tout

autre : d'ailleurs, comme il a été dit, ils sont responsables de leur impéritie.

862. Disons-le en passant, on ne peut s'empêcher de convenir que le Gouvernement a rendu, non-seulement, un grand service au commerce en exigeant des cautionnemens des courtiers, mais encore aux courtiers eux-mêmes, ou, pour mieux dire, aux hommes qui sont en état de remplir honorablement cette profession, parce que s'il arrive, ou qu'ils manquent à leur emploi, par malversation, ou qu'ils y manquent par ignorance, on peut avoir recours sur leurs moyens de responsabilité déposés dans le coffre de l'État. D'ailleurs, par ce moyen on a chassé, de cette partie, quelques hommes incapables de la remplir, soit sous les rapports de l'intelligence, soit sous le rapport de la probité.

TROISIÈME PARTIE.

SECTION V.

DES CONVENTIONS, CONTRATS, ET OBLIGATIONS MARITIMES.

863. La convention, ou pacte, est le consentement de deux ou de plusieurs personnes, pour former entr'elles quelqu'engagement, ou pour en résoudre un précédent, ou pour le modifier : *duorum vel plurium in idem placitum consensus, l. 1, §. 1, ff. de pact.* L'espèce de convention qui a pour objet de former quelqu'engagement, et qui forme l'engagement, est celle que l'on appelle *contrat.* Sous ce rapport, les mots *convention et contrat* peuvent être considérés comme synonymes.

864. Le contrat, dans notre droit, est une convention par laquelle les deux parties réciproquement, ou seulement l'une des deux, promettent, s'engagent l'une envers l'autre à se donner, ou faire quelque chose, ou à faire, ou ne pas faire quelque chose.

865. Pour qu'un contrat soit valable, il faut qu'il soit *consensuel,* et qu'il soit du libre consentement des parties. Les contrats sont *synalagmatiques, bilatéraux,* ou *uni-latéraux :* ils sont synalagmatiques, lorsqu'ils engagent réciproquement les parties. Par exemple, le contrat d'assurance est synalagmatique, puisque par ce contrat l'assuré s'engage de payer la prime après l'arrivée du vaisseau, et que l'assureur s'engage à payer la perte de la chose assurée. Les contrats sont uni-latéraux, lorsqu'il n'y a que l'une des parties d'engagée, comme, par exemple, dans les billets à ordre. Lorsque les contrats synalagmatiques sont passés sous seing privé, il faut qu'ils soient faits en doubles pour que l'une des parties puisse rappeler à l'autre valablement ses conventions; néanmoins dans l'usage, les polices d'assurances ne se font qu'en un seul exemplaire, lorsqu'elles sont faites par ministère de courtier.

866. L'obligation est un acte civil et un lien de droit, par lequel on promet de faire quelque chose. Nous connoissons trois sortes d'*obligations,* savoir : les *obligations naturelles,* les *obligations civiles,* et celles qui sont *naturelles et civiles* tout ensemble.

867. Les *obligations naturelles* sont celles qui ne consistent qu'au seul lien de l'équité naturelle, sans aucune nécessité civile; c'est-à-dire, qui

ne produisent point d'action ni de contrainte ; telle est, par exemple, l'obligation du mari de payer la perte d'une assurance qu'auroit contractée sa femme, celle-ci étant dans l'impuissance de le faire par elle-même, sans qu'il l'eût positivement autorisée dans cette circonstance. (112.)

868. Les *obligations purement civiles* sont celles qui sont appuyées sur l'autorité civile, et qui produisent une action judiciaire, sans avoir aucun principe ni fondement en l'équité naturelle. Telle est, par exemple, celle dans laquelle est le commissionnaire de payer la prime des assurances qu'il a contractée pour le compte de son commettant. (239.)

869. Les *obligations* qui sont tout ensemble *naturelles et civiles*, sont celles qui, ayant leur principe dans l'équité naturelle, sont confirmées et autorisées par le droit civil, et qui produisent une action contre la personne obligée ; telle est, par exemple, celle dans laquelle est l'assureur envers l'assuré, de lui payer la perte de la chose assurée.

870. Pour qu'une *obligation* puisse engendrer une action en justice, il faut qu'elle soit écrite de la main des contractans, ou par un tiers, mais approuvée et signée de ceux qui s'obligent. Cependant, en matière de commerce, d'après la déclaration du 22 sept. 1733, rendue en faveur des marchands, négocians, manufacturiers, artisans, fermiers, laboureurs, vignerons, et autres de pareilles qualités, ces individus sont dispensés d'approuver leur écriture, leur simple signature suffit. Néanmoins comme une pareille apposition présente beaucoup d'inconvéniens, le mieux est de la faire précéder d'une approbation.

CHAPITRE XXII.

DES CHARTES-PATIES, AFFRÈTEMENT, OU NOLISEMENT.

871. Le contrat de *charte-partie* en hollandais, *certe-partye*, *contrat bevragting ;* en anglais *carter-party ;* en italien *contrasto di noleggio*, est un contrat par lequel on loue un navire en entier, ou pour partie, à un marchand, pour le transport des marchandises, en s'obligeant, envers lui, de les transporter sur ce navire au lieu de sa destination, pour une certaine somme que le marchand s'oblige réciproquement de payer au locateur pour le fret ; c'est-à-dire, pour le loyer du navire. Pothier, *contrats maritimes, n.° 3.*

872. Hubner dit, la charte-partie est un contrat entre le négociant,

chargeur ou *fréteur*, et le propriétaire ou le capitaine d'icelui, etc. J'ouvre le dictionnaire de marine hollandais, j'y trouve, au contraire, que c'est le propriétaire qui est appelé *verhnurder*, FRÉTEUR. J'ouvre le dictionnaire de l'Escalier, et j'y lis: « Le marchand qui prend le navire à louage est appelé FRÉTEUR *ou* AFFRÉTEUR ; » c'est-à-dire, *locateur* ou *locataire* : nous reviendrons, ci-après, sur cette bizarrerie.

873. Suivant Boyer, ou Boërius, dans la décision de Bordeaux 105, ce contrat s'appelle charte-partie, parce qu'au commencement on étoit dans l'usage de couper en deux la carte ou papier contenant les accords des parties; chacune d'elles gardoit, en son pouvoir, la moitié de l'instrument, qu'on réunissoit ensuite pour vérifier s'il étoit le même.

874. Cet usage étoit fréquent parmi les peuples de l'Aquitaine et les Anglais. *Per medium*, dit Boyer, *charta incidibateur, et sic fiebat charta partita.*

875. Le louage d'un vaisseau s'appelle, sur l'Océan, *affrétement*, et le prix, *fret*; et sur la Méditerranée, *nolissement*, et le prix, *nolis.*

876. De-là il suit que sur l'Océan on appelle le locateur, ou, ce qui est la même chose, celui qui loue son navire, *fréteur*; et le locataire, ou bien celui qui loue le navire, *affréteur.* Sur la Méditerranée le locataire est appelé *nolisé*; celui qui l'a loué est appelé *noliseur.* Dans le langage assez ordinaire on dit, j'ai *frété* un tel vaisseau, pour dire j'ai *affrété* un tel vaisseau: comme aussi on dit, j'ai *loué* une telle maison, pour dire j'ai pris *à loyer* telle maison. Ces manières de s'énoncer sont incorrectes, puisqu'elles confondent les idées.

877. Les mots *fret, frétement et affrétement*, viennent, ou sont dérivés du latin *fretum*, qui est une manche, ou bras de mer, un détroit entre deux terres, *fretum Britanicum.* Pas de Calais entre la France et l'Angleterre, ou du verbe latin *fero*, produire, apporter.

878. Le mot *nolis* vient de *naulum*, loyer du navire pour le transport des marchandises, ou pour le passage des personnes. *L. 6, ff. qui potior in pign.* Les anciens appeloient *naulum*, la pièce de monnoie qu'on mettoit dans la bouche du mort pour payer le *naulage* à Caron.

879. Il existe deux grandes différences entre la *charte-partie* et le *connoissement.* La charte-partie écrite, est l'instrument qui établit le contrat de louage, en entier ou en grande partie du navire; et le *connoissement* est l'instrument qui établit le contrat de louage d'une petite partie de navire. La charte-partie peut se faire pour l'aller et le retour; le connoissement

ne peut se faire que pour une partie d'aller ou de retour : la raison est que lorsqu'on loue la totalité ou partie du navire, par charte-partie, on loue la totalité ou partie de la capacité déterminée du navire, en tonneau ; et, lorsqu'on loue par connoissement une petite partie du navire, on ne loue pas une partie déterminée du navire, mais une partie indéterminée. Dans le premier cas, le fréteur n'a point d'égard pour le prix de son fret à l'encombrement de marchandises, quel que soient leur poids et leur volume; dans le second cas, il a égard à l'un et à l'autre : au surplus, on loue au quintal ou au tonneau, mais l'usage est de louer au tonneau.

880. Un chargement se fait *en plein* ou en *cueillette*. Il est fait *en plein*, lorsque l'affréteur charge toute la capacité du navire; il est fait en *cueillette*, lorsque plusieurs personnes ont concourues à remplir cette capacité : en effet, la cargaison ayant été recueillie de part et d'autre, en employant le vieux mot français *cueillette*, on exprime laconiquement l'action *recueillir*.

881. La charte-partie doit contenir, 1.° le nom des contractans, leur qualités et demeure; 2.° celui du vaisseau et du port auquel il appartient; 3.° le prix, les conditions du fret, le prix et les conditions du chapeau, et quand et de quelle manière le tout sera payable; 4.° Si le vaisseau est frété pour l'aller, l'aller et le retour, l'aller, le retour et autres traites; 5.° l'espèce de cargaison qui y sera embarquée ; 6.° le lieu du départ du navire, et celui de sa destination; 7.° la quantité de marchandises qui y seront embarquées, évaluée en tonneau; 8.° si l'équipage chargera ou déchargera lui-même les marchandises; 9.° les jours de planche pour la charge et décharge, et si, dans ces jours, les dimanches et fêtes y seront compris; 10.° le prix du retard du chargement, et celui de la surés-tarie du déchargement, à tant par jour; 11.° si le capitaine fournira ou ne fournira pas les choses nécessaires à l'arrumage; 12.° que pour tout ce qui auroit pu être oublié dans la charte-partie, que les parties consentent à adopter les usages de la place, des lois pour lequel le vaisseau est destiné, duement attestés; 13.° la convention de se soumettre à l'arbitrage de négocians-armateurs ou de courtiers de navires légalement reconnus en cas de différent.

882. Voici une formule de charte-partie, que j'ai copiée sur l'original, qui, sans être faite avec toutes les conditions, présente néanmoins quelques détails intéressans.

883. « Par cette charte-partie d'affrétement, entre nous soussignés, Pierre Dubreuil et com[illegible]ie, négocians à Bordeaux, d'une part ; et Prince Colmann, capitai[illegible] navire (art. 3 de l'ord.) l'Aune de Nantuket (art. 3),

actuellement dans ce port; d'autre part, a été convenu, aux clauses et conditions suivantes, savoir :

884. 1.° Que moi, prince Colmann, cède et loue à fret au citoyen Dubreuil, affréteur, mon navire, l'Aune de Nantuket, du port de trois cent-quarante tonneaux ou environ (art. 3 de l'ord.), et prendre une cargaison en vin pour Hambourg, allouant à mes affréteurs quinze jours de planche (art. 3) pour charger mondit navire à Bordeaux, et quinze jours (1) pour décharger à Hambourg (art. 3 et 4 de l'ord.). Dans le cas d'une plus longue détention, lesdits affréteurs seront tenus de me payer à raison de cinq livres sterlings par jour de retard, à compter du jour que je commencerai à charger à Bordeaux, ainsi que du jour de mon arrivée à Hambourg; en allouant les trente jours (art. 3) stipulés, je m'oblige, en outre, de donner la préférence à mesdits affréteurs, pour un fret de retour, au prix courant à Hambourg.

885. 2.° En considération du présent accord, nous soussignés, Prince Dubreuil et compagnie, affréteurs, promettons et nous obligeons, envers le capitaine Prince Colmann, de charger en plein son navire, l'Aune de Nantuket, en vin, pour aller de ce port à Hambourg, pour la somme de trois livres sterling par tonneau, et cinq pour cent de chapeau, payables, un tiers du fret au déchargement, et les deux autres tiers dudit fret payables à proportion des deux autres tiers dudit déchargement, ainsi que les cinq livres sterling par jour de retard, occasionné par le chargement à Bordeaux, et déchargement à Hambourg.

886. En témoignage de la présente charte-partie, les parties contractantes s'obligent mutuellement à l'amende de mille livres sterling, qui seront payées par les parties en défaut. A Bordeaux, le 25 avril 1794.

Certifié conforme, mot à mot, extrait de l'original anglais, BARTHELEMY, courtier-juré.

Approuvant l'écriture et le contenu en la présente, PIERRE DUBREUIL et Compagnie; PRINCE COLMANN, capitaine.

887. Il est d'usage de stipuler, dans les chartes-parties, les avaries communes suivant les usages et coutumes de la mer; et, qu'en cas de contestation, on en référera aux arbitres. Au surplus, si ces conditions ne sont point énoncées, on est censé adopter, par le silence, ces usages; quant à l'art. des arbitres, ils sont nommés de droits par nos nouvelles lois.

(1) Clairac, fol. 86, sur l'art. 21 des jugemens d'Oléron, porte aussi les jours de planche à quinze jours; et l'art. 3 de notre ordonnance les fait dépendre de la Convention.

888. Lorsque le capitaine étranger ne sait pas signer, ce qui est très-rare, le courtier signe pour lui; et le capitaine est engagé, par-là, comme s'il eût signé lui-même : la foi publique l'exige ainsi. La charte-partie est le titre commun du capitaine et des affréteurs; et, quoiqu'elle contienne des conventions synalagmatiques, il n'est point d'usage, lorsqu'elle est rédigée par le courtier, d'y insérer ces mots, *fait double* (865) : la raison est, que si l'une des parties vient à perdre l'exemplaire qu'elle avoit par-devers elle, il n'en peut résulter aucun inconvénient, par la raison que la copie en est portée sur les registres des courtiers; conséquemment, si les parties avoient transigé sans le ministère du courtier, il seroit nécessaire d'y insérer ces clauses : Cette charte-partie, qui est véritable, a été faite avant la sortie de l'acte de navigation.

889. (73) On doit sentir, que dans l'espèce, le capitaine n'a pu être payé de son fret qu'en Angleterre, pour avoir le nombre déterminé de livres sterling convenus, sauf le cas où il auroit négocié à Hambourg; ce qui, dans cette circonstance, l'auroit payé en marcs, en ayant pour son compte l'avantage, ou l'avantage du change, l'un et l'autre lui étant devenu une chose personnelle.

890. Lorsque le fréteur loue son navire, son bateau, sa barque, pour naviguer seulement dans son arrondissement maritime, ce n'est plus une charte-partie, proprement dit, qu'on délivre, c'est une *lettre de voiture* sujette aux lois qui régissent les lettres de voitures ordinaires.

Tit. ch. part. Art. 1. « Toute convention pour le louage d'un vaisseau, appelée charte-partie, affrétement ou nolissement, sera rédigée par écrit, et passée entre les marchands et le maître, ou le propriétaire du navire. »

891. Sur ces mots *entre les marchands et le maître*, Valin observe que « c'est au propriétaire du navire ou du bâtiment qu'il appartient spécialement *de l'affréter* (c'est-à-dire de le prendre à loyer), puisque c'est *son bien propre*. » Il est aisé de voir que dans l'assertion de Valin il y a une erreur de mot; car si le propriétaire loue son bien propre, il n'*affrète* pas; mais il *frète* son navire, par la raison qu'il est, dans l'hypotèse, *fréteur*, et non *affréteur* : à la vérité, il s'est exprimé comme s'exprime l'art. suivant, mais c'est, dans cet article, un contre-sens. Quoi qu'il en soit, si le maître a droit de *fréter*, ce n'est qu'au nom du propriétaire, en qualité de son mandataire. Or, comme tous les pouvoirs du mandataire cessent ou sont suspendus lorsque le mandant est sur le lieu, il s'ensuit que le maître ne peut

fréter dans le lieu de la demeure du propriétaire, que de son aveu : c'est aussi la disposition de l'article suivant.

892. Lorsque le capitaine est sur les lieux du propriétaire, il ne peut *fréter* son navire sans sa participation; sans cela, il s'exposeroit à voir annuller son contrat, et aux dépens, dommages et intérêts des affréteurs.

893. Le commentateur Merville, sur l'art. 16 du tit. du capitaine, dit que la déclaration sera signée du capitaine ou maître, *s'il sait signer :* sur l'art. 30, que le compte sera signé du capitaine, *s'il sait signer :* sur l'art. 6 du tit. du pilote, qu'il signera l'inventaire, *s'il sait signer;* enfin, dans beaucoup d'endroits, il suppose qu'un capitaine peut ne point savoir *signer.*

894. Valin, à qui ces fausses assertions ont déplues avec juste raison, n'a point manqué de les relever dans tous les articles où il les a trouvées, notamment dans l'art. 30 du tit. du capitaine, où il dit : « Le commentateur suppose ici, et sur quantité d'autres articles, que le maître ou capitaine peut ne pas *savoir signer :* la supposition n'est admissible qu'à l'égard des patrons de barques, etc.; mais à l'égard des capitaines ou maîtres, ils doivent nécessairement savoir *signer* et écrire, aux termes des art. 1 et 10, titre du capitaine, et des art. 1, 4 et 6 des connoissemens.

895. Cependant Valin, Valin lui-même observe, sur l'art. 1 du titre des chartes-parties, « que les parties peuvent se passer de notaire, quoique le maître ne *sache pas signer*, le courtier, par l'entremise duquel se fait le marché, pouvant *valablement* SIGNER, en ce cas, pour lui. »

896. Pothier, à qui cette contradiction n'a point échappée, dit : « Je suis étonné que M. Valin suppose, en cet endroit, qu'il y ait des maîtres qui ne sachent pas signer : au contraire, l'art. 1 du tit. 1 du liv. 2, qui porte que nul ne pourra être maître qu'il n'ait subi un examen, et l'art. 10 qui veut que le maître tienne un registre, supposent que tous les maîtres *savent signer ;* et *M. Valin lui-même le dit ailleurs.* »

897. Il est très-vrai, que d'après l'ordonnance, tous les capitaines français doivent savoir signer et écrire; et qui plus est, d'après nos nouvelles lois, les patrons faisant le petit cabotage, doivent savoir l'un et l'autre. Mais il n'est pas moins vrai qu'il y a des capitaines étrangers, caboteur, qui, à peine, savent signer; et comme Valin n'a point fait cette distinction, il est tombé dans l'erreur dans laquelle a tombé Merville.

Art. 2 : « Le maître sera tenu de suivre l'avis des propriétaires du vaisseau quand il affrétera dans le lieu de leur demeure. »

898. Il résulte de la disposition de cet article, que le maître peut fréter lorsque les propriétaires sont absens; mais si les propriétaires sont présens, quand bien même ils lui auroit donné antécédemment un pouvoir général par écrit, ce pouvoir est suspendu de plein droit, tant que les propriétaires sont sur les lieux. Cette décision est conforme à l'art. 58, de la hanse teutonique, qui veut que les propriétaires étant sur les lieux, le capitaine ne puisse prendre aucun fret sans leur consentement; et la décision de cette loi étaye d'autant plus celle qui vient d'être citée, que la hanse suppose le capitaine associé; ce qui, au surplus, est contraire aux vœux du guidon de la mer, ch. 18, art. 4, où il est dit : Avec *le capitaine seul les chartes-parties se passent.*

899. Cependant (dit Valin, en se servant de l'expression fausse de l'ordonnance) sous prétexte que le maître aura *affrété*, sans le consentement du propriétaire, étant sur le lieu; et qu'ainsi ce propriétaire pourra désavouer l'*affrétement*, l'*affréteur* n'est pas moins obligé d'exécuter la charte-partie, que le propriétaire est censé approuver, ne la désavouant pas; et si l'*affréteur* craint un désavœu, dans la suite, c'est à lui à aller trouver le propriétaire pour le faire expliquer.

900. On voit que Valin, par ces mots : *le maître aura affrété*, rend le capitaine *affréteur*, c'est-à-dire locataire; et que par ces mots, l'*affréteur* n'est pas moins, etc., il rend, comme il le doit, celui qui loue le vaisseau, locataire; ce qui détruit toutes les idées attachées aux mots, en jetant tout dans la confusion. (891.)

901. « Mais, dit Valin, si les propriétaires sont dispersés en différens endroits, et que sur le lieu où le navire est venu prendre son chargement, il n'y en ait aucun qui soit choisi par les autres, pour diriger l'affrétement du navire; l'affrétement conclu alors avec le maître seul, vaudra absolument, et sera à couvert d'atteinte de la part du propriétaire, sauf leurs recours contre le maître, s'il a passé leurs ordres; la foi et la sûreté publique l'exigent de la sorte, pour prévenir les monopoles et les complots que les propriétaires et les maîtres pourroient pratiquer secrettement au préjudice des affréteurs. »

902. L'observation du commentateur ne me paroît exacte que jusqu'à un certain point. Il faut distinguer si le vaisseau est armé par une société en compte en participation, ou par une société générale, duement publiée au terme de l'ordonnance.

903. Si la société est en compte en participation, point de doute que l'opinion

l'opinion de Valin ne soit admise; par la raison qu'il n'a pas été annoncé au public que l'un des associés pouvoit stipuler pour le compte de tous.

904. Si, au contraire, la société est générale et duement publiée, point de doute que dans ce cas les choses ne rentrent dans l'ordre; argument tiré de l'art. 7, du tit. 4, de l'ordonnance de 1673, où il est dit : « Tous associés seront obligés solidairement aux dettes de la société, encore qu'il n'y ait qu'un qui ait signé, au cas qu'il ait signé pour la compagnie et non autrement. »

905. En effet, qu'entend l'ordonnance? Elle entend que la partie représente le tout : aussi les associés sont-ils censés être tous mandataires les uns des autres; ce qui fait dire à Savary et Bornier, sur l'art. 7 de l'ordonnance précitée : les associés sont obligés *solidairement*, *pour quoique ce soit, lorsque l'un d'eux emprunte ou achète.* Ce seroit autre chose, si l'administration de la société n'étoit point dévolue à l'associé qui seroit sur les lieux, par une condition expresse dans le contrat; mais cette condition n'existant pas, les associés sont censés s'être donnés réciproquement le pouvoir d'administrer l'un pour l'autre. *Projet du code civil, du 24 thermidor an 8.*

Art. 3. « La charte-partie contiendra le nom et le port du vaisseau ; le nom du maître et celui de l'affréteur; le lieu et le temps de la charge, et décharge ; le prix du fret, ou nolis, avec les intérêts des retardemens et séjours; et il sera loisible aux parties d'y ajouter les autres conditions dont elles seront convenues. »

906. Si le prix du fret n'a pas été stipulé, il est d'usage de l'évaluer au prix, en monnoie du pays et au cours du jour, de la place, et le temps où le chargement a été fait. Consulat de la mer, *ch. 271* et *288 ;* Casarégis, *disc. 22 , n. 63 ;* Targa, *pag. 104* et *107.* La raison est que, le capitaine est censé approuver les usages, lorsqu'il n'a pas fait de convention contraire.

907. Si le maître n'eût point stipulé, ce que dans le langage on appelle le vin, chausse, cape, et plus communément *chapeau*, il ne lui seroit rien dus. En vertu de la stipulation, ce bénéfice lui est acquis par préciput, sans en faire part aux propriétaires du navire, ni aux gens de l'équipage. Clairac, *tit. cout. marit. chap. 5 , art. 18 , pag. 260.* Par la raison que le chapeau est une espèce de présent ; ainsi, lorsque le chargeur adopte une pareille stipulation, dans cette énonciation, c'est comme s'il disoit : « Je donnerois tant pour boire, ou pour acheter des culottes, ou manteau, ou

pour acheter un chapeau. » Promesse que réellement on faisoit autrefois, en d'autres termes, à quelqu'un qui louoit ses services.

908. Si le chapeau a été promis au maître, sous condition que l'on seroit content de sa conduite, on ne peut le lui refuser qu'en raison de n'en être pas satisfait. Sentence de Marseille, du mois de mars 1751.

909. On peut stipuler, dans la charte-partie, toutes les conditions qui ne blessent ni les lois, ni la police de l'État, ni les mœurs, même quand elles ne seroient pas conformes aux us et coutumes de la mer. En conséquence, il a été jugé à Marseille, en septembre 1752, qu'une charte-partie portant stipulation que le maître ne pourroit prétendre aucun fret, s'il ne partoit dans le délai fixé, devoit avoir son effet.

910. La peine dont il est question étant *comminatoire*, c'est-à-dire, en suivant l'étymologie du mot; *des menaces qui ne s'exécutent pas à la rigueur.* Pour qu'elle est lieu, à la rigueur, il faut le concours de deux circonstances, 1.° il faudroit que le capitaine eût été juridiquement mis en demeure; 2.° que le voyage différé occasionnât le dépérissement des marchandises, ou en empêchât la vente, comme seroient, par exemple, des marchandises expédiées pour une foire qui n'arriveroient pas à temps : dans ce cas, en suivant la règle, si la peine comminatoire excédoit les dommages et intérêts, elle pourroit être réduite.

911. Mais si la peine portée n'atteignoit pas ces dommages et intérêts, le Juge pourroit-il l'augmenter ? Je crois pouvoir répondre négativement; la raison est que les Juges ne peuvent point, en règle générale, juger *ultra petita;* c'est-à-dire, au-delà de la demande.

Art. 4. « Le temps de la charge et décharge des marchandises sera réglé suivant l'usage des lieux où elle se fera, s'il n'est point fixé par la charte-partie. »

912. L'art. 34 de l'ord. de Wisbuy; l'art. 39 de celle de Charles-Quint; l'art. 20 du jugement d'Oléron, et depuis l'usage a fixé le temps de la charge, ainsi que celui de la décharge, appelé *jours de planche*, à quinze jours chaque; après ce temps-là, le chargeur doit les dommages et intérêts, s'il n'a point été empêché, dans l'exécution de son contrat, par quelque *cas fortuits, ou de force majeure.* (56) Art. 15, ch. 9 du guidon.

913. Mais comme il arrive quelquefois que le chargement n'est pas complet, les circonstances pourroient être telles, qu'en cas d'inexécution du contrat de la part du maître, il ne fût néanmoins point tenu des dommages et intérêts pour quelques retards.

914. Quant à la navigation en rivière, il n'y a que trois jours de planch pour la charge, et autant pour la décharge. Note 5 sur l'art. 21 du jugement d'Oléron. Cela s'entend, dit Valin, du petit cabotage seulement.

915. Comme quelquefois ce sont des gros vaisseaux qui font le petit cabotage, pourquoi vouloir que, par rapport à la nature de sa traite, il charge et décharge plus promptement qu'un autre? La nature de cette traite peut-elle donner plus de célérité, dans l'un et l'autre cas, que la longue traite? Non, conséquemment il doit être accordé un temps moral au chargeur, relatif au temps convenable pour charger et décharger le bâtiment, sur-tout si l'équipage n'est point tenu de l'un et de l'autre. Clairac a bien senti la difficulté de ces limites, puisqu'il dit sur l'article cité : « Ces termes et délais des charges et décharges méritent d'être arrêtés et réglés par les conventions des chartes-parties, ou contrats d'affrétement. » Et ce que j'ai dit par rapport au chargement, que je suppose en plein, devient encore plus sensible par rapport au chargement en cueillette; car le chargeur qui aura ses marchandises en première sole, devra-t-il, en ce cas, supporter l'inconvénient qui pourra résulter de la non-décharge des marchandises qui sont par-dessus, dans le temps limité? cela ne seroit pas juste : dans ce cas, ceux qui auront provoqué un retard non utile, nécessairement devront eux seuls les dommages et intérêts.

916. Cependant, je ne veux pas induire de-là que le navire doit, au terme de l'ordonnance, mettre quinze jours pour son chargement, et autant pour son déchargement, parce que le fret d'une petite traite n'étant pas aussi avantageux que celui d'une grande traite, elle ne doit point jouir du même privilége; mais encore une fois, il faut un temps moral.

917. Les affrétemens n'ont plus lieu aujourd'hui au mois, pour éviter les augmentations de fret que pourroit provoquer la cupidité du capitaine, en faisant des relâches et des échelles inutiles; néanmoins, rien n'empêche que les parties n'en puissent convenir si cela leur plaît.

Art. 6. « Celui qui, après sommation par écrit de satisfaire au contrat, refusera ou sera en demeure de l'exécuter, sera tenu des dommages et intérêts. »

918. Dans ce cas, celui qui a intérêt dans le départ, doit faire sommation à l'autre, pour le mettre en demeure; et, pour que cette sommation soit exempte de contestation, le mieux est de la faire signifier par ministère d'huissier.

Art. 7. « Si, toutefois, avant le départ du vaisseau il arrive interdiction de commerce par guerre, représailles ou autrement, avec le pays pour lequel il étoit destiné, la charte-partie sera résolue sans dommages et intérêts de part ni d'autre, et paiera, le marchand, les frais de la charge et décharge de ses marchandises; mais si c'est avec autres pays, la charte-partie subsistera en son entier.

Art. 8. » Si les ports sont seulement fermés, ou les vaisseaux arrêtés, pour un temps, par force majeure, la charte-partie subsistera aussi en son entier; et le maître et le marchand seront réciproquement tenus d'attendre l'ouverture des ports, et la liberté des vaisseaux, sans dommages et intérêts de part ni d'autre. »

919. Si, par l'ordre d'un prince, le port est fermé; si une flotte ennemie le tient bloqué: dans le premier cas, y ayant un empêchement réel qui empêche le vaisseau de partir pour le lieu de sa destination, c'est une circonstance qui s'oppose à l'exécution du contrat; dans le second cas, comme le droit des gens conventionnel défend à tous vaisseaux d'aborder un port bloqué, il est encore clair que, dans ce cas, le vaisseau ne peut point suivre sa destination; dans cette circonstance, l'événement n'étant que passager, la charte-partie ne doit point être résolue. Cependant, si le port étoit bloqué pendant long-temps, avec apparence que le blocus continueroit, je ne doute pas que l'un des contractans ne puisse demander valablement la résolution du contrat.

920. Cette décision est applicable au navire qui est arrêté dans un port où il touche en faisant sa route; dans cette supposition, le vaisseau sera arrêté par *embargo*, ou par *arrêt de Prince*. S'il est arrêté par embargo, point de difficulté, parce que cet arrêt est fait ordinairement pour un temps très-court; si c'est par *arrêt de Prince*, ou *angarie*, c'est une circonstance qui, exigeant le déchargement du vaisseau, doit résoudre nécessairement la police, sauf le cas que le vaisseau dût retourner dans un bref délai: décider la chose différemment, ce seroit décider que le chargeur, pour exécuter le contrat, doit se ruiner en dépérissement de marchandises, louage de magasin, commission et perte de l'intérêt sur la valeur retenue, pendant le temps que le capitaine se trouveroit indemnisé de son retard imprévu, provoqué par le Prince qui l'auroit arrêté; dans ce cas, l'essence des contrats de bonne-foi, qui est l'*égalité*, étant blessée, les principes seroient blessés. Un capitaine qui pouvoit lever l'ancre clandestinement, et faire voile après l'arrêt de Prince, n'ayant pas profité de la circonstance, sera-t-il tenu de dommages et intérêts pour ne l'avoir pas fait? Non, parce que

d'après le droit des nations, il se seroit exposé à la confiscation de son navire, si, après s'être évadé, il avoit été arrêté.

921. Il est cependant une observation essentielle à faire par rapport à l'*arrêt de Prince* ou *l'angarie*. Depuis le traité de 1753, art. 18, conclu entre le roi de Naples et la Hollande, il a été stipulé par plusieurs puissances d'Europe, si ce n'est toutes, « que les navires, l'équipage, et les marchandises ne pourroient plus être arrêtés en vertu d'aucun ordre général ou particulier. » Cette convention se trouve, en termes généraux, notamment dans l'art. 24 du traité de 1787, conclu entre la France et la Russie ; il y est dit :

922. « Les navires de l'une des hautes parties contractantes ne pourront, sous aucun prétexte, être contraints, en temps de guerre, de servir dans les flottes ou escadres de l'autre, ni de *se charger d'aucun transport.* »

923. Or, comme le capitaine est un mandataire qui répond de sa faute, même légère (482), pour ne pas être condamné aux dommages et intérêts, dans pareilles circonstances, il doit, tout de suite, déclarer l'*arrêt de Prince* à son ambassadeur, et, à défaut, à son Commissaire des relations commerciales, pour réclamer l'exécution du traité.

Art. 9. « Pourra néanmoins, le marchand, pendant le temps de la fermeture des ports ou de l'arrêt, faire décharger sa marchandise, à ses frais, à condition de la recharger, ou d'indemniser le maître. »

924. D'après les raisons données ci-dessus, il est bien clair que l'ordonnance entend parler d'un embargo ou d'un arrêt de Prince de courte durée. Par exemple, un arrêt de Prince durera huit mois, six mois, comme j'en ai un exemple sous les yeux, dans une consultation qui m'a été envoyée par un capitaine russe ; dans cette circonstance, je crois que mes opinions doivent prévaloir.

Art. 10. » Le maître sera tenu d'avoir dans son vaisseau, pendant son voyage, la charte-partie et les autres pièces justificatives de son chargement. »

925. L'ordonnance de Philippe II, roi d'Espagne, du mois d'octobre 1565, art. 20 ; l'ord. du 30 juillet 1756, du roi de Danemarck, art. 21 ; ainsi que notre art. de l'ord. de 1681, regardent principalement le temps de guerre, comme nous le verrons ci-après. Néanmoins, toutes ces ordonnances regardent aussi le temps de paix, afin que le capitaine puisse montrer, en tout temps, à qui appartiennent les marchandises qui lui sont adressées, et que les préposés des douanes soient en état d'en vérifier le contenu ; aussi l'art. 4,

tit. 11 de la loi du 22 août 1791, veut-elle que la charte-partie et les connoissemens soient représentés par les capitaines, au bureau de la régie, dans les vingt-quatre heures de leur arrivée, à peine de 500 fr. d'amende, pour sûreté de laquelle le bâtiment et marchandises seront retenus. Ce délai de vingt-quatre heures, fixé ci-dessus, ne court pas, d'après cette loi, les jours de dimanche et fête; mais comme il n'y a rien d'absolument décidé, à cet égard, dans le nouvel ordre de choses, le plus sûr est de se représenter au bureau, même ces jours-là, sauf les jours de fêtes de l'État.

Art. 11. « Le navire, ses agrès et apparaux, le fret et les marchandises seront respectivement affectés aux conventions de la charte-partie. »

926. *Le batel est obligé à la marchandise, et la marchandise au batel.* Droit de l'amiral de France, Fontanon, navig. du riv., art. 28.

927. Le privilége accordé par cet article est respectif, et provoque l'application de la maxime présentée par Fontanon. Néanmoins, ce privilége ne donne pas droit au maître de retenir les marchandises dans son vaisseau, faute du paiement du fret; art. 13 de l'ordon. de Philippe II; et art. 23 du tit. du fret de notre ordon.; mais il peut arrêter les alléges, jusqu'au quadruple que vaut le nolis, ou son fret pour son assurance. *Consulat, chap.* 83. Au surplus, nous reviendrons sur cet objet en temps et lieu.

928. Il paroît, par le silence que Merville et Valin ont gardé sur le chapitre 83 du consulat, qu'ils n'en ont pas eu connoissance, ou que l'ayant connu, ils ont hésité de l'approuver ou de le réfuter. Pour moi, je crois devoir l'adopter; la raison est, que le capitaine, permettant au chargeur de transporter des marchandises à terre, en en laissant une partie suffisante entre ses mains, pour lui répondre de son fret, il le facilite au paiement de la totalité du fret qu'il doit, en lui accordant, par cette latitude, les moyens de se procurer des fonds par la vente des marchandises qu'il aura emportées: la raison, la justice, et la faveur due au commerce, me paroissent le décider ainsi.

929. Valin dit: « Ce privilége ne donne pas droit au maître *de retirer les machandises dans son navire; il peut seulement s'opposer à leur transport, lors de la décharge, même dans les alléges et gabarres:* » en cela, il est l'écho de l'art. 23 du tit. du fret et nolis. On ne peut se dissimuler que l'ordonnance et Valin sont obscurs dans leur énonciation, quoique fondés en principes: puisque retenir une marchandise, ou s'opposer à ce qu'elle sorte, est la même chose; en effet, la privation de la jouissance, dans l'un comme

dans l'autre cas, en est le résultat. Je vais donc tâcher d'être un peu plus intelligible.

930. Quand l'ordonnance permet au capitaine de retenir la marchandise, et de s'opposer à son transport, elle veut que le capitaine n'agisse pas par voies de fait, mais par voie de droit; c'est-à-dire, qu'elle veut que le capitaine exerce ses actions contre le propriétaire, en retenant la marchandise par-devers lui, jusqu'à ce qu'il soit payé.

931. Quand l'ordonnance permet au capitaine d'arrêter les marchandises dans les alléges et gabarres, elle permet que le capitaine fasse rapporter les marchandises à bord, en voulant qu'il exerce ensuite ses actions, en protestant, dans l'un et l'autre cas, qu'il les fera vendre judiciairement si elles ne sont retirées dans un temps convenable.

932. En pareilles circonstances, le capitaine est obligé d'actionner le chargeur, afin de n'être point tenu d'une responsabilité rigoureuse; il doit faire vendre les marchandises judiciairement, afin qu'elles ne se détériorent pas par un trop long séjour, et qu'il puisse lever l'ancre quand il voudra.

933. Néanmoins, si le capitaine laisse parvenir les marchandises à ceux à qui elles sont adressées, il ne perd pas, pour cela, son privilége, d'après l'article 24 du tit. du fret; mais il ne subsiste que pendant quinzaine, pourvu encore qu'elles ne soient pas passées entre les mains d'un tiers.

934. Réciproquement, le marchand-chargeur a privilége sur le navire, etc., pour la retention ou le dédommagement qui lui seroit dû, sur les marchandises gâtées ou avariées.

CHAPITRE XXV.

DES CONNOISSEMENS, POLICES DE CHARGEMENT, OU RECONNOISSANCES DES MARCHANDISES.

935. On appelle sur l'Océan, connoissement; sur la Méditerranée, police de chargement; en hollandais, *vragt-bries ;* en anglais, *bill of lading ;* en italien, *polizza di carrico*, la *reconnoisance* que le capitaine donne au propriétaire des marchandises chargées à bord, dans lequel il promet de les voiturer, ou transporter à un tel endroit; pour sûreté de quoi il engage sa personne, ses biens, son navire et apparaux, biens-meubles et immeubles.

936. Le *connoissement* diffère de la *charte-partie*, en ce que celle-ci est un contrat de frétement de tout le bâtiment; et que celui-ci n'est qu'un reçu particulier que le capitaine donne après la réception de tels ou tels effets appartenans à tel ou tel négociant ou autre. Je dis après la réception, parce que lors de la réception d'une partie de même marchandise qui doit être portée dans le connoissement, le capitaine, ou celui qui le représente, donne un reçu de bord; et ce n'est qu'après que toute la partie de marchandise est portée, que le capitaine lui-même donne, pour le tout, un connoissement; par conséquent, chaque connoissement ne concerne qu'une partie de la cargaison, au lieu que la charte-partie en regarde la totalité: d'où il s'ensuit qu'il ne faut qu'une seule charte-partie pour l'aller ou le retour, ou pour l'un et l'autre; pendant qu'il faut autant de connoissement pour l'aller, le retour, qu'il y a de propriétaires chargeurs des deux cargaisons.

937. Hubner observe que « les connoissemens ne sont point absolument nécessaires aux bâtimens neutres, vu qu'à leur défaut la charte-partie peut en prendre place. » Saisie des bât. neut. tom. 1, fol. 248. Mais Valin, plus judicieux que ce publiciste, observe « que le connoissement est la véritable et spécifique preuve du chargement, et que la charte-partie ne suffiroit pas pour le justifier, puisque de la promesse qu'on aura faite de charger une telle quantité de marchandises dans un navire, il ne s'ensuit point qu'on ait rempli l'engagement en tout ni partie. » Tom. 1, 597. « Les connoissemens tiennent lieu de charte-partie, et valent même plus, en ce qu'ils en prouvent l'accomplissement. . . . . »

938. Conséquemment

938. Conséquemment, une charte-partie est un connoissement unique de la cargaison faite par un, ou quelque particulier; et le connoissement, proprement dit, est une charte-partie d'une partie de cargaison. Le parag. 2 de l'art 11 de l'ord. du 30 juillet 1756, du roi de Danemarck, s'exprime ainsi: « La charte-partie, affrétement, ou *connoissement* de toute sa charge (capitaine); conséquemment, la charte-partie est un connoissement du vaisseau chargé en plein; et le connoissement une charte-partie partielle des marchandises chargées en *cueillette*.

Formule de connoissement.

C. P.
N.°
1 à 30.

Je SIMON COULON, commandant le navire l'*Éléonore*, de Bordeaux, du port de deux cent tonneaux, ou environ, étant présentement à l'ancre au Chapeau-Rouge, pour, au premier beau temps convenable qu'il plaira à Dieu donner, faire voile jusqu'à la Martinique, là où sera ma droite décharge; reconnois avoir reçu, dans ledit navire l'Éléonore, dessous son *tillac*, de vous, M. *Piesmont*, les marchandises sus-mentionnées, marquées et numérotées comme en marge, le tout sec et bien conditionné; savoir, *trente barils farine*, lesquels je promets délivrer à M. Lacombe, ou à son commis, ou entremetteur, à la Martinique, sauf les périls et fortunes de la mer, de quoi Dieu veuille nous garder; et, pour l'accomplissement de ce que dessus, j'ai obligé et oblige, par ces présentes, ma personne, mes biens et mondit navire, fret et apparaux, en montrant l'un de ces connoissemens; et sera, ledit M. *Piesmont*, tenu de me payer, pour mon fret desdites marchandises, la somme de trente francs, en outre les avaries ordinaires, suivant les us et coutumes de la mer: en témoignage de vérité, j'ai signé trois connoissemens d'une même teneur, l'un desquels accompli, les autres seront de nulle valeur. A Bordeaux, le 12 germinal an 11.

939. Le connoissement doit être fait en trois exemplaires, dont un reste entre les mains du fréteur, négociant, ou du commis qui expédie le navire; le second demeure au capitaine; et le troisième est envoyé au consignataire de la cargaison. Il y a des endroits où on en remet une copie au greffe de la ville, ou du port dont part le navire.

940. Les connoissemens doivent contenir, 1.° la qualité générique extérieure et apparente, la quantité, marque et numéros des marchandises; 2.° le nom du chargeur, et celui auquel elles doivent être consignées; 3.° le lieu du départ et de la décharge; 4.° le nom du maître et celui du vaisseau, avec le prix du fret; 5°. lorsque le capitaine n'a point assisté au mesurage, pesage de la marchandise, soit qu'elle ne soit point de nature

à pouvoir exiger sa présence, comme est le blé, etc., soit que tout autre motif ne lui ait pas permis d'assister à l'un ou à l'autre, il doit insérer dans le connoissement, *que dit être*.

941. On ne peut point forcer un capitaine de changer cette formule, sans lui offrir de faire peser, mesurer et reconnoître la qualité et quantité des marchandises.

942. Il n'est pas nécessaire de désigner nommément la personne du consignataire; il est permis de stipuler que la marchandise sera consignée au porteur du connoissement, ou à l'ordre d'un tel ou à tel, avec ces clauses, *et que pour lui fera*.

Au surplus, si on avoit omis, dans le connoissement, quelques-unes des énonciations prescrites par l'ordonnance, l'acte n'en seroit pas moins valable, pourvu qu'on puisse y suppléer d'ailleurs.

943. Le capitaine n'est pas obligé de se porter chez les chargeurs pour signer le connoissement; ceux-ci sont tenus de le lui présenter, du moins vingt-quatre heures après que le vaisseau aura été chargé.

944. Les connoissemens, suivant l'usage, sont remplis par la main du marchand ou de ses commis.

945. Le connoissement est une pièce légale, lorsqu'elle est dressée en la forme prescrite par l'ordonnance; c'est une pièce authentique, puisqu'elle est signée par le capitaine, qui est officier public, ayant un caractère légalement reconnu, ou par l'écrivain qui le représente : aussi notre ordonnance ne cesse-t-elle de donner au connoissement le caractère de pièce justificative.

946. Casarégis dit, Disc. 10, n.° 116 : «Que le capitaine qui a signé un connoissement, pour consigner en tel lieu et à telle personne, peut en signer des seconds pour une destination et consignation différentes. Mais au n.° suivant il ajoute, que cela n'est pas permis, si les choses ne sont plus en leur entier; de sorte que si les premiers connoissemens ne sont pas tous supprimés, le capitaine ne peut en signer de nouveaux, sans risquer de se voir, lors de son arrivée, condamné à une double consignation.

947. Dans pareille espèce, par sentence de l'amirauté de Marseille, après que les marchandises eurent été vendues, il fut jugé que leur produit seroit partagé entre les différens consignataires. Appel. Arrêt de mai 1755, qui réforme la sentence, et qui alloue le total du produit au commissionnaire qui, le premier, avoit reçu le connoissement, fondé à ce qu'il paroît qu'il étoit le premier en quasi possession de la chose, et, qu'en conséquence, il devoit

être préféré. Emerigon rapporte deux pareilles sentences, fondées sur les mêmes principes, qui ont décidé, pour le fonds, dans le sens de l'arrêt précité.

Art. 1.er Tit. Connoissemens : « Les connoissemens, polices de chargement ou reconnoissances des marchandises chargées dans le vaisseau, seront signées par le maître ou l'écrivain du bâtiment. »

948. Le connoissement doit être essentiellement signé, sur-tout en temps de guerre, par rapport aux belligérans; tout connoissement non signé, en pareille circonstance, est essentiellement nul : plusieurs lois l'ont ainsi décidé, notamment le réglement du 17 février 1694, art. 5. L'ord. du roi de Danemarck, du 30 juillet 1756, par. 2, art. 11, porte : « Tous les connoissemens seront signés par le capitaine..... d'autant plus que tous connoissemens non signés, sont nuls, et de nulle valeur. »

949. Le connoissement doit être signé par le capitaine, et à défaut, par celui qui le représente, puisqu'il n'y a plus d'écrivain *ad hoc*, à bord. Dans ce cas, il faut qu'il y ait un empêchement légitime, pour que le capitaine se dispense de signer; mais si le capitaine charge lui-même des marchandises, l'officier immédiat doit signer les connoissemens, fondé sur ce que le capitaine ne peut pas, plus que tout autre, se faire lui-même des titres.

950. Cependant, par rapport aux contractans, les connoissemens non signés ne sont pas toujours nuls. Je suppose le cas; un capitaine refuse de signer des connoissemens : on lui fait signifier qu'il ait à les signer; il s'y refuse; un jugement ordonne qu'il les signera; il part sans avoir rempli cette formalité : en ce cas, les connoissemens vaudront comme s'il les eût signé. D'ailleurs, hors le cas de guerre, les autres preuves supplétives au connoissement, sont admises; mais comme c'est au chargeur à faire signer les connoissemens, si le capitaine part sans que ses connoissemens soient signés, qu'il ne lui ait pas été signifié de remplir cette formalité, et que la loi exige que les connoissemens soient représentés au bureau des douanes, s'il arrive quelques dommages, ils retomberont de droit sur les chargeurs.

Art. 2. « Les connoissemens contiendront la qualité, quantité et marque des marchandises (940); le nom du chargeur et de celui à qui elles doivent être consignées (940); les lieux du départ et de la décharge (940); le nom du maître (940) et celui du vaisseau (940), avec le prix du fret. (940).

Art. 3. » Chaque connoissement sera fait triple (940); l'un demeurera au chargeur; l'autre sera envoyé à celui auquel les marchandises doivent être consignées; et le troisième sera mis entre les mains du maître ou de l'écrivain. »

951. En temps de guerre, les chargeurs font leur connoissement en multiplicata, afin que, par des voies différentes, si l'un ne parvient pas à sa destination, les autres y parvenant, la remise puisse en être faite au consignataire.

Art. 4. « Vingt-quatre heures après que le vaisseau aura été chargé, les marchands seront tenus de présenter au maître, les connoissemens pour les signer, et de lui fournir les acquits de leurs marchandises, à peine de payer les intérêts du retardement. »

952. Si les chargeurs retardoient de remettre leur connoissement au capitaine, ils seroient tenus des dommages et intérêts du retardement qu'ils pourroient lui occasionner; pareillement si le capitaine étoit en retard de signer les connoissemens, les propriétaires sont en droit de lui faire signifier que le jugement qui sortira vaudra signature.

Art. 5. « Les facteurs, commissionnaires et autres qui recevront les marchandises mentionnées dans les connoissemens ou charte-partie, seront tenus d'en donner le reçu aux maîtres qui le demanderont, à peine de tous dépens, dommages et intérêts, même de ceux du retardement. »

953. Si celui qui a reçu partie ou la totalité d'un chargement du capitaine, refuse de lui donner un reçu, celui-ci peut le faire condamner à le lui délivrer, et aux dépens, dommages et intérêts de son retardement.

954. Voici une formule d'un reçu de cargaison, que j'ai recueillie dans un comptoir.

« Nous soussignés, déclarons avoir reçu du capitaine Herman, Ch. frères, commandant le navire la Dorothée, la cargaison froment qu'il avoit reçue à son bord, de *M. Pichier*, négociant de Copenhague, pour nous être remise, et pour le fret de laquelle il lui avoit été alloué par la charte-partie, passée audit lieu, par chaque LAST *cinquante florins, dix pour cent d'avaries, et cinq pour cent de chapeau, argent courant de Hollande, montant ensemble, fret et chapeau, à deux mille trois cent vingt-deux florins courans, dix sous,* que nous prions ledit *M. Pichier* de payer audit capitaine, ou à ses porteurs d'ordre de la traite faite ce jour, à son ordre, à trois usances de flor. c. *de deux mille trois cent vingt-deux, dix stuivers,* ne lui ayant payé ici autre chose que *son chapeau*, montant à *cinq cents florins et onze stuivers, qui,* réduits au change convenu entre lui et nous, à sept *deniers de gros par écus*, (*a*), s'élèvent à la somme de *mille huit cent neuf livres huit sous tournois*, dont il nous a donné quittance.

» Fait triple (*b*) pour ne servir que pour un, à Bordeaux.

BOULANGER ET COMPAGNIE.

Calcul du fret, avarie et chapeau.

Fret.	flo. c.	2322	10 stuiv.
Chapeau.		105	11
	flo. c.	2428	1 stuiv.
105 flo. c. 11 stuiv., au change de 7 den. gros par 1 stv, font.	liv. t.	1809 l.	8 s.

955. Pour le compte du fret, il faut avoir égard aux conditions de la charte-partie. Néanmoins il est bon d'observer, que si les lettres-de-change, dans l'espèce, revenoient *à protet*, le capitaine n'auroit d'autres actions que celles qui résultent de la lettre-de-change.

Art. 6. « En cas de diversité entre les connoissemens d'une même marchandise, celui qui sera entre les mains du maître, fera foi, s'il est rempli de la main du marchand ou de celle du commissionnaire (944); et celui qui sera entre les mains du marchand, sera suivi s'il est rempli de la main du maître. »

956. D'après cet article, il est aisé de voir que cette diversité d'écriture équivaut à une approbation d'écriture.

957. Comment concilier cet art. 6 avec l'art. 4 qui veut que les chargeurs présentent leur connoissement dans les vingt-quatre heures, et conséquemment, qu'ils soient rédigés par eux, puisque cet article 6 sous-entend qu'ils peuvent être rédigés par le capitaine. Cependant, comme voilà le texte de la loi, il faut dire : « Si, contre la loi, le capitaine avoit rédigé lui-même un connoissement, le chargeur seroit tenu de le lui remettre dans les vingt-

(*a*) Le change est ici coté extraordinairement bas, parce que cette stipulation a été faite dans le temps du papier-monnaie.

(*b*) Ce compte a été fait triple, pour l'un être gardé par les propriétaires de la cargaison, l'autre par le capitaine, et le troisième être envoyé à Péchier.

quatre heures. La loi est ici un peu torturée : néanmoins voilà, je crois, la seule manière dont elle puisse être interprétée.

958. Ce n'est pas seulement contre les chargeurs que les connoissemens font foi; ils font encore foi contre les assureurs et toutes autres personnes, sauf les preuves de fraudes et de collusions. En effet, le capitaine, comme l'observe Pothier, a intérêt de ne point comprendre, dans son connoissement, plus de marchandise qu'il en a.

959. D'après l'art. 63; h. t. Tous mariniers et autres qui apportent des marchandises acquises en pays étrangers, et assurées en France, sont tenus de laisser un connoissement entre les mains du commissaire des relations commerciales, ou de son chancelier; et, à défaut, entre les mains d'un notable marchand français. La raison est, dit Pothier, « de prévenir l'abus des faux connoissemens que les capitaines et mariniers pourroient fabriquer après coup, soit pour alléguer, en cas de perte du navire, un risque imaginaire, soit pour subsistuer *un faux pour compte*, au véritable cas d'heureuse arrivée du bâtiment. »

SECTION VI.

CHAPITRE XXVI.

DU TONNEAU DE MER, DU FRET OU NOLIS.

960. Comme la navigation sur le Ponant (*a*) a vraisemblablement commencé par les Bordelais; que leur manière de régler le fret étoit par tonneau, comme il paroît par les art. 8 et 16 du jugement d'Oléron, que quatre barriques de vin de cinq cents livres pesant, chacune faisoit le tonneau, le tonneau pesant donc deux mille livres. Cette manière d'évaluer l'encombrement des navires par les Bordelais, a passé, sans doute, dans les autres ports de mer ; quoi qu'il en soit, on a continué de régler cet encombrement

(*a*) On appelle en général Ponant, la partie occidentale du monde qui est au couchant du soleil ; on ne se sert guère de ce mot que pour distinguer la marine de la Méditerranée. Dans un sens plus étroit, dans le langage maritime, on entend par Ponant les côtes maritimes et les ports de France qui sont situés sur l'Océan; pour les distinguer de ceux de la Méditerranée par le détroit de Gibraltar.

par tonneau. Lors de l'origine de ce réglement, chacun adopta sans doute le poids local; mais, par la suite, l'évaluation en livres dut faire admettre *le poids de marc*; et on le doit décider ainsi, parce que l'ordonnnance, lorsqu'il est question de mesure pondérale, parle *du quintal, qui est de cent livres, poids de marc.*

961. Le tonneau, dans la marine, est, pour les marchandises d'œuvres, de poids de deux mille livres (poids de març); et pour les marchandises qui se mesurent au volume, de quarante-deux pieds cubiques, faisant quinze cents douze pintes, ou cent treize un cinquième boisseaux de Paris.

962. Valin observe que les Rochellais ont aussi, de tout temps, pratiqué la mesure des Bordelais pour le tonneau : comme l'ancienne mesure de leur boisseau étoit un pied cube, ils ont réglé qu'il en falloit quarante-deux pour faire le tonneau de blé égal au tonneau de mer. Il résulte donc de-là qu'on doit avoir égard au tonneau *pondéral*, et au tonneau d'encombrement; cependant, dans l'usage, lorsqu'on dit qu'un vaisseau est de cent, deux cents tonneaux, on sous-entend par-là *du tonneau pondéral.*

963. L'arrêté des Consuls, du 13 brumaire an 9, a fixé le poids du tonneau à mille kilogrammes, (*a*) (millier métrique) voilà la base pondérale déterminée; mais la base d'encombrement ne l'est pas, et elle ne doit pas l'être, parce que n'étant pas possible de la déterminer en prenant pour base *le tonneau pondéral*, puisqu'il est vrai que *le volume d'un fluide n'est pas égal en poids à celui d'un autre de même volume, mais de nature différente.* Il faut laisser les choses à l'arbitraire des places commerçantes, qui, elles-mêmes, les remettent entre les mains des arrumeurs, dont ordinairement le salaire est fixé, ou par des réglemens particuliers, ou par l'usage.

Art. 1.er « Le loyer des vaisseaux, appelé fret ou nolis, sera réglé par la charte-partie, ou par le connoissement (881), soit que les bâtimens aient été loués en entier, ou par parties (880) au voyage, ou au mois (883), avec désignation, ou sans désignation de sortie, au tonneau, au quintal (881), ou à cueillette (880), et en quelqu'autre manière que ce puisse être. »

964. Ces mots désignation de portée, veulent dire sans énonciation du port du bâtiment : néanmoins il seroit imprudent de consentir une charte-partie sans désignation de portée, parce qu'il pourroit arriver que n'ayant

---

(*a*) Le kilogramme égale 2 liv. 5 gros 35 grains $\frac{15}{100}$.

point assez de marchandises pour en remplir la capacité, le vide tomberoit en pure perte ; au surplus, ces arrangemens sont subordonnés au genre de spéculation.

965. Le fret, généralement parlant, est le prix de la location du navire, et conséquemment le fret, est le fruit civil du navire ; et comme il est de principe que l'accessoire du gage fait partie du gage même, il suit de-là que celui qui a privilége sur le corps du navire, a également privilége sur son fruit.

966. Le fret ne se paye ordinairement que dans le lieu du déchargement ; mais rien n'empêche de le payer par avance, ou partie d'avance ; c'est de cette dernière manière qu'il se paye assez ordinairement : mais qu'il soit payé en entier d'avance, ou qu'il ne soit payé qu'en partie, le paiement qui est fait n'est considéré que comme une espèce de prêt que le chargeur fait au capitaine. *Pro mutuâ*, dit *la loi 15*, *§. 6*, *ff. locati. ibiq.* Cujas, *lib. 3*, *dis. 1.* Kuricke, *ques. ilus. quest. 34*, *pag. 398*. Le fret payé d'avance n'est considéré que comme prêt, parce qu'il est des circonstances dont le capitaine est tenu de le rendre, s'il n'y a pas de convention contraire, comme nous le verrons ci-après.

967. Il y a donc trois espèces de fret, 1.° le fret fait qui est celui payé d'avance ; 2.° le fret à faire qui est celui à payer ; 3.° le fret acquis à tout événement. Ce dernier fret peut être payé d'avance, ou après l'arrivée du bâtiment : dans l'un ou l'autre cas, il est acquis au fréteur.

968. Le fret acquis est donc celui qui, aux termes de la convention entre le propriétaire du navire et les marchands, doit lui être payé à tout événement, dans le cas de perte du vaisseau et des marchandises, comme dans celui d'heureuse arrivée. *Le fret acquis* diffère donc du *fret à faire*, en ce qu'il est dû en cas de perte de l'objet, soit qu'elle arrive par naufrage, échouement, pillage, ou par tout autre événement. « Il est évident, disent Valin et Pothier, que ce fret ne peut pas être matière d'assurance de la part du propriétaire du navire, puisque le propriétaire ne court aucun risque à cet égard. » On peut ajouter, peut-être avec plus de raison, si le fret a été payé d'avance, que le fréteur ne peut point faire assurer son fret comme fret, parce qu'il n'a rien, comme tel, d'exposé aux risques : en effet, s'il faisoit assurer son fret, et qu'avec le prix qu'il en auroit reçu, il achetât des marchandises qu'il embarqueroit après les avoir fait assurer, il feroit assurer deux fois la même valeur.

969. Conséquemment, les observations de ces jurisconsultes me paroissent exactes

exactes dans le cas où le fret auroit été payé d'avance; mais comme dans le cas contraire, le fréteur ou propriétaire du navire risqueroit de se trouver réduit aux seuls moyens de l'affréteur qui, quelquefois, ne pourroient pas être suffisans pour remplir les conditions du contrat, le risque, dans cette hypothèse, n'étant pas, à la vérité, attaché à la chose, mais à la personne du débiteur, il suit de-là, que l'assurance qui pourroit en être faite, ne seroit pas une assurance proprement dite, mais un cautionnement qui mériteroit d'autant plus de protection, qu'il serviroit à favoriser le commerce; et il le favoriseroit d'autant plus, qu'il n'est ni contraire aux lois, ni aux mœurs.

970. Un particulier, avant de faire des affaires à Londres, voulant assurer la rentrée de ses fonds, et la solidité de son débiteur, proposa à un ami de cette ville, de lui garantir les débiteurs qu'il pourroit avoir par la suite, moyennant 3 p %: l'ami ayant accepté, un débiteur manque, et prétend qu'il ne doit que la différence qui se trouve entre la dividende et la créance.

971. Les Juges regardant cet objet comme une *assurance* ou *caution perpétuelle*, appliquèrent, par comparaison, l'art. 20 du tit. 6 de l'ordonnance de 1681, et l'art. 3, tit. 5 de l'ord. de 1673, et le condamnèrent à payer le tout. Gazettes du 30 juillet et 24 août 1765.

971. Quoiqu'il soit de l'essence du contrat d'assurance maritime, qu'il y ait *une chose matérielle exposée aux risques, et qu'elle s'y trouve exposée lors du sinistre même*, néanmoins nous avons vu les Anglais, les Napolitains, les Florentins, et autres nations, se soustraire à ce préjugé prétendu moral, et admettre les assurances sur vie. En Angleterre, on assure jusqu'à la vie du roi, elle-même, par rapport aux pensions qui se trouvent terminées par son décès : le pensionné préfère payer une prime, que de s'exposer aux risques de perdre sa pension à la mort du monarque. Ces considérations, contre ce que prescrit l'art. 10 du tit. des assurances de l'ordon., provoquèrent la sortie de l'arrêt du Conseil, du 3 novembre 1787, des deux arrêts du Conseil du 28 juillet 1788, portant établissement d'une compagnie d'assurance sur vie. Le motif fut, comme le dit le premier arrêt, «*que la nature de ces divers établissemens, en Europe, renfermoient des avantages précieux, que, conséquemment, naturalisés en France, ils y seroient d'une grande utilité.*» Mais, dira-t-on, ce n'est pas là une assurance, c'est une espèce de gageure : en temps et lieu, je crois pouvoir prouver le contraire; et je me contenterai donc de dire, que si je fais cette citation, c'est pour prouver qu'il faut admettre tout ce qui est utile. Je reviens à mon objet.

973. Lorsque le fréteur fait assurer son *fret acquis*, non payé d'avance, c'est une réaction qu'il se donne contre l'insolvabilité de l'affréteur : dans ce cas, pourquoi ne valideroit-on pas pareil contrat, puisqu'il concourt à multiplier les opérations mercantile ? donc que le fréteur peut faire assurer son fret quand il n'a pas été payé, et qu'il ne peut le faire assurer quand il en a été payé.

974. Le fret acquis, est un nouveau contrat, établi d'abord par l'usage, dont la source se trouve dans l'article 18 du tit. du fret de l'ordon. de 1681, où il est dit : « Il ne sera dû aucun fret pour les marchandises perdues ; et le maître est tenu, en ce cas, de restituer le fret qui lui aura été payé d'avance, S'IL N'Y A CONVENTION CONTRAIRE.

975. Ces mots, *s'il n'y a convention contraire*, signifient, en d'autres termes, dans le nouveau langage reçu, *s'il n'y a convention de fret acquis* ; ce nouveau langage a été reconnu solennellement par l'article 6 de la déclaration de 1779, dont nous parlerons en son temps.

Art. 2. « Si le vaisseau est loué en entier, et que l'affréteur ne lui donne pas toute sa charge, le maître pourra, sans son consentement, prendre d'autres marchandises pour l'achever, ni sans lui tenir compte du fret. »

976. Valin dit, sur cet article : « Lorsque le vaisseau est loué en entier, il importe peu au maître que l'affréteur lui ait donné sa charge complette, ou non, pourvu qu'il ait chargé des marchandises de valeur plus que suffisante pour répondre du fret. » Mais si ces marchandises ne sont pas suffisantes pour répondre du fret, le maître sera-t-il en droit de demander caution pour le surplus? La solution de cette question n'est pas sans difficulté ; néanmoins je vais essayer de la donner.

977. En thèse générale, lorsqu'on veut exiger une caution, il faut faire les choses étant en leur entier, de manière, qu'après que le contrat est passé, il n'est plus temps de demander caution. Arrêt du 7 avril 1588. Voyez Soefve, tom. 1, à la fin. La caution est une charge pour le fidéjusseur, et un mépris pour celui de qui on l'exige : *satisdatio, onus est et contumelia.* LEGE SI PATRONUM, ff.

978. La prospérité du commerce reposant, en grande partie, sur la confiance, rien n'est plus humiliant pour un négociant, que la demande d'une caution, les choses étant même dans leur entier, parce qu'on lui dit implicitement *qu'on ne le croit pas solvable* : que sera-ce donc, lorsque le contrat sera passé, si on lui fait une pareille proposition, puisque, dans le premier cas, on ne peut que supposer une présomption d'insolvabilité, et que, dans

le second, on ne peut que supposer une certitude ? Or, la réputation d'un négociant devant être intacte, la moindre atteinte que l'on cherche à lui porter, est, pour ainsi dire, un crime; aussi, à Athènes, quiconque dénonçoit, accusoit, *inquiétoit*, sans raison, un commerçant, étoit-il poursuivi au criminel. *Démosthène.* Cela étant ainsi, le fréteur, dans l'espèce, ne pourra demander de caution à l'affréteur, si elle n'a été stipulée, sauf le cas où il auroit connoissance qu'il eût au moins été protesté.

979. Lorsque le fréteur et l'affréteur ont passé leur contrat, sans spécifier la nature de la cargaison, ils ont sous-entendu que l'affréteur chargeroit le navire comme bon lui sembleroit; conséquemment, le premier s'est donc interdit tacitement de demander caution à l'autre, en cas que la cargaison ne puisse pas répondre du fret.

980. Si le maître, sous prétexte qu'il y a de la place dans le navire, charge, sans le consentement de l'affréteur, et à son insu, il sera tenu de lui en payer le fret à proportion; comme aussi si le maître avoit chargé d'autres marchandises que celles de l'affréteur, celui-ci seroit en droit de les faire décharger.

981. Pothier dit : « Si l'affréteur avoit permis au maître de prendre des marchandises d'autres personnes pour achever de remplir le navire, cette permission devroit être censée n'avoir été accordée, qu'à la charge que le maître lui tiendra compte du fret de ces marchandises. »

982. Cette décision a paru, à un observateur de Pothier, devoir souffrir beaucoup de difficultés, fondé sans doute, sur ce qu'une permission de faire une chose, suppose une faveur dans l'intérêt de celui qui l'a sollicitée. D'après ces inductions, les questions suivantes se présentent.

983. Dans l'espèce, le fret reviendra-t-il au fréteur, ou à l'affréteur? M. Darau, dans un de ses manuscrits tombé dans mes mains, dit : « Nous pensons que cette même décision ne seroit douteuse que dans le cas où le maître voyant de la place de reste dans son vaisseau, en auroit profité pour y embarquer des marchandises pour son compte particulier; car dès que l'affréteur (il veut dire le fréteur) y auroit consenti, sans entrer en explication avec lui pour le fret, on ne pourroit s'empêcher de présumer que c'est un plaisir gratuit que l'affréteur (le fréteur) a voulu faire au maître. Mais dans les termes de M. Pothier, qui suppose que le maître a pris des marchandises *d'autres personnes* pour completter la charge du vaisseau, nous pensons qu'il a eu raison de dire que *le fret de ses marchandises* devoit entrer en déduction du prix de l'affrétement, parce qu'alors l'affréteur ne

sauroit être censé avoir voulu payer le louage entier du navire, et laisser à autrui un profit qu'il pouvoit lui-même percevoir. Autre chose est de ne vouloir rien prendre d'un maître de vaisseau, pour ce qui peut le concerner personnellement; autre chose est d'exiger ce qu'il a reçu pour des marchandises qui ne le concernent point. »

984. On peut répondre à M. Darau. Mais si le navire est, par exemple, à moitié vide, et que le maître finisse de le remplir, votre décision sera-t-elle applicable à l'espèce? Sans doute, ici, il seroit embarrassé de répondre. Disons donc, qu'en pareille occurrence, on ne peut établir aucune règle; que, dans ce cas, les Juges doivent bien s'appliquer à chercher de pénétrer l'intention des contractans; et que, dans le doute, il ne devroient accorder au maître qu'une valeur égale à un simple port permis, dans l'espèce de Pothier et de M. Darau, par la raison qu'il n'est pas présumable qu'un négociant, dont le but est de gagner, et qui regarde comme premier gain les économies qu'il peut faire, se décide à faire des sacrifices contraires à ses intérêts.

985. « Toutefois, dit Valin, ce que le maître aura chargé dans sa cabanne simplement, ne devra aucun fret, que l'affréteur y ait consenti ou non : le contraire, néanmoins, a été jugé à l'amirauté de Marseille, par sentence du 17 juillet 1750; il y en avoit apparemment une défense expresse. »

986. Comme Valin, je ne vois pas qu'une défense expresse ait dû provoquer ce jugement, parce qu'il est de l'intérêt du chargeur que le capitaine ne se charge point de marchandises pour son compte, afin qu'il donne tout son soin aux siennes. Quand un négociant prend à loyer un navire, non-seulement il loue le navire, mais encore les services du maître; conséquemment l'un et l'autre lui sont acquis.

987. Si le maître a son chargement complet, il ne peut plus, sous aucun prétexte, y charger d'autres marchandises, sans la permission expresse de l'affréteur, à peine de tous dommages et intérêts; et, en cas de jet, de supporter la perte jusqu'à concurrence de tout ce qu'il aura chargé de plus. Art. 22 des lois rhodiennes; Weytsen, traité des avaries, pag. 38, art. 46; ord. de Wisbuy.

Art. 3. « Le marchand qui n'aura pas chargé la quantité de marchandises portée par la charte-partie, ne laissera pas d'en payer le fret comme si le tout avoit été chargé; et, s'il en charge plus, il paiera le fret de l'excédant. »

988. Comme la demeure de fait ne constitue la demeure de droit qu'après

une signification, si le chargement entier n'est point fait dans le temps convenu; il faut que le maître fasse assigner le chargeur pour achever de charger dans un temps déterminé; que, faute de ce, il fera voile : alors le jugement qui intervient en faveur du capitaine, l'autorise à percevoir son entier fret, soit que le navire ait été chargé en entier, ou non, en ayant cependant égard à l'art. 6 suivant, dans pareilles circonstances, c'est-à-dire, en cas de retardement, les dommages et intérêts sont ordinairement accordés. La première décision suppose que d'ailleurs le maître n'ait pas completté son chargement avec d'autres personnes : le maître doit aussi le fret sur l'excédant qu'il a chargé.

Art. 4. « Le maître qui aura déclaré son vaisseau d'un plus grand port qu'il n'est, sera tenu des dommages et intérêts du marchand. »

989. Ces dommages et intérêts qui doivent être réglés, par experts, suivant les circonstances, et qui comprennent toute la perte que souffre le marchand, frustré de l'attente où il étoit de charger dans le navire toutes les marchandises que le maître doit y recevoir, sont dûs, soit que le navire ait été frété en entier, à un seul, à plusieurs, en commun ou en particulier, au tonneau ou à cueillette. *Art.* 5, *chap.* 9, *guidon.*

Art. 5. « Ne sera réputé y avoir erreur en la déclaration de la portée du vaisseau, si elle n'est au-dessus du quarantième. »

990. Merville a ici commis une grande erreur : il prétend que *le quarantième*, dont parle l'ordonnance, est presque *la moitié*; et il est d'autant moins excusable, que d'après ce qu'il dit préalablement, on ne peut point supposer une erreur typographique; et que, conséquemment, il a réellement entendu dire que $\frac{1}{40}$ étoit presque égal à $\frac{20}{40}$, qui est la moitié d'un tout divisé en quarante parties.

991. Je ne crois cependant pas que l'article puisse être pris à la rigueur, vu la difficulté qu'il y a à jauger un vaisseau, sur-tout par rapport à l'encombrement. Valin fait, à cet égard, une observation très-judicieuse; il dit qu'il ne faut point agir à la rigueur, en ayant égard aux circonstances, c'est-à-dire, « si l'excédant est peu de chose eu égard à la grandeur du bâtiment, et s'il paroît avoir agi de bonne-foi. » (Le capitaine.)

Art. 6. « Si le vaisseau est chargé en cueillette, ou au quintal, ou au tonneau, le marchand qui voudra retirer ses marchandises, avant le départ du vaisseau, pourra les faire décharger à ses frais, et en payant la moitié du fret. »

992. Valin s'étonne de cette faculté donnée au chargeur; il lui paroît même contradictoire à l'article 3. Quant à moi, j'y vois les cas exposés, dans ces deux articles, bien différens l'un de l'autre. L'article 3 suppose un chargement fait, par charte-partie, pour totalité ou pour partie; ici je vois un chargement par connoissement : dans le premier cas, le louage peut devenir difficile; dans le second, il est plus facile : dans le premier cas, si le fréteur ne frète pas la capacité de son vaisseau qui lui reste, il fait une grosse perte; dans le second, il ne perd pas autant, donc l'un et l'autre cas ne doivent pas être régis par les mêmes règles. Car, quoiqu'il soit parlé dans l'art. *de tonneau*, il n'est pas dit pour cela qu'une espace déterminée du vaisseau ait été louée, et que, conséquemment, il y ait charte-partie. Les mots *cueillette, quintal* qui précèdent celui de tonneau, annoncent assez que l'article entend parler de chargement partiel par son connoissement.

993. Pothier fait cette question : « L'affréteur, qui a déjà chargé une partie de ses marchandises, peut-il, en signifiant avant le départ du vaisseau, qu'il n'entend pas en charger davantage (*a*), et en offrant la moitié du fret pour ce qui reste à charger, éviter de payer le total du fret de cette partie ? » Il semble qu'il le peut, pourvu néanmoins que la place qu'auroit dû occuper ce qui restoit à charger, soit un objet assez considérable pour que le maître puisse trouver facilement à le louer à d'autres.

994. On ne manquera pas d'opposer l'art. 3 ci-dessus, qui dit : *Que le marchand qui n'a chargé qu'en partie, doit tout le fret, comme s'il eût tout chargé.* Mais on peut répondre que cet article 3 doit être restreint au cas auquel l'affréteur a laissé partir le navire, *sans* signifier qu'il n'entendoit pas charger ce qui restoit à charger. C'est, dit-il, *l'avis de M. Valin.* En effet, Valin argumentant d'après notre article 6, qui porte : Que le marchand pourra retirer ses marchandises chargées en cueillette, ou au quintal, ou au tonneau, conséquemment par simple connoissement, (879) il entend sans doute se référer, à l'art. 3 ci-dessus, qui parle *nommément par charte-partie*; et il conclut dans l'espèce de l'art. 6, que par identité de raison, qu'il peut refuser de completter son chargement fait *par charte-partie*, en payant tout de même *la moitié du fret de ce qui manque pour l'accomplir.*

995. Cependant Pothier, sur des observations qui lui ont été faites à

(*a*) Ici, sans doute, le Jurisconsulte entend parler d'un engagement fait par charte-partie, qui suppose un espace loué déterminément du vaisseau.

ce sujet, a convenu que son avis, déterminé par celui de Valin, trouvoit beaucoup de difficultés. Pour moi, je dis qu'il n'y a pas de milieu : conformément à l'art. 3, ou l'affréteur doit compléter son chargement, ou il doit payer, en totalité, tout le fret qui manque à son complément, parce que c'est déjà assez d'avoir permis aux chargeurs en cueillette de retirer leurs marchandises de bord, en ne payant que la moitié du fret.

Art. 7. « Le maître pourra aussi décharger à terre les marchandises trouvées dans son vaisseau, qui ne lui auront point été déclarées, ou en prendre le fret au plus haut prix, qui sera payé pour marchandises de pareille qualité. »

996. « Au surplus, dit Valin, comme il se peut que le maître ne remarque ces marchandises, chargées sans son aveu, qu'après qu'il a mis à la voile (*a*), et qu'ainsi il n'est plus à même de délivrer un connoissement à celui à qui elles appartiennent ; c'est un des cas où le connoissement n'est pas absolument nécessaire pour justifier la réalité du chargement... » Il dit ensuite, « reste à savoir si, dans le cas de relâche, le capitaine pourra remettre à terre ces marchandises entre les mains de personnes solvables, en en donnant avis au propriétaire. Il répond négativement, en observant qu'il ne pourroit faire cette remise qu'en cas de surcharge, après en avoir fait sa déclaration à l'amirauté.

997. Lorsqu'on aura apporté de pareilles marchandises dans le navire, le capitaine étoit à bord, ou n'y étoit pas ; s'il n'y étoit pas, nécessairement il devoit y avoir un quelqu'un pour le représenter : dans ce cas, il a été délivré, de la part de son représentant, un reçu de bord. S'il y a un reçu de donné, le capitaine a donc eu connoisssance de l'apport de ces marchandises ; s'il n'y a point eu de reçu de donné, il ne pourra point ignorer le nom du chargeur, parce que l'ordonnance de 1687, art. 11, veut que les capitaines aient entre les mains les permis de chargement. S'il n'y a point eu de reçu ni permis, comment sera-t-il possible que le capitaine en donne avis au propriétaire, puisque, dans l'hypothèse, il ignore son nom ?

998. On doit donc conclure de-là, qu'il n'est pas possible que le capitaine n'ait point eu connoissance de l'apport de la marchandise, s'il y a eu reçu de bord, ou permis de donné ; et conséquemment se trouvant en fraude, dans cette circonstance, il se trouve dans le cas de l'art. 11 de l'ordonnance

---

(*a*) Il est assez difficile que le capitaine s'aperçoive de ce surcroît de chargement, sauf le cas où les marchandises seroient placées en dernière sole, ou sur le tillac.

de 1687, qui ordonne la confiscation du navire et de la marchandise; sauf le cas où il la descendroit à terre, et la remettroit clandestinement entre les mains d'une tierce personne. Dans ce cas, le capitaine se gardera bien de suivre le conseil que lui donne Valin, qui est de faire la déclaration à l'amirauté. Si cette marchandise a été chargée absolument à son insu, il doit la jeter à la mer, s'il ne veut s'exposer à la même confiscation. La raison est qu'un capitaine doit toujours être surveillant, et que la faute la plus légère retombe sur lui.

Art. 8. « Le marchand qui retirera ses marchandises pendant le voyage, ne laissera pas d'en payer le fret entier, pourvu qu'il ne les retire pas par le fait du maître. »

999. L'article prévoit, sans doute, le cas de relâche, parce qu'on ne peut point présumer qu'un chargeur veuille retirer ses marchandises pendant que le vaisseau est sous voile en pleine mer : encore dans le cas de la relâche, faut-il avoir égard au placement de la marchandise. Je suppose que si, dans un vaisseau de trois cents tonneaux, il y a une partie de plomb chargée en première sole; c'est-à-dire, au fond de cale, par-dessous toutes les autres marchandises, certes s'il prenoit envie au chargeur de ce plomb de le retirer du bâtiment qui doit continuer sa route, il seroit bien malheureux pour le capitaine d'être obligé de décharger et charger son navire, et de payer, en conséquence, des frais qui surpasseroient au-delà de ce qu'il retireroit du fret, pour se prêter au caprice, et même au besoin de ce chargeur : on doit donc dire que cela ne pourra avoir lieu, que lorsqu'il n'en pourra pas résulter de perte pour le fréteur, ni pour les autres chargeurs.

1000. Si cependant le chargeur, dans une relâche, vouloit retirer ses marchandises, parce que le maître change de route, fait des échelles, ou des relâches sans nécessité, non-seulement il sera tenu de remettre les marchandises au chargeur, mais encore de lui payer tous les dommages et intérêts résultans de cette mutation.

Art. 9. « Si le navire est arrêté pendant sa route, ou au lieu de sa décharge, par le fait du marchand-affréteur; ou si le vaisseau ayant été affrété allant et venant, il est contraint de faire son retour lége, l'intérêt du retardement, et le fret entier, seront dûs au maître. »

1001. Valin observe sur cet article : « Comme le fait du maître ne peut nuire à l'affréteur, ni empêcher l'exécution des clauses et conditions de la charte-partie, sans donner lieu aux dommages et intérêts, de même le fait

de

de l'affréteur ne peut nuire au maître. Ainsi, si, par son fait, le navire est arrêté pendant sa route, ou si, à son arrivée, la charge de ses marchandises est retardée par sa faute, ou parce qu'elles sont saisies par ses créanciers, ou parce qu'elles sont *prohibées*, il doit nécessairement, outre le fret en entier, payer au maître les frais du retardement qu'il lui a causé.

1002. Tout ce que vient de dire Valin est exact, hors *le prohibé*. L'ordonnance de 1687, titre 8, art. 1, porte : « Toutes marchandises de contrebande seront confisquées avec l'équipage qui aura servi à la conduire, même les marchandises qui seront ensemble, et les marchands condamnés à 500 francs d'amende. Dans ce cas les contractans, étant sensés avoir coludé de concert, n'ont point d'action l'un contre l'autre : l'arrêt du 17 juillet 1785, art. 1, maintenoit ces dispositions. La loi ci-après a pris un tempérament moins rigoureux. L'art. 1, du titre 5 de la loi du 22 août 1795, porte : « Toutes marchandises prohibées à l'entrée, que l'on introduira par mer ou par terre dans l'étendue de la France, seront confisquées, ainsi que les bâtimens de mer au-dessous de 50 tonneaux. Les propriétaires desdites marchandises, maîtres de bâtimens, seront solidairement condamnés à l'amende de 500 francs, sauf leur recours contre les marchands-propriétaires, lorsqu'ils auront été induits en erreur par l'énonciation des connoissemens et chartes-parties, et leurs dommages et intérêts.

1003. La loi du 4 germinal an 2, tit. 2, art. 10, porte : « Si des marchandises, dont l'entrée ou la sortie est prohibée, sont importées ou exportées, par mer ou par terre, elles seront confisquées, ainsi que les bâtimens, voitures, et animaux servant au transport. Cette loi ne déroge pas à la précédente.

Art. 10. « Le maître sera aussi tenu des dommages et intérêts de l'afféteur, au dire de gens à ce connoissant, si, par son fait, le vaisseau étoit arrêté ou retardé au lieu de sa décharge, ou pendant sa route. »

1004. Dans l'espèce, l'arrêt ou le retardement procédera de son fait, s'il fait relâche, sans nécessité, ou escale sans y être autorisé, quand bien même il auroit fait relâche ou escale pour prendre des pièces nécessaires pour naviguer avec sûreté, par la raison qui devoit y songer avant que de mettre en mer ; (54) enfin s'il manque à remplir les formalités nécessaires pour décharger avec sûreté.

1005. Dans tous ces cas, les dommages et intérêts de l'affréteur consistent dans la perte qu'il souffre dans le retardement de la vente de ses marchandises, et les avaries qu'elles pourroient avoir reçues ; si la totalité des marchandises venoit à périr, tout événement retomboit sur lui. Le consulat de la mer, ch. 99, 107 et 219, défend aux patrons de toucher dans les ports de la route, à peine de tous dommages et intérêts, s'il n'y a nécessité. Au surplus, ce sera d'après les circonstances, que les dommages et intérêts se régleront.

Art. 11. « Si le maître est contraint de faire radouber son vaisseau pendant le voyage, le chargeur sera tenu d'attendre, ou de payer le fret entier; et en cas que le vaisseau ne puisse être raccommodé, le maître sera obligé d'en louer incessamment un autre; et s'il n'en peut trouver, il sera seulement payé de son fret, à proportion de ce que le voyage sera avancé. »

1006. Dans l'espèce, le radoub à faire au navire ne peut venir que d'une dégradation provenant de quelque cas fortuit ou fortune de mer. Le fret sera payé ici en entier, parce que le voyage a été commencé; conséquemment le chargeur ne peut point jouir du privilége de l'article 6, parce que cet article suppose que le voyage n'est pas commencé. Il faut donc que le chargeur attende le radoub du navire, s'il peut être radoubé promptement. *Art. des jugemens d'Oléron; art. 16, ord. Wisbuy, Kuricke, fol. 754; Casarégis, disc. 22, n°. 53.*

1007. Si pour radouber le navire il faut le décharger, les chargeurs seront tenus de le décharger et de le recharger à leur frais.

1008. Notre article voulant que le maître loue un autre navire incessamment, etc. Valin dit « que cet article ne doit pas être pris à la lettre; c'est, dit-il, une voie qu'il laisse ouverte au capitaine, s'il veut gagner son fret en entier. » La loi, imposant impérativement cette obligation au capitaine, n'offre point une voie dans son intérêt, mais elle l'offre dans celui des chargeurs : néanmoins on ne peut point se dissimuler que cette loi est dure et contraire aux principes; elle est dure, parce qu'elle tend à grever le capitaine; elle est contre les principes, parce que la règle est que la force majeure, ou le cas fortuit, annulle le contrat, s'il n'y a convention contraire. (56)

1009. Aussi les jugemens d'Oléron, art. 4; l'ordonnance de Wisbuy, art. 16, et 37; Kuricke, fol. 795, donnent-ils la faculté au capitaine de louer, ou ne pas louer en pareille circonstance? Valin atteste que, dans l'usage, c'est ainsi qu'on interprète l'article.

1010. En effet, on doit l'interpréter ainsi, d'abord d'après les principes, et ensuite par argument de l'art. 7 du titre des chartes-parties; de l'article 4 du tit. de l'eng. des matelots. Sur cet article Pothier dit : « Cette interdiction de commerce étant un accident de force majeure qui rompt le voyage, le matelot qui n'a pu rendre ses services, ne peut prétendre les loyers. »

1011. Mais si le maître, pour satisfaire à l'ordonnance, loue un autre vaisseau, ce doit être à ses dépens, quoique ce prix excède celui qui reste à gagner par le premier navire. Sentence de Marseille du 30 juillet 1748.

Art. 12. « Si toutefois le marchand prouvoit que, lorsque le vaisseau a fait voile, il étoit incapable de naviguer, le maître perdra son fret, et répondra des dommages et intérêts du marchand.

1012. L'art. 8 du tit. du cap., exhortoit le capitaine, avant que de faire voile, de voir si son navire étoit bien en état. (111) Cet article est donc une conséquence; c'est-à-dire, que si le capitaine n'a point visité exactement son navire, ou que l'ayant visité, il ne se soit point aperçu qu'il n'étoit pas en état de faire le voyage, et que le chargeur puisse lui prouver que le vaisseau étoit incapable de naviguer, il répondra des dommages et intérêts.

1013. Le 19 juillet 1708, il fut ordonné, par un réglement, qu'un vaisseau marchand ne pourroit mettre à la voile sans avoir été visité et trouvé en bon état de navigation; par l'édit de mai 1711, la visite des vaisseaux et bâtimens appartient aux lieutenans de l'amirauté. Le réglement du 12 janvier 1717, tit. 5, veut qu'à l'arrivée des vaisseaux aux Colonies françaises, la visite en soit faite par les officiers de l'amirauté; et que la visite de ceux destinés à retourner en France, soit faite, avant le chargement, par les mêmes officiers, avec le charpentier nommé, et en présence du maître; et celle de leurs agrès et apparaux, en présence d'un ou deux capitaines nommés par les officiers de l'amirauté.

1014. D'après ces réglemens, il sembleroit que les affréteurs ne pourroient point prouver que le navire étoit inavigable avant son départ : cependant, comme ils sont fondés à croire que le capitaine a rempli les formalités voulues, et qu'ils sont censés n'avoir pas connoissance des procès-verbaux de visite, ils doivent être recevables à prouver l'inavigabilité. « D'ailleurs, dit Valin, la visite d'un navire, à son départ, ne porte que sur ses parties extérieures, par ce qu'on ne le *dévègre* pas; au moyen de quoi elle ne peut découvrir les vices intérieurs et cachés; » conséquemment, les chargeurs peuvent être reçus à prouver l'inavigabilité, quoique le navire ait été visité.

1015. La déclaration du 17 août 1779 porte, art. 1.er : « Aucun navire marchand ne pourra prendre charge dans tous les ports de notre dénomination, avant qu'il ait été constaté que ledit navire est en bon état de navigation, suffisamment armé, et muni des pièces de rechange nécessaires eu égard à la qualité du navire et à la longueur du voyage ; à l'effet de quoi, il sera dressé procès-verbal du tout, en présence des deux principaux officiers du navire, l'autre constructeur, et le troisième charpentier du port du départ ; ou, à leur défaut, par trois autres experts, tous lesquels experts seront nommés d'office par les officiers de l'amirauté ; lequel procès-verbal, présenté devant un des officiers de l'amirauté, et affirmé, tant par lesdits officiers du navire, que par les experts, demeurera annexé, comme pièce de bord, au congé ordonné par l'art. 1 du tit. des congés de l'ord. de 1681 ; lequel congé ne pourra être délivré que sur le vu dudit procès-verbal.

Art. 2. » Seront tenus, lesdits officiers du navire et experts nommés par le juge, de travailler, sans délai, à la rédaction dudit procès-verbal ; leur enjoignons d'y procéder avec exactitude et fidélité, sous peine d'interdiction pour deux ans, et même de déchéance totale, si le cas échoit, contre lesdits officiers ; et de 300 fr. d'amende contre chacun des experts, sauf à prendre la voie extraordinaire si le cas le requiert.

Art. 3 » Lorsque le navire sera prêt à recevoir son chargement de retour, il sera procédé à une nouvelle visite dans la même forme et par les personnes du même état que ci-dessus ordonné, lors duquel verbal les officiers du navire seront tenus de représenter le procès-verbal de visite fait dans le lieu du départ, pour être récolé, et à l'effet de constater les avaries qui pourront être survenues pendant le cours du voyage, par fortune de mer, ou par le vice propre dudit navire ; et à l'égard des navires faisant le cabotage, et de ceux qui font la caravane dans l'Archipel et dans les échelles du Levant, les propriétaires, capitaines ou maîtres, ne seront tenus de faire procéder audit second procès-verbal qu'un an et jour après la date du premier. »

1016. L'arrêt du conseil du 2 mars 1782, porte : « Le Roi a ordonné, et ordonne que la déclaration du 17 août 1779 sera exécutée selon sa forme et teneur ; en conséquence, fait défense expresse aux officiers des amirautés de nommer, sous quelque prétexte que ce puisse être, pour la visite des bâtimens en mer, d'autres experts que les gens de la profession et de l'état prescrit par ladite déclaration ; leur défend pareillement d'en nommer de perpétuels, et qui fassent, directement ou indirectement, le commerce des marchandises nécessaires à la construction, gréement, radoubs, équipement et avituaillement du bâtiment, ou qui seroient associés avec d'autres fournisseurs; ordonne, en outre, que le constructeur et le charpentier qui auroient travaillés à la construction ou radoub d'un bâtiment, ne pourroient être nommés pour en faire la visite et en constater l'état.

1017. La loi du 13 août 1791, porte, tit. 2, art 1, § 3 : « Les congés ne seront délivrés que sur la présentation des actes de propriétés, des billets de jauge, *par des procès-verbaux de visites de navires*, etc. Tit. 3, art. 1, § 3. Les visites des navires seront faites par des anciens navigateurs, et les certificats de jaugeage seront délivrés par des jaugeurs nommés à cet effet. Par le nombre des officiers de port, et de ceux *préposés aux visites*, sera réglé sur la demande des villes et sur l'avis du disctrict, par les départemens. Art. 6. Les Juges de commerce, dans les villes où il s'en trouvera, et dans les autres les officiers muicipaux, nommeront les navigateurs pour la visite des navires. Art. 8. Les officiers préposés pour les visites ne seront nommés que pour un an; ils pourront être réélus. Art. 18. Ils prêteront serment de fonctionnaires publics entre les mains du maire du lieu de leur résidence. Art. 11. Nul ne pourra être élu......... officier de visite, s'il n'a trente ans accomplis, et n'a le brevet d'enseigne dans la marine française. Art. 12. Lorsqu'un capitaine ou armateur voudra mettre un navire en armement, il sera tenu d'appeler deux officiers-visiteurs, qui, après avoir reconnu l'état du navire, donneront leur certificat de visite, en y exprimant brièvement les travaux dont le navire leur aura paru avoir besoin pour être en état de prendre la mer. Art. 13. Lorsque l'armement sera fini, et que le navire sera prêt à prendre charge, il sera requis une seconde visite; le certificat de la première sera représenté, et le certificat devra exprimer le bon ou mauvais état dans lequel se trouve alors le navire. Art. 14. Ne seront assujettis à ces formalités que les navires destinés aux voyages de long cours; et, au moyen de ces dispositions, toutes autres visites ordonnées par les précédentes lois, sont supprimées.

Art. 13. » Le maître sera payé du fret des marchandises qui auront été jetées à la mer pour le salut commun, à la charge de la contribution. »

1018. Le maître ne reçoit le fret qu'à la charge de la contribution pour ce même fret, mais il ne contribue que jusqu'à la moitié du fret et de la moitié de la valeur du navire : cette contribution diffère de celle du rachat, en ce que, dans cette dernière, le navire et le fret entrent pour le tout. Art. 20 ci-après.

1019. Y a-t-il lieu à la répartition et contribution des effets jetés et recouvrés dans la suite, parce que le navire aura péri depuis le jet, aux termes des articles 18 et 20 du tit. du jet? « L'ordonnance, dit Valin, n'en parle point ; mais je n'en doute nullement. L'art. 18 ci-après, qui refuse le fret des marchandises perdues par naufrage ou échouement, pillées par les pirates, ou prises par les ennemis, ne sont pas applicables à l'espèce dont il s'agit, où les effets jetés sont supposés recouvrés ; mais par argument des articles 19 et 21, je crois que le fret ne sera dû que jusqu'au jour du jet, puisque le navire n'a eu aucune part à leur recouvrement ; et que, par lesdits art. 20 et 21, le maître ne peut prétendre le fret entier, qu'autant qu'il aura conduit les effets rachetés ou sauvés du naufrage, au lieu de leur destination. » Pothier opine dans le même sens, n.° 113, fondé sur ce que le navire n'avoit pas contribué à conserver les effets sauvés.

1020. La décision de Valin et de Pothier me paroît exacte avant eux, Loccenius, *lib.* 2, *cap.* 8, *n.*° 18, avoit dit : « Si les effets jetés sont recouvrés, ils appartiennent à leur maître, et ne contribuent point aux effets perdus. »

Art. 14. » Le fret sera pareillement dû pour les marchandises que le maître aura été contraint de vendre pour vituailles, radoub et autres nécessités pressantes, en tenant, par lui, compte de leur valeur, au prix que le reste sera vendu au lieu de leur décharge. »

1021. Ceci est conforme à l'art. 22 du Jugement d'Oléron ; et aux art. 35 et 69 de l'ord. de Wisbuy ; et à l'art. des assurances d'Anvers, lesquelles supposent, ainsi que l'ord., que le vaisseau sera arrivé à bon port. Mais s'il vient, dans la suite, à périr, le maître sera-t-il tenu de payer au marchand la valeur de ses marchandises vendues, sans pouvoir prétendre au fret, ou bien le contraire aura-t-il lieu ?

1022. Sur ces deux questions, l'ord. de Wisbuy, art. 68, décide pour l'affirmative. Valin veut que le fret soit payé au capitaine ; mais il veut aussi que le maître paye au propriétaire la valeur de la marchandise, fondé sur ce que, par la vente qu'il a faite, il a contribué à faire continuer la route au navire. Pothier, contre l'avis de quelques-uns de ces observateurs, se range de l'avis de Valin, fondé sur ce que c'est une espèce de *prêt forcé* que le propriétaire a fait au maître, de sa marchandise ; « de ce prêt, dit-il, naît une obligation que le maître contracte, en vers lui, de lui rendre la somme prêtée. »

1023. Suivant moi, je ne vois, dans ce que disent l'ord. de Wisbuy, Valin et Pothier, que des assertions subtiles, captieuses, plutôt que vraies ;

d'abord, 1.° je nie que la vente des marchandises qui a été faite, ait contribué à faire faire la route au navire, par la raison qu'elles peuvent avoir été vendues par anticipation au besoin; 2.° je nie que la vente ait été faite pour un prêt forcé, parce qu'il est de l'essence du prêt *mutuum* qu'il soit consensuel; or, dans ce cas, ne l'étant pas, donc, etc. D'après ces considérations, je conclus en disant, comme les marchandises se seroient perdues si elles n'avoient poient été vendues; que le maître est déjà assez grevé par la perte de son vaisseau; qu'il est essentiel, dans toutes les carrières que fournissent les hommes dans leur intérêt respectif, d'y maintenir une égalité de chose réciproque; que, dans l'espèce, le capitaine n'est point tenu de rembourser ce qu'il aura reçu du propriétaire du navire : encore une fois, il est assez grevé par la perte de son vaisseau, sans le grever davantage, en exigeant le remboursement d'une somme qu'il a employée au besoin commun. Au surplus, Valin désire que le remboursement soit fait au prix que les marchandises ont été vendues, en observant que le propriétaire doit s'estimer trop heureux de pouvoir répéter le prix de la vente, sans laquelle il auroit tout perdu : au surplus, supposons que toutes ces décisions soient conformes aux règles, je dirois, avec Valin, tom. 1, fol. 658.

1024. L'équité, qui est l'ame des lois maritimes, ne pouvant s'assortir avec la rigueur de la règle, il faut prendre un tempérament capable de concilier les propriétaires du navire avec ceux des marchands-chargeurs, » à quoi on peut ajouter, *et vice versâ*.

1025. Valin, sur l'art. 8, trouve répugnant que le fret soit payé pour les marchandises pillées, fondé sur ce que celui qui a été pillé, a déjà assez perdu : puisqu'il entend que la capitaine rembourse l'argent qu'il a reçu, vu qu'il l'a aidé à faire route jusqu'au lieu où il a péri; par la même raison il devroit exiger que le fret de la marchandise fût payé au capitaine, jusqu'à l'endroit où elle a été pillée, fondé sur ce qu'il n'y a rien de sa faute, et qu'il est de principe que le cas fortuit retombe sur le propriétaire. (62)

Art. 15. « S'il arrive interdiction de commerce avec le pays pour lequel le vaisseau est en route, et qu'il soit obligé de revenir avec son chargement, il ne sera dû au maître que le fret de l'aller, quand même le navire auroit été frété allant et venant. »

1026. Dans ce cas, si le vaisseau n'a été affrété que pour l'aller seulement, le fret n'en sera pas moins dû.

Art. 16. « Si le vaisseau est arrêté, par ordre souverain, dans le cours de son voyage, il ne sera dû ni fret pour le temps de sa détention, s'il est affrété au mois, ni augmentation de fret, s'il est loué au voyage; mais la nourriture et les loyers des matelots, pendant le temps de la détention, seront réputés avaries. »

1027. Les Princes, les Souverains, les Républiques, arrêtent les vaisseaux de leurs alliés, ou amis, dans trois circonstances; 1.° en temps de guerre: en ce cas, l'*arrêt* prend la dénomination d'*angarie ;* 2.° en temps de paix: alors on appelle cette détention, *arrêt de Prince.* Dans ces deux cas, comme les vaisseaux sont arrêtés pour le besoin de l'État, ils reçoivent des indemnités équivalentes à tout ce qu'ils auroient pu gagner s'ils avoient été libres. Les Princes arrêtent encore, de leur autorité, les vaisseaux des nations avec lesquelles ils sont en différend, après une déclaration de guerre, pour les saisir, s'il y a lieu : dans ce cas, le vaisseau arrêté est présumé *saisi*, et conséquemment ne reçoit pas d'indemnité s'il vient à être relâché; 3.° en temps de paix ou de guerre, alors la détention se nomme *embargo.* Dans ce cas, les vaisseaux arrêtés ne reçoivent point d'indemnité, parce qu'ils ne sont point détenus pour le service de l'État; mais par certaines précautions.

1028. Le mot *embargo* est un mot espagnol, qui signifie *séquestre ou saisie.* L'embargo est pris pour une défense générale, ou particulière, *de sortir d'un port.*

1029. D'après ces observations, on doit voir que l'*arrêt* dont parle l'ordonnance, est celui qui résulte de la saisie provisoire du bâtiment, et non du véritable *arrêt de Prince* ni de l'*embargo*, puisque l'embargo suppose le vaisseau *arrêté dans le port*, et que notre article le suppose *arrêté en la mer :* néanmoins ces deux circonstances donnant les mêmes résultats, se régissent également par la même loi, et conséquemment par notre article; ce qui se concilie avec l'art. 8 du tit. des ch.-parties, et non avec l'*arrêt de Prince* proprement dit. La conséquence de ce qui vient d'être avancé, est donc que notre article n'est point applicable au véritable arrêt de Prince. Valin ni Pothier, n'ayant pas fait cette distinction, laissent à croire que dans le cas d'un véritable arrêt de Prince, notre article étoit applicable : cette erreur seroit, sans doute, absolument contraire à son esprit.

Art. 17. « En cas que le dénommé au connoissement refuse de recevoir les marchandises, le maître pourra, par autorité de justice, en faire vendre pour le paiement de son fret, et déposer le reste dans un magasin. »

1030. Dans l'hypothèse, si le connoissement est à l'ordre du porteur avant

que

que de délivrer la marchandise, il doit s'assurer si c'est réellement la personne à qui il doit la délivrer, sans cela le capitaine se mettroit dans le cas de payer la marchandise, après l'avoir livrée à une personne qui auroit extorqué le connoissement. Je le pense ainsi, en argumentant d'après Scacchia, qui décide « que celui qui a payé une lettre-de-change à une personne qui l'avoit extorquée, n'avoit pas recours sur le tireur pour son remboursement; fondé, comme il s'en explique, sur ce que l'objet du mandat étoit de payer la lettre au propriétaire, et non au voleur. » Par parité de raison, ne peut-on pas dire que l'objet du connoissement étoit de livrer la marchandise au propriétaire, et non au voleur? Ce qui est d'autant plus vrai, que l'ordre d'un connoissement, d'un billet, ou lettre-de-change, est un mandat: *Vous remettrez telle chose au citoyen un tel, ou à son ordre : vous payerez à l'ordre.* Toutes ces manières impératives de parler, établissent un mandat ou mandement. Autre chose seroit si le connoissement étoit au porteur, parce que, dans ce cas, celui qui auroit reçu la propriété est censé ne vouloir pas être connu.

Art. 18. « Il n'est dû aucun fret des marchandises perdues par naufrage ou échouement, pillées par les pirates, ou prises par les ennemis; et sera tenu le maître, en ce cas, de retirer ce qui lui aura été avancé, s'il n'y a convention contraire. »

1031. Cet article est applicable à l'affrétement du navire en plein, au tonneau, ou au quintal : dans l'un de ces cas, la déduction du fret doit être faite suivant la quantité des marchandises pillées ou naufragées. Sentence de l'Amirauté de Marseille, du 30 juillet 1748. Mais les marchandises sauvées du naufrage ou échouement, doivent le fret en entier, si le maître les conduit au lieu de leur destination dans son navire, ou dans un autre; et à proportion du voyage avancé, s'il ne les y conduit pas, et qu'il les livre au lieu du naufrage.

1032. Si le passager meurt dans la route, son droit de passage n'en seroit pas moins dû pour le tout. *Hypmanus ad jus maritimum, part. 4, cap. 10, n°. 45, et seq. fol. 508*; Straccha, *de navibus, part. 3, n.° 17, et seq.* Mais le droit de passage d'une femm[illegible] enceinte n'augmente pas à raison de l'enfant dont elle est accouchée. Les mêmes auteurs, Kuricke, *fol. 757*; et Locunius, *fol. 275*; Clairac, *pag. 45*; Julius Fertus, *fol. 10.*

Art. 19. « Si le navire et les marchandises sont rachetées, le maître sera payé de son fret jusqu'au lieu de la prise, même de son fret entier, s'il le conduit au lieu de sa destination, en contribuant au rachat. »

1033. Après que le vaisseau a été racheté, il faut qu'il continue sa route, si du moins il est en état de naviguer, sans quoi le maître seroit tenu des dommages et intérêts envers les chargeurs, auquel cas il n'a aucune espèce de fret à prétendre.

1034. Mais si, par le combat, ou tout autre fortune de mer, le navire a été mis dans un état d'inavigabilité, qu'il relâche, et qu'il fasse sa décharge dans un autre port, le fret qui d'abord lui est dû depuis le lieu de son départ jusqu'à celui de la prise, celui du lieu de la prise au lieu de la décharge, lui sera-t-il payé ? Si on doit s'en tenir à l'expression de l'ordonnance, qui dit si le vaisseau et les marchandises sont conduits au lieu de leur destination, on répondra négativement; mais si on considère la justice, on sentira que ces marchandises devront le fret jusqu'au lieu de la décharge. C'est l'opinion de Valin et celle de Pothier, qui s'étayent de l'article précédent, 21 et 22 suivans. En général, disent-ils, l'affréteur n'est entièrement déchargé du fret que pour les marchandises prises ou péries.

1035. Pour la marchandise donnée, par composition, aux pirates, le fret sera-t-il payé en entier ? Avec Valin, je répondrois assez affirmativement; mais si le navire a remis à la voile après avoir recouvré sa liberté; que ne pouvant aller plus loin, parce qu'il a été dégradé dans le combat, qu'il fasse relâche et vende sa cargaison : comme les marchandises données aux pirates entrent en contribution, sur quel pied seront-elles évaluées ? Sera-ce au cours du lieu de la relâche, ou à celui de leur destination ?

1036. En argumentant d'après l'art. 20 suivant, et 6 du tit. du jet, on les évaluera au cours du lieu de la relâche. La raison, est que si elles eussent été sauvées en en donnant d'autres à leur place, c'est là où elles auroient été vendues.

Art. 20. « La contribution, pour le rachat, se fera sur le prix courant des marchandises au lieu de leur décharge, déduction faite des frais; et sur le total du navire et du fret, déduction faite des victuailles consommées, et des avances faites aux matelots, lesquels contribueront aussi à la décharge du fret, à proportion de ce qui leur restera dû de leurs loyers. »

1037. La contribution dont il est ici question, est différente de celle qui concerne le jet des marchandises, ou effets des navires pour le salut commun.

CONTRIBUTIONS CONFORMES.

1038. La contribution du rachat et du jet sont conformes, 1.° dans l'estimation des marchandises, ce qui s'entend de celles qui ont été données pour le rachat, de celles jetées et des restantes, laquelle se fait au prix courant qu'elles valent au lieu de la décharge du navire. *Voyez* art. 6, tit. du jet.

2.° Dans la soustration des frais de décharge des marchandises existantes, et du prix du fret.

CONTRIBUTION.	
DANS LE CAS DU RACHAT.	DANS LE CAS DU JET.
1° Le navire et le fret contribuent pour le total, déduction faite des victuailles consommées, *et avances faites aux matelots sur leurs loyers;* mais ils contribuent sur ce qui peut leur être dû, pour le surplus, à la décharge du fret ; 2.° Les matelots entrent dans les avaries, parce que le rachat n'est pas leur ouvrage, et qui leur a sauvé la liberté.	1.° Le navire et le fret ne contribuent que pour moitié. Les matelots n'entrent pas du tout dans la contribution, art. 11 tit. du jet ; 2.° Les matelots n'entrent point en aucune avaries, art. 20 des loyers des matelots. Ce que le jet est leur ouvrage, et que, par leur secours, ce qui a resté a été sauvé.

1039. Si les matelots ne contribuent, sur les avances qu'ils ont reçues sur leur loyer, suivant ce qu'il est dit au premier paragr. *du rachat*, ce que leurs hardes ne contribuent jamais, et qu'ils sont toujours présumés avoir employé leurs avances à l'achat de la majeure partie de leurs hardes.

1040. Dans le cas du rachat, les matelots contribuent pour ce qui leur reste dû à la décharge du fret, si le vaisseau vaut, je suppose, 50,000 fr., le fret 10,000 fr., et qu'ils leur soient dû 3,000 fr., ils contribuent à proportion.

Art. 21. « Le maître sera aussi payé du fret des marchandises sauvées du naufrage, en les conduisant au lieu de leur destination. »

1041. Les marchandises naufragées et sauvées sont, à l'égard du fret, tout comme si elles n'avoient point essuyé de naufrage. Ainsi le maître doit être payé de son fret en entier, en les conduisant au lieu de leur destination. Art. 16 de l'ordon. de Wisbuy.

1042. Cependant si les effets étoient avariés de manière qu'ils ne pussent être rembarqués sans y avoir remédié, le maître seroit tenu d'attendre qu'ils fussent mis en état d'être embarqués, ou de se contenter du fret à proportion du voyage avancé. *Valin.*

1043. On doit voir qu'il est ici question d'un naufrage simple, lequel suppose que le vaisseau peut être réparé et être mis en état de continuer son voyage; mais si le naufrage étoit absolu, le maître pourroit charger la cargaison sur un autre navire.

Art. 22. » S'il ne peut trouver de vaisseau pour conduire les marchandises sauvées, il sera payé du fret à proportion seulement du voyage avancé. Voyez ci-dessus l'art. 11.

Art. 23. » Le maître ne pourra retenir la marchandise dans son vaisseau, faute de paiement de son fret; mais il pourra, dans le temps de la décharge, s'opposer au transport, ou la faire saisir, même dans les alléges ou gabarres. »

1044. Cet article est conforme à l'art. 13 de l'ordonnance de Philippe II; et d'après le consulat, chap. 83, il peut retenir une quantité de marchandises jusqu'au quadruple du fret : cette rétention, dit Clairac, est de droit, l'ord. de 1415, art. 8 et suiv. y est expresse.

1045. Valin, qui ne laisse échapper aucune occasion de ridiculiser Merville, dit, sur cet article : « La raison pour laquelle il n'est pas permis au maître de retenir la marchandise dans le vaisseau, faute de paiement du fret, n'est pas celle *que donne le commentateur;* savoir, que ce seroit une voie de fait qui est très-défendue par les lois, puisque cet article, en même temps qu'il défend au maître de retenir les marchandises dans son navire, pour sûreté du paiement de son fret, l'autorise, dans le temps de la décharge, à s'opposer à leur transport, ce qui suppose naturellement une voie de fait, tout de même.

1046. Mais le motif de la défense, est qu'il seroit absurde que le maître se fît payer de son fret avant d'avoir exhibé les marchandises; ..... il se pourroit que le maître, après avoir reçu son fret, ne délivrât pas les marchandises, ou qu'elles fussent avariées par sa faute; quoi qu'il en soit, dit-il, il en est différemment dans la pratique. »

1047. Régulièrement, le paiement doit être fait au lieu où est la chose, sauf convention contraire. *Pothier.* Il est de règle que le marchand n'est pas recevable contre le voiturier, pour dommages arrivés à la marchandise, après l'avoir reçue sans protestation; et Pothier dit, n.° 38, cont. marit. « Si celui à qui les marchandises ont été adressées, les a reçues sans se plaindre de l'état où elles étoient, on ne peut plus alléguer qu'elles sont endommagées.» Tout ceci prouve que le chargeur doit payer en prenant livraison.

1048. *Question.* Est-il plus possible que le maître retienne la marchandise après avoir reçu son fret, que le chargeur ne retienne le fret après avoir reçu la marchandise? ou bien, dans l'espèce, quel est celui qui court le plus de risque, est-ce le maître ou le propriétaire de la marchandise?

1049. *Réponse. Le maître.* En effet, si le propriétaire emporte la marchandise avant que d'en avoir payé le frêt; s'il ne paye pas le capitaine au terme de l'article 34, perd sa préférence ou son espèce d'hypothèque, sur la marchandise, quand elle a passé dans les mains d'un tiers; mais au contraire, au terme de l'art. 11 du tit. des ch.-part., le navire, ses agrès et apparaux sont affectés à la marchandise, donc, etc.

1050. Valin a raison de dire qu'il seroit absurde de vouloir que le maître se fît payer de son fret, avant qu'il ait exhibé la marchandise; mais autre chose est d'exhiber la marchandise, et autre chose est de la livrer. Conséquemment, il ne seroit pas moins absurde de vouloir que le capitaine livrât la marchandise sans en recevoir le loyer, qu'il seroit absurde d'exiger que le fret fût payé, sans que la marchandise fût exhibée. Disons donc que le capitaine doit représenter la marchandise, et le chargeur en payer le fret en prenant livraison; et que, pour que le capitaine n'éprouve pas de retard préjudiciable en retenant la marchandise, il faut qu'il fasse signifier au propriétaire qu'il la fasse enlever en lui payant le fret.

1051. Une marchandise est adressée à une personne dont la solvabilité est des plus douteuse, dont le nom même n'est pas connu sur la place; si l'opinion de Valin prévaloit, il s'ensuivroit de-là que les marchandises étant délivrées à un pareil *quidam*, il ne payeroit point de fret, devroit-il, pour l'éluder, en faire le transport simulé à un tiers; conséquemment, le paiement du fret s'évanouiroit avec le gage qu'il affectoit. Je sais bien que l'usage est, chez les négocians bien famés, de leur délivrer la marchandise, et d'en aller chercher le paiement du frêt après; mais c'est ici une affaire d'honnêteté provoquée par la confiance; mais où le motif n'existe pas, la conséquence doit disparoître : je ne conseillerois donc pas à un capitaine de suivre l'avis du commentateur, sur-tout envers certains négocians du jour, ils pourroient fort bien s'en repentir. Mais un capitaine qui tireroit à rigueur envers un négociant honnête, auroit très-mauvaise grace de lui refuser ses marchandises, sous prétexte qu'il n'en paye pas le fret en prenant livraison.

Art. 24. « Le maître sera préféré, pour son fret, sur les marchandises de son chargement, tant qu'elles seront dans le vaisseau, sur des bagarres ou sur le quai, et même pendant quinzaine, pourvu qu'elles n'aient point passées entre les mains d'un tiers. » (1051)

» Le privilége du fret est préférable à tout autre, même à celui du vendeur à terme; ou sans terme, et au droit, dit Valin, qu'a le propriétaire de suivre par-tout la chose qui lui a été volée; c'est-à-dire, que nul ne pourra réclamer les marchandises sujettes au fret, qu'à la charge de le payer, à l'exemple du propriétaire de maison, dont le privilége pour ses loyers, sur les meubles qui ont occupé sa maison, ne souffre aucune exception, préférence ni concurrence. »

1052. D'abord je n'admets pas la comparaison de Valin, vu que le rapprochement qu'il fait n'est pas sympathique. En effet, le propriétaire de maison n'est que locateur; le capitaine de vaisseau est locateur, mandataire et dépositaire; l'un loue sa chose seulement; et l'autre loue sa chose et ses services. Sous ces deux derniers rapports, il est à même de vérifier les choses, de s'assurer si celui qui les lui remet en est le vrai propriétaire; ce que le maître de maison ne peut pas faire, puisque rien ne lui est remis entre les mains; enfin, l'un n'a aucune connoissance des effets qu'on introduit dans sa maison, l'autre a une connoissance entière de ce qui entre dans son navire.

1053. Dans le louage de maison, la maison est louée pour un usage déterminé dans le genre, mais indéterminé dans l'espèce; dans le louage de navire, le navire est loué pour un usage dont le genre et l'espèce sont déterminés: l'un ne peut vérifier la propriété; et l'autre peut en faire la vérification. Affecter l'universalité des choses trouvées dans l'objet loué, sans que l'espèce en soit connue, (chose de laquelle je doute) c'est une faveur accordée aux locateurs, vu son ignorance autorisée, mais affecter une chose trouvée dans l'objet loué, dont l'espèce étoit connue, et dont on pouvoit soupçonner la propriété apparente, ce ne seroit plus une faveur, mais une licence qui encourageroit à prendre, sans choix, de toute main.

1054. Pothier dit, sur le nantissement, parag. 27 : « Il est évident que si le débiteur n'a aucun droit dans les choses qu'il donne en nantissement, il ne peut pas, en les donnant en nantissement, transférer aucun droit de gage dans ces choses....., suivant cet axiome, *nemo potest plus juris in alium transferre quàm ipse haberet ; l. 54. ff, de reg. jur.* Le créancier qui les a reçues en nantissement, sera donc sujet à en être évincé par le propriétaire de ces choses, qui n'a pas consenti au nantissement. » Or, ici la marchandise étant en nantissement, par rapport au fret, donc le créancier y a des droits, si elles lui ont été volées, et ce, sans payer de fret.

1055. Le décider différemment, ce seroit décider que le garçon de boutique, le balayeur de magasin pourront enlever les marchandises de leur maître, les embarquer sur un navire qui sera en peine de completter sa cargaison, et que le capitaine pourra les recevoir sans craindre même de perdre son fret. Je ne crois point que l'opinion du commantateur puisse se concilier avec la sagesse de nos lois.

1056. Valin, en parlant de ses opinions, fait ensuite cette question: Si, avant le départ du navire, celui à qui elle a été volée, la retire; ou bien, s'il la retire pendant le voyage. Dans le premier cas, conformément à l'art. 6, devra-t-il en payer la moitié du fret? et, dans le second cas, conformément, à l'art. 8, la totalité, sauf recours? il conclut, après avoir cité la note 5 de l'art. 19 du jug. d'Oléron, qu'il prétend rentrer dans son espèce, qu'il ne sera rien dû par le vrai propriétaire; fondé, dit-il, sur ce qu'il n'a pas encore gagné aucune partie du fret.

1057. Voilà où une fausse logique conduit Valin. Ne pourroit-on pas lui observer pourquoi l'art. 6 veut-il que le propriétaire paye la moitié du fret? sans doute que le législateur, par rapport à la chose chargée, a cru qu'il l'avoit gagné, le propriétaire à part, en ne considérant que la chose; dans l'une et l'autre hypothèse, le fret est donc gagné? C'est la seule réponse que l'on puisse donner à ces argumens.

1058. Voyons actuellement s'il est plus heureux dans la citation du guidon, qu'il croit propre à étayer ses opinions; j'ouvre le guidon, et j'y lis dans Clairac, fol. 81 :

« Il arrive souvent que les *affronteurs*, feignant d'être bons marchans de vins, achètent des vins sans payer, et les font charger ; les proprétaires se reconnoissant *surpris*, recourent, et arrêtent le navire, avant son départ; le maître, quoiqu'*innocent, n'a pas droit de demander, ou se faire payer au propriétaire, qui ne l'a pas employé, récompense pour son retardement, ou pour le labeur de son équipage*, n'y prétendre, à ce sujet, que le vin, chargé dans *son bord*, *soit son gage*. »

1059. D'abord il n'est pas question ici de *voleur*, il est question d'*affronteur*; un voleur prive *furtivement* le propriétaire et l'autre le prive par insinuation; le premier n'acquiert pas, dans tous les cas, mais celui-ci peut, dans certaines circonstances, acquérir. Conséquemment le propriétaire doit bien plus être fondé à réclamer sa chose, lorsqu'il a été affronté, que lorsqu'il a été volé. Or, si le guidon veut que la chose affrontée soit restituée au vendeur, sans frais, qu'exigeroit-il donc, si elle avoit été volée? Sans doute des poursuites judiciaires contre le capitaine, pour avoir été imprudent. Concluons donc, et disons que le propriétaire pourra retenir sa marchandise, sans payer de fret, et que le capitaine devra s'estimer trop heureux s'il en est quitte pour cela.

1060. La loi du 4 germinal an 4, tit. 6. art. 4, porte : « La République est préférée à tous créanciers, pour droits de confiscation, amende, restitution avec contrainte par corps.

Art. 25. « *Ne pourront les marchands obliger le maître de prendre, pour son fret, les marchandises diminuées de prix, gâtées ou empirées par leur vice propre, ou par cas fortuit.* »

1061. D'après cet article, Valin désire voir rendre une loi qui permette au chargeur d'*abandonner sa marchandise, pour payer le fret*; c'est-à-dire, en argumentant, d'après ce qu'il dit préalablement, que le fret étant très-haut en temps de guerre, les marchandises baissant en temps de paix, qu'il soit libre au chargeur, dans ce cas, d'abandonner la marchandise, pour le paiement du voiturage. Comme il n'y a pas plus de raison pour favoriser l'affréteur que le fréteur, en suivant les règles de la justice, il auroit dû désirer que la même loi portât que celui qui auroit ses magasins pleins de denrées coloniales, à la paix, les doublant de prix, en temps de guerre, qu'il donnât aux fréteurs tous ses bénéfices; dans ce cas, l'un et l'autre seroient également favorisés; ou bien, si on étoit disposé à favoriser seulement l'affréteur, il faudroit réduire, dans les mêmes proportions, les assurances du navire; réduire ensuite les pertes qu'auroient essuyées les assureurs, etc., etc. Mais le commerce du fret, comme celui des marchandises, étant sujet à des vicissitudes, aux alternatives du gain et de la perte, ne devant avoir d'autres régulateurs que la concurrence, sauf le cas où le monopole s'en mêleroit. Tampis pour celui à qui le sort est contraire.

1062. La loi du 28 nivôse an 3, porte : « que tout Tribunal de commerce, saisi d'une contestation en augmentation de fret, est autorisé, toutes les fois qu'il ne se trouvera pas éclairé, à nommer d'office cinq ou sept commerçans, les plus expérimentés du port, dans les expéditions maritimes, pour faire arbitrer définitivement et sans appel, ni recours quelconque, le point litigieux. »

Art

Art. 26. » Si toutefois les marchandises mises en futailles, comme vin, huile, miel et autres liqueurs, ont tellement coulé, que les futailles soient vides ou presque vides, les marchands-chargeurs la pourront abandonner pour le fret. »

1063. Il est donc évident, dit Valin, que ce coulage de liqueurs est supposé procéder d'une cause étrangère au maître et aux gens de l'équipage; et en se référant à l'article qui précède celui-ci, il dit : « C'est aussi ce qui a fait dire sur l'article précédent, que l'on ne concevoit pas pourquoi l'abandon étoit permis par le présent article, et qu'il étoit rejeté dans l'autre. Avant d'entrer dans tous ces détails, il cite le guidon, chap. 7, art. 11. Clairac, pag. 285, en observant que notre article paroît avoir été tiré de celui-ci. »

1064. Si l'art. 25 veut que la chose gâtée par son propre vice, ou par cas fortuit, puisse être abandonnée pour le fret; et que celui-ci veuille qu'elle soit abandonnée pour coulage : en voici, je crois, la raison. Le capitaine ne peut nullement empêcher qu'une chose ne périsse ou se gâte par son propre vice, aussi est-il payé de son fret dans ce cas; mais il est censé pouvoir éviter qu'une marchandise coule, d'autant plus qu'elle est présumée être bien conditionnée, chose de laquelle il ne peut s'empêcher de convenir, puisqu'il le déclare dans son connoissement. Dans le cas du coulage, on doit donc l'attribuer au mauvais arrumage qu'il étoit obligé de surveiller, et sur lequel il n'a point porté toute la vigilance qu'il devoit y apporter; car pourquoi une barrique coule-t-elle plutôt qu'une autre? c'est de deux choses l'une, ou c'est parce qu'elle est plus mal conditionnée, ou plus mal arrumée. Il ne peut pas faire la première allégation; mais on peut lui faire la seconde: dans ce cas, si on ne lui présente pas un fait qu'on puisse prouver, au moins lui présente-t-on des présomptions auxquelles il ne peut guère répliquer : cependant, comme on ne peut pas décidément le lui prouver, on le tient quitte, en lui abandonnant le reste de la chose qui a coulé, pour son fret.

1065. La décision que donne le consulat, chap. 234, se rapporte fort bien à ce que je viens de dire. « S'il s'agit, dit-il, d'un chargement de poterie, *le fret ne sera dû* que de ce qui s'en trouvera entier, sauf à faire supporter au maître les dommages et intérêts, si c'est par sa faute que les vases ont été brisés ou rompus; » c'est comme si le consulat disoit : « En cas qu'il y ait des vases rompus, sans qu'il y ait preuve qu'ils l'ont été par la faute du maître, comme on ne peut que présumer sa faute, le maître en sera quitte pour perdre son fret; mais lorsqu'il y aura preuve qu'ils se sont brisés par sa faute, il sera tenu des dommages et intérêts. « Cependant le consulat, chap. 202, veut que le capitaine soit payé de son fret, quoique les marchandises ayent coulé. Il semble qu'il y ait ici une contrariété : quant à moi je n'en trouve pas.

1066. D'abord je n'ai point trouvé nulle part, dans ce recueil de loi, si le maître déclaroit, dans le connoissement, que la marchandise étoit *bien conditionnée*. Il pouvoit être, que lorsqu'il étoit impossible de prouver que la chose contenue avoit coulé par la faute du maître, on présumât que cet accident étoit survenu par la mauvaise confection de la chose contenante; sous ce rapport la loi étoit parfaitement juste. Lorsqu'on veut approuver ou improuver une institution, il faut se reporter au temps qu'elle a parue, et voir si elle cadroit avec les mœurs et les usages. Valin est aussi tout étonné de ce que cet article ne fait subsister le privilége sur marchandise que pour quinzaine, etc.; mais autre chose est, comme il le dit lui-même sur l'art. 2, l'action en demande de paiement : le privilége n'est que de quinze jours, mais la demande en paiement peut être exercée pendant un an.

Art. 27. « Faisons défenses à tous courtiers et autres, de sous-fréter les navires à plus haut prix que celui porté par le premier contrat, à peine de cent livres d'amende, et de plus grande punition s'il échoit. »

1067. Cet article a été fait, premièrement pour éviter le monopole et l'empêcher à toute espèce de personnes; secondement pour empêcher que les courtiers n'affrétassent des navires pour les fréter ensuite à plus haut prix : comme monopoleurs, ils seroient répréhensibles; comme courtiers, ils ne le seroient pas moins, puisque les lois, notamment l'article 13 du titre des courtiers, leur défend de faire le commerce.

Art. 28. « Pourra néanmoins, l'affréteur, prendre, à son profit, le fret de quelques marchandises pour achever la charge du navire qu'il aura entièment affrété. »

1068. Non-seulement l'affréteur pourra prendre quelque marchandise à fret, mais encore il pourra donner à loyer le navire en entier, pourvu que ce soit au prix qu'il l'a pris lui-même.

1069. Quoique le fret ne se paye ordinairement qu'au lieu du déchargement, il arrive cependant que quelquefois, par conventions expresses, il se paye ou d'avance, ou partie d'avance (965) ; et ce paiement est censé prêt (965) jusqu'au moment de la décharge, s'il a été convenu que partie du fret seroit payée d'avance, un des chargeurs doit faire le compte pour faire la répartition du paiement au prorata.

1070. Pour donner une idée de ces sortes de compte, je vais présenter celui d'un chargement fait en cueillette, sur un vaisseau américain, dont partie du fret a été payée d'avance, et l'autre partie au lieu du chargement; et pour le rendre plus intelligible, je vais expliquer toutes les particularités qui le composent.

1071. Ce compte est divisé en deux parties; la première comprend tout ce qui est relatif au fret total; la seconde comprend tout ce qui est relatif à la contribution du paiement à faire d'avance.

1.° Les 181 ½ tonneaux, à 240 ₶, chapeau convenu à 10 p % 24 } 264 ₶ argent colonie. Prix du tonneau. Argent des colon. 47960 ₶, la gourde évaluée, par convention, à 8 ₶ 5 s, argent des colonies, donne 32 gourdes; la gourde revenant, argent de France, à 5 ₶ 10 s. Total, argent de France, 176 ₶, ou 173 fr. 82 cent. (34) Par autre convention, la gourde a été évaluée, en liv. sterl., à 4 s 5 d sterl., les 32 gourdes ressortent donc à 7 ₶ 1 s 4 d sterl.; ce qui fait le prix du tonneau;

2.° Lesdits 181 ½ tonneaux, à 7 ₶ 1 s 4 d sterl., ressortent donc à 1283 ₶ 15 s 6 d ½ deniers sterl.; argent d'Amérique, à 47960 ₶; argent d'Amérique, à une légère erreur près, ce qui donnera, en livres tournois, 32173 ₶ 6 s 8 d tournois, ou 31776 fr. 13 cent.; et comme il a été convenu qu'il seroit compté au capitaine 449 ₶ 12 s sterl., qui lui ont été effectivement comptés au change de France, comme il sera dit ci-après, il reste donc dû au capitaine, pour lui être compté en Amérique, 834 ₶ 3 s 6 d sterl.;

3.° Actuellement qu'il faut compter au capitaine les 449 ₶ 12 s sterl., pour avoir des francs, on va les évaluer au change convenu de 22 fr. 50 cent. par liv. sterl., ce qui donnera 10116 fr. 18 cent, pour 181 ½. Or, comme le chargement est de 181 ½ tonneaux, il faut savoir pour combien chacun contribuera par tonneau : la proposition suivante nous le fera connoître.

½ tonneaux, 10116 fr. 18 cent., 1 t., × = 53 fr. 68 cent.; donc chacun, pour chaque tonneau, doit payer 55 fr. 68 cent.

Observez que cette formule n'est point générale, elle est l'effet d'une convention particulière; néanmoins, quoique particulière, elle offre des bases qui peuvent servir dans plusieurs circonstances : dans tous les cas, les conventions doivent être claires et précises, afin d'éviter des contestations ultérieures très-désagréables.

COMPTE DU FRET DU CHARGEMENT COMPLET

du navire La Betzy, de Charlestown, capitaine Paine, allant à la Pointe-à-Pitre, à l'adresse du citoyen Besange, dudit lieu.

SAVOIR:

181 ⅔ tonneaux vin à 240^{lt} le tonneau.
chapeau 10 p. % 24.

264^{lt}, argent des Colonies, faisant 32 gourdes.

	qui à 4^{s} 5^{d} sterlings par tonneau, font 7^{lt} 1^{s} 4^{d} sterlings	
	Lesdits 181 ⅔ ton. à 7^{lt} 1^{s} 4^{d}, montent à .	1283^{lt} 15^{s} 6^{d} ster.
	sur laquelle somme, le capitaine doit recevoir, à la Pointe-à-Pitre, suivant connoissement général, ...	834^{lt} 3^{s} 6^{s} ster.
181 ⅔	paieront d'avance, au prorata, sterling,	449^{lt} 12^{s}

449^{lt} 12^{s} 2^{d}, au change commun de 22 fr. 50 cent. par livre sterling, font 10,116 fr. 18 cent. à répartir au prorata.

PRORATA DE CHAQUE CHARGEUR.

Bertin et compagnie,	41 tonneaux	à 55 fr.	68 c.	.	2282 fr.	88 c.
Germain et neveu,	40	à 55	68	.	2227	20
Paul Neson,	60	à 55	68	.	3340	80
Boulain,	40 ⅔	à 55	68	.	2264	32
Erreur provenant de fractions négligées,			.	.	.	98
	181 ⅔ tonneaux	à 55 fr.	68 c.	.	10116 fr.	18 c.

Sauf erreur ou omission. Bordeaux, le 15 brumaire an 9.

P. Berthier et compagnie.

N. B. Ce compte est réel. J'y ai trouvé quelques petites erreurs que je ne me suis point amusé à redresser.

SECTION VII.

CHAPITRE XXVII.

DE L'ENGAGEMENT ET DU LOYER DES MATELOTS.

ART. Ier. du tit. 4 de l'eng., etc. « Les conventions des maîtres avec les gens de leur équipage, seront rédigées par écrit, et en contiendront toutes les conditions, soit qu'ils s'engagent au mois ou au voyage, soit au profit ou au fret, sinon les matelots en seront crus à leur serment.

1072. L'engagement au mois est actuellement le plus usité, et le seul même qui s'observe au long cours.

1073. L'engagement du matelot au profit ou à la part, regarde ou l'armement en course en temps de guerre, ou un voyage entrepris pour la pêche, soit de la morue sur le banc de Terre-Neuve, soit du poisson frais sur les côtes, ou le voyage en caravane.

1074. Le voyage en caravane se fait par un bâtiment qui n'a aucune destination fixe, qui va à fret d'un port à l'autre, et d'une échelle à une autre, suivant les occasions qui se présentent, lorsqu'il se trouve sur les lieux. Ces sortes de bâtimens restent jusqu'à deux ans dehors, c'est-à-dire, jusqu'à ce que le fret leur ait produit de quoi rapporter un chargement pour leur propre compte. Quelquefois ils ne font point de chargement pour leur compte; dans ce cas, ils partagent le fret. Au surplus, la société à la part, est une société en commandite, dont le propriétaire du bâtiment est l'associé complimentaire.

1075. Enfin l'engagement au fret, qui n'est usité que dans la navigation au cabotage, est une convention aux termes de laquelle les matelots participent au fret que gagne le navire.

1076. Le voyage au fret diffère donc du voyage à la part, en ce que dans le premier, la société partage le provenu du fret; et que dans le second, en dernier résultat, elle partage les fruits d'une spéculation qui lui est particulière. Elles ont cependant cela de commun, que l'équipage contracte avec le propriétaire et le maître du navire: dans ce cas il est essentiel que les conventions soient écrites, pour que chacun puisse être sûr de participer aux bénéfices qui pourront résulter, sans nulle contestation: chacun reçoit plus ou moins de part, à raison de son grade.

1077. Quoique l'ordonnance porte que ces sortes de conventions seront rédigées par écrit, néanmoins, l'ordonnance n'est pas exécutée sur ce point; dans ce cas, on suit l'usage reçu : cet usage a tellement force de loi, que pas un des intéressés, à commencer par le propriétaire, ne sont recevable à proposer aucune convention verbale contraire; aussi, le matelot, à défaut de convention par écrit, n'est-il pas cru à son serment, qu'autant que le propriétaire ou le maître allègue une convention verbale contraire à cet usage; et que si, de son côté, il soutenoit une convention verbale qui dérogeroit à l'usage, ce ne seroit nullement son serment qu'il faudroit prendre, mais celui du propriétaire ou du maître. Au reste, la preuve par témoins n'est pas recevable. Jugé ainsi par l'amirauté de Marseille, le 23 juillet 1748. En temps et lieu, j'entrerai dans tous les détails qui ont trait à la course maritime.

1078. *Question commerciale, paragr. 733. Engagement à la part.* Le capitaine peut-il se dispenser de payer le fret de sa pacotille dans l'engagement à la part?

1079. L'engagement à la part est une société véritable entre le capitaine et les mariniers au sujet du fret qu'ils auroient gagné pendant la caravane, lesquels doivent être partagés entr'eux, suivant la part déterminée pour chacun. Targa, pag. 159. Or, comme dans toutes sociétés le bénéfice que doit faire chacun est réglé par fraction sur le bénéfice général; que tous les membres doivent participer à tous ces bénéfices, et que le fret dû par le capitaine n'est qu'une augmentation de bénéfice, puisqu'aux termes des art. 3 et 7 du tit. du fret, toute marchandise chargée dans un navire doit payer le fret, donc le capitaine doit payer le fret. D'ailleurs, la règle générale est que tous les profits qui procèdent de la chose sociale entre en partage: *universa quæ ex questu veniunt. L. 7. ff. pro socio.*

1080. *Deuxième question. Chapeau, primage.* Les cinq pour cent de chapeau, et le droit de primage, appartiennent-ils au capitaine seul?

1081. Comme le chapeau et le primage sont des profits qui procèdent de l'affrétement du navire, ils font partie du fret, lequel seroit porté plus haut, si on ne promettoit ni primage, ni chapeau; le tout doit donc entrer dans la masse commune. *Émérigon.*

1082. Le chapeau étant une gratification, par convention, pour avoir conduit à bon port, et bien conditionnées, les marchandises chargées à fret, il ne peut ni augmenter, ni ne diminuer le fret, comme le prétend Emérigon, par la raison que le fret est dû bien positivement; mais qu'il n'en est pas ainsi du chapeau ; (954) quoi qu'il en soit, il doit entrer dans la masse des bénéfices communs, puisque le capitaine n'est pas le seul qui a satisfait le chargeur, et que l'équipage y a contribué par son travail ; conséquemment le chapeau ayant été gagné en commun, doit se partager en commun.

1083. *Troisième question. Présens.* Les présens donnés, au capitaine à titre de récompense, pour lui reconnoître les soins qu'il a donnés à la cargaison, doivent-ils être partagés ?

1084. Targa, ch. 12, n.° 41 ; et ch. 40, pag. 43 et 225, opine négativement ; mais il veut que le chapeau et le primage soient apportés à la masse. Les raisons que j'ai données sur la deuxième question s'appliquent à celle-ci ; cependant, j'observerai que si le présent étoit de peu de conséquence, la bienséance voudroit qu'il fût laissé au capitaine.

1085. *Quatrième question. Dépenses victuailles.* Les capitaines à la part peuvent-ils passer en compte les dépenses antérieures à l'engagement des matelots, et quelle dépense ?

1086. Émérigon répond ainsi à cette question : S'il y a convention à ce sujet, on doit l'exécuter. Voici, dit-il, l'usage de Marseille lorsqu'il n'y a pas de convention :

1087. « Le propriétaire fournit le navire bien caréné, calfeutré et agréé. C'est là le fonds capital qu'il met dans la société, à laquelle les matelots ne contribuent que pour leur temps et leur industrie.

» Les victuailles achetées dans le lieu même de l'armement, et qu'on embarque pour les provisions du voyage, sont à la charge et pour le compte de la société. On passe encore à sa charge les frais de l'*espalmage* qu'on fait lors du départ, et tout ce qu'on dépense pendant la caravane, soit pour nourrir l'équipage, soit pour soigner les malades, soit pour radouber le navire : le tout est supporté par la masse du nolis gagné ou à gagner. »

1088. Lorsque je parlerai sur la course maritime, je ferai connoître quels sont les lois et les usages qui régissent cette société.

1089. Dans l'engagement à la part du profit de la pêche de la morue, l'usage est d'alouer les deux tiers au propriétaire du navire, l'autre tiers pour le maître et le reste de l'équipage, dont chacun reçoit à proportion de ce qui a été convenu. Outre cela, chaque individu de l'équipage reçoit une somme avant le départ, pour lui tenir lieu de gages en argent ; ce qui est, dans ce cas, considéré comme une gratification donnée d'avance :

cette somme, qui va au tiers de ce qu'il auroit eu de gages pour tout le voyage, n'est point imputable sur le bénéfice.

1090. A l'égard de la pêche du poisson frais, il n'y a point de gages en argent; le temps que dure cette société est ordinairement de trois mois.

1091. Une règle commune à toutes ces sortes d'engagemens, est que le matelot doit absolument servir tout le temps du voyage, ou, s'il ne s'agit pas de voyager, tout le temps réglé pour la société, par la convention, ou, à défaut, par l'usage.

Art. 2. « Les matelots ne pourront charger aucune marchandise pour leur compte, sous prétexte de portée ni autrement, sans en payer le fret, s'il n'en est mention dans leur engagement. »

1092. On appelle *portée* au Levant, la pacotille d'environ d'un tonneau accordé en port permis aux matelots, les mots *portée* ou *ordinaire* sont synonymes. Il est question d'ordinaire dans l'art. 16 du Jugement d'Oléron. L'ordinaire étoit accordé pour gages, ou pour partie de gages; mais aujourd'hui les matelots sont payés, et n'emportent autre chose que ce qui peut entrer dans leur coffre.

1093. Cet article s'étend aux capitaines et matelots. (230) Par sentence de l'amirauté de Calais, du 2 septembre 1752, il a été jugé que le maître ayant chargé des marchandises pour son compte, il en devoit le fret, fondé sur ce qu'il n'avoit pas été interdit au capitaine, par ses ordres, de rien embarquer au-delà de sa cargaison; mais en seroit-il ainsi si le capitaine étoit géreur de cargaison ? (231)

Art. 3. « Si le voyage est rompu par le fait du propriétaire, maître ou marchand, avant le départ du vaisseau, les matelots, loués au voyage, seront payés des journées par eux employées à équiper le navire, et d'un quart de leur loyer; et ceux engagés au mois seront payés à proportion, eu égard à la durée ordinaire du voyage. Mais si la rupture arrive après le voyage commencé, les matelots loués au voyage, seront payés de leurs loyers en entier; et ceux loués au mois, des loyers dûs pour le temps qu'ils auront servi, et pour celui qui leur sera nécessaire à s'en retourner au lieu du départ du vaisseau : les uns et les autres seront, en outre, payés de leur nourriture, jusqu'au même lieu. »

1094. L'engagement au voyage n'est guère plus pratiqué que pour les retours du navire partant des Colonies.

1095. Le maître ou capitaine, les officiers, sont compris dans cet article, comme

comme les matelots. Si la rupture arrive après que le navire aura mis à la voile, et qu'il ait navigué vingt-quatre heures, le voyage est dû en entier. Valin.

1096. Pourquoi donc Valin fixe-t-il la mise en mer à vingt-quatre heures, pour acquérir l'entier paiement du voyage? Argumente-t-il d'après l'art. 8 du tit. des prises, qui fixe la recousse à vingt-quatre heures? Si cela est ainsi, je crois qu'il est dans l'erreur.

1097. Si la recousse a été fixée à vingt-quatre heures, c'est que le Législateur a senti que la propriété d'une chose ne devoit point être acquise par l'usage qu'on en avoit fait, mais par le temps qu'on l'avoit possédée : mais ici c'est tout l'opposé. Un navire pouvant faire peu de chemin, dans vingt-quatre heures, dans certaines circonstances, pendant que dans d'autres circonstances, dans vingt-quatre heures, il en fera beaucoup plus; ne seroit-il pas plus convenable de limiter le voyage, pour acquérir les gages en entiers, à un certain espace de route, plutôt qu'à l'heure? Je le croirois, et le croirois d'autant plus, que cette opinion est parfaitement analogue à ce qui est dit dans l'art. par rapport *au loyer au mois.* En effet, n'étant ici question que de mois, et non de voyage, naturellement le Législateur a dit, il faut payer l'équipage pour le temps qu'il aura servi : mais dans l'hypothèse, comme il n'est question que *de voyage et non de mois*, pourquoi ne point limiter le temps par la quantité de lieues qu'aura parcourues le navire? Je crois qu'en suivant l'ordre des analogies, on doit le décider ainsi; cependant rien n'empêche que l'on ne puisse avoir à-la-fois égard au temps et à la route qui aura été faite.

1098. Cet article de l'ordonnance étant un peu entortillé, analysons-le pour en tirer les inductions qui nous paraîtront vraisemblables.

1099. *Avant le départ.* Le matelot qui se loue au voyage, s'il est convenu à 400 fr. pour ce voyage, ce qu'il a calculé; que s'il s'étoit loué au mois, il auroit mis quatre mois pour faire la route (*a*), ce qui, cela supposé, lui auroit donné 100 fr. par mois si le vaisseau eût navigué dans des temps ordinaires; car la base de son calcul est prise dans le temps présumé que doit mettre le navire à faire sa traite : dans ce cas le voyage n'étant pas

(*a*) Je suppose que le matelot gagne ordinairement 100 fr. par mois dans les navigations ordinaires, qui ne sont ni contrariées, ni favorisées par aucunes circonstances.

rompu par sa faute, il reçoit un quart de la paye, pour l'indemniser de la résolution du contrat, à titre de dommage.

1100. S'il est loué au mois, que veut l'ordonnance ? Elle veut qu'il soit payé *à proportion, eu égard à la durée ordinaire du voyage*. Ce que dit Valin, présente l'idée du quart aussi des loyers, en réglant ce quart sur la durée ordinaire du voyage ; et il conclut, dans ces expressions, que la condition des deux matelots est *égale* dans les deux circonstances. Je crois qu'il a parfaitement raison; mais je ne trouve pas qu'il ait exprimé clairement les motifs de la décision : essayons de le suppléer.

1101. Avant le départ. Dans le louage du matelot, *engagé au voyage*, son sort est déterminé pour le prix, et indéterminé pour la longueur du temps de la traite ; si son voyage est de 400 fr., il lui revient donc cent fr.

1102. Avant le départ. Dans le louage du matelot, *engagé au mois*, son sort est indéterminé pour la longueur de la traite, mais il est déterminé pour le prix ; en conséquence, il faut arbitrer le temps qu'auroit mis le navire à faire sa traite. S'il est dit que le matelot devoit gagner 100 fr. par mois, et qu'il soit décidé que naturellement le vaisseau eût mis quatre mois à faire son voyage, l'ordonnance voulant que le matelot soit payé *à proportion* de l'autre (*a*), c'est-à-dire, dans le même rapport du quart, c'est donc 100 fr. d'indemnité qu'il doit recevoir à titre de dommages ; j'ai dit plus haut, à titre de dommage, et je le répète ici, parce que, dans l'un et l'autre cas, le matelot étant payé de ses journées, tout ce qu'il reçoit au-delà ne peut être donné qu'à titre de dommages.

1103. La condition des deux matelots est ici égale, parce qu'il y a parité de motif, c'est-à-dire, dommages accordés, par rapport à l'inexécution du contrat.

1104. Valin dit que cette idée se trouve combattue tout de suite dans le réglement du sort du matelot, dans le cas de la rupture arrivée après le voyage : voyons s'il a raison.

1105. *Après le départ*. Puisque la base du prix du loyer du matelot est prise dans l'espace du temps présumée être nécessaire au navire pour faire sa traite, pourquoi alloue-t-on au matelot le voyage entier *lorsqu'il est loué au*

(*a*) Cette expression *proportion* est fausse. Le mot rapport conviendroit mieux. Le mot *proportion* suppose quatre termes, ici il n'y en a que deux.

voyage, et ne lui accorde-t-on qu'un loyer proportionel au temps qu'il a servi et à s'en retourner, lorsqu'il est loué au mois?

1106. Cette décision, selon moi, n'a rien qui ne soit conforme à la justice la plus rigoureuse. En effet, on alloue le loyer en entier au matelot engagé au voyage, parce qu'il entre dans la nature de son engagement, calculé sur le temps ordinaire que doit mettre le navire à faire sa route, qu'il reçoive le bénéfice qui peut résulter de ce voyage, lorsqu'il se fait en beaucoup moins de temps, et qu'il supportera les pertes qui peuvent résulter du voyage lorsqu'il a été mis beaucoup plus de temps à le faire, que naturellement on devoit y mettre. Lorsque le voyage est rompu par le fait du propriétaire, le voyage n'est point achevé pour lui, mais il l'est par rapport au matelot loué au voyage; parce que l'un n'a pas rempli ses engagemens, que l'autre a rempli les siens, et qu'il n'est pas juste que celui-ci souffre de l'inconstance ou des raisons de l'autre : conséquemment le voyage est fini par rapport au matelot; et ce fait ne peut d'autant moins être révoqué en doute, que c'est le propriétaire qui l'annonce lui-même. D'après ces raisons, lorsque le propriétaire fait cette annonce, quels que soient les termes qu'il emploie, c'est comme s'il disoit : *Votre voyage étant fini ici, votre engagement est fini ici.* D'ailleurs, dans l'hypothèse, le matelot devant toujours recevoir le prix de son engagement, soit que le vaisseau ait mis plus ou moins de temps à faire sa traite, mettant ici moins de temps, il doit donc être payé en entier; et comme le vaisseau, pour le même prix déterminé, devoit le nourrir et le ramener chez lui; le matelot qui s'en retourne, par exemple, à pied, n'est point payé spécialement pour le temps qu'il met à faire la route, par la raison que ce temps lui est payé dans le prix convenu qui lui est accordé pour tout celui que durera le voyage d'aller et de retour : dans ce cas, dans le prix convenu, son loyer lui est donc payé jusques chez lui. Mais en sus de son loyer, il reçoit sa nourriture à bord; conséquemment le propriétaire doit la lui donner jusqu'à son retour : c'est positivement ce que le Législateur a décidé dans l'article; il y est dit : « Seront en outre payés de leur nourriture jusqu'au lieu du départ. »

1107. Si le matelot loué au voyage a un sort déterminé pour toute la traite, quelle que soit sa durée, le matelot loué au mois a un sort déterminé, non pas pour tout le voyage, mais pour tout le temps qu'il servira; c'est-à-dire, pendant le temps qu'il aura servi sur le navire, et pendant le temps qu'il aura employé à retourner chez lui : alors pourquoi vouloir qu'il soit récompensé pour plus de temps qu'il aura servi? Mais voici ce qui offusque

Valin; il voit, dans cette distinction, deux conditions différentes. « Aussi, dit-il, non-seulement la condition de celui engagé au mois est différente de celle de l'autre, mais encore peut se trouver pire, que si le voyage eût été rompu avant le départ, puisqu'avant le départ il auroit au moins le quart du loyer, et qu'il peut arriver, la rupture se faisant après le voyage commencé, qu'il n'aura pas même le quart du loyer; et cela, dit-il, arrivera si le navire relâche peu de jours après avoir mis à la voile. »

1108. Les observations de Valin, au premier coup-d'œil, me paroissent parfaitement justes : il ne me reste donc plus qu'à examiner si elles sont décisives; car il paroîtroit naturel d'accorder au moins le quart de loyer au matelot loué au mois, si le temps de son service ne se lève pas à cette somme, puisqu'il est vrai qu'en principe, cette somme est allouée à titre de dédommagement.

1109. Pour bien discuter ce point, qui est très-essentiel, il faut d'abord voir le matelot loué au mois, par rapport au propriétaire, et ensuite par rapport au matelot loué au voyage.

1110. *Matelot loué au mois, vu par rapport au propriétaire.* Lorsque le matelot est loué au mois, son voyage étant rompu par le fait du propriétaire, le dédommagement qu'il reçoit n'est point pour l'indemniser du temps qu'il a servi, puisqu'il a été payé de son travail, mais bien pour l'indemniser de l'engagement qu'il avoit contracté pour faire une traite : dans ce cas il a cela de commun avec le matelot loué au voyage. En effet, sous ce rapport leur position est semblable. Lorsqu'il est payé du temps qu'il a servi après le voyage commencé, ce n'est plus une indemnité qu'il reçoit, mais c'est le salaire du temps qu'il a employé qui lui est compté : ce salaire étant déterminé par mois, il lui est payé par mois à proportion du temps qu'il a servi; et, comme dans les contrats synalagmatiques, tout doit y être réciproque, et que, conséquemment, l'égalité doit y présider; si, dans cet arrangement, le matelot peut être grevé par rapport au quart qui lui reviendroit si le voyage se fût rompu avant le départ, le propriétaire peut aussi être grevé par la rupture reculée du voyage dans la relâche ; car si un navire relâche et ne rompe son voyage que trois ou quatre mois après, point de doute que dans ce cas il ne paye peut-être un salaire beaucoup plus fort que celui qu'il auroit payé si le navire eût été à sa destination. Vu donc l'événement que courent réciproquement les parties contractantes, et surtout le principe de l'engagement, la décision doit être estimée exacte.

1111. *Matelot loué au mois, vu par rapport au matelot loué au voyage.*

Ce dernier ne recevant, dans tous les cas, que le paiement limité qui lui a été promis, s'il fait relâche forcée, qu'il séjourne six mois, et qu'ensuite son voyage se rompe, il ne reçoit, pour un voyage présumé être de quatre mois, que la somme qui lui a été promise, pendant que celui qui est loué au mois, pour le même voyage, reçoit une moitié en plus; conséquemment, la condition des deux n'étant pas réciproque dans l'hypothèse, pourquoi voudroit-on qu'elle le fût dans toute autre hypothèse?

1112. Disons donc que le propriétaire, le matelot loué au voyage, celui loué au mois pouvant être grevé ou avantagé, suivant les circonstances, les uns par rapport aux autres, que l'ordonnance est très-judicieuse, et que les opinions de Valin sont inadmissibles, puisqu'il veut que, lorsqu'après que le voyage est commencé, le matelot engagé au mois, comme celui engagé au voyage, en cas de rupture pendant la traite, soient également payés en entier, pourvu que la réunion du temps d'aller et de retour ne se trouve pas excéder la durée du voyage; et il conclut à dire implicitement, qui si ce temps excède celui nécessaire à la réunion, le matelot loué au mois recevra le paiement de ses salaires pour tout le temps de l'excédent des deux voyages. Je le répète, cet article me paroît judicieusement fait; et je dirai même plus, je dirai qu'il est supérieur à tous les autres, par rapport à la difficulté qu'a dû éprouver le rédacteur à combiner les divers intérêts qu'il renferme, qui, par leur complication, présentoient beaucoup d'obstacles: conséquemment, je crois donc que toutes décisions, que tout usage (33) contraire à ces observations, doivent être réprouvés. Voyez l'article 5 ci-après, et les observations qui le terminent.

Art. 4. « En cas d'interdiction de commerce avec le lieu de la destination du vaisseau, avant le voyage commencé, il ne sera dû aucun loyers aux matelots engagés au voyage ou au mois, et ils seront seulement payés des journées par eux employées à équiper le bâtiment; et, si c'est pendant le voyage, ils seront payés à proportion du temps qu'ils auront servi. »

1113. Il faut ajouter, dit Valin, conformément à l'art. 7, tit. des ch.-part., *par guerre, représailles ou autrement.*

1114. Dans ce cas, comme il est clair qu'il n'y a ici point de faute ni de la part du propriétaire, du capitaine, ni de son équipage, il n'est point dû de dédommagement de part ni d'autre; la raison est que c'est un cas fortuit provoqué par une force majeure. Comme cet article ne parle *que du lieu de la destination*, si l'interdiction porte sur toute autre, le navire ne peut point hésiter de mettre en mer jusqu'à ce qu'un ordre supérieur ordonne la résolution des engagemens.

Art. 5. « Si le vaisseau est arrêté par ordre souverain, avant le voyage commencé, il ne sera aussi dû aux matelots que les journées employées à équiper le navire ; mais si c'est pendant le cours du voyage, le loyer des matelots engagés au mois, courra pour moitié pendant le temps de l'arrêt, et celui des matelots engagés au voyage, sera payé aux termes de l'engagement. »

1115. Sur cet article, Valin dit : « Ceci bien considéré, il n'est point fait d'injustice, dans ce dernier cas, aux matelots engagés au mois ; il n'auroit pas été naturel que le propriétaire, qui ne gagne aucun fret durant l'arrêt de Prince, eût payé aux matelots leurs gages en plein. Mais, dit-il, pourquoi le matelot engagé au voyage, ne doit-il avoir que la somme stipulée à forfait, *quelque longue que soit la durée de la détention?* pourquoi est-il de pire condition que l'autre? c'est ce que l'*on ne comprend pas.* Je crois que Valin auroit parlé plus exactement, s'il eût dit, *c'est ce que je ne comprends pas.*

1116. Le matelot engagé au voyage, suivant ce que j'ai dit, (1112) recevant le prix de son loyer en entier, quelque courte que soit sa traite, puisqu'il a été convenu tacitement, que quelque courte ou longue qu'elle fût, il ne seroit ni plus ni moins payé, il est juste que lorsque les circonstances allongent le temps de son voyage, la perte qui en résulte retombe sur lui. Le matelot engagé au mois, reçoit la moitié de son traitement pendant le temps qu'il est détenu ; plus, le prix du temps qu'il a mis à faire sa traite, parce que son voyage n'est pas limité dans le prix, par rapport à la durée, mais par rapport au temps qu'il sert : dans ce cas, dira-t-on, pourquoi lui paye-t-on la moitié du temps de sa détention, puisque dans cette hypothèse, étant, pour ainsi dire, inutile au navire, il peut être considéré comme ne faisant pas de service? le matelot engagé au mois, dans cette circonstance, ne doit recevoir que la moitié de son salaire, parce que l'onéreux de la détention provenant d'une force majeure, il est juste qu'il en partage l'inconvénient avec le propriétaire.

1117. Voyons si Pothier, dont l'opinion est presque toujours une autorité respectée, à juste titre, comprend l'article que Valin prétend n'être *pas compris.*

1118. Cet auteur dit, cont. marit. parag. 181 : « Quoique l'arrêt de Prince ne rompe pas le voyage, mais le retarde seulement, néanmoins suivant notre article) il est dit, Ici Pothier rappelle les dispositions de continue en disant :

Lorsque le matelot s'est loué au voyage pour une somme unique, lui est due pour le voyage, soit que la durée en ait été plus ou longue ; et quoique le temps qu'à duré l'arrêt l'ait prolongée, il ne peut prétendre que la somme portée au marché, la seule qui lui soit due pour le voyage, quelle qu'en ait été la durée. » Ensuite, après avoir argumenté sur le même ton, il conclut en disant que par l'effet de la force majeure, si le matelot souffre de ce retard, le propriétaire en souffre aussi. Ensuite Pothier reprend, et dit : « Lorsque le matelot s'est loué au mois, le service du navire, pendant le temps de sa détention, étant beaucoup moins dû que pendant le temps du voyage, il n'est pas juste qu'il soit payé autant le mois de détention, que pour le mois du voyage ; autrement *il profiteroit du malheur du maître*, qui n'a aucun fret pour le temps de la détention, quoiqu'obligé à beaucoup de frais et de dépenses. » *La disposition de l'ordonnance, qui réduit à moitié les loyers pour le temps de l'arrêt, est donc très-équitable.*

1120. Ce que décide l'article 4, que le matelot qui s'est loué au voyage, ne peut prétendre que le loyer convenu par le contrat, quoique l'arrêt de Prince en ait prolongé la durée, paroît contraire à ce qui est dit en l'art. 6 : *en cas que le voyage soit prolongé, les loyers des matelots loué au voyage seront augmentés à proportion.* Il est facile de concilier ces deux dispositions. Celle de l'article 4 est dans le cas d'une prolongation qui ne tombe pas sur le voyage même, *le vaisseau n'étant pas allé au-delà du lieu qui en devoit être le terme ;* mais sur la durée du temps pour y arriver, le matelot ne peut, dans cette espèce, prétendre aucune augmentation de loyer, parce qu'il n'a fait que le voyage pour lequel il a loué ses services, *quelle qu'en dût être la durée.* Au contraire, l'art. 6 est dans le cas auquel la prolongation *tombe sur le voyage même,* le vaisseau ayant passé le lieu qui en devoit être le terme. Or, le voyage au-delà du terme n'est pas renfermé dans le marché, le matelot doit donc recevoir une augmentation de loyer pour ses services pendant cette prolongation.

Art. 6. « En cas que le voyage soit prolongé, les loyers des matelots loués au voyage, seront augmentés à proportion ; et si la décharge se fait volontairement, en un lieu plus proche que celui désigné par l'affrétement, il ne leur sera fait aucune diminution ; mais s'ils sont loués au mois, ils seront, en l'un et l'autre cas, payés pour le temps qu'ils auront servi. »

1121. Les matelots loués au voyage, dit Valin, semblent av[illegible] vanche. Je ne ferois point aucune observation, parce que cet [illegible] qu'une conséquence des articles 3 et 4.

Art. 7. « Et quant aux matelots et autres gens de l'équipa[illegible] profit, ou au fret, ils ne pourront prétendre journées ni dédommagement, en cas que le voyage soit rompu, retardé, ou prolongé par force majeure, soit avant, ou depuis le départ du vaisseau; mais si la rupture, le retardement, ou la prolongation arrivée par le fait des marchands-chargeurs, ils auront part aux dommages et intérêts qui seront adjugés au maître, lequel, aussi bien que les propriétaires, seront tenus de ceux des matelots, si l'empêchement arrive par leur fait.

Art. 8. » En cas de prise, bris et naufrage, avec perte entière du vaisseau et des marchandises, les matelots ne pourront prétendre aucuns loyers, et ne seront néanmoins tenus de restituer ce qui leur aura été avancé. »

1122. Valin dit, avec beaucoup de sagacité, sur cet article, « que la condition du maître et des gens de l'équipage d'un vaisseau est telle, que le sort de leurs loyers dépend de la conservation du bâtiment et du fret des marchandises dont il est chargé; ce fret, dit-il, avec le corps et quille du navire, ses agrès, apparaux et ustensiles; voilà leur gage, et ils n'ont aucune autre assurance pour le paiement de leurs loyers. » Ajoutons à ce que dit le commentateur, qu'il étoit utile de le décider ainsi, pour engager l'équipage à surveiller, avec plus de vigilance, à tout ce qui pouvoit intéresser les propriétaires.

1123. Ce qui est dit dans cet article par rapport au fret, s'étend à celui de retour, si du moins c'est le même équipage qui retourne le navire, par la raison que le prix du loyer est établi pour l'entier voyage; mais s'il ne s'étoit engagé que pour l'aller, et non pour le retour, y ayant alors deux contrats, il faut qu'il y ait deux décisions différentes, et que conséquemment les matelots pourroient demander leurs loyers d'aller, si le vaisseau se brisoit, ou étoit pris dans le retour. C'est mon opinion particulière.

1124. Lorsque les matelots ne sont pas tenus de rembourser les avances, parce que ces avances leur sont données pour se munir de hardes et de choses nécessaires à leur navigation.

Art. 9. « Si quelque partie du vaisseau est sauvée, les matelots engagés au voyage ou au mois, seront payés de leurs loyers échus, sur les débris qu'ils auront sauvés; et s'il n'y a que des marchandises sauvées, les matelots, même ceux engagés au fret, seront payés de leurs loyers, par le maître, à proportion

proportion du fret qu'il recevra ; et de quelque manière qu'ils soient loués, ils seront, en outre, payés des journées par eux employées à sauver les débris et les effets naufragés »

1125. La raison qui a motivé l'art. précédent, a dicté celui-ci. En affectant les effets sauvés au loyer des matelots, c'est les engager à y porter des soins et des affections particulières ; dans ce cas, le fret répond du loyer de l'équipage, à proportion de ce qu'il doit.

1126. Mais le fret et les débris du navire ne sont affectés concuremment qu'aux loyers des matelots engagés au voyage et au mois. Les engagés au mois, jusqu'au jour du naufrage, époque à laquelle finit leur engagement, et ceux engagés au voyage, à proportion du voyage avancé, parce qu'ils rentrent dans la cathégorie de l'art. 4.

1127. A l'égard des matelots engagés à la part du fret, leur droit est borné au fret des marchandises sauvées, parce que c'est sur le fret seul qu'ils ont contracté société : quant aux matelots engagés à la part du profit, ils n'ont rien à prétendre, ni sur le fret, ni sur les débris du navire ; puisqu'ici, comme dit Valin, toute idée de profit disparoît, à moins qu'on ne sauve quelque portion de la chose dans laquelle ils ont part, auquel cas leur droit se borne à en demander le partage. Au reste, de quelque nature que soit l'engagement des matelots, il est juste de leur payer les journées qu'ils employent en pareilles circonstances.

1128. Cependant, si quelque matelot qui ne se seroit point engagé au mois, ni au voyage, travailloit concurramment avec ceux qui se seroient engagés de cette manière, avant que de payer le loyer du voyage de ceux-ci sur le fret et sur ce qu'il seroit sauvé des débris du navire, il seroit juste de payer d'abord les journées de travail de tous les frais de justice, et ensuite les loyers des matelots à qui ils seroient dûs.

1129. Quant au paiement des journées de travail pour sauver la cargaison, il est fait après les frais de justice, sur les objets qui ont été sauvés. Mais, comme dit Valin, tant les matelots loués au voyage ou au mois, que ceux engagés à la part du fret, sont en droit d'exiger le fret de ces marchandises, et que les frais faits pour leur sauvement, regarde le fret aussi bien que les marchandises ; ce même fret supportera sa portion des frais de sauvement, au sol la livre, de la valeur restante des marchandises, de manière qu'il n'y aura de distribution à faire entre eux, que ce qui en restera après la déduction proportionnelle des frais.

1130. Enfin, dit notre auteur, pour ce qui est des matelots engagés à la part du profit, ils seront aussi payés distributairement des journées par eux employées à sauver, tant les débris du navire, que les marchandises chargées à fret, et celles dans lesquelles ils ont une part à prétendre; à condition, néanmoins, par rapport à ces dernières, que le prix des journées qu'ils auront employées à cet égard, et qu'ils auront reçues, sera supporté par la totalité de ces mêmes marchandises, comme avarie commune; à l'effet de diminuer, d'autant à proportion, leur part contingeante dans lesdites marchandises.

1131. Il résulte de tout ceci, dit encore le commentateur, qu'en cas de naufrage, *il est libre aux matelots d'abandonner tout*, quoique l'art. 3 des Jugemens d'Oléron, et l'art. 24 de l'ord. de la hanse, semblent décider le contraire; la raison est, qu'il ne leur est dû, par l'armateur ou propriétaire du navire personnellement, aucun loyer, ni frais de conduite pour s'en retourner chez eux : par conséquent, il n'y a rien à leur dire s'ils refusent à travailler aux débris; mais il est de leur intérêt d'y travailler, puisque les débris du navire, et le fret des marchandises qu'ils sauveront, sont affectés au paiement *de leurs loyers, et des frais de leur conduite*, sur le tout déduit le paiement de leurs journées, avant que les autres, qui n'auront pas travaillé, puissent rien prétendre dans ce qui aura été sauvé.

1132. Il est certain que d'après l'art. 3 des jugemens d'Oléron, et l'art. 44(a) de l'ord. de la hanse, les matelots ne sont tenus de sauver les débris du navire qu'autant qu'ils le veulent.

1133. Quoique les lois que cite Valin n'ordonnent pas décidément, et d'une manière impérative, aux matelots de travailler au sauvement, la raison, l'humanité, la justice, veulent qu'ils ne puissent s'en dispenser : ce sera, dans ce cas, de deux choses l'une, ou ils seront tranquilles spectateurs de l'événement, ou ils s'en iront; s'ils restent tranquilles spectateurs de l'événement, ne sont-ils pas répréhensibles d'avoir une telle indifférence? s'ils s'en vont, ne sont-ils pas coupables d'avoir abandonné un dépôt confié à leurs soins? d'ailleurs l'ordonnance ne veut-elle pas que le capitaine sauve les effets les plus précieux, (450) ce qui signifie lorsqu'il ne pourra pas sauver ce qui l'est moins? Non l'équipage ne peut, sous aucun prétexte, refuser de travailler au sauvement; aussi la déclaration du 10 janvier 1770, (que Valin n'a pu citer, puisqu'elle est postérieure à son commentaire), porte-t-elle, art. 26, que les voituriers, charretiers et mariniers, seront

(a) Il y a dans Valin, art. 24; c'est, sans doute, une faute typographique.

tenus de se transporter, etc, à peine de 50 francs d'amende, pour travailler au sauvement : ce que la loi dit ici, la raison l'avoit dit avant elle.

Art. 10 « Si le maître congédie le matelot, sans cause valable, avant le voyage commencé, il lui paiera le tiers de ses loyers, et le total, si c'est pendant le voyage, avec les frais de son retour, sans pouvoir les passer en compte au propriétaire du bâtiment. »

1134. Ce qui est prescrit dans cet article, pour le cas auquel le maître congédie le matelot, est applicable à celui auquel le maître congédie le capitaine (171); et comme d'après l'article 5, tit. 8, liv. 2, il ne peut former son équipage que de concert avec le propriétaire, il ne peut donc révoquer un matelot, sans sa participation, lorsqu'il est sur les lieux. Conséquemment, d'après cet art. 10, si, hors le lieu de la demeure du propriétaire, le capitaine congédie le matelot sans cause valable, il ne pourra passer au compte du propriétaire le paiement du loyer; s'il le congédie, avec cause valable, sur les lieux, sans la participation du propriétaire, suivant les circonstances, il en sera la même chose.

1135. Le matelot étant congédié sans cause valable, devroit être payé de son salaire en entier, aux termes de la loi 38, *ff. de Locat.*, puisqu'il n'a pas dépendu de lui de remplir son engagement.

1136. L'art. ne distinguant pas le matelot engagé au voyage d'avec celui engagé au mois, il est nécessaire de se reporter aux dispositions antérieures. Nous avons vu que l'un et l'autre matelots, art. 3, devoient recevoir le quart de leurs loyers, quand le voyage étoit rompu par la faute du maître; et que d'ailleurs, qu'ils devoient recevoir le prix de leurs journées de travail. Ici ce n'est plus un équipage entier qui est renvoyé sans cause valable, par rapport à lui, c'est un seul matelot : donc on doit suivre, à son égard, la conduite que l'on tient envers tout l'équipage en entier. (667) Il y a cependant cette différence, que lorsque l'équipage est renvoyé en entier, avant le départ, il reçoit ses journées de travail, plus, le quart de son loyer; ici au contraire, il reçoit un tiers de son loyer, mais il n'est pas question qu'il d[illegible] être payé du prix de son travail. Valin présume que comme l'indemnit[illegible] du tiers est plus forte que celle du quart, les journées de travail ne doivent point lui être payées en particulier; j'avoue que l'on sera tenté de se rendre à son opinion, lorsque l'on considérera le silence de la loi sur ce point.

1137. Mais aussi, lorsque l'on considérera que le renvoi de tout un équipage est toujours déterminé par un motif impérieux, et que le renvoi, sans cause valable, d'un individu, est déterminé par le caprice, ou au moins par des foibles raisons. En considérant ces deux circonstances, on verra que la première étant plus favorable au propriétaire, la seconde doit être plus favorable au matelot, et conséquemment on décidera qu'il doit être payé de son tiers de loyer, et du prix de son travail. Il paroît d'autant plus raisonnable de le juger ainsi, que la loi 38, *ff. de Locat.* veut qu'il soit payé en entier, et que l'art. 3 de l'ord. de Wisbuy veut qu'il soit payé de la moitié de son loyer : néanmoins, voilà la loi, je crois qu'il faut s'y tenir.

1138. Les frais de conduite, par rapport aux gens de mer servant sur les vaisseaux marchands, sont fixés par l'art. 4 de l'ord. du 1.er août 1743, savoir ; pour le capitaine en second et autres officiers-mariniers, à 4 s. par lieue ; et pour les matelots et mousses, à 3 s. par lieue : mais ce n'est que pour le retour qui se fait par terre ; s'il se faisoit par mer, et que les officiers ou matelots gagnassent des salaires, il ne leur sera rien payé pour leur conduite ; mais s'ils ne sont reçus sur les vaisseaux que comme passagers, ils sont défrayés du coût de leur subsistance et de leur passage, au prix qui sera convenu avec les capitaines qui les recevront sur leur bord. Art. 5. Si les navires, où passeront lesdits officiers et matelots, ne sont pas destinés pour le lieu de leur département, ils recevront, outre leur passage par mer, de quoi se conduire chez eux, à proportion du chemin qu'ils auront à faire par terre, depuis le lieu où ils seront débarqués.

1139. Les frais de conduite doivent être payés aux mariniers suivant l'art. 2 de l'ord. du 1.er août 1743, lorsqu'ils sont débarqués pendant le cours du voyage, par ordres des consuls et autres officiers établis dans les pays étrangers, ou des officiers des classes dans les ports de France, pour faire cesser les troubles qu'il pourroit y avoir, à leur occasion, dans le navire, ou autres causes jugées nécessaires par les officiers, dont ils feront mention sur les rôles d'équipage : mais, dans ce cas, cette conduite ne doit être payée qu'en déduction de leurs gages.

1140. C'est une cause valable de congé pour le matelot, et pour tout officier-marinier, s'il ne sait pas son métier, ce qui gît en examen et en preuves ; ou, le sachant, s'il est voleur, mutin, violent ou querelleur, de manière à causer du désordre dans le navire. De même encore, s'il est trop indocile, s'il résiste au maître et à ceux qui ont droit de le commander, ne faisant son service qu'à mesure qu'il est châtié. Art. 6, Jug. d'Oléron; art. 29 et 31 de la hanse teut.

Art. 11. « Le matelot qui sera blessé au service du navire, ou qui tombera malade pendant le voyage, sera payé de ses loyers, et pansé aux dépens du navire; et s'il est blessé en combattant contre les ennemis ou les pirates, il sera pansé aux dépens du navire et de la cargaison. »

1141. Conformément à l'art. 15 ci-après, si le matelot meurt de sa blessure, ses héritiers auront ses gages en plein.

1142. L'art. 3 de l'ord. du 1.er août veut que les capitaines, qui laisseront dans les hôpitaux des gens de leur équipage, qui auront été débarqués malades, seront tenus de pourvoir aux frais des maladies contractées pendant le voyage, et à la dépense nécessaire pour les mettre en état de les conduire chez eux, ou pour fournir, en cas de mort, aux frais de leur enterrement; qu'ils déposeront, à cet effet, une somme suffisante, ou donneront une caution solvable, qui fera sa soumission au bureau des classes, ou dans la chancellerie du consulat. Si c'est le capitaine qui tombe malade, et qui soit laissé à terre, ne pouvant être embarqué pour ramener le navire, il sera remplacé, par le propriétaire, de tous les frais de sa maladie, y compris le loyer de sa chambre et de sa garde : Sentence de Marseille du 15 sept. 1750. Mais tout cela suppose des maladies naturelles et ordinaires, et non des maladies contractées par un vice intérieur.

Art. 12. « Mais s'il est blessé à terre, y étant descendu sans congé, il ne sera point pansé aux dépens du navire ni des marchandises, et il pourra être congédié, sans ne pouvoir prétendre que ses loyers, à proportion du temps qu'il aura servi. »

1143. Il est donc entendu que s'il est descendu du navire, avec congé, et pour le service du navire, il sera soigné à ses dépens; et que s'il est descendu, de cette manière, pour le service du navire et de la cargaison, il sera soigné aux dépens du navire et de la cargaison. Argument tiré de l'art. 17, ci-après.

1144. Valin pense que si le matelot est blessé à terre, où il aura été envoyé pour le service du navire, par une cause étrangère au service du navire, il ne doit pas être pansé aux dépens du navire; il dit même plus, il dit : « D'un autre côté, il suffira qu'il soit descendu, sans congé, pour qu'il ne puisse prétendre d'être pansé aux dépens du navire, s'il n'a pas été commandé pour y travailler ; et c'est ce qui me semble résulter évidemment des termes de notre article. »

1145. *Sur la première observation.* L'associé qui fait les affaires de la société, est son mandataire. Le matelot qui descend à terre, par ordre du capitaine, pour faire quelque chose, est aussi son mandataire. Lorsque l'associé est volé, blessé en exécutant son mandat, il doit être indemnisé et soigné aux dépens de sa société : ce sont les dispositions de la loi. Un matelot est descendu à terre, par ordre du capitaine, pour aller acheter quelque chose pour le navire ; il passe dans une rue, un volet se détache, il lui casse un bras, sera-t-il, ou ne sera-t-il pas pansé aux dépens du navire ? Quoique la cause de la fracture soit étrangère au navire, il ne sera pas moins soigné à ses dépens ; je dis que la cause est étrangère au navire, parce que je cherche à entrer dans le sens de Valin, qui a l'air de ne regarder pour cause qui n'est pas étrangère au navire, que celle qui lui est absolument directe, comme, par exemple, celle qui résulte de cet événement. Un matelot descend à terre, par ordre du capitaine, pour aller chercher une écoutille, en la chargeant sur son épaule, elle lui casse un bras ; dans ce cas, la cause de l'accident n'est point directement étrangère au navire : néanmoins, que la cause de l'événement soit, ou ne soit pas directe ou indirecte au navire, j'estime que du moment que le matelot est descendu à terre pour exécuter un ordre, qu'il n'a point provoqué un accident, qu'il n'y a pas donné lieu par aucune imprudence, il doit être soigné aux dépens du navire.

1146. *Sur la seconde observation.* On ne doit point se dissimuler que dans cette seconde assertion de Valin, il y a un peu d'amphibologie. Il veut sans doute dire : « D'un autre côté, si ce matelot est descendu à terre, sans congé, pour y travailler dans l'intérêt du navire, sans avoir été commandé à cet effet, s'il est blessé, il ne sera pas pansé aux dépens du navire. »

1147. L'assertion de Valin me paroît juste, par exemple, dans ce cas-ci. Un matelot est utile à bord, et inutile à terre, où il se fait des travaux pour le navire, il est clair que dans ce cas il doit être victime de son insubordination et de son caprice : mais un matelot est, à bord, oisif ; il aperçoit, sur le quai, que sa présence et son travail sont utiles aux embarcations, il part pour aller à ce quai, il y descend sans congé, va travailler utilement, il est blessé ; ce seroit bien mal reconnoître son zèle, que de l'abandonner, dans cette fâcheuse circonstance, à ses propres moyens ;

et le tort qu'il a eu de descendre à terre, sans congé, est bien diminué, s'il n'est pas entièrement effacé par le motif qui l'a déterminé. Dans ce cas, je crois qu'il faut avoir égard aux circonstances : rendons cependant justice à Valin. Ce commentateur est esclave de la loi ; il fait ses efforts par-tout pour en expliquer la lettre ; mais comme la justice veut que l'on ait quelquefois recours à son esprit ; il faut donc y recourir toutes les fois que l'occasion s'en présente.

Art. 13. « Les héritiers du matelot engagé par mois, qui décédera pendant le voyage, seront payés des loyers jusqu'au jour de son décès.

Art. 14. » La moitié des loyers du matelot engagé par voyage sera due, s'il meurt en allant, et le total, si c'est au retour; et s'il naviguait au fret ou au profit, sa part entière sera acquise à ses héritiers, pourvu que le voyage soit commencé.

1148. Il en est de même si l'engagement est à forfait pour la traversée du retour. Sentence de Marseille du 31 juillet 1753.

1149. Valin paroît trouver injuste la partie de l'article qui alloue la part entière de la navigation au fret, ou au profit, aux héritiers du matelot, fondé sur ce que c'est une société de travaux. Règle générale. La mort rompt la société, mais non la communauté, jusqu'à ce qu'elle ait été liquidée. D'après cette règle, pour arrêter la communauté, il faudroit donc la liquider, et après la liquidation, le tout seroit résolu. Ce n'est pas cependant ce qu'entend l'ordonnance ; elle veut que la société dont il est ici question, continue jusqu'à sa fin : sans doute, comme l'observe fort bien Valin, afin d'encourager les matelots à former ces sortes d'entreprises.

1150. *Première question.* Cet article, qui force l'équipage à continuer la communauté avec les héritiers, force-t-il les héritiers à continuer la communauté avec l'équipage ? Au premier coup-d'œil, il sembleroit d'abord que la réciprocité le voudroit; mais lorsqu'on réfléchit que l'esprit de l'ordonnance est de favoriser le décédé dans la personne de ses héritiers; que les héritiers n'ayant personne *ad hoc* sur le vaisseau pour surveiller leurs intérêts, peuvent voir ce même intérêt compromis; que conséquemment la loi manqueroit son but, si elle forçoit les héritiers à rester en société; et comme l'ordonnance ne s'est point expliquée sur ce point, on décidera, sans doute, que les héritiers pourront demander la liquidation de la communauté. Ils pourront la demander avec d'autant plus de raison, que dans ce cas, conformément au Droit romain, au sentiment de tous les auteurs, et à l'arrêt du 2 juillet 1591, rapporté par Bacquet, toute société finit par la mort de l'un des associés. Dans nos usages, on peut stipuler une convention contraire.

1151. *Deuxième question.* D'après le Droit romain, Charondas, sur Bouteiller : une association est dissoute, même lorsqu'un seul associé se retire. A quoi j'ajouterois, même injustement, à plus forte raison veut-elle qu'elle soit dissoute lorsqu'il y meurt un associé. Dans ce cas, la société qui se continueroit dans la personne des héritiers du marinier engagé au fret, ou au profit, se retirant de l'association, l'association continuera-t-elle entre les individus restans ? A en juger d'après les régles du Droit, *oui ;* mais à en juger d'après l'esprit, et même la lettre de notre ordonnance, *non.*

1152. A en juger d'après l'esprit de l'ordonnance, parce qu'elle ne veut pas que la société tombe en dissolution (sauf un consentement unanime) par la perte de l'un de ses membres, qui étoit d'autant plus précieux pour elle, qu'il étoit actif. Or, comme elle ne perd point un membre actif dans la retraite d'un héritier, la société ne peut donc point se dissoudre, à en juger d'après son esprit, parce que le Législateur ayant senti que ces sortes d'associations favorisent singulièrement le commerce maritime, il étoit utile de prévenir leur dissolution, qui souvent auroit été provoquée par la mauvaise humeur, ou par quelque vue particulière.

Art. 15. » Les loyers du matelot tué en défendant le navire, seront entièrement payés, comme s'il avoit servi tout le voyage, pourvu que le navire arrive à bon port. »

1153. Cet article entend parler du loyer au voyage et de tout autre. Valin fait ici une observation bien judicieuse; il dit : « Quoiqu'il soit décidé que les loyers du matelot tué en défendant le navire seront payés en entier à ses héritiers, cela s'entend aux dépens tant de la cargaison que du navire, pour la portion excédente les loyers qui auroient été dûs en cas de mort naturelle, et non aux dépens du navire seul, parce que c'est une dépense extraordinaire qui doit être supportée en commun : » ce qui se trouve confirmé par l'article 11 du présent titre. Au surplus, ce qui reste dû de loyer au matelot, pour solde de ses avances et ses parts de prise, doivent être rendus à ses héritiers. Art. 9 du régl. du 25 nov. 1693.

1154. Si cependant le matelot s'étoit tué hors du combat, soit en manœuvrant ou autrement, ce sera le cas de suivre les dispositions des articles 11, 13 et 14.

Art. 16. « Les matelots pris dans le navire et faits esclaves, ne pourront rien

rien prétendre contre les maîtres, les propriétaires, ni les marchands, pour paiement de leur rachat.

Art. 17. » Mais si aucun d'eux est pris étant envoyé en mer ou à terre, pour le service du navire, son rachat sera payé aux dépens du navire; et si c'est pour le navire et la cargaison, il sera payé aux dépens de tous les deux, pourvu qu'il arrive à bon port; le tout néanmoins jusqu'à concurrence de 300 fr., sans préjudice de ses loyers. »

1155. Valin observe qu'il n'est point question ici de la cargaison seule, et que s'il n'en est pas question, c'est parce que le matelot ne peut point servir la cargaison sans servir le navire, mais qu'il peut servir le navire sans servir la cargaison.

Art. 18. « Le réglement des sommes destinées au rachat des matelots, sera fait à la diligence du maître incontinent après l'arrivée du vaisseau, et les deniers seront déposés entre les mains du principal intéressé, qui sera tenu de les employer incessamment au rachat, à peine du quadruple au profit des matelots détenus. »

1156. Le réglement dont parle cet article, s'entend du cas auquel le navire et la cargaison contribueroient; car, lorsqu'il n'y a que le navire, comme l'observe fort bien Valin, le réglement est tout fait, quoiqu'il y ait plusieurs propriétaires.

1157. Valin fait cette observation sur cet article : « On est embarrassé à trouver la raison pourquoi le rachat du matelot fait esclave étant envoyé en mer ou à terre pour le service du navire et des marchandises tout ensemble, est mis au rang des avaries communes ; tandis que, si avec le matelot on eût envoyé des marchandises qui eussent été prises comme lui avec la chaloupe, la perte de ces marchandises et de la chaloupe ne seroit certainement qu'une avarie simple ou particulière pour le propriétaire de ces marchandises, ou du navire. »

1158. Lorsque le matelot va à terre pour le navire et la cargaison, il y va pour la chose commune; lorsqu'il y va avec sa chaloupe et quelques marchandises, il y va pour des choses particulières : conséquemment, la première avarie est *commune*, et l'avarie suivante est particulière. Voilà, je crois, la raison pourquoi il en est ainsi.

Art. 19. « Le navire et le fret demeureront spécialement affectés au loyer des matelots. »

1159. Valin dit : « Si ce fret a été payé au maître, qui, au lieu de satisfaire les gens de son équipage, ait appliqué les deniers au paiement de sa dette particulière, il ne leur restera qu'une simple action contre le maître, sans recours, mais non contre les marchands-chargeurs qui ont payé le fret à qui ils le devoient, ni contre les créanciers qui ont été payés du produit de ce fret; c'étoit au matelot à prendre la précaution de saisir le fret entre les mains des marchands-chargeurs qui le devoient.» Peirera de Castro, dis. 45, est d'un avis contraire. Neanmoins, j'adopte l'opinion de Valin, 1.° par rapport aux chargeurs, parce que les matelots ne peuvent point leur demander leur paiement, vu qu'ils ont payé le fret à celui à qui ils le devoient. Le titre du fret disant par-tout implicitement, le fret sera payé au maître ; 2.° par rapport aux créanciers, parce que l'on ne peut pas dire décidément qu'ils ont reçu les mêmes espèces qui ont été données pour le fret; car, s'il eût été convenu que le fret seroit payé en marchandises, que le capitaine eût reçu son fret de cette manière, et qu'ensuite il eût payé ses créanciers avec ces mêmes marchandises si elles étoient encore en nature, je ne doute pas que les matelots ne fussent autorisés à réclamer; parce que, dans le premier cas il peut y avoir confusion d'espèces, et qu'ici il ne peut y avoir confusion de marchandises : d'ailleurs, comme dit Pothier, *ob., par. 497*, en se référant à *la loi 14*, *§. fin. ff, de solut.*

1160. Lorsque le paiement fait par une personne qui n'étoit pas propriétaire, est d'une somme d'argent, ou autre chose qui se conserve, la consommation qu'en fait de bonne-foi le créancier, valide le paiement qui en est fait, *d. §;* la raison est que la consommation qu'il a faite de bonne-foi, équipolle à la translation de propriété de la chose........... la revendication ne pouvant jamais avoir lieu que contre le possesseur ou celui qui a cessé malicieusement de posséder.

1161. Le paiement que feroit un capitaine à ses créanciers, avec des marchandises provenant du fret, seroit un paiement par *dation* : or, comme la *dation*, en paiement, n'est valable qu'autant que le débiteur transfère au créancier la propriété de la chose. *L. 167, ff, de reg. jus.*, et que l'on ne peut transférer une propriété, sans être valablement propriétaire, il suit de-là que le créancier qui auroit été payé par dation, pourroit être évincé. *L. 98, ff. de solut.* Conséquemment, le fret étant affecté au loyer des matelots, ils en sont comme propriétaires jusqu'à concurrence de leur dû, donc ils pourroient revendiquer les marchandises entre les mains des créanciers du capitaine.

Art. 20. « Les loyers des matelots ne contribueront à aucunes avaries.»

1162. Voyez l'article 11 du titre 8 du jet et de la construction. Ils ne contribuent pas non plus à aucun frais de relâche ni autres avaries. Sentence de Marseille, du 11 octobre 1748.

Art. 21. « Ce qui est ordonné par le présent titre, touchant les loyers, pansement et rachat des matelots, aura lieu pour les officiers et autres gens de l'équipage. »

1162. Il faut ajouter, dit Valin, et pour le maître ou capitaine. (En effet, le maître est le premier officier), excepté les articles où il est mis en opposition avec les gens de son équipage; et encore, les décisions portées entre lui et les matelots, servent-elles de règle entre lui et le propriétaire du navire.

SECTION VIII.

CHAPITRE XXVIII.

DES CONTRATS A LA GROSSE, A LA GROSSE AVENTURE, A RETOUR DE VOYAGE. BOMERIE.

1164. Le contrat de prêt à la grosse aventure, est un contrat par lequel l'un des contractans, qui est le prêteur, prête à l'autre, qui est l'emprunteur, une certaine somme d'argent, à condition qu'en cas de perte des effets pour lesquels cette somme a été prêtée, arrivée par quelque fortune de mer ou accident de force majeure, le prêteur n'en aura aucune répétition, si ce n'est jusqu'à concurrence de ce qui en restera; et qu'au cas d'heureuse arrivée, ou au cas qu'elle n'auroit été empêchée que par le vice de la chose, ou par la faute du maître ou des mariniers, l'emprunteur sera tenu de rendre au prêteur la somme avec un certain profit convenu, pour le prix du risque desdits effets, dont le prêteur s'est chargé. *Pothier.*

1165. Les Romains appeloient ce prêt *pecunia trajectitia*, quelquefois *fœnus naùtica, fœnus nauticum.* Le guidon l'appelle, chap. 18, *argent à profit*, *Bomerie*, du mot flamand *Bomé*, quille du navire, *Bomérie*; quille équipée et garnie: nous l'appelons *grosse aventure*, parce que le donneur expose son argent à *l'aventure* de la mer, et qu'il contribue aux *grosses* avaries; il est encore appelé *à retour de voyage*, parce qu'ordinairement le donneur court le risque maritime jusqu'à l'heureux retour du navire.

Les Hollandais l'appellent *Bomery*; les Anglais, *Bottom*; les Italiens, *Cambio maritimo* ou *Bomeria*. La dénomination française de *contrat à retour de voyage*, est fausse, puisque suivant l'art. 2, le prêt peut être fait pour un temps limité.

1166. Le contrat à la grosse est fort ancien, il paroît même avoir pris naissance chez les Grecs; quoi qu'il en soit, Démosthène en parle souvent dans ses plaidoyers, notamment dans celui qu'il fit contre Lacritus. On voit dans le billet de grosse, inséré en entier dans ce plaidoyer, que Androclès de Sphette, et Neucrate de Caryste, avoient prêté à Arremon et à Appollodore de Phaselis, 3000 dragmes d'argent sur des effets à transporter d'Athènes à Mende ou à Scione, etc., à 225 par mille, ou 12 ½ p. % pour intérêt, etc. Disons, en passant, que l'usage de stipuler à tant pour mille, ou tant pour cent, remonte très-haut dans l'antiquité, puisque les Crecs et les Romains stipuloient quelquefois de cette manière.

1167. Les billets de grosse étoient, chez les Grecs, déposés entre les mains d'un tiers; aussi voit-on, dans le prêt dont il vient d'être parlé, Archémonide attester que le billet avoit été déposé, par les contractans, entre ses mains.

1168. Toubeau, ancien prevôt des marchands à Bourges, qui entendoit fort bien le droit du commerce continental, mais qui n'entendoit pas de même le droit maritime, a pris ce billet pour l'instrument d'un contrat de grosse. *Ins. au droit cons., fol. 647*; mais le fait est que c'est un véritable billet à retour de voyage ou de grosse, et non une police d'assurance, comme le prétend cet auteur.

1169. A l'exemple des Grecs, les Romains ont pratiqué le prêt à la grosse. La novelle 106 approuve les différens usages en vigueur, relatifs au contrat à la grosse, lesquels avoient établi l'intérêt nautique à 12 pour %; mais la 110.e novelle défend, sous quelque prétexte que ce soit, de le porter plus haut.

1170. Les nations gautiques l'ont aussi adopté et pratiqué; nous en avons une preuve dans le consulat de la mer; cette ancienne compilation, la plus ancienne de toutes, en parle.

1171. Il a été souvent mis en question, si le contrat à la grosse étoit ou n'étoit pas usuraire. St. Thomas, le cardinal de Luca, Dumoulin, Molina, s'en sont mêlés, et ont soutenu, les uns la négative, les autres l'affirmative; enfin la célèbre ordonnance de 1681 a mis, au moins en France, quelque paix parmi les combattans; elle la reconnu solennellement.

1172. Le contrat à la grosse n'est pas absolument usité en France, et ne se fait guère que pour des petites sommes, par des gens qui, n'ayant pas beaucoup de fortune, n'inspirent que fort peu de confiance.

1173. L'usure nautique, que l'on appelle, assez ordinairement, change, intérêt maritime, n'est point comme l'intérêt ordinaire, dont le taux est fixé par la loi; il est indéfini. Les parties contractantes peuvent en convenir au taux qu'elles veulent. Ces deux intérêts diffèrent encore ensemble : l'intérêt de terre se calcule à tant pour cent par mois, par an, et isolément du principal; et l'intérêt maritime est dû conjointement avec le principal, à la même époque, qui peut être plus ou moins avancée ou recalée, suivant que les circonstances de mer en décident.

1174. « La grandeur de l'usure maritime est fondée sur deux choses; le péril de la mer, qui fait que l'on ne s'expose à prêter son argent que pour en avoir beaucoup davantage; et la facilité que le commerce donne à l'emprunteur de faire promptement de grandes affaires, et en grand nombre; au lieu que l'usure de terre, n'étant fondée sur aucune de ces raisons, sont, ou proscrites par le Législateur, ou, ce qui est plus censé, réduites à de justes bornes. » *Montesquieu, liv. 22, chap. 20.*

1175. Celui qui fournit l'argent est appelé *le donneur*, et celui qui le reçoit est appelé *le preneur*. La condition est dite accomplie, lorsque le navire arrive heureusement au lieu destiné; et la condition manque d'être accomplie, lorsque la navigation n'est pas heureuse.

1176. Le contrat à la grosse est *unilatéral*, parce qu'il n'y a que l'emprunteur qui contracte l'obligation de rendre la somme qu'il a empruntée, avec le profit maritime, sous la condition qu'il n'arrive pas quelque accident de force majeure, qui causât la perte des effets sur lesquels le prêt a été fait.

1177. Ce contrat est *intéressé, de part et d'autre*, de la part du donneur, parce qu'il se propose de retirer un intérêt; et de la part du preneur, parce qu'il se propose aussi de retirer un bénéfice.

1178. Ce contrat est *aléatoire*, parce que le hasard le dominant, le bénéfice et le capital sont incertains.

1179. Enfin le contrat est *conditionnel*, parce que le preneur ne s'engage à rendre la somme, et d'en payer l'intérêt, qu'à condition qu'il ne surviendra pas quelque accident *de force majeure*, (56) qui cause la perte des effets sur lesquels le prêt est fait.

1180. Il est de l'essence du contrat à la grosse, [illegible]gent soit employé à un objet qui soit exposé aux risques de la mer ; et il faut qu'en cas de perte, le preneur justifie qu'il y avoit, pour son compte, des effets jusqu'à concurrence de la somme empruntée.

1181. Il est de l'essence du contrat à la grosse, que le risque maritime soit pour le compte du donneur. *L. 1, 3, 4 et 5, ff. de naut. sœn. L. 1, 2, 4, c. cod. Pothier, n.° 16, h. t. Stypmanus, par. 4, cap. 2, n.° 14, p. 378.*

1182. Le contrat n'est véritablement contrat à la grosse, que depuis le jour que le péril a commencé d'avoir son cours. *L. 3, ff. de naut. fœn* ; d'où il suit que le contrat cesse d'être à la grosse du moment que le péril a cessé, soit par l'heureuse arrivée du navire, soit par l'échéance du terme ; et du moment que le contrat cesse d'être à la grosse, le change maritime cesse. *L. 4, ff. de naut. fœn. L. 1, cod.*

1183. Conséquemment, si le preneur consomme l'argent à terre, sans l'exposer aux risques de la mer, ce n'est plus un contrat à la grosse, quoiqu'il soit ainsi qualifié par le billet. *L. 1, ff. de naut. fœn.*

1184. Si le contrat étoit nul dans son principe, le change nautique ne seroit pas dû, parce que le risque maritime n'auroit jamais été à sa charge.

1185. Ici je crois utile de présenter un tableau parallèle, dans lequel sera exposé, d'une manière concise, les contributions qui appartiennent au contrat à la grosse, et au contrat d'assurance. Ce tableau sera réduit, tant d'un côté que d'autre, savoir :

Aux naufrages.
Aux avaries particulières.
Aux pactes francs d'avarie.
Aux conventions de certains risques.
Aux loyers des matelots.
Aux délaissemens.
Aux prescriptions.

1186. Il est utile d'entrer dans ces détails, pour faire connoître, d'un coup-d'œil, qu'elles sont les lois qui régissent l'un et l'autre contrat : d'ailleurs, lorsqu'on voudra approfondir tout ce que comporte la matière, on pourra recourir au corps de l'ouvrage, que l'on parcourra facilement, en consultant la table des matières par ordre alphabétique.

DIFFÉRENCE ENTRE LE CONTRAT A LA GROSSE ET LE CONTRAT D'ASSURANCE.

CONTRAT A LA GROSSE.	CONTRAT D'ASSURANCE.
En cas de naufrage, le donneur a un privilége réel sur la totalité des effets sauvés.	L'assuré, pour son découvert, vient en concours sur les effets sauvés, avec ses propres assureurs.
Le donneur ne contribue pas aux avaries particulières.	L'assureur contribue aux avaries particulières, sauf convention contraire.
Le pacte franc d'avarie grosse ne mettroit pas le donneur à couvert.	Le pacte franc d'avarie met les assureurs à couvert, même d'avaries grosses.
Le donneur ne peut convenir qu'il ne sera responsable que de certains risques maritimes.	L'assureur peut convenir qu'il ne sera responsable que de certains risques maritimes.
Il n'est pas permis de prendre des deniers à la grosse sur la chose déjà en risque, a moins que ce ne soit en cours de voyage.	Il est permis de faire assurer la chose exposée déjà au risque.
Il est permis aux matelots de prendre de l'argent à la grosse sur leur loyer, avec certaines modifications.	Il n'est pas permis aux matelots de faire assurer leurs loyers futurs.
La forme du délaissement est inconnu au donneur à la grosse.	La forme du délaissement est pratiquée envers les assureurs.
Le contrat à la grosse ne prescrit que par trente ans.	Le contrat d'assurance, pour délaissement, prescrit par six semaines, trois mois, quatre mois, un an et deux ans au plus.
L'entier change est dû au donneur, quoique le navire ne revienne pas (*a*).	En prime liée, l'assureur rend le tiers de la prime si le navire ne revient pas.
Les dates ne sont d'aucunes considérations, pour le même objet, dans le même lieu.	On a égard aux dates des polices pour régler la ristourne.
Le preneur, sur le corps, ne peut point convenir qu'il sera dispensé, qu'en cas de délaissement, il sera dispensé d'apporter le fret.	L'assuré peut stipuler, qu'en cas de délaissement, il sera dispensé de rapporter le fret.
Le preneur ne doit pas courir le risque du dixième.	L'assuré doit courir le risque du dixième, sauf, en certains cas, convention contraire.

(*a*) C'est la Jurisprudence de Marseille. Voyez les par. 1201 et suivans.

1187. L'intérêt nautique est plus ou moins fort, suivant la destination et les circonstances. En temps de paix, pour le cabotage, il varie de 5 à 10 p%: pour le voyage de long cours en Amérique, de 15 à 20 p%: pour la côte de Guinée, de 25 à 35; en temps de guerre, jusqu'à 100 p.

1188. Ordinairement le change maritime consiste en une somme d'argent. *Loccenius*, *lib. 2*, *cas. n.° 4*. Mais rien n'empêche qu'il ne soit stipulé en autre chose. *Pothier*.

1189. Un capitaine emprunte 100 guinées, à Londres, à un Français, à raison de 39# 15s la guinée, en s'obligeant d'en payer le capital et le change dans Bordeaux, en cas d'heureuse arrivée : dans ce cas, les guinées

évaluées à 39# 15s, ressortiront à	3,975#
Elles valent intrinsèquement à-peu-près.	2,650#
Reste pour change.	1,325#

1190. Dans cet arrangement, il y a donc un change implicite de 50 p%.

1191. Straccha, *Introd. de assur.*, *n.° 24*, prétend que si on avoit oublié de coter le change maritime, il ne seroit dû que le change de terre; cela ne pourroit être que dans le cas où le billet à la grosse n'auroit pas d'ailleurs le caractère qui lui est convenable : dans le cas contraire, il doit valoir comme billet de grosse; dans cette hypothèse, le change sera dû suivant le cours de la place, eu égard au temps, au lieu et aux circonstances.

1192. Le change maritime n'a pas lieu lorsqu'il n'a point été couru aucun risque maritime, quand bien même ce seroit par le fait du preneur; quelque soit le motif, il ne peut jamais être assez fort pour qu'une chose qui n'est pas puisse être.

Art. 1.er, Tit. cont. à la grosse. « Les contrats à la grosse aventure, autrement dits contrats à la grosse ou au retour de voyage, pourront être faits par-devant notaire, ou sous signature privée. »

1193. Valin, toujours acharné après Merville, dit : « Le commentateur conclut de-là que le prêt doit être par écrit, et que la preuve testimoniale ne seroit pas recevable quand même il s'agiroit d'une somme au-dessous de 100 fr.; c'est ajouter au texte, qui ne dit pas que ces sortes de prêts ne pourront être faits que par écrit, mais seulement qu'ils pourront l'être sous signature privée comme par-devant notaire : » il recourt au droit commun, en s'étayant des ord. de Moulins, et de 1667, qui porte que la preuve par témoins ne peut être rejetée qu'autant qu'il s'agira d'une somme excédent 100 fr.

1194. « Faute, dit Pothier, d'un acte qui ait été dressé, l'une des parties ne ne peut en avoir la preuve si l'autre partie en disconvient, la preuve par témoins n'en étant pas reçue; et Émerigon se rangeant de l'avis de Pothier, rejette celui de Valin. Disons plus, disons que les contrats à la grosse ne devroient être valables, en France, qu'autant qu'ils seroient consignés au Tribunal de Commerce; et s'ils étoient passés dans l'étranger, qu'autant qu'ils le seroient à la Chancellerie du Commissaire des relations commerciales, et à défaut, par des notables négocians : il seroit nécessaire que ce fût ainsi, parce que le contrat à la grosse est très-privilégié, et que le privilége étant de droit étroit, il est intéressant d'en prévenir l'extension.

1195. L'acte de grosse doit contenir les noms du donneur et du preneur, ceux du navire et du capitaine, la somme principale, le change maritime, le temps et le lieu des risques, la chose qui en est affectée, si elles le sont conjointement ou séparément, et les autres pactes, autorisés par la loi, dont toutes les parties voudront convenir : si ce pacte ne parle pas des risques maritimes, ils sont sous-entendus.

1196. Je ne crois pas inutile de donner les formules de contrats de grosses, d'abord, tels qu'ils se faisoient chez les Grecs, et tels qu'ils se font aujourd'hui parmi nous; par ce rapprochement, on verra que tout ce qui est fondé en raison, a été pratiqué de tous les temps; et que lorsqu'il s'agit de prononcer sur une contestation, que le jugement qui peut en survenir persuade bien davantage lorsque les conclusions sont basées sur ces éternels principes, qui sont aussi immuables que peuvent l'être tous ceux qui sont pris dans la nature.

Formule d'un contrat à la grosse, grec.

Androctès de Sphette, et Neucrate de Caryste (1) ont prêté à Arremon et à Appollodore de Phaselis (2), 3,000 drachmes d'argent (4) sur des effets à transporter d'Athènes à Mende, ou Scione (5), et de-là dans le Bosphore, (6) et s'ils le veulent, sur la côte à gauche jusqu'au Boristhène, et ensuite à Athènes. Ils ont prêté les 3,000 drachmes à 225 p$\frac{0}{0}$ (7) pour intérêt. Si les débiteurs passent du pont au temple des Argonautes, après le coucher de l'Arcture, ils paieront 300 d'intérêt p$\frac{0}{0}$ (8). Ils engagent, pour la

Formule d'un contrat à la grosse, française.

Je soussigné François Gauthier, (2) reconnois devoir au cit. Monville (1) la somme de 3,000 fr., (4) pour autant qu'il m'a prêté en espèce sonnantes, pour employer à l'armement et avictuaillement du navire la Junon, (9) et aussi pour l'achat des effets et marchandises qui y seront chargés (9), de laquelle somme le cit. Monville courra les les risques, périls et fortune de la mer, de la guerre, et tous autres auxquels sont sujets ceux qui prêtent de l'argent à la grosse aventure, sur le corps et quille dudit navire, (26) somme prêtée, 3,000 brocs (9) de vin de Mende, ou de Scione (10), sur un vaisseau à vingt rames (11), dont Hyblesus (12) est l'armateur. Ils protestent qu'ils ne doivent et n'emprunteront rien, sur ces vins, à personne. (13) Ils rapporteront à Athènes, (14) sur le même vaisseau (15), les effets qu'ils auront échangés pour le vin; (16) et lorsqu'ils seront arrivés avec ces effets, ils rendront, en vertu du présent billet, à leurs créanciers, l'argent qui leur auront prêtés, dans l'espace de vingt jours, (17) à compter de celui où ils seront entrés dans le port (18) d'Athènes; ils rendront la somme en entier; ils n'en déduiront que les pertes que les passagers auront faites, dans le trajet, d'un commun accord, (19) ou celles qu'ils auront essuyées de la part des ennemis; (20) la somme d'ailleurs doit être entière. Ils livreront, sans aucune charge, aux créanciers, les effets engagés pour la somme, jusqu'à ce qu'ils aient rendu l'argent prêté, intérêts et principal, en vertu du billet. (21) S'ils ne l'ont pas rendu dans un temps marqué, les créanciers pourront saisir les effets, et les vendre le prix qu'ils valent. (22) Si les créanciers n'en tirent pas la somme qui leur doit revenir en vertu du billet, ils pourront exiger le reste d'Arremon et d'Appollodore, ou de l'un des deux en même temps (23), faire arrêt sur leurs biens de terre et de mer, en quelque endroit qu'ils soient, comme s'ils eussent été condamnés, et qu'ils n'eussent pas exécuté la sentence. (24) S'ils ne passent point dans le Pont, et qu'ils restent dans l'Ellespont dix jours après la canicule; s'ils déchargent dans un pays où les Athéniens ne peuvent exercer leur commerce, revenus à Athènes, ils paieront toujours l'intérêt marqué dans le billet qui aura été fait l'année précédente. (25) S'il arrive au vaisseau quelqu'accident considérable, on ne pourra toucher au bien des débiteurs qu'ils auront donné pour assurances. (26) Les effets qui

dont est capitaine Jean Edmond (12) de présent à la rade de Bordeaux, (5) pour partir dans un mois, faire son voyage à la Martinique, (6) y faire sa décharge pour recharger, (16) et faire son retour dans la rade de Bordeaux. (14) Lesdits risques commenceront du jour de son départ de Bordeaux, et continueront, tant en allant, séjournant à la Martinique, que retournant, et jusqu'à ce qu'il soit de retour dans ladite rade de Bordeaux, et qu'ils auront séjourné vingt-quatre heures, lesdits risques cesseront: (25) laquelle somme de 3,000 fr. je promets et m'oblige rendre au cit. Monville, ou au porteur du présent contrat, sans qu'il soit besoin d'autre ordre, transport ni signification, trois mois après l'arrivée dudit navire dans ladite rade de Bordeaux, (17) avec les profits maritimes d'icelle, (21), à raison de quarante pour cent: et au cas qu'il y ait guerre par mer entre la France et quelqu'autre puissance, je promets et m'oblige payer audit cit. Monville vingt-cinq pour cent d'augmentation de profits maritimes (8), à quoi je consens être contraint comme pour fait de négoce, et j'oblige, affecte et hypothèque l'intérêt que j'ai et aurai audit navire, effets et marchandises y chargés et à charger, et généralement tous mes autres biens, tant meubles qu'immeubles, présens et à venir, une obligation ne dérogeant pas à l'autre: (24) et s'il survient quelques contestations entre nous pour l'exécution du présent, nous serons jugés par des arbitres choisis par nous, qui auront le droit de nommer un sur-arbitre, si le besoin y est; et en cas que l'un de nous se refuse de nommer son arbitre après signification, il en sera nommé un d'office: dans tous les cas, nous nous tiendrons pour bien jugés, en renonçant, au surplus, à toute voie d'appel.

A Bordeaux, le

François Gauthier.

auront échappés seront partagés entre les uns et les autres. (27) Pour tous ces articles, rien ne pourra infirmer le billet.

TÉMOINS. *Phormion du Perée, Céphisodote de Béoti, Peliodore de Pythe.* Plaid. de Démost. contre Lacritus.

1197. D'après ce rapprochement, qui prouve, avec la plus grande évidence, que les Athéniens employoient, à bien peu de choses près, la même formule que nous dans le contrat à la grosse, que Toubeau vienne nous dire que c'est là une police d'assurance, et que Merville doute qu'il a été connu des anciens; assurément ils ne persuaderont personne.

Art. 2. « L'argent à la grosse pourra être donné sur le corps et quille du navire, ses agrès et apparaux, armement et victuailles, conjointement et séparément, et sur le tout ou partie de son chargement, pour un voyage entier, ou pour un temps limité. »

1198. L'argent donné sur corps et quille du vaisseau, s'entend du prêt d'une somme pour être employée au paiement des frais de radoub. Le prêt fait sur les agrès et apparaux, regarde les voiles, cordages, vergues, poulies et autres ustensiles du navire; en un mot, toutes les manœuvres courantes et dormantes du navire : le mot agrès ayant un sens plus général que celui d'apparaux, il est prudent de joindre les deux mots ensemble. Celui qui est fait sur l'armement et victuailles, est borné aux canons, et autres armes et munitions de guerre, aux vivres destinés pour la nourriture des gens de l'équipage.

1199. Dans l'usage, on ne divise pas ces objets; lorsqu'on passe un contrat à la grosse sur le navire, on y affecte copulativement le corps et quille du vaisseau, ses agrès et apparaux, l'armement et victuailles : au surplus, les marchands-chargeurs peuvent prendre des deniers à la grosse, chacun sur leur chargement.

1200. D'après l'énoncé de cet article, on peut donc convenir que le prêt sera fait pour un temps limité; conséquemment on peut convenir que le prêt sera fait pour tant de mois, ou pour l'aller seulement.

1201. Si le change a été stipulé pour l'aller et le retour, et que le navire ne revienne pas, Valin et Pothier consent que le change maritime devroit être diminué du tiers, à l'imitation de ce qui se pratique en matière d'assurance; mais Émérigon, qui paroît adopter leur opinion, assure que la Jurisprudence de Marseille accorde l'entière change, Jurisprudence autorisée par le silence de la loi, qui est de droit étroit. Nous avons vu que les Athéniens le décidoient ainsi ; à la vérité, il paroît qu'il falloit une stipulation expresse.

1202. Cependant on ne pourroit s'empêcher de convenir que non-seulement cette Jurisprudence seroit vicieuse, mais encore la stipulation, si on n'avoit pas égard à l'intention des parties, à leur motif, et aux conséquences qui en peuvent résulter. En effet, j'achète des marchandises; j'emprunte dessus à 50 p %, pour l'aller et le retour ; je les envoie en Amérique; je les vends, tous frais déduits, à 100 p % de bénéfice; je ne trouve à charger qu'à perte, sera-t-il juste que je paye au donneur l'entier risque qu'il auroit dû courir, lorsqu'il n'en a couru que la moitié? Je ne le crois pas; et je dis plus, je dis que cette décision est contre l'essence principale du contrat, puisqu'il ne peut y avoir de change maritime sans risques; et que, comme tout ce qui est au-dessus de ce risque est usuraire, le change, dans cette hypothèse, doit être déduit; mais en ayant égard à l'intention des parties, à leur motif, et aux conséquences qui en peuvent résulter, onsentira qu'il faut avoir égard aux circonstances.

1203. *Intention des parties.* Lorsqu'un donneur se décide à prêter à la grosse, il soupçonne que son preneur n'a pas beaucoup de moyens; et ce qui lui prouve, c'est l'emprunt qu'il lui fait. L'intention du donneur est donc d'avoir une garantie de son paiement, et l'intention du preneur de pourvoir à son insuffisance personnelle.

1204. *Motif du prêt.* Le donneur ne se décide à prêter son argent, que parce qu'il sera payé, même par préférence sur les retours, après l'arrivée du navire; dans cette circonstance, il a donc le droit de poursuive la chose, et à défaut, la personne après le retour. Le navire ne revient pas: dans ce cas, ce sera de deux choses l'une, ou le preneur aura laissé les deniers qui en seront provenus entre les mains d'un créancier pour le payer, ou entre les mains d'un commissaire, ou bien il les aura apportés; s'il a donné ces deniers à un créancier, il commence d'abord à se frustrer lui-même, puisque, dans ce cas, il se voit forcé de payer un change maritime, au lieu d'un change de terre qu'il devroit naturellement; ensuite il frustre son créancier, puisqu'il s'engage : si, au contraire, il laisse ses deniers entre les mains de son commissionnaire, tôt ou tard il les fera revenir, soit en nature, soit en marchandises; dans ce cas la condition du contrat a été retardée, mais la voilà qui s'exécute, et les choses reviennent dans l'ordre : il en sera de même s'il apporte de l'argent.

1205. *Conséquence.* Si le preneur a donné le produit de son chargement à son créancier, ayant violé le contrat, il doit d'abord l'intérêt de terre; le change qui doit résulter du danger de prêter à un homme qui, lui-même, a dénoncé son défaut de moyens (a); plus, le dommage survenu : dans ce cas il devra au moins le change maritime, décision qui l'empêchera de colluder avec quelques créanciers supposés. Mais en cas qu'il fasse son retour, subit ou tardif, en argent ou en marchandises; s'il est subit, ce retour étant une des condititions qui a motivé le change, il devra l'intérêt maritime; s'il est tardif, il devra l'intérêt de terre pour tout le retard, et l'intérêt maritime pour l'aller et le retour.

1206. La loi ayant été muette sur ce point; si les Grecs n'eussent point prévu ce cas; si la Jurisprudence constante de Marseille ne l'eût point décidé ainsi, la raison me paroîtroit le décider de même.

1207. Lorsque les risques sont finis, si le preneur est en demeure de remplir ses observations, l'intérêt de terre court, *ipso jure*, sans qu'il soit besoin de demande judiciaire. *L. 4, ff. de naut. fœn.*, *Stypmanus*, *Loccenius*, *Targa*, *Wolf.*

1208. La Jurisprudence de Marseille fait courir l'intérêt de terre, sur le change et le capital, depuis le jour de la demeure naturelle. Pothier veut une demande judiciaire pour le capital. Émérigon observe que c'est contraire au texte de la loi; mais il ne paroît pas croire que l'intérêt du change soit dû.

Art. 3. « Faisons défense de prendre deniers à la grosse sur le corps et quille du navire, ou sur les marchandises de son chargement, au-delà de leur valeur, à peine d'être contraint, en cas de fraude, au paiement des sommes entières, nonobstant la perte ou la prise du navire. »

1209. Si l'emprunteur prenoit des deniers à la grosse, au-delà de la valeur des effets assurés, il en résulteroit deux graves inconvéniens; l'un par rapport au preneur, et l'autre par rapport au donneur : par rapport au preneur, parce qu'il paieroit des intérêts usuraires; par rapport au donneur, parce qu'il n'auroit qu'un gage en partie imaginaire : dans cette circonstance, pour que l'un et l'autre ne fût point lézé, il a donc fallu décider que le gage répondroit exactement à la somme prêtée : dans ce cas, la loi est très-

(a) Dans le change proprement dit, la solvabilité présumée du donneur de traite augmente ou diminue le taux du change, parce que ce change contient les risques de route, la solvabilité présumée du donneur, et les frais de transport.

juste, puisqu'elle veille également à l'intérêt de l'une et l'autre partie.

1210. Valin observe « que la valeur doit s'entendre ici, eu égard au temps du contrat, ou au temps que les risques doivent commencer à courir; et parce que, sur la valeur, le preneur peut se méprendre de bonne-foi, cet article ne le punit qu'en cas de fraude, qui doit être claire et manifestement prouvée; et il y aura fraude, si le preneur avoit déjà donné un prix à son navire, ou s'il avoit par-devers lui la facture des marchandises, et que dans ce cas, il eût excédé la valeur du tout. »

1211. Qu'entend donc notre commentateur, lorsqu'il dit : Si le preneur avoit déjà donné un prix à son navire? Entend-il parler du prix qu'il auroit fixé pour la vente de son navire? en ce cas ce seroit prendre une mauvaise base, parce que les négocians, en pareille circonstance, exagèrent presque toujours leurs prétentions; et quelquefois ils diminuent de beaucoup trop leurs prétentions, lorsqu'ils en sont pressés par leurs affaires. Entend-il parler d'une valeur appréciée par le preneur, ou bien par le preneur et le donneur conjointement, au moment du contrat? Il y a toute apparence qu'il entend parler de l'une et de l'autre. Alors il se présente une grande difficulté, puisque l'article dit que *les sommes prises à la grosse seront remboursées, quoique le vaisseau soit pris ou saisi*, ce qui suppose que le donneur n'en aura pas connu la valeur au passement du contrat, ou qu'il aura été induit en erreur, mais qu'il en aura connu la valeur après le contrat; dans ce cas, comment prouver la valeur réelle du navire : il n'existe plus, faudra-t-il se référer au livre du vendeur? Il n'en aura peut-être pas, contre l'usage, passé écriture. Sera-ce à la voie publique? Elle est trop incertaine. Sera-ce aux assurances? Il dira qu'il est resté par spéculation à découvert. Dans ce cas, le seul parti qu'il y aura à prendre ce sera d'ordonner l'exhibition du contrat d'achat, en ayant égard à toutes les circonstances qui pourront l'accompagner, comme au temps qui sert depuis cette époque, au cours du prix qu'il pouvoit avoir alors, et qu'il pourroit avoir aujourd'hui, s'il étoit dans le même état, etc., etc. Les juges ne sauroient jamais avoir trop d'égards à toutes ces circonstances, et ne sauroient jamais trop se précautionner contre les réclamations de l'intérêt. Dans le cas de l'article, les sommes entières seront payées en capital, mais non l'intérêt maritime, par la raison que le navire ayant disparu, avec lui s'est évanoui le change maritime.

1212. Quant aux marchandises, que le preneur ait eu ou n'ait pas eu la facture par devers lui, et qu'il en ait même donné copie signée de lui au donneur, toutes ces circonstances ne prouveront rien contre le donneur de valeur, s'il peut d'ailleurs prouver que le cours des marchandises de même genre et qualité, dans le même lieu et au même jour, étoient, par exemple, à 50 pour 8 de moins que le prix porté dans les factures; la raison est que le preneur pourroit bien avoir caludé avec son vendeur, car la mauvaise foi est très-ingénieuse pour satisfaire sa cupidité : en ce cas, point de doute qu'il n'y ait eu fraude, et que le donneur ne puisse se faire rembourser aux termes de notre article.

Art. 4. « Défendons aussi, sous pareille peine, de prendre deniers sur le fret à faire par le vaisseau, et sur le profit espéré des marchandises; même sur les loyers des matelots, si ce n'est en présence et du consentement du maître, et au-dessous de la moitié du loyer. »

1213. Valin observe, sur cet article, « qu'il n'est pas permis de prendre à la grosse sur le fret à faire, parce que le prêteur seroit à la discrétion du preneur, qui s'embarrasseroit peu d'un fret dont il ne devroit pas profiter. »

1214. Il est défendu au preneur de prendre des deniers à la grosse sur *le fret à faire*, parce que ce fret est une chose incertaine, et qu'il est de l'essence du contrat à la grosse, qu'il y ait une chose certaine, d'une valeur déterminée, exposée aux risques. Or, ici n'y ayant point une chose avec les qualités requises, dont on peut apprécier la valeur, il n'est donc point possible de la donner pour gage de l'emprunt. D'après ces observations, je crois être autorisé à dire que Valin a saisi parfaitement les conséquences, mais qu'il n'a pas saisi les principes. Cette vérité, il l'a sentie à l'égard du profit espéré des marchandises; il dit : « S'il est défendu tout de même de prendre deniers sur le profit espéré des marchandises, c'est qu'il n'y a là rien de réel, ce profit pouvant être imaginaire, marqué par le fait propre du débiteur propriétaire des marchandises. »

1215. Pour ce qui est des matelots, on conçoit de quelle dangereuse conséquence il seroit de leur permettre d'emprunter sur leurs loyers, puisque le gain de leurs loyers les attache, autant que la crainte de la mort, à la conservation du navire. Il se peut néanmoins qu'un matelot se trouve dans la nécessité d'emprunter sur ses loyers, et c'est pour cela que cet article lui en donne la faculté : mais à deux conditions; l'une, que ce soit en présence et du consentement du maître; et l'autre, que l'emprunt soit au-dessous de la moitié des loyers, afin que cet excédent du loyer soit une sûreté de l'exactitude du service qu'il doit au navire. Aujourd'hui il faudroit, pour ce consentement, le concours du Commissaire aux classes.

1216. D'abord ce que prescrit l'ordonnance à l'égard de la moitié des loyers des matelots, est impraticable par rapport au voyage au mois, qui peut se trouver plus long, ou plus court, et conséquemment n'a pas une valeur certaine : d'ailleurs, les emprunts à la grosse sont prévenus par l'usage de compter des avances aux mariniers. Au surplus, les lois subséquentes à l'ordonnance dérogent au moins tacitement sur ce point; premièrement, en ordonnant que le marinier sera payé dans le lieu du départ ; (325) secondement, et conformément au réglement du 1.er novembre 1745, en défendant à tous particuliers de former aucune action sur le produit de la solde des mariniers, si ce n'est pour loyer, subsistance, ou hardes qui leur auront été fournies du consentement des officiers des classes : dans ce cas, ayant des sûretés, ils n'ont donc pas besoin d'emprunter à la grosse.

Art. 5. « Faisons, en outre, défenses à toutes personnes de donner de l'argent, à la grosse, aux matelots sur leurs loyers, ou voyages, sinon en présence et du consentement du maître, à peine de confiscation du prêt, et de cinquante francs d'amende.

Art. 6. » Les maîtres demeureront responsables, en leur nom, du total des sommes prises, de leur consentement, par les matelots, si elles excèdent la moitié de leurs loyers, et ce, nonobstant la perte, ou prise du vaisseau.

Art. 7. » Le navire, ses agrès et apparaux, armement et victuaille, même le fret, seront affectés, par privilége, au principal et intérêt de l'argent donné sur le corps et quille du vaisseau, pour la nécessité du voyage; et le chargement au paiement des deniers pris pour le faire. »

1217. Le fret s'entend aussi bien de celui qui est payé d'avance au départ du navire, que de celui qui ne doit être payé que sur les marchandises arrivées à bon port, ou sauvées; de manière qu'il doit servir également au paiement des deniers pris à la grosse sur le navire. Arrêt d'Aix du 10 octobre 1733. La raison est que le fret payé d'avance n'est point considéré comme paiement, puisqu'on ne peut payer une chose dont on ignore la valeur, mais comme prêt : d'où il s'ensuit que l'abandon étant fait des débris du navire, pour demeurer quitte de la somme empruntée à la grosse, le fret des marchandises sauvées est aussi abandonné.

1218. Le preneur, dans l'espèce, est-il tenu d'abandonner le fret acquis, payé ou non payé d'avance ? Lorsque le donneur traite avec le preneur, il est présumé avoir eu la croyance que, par rapport au fret, le preneur avoit loué son bâtiment sous la condition du fret ordinaire, et il doit en être

être d'autant plus persuadé, lorsque ce preneur ne le prévient pas qu'il a loué son vaisseau à fret acquis : dans cette circonstance et dans l'espèce, le fret acquis doit lui être abandonné, le décider différemment, ce seroit faciliter des manœuvres frauduleuses entre le fréteur et l'affréteur, contre le donneur à la grosse.

Art. 8. « Ceux qui donneront deniers à la grosse, au maître, dans le lieu de la demeure des propriétaires, sans leur consentement, n'auront ni hypothèque ni privilége que sur la portion que le maître pourra avoir au vaisseau et au fret, quoique les contrats fussent causés pour radoub, ou victuailles du bâtiment.

Art. 9. » Seront toutefois affectées aux deniers pris par les maîtres, pour raboub et victuailles, les parts et portions des propriétaires qui auront refusé de fournir leur contingent pour mettre leur bâtiment en état. »

1219. Dans ce cas, il faut que le capitaine fasse assigner le refusant, pour qu'il ait à fournir son contingent; sinon pour voir dire qu'il lui sera permis de prendre de l'argent à la grosse, jusqu'à concurrence de telle somme. (410 et suivans.)

Art. 10. « Les deniers laissés par renouvellement, ou continuation, n'entreront point en concurrence avec les deniers actuellement fournis pour même voyage. »

1220. La raison est, qu'il est à présumer que ce sont ces derniers deniers qui ont mis le navire en état de faire le voyage. En effet, si les autres eussent été suffisans, on n'auroit point emprunté ceux-ci.

Art. 11. « Tous contrats à la grosse demeureront nuls par la perte entière des effets sur lesquels on aura prêté, pourvu qu'elle arrive, par cas fortuit, dans le temps et dans les lieux des risques. »

1221. Cette nécessité est de droit commun chez toutes les nations; elle est un hommage rendu aux principes : point de contrat à la grosse, si, dans l'espèce, la perte entière des effets affectés n'entraîne point la perte de la somme prêtée, et conséquemment si le prêteur à quelque chose à prétendre. Or, comme la partie suit la loi du tout, si tout est perdu, toute la somme est perdue; s'il n'y a que partie du tout de perdu, il n'y a que partie proportionnelle de la somme de perdue.

1222. Valin fait cette question. Par exemple, le chargement est de 3,000 fr., l'emprunt est de 1,000 fr., un naufrage a fait perdre 2,000 fr., le contrat à la grosse conserve-t-il tout son effet, sans réduction sur les

1,000 francs sauvés ? Ou bien la perte étant tombée sur tout le chargement, doit-elle être supportée concurremment par le prêteur et l'emprunteur ?

1223. Notre commentateur, sur l'art. 18, conclut négativement sur la seconde question : sa décision paroîtra, au premier coup-d'œil, décisive, et on pourroit, ce me semble, ajouter à ses observations les réflexions suivantes. Du moment que le donneur n'a pas désigné spécialement l'objet sur lequel il entendoit prêter, il a donc entendu prêter sur le tout : la partie est conservée, il a donc, sur cette partie, une somme affectée proportionnelle à la somme totale affectée au tout; et c'est encore, je crois, ici le cas d'appliquer cet axiome, que *la partie doit suivre la loi du tout.* Car enfin, le donneur n'ayant affecté sa somme que sur le tiers de la valeur de la chose, sans dire laquelle, peut-on dire qu'il l'a affectée plutôt sur la partie sauvée, que sur la partie perdue ? certes on ne peut point lui prêter cette intention, puisqu'il ne s'en est pas expliqué : donc, etc.

1224. Cependant, comme l'art. 16 du tit. des assurances défend très-expressément aux preneurs à la grosse de faire assurer les deniers qu'ils empruntent; et que notre article, sur lequel j'écris, *préfère les donneurs à la grosse aux assureurs*, conséquemment *aux propriétaires qui les représentent :* s'il y a dans un chargement de 3000 fr. de valeur, 2000 fr. d'assurance, et 1000 fr. d'emprunt à la grosse, dans ce cas, le donneur à la grosse passant le premier, recevra les 1000 fr. sauvés, et les assureurs venant après lui, paieront les 2000 fr. de perdus à l'assuré, somme que celui-ci pourra réclamer, par la raison qu'il n'a pas été dit spécialement que telles et telles choses étoient assurées; mais 2000 fr. sur une chose de 3000 fr.

1225. Pothier, sur Valin, T. C. à la gr., n.° 49, dit : « Dans l'espèce de cet article (art. 18), qui suppose un contrat à la grosse, et un d'assurance sur un même chargement, il faut supposer nécessairement que le prêt à la grosse a été fait sur un chargement d'une valeur plus considérable que la somme prêtée, autrement il ne pourroit y avoir de contrat d'assurance. Supposons que Jacques a emprunté, par un contrat à la grosse, de Pierre, une somme de 5000 fr. sur un chargement de marchandises; si ce chargement n'étoit que de 5000 fr., Jacques n'auroit pu rien faire assurer de ce chargement, cela lui étant interdit par l'art. 16, titre des assurances. Mais si nous supposons que le chargement étoit de 10,000 fr., Jacques a pu, en ce cas, faire assurer dans ce chargement, les 5,000 fr. dont il excède la somme qu'il a prise à la grosse, à Pierre. Supposons, à présent, que ce chargement a péri, et qu'on n'en a sauvé que pour 4,000 fr., notre article décide que Pierre, qui a donné à la grosse sur ce chargement, une somme de 5,000 fr., sera préféré aux assureurs qui ont assuré le chargement pour les 5,000 fr., dont le chargement excédoit la somme prêtée, et par conséquent, à Jacques, dont ceux qui l'ont assuré ont les droits. Cet article décide donc, que le prêt à la grosse subsiste pour le total des effets sauvés, quoique le chargement excédât la somme prêtée, et que l'emprunteur ne peut rien prétendre dans les effets sauvés, pour raison et à proportion de ce dont le chargement sur lequel il a fait l'emprunt, excédoit la somme prêtée. »

1226. Au surplus, Pothier observe que si le preneur a un avantage en prêtant une valeur moindre que celle des effets, le donneur s'en trouve compensé en donnant un intérêt maritime moindre.

1227. Merville a conclu implicitement comme Pothier, *fol. 247*. Émérigon et l'amirauté de Marseille ont conclu explicitement comme lui, en observant qu'il est de règle *que le créancier et le débiteur ne viennent jamais au concours.*

1228. Mais qui le croiroit si on ne le voyoit pas ? Émérigon qui a soutenu l'affirmative contre Valin lorsqu'il fut consulté par lui, se rétracte, *Tr. à la gr., fol. 543*, en disant :

1229. « Si ma pacotille valoit 3000 fr., et que je n'eusse pris à la grosse que 1500 fr., *la contribution seroit alors supportée proportionnellement* par le donneur et par moi ; et si mon découvert avoit été assuré, la portion de l'avarie commune, me concernant, seroit à la charge de mes assureurs. »

1230. Comme Émérigon et tous les autres appellent contribution la répartition qui doit être faite, au marc la livre, entre les intéressés à la partie de la chose existante, à proportion de l'intérêt qu'ils y avoient lorsqu'elle existoit en entier ; il résulte de-là, que notre auteur veut, par la contribution proportionnelle qu'il indique, que le preneur et le donneur aient chacun une action sur la partie existante, à proportion de l'intérêt qu'ils avoient dans la totalité. Or, comme cette totalité s'élevoit à 3000 fr., que chacun y avoit un intérêt de 1500 fr., et qu'il y a 1500 fr. de perte, c'est donc 750 fr. que doivent perdre chacun : donc qu'Émérigon, dans sa seconde opinion, s'est contredit eu égard à ce qu'il a dit plus haut.

1231. D'après cette analyse, il ne nous reste plus qu'à examiner quel sera le sort de tous les intéressés.

1232. Les assureurs ayant assuré 1500 fr., doivent payer d'abord, avec leur part aux effets. . . . . 750 fr.
Pour solde, en leurs deniers. 750

TOTAL. . 1500 fr.

Le donneur auroit dû recevoir. 1500
Mais perdant. 750

Il ne reçoit que. . . . . 750 fr.

1233. D'après ce résulat, le preneur assuré ne perd donc rien; conséquemment le principe et la loi sont violés : le principe est violé, puisque, contre la règle que présente Émérigon, le *créancier et le débiteur viennent en concours*, contre la loi, et que le donneur à la grosse n'a point *de préférence* sur les assureurs.

1234. Émérigon observe que « communément on dit que le contrat à la grosse est une espèce de société qui se forme entre le donneur et le preneur. *Diction.*, *Savary*, *Encyclop.*, *Dénisart.* Mais, dit-il, pour que cela fût, il faudroit que le capital, la perte ou le profit fussent communs aux parties: or, rien n'est commun entre elles. » Plus haut, en citant l'art. ci-dessus de l'ordonnance, qui veut la perte des effets en tout ou partie; et Roccus, *de navic.*, *not. 51*, il dit : « Il est donc certain, qu'en règle générale, le donneur ne répond des pertes qu'autant qu'elles arrivent par fortune de mer. » Dans ce cas, on doit donc dire, que toute fortune de mer qui privera de la chose le propriétaire, sauf celles qui seroient perdues par leurs propres vice, conformément à l'art. 12, seront perdues pour le donneur à la grosse; et conséquemment, que toutes celles qui ne priveront pas le preneur, ne priveront pas le donneur.

1235. Notre art. 11 sur lequel j'écris, veut que le contrat à la grosse soit nul, comme il a été dit par la perte des effets, provenant par *cas fortuit.* L'art. 12 ne répute pas pour cas fortuit la perte de la chose occasionnée par son propre vice, ou par le fait de son maître, passager, etc., etc. L'art. 16 veut que les donneurs contribuent aux avaries grosses, mais non aux avaries particulières, sauf convention contraire : ce mot avaries particulières ne doit point être pris dans sa généralité, par la raison qu'il y a des avaries simples auxquelles les donneurs participent. Par exemple, j'ai chargé un grenier de sel, à la suite d'une voie d'eau provoquée par un événement maritime : ce sel a disparu; quoique ce soit là un cas fortuit, ce n'est pas une avarie grosse, mais une avarie particulière qui retombera sur le donneur; comme cas fortuit, c'est donc une exception à l'article 16.

1236. Émérigon fait cette question : J'ai pris à la grosse une somme que j'ai employée en une pacotille; je la charge pour un tel lieu; la crainte des ennemis oblige le navire à revenir sur ses pas; suis-je obligé de payer l'entier capital et l'entier change maritime, tandis que je suis frustré de tout bénéfice; et tandis que les effets débarqués ne vaudront peut-être pas la moitié de ce qu'ils ont coûtés?

1237. Je crois, dit-il, que le contrat doit demeurer nul, sauf au donneur à se payer de son capital, du change maritime et accessoires, sur l'universalité des effets sur lesquels il avoit donné à la grosse, sans pouvoir prétendre rien davantage : il étaye sa décision d'un arrêt du 28 juin 1765, contradictoirement rendu contre la sentence de l'amirauté du 22 décembre 1764; l'arrêt est fondé sur ce qu'une force majeure avoit interrompu le voyage.

1238. Emérigon dit, tom. 2, fol. 628 : « Si les deniers ont été donnés pour *la traversée* ou pour un temps limité, le principal et le change maritime doivent être payés dans le lieu *où le risque finit*, quoique le voyage *ne soit pas terminé* : » c'est-à-dire, en d'autres termes, (au moins c'est ainsi que je l'entends), si les deniers ont été donnés pour la traversée : conséquemment jusqu'au lieu où le navire a été déclaré vouloir aller; s'il s'arrête, par exemple, à moitié chemin, et qu'il décharge, le risque finissant là, le preneur paiera au donneur le capital et intérêt.

1239. Cette relâche et décharge ne peut être provoquée que par deux causes, ou par le fait du maître, ou des chargeurs, ou par force majeure. Supposons que ce soit par cette dernière cause; dans ce cas, il pourra arriver que la pacotille vaudra la moitié moins : conséquemment si on suit la première opinion d'Émérigon, le preneur pourra en faire abandon au donneur; si, au contraire, on suit la seconde opinion, le preneur devra ce dernier, le capital et intérêt nautique. Or, comme il y a décision opposée, il y a donc décision nulle; et la question reste toujours à résoudre : je vais essayer d'en donner la solution.

1240. Lorsqu'un navire, par force majeure, retourne dans le lieu de son départ, et bien qu'il fasse relâche, décharge, et fasse sa vente, il n'est pas dit toujours que le propriétaire perde sur sa pacotille; au contraire, quelquefois il est possible qu'il y gagne; j'ai vu des négocians de Bordeaux faire revenir du vin du Morbihan, et le vendre dans cette ville, à bénéfice : or, comme le dit fort bien Émérigon, comme le contrat à la grosse n'est pas une société, que dans l'hypothèse, s'il étoit de justice que le donneur de valeur supportât toutes les pertes, il ne sera pas moins juste qu'il ne dût être avantagé de tous les bénéfices, chose qui ne doit pas être : il suit de-là que le preneur doit lui rendre au moins en entier son capital, si ce n'est le capital et intérêt nautique, ce qui ne seroit pas, d'après la première opinion d'Émérigon, étayée de l'arrêt de 1765, si elle prévaloit. D'ailleurs, comme il le dit lui-même, à propos des assurances, tom. 2, fol. 159 : « Si le péril augmente ou diminue, on doit l'imputer au hasard, vrai caractère du contraste aléatoire. » En effet, si le vaisseau eût péri une heure après que le risque auroit été commencé, la perte n'auroit-elle pas retombé sur le donneur : mais au contraire, le risque est fini une heure après qu'il a commencé, au moins le capital doit-il être rendu en entier au donneur de valeur, quand bien même la marchandise vaudroit moins après le retour subit. La même chose se décidant ainsi dans le même cas, lorsque le navire arrive à sa destination, le décider différemment, c'est vouloir faire courir un risque de terre au donneur de valeur, lorsqu'il ne s'est engagé à courir que des risques de mer.

Art. 12. « Ne sera réputé cas fortuit tout ce qui arrive par le vice propre de la chose, ou par le fait des propriétaires, maîtres ou marchands chargeurs, s'il n'est proprement porté par la convention. »

1241. Le vice d'un navire peut provenir, par exemple, de pourriture, quand bien même elle proviendroit d'un cas fortuit. Le vice propre de la chose peut provenir de quelques causes étrangères, comme, par exemple, de l'humidité, de l'air qui peut piquer des soieries, ou d'une trop grande chaleur qui peut tourner le vin.

1242. Si la marchandise est dégradée par les rats, le donneur à la grosse en répondra-t-il ? non, par la raison que c'est une avarie particulière, qui retombe sur le chargeur qui pourra avoir son recours contre le capitaine, s'il n'a pas eu la précaution d'embarquer de chat; mais s'il en a embarqué, quand bien même ils seroient morts dans la traversée, s'il n'a point pu s'en procurer d'autres, la perte totale retombera sur le preneur. *Voyez le Consulat, chap. 65 et 66. Casarégis, Straccha, Roccus, Kuricke, Clairac; guidon, ch. 5, art. 8* : par la raison que quoique ce soit un cas fortuit, ce n'est point un cas fortuit provenant de fortune de mer.

1243. Le donneur à la grosse ne répond pas non plus de la confiscation des marchandises prohibées; Loccénius, fol. 199, sauf le cas où la qualité lui auroit été déclarée. Valin,

1244. *Question.* Un preneur à la grosse emprunte, par exemple, sur des marchandises anglaises, sans prévenir le donneur que l'importation est défendue par les lois ; si, conformément à la loi du 10 brumaire, elles sont confisquées, le donneur aura-t-il recours contre le preneur? non, la raison est que l'erreur de droit n'est d'aucune considération. Les lois étant promulguées, tous sont censés en avoir connoissance, et les violer volontairement.

Art. 13. « Si le temps des risques n'est point réglé par le contrat, il courra, à l'égard du vaisseau, ses agrès, apparaux et victuailles, du jour qu'il aura fait voile, jusqu'à ce qu'il soit ancré au port de sa destination, et amarré à quai : et quant aux marchandises, sitôt qu'elles auront été chargées dans le vaisseau, ou dans les gabarres pour les y porter, jusqu'à ce qu'elles soient délivrées à terre.

Art. 14. » Le chargeur qui aura pris de l'argent à la grosse sur marchandise, ne sera point libéré par la perte du navire et de son chargement, s'il ne justifie qu'il y avoit, pour son compte, des effets jusqu'à concurrence de pareille somme. »

1245. Dans ce cas, si le preneur n'a pas chargé l'entier objet affecté à l'emprunt, il paiera tout ce qui manque au complettement de son chargement.

Art. 15. « Si toutefois celui qui a pris deniers à la grosse, justifie n'avoir pu charger les effets pour la valeur des sommes prises à la grosse, le contrat, en cas de perte, sera diminué à proportion de la valeur des effets chargés, et ne subsistera que pour le surplus, dont le premier paiera le change suivant le cours de la place où le contrat aura été passé, jusqu'à l'entier paiement du principal : et si le navire arrive à bon port, ne sera aussi dû que le change, et non le profit maritime de ce qui excèdera la valeur des effets chargés. »

1246. Dans l'espèce, ces mots *justifie n'avoir pas chargé*, doivent s'interpréter ainsi, comme l'observe fort bien Valin : « *Si toutefois celui qui a pris deniers à la grosse n'a pas chargé des effets, etc.* » A cela près, dit notre commentateur, je ne fais aucune différence entre le preneur à la grosse « *qui n'aura pu ou voulu charger.* » Alors le donneur ne devra que le change de terre pour ce qui n'aura pas été chargé au cours de la place, du jour du prêt.

Art. 16. « Les donneurs à la grosse contribueront à la décharge des preneurs, aux grosses avaries, comme rachats, compositions, jets, mâts et cordages coupés pour le salut commun du navire et des marchandises, et non aux simples avaries ou dommages particuliers qui leur pourroient arriver, s'il n'y a convention contraire.

Art. 17. » Seront toutefois, en cas de naufrage, les contrats à la grosse réduits à la valeur des effets sauvés.

Art. 18. » S'il y a contrat à la grosse, et assurance sur un même chargement, le donneur sera préféré aux assureurs, sur les effets sauvés du naufrage, pour son capital seulement. »

1247. Comme l'art. 16 du tit. des assurances défend au preneur à la grosse de faire assurer, cet article entend donc que lorsqu'une partie de marchandise sera exposée aux risques de la mer, en la divisant, une partie pourra être affectée au contrat à la grosse, et l'autre aux assurances.

CHAPITRE XXIX.

DES ASSURANCES, ET DE TOUT CE QUI PEUT Y AVOIR RAPPORT.

1248. Le contrat d'assurance est un contrat aléatoire, par lequel l'un des contractans, qui est appelé assureur, se charge du risque des cas fortuits auxquels une chose est exposée, et s'oblige envers l'autre contractant, qui est l'assuré, de l'indemniser de la perte que lui causeroient ces cas fortuits, s'ils arrivoient, moyennant une somme appelée prime, que l'autre contractant lui donne en argent ou en billet, dit billet de prime, pour le prix des risques dont il se charge.

1249. Toubeau prétend, fol. 647, que les Grecs ont connu et pratiqué le contrat d'assurance; il étaye son opinion de l'oraison de Démosthène contre Lacritus: il est dans l'erreur, et son erreur vient de ce qu'il a confondu le contrat à la grosse avec le contrat d'assurance, comme on pourra le voir bien évidemment dans ce que j'en ai dit ci-devant.

1250. Il est faux que ce soit les Juifs, comme le prétend Giovan Vilani, et après lui Clairac, fol. 218, et autres auteurs, qui soient les inventeurs du contrat d'assurance, puisque les Romains l'ont connu et pratiqué: en effet, Cicéron ayant remporté, en Cilicie, une victoire, écrivit au proquesteur Caninius Salluste à Laodicée, qu'il auroit soin de se procurer des *répondans* pour les deniers publics qu'il enverroit à Rome; *Cic., lib. 2, chap. 17.* Qu'étoit-ce que ces répondans, sinon des assureurs qui, pour un certain

certain prix qui leur étoit accordé, et que dans nos usages, nous appelons *prime*, parce qu'il est payé, ou censé payé d'avance, s'engageoient à réparer toutes les pertes qui pourroient arriver? Il y a toute apparence qu'ils ne s'exposoient pas à courir des risques gratuitement: or, comme en ce cas il y avoit assureur, assuré, risque, paiement du prix du risque, convention de dédommagement de perte, il y avoit donc assurance, contrat d'assurance

1251. Emérigon dit: « On trouve dans le droit une foule de textes qui permettoient de se décharger sur autrui de l'incertitude des événemens; *liv. 13, § 5, ff. locati; liv. 1, § 35, ff. de popiti; liv., c. cod.; liv. 7, § 15, ff. de pactis; liv. 1, c. commodati; liv. 6, c. de pign. act.*

1252. Si les Romains n'ont assigné, dans leurs lois, aucune place distincte au contrat d'assurance, c'est parce que ce peuple guerrier abandonnoit, aux esclaves et aux affranchis, le soin du commerce de mer et de terre: mais le contrat d'assurance n'existoit pas moins en lui-même; il étoit enveloppé sous une *forme commune* et générique: c'étoit un *sauvageon* non encore cultivé, auquel l'esprit du commerce a donné le développement et la consistance dont il jouit aujourd'hui.

1253. Pothier dit qu'il est de l'essence du contrat d'assurance qu'il y ait le concours de cinq choses; 1.° une ou plusieurs choses qui soient la matière du contrat; 2.° qu'il y ait des risques où ces choses soient ou doivent être exposées; 3.° qu'il y ait une somme déterminée ou indéterminée, que l'assureur promette de payer à l'assuré, pour son indemnité en cas de perte des objets assurés, arrivée par quelqu'un des cas fortuits dont l'assureur s'est chargé; 4.° une somme convenue par ce contrat, que l'assuré donne ou s'oblige de donner à l'assureur, pour le prix de l'assurance; 5.° enfin que le consentement des parties contractantes intervienne sur toutes ces choses.

1254. « Quelques auteurs appellent l'assurance *un sauf-conduit*; d'autres, *lettre d'indemnité*; d'autres, *contrat sans nom*; d'autres, *contrat de louage*; d'autres, *contrat de cautionnement*; d'autres, *contrat de vente et d'achat*, ou quasi *de vente et d'achat*; parce que d'un côté on y donne afin que l'on fasse, et que de l'autre côté on fait afin que l'on donne; ou bien, parce que celui qui se fait assurer vend le péril, et que celui qui assure achète l'événement et le reste du péril. » Toubeau, fol. 646; d'autres, *un pacte nu*; d'autres, une *stipulation*; d'autres, *sociétés*; d'autres, *mandat*.

Voyez Roccus, *not.* 3. Marquardus, *lib.* 2, *cap.* 13, *n.*° 9 ; Stypm., *part.* 4, *ubi fusè* ; Straccha, *introd.*, *n.*° 17 ; d'autres enfin, *une gageure.*

1255. *Le contrat d'assurance est-il sauf-conduit ?* Le contrat d'assurance n'est point un sauf-conduit, grammaticalement parlant, parce qu'on n'appelle ainsi que l'assurance qu'on donne à tant pour cent à quelqu'un pour la sûreté de la chose qu'il transporte, pour aller et revenir en liberté, sans être troublé par ceux qui, sans cela, pourroient se permettre le droit de lui occasionner quelque préjudice.

1256. *Est-il indemnité ?* Oui, puisque l'assuré est indemnisé par l'assureur.

1257. *Est-il contrat sans nom ?* Les Romains appeloient contrat nommé ceux qui avoient un nom particulier ; ensorte qu'il y avoit une action particulière qui leur étoit propre : tels étoient la vente, la société, le louage, le dépôt, etc. Les contrats innommés, ou sans nom, étoient ceux qui, à cause de leur variété, n'avoient pu recevoir un nom particulier ; conséquemment, les contrats sans nom n'ayant point d'action qui leur fût propre, il falloit recourir à des formules générales que l'équité des prêteurs avoient introduites. Chez nous, ces distinctions ne sont pas admises, parce que chez nous tous contrats licites et légaux sont obligatoires ; ensorte qu'ils doivent être exécutés dans toute leur étendue, soit pour fonder une action en justice, soit pour produire une exception. Sous le rapport du Droit romain, le contrat d'assurance est donc un contrat innommé : mais sous le rapport du Droit français, c'est un contrat nommé comme tous les autres.

1258. *Est-il contrat de louage ?* Il y a deux sortes de louage ; le louage des choses, et le louage de personne. Le contrat d'assurance n'est pas louage des choses, parce que, dans ce contrat, les fruits, réels ou civils, ou l'usage de la chose, sont vendus : or, ici l'assureur n'est point locateur, puisqu'il ne donne point une chose susceptible de servir à l'usage de l'assuré, et *vice versâ*. Le contrat d'assurance n'est pas non plus un louage de personne, puisque, dans ce contrat, le locateur achète les services du locataire ou conducteur, et qu'il n'est point tenu de cas fortuit et de force majeure (56) ; conséquemment, dans ce cas, la perte retombe donc sur le propriétaire : or, comme dans le contrat d'assurance la perte ne retombe pas sur lui, ces deux contrats diffèrent donc ensemble.

1259. *Est-il contrat de cautionnement ?* Le contrat d'assurance n'est point un contrat de cautionnement, parce qu'il est intéressé de part et d'autre, et que ce dernier n'est intéressé que d'un côté : en effet, le cautionnement renferme un bienfait de la caution envers le débiteur.

1260. Suivant Tite-Live, lors de la seconde guerre punique, les entrepreneurs chargés de faire transporter en Espagne les munitions de guerre et de bouche, stipulant que la République seroit garante des pertes qui, dans le cours du voyage, seroient occasionnées par les ennemis ou par la tempête : ce qui, sans doute, signifioit que, quoique ces effets n'arrivassent pas, les entrepreneurs n'en seroient pas moins payés ; dans ce cas la République cautionnoit, mais n'assuroit pas, puisqu'elle ne recevoit aucun prix pour l'assurance. Or, comme dans ce cas le contrat n'étoit point intéressé de part et d'autre, c'étoit donc un contrat de cautionnement, et non d'assurance; et comme le contrat d'assurance est intéressé de part et d'autre, il suit de-là que le contrat d'assurance n'est point un contrat de cautionnement.

1261. L'ordon. de Wisbuy, art. 45, dit : « Si le maître est contraint de bailler caution au bourgeois pour le navire, le bourgeois sera tenu pareillement de donner caution pour la vie du maître. » Clairac rapporte ce cautionnement aux dangers de la mer et à la vie du capitaine. On peut donc assurer, avec certitude, qu'il est parlé des assurances dans cette ordonnance, vu que le contrat devoit être intéressé de part et d'autre; car il n'y a nulle apparence que, dans ce temps, on eût trouvé des cautions désintéressées : on garantit la solvabilité d'un débiteur, parce que l'on croit avoir la preuve de ses moyens; mais on ne garantit pas des événemens physiques gratuitement, parce qu'ils sont incalculables, vu que le hasard les domine.

1262. *Est-il contrat de vente ?* Non, parce que dans le contrat de vente il faut qu'il y ait un prix certain et déterminé, et que pour que ce prix soit certain et déterminé, il faut qu'il y ait une certaine proportion entre la valeur de la somme et la chose vendue. Quoique l'on puisse vendre une espérance, comme, par exemple, un coup de filet qui peut rapporter beaucoup ou peu de poisson, et même pas du tout ; *liv. 8, § 1 de contr. empt.* Quoiqu'il y ait peut-être quelque chose à dire là-dessus, dans ce cas le contrat peut transférer une valeur aux deux contractans : mais le péril ne peut jamais transférer une valeur qu'à l'un des contractans ; donc, etc.

1263. *Est-il pacte nu ?* Les Romains appeloient *pacte nu* les simples promesses. Par exemple, Titius eût dit à Mévius, je vous donnerai telle chose, à condition que vous me donnerez telle autre chose; le pacte qui auroit résulté de cette convention, auroit été un pacte nu, d'où il ne résultoit aucun obligation, parce qu'on présumoit que ces paroles avoient été lâchées sans une délibération. *L. § 4.* Ce pacte est appelé *nu*, parce qu'il est sans nom, dénué d'exécution et de stipulation. Cujas, *ad leg. 72*, *de contr. empt.* Or, l'assurance étant, parmi nous, revêtue d'un nom, d'une stipulation et d'une exécution, le tout reconnu par la loi, n'est donc pas un *pacte nu.*

1264. *Est-il une stipulation ?* Oui, mais une stipulation fondée sur une convention légale qui subsiste, lorsqu'elle est la conséquence de l'obligation ; on ne peut donc pas dire que l'assurance soit une stipulation proprement dite, mais une obligation suivie de la stipulation : ce qui d'ailleurs suppose que le contrat n'est point blessé d'ailleurs dans aucun de ses principes.

1265. *Est-il une société ?* Non, puisqu'il est de l'essence de la société que les bénéfices et les pertes soient supportées dans les rapports des mises matérielles ou industrielles, l'égalité en étant l'ame ; et que conséquemment que les associés gagnent ou perdent chacun suivant leurs apports ; dans tous les cas, l'un ne sauroit bénéficier ou perdre, sans que l'autre ne bénéficiât à proportion ; dans l'assurance, l'assuré ne peut ni ne doit donc jamais perdre ni gagner, et l'assureur perd ou gagne suivant la circonstance, donc que l'assurance n'établit pas une société.

1266. *Est-il un mandat ?* Non, parce que dans le mandat, si la chose se perd sans qu'il y ait de la faute du mandataire, la perte retombe sur le mandant, et que dans l'assurance, elle retombe sur l'assureur.

1267. *Est-il une gageure ?* Ch. Dumoulin, en son traité *cont. et usurar.*, définit ainsi l'assurance et la gageure : « L'assurance se fait entre le marchand-chargeur auquel appartient la chose assurée, et l'étranger qui n'a aucun intérêt au domaine d'icelle. La gageure se fait entre deux étrangers qui n'ont aucun intérêt à la chose sur laquelle ils font la gageure. »

1268. Cette définition ne me paroît pas tout-à-fait exacte : en effet, j'ai un champ de blé, je gage avec mon voisin que ma récolte me rapportera 600 boisseaux ; il parie avec moi qu'il ne me les rapportera pas : dans ce cas, voilà une exception au principe qu'établit le Jurisconsulte, puisqu'il est vrai qu'il y a un intéressé à la chose dans la gageure ; mais, disons mieux : disons, la gageure est une convention faite sur une chose douteuse et incertaine, sur laquelle parient les joueurs, sur les calculs qu'ils ont fait d'après les probabilités. Ainsi, si Mévius dit à Titius, je vous donnerai 10000 fr., quoique les marchandises n'en valent que 5000, si les marchandises que vous avez embarquées périssent ; mais vous me donnerez 500 fr. si elles arrivent au port de salut. Une pareille convention forme une gageure, non pas parce que cette marchandise a un sort incertain, mais parce que le prix de la gageure n'est pas basé sur la valeur de la marchandise, et que conséquemment le propriétaire peut gagner sur le prix de sa marchandise, si elle vient à périr, dans le cas où il auroit mis en jeu plus qu'elle ne valoit; ce qui ne peut avoir lieu dans le contrat d'assurance : mais ce sera une assurance, si Mévius dit à Titius, je vous assure mille fr., vos marchandises valant mille fr.; dans ce cas, la marchandise venant à périr, l'assuré ne gagnera ni ne perdra, ce qui est de l'essence de l'assurance.

1269. Quoiqu'une marchandise de 1000 fr. ne soit assurée que 500. fr., le contrat n'en sera pas moins un contrat d'assurance, la raison est qu'il a plu à l'assuré de courir le risque du surplus; cependant on pourroit répondre à cette assertion, si ce n'est pas là une gageure, au moins cela en a-t-il toute l'apparence, puisque le contrat roule absolument sur des événemens incertains. Je répondrai à une pareille observation, que la gageure roulant, ou devant rouler sur une chose incertaine, que l'assurance n'est pas dans ce cas-là; la preuve, ce que dans la gageure, vu l'incertitude de la chose qui en fait l'objet, les contractans mettent en jeu pareille somme, fondés sur ce qu'ils ne sont pas plus instruits l'un que l'autre de son sort ou de son événement: dans l'assurance, au contraire, on peut y calculer les risques jusqu'à un certain point; de-là, la différence entre le prix de la prime et celui de la perte : donc que ce dernier contrat n'établit pas une gageure, mais une assurance. En un mot, comme le dit fort bien le guidon de la mer, *ch. 2, art. 13*, l'assuré ne peut recevoir profit du dommage d'autrui.

1270. L'assurance en forme de gageure est interdite en France, fondé sur ce que l'avidité du gain pourroit provoquer des crimes qu'il importe de prévenir : en effet, telle personne peut avoir chargé une marchandise de 2000 fr.; elle parie 3000 fr. qu'elle n'arrivera pas à sa destination; dans ce cas elle est intéressée à faire périr le bâtiment.

1271. Pour rendre le contrat d'assurance maritime parfait, il faut qu'il y ait une chose exposée au risque de la mer, et qu'elle s'y trouve exposée lors du sinistre même. Marquardus, *lib. 2, cap. 13, n.° 25*. Loccénius, *lib. 2, cap. 5, n.° 7*. De Luca, *disc. 3; n.° 4*; ou du moins il faut que le sort en soit ignoré lors de la signature de la police : car le péril est présumé tel qu'on le croit; Lessius, *lib. 2, cap. 28, n.° 24*; s'il n'y a ni risque effectif, ni risque *putatif* (*a*) ; il n'y a point d'assurance. Dumoulin, *contr. usur.*, *n°*. 97 ; Pérézius, *c. de naufrag.*, *n.°* 22 ; Marquardus, *lib.* 2, *cap.* 13, *n.°* 23.

1272. Les auteurs disent, dans certaines circonstances, que l'assurance est un *contrat de droit étroit* ; dans d'autres circonstances, ils disent que c'est un *contrat de bonne-foi*. Qu'entendent-ils par ces diverses expressions ? c'est ce que je vais tâcher d'expliquer.

1273. *Droit étroit*. Le contrat d'assurance étant le résultat de la stipulation, il entre naturellement dans la classe des actions de droit étroit, par rapport aux pactes qui y sont insérés. Tous nos auteurs s'accordent sur ce point.

1274. Les auteurs disent encore, que les polices doivent être pesées avec scrupule. Roccus, *de assecur.*, *not.* 18 ; Stypmanus, *part.* 4, *cap.* 7, *n.°* 420 ; Rote de Gênes, *dec.* 102, *n.°* 5 ; Santerna, *part.* 3, *n.°* 38 ; Casarégis, *disc.* 1, *n.°* 107 ; Marquardus, *lib.* 2, *cap.* 13, *n.os* 44 et 45. A quoi Casarégis, *disc.* 1, *n.°* 1, ajoute que les paroles que renferme la stipulation forment la loi, de laquelle il n'est pas permis de s'écarter, parce que la volonté des parties y est consignée ; qu'elles doivent être entendues littéralement, et dans leur sens propre. Rote de Gênes, *dec.* 129, *n.°* 5. Roccus, *not.* 61 ; aussi Carlo Turga, *cap.* 52, *n.°* 8, dit-il qu'il n'est jamais permis d'étendre ce contrat d'un cas à l'autre, ni d'un corps à un autre, réellement distinct.

1275. *Bonne-foi*. La bonne-foi doit régner dans le contrat d'assurance ; on doit en écarter les subtilités du droit, pour s'en tenir à l'équité qui est l'ame du commerce. Casarégis, *disc.* 1, *n.°* 2. Les clauses de ce contrat doivent être interprétées suivant le style, les coutumes et l'usage du lieu où l'assurance a été faite, malgré que la disposition du droit commun paroisse contraire. Casarégis, *disc.* 1, *n.°* 7 ; Roccus, *not.* 68 ; Santerna, *part.* 3, *n.°* 1 et 55.

1276. Gibalinus dit, *lib.* 4, *cap.* 11, *art.* 2, *n.°* 5, dans le contrat d'assurance, tout comme dans les autres, l'acte ne produit rien au-delà de l'intention des contractans ; dans ce cas, on doit présumer que Gibalinus entend parler des stipulations équivoques. Sur le sentiment de tous ces auteurs, Émérigon tire les justes conséquences suivantes :

1.° L'assurance est un contrat de droit étroit, si les pactes stipulés

(*a*) *Putatif*, veut dire chose réputée être ce qu'elle n'est pas.

sont clairs par eux-mêmes, et qu'ils ne renferment rien qui soit prohibé par les lois, ils n'est pas permis au juge de s'en écarter ;

2.° Dans le cas où les conventions des parties ont été rédigées d'une manière obscure et ambiguë, le magistrat a l'autorité de se déterminer par les lumières que l'équité légale, le droit commun, la nature du contrat, et les circonstances de la cause peuvent lui suggérer.

1277. Si l'une des parties a usé de dol et d'artifice, la moindre peine qu'elle doive encourir, c'est que l'assurance soit déclarée nulle à son égard. Guidon, *ch. 2, art. 7*; *reg. dams., art. 31; ord. h. f., art. 22;* Kuricke, *diatr. de asseur., n.° 1;* Blackstone, *liv. 1, ch. 30.*

1278. Pothier, *h. t. n.° 174*, dit : « On est coupable de dol, non-seulement lorsque pour se procurer des assureurs, ou pour les inviter à se contenter d'une prime moindre, l'on affirme, ou l'on fait entendre des faits contraires à la vérité, mais encore lorsqu'on dissimule des circonstances graves, qui leur eût importé de connoître avant que de souscrire la police. Conséquemment, si un chargeur a acheté pour 10000 fr. de marchandises, et qu'après s'être détériorées pendant un certain temps chez lui, il les évalue au prix de facture, il commet un dol qui annulle l'assurance, sauf le cas cependant où il seroit prouvé qu'il étoit dans l'erreur. Voilà une des circonstances qui font avoir égard à la bonne-foi.

1279. Il est rare que les assureurs se rendent coupables de fraude ; et aux pièces qu'on leur exhibe, ils ne sont que trop souvent victimes de leur bonne-foi. Le guidon de la mer, *art. 2, ch. 15*, les compare à des pupilles; mais ils doivent prouver, d'une manière concluante, le dol dont ils se plaignent. Guidon de la mer, *ch. 2, art. 15*, *ordon. h. t., art. 61, etc.*

1280. Plusieurs auteurs disent que, pour cause de lésion, on peut revenir contre le contrat d'assurance. Casarégis, *disc. 1, n.° 6;* Santerna, *part. 5, n.° 6;* Roccus, *not. 8;* Stypmanus, *part. 4, cap. 7, n.° 717;* Valin, *art. 3, h. t., pag. 42;* Pothier, *n.° 82;* Émérigon, *t. 1, fol. 20*, soutiennent le contraire. Pothier s'exprime ainsi :

1281. « Pourvu que les parties n'usent, l'une envers l'autre, d'aucune *dissimulation* ni d'aucun artifice, elles peuvent licitement se débattre sur le prix de l'assurance : et comme l'estimation des risques est quelque chose d'incertain, et très-difficile à fixer, et qu'en conséquence le juste prix des risques doit avoir *magnam latitudinem*, la prime, qui est l'estimation des risques, ne sera pas censée, quelque forte ou quelque basse qu'elle soit, sortir des bornes du juste prix, même dans la foi de la conscience. »

1282. Sur la *dissimulation*. Cicéron, dans son Office, *liv. 3, ch. 12*, présente l'espèce suivante : « Un homme de bien part d'Alexandrie, et va porter du blé à Rhodes; il trouve cette île dénuée de grains, et par conséquent cette denrée y est extrêmement chère; mais il sait que plusieurs marchands sont partis, comme lui, du port d'Alexandrie; il a vu plusieurs vaisseaux chargés de blé, prenant la route de Rhodes : doit-il en avertir les habitans, ou en tenir la chose secrète, afin de tirer meilleur parti de sa marchandise? Je suppose un sage, un honnête homme qui doute, qui examine, qui dira le fait, s'il juge que la rétiscence seroit honteuse, mais qui ne sait pas si elle est telle.

1283. Diogène de Babylone, et Antipater son disciple, décident ces sortes de cas différemment. Celui-ci veut que l'on dise tout, et que l'acheteur n'ignore rien de ce que le vendeur sait : Diogène, au contraire, dit que le vendeur doit faire connoître les vices de son effet, agir sans fraude; mais vendre le plus qu'il pourra, puisqu'il est marchand. Antipater étaye son opinion sur la loi inée, qui veut que l'on contribue au bonheur des hommes, et que l'on soit utile à la société, puisque la nature a associé les hommes. Diogène réplique : Mais est-ce que cette société exclut la propriété? Si cela est, il n'est pas permis de vendre, il faut donner. Cicéron ne prend point parti. Quant à moi, j'adopte l'opinion de Diogène, fondé sur ce que si ce vaisseau fût arrivé le dernier à Rhodes, s'il eût été en perte, les Rhodiens ne l'auroient pas dédommagé; donc qu'en pareille circonstance, la dissimulation doit être permise. En effet, si cette dissimulation n'étoit point autorisée, il n'y auroit point de commerce; il n'est pas une opération commerciale qui ne soit présidée par la dissimulation. Lorsqu'un marchand achète, il n'achète que pour vendre plus cher; dans ce cas, son intérêt le conduit toujours par-tout où il croit acheter meilleur marché, et vendre plus cher. Alors il dissimule le nom et le besoin de celui qui doit lui acheter de la seconde main, pour profiter de l'ignorance de celui qui lui vend. Ici je n'entends pas parler de cette ignorance crasse, ni de ce besoin de vendre par une détresse qui force la main au vendeur, et lui fait faire des cruels sacrifices; mais de cette ignorance ordinaire, qui est la suite d'une inaptitude, d'un défaut d'activité ou d'intelligence. Dans l'hypothèse, l'intermédiaire n'a pas plutôt acquis l'objet de sa sollicitude, qu'il va chez celui qui doit en en faire l'acquisition, transige avec lui, en dissimulant le prix auquel il a acheté ; et comme, dans l'un et l'autre cas, il auroit été inactif, s'il n'eût couvert sa spéculation du voile de la dissimulation, les autres contractans agissant comme lui, la société entière suivant cet exemple, alors plus d'échange, plus de commerce : or, comme il faut du commerce, la dissimulation, renfermée dans de justes bornes, est donc permise.

1284. Conséquemment, si des assureurs, des fréteurs, savent, à n'en pas douter, que la paix doit succéder simultanément à la guerre, ils ne sont pas obligés d'en avertir ceux qui traitent avec eux; dans cette circonstance, ils profiteront d'une haute prime, d'un haut fret, comme le chargeur aura profité du bas prix de la marchandise stagnante dans les magasins, par suite de [illegible] guerre. En un mot, tout doit être régularisé par la concurrence qui n'a point été stimulée par des voies illicites; c'est ici un jeu de combinaison et non de pur hasard, où le talent, l'activité de l'un, l'emporte sur celui de l'autre.

1285. Par exemple, suivant Boséobre, on a trouvé en France, par le dépouillement des registres de la marine, que pendant dix-huit années de paix, les risques de mer ont été *d'un vaisseau* sur *cent quatre-vingts*. A quoi, dit-il, ajoutant les avaries, les risques peuvent être d'un et demi pour cent : mais les assureurs comptent un vaisseau perdu sur cent.

1286. En calculant au pair, d'après les premières probabilités, les assurances devroient donc être à $\frac{4}{9}$ pour %, et d'après les suivantes, d'1 $\frac{1}{2}$ p. % ou 2 p. %, au plus ; dans ce cas, si un assureur prend 4 p. % de prime, en temps de guerre, et que la paix se déclare subitement, il ne sera point tenu à aucune réduction, par la raison que si la guerre se déclare après qu'il aura souscrit une assurance, en temps de paix, la prime ne lui sera pas augmentée.

Art. 1. « Permettons à tous nos sujets, même aux étrangers, d'assurer et faire assurer, dans l'étendue de notre royaume, les navires, marchandises et autres effets qui seront transportés par mer et rivières navigables; et aux assureurs, de stipuler un prix, pour lequel ils prendront le péril sur eux. »

1287. Non-seulement l'assurance peut se faire en France, mais encore en pays étranger, de manière que l'assurance peut se faire au profit des Français, par toutes sortes de personnes, étrangères ou républicoles, soit en France, soit en pays étranger; pourvu néanmoins que ce ne soit point en temps de guerre avec les ennemis de l'État. C'est une suite de l'interdiction de commerce avec eux. Aussi les formules des déclarations de guerre portent-elles : « Il est défendu à nos sujets d'avoir aucune communication, *commerce*, ni intelligence avec nos ennemis, à *peine de la vie.* »

1288. Cependant, durant le cours de la guerre qui se faisoit en 1757, les négocians anglais assuroient nos marchandises, et nous rendoient la valeur des prises que nous faisoient ceux de leur nation. Valin, art. 3; Pothier, n.° 92.

1289. Puisque les Français, dit Emérigon, tom. 1, fol. 128, faisoient faire alors à Londres des assurances pour leur compte, il sembloit, par réciprocité de raison, que les négocians de Londres dussent être autorisés à se faire assurer en France. Le cas se présenta dans une cause dont voici les circonstances. Ici l'auteur entre dans tous les détails qui sont particuliers à l'espèce ; mais dans le fait elle se réduit à ceci :

1290. Des négocians de Marseille chargèrent, et firent assurer à Marseille 8,000 fr. de marchandise sur un vaisseau danois, pour compte de qui il appartiendra, quoiqu'il fût déclaré dans le connoissement qu'elles étoient adressées, et pour compte d'une dame de Hambourg. Le vaisseau fut pris et conduit en Angleterre. Un Suisse, domicilié en Angleterre, déclara, sous serment, devant le Magistrat anglais, que ces marchandises étoient à lui. Néanmoins, les marchandises furent confisquées comme propriété française. Recours sur les assureurs de Marseille. Par sentence du 18 septembre 1759, et arrêt confirmatif du 16 juin 1761, les assureurs qui n'ignoroient pas le nom du vrai propriétaire des marchandises, furent condamnés aux dépens, en restituant, par eux, la prime, sous la déduction de ½ p.% du droit de signature ; conséquemment, le Suisse, propriétaire de ces marchandises, fit annuller ses assurances : la raison fut, qu'étant domicilié en Angleterre, et sujet à temps, d'un Roi ennemi, l'assurance étoit nulle. « Lors de cet arrêt, dit Émérigon, la question de droit public ne fut ni agitée, ni même proposée. »

1291. Ce jugement est remarquable sous deux rapports. Sous le premier rapport, parce que les assureurs, contre les lois de l'État, ne furent point punis pour avoir fait un acte de commerce avec un sujet d'une puissance ennemie : sous le second rapport, parce que l'assurance a été annullée, et conséquemment réprouvée, comme étant contraire aux lois de l'État.

1292. Il y a cependant une grande différence entre le jugement du Tribunal anglais et celui du Tribunal français. Le premier a confisqué les marchandises, parce qu'il n'a pas été convaincu qu'elles étoient propriété anglaise; le second a annullé les assurances, parce qu'il a été persuadé que leur objet n'étoit point propriété française. Donc que les Anglais, au moins à cette époque, autorisoient ces sortes d'assurances, et que les Français les réprouvoient.

1293. Ces observations donnent lieu à ces questions. Est-il de la politique des puissances belligérantes de permettre les assurances actives et passives entre leurs sujets respectifs ?

1294. Je prononcerois l'affirmative, fondé sur ce que si l'assurance est active, si le vaisseau ennemi passe la prime, donne un bénéfice à la nation qui a assuré, s'il ne passe pas, l'ennemi lui rend la valeur qu'il lui a prise; ce qui, en dernière analyse, dédommage particulièrement la nation qui a le plus dominé sur la mer, en supposant cependant que les assurances réciproques ont été faites dans les rapports de la navigation respective. Cette vérité paroît avoir été sentie dans l'avant-dernière guerre ; nous en trouvons la preuve dans Émerigon. Cet auteur dit :

1295. « Le commerce des assurances qui, lors de la dernière guerre, n'avoit pas été interrompu entre les Français et les Anglais, continue également pendant la guerre actuelle. (Émerigon a écrit en 1782.) Il se fait sous le nom des commissionnaires, et pour le compte de qui il appartient. Les pertes respectives sont payées sans difficulté. »

1296. Droit public. *Question.* Notre ordonnance a-t-elle force de loi au sujet des assurances faites dans les pays étrangers ?

1297. 1.° Pour tout ce qui concerne l'ordre judiciaire, on doit suivre l'usage du lieu où l'on plaide. *L. 3, §. 6, ff. de testib.;*

1298. 2.° Pour tout ce qui tient de la décision du fonds, on doit suivre, en règle générale, les lois du lieu où le contrat a été passé. *L. 6, ff. de de evictionib.;*

1299. 3.° Lorsqu'il s'agit de la capacité de contracter, on doit se conformer aux lois de son Prince, dans quelqu'endroit qu'on se trouve, parce que les sujets du Roi sont toujours ses sujets. Faber, *def. 3, c. de legib.;* Brodeau sur Louet, *lett. c. ch. 42, n.os 2 et 4;* d'Ollive, *pag. 498;* Cochin, *tom. 1, pag. 154 et 545.* Cela doit s'entendre, sauf les droits du tiers. Dans Brodeau sur Louet, n.° 16, on trouve des arrêts qui ont jugé que les sujets du Roi ne peuvent être distraits de leur juridiction naturelle, encore que les contrats par lesquels ils se sont obligés soient passés hors le royaume, avec soumissions, aux juridictions étrangères. Néanmoins l'art. de la loi du 4 floréal an 6, porte :

Art. 3. « La contrainte par corps aura lieu, en France, contre tout étranger pour tous engagemens qu'il contractera en pays étranger, et dont l'exécution, réclamée en France, emporteroit la contrainte par corps dans le lieu où ils auront été formés.

Art. 4. » Tout Français qui s'est soumis à la contrainte par corps en pays étrangers, pour l'exécution d'un engagement qu'il y a contracté, y est également contraignable en France. »

1300. 4.° C'est une maxime inviolable, qu'un Français ne peut jamais être traduit devant un Juge étranger. D'Aguesseau, tom. 5, pag. 87.

1301. 5.° Les jugemens rendus par des Juges étrangers, ne sont en France d'aucun poids contre les Français. Il faut que la cause y soit de nouveau discutée. Ordon. de 1629, art. 121.

1302. 6.° Les jugemens rendus dans l'étranger, contre un étranger domicilié en France, n'ont aucun effet. Il faut qu'on vienne également par nouvelle action. Jullien, pag. 443.

1303. 7.° Il n'y a que les jugemens intervenus dans l'étranger, contre un étranger non domicilié en France, qui soient dans le cas d'être exécutés en France, en vertu d'un *paréatis* qu'on accorde sans connoissance de cause. Arrêt de réglement du 4 juin 1750; Jullien, tom. 2, pag. 442; mais il faut avoir égard à la loi du 4 floréal an 6, citée plus haut.

1304. 8.° Cette règle doit avoir lieu, soit en défendant, soit en demandant. Le Français peut faire assigner, par-devant les Tribunaux du royaume, l'étranger contre qui il veut former quelqu'action, même personnelle; et le jugement prononcé contre l'étranger défendeur, est exécutoire sur les biens que cet étranger possède en France. Journal des Aud., tom. 1, p. 106. Denisart, tom. 3, pag. 577; Jullien, tom. 2, pag. 444, nouv. édit.; Dupérier, tom. 2, pag. 448 : ce point étoit autrefois controversé; Mornac, et il n'est pas exempt de doute : car la règle *actor, sequitur forem rei*, est du droit des gens; d'Aguesseau, *tom. 5, p. 53;* Vatel, *liv. 2, ch. 8, §. 103.* Cependant je ne vois pas que cela doive souffrir de difficulté.

Appliquons quelques-unes de ces règles aux assurances.

1305. 1.° Les règles établies par nos ordonnances doivent, sans difficulté, être observées vis-à-vis de l'étranger, qui, étant dans la République, se fait assurer, ou devient assureur. La raison est que, dans cette circonstance, l'étranger est sujet à temps de l'état dans lequel il a contracté. Grotius, *de jur. bell.*, *liv.* 2.

1306. 2.° Il en est de même des assurances qui sont faites en France, pour compte d'un étranger. Le tribunal de commerce sera compétent pour connoître de la matière : *ordonnance de 1673*, *tit. 12*, *art. 17*; Valin, *ord. de la mar.*, *tom. 1*, *pag. 106*.

1307. 3.° Si des étrangers ont contracté entre eux, dans les pays étrangers, des assurances payables en France, on se dirigera, pour l'ordre judiciaire, par les formalités qui sont en usage dans le lieu où les poursuites seront faites. Le lieu où le contrat doit être exécuté, rend le Magistrat de ce même lieu compétent. *Loi 21*, *ff. de oblig. et act.* interprétée par Cujas, *vide* Valin *d. loco.* Le paiement provisoire des sommes assurées pourra être ordonné. Roccus, *nat. 100.* Mais pour la décision des fonds, on se règlera par les lois du lieu du contrat.

1308. 4.° S'il n'a pas été stipulé que l'assurance passée en pays étranger, et entre étrangers, seroit exécutée en France, les juges de France ne pourront en connoître. *Arrêt du 26 avril 1795.*

1309. 5.° Si, en pays étranger, un Français contracte des assurances avec d'autres Français, sans qu'aucun étranger y soit intéressé, on les jugera en France, suivant l'ordonnance de la marine; car la loi de l'Etat les suit par-tout.

1310. 6.° Si, en pays étranger, un Français contracte des assurances avec un étranger, les juges de France connoîtront de la matière; c'est l'opinion d'Emérigon, qui ajoute : « Je crois que dans ce cas on doit suivre les lois des lieux du contrat, afin que l'étranger, qui ignore nos usages, ne soit pas trompé. »

1311. L'ord. d'Amsterdam, art. 29, veut que tous étrangers, traitant avec les Hollandais en matière d'assurance, soient soumis aux lois qu'elle prescrit, ce qui s'entend des assurances actives et passives : notre ordonnance, notamment notre article, paroît le vouloir ainsi. Valin fait, à cet égard, cette observation; cet auteur dit : « Il est à observer que lorsqu'un étranger assure un Français, l'assurance doit être réglée par les dispositions de notre ordonnance; » et si les lois étrangères décident que les assurances faites avec des étrangers se décideront par leurs lois, comme le veut celle d'Amsterdam, et que ces lois soient contradictoires aux nôtres, quelle sera celle des deux qui devra terminer le différend? Dans ce cas, comme la circonstance présentera une question mixte, ce sera le cas de juger d'après le droit commun, en ayant cependant égard aux traités; et comme les tribunaux étrangers et nationaux ne pourront pas prononcer d'après le droit commun, nécessairement les parties remettront leur différend à l'arbitrage. Voyez la loi du 14 ventôse an 2, *appendix*.

1312. Valin prétend, t. 2, pag. 28, que dans l'espèce, les Anglais ne suivent notre ordonnance qu'autant qu'elle leur est plus favorable que la leur; et comme dit-il, « ils n'assurent jamais, que la prime ne leur soit payée d'avance; et qu'ainsi, n'ayant à plaider qu'en défendant, il faut se pourvoir contre eux dans leur pays; ils se prévalent alors de leurs lois, lorsqu'ils y trouvent leur avantage, et il y a nécessité d'en passer par-là. » Emérigon, en généralisant ce cas particulier, dit: « Au reste, nous avons beau dire que les Français ne sont justiciables que des juges de France, lorsque l'on est demandeur, et que l'étranger n'a aucun bien dans le royaume, on est forcé de le poursuivre chez lui.

1313. Quoique les jugemens rendus par les tribunaux étrangers n'aient aucune autorité contre les Français, cependant les enquêtes prises, et autres preuves duement authentiquées par le juge étranger, sont admises, parmi nous, dans les affaires civiles concernant le commerce. Arrêt du 16 décembre 1745.

Art. 2. « Le contrat appelé police d'assurance, sera rédigé par écrit, et pourra être fait sous signature privée. »

1314. Sur cet article, Merville observe que l'assurance, quand bien elle seroit au-dessus de 100 fr., doit être rédigée par écrit, à peine de *nullité*. Valin dit: « A quelque somme même qu'elle puisse monter, l'allégation est recevable; et celui à qui la convention est opposée, ne peut s'en défendre qu'en affirmant, par serment, qu'il ne l'a pas faite: ce qui exclut, par conséquent, toute *idée de nullité*, et prouve que l'écriture n'est nécessaire, en pareil cas, que pour constater la réalité des conventions contre ceux qui pourroient avoir la mauvaise foi de les nier. » Pour étayer ses opinions, il se réfère aux assertions de Clairac, qui, sur l'art. 2 des contrats maritimes, observe que beaucoup d'assurances se faisoient sur simples paroles. Emérigon prétend que Pothier se réunit avec Valin, pour dire, qu'en cas de dénégation, on peut avoir recours au serment décisoire; et en parlant de Valin, il dit: « Mais cet auteur n'a pas fait attention que, si dans ce cas la preuve testimoniale étoit admissible, elle devroit l'être indéfiniment, attendu que l'art. 54

de l'ordonnance de Moulins, n'a pas lieu dans les affaires mercantiles. *Edit de 1673, art. 5 ; ordonn. de 1667, tit 20, art. 2.* »

1315. Je ne crois pas, avec Emérigon, que Pothier soit de l'avis de Valin; au contraire, il opine dans un sens différent : à la vérité, il dit, n.° 96, que dans le fort de la conscience, ce contrat peut recevoir sa perfection par le seul consentement des parties, les formes voulues par l'ord., concernant plutôt la preuve qui doit être faite du contrat, lorsqu'on en poursuit l'exécution dans les tribunaux, qu'elles ne sont de sa substance. Mais ensuite Pothier observe, que dans le cas où les parties disconviendroient, l'assurance ne peut se prouver que par un acte par écrit : cependant notre auteur observe encore, que l'ordonnance ne prescrit pas cette forme à peine de nullité, et que l'on peut déférer le serment décisoire; mais il conclut contre l'opinion de Valin et en faveur de celle de Merville, en disant que la preuve par témoins, même au-dessous de cent francs, ne doit point être admise. « Nous ne devons pas, dit-il, suppléer, dans une loi, une distinction qu'elle n'a pas faite. » Cette décision est conforme à l'avis d'un savant magistrat qui a l'expérience de ces matières.

1316. Pour prononcer sur ces opinions, il faut remonter à l'origine des assurances, et la fixer à l'époque du guidon cité par Clairac (21), consulter ce qui se pratique dans les autres contrats mercantiles, présumer d'après ce qui paroît raisonnable, et conclure dans le sens de la loi qui paroît absolument basée sur ces considérations.

1317. Quoique Clairac observe sur le guidon, pag. 224, qu'anciennement il se faisoit beaucoup d'assurances sur simple parole, ce qui supposoit que l'assureur les écrivoit sur son livre de raison; il n'en faut pas conclure qu'il en puisse être de même aujourd'hui; la raison est, qu'à cette époque, fort peu de personnes savoient lire et écrire; et même aujourd'hui, nous voyons beaucoup de personnes qui se font assurer, qui ne savent ni l'un ni l'autre.

1318. Quoique l'ordonnance de 1673, tit. 4, art. 1, veuille que les sociétés soient rédigées par écrit, et que néanmoins on voit tous les jours des sociétés tacites reconnues par les Tribunaux ; il n'en faut pas conclure non plus, que l'on puisse argumenter, d'après tout ceci, pour décider par rapport au contrat d'assurance ; la raison est, que dans le contrat de société, le fait lui-même démontre la vérité : on a acheté ensemble, on a vendu ensemble ; tous ces actes sont plus qu'évidens, et conséquemment très-propres à démontrer, dans son grand jour, la société. D'ailleurs, si les sociétaires n'ont point tenu de compte de leurs mises, et qu'ils soient en différend pour les partages des bénéfices ou pertes, la loi est là, qui décide que le tout sera partagé par moitié; mais dans l'assurance, c'est bien différent; point de trace de contrat, point de preuve même par témoins qui puisse être produite, quand bien même il se seroit trouvé des personnes présentes aux conventions; point de livre d'assureur qui puisse faire foi. En effet, les conventions, les restrictions sont si multipliées dans l'assurance, que quelque mémoire qu'eussent les témoins, et même les parties contractantes, il ne seroit pas possible qu'ils se rappelassent de tout ce qui a été convenu; et si l'assureur pouvoit en appeler à son livre même, en le supposant de bonne-foi, vu la multiplicité de cas et de conventions que présente l'assurance, pourroit-il réellement affirmer que tout ce qui se trouveroit relaté dans son livre a été convenu?

1319. La raison veut donc que la preuve par témoins, et le serment décisoire soient rejetés en pareille matière; aussi la loi parle-t-elle impérativement, en disant : « *Les contrats d'assurance seront rédigés par écrit.* » Le Rép. de Juris. paroît contraire à cette décision.

1320. D'après ces observations, je conclus en disant, que les polices d'assurance doivent être rédigées par écrit, et que la preuve par témoins ne doit point être admise, et le serment décisoire déféré.

1321. Quoiqu'on ne puisse point faire assurer deux fois la même chose pour le même risque. Casarégis, *disc.* 1, *n.°* 89; Straccha, *gl.* 3, *n.°* 3; Stypmanus, *p.* 472; néanmoins la même chose peut être assurée par diverses polices, pourvu que leur cumul n'excède pas la valeur de la chose assurée. De Luca, *de cred.*, *disc.* 106, *n.°* 118.

1322. Dans l'usage, chaque signataire ne date pas, dans les polices, sa souscription; cependant cela devroit être, « puisque, dit Emérigon, la vérité des époques doit présider, suivant le cas. J'ai vu, dit-il, des polices d'assurances dressées à Londres; chaque assureur ne manque pas d'apposer la date à la suite de la signature. »

1323. Emsaldus, *disc.* 6, *n.°* 18 *et* 20; Casarégis, *disc.* 10, *n.°* 12, *disc.* 98, *n.°* 13, *disc.* 127, *n.°* 33, disent : « Si l'assureur, en signant la police, met quelque modification ou dérogation à certaines clauses imprimées ou écrites à la main, on doit s'en tenir aux modifications de la signature. »

1324. La

1324. La police d'assurance est dressée par un courtier ou par les parties; lorsqu'elle est dressée par les courtiers, elle ne se fait point en multiplicata, parce que le caractère public que lui imprime cet intermédiaire, dispense de cette formalité; lorsqu'elle est rédigée par les parties, il faut qu'il y ait autant d'exemplaires qu'il y a de parties contractantes, par la raison que le contrat est synalagmatique. (865) Dans tous les cas, la police porte: Nous, assureurs soussignés, assurons au cit. un tel, etc. Lorsque la police est dressée par ministère de courtiers, cette police présente une formule générale, à laquelle sont soumis les souscripteurs, et ils ne peuvent point y déroger, sans l'assentiment de l'assuré, parce que ce contrat est consensuel; conséquemment le carnet du courtier doit faire mention des restrictions proposées par l'assureur, et de l'assentiment de l'assuré : dans le cas contraire, le courtier en seroit responsable.

1325. Si les parties ont dressé elles-mêmes la police, les exemplaires, pour être valables, portent les mêmes restrictions; point de doute, en ce cas, que l'assentiment ne soit parfaitement bien exprimé. Il suit donc de cet exposé, que pour qu'une restriction ou un amandement fait à une police, soit valable, il faut qu'il paroisse bien évidemment que toutes les parties y ont consenti.

1326. Si celui qui signe le premier la police met quelque dérogation aux clauses imprimées ou écrites dans le corps de l'acte, tous ceux qui souscrivent après lui la même police, sont censés ne l'avoir fait que relativement à la même modification. Casarégis, *disc. 1, n.° 157;* Straccha, *de assecur., gl. 40, n.° 2.*

1327. Targa, *pag. 232,* recommande aux assureurs de ne pas agir en aveugle, et de prendre garde que les premiers signataires ne soient des dauphins qui sautent pour faire sauter les autres.

1328. Après que l'assureur a signé, peut-il modifier sa souscription et biffer sa signature? Emérigon fait, à cet égard, une réflexion qui me paroît très-judicieuse; il dit : « Dès le moment que l'assureur a signé la police, le droit est acquis à l'assuré. Le mandat du courtier est de recevoir les signatures, et nullement de les anéantir. » On doit le décider ainsi, pour éviter les fraudes qui pourroient avoir lieu à la suite de la colusion du courtier et de l'assureur. En effet, le courtier, détenteur de la police, pourroit y faire des changemens très-préjudiciables à l'assuré.

1329. Pothier, n.° 103, fait mention d'un réglement de l'amirauté de

Paris, du 18 juillet 1759, qui « défend à tous courtiers et agens d'assurance, de mettre aucuns renvois sur les polices, qu'en présence, et du consentement des parties, par lesquelles ils seront tenus de les faire parapher lors et à l'instant de la passation de la police; comme aussi de ne faire aucun *avenant* auxdites polices, qu'à la suite d'icelle, ou par acte séparé, du consentement, et en la présence des parties, lequel avenant seroit signé sur-le-champ par les parties; le tout à peine de nullité des renvois non paraphés, et avenans non signés, et de faux contre lesdits courtiers et agens. »

1330. Les assureurs reçoivent chacun une note signée par le courtier, contenant la qualité des risques par eux pris, et le taux de la prime stipulée; mais, ni cette note, ni l'énoncé de la cote, ne forment pas le contrat. La teneur de l'acte, signée par les assureurs, fait foi en justice; s'ils sont trompés, qu'ils l'imputent à eux-mêmes, ils sont non recevables à s'élever contre leur propre ouvrage, et à s'accuser d'une espèce de délit qui les soumettroit eux-mêmes à l'amende. L'usage n'est pas que l'assuré signe la police; la chose seroit fort inutile, attendu que l'original de l'acte est remis entre ses mains; s'il refusoit de payer la prime, l'extrait du livre du courtier serviroit de titre aux assureurs. Emérigon.

1331. Marquardus, *lib. 3, cap. 9*, en parlant des marchands, dit « que pour ajouter foi aux livres des marchands, il faut qu'ils soient écrits de leur main, ou au moins par un homme préposé pour cela. . . . . que si le livre se trouve faux en une chose, il est présumé *faux en toute.*

1332. Nous avons vu qu'Emérigon dit, que la note que remettent les courtiers aux assureurs, n'est pas le contrat; que c'est la teneur de l'acte signé qui fait foi en justice : mais cependant l'assuré peut réclamer des assureurs avec ce même acte signé.

1333. Pour répondre cathégoriquement à ces observations, remontons aux principes de la négociation. Lorsqu'un négociant veut se faire assurer, ou réassurer, il s'adresse au courtier; l'assuré fait part au courtier des risques qu'il veut soumettre à l'assurance, et celui-ci en passe écriture sur son carnet. Le courtier fait part des intentions de l'assuré à l'assureur; si elles sont adoptées, il désigne, sur son carnet, le nom de l'assureur qui s'est rendu répondant des risques : dans ce cas, les parties contractantes reçoivent un bordereau, chacune de la part du courtier, qui ne sont que des exemplaires présentés par extraits, d'après son carnet: conséquemment le carnet et les bordereaux doivent donc être absolument semblables : mais il reste néanmoins que le carnet est la minute et les duplicata des expéditions. La police se rédige ensuite sur les bases qui ont été arrêtées ; conséquemment voilà une seconde expédition qui doit être établie sur les premières bases : si elle ne l'est pas, qu'en doit-il résulter ?

1334. Il est de règle, que lorsque les minutes du notaire, et les expéditions, sont différentes ; la minute seule fait foi, comme étant l'original de l'acte. Dans ce cas, si les bordereaux sont différens de la police, les uns neutralisant l'autre, c'est le cas de recourir au carnet du courtier ; car ce n'est point la police qui forme l'instrument du contrat, c'est le carnet du courtier, d'après lequel ont été faits les bordereaux, la police d'assurance, et l'enregistrement de la police, pour constater que l'opération a été consommée.

1335. Cependant Emérigon soutient, t. 1, p. 49, que la police est le véritable original qui reste entre les mains de l'assuré : je serois sans doute de son avis, si la police eût été signée des assureurs et de l'assuré ; mais ordinairement elle ne l'est que des assureurs, fondé sur ce que le courtier en a passé écriture sur son carnet, donc que c'est à ce carnet qu'il faut se référer.

1336. Pour la négociabilité de la police d'assurance, voyez (796).

Art. 3. « La police contiendra le nom et le domicile de celui qui se fait assurer, sa qualité de propriétaire ou de commissionnaire, les effets sur lesquels l'assurance sera faite, le nom du navire et du maître, celui du lieu où les marchandises auront été ou devront être chargées, du hâvre d'où le vaisseau devra partir, des ports où il devra charger et décharger, et de tous ceux où il devra entrer, le temps auquel les risques commenceront et finiront, les sommes qu'on entend assurer, la peine ou coût de l'assurance, la soumission des parties aux arbitres, en cas de contestation, et généralement toutes les autres conditions dont elles voudront convenir. »

1337. Pour commenter cet article dans toutes ses particularités, je vais en faire l'analyse, et entrer dans tous les détails que comporteront toutes ses parties.

1338. *Le nom et domicile de celui qui se fait assurer.* Quoiqu'il faut qu'il y ait une co-relation entre l'assurance et le connoissement, et que l'ordonnance requiert le nom et le domicile, etc., néanmoins cet article n'est pas suivi à la rigueur, sur-tout en temps de guerre, par rapport aux ennemis, parce que, dans cette circonstance, les connoissemens présentent pour propriétaire un négociant d'une nation neutre; dans ce cas, pour ne point détruire la co-relation qui doit exister entre ces deux pièces, co-relation qui est implicite, les négocians insèrent, au lieu de leur nom, ces mots, *pour compte de qui il appartient* : dans cette hypothèse, le vaisseau venant à périr, les assurances sont payées au propriétaire qui a par-devers lui un exemplaire du connoissement. (938)

1339. *Sa qualité de propriétaire ou de commissionnaire.* Si celui qui agit comme commissionnaire ne décline pas sa qualité, l'assurance n'en sera pas moins valable. Mais soit qu'il la décline, soit qu'il ne la décline pas, il est considéré, vis-à-vis les assureurs, comme vrai assuré. (21) Dans ce cas, l'omission de la qualité de commissionnaire, n'altère en rien les droits que le commettant et le commissionnaire ont vis-à-vis l'un de l'autre. La bonne-foi ne leur permet pas d'user d'aucun subterfuge. Casarégis, *disc.* 43, *n.°* 39, *disc.* 261; Pothier, *des oblig.*, *n.°* 448.

1340. *Les effets sur lesquels l'assurance sera faite.* L'objet de toute obligation doit être certain, soit par lui-même, soit par des rapports, soit par des caractères distinctifs, qui en déterminent l'identité et la consistance; *liv.* 74, 75, 94, 106 *et* 115, *ff. de verb. oblig.*; Cujas, Pothier, *oblig.*, n.°s 131 et 283. Conséquemment, il est donc nécessaire que la police désigne les effets sur lesquels l'assurance est faite, afin que la matière du risque soit déterminée. Il faut donc qu'il soit dit qu'on se fait assurer ou sur le corps, ou sur les facultés, ou sur l'un et l'autre, ou sur telle chose en particulier.

1341. Le mot *faculté* signifiant le contenu, et le mot *corps* signifiant le contenant et tous ses accessoires; en cas de perte, il suffit de prouver *l'intérêt assuré*, qu'on avoit, ou sur les marchandises, ou sur le navire, ou sur l'un et l'autre, pour qu'on ait action contre les assureurs qui ont pris risque sur la chose génériquement désignée. Il suffit que l'aliment du risque se trouve contenu dans le navire, pour que l'assurance faite *sur faculté et marchandises*, soit valable : ce qui est conforme à ce que dit le guidon de la mer, ch. 2, art. 3. « Il n'est pas besoin, en l'assurance, de spécifier la quantité ou qualité de la marchandise assurée. » Néanmoins, lorsqu'il est possible de spécifier les marchandises particulières en quantité et en qualité, il est prudent de le faire.

1342. Le mot *cargaison* est un terme générique qui comprend tout le chargement du navire; conséquemment, celui qui fait assurer sa *cargaison* est censé faire assurer sa *pacotille* ; c'est-à-dire, les marchandises données au capitaine, pour vendre à profit commun, et en partager les bénéfices, capital préalablement déduit en faveur de celui qui l'a fournie (*a*).

1343. Mais celui qui se feroit assurer nommément et uniquement sur pacotille, et qui n'en auroit point, ne pourroit, en cas de sinistre, rien demander aux assureurs, quoiqu'il eût intérêt sur la cargaison générale faite par les armateurs.

1344. Puisqu'il est de l'essence qu'il y ait une chose qui soit l'aliment du risque, si la chose qui a été assurée spécialement n'a pas été chargée, l'assurance seroit nulle, quoiqu'on eût pour son compte d'autres marchandises chargées dans le navire.

1345. Le mot *sur le corps* embrassant toute la généralité, tout ce qui regarde le navire, comme sa coque, ses agrès et apparaux, les munitions de guerre et de bouche, les avances aux équipages, et tout ce qui a été dépensé pour *la mise hors*; néanmoins, s'il eût été convenu d'assurance sur les *victuailles* qui n'auroient point été fournies, l'assuré ne pourroit réclamer l'assurance, sous prétexte qu'il auroit intérêt sur tout autre objet du bâtiment.

1346. Lorsque l'assurance a été faite conjointement sur le corps et faculté, et que pendant la traversée, ou après son arrivée, le navire soit condamné pour cause d'innavigabilité, que la cargaison soit transbordée, comment divisera-t-on l'assurance ?

1347. La déclaration du 17 août 1779, art. 10, s'en explique ainsi : « Dans le cas où le navire et son chargement seront assurés par la même police d'assurance, et pour une seule somme assurée, ladite somme assurée sera répartie entre le navire et son chargement, par proportion aux évaluations de l'un et de l'autre, si elles ont été portées dans la police d'assurance ; sinon la valeur du navire sera fixée par experts, d'après les procès-verbaux de visite du navire, et le compte de mise hors de l'armateur, et la valeur des marchandises, suivant les dispositions de l'ordonnance de 1681, concernant l'évaluation du chargement. »

1348. *Le nom du navire et du maître.* Ce nom étant pour ainsi identique à la chose, les changemens qui peuvent survenir à cet égard, tendant à

(*a*) *Pacotille* signifie marchandise donnée au capitaine aux conditions ci-dessus énoncées. Par extension de mot, on appelle aussi pacotille le petit chargement que fait, pour son compte, un marinier en vertu de son port-permis.

présenter des équivoques préjudiciables ; il est donc nécessaire d'entrer dans tous les détails qui peuvent faire rejeter ou adopter ces sortes de mutations.

1349. *Le nom du navire.* « L'esprit de l'ordonnance, dit Emérigon, t. 1, fol. 154, en disant, la police contiendra le nom du navire, n'a pas été de faire une loi pour le mot : elle n'a eu, sans contredit, en vue que la chose ; car les noms sont indifférens, pourvu qu'on s'entende, et qu'on écarte les équivoques. »

1350. La même liberté qu'on a de donner à son navire tel nom qu'on trouve bon, permet de changer celui qu'on lui avoit déjà donné. Il suffit que l'acte qui renferme ce changement soit enregistré au greffe de l'amirauté. Mais il paroît qu'actuellement ces sortes de mutations ne peuvent point avoir lieu. Voyez l'art. 19 de l'acte de navigation, fol. 27 ; il faut prendre garde de ne pas désigner une espèce de bâtiment pour une autre, c'est-à-dire, appeler une barque un navire, et *vice versâ*. Casarégis, *disc.* 1, n.os 27, 29 et 133 ; sentence de Marseille du 10 février 1747 ; autre du 5 décembre 1749, confirmée par arrêt d'Aix, du 16 juin 1752.

1351. *Sur le nom du maître ou capitaine.* Dans la police, il est d'usage d'insérer, après le nom du capitaine, ces mots, *ou autre que lui* : cette clause est très-ancienne ; elle se trouve dans la formule. Clairac, *pag.* 355 ; dans celle d'Ancône, Straccha, *de assecur.*, et dans plusieurs autres formules. Il résulte donc de cette clause, que l'erreur dans le nom du capitaine, n'est d'aucune considération.

1352. *Le nom du lieu où les marchandises auront été chargées*, etc., etc. La police doit déterminer les deux extrémités ; c'est-à-dire, le lieu où les marchandises seront ou devront être chargées, et les lieux où elles devront être déchargées, ce qui est essentiel pour déterminer le temps du risque : cependant si on vouloit que le navire fît *échelle* dans les ports de sa route, il ne faudroit pas oublier d'en insérer la condition.

1353. *Le temps auquel les risques commenceront et finiront.* Ce temps court ordinairement, à l'égard du corps, depuis le départ jusqu'à l'arrivée du vaisseau ; et à l'égard des marchandises, depuis qu'elles ont été chargées dans le bâtiment, ou dans les gabares pour les y transporter, jusqu'à ce qu'elles soient délivrées à terre ; mais rien n'empêche de fixer d'autres époques.

1354. *Les sommes qu'on entend assurer.* D'après l'art. 18 ci-après, on peut faire assurer l'entière somme, lorsque celui qui veut faire faire cette assurance ne doit point monter dans le navire; dans ce cas, il faut qu'il y ait convention que l'assurance porte sur la totalité : mais si la personne qui veut faire assurer doit aller dans le navire, quand bien même il auroit été convenu que l'entier chargement seroit assuré, le dixième peut en être déduit. *Voyez l'art. 19 ci-après.* Au surplus, que le propriétaire du navire soit ou ne soit pas dessus, il ne peut faire assurer que les neuf dixièmes de sa valeur.

1355. *La soumission des parties aux arbitres.* Cet article portant que la police contiendra la soumission des parties aux arbitres, et l'art. 70 dit : Lorsque *la police contiendra la soumission à l'arbitrage*, il résulte donc du rapprochement de ces deux articles, que cette soumission n'est pas nécessaire, et qu'elle est volontaire. Mais lorsque la condition en a été faite, on doit requérir l'arbitrage avant contestation en cause, art. 70; de sorte que si, après les défenses, la cause a déjà frappé les oreilles du Juge, qui ait renvoyé les parties au premier jour, ou fait quelqu'autre prononciation, on seroit non-recevable, malgré le pacte de la police à requérir le compromis. Pothier, n.° 201. Voyez l'art. 71 ci-après, et l'art. 12 du tit. 4 de l'ordon. de 1673. L'art. 72 porte, que les sentences des arbitres doivent être homologuées au siége de l'amirauté. D'après cet énoncé, on devroit croire qu'elles devroient être homologuées au Tribunal du commerce; mais depuis 1790, elles s'homologuent au Tribunal civil.

1356. Lorsqu'on fait des assurances dans des temps critiques, qui présagent une guerre maritime, on est dans l'usage de stipuler qu'en cas *de guerre, représailles et hostilités*, la prime sera augmentée de tant pour cent. Sans cette stipulation, aucune augmentation ne peut être demandée. Il sembleroit que, par réciprocité, les assurances faites en temps de guerre ne devroient point être diminuées lors de la survenance de la paix : néanmoins lors de la guerre de 1744, par arrêt du Conseil d'État du 12 juillet 1748, le Roi déclara nulle, et de nul effet, toutes les polices d'assurances passées avant la signature des préliminaires de la paix, pour raison des navires qui ne s'étoient pas mis encore en risque.

1357. Lorsque dans une police d'assurance le cas *de guerre, représailles et hostilités* sont prévus, s'il arrive que les ennemis prennent nos vaisseaux sans aucune déclaration de guerre préalable, et sans que nous agissions de même à leur égard jusqu'à ce que les représailles commencent, les assureurs seront-ils tenus de la perte ? La question méritant d'être examinée, je vais remonter aux principes.

1358. Mably, *Droit pub. de l'Eur., ch. 1, pag. 29*, dit : «Ce n'est pas une déclaration qui constitue l'état de guerre entre deux peuples ; mais les hostilités qu'ils commettent l'un sur l'autre, et les torts qui se font réciproquement.» Dans ce cas, on peut dire que si la déclaration n'est point positive, elle est au moins tacite, et que conséquemment l'un équivaut à l'autre.

1359. Qu'est-ce que la guerre ? D'après le principe du droit des gens, la guerre est celle qu'une nation déclare à l'autre, avec solennité, d'une manière publique.

1360. Qu'est-ce que les hostilités ? Les hostilités sont les effets d'une guerre déclarée ; il ne peut donc y avoir d'hostilités, sans qu'il n'y ait préalablement une déclaration de guerre : mais il peut y avoir une déclaration de guerre, sans qu'il y ait des hostilités ; et cela arrive, lorsque les belligérans en viennent à un accommodement.

1361. Qu'est-ce que les représailles ? On appelle représailles les dommages que porte une nation à une autre, à la suite de celui que la première lui a occasionné par ses déprédations avant que la guerre n'ait été déclarée avec solennité ; ou bien encore tout acte exercé par réciprocité après que la guerre est déclarée ; mais qui est contraire au droit des gens, observée même dans l'état de guerre.

1362. Qu'est-ce qu'arrêt de Prince ? L'arrêt de Prince est celui que fait des vaisseaux étrangers un Gouvernement, pour les employer à son service, en leur payant une juste indemnité. Si cet arrêt est fait en temps de paix, il prend la dénomination de Prince : s'il est fait en temps de guerre, il prend la dénomination d'angarie.

1363. Qu'est-ce que la piraterie ? La piraterie est l'acte d'un voleur de mer, qui court, sans commission de son Gouvernement, sur les vaisseaux qu'il rencontre, pour les piller.

1364. Le Gouvernement donne cette commission à quelqu'un de ses sujets ; alors le sujet qui court les mers en vertu de ce pouvoir, n'est plus un pirate, mais un armateur dont la course est autorisée par le droit des gens, confirmé par l'État : mais comme le droit des nations veut qu'un Gouvernement ne donne point de pareilles commissions, sans qu'il ait rempli les formalités qu'il lui prescrit, tout Gouvernement qui n'observe pas ces formalités, viole donc les conventions sociales, et tombe lui-même dans le cas de la piraterie qu'il fait exercer par ses sujets ; conséquemment ce Gouvernement est donc, dans ce cas, un pirate.

1365. D'après toutes ces définitions, que je crois exactes, si les assureurs

se

se sont rendus garans *de la guerre, des hostilités et des représailles*, sans avoir garanti la piraterie, point de doute que si le vaisseau qu'ils ont assuré est pris par une nation qui n'a point fait aucune déclaration de guerre, et contre laquelle il n'a point été exercé aucune représaille ; point de doute, dis-je, que ces assureurs ne fussent garans de la perte : et c'est donc à tort que lors de la guerre de 1778, le Roi de France fixa le commencement des hostilités, le 17 juin même année, époque à laquelle les frégates la *Licorne* et la *Pallas* furent prises pas les Anglais, sans qu'il y eût déclaration de guerre, et sans qu'il eût été commis aucun acte de représaille ; puisque, comme dit Mably, l'état de guerre se constitue par de simples actes de représailles, il faut donc fixer l'époque de la déclaration de guerre au premier acte de représaille qui aura été exercé, et non à celle de la première piraterie.

1366. D'après ce qui vient d'être dit, il seroit donc nécessaire de stipuler dans les polices d'assurances, lorsqu'on veut convenir d'augmentation de prime, qu'en cas de guerre, etc. que la prime sera augmentée du jour que la première prise d'un vaisseau de l'État, ou d'un vaisseau marchand, aura été faite par une nation sans déclaration de guerre préalable, et on préviendroit des procès ruineux, semblables à ceux qui s'élevèrent dans les années 1778 et 1779. A cette époque, l'augmentation de prime que les assureurs demandoient, formoit l'objet de plus d'un million. Voyez Emérigon, tom. 1, fol. 70 et suiv.

Art. 4. « Pourront, toutes les fois, les chargemens qui seront faits pour l'Europe, aux Echelles du Levant, aux côtes d'Afrique, et aux autres parties du monde, être assurés sur quelque navire qu'ils puissent être, sans désignation du maître ni du vaisseau, pourvu que celui à qui ils devront être consignés, soit dénommé dans la police. »

1367. Valin fait cette observation : « Cet article qui restreint l'obligation prescrite par l'article précédent, de désigner, dans la police d'assurance, le nom du maître et du vaisseau, présuppose le cas où celui qui veut se faire assurer, ignore absolument sur quel navire ses effets pourront être chargés, et par conséquent le nom du maître, ce qui, ne pouvant convenir à un chargement fait en Europe, où la correspondance est réglée, prompte et facile, n'est applicable qu'à celui qui sera fait aux Échelles du Levant, aux côtes d'Afrique, ou autres parties du monde, des marchandises destinées pour l'Europe. » Il suffit donc de dire, par exemple, que la marchandise sera chargée à la Martinique, à la Guadeloupe, aux Échelles du Levant, etc.

Art. 5. « Si la police ne règle point le temps des risques, ils commenceront et finiront dans le temps réglé, pour les contrats à la grosse, par l'art. 15 (des contrats à la grosse.)

Art. 6. » La prime, au coût de l'assurance, sera payée, en son entier, lors de la signature de la police ; mais si l'assurance est faite sur marchandises pour l'aller et le retour ; et que le vaisseau étant parvenu au lieu de sa destination, il ne se fasse point de retour, l'assureur sera tenu de rendre le tiers de la prime, s'il n'y a stipulation contraire. »

1368. On appelle prime, *præmium. Prix.* Stypmanus, *d. loco*, le paiement que l'assuré fait à l'assureur des risques desquels il répond, parce qu'elle se paye d'avance ; néanmoins les places commerçantes de l'Europe la payent de différente manière ; les unes la payent en argent, et les autres en billets, que l'on appelle, à raison de ce, billets de prime. En voici la formule.

Six mois après l'arrivée du navire l'Anibal, capitaine Edmont, venant de Saint-Domingue, à compter du jour de sa déclaration au bureau, je paierai, à l'ordre du citoyen Théodore, la somme de huit cents francs, qu'il a assuré sur marchandise dans ledit navire ; le présent billet sera reçu en paiement de la perte, et ne pourra être négocié qu'après l'arrivée dudit navire à Bordeaux.

Bordeaux, le 10 vendémiaire an 8.

GAUDEFROY et compagnie.

Arrivé le vingt-cinq fixe. Échu le 25 germinal an 9.

1369. Si l'assurance est faite pour un temps limité, sans désignation de voyage, la prime n'est due que pour ce temps limité, après lequel tout risque cesse vis-à-vis des assureurs, art. 7 et 34.

1370. Lorsque l'assurance est faite pour l'aller et le retour, la prime est appelée liée, parce que l'aller et le retour étant liés ensemble, ils ne forment qu'un voyage envers les contractans.

1371. On peut faire assurer les primes de la prime. Exemple : soit un capital de 30,000 fr. sur lequel on veut faire assurer la prime et les primes des primes ;

30,000 fr.	capit.	à 10 p. %	3000 fr.
3,000	prime.	à 10 p. %	300
300	prime de la prime.	à 10 p. %	30
30	prime de la prime des primes.	à 10 p. %	3
	Total des primes.		3333
	Capital.		30000
	Montant total		33333

1372. En cas de perte totale, l'assureur payera donc à l'assuré 33333 fr.; et en cas d'heureuse arrivée, l'assureur gagnera donc 3333 francs.

Art. 7. « Les assurances pourront être faites sur le corps et quille du vaisseau, vide ou chargé, avant ou pendant le voyage, sur les victuailles et sur les marchandises, conjointement ou séparément chargés sur vaisseau armé ou non armé, seul ou accompagné, pour l'envoi ou pour le retour, pour un voyage entier ou pour un temps limité. »

Art. 8. » Tous navigateurs, passagers et autres, pourront faire assurer la liberté de leurs personnes; et en ce cas, les polices contiendront le nom, le pays, la demeure, l'âge et la qualité de celui qui se fait assurer, le nom du navire, du hâvre d'où il doit partir, et celui de son dernier reste, la somme qui sera payée, en cas de prise, tant pour la rançon, que pour les frais de retour, à qui ces deniers en seront fournis, et sous quelle peine. »

1373. Cet article, qui ne peut être guère d'usage que pour la navigation dans la Méditerranée, est tiré entièrement du Guidon, chap. 16, art. 3 et 4; à cela près, que le Guidon, au lieu de dire qu'il sera stipulé une peine dans la police, veut que l'assureur paye le prix convenu pour la rançon, quinze jours après la preuve rapportée de la captivité, sans attendre le temps fixé par l'abandon et délaissement dans les assurances ordinaires. Cela est juste, et paroît devoir être suppléé de plein droit.

1374. S'il y a une peine stipulée dans la police, faute de paiement de la rançon dans le terme fixé, elle servira de règle; mais s'il n'y a point de stipulation à ce sujet, l'assureur sera tenu des dommages et intérêts résultans de la détention du captif, lesquels dommages et intérêts seront réglés par des experts, eu égard à la qualité et à la condition de la personne.

1375. Cela n'empêche pas, néanmoins, que cette sorte d'assurance ne puisse être pratiquée en temps de guerre, c'est-à-dire, que quelqu'un ne puisse valablement faire assurer sa liberté, à l'effet de se procurer une prompte délivrance, au cas qu'il soit pris par les ennemis; et alors tout sera réglé conformément à la disposition du présent article, et suivant ce qui vient d'être observé. Ce mot *reste*, emprunté tout de même du Guidon, signifie la fin et le retour du voyage. Valin.

1376. L'ordonnance s'expliquant d'une manière indicative plutôt qu'impérative, il est loisible aux parties, ou de fixer une somme certaine pour être employée au rachat de la personne, ou bien de stipuler, en général, que les assureurs lui procureront la liberté, sans déterminer aucune somme. Pothier, n.° 174.

1377. Rien n'empêche de fixer le temps du risque. La disposition de l'art. 3 est générale, et s'étend à la matière présente. Si le temps n'est pas fixé, le risque courra depuis le départ jusqu'au retour du vaisseau, suivant la décision générale de l'art. 5.

1378. Si la police fixe une somme certaine, cette somme sera définitivement due par les assureurs, dès le moment que la personne aura été faite captive. Targa, ch. 52, n.° 19, pag. 230. Pothier, n.° 171.

1379. Si le navire pris par les Barbaresques, est repris par un Chrétien, après le temps de droit, et que la personne déjà esclave, recouvre, par ce moyen, la liberté, la somme assurée n'en sera pas moins due par les assureurs, Targa *de loco*, parce que la condition, qui ne consiste qu'en un événement ou en un fait, étant une fois accomplie, elle se trouve accomplie pour toujours. Il en est de même si le captif a le moyen de s'échapper; mais s'il s'échappe réellement, l'assuré ne peut plus demander qu'on le rachète, puisqu'il n'est plus captif. Le fait qui faisoit l'objet de l'obligation des assureurs, étant devenu un fait impossible, l'obligation de ce fait est anéantie. Il en est encore de même si le captif meurt en captivité: la somme assurée est due à ses héritiers. Pothier, n.° 174.

1380. Furgole, tom. 2, pag. 268, dit: « Si lors du retour, le captif racheté étoit de nouveau pris par les Barbaresques, les assureurs ne seroient pas obligés à payer une seconde rançon; car la condition qui ne consiste qu'en un événement ou en un fait, étant une fois accomplie, il n'est plus nécessaire qu'elle arrive ou qu'elle s'accomplisse de nouveau, quoique l'accomplissement ne dure pas. » Emérigon opine dans le même sens.

Art. 10. « Défendons de faire aucune assurance sur la vie des personnes. »

1381. Dans le chap. 16, art. 5, le Guidon observe que pareilles assurances sont prohibées parmi nous, comme contraires aux bonnes mœurs, et capables de donner lieu à une infinité d'abus et tromperies; à raison de quoi quelques nations ont été contraintes d'en abolir et défendre l'usage.

L'art. 66 de l'ord. de Wisbuy permettoit d'assurer la vie du capitaine.

1382. A Naples, à Florence, en Angleterre, et en divers autres endroits, il est permis de faire des assurances sur la vie des personnes. Plusieurs raisons morales les ont fait permettre. Roccus, Nat. 47, 74, observe que ce ne sont pas là des assurances, mais des gageures. (1270)

1383. On a prohibé ces sortes d'assurances, en se fondant *sur la l. 34, § 2 ff. contract empt, l. 83, § 5, ff. de verd. oblig. l. 30, c. de pactis.* Ces lois disent que l'homme n'est pas un objet de commerce, et qu'il est odieux que sa mort devienne l'objet d'une spéculation mercantile; et Grivel observe, *dec.* 57, *n.°* 28, que ces sortes de gageures sont de triste augure, et peuvent occasionner des crimes. « Au surplus, pareilles assurances sont nulles. La prime stipulée n'en est pas due; si elle a été payée, on peut la répéter. Pothier, n°. 27. Le demi pour cent de droit de signature n'est pas même dû. Valin, art. 10.

1384. Voyons actuellement jusqu'à quel point toutes ces assertions sont justes; et pour en venir là, rapprochons toutes ces assertions.

1385. GUIDON. *Ces assurances sont contraires aux bonnes mœurs, etc.* Je ne vois pas que les mœurs soient plus blessées, en assurant la vie des personnes, que leur liberté. En effet, la première assurance est faite par l'assuré, en faveur de ses héritiers. Un père de famille, malheureux, s'embarque pour tenter fortune; un marin part pour exercer son état; l'un et l'autre se portant à cette extrémité pour donner le nécessaire à ceux qui l'entourent; dans la peur de manquer leur but, à la suite de quelque événement maritime, ils font assurer leur vie, ou, pour mieux, la subsistance de leur famille; je ne vois là qu'une action très-morale de la part de l'assuré, et je ne vois aucune immoralité dans l'assureur, puisqu'il court les chances attachées à l'homme qui expose ses jours. Quelle tromperie et abus peut-il survenir de cet arrangement? Ici, un fait décisif est évident; ou l'assuré meurt, ou il vit: sa mort ou sa vie ne peuvent, dans aucun cas, être une chose douteuse, puisque l'une ou l'autre doivent être duement constatée. Dans ce cas, il faut donc une preuve certaine ou de la vie ou de la mort; si l'individu est parvenu vivant à sa destination, la prime est gagnée; si, au contraire, il est mort, l'assurance est due; et ses malheureux enfans, qui ont à pleurer la mort de leur malheureux père, en étant arraché aux horreurs du besoin, trouvent dans leur ressource les témoignages de la tendresse paternelle, qui leur rappelle sans cesse les vertus de l'auteur de leurs jours, en leur présentant un bel exemple à suivre.

1386. LOIS ROMAINES. *La vie de l'homme est hors de prix.* « Non-seulement la vie de l'homme est hors de prix, mais encore sa liberté. Aussi n'est-ce pas à sa vie ni à sa liberté qu'il y a un prix de mis, puisque personne ne peut point assurer qu'une autre ne mourra pas, ni ne sera pas fait esclave; c'est aux facultés de l'une et de l'autre qu'est attaché le prix qu'on appelle improprement assurance ; et les raisons que j'ai données sur le guidon, ne militent sans doute pas peu en faveur de mes opinions. »

1387. Grivel. *Ces assurances peuvent occasionner des crimes.* « De la part de qui? sera-ce de la part de l'assuré ? Il a intérêt que l'assureur vive. Sera-ce de la part de l'assureur ? Certes, si celui-ci se sentoit disposé à commettre une mauvaise action, il ne choisiroit pas cette circonstance pour satisfaire ses desseins, parce que, dans ce cas, au lieu de gagner une prime, il perdroit une assurance. Sera-ce de la part des héritiers de l'assuré ? Supposons, contre toute vraisemblance, que cela soit, la distance qui se trouve entre eux et l'assuré, doit rassurer sur toutes les atteintes qu'ils voudroient porter à sa vie. Il n'en est cependant pas de même par rapport au don mutuel et aux rentes viagères ; celui qui a intérêt que l'autre meure, ne peut-il pas, avec toute la facilité possible, porter une main homicide dans son sein ; cependant, l'un et l'autre sont autorisés par les lois. Eh, pourquoi les assurances sur la vie des personnes ne jouiroient-elles pas des mêmes faveurs, puisqu'elles sont sujettes à de moins graves inconvéniens ? »

1388. Nous trouvons dans la troisième livraison du journ. de lac. de législation, fol. 382, que, dans le département des Deux-Sèvres, pour éteindre une rente viagère, le nommé Bouguillaume avoit assassiné son vendeur, qui mourut le 1.er thermidor an 5. Certes, les assurances maritimes à vie ne peuvent point provoquer de pareils crimes.

1389. D'après toutes ces considérations, d'après les motifs qui ont dicté les arrêts du Conseil du 3 nov. 1787 et 27 juillet 1788, qui permettent à une compagnie d'assurance d'assurer la vie des personnes, cette compagnie n'existant plus, je croirois que l'assurance faite sur la vie d'un individu ne seroit pas nulle, fondé sur ce qu'elle seroit basée, d'abord, sur la moralité ; secondement, sur la loi ; car une loi de commerce, essentiellement morale, peut être étendue d'un cas à un autre, du moment qu'il n'y a ni immoralité, ni dol, ni fraude de la part des contractans, et que tout privilége est prohibé. Il me semble que l'extention d'une loi ne peut plus éprouver d'obstacle : c'est même un des sûrs moyens de favoriser le commerce maritime. D'ailleurs, l'art. ci-après ne permet-il pas d'assurer la vie des captifs ?

1390. Voici le préambule de l'arrêt du Conseil d'Etat, du 3 novembre 1787, qui autorisoit à perpétuité l'établissement des assurances sur la vie avec privilége exclusif pendant quinze années.

1391. Le Roi, s'étant fait rendre compte de la nature et des princip de divers établissemens fondés en Europe, sous le nom d'*Assurances sur la Vie*, a reconnu qu'ils renfermoient des avantages précieux; que, naturalisés en France, ils y seroient d'une grande utilité; qu'un nombre considérable d'individus de tout sexe, de tout âge, y trouveroient la facilité de faire assurer sur leur vie, ou sur des termes de leur vie, des rentes ou des capitaux, soit pour eux dans leur vieillesse, soit après eux, en faveur des surveillans auxquels ils voudroient laisser des ressources ou des bienfaits; que ces sortes d'assurances modérées et équitablement arbitrées, affranchiroient de l'usure trop commune, la vente de toute espèce de capitaux et de rentes viagères, ou en étendroient la jouissance à des survivans; qu'enfin ces combinaisons variées, liant utilement le présent à l'avenir, ranimeroient ces sentimens d'affection et d'intérêt réciproques qui font le bonheur de la société, et en augmentent la force. Ces considérations réunies ont convaincu Sa Majesté de l'utilité d'un établissement d'assurances sur la vie, et l'ont déterminée à ne pas le différer plus long-temps. Mais plus les avantages en paroissent précieux et plus important, il a paru à Sa Majesté de les rendre solides. Sa Majesté auroit pu l'abandonner à la concurrence de diverses Compagnies qui se sont présentées; mais, dans les circonstances actuelles, elle auroit craint, en multipliant les Compagnies, d'ouvrir un nouveau cours à une industrie fausse et pernicieuse qu'il importe de réprimer : Sa Majesté a d'ailleurs été informée que la concurrence devint funeste à ces sortes d'établissemens, dans les pays où ils y furent livrés, à leur origine : leur succès, en effet, ne peut être plus efficacement assuré que par la prompte réunion d'une multitude de chances; mais, quoique ces assurances doivent être calculées de manière à tirer leur solidité complète de la réunion des chances, elle a cru qu'il seroit utile de soumettre, ceux qui seroient chargés de cet établissement, à une finance considérable dans laquelle chacun des assurés ait un gage authentique des engagemens pris avec lui. Sa Majesté n'a pas cru non plus devoir négliger l'utilité qu'elle pourroit retirer de cet établissement, dès-à-présent et dans l'avenir, pour ses finances. Enfin, pour concilier tous les intérêts avec les précautions qui peuvent établir la confiance, elle a jugé convenable de remettre à une administration publique et éclairée, comme celle de sa bonne ville de Paris, la surveillance de cet établissement, et de l'autoriser à céder, au nom de Sa Majesté, l'exercice de ce privilége à la Compagnie des Assurances contre les incendies, établie par arrêt du 6 novembre dernier, qui a déjà présenté sa soumission à ce sujet, et à laquelle seule Sa

Majesté entend laisser, pendant quinze années, l'exercice dudit privilége. Cette surveillance, en conservant à l'intérêt particulier l'activité qui lui est nécessaire, ne laissera craindre aucune spéculation douteuse, hasardée ou répréhensible; et le zèle connu des Administrateurs de la ville de Paris, pour tout ce qui intéresse le bien de l'État et le service de Sa Majesté, sera encore excité par la disposition où est Sa Majesté d'employer le profit résultant dudit établissement, à des dépenses particulières à la ville de Paris, et qui étoient ou auroient été supportées par le Trésor royal. A quoi voulant pourvoir, etc.

Art. 11. « Pourront, néanmoins, ceux qui rachetteront les captifs, faire assurer sur les personnes qui tireront de l'esclavage, le prix du rachat, que les assureurs seront tenus de payer, si le racheté, faisant son retour, est repris, tué ou noyé, ou s'il périt par autre voie que par la mort naturelle. »

1392. Cet article permet donc d'assurer la vie des personnes captives; mais Valin, qui a été embarrassé de donner les raisons pour déterminer les motifs qui sont cause que cet article déroge au précédent, dit : « Il ne faut pas s'amuser à chercher des raisons de différence pour les concilier. » Mais Pothier, qui a cru devoir s'y arrêter, dit à son tour : « Dans le cas de cet article, comme dans celui de l'art. 9, l'assurance concerne moins la personne tirée de l'esclavage, *que le prix du rachat.* » Dans ce cas comme dans le précédent, ce n'est donc pas l'individu qui est garanti; mais ses facultés représentées par le prix de son rachat.

1393. Quelle bizarrerie! Par égard aux prétendus principes, on ne peut faire assurer la vie d'une cargaison de noirs, pour me servir de l'expression reçue, pour cas de mort naturelle, conformément à notre article; et la mort est censée être naturelle lorsqu'elle arrive par maladie, et lorsque le captif se prive de la vie par désespoir; mais on peut faire assurer les facultés du nègre captif, lorsque sa perte survient par mort, prise, ou autre accident maritimes; c'est-à-dire, qu'en cas de rebellion d'une cargaison de noirs, le capitaine pourra tuer, massacrer, sans que l'intérêt de l'armateur soit compromis : et moi je crois, au contraire, que ce seroit-là le cas de défendre les assurances sur la vie de ces malheureux, pour engager le capitaine à ne leur faire d'autre mal que celui qui seroit absolument nécessaire; et on conviendra que j'ai raison, lorsqu'on réfléchira sur ce que sont capables certains hommes dans la fureur et la colère, lorsqu'ils ne sont pas retenus par l'intérêt.

1394. On

1394. On ne se seroit sans doute pas attendu de trouver dans un chef-d'œuvre de législation, une dissonnance semblable; mais, hélas ! ce chef-d'œuvre, comme tous ceux des hommes, se trouve dans un certain endroit, marqué au coin de la foiblesse humaine. Voilà l'homme, voilà ses productions.

Art. 12. « Les femmes pourront valablement s'obliger et aliéner leurs biens dotaux, pour tirer leur mari de l'esclavage. »

1395. Ces considérations sont basées sur des motifs tellement louables, qu'il semble qu'il n'étoit point nécessaire qu'elles fussent autorisées par la loi; mais comme les Romains le permettoient ainsi. *L. 73, §. 1, ff. de jur. dot. L. 20 et 21, ff. salut. matrim.* Il a bien fallu que nous fissions la même chose; cependant il y a une bien grande différence entre un Romain et un Français. Un Romain devoit vaincre ou périr. S'il se laissoit conduire en captivité, il perdoit sa qualité de mari et de citoyen, il étoit privé de ses biens et de son état. La femme tombant en vidité, elle étoit considérée comme pouvant jouir de ses biens, du fonds, et en disposer en faveur d'un esclave : et comme des pareils motifs n'existent pas chez nous, parce que nous n'avons pas cru que pour posséder un lopin de terre qu'on n'étoit pas sûr de conserver, il falloit sacrifier quelques milliers d'hommes, on ne pouvoit donc pas partir du motif des Romains, mais partir d'un motif plus puissant et plus raisonnable. La loi n'a donc exposé en caractères, que ce que la nature avoit elle-même déjà écrit dans le cœur de la femme honnête.

Art. 13. « Celui qui, au refus de la femme, et par autorité de justice, aura prêté deniers pour le rachat de l'esclavage, sera préféré à la femme sur les biens du mari, sauf pour la répétition de la dot. »

1396. La préférence dont parle cet article n'a lieu, au préjudice de la femme, que dans le cas où, interpellée en justice de racheter son mari, elle n'a pas voulu le faire, et qu'à son refus un parent ou un ami ait été autorisé, par le Magistrat, à fournir ses deniers pour remplir cet objet.

1397. Dans l'hypothèse, la femme ne peut demander aux héritiers de son mari, ni donation de survie, ni douaire, ni alimens vidaux, avant que celui qui a prêté ses deniers, pour le rachat du défunt, ait été remboursé. Elle ne conserve ses premiers droits et priviléges, que pour sa dot proprement dite, de quoi il seroit permis de douter, si l'ordonnance ne l'avoit pas ainsi déterminé.

Art. 14. « Pourront aussi les mineurs, par avis de leurs parens, contracter semblables obligations, pour tirer leur père d'esclavage, sans qu'ils puissent être restitués. »

1398. Le mineur qui s'oblige pour juste cause, et d'après les règles établies par le droit commun, n'est pas au cas de la restitution. *L. 9, c. de in integ. rest. min.* L'authentique *si captivi* au cod. *de episcop. et cler.*, déclare non-seulement majeur le mineur âgé de dix-huit ans, mais encore le soumet à l'exhérédation et le prive de la succession du captif, de même que tout autre héritier institué, parent ou étranger, s'il néglige de pourvoir au paiement de la rançon.

1399. A l'exemple de la femme mariée, dit Valin, ce n'est pas seulement pour retirer son père de captivité que la Jurisprudence des arrêts a permis, de tout temps, à l'enfant mineur de s'obliger; elle l'autorise à s'obliger tout de même pour le délivrer de prison, mais on ne peut l'y contraindre.

Art. 15. « Les propriétaires des navires, ni les maîtres, ne pourront faire assurer le fret à faire de leurs bâtimens; les marchands le profit espéré de leurs marchandises, ni les gens de mer leurs loyers. »

1400. Puisque l'ordonnance porte que le fréteur ne pourra faire assurer le fret à faire, elle permet donc de faire assurer le fret acquis.

1401. Il y a donc deux sortes de fret, le fret à faire, et le fret acquis. Voyez les n.os 965 à 968.

1402. Valin, sur l'art. 18 du tit. du fret corrélatif de celui-ci, fait une observation qui me paroît exacte.

1403. « Le fret n'étant pas dû aux termes de cet article, et suivant la note 9 de l'art. 9 des jugemens d'Oléron (*a*), il étoit de la suite qu'il chargeât le maître de restituer celui qui auroit reçu d'avance; mais ayant ajouté, s'il n'y a convention contraire; c'est tout comme s'il n'eût pas porté la décision, parce que toutes les fois que le fret se paye d'avance, on ne manque jamais de stipuler qu'il demeurera acquis, quelqu'événement qui survienne.

1404. Cela, dit Valin, n'est rien moins que juste, ne fut-ce qu'à cause des malversations que cette certitude du gain du fret peut occasionner de la part du maître. Aussi, nos auteurs de Jurisprudence maritime, n'ont-ils pas reconnu, pour légitime, cette stipulation de fret acquis. Kuricke, *quest. 34, fol. 898 et 899*. Loccenius, *fol. 274*. Straccha, *de navibus, part.*

(*a*) Cette note porte, qu'après le naufrage entièrement fait, lorsque tout est perdu, le maître est tenu de rendre aux marchands les avances qu'ils ont faites sur le fret.

3, n°. 24. Elle est devenue néanmoins, comme de style, dans les voyages de Canada et dans les affrétemens faits au roi.

1405. Qui plus est, le roi prenoit même pour son compte la perte du navire et toutes les avaries qui pouvoient lui arriver. Les Romains stipuloient ainsi. *Tite-Live, liv. 23, n.os 3 et 43.* Suetonne, *liv. 5, n.° 21.*

1406. Quoi qu'il en soit, le fret acquis paroît être un nouveau contrat qui paroît avoir pris sa source dans l'esprit de l'art. 18 du tit. du fret, et dans le présent article. Néanmoins, il a été sanctionné légalement par la déclaration de 1779, où il est dit, art. 6 : « Le fret acquis pourra être assuré, et ne pourra faire partie du délaissement du navire, s'il n'est expressément compris dans la police d'assurance. » (975)

1407. Cet article, dit Emérigon, a beaucoup exercé les Jurisconsultes et négocians de Marseille, parce qu'ils ne croyoient pas que *le fret acquis* peut, dans aucun cas, devenir *une matière d'assurance de la part du propriétaire de navire.* »

1408. Pour discuter clairement l'art. 6 précité, il sera nécessaire de l'analyser, et de faire les observations qui semblent découler de source.

1409. *Le fret acquis peut être assuré.* C'est-à-dire, que celui qui aura payé ou qui devra payer le fret, pourra en faire assurer le montant ; si le fret a été payé, l'affréteur pourra *seul* le faire assurer; s'il n'a pas été payé, l'affréteur pourra faire assurer de son côté, et le fréteur pourra aussi le faire assurer du sien. Dans ces deux cas, l'affréteur pourra faire assurer, parce qu'il est de l'essence de l'assurance, que toute chose exposée à des risques, peut être assurée ; ainsi, si cette chose vient à périr, le propriétaire sera remboursé, par ses assureurs, du montant de l'assurance.

1410. Si le fret acquis a été payé d'avance, le fréteur ou propriétaire du bâtiment ne pourra point le faire assurer, parce que le prix qu'il en a reçu, n'a point été exposé aux risques attachés aux assurances, comme l'ayant par-devers lui.

1411. Si le propriétaire du bâtiment n'a pas été payé d'avance du fret acquis, il pourra le faire assurer ; dans ce cas, l'assurance ne repose pas sur des risques maritimes, puisqu'il ne peut en courir aucun, mais sur l'insolvabilité du débiteur. Ainsi, le contrat qui intervient entre le propriétaire du bâtiment et ses assureurs, n'est point un contrat d'assurance, mais une espèce de contrat de cautionnement; ainsi, si le débiteur du fret acquis tomboit en insolvabilité, le fréteur pourroit recourir sur ses assureurs, et exiger le montant des assurances ; et, par la même raison, les assureurs pourroient recourir sur l'affréteur, comme ayant été subrogés aux droits du fréteur. Comme ces conventions ne blessent ni les mœurs, ni la bonne-foi, ni les lois, ni les intérêts d'un tiers, elles doivent être d'autant plus valables, qu'elles favorisent singulièrement le commerce. D'ailleurs, je ne vois aucune loi qui défende de se faire cautionner, du moment qu'il n'en peut rien résulter de fâcheux pour la société. Lorsque le roi prenoit sur lui les risques maritimes, (1405) quoiqu'en dise Valin, qui prétend que dans ce cas il étoit assureur, ce n'étoit point là une assurance, mais un cautionnement, puisqu'il n'y avoit pas de prime. (1259) Or, ici il y a une prime; donc que c'est plutôt une assurance qu'un cautionnement.

1412. Aussi Casarégis, *dic. 1*, n.° *124*, dit-il, par rapport au contrat à la grosse, « on fait quelquefois assurer la fidélité du premier, » ce qui signifie, en d'autres termes, qu'on la fait cautionner. D'ailleurs, l'art. 20 ci-après, ne permet-il pas de faire assurer la solvabilité des assureurs?

1413. *Le fret acquis ne pourra faire partie du délaissement du navire, s'il n'est expressément compris dans la police d'assurance.* Ces dispositions ne regardent sans doute que le fréteur; elles signifient que le fréteur pourra convenir avec ses assureurs, qui leur délaissera son fret acquis, dans le cas d'un événement prévu par la loi: dans ce cas, on doit considérer *le fret acquis*, payé d'avance, *et le fret acquis* à payer. Si le fret acquis est payé d'avance, n'y ayant point de risques maritimes et personnels à courir, la convention ne peut point avoir lieu, vu qu'elle seroit positive et négative; car si elle existoit et qu'elle fût accomplie, le fréteur seroit tenu de délaisser le fret à ses assureurs, et ceux-ci de le lui rembourser. S'il n'est pas payé, et qu'aux termes de la loi, la convention de délaissement existe, le fréteur pourra délaisser le fret qui est dû à ses assureurs, et ceux-ci le payant, ils auront recours sur l'affréteur. Il résulte donc de toutes ces observations,

1414. 1.° Que l'affréteur qui aura payé, ou qui devra payer le *fret acquis*, pourra le faire assurer;

1415. 2.° Que si ce fret a été payé, l'affréteur seul pourra le faire assurer;

1416. 3.° que s'il n'a pas été payé, que le fréteur et l'affréteur pourront faire assurer chacun de leur côté; l'un la solvabilité de l'autre, et celui-ci le paiement qui devra en être fait;

1417. 4.° Que le contrat qui intervient entre le fréteur et ses assureurs, pour le fret acquis à payer, n'est point un contrat d'assurance, mais une espèce de contrat de cautionnement;

1418. 5.° Que si l'affréteur tombe en insolvabilité, le fréteur pourra demander le fret acquis à ses assureurs, et ceux-ci à l'affréteur;

1419. 6.° Que le délaissement ne peut point avoir lieu lorsque le fret acquis a été payé d'avance, quand bien même il seroit stipulé dans la police d'assurance.

1420. Emérigon fait les observations suivantes sur l'art. 6 de la déclaration précitée :

1421. 1.° « Si, dit-il, le fret ainsi stipulé à tout événement, a été payé » avant le départ du navire, il est présumé avoir été employé à l'armement » du corps, et ne peut point faire capital dans les assurances que ces » armateurs font faire sur ce corps, pour leur compte propre; autrement, » ils feroient assurer au-delà de leur intérêt primitif et véritable ; »

1422. 2.° « Si le fret stipulé à tout événement est encore dû aux armateurs » du navire, l'assurance que ceux-ci feroient faire d'un pareil fret, ne » seroit rien de plus qu'un simple cautionnement de la solvabilité du » débiteur. » (1259)

1423. L'auteur du traité des assurances dit ailleurs : « J'ai armé un » navire qui me coûte 50,000 fr.; je le frète, et je reçois 50,000 fr. de » nolis, c'est-à-dire, de frétement qui me sont acquis à tout événement, » *quel que puisse être le sort du vaisseau.* Il est sensible que d'après les » règles fondamentales du contrat d'assurance, je ne puis me faire assurer » ce même navire dont j'ai reçu la valeur, et qui ne me coûte rien. La » déclaration de 1779 paroît cependant le permettre, en disant que je » puis faire assurer le fret acquis, (c'est-à-dire, la valeur réelle du navire, » sans déduire le fret stipulé à tout événement) qu'en cas de sinistre, » ce fret acquis ne pourra faire partie du délaissement du navire, c'est-à- » dire, qu'il me sera permis de garder le fret acquis, et d'exiger de mes » assureurs l'entière somme assurée : un pareil pacte ne sauroit subsister » que par manière de gageure. » (1263)

1424. Dans toute chose frugifère, il y a deux valeurs; l'une résultante de la chose même, et l'autre résultante de son fruit. Si j'ai acheté une maison 50,000 fr., et qu'ensuite je loue cette maison 50,000 fr., quoique les fruits civils de ma maison m'aient donné cette dernière somme, elle n'en reste pas moins ma propriété, parce que le contrat de louage que j'ai passé avec mon locataire, ne peut point atténuer le contrat de vente passé avec mon cédant. Or, si dans l'hypothèse il y a deux valeurs, je peux donc me les faire garantir ensemble. S'il y a une compagnie d'assurance contre l'incendie, mon capital sera assuré; si je prends une caution pour le loyer, mon loyer me sera assuré; et je crois avoir répondu à ces objections, en disant que le fret, payé d'avance, ne peut point être la matière d'une assurance, c'est-à-dire, d'un cautionnement à qui on a donné le nom d'assurance; et je crois que tout ce qu'on peut raisonnablement dire, qu'un armateur qui feroit assurer le capital de son navire, et ensuite son fret acquis, après en avoir reçu le montant, feroit assurer au-delà de son intérêt véritable, et conséquemment tomberoit dans le cas prévu par l'art. 22 du titre des assurances de l'ordonnance de 1681. En effet, dans ce cas il seroit aussi absurde de faire assurer le *fret acquis*, payé d'avance, qu'il le seroit de faire cautionner un débiteur qui auroit payé.

1425. M. Figon, de Marseille, négociant très-éclairé, dit Émérigon, a eu la bonté de me communiquer ses idées au sujet de ce mot, *fret acquis*.

1426. Mon navire, dit-il, a chargé, à la Martinique, des sucres au nolis de quarant-huit deniers la livre pesant, pour être consignés au premier port d'Europe, à condition que le nolis sera porté à soixante deniers, si le navire arrive à Marseille. Je reçois avis que le vaisseau est entré dans le port de Cadix; il dépend de moi de donner ordre au capitaine de désarmer à Cadix, et d'exiger le nolis de quarante-huit deniers; mais, par certaines considérations, je lui écris de continuer le voyage jusqu'à Marseille, et je fais assurer 40,000 fr., à quoi le fret acquis, dans le lieu de Cadix, se montoit. Il ajoutoit: Mon navire a chargé, à la Martinique, des sucres au nolis de soixante deniers, pour être consignés à Marseille ou en tel autre port d'Europe où le navire abordera. Il arrive à Bordeaux; je donne ordre au capitaine de continuer son voyage jusqu'à Marseille, et je me fais assurer le fret que j'aurois exigé à Bordeaux, si le navire y eût désarmé.

1427. Je répondois, dit Émérigon, que ce système étoit contraire aux principes du droit; car, dans votre hypothèse, si le navire, au lieu de désarmer à Cadix, continue sa route pour Marseille, ce fret de quarante-huit deniers, et son accroissement, resteront dans la cathégorie du *fret à faire*, jusqu'à l'arrivée du vaisseau à Marseille même. Ce n'est qu'alors que l'entier fret vous sera réellement acquis. Le droit d'exiger à Cadix le fret de quatre sous étoit conditionnel. Suivant la clause qu'on est en usage, en temps de guerre, de stipuler dans les connoissemens dressés aux Iles Françaises, le fret étoit payable en Europe, *dans le lieu où le navire feroit sa décharge*. Or, la décharge n'ayant pas été faite à Cadix, la condition n'a pas été remplie ; Cadix a été un simple lieu de relâche, et les choses sont rentrées dans l'ordre prescrit par l'art. 18 du fret, d'après lequel, si le navire périt, *il n'est dû aucun fret des marchandises perdues par naufrage.*

1428. Les mêmes observations s'appliquent à votre seconde hypothèse ; car, de ce qu'il vous étoit loisible de faire désarmer le navire à Bordeaux, et d'exiger le nolis, il ne s'en suit pas que vous l'ayez exigé. Le nolis vous auroit été acquis, si les marchandises eussent été déchargées devant Bordeaux ; elles ne l'ont pas été ; le navire continue sa route pour Marseille ; s'il périt, le nolis n'est pas dû. Il ne vous est donc pas permis de le faire assurer, parce qu'il est défendu de faire assurer un profit incertain.

1429. « Cependant la déclaration de 1779 paroît se concilier avec l'avis de M. Figon (c'est toujours Émérigon qui parle) ; son opinion a été adoptée dans la *loge*. Je l'adopte également, jusqu'à ce qu'une solution plus lumineuse ait été donnée. On ne doit donc pas s'arrêter au sens grammatical du mot ; mais par *fret acquis*, il faut entendre tout fret qu'on auroit été en droit d'exiger dans le lieu de la relâche. »

1430. Ces diversités d'avis donnent lieu aux deux questions suivantes :

1431. 1.° Si un navire parti de la Martinique, frété à un certain prix, pour être consigné au premier port d'Europe, à condition que le fret sera payé à un prix, s'il revient dans le port de son premier départ, lorsque les contractans ne se seront point expliqués sur l'option de l'un des deux ports pour la décharge, l'affréteur pourra-t-il de droit exiger qu'il soit déchargé dans le lieu de sa relâche, ou bien le fréteur aura-t-il le droit d'exiger qu'il désarme dans son port ?

1432. 2.° En supposant qu'il soit égal à l'affréteur que ses marchandises soient déchargées à l'un ou à l'autre port, si le fréteur, au lieu de faire décharger dans le lieu de la relâche, fait venir le navire dans son port, le fret qui lui sera dû sera-t-il fret à faire, ou fret acquis ?

1433. *Sur la première question.* Dans le doute, une clause doit s'interpréter contre celui qui a stipulé quelque chose, et à la décharge de celui qui a contracté l'obligation. *L. 38, §. 18, ff. de verb. oblig.* Le créancier doit s'imputer de ne s'être pas mieux expliqué. Aussi Pothier dit-il : « Si, par un bail à ferme, il étoit dit que ce fermier livreroit au bailleur, en certain temps, une certaine quantité de blé de ferme annuelle, sans qu'il fût dit où la tradition devroit s'en faire, la clause doit s'entendre en ce sens, qu'elle devra se faire en la maison du fermier, à ceux qui y viendront chercher le blé de la part du bailleur ; ce sens étant celui qui est le plus à la décharge du fermier qui a contracté l'obligation. Lorsque le bailleur veut que le blé lui soit rendu dans son grenier, il doit s'en expliquer par le bail.» En argumentant d'après la règle, on peut donc dire que l'affréteur aura le droit de faire décharger ses marchandises dans le premier port où le navire sera abordé aux termes de la convention ; c'est-à-dire, au premier port d'Europe : on le décidera sans doute ainsi, lorsqu'on réfléchira que le fréteur peut y gagner, et que, d'ailleurs, il évite des risques de mer à lui ou à ses assureurs, s'il a contracté avec eux en conséquence.

1434. *Sur la seconde question.* Si le navire, au lieu de décharger dans le lieu de sa relâche, continue sa route sans y être contraint par cas fortuit ou force majeure, je ne crois pas que le fret qui sera dû puisse être considéré comme fret acquis ; si du moins il a continué son voyage par la seule volonté du fréteur. Si, au contraire, il continue son voyage d'après la volonté de l'affréteur, il me paroît clair que, dans ce cas, le fret est acquis, parce qu'il est censé y avoir deux voyages. Alors il s'y trouvera un fret acquis pour le premier voyage, et un fret à faire pour le second.

1435. L'effet de la condition est de suspendre l'obligation jusqu'à ce que la condition *soit accomplie, ou réputée accomplie.* Jusques-là il n'est encore rien dû ; mais il y a seulement espérance qu'il sera dû. C'est pourquoi le paiement fait par erreur avant l'accomplissement de la condition, est sujet à répétition. *L. 16, ff. de cond. ind.*

1436. Si la chose qui faisoit l'objet de l'obligation conditionnelle, périt entièrement avant l'accomplissement de la condition, inutilement la condition s'accomplira-t-elle par la suite ; car l'accomplissement de la condition ne peut pas confirmer l'obligation de ce qui n'existe plus, ne pouvant pas y avoir d'obligation sans une chose qui en soit le sujet. *L. 8, ff. de per. et com. rei, vend.* Ces deux paragraphes peuvent s'appliquer au fréteur qui auroit exigé le second voyage.

1437. Lorsqu'il est dit que si le navire arrive à tel endroit, ou à tel endroit, etc. ; lorsqu'il est arrivé à l'un des deux, la chose étant accomplie, la condition doit être accomplie. Tout ceci se réduit donc à dire :

1438. Le navire étant arrivé à l'un des ports désignés, la condition étant accomplie, le fret est dû ; et du moment qu'il est dû, étant devenu certain, il peut être assuré comme fret acquis.

1439. Si le fréteur exige que son navire vienne décharger dans son port, le premier où il a mouillé n'étant considéré que comme un endroit de relâche. Le fret qui lui est dû ne peut être considéré que comme *fret à faire*, parce que, de son propre aveu, la condition n'est pas accomplie.

1440. Si l'affréteur exige que le vaisseau continue sa route, le fret sera acquis au fréteur, parce que la condition ayant été accomplie, il se forme un nouveau contrat, qui donne, pour un second voyage, un fret à faire, s'il n'y a pas convention contraire. Je crois que toutes ces distinctions doivent être faites, parce que *le fret acquis est de droit étroit*, duquel on passeroit souvent les restrictions, si on n'y opposoit des limites, en transformant le fret à faire en fret acquis, ce qui est déjà arrivé.

1441. Il auroit été très-avantageux que les rédacteurs du *Projet du Code de Commerce* eussent parlé de ce nouveau contrat; mais il paroît qu'ils n'y ont pas songé : il faut espérer que lorsqu'ils s'occuperont de la rédaction définitive du *Code*, qu'ils fixeront nos idées à cet égard.

1442. Dans tous les cas, je crois que la faveur du commerce exige que les Tribunaux valident les contrats qui ne présentent point des vices radicaux, les principes, les lois, les usages, tout doit plier devant la faveur du commerce.

Art. 16. « Faisons défenses à ceux qui prendront deniers à la grosse, de les faire assurer, à peine de nullité de l'assurance, et de punition corporelle. (1247)

Art. 17. » Défendons aussi, sous peine de nullité, aux donneurs à la grosse, de faire assurer le profit des sommes qu'ils auront données.

1443. Nous avons vu qu'il étoit permis de faire assurer le fret acquis, quoique le fret généralement soit un produit incertain; néanmoins, comme l'apport qu'il peut donner dans son maximum est réellement limité, quoiqu'il ne le soit pas dans son minimum, par la réduction que prouve le fret à faire dans le cas de l'ordonnance. (1018) Il semble qu'à raison de ce, il jouit de plus de faveur que le profit espéré, dont il est ici question, qui n'offre point ni maximum ni minimum; conséquemment, ce profit espéré ne peut donc point devenir l'objet d'une assurance. Mais, « la nullité, dit Valin, que prononce l'art. précédent et celui-ci, n'empêchera pas l'assureur de gagner le demi pour cent pour sa signature, s'il n'a su le vice de l'assurance par l'énonciation de la police ou au autrement; art. 14 des assurances d'Anvers. »

1444. Cependant, M. Pouget prétend que même le capital ne peut pas être donné à l'assurance par le donneur, fondé sur ce que l'usure maritime étant très-considérable, elle n'est autorisée que parce que le donneur se soumet à la perte entière de son capital. Cette observation me paroît exacte; mais comme l'ordonnance défend au donneur de faire assurer le profit, elle sous-entend donc qu'il peut faire assurer le capital: donc que le capital peut être assuré.

1445. « Au reste, dit Valin, la nullité prononcée par cet article, n'est pas absolue comme celle portée par l'art. précédent; elle n'est que relative au profit maritime, et n'empêche pas que l'assurance ne subsiste pour le capital. Il en est, à cet égard, comme d'une donation qui excède ce que la loi permet de donner; la donation n'est pas nulle pour le tout, mais elle est réductible, simplement à la portion, dont la disposition est libre et licite. » A quoi on peut ajouter, que quoiqu'une sentence accorde des intérêts, il ne s'en suit pas qu'on puisse les exiger annuellement; comme ils ne doivent être payés qu'avec le principal, s'ils ont été perçus annuellement, ils entrent en déduction, étant considérés comme en faisant partie.

Art. 18. « Les assurés courront toujours risque du dixième des effets qu'ils auront chargés; s'il n'y a déclaration expresse dans la police, qu'ils entendent faire assurer le total. »

1446. L'usage déroge à la loi par rapport aux propriétaires. Suivant Valin, ils peuvent faire assurer l'entière valeur du navire. Émérigon atteste avoir vu de pareilles polices; mais il observe, *tom. 1, fol. 219*, avec Pothier, *n.° 40*, que c'est un abus prohibé par *l'art. 19*. Mais, dit ce premier auteur, l'assurance, en ce cas, ne sera pas nulle, elle sera simplement réductible.

1447. D'après Émérigon, folio précité, il paroît qu'il s'étoit élevé une contestation au sujet de la déduction du dixième sur les assurances d'un navire. Pour s'assurer de cette déduction, l'amirauté de Marseille fit ce calcul:

Assurance sur corps	7975 ₶
A déduire deniers à la grosse pris	2000
Reste	5975
A ajouter pour prime d'assurance	650
TOTAL	6625
Otez le dixième	662 10 s
Reste	5662 10
L'armateur avoit fait assurer	5408
Il restera donc à découvert de	554 ₶ 10 s

1448. D'après ce compte, l'armateur étoit donc en règle, puisqu'il étoit le maître de faire assurer non-seulement 5408 fr., mais encore 5962 fr. 10 s. La prime fut portée en ligne de compte, sans doute fondé sur ce qu'elle pouvoit être l'objet d'une assurance.

1449. Émérigon fait cette question, fol. 220 : « Le dixième se calcule-t-il d'après l'intérêt entier que l'assuré a sur le navire et sur la cargaison, ou bien faut-il distinguer ces deux objets ? » Valin adopte cette distinction dans le cas où l'assurance a été faite divisément, mais non cumulativement. Mais Pothier et Émérigon la rejettent. Ce dernier se fonde sur ce que le tout ne forme qu'une masse. On pourroit dire, à l'appui de ces deux auteurs, que dans ce cas y ayant confusion de fait, il faut le décider ainsi : mais aussi ne peut-on pas répliquer qu'il n'y a pas confusion de droit. Au reste, je crois que dans ce cas il faut se référer à la déclaration du 17 août 1779. (1015)

1450. Au reste, voici les espèces que rapporte Valin, fol. 63. « Dans le cas, dit-il, où l'assuré doit courir risque du dixième, s'il a fait tout-à-la-fois son intérêt dans le navire et les effets qu'il a chargés, il suffit qu'en réunissant la valeur de sa portion dans le navire à celle des effets du chargement, il y ait un dixième excédant les sommes assurées ; mais s'il a fait assurer séparément sa portion dans le navire et ses effets ; comme ce sont alors deux contrats et deux objets différens, il faut que le dixième se trouve libre sur l'un et l'autre objet ; de manière que s'il ne se trouve pas sur l'un, ce qui manquera, ne pourra être compensé par ce qu'il y aura d'excédant sur l'autre. » Dans cette dernière espèce, Émérigon et trois autres arbitres décidèrent que le dixième devoit être déduit de la masse totale ; ce qui résulte des principes avancés. Cependant, il paroît que ces arbitres étoient partagés, puisqu'il fut nommé un sur-arbitre. Un cinquième arbitre fut donc nommé par sentence du 11 septembre 1749. Il fut décidé que le dixième seroit prélevé des facultés, sans qu'il fût permis de le rejeter sur le corps, attendu que les assurances étoient divisées.

Art. 19. « Et si les assurés sont dans le vaisseau, ou qu'ils en soient les propriétaires, ils ne laisseront pas de courir risque du dixième, encore qu'ils aient déclaré faire assurer le total.

1451. Le Législateur la voulu ainsi, afin d'engager les propriétaires de marchandises, et le propriétaire du navire, à veiller chacun à la conservation du tout. Au reste, l'art. de l'ord. s'applique à la partie comme au tout.

1452. Valin dit, par rapport aux propriétaires, on ne voit pas pourquoi ils doivent courir les risques du dixième, « ce qui s'entend par rapport aux propriétaires des marchandises, lorsqu'ils sont sur le vaisseau; et au propriétaire du navire, lorsqu'il n'est pas dans le vaisseau. » En voici la raison.

1453. *Par rapport aux marchandises.* Ce que les propriétaires étant sur le vaisseau, les ayant fait assurer au-delà de leur valeur, pourroient fort bien employer quelque stratagème pour le faire périr. Pour se convaincre de ces vérités, il n'y a qu'à lire les plaidoyers de Démosthène.

1454. *Par rapport au navire.* Ce que s'il étoit assuré au-delà de sa valeur, le propriétaire, en calculant avec le capitaine, pourroit produire le même événement.

1455. Le dixième, au reste, dans le cas où l'assuré doit en courir le risque, se règle de manière que l'assuré peut joindre le coût de l'assurance au prix de l'achat des marchandises, et des frais faits pour le chargement, (1447) ou à la valeur donnée au navire; et de ce cumul, on distrait le dixième pour le compte et risque de l'assuré; aussi, le guidon dit-il, ch. 3, art. 9 : « Si pour faire assurer 1000 fr. à 15 p. %, il faut 150 fr., il est licite de faire assurer 150 fr., et mettre en ligne de compte 22 liv. 10 s. pour le coût de l'assurance. »

Art. 20. « Il sera loisible aux assureurs de faire réassurer par d'autres les effets qu'ils auront assurés; et aux assurés, de faire assurer le coût de l'assurance, et la solvabilité des assureurs. »

1456. Il y a donc ici deux réassurances distinctes, l'une par rapport aux assureurs, et l'autre par rapport à l'assuré.

1457. *Qu'est-ce que la réassurance, par rapport aux assureurs?* La réassurance, par rapport aux assureurs, est un contrat par lequel, moyennant une certaine prime, l'assureur se décharge sur autrui des risques maritimes dont il s'étoit rendu responsable, mais dont il continue cependant d'être tenu vis-à-vis de l'assuré primitif. C'est ici le fidéjusseur qui se procure un fidéjusseur pour lui-même. Roccus, *nat. 12. Casarégis*, 1, *n°. 67*. Dans ce cas, le réassureur ne contracte aucune obligation avec l'assuré primitif. Il suit de ce principe, que l'assuré primitif ne peut exercer ni action directe, ni action indirecte, ni privilége sur la réassurance.

1458. *Qu'est-ce que la réassurance, par rapport à l'assuré?* La réassurance, par rapport à l'assuré, est un contrat par lequel, moyennant une certaine prime, un réassureur garantit la solvabilité de l'assureur primitif;

dans ce cas, il en est donc comme la caution, c'est-à-dire, qu'il n'est pas fidéjusseur véritable, parce que, pour qu'il eût cette dernière qualité, il faudroit, comme l'observe très-bien Santerna, part. 3, n.° 56, qu'il s'obligeât en faveur des assureurs, et pour leur rendre service. (1259) D'où il suit que l'assurance de la solvabilité de l'assureur forme un nouveau contrat totalement distinct du premier ; le réassureur contracte une obligation conditionnelle : cette obligation consiste à payer pour l'assureur, si celui-ci ne paye pas.

1459. Valin, *pag. 63*; Pothier, *n.° 33*, concluent de cette espèce de fidéjussion, que la personne qui a assuré la solvabilité de l'assureur, peut opposer le bénéfice de discussion, (76) si elle n'y a pas renoncé.

1460. Mais ces auteurs, comme l'observe fort bien Émérigon, n'ont pas fait attention qu'un pareil bénéfice n'est pas connu dans les Tribunaux mercantiles. Straccha, *tit. 2*, *n.°* 5. Cachesancis, *décis. 2.* Casarégis, *disc. 68*, *n.° 14.* Cujas, *c. de const. pecun.* Bretonier, *tom. 2*, *pag. 471.* Despeisses, *tom. 2*, *pag. 617*, *n°. 9.* Vedel, *tom. 2*, *pag. 147.* Décormis, *tom. pag.* Duperier, *tom. 2*, *pag. 309.* Bezieux, *pag. 224.* (77 à 78)

1461. Cependant, dit encore Émérigon, comme il s'agit ici d'une assurance de solvabilité et d'un débiteur conditionnel, il semble que l'insolvabilité du premier assureur doit être constatée, jusqu'à un certain point, avant qu'on soit en droit de se pourvoir contre le second. Je croirois que sans jeter l'assuré dans l'embarras d'une discussion telle qu'on l'exige dans les affaires ordinaires, il suffit que l'assureur, dont la solvabilité a été assurée, soit en demeure de payer à la première contrainte; c'est-à-dire, au premier commandement qui lui est fait en vertu de la sentence du juge, pour qu'on soit en droit de se pourvoir contre celui qui a assuré la solvabilité. Le guidon de la mer, ch. 2, art. 20, n'exige rien de plus.

1462. Quoique les opinions d'Émérigon me paroissent fondées, néanmoins, je doute très-fort que la Jurisprudence, et les auteurs dont il s'étaye, prévalussent aujourd'hui devant les Tribunaux de premier ordre, parce que ces Tribunaux paroissent décidés de suivre, en matière de commerce, les règles de droit qui régissent les affaires civiles ordinaires. Pour peu que cet ordre de choses fasse des progrès, il sera indispensable d'avoir des avocats, des procureurs, des notaires même pour la confection d'un simple billet à ordre : cela sans doute n'aura lieu qu'un temps; le tort continuel qu'éprouvera le commerce, finira par rappeler la simplicité de l'ancienne Jurisprudence. Mais en attendant, il faudra suivre le torrent. (78)

1463. Si l'assureur, après avoir souscrit une assurance, tombe en faillite, l'assuré peut demander la résolution de la police, si du moins les risques ne sont pas finis; à moins que le failli ou ses créanciers, n'offrent bonne et suffisante caution pour répondre de l'effet de l'assurance. *Valin, Pothier et Émérigon.*

1464. Si, lors de la signature de la police, la prime avoit été payée, Pothier, en l'endroit cité, dit qu'on peut en demander la restitution.

1465. La prime n'étant pas un profit vis-à-vis de l'assureur, puisqu'il est le prix du péril qu'il prend à sa charge. La prime se trouvant implicitement dans la valeur de la chose assurée, pouvant devenir une assurance, il suit de-là que l'assureur peut faire assurer la solvabilité de l'assuré, débiteur de la prime; cette assurance sera une espèce de cautionnement pour une créance non-échue : cautionnement autorisé par le droit commun.

1466. « Au reste, dit Émérigon, si l'assuré, débiteur de la prime stipulée à terme, fait faillite, l'assureur est en droit de requérir, ou qu'on lui donne caution, ou que l'assurance soit résiliée.

1467. » Hors du cas de faillite, dit encore le même auteur, ce seroit faire injure à l'assuré ou à l'assureur, que de faire assurer leur solvabilité. Je ne sais s'ils ne seroient pas en droit de s'en plaindre; car le crédit est la richesse des négocians. »

1468. Ce sera, dans l'hypothèse d'Emérigon, de deux choses l'une, ou le réassureur aura connoissance de la faillite de celui qu'il doit cautionner, ou il n'en aura pas connoissance; dans le premier cas, il est très-douteux qu'il se décide à signer une réassurance; dans le second cas, la réassurance deviendra nulle, parce que l'on ne peut pas supposer que l'intention du réassureur ait été de garantir la solvabilité d'un insolvable. Tout ceci se réduit donc à dire contre l'opinion d'Émérigon :

1469. Qu'un négociant, quelle que soit la bonne position de celui avec qui il a contracté des assurances, peut néanmoins faire assurer sa solvabilité, fondé sur ce que la fortune d'une personne de commerce, quelqu'immense, quelque bien assise qu'elle paroisse être, peut être bouleversée d'un moment à l'autre, par une complication de cas fortuit, ou de force majeure; dans ce cas, il faut motiver la réassurance sur ces considérations, pour éviter des contestations ultérieures. Un négociant se fait aujourd'hui assurer, il veut et peut même courir les risques de l'assurance envers ses assureurs, qu'il prévoit ne pouvoir devenir insolvable qu'à la suite des événemens dont il vient d'être parlé; ce négociant éprouve des pertes considérables, ou craint d'en éprouver, la seule ressource qui lui reste se trouve dans son objet assuré, et, à défaut, dans ses assurances, il craint que, par suite de quelque événement, l'un et l'autre lui échappe ; alors voyant, dans le lointain, sa ruine entière, il la prévient, peut-être, par un excès de prudence, qu'y a-t-il là de criminel ? Je ne vois pas que le crédit de son contractant puisse en être altéré ; et je vois, au contraire, le sien se consolider : donc qu'on peut faire réassurer, dans quelque position heureuse que se trouve l'assureur primitif.

Art. 21. « Les primes des réassurances pourront être moindres, ou plus fortes que celles des assurances. »

1470. Puisque la réassurance forme un nouveau contrat distinct du premier, les primes des réassurances peuvent être plus ou moins fortes que celles de l'assurance, parce que la chose ne concerne en rien l'assuré primitif, lequel n'est point intervenu dans un nouveau contrat. Pothier, n.° 96.

Art. 22. « Défendons de faire assurer, ou réassurer des effets au-delà de leur valeur, par une ou plusieurs polices, à peine de nullité de l'assurance et de confiscation des marchandises. »

1471. Puisque le risque est de l'essence du contrat d'assurance, il résulte de-là qu'il faut que la valeur réelle de l'objet soit relative à celle de la chose assurée. Tout prix qui excéderoit la mesure de la première valeur, viciant le contrat dans sa base fondamentale, le métamorphoseroit en simple gageure. (35, 1267 à 1270)

1472. Mais comment évaluer ce prix ? quelle base adoptera-t-on ? Pour répondre cathégoriquement à ces questions, il faut descendre dans les détails suivans :

1473. Il est difficile, et même impossible, de déterminer le prix et la valeur des choses, rigoureusement parlant, parce que les circonstances qui peuvent faire varier l'un et l'autre étant très-multipliées, y opposent un puissant obstacle ; par exemple, une marchandise achetée en ce moment, et revendue une heure après, vaudra 5, 10, 20, etc., plus ou moins, suivant les demandes. Aussi, suivant une foule de textes du droit, les choses valent ce qu'elles peuvent être vendues. Dumoulin, *cout. de Paris.*

1474. Le prix de la vente à crédit est toujours plus haut que celui de la vente au comptant. *L. 12, §. 1, ff.* Pothier, Dumoulin, par la raison que celui qui paye plus tard, comme dit Ulpien, paye moins.

1475. Pothier, Traité des ventes, *n. 242,* dit : « Que le juste prix des choses, est le prix auquel les choses de pareille nature et bontés ont coutume de se vendre dans les lieux où elles sont situées, si ce sont des héritages; ou dans le lieu où elles sont exposées en ventes, si ce sont des choses mobiliaires.

1476. Le prix coûtant n'étant pas toujours une règle sûre pour connoître la valeur des choses, en avarie grosse, les choses sauvées contribuent à la perte commune, non sur le pied de ce qu'elles ont coûté, mais sur le pied de ce qu'elles peuvent être vendues. *L. 2, §. 4, ff. leg. Rhod.*

1477. Néanmoins, il est permis de faire assurer, au prix coûtant, les marchandises qui, sans avoir souffert aucune avarie, se trouvent, par les occurences, valoir moins que ce qu'elles ont coûté; car si l'on continue de les garder en magasin, elles auroient pu recouvrer, ou même excéder leur valeur primitive. Si, au contraire, elles ont augmenté leur valeur, on peut la faire assurer, suivant le prix courant, au temps et lieu du chargement. Art. 64.

1478. Conséquemment, si l'assuré a omis d'insérer, dans la police, l'estimation des marchandises qui procèdent de son crû, ou de sa manufacture, les assureurs sont fondés, en cas de sinistre, à requérir qu'elles soient estimées, suivant le prix courant, au temps et au lieu du chargement.

1479. S'il s'agit de marchandises achetées par l'assuré, et non estimées dans la police, l'assuré aura le choix d'en justifier la valeur par livres et factures, ou d'en laisser faire l'estimation, suivant le prix courant, au temps et lieu du chargement. Art. 64. Ce qui vient d'être dit par rapport aux marchandises, s'applique au navire : on peut néanmoins faire assurer les nouvelles réparations qu'on aura pu faire faire pendant le cours de la navigation.

Art. 23. « Si toutefois il se trouve une police faite sans fraude, qui excède la valeur des effets chargés, elle subsistera jusqu'à concurrence de leur estimation; et en cas de perte, les assureurs en seront tenus, chacun à proportion des sommes par eux assurées, comme aussi de rendre la prime du surplus, à la réserve du demi pour cent. »

1480. La fraude ne devant pas se présumer, avant que de l'alléguer, il faut se mettre en état de pouvoir la prouver évidemment, parce que l'estimation mentionnée dans la police est présumée juste. Elle forme le titre de l'assuré, et sert de fondement à sa demande. De Luca, *decrito, disc. 108, n.° 13*; Casarégis, *disc. 1, n.° 47*; Roccus, *not. 31*; Straccha, *gl. 6.*

1481. Le

1481. Le pacte qu'on s'en tiendra à l'estimation faite par la police, exclut-il toute plainte de la part des assureurs ?

1482. Par exemple, le pacte que l'estimation du navire tiendra lieu de capital, en tout temps et en tout lieu, pendant le voyage, est très-usité. Pothier, n.° 159, croit « que les assureurs doivent être admis à la preuve de la lésion, quand même, par une clause expresse de la police, ils auroient renoncé à demander une autre estimation que celle portée par la police. Cette clause, ajoute-t-il, a été proscrite, avec raison, par plusieurs sentences de l'amirauté du palais, comme tendante à éluder la disposition de l'art. 22, et à permettre les fraudes qui se commettent par les fausses estimations. »

1483. Il y a cependant un arrêt du parlement de Paris, du 26 mars 1672; et une sentence de l'amirauté de Marseille, de 1764, contraires aux opinions de Pothier; néanmoins je serois de l'avis de cet auteur.

1484. Émérigon donne à entendre, tom. 1, fol. 273, que pour que les assureurs soient entendus, ils doivent prouver la fraude ou le dol; mais je croirois aussi qu'ils pourroient être favorablement écoutés, s'ils prouvoient l'erreur; car l'erreur vicie tous les contrats.

1485. Malgré le pacte que l'estimation du navire tiendra lieu de capital, en tout temps et en tout lieu, on ne laisse pas, dit Émérigon, lorsqu'il s'agit de régler l'avarie grosse, de faire estimer de nouveau ce même navire, afin d'en connoître la valeur actuelle, et de diminuer, par ce moyen, la contribution à laquelle il est soumis; mais il trouve que c'est un abus, parce que, dans ce cas, par rapport au précédent, il trouve deux poids et deux mesures : quant à moi, je n'y trouve rien que de très-naturel.

1486. Lorsqu'un navire part, on fait assurer la vraie valeur qu'il peut avoir à cette époque; s'il périt, point de doute que les assureurs, étant chargés de remettre les choses dans leur premier état, ne doivent payer cette valeur, quelle que soit la dégration qu'elle eût éprouvée avant que de périr, il y a des avaries grosses; ce navire devenant débiteur, sa contribution ne peut point être portée sur sa valeur primitive, puisqu'elle n'existe plus, mais sur celle qu'elle peut avoir à l'époque de l'avarie.

1487. Par sentence de l'amirauté de Marseille, du 5 août 1751, il fut jugé qu'un assuré n'étoit point recevable à alléguer qu'il s'étoit trompé dans l'évaluation foible de son navire. Valin adopte cette décision; il ignoroit que, par arrêt du 26 juin 1753, cette sentence fut réformée : mais Émérigon prétend que cet arrêt ne doit pas tirer à conséquence; parce que, dit-il, la règle veut que l'*assuré soit obligé de s'en tenir à l'estimation par lui-même fixée* : c'est le seul moyen, dit-il, de prévenir les procès.

1488. Si l'on ne consultoit que l'intérêt des parties, on pourroit peut-être le décider ainsi ; mais si on considère les motifs qui ont déterminé le Législateur à exiger que la vraie valeur soit fixée, et conséquemment l'intérêt public, on sentira que la loi doit être rigoureusement observée ; parce que, encore une fois, l'erreur vicie les contrats.

Art. 24. « Et s'il y a plusieurs polices aussi faites sans fraude, et que la première monte à la valeur des effets chargés, elle subsistera seule ; et les autres assureurs sortiront de l'assurance, et rendront aussi la prime, à la réserve du demi pour cent.

Art. 25. » En cas que la première police ne monte pas à la valeur des effets chargés, les assureurs de la seconde répondront du surplus ; et s'il y a des effets chargés pour le contenu aux assurances, en cas de perte d'une partie, elle sera payée par les assureurs y dénommés, au marc la livre de leur intérêt.

Art. 26. » Seront, aux risques des assureurs, toutes pertes et dommages qui arriveront sur mer par tempêtes, naufrages, échouemens, abordages, changemens de route, de voyage ou de vaisseau, jet, feu, pillage, arrêt de Prince, déclaration de guerre, représailles, et généralement toutes autres fortunes de mer. »

1489. Cet article étant des plus intéressant, nous allons l'analyser, et entrer dans tous les détails qu'il comporte.

1490. Par tempêtes. Par tempêtes, on entend communément l'agitation violente des vents qui élève des houlles ou des vagues, bouleversent l'eau de la mer, et forment ce qu'on appelle *un gros temps* : les assureurs sont donc, dans ce cas, responsables des événemens.

1491. Naufrages. L'étymologie du mot naufrage vient de *navis fractura*, ou *fracta*, et présente l'idée d'un navire brisé contre les rochers ou les côtes où il périt par la violence des vents et de la tempête, et bien souvent par l'imprudence et la maladresse du capitaine ou de son équipage. Le bris est presque toujours la suite du naufrage. (492)

1492. Cependant, *la loi 1, c. de naufrag.* parlant du navire poussé sur le rivage, par le naufrage. Les *lois 3 et 5, c. Eod.* parlant du navire absorbé par les flots ; il suit du texte de ces deux lois, que bris et naufrage ne sont pas deux mots synonymes.

1493. En effet, il y a deux sortes de naufrages sans bris: la première, c'est lorsque le navire est submergé, sans qu'il en reste aucun vestige permanent sur la surface des eaux. Décl. du 15 juin 1735, art. 2; la seconde, c'est lorsque le navire échoué sur la côte, donne ouverture à l'eau de la mer, qui remplit sa capacité, sans qu'il disparoisse absolument.

1494. Il y a deux sortes de bris; le bris absolu, et le bris partiel. Le bris absolu, c'est lorsque le navire donnant contre un écueil, se brise, s'anéantit, et devient la proie des flots. Les débris peuvent être sauvés, mais le vaisseau n'existe plus. Le bris partiel; c'est lorsque le navire reçoit une voie d'eau par le choc d'un corps étranger. Si cette voie n'occasionne ni naufrage, ni échouement, c'est une avarie simple. Si le bris partiel est accompagné de naufrage ou d'échouement, c'est alors un sinistre majeur.

1495. Ces divers accidens sont présumés fatals. Les assureurs en répondent, à moins qu'ils ne prouvent que le sinistre est arrivé par la faute du capitaine. Targa, *ch. 57, pag. 247*. Casarégis, *disc. 1, n.° 142; et disc. 226, n.° 25*. Loccenius, *lib. 1, ch. 7, n.° 3*.

1496. Echouement. C'est lorsqu'un vaisseau donne ou passe sur un bas-fond ou banc de sable, où il touche et est arrêté, parce qu'il n'y a pas assez d'eau pour le soutenir à flots, ce qui, pour l'ordinaire, le fait perdre, ou au moins le met en grand danger, s'il n'est pas assez heureux de s'en tirer.

1497. On distingue deux sortes d'échouemens, l'involontaire et le volontaire. L'échouement involontaire, et le plus ordinaire, est celui qui arrive à la suite de quelque événement maritime auquel il n'a pas été possible de résister, et que l'on n'a pu prévenir. Dans ce cas les dommages qui peuvent en résulter, sont avaries simples, et sont pour le compte des propriétaires, et par conséquent pour celui des assureurs.

1498. L'échouement volontaire, est celui qui est provoqué par la crainte de l'ennemi qui donne la chasse, ou par la tempête, afin d'éviter un naufrage absolu. Dans ce cas, on échoue le vaisseau dans l'endroit qui paroît le moins dangereux, et les dommages qu'il souffre ayant été la suite d'une mesure opérée pour le salut commun, sont avaries grosses. Consulat, *chap. 192 et 193*. Roccus, *de navig. nat. 60*. Targa, *cap. 76, pag. 317*. Casarégis, *disc. 191, n.° 18; disc. 46, n.° 61*.

1499. La déclaration du 17 août 1779, art. 5, porte: « Ne pourront les assurés être admis à faire délaissement du navire qui aura échoué, si ledit navire relevé, soit par les forces de l'équipage, soit par des secours empruntés, continue sa route jusqu'au lieu de sa destination; sauf à eux à se pourvoir, ainsi qu'il appartiendra, tant pour les frais dudit échouement, que pour les avaries, soit du navire, soit des marchandises. »

1500. ABORDAGE. C'est le choc de deux vaisseaux qui a lieu sous voile, par la mauvaise manœuvre de l'un des deux, et quelquefois dans un calme parfait, par l'effet d'un courant, etc. Il peut avoir lieu aussi au mouillage, lorsqu'un vaisseau, chassant sur ses ancres, tombe et dérive sur un autre qui se trouve sous le vent à lui. Cet abordage se fait rarement sans avarie. Les lois maritimes des nations veulent que lorsque les vaisseaux s'aborderont par la faute des pilotes ou mariniers, que le vaisseau en faute paye seul le dommage.

1501. Il y a trois sortes d'abordages: 1.° celui qui arrive par cas fortuit; 2.° celui qui arrive par la faute de quelqu'un; 3.° celui qui arrive sans qu'on puisse savoir par la faute de qui.

1502. *Premier abordage.* Est avarie simple, chaque navire supporte le dommage qu'il lui est arrivé. Les assureurs en répondent.

1503. *Deuxième abordage.* Le dommage est réparé par celui qui l'a occasionné. Les assureurs n'en répondent pas.

1504. *Troisième abordage.* Cet abordage est de la nature du premier; néanmoins il y a certains usages à observer pour le faire supporter à l'un plutôt qu'à l'autre.

1505. *Premier usage.* Lorsque deux vaisseaux se présentent pour entrer dans un port de difficile accès, le plus éloigné doit attendre que le plus proche ait défilé, et que le passage soit devenu libre; s'il s'abordent, le dommage sera imputé au dernier venu, à moins que celui-ci ne prouve qu'il n'y a faute de sa part. Consulat, *ch. 197 et 199*. Targa, *pag. 236*.

1506. *Deuxième usage.* Le vaisseau qui sort du port, doit faire place à celui qui entre. Targa, *pap. 236*. Qu'entend notre auteur par ces mots? Ils me paroissent insignifians; je crois qu'il faut dire, que celui qui aura le vent, la marée, enfin les circonstances favorables, doit faire place, se détourner, à celui qui aura l'un et l'autre défavorable.

1507. *Troisième usage.* Le vaisseau qui sort du port le dernier, doit prendre garde au navire qui est sorti avant lui.

1508. *Quatrième usage.* Le vaisseau qui vogue à voile déployée, doit en entier les dommages qu'il cause à celui qui, étant à la cape, ne peut se mettre à l'écart.

1509. *Cinquième usage.* Le vaisseau qui, dans le port, ne garde pas la distance prescrite, ou qui se place mal, doit payer le dommage qu'il occasionne. Il doit observer la police prescrite par les lois.

1510. *Sixième usage.* Le vaisseau qui cause du dommage pour avoir été mal amarré, ou l'avoir été avec des cables usés, pourris, insuffisans, le supporte en entier. Consulat : *droit anséatique.*

1511. *Septième usage.* Dans le concours de deux navires, l'un gros, l'autre plus petit ; celui-ci doit céder le pas au premier, si les circonstances du temps et du lieu ne s'y opposent. Targa, *cap. 53, pag. 235.*

1512. *Huitième usage.* L'abordage est présumé procéder du navire laissé sans gardien.

1513. *Neuvième usage.* Si un navire heurte contre des ancres laissées sans gaviteau, le dommage est imputé à celui qui les avoit ainsi laissées. Consulat, *ch. 243, ord. wis. art. 28, 51, jug. d'Ol. art. 15* Clairac, *pag. 70.*

1514. *Dixième usage.* Si l'abordage n'est pas arrivé par cas fortuit, et qu'il soit impossible de savoir par la faute de qui, c'est alors le cas de partager le différend, et de faire supporter la moitié du dommage à chacun des deux navires. *Ord. de Wisbuy, art. 26, 27, 50 et 70.* Droit anséatique, *tit. 10.* Stypmanus, *part. 4, cap. 19, n.° 45.* Kuriche, *pag. 801.* Loccenius, *lib. 3, cap. 3, n.° 11.* Grotius, *liv. 2, ch. 17, § 21.*

1515. *Onzième usage.* Si l'abordage arrive par pure fortune de mer, le dommage causé aux marchandises, est avarie simple pour le compte des propriétaires, et conséquemment pour le compte des assureurs.

1516. *Douzième usage.* Si l'abordage est arrivé par la faute d'un des navires, le dommage causé aux marchandises doit être payé par le navire qui est convaincu de faute, sans que les marchandises chargées dans ce dernier vaisseau y contribuent en rien. *Droit anséatique, tit. 10, art. 2.*

1517. *Treizième usage.* Si l'on ne peut savoir par la faute de qui l'abordage a eu lieu, et que les marchandises soient endommagées, les navires ne supporteront pas ce dommage. Les cargaisons respectives supporteront leurs pertes, fondé sur ce que le doute ne suffit pas pour faire présumer la fortune de mer, plutôt que la faute. Clairac, *pag. 69, n.° 8. Droit anséat. tit. 10; art. 4*, contre les jug. d'Ol. et l'ord. de Wisbuy, art. 26 et 67.

1518. Si cet usage déroge au dixième, par rapport aux marchandises, la raison est que, par rapport au dixième usage, les navires sont censés également en faute, et qu'ici les marchandises sont censées avoir été endommagées par une suite de la faute des capitaines respectifs. Néanmoins, par rapport au doute, les capitaines ne pourront en devenir responsables; le dommage est supporté par la marchandise.

1519. *Quatorzième usage.* Si, pour éviter un naufrage imminent, on coupe les cables d'un autre navire, on ne répond ni de ce dommage, ni des suites, parce que la nécessité à laquelle on ne s'est pas exposé par sa faute, est la plus impérieuse des lois. *liv. 29 § 3, ff. ad leg. aquil. jug. d'Ol. art. 15, ord. de Wisbuy, art. 27.* Loccenius, *liv. 3, cap. 8, 11, 12.* Elie Luzac sur Wolf, § *3, tom., pag. 12.*

1520. Récapitulation. Tout ce qui vient d'être dit, intéresse directement ou indirectement les assureurs.

1521. *Assureurs intéressés.* Lorsque le vaisseau que j'ai fait assurer, a été endommagé par le choc d'un autre vaisseau, ou par un ancre, ou par un madrague, etc., les assureurs sont tenus de m'indemniser du dommage souffert, si l'accident est arrivé par cas fortuit. Pothier, *n.° 50.* Il en est de même si l'accident est arrivé par la faute du maître d'un autre navire; auquel cas je dois céder mes actions contre l'auteur du dommage.

1522. *Assureurs désintéressés.* Si l'accident est arrivé par la faute du capitaine, ou des mariniers du navire assuré, les assureurs n'en répondent point, à moins que par la police, ils ne se soient rendus garans de la baratterie de patron.

1523. Dans le cas où le dommage est partagé entre les deux navires, les assureurs répondent de la part qui compète au navire assuré; sur-tout, s'il est dit, dans la police qu'ils se mettent *au lieu et place de l'assuré*, parce que le doute qui occasionne un pareil partage, ne suffit pas pour les décharger de l'accident, s'ils ne rapportent une preuve capable de détruire les présomptions légales établies contre eux.

1524. Changement de route. Il y a deux sortes de changement de route; l'involontaire et le volontaire.

1525. Le changement de route involontaire se fait pour éviter un écueil, fuir l'ennemi, ou pour se garantir des mauvais effets de la tempête : ce changement n'altère en rien l'assurance; et les sinistres soufferts, sont à la charge des assureurs. Roccus, *nat. 52 et 93.* Clairac, *guidon de la mer, ch. 9, art. 12, pag. 297.* Casarégis, *disc. 1, n.° 69, disc. 134, n.° 1.* Stracchia, *gl. 15, n.° 3.* Pothier, *n.° 51.*

1526. Si le changement de route volontaire arrive par l'ordre de l'assuré, ou par le fait du capitaine, sans qu'il ait été occasionné par fortune de mer, les assureurs sont déchargés du risque. *Art. 27, h. t. régl. d'Anvers, art. 6.*

Clairac, *guidon*, *ch. 9*, *art. 12*, *pag. 297*. Roccus, *not. 52*. Kuricke, *diatrib. n.° 9*, *pag. 855*. Loccenius, *lib. 2*, *ch. 5*, *n.° 10*; *pag. 985*. Weytsen, § *30*. Casarégis, *disc. 1*, *n.° 68*, *disc. 134*, *n.° 1*.

1527. Les assureurs sont même déchargés des sinistres qui arriveroient dans la véritable route reprise ensuite par le navire. Voilà pourquoi l'ord. décide, d'une manière absolue, qu'en pareil cas, les assureurs seront déchargés des risques. La raison est que le voyage n'est point estimé être suspendu, puisqu'il étoit convenu qu'il ne pouvoit point l'être, mais rompu. Ceci est conforme à la doctrine de Casarégis, *disc. 23*, *n.° 54*. Pothier, *n.° 68*. Une sentence de l'amirauté de Marseille, du 23 août 1710, et un jugement prononcé en Angleterre, le 19 novembre 1779, confirment cette doctrine.

1528. Au surplus, il faut toujours avoir égard, en pareille circonstance, aux stipulations de la police. Voici la formule imprimée de Bordeaux ; c'est une des plus détaillées que je connoisse.

1529. « Nous soussignés, promettons d'assurer, et assurons par ces présentes, chacun de nous, la somme par nous ci-après déclarée, à vous M. Gerard, faisant et stipulant pour compte de qui il appartiendra (1290) sur trois futailles, huile de térébenthine; douze barriques et quarante barils goudron; quarante barils brai gras; onze cent cinquante planches de huit pieds, et deux cent vingt d.° de sept pieds; le tout chargé ou à charger dans la barque l'Eléonore, capitaine David, ou tout autre à sa place, (431) pour, de Bayonne, aller à la Rochelle; prenons, à notre charge, tous les risques généralement quelconques, (67) même ceux de guerre, ainsi qu'il est dit à l'imprimé ci-après; vous permettons de faire assurer l'entier capital, sans déduction du dixième, (1371) même la prime, (1371) dont nous prenons les risques à notre charge; savoir, est sur le corps de navire ou des navires, ainsi qu'il est dit ci-dessus, et sur les marchandises, depuis le jour et heure qu'elles ont été ou seront embarquées, (636) pour être portées à bord, pour durer jusqu'à l'arrivée dudit navire ou navires, au port et hâvres de la Rochelle, et que lesdites marchandises soient déchargées et mises à temps en bon sauvement, (636) sans aucun dommage; et accordons que ledit navire ou navires, faisant ledit voyage, pourront naviguer avant et arrière, à gauche et à droite, et faire toutes escales, tant forcées que volontaires, selon que semblera audit capitaine, de laquelle assurance nous prenons aussi à nos risques, tous périls de mer, de vents, d'amis, d'ennemis, de lettres de marque, de contre-marque, d'arrêt et détention des rois, des princes et seigneurs quelconques, comme aussi la baratterie de patron, maîtres et mariniers, et généralement tous autres périls maritimes qui pourroient avenir, en quelque manière que ce soit, ou que l'on puisse imaginer; nous mettant en tout et par-tout, au lieu et place de vous, M. Gerard, pour raison des susdits risques maritimes : entendant vous en garantir et indemniser; et le cas avenant de perte ou d'infortune auxdites marchandises ou navires, promettons et nous obligeons de rembourser à vous, M. Gerard, ou à votre commis, (798) toute la perte et dommages par vous soufferts; savoir, chacun de nous au prorata de la somme par lui assurée, tant le premier que le dernier assureur, et ce, dans trois mois; après que nous aurons été duement avertis desdites pertes et dommages; et audit cas, vous demeurerez tenu, soit que vous nous ayez fait abandon ou non; et, à cet effet, nous vous donnons pouvoir et mandement spécial, ou à votre commis et à tous autres qu'il appartiendra, pour, tant en notre dommage, qu'à notre profit, mettre la main à la solvation, et bénéficier les effets assurés, et besoin étant, en faire la vente et distribution des deniers qui en proviendront; sans, sur ce, attendre notre permission ou avis, à moins que nous ne vous ayons fait connoître, par acte, mes intentions contraires à cet égard.

» Promettons de payer tous les frais et dépens qui se feront à ces causes, comme aussi tous les dommages, soit qu'il se sauve quelque chose, ou non; auxquels frais et dépens, foi sera ajoutée sur le serment de ceux qui les auront faits : de quoi nous nous tiendrons pour satisfaits, sans aucun contredit; et dans le cas de défaut des nouvelles du navires, nous convenons qu'il vous sera permis de nous faire abandon, dans deux ans, pour les voyages au-delà du cap de Bonne-Espérance; dans un an, pour les autres voyages de long cours, et grand cabotage; et dans six mois, pour le petit cabotage; le tout à compter du dernier départ, renonçant sur bonne ou mauvaise nouvelle, à la lieue et demie par heure.

» Expressément convenu, à l'égard des avaries simples et particulières: premièrement, que nous ne les payerons qu'autant qu'elles excèderont cinq pour cent sur le sucre brut, et les marchandises liquides et sujettes à coulage, logées en futailles ou verres; secondement, que nous ne les paierons qu'autant qu'elles excèderont trois pour cent sur toutes les marchandises autres que celles ci-dessus énoncées; et que dans l'un et l'autre cas, il nous sera bonifié un pour cent, demeurans exempts du coulage et casses ordinaires, même des extraordinaires sur les liquides, s'il n'y a échouement, (1496) auquel dernier cas, nous paierons les coulages et cassages extraordinaires seulement;

seulement; et que nous ne paierons que l'excédant de trois pour cent sur les navires; de dix pour cent sur les grains, graines, chanvres, lins, cuirs en poil, poissons secs ou salés, et amidon; et de quinze pour cent sur les farines en sacher; les articles fragiles, comme bouteilles vides, verres, glaces, fayance, porcelaine, etc.; enfin, que nous en serons exempts sur les cafés, cacao et gingembre en laces et en grenier, ainsi que sur les fruits verds, secs et liquides, sur le sel, le fromage, les plumes, le papier, et sur toutes les marchandises sujettes à la rouille.

» Et à l'égard des avaries grosses et communes, nous les paierons si elles s'élèvent à un pour cent. Convenons que si notre assurance porte sur navires étrangers, les avaries sur lesdits navires ou marchandises, seront qualifiées et réglées suivant les us et coutumes de notre place, sans qu'on puisse se prévaloir contre nous des us et coutumes des places étrangères. Et déclarons que *la prime nous sera payée en vos billets à ordre, dans six mois de ce jour*, (1248) *à raison de quinze et un quart pour cent*, si le navire part ou est parti des colonies depuis le 1.er février jusqu'au 4 août inclusivement; et à raison de..... pour cent, s'il part ou est parti depuis le 5 août, jusqu'au dernier janvier inclusivement.

» Convenu qu'en cas de guerre, hostilités ou représailles (1356) entre la France et quelques puissances étrangères, pendant la durée de nos risques, la prime sera augmentée en proportion des risques courus, et suivant qu'il sera réglé par MM. les directeurs du commerce, qui sont priés de se charger de ce soin; également convenu pour les navires à partir d'Europe, pour tel voyage que ce soit : qu'en cas de mon départ, après six mois de la date de cette présente assurance, la prime, ci-dessus convenue, sera augmentée d'un pour cent, chaque six mois de plus long séjour dans le port, et ce, jusqu'à dix-huit mois seulement; lequel terme passé, la présente deviendra nulle, et il nous sera acquis une prime de trois pour cent; et s'il survient des contestations entre nous sur le fait de la présente assurance et dépendance d'icelle, pour quelque cause que ce soit, conviendrons *d'arbitres* pour juger nos différens, sans qu'aucunes des parties puisse s'y refuser, et ce, conformément à l'art. 3 de 1681, le tout de bonne-foi, sans dol, ni fraude, suivant ladite ordonnance et la déclaration du 17 août 1779; à laquelle ordonnance et déclaration nous entendons nous soumettre, sauf les articles qu'elles renferment, qui pourroient être *contraires* (31) aux stipulations et conventions ci-dessus énoncées; et pour l'exécution du tout, nous assureurs et assurés, obligeons nos biens et nos personnes, et particulièrement de la part des assurés, avec renonciation à toute exception et tromperies contraires à ces présentes. Ainsi fait et passé à Bordeaux, le 31 mai 1743.

L.	4230	Pour quatre mille deux cent trente livres. JEAN.		
15 ½ p.^{e}	2000	Pour deux mille livres. SIMON.		

N. B. Jean et Simon sont les assureurs souscripteurs.

1530. CHANGEMENT DE VOYAGE. Voyez changement de route par. (849)

1531. CHANGEMENT DE VAISSEAU. Si le changement de vaisseau est fait sans le consentement des assureurs, avant le risque commencé, l'assurance sera caduque, et la prime restituée. *Guidon, ch. 9, art. 4.* Roccus, *nat. 9.* S'il est fait pendant le cours du voyage, sans nécessité et sans le consentement des assureurs, ils seront déchargés des risques, et ne seront pas tenus de restituer la prime. Consulat, *ch. 87 et 89.* Mais si dans le cours du voyage, et ensuite d'une fortune de mer, le capitaine est obligé de louer un autre navire pour y transborder les effets assurés, les assureurs courront les risques sur les marchandises, jusqu'à leur débarquement dans le lieu de leur destination. *Guidon, ch. 9, art. 4.* Déclar. du 17 août 1779, art. 9.

1532. Ces distinctions sont faites par Straccha, *gl. 8, n.° 4.* Roccus, *n.*^{os} *28 et 90.* Casarégis, *dis. 1, n.*^{os} *34 et 130.* Santerna, *part. 3, n.° 35.* Hypmanus, *part. 4, cap. 7, n.*^{os} *290 et 394.* Kuricke, *diatrib. n.° 11, pag. 835.* Loccenius, *lib. 2, cap. 5, n.° 14.* Pothier, *n.*^{os} *51 et 68, n.° 18.*

1533. JET. Je parlerais du jet ci-après.

1534. FEU. Targa, ch. 65, dit que le feu pris au navire n'est pas un accident présumé fatal, et qu'on doit l'attribuer à la faute de quelqu'un, toutes les fois qu'on ignore d'où il procède. Telle est la disposition du droit commun. *L. 11, ff. l. 3, § 1, de offic. præf. vigil.* Dargentré, sur l'*art. 598 de la cout. de Bret.* Chopin, *sur l'art. 44 de la cout. d'Anjou, n°. 11*; de Lebrun de la Rochette, *tit. des inv.*; Catelan, *tom. 2, liv. 5, ch. 3.* Lapeyrère, *lett. 7,* disent que le locataire est garant du feu qui a pris à la maison qu'il habite, parce que l'on présume qu'il est arrivé par sa faute, il est donc tenu de prouver le contraire. Cependant l'ordonnance paroît placer l'accident du feu au rang des cas fatals. Néanmoins, en argumentant, d'après ce que disent les auteurs précités, je croirois que le capitaine seroit tenu de prouver que le feu n'a pas été mis par sa faute. Aussi, si l'équipage ou partie se sauve, s'il est en France, il est tenu d'en faire sa déclaration devant qui de droit; s'il est dans l'étranger, il doit en faire sa déclaration devant le commissaire des relations commerciales.

1535. Mais si personne ne survit, l'accident sera présumé fatal, parce qu'il peut avoir été occasionné par le feu du ciel, ou quelque matière de la cargaison entrée en fermentation. Dans ce cas, les assureurs doivent en répondre.

1536. Au surplus, lorsque les assureurs ont répondu de la baratterie de patron, ils sont responsables du feu, quelle qu'en soit sa cause. Mais il faut prendre garde que les usages ayant donné plus ou moins de signification à ce mot, il faut le renfermer dans ses justes bornes, et tel qu'on l'entend dans les lieux du contrat. (758)

1537. Il est des choses qui, par leur nature, sont susceptibles de s'enflammer d'elles-mêmes; comme, par exemple, la laine. Cet accident arriva à la barque la Marthe-Madeleine, qui fut obligée de s'échouer à Malte. Par arrêt du 30 juin 1760, les frais de séjour et ceux occasionnés par cet accident, furent reconnus pour avaries simples, sans contribution. Pendant le cours de la révolution, une frégate anglaise a péri dans un des ports d'Italie, par suite d'un incendie survenu par la fermentation de sa cargaison. Un vaisseau peut aussi s'incendier de lui-même à la suite d'un mauvais arrumage qui occasionne un frottement considérable; il peut encore s'incendier s'il est chargé en tout ou en partie de chaud que l'humidité aura pénétrée; le foin peut produire le même événement. Les capitaines ne sauroient donc prendre trop de précaution en pareille circonstance.

1538. Si un navire est poursuivi par l'ennemi, que l'équipage y mette le feu pour se sauver à terre, les assureurs en répondent; ainsi jugé par sentence de l'amirauté de Guienne, le 20 juillet 1747, confirmée par arrêt du parlement du 7 septembre suivant. Mais en pareille circonstance, il faut que le capitaine ne se détermine que quand il est évidemment démontré qu'il étoit infaillible que le vaisseau deviendroit la proie de l'ennemi.

1539. Pillage. Le guidon de la mer, *ch. 6, art. 2*; Clairac, *pag. 50, n.° 5*; Marquardus, *lib. 3, ch. 4, n.° 21*, disent que si le pillard dérobe portion de la marchandise, et qu'il laisse aller le reste, ce qui est dérobé, n'est qu'avarie; car la perte tombe sur celui à qui elle appartient, conséquemment sur les assureurs. (62)

1540. Arrêt de prince. (920) L'arrêt de prince, proprement dit, est un acte d'un prince ami, qui, pour nécessité publique, soit pendant qu'il est en paix ou en guerre, arrête quelques vaisseaux étrangers pour son service. Lorsqu'il fait cet arrêt en temps de guerre, cet acte est appelé *angarie*; lorsqu'il est fait en temps de paix, il est appelé *arrêt de prince*. Dans l'un comme dans l'autre cas, l'arrêt n'étant pas fait par un esprit de déprédation, le navire est renvoyé lorsqu'il n'est plus utile, en recevant les justes indemnités de sa détention. Tout autre arrêt n'est point ce qu'on appelle arrêt de prince, quoique le vaisseau soit arrêté par la puissance amie ou ennemie, c'est un arrêt d'une espèce particulière; mais celui dont parle notre ordonnance, est le véritable arrêt de prince.

1541. Puisque l'arrêt de prince ne fait que retarder la navigation du bâtiment, il ne donne donc pas lieu à l'abandonnement; cependant, comme cette demeure pourroit être préjudiciable aux assurés, si l'arrêt de prince dure plus de six mois, il est permis aux assurés de faire abandon aux assureurs.

1542. L'académie de Législation m'ayant fait l'honneur de m'envoyer le mémoire à consulter ci-après, pour savoir qu'elle étoit la juste indemnité que devoit recevoir un capitaine russe, arrêté par ordre supérieur, je donnai la consultation suivante :

MÉMOIRE A CONSULTER.

1543. Le capitaine russe, Théocaris di Jiovani, commandant la Polacre, la Madone Tourliani, se trouvant à Ancône, en 1801, fut forcé, par le général français Salignac, commandant dans cette place, de contracter l'engagement, avec l'entrepreneur des transports, Côme Bokh, de transporter à Tarente un train considérable d'artillerie, consistant en canons, caissons, boulets, etc., et de rompre un contrat de nolis, ou fret, qu'il avoit passé avec un négociant de la Morée, aux conditions qu'il lui seroit payé, par ces entrepreneurs, 700 piastres d'Espagne; avant son départ, et à la décharge de son navire à Tarente, 350 autres piastres, ce qui portoit le fret à 1050 piastres, non compris la cape ou chapeau du capitaine, qui devoit être de 50 piastres.

Dès que ledit capitaine eut sur son bord tout son chargement, il arriva des ordres supérieurs du général Murat, commandant en chef l'armée d'Italie, de suspendre le départ de ce navire, et l'officier commandant le parc d'artillerie fit décharger toute la cargaison, ne laissant à bord que les boulets.

Le capitaine se transporta de suite chez le général Salignac, pour demander l'entier déchargement de son bâtiment, son paiement et la liberté de partir; le Général lui dit qu'il avoit des ordres supérieurs d'arrêter son navire, et de le fréter, pour le service de la République, conformément et aux mêmes conditions, que celles détaillées dans le contrat de nolis, passé avec l'entrepreneur Côme Bokh.

Forcé par les circonstances de rester, le capitaine s'adressa au Commissaire des relations commerciales de la République, pour obliger Côme Bokh de lui payer le prix du premier contrat, afin de pouvoir acquitter ses dépenses et d'être indemnisé du retard, et lui déclara qu'il rendoit l'entrepreneur garant de tous frais, dommages et intérêts.

Côme Bokh répondit, que cela ne regardoit que la République, puisque c'étoit un ordre supérieur, qui avoit empêché le départ de son navire et fait décharger la cargaison.

Après sept mois de séjour dans le port, depuis la passassion du contrat, qui date du 15 octobre 1801, ce capitaine voyant qu'on ne lui donnoit aucune destination, et qu'on ne lui payoit ni l'arriéré, ni son temps, se rendit, à Milan, auprès du général Murat, pour réclamer son paiement, et laisser son bâtiment libre.

Arrivé à Milan, et ne trouvant pas le Général, qui étoit à Paris, il se rendit auprès de lui, sur l'invitation de son état-major, à qui il s'adressa.

Depuis huit mois il est, dans cette capitale, à la poursuite de son paiement.

Enfin, le Ministre de la guerre, d'après les notes de l'Ambassadeur russe, a décidé de lui payer 10 piastres fortes, par jour, depuis le 15 octobre 1801, jusqu'au jour de la signature du rapport, ce qui ne lui donne que 300 piastres par mois; et comme ce paiement est bien loin de suffire pour indemniser ce capitaine de ses avances et du temps qu'il a perdu, il est dans l'intention de réclamer de nouveau la justice du Ministre, par l'entremise de son Ambassadeur, afin d'obtenir l'indemnité à laquelle il a droit de prétendre, en vertu des lois françaises.

Ce capitaine observe qu'il est accordé une indemnité double, pour les jours de planche qui excèdent les délais convenus; qu'il devroit, en conséquence, avoir 30 piastres par jour, au lieu de 10 piastres qui lui ont été données, ce qui feroit 900 piastres par mois; que cette somme de 900 piastres seroit au-dessous même de ce qui lui est accordé par ses traités, puisque, pour passer d'Ancône à Tarente, voyage de quinze jours, il en avoit 1050, non compris 50 pour le chapeau du capitaine; que l'indemnité qu'on lui donna suffit à peine pour payer et alimenter son équipage, composé de trente hommes; que la République ayant contracté avec lui, aux mêmes conditions que l'entrepreneur, il avoit droit d'attendre au moins 1,000 piastres par mois; que son bâtiment, de trois cent cinquante tonneaux, a plus dépéri dans le port, que s'il eût tenu la mer, puisqu'il lui faut, dans le moment actuel, au moins 2,500 piastres pour se réparer, et 1200 pour acheter de nouveaux cables, d'après l'estimation des Commissaires français et russes. Tout bâtiment frété doit attendre des bénéfices, et il y comptoit pour carener son navire, et reprendre la mer. Ce n'est donc que l'exécution des lois et clauses du contrat fait avec lui, qu'il réclame, et il se croit fondé à demander 30 piastres par jour, au lieu de 15 que le Ministre lui accorde par son arrêté.

CONSULTATION.

Les Jurisconsultes soussignés qui ont pris lecture du présent mémoire, ainsi que des pièces y jointes, estiment que, pour y répondre cathégoriquement, il est nécessaire de remonter aux principes du droit des gens, et de résoudre les questions qu'il présente, d'après les règles générales que prescrivent ces principes.

Le droit d'arrêter un vaisseau, avant 1753, prenoit la source dans cette prérogative de la puissance suprême, appelée *angarie;* dans ce cas, le capitaine avoit le droit de se pourvoir en indemnité. *Leg. 4, §. 1, de veteranis. Leg. 18, §. 25, Leg. ult. §. 22 et 23, dig. selden Stypmanne.* L'équité voulant que le navire ne fût point forcé de faire plus d'un voyage. *Loccenius, ch. 7, §. 11.*

Cet arrêt, appelé par les publicistes *arrêt de prince*, fut reconnu si préjudiciable, que dans tous les traités qui ont été faits entre les puissances, subséquemment au traité de 1753, conclu entre le roi de Naples et la Hollande, qui leur a servi de modèle, les Souverains sont convenus que *les navires, les équipages et les marchandises chargés, ne pourroient plus être arrêtés en vertu d'aucun ordre général ou particulier, pour quelque motif que ce fût.* Mably, *Droit public de l'Europe.*

Cette stipulation se trouve positivement dans le traité conclu entre la France et la Russie, en 1787, traité auquel il n'a pas été dérogé; il y est dit : « Les navires de l'une des hautes parties contractantes, ne pourront, » sous aucun prétexte, être contraints, en temps de paix, guerre, de » servir dans les flottes ou escadres de l'autre, ni de se charger d'aucun » transport. »

Or, comme nos lois nouvelles n'entendent point déroger à ces conventions, puisque la loi du 21 septembre 1793, celle du 4 germinal an 3, la loi du 3 nivôse an 3, veulent que *les traités soient respectés;* il suit de-là, que l'article précité est maintenu dans toute sa force et vigueur; et que si le Général français a contraint le capitaine russe Théocaris de contracter avec l'entrepreneur Côme Bokh, c'est que des circonstances impérieuses l'ont forcé à tenir lui-même cette conduite. Mais il n'est pas moins vrai, que si lors du temps que l'*angarie et l'arrêt de prince* étoient reconnus, par tous les Gouvernemens, pour légitime, le Gouvernement qui arrêtoit un vaisseau, devoit de justes indemnités au capitaine : que sera-ce lorsqu'un Gouvernement fera un arrêt dans le temps qu'il est formellement reconnu pour illégitime, ou tout au moins préjudiciable ? Dans cette circonstance, il est clair qu'il doit rigoureusement des indemnités au capitaine qui a été arrêté pour son service. Voilà les principes; voyons actuellement quelles en doivent être les conséquences.

Lorsqu'un capitaine frète son bâtiment à un particulier, il convient de tant de jours de planche; au défaut de la convention, l'usage prononce, et tout le temps qui s'écoule au-dessus de celui fixé par l'usage ou la convention, est appelé *sur-starie,* laquelle se paye aussi suivant l'usage de la place; mais la rétention continuée du navire, dont il est ici question, n'est point une *sur-starie,* c'est une continuation de l'*arrêt de prince,* donc que le capitaine ne peut point arguer de la *sur-starie.*

Comme aussi le capitaine russe n'est point fondé à alléguer la détérioration de son navire, par la raison que dans le prix de son fret, il trouve celui de son usage. Ce n'est donc point dans la sur-starie, ni dans la détérioration de son vaisseau, qu'il doit espérer trouver le prix de sa rétention, mais dans le fret qu'il auroit pu gagner si son vaisseau n'eût point été retenu. Il ne reste donc plus à décider comment ce fret doit être payé, et quelles sont les considérations qui en doivent déterminer le prix.

Si le capitaine eût pu faire un voyage d'Ancône à Tarente dans quinze jours, il est clair que dans seize mois il en auroit pu faire trente-deux, mais comme l'usage est que le capitaine accorde au petit cabotage trois jours de planche pour la charge, et trois pour la décharge, (n.° 5 sur l'art. 21 des jugemens d'Oléron) reste donc pour dix mois francs, qui, suivant la teneur du premier contrat, qui doit être la base de ce calcul, font, à 1050 piastres pour quinze jours, ou 2,100 piastres par mois, 21,000 pour dix mois, à quoi il faut ajouter le chapeau, qui pourra aller à 5 p$\frac{o}{o}$. Total 22,050 piastres.

Nota. Le capitaine Théocaris n'a reçu, jusqu'à présent du Ministre, qu'une somme de 25,410 francs, on ne pense pas que l'on ait pu prendre, pour base de cette indemnité, les dispositions de l'art. 6 du traité fait entre Côme Bokh et lui, parce qu'il ne s'agit, dans cet article, que de la somme qu'il avoit droit d'exiger, dans le cas où l'on auroit excédé le nombre de jours de planche accordés par le contrat, pour la décharge de son bâtiment, et non du prix fixé pour son fret, par les articles 1 et 2 du même contrat. Les observations faites dans les articles précédens conservent donc toutes leur force, et les 25,410 francs, accordés par le Ministre, ne peuvent être regardés que comme un provisoire.

Il résulte de ces détails, que la réclamation du capitaine paroît fondée; il doit donc espérer que le Gouvernement sera assez juste pour y faire droit, et cette affaire étant purement administrative, il faut qu'il s'adresse, pour obtenir justice, au Ministre ou au Conseil d'État.

Délibéré à Paris, le 25 ventôse, an 11 de la République.

BOUCHER, *professeur de droit commercial et maritime de l'Académie de Législation.*

BRUNIÈRE (*du Gard.*)

THESSÉ.

F. N. DUFRICHE-FOULAINES.

LINDET.

Remis par le Secrétaire-archiviste de l'Académie de Législation, Paris, ce 26 ventôse, an 11. GISORS.

1544. DÉCLARATION

1544. DÉCLARATION DE GUERRE, REPRÉSAILLES. (1357)

Art. 27. « Si toutefois le changement de route, de voyage ou de vaisseau, arrive par l'ordre de l'assuré, sans le consentement des assureurs, ils seront déchargés des risques, ce qui aura pareillement lieu en toutes autres pertes et dommages qui arriveront, par le fait ou la faute des assurés, sans que les assureurs soient tenus de restituer la prime, s'ils ont commencé à courir les risques (849). »

1545. Sur ces mots, *ou la faute des assurés*, Valin ajoute ceux-ci, *ou de leurs préposés, agens ou facteurs;* à quoi j'ajouterois, s'ils ont procuration, ou pouvoir à cet effet : (224 à 226) mais s'ils n'ont pas un pouvoir à cet effet, et que les assureurs répondent de *la baratterie* de patron, le capitaine s'étant dirigé d'après des ordres qu'il ne devoit pas reconnoître, s'étant comporté avec impéritie, (54) la faute retombant sur le capitaine, elle retombe de droit sur les assureurs.

Art. 28. « Ne seront tenus les assureurs, de porter les pertes et dommages arrivés aux vaisseaux et marchandises, par la faute des maîtres et mariniers, si, par la police, ils ne sont chargés de la baratterie de patron. »

1546. Le mot baratterie, suivant de Luca, *disc. 106, n.° 28; Straccha, gl. 31, n.° 1.* Restaut, est un mot barbare, inconnu à l'antiquité; néanmoins les Catalans disent *barattar*, pour dire tromper, d'où est venu *baratterie*, qui veut dire *tromperie*. En effet, Pasquier, *liv. 8, ch. 3, p. 682*, dit que ce mot dérive de *barat*, qui signifioit tromperie, fourbe, mensonge.

1547. Par baratterie, on entend communément le crime dont un capitaine se rend coupable en prévaricant dans son état; de Luca, *de cridito, disc. 106, n.° 208;* Casarégis, *disc. 1, n°. 77; dis. 10, n.° 7; disc. 141, n.° 2;* Straccha, *gl. 31, n.° 1;* Targa, *ch. 74;* Brillon, Savary, Denisart et Ferrière. Ce dernier auteur dit :

1548. « Décharger une barque pendant le cours de la navigation, est un crime de baratterie qui est punissable. Pour raison de cette malversation, le patron du vaisseau peut être poursuivi en quelque lieu qu'il se trouve, sans pouvoir obtenir un atermoiement, comme il a été jugé par arrêt du 6 septembre 1689. »

1549. Les cas exprimés dans les articles 20, 32, 35 et 36 du titre du capitaine de l'ordonnance, sont autant de faits compris dans la baratterie dont il est ici question.

1550. Au surplus, les Français ont étendu le mot baratterie à la simple faute, tant du capitaine que de l'équipage : cette extention est ancienne, nous la retrouvons dans le guidon, ch. 9, art 1. Il y est dit que le mot barat-terie comprend « le changement qui se fait des maîtres de navire, voyages, escales, restes, hâvres, malversations, roberies, larcins, altérations, déguisemens de marchandises, le tout procédant du patron de navire, équipage et négligence d'iceux. »

1551. Aussi Valin, Pothier, Emérigon, disent-ils que « ces termes *baratterie du patron*, comprennent toutes les espèces, tant de dol que de simple imprudence, défaut de soins et impéritie, tant du patron que des gens de l'équipage. » Au surplus, comme il a été dit plus haut, il faut consulter l'usage des places sur la baratterie, afin de la renfermer dans les limites que chacune d'elles lui a assignées.

1552. La clause d'être *tenu de la baratterie du patron*, dit Emérigon, *tom. 1, fol. 370*, ne concerne que les fautes que le capitaine commet en sa qualité de *maître*, et nullement celles dont il se rend coupable dans les fonctions de marchand-géreur. » Et il conclut en disant, que « si le capitaine a failli en sa première qualité, comme s'il a dérouté, etc., les assureurs en sont responsables ; mais ils ne sont pas tenus des fautes que le capitaine commet en sa qualité de facteur. »

1553. Lorsque le capitaine a la mission de conduire le bâtiment et de vendre sa cargaison, il a un double mandat; le premier, de conduire le navire et son chargement; le second, de vendre son chargement. Par le premier mandat, tout est sous sa responsabilité de capitaine; sous ce rapport, tout ce qu'il fait contre l'intérêt du navire et de sa cargaison, est donc une baratterie qui doit retomber sur les assureurs, n'exécutant son second mandat que lorsqu'il est parvenu à sa destination, celui-ci ne regarde plus les assureurs.

1554. Voici cependant un fait qui peut venir à l'appui des assertions d'Émérigon. Pendant la traversée, un capitaine vend une petite partie de sa cargaison à un vaisseau qu'il a rencontré, il l'a donnée presque pour rien, il en dissipe les deniers à terre; ceci ne sera pas une baratterie de laquelle devront répondre les assureurs, parce qu'il avoit commission de vendre, et qu'il ne lui étoit pas interdit de vendre en mer : mais si cette faculté lui avoit été interdite, cette interdiction ne laissant subsister en lui que le premier mandat, les assureurs devroient en répondre.

1555. Celui qui allègue la baratterie, doit en rapporter la preuve d'une manière concluante. Dans le doute, on ne la présume pas. Casarégis, *disc. 1, n.° 80 ; disc. 225 , n.° 99 ; disc. 226 , n.° 6.* Straccha , *gl. 31 , n.° 5.* Savary , *parère 60.* Boniface , *tom. 5 , pag. 469.*

1556. La baratterie est fondée sur un fait ou sur l'allégation d'un fait. La baratterie sera fondée sur un fait, lorsque le propriétaire, par exemple, alléguera que le capitaine a fait, mal-à-propos, échelle ; elle sera fondée sur une simple allégation, lorsque le propriétaire alléguera que la chose ne s'est pas détériorée par son propre vice, mais par l'approche d'un corps voisin qui l'a altérée ; comme si, par exemple, le capitaine eût fait mettre sur une balle de soierie un ballot de quelque sel, qui, par l'humidité eût corodé les couleurs : dans l'un comme dans l'autre cas, que peut alléguer le propriétaire, sinon qu'il y a baratterie ? Dans cette hypothèse, il y a juste présomption que l'un ou l'autre est arrivé d'après les faits du capitaine. Mais comme le propriétaire ne peut point prouver la vérité des faits, et que le capitaine peut prouver et bien évidemment le contraire, la présomption devient de droit, et rejette l'embarras de la preuve du contraire sur le capitaine. Dans ces circonstances, ce n'est donc pas au propriétaire à prouver la baratterie, parce qu'il ne peut que la présumer, mais c'est au capitaine à prouver le contraire.

Art. 29. « Les déchets, diminutions et pertes qui arrivent par le vice propre de la chose, ne tomberont point sur les assureurs. »

1557. D'après l'esprit de cet article, si un cable est tranché, par exemple, par l'éminence aiguë d'un rocher, si l'ancre vient à se perdre, les assureurs n'en seront pas responsables, parce que c'est une suite, pour ainsi dire, naturelle du service de la chose perdue. Comme aussi la détérioration du navire, des voiles, cordages, etc., provenant simplement de leur usage, ne peut être réclamée aux assureurs. Autre chose seroit si ces dégradations étoient la suite sensible de quelque fortune de mer.

1558. Quant à l'état d'innavigabilité du navire, elle ne peut guère être avancée aujourd'hui (1017) pour cause de vétusté, elle doit être toujours considérée comme provenant de cas fortuits, dont sont responsables les assureurs, sur-tout lorsque le vaisseau a été réellement battu par la tempête.

Art. 30. « Ne seront aussi tenus des pilotages, tonnages, lamanages, des droits de congé, visite, rapports et d'arrérages, ni de tous autres imposés sur les navires et marchandises. »

1559. L'ensemble de toutes ces choses est appelée menue avarie. Les menues avaries ordinaires, d'après cet article, ne doivent pas être supportées par les assureurs, mais ils doivent supporter celles qui surviennent à la suite d'une relâche forcée.

1560. Comme le capitaine, d'après la loi du 22 août 1791, tit. 2, art. 13, ne peut se mettre en mer, ni sur les rivières y affluentes, sans une expédition du bureau des douanes, à peine de *confiscation*, et de 100 fr. d'amende : la confiscation ayant lieu, retombera-t-elle sur l'assuré ou l'assureur ?

1561. Point de doute qu'elle ne retombe sur l'assureur, parce qu'elle est censée être le fait d'une impéritie ou d'une baratterie; sauf cependant le cas où il fût prouvé que la loi eût été violée par le capitaine, du consentement du propriétaire.

Art. 31. « Il sera fait désignation dans la police, des marchandises sujettes à coulage; sinon les assureurs ne répondront point des dommages qui leur pourront arriver par tempête, si ce n'est que l'assurance soit faite sur le retour des pays étrangers. »

1562. Il faut prendre garde que, quelque considérable que soit le coulage, il ne peut être considéré pour avarie, s'il n'y a pas de preuve que les corps contenant aient été endommagés par quelques fortunes de mer; tout autre coulage est censé provenir du vice propre de la chose. Voyez la formule de police.

1563. Cependant si ce coulage provenoit de l'effet d'un mauvais arrumage, je croirois que les assureurs en seroient responsables.

Art. 32. « Si l'assurance est faite divisément sur plusieurs vaisseaux désignés, et que la charge entière soit mise sur un seul, l'assureur ne courra risque que de la somme qu'il aura assurée sur le bâtiment qui aura reçu le chargement, quand même tous les vaisseaux désignés viendroient à périr; et il rendra la prime du surplus, à la réserve de demi pour cent.

Art. 33. » Lorsque le maître et patrons auront liberté de toucher en différens ports ou échelles, les assureurs ne courent point les risques des effets qui seront à terre, quoique destinés pour le chargement qu'ils auront assuré, et que le vaisseau soit au port pour le prendre, s'il n'y a convention expresse par la police. »

1564. Il arrive quelquefois que les assureurs répondent, dans le cas de l'article, des marchandises qui *sont à terre*. Valin dit sur cet usage : « Cette clause, comme exhorbitante, devroit se trouver rarement dans les polices d'assurances; cependant elle est assez usitée. »

1565. Cette clause est illicite ou elle ne l'est pas ; si elle est illicite, elle doit être totalement proscrite ; si elle ne l'est pas, pourquoi Valin voudroit-il qu'elle fût rare ? Mais comme elle est licite, puisqu'il y a une chose exposée aux risques, elle peut être stipulée toutes les fois qu'il y a risque à courir, conséquemment cette chose peut donc devenir l'objet d'une assurance terrestre.

Art. 34. « Si l'assurance est faite pour un temps limité, sans désignation de voyage, l'assureur sera libre après l'expiration du temps; et pourra, l'assuré, faire assurer le nouveau risque.

1566. Ces sortes d'assurances ne se pratiquent guère que pour les navires armés en course, ou pour les affrétemens faits à l'Etat.

Art. 35. « Mais si le voyage est désigné par la police, l'assureur courra les risques du voyage entier, à condition, toutefois, que si sa durée excède le temps limité, la prime sera augmentée à proportion, sans que l'assureur soit tenu d'en restituer, si le voyage dure moins. »

1567. Valin fait ici une observation très-judicieuse ; il dit : « Il est ici question d'une assurance singulière faite pour un temps limité, avec désignation du voyage du navire. On suppose, dans ce cas, que l'assurance est pour tout le voyage, et que le temps de sa durée n'a été limité que dans l'idée qu'il n'en faudroit pas davantage pour que le navire se rendit à sa destination.

1568. Notre auteur prétend ensuite que cette stipulation est toute à l'avantage de l'assureur, vu que si le navire met moins de temps, il gagne la prime entière, et que s'il en met davantage, le surplus lui est payé.

1569. Mais comme cette inégalité n'échappe pas aux spéculateurs, en conséquence, par rapport au doute et à ses résultats, l'assuré ne paye qu'une prime plus foible que celle qu'il auroit payée, si le temps seul eût été limité ; car il n'y auroit pas de bon sens de croire qu'une pareille stipulation fût adoptée, si cette considération n'entroit pas dans le marché.

Art. 36. « Les assureurs seront déc[illegible]gés des risques, et ne laisseront de gagner la prime, si l'assuré, sans leur [illegible]nsentement, envoie le vaisseau en un lieu plus éloigné que celui désigné par la police, quoique sur la même route ; mais l'assurance aura son effet entier, si le voyage est seulement raccourci. »

1570. Cet article est de toute justice, puisque, dans l'un ou l'autre cas, c'est par le fait de l'assuré que le voyage est allongé ou raccourci. (1545)

Art. 37. « Si le voyage est entièrement rompu avant le départ du vaisseau, même par le fait des assurés, l'assurance demeurera pareillement nulle, et l'assureur restituera la prime, à la réserve du demi pour cent.

Art. 38. » Déclarons nulles les assurances faites après l'arrivée des choses assurées, si l'assuré en savoit ou pouvoit savoir la perte, ou l'assureur l'arrivée, avant la signature de la police. »

1571. Quoiqu'il soit de l'essence de l'assurance qu'il y ait une chose exposée aux risques, néanmoins, quoiqu'elle ne le soit pas, la persuasion dans laquelle sont les contractans qu'elle y est, suffit pour qu'elle soit valable : la raison est que l'on considère, en ce cas, la bonne-foi des parties ; néanmoins, on ne peut point se dissimuler que dans cette circonstance l'assurance ne soit convertie en une espèce de gageure, dans laquelle l'une des parties doit être considérée comme si elle eût parié que la chose est arrivée, pendant que l'autre parieroit le contraire. (1268)

1572. Dans cette hypothèse, l'assuré parie que la chose n'est pas arrivée, et qu'elle a péri. L'assureur parie le contraire, chacun fortifié dans ses opinions. Le premier doit mettre naturellement peu en jeu, pendant que l'autre y doit mettre beaucoup. L'assuré a-t-il perdu? Il donne un léger bénéfice à l'assureur. A-t-il gagné ? L'assureur l'indemnise de la perte. La chance ne paroît pas d'abord égale, puisqu'il est possible que l'un gagne, pendant que l'autre ne peut espérer de gagner; mais aussi l'assureur est exposé à une perte majeure, pendant que l'autre ne perd que peu de chose. Cette disparité paroît encore offrir une inégalité de chance; cette inégalité n'est qu'apparente, par la raison que la plus forte somme des probabilités est en faveur de l'assureur. (1269) Cependant, il restera toujours à observer que l'assuré seul est exposé à perdre, pendant qu'il ne peut pas espérer de gagner, puisqu'il ne sera indemnisé exactement que de la valeur de sa chose, si elle a péri, et encore la prime lui sera déduite comme étant acquise à l'assureur; dans ce cas, la gageure est une gageure irrégulière néanmoins, qui participe beaucoup de l'assurance.

Art. 39. « L'assuré sera présumé avoir su la perte, et l'assureur l'arrivée des choses assurées, s'il se trouve que, de l'endroit de la perte ou de l'abord du vaisseau, la nouvelle en ait pu être apportée avant la signification de la police, dans le lieu où elle a été passée, en comptant une lieue et demie par heure, sans préjudice des autres preuves qui pourront être apportées.

1573. Cet article de l'ord, paroît être calqué sur l'art. 1 du ch. 4 du guidon, que lui-même paroît avoir été pris dans le consulat, ch. 333. Mais je n'ai point trouvé nulle part la raison pourquoi les anciennes lois et notre ordonnance mesurent les lieux sur les heures, je vais donc tâcher de l'expliquer.

1574. J'ai expédié mon navire de Bordeaux, le 1.er vendémiaire, pour Nantes. Le 7 il est péri devant Painbœuf; le 9 j'ai fait assurer : supposons qu'il y ait soixante lieues de Painbœuf à Bordeaux, alors mesurant les lieues sur les heures, je trouverois quarante heures : dans ce cas, il ne s'agira plus de savoir si le 9 vendémiaire j'ai pu savoir la perte de mon bâtiment par une voie qui avoit pu parcourir soixante lieues du 7 au 9; mais s'il a été possible de parcourir cette espace dans quarante heures; de cette observation je tirerois ces questions :

1575. Pourquoi les lois maritimes n'ont-elles pas déterminé l'espace par un certain nombre de lieues, ou par un certain nombre d'heures seulement ?

1576. *Sur la première question.* Il n'étoit pas possible de déterminer l'espace par *lieues* seulement, parce que, de l'époque de la perte à celle de l'assurance, l'espace ne peut se déterminer que par heures, et que, dans ce cas, il faut donc évaluer les lieues en heures, pour avoir une suputation exacte.

1577. *Sur la seconde question.* Il n'étoit pas possible de déterminer l'espace en *heures*, parce que, de l'époque de la perte à celle de l'assurance, il faut avoir égard à celle qu'il y a à parcourir, pour savoir si, dans un certain nombre d'heures, une voie quelconque a pu la franchir.

1578. Dans ces deux hypothèses, il faut donc avoir égard, à-la-fois, à l'espace à parcourir, et au temps nécesaire pour la parcourir.

1579. La lieue dont parle l'ordonnance, paroît être la lieue de poste de 2000 toises; la lieue marine est de 2852 toises.

1580. Emérigon, tom. 2, fol. 137, dit : « Je trouve dans mes recueils, que notre Jurisprudence a toujours été de completter la lieue et demie, depuis le premier port de terre ferme où la nouvelle a été apportée. »

1581. L'ordonnance paroît ne vouloir parler ici que des marchandises, et non du vaisseau, puisqu'elle suppose que le vaisseau a pu aborder la terre, néanmoins elle doit aussi être entendue par rapport au vaisseau : il y parité de raison.

1582. Quoique celui qui a intérêt de faire annuller l'assurance soit recevable à prouver, par lettre ou par témoins même pris dans l'équipage, que la nouvelle de la perte pouvoit être sue à l'époque de la souscription de la police, néanmoins, celui qui auroit intérêt de la conserver, n'est point admis à fournir des preuves contraires. La raison est, comme l'observe Pothier, *des oblig.*, *n.*os *840 et 841*, et Danty, *ch. 7*; *n.*os *35 et 52*, *pag. 175*; que les présomptions *juris et de jure* ne peuvent être détruites, et la partie contre qui elles militent, n'est pas admise à prouver le contraire.

Art. 40. « Si toutefois l'assurance est faite sur bonne ou mauvaise nouvelle, elle subsistera; s'il n'est vérifié par autre preuve que celle de la lieue et demie par heure, que l'assuré savait la perte, ou l'assureur l'arrivée du vaisseau, avant la signature de la police.

1583. Lorsque l'assurance porte *sur bonne ou mauvaise nouvelle*, la présomption de *la lieue et demie par heure* s'évanouit : ces premières clauses sont devenues de formule générale, parce que les dernières occasionnoient mille procès. Ainsi, lorsque les parties renoncent à la lieue et demie par heure, en convenant que l'assurance portera sur bonne ou mauvaise nouvelle; quand bien même la nouvelle de la perte parviendroit une heure après la signature de la police, l'assurance n'en sera pas moins bonne; mais en ce cas, il faut que, lors de la signature de la police, que le sort du navire soit incertain, et que les deux parties soient de bonne-foi; aussi, l'une d'elles est-elle admise à vérifier, par autres preuves que la lieue et demie par heure, les faits qui tendent à rendre l'assurance réelle.

1584. Celui qui demande la nullité de la police, peut obliger l'autre d'affirmer, par serment, qu'il n'avoit pas connoissance de l'événement avant la signature de la police; car c'est le moment de la signature qui décide entièrement. Loccenius, *lib. 2*, *cap. 5*, *n.*° *8*.

1585. Il importe peu aussi que le commettant n'ait pas su la perte ou l'arrivée du navire, si son commissionnaire, qui a stipulé l'assurance, la savoit. Casarégis, *disc. 8 et 9*. Mais si au contraire le commissionnaire ignoroit l'événement, l'assurance seroit bonne, quoique le commettant le sût. Casarégis, *disc. 9*, *n.*° *19*.

1586. Mais si ce commettant avoit été informé à temps pour révoquer l'ordre, et qu'il ne l'eût pas fait, l'assurance seroit nulle.

Art. 41. « En cas de preuve contre l'assuré, il sera tenu de restituer à l'assureur ce qu'il aura reçu, et de lui payer double prime; et si elle est faite contre l'assureur, il sera pareillement condamné à la restitution de la prime, et d'en payer le double à l'assuré.

1587. On est reçu à prouver par témoins, que lors de la signature de la police, celui avec qui on a contracté, avoit déjà connoissance du sinistre ou ou de l'heureuse arrivée. Valin, *pag. 69 ;* Pothier, *n.os 13 et 23 ;* Casarégis, *disc. 6, n.° 2 ; disc. 215 , n.° 8.*

1588. Il n'est pas nécessaire de présenter tous les détails de la fraude dont on se plaint; il suffit de requérir, en général, d'être admis à prouver qu'avant la signature de la police, l'événement étoit connu de la partie adverse. Arrêt du 1.er mars 1751, 23 mai 1749. Au défaut de preuve, une partie peut obliger l'autre à affirmer, par serment, que lors de la signature, l'événement lui étoit inconnu. *Reg. d'Ams., art. 21 ;* Loccenius, *lib. 2, cap. 5, n.° 8 ;* Casarégis, *disc. 6, n.os 2, 4 et 41 ;* Valin, *pag. 90 ;* Pothier, *n.° 16.*

1589. Pothier, *n.° 16,* décide que si celui à qui le serment est déféré refuse de le prêter, il est présumé coupable, et doit être condamné à la peine de double prime; mais Émérigon observe, avec raison, que l'ordonnance ne prononçant cette peine que dans le cas où la fraude est prouvée, ne doit être que déchu de l'assurance; il s'étaie de la *loi 3, § 1, ff. de jure jurando ;* parce que, dit-il, le refus de prêter serment n'est pas une preuve positive de la fraude. On peut n'avoir su la chose qu'à demi, et dans le doute, on aime mieux perdre que de jurer.

1590. Pourquoi, dit Emérigon, notre ordonnance se borne-t-elle à la simple peine de *double prime,* tandis qu'en l'article 16, elle fait défense à ceux qui prennent des deniers à la grosse, de les faire assurer, à peine de nullité de l'assurance, et de *punition corporelle ;* et qu'en l'article 55, elle veut que si l'assuré poursuit le paiement des sommes assurées au-delà de la valeur de ses effets, il soit *puni exemplairement.*

1591. Sur cette question, Valin opine dans un sens, et Pothier dans un autre sens; l'un et l'autre ne m'ont point paru en donner la solution. Quant à moi, je pense que, dans l'espèce, l'ordonnace a pris un tempérammment plus doux que dans les articles précités, par rapport à la difficulté de prouver la fraude dans celui qui en seroit prévenu : car, comment prouver qu'il connoissoit l'événement; il n'est point présumable que le connoissant, il en ait publié la connoissance, parce qu'il n'ignoreroit pas que ceux même à qui il pourroit avoir fait un pareil aveu, le chargeroient de mépris, et pourroient même trahir sa confiance. Cependant, si des preuves certaines pouvoient être mises en avant contre la fraude, point de doute que le frauduleux ne puisse être attaqué criminellement; car, comme dit Straccha, *gl. 27, n.° 4,* celui qui, malgré la connoissance certaine de l'événement, assure ou se fait assurer, se rend coupable de *stellionat ;* par conséquent l'action criminelle compète contre lui.

Art. 42. « Lorsque l'assuré aura avis de la perte du vaisseau, ou des marchandises assurées, de l'arrêt de Prince, et des autres accidens, étant aux risques des assureurs, il sera tenu de leur faire incontinent signifier, ou à celui qui aura pour lui signé l'assurance, avec protestation de faire son délaissement en temps et lieu. »

1592. Il n'est point nécessaire, dit Valin, que cet avis soit certain et bien justifié, pour être en droit de le faire signifier aux assureurs ; à moins que le délaissement ne se fasse en même temps ; mais il ne faut pas aussi que cet avis soit léger et frivole.

1593. En matière d'assurance, on appelle *délais, délaissement* ou *abandon,* l'acte par lequel l'assuré quitte et délaisse aux assureurs, *les droits, noms, raisons et actions* de propriété qu'il a en la chose assurée. *Guid., ch. 7, art. 1.*

1594. Moyennant cet acte, les assureurs sont obligés de payer les sommes par eux assurées, sauf de s'en récompenser sur les effets délaissés, relativement aux risques par eux pris. Émérigon.

1595. Le *délaissement* présente d'abord à l'esprit l'idée d'une chose existante, en tout ou en partie, ou du moins l'idée d'une existence douteuse ; car il paroît incongru de laisser aux assureurs une chose dont la perte absolue est déjà constatée. Cependant, suivant nos lois maritimes, on peut délaisser à ses assureurs la chose entièrement perdue. On est même forcé de faire, dans le temps de droit ce délaissement légal, avant que d'être admis à demander l'entière somme assurée. Pothier, *n.os 131 et 193.*

1596. L'objet de l'assurance est de procurer à l'assuré l'indemnité des pertes et des dommages qu'il a soufferts ; mais pour parvenir à cette indemnité, il n'est pas nécessaire, suivant le droit des gens, que l'assuré *abdique le domaine de la chose,* quoique, si la chose assurée périt, elle périsse pour le compte des assureurs. Roccus, *not. 9.*

1597. Par réciprocité de raison, il suffit, suivant le droit des gens, que les assureurs payent l'indemnité de la perte ou du dommage, sans qu'ils soient obligés de devenir propriétaires d'une chose qui ne leur appartenoit point ; car l'assurance n'est pas, de sa nature, un moyen d'acquérir. Casarégis, *disc. 3, n.° 2.*

1598. Si la chose perdue est recouvrée, le même droit décharge, de toute obligation, les assureurs, pourvu qu'ils remettent l'assuré en possession de sa chose, et qu'ils l'indemnisent de l'avarie qu'elle a soufferte. Santerna, *part. 4, n.° 45*; Roccus, *not. 34 et 50*; Casarégis, *disc. 1, n.° 151*.

1599. Ces docteurs ajoutent que si, avant le recouvrement de la chose perdue, l'assurance avoit été payée, l'assuré a le choix, ou de garder l'argent, ou de le rendre en recevant la chose qu'on lui représente. S'il veut garder l'argent, la chose recouvrée appartiendra aux assureurs en vertu de la cession qui leur en est faite. Si la chose perdue n'est recouvrée qu'en partie, l'assuré ne pourra réclamer la partie recouvrée, qu'en restituant l'entière somme qu'il avoit reçue; car il est juste, en ce cas, que le bénéfice qu'on fera sur la partie sauvée, compense la perte de l'autre. Casarégis, *disc. 1, n.° 109*.

1600. « Telle est, dit Émérigon, si je ne me trompe, la disposition du droit des nations, au sujet du délaissement. »

1601. Mais le droit des nations ne prohibe pas aux parties de stipuler que la chose assurée pourra être délaissée aux assureurs, si elle est perdue en partie, ou gâtée par cas fortuit; et d'ajouter que, dans ce cas, les assureurs seront obligés de payer l'entière somme assurée, sans en être quitte par la simple réparation du dommage. Casarégis, *disc. 1, n.° 57*.

Art. 43. « Pourra néanmoins l'assuré, au lieu de protestation, faire en même temps son délaissement, avec sommation aux assureurs de payer les sommes assurées dans le temps porté par la police. »

1602. Le délaissement, dit Valin, doit être fait et notifié par un notaire, huissiers ou sergent, avec sommation aux assureurs, ou à ceux qui ont signé pour eux, de payer les sommes assurées dans le temps porté par la police, ou, à défaut de stipulation, dans le délai prescrit par l'ordonnance.

1603. A Marseille, la notification se fait, par une simple déclaration, à la chambre de commerce, et cela vaut signification à chacun des assureurs. Il seroit à souhaiter qu'il en fût de même dans toutes les villes où il y a chambre de commerce, cela éviteroit bien des frais.

1604. Valin et Pothier, *n.° 126*, observent qu'il n'est pas nécessaire que l'avis qu'on a du sinistre, soit certain et justifié; et que si cet avis est énoncé, la signification faite à ce sujet restera inutile.

1605. On doit donner avis aux assureurs, non-seulement de la perte, mais encore de tous autres accidens qui sont à leur charge. *Régl. d'Ams., art. 28*; Kuricke, *diat., n.° 14, pag. 836*.

1606. On est tenu de donner cet avis, et de le donner *incontinent*; mais l'ordonnance ne prononce aucune peine si on manque à le donner, ou si on est négligent à le donner. Valin, *pag. 91*; Pothier, *n.° 127*. Il suit des mêmes principes, que la *protestation* dont parle l'ordonnance, n'est pas de nécessité, pourvu que le délaissement soit fait en temps opportun. Émérigon.

Art. 44. « Si le temps du paiement n'est point réglé par la police, l'assureur sera tenu de payer l'assurance trois mois après la signification du délaissement. »

1607. Ce n'est que du jour de la signification du délaissement, dit Valin, que le délai commence à courir, et non pas du jour de la dénonciation de l'avis de la perte, avec simple protestation de faire le délaissement dans la suite, parce qu'il n'y a que le délaissement, réel et effectif, qui transfère aux assureurs la propriété de ce qui peut être recouvré des choses assurées, et qui puisse, par conséquent, les assujettir au paiement des assurances.

Art. 45. « En cas de naufrage ou échouement, l'assuré pourra travailler au recouvrement des effets naufragés, sans préjudice du délaissement qu'il pourra faire en temps et lieu, et du remboursement de ses frais, dont il sera cru à son affirmation jusqu'à la valeur des effets recouvrés. »

1608. « Toutefois, dit Valin, son remboursement sera borné à la valeur des effets recouvrés, à moins qu'il n'ait procuration. ». Je crois qu'il sera aussi remboursé du surplus, quoiqu'il n'ait pas de procuration. À la vérité, son affirmation ne suffira pas, il faudra d'ailleurs qu'il justifie le surcroît de dépense : il faut le décider ainsi, pour éviter des calculs qui pourroient être très-nuisibles en pareilles circonstances.

Art. 46. « Ne pourra le délaissement être fait qu'en cas de prise, naufrage, bris, échouement, arrêt de Prince, ou perte entière des effets assurés; et tous autres dommages ne seront réputés qu'avarie, qui sera réglée entre les assureurs et les assurés, à proportion de leur intérêt.

1609. Dans ce cas, l'assuré n'a pas le droit d'abandonner son vaisseau, ni ses marchandises, le tout existant ; mais il a celui d'exiger le paiement du dommage que la chose aura éprouvé, ce qui s'appelle avarie. Sur ces mots *perte entière*, Valin fait cette question : « Ces mots doivent-ils être pris rigoureusement à la lettre, ou ne souffrent-ils point interprétation, de manière que la perte soit réputée totale, si, au moyen de l'avarie, il n'y a plus de proportion entre la valeur des effets au temps de leur chargement, et celle qu'ils ont après le dommage essuyé ? » « Notre auteur penche pour l'affirmative, en s'étayant du guidon de la mer, ch. 7, qui admet le délaissement, lorsque l'avarie cause à la marchandise un dommage qui excède la moitié de sa valeur. »

1610. Je ne suis nullement de l'avis du commentateur ; l'assurance n'est point un moyen d'acquérir : exiger que les assureurs prennent, pour leur compte, des marchandises dégradées, c'est exiger que le contrat d'assurance soit transmué en contrat de vente. Or, comme cette transmutation est impossible, tant que l'essence qui caractérise le contrat s'y trouve ; cette impossibilité est aussi absolue, que celle qui résulteroit de la volonté de convertir un corps en un autre, tant qu'il possède toutes ses parties constituantes. Je conclus de ces vérités, que le délaissement dans l'espèce ne peut être légalement fait, et avec d'autant plus de raison, que l'article parle impérativement ; car ces mots, *perte entière des effets*, suppose qu'il n'en reste plus.

1611. Cependant, si les choses avariées coûtoient plus à réparer qu'elles ne vaudroient intrinséquement, point de doute, qu'en ce cas, l'abandon n'en puisse être fait, puisqu'il est de principe que l'assureur indemnise l'assuré de toute perte ; et le but de la loi seroit manqué, si l'assuré étoit forcé de garder la chose assurée, du moment qu'elle lui deviendroit onéreuse.

1612. L'art. 4 de la déclaration du 17 août 1779, me fortifie dans ces assertions ; il y est dit : « Dans le cas où le navire, par fortune de mer, auroit été mis hors d'état de continuer sa navigation, et auroit été condamné en conséquence, les assurés pourront faire délaissement à leurs assureurs, du corps et quille, agrès et apparaux dudit navire. »

Art. 7. « Lorsque le navire aura été condamné comme étant hors d'état de continuer sa navigation, les assurés sur les marchandises seront tenus, incessamment, de le faire signifier aux assureurs, lesquels, ainsi que les assurés, feront leur diligence pour trouver un autre navire sur lequel lesdites marchandises seront chargées, à l'effet de les transporter à leur destination.

Art. 8. » Dans le cas où il ne se seroit pas trouvé de navire pour charger lesdites marchandises, et les conduire au lieu de leur destination, dans les délais portés par les art. 49 et 50 du titre des assurances de l'ord. de 1681, les assurés pourront en faire le délaissement, en se conformant aux dispositions de ladite ordonnance sur les délaissemens. »

1613. *Par rapport au vaisseau.* Lorsque le vaisseau est condamné, ce n'est plus un vaisseau ; mais une masse de bois ; en conséquence, pour en revenir à mes principes, il peut être délaissé.

1614. ***Par rapport aux marchandises.*** Lorsque les marchandises ne peuvent point être rechargées, la vente qui doit s'en faire sur les lieux pouvant offrir des grandes pertes, ces pertes équivalant peut-être à un anéantissement réel ; elles peuvent donc être abandonnées. Mais si étant dégradées, en conservant néanmoins une valeur telle, qu'après avoir été appréciées, elles ne puissent point causer aucune perte au propriétaire, par rapport à leur dégradation, il ne peut les abandonner.

1615. Targa, *ch. 57, pag. 247.*, observe que le navire *submergé*, n'en a pas moins fait naufrage, (1043) quoiqu'il soit ensuite remis à flots ; il est évident, dit Émérigon, d'après l'art. 46, que ce n'est là qu'un sauvetage qui n'empêche pas les assurés d'intenter ou de poursuivre l'action d'abandon. Il en est de même si le navire échouant sur la côte, essuie un bris partiel, et donne ouverture à l'eau de la mer, qui remplisse *sa capacité.* On se hâte alors de désagréer le bâtiment ; on tâche de boucher la voie d'eau, et par les secours de l'art, on parvient à le sauver. La déclaration du 17 août 1779, ne s'applique point à cette espèce d'échouement : il y a, dit-il, lieu à l'abandon, tant du corps que des facultés, quand même le tout seroit sauvé ; parce que *le dommage souffert* en pareil cas, et les frais de sauvetage sont si considérables, que la seule action d'abandon est capable de remplir l'intérêt des assurés.

1616. Cependant, ladite déclaration porte, art. 5 : « Ne pourront, les assurés, être admis à faire le délaissement du navire qui aura échoué, si ledit *navire relevé*, soit pour les forces de l'équipage, soit par des secours empruntés, a continué sa route jusqu'au lieu de sa destination, sauf à eux à se pourvoir, ainsi qu'il appartiendra, tant pour les frais dudit échouement, que pour les avaries, soit du navire, soit des marchandises.

1617. En rapprochant l'art. 5 de la déclaration, à l'art. 45 de l'ord., il semble qu'il y ait contradiction ; mais cette contradiction n'est qu'apparente. L'ord. entend, sans doute, qu'en cas d'échouement, le délaissement pourra être fait, si les frais absorbent les valeurs, ce qui équivaut à une perte entière ; et la déclaration ententend que ces valeurs ne puissent point être délaissées, si elles sont supérieures aux frais de l'échouement, et que le navire puisse continuer sa route. De tout ceci, il résulte ;

1618. Que l'abandonnement peut avoir lieu, 1.° lorsque la valeur de la marchandise est inférieure aux frais de sauvetage ; 2.° lorsqu'étant supérieure, elle ne peut être portée à leur destination par le vaisseau, ou à défaut, par tout autre ;

1619. Que l'abandonnement ne peut avoir lieu, 1.° lorsque les marchandises n'ont point été dégradées au point qu'elles aient changé de nature, et que leur valeur est supérieure aux frais de sauvetage; 2.° lorsque, dans cet état, elles peuvent être apportées au lieu de leur destination.

1620. Comme on a vu, Targa prend le naufrage à la lettre, Émérigon est pour le moins aussi rigoureux que lui, puisqu'il dit :

1621. La distinction que M. Valin fait au sujet du naufrage, pag. 94 et suivantes, et qui sont approuvées par M. Pothier, n.° 119, peuvent paroître bonnes dans la spéculation. On ne sauroit les adopter dans la pratique, sans occasionner mille procès par les vérifications, liquidations et rapports qu'il faudroit faire. Il est possible que la marchandise assurée soit sauvée du naufrage, sans avoir souffert aucune altération; mais cela est rare. On a besoin d'une règle générale qui prévienne les litiges. La déclaration de 1779 laisse le cas du naufrage dans la disposition du droit commun établi par l'ordonnance ; et c'est à quoi on doit s'en tenir.

1622. Je crois qu'Émérigon est dans l'erreur; la déclaration précitée ne laisse pas le naufrage dans le droit commun, puisque notre article dit : *Ne pourra le délaissement être fait qu'en cas ..... de naufrage.* Plus loin : *Qu'en cas de perte entière.* Ce qui suppose que quelle que soit l'espèce de cet événement, le délaissement pourra être fait ; au contraire, la déclaration portant que ce délaissement ne pourra être fait, si ce navire continue sa route : l'art. 8 portant que *les marchandises ne pourront être délaissées*, donc que cette loi déroge au droit commun. D'ailleurs, l'ordonnance voulant qu'en cas de *naufrage*, la chose assurée puisse être délaissée, ne tempère-t-elle pas cette rigueur, en parlant de *perte entière ?*

1623. Les frais dont parle Emérigon, ne doivent point être pris en considération, puisqu'ils ne doivent retomber que sur la partie qui aura eu des prétentions injustes. Mais, pour éviter ces frais, il ne faut point être généreux envers les assurés, aux dépens des assureurs, qui sont d'abord lésés, et le plus souvent trompés. Cependant, il faut tenir entre les contractans la balance en équilibre, et ne la faire pencher que du côté de la justice ; pour ce fait, entrons dans quelque hypothèse.

1624. Un vaisseau est expédié de Bordeaux, avec une cargaison en vin, pour la Guadeloupe ; il fait, je le suppose, naufrage à Plymouth : cette cargaison, ou partie, est sauvée. Si l'assuré qui avoit une destination sûre, en fait l'abandon, que feront les assureurs ? Le feront-ils revenir à Bo[illegible], le vendront-ils en Angleterre ? Cet expédient seroit bien onéreux pour eux. L'enverront-ils en Amérique ? Mais ils n'y ont pas de liaison d'intérêt; ils ne connoissent pas la nature des retours. Dans tous les cas, leur spéculation peut leur devenir très-onéreuse; mais si l'assuré ne peut abandonner, il continue sa spéculation, qui n'a été interrompue sur terre, de la même manière qu'elle auroit pu l'être sur mer, il reçoit une indemnité pour les avaries : se trouvant, pour ainsi dire, réduit à son premier état, il n'éprouve pas les pertes que pourroient éprouver ses assureurs; donc, etc.

1625. Comme l'on voit, je vais pour le moins aussi loin que Valin et Pothier, que déjà Émérigon trouve exagérés; mais c'est ainsi que mes sens me démontrent la justice.

Art. 37. « On ne pourra faire délaissement d'une partie, et retenir l'autre, ni aucune demande d'avarie, si elle n'excède un pour cent. »

1626. Comme les assureurs ont assuré le tout, quelle que soit la [illegible]ure des choses assurées, quand bien même elles seroient de diverses espèces, l'abandon ne peut être fait en partie.

Art. 48. « Les délaissemens et toute demande, en exécution de la police, seront faites aux assureurs, dans six semaines après la nouvelle des pertes arrivées aux côtes de la même province où l'assurance aura été faite, et pour celles qui arriveront en une autre province de notre royaume, dans trois mois; pour les côtes de Hollande, Flandre ou Angleterre, dans quatre mois; pour aller d'Espagne, Italie, Portugal, Barbarie, Moscovie ou Norwége, dans un an; et pour les côtes de l'Amérique, Brésil, Guinée et autres pays plus éloignés, dans deux ans : et le temps passé, les assurés ne seront plus recevables en leur demande. »

1627. L'ordonnance, dit Émérigon, considéra *Paris* comme le centre des distances des lieues, pour régler le temps des prescriptions. Mais les règles générales qui furent établies, donnent lieu aux disparates les plus étranges; par exemple, si la perte arrive près de Cannes ou d'Antibes, la prescription pour les assurances faites à Marseille, sera acquise par le laps de *six semaines*; et si la perte arrive à Villefranche ou à Monaco, on aura *un an* de délai : ce même terme d'un an aura lieu pour les pertes arrivées sur les côtes d'Italie les plus voisines de nous; et l'on n'aura que quatre mois pour celles arrivées en Angleterre. L'*Espagne*, l'*Italie* et la *Barbarie* sont confondues vis-à-vis de Marseille, non-seulement avec le Portugal, mais encore avec la *Moscovie* et la *Norwége*.

1628. La

1628. Le règlement d'Anvers, *art. 17*, soumettoit à la prescription de *quatre ans*, toute action d'avarie ou de délaissement, sans aucune distinction des lieux. Le règlement d'Amsterdam, art. 12 et 13, prescrivoit le délai d'*un an et demi* pour les sinistres arrivés *dans les limites de l'Europe ou Barbarie ; et hors de là*, le délai étoit de *trois ans*.

1629. Émérigon finit par désirer, avec raison, que l'un de ces deux règlemens remplace celui de l'ordonnance.

1630. Valin fait, en d'autres termes, sur cet article, ces questions : Ces longs délais doivent-ils être comptés du jour du départ du navire, lorsque l'assuré n'en a eu aucune nouvelle ? L'art. 58 porte, que le délaissement pourra être fait aux assureurs, après un an ou deux ; les prescriptions doivent-elles courir du jour du départ du navire, ou des dernières nouvelles reçues, ou après les époques fixées ?

1631. Puisque l'ordonnance, d'après cet article, fixe l'époque du délaissement, après la nouvelle de la perte ; que l'art. 58 veut que le délaissement soit fait un an ou deux après, à compter du jour du départ, il paroît évidemment que le terme de l'une de ces époques, fixe la perte du bâtiment ; et comme cette fixation équipole à une nouvelle réelle, donc que c'est du jour auquel elle a été déterminée, que doit être fait le délaissement. Conséquemment, il faut donc compter ainsi :

1632. *Voyage ordinaire.* D'après l'art. 48, le délaissement doit être fait dans un an, après la nouvelle de la perte. Or, s'il n'y a pas de nouvelle, la perte étant censée apprise au bout de l'an, en partant de cette époque, ce sera deux ans ; donc, que dans l'hypothèse, l'action doit être exercée après l'expiration de deux ans ; mais Valin et Pothier paroissent insinuer que les actions doivent être intentée immédiatement après la première année. Mais Émérigon, en se référant à ces auteurs, qu'il paroît n'avoir pas saisi, dit, tom. 2, fol. 278, que l'action durera pendant deux ans.

1633. *Voyage de long cours.* D'après encore l'art. 48, le délaissement doit être fait dans deux ans après la nouvelle de la perte : or, s'il n'y a pas de nouvelles, la perte étant censée apprise au bout de deux ans, en partant de cette époque, ce sera quatre ans ; donc que dans l'hypothèse, l'action doit être exercée après l'expiration de quatre ans : mais les auteurs cités font les mêmes observations que ci-dessus, en conservant les proportions. Au reste, les années se completteront en partant de la dernière nouvelle que l'on a reçue du bâtiment ; alors, il faut que ces nouvelles présentent tous les caractères de la vérité, et ne soient pas suspectes.

1634. Après tout, dit Valin, ces questions sont assez rares : il n'y a pas d'assuré qui néglige de se pourvoir aussitôt que l'*an* ou les *deux ans* sont expirés, conformément à l'art. 58, et il conclut en disant que toutes demandes formées par les assurés doivent être faites dans les délais fixés par cet article. Quant à moi, d'après les raisons que j'ai données, je pense qu'elles seroient valablement faites au bout de deux et quatre ans ; ou bien il faut dire, contre ce que dit Émérigon, que les art. 48 et 58 ne sont pas corélatifs ; ce qui, je pense, seroit une absurdité.

1635. Mais, disent certaines personnes, si jamais une pareille question se présentoit, je consulterois l'usage de la place : mais comme les fins de non-recevoir et les courtes prescriptions ne sont pas favorables, et que d'ailleurs l'usage ne peut prévaloir sur la raison, (34 à 38) je douterois que l'usage l'emportât en pareille circonstance.

Art. 49. « En cas d'arrêt de Prince, le délaissement ne pourra être fait qu'après six mois, si les effets sont arrêtés en E[illegible]pe ou en Barbarie ; et, après un an, si c'est en pays plus éloigné, le tout à compter du jour de la signification de l'arrêt aux assureurs ; et ne courra, en ce cas, la fin de non-recevoir, portée par l'article précédent contre les assurés, que du jour qu'ils auront pu agir.

1636 Si le Prince qui fait l'arrêt, prend des effets de la cargaison, ou s'il les pay[illegible] le prix qu'ils auroient été vendus au lieu de leur destination, ou s'il n'en donne qu'un prix inférieur. Au premier cas, l'assuré n'a rien à demander aux assureurs : au second cas, les assureurs sont tenus de suppléer le juste prix. Clairac, *pag. 197, art. 13, tit. 9* du guidon. Mais Targa, dans ce dernier cas, opine en sens contraire, *pag. 284.* Il suffit, dit-il, qu'il recouvre la valeur primitive de la chose, déduction faite de la prime, du nolis et autres frais, sans qu'on ait égard au profit espéré de la marchandise ; néanmoins, je me décisiderois pour la doctrine de Clairac.

1637. Il faut distinguer l'arrêt de Prince proprement dit, (1362) d'avec l'arrêt portant confiscation.

1638. *Neutre.* Si le neutre a chargé une marchandise prohibée par les traités, ou par les tarifs de la puissance étrangère qui l'a arrêté, ou comme sienne, dont *le véritable pour compte* n'a pas été dénoncé aux assureurs, ils ne répondent pas de la prise, ou de la confiscation : si tout au contraire le vér[illegible] pour compte leur a été dénoncé, ils en répondroient. Santerna, *par* [illegible] *, n.° 17 ;* Loccenius, *liv. 2, ch. 5, n.° 7, pag. 982*, Roccus.

1639. *Contrebande en pays étranger.* La contrebande, en ce cas, peut être assurée, fondé sur ce que l'interlope est un vice commun à toutes les nations. Mais la contrebande, en France, ne peut être assurée; et si elle avoit été assurée, l'assurance seroit nulle.

Art. 50. « Si toutefois les marchandises arrêtées sont périssables, le délaissement pourra être fait après six semaines, si elles sont arrêtées en Europe ou en Barbarie; et, après trois mois, si c'est en pays plus éloigné; à compter aussi du jour de la signification de l'arrêt aux assureurs. »

1640. Dans ce cas, le délai ne se compte que du jour de la signification de l'arrêt aux assureurs; ce qui doit rendre les assurés extrêmement attentifs à leur en faire la dénonciation. Valin.

Art. 51. « Les assurés seront tenus, pendant les délais portés par les deux articles précédens, de faire toutes diligences pour obtenir main-levée des effets arrêtés; et pourront, les assureurs, les faire de leur chef, si bon leur semble. »

1641. Si l'assuré obtient la main-levée de la saisie et arrêt, et que ses marchandises aient souffert du dépérissement, ou qu'autrement par le fait de la détention elles soient moins vendues qu'elles ne l'auroient été; c'est une avarie qui regarde les assureurs, aussi bien que les frais et déboursés faits par l'assuré, et la portion dont il est tenu des nourritures et loyers des matelots durant le temps de l'arrêt, aux termes de l'art. 16, tit. du fret, et de l'art. 7, tit. des avaries.

Art. 52. « Si le vaisseau étoit arrêté en vertu de nos ordres, dans un des ports de notre royaume, avant le voyage commencé, les assurés ne pourront, à cause de l'arrêt, faire l'abandon de leurs effets aux assureurs. »

1642. Les navires sont arrêtés, avant leur départ, dans trois circonstances, 1.° à la veille d'une guerre, afin qu'ils ne soient pas pris; 2.° lorsque l'État en a besoin; 3.° lorsque l'État veut s'emparer de l'équipage ou du capitaine.

1643. Premier cas. Lorsque le bâtiment est arrêté dans cette circonstance, l'arrêt étant ordinairement de courte durée, il est clair que l'assurance ne peut point être annullée.

1644. Deuxième cas. Ici il faut distinguer les assurances sur corps, de celles sur facultés.

1645. *Assurances sur corps.* Si le navire assuré est pris pour le service de l'Etat avant que le risque ait commencé, les assurances demeureront nulles, à cause de la rupture du voyage. Art. 37. Marquardus, *lib. 2, cap. 13, n.° 63.*

1646. Si le navire est pris pour le service de l'État après que le risque est commencé, les assurances sur le corps subsisteront en leur entier, art. 26. Les assureurs répondent de l'arrêt de Prince, et du changement forcé de route ou de voyage. Le paiement que l'État feroit de la perte, seroit à la charge des assureurs. Marquardus. *De loco.*

1647. *Assurances sur facultés.* Si le navire est pris pour le service de l'État, avant que les marchandises y aient été chargées, les assurances sur les facultés demeureront nulles, argument de l'art. 56. Roccus. *De assecur, not. 56.* Si le navire est pris pour le service après que les marchandises y auront été chargées, les assurances sur facultés subsisteront en toute leur force, fondé sur ce que le risque avoit déjà commencé. Émérigon.

1648. Cette assertion a besoin d'être développée : dans l'hypothèse, comme il n'est pas présumable que l'État conserve cette cargaison, dans cette circonstance elle est remise à terre, et elle demeure pour le compte des assureurs. Mais si l'assuré retiroit lui-même sa marchandise, pour la garder ou en disposer à temps, le risque seroit terminé, et la prime ne seroit pas moins acquise aux assureurs.

1649. Comme aussi il est loisible à l'assuré d'embarquer sa marchandise sur un autre navire, aux risques des assureurs, lesquels, suivant l'art. 26, répondent du changement forcé de vaisseau. Valin, Pothier, *n.° 60.*

1650. Si les assureurs sont sur les lieux, il faut leur notifier l'arrêt de Prince, et leur déclarer que l'on subrogera au premier; mais si l'arrêt arrive dans le cours du voyage, il faudra faire pour le mieux. Guidon de la mer, *ch. 9, art. 3 et 4.*

1651. Troisième cas. Si le capitaine est arrêté pour le service, on en peut prendre un autre. (431)

Art. 53. « L'assuré sera tenu, en faisant son délaissement, de déclarer toutes les assurances qu'il aura fait faire, et l'argent qu'il aura pris à la grosse sur les effets assurés, à peine d'être privé de l'effet des assurances.

1652. La décision de cet article a deux motifs, l'un de découvrir si l'assuré n'a point fait assurer, ou pris à la grosse au-delà de son intérêt dans le navire et son chargement; l'autre de vérifier si sa déclaration est sincère, c'est-à-dire, s'il n'a point recelé quelque assurance ou emprunt à la grosse.

1653. Cet article doit être interprété par l'art. 54. L'assuré qui, en faisant son délaissement, omet de déclarer toutes les assurances qu'il aura fait faire, et l'argent qu'il aura pris à la grosse sur les effets assurés, sera privé de l'effet des assurances, si, par dol et fraude, il a recelé des assurances ou des contrats à la grosse, et qu'avec celles qu'il aura déclarées, elles excèdent la valeur des effets assurés.

1654. Mais s'il n'y a point de fraude, les peines prononcées par les articles 53, 54 et 55, ne sont pas encourues. Il y a seulement lieu à ristourne. Valin. Pothier, *n.° 139, 142*. Émérigon, *tom. 2, fol. 190.*

1655. Valin, *de loco*, dit que « tout ce qui peut résulter de cette omission, (non frauduleuse) c'est que le délaissement ne vaudra que du jour que l'assuré aura fait sa déclaration en due forme, et que le délai du paiement ne courra que de ce jour. » Pothier, *n.° 140*, trouve cette interprétation très-plausible; mais Émérigon, *tom. 2, fol. 191*, dit : « je crois qu'elle ne vaut rien; elle n'est appuyée sur aucun texte de l'ordonnance, ni du droit commun. D'ailleurs, lorsqu'il n'y a point de fraude, peu importe aux assureurs qu'on leur ait déclaré ou non des faits qui leur sont absolument étrangers. En un mot, la peine n'a lieu qu'en cas de *recelé*, et non dans le cas d'omission non frauduleuse. » Point de doute que notre auteur n'ait raison.

Art. 54. « Si l'assuré a recelé des assurances ou des contrats à la grosse, et qu'avec celles qu'il aura déclarées, elles excèdent la valeur des effets assurés, il sera privé de l'effet des assurances, et tenu de payer les sommes empruntées, nonobstant la perte ou prise du vaisseau. »

1656. Dans le cas de cet article, à l'égard des assurances, les assureurs retiendront ou gagneront la prime : et quant à ce qui concerne les emprunts à la grosse, l'assuré sera tenu de les payer avec le change, sauf à l'emprunteur à retirer du naufrage tout ce qu'il pourra sauver.

Art. 55. » Et s'il poursuit le paiement des sommes assurées au-delà de la valeur de ses effets, il sera en outre puni exemplairement.

1657. Cela, dit Valin, doit s'entendre de la simple demande; mais je crois qu'une simple demande ne suffiroit pas pour provoquer l'application de l'article : il faut qu'il y ait demande judiciaire. Valin observe que la punition exemplaire, dont parle l'article, nest point une peine afflictive, mais une amende avec une sorte de flétrissure, telle que seroit, dans l'espèce, la dégradation du titre de négociant. Mais, dit-il, pour infliger une telle peine à l'assuré, il faut prendre contre lui la voie extraordinaire, et instruire son procès.

Art. 56. « Les assureurs, sur le chargement, ne pourront être contraints au paiement des sommes par eux assurées, que jusqu'à concurrence de la valeur des effets dont l'assuré justifiera le chargement et la perte. »

1658. Comme il ne suffit pas à l'assuré de justifier la perte du navire, sans preuve qu'il avoit chargé les effets qu'il avoit fait assurer; il ne suffit pas non plus qu'il justifie le chargement, s'il ne prouve en même temps la perte arrivée par quelqu'un des cas exprimés dans l'art. 46. Ce n'est que le concours de ces deux preuves qui le met en état de poursuivre les assureurs pour le paiement des sommes assurées. Valin.

1659. Si les marchandises qui, lors du sinistre, se trouvent dans le vaisseau, sont d'une valeur relative aux sommes assurées, les assureurs n'ont à se plaindre de rien, et doivent remplir leur engagement, moyennant l'abandon qui leur est fait de ce qui est sauvé du naufrage. Peu importe qu'on eût auparavant chargé plus ou moins de marchandises dans le vaisseau, il suffit que l'aliment de l'assurance s'y soit trouvé lors du sinistre même. Cette décision résulte des art. 22, 23, 24, 25, 54, 55, et de cet art. 56. Le déchargement fait dans le cours du voyage et avant le sinistre arrivé, ne peut ni nuire, ni profiter aux assureurs, et ne change en rien leur condition, pourvu que, lors du sinistre, l'aliment de l'assurance ait été dans le navire. Émérigon, *tom. 2, pag. 216.*

Art. 57. « Les actes justificatifs du chargement et de la perte des effets assurés, seront signifiés aux assureurs, incontinent après le délaissement, et avant qu'ils puissent être poursuivis pour le paiement des choses assurées.»

1660. Le guidon, ch. 3, art. 2, porte : « Le marchand chargeur donnera ordre de retirer les attestations de la perte, fera vérification de ses connoissemens, et certifiera sa cargaison véritable; car nonobstant sans *délais*, avant que recouvrer sa perte, il est sujet à trois choses : 1.° il doit fournir attestation valable de la perte ou prise, contenant l'heure et le lieu qu'elle est avenue, si faire se peut.»

1661. 2.° Il doit fournir la charte partie ou connoissement duement vérifié; 3.° il doit fournir la facture de cargaison, jurée et certifiée véritable, si tant est que par la police la marchandise n'ait pas été estimée; outre ce, il doit prêter serment qu'il n'a point fait faire aucune autre assurance, soit en ville ou ailleurs : délivrera les pièces, s'il en est requis, mais toujours, en rigueur, sera-t-il contraint de les produire dans les deux mois, etc.

1662. Valin ajoute : Les expéditions prises au bureau des fermes, la facture particulière, avec la lettre d'avis du chargeur, ou l'attestation du capitaine et des principaux officiers; ou, enfin, si le capitaine et autres officiers ont péri, une attestation du reste de l'équipage. Cependant, la facture seule ne suffiroit pas : sentence de Marseille du 2 septembre 1748, et 4 décembre 1751. Mais le connoissement est la véritable pièce probante.

1663. Par rapport aux navires, voyez l'acte de navigation, n.° 72. Vous y trouverez en quoi consistent les preuves de propriété.

1664. Pourquoi, dit Émérigon, la manière de justifier l'intérêt assuré, n'a-t-elle pas été fixée par une règle univoque ; tandis que l'ordonnance renferme un titre spécial du *connoissement*, et tandis que la nécessité du connoissement est requise vis-à-vis du capitaine et des mariniers, si l'assurance est faite pour leur compte ?

1665. J'en aperçois, dit-il, deux raisons :

1666. 1.° Il est des cas où l'assuré est dans l'impossibilité d'exhiber un connoissement. Il faut donc alors se contenter des *pièces justificatives* ou *attestations* qu'on peut avoir, sauf au juge à examiner si elles sont de poids ;

1667. 2.° Le connoissement que l'assuré exhibe est une pièce probante, mais qui peut être débattue par les assureurs ; voilà pourquoi l'ord. n'a pas voulu, sur ce point, s'expliquer d'une manière spécifique, afin de laisser aux Tribunaux la liberté de juger, suivant les circonstances, de la validité des preuves qu'on leur présente.

Art. 57. « Les actes justificatifs du chargement et de la perte des effets assurés, seront signifiés aux assureurs, incontinent après le délaissement, et avant qu'ils puissent être poursuivis pour le paiement de la chose assurée. »

1668. On demande, dit Valin, si, au préjudice de cet article, on peut stipuler valablement que l'assuré ne sera point tenu de prouver le changement ? Je tiens, dit-il, que cette clause est illicite, si ce n'est en fait d'assurance d'une prise, où il est bien évident que l'assuré n'a rien chargé, et où il n'est question que de la valeur donnée à la prise par estime, comme il a été jugé par arrêt d'Aix, en mai 1749.

Art. 58. « Si néanmoins l'assuré ne reçoit aucune nouvelle de son navire, il pourra, après l'an expiré, (à compter du jour du départ pour les voyages ordinaire) et après deux ans, (pour ceux de long cours) faire son délaissement aux assureurs, et leur demander paiement, sans qu'il soit besoin d'aucune attestation de la perte.

Art. 59. » Les voyages de France en Moscovie, Groënland, Canada, aux bancs et îles de Terre-Neuve et autres côtes des îles de l'Amérique, au Cap-Vert, côtes de Guinée, et tous autres qui se feront au-delà du Tropique, seront réputés voyages de long cours.

1669. L'ordonnance du 18 octobre 1740, et les lettres patentes du 18 janvier 1770, art. 8, portent : « Seront réputés voyages de long cours, ceux qui se feront aux Indes Orientales et Occidentales, Canada, Terre-Neuve, Groënland, et autres côtes et îles de l'Amérique Méridionale et Septentrionale, aux Açores, Canaries, Madère, et en toutes les côtes et pays situés sur l'Océan, au-delà des détroits de Gibraltar et de Sund. » D'où il suit, dit Valin, que tous autres voyages pour les lieux moins éloignés, ne sont que des voyages ordinaires de cabotage, à l'égard desquels, à défaut de nouvelles du navire depuis son départ, l'assuré ne peut faire son délaissement qu'après un an, sans faire attention au plus ou moins d'éloignement du lieu pour lequel le navire étoit destiné, parce qu'un coup de vent peut l'avoir poussé en pleine mer, ou autrement l'avoir fait changer de route.

1670. Les voyages en Angleterre, Ecosse, Irlande, Danemarck, Hambourg et autres îles et terres au-deçà du détroit de Gibraltar, seront censés au grand cabotage. *Reg. 18 octob. 1740, art. 2.*

1671. Tous les autres voyages sont censés et réputés au petit cabotage. *Ibid. art. 40.*

Art. 60. « Après le délaissement signifié, les effets assurés appartiendront à l'assureur qui ne pourra, sous prétexte du retour du vaisseau, se dispenser de payer les sommes assurées. »

1672. Aussitôt que le délaissement est signifié, les effets assurés sont dévolus et acquis aux assureurs qui, par conséquent, en peuvent disposer, comme subrogés à tous les droits de l'assuré, en vertu du présent article.

1673. Il suit de-là, que tout délaissement aux assureurs doit être pur et simple, et point conditionnel, autrement il ne seroit pas translatif de propriété, ce qui est de l'essence du délaissement. Conséquemment, si le vaisseau, après avoir été présumé retourner, l'assureur ne peut se dispenser de payer les sommes assurées; et réciproquement l'assuré ne peut révoquer le délaissement, pour empêcher l'assureur de profiter de l'abandon qui lui a été fait, sauf à l'assuré à entrer en répartition pour raison de la portion de son découvert.

1674. Mais si la police renferme la dispense de rapporter le fret comme étant acquis, qui est-ce qui doit profiter du fret des marchandises qui se trouvent dans le navire? Je croirois que ce devroit être l'assuré, par la raison que le fret acquis étant les fruits civils recueillis du navire, doit appartenir

appartenir à celui qui l'a perçu; c'est une affaire consommée sur laquelle on ne peut plus revenir : et je dirai plus, je dirai, contre l'avis d'Émérigon, que quand bien même il n'auroit pas été perçu, mais promis, il n'appartiendroit pas moins à l'assuré, par la raison que l'on peut être propriétaire d'une chose, sans en être le possesseur.

1675. Le fret à faire, c'est-à-dire, le fret pendant, qui est dû par les marchandises sauvées du naufrage, quand le vaisseau a été naufragé, appartient aux assureurs, parce qu'il fait partie du délaissement du navire, sauf néanmoins clause contraire.

1676. Faut-il délaisser les prises faites par les corsaires assurés?

1677. Les prises sont les profits de la course : si le corsaire périt, les assureurs qui, par le moyen de l'abandon, sont mis à la place de l'assuré, s'ils doivent payer les sommes assurées, n'est-il pas juste que les prises faites pendant la croisière, leur soient délaissées pour diminuer la perte qui retombe sur eux? Le décider différemment, ce seroit décider, contre la vérité, que l'assurance est un moyen d'acquérir. En effet, comme l'assuré doit être indemnisé de la perte, et non gagner sur la perte, donc que les prises doivent être abandonnées aux assureurs avec le corsaire perdu. Émérigon est d'un avis contraire, fondé sur ce que de pareils armemens engagent à de grandes dépenses, et à payer des primes très-hautes. Il désire qu'il y ait une stipulation expresse dans sa police; néanmoins, je ne saurois être de son avis, fondé sur les raisons que j'ai données.

Art. 61. « L'assureur sera reçu à faire preuve contraire aux attestations, et cependant condamné, par provision, au paiement des sommes assurées, en baillant caution par l'assuré.

1678. Valin observe que la condamnation au paiement, par provision, n'est pas tellement de nécessité, que le Juge ne puisse différer et même s'en dispenser; ce qui, dit-il, doit dépendre des circonstances : il s'étaye d'un arrêt du parlement d'Aix du 23 septembre 1745 : de même, dit-il, si le connoissement étoit attaqué de fraude et de collusion par des circonstances imposantes. Autre arrêt d'Aix du 3 février 1741, et sentence de Marseille du 4 décembre 1751.

1679. Cependant notre article est bien formel, et mérite, contre l'opinion du commentateur, d'être suivi; si, je suppose, les assureurs succombent, malgré les fortes présomptions qui étoient en leur faveur, et que d'autres événemens les rendent insolvables, à qui l'assuré s'en prendra-t-il pour ses répétitions? Les Juges ne seront-ils pas coupables de l'inobservation de la loi ? Et comme l'événement ne peut point arriver par rapport à l'assuré, puisqu'il est cautionné, je conclus donc de-là que les Juges ne peuvent, sous aucun prétexte, éluder la loi.

1680. Voici cependant une circonstance qui n'est pas celle de Valin qui s'oppose à l'exécution de la loi. *Vous me demandez le paiement de la perte de votre vaisseau, qui auroit dû partir avec convoi, je vous prouve que votre navire est parti sans escorte*; dans ce cas, le principe qui donne naissance à l'action, donnant naissance à l'exception, laisse les choses dans l'état où elles se trouvent. Mais il ne suffit pas que l'exception qu'on propose soit de poids, si elle est équivoque, et que la demande de l'assuré soit duement justifiée, le provisoire doit être prononcé. Casarégis, *disc. 1, n.° 94.*

1681. Le paiement fait en vertu d'une sentence provisoire, n'est pas un obstacle à l'appel. En pareil cas, on déclare ne payer que comme contraint et forcé, et avec protestation d'appeler ou de poursuivre son appel. Jousse, *l'ord. de 1667, tit. 27, art.* 5. Pothier, *des oblig. n.° 860.*

1682. L'assuré qui, en vertu d'un jugement provisoire, a reçu la somme assurée, venant ensuite à perdre son procès, doit restituer le capital avec intérêts, depuis l'endue exaction. *Guid. ch. 3, art. 2*; Duperier, *tom. 2, pag. 438*; Bretonnier, *tom. 2, pag. 210, n.° 7*; Sems, *pag. 449.*

1683. Au surplus, dit Valin, l'assureur n'est pas recevable à opposer à l'assuré que les effets ne lui appartenoient pas, parce qu'il est permis de faire assurer la chose d'autrui. Il suffit que le connoissement soit relatif et conforme à l'assurance. Sentence de Marseille du 7 août 1745, confirmée par arrêt du 22 juin 1746. Cons. d'Émérigon du 18 avril 1759; Casarégis, *disc. 4 et 5*, dit Valin, paroît le seul auteur qui soit d'un avis contraire.

1684. Lorsqu'il est question de donner caution, si le négociant qui est présenté est en plein crédit, on l'admet en cette qualité, sans l'obliger à donner le dénombrement de ses biens. *Édit de juillet 1669, art. 11*, pour *Lyon.* Bornier et Rodier, *sur l'ord. de 1667, tit. 18, art. 3.* Sentence du 26 juin 1748; autre du 2 septembre même année.

Art. 62. « Le maître qui aura fait assurer des marchandises chargées dans son vaisseau pour son compte, sera tenu, en cas de perte, d'en justifier l'achat, et d'en fournir un connoissement signé de l'écrivain et du pilote. »

1685. Valin observe que le maître ne peut pas se donner de connoissement à lui-même, en généralisant le cas que cet auteur particularise, on doit donc dire qu'il ne peut point se faire de titre à lui-même ; cependant en tout autre circonstance, il prétend le contraire.

Art. 63. » Tous mariniers et autres qui rapporteront des pays étrangers des marchandises qu'ils auront fait assurer en France, seront tenus d'en laisser un connoissement entre les mains du Consul, ou de son chancelier, s'il y a consulat dans le lieu du chargement; sinon entre les mains d'un notable marchand de la nation française.

Art. 64. » La valeur des marchandises sera justifiée par livres ou factures; sinon l'estimation en sera faite suivant le prix courant, au temps et lieu du chargement, y compris tous droits et frais faits jusqu'à bord, si ce n'est qu'elles soient estimées par la police.

Art. 65. » Si l'assurance est faite sur le retour d'un pays où le commerce ne se fait que par troc, l'estimation des marchandises de rapport sera faite sur le pied de la valeur de celles données en échange, et des frais faits pour le transport. »

1686. D'après cet article, il faut distinguer l'échange proprement dit, de l'échange apparent. L'échange proprement dit se fait lorsque les choses qui en sont l'objet, sont dans l'opinion des contractans, mesure l'une de l'autre. Je vous donne un cheval pour tant de mesure de grains, sans faire intervenir aucun prix : voilà un vrai échange ; mais lorsque les contractans font intervenir une mesure sur laquelle ils régularisent leur valeur réciproque, voilà un échange apparent qui produit une double vente.

1687. La mesure dont il est question, ou est abstraite ou réelle : elle est abstraite, lorsqu'elle est conçue par l'esprit, sans qu'elle soit représentée par une chose physique ; par exemple, à la Côte d'Or un marchand veut-il vendre son nègre, il en demande tant d'onces, tant d'écus, tant de galines ; l'autre, qui veut donner des marchandises en paiement des noirs, les évalue tant d'onces, tant d'écus, tant de galines (*a*). Dans d'autres endroits de l'Afrique, les évaluations se font en paquet (*b*), en barre (*c*), etc. Dans tous les cas, la monnoie étant imaginaire, forme donc dans la transaction une double vente.

(*a*) L'once, qui étoit sans doute en principe une once d'or, se divise, à Ardres, en écus et l'écu en galines ; toutes ces monnoies sont imaginaires.

(*b*) La monnoie imaginaire, appelée paquet, paroît avoir été originairement un paquet d'une certaine marchandise.

(*c*) Idem, *barre* paroît avoir été originairement des barres de fer.

1688. La monnoie est réelle (*a*) lorsqu'elle est appliquée à un métal, ou autre chose quelconque; aussi y ayant, dans ce cas, une concrétion, cette monnoie n'est point dans le fait une vraie monnoie, mais une pièce monnoyée : par exemple, en France nous avons adopté, pour pièce monnoyée, l'écu de cinq francs, etc. Dans l'Amérique septentrionale, à défaut de pièce métallique monnoyée, on adopta des rôles de tabacs; conséquemment, lorsque les choses à apprécier s'évaluent sur une mesure, la transaction qui en est la suite, forme donc une double vente; donc, dans toutes ces circonstances, notre article est inapplicable.

1689. Dans l'échange proprement dit, la décision n'est pas la même (*b*); une chose devenant la mesure de l'autre, la transaction doit se régler par ce qui est prescrit par l'ordonnance.

Art. 66. En cas de prise les assurés pourront racheter leurs effets, sans attendre l'ordre des assureurs, s'ils n'ont pu leur donner avis; à condition toutefois de les avertir ensuite, par écrit, de la composition qui aura été faite. »

1690. Cet article suppose donc que les assurés pourront racheter leurs effets, lorsqu'ils ne pourront pas aviser leurs assureurs : dans ce cas, comme l'observe Valin, ils doivent être très-circonspects, ils ne doivent entrer en composition que de l'avis des principaux de l'équipage; et comme un avertissement par écrit pourroit être nié, il faut qu'il soit signifié par ministère d'huissier.

Art. 67. « Les assureurs pourront prendre la composition à leur profit, à proportion de leur intérêt; et en ce cas ils seront tenus d'en faire leur déclaration sur-le-champ, de contribuer actuellement au paiement du rachat, et de courir les risques du retour; sinon de payer les sommes par eux assurées, sans qu'ils puissent rien prétendre aux effets rachetés. »

1691. « Comme dit Valin, ces mots *sur-le-champ* pourroient donner matière à contestation; il sembleroit naturel que les assureurs fissent leur déclaration dans quinzaine, en y ajoutant un jour de plus par cinq lieues, à

(*a*) J'emprunte ici le langage des monnétaires, parce qu'il n'y a de vrai monnoie, ou de monnoie réelle, que celle dont la mesure est conçue dans l'esprit : ce que les monnétaires et les cambistes appellent monnoies réelles, ne sont autres choses que des pièces de métail monnoyées. Aucune puissance humaine ne peut altérer la vraie monnoie d'opinion, et toutes peuvent altérer la pièce monnoyée.

(*b*) Il y auroit beaucoup de choses à dire sur ce point; mais comme j'ai égard à l'esprit de l'ordonnance, je me borne à cette seule observation.

l'exemple de ce qui se pratique pour le recours contre les tireurs et endosseurs de lettres de change, suivant l'art. 13, du tit. 5 de l'ord. de 1673, ou tout au plus un jour par dix lieues, conformément à l'ord. de 1667, tit. 8, art. 2, tit. 11, art. 1, tit. 14, art. 14, tit. 22, art. 2 et 32, tit. 27, art. 4, et tit. 31, art. 5, après lequel temps ils seroient non-recevables à prendre la composition à leur profit. »

Art. 68. « Faisons défenses à tous greffiers de police, commis de chambre d'assurance, notaire, courtiers et censaulx, de faire signer des polices où il y ait aucun blanc, à peine de tous dommages et intérêts; comme aussi d'en faire aucunes dans lesquelles ils soient intéressés directement ou indirectement, par eux ou par personnes interposées, et de prendre transport des droits des assurés, à peine de cinq cents livres d'amende pour la première fois, et de destitution en cas de récidive, sans que les peines puissent être modérées. »

1692. Par le réglement en forme de lettres patentes, du 28 mai 1778, art. 9 et 10, la disposition de l'ordonnance a été rappelée. L'article 11 condamne tout négociant, notaire, courtier, ou autre personne qui aura part à la contravention des polices signées en blanc; néanmoins l'abus existe toujours. Aussi lorsque l'assurance se trouve avec des stipulations qui déplaisent à l'une des parties, elle n'est point écoutée lorsqu'elle s'en plaint, parce qu'elles sont son propre ouvrage.

Art. 69. « Leur enjoignons, sous pareilles peines, d'avoir un registre paraphé, en chaque feuillet, par le lieutenant de l'amirauté, et d'y enregistrer toutes les polices qu'ils dresseront. (264 et 268)

Art. 70. » Lorsque la police contiendra soumission à l'arbitrage, et que l'une des parties demandera d'être renvoyée devant des arbitres, avant aucune contestation en cause, l'autre partie sera tenue d'en convenir, sinon le juge en nommera pour le refusant. »

1693. Lorsqu'on veut que les contestations qui pourroient s'élever en cette matière soient jugées par des arbitres, il faut en convenir; dans le cas contraire, l'une des parties ne peut point forcer l'autre à convenir d'arbitre.

1694. Lorsque la police contient soumission à l'arbitrage, on doit le requérir avant contestation en cause; car si la cause a déjà frappé les oreilles du Juge, qu'il ait renvoyé les parties au premier jour, ou fait quelqu'autre prononciation, on seroit non-recevable, malgré le pacte de la police, à requérir le compromis. Pothier, *n.° 201*. Mais s'il arrive que l'une des parties ait nommé son arbitre, et que l'autre arbitre ait été nommé d'office, le premier pourra être recusé, même sans cause. Cujas, *sur la loi 16, c. de judiciis ; et au liv. 9, observ. 23*, alors le Juge nomme les deux arbitres.

1695. Presque toutes les formules des polices d'assurances de toutes les places portent la soumission à l'arbitrage ; ce qui fait voir qu'il seroit utile que dans le nouveau *Code maritime*, il y eût, à cet égard, une disposition particulière ; comme il en est une, par rapport aux sociétés, dans l'ordon. de 1673, tit. 4, art. 9.

1696. Mais il faut prendre garde que l'art. 3 du tit. des assurances, et tous ceux qui en parlent se référant, par rapport aux formes, au droit commun, et que ce droit commun n'est plus aujourd'hui le même, il faut donc avoir égard à nos nouvelles lois.

1697. La loi du 16 août 1790, tit. 1, confirmée par autres lois subséquentes, porte :

Art. 1.er « L'arbitrage étant le moyen le plus raisonnable de terminer les contestations entre les citoyens, les Législateurs ne pourront faire aucune disposition qui tendroit à diminuer, soit la faveur, soit l'efficacité du compromis.

Art. 2. » Toutes personnes, ayant le libre exercice de leurs droits et de leurs actions, pourront nommer un ou plusieurs arbitres pour prononcer sur leurs intérêts privés, *dans tous les cas et en toutes matières, sans exception.*

Art. 3. » Les compromis qui ne fixeront aucun délai dans lequel les arbitres devront prononcer, et ceux dont le délai sera expiré, seront néanmoins valables, et auront leur exécution jusqu'à ce que l'une des parties ait fait signifier aux arbitres qu'elle ne veut plus tenir l'arbitrage.

Art. 4. » Il ne sera permis d'appeler des sentences arbitrales, à moins que les parties ne se soient expressément réservées, par le compromis, la faculté de l'appel.

Art. 5. » Les parties qui conviendront de se réserver l'appel, seront tenues de convenir également, par ce compromis, d'un Tribunal entre tous ceux du royaume, auquel sera déféré ; faute de quoi l'appel ne sera pas reçu.

Art. 6. » Les sentences arbitrales, dont il n'y aura pas d'appel, seront rendues exécutoires par une simple ordonnance du président du Tribunal du district, qui sera tenu de la donner au bas ou en marge de l'expédition qui lui sera présentée. »

1698. *Formes essentielles à observer dans l'arbitrage.* 1.° Il est prudent d'insérer, dans la police, que l'on pourra nommer pour arbitre un mineur de trente ans. 2.° Si on veut renoncer à l'appel, qu'en cas que l'une des parties ne veuille pas nommer son arbitre, en étant nommé un d'office, l'appel ne pourra point avoir lieu. Il est essentiel d'insérer cette clause, parce que, quoiqu'il y eût renonciation à l'appel, la partie qui se croiroit lésée par la sentence, pourroit fort bien appeler, fondé sur ce que l'arbitrage de sa part auroit été forcé, ce qui au moins ouvriroit la porte à la chicane. 3.° Il est essentiel de fixer aussi le temps où devra commencer et finir l'arbitrage, pour que la partie qui s'apercevra, par les questions que lui feront les arbitres, que sa cause tournera contre lui, ne fasse signifier aux arbitres qu'elle n'entend plus tenir l'arbitrage. 4.° Il sera utile aussi de convenir que les arbitres pourront, en cas qu'ils soient partagés dans leurs opinions, nommer un sur arbitre, et que s'ils sont encore partagés sur ce point, ils en feront nommer un d'office. 5.° Il est encore prudent, pour éviter que les Tribunaux ne retiennent la cause, d'insérer qu'en cas qu'il y ait des questions de droit à décider, les parties adjoindront, chacune à leur arbitre négociant, un arbitre avocat. *Voyez mes Institutions Commerciales, ch. 70, fol. 604 et suivans.*

Art. 71. « Huitaine après la nomination d'arbitres, les parties produiront entre leurs mains; et dans la huitaine suivante, sera donné sentence contradictoire ou par défaut, sur ce qui se trouvera par-devers eux. »

1699. Les art. 10 et 12 du même tit. de l'ord. de 1673, dit Valin, ne fixent point de délai dans lequel les arbitres pourront juger, parce qu'ils supposent, avec raison, que ces sortes d'arbitrages sont ordinairement de longue haleine. Conséquemment, fixant ici un délai, elle suppose que ces sortes de contestations ne sont pas susceptibles des mêmes inconvéniens.

1700. Pothier, n.° 201, dit que les Juges ne doivent renvoyer devant les arbitres, les contestations, que lorsqu'elles ont pour objet des questions de fait et d'usage. « Mais, dit-il, lorsque la contestation a pour objet quelque question de droit délicat, que des *arbitres négocians* ne sont pas en état de décider; les Juges peuvent, nonobstant la clause de soumission à l'arbitrage, retenir la cause. « Émérigon, *tom. 2, fol. 315*, observe que tel est l'usage de l'amirauté du palais, et que cette rétention a été confirmée par plusieurs arrêts; mais rien, dit-il, n'empêche alors de nommer des arbitres Jurisconsultes. Tous les jours, à Marseille, on a recours, en pareil cas, à des avocats : ils donnent leur décision et les motifs; ils remettent leur *avis arbitral* à chacune des parties, et il est rare qu'on refuse d'y acquiescer. Par ce moyen, les procès sont terminés avant que de naître; les formalités du palais sont mises à l'écart, et le négociant n'est pas distrait de son commerce.

1701. Rousseau de Lacombe observe aussi que tous les jours les Cours des Aides et des Consuls retenoient des causes qui avoient pour motifs des sociétés, quoique l'acte social portât des conventions contraires. C'étoit sans doute d'après les motifs déclinés par Pothier, que ces Tribunaux faisoient ces rétentions.

1702. Au défaut d'arbitres, le Tribunal de commerce est le seul compétant pour connoître des polices d'assurance.

1703. D'après la loi du 24 août 1790, tit. 4, art. 14, les parties peuvent convenir qu'elles seront jugées par le Tribunal de commerce, en dernier ressort, sans appel. Dans ce cas ils peuvent en convenir dans la police; et s'il n'en a pas été convenu, ils pourront en convenir avant de se pourvoir devant ce Tribunal.

Art. 72. « Les sentences arbitrales seront homologuées au siége de l'amirauté, dans le ressort duquel elles auront été rendues; défendons aux Juges de prendre, sous ce prétexte, aucune connoissance du fonds, à peine de nullité, et de tous dépens, dommages et intérêts des parties. »

1704. Il seroit naturel, d'après le prescrit de la loi, que l'homologation des sentences arbitrales fût faite par le Tribunal de commerce; mais la loi de 1790 le décide différemment : elle doit être faite au Tribunal civil.

1705. Je n'ai jamais vu, dit Émerigon, que des arbitres aient prononcé la contrainte par corps; et j'ai souvent vu la clause *de contrainte par corps*, ajoutée dans les sentences d'homologation, rendues par nos Juges et Consuls. Je crois que c'est là un abus. Les arbitres sont des amis communs, à la décision desquels on se soumet volontairement. Il répugne que pendant l'appel on soit constitué prisonnier, en vertu du décret rendu par un Juge, à qui toute connoissance de cause est interdite, et à la suite d'un jugement qui ne contient aucune prononciation pénale. L'opinion d'Émerigon doit être, sur-tout aujourd'hui, d'un très-grand poids, par rapport à la loi du 15 germinal, qui est de droit, très-étroit. (16)

Art. 73. « L'appel des sentences arbitrales et d'homologation ressortira en nos cours de parlement, et ne pourra être reçu, que la peine portée par la soumission n'ait été payée. »

1706. D'après le tit. 2, art. 6 de la loi du 28 ventôse an 8, il y a un Tribunal de première instance par arrondissement communal; c'est à ce Tribunal

Tribunal que doivent être homologuées les sentences arbitrales, et d'après le tit. 3, art. 22, les Tribunaux d'appel doivent statuer sur les appels des Jugemens de première instance. *Voyez mes Institutions Commerciales*, *n.° 2563.*

Art. 84. « Les sentences arbitrales seront exécutoires nonobstant l'appel, en donnant caution par-devant les Juges qui les auront homologuées. »

1707. Les sentences arbitrales doivent être exécutées nonobstant appel, même pour les intérêts et les dépens ; car toutes les adjudications prononcées font partie de la sentence. Telle est la règle attestée par Montvalon, précis des ordonnances, pag. 24 ; par Janety, *tom. 1*, *pag. 361.* Papon, Theveneau, Lange et Bornier sont d'un avis contraire.

SECTION IX.

CHAPITRE XXX.

DES AVARIES.

1708. Le mot avarie est un substantif féminin. Les Anglais appellent l'avarie maritime *average* ou *damage*; les Hollandais, *avery*, *aavery*; les Italiens, *avaria*; les Espagnols, *avarias.*

1709. Mornac dit que le mot avarie signifie contribuer réciproquement, *invicem*, mutuellement, l'un l'autre, aux dommages et pertes qui arrivent dans la navigation : ce mot, dit-il, vient du grec, *bapis.*

1710. Quoi qu'il en soit, l'étymologie du mot avarie n'est pas bien connue : d'ailleurs, il ne présente pas par lui-même une idée générale, parce que les places maritimes lui attachent des significations différentes.

1711. Il y a trois sortes d'avaries, l'*avarie simple*, l'*avarie grosse et commune*, et l'*avarie commune.*

1712. *L'avarie grosse et commune* est celle qui résulte de toutes les dépenses et sacrifices faits pour le salut commun. On coupe un cable qui tient l'ancre ; on scie un mât pour éviter d'être pris ou de périr, c'est un sacrifice qui, étant opéré pour le bien de tous, est considéré comme avarie grosse et commune.

1713. *L'avarie simple* est ainsi appelée, parce qu'elle tombe uniquement sur la chose qui l'a soufferte : un mât se casse dans la route ; une marchandise se mouille, se détériore ; le dommage qui en survient est une avarie simple qui retombe seulement sur l'objet qui en est grevé : autre chose est lorsque la chose est affectée par son vice propre ; comme, par exemple, du vin qui s'aigrit, de la farine qui s'échauffe, etc.

1714. *L'avarie commune* est celle qui résulte des frais de pilotage, d'ancrage, de convoi et autres semblables dépenses qui n'excèdent pas un certain taux. Quelques places reconnoissent ces sortes d'avaries; d'autres ne les reconnoissent pas : il faut, à cet égard, se conformer à l'usage.

1715. Art. 1.er « Toute dépense extraordinaire qui se fera pour les navires et marchandises, conjointement ou séparément ; tout dommage qui leur arrivera depuis leur charge et départ, jusqu'à leur retour et décharge, seront réputés avaries. »

1716. Cet article présente des notions générales et parfaitement conforme aux principes, dont les espèces sont régies par des lois différentes.

1.° Si le capitaine conduit le navire, sans nécessité, dans un port où il y a des droits à payer, ce n'est point une avarie à supporter en commun par les marchands, (887) ni à demander aux assureurs s'ils ne se sont pas rendus garans de la baratterie. (444)

2.° Si le capitaine conduit le navire par nécessité dans un port, et que ce soit pour le salut commun, ce sera avarie grosse. (1712)

3.° Si le navire alonge son voyage par l'effet des accidens maritimes, et qu'il y ait nécessité de faire des vivres, ce n'est point non plus une avarie. Valin : « c'est-à-dire, que si ces vivres sont achetés en mer, à un autre bâtiment, ce surcroît de dépense ne sera pas réputé avarie; mais s'il faut faire relâche, les frais de relâche seront avaries simples au compte des assureurs.

4.° Si des coups de mer endommagent le navire, en telle sorte qu'il ait besoin de gagner un port pour se radouber, et y prendre un supplément de vivres, les frais de radoub, le supplément de vivres, provoqué par la relâche, les frais de relâche seront avaries simples pour le compte des assureurs. Le supplément de vivres et les frais de relâche sont à la charge des assureurs, parce qu'ils sont une suite de la dégradation du navire, provenant, non de son usage naturel, mais d'une fortune de mer.

1717. Art. 2. « Les dépenses extraordinaires pour le bâtiment seul, ou pour les marchandises seulement, et le dommage qui leur arrive en particulier, sont avaries simples et particulières ; et les dépenses extraordinaires faites, et le dommage souffert pour le bien et salut commun des marchandises et du vaisseau, sont avaries grosses et communes. (1712) »

1718. Dans toutes ces avaries, il faut se ressouvenir que les assureurs n'en sont tenus qu'autant qu'elles excéderont le taux fixé par l'art. 47 du titre des assurances, ou réglé par la police. (1529)

1719. Art. 3. « Les avaries simples seront supportées et payées par la chose qui aura souffert le dommage ou causé la dépense, et les grosses ou communes tomberont, tant sur le vaisseau que sur les marchandises, et seront réglées sur le tout, au sol la livre.

1720. Art. 4. » La perte des cables, ancres, voiles, mâts et cordages, causée par tempête ou autre fortune de mer, et le dommage arrivé aux marchandises par la faute du maître ou de l'équipage, ou pour n'avoir pas bien fermé les écoutilles, amarré le vaisseau, fourni de bons guindages et cordages ou autrement, sont avaries simples qui tomberont sur le maître, (923) le navire et le fret. »

1721. Ces avaries retomberont sur le maître seul, si les assureurs n'ont point répondu de la baratterie de patron; (444) mais s'ils s'en sont rendus responsables, ils devront en dédommager les propriétaires, en conservant leur recours contre le capitaine.

1722. Art. 5. « Les dommages arrivés aux marchandises par le vice propre, par tempête, prise, naufrage, ou échouement, les frais faits pour les sauver et les droits, impositions et coutumes, sont aussi avaries simples pour le compte des propriétaires. »

1723. Pour ce qui est des droits auxquels les marchandises sont sujettes, royaux ou seigneuriaux, ou autres de quelque nature qu'ils soient, ce sont des avaries tellement particulières aux marchandises, que les assureurs n'en peuvent être tenus, qu'autant que dans le lieu où le navire est obligé d'aborder et de faire sa décharge, ils se trouveront plus considérables que ceux qu'il y auroit eu à payer dans le lieu de la destination du navire; et alors il n'y aura que l'excédent des droits à leur demander. Valin.

1724. Art. 6. « Les choses données par composition aux pirates, pour le rachat du navire et des marchandises, celles jetées dans la mer, les cables ou mâts rompus ou coupés, les ancres et autres effets abandonnés pour le salut commun, le dommage fait aux marchandises restées dans le navire, en faisant le jet, les pansemens et nouriture du matelot blessé en défendant le navire, et les frais de la charge, pour entrer dans un hâvre, ou dans une rivière, ou pour remettre à flot un vaisseau, sont avaries grosses ou communes.

1725. Art. 7. » La nourriture et les loyers des matelots d'un navire arrêté en voyage, par ordre souverain, seront aussi réputés avaries grosses; si le vaisseau est loué par mois, et s'il est loué au voyage, ils seront portés par le vaisseau seul comme avaries simples.

1726. Art. 8. » Les lamanages, touages, pilotages pour entrer dans les hâvres ou rivières, ou pour en sortir, sont menues avaries, qui se paieront, un tiers par le navire, et les deux autres tiers par les marchandises. »

1727. Valin dit que les frais qui sont le sujet de cet article, sont déclarés *menues avaries*, et toutefois *grosses et communes.* Comment concilier l'assertion du commentateur, en suivant le sens grammatical qu'attache l'ordonnance, d'après la raison à ces mots. En effet, le mot *menu* présente une idée opposée à celui de *gros*. Disons donc que l'*avarie grosse et commune* n'est pas l'*avarie menue et commune*, et qu'on ne peut le décider différemment, sans brouiller les idées que l'on attache à la signification de ces mots.

1728. Art. 9. « Les droits, congés, visites, rapports, tonnes, balises et ancrages, ne seront réputés avaries, mais seront acquités par le maître. (887)

1729. Art. 10. » En cas d'abordage de vaisseaux, le dommage sera payé également par les navires qui l'auront fait ou souffert, soit en route, en rade ou au port.

1730. Art. 11. » Si toutefois l'abordage avoit été fait par la faute de l'un des maîtres, le dommage sera réparé par celui qui l'aura causé. »

1731. Je terminerai ce chapitre, en présentant une formule de réglement d'avarie grosse, fait pour une maison de commerce de Bordeaux, par un courtier réputé à juste titre pour bien entendre ces matières; et une autre formule d'avarie simple et particulière.

1732. FORMULE *d'avarie, grosse et commune.* (1712) *Le courrier de Lisbonne, capitaine Sansonnet.*

AVARIES GROSSES.

Ce navire ayant fait des avaries grosses, en venant du Port-au-Prince à Bordeaux, il a été fait un règlement d'avarie grosse et commune, par le soussigné arbitre, nommé d'office, par lequel les marchandises assurées à MM. Louis Fournier, frères, et compagnie, par police du 29 octobre et 16 novembre 1790, ont payé pour leur part et contributions auxdites avaries,

SAVOIR :

ÉVALUATION de ce que valent les marchandises rendues à Bordeaux. (111)

51 barriques, sucre brut, au principal	*L.* 30,635 liv.	19 s.	10 d.	*contrib.*	339 l.	10 s.	7 d.
5 balles, 38 ballotins { coton	7,355	14		*dito.*	81	10	6
66 cuirs	582	13		*dito.*	6	6	9
Intérêt dans 3 barriques sucre	643	6	10				
Total	*L.* 39217	13	8				
Pour honoraires du présent réglement						7	12
Total de la contribution					*L.* 427	15 s.	10 d.

Évaluation des marchandises, de leur coût en Amérique, frais, droits et primes compris, (999) le tout réduit en argent de France.

51 barriques, sucre brut, 5 bal. et 38 bal. coton, 66 cuirs. { montant, suivant facture, droit compris, ci	*L.* 54140	16	
Intérêt dans trois barriques, sucre brut	938	6	
Total, argent d'Amérique (222)	55079	4	6
À déduire 33 ⅓ p. % pour différence de l'argent de France	18359	14	10
Total, argent de France	*L.* 36719	9	8

L. 18,000 l. assuré par Pol., du 29 octobre 1790, à 5 ½ p. % ci. . . . . 943.
18,719 *l.* 9 *s.* 8 *d.* dito du 16 novembre ci, 1790 à 4 ½ p. % . . . . . 793 10 4 } 1736 10 4

36,719 *l.* 9 *s.* 8 *d.* entier capital et primes. . . . *L.* 38460.

Répartition faite de la somme de 442 *l.* 5 *s.*, montant des avaries grosses et communes, sur celle de 38,460 l. de capital, la contribution s'élève à 1 *l.* 3 *s.* p. % qui doit être payée à MM. Louis Fournier, frères, et compagnie, par leurs assureurs, au prorata et au marc la livre des sommes qu'ils ont souscrites par les deux dites polices, comme suit,

SAVOIR :

	Assureurs	*Sommes assurées.*	*Contribution.*	
Pol. 29 oct.	P Changeur	4000 l.	46 l.	
	Sangon	4000	46	
	Sigal	4000	46	
	S Lambert	3000	34	10 s.
	Berza	3000	34	10.
Pol. 16 nov.	Théodore	4000	46	
	Simon	4000	46	
	Sarvillier	6000	69	
	Faurier	3000	34	10
	Furtier	3000	34	10
		L. 38000	437	
	Les assurés à découvert de	460	5	5
		L. 38460	442	5

Je soussigné certifie avoir fait le présent règlement, et arrêté à la somme de quatre cent quarante-deux livres cinq sols; 442 l. 5 s. A Bordeaux, le 17 février 1793. LOUIS BENIER.

L'arbitre qui remet au greffe ce réglement, doit demander un acte de dépôt au greffier, et le greffier le lui délivre.

1733. QUESTION. Pourquoi dans ce règlement les marchandises sont évaluées, par rapport à la contribution générale, au prix du cours de Bordeaux ; et par rapport aux assurés, sont-elles évaluées au prix de facture sur lequel est répartie la contribution de la première évalution?

Pour répondre cathégoriquement à cette question, il faut faire la supposition suivante :

1734. Deux particuliers ont fait un chargement de 2000 fr., sur lequel ils avoient chacun 1000 fr., le tout prix du coût. Pour simplifier les idées, nous allons supposer qu'ils n'ont pas fait faire d'assurance : l'un d'eux a eu ces 1000 fr. sacrifiés pour le salut de l'autre ; il faut que, conséquemment, celui-ci participe à la perte. Pour savoir combien il devra payer, il faudra donc établir la proportion suivante :

2000 : 1000 :: 100 : Rép. = 500 fr.

Conséquemment, celui qui aura sauvé ses marchandises, comptera donc à l'autre cinq cent fr. pour l'indemniser.

Mais si je suppose que ces marchandises eussent été estimées devoir gagner 50 p. %, au lieu de la décharge, celui qui aura eu les siennes sacrifiées, sera en perte par rapport à l'autre. En effet, celui à qui il reste une valeur de 500 fr. aura d'abord,

Pour capital, ci	500 fr.
Pour bénéfice à 50 p. %, ci	250
Total, ci	750

Conséquemment, celui à qui il reste 500 fr. de marchandises, gagnera 250 fr., pendant que celui qui aura reçu ces 500 fr. d'indemnité, ne gagnera rien, ce qui est injuste.

Mais si au contraire on fait supporter la perte à celui qui aura sauvé ses marchandises sur son capital 1000 fr. + son bénéfice 500 fr. = 1500 fr. on aura cette proportion :

2000 prix du coût : 1500 fr. prix de la vente :: 1000 fr. : 750 fr. Conséquemment, celui qui a assuré ses marchandises coûtant 1000 fr. mais valant 1500 fr., comptera donc à l'autre 750 fr., c'est-à-dire, la moitié de son capital, plus le bénéfice : dans ce cas, l'un et l'autre seront également grevés.

Si l'un et l'autre ont un assureur, les deux assureurs ne seront grevés que sur le capital.

Le premier assureur paiera à celui qui a sauvé ses marchandises sur le prix de leur coût . . . . 500 fr.
Le second assureur 500

Total 1000

Et les 500 fr. restant étant un bénéfice qui n'a pas été assuré, il se partage entre les chargeurs ; dans cet arrangement, personne n'est perdant.

1735. Cependant nous avons vu que la formule du règlement d'avarie, le courtier a fait supporter la perte provenant du capital et bénéfice aux assureurs, puisqu'il a fait supporter aux derniers 442 l. 4 s. 1 d., lorsqu'ils n'auroient dû supporter que 433 l. 9 s.

1736. En effet, si 39218 l. etc., donnent en capital et bénéfice espéré, de perte, 442 l. etc., combien donneront 38460 l. de capital assuré ? je trouve 433 l. 9 s. qui, aux termes de l'ordonnance, doivent être payées : en effet, l'ordonnance défendant de faire assurer le bénéfice espéré, (1399) sous entend également que l'assuré n'en soit pas indemnisé par ses assureurs ; car s'ils en étoient indemnisés, les assureurs se trouveroient en perte, ce qui évidemment est injuste.

1737. A présent, supposons le contraire : supposons que les marchandises qui doivent contribuer, valent moins dans le lieu de la décharge, que ce qu'elles ont coûté primitivement ; quelle sera la manière dont on les fera contribuer, et quel sera le sort des assureurs ?

1738. Dans le premier cas, elles seront évaluées au prix de ce qu'elles valent dans le lieu de la décharge; dans le second cas, à un autre prix, la raison est que ceux qui auront eu leurs marchandises sacrifiées pour le salut commun, seront indemnisés par les autres, dans les proportions; les assureurs paieront aussi dans les proportions des sommes qu'ils auront assurées.

1739. Si tout a péri, les assureurs, d'après les raisons que j'ai données, devront payer les marchandises sur le prix de leur coût, du lieu où elles auront eté chargées, et non de celui où elles auroient dû être déchargées.

1740. L'art. 6, tit. du Jet, veut que les marchandises contribuent suivant la valeur qu'elles auront, au prix courant du lieu de la décharge ; mais les assureurs doivent indemniser les assurés, d'après le prix que les choses avoient dans le lieu du chargement. *Valin, art. 47, t. assur. pag. 109.* Emérigon, *tom. 2, pag. 659.*

1741. « Cependant, dit Émérigon, en matière de jet et de contribution, il est d'usage de dresser le règlement d'avarie à l'égard des assureurs, dans le même goût qu'on les dresse vis-à-vis de l'universalité des consignataires; et l'on se dirige par la décision de l'*art. 6, tit. du Jet*, qui veut que les marchandises jetées et sauvées soient estimées suivant le prix courant dans le lieu de la décharge du bâtiment : en quoi, dit-il, les assureurs ne sont pas lésés, attendu l'augmentation proportionnelle de valeur que l'on donne aux effets jetés, et aux effets sauvés opère une juste balance. »

1742. Je crois que cette juste balance ne se trouvera que dans le cas où les marchandises seroient réduites à moitié ; dans le cas contraire, il y aura quelqu'un de grevé, comme je crois l'avoir démontré. Au surplus, Émérigon justifie le procédé du courtier qui a fait le règlement d'avarie dont j'ai donné la formule. Le suivant sera fait sur le même procédé.

1743. Lorsque les arbitres sont nommés d'office, ils commencent ainsi le préambule de leur règlement:

NOUS SOUSSIGNES experts nommés et accordés par jugement du Tribunal de commerce de Bordeaux, en date du 6 floréal an 6, SAVOIR:

Nous Pierre Laurier, négociant, habitant des susdits lieux, de la part des citoyens Maurice et Compagnie, d'une part;

Et nous Simon Godefroi, aussi négociant dudit lieu, de la part des citoyens assureurs sur le navire l'Admirable Éléonore de Bordeaux, d'autre part;

A l'effet de procéder au règlement des avaries survenues audit navire et à son chargement;

Vu les pièces produites par les citoyens Maurice et Compagnie, cottées comme suit :

N.° 1. Procès-verbal fait à Bordeaux, du navire l'Aimable Éléonore, le 12 vendémiaire de l'an dernier, constatant la perte d'une ancre de toue, et 60 brasses de grêlin, de six pouces et de quatre pouces et demi;

N.° 2. Acte de dépôt de quatre procès-verbaux faits à bord du susdit navire, capitaine Némorin, et déposé au greffe Saint-Marc, 15 thermidor an 6.

N°. 3. Relation d'assignation donnée à la requête des citoyens Maurin et Compagnie, à leurs assureurs, sur ledit navire l'Aimable Eléonore, capitaine Némorin, en condamnation au paiement des avaries supportées par ledit navire et sa cargaison.

N.° 4. Appointement d'avisation de la signature des assureurs, au palais dont il s'agit; ledit appointement sous la date du ....,

N.° 5. Appointement du 15 floréal, du Tribunal de commerce de la Gironde, qui ordonne la communication des pièces justificatives des avaries sur le corps et cargaison du navire l'Aimable Éléonore, capitaine Némorin..... ainsi des autres pièces, sans en oublier une seule ; et lorsque tout ce préalable est rempli, il faut le terminer ainsi :

NOUS EXPERTS susdits et soussignés, procédant en conformité du jugement qui nous délègue et nous confie la qualité d'experts, déclarons,

1.° Avoir procédé purement et simplement aux comptes des avaries et de la contribution que chaque assureur doit supporter pour raison de la somme par lui assurée;

2.° N'avoir rien statué sur les intérêts et dépens résultans du procès, cette fixation ne nous ayant pas été déléguée.

1741. Avarie particulière à la cargaison.

COMPTE DE L'AVARIE soufferte par la cargaison du navire l'Aimable Éléonore de Bordeaux, capitaine Némorin, armateurs, les citoyens Morin et Compagnie, dans son voyage de Bordeaux à Saint-Marc, SAVOIR :

Ici il faut faire l'évaluation de tout ce qui a été perdu, endommagé, suivant le prix courant du lieu de la décharge, (1741) en réglant le prix des effets perdus, sur celui des effets sauvés sains et non avariés, montant à . . . . 13500 fr.

Honoraire du présent règlement	106
Total de l'avarie	13606

Capital qui doit supporter l'avarie.

Ici il faut détailler les objets qui la doivent supporter, et les évaluer suivant le prix des polices ou autres pièces, et dire :

Le tout montant, suivant la police du 10 fructidor, à. . .	90900 fr.
Prime permise d'assurer, suivant ladite police, à 3 ¼ p. % .	2940
Total.	93840

RÉPARTITION faite de la somme de treize mille six cents fr. montant de l'avarie, sur la somme de quatre-vingt-treize mille huit cent quarante fr. montant du capital, la contribution s'élève à 14 ½ p. %, payables par les ci-après nommés. Ici il faut suivre la même marche établie dans la contribution, présent folio, et terminer ainsi :

Nous soussignés arbitres, certifions avoir fait le présent réglement, montant à la somme de treize mille six cent sept francs, sans préjudice des frais de procédure à la charge des assureurs, et dont l'état et répartition seront établis ci-après. Bordeaux, le.... et continuer ainsi pour toutes les autres polices, en observant, 1.° que s'il y a plusieurs réglemens, de les dater tous de l'époque du premier; 2.° d'évaluer le navire d'après le compte d'armement.

1745. L'ordonnance portant que les assurés ne pourront faire aucune demande d'avarie, si elle n'excède *un pour cent*, (1625) faut-il ablotir l'intérêt de tous, pour déterminer ce un pour cent? Emérigon, en 1780, répondit sur pareille question, que les co-assurés, formant à cet égard une espèce de société, et ne représentant tous ensemble qu'une même personne, vis-à-vis des assureurs; l'*un pour cent* devoit être déterminé relativement à la masse commune.

Par exemple, dit-il, je charge dans le navire des marchandises pour 3000 écus: vous en chargez pour 90,000 écus, nos assurances sont faites en commun. Mes marchandises deviennent la proie du sinistre maritime; les vôtres sont intactes. Je ne puis rien demander aux assureurs, parce que l'*avarie n'excède pas un pour cent* des choses assurées dans la même police.

1746. Dans le calcul de l'avarie, peut-on comprendre les frais de réclamation, à l'effet de grossir l'objet pour qu'il excède un pour cent? Kuricke, *diatr. de ass.*, *n.° 8*, *pag. 833*; Loccénius, *liv. ch. 5*, répond négativement, fondé sur ce que les ordonnances veulent qu'on ne puisse faire aucune demande d'avarie, si elle n'excède un pour cent. Conséquemment, si l'avarie n'excède pas un pour cent, le siége doit s'abstenir de prononcer. *Guidon, ch. 20, art. 9.*

1747. Faut-il, sur les avaries qui sont à la charge des assureurs, leur bonifier ce *un pour cent?* Valin, pag. 108, répond aussi négativement, en disant que si l'avarie excède un pour cent on la fera déterminer par la police, on ne fait aucune déduction aux assureurs; en ce cas, cependant, il faut suivre l'usage des places.

1748. Le marchand dont partie des marchandises a été jetées pour le salut commun, doit en réclamer la valeur vis-à-vis de ceux dont les effets ont été sauvés, sauf d'exiger de ses assureurs le contingent de la perte réelle.

CHAPITRE XXXI.

DU JET ET DE LA CONTRIBUTION.

1749. Le mot *jet* est un substantif masculin qui exprime l'action de jeter à la mer les choses, ou parties des choses qui composent la cargaison du vaisseau, avec ses ustensiles les plus lourds, soit pour éviter un naufrage, soit pour éviter d'être capturé par l'ennemi. On appelle contribution, la répartition qui se fait au marc la livre sur le corps du vaisseau, et du prix et valeur des choses jetées à la mer pour le salut commun.

1750. Comme les choses jetées à la mer, en pareilles circonstances, ne subissent ce sort que forcément, pour éviter un plus grand malheur; il suit de-là, comme le dit le Guidon, ch. 5, art. 32, que ce qui est jeté, s'il est découvert, doit être restitué à qui il appartient, parce que ce n'est pas chose abandonnée. En effet, une chose jetée n'est pas toujours abandonnée: un événement peut bien nous priver de sa possession, mais non de sa propriété, si la volonté n'y a nulle part.

1751. Il y a deux sortes de jet, le jet régulier et le jet irrégulier. *Le jet régulier* est celui qui se fait, non dans le moment même qu'on va périr, mais bien pour prévenir le danger qui s'approche. Quelque peu de temps reste encore pour délibérer si l'on fera le jet, comment et de quoi. On prend l'avis des marchands et de l'équipage. Tout s'opère avec ordre et sans confusion. Clairac, Guidon, fol. 50, n.° 3, Jug. d'Oléron, art. 8 et 9. Consulat, ch. 99, 284 et 296. Ord. Wisbuy, art. 20 et 21. Ord. Phil., art. 38. tit. des avar. art. 3. Émérigon.

1752. *Le jet irrégulier* est celui qui se fait dans l'instant même du danger. Les formalités et les discours sont hors de saisons : on va périr, tout moyen de salut est légitime. Targa, Émérigon. Le premier auteur observe que pendant soixante ans qu'il a été Magistrat du Consulat de la mer à Gênes, il n'a vu que quatre ou cinq exemples de jet irrégulier, lesquels furent suspects de fraude, par cela seul que les formalités avoient été trop bien observées. Voilà pourquoi le jet, dit Émérigon d'après Casarégis, disc. *45, n.° 31*, est toujours présumé avoir été de la classe des jets irréguliers.

1753. Mais pourquoi présumera-t-on un fait attesté par les personnes mêmes qui en sont les auteurs, lorsque toutes les conjectures en démontrent l'évidence? On navigue dans un beau temps : une vigie aperçoit de loin un bâtiment ennemi ; on veut accélérer sa route pour éviter d'en être la proie ; on délibère, on jette les effets les plus lourds et de moindre valeur, on fait un procès-verbal en due forme ; pourra-t-on présumer ce jet régulièrement fait, irrégulier, quoiqu'il ait été fait très-régulièrement? Non ; mais disons qu'en cas de jet fait, par exemple, en temps de tempête, un pareil jet fait trop régulièrement ne pourra pas être présumé irrégulier, mais frauduleux ; et il devra être considéré comme tel, jusqu'à ce que le contraire soit évidemment démontré.

1754. L'art. 1.er du jet de l'ord. porte : « Si par tempête, ou par chasse d'ennemis ou de pirates, le maître se croit obligé de jeter en mer partie de son chargement, de couper ou forcer ses mâts, ou d'abandoner ses ancres, il en prendra l'avis des marchands et des principaux de l'équipage. »

1755. Si le temps permet de délibérer, on doit jeter les effets les plus pesans et de moins de valeur. Kuricke, pag. 777 ; Locénius, pag. 996, et autres auteurs. Conséquemment, comme dit Clairac : « La première chose qui doit être jetée sont les ustensiles de la nef, comme vieux cables, fougons, artillerie, et après les coffres des compagnons. »

1756. Néanmoins, je crois que tout ceci ne doit pas être pris à la lettre en toutes circonstances ; et pour le prouver je vais présenter deux hypothèses : la première sera relative au jet provoqué par la chasse de l'ennemi; la seconde par la tempête.

1757. *Chasse de l'ennemi.* Si, par exemple, un vaisseau est chassé par l'ennemi, ce ne sera pas le cas de jeter à la mer ses canons, parce qu'il pourra arriver quelques circonstances qui lui permettront de se défendre lorsqu'il sera sur le point d'être atteint ; d'ailleurs, après avoir échappé au corsaire, ne pourra-t-il pas arriver qu'il rencontre ensuite un autre bâtiment avec qui il pourra se mesurer avec l'espoir du succès ; que fera-t-il dans cette circonstance, s'il n'a pas d'artillerie ? N'aura-t-il pas fuit Caribe pour tomber dans Sylla?

1758. *Tempête.* Dans cette circonstance, il sera sans doute naturel de jeter, premièrement, l'artillerie, 1.° parce que c'est la chose la plus lourde, à raison de son volume; 2.° parce qu'elle est plus à proximité : quant au coffre des mariniers, je crois, au contraire, que ce seroit la chose qui devroit être jetée la dernière, 1.° parce qu'ordinairement ils ne sont pas d'un très-grand poids ; 2.° parce que ce qu'ils contiennent est des plus utile aux marins pour entretenir leur santé. Lorsque les lois maritimes, anciennes comme le Consulat, etc. ont voulu que l'on jetât le coffre des mariniers par préférence à toute autre chose, c'est que la navigation ne se faisant pas au long cours comme aujourd'hui, il étoit possible d'en réparer la perte plus promptement, et que d'ailleurs par-là on engageoit les mariniers à ne se porter à faire le jet que dans des circonstances urgentes, leur intérêt leur commandant de ne se porter à cet acte qu'à la dernière extrémité : cette raison pourroit bien encore exister, mais la première doit l'emporter. Au surplus, il n'est guère possible de choisir, dans la cale, les effets les plus lourds pour les jeter les premiers, puisqu'ordinairement ils sont par-dessous.

1759. Art. 2. « S'il y a diversité d'avis, celui du maître et de l'équipage sera suivi.

1760. Art. 3. » Les ustensiles du vaisseau, et autres choses nécessaires les plus pesantes et de moindre prix, seront jetées les premières, et ensuite les marchandises du premier pont, le tout néanmoins au choix du capitaine, et par l'avis de l'équipage.

1761. Art. 4. » L'écrivain, ou celui qui en fera les fonctions, écrira sur son registre, le plutôt qu'il lui sera possible, la délibération, la fera signer à ceux qui auront opiné; sinon il fera mention de la raison pour laquelle ils n'auront pas signé; et tiendront mémoire, autant que faire se pourra, des choses jetées et endommagées. »

1762. « Valin observe que dans nos vaisseaux marchands il n'y a point d'écrivain ni personne qui en tienne lieu, à moins, dit-il, qu'on entende sous ce nom le second capitaine ou lieutenant, qui tient ce qu'on appelle le livre de bord, où il est fait mention de l'entrée et de la sortie des marchandises. » (509 et suivans.)

1763. Art. 5. « Au premier port où le navire abordera, le maître déclarera, par-devant le Juge de l'amirauté, s'il y en a, sinon devant le Juge ordinaire, la cause pour laquelle il aura fait jet, coupé ou forcé ses mâts, ou abandonné ses ancres ;, et si c'est en pays étrangers qu'il aborde, il fera sa déclaration devant le Consul de la nation française. »

1764. Pareilles attestations doivent être faites par le plus grand nombre de l'équipage, et ce dans les vingt-quatre heures, comme pour tous autres rapports.

1765. Art. 6. « L'état des pertes et dommages sera fait, à la diligence du maître, dans le lieu de la décharge du bâtiment; et les marchandises jetées et sauvées, seront estimées suivant le prix courant dans le même lieu. (1741)

1766. Ceux qui ont intérêt que la contribution soit payée exactement, peuvent enjoindre au maître de retenir les effets restés dans le navire, jusqu'à ce que ceux à qui ils appartiennent aient satisfait à la contribution. (1712)

1767. Art. 7. « La répartition pour le paiement des pertes et dommages, sera faite sur les effets sauvés et jetés, et sur moitié du navire et du fret, au marc la livre. (1732)

1768. Art. 8. » Pour juger de la qualité des effets jetés à la mer, les connoissemens seront représentés, même les factures s'il y en a. »

1769. Pour juger de la qualité, mais non des valeurs, lesquelles se règlent d'après l'art. 6 du tit. des avaries. (1765)

1770. Art. 9. « Si la qualité de quelques marchandises a été déguisées par les connoissemens, et qu'elles se trouvent de plus grande valeur qu'elles ne paroissent par la déclaration du marchand chargeur, elles contribueront, en cas qu'elles soient sauvées, sur le pied de leur véritable valeur; et si elles sont perdues, elles ne seroient payées que sur le pied du connoissement. »

1771. Les connoissemens ne présentant ordinairement que les espèces, les quantités et quelquefois les qualités, pour reconnoître la valeur il faut donc avoir recours aux factures; mais comme il y a des capitaines géreurs (938) qui sont porteurs d'autres factures, les unes contenant le prix véritable, et les autres un plus haut prix; les premières pour leur servir de gouverne, et les autres pour tendre un piége aux acheteurs, en leur présentant des valeurs différentes des réelles, etc. : comme c'est une espèce de fraude, pour entrer dans l'esprit de l'article, qui veut la prévenir, dans le doute on doit toujours prendre celle qui présente le maximum du prix. La plus forte contribution que paiera, en conséquence, le marchand chargeur perfide, sera la punition de sa perfidie.

1772. Art. 10. « Si, au contraire, les marchandises se trouvent d'une qualité moins précieuse, et qu'elles soient sauvées, elles contribueront sur le pied de la déclaration; et si elles sont jetées ou endommagées, elles ne seront payées que sur le pied de leur valeur. »

1773. Cela veut dire, observe Valin, « que si les marchandises se trouvent d'une qualité inférieure à celles déclarées dans le connoissement, ou exprimées dans la déclaration du chargeur, au cas que ces marchandises soient sauvées, sera tenu de contribuer néanmoins suivant la qualité déclarée, en les évaluant au prix courant des autres de même qualité. »

1774. D'après notre auteur, on doit dire que si, par exemple, un marchand chargeur avoit chargé un tonneau de vin de *mauvais crû ;* (car le commentateur ne parle que de la qualité et non de la valeur), et qu'il l'ait déclaré d'un *bon crû*, comme, par exemple, d'Aubrion, cette qualité sera reçue, et on évaluera ce tonneau de vin, *déclaré d'Aubrion*, sur le pied des vins de cette même qualité. Mais sur ces mots, *si elles sont jetées ou endommagées*, Valin dit : « Il faut donc supposer qu'elles soient recouvrées dans la suite, en tout ou en partie, ou que tout n'ait pas été jeté. » Ici notre auteur observe, mais ne décide pas.

1775. La marchandise endommagée ne présentant pas beaucoup de difficulté, nous ne nous occuperons que des marchandises *jetées*. Pour reconnoître la valeur de la chose jetée, on n'a pas besoin qu'elle soit représentée, les papiers de douanes, les carnets des courtiers, les livres des acheteurs et des vendeurs sont plus que suffisans pour fixer les intéressés sur ce point important.

1776. Art. 11. « Les munitions de guerre (1754) et de bouche, ni les loyers et hardes des matelots, ne contribueront pas au jet; et néanmoins ce qui en sera jeté sera payé par contribution sur les autres effets. »

1777. Ces munitions de bouche ne doivent s'entendre que de celles destinées à alimenter l'équipage et les passagers, et non de celles faisant partie ou totalité de la cargaison.

1778. Art. 12. « Les effets dont il n'y aura pas eu connoissance ne seront point payés, s'ils sont jetés ; et s'ils sont sauvés, ils ne laisseront pas de contribuer. »

1779. Si cependant il avoit été tenu note sur la facture générale ou sur le livre de bord de ces marchandises, il ne paroîtroit pas raisonnable de leur appliquer la loi : au reste il faut avoir égard aux circonstances.

1780. Art. 13. « Ne pourra aussi être demandé contribution pour le paiement des effets qui étoient sur le tillac, s'ils sont jetés ou endommagés par le jet, sauf au propriétaire son recours contre le maître ; et ils contribueront néanmoins s'ils sont sauvés »

1781. Les marchandises chargées sur le tillac, gênant les manœuvres, elles sont censé jetées plutôt parce qu'elles embarrassoient, que par nécessité absolue ; c'est pourquoi elles ne sont pas payées par contribution : en effet, dans cette hypothèse elles sont censé n'avoir pas été jetées pour le salut commun. (400)

1782. Art. 14. « Ne sera fait non plus aucune contribution, pour raison du dommage arrivé au bâtiment, s'il n'a été fait exprès pour faciliter le jet.

1783. Art. 15. » Si le jet ne sauve le navire, il n'y aura lieu à aucune contribution, et les marchandises qui pourront être sauvées du naufrage ne seront point tenues du paiement ni dédommagement de celles qui auront été jetées ou endommagées ».

1784. Pour qu'il y ait lieu à la contribution, il faut que le jet ait été fait non-seulement pour le salut commun, mais encore qu'il ait été opéré. Par identité de raison, dit Valin, s'il y a eu jet en vue d'échapper à un corsaire, et que malgré cela le navire ait été pris, quoique dans la suite les gens du navire se soient délivrés par leur bravoure ou leur industrie, il ne sera dû aucun dédommagement à ceux dont les effets auront été jetés. Sentence d'Emérigon et Duquesnoy, du 13 fév. 1748.

1785. Tout cela est indubitable, dit Valin; mais que dire du cas où quelqu'un ayant dans le navire des effets à lui en propre, et d'autres appartenans à un tiers, qu'il avoit à sa consignation en dépôt, ou en pacotille, ou autrement, aura sauvé une partie de ces effets, soit des siens, soit de ceux qu'il avoit en garde? Cette partie d'effets sauvés tournera-t-elle au profit du propriétaire seul de ces mêmes effets, ou chacun y prendra-t-il part à proportion de son intérêt dans la totalité des effets, par forme de contribution?

1786. Valin se décide pour la contribution, fondé sur ce que c'est ôter au dépositaire la tentation de travailler à sauver ses propres effets, par préférence à ceux qui lui ont été confiés; ce qui ne lui est pas permis, étant tenu, suivant *la loi 32, ff deposite*, d'apporter le même soin à la conserver, qu'à la conservation de sa propre chose: cependant il n'admet pas cette contribution dans le naufrage absolu.

1787. Au surplus, en pareille matière, les Juges ne doivent se décider qu'après avoir bien examiné toutes les circonstances; car si un dépositaire ne pouvoit sauver le dépôt qui avoit été confié à ses soins, qu'il laissât périr, en sauvant la chose, en courant de bien moindres risques, point de doute qu'elle ne lui fût acquise en entier. Il est, en pareilles espèces, plusieurs circonstances qui peuvent provoquer plusieurs jugemens différens.

1788. Art.

1788. Art. 16. « Mais si le navire, ayant été sauvé par le jet, et continuant sa route, vient à se perdre, les effets sauvés du naufrage contribueront au jet sur le pied de leur valeur en l'état qu'ils se trouveront, déduction faite des frais du sauvement. »

1789. Dans ce cas ce ne sera pas le navire qui contribuera avec les effets sauvés, mais ses débris, déduction faite sur le tout des frais de sauvement ; dans tous les cas il faut que le navire périsse par un second naufrage, et non pas à la suite du premier.

1790. Art. 17. « Les effets jetés ne contribueront en aucun cas au paiement des dommages arrivés depuis le jet aux marchandises sauvées, ni les marchandises au paiement du vaisseau perdu et brisé. »

1791. Par ces mots « : *Les effets jetés ne contribueront en aucune manière*, si on suit le sens littéral de l'ordonance, on jugera bien qu'il n'est pas possible que des effets perdus puissent contribuer, puisque la contribution qui doit être faite par une chose, suppose l'existence de cette chose : mais il est sous entendu si elles sont recouvrées ; dans ce cas les marchands chargeurs des marchandises recouvrées, comme l'observe Valin, pourront même demander la répartition des avaries qu'auront pu éprouver les marchandises recouvrées sur les débris du navire et sur les marchandises sauvées.

1792. Art. 18. « Si toutefois le vaisseau a été ouvert par délibération des principaux de l'équipage et des marchands, si aucun n'y est pour en tirer les marchandises, elles contribueront en ce cas à la répartition du dommage fait au bâtiment pour les ôter. »

1793. Pour autoriser l'ouverture du vaisseau, il faut qu'il y ait une délibération des principaux de l'équipage et des marchands chargeurs, si l'officier en chef de l'administration de la marine. (Voyez la loi du 17 floréal an 9), ou autre officier de justice ne sont pas présens (1615) mais s'ils sont présens, c'est-à-dire, s'ils se sont transportés sur la côte où le naufrage est arrivé, aucune délibération ne peut être prise, c'est à eux à demander l'avis des parties intéressées, et à ordonner ce qui leur paroîtra convenable pour le salut commun.

1794. Art. 19. « En cas de perte des marchandises mises dans les barques pour alléger le vaisseau entrant en quelque port ou rivière, la répartition s'en fera sur le navire, et son chargement entier. »

1795. Dans le cas de l'article, comme les marchandises ont été mises dans des alléges pour le salut commun, les avaries qui en proviennent sont donc avaries grosses : si elles avoient été mises dans les alléges pour les tranporter à terre, sans aucune raison par rapport au navire, la perte ou l'avarie qui pourroit en résulter seroit avarie simple.

1796. Art. 20. « Mais si le vaisseau périt avec le reste de son chargement, il n'en sera fait aucune répartition sur les marchandises mises dans les alléges, quoiqu'elles arrivent à bon port. »

1797. Si les marchandises eussent restées dans le navire, elles auroient péries; mais si après le naufrage le propriétaire les eût recouvrées, elles n'auroient point été sujettes à contribution. Il en est ici la même chose, elles sont censées avoir été jetées et recouvrées. Voyez Vinnius in Peckium, *ad leg. Rhodiam, leg. 4, fol. 246.*

1798. Art. 21. « Si aucun des contribuables refusent de payer leur part, le maître pourra, pour sûreté de la contribution, retenir, même faire vendre par autorité de justice, des marchandises jusqu'à concurrence de leur portion. »

1799. Valin observe que ce n'est point une obligation que cet article impose au capitaine; ainsi à moins que ceux qui ont le principal intérêt dans la répartition des pertes, n'ayent saisi les effets entre ses mains, il peut délivrer à chacun ses marchandises, sans crainte d'être exposé à aucune recherche, en cas d'insolvabilité de quelques-uns d'eux.

1800. Il est même sans exemple qu'on ait fait des saisies en pareil cas, et la retenue des marchandises seroit d'autant plus déplacée, qu'elles pourraient dépérir en attendant l'opération de la contibution, avant laquelle nul n'est en demeure de payer.

1801. Il faut avouer, cependant, que la saisie est licite, et que le saisissant ne peut être obligé d'en consentir la main-levée, que moyennant une bonne caution.

1802. Il sembleroit en effet, d'après ces mots, *le maître pourra*, que le capitaine n'est point obligé de retenir les marchandises des contribuables, si elles n'ont été saisies entre ses mains : mais je crois que ces mots veulent dire, si le maître n'a pas de confiance au marchand chargeur, il pourra retenir ses marchandises, sans qu'il ne puisse les enlever qu'après avoir payé la contribution : et que si ayant confiance en lui il les lui délivre, et qu'il ne paye pas sa cote-part, le maître en sera responsable; car je le suppose, si le maître, par collusion avec un marchand chargeur, lui rendoit ses marchandises, ne seroit-il pas malheureux que les autres en fussent la victime? au surplus,

1803. *La loi 2, ff. de leg. Rhod.* disant pour parvenir à la contribution, ceux dont les marchandises ont été jetées, agiront contre le maître par l'action *ex locato*; et que le maître agira par l'action *ex conducto* contre ceux dont les effets ont été sauvés : il résulte donc, du premier prescrit de la loi, que le maître est censé être le détenteur de la marchandise; et du second prescrit, qu'il doit forcer les marchands chargeurs à contribuer. Comment ces deux actions pourroient-elles être exercées, si les choses qui les provoquent étoient évanouies? La loi et ses effets deviendroient illusoire; et tout ceci est d'autant plus vrai, que suivant Clairac, pag. 42, les marchands n'ont pas d'action ni de prise les uns contre les autres. *L. qui sernandarum D. Proscriptis verbis*, *L. si quis fumo § quod dicitur D. ad legem æqualiam.*

1804. Toutes les fois, dit Clairac, le maître n'est pas responsable de l'insolvabilité des marchands, lesquels n'ont pas moyen de payer ou fournir leur cote-part à la contribution. *Dicta leg. 2, § si quis ex vectoribus De leg. Rhodia. L. 2, § 6, ff, de leg. Rhod.* Dans ce cas, la part des insolvables est réglée sur les autres : au surplus, le Consulat, *ch. 95.* Loccénius *de loco.* Devicq. *n°, 81.* Marquardus, *lib. 31, cap. 4, n°. 16;* et Emérigon, tom. 1, fol. 656, opinent tous comme Valin : néanmoins Cujas paroît surpris de la décision du § 6 que je viens de citer; mais, dit Emérigon, le capitaine ne seroit coupable de négligence qu'autant qu'il auroit été sommé à faire procéder à la saisie provisoire, et qu'il y auroit manqué par sa faute. *L. 2, ff, cod.* En effet, dit-il, tant que l'avarie grosse n'est pas réglée, on ignore ce qu'il faut payer; mais l'état des pertes et dommages devant se faire à la diligence du maître, d'après l'art. 6, *du tit. du Jet*, comment le maître pourra-t-il faire ce réglement, s'il ne peut vérifier les espèces, la qualité et la quantité : disons donc qu'une foule d'inconvéniens se présentant dans la circonstance, un capitaine ne doit se dessaisir des marchandises qu'il a entre les mains, qu'après qu'elles auront payé leur contribution; que jusque-là, s'il les délivre, il pourroit bien être estimé garant des insolvables; et ces précautions doivent d'autant plus être observées avec rigueur, aujourd'hui que le commerce ne se fait plus avec cette ancienne bonne foi avec laquelle il se faisoit jadis, les actions dont tout le monde est aujourd'hui témoin, certifie sans doute ces vérités. En effet, beaucoup de négocians se rient de leur engagement; leur convention écrite, comme leur convention verbale; tout est éludé, étant sûrs de ne point être recherchés par rapport aux frais qu'il en résulteroit pour les poursuites; et cet état de choses durera jusqu'au moment que le Gouvernement prendra des mesures vigoureuses pour en arrêter le cours. Je fais bien des vœux sincères pour que cela soit plutôt que plus tard.

1805. La répartition se fait de l'autorité du Tribunal de commerce du lieu de la décharge.

1806. Pour éviter les frais, dit Emérigon, tom. 1, fol. 652, notre usage est de ne tenir en qualité que deux des consignataires. On les considère tous comme formant une espèce de masse à cet égard; mais les assureurs sont assignés chacun personnellement dans l'instance en avarie particulière introduite contre eux. Je crois qu'à cet égard il faut se conformer à l'usage des places.

1807. Art. 22. « Si les effets jetés sont recouvrés par les propriétaires depuis la répartition, ils seront tenus de rapporter au maître et aux autres intéressés, ce qu'ils auront reçu dans la contribution, déduction faite du dommage qui leur aura été causé par le jet, et des frais de recouvrement. »

1808. Il est un temps pour faire la réclamation des effets naufragés, après lequel il y a fin de non-recevoir, comme il sera dit au titre du naufrage.

1809. Si les effets jetés sont recouvrés avant la répartition, il n'y a pas de contribution pour ces effets; cependant les autres choses qui y sont sujettes contribueront au dommage qu'ils auront souffert, et aux frais de recouvrement.

1810. Au surplus, dit Valin, dans tous les cas de la contribution, le réglement qui en a été fait judiciairement, parties présente ou duement appelées, ou même à l'amiable, avec le plus grand nombre des parties intéressées, doit être exécuté par provision, du moins en donnant caution, sauf la révision de la part de ceux qui n'ont pas assisté à l'opération, ou qui s'en plaignent, et à faire en suite décider définitivement. «Emérigon est d'un avis opposé; il fait cette observation,» mais l'ordonnance ne le dit pas. L'appel est parconséquent suspensif, jusqu'à ce qu'il y ait à ce sujet une loi nouvelle ; cependant je serois de l'avis de Valin, surtout actuellement que les affaires maritimes se portent devant le Tribunal de commerce, conformément à l'art. 18, du tit. 12, de l'ord. de 1673. rétabli par nos nouvelles lois. En effet, d'après la déclaration du 28 avril 1565, rendue par interprétation de l'édit de création des Juges et Consuls, les Tribunaux de commerce jugent par provision, et nonobstant opposition aux appellations quelconque, toujours les causes de leur compétence, à quelques sommes qu'elles puissent se monter : cependant l'exécution provisoire n'a lieu que pour le principal et non pour les dépens. *Jousse.*

QUATRIÈME PARTIE.

SECTION X.

DU DROIT DE LA NATURE, DU DROIT DES GENS POSITIF, ET DU DROIT DES GENS CONVENTIONNEL.

1811. LE DROIT DE LA NATURE est le droit que la nature enseigne à tous les êtres susceptibles de quelques combinaisons. Le soin que les individus, de tous les genres, prennent de leur petit, celui de veiller à la conservation de leur existence, et de la défendre contre tout aggresseur qui voudroit l'attaquer, sont autant de droit que la nature a donné à tous les êtres susceptibles de quelques impressions. Le droit de poursuivre un meurtrier, en tout temps et en tout lieu, est encore un droit naturel qui prend sa source dans l'intérêt qu'à l'humanité de punir celui qui a violé le premier des principes.

1812. De ces définitions, il résulte que le droit naturel doit être vu par rapport aux animaux brutes, et par rapport aux hommes.

1813. Le droit naturel, vu par rapport aux animaux brutes, n'est point, à proprement parler, un véritable droit, parce que le droit ne s'établit que par la force de la raison et du jugement. Or, comme les animaux ne suivent l'impulsion de la nature qu'avec des foibles combinaisons; il suit de-là qu'ils ne sont point gouverné par un droit naturel, mais par un instinct qui leur est particulier.

1814. Le droit naturel, vu par rapport aux hommes, est un véritable droit, d'abord parce qu'il leur est donné par la nature, et ensuite qu'il est reconnu par leur raison.

1815. LE DROIT DES GENS POSITIF est celui que la raison naturelle a établi parmi les hommes, et qui est communément reçu et observé parmi toutes les nations. Le droit des gens positif est distinct du droit naturel, en ce qu'il ajoute ou diminue à celui-ci [illegible]rtaines considérations, suivant les convenances sociales reçues par tous les peuples policés.

1816. Par exemple, il est contre la nature, et il est néanmoins du droit des gens, qu'un meurtrier ne puisse point être arrêté sur une terre étrangère, fondé sur ce qu'un Souverain n'a pas le droit d'exercer un acte de souveraineté chez un autre Souverain. Aussi à la Côte d'Afrique, où le droit de la nature, sous ce rapport, n'est pas incompatible avec le droit des gens, lorsqu'un meurtrier s'est évadé dans un État voisin, on va le poursuivre : si on le prend, il est livré à la famille de celui qui a succombé sous ses coups, qui en fait justice. Mais en Europe, pour jouir même du privilége de faire punir un pareil criminel, il faut que dans les traités il y ait une convention expresse, telle que celle, par exemple, du traité d'Amiens, du 4 germinal an 10, où y il est dit, art. 20 : « Il est convenu que les parties contractantes, sur les réquisitions faites par elles respectivement, ou par leurs ministres respectifs et officiers duement autorisés à cet effet, seront tenus de délivrer en justice les personnes *accusées de crimes de meurtre.* »

1817. Le droit des gens conventionnel est celui, suivant Hubner, dont l'assemblage des règles obligatoires est fondé sur les engagemens pris par des États souverains, ou par leurs chefs, et fait pour diriger la conduite réciproque des parties contractantes. . . . . . Les maximes du droit des gens conventionnel sont donc fondées sur les engagemens des Puissances indépendantes ; et ces engagemens se prennent par le moyen des contrats politiques qu'on nomme traités, conventions ou capitulations ; par conséquent, la nature des contrats, en général, décide de la légitimité, de la validité, de la durée, de la violation que l'on appelle infraction, et enfin de l'obligation qu'emportent les traités des Souverains.

1818. Quoique le terme d'un traité soit expiré, le traité ne doit point être considéré caduc, jusqu'à ce que l'une des parties y est renoncé d'une manière positive ou tacite. Les parties renoncent au traité expiré d'une manière positive, lorsqu'elles se déclarent pour le précédent, ou bien qu'elles en font un subséquent. Elles y renoncent d'une manière tacite, lorsque, sans aucune déclaration, elles font exécuter le traité antécédent : conséquemment elles le prolongent positivement, lorsqu'elles le confirment solennellement ; et tacitement, lorsqu'elles continnuent à en observer tous les articles, sans aucune explication. (7 et 68) Tel est, par exemple, le traité de 1742, conclu entre la France et le Danemarck, celui de 1764, qui est encore suivi, de la part des deux nations, sans qu'il ait été renouvelé.

CHAPITRE XXXII.

DE LA NEUTRALITÉ EN TEMPS DE GUERRE.

1819. HUBNER, Traité de la saisie des bâtimens neutres, tom. 2, fol. 31, définit ainsi la neutralité :

1820. « Toute neutralité consiste dans une inaction entière, relativement à la guerre, et dans une impartialité exacte et parfaite, manifestée par les faits à l'égard des belligérans, en tant que cette impartialité a rapport à cette guerre même, et aux moyens directs et immédiats de la faire.

1821. Il s'ensuit de-là, 1°. que celui qui ne se mêle en rien de la guerre même, et qui est extrêmement impartial dans ses actions, qui sont relatives à icelle, est extrêmement neutre ; 2°. que les simples vœux que notre inclination ou nos intérêts nous arrachent en faveur de l'une des parties belligérantes, ne dérogeant point à la neutralité ; pourvu qu'ils ne se décèlent pas par des démonstrations efficaces, quoique la prudence conseille de les supprimer, ou du moins de les cacher ; 3°. il s'ensuit encore que la neutralité la plus rigoureuse ne nous empêche pas d'entretenir un commerce plus grand avec une partie belligérante qu'avec l'autre ; et avoir par conséquent avec elles une communication plus ou moins étroite dans la même proportion : bien entendu toutefois que *ce ne soit pas dans l'intention de fortifier celle qui nous tient le plus à cœur, contre son ennemi, et que nous ne lui fournissions point des moyens propres et directs pour nuire à son adversaire.*

1822. Tout peuple qui ne favorise pas plus, par des réalités, une partie que l'autre, et qui ne prend aucune part à la guerre, comme partie auxiliaire ou autrement, est censé neutre, quand même il ne l'auroit pas déclaré expressément. »

1823. Lorsqu'une nation neutre fait plus de commerce avec un belligérant qu'avec l'autre, elle sera présumée être guidée par l'intérêt, ou par la partialité : elle sera présumée être guidée par l'intérêt, du moment qu'il sera prouvé qu'elle peut plus bénéficier avec celle à qui elle a donné la préférence qu'avec l'autre ; elle sera presumée être guidée par la partialité, lorsqu'il sera prouvé qu'elle ne retire pas le même avantage avec la nation belligérante à qui elle donne la préférence, qu'elle pouvoit retirer avec

avec celle qu'elle néglige : cela étant ainsi, elle ne pourra donc pas être soupçonnée d'avoir intention de favoriser la nation avec laquelle elle commerce plus que l'autre, s'il paroît que son intérêt lui commande cette préférence ; dans le cas contraire, elle pourra être accusée, avec justice, d'être partiale, s'il est prouvé qu'elle agit contre ses propres intérêts. Car si on juge simplement l'intention d'après une simple présomption, comme paroît vouloir l'insinuer Hubner, comment pourra-t-on porter un jugement équitable ?

1824. Or, comme lorsqu'une nation neutre qui fait un commerce avantageux à ses intérêts avec une nation belligérante, lui fournit *des moyens propres et directs à nuire à l'autre*, puisque celle-ci ne fait le commerce que parce qu'elle y trouve de l'avantage ; il suit donc de là, que quoiqu'elle soit favorisée par la nation neutre, ce n'est pas une raison propre à faire juger que la nation neutre déroge à la neutralité proprement dite.

1825. Galliani, dans son ouvrage intitulé *Dei doveri, dei Principi neutrali verso i Principi guerreggianti, e di questi verso i Principi neutrali*, publié à Naples en 1782, *ch. 1, pag. 5, defin. 5.* définit ainsi la neutralité.

1826. « La neutralité est l'état d'un Prince qui, se trouvant en situation de repos d'amitié ou *d'alliance* avec d'autres Princes qui étoient en paix entre eux, continue à rester dans le même état à leur égard, quoiqu'ils soient en rupture, ou que la guerre soit allumée entre eux. »

1827. Sur cette définition, M. Azuni, Système univ., tom. 2, fol. 13, n.° 1, s'exprime ainsi :

« L'espèce de réflexion avec laquelle j'ai traité cette matière à l'article *Neutralité*, tom. 3 de mon ouvrage sur la *Jurisprudence mercantile*, m'a fait adopter aveuglément la définition de Galliani, ainsi que les autres principes qu'il a exposés sur cet objet. Je remercie le ciel, dit-il, de m'avoir accordé assez de force et de vie pour corriger mon erreur, et confesser mon tort. »

1828. M. Azuni conclut, en d'autres termes, en disant, avec raison, que la nation neutre qui s'est alliée, par des traités, avec une des nations belligérantes, ne peut pas être considérée dans un état de neutralité ; en conséquence, il présente ainsi la définition de la neutralité, tom. 2, fol. 12.

1829. La neutralité est « la continuation exacte de l'état pacifique d'une

58

Puissance, qui, lorsqu'il s'allume une guerre entre deux ou plusieurs nations, s'abstient absolument de prendre part à leurs contestations. »

1830. Le mot *pacifique* est un adjectif qui signifie bien *qui aime la paix*, mais aussi ne présente-t-il pas l'idée de la vexation soufferte patiemment dans l'intention de maintenir la paix ? Si cela est ainsi, j'avoue que la définition de la *neutralité*, que je vais essayer de donner, est inexacte ; car vouloir entreprendre d'écrire après M. Azuni sur une pareille matière, c'est, sans doute, faire une entreprise au-delà de ses forces; néanmoins, comme j'ai conçu la ferme résolution de ne jamais composer avec ma manière de voir, quel que soit l'auteur que je crois être autorisé de combattre, je vais entrer en matière.

1831. La neutralité est l'état d'un Gouvernement en situation de repos, qui ne prend aucun parti, actif ni passif, dans la guerre que se font deux nations. Les nations peuvent cesser d'être neutres dans deux circonstances: la première, lorsqu'elles se présentent avec l'intention évidemment démontrée par des faits, de favoriser un des belligérant au préjudice de l'autre; sous ce rapport prenant une part active, quoiqu'indirecte, dans la guerre, elles cessent d'être neutres : la seconde, lorsqu'elles souffrent que leur pavillon soit vexé par l'un des belligérant, en ayant par devers elles des moyens pour le faire respecter. Aussi si une nation neutre porte des choses à un autre neutre que les lois de la guerre lui défendent d'apporter chez l'un des belligérant, et qu'elle se les laisse enlever par l'un d'eux, sans demander réparation de cet affront, elle renonce tacitement à la neutralité en prenant un parti passif en faveur de la nation qui l'a spoliée.

CHAPITRE XXXIII.

DE LA MER EN GÉNÉRAL.

1832. Je compare cette immense quantité d'eau, appelée mer, qui couvre en grande partie la surface du globe, a un grand chemin construit dans un État pour faciliter les communications; si les grands chemins sont communs en particulier aux habitans de l'Empire, la mer est commune à tous les hommes : nul ne peut donc en prétendre la propriété, et s'en dire conséquemment le Roi, le Souverain, sans se proclamer usurpateur et tyran des nations. A la vérité, une nation peut bien employer la force et la violence pour interdire l'usage de la mer à une autre nation, lorsqu'elle se dispose à exécuter certain projet contraire à la tranquillité publique ; mais cet emploi de ses propres forces ne devra pas être considéré comme une action de souveraineté, mais comme une action particulière commandée par l'empire des circonstances ; d'où il résulte, que toutes les fois que l'on ne navigue pas avec un appareil propre à causer quelques inquiétudes de cette nature, on ne peut ni ne doit être privé de l'élément commun. Tout acte contraire à cette justice, ne peut être considéré que comme un acte arbitraire, qui, violant les droits de la nature et des gens, avertit les autres nations de se tenir sur leur garde, en leur commandant de se rallier pour opposer une masse de puisssance contre l'ennemi commun qui cherche à s'emparer à lui seul de la propriété de tous.

1833. Non, la pleine mer ne peut pas plus entrer dans la propriété d'un seul, que l'air, la lumière, et la chaleur du soleil.

1834. Ce fut en conséquence de ce principe constant et universel, que la Reine Élisabeth, peu accoutumée à parler sans suite et sans réflexion, répondit à l'envoyé d'Espagne, Mendoza, qui se plaignoit de ce que les vaisseaux anglais s'avisoient de naviguer sur la mer des Indes : « Qu'elle ne voyoit point de raison qui pût l'exclure, elle et d'autres nations, de la navigation aux Indes, puisqu'elle ne reconnoissoit à l'Espagne aucune prérogative à cet égard, et bien moins encore le droit de prescrire des lois à ceux qui ne lui étoient tenus à aucune obéissance, ou de leur interdire le commerce. *Que les Anglais naviguoient sur l'Océan, dont l'usage, tout comme celui de l'air, étoit commun à tous les hommes, et qui, par sa nature même, ne pouvoit tomber en la possession et sous la propriété de personne.* » *Cambd. in vita Elisab. ad annum 1580. Lett. sur la Hol., tom. 1, fol. 374.*

1835. Comme les temps sont changés ! On n'oubliera jamais les propos que tint, il y a long-temps, un Membre de la Chambre des Communes ; il osa s'exprimer ainsi : « *Il faut qu'à l'avenir on ne puisse pas tirer un coup de canon sur mer, sans la permission de la Grande-Bretagne.* En 1757, l'Ambassadeur des États-Généraux s'étant plaint, au Roi d'Angleterre, de la part de ses commettans, des déprédations des corsaires anglais, le Monarque lui répondit : « Je ne souffrirai pas que sous le spécieux prétexte d'être neutres, les Hollandais commercent librement dans les Colonies d'une nation avec laquelle je suis actuellement en guerre.

1836. Quoique l'art. 4 du traité de 1674, fait entre l'Angleterre et la

Hollande, portât que « les munitions navales, comme le chanvre, les bois, les mâts, et tous les matériaux propres à la construction des vaisseaux, ne seroient point réputées contrebande de guerre ; » néanmoins les Anglais, en 1779, arrêtoient tous les vaisseaux hollandais qui en étoient chargés; les Hollandais crurent que l'Angleterre deviendroit plus juste, à leur égard, à l'avenir, en invoquant le traité précité; les Anglais leur répondirent qu'ils observoient parfaitement le traité, puisqu'ils ne s'emparoient que des cargaisons de bois, de chanvre, et autres munitions de guerre qu'ils apportoient en France, que néanmoins ils paieroient : car, disoient-ils; si nous souffrions que vous portassiez des munitions à notre ennemi, autant vaudroit que vous lui fournissiez des vaisseaux pour nous combattre ; il n'y a pas de différence entre fournir de quoi fabriquer des armes, et livrer des armes mêmes.

1837. Lors de la guerre d'Amérique, le Roi de Prusse ne fut pas si patient, il fit notifier à la cour de Londres le départ des vaisseaux de ses sujets, chargés de bois de construction pour les ports de France; les Anglais n'osèrent pas y toucher. Il paroît que s'ils se fussent livrés à quelques excès, que son intention étoit de tomber sur l'Hanovre : mais la Russie, qui n'avoit pas les mêmes moyens de vengeance, en 1778 voyant que les Anglais arrêtoient, visitoient, et quelquefois amenoient ses vaisseaux, à l'exemple des Rois de Suède et de Danemarck, elle équipa une escadre pour protéger sa navigation marchande, en ordonnant que si, à l'avenir, aucun vaisseau anglais tentoit d'arrêter un vaisseau russe, que les officiers repousseroient la force par la force, et traiteroient les aggresseurs comme pirates : et on disoit même à Amsterdam, en 1779, qu'un corsaire anglais s'étant emparé d'un vaisseau portugais chargé de vin et d'eau-de-vie; qu'ayant eu la hardiesse de venir dans le port de Porto pour en faire la vente, le capitaine fut arrêté, conduit en prison, jugé et condamné à être pendu comme pirate.

1838. Cependant, en 1779, les Anglais paroissoient bien avoir diminué de leur prétention à l'empire maritime. On se rappellera sans doute que le 13 juin, même année, que Burke dit dans la Chambre Basse, après la jonction de la flotte espagnole et française : « Nous ne sommes souverains sur l'Océan, qu'autant que la Maison de Bourbon veut bien le permettre.» Mais il faut convenir que depuis ils ont bien ratrapé, avec avantage, le trident qu'ils étoient prêts à voir échapper de leurs mains ; et si toutes les puissances maritimes ne se réunissent de cœur et d'esprit, les Anglais pourront dire avec plus de vérité que jamais : « *A l'avenir aucune puissance ne pourra tirer un coup de canon sur mer, sans la permission de la Grande-Bretagne.* »

CHAPITRE XXXIV.

DE LA MER TERRITORIALE.

1839. J'APPELLE mer territoriale cette partie de mer qui avoisine les côtes d'un État. Certains écrivains considèrent cette portion de mer comme propriété : d'autres prétendent qu'elle est la propriété de tous ; d'autres en fixent les limites aux ports ; d'autres jusqu'à une certaine distanse. Dans ce conflit d'opinions, je vais tâcher d'abord de démontrer que la mer qui baigne les côtes d'un État, est propriété ou continuation de sa propriété territoriale, ensuite je chercherai à établir une règle générale pour en poser les limites.

1840. Les frontières d'un Etat sont ordinairement défendues par des châteaux, citadelles ou autres fortifications, afin de prévenir les invasions subites que pourroient faire les nations qui l'avoisinent. Le droit de construire de pareils moyens de défenses est un droit incontestable, et aussi incontetable que celui qu'à toute personne d'employer tout ce qu'il croit convenable à la conservation de son individu : conséquemment, lorsqu'il est question de restreindre le droit légitime de construire des forteresses, il faut que la restriction en soit convenue par un contrat politique; dans ce cas la convention doit être respectée.

1841. Lorsqu'une Puissance fait construire des fortifications, elle ne prend ce parti que lorsque la nature ne lui en a pas donné elle-même ; mais lorsque la nature les lui a fournies, alors elle se trouve dispensée de faire de pareilles dépenses; c'est le cas de Porto en Portugal. En effet, la Compagnie du Commerce anglais avoit proposé de détruire les rochers cachés sous l'eau de ce port, qui en rendent l'entrée fort difficile et dangereuse; les Portugais répondirent qu'ils ne s'aviseroient jamais de détruire la meilleure défense de leur port contre les insultes des Maures. En vain leur a-t-on représenté que l'embouchure étant étroite, deux forts, dont les feux se croiseroient, défendroient la ville de toute insulte ; ils répondirent encore qu'ils préféroient la sûreté de leurs foyers, à l'appât d'un gain plus considérable, qui pouvoit devenir la cause de leur ruine.

1842. Au défaut de fortification naturelle ou artificielle, la mer elle-même peut offrir un boulevard; mais pour qu'elle soit telle, il ne faut pas qu'elle soit limitée à une très-petite distance; car si les limites sont posées trop près de la côte, bien loin d'être un boulevard, elle devient un moyen d'attaque d'autant plus dangereux, que l'ennemi peut se présenter en nombre sur des citadelles flottantes, et compromettre le pays sur lequel il veut exercer ses hostilités; de-là la nécessité d'abord de décider que la partie de mer qui avoisine un État est sa prospérité, et pour ne point laisser les limites à l'arbitraire d'en fixer l'étendue.

1843. Si ces deux points sont évidemment démontrés, il ne me reste plus qu'à parler des limites et des moyens propres à employer pour leur fixer des justes bornes.

1844. Je ne pense pas qu'on puisse uniformément adopter les mêmes limites. Telle côte est hérissée de rochers en avant dans la mer, ne doit pas jouir de la même lattitude que celle dont l'accès est facile; car il ne faut pas perdre de vue que la mer est un grand chemin commun à toutes les nations, et qu'une nation ne peut s'en approprier une partie, qu'à raison de son utilité. La nature a déclaré la mer commune, comme l'air qu'elle nous fait respirer: mais les hommes ont déclaré la partie de mer, qui est propre à leur conservation particulière, propriété particulière; il résulte de ces deux observations, que la propriété en communauté de la mer en général, est établie en vertu du droit des gens positif, et que la propriété d'une partie de la mer en particulier, est établie en vertu du droit des gens conventionnel; et comme il importe à toutes les nations maritimes de jouir de ce privilége, il est indifférent que ce droit conventionnel soit tacite ou positif.

1845. Puisque la mer est un élément commun aux nations, il sembleroit que la mer territoriale ne devroit être acquise qu'en vertu d'une convention expresse; car dans toute communauté et sans convention, chaque membre peut bien prendre, dans la chose commune, une des parties qui la compose, pourvu que toutes les parties prises soient égales entre elles; mais un membre ne peut pas prendre une plus grande part que ces parts prenant, sans être redevable du surplus à la société: cependant il paroît que dans l'usage il en est différemment. En effet, par un Édit du Roi d'Espagne, de fructidor an 6, l'immunité de ses côtes a été fixée à deux milles neuf cent cinquante toises : tous les vaisseaux, y est-il dit, qui seront pris à une distance plus éloignée, seront censés pris en haute mer (*a*). Néanmoins, quoique le Roi d'Espagne soit un des membres de la communauté maritime, et qu'il ait fait cette fixation sans la participation de ses coassociés, leur silence équivaut à une ratification positive : d'ailleurs, comment chercheroit-on à contester la validité des immunités du Roi d'Espagne ? Elles sont si modestes, que l'on ne pourroit le faire sans une injustice révoltante.

1846. « Du temps du fameux Ballus, dit M. Azuni, tom. 1.er, fol. 46, on prétendoit que la mer territoriale s'étendoit à soixante milles du rivage. La rubrique, au tit. de *rerum divisione*, et la loi 3 du code *nautico fœnore*, paroît adopter les mêmes principes. Bodin est du même avis ainsi que Targa. Loocénius en fixe l'étendue à deux journées de chemin de la distance de la rive, et Grotius la borne à celle qu'on peut défendre de terre. »

Le plus grand nombre des écrivains portent néanmoins cette étendue jusqu'à cent milles de distance. Cette opinion a tellement prévalu de nos jours, quoique non appuyée sur des principes raisonnables, qu'elle a été adoptée comme principe fondamental de droit public, et qu'avec son secours, on dispose sans réserve de la mer, jusqu'à cette distance de la terre. On en trouve un exemple dans le diplome du roi D. Jacques d'Arragon, donné en faveur de la ville de Cagliari, daté de Barcelone, le 23 août 1727.

1847. Valin, dans son commentaire sur l'ord. de 1681, veut que l'étendue de la jurisdiction sur la mer, soit bornée à la portée du canon. Vatel, liv. 1, ch. 23, § 289. Hubner, Tr. de la Sai. du bât., tom. 1, ch., 8, § 10. Bynkershock, Dis. *Domino maris* le décident la même chose; mais Valin paroît être d'un avis différent dans son Traité des prises, pag. 45 : il dit, avec le Chevalier d'Abreu, que la prise faite à moins de deux lieues de distance des côtes du pays neutre, est contre le droit des gens, quoiqu'il n'y ait sur la côte ni forteresse, ni canon. M. Azuni voudroit, avec raison, que cette distance fût portée à trois

(*a*) La lieue marine est de vingt au degré, elle contient deux milles huit cent cinquante-deux toises; trois milles, ou trois minutes de degrés, ou trois nœuds; par conséquent deux milles neuf cent cinquante toises font *une lieue* cent huit toises.

milles, fondé sur ce que c'est la distance la plus grande à laquelle la force de la poudre à canon puisse porter un boulet et une bombe.

1848. M. Azuni ajoute : l'auteur du poëme *du droit de la nature*, liv. 5, développe cette idée en quatre vers très-connus.

L'État qui veut régner sur la liquide plaine,
Sans la force n'aura qu'une puissance vaine ;
Et le boulet lancé par le bruyant airain,
Assigne la limite au pouvoir souverain.

Cette distance est celle adoptée par l'Impératrice de Russie, Rég. du 13 décembre 1787, art. 2 ; par le Grand Duc de Toscane, Rég. du 1.er août 1778, art. 1; par Gênes, manifeste du 1.er juillet 1779, art. 1, et un autre subséquent; et enfin par Venise, manifeste du 9 septembre 1779, art. 9.

1849. Point de règle sans doute meilleure que celle que présente M. Azuni, parce qu'elle prend son principe dans celle de la raison : mais comme en pareille matière tout doit être rigoureusement déterminé, en déterminant l'espace par *milles*, c'est offrir autant de calcul à faire, qu'il y a d'état différent qui, pour la plupart, n'ont même pas de régulateur certain; dans ce cas, les nations devroient déterminer, par un consentement mutuel, l'immunité de leurs côtes, d'après un prototype invariable, et celui qui seroit le plus exact, est sans doute le quart du méridien adopté par les Français.

CHAPITRE XXXV.

DE LA LIBERTÉ DE LA NAVIGATION DES BATIMENS NEUTRES.

1850. PUISQUE la mer est une partie du globe commune à toutes les nations, il paroîtroit juste que la jouissance pleine et entière ne dût pas être interrompue par quelques membres de la grande société, en différens entre eux, ce qui seroit conforme au droit naturel ; mais le droit des gens positif s'oppose à cette pleine et entière liberté, et qui plus est, ce même droit des gens positif est restreint par les stipulations qui font partie des contrats qui forment le droit des gens conventionel. Il résulte de ces considérations, qu'en temps de guerre les neutres

neutres naviguent sous deux garanties, sous la garantie du droit des gens positif, et tous sous la garantie du droit des gens conventionel.

1851. Par exemple, d'après le droit des gens positif, aucun navire neutre ne peut naviguer qu'en étant porteur des preuves de sa neutralité, et non chargé d'effets hostiles où d'hommes de guerre, pour l'un des belligérant; et comme il n'est pas possible de s'assurer de son état de neutralité, sans opérer, la visite elle est donc permise en prenant certaines précautions, et en observant certaines formalités.

1852. D'après le droit des gens conventionel, une nation ne peut point arrêter un navire par droit d'angarie (1543), pour son usage particulier, ni l'empêcher de porter des effets non propres à la guerre à son ennemi: pour discuter chacune de ses principales choses, nous allons en parler en particulier.

1853. *Preuve de la neutralité.* Les preuves de la neutralité d'un navire doivent se trouver à bord, dans ce qu'on appelle les papiers de mer, en ayant égards aux lois de la nation à laquelle il appartient. Ces papiers de mer, sont :

1.° Le Passe-Port. La forme du passe-port que certaines nations neutres doivent avoir en temps de guerre, est insérée dans les traités qu'elles ont fait avec les puissances belligérantes; cependant comme tous les traités ne présentent pas de pareilles formules, il faut avoir recours aux règles générales. Les règles générales sont donc, que les passe-ports doivent contenir le nom du capitaine; 2.° celui du bâtiment; 3.° le lieu où il a été construit; 4.° le lieu de sa résidence, le reste est arbitraire.

1854. Quoique le passe-port ne soit pas décidément conforme à la formule, et même quand il y auroit une différence essentielle, ce ne seroit pas un motif pour confisquer le navire; mais c'en seroit un pour exiger que les autres pièces fussent très-scrupuleusement visitées : au surplus, d'après l'art. 2 du réglement du 26 juillet 1778, une pièce pouvant suppléer à l'autre pour constater la neutralité, il est bien clair qu'un passe-port irrégulier ne peut que tirer légèrement à conséquence, le défaut de forme du passe-port ne pouvant être imputé qu'à celui qui le délivre. Ainsi jugé le 24 germinal an 7, par le Tribunal de cassation, et par le Conseil des prises, le 27 frimaire an 9, par rapport au navire Hambourgeois la jeune Catherine, quoique l'armateur alléguât que le passe-port de ce navire n'étoit pas conforme à l'art. 31 du traité de Hambourg.

1855. Le même Conseil des prises décida, le 13 germinal an 9, par rapport au navire Suédois l'Élégance, d'après une lettre du Ministre des Relations Extérieures qui lui fut adressée, que *les lettres de privilège ou de franchise* que le Gouvernement Suédois expédie aux navires pour naviguer dans la Baltique, tenoient lieu de passe-port, lorsqu'elles coïncidoient avec la date du départ.

1856. Le passe-port est néanmoins une pièce très-essentielle, et tellement essentielle, que c'est à elle seule que les nations barbaresques s'en rapportent : aussi en temps de guerre les capitaines Danois ont-ils deux passe-port ; l'un est en latin, signé par le Roi et par les membres du Collége royal d'économie et de commerce, qui a lui seul le droit de signer ces sortes de passe-ports et scellé du grand sceau ; et l'autre écrit en danois, appelé passe-port Turc, pour exhiber aux corsaires algériens et autres pirates de ce cette espèce.

Un passe-port ne peut servir que pour un voyage de long cours, ou pour un temps déterminé ; il est nul, s'il a été donné à un bâtiment qui n'étoit pas à l'époque de la date qu'il conste, dans aucun des ports du prince qui l'a accordé. (Voyez le réglement du 21 octobre 1744, art. 7 et 8); il est nul lorsqu'on y a contrevenu, en faisant des escales ou relâches, qui ne sont pas portées dans son contenu, à moins qu'il ne soit justifié par des actes en bonne forme, trouvés à bord, que le navire a été obligé d'aller en relâche.

Le passe-port est nul, lorsque le nom du bâtiment est différent de l'énonciation qui est faite sur les pièces de bord, à moins que les preuves du changement de nom, avec l'identité du bâtiment, ne fassent parties de ces mêmes pièces de bord, qu'elles ayent été reçues par des officiers publics du lieu du départ, et enregistrées par-devant le principal de ces officiers (*a*).

Le passe-port est nul, s'il a été accordé par une Puissance neutre, lorsque ces sujets n'ont point été naturalisé chez elle avant la déclaration de guerre ; mais si la naturalisation est antérieure à la déclaration de guerre, les passe-ports sont valables (*b*).

(*a*) L'article 1.er du réglement du 17 février 1694 porte, qu'on n'aura aucun égard aux passe-ports des Princes neutres auxquels ceux qui les auront obtenus se trouvent avoir contrevenu, et que ces vaisseaux seront considérés comme étant *sans aveu*, en conséquence déclaré de bonne prise. Art. 7 du régl. du 21 octobre 1744.

(*b*) Voyez l'art. 6 du régl. du 26 juillet 1778.

1857. **Les lettres de mer.** Les lettres de mer contienent une spécification de la cargaison du navire, de son jaugeage, du lieu de son départ, du domicile et le nom du capitaine, ainsi que de celui du bâtiment. Les lettres de mer étant à-peu-près comme les passe-ports, l'un peut suppléer à l'autre. Les lettres de mer diffèrent des passe-ports en ce que les passe-ports sont délivrés ordinairement par les Souverains, et les lettres de mer par les magistrats. (Voyez la formule des lettres de mer, traité des Pyrennées, qui est après le dernier art. 123), d'où il suit que le passe-port est plus authentique que les lettres de mer.

1858. **Les lettres de naturalisation** *ou de bourgeoisie.* Les navires danois sont ordinairement porteur de lettres de naturalisation.

1859. Il paroît qu'anciennement on ne délivroit en Danemarck que des lettres de bourgeoisie, comme il est attesté par une déclaration du conseil royal de Copenhague, du 29 mars 1759. C'étoit l'officier municipal qui en faisoit la délivrance ; mais depuis l'édit d'indigénat, du 15 janvier 1776, on délivre des lettres de naturalisation, signée du Souverain. Voici cet édit en entier :

LE DROIT D'INDIGÉNAT

Suivant lequel la possession des emplois du Danemarck est réservée à ses sujets seuls, ou à ceux qui acquerront la naturalisation. Donné au château de Christiansbourg, le 15 janvier 1776. Publié le 29 janvier de la même année.

Nous Chrétien VII, par la grace de Dieu, Roi de Danemarck, de Norwége, des Vandales et des Gots, etc., Duc de Sleswig, de Holstein, de Stormarn et de Dithmarn, Comte d'Oldenbourg, de Delmenhorst, etc., etc., etc. Savoir faisons par ces présentes, que dès long-temps nous avons résolu d'établir, par une loi fondamentale, et sous certaines clauses et restrictions nécessaires et précises, que tous les emplois dans nos Etats, soit à notre cour, soit dans le clergé, dans le civil ou dans le militaire, de telle nature ou importance qu'ils soient, ne pourront, dorénavant, être conférés qu'à nos sujets nés, ou à ceux qui seront réputés tels. L'équité elle-même exige que le service de l'État nourrisse les sujets de l'État, et que ce soient ses propres citoyens qui jouissent des avantages qui existent. Il conste d'une expérience que les temps les plus reculés constatent, qu'il ne manque jamais des sujets capables dans un pays où l'on veille à l'éducation et à l'instruction de la jeunesse. Nous pouvons, à cet égard, jeter un coup-d'œil satisfait sur l'histoire de notre patrie. Elle nous rappelle des hommes de tout état qui l'ont servie, qui lui ont fait honneur, qui l'ont sauvée, et qui, par leur fermeté, se sont immortalisés en se sacrifiant pour les Rois nos prédécesseurs, dont ils ont affermi et illustré les règnes. Ces Rois ont aussi aimé très-tendrement leurs peuples, qui, de leur côté, leur ont donné des preuves de leur attachement, de leur confiance et de leur zèle dans tous les cas où les besoins quelconques de l'État l'ont exigé.

Toutes ces considérations nous ont porté, après y avoir mûrement réfléchi, à prendre la résolution d'assurer les emplois du pays aux enfans seuls de ce pays, par un édit public et immuable ; et quoique l'État ait eu des étrangers, et que nous en ayons encore à notre service qui nous ont servi, et qui nous servent encore, nous et l'État à notre plus grande satisfaction, nous ne pouvons cependant nous empêcher plus long-temps de suivre les lois de la justice, de l'amour de la patrie, et de notre propre conscience, sur-tout après avoir pourvu à des établissemens pour l'éducation de la jeunesse, que nous entretiendrons avec des soins paternels, que nous nous efforcerons de perfectionner de plus en plus. A ces causes voulons, enjoignons et ordonnons :

Art. 1.er Dès le jour de la publication de ce présent édit, personne ne pourra être censé habile à un emploi dans nos royaumes et provinces, soit à la Cour, soit dans l'état ecclésiastique, soit dans le civil ou dans le militaire, à moins qu'il ne soit constaté que celui qu'on veut en revêtir est né dans nos États, ou que s'il naquit ailleurs, ce fut de parens Danois qui voyageoient, ou qui étoient chez l'étranger pour le bien de notre service. A cette fin, tous nos colléges, ou quiconque nous proposera la collation d'une place ou d'un emploi quelconque, ainsi que tous ceux qui ont droit d'y nommer, sont tenus, sous peine d'encourir notre disgrace, de ne nous proposer dorénavant que des sujets nés en Danemarck, en Norwége, dans le Holstein, ou censés tels ; et dans toutes vocations, lettres patentes et brevets, on spécifiera expressément que l'impétrant a les qualités requises et irrévocablement prescrites par notre présent édit.

2. On regardera comme sujets nés tous ceux qui, le 29 janvier 1776, se trouveront réellement à notre service, ou à celui de l'État, quand bien même ils seroient nés dans des pays étrangers.

3. Seront de plus réputés sujets nés, tous les étrangers de naissance qui possèdent en propre des terres, ou d'autres immeubles, de la valeur de

trente mille écus au moins, soit que ce soient des biens-fonds libres situés en Danemarck, des forges et fonderies de fer en Norwége, des biens de campagne dans le Holstein, ou des plantations dans nos îles des Indes occidentales, soit qu'ils les possèdent déjà en propre, ou qu'ils les acquièrent ensuite par héritage, par achat, par mariage ou de toute autre manière légale. On regardera de même comme sujets nés tous ceux qui ont des maisons, ou des fabriques évaluées à dix mille écus au moins, dans nos villes du Danemarck, de la Norwége et du Holstein, ou qui possèdent ou qui acquièrent des manufactures et fabriques dans le plat pays, là où on en permet l'établissement; mais il faut absolument que tous justifient juridiquement leurs propriétés, et prouvent que ce qu'ils possèdent est de valeur prescrite.

4. Enfin, jouiront encore des droits des nationaux, et seront censés tels :

Les savans étrangers que nous appellerons à notre université de Kiel, à l'église de St. Pierre à Copenhague, à notre mission à Tranquebar, et même à la communauté réformée que nous avons reçue dans nos États.

Les fabricans étrangers, les artistes et les maîtres des métiers qui pourroient être nécessaires à de nouveaux établissemens dans nos États.

5. Quand aux recrues, elles restent sur l'ancien pied; et pour ce qui concerne les bas-officiers et soldats qui, par leur bravoure, se distingueront à notre service, nous nous en réservons la récompense.

6. Tous les étrangers qui, en vertu des articles 2, 3, 4 et 5 du présent édit, seront censés habiles à l'indigénat, et qui se trouvent actuellement dans nos États, ou à notre service, doivent, avant l'expiration de l'année, datant du jour de la publication des présentes, s'annoncer à notre chancellerie danoise pour s'y pourvoir de lettres de naturalisation, s'ils n'en sont déjà munis, lesquelles lettres leur seront délivrées *gratis*. Tous ceux qui négligeront cette démarche, seront à toujours regardés, par nous, comme gens qui s'excluent eux-mêmes de tout emploi, et renoncent à l'habilité que nous leur avions réservée.

7. Quant aux étrangers qui, dans la suite, viendont dans nos Etats, et qui, conformément aux articles 2, 3, 4 et 5, seront à même de participer aux droits des nationaux, devront se pourvoir de lettres de naturalisation pour la taxe prescrite, avant de pouvoir espérer l'expectative aux charges et aux emplois.

8. A l'égard de nos pages et de nos cadets de terre et de mer, voulons et établissons irrévocablement par les présentes, qu'on n'en reçoive et n'en admette dorénavant que parmi nos gentilshommes nationaux ou censés tels, persuadés que notre maison royale se conformera perpétuellement à cet article, et s'imposera la loi agréable de n'employer d'entre les deux sexes, au service de la Cour, que des sujets nés dans nos États, ou réputés pour tels ; et voulons enfin que, dès-à-présent, on ne reçoive et n'admette dans tous les chapitres et couvens de nos États, que des femmes ou filles qui y sont nées ou naturalisées.

9. Tous les étrangers qui ne voudront, ou ne pourront point se conformer aux articles 2, 3, 4 et 5 de cet édit, afin de pouvoir s'aquérir l'habilité aux places, charges et emplois, jouiront nonobstant de la liberté de demeurer dans nos royaumes et provinces, et de s'y servir de tous les moyens permis par nos lois, édits et ordonnances, pour y vivre et y subsister, pouvant, chacun suivant son état, compter sur la considération, les égards et la protection que tous sont en droit d'attendre d'un Gouvernement doux et chrétien. Pour ce qui est des enfans qui leur naîtront dans nos États, ils jouiront de tous les droits des naturels du pays, s'ils y restent.

Au reste, ce présent édit n'exclut qui que ce soit dans les corps des métiers d'en devenir, à son tour, l'ancien ou le chef, ou d'y remplir d'autres places de pareille nature.

10. Comme notre volonté absolue, que nous venons de faire connoître par le présent édit, est fondée sur les droits immuables et le lien naturel qui lie les Rois souverains et et héréditaires de ces royaumes à leurs peuples, nous sommes convaincus que nos successeurs suivront toujours la même façon de penser; et à ces causes, nous créons et déclarons le présent édit une loi immuable et irrévocable de l'Édit ; et comme Roi et comme père, nous imposons à nos propres descendans et à nos successeurs, celle de s'y conformer saintement, et de n'y jamais déroger en rien, à moins qu'un de ces cas fortuits, dont le salut de l'État pourroit dépendre, et que toute la prudence humaine ne peut prévoir, n'exige quelque exception inévitable, qui, cependant, ne pourra tirer à conséquence par la suite, ni diminuer et altérer l'effet perpétuel et la force immuable et plénière de ce présent édit.

Par le même soin pour notre peuple, et afin de le maintenir dans le droit naturel que nous avons voulu établir par l'état actuel, nous avons requis son Altesse Royale le Prince héréditaire, notre très-cher et unique frère, de vouloir, pour lui et pour ses descendans, assurer, par un acte authentique, que si, par la volonté de Dieu, le trône venoit à être occupé par l'autre branche de notre maison, ce présent édit créé par la nature et par l'équité, continueroit à rester une loi fondamentale; et notre très-cher Seigneur frère s'y étant prêté avec plaisir, et en ayant fait déposer dans nos archives l'acte dressé et signé en date de ce jour, nous voulons que deux exemplaires semblables du présent édit signés de notre propre main, y soient également déposés et conservés auprès de la loi royale.

Enjoignons et ordonnons en conséquence à tous colléges, et à tous ceux que nous avons nommés, ou prétendu désigner au premier article du présent édit, de veiller sévérement à son maintien, et d'en prévoir et empêcher toute transgression quelconque. En foi de quoi nous l'avons muni de notre signature et de notre sceau royal.

Donné à Christiansbourg, notre résidence royale à Copenhague, ce 15 janvier 1776.

CHRÉTIEN, R. (L. S.)

1861. Hubner, en parlant des lettres de naturalisation et de bourgeoisie, s'exprime ainsi: «Par ces lettres, le capitaine, maître ou patron du navire, prouve qu'il est réellement membre d'un Etat neutre; ce qui paroît encore davantage, s'il est domicilié dans quelque ville ou bourg dont le magistrat le reconnoît pour citoyen. Dans quelques Etats maritimes où les lettres de naturalisation ne sont point d'usage, comme en Danemarck, on leur substitue des lettres de bourgeoisie, qui pour lors doivent avoir le même effet. Un bâtiment neutre peut très-bien se passer de ces lettres, sans que leur absence fasse aucun tort aux preuves de son Etat, et sans que l'on puisse pour cela le taxer d'irrégularité; puisqu'en tous cas le passe-port y supplée suffisamment. »

1862. Néanmoins il ne faut pas se dissimuler que les lettres de bourgeoisie qui n'ont pas le même degré d'authenticité que les lettres de naturalisation, peuvent souvent être présumées clandestines avec juste raison. Voici ce qu'écrivit Boriel à Jean de Wit, le 27 nov. 1654.

1863. « Il y a une chose qui fait beaucoup de tort aux sujets de Leur Haute Puissance, c'est que les marchands et maîtres de navires qui, comme on dit vulgairement, voudroient naviguer entre deux eaux, se métamorphosent subitement, tantôt en Hollandais, tantôt en Espagnols; ils s'exposent par ces subtilités à des grandes pertes. En effet, s'ils sont

Hollandais, pourquoi les trouve-t-on chargés d'actes et *de lettres* qui prouvent qu'ils sont *francs-bourgeois* de Bruges, d'Ostende et de Dunkerque. Je sais bien pourquoi ils le font. . . . . Les Français jugent bien que cela se fait pour *cacher des effets espagnols*, et pour obtenir plus de cargaison espagnole, à l'abri de cette feinte qualité ». Let. de Jean de Wit, tom 1, fol. 279.

ACTE DE PROPRIÉTÉ.

1864. Dans le cas où le navire seroit de construction amie ou neutre, qu'il seroit sous un pavillon de l'un des deux, il doit y avoir à bord un acte de propriété qui établisse son nom, sa capacité, le nom du propriétaire, et qu'il soit d'ailleurs revêtu de signatures publiques par ceux proposés à délivrer ces sortes d'actes (*a*).

Si le nom du navire avoit changé, et que celui stipulé dans les connoissemens ne fût pas le même, il faut qu'il y ait à bord un acte en bonne fome, qui établisse la parfaite identité entre le nom désigné dans l'acte de propriété, et celui porté sur les connoissemens; faute de ce, la reconnoissance étant impossible, le navire doit être arrêté.

Dans le cas où le bâtiment seroit de construction ennemie (*b*), ou qu'il auroit un propriétaire ennemi, on pourra l'arrêter, s'il n'est trouvé à bord quelques papiers authentiques passés devant des officiers publics, qui puissent en assurer la date, et justifier que la vente en cession aura été faite à quelques-unes des Puissances alliées ou neutres, avant le commencement de la guerre: lesdits navires pourront également être arrêté,

---

(*a*) Amie ou neutre. Hubner observe que les lettres de propriété, ou *les preuves de l'appartenance du navire*, par lesquelles il doit constater qu'il appartient réellement aux sujets d'une Puissance neutre, suffisent si le bâtiment est de construction permise, ou de la fabrication d'une nation neutre; mais s'il est de construction des peuples belligérans, il faut que l'on puisse prouver qu'il a été acheté deux ans avant la déclaration de la guerre actuelle, ou qu'il a été pris sur eux, et déclaré de bonne prise. (Voyez l'article 7 du réglement du 26 juillet 1778.)

(*b*) Mais dans le cas où ledit navire auroit eu un propriétaire ennemi, conformément à l'article 4 du réglement du 17 février 1694, confirmé par celui du 12 mai 1704, art. 7, qui ajoute au rapport de Valin, que la vente doit être antérieure à la déclaration de guerre, etc.; et à l'article 10 du réglement du 21 octobre 1744. Il faut que ce que nous venons de prescrire soit suivi. (Voyez le réglement du 21 octobre 1744, article 10.)

si

si ledit acte translatif de propriété de l'ennemi au sujet neutre ou allié, n'a été duement enregistré par-devant le principal officier du port, et signé du propriétaire ou des porteurs de ses pouvoirs.

Dans le cas où les bâtimens de construction ennemie proviendront de nos prises, et qu'ils auroient été achetés par nos amis alliés, ou neutres, il faut qu'il s'y trouve à bord des actes en bonne forme, lesquels doivent être passés par-devant des officiers publics, qui justifient tant de la prise que de la vente.

ROLE D'ÉQUIPAGE.

1865. Le rôle d'équipage doit contenir le nom, l'âge, la demeure habituelle, et le lieu de la naissance de tous ceux qui composent l'équipage.

Quelques Puissances neutres ne donnent point de rôle d'équipage portant désignation du nom, de l'âge et du lieu de la naissance des hommes qui le composent; elles se bornent à faire attester, par les officiers publics, que l'équipage est composé de tant d'individus, et que plus des deux tiers appartiennent à des Puissances neutres; d'après cette observation, il faut considérer comme en règle le rôle d'équipage ainsi légalisé (*a*) et arrêté par les officiers publics des lieux neutres ou amis, d'où seroit parti le navire; mais si le rôle d'équipage n'est pas fait sous l'une ou l'autre formule, le navire doit être amariné comme étant de bonne prise (*b*).

Le navire sur lequel il y aura un subrecargue, marchand, commis, officier-major ou marinier en activité, porté sur le rôle comme étant sujet des nations en guerre avec la République, seront de bonne prise (*c*).

(*a*) Voyez le traité de 1778, art. 25 et 27. Par ces articles, il est ordonné aux vaisseaux américains d'avoir le rôle d'équipage à bord; et l'art. 4 de l'arrêté du Directoire exécutif du 12 ventôse an 5, veut que tout navire américain qui n'aura pas son rôle d'équipage, *soit de bonne prise.*

(*b*) Réglement du 26 juillet 1778, art. 9.

(*c*) *Idem*, et art. 12 du réglement du 21 octobre 1744. Il faut excepter néanmoins de l'article 9 du réglement du 23 juillet 1704, et de l'article 12 de celui du 21 juillet 1744, les Espagnols, (1) Danois et Suédois, en vertu des traités faits avec ces nations dont les pavillons

(1) A-peu-près en 1775, les Algériens étoient en guerre avec les Espagnols; ces premiers ayant besoin d'envoyer un ambassadeur à Constantinople, frétèrent un bâtiment français, parce qu'ils savoient sans doute que les individus et la cargaison seroient respectés, étant couverts par un pavillon privilégié; à son retour, ce bâtiment fut arrêté par des Espagnols, et conduit à Carthagène, où, par l'entremise de l'ambassadeur de France, la cargaison et l'ambassadeur furent relâchés. Traité des assurances, tom. 1, fol. 490.

Le navire sur lequel il y aura au-delà du tiers de l'équipage sujet des Puissances ennemies, seront de bonne prise (*a*).

Il faut cependant faire attention que si dans le cours du voyage il est mort quelques individus portés sur le rôle d'équipage, les capitaines sont autorisés à les remplacer dans quelques lieux qu'ils relâchent, mais il faut que cette mort et ce remplacement soient justifiés par des actes trouvés à bord (*b*).

CONNOISSEMENS.

1866. Les connoissemens trouvés à bord non signés, sont nuls, et les marchandises qui y sont énoncées, sont confiscables (*c*).

Les connoissemens doivent indiquer pour compte de qui la marchandise est chargée, de quel pays elles sont, et le nom du propriétaire (*d*).

Les connoissemens portant simple désignation pour compte neutre, sont insuffisans; cependant cette désignation peut quelquefois ne pas entraîner confiscation: en pareil cas, il faut toujours arrêter, et dans cette hypothèse, si le navire est riche, il faut le convoyer, en laissant à bord le capitaine neutre, pour que, si on trouvoit des forces ennemies supérieures; elles ne puissent prendre le navire comme propriété française, parce que si l'ennemi le capturoit sous ce rapport, l'armateur seroit obligé de payer le neutre.

Lorsqu'il arrive à des capitaines d'arrêter un pareil bâtiment, il doit insérer dans le verbal de capture, que comme les connoissemens n'indiquoient pas d'une manière claire la propriété neutre, qu'il a cru devoir l'arrêter.

---

couvrent la cargaison. On observera néanmoins que le traité fait avec le Danemarck ne parlant nommément que des marchandises et non des personnes, et que, suivant Valin, Traité des prises, les Suédois doivent jouir des mêmes priviléges que les Danois; il suit de-là, à en juger d'après l'esprit des traités, qu'il n'y a que les Espagnols, dont le pavillon protége un subrecargue, commis, etc., sauf sans doute un militaire, suivant les vœux de tous les traités. Voyez ces traités.

(*a*) Réglement du 26 juillet 1778, art. 9.

(*b*) Article 10 du même réglement.

(*c*) Article 5 du réglement du 17 février 1694, et art. 7 du réglement du 21 octobre 1744.

(*d*) Comme les connoissemens pourroient être concertés en fraude, il faut catéchiser les gens de l'équipage pris, pour savoir la vérité; si leurs dépositions les démentent, elles prévalent sur ces pièces. Arrêt du Conseil du 26 octobre 1692.

Si on trouve à bord des doubles connoissemens pour la même marchandise et pour des destinations différentes, c'est aussi un motif d'arrêter le navire et de l'envoyer.

FACTURES.

1867. Les navires qui vont en Amerique ou dans l'Inde, doivent avoir à bord des factures, ainsi que ceux qui en reviennent.

Il est nécessaire de les demander au capitaine pour voir si elles concordent avec les connoissemens.

S'il n'y avoit point de facture à bord, ce pourroit être un motif de suspicion qui pourroit autoriser quelquefois à arrêter le navire; cependant il n'est pas assez absolu pour qu'on le fasse sans y mettre toute la réflexion et la prudence possible.

Les navires qui voyagent en Europe n'ont point ordinairement de factures à bord, parce que dans cette hypothèse on les envoie par la poste. Cet usage généralement reconnu, semble prévaloir sur les dispositions des réglemens.

La facture émanant du chargeur seul ne peut pas être considérée comme une pièce très-importante, de sorte que si on trouve un navire (a) neutre, très-en règle d'ailleurs en destination, ou en retour de pays, au-delà de la ligne qui n'eût point de facture, il ne faudroit pas l'amariner pour ce fait seul.

1868. On appelle contrebande de guerre tout attirail de guerre trouvé sur un vaisseau neutre. Notre ordonnance, art. 11, ne considère comme contrebande de guerre que les armes, poudre, boulets et autres munitions de guerre, les chevaux et les équipages; mais depuis il a été compris sous cette dénomination, dans plusieurs traités, une infinité d'objets qui n'étoient point propres par eux-mêmes à la guerre, mais néanmoins qui pouvoient présenter des moyens à la soutenir avec plus d'avantage; tels par exemple, que les bois de construction, les mâts, les résines, le soufre, les voiles, le chanvre, les cordages et tout ce qui peut servir à l'armement d'un vaisseau, l'argent même, et dans certains cas les munitions de bouche.

(a) Les factures ne sont pas plus probantes que les papiers de douane et autres de cette espèce, ainsi les connoissemens ou charte-partie peuvent y suppléer. Aussi Hubner dit: « Comme cette pièce ne fait rien pour constater la neutralité d'un navire, ou la régularité » de sa conduite, il est fort indifférent si, en cas de visite, elle se trouve à bord des bâtimens » neutres, ou si elle ne s'y trouve pas. »

1869. Pour peu que l'on étende encore cette prohibition, il ne sera plus permis aux neutres de faire aucun commerce avec les nations belligérantes, sous prétexte que le commerce fortifie l'ennemi que l'on a intérêt d'affoiblir par tous les moyens.

1870. Les Anglais, comme se pouvant passer des neutres en temps de guerre, à l'aide de leur grande marine marchande et de leur nombreux convois, dans leur code maritime, pag. 18, 20 et 21, classent dans la contrebande de guerre tout ce qui peut être jugé capable d'armer leur ennemi; de-là une grande extention qui tend à prohiber tout ce qui est susceptible d'être vendu.

1871. Quoiqu'il ait été un temps que la France pouvoit rivaliser la marine anglaise, même avec avantage, elle n'a jamais eu dans l'idée d'avoir une pareille intention. Elle a senti qu'elle ne pourroit jamais se livrer à une pareille prétention, sans blesser l'intérêt des neutres, qui doit être garanti par le droit des gens.

1872. Les vaisseaux neutres qui ont à redouter les Barbaresques, peuvent-ils porter un attirail de guerre propre à en imposer à leurs ennemis? Je le croirois : mais alors il seroit essentiel qu'ils en fissent mention sur quelques papiers de mer duement légalisés; il ne seroit pas juste que dans la crainte d'inspirer quelque ombrage aux belligérans, ils s'abstinssent des choses nécessaires à leur propre conservation. Au surplus, pour savoir ce qu'on doit entendre par contrebande de guerre, après avoir reconnu les règles générales, il faut consulter les traités pour connoître en particulier ce qu'on entend par ces mots. Voici quelques exemples :

1873. *Traité de 1725 entre l'Empereur Charles VI et l'Espagne.* Les planches et bois destinés à réparer les navires; les voiles, goudron et cordages, dans le cas qu'on vînt à découvrir qu'ils seroient destinés au secours des ennemis ou pour un port ennemi. Les habits complets sont exceptés pourvu qu'ils ne soient pas destinés à vêtir des régimens et des compagnies entières.

Ce même traité comprend, dans la contrebande de guerre, les espèces de tout genre de choses, tant œuvrées que non-œuvrées, servant à l'usage de la guerre; néanmoins par une contradiction frappante, il déclare le cuivre, le fer et l'acier, non-contrebande de guerre.

A-peu-près tous les traités considèrent les denrées comme libres, et en général les nouveaux traités ne prohibent que les attirails de guerre proprement dits.

1874. *Traité de 1742 entre la France et le Danemarck.* Sous le genre de marchandises de contrebande, sont comprises seulement les armes, tant à feu que d'autres sortes avec leurs assortimens, comme canons, mousquets, mortiers, pétards, boulets, grenades, cercles poissés, affûts, fourchettes, bandoulières, poudre, mèches, salpêtre, balles, piques, épées, casques, cuirassès, hallebardes, javelines, cheveaux, selles de cheval, fourreaux de pistolets, baudriers, et généralement tous autres assortimens servant à l'usage de la guerre, *de même que le goudron ou poix-résine, les voiles, chanvres et cordages.*

1875. *Traité de 1748 entre le Danemarck et l'Espagne.* Le même que ci-dessus, excepté le goudron ou poix-résine, les voiles, chanvres et cordages. Ce traité permet même de charger toute espèces d'attirails de guerre, pourvu qu'ils ne soient point destinés pour l'ennemi.

1876. *Traité de Gêne avec la même Puissance.* Même convention que ci-dessus.

1877. *Traité de 1674 entre la Grande-Bretagne et les Provinces-Unies.* La contrebande de guerre proprement dite, de plus, *les soldats.*

1878. *Traité de 1778 entre la France et les États-Unis.* Ce traité, art. 24, ne reconnoît pour contrebande de guerre, qu'absolument tout ce qui a la forme d'arme et qui peut servir réellement à faire la guerre, comme chevaux, poudre à tirer, mèches; comme la nomenclature des choses permises suit celle des choses défendues, qu'il est dit que tous les effets, marchandises qui ne sont pas comprises dans cette nommenclature, sont permises, et que le salpêtre n'y est pas compris; il suit donc de-là, que *le salpêtre est marchandise libre:* mais il paroît que c'étoit une omission, aussi dans le traité du 8 vendémiaire an 9, 30 septembre 1800, conclu entre la France et les Etats-Unis, on a compris dans la contrebande de guerre, *le salpêtre*, art. 13. Les armes ne sont réputées contrebande de guerre, que lorsqu'elles sont destinées pour un port ennemi.

1879. Le traité de 1778 paroît avoir servi de base au traité de la neutralité armée du 21 octobre 1780, et conséquemment à celui du 30 septembre 1800; pareille stipulation a été faite entre la Russie et l'Angleterre le 17 juin 1801, et par celui d'alliance du 11 mars même année, entre la Suède et la Russie, art. 26.

1880. Le Conseil des prises décida, le 13 germinal an 9, que le navire suédois l'Élégance, chargé de mâts de construction, recoussé par les Anglais, que sa cargaison n'étoit point de contrebande.

1881. Blocus. On appelle blocus d'un port, la station de plusieurs navires ennemis faite devant un port, pour empêcher qu'aucun navire n'apporte, à l'endroit bloqué, aucune munition de bouche et de guerre.

1882. Hübner, Traité des Sais. des bât. neut., dit, tom. 1, fol. 129 : « Le droit des nations belligérantes de saisir les bâtimens neutres, n'est jamais moins douteux que quand ces bâtimens apportent aux places assiégées ou bloquées, des munitions de guerre ou de bouche, ou qu'ils entretiennent avec une telle place quelque communication non permise par les attaquans, puisqu'ils manquent par-là visiblement aux devoirs de leurs états; par conséquent, ces navires ne sont pas dans le cas de la saisie, s'ils s'abstiennent de ce commerce criminel, à moins qu'ils ne contreviennent, à d'autres égards, aux lois de la neutralité. »

1883. Les lois de la guerre veulent que, pour qu'un port soit reconnu bloqué, il faut qu'il y ait un certain nombre de vaisseaux qui en forment le blocus, et que de plus, il soit déclaré tel par la Puissance qui veut le priver de toute communication par mer : néanmoins, l'état stationnaire ou l'état hostile, la connoissance de la guerre qu'ont les neutres, sont autant de fait qui les avertissent de la situation du port; car du moment que les neutres ont connoissance de la guerre, et qu'ils aperçoivent un certain nombre de vaisseaux de marine militaire étrangère devant un port, dans un état hostile, ils ne peuvent présumer autre chose, sinon que le port est bloqué. Cela arriva la guerre dernière : un vaisseau américain fut chargé de vin, et expédié de Bordeaux pour Dunkerque, ayant trouvé ce port bloqué par les Anglais, il passa outre.

1884. Mais comme il peut arriver, comme il arriva dans la circonstance que je viens de présenter, qu'un vaisseau neutre, quoique n'ignorant pas l'état de guerre, se dirige vers un port bloqué, parce qu'il ignoroit le blocus, il est clair que s'il est rencontré dans les eaux de ce port, les vaisseaux qui en font le blocus ne peuvent point le capturer, sous prétexte qu'il veut porter des secours à leurs ennemis : au surplus, dans une pareille hypothèse, on est présumé de bonne ou de mauvaise foi, suivant les circonstances. La mauvaise foi se présumera, lorsque le vaisseau neutre cherche à prendre une autre route détournée pour éviter la flotte; s'il a l'air de vouloir entrer sans pilote, etc., etc. Il sera présumé de bonne-foi, s'il navigue sans mystère dans un temps brumeux, s'il n'a pas été possible qu'il apprît avant son départ, ou même dans sa route, le blocus. Si un coup de vent, une tempête l'a jeté dans la flotte; mille circonstances peuvent militer, pour ou contre, le neutre qui dirige sa route vers la place bloquée.

1885. Toute les fois qu'il y a une flotte, composée de vaisseaux de guerre, devant un port, ils peuvent être présumés observateurs, ou bloquant ce port, soit qu'ils soient stationnaires, soit qu'ils soient croiseurs. Ils sont présumés observateurs, lorsqu'ils sont dans l'un ou l'autre état avant toute déclaration de guerre. Ils sont présumés bloquant le port, lorsqu'ils sont aussi dans l'un ou l'autre état après la déclaration de guerre.

1886. Mais les Anglais n'y regardant pas de si près, en 1778 un Juge de l'amirauté d'Angleterre ayant à prononcer sur la capture de plusieurs navires hollandais qui se rendoient à Rochefort, posa ces principes, que tout vaisseau faisant voile vers des ports bloqués étoit confiscable. Partant de ce principe, il conclut que les ports de France étant, par leur position naturelle, en état de blocus par ceux de l'Angleterre, la saisie de ces bâtimens étoit valable; mais ce jugement ne doit pas tirer à conséquence, parce que l'Angleterre, en pareille circonstance, a une logique qui lui est toute particulière.

CHAPITRE XXXVI.

LE PAVILLON NEUTRE DOIT COUVRIR MÊME SA CARGAISON LORSQU'ELLE EST ENNEMIE.

Puisque la mer en général est commune à toutes les Puissances maritimes, aucun membre de la communauté ne peut s'arroger aucun droit sur elle, si tous n'ont consenti à le lui accorder : il suit de ce principe, que tout droit que s'arroge une Puissance au détriment d'une autre, est un droit arbitraire qui viole le contrat écrit par la nature, dont tous doivent s'empresser de revendiquer la teneur.

1888. Les nations belligérantes ont sans doute le droit d'interdire aux neutres d'apporter à leur ennemi des choses directement propres à faire la guerre. Connues spécialement sous la dénomination *de contrebande de guerre*, elles ont ce droit aussi incontestablement que l'auroit un champion d'empêcher un tiers de fournir des armes à son adversaire, après que les deux se seroient livrés au combat avec leurs seuls moyens; mais que diroit-on si ce champion vouloit empêcher ce tiers de fournir des armes à un autre qui seroit passif à son égard? On diroit sans doute qu'il se porte à une violence qui mérite d'être réprimée; comme aussi si ce tiers apportoit sur ses vaisseaux des choses non-propres directement à augmenter les forces de l'ennemi du combattant, ou qu'il reçoive des choses à lui appartenantes sous sa garantie, si celui à qui porteroit ombrage cette conduite, se livroit à quelque déprédation, ne mériteroit-il pas d'être vexé à son tour? La raison en est aussi simple que claire; lorsqu'une nation fournit des armes à l'un des belligérans, il est censé qu'elle les fournit dans son intérêt en haine de son ennemi: il suit de-là, qu'il est présumable qu'elle entend faire cause commune avec lui; mais lorsqu'elle ne lui fournit que des choses purement de négoce, elle est censée ne pas vouloir agir dans l'intérêt de l'ennemi, mais dans son intérêt particulier; or, faudra-t-il que, parce que deux nations sont en différent, qu'une troisième qui n'a aucun sujet de querelle avec aucune d'elles, le prive de satisfaire à ses besoins? Non sans doute, donc vouloir interdire le commerce en temps de guerre à une nation neutre, c'est vouloir une chose d'autant plus cruellement injuste, que l'on nuit à toutes les nations qui n'ont aucun différent à démêler avec les belligérans.

1889. Point de doute que lorsqu'une nation neutre commerce avec l'un des deux belligérans, elle ne lui fournisse les moyens de soutenir la guerre avec avantage, puisque ce commerce ne se fait réciproquement que parce que les permutans y ont un intérêt respectif, soit donc qu'une nation neutre apporte chez l'un des belligérans du coton, de la soie, des étoffes, etc. L'apport de ces marchandises est un moyen d'augmenter sa fortune et conséquemment ses moyens de résistance: néanmoins ces raisons sont moins que suffisantes pour que la nation belligérante qui se trouve grevée par ce commerce actif et passif, puisse l'interdire à la nation neutre; la raison est que la nation neutre est censée n'être guidée dans ses démarches que par son intérêt seul.

1890. « Il ne suffit même pas, dit M. Azuni, *Syst. univ. de D. M.*, tom. 2, *fol. 98*, avec autant de sagacité que de justice, de trouver qu'une marchandise soit directement fabriquée pour l'usage de la guerre, pour en conclure aussitôt qu'elle doive être regardée comme contrebande, et qu'en conséquence les belligérans aient le droit de la poursuivre en quelque lieu qu'il la trouvent, puisque le droit de la nature, sur lequel est modelé le droit des gens universel, ne donne à aucun des belligérans le droit d'entrer à main armée sur les terres des nations pacifiques, pour s'emparer légitimement de tout ce qui s'y trouve déposé dans les magasins publics et particuliers, qui est destiné à l'usage de la guerre, sans égards pour la propriété publique

publique ou particulière, pour la liberté et l'indépendance des peuples, et et pour la suprême autorité du Souverain. Toutes les fois donc qu'une masse de poudre, une quantité de canons, un nombre de boulets et d'autres munitions de guerre sont sur ce territoire pacifique et neutre, ils sont considérés comme toutes les autres marchandises de commerce; on peut par conséquent les vendre, les échanger, les acheter de toutes les manières dont il plaira à chacun de les acquérir, sans violer les droits de personne: ainsi la prohibition du commerce des marchandises réputées contrebande de guerre, introduite par le droit conventionnel de l'Europe, ne peut tomber que sur le transport privé de ces marchandises en pays ennemi, et jamais sur la vente impartiale sur le territoire ou dans les ports des peuples en paix et neutres; tant qu'elles y sont elles ne peuvent pas être appelées marchandises de contrebande ».

1891. En effet, que des canons, de la poudre se trouvent sur la propriété territoriale de la nation neutre, et dans un de ses magasins immobile, ou qu'elle se trouve sur sa part de propriété aquatique, sur un magasin mobile; ces canons, cette poudre cessent-ils de lui appartenir? une nation a-t-elle le droit de dépréder l'une de ces marchandises dans l'une ou dans l'autre circonstance, sans violer le droit d'asile et celui de propriété, soit même que ces marchandises lui appartiennent, soit qu'elles appartiennent à l'un des belligérans? En suivant les notions simples du droit naturel sur une pareille question, on ne peut s'empêcher de prononcer négativement.

Cependant M. Azuni observe, tom. 2, fol. 199, que Hubner est dans l'erreur lorsqu'il dit que cet auteur prétend gratuitement que le vaisseau neutre en pleine mer, fait partie du *territoire Souverain*. Car, dit-il en d'autres termes, si cela étoit, il s'ensuivroit que le neutre pourroit apporter des vivres et des armes à une place bloquée. Je ne vois pas que dans ces assertions l'erreur d'Hubner soit démontrée : au contraire, selon moi elle fortifie ces opinions, et le vaisseau neutre, dans cette circonstance, est dans le cas que seroit une place neutre qui feroit passer des vivres et des armes à une place bloquée, dans l'un comme dans l'autre; car la neutralité seroit violée; car la nation qui feroit le blocus seroit en droit de s'emparer (si je puis m'exprimer ainsi) du territoire immobile, comme elle est en droit de s'emparer du territoire mobile.

1892. Des personnes partiales ou prévenues, ou bien entraînées par quelques préjugés, poseront pour principe, qu'il est permis à une nation de nuire aux intérêts de son ennemi par tous les moyens possibles, que conséquemment, d'après ce principe, si une nation trouve des marchandises, n'importe leur nature, sur un vaisseau neutre, appartenantes à son ennemi, il lui est permis de s'en emparer.

1893. Je répondrois à une pareille assertion, qu'il est vrai qu'en règle générale, une nation peut employer certains moyens pour nuire à son ennemi ; mais seulement dans le cas où elle ne nuit pas directement à un tiers, et qu'elle ne viole pas le droit d'asile ; car s'il étoit permis de dépréder des marchandises appartenantes à l'ennemi, lorsqu'elles se trouvent dans un magasin flottant sur l'élément commun, point de doute qu'il ne soit permis à cette nation de les dépréder sur le territoire de la nation neutre, lorsqu'elles sont dans un de ses magasins immobiles, ce qui est contre tous les principes.

1894. D'après toutes ces considérations, je dirois donc avec Hubner : « *Que le pavillon neutre doit couvrir toute la cargaison.* » A quoi j'ajouterois, *ennemie ou amie.*

Le Chevalier d'Abreu, Traité des Sais., part. 1.re, fol. 156, dit, §. 3 : « Les marchandises appartenantes à l'ennemi ont, pour ainsi dire, un vice réel et inhérent qui les suit par-tout, et qui subsiste indépendamment du lieu ou du vaisseau qui les contient ; et il conclut en disant que de pareilles marchandises sont de bonne prise ; il étaie son opinion du chap. 275 du Consulat : mais cependant il fait cette restriction, n.° 6 ; si ces marchandises sont hypothéquées, pour quelque cause que ce soit, en faveur du capitaine de navire, cette hypothèque-là lave, pour ainsi dire, de la tache qui autorisoit leur saisie. Valin est plus que de l'avis du Chevalier d'Abreu. Cet auteur fait cette observation dans son Traité des prises, *fol. 63, n.° 5.* M. Hubner, dans son Traité de la saisie des bâtimens neutres... entreprend de prouver fort sérieusement, que *le pavillon neutre couvre toute la cargaison,* quoiqu'elle appartienne à l'ennemi, ou qu'elle soit chargée pour son compte : de manière, dit-il, qu'il n'en excepte que les effets de contrebande, et il conclut en disant que de pareilles marchandises sont saisissables.

1895. Mais M. Azuni, après avoir prouvé, on ne peut pas plus évidemment, la fausse application que ces publicistes ont fait des lois romaines, est d'un avis contraire ; et on peut dire, avec vérité, qu'aujourd'hui que non-seulement *la robe de l'ennemi ne confisque plus celle de l'ami*, comme on le disoit anciennement, pour dire que s'il se trouvoit des effets appartenans à l'ennemi sur un vaisseau ami, les effets étoient confiscables : mais on dit généralement, que *le pavillon ami couvre la marchandise ennemie*, et si quelque Puissance se décide, à l'avenir, à faire des stipulations contraires à ce principe, on pourra dire, avec vérité, que la foiblesse a été forcée de déférer à la force.

1896. J'ai plusieurs traités sous les yeux qui rendent hommage à ce principe salutaire. Je vais les présenter par ordre chronologique.

1604. . . . . Etats-Généraux et France.
1604. . . . . France et Porte Ottomane.
1612. . . . . France et Sultan Achmet.
1646. . . . . France et Hollande.
1650. . . . . Hollande et Espagne.
1654. . . . . Angleterre et Portugal.
1655. . . . . France en Villes anséatiques.
1655. . . . . France et Angleterre.
1656. . . . . Angleterre et Suède.
1659. . . . . France et Espagne.
1661. . . . . Portugal et Provinces-Unies.
1662. . . . . France et Danemarck.
1662. . . . . France et Provinces-Unies.
1668. . . . . Angleterre et Hollande.
1670. . . . . Espagne et Angleterre.
1672. . . . . France et Suède.
1674. . . . . France et Suède.
1678. . . . . France et Provinces-Unies.
1697. . . . . France et Provinces-Unies.
1713. . . . . France et Angleterre.
1713. . . . . France et Provinces-Unies.
1739. . . . . France et Provinces-Unies.
1742. . . . . France et Danemarck.
1748. . . . . France et Naples.
1752. . . . . Naples et Hollande.
1756. . . . . Danemarck et Gênes.
1766. . . . . Russie et Angleterre.
1778. . . . . France et États-Unis.
1780. . . . . Neutralité armée.

1782. . . . . Hollande et États-Unis.
1786. . . . . France et Angleterre.
1786. . . . . France et États-Généraux.
1801.
8 vend. an 9. } . . Convention entre la France et les États-Unis.

1897. Voilà donc trente-trois traités qui portent la même convention; mais une chose qui paroît bien surprenante d'abord, c'est que les États-Unis, par le traité du 19 novembre 1794 qu'ils ont fait avec l'Angleterre, considèrent tout ce qui est d'un usage indirect à la guerre, comme contrebande de guerre, excepté le fer en barres et les planches de sapin; et ensuite ce que la Russie, dans la convention qu'elle a faite avec l'Angleterre le 1-17 juin 1801, a consenti à stipuler dans l'art. 3, §. 2, que *les effets chargés pour le compte de la Puissance, du crû ou fabrique des pays en guerre, seront libres*; mais que si *elles sont pour le compte ennemi, elles ne le seront point :* de-manière que la Russie renonce à tous les avantages de la commission en faveur de l'Angleterre. J'avoue que cette stipulation ne m'a pas peu surpris : d'ailleurs, comme aussi il y a des traités antérieurs qui sont rédigés dans cet esprit, on ne peut pas dire affirmativement que le droit commun de l'Europe est que *le pavillon couvre la cargaison;* dans ce cas, il faut se référer aux conventions particulières.

1898. Nous avons vu, d'après les principes que j'ai présentés, qu'aucune Puissance en guerre n'avoit le droit d'interdire à une nation neutre aucune espèce de commerce, et qu'il résultoit de ces mêmes principes, que le pavillon neutre *couvroit la cargaison neutre ou non*, et que conséquemment en cela j'étois de l'avis de Hubner; mais que Valin étoit d'un avis contraire. Pourquoi donc ces deux habiles publicistes diffèrent-ils ensemble? Ils diffèrent ensemble, parce qu'ils ont voulu écrire, l'un et l'autre, en faveur de leur pays, avec néanmoins cette grande différence, que Hubner a écrit selon les règles du droit naturel, et que Valin s'en est écarté; et comme je crois avoir prouvé l'un et l'autre, je ne marcherai donc actuellement que sur les conséquences malheureuses qui sont résultées de la doctrine de Valin, et de l'oubli de celle du publiciste Danois.

1899. Le Danemarck est une Puissance maritime du second ordre, sa marine militaire n'est point assez considérable pour protéger à elle seule sa marine marchande; de-là la cruelle nécessité, si, par exemple, elle veut commercer avec l'Angleterre, de recevoir des nogocians et commissionnaires anglais par le moyen de leurs vaisseaux, les objets dont il peut avoir besoin, pendant que les vaisseaux Danois, qui vont en Angleterre y porter de leurs marchandises, sont obligés de s'en revenir sur leur lest, pour ne pas être inquiété par la nation avec laquelle l'Angleterre est en guerre. Chose qui, à la vérité, arrive rarement; mais ses marchands veulent-ils commercer avec l'ennemi de l'Angleterre: dans ce cas, s'ils rencontrent un vaisseau anglais, point de grace, le plus léger prétexte est plus que suffisant pour être amené dans les ports de la Grande-Bretagne; dans ce cas, non-seulement le commerce Danois se trouve grévé, mais encore celui des autres nations, qui deviennent toutes indirectement tributaires de l'Angleterre, et ce sont ces raisons qui ont fait adopter la doctrine d'Hubner, par la *neutralité armée* l'avant dernière guerre. Conséquemment, non-seulement Hubner avoit raison par rapport à son pays ; mais encore il avoit raison par rapport à toutes les Puissances maritimes, abstraction faite des Anglais dont il contrarioit les intérêts.

1900. La France est une Puissance maritime du premier ordre; il a été un temps qu'elle balançoit les forces de l'Anglais (1838). C'est dans cet heureux temps que Valin a écrit : aussi Valin voyoit les avantages dont il entend parler, partagé entre l'Angleterre et la France; c'est-à-dire, qu'il voyoit le commerce des quatre parties du monde passer entre les mains de ses deux Puissances, pour finir par rester en entier entre celles de cette dernière; mais ce à quoi Valin n'a pas songé, c'est que la France ne s'est jamais prévalue de sa suprématie sur mer, qu'elle a toujours respecté les neutres; parce qu'elle a toujours mis au rang de ses premiers devoirs, de respecter le droit des nations : aussi dans le temps, contre son intérêt, s'est-elle empressée d'accéder à la neutralité armée. Valin avoit donc manqué aux principes politiques; il s'étoit écarté des vues du Gouvernement en croyant les servir. Ce n'est point que je veuille adresser des reproches à cet auteur estimable; son grand fond de probité, la pureté de sa morale, les grands talens qu'il possédoit m'inspirent pour lui cette vénération qu'il a inspirée à tous les Français, et même à toutes les nations. Mais hélas ! on sait que l'humanité est sujette à des foibloisses et à des erreurs ; que les hommes qui sont reconnus pour avoir le mieux vu, ont montré l'imperfection de l'humanité dans un petit coin de leur ouvrage; dans ce cas Valin, comme tout autre, peut bien avoir tombé dans ce défaut.

1901. Écoutons un peu ce que dit l'auteur des intérêts de l'Angleterre mal entendus, qui a écrit vers 1704, nous verrons que la satire qu'il dirige (fol. 134,) injustement contre les Français, doit être dirigée avec justice contre la Grande-Bretagne, en donnant un avis salutaire aux Puissances maritimes.

1902. « *Les pirateries des Français* ont dégoûté nos marchands de mettre des vaisseaux en mer. Ils en étoient si fort rebutés pendant la dernière guerre, qu'ils avoient pris le parti de se servir *des vaisseaux des nations neutres* (*a*). Les étrangers profitoient par-là du fret des marchandises qu'ils nous appartenoient, et de celles qu'ils remportoient chez eux; gain dont l'Angleterre a *toujours été si jalouse, avec raison, puisque c'est ce gain qui fait subsister ses matelots, qui font à-la-fois sa sûreté et sa richesse.*

1903. Ne peut-on pas dire avec plus de vérité : « *Les pirateries des Anglais* ont dégoûté les neutres de mettre des vaisseaux en mer. Ils en étoient si fort rebutés pendant la dernière guerre, qu'ils avoient pris le parti de se servir *des vaisseaux anglais qui, à l'aide de leur nombreux convois,* profitoient par-là du fret des marchandises qu'ils apportoient aux neutres, et qu'ils recevoient d'eux, de la commission, du monopole, qui interdisoit toute espèce de commerce avec la France, et qui, conséquemment, troubloit la navigation; c'étoit donc un gain illicite et attentatoire au droit des nations, dont *l'Angleterre a toujours été si jalouse par raison d'intérêt cupide*, puisque ce gain *empêchoit de subsister les matelots des nations neutres, qui fait à-la fois leur sûreté et leur richesse.*

CHAPITRE XXXVII.

NEUTRALITÉ ARMÉE DES PUISSANCES DU NORD.

1904. Un monument de la politique la mieux entendue s'éleva majestueusement dans le Nord, en prenant pour base l'intérêt des nations. Grace soit rendue à la Puissance qui, la première, en traça le plan. Grace soit rendue aux Puissances qui s'empressèrent de l'exécuter; et c'est ainsi que plusieurs nations, par un mouvement spontanée, secouèrent le joug humiliant qu'avoit posé sur leur tête la tyrannie anglaise, brisèrent leur fer, revendiquèrent leur droit, et forcèrent le Gouvernement de la Grande-Bretagne à les respecter. Ces faits, consignés dans l'histoire, annonceront à la

(*a*) Les Anglais étoient donc persuadés que les Français respectoient les neutres.

postérité la plus reculée, que si, à cette époque, il y avoit une nation qui osoit se dire *le Roi de la mer*, que quelques nations lui ont prouvé, et sans réplique, qu'elles partageoient avec elle les priviléges attachés à cette prétendue royauté.

1905. Lors de l'avant dernière guerre, l'Impératrice de Russie, voulant maintenir la liberté du commerce maritime, fit remettre aux Puissances belligérantes une déclaration datée du 28 février 1780, portant en substance :

« Que les vaisseaux neutres puissent naviguer librement de port en port, et sur les côtes des nations en guerre ;

» Que les effets appartenans aux sujets des Puissances en guerre, soient libres sur les vaisseaux neutres, à l'exception des marchandises de contrebande ;

» Qu'il ne soit considéré comme telles, que les marchandises énoncées dans les articles 10 et 11 du traité de commerce entre la Russie et la Grande-Bretagne, du 20 juin 1766 ;

» Que pour déterminer ce qui caractérise un port bloqué, on n'accorde cette dénomination qu'à celui où il y a, par la disposition de la Puissance qui l'attaque avec des vaisseaux suffisamment proches, un danger évident d'entrer ;

» Enfin, que ces principes servent de règle dans les procédures et les jugemens sur la légalité des prises. » Dès ce moment on vit s'unir quatre Puissances du Nord, savoir : la Russie qui en fit la première proposition, la Suède, le Danemarck ; le Roi de Prusse ne tarda pas à accéder à cette coalisation ; la France, l'Espagne et le Portugal suivirent son exemple ; et, pour la première fois, on vit paroître sur les mers une *neutralité armée* pour protéger la navigation des neutres : à la vérité ils n'agissoient pas ensemble, parce que la chose n'étoit point praticable ; mais isolément, ce qui, au surplus, produisit le même effet.

1906. A cette époque, Sa Majesté le Roi de Prusse autorisa plusieurs négocians à envoyer toute espèce de denrées et de marchandises sans distinction, non-seulement aux Colonies de l'Amérique de France et d'Angleterre, mais encore à celles qui composent *la République des États-Unis*. « Vous pouvez, dit Sa Majesté, envoyer vos vaisseaux dans toutes les mers, on y respectera mon pavillon ; je ne veux pas même que vos vaisseaux soient armés ; et s'ils le sont, je vous ordonne de les désarmer. » Voilà ce qu'on appelle parler en Monarque qui connoit ses droits, sa puissance, et qui auroit, sans doute, su se venger sur l'Hanovre et les vingt-six millions qu'elle rapporte, si les Anglais eussent persisté à méconnoître l'un et l'autre.

1907. Après que la Russie eut fait connoître ses intentions à toutes les principales Puissances de l'Europe, voici les réponses qu'elle reçut de la plupart de ces Puissances.

1908. DANEMARCK. *Déclaration du Roi de Danemarck aux Cours de Londres, de Versailles et de Madrid :*

« Si la neutralité la plus exacte et la plus parfaite avec la navigation la plus régulière et le respect inviolable pour les traités avoit pu mettre la liberté du commerce des sujets du Roi de Danemarck et de Norwége à l'abri des malheurs qui devroient être inconnus à des nations qui sont en paix, libres et indépendantes, il ne seroit point nécessaire de prendre des mesures nouvelles pour leur assurer cette liberté à laquelle elles ont le droit le plus incontestable.

1910. » Le Roi de Danemarck a toujours fondé sa gloire et sa grandeur sur l'estime et la confiance des autres peuples. Il s'est fait depuis le commencement de son règne, la loi de témoigner à toutes les Puissances ses amies, les ménagemens les plus capables de les convaincre de ses sentimens pacifiques, et de son désir sincère de contribuer au bonheur général de l'Europe. Ses procédés les plus conformes, et que rien ne peut obscurcir, en font foi. Il ne s'est, jusqu'à présent, adressé qu'aux Puissances belligérantes elles-mêmes pour obtenir le redressement de ses griefs, et il n'a jamais manqué de modération dans ses demandes, ni de reconnoissance lorsqu'elles ont eu le succès qu'elles devoient avoir. Mais la navigation neutre a trop souvent été molestée, et le commerce de ses sujets les plus innocens trop fréquemment troublé, pour que le Roi ne se crût pas obligé de prendre actuellement des mesures propres à s'assurer à lui-même et à ses alliés, la sûreté du commerce et de la navigation, et le maintien des droits indispensables de la liberté et de l'indépendance.

1911. Si les devoirs de la neutralité sont sacrés, si le droit des gens a aussi ses arrêts avoués par toutes les nations impartiales, établis par la coutume, et fondés sur l'équité et la raison ; une nation indépendante et neutre ne perd point, par la guerre d'autrui, les droits qu'elle avoit avant cette guerre, puisque la paix existe pour elle avec tous les peuples belligérans, sans recevoir et sans avoir à suivre les lois d'aucun d'eux ; elle est autorisée à faire dans tous les lieux (la contrebande exceptée), le trafic qu'elle qu'elle auroit droit de faire, si la paix existoit dans toute l'Europe, comme elle existe pour elle.

1912. » Le Roi ne prétend rien au-delà de ce que la neutralité lui attribue. Telle est sa règle et celle de son peuple; et si Sa Majesté ne pouvant point avouer le principe, *qu'une nation belligérante est endroit d'interrompre le commerce de ses États*, elle a cru devoir à soi-même et à ses peuples, fidèles observateurs de ses réglemens, et aux Puissances en guerre elles-mêmes, de leur en poser les principes suivans, qu'elle avouera et soutiendra toujours de concert avec Sa Majesté l'Impératrice de toutes les Russies, et dont elle a reconnu les sentimens conformes aux siens.

1913. » 1.° Que les vaisseaux neutres puissent naviguer librement de port en port, et sur les côtes des nations en guerre;

1914. » 2.° Que les effets appartenans aux sujets des Puissances en guerre soient libres sur les vaisseaux neutres, à l'exception des marchandises de contrebande;

1915. » 3.° Qu'on n'entende sous cette dénomination, que ce qui est expressément désigné comme telle dans l'art. 3 de son traité de commerce avec la Grande-Bretagne, de 1770; et dans les articles 26 et 27 de son traité de commerce avec la France, de 1742; et le Roi avouera également ce qui se trouve fixé dans ceux et vis-à-vis des Puissances avec qui il n'a point de traité;

1916. » 4.° Qu'on regarde comme *port bloqué*, celui *dans lequel aucun bâtiment ne peut entrer sans un danger évident, à cause des vaisseaux de guerre stationnés pour former de près le blocus effectif;*

1917. » 5.° Que ces principes servent de règles dans les procédures, et que la justice soit rendue avec promptitude et d'après les documens de mer, conformes aux traités et aux usages reçus;

1918. » Sa Majesté ne balance point de déclarer qu'elle maintiendra ces principes, ainsi que l'honneur de son pavillon, la liberté et l'indépendance de son commerce et de la navigation de ses sujets; et c'est pour cet effet qu'elle a fait armer une partie de sa flotte, quoiqu'elle désire de conserver, avec toutes les Puissances en guerre, non-seulement la bonne intelligence, mais même toute l'intimité que la neutralité peut admettre. Le Roi ne s'écartera jamais de celle-ci sans y être forcé; il en connoît les devoirs et les obligations; il les respecte autant que ses traités, et ne désire que les maintenir;

1919. » Sa Majesté est aussi persuadée que les Puissances belligérantes rendront justice à ces motifs, qu'elles seront aussi éloignées qu'elle l'est elle-même de tout ce qui opprime la liberté naturelle des hommes, et qu'elles donneront à leur amirauté et à leurs officiers des ordres conformes aux principes ci-dessus énoncés, qui tendent évidemment au bonheur et à l'intérêt de l'Europe entière. »

1920. FRANCE. « La guerre injuste dans laquelle le Roi se trouve engagé, n'ayant d'autre objet que l'attachement de Sa Majesté aux principes de la liberté des mers, elle n'a pu voir qu'avec une vraie satisfaction l'Impératrice de Russie adopter ce même principe, et se montrer résolue à le soutenir. Ce que Sa Majesté Impériale réclame des Puissances belligérantes n'est autre chose que les règles présentées à la marine française, dont l'exécution est maintenue avec une exactitude connue, et applaudie de toute l'Europe.

1921. » La liberté des bâtimens neutres, restreinte dans un petit nombre de cas seulement, est *d'une conséquence directe du droit naturel*, la sauve-garde des nations, et le soulagement même de celles que le fléau de la guerre afflige. Aussi le Roi a-t-il désiré de procurer, non-seulement aux sujets de l'Impératrice de Russie, mais à ceux de tous les États qui ont embrassé la neutralité, la liberté de naviguer eux-mêmes aux conditions qui sont énoncées dans la déclaration à laquelle *Sa Majesté* répond aujourd'hui.

1922. » Elle croyoit avoir fait un grand pas vers le bien général, et avoir préparé une époque glorieuse pour son règne, en fixant, par son exemple, les droits que toutes les Puissances belligérantes peut et doit reconnoître être acquis aux navires neutres. Son espérance n'a pas été déçue, puisque l'Impératrice, en se vouant à la neutralité la plus exacte, se déclara pour le système que le Roi soutient *au prix du sang de ses peuples*, et qu'elle réclame *les mêmes droits* dont Sa Majesté voudroit faire la base du Code maritime.

1923. » S'il étoit besoin de nouveaux ordres pour que les vaisseaux de Sa Majesté Impériale n'eussent aucun lieu de craindre d'être inquiétés dans leur navigation par les sujets du Roi, Sa Majesté s'empresseroit de les donner; mais l'Impératrice s'en reposera sans doute sur les dispositions de Sa Majesté, consignées dans les réglemens qu'elle a publiés : elles ne tiennent point aux circonstances; elles sont *fondées sur le droit des gens*, et elles conviennent à un Prince assez heureux pour trouver toujours dans la prospérité générale, la mesure de celle de son royaume. Le Roi souhaite que

Sa Majesté Impériale ajoute aux moyens qu'elle prend pour fixer la nature des marchandises, dont le commerce est réputé de contrebande en temps de guerre, des règles puisées sur les papiers de mer dont les vaisseaux russes seront munis.

1924. « Avec cette précaution, S. M. est assurée qu'il ne naîtra aucun incident qui puisse faire regretter d'avoir rendu, pour ce qui concerne la condition des navigateurs russes aussi avantageuse, qu'il seroit possible en temps de guerre. D'heureuses circonstances ont déjà mis plus d'une fois les deux Cours à portée de prouver combien il importoit qu'elles s'expliquassent avec franchise sur leurs intérêts respectifs.

1925. « Sa M. se félicite d'avoir à exprimer à S. M. I. sa façon de penser sur un point intéressant pour la Russie, et pour les Puissances commerçantes de l'Europe. Elle applaudit d'autant plus sincèrement aux principes et aux vues qui dirigent l'Impératrice, que S. M. partage le sentiment qui a porté cette Princesse à des mesures d'où doivent résulter également les avantages de ses sujets et de toutes les nations. A Versailles, le 25 avril 1780.

1926. « Angleterre. Pendant le cours de la guerre dans laquelle le Roi de la Grande-Bretagne se trouve engagé par l'aggression de la France et de l'Espagne, il a manifesté les sentimens de justice, d'équité, et de modération qui gouvernent toutes ses démarches. Sa Majesté a réglé sa conduite envers les Puissances amies et neutres, d'après la leur à son égard, la conformant aux principes les plus clairs, et les plus généralement reconnus du droit des gens, qui est *la seule loi entre les nations qui n'ont pas de traité*, et à la teneur de ses différens engagemens avec d'autres Puissances; lesquels engagemens ont varié cette loi primitive, par des stipulations mutuelles, et l'ont variée de beaucoup de manière différentes selon la volonté et la convenance des parties contractantes.

1927. » Fortement attaché à S. M. I. de toutes les Russies, par les liens d'une amitié réciproque, et d'un intérêt commun; le Roi, dès le commencement de ces troubles, donna les ordres les plus précis de respecter le pavillon de S. M. I., et le commerce de ses sujets, selon le droit des gens et la teneur des engagemens qu'il a contractés dans son traité de commerce avec elle, et qu'il remplira avec l'exactitude la plus scrupuleuse (1836). Les ordres à ce sujet ont été renouvelés, et on veillera strictement à l'exécution. Il est à présumer qu'ils empêcheront toute irrégularité; mais s'il arrivoit qu'il y eût la moindre violation de ces ordres réitérés, les Tribunaux d'amirauté, qui dans ce pays-ci, comme dans tous les autres, sont établis pour connoître de pareilles matières, et qui, dans tous les cas, jugent uniquement par le droit général des nations (1835), et par les stipulations particulières des différens traités, redresseroient les torts d'une manière si équitable, que S. M. I. seroit entièrement satisfaite de leurs décisions, et y reconnoîtroit cet esprit de justice qui l'anime elle-même.

1928. « ESPAGNE. Le Roi a été informé de la façon de penser de l'Impératrice de Russie, à l'égard des Puissances belligérantes et neutres, par un mémoire que M. Etienne Zinowiff, ministre de cette Souveraine, a remis le 15 de ce mois, au Comte de Storida-Blanca, son premier secrétaire d'Etat. Le Roi regarde cet acte de l'Impératrice, comme un effet de la juste confiance que S. M. a méritée de sa part; et il lui est d'autant plus agréable, que les principes adoptés par cette Souveraine, sont ceux qui ont toujours guidé le Roi, et que S. M. a tâché, *par tous les moyens possibles*, *quoique sans fruit*, *de faire observer par l'Anglerre*, dans le temps que l'Espagne étoit encore neutre : ces principes sont ceux de la justice, de l'équité et de la modération; ces mêmes principes enfin, la Russie et toutes les Puissances les ont éprouvés dans les relations de Sa Majesté; et c'est uniquement *par la conduite que la marine anglaise a établie dans la dernière que dans la présente guerre, conduite qui bouleverse les règles le plus constamment reçues à l'égard des Puissances neutres*, que S. M. *s'est vue dans la nécessité de l'imiter ; puisque les Anglais ne respectent point le pavillon neutre* lorsqu'il *y avoit abord* DES EFFETS ENNEMIS, quoiqu'ils ne fussent pas *de contrebande*, et ce pavillon ne se défendant point contre ces violences, l'on ne pouvoit, avec justice, empêcher que l'Espagne n'usât de représailles égales, pour se garantir du préjudice énorme qui résulteroit d'une inégalité à cet égard. Les Puissances neutres, de leur côté, ont aussi donné lieu aux inconvéniens qu'elles ont soufferts, pour s'être *servi de papiers doubles et d'autres artifices*, *afin de prévenir la prise de leurs vaisseaux*. De-là s'en sont ensuivies les captures et les détentions nombreuses, ainsi que les suites qui en ont résulté, quoiqu'à la vérité celles-ci n'ayant pas été aussi préjudiciables qu'on l'a prétendu.

1929. » Au contraire, l'on sait que quelques-unes de ces détentions ont tourné à l'avantage des propriétaires même de la cargaison; les denrées dont elles étoient composées, s'étant vendues dans le port où ces navires ont été jugés à plus haut prix que le courant de l'endroit de leur destination.

1930. » Le Roi, néanmoins, non content de ces preuves de sa justification manifeste aux yeux de l'Europe, veut aujourd'hui avoir la gloire d'être le premier à donner l'exemple de respecter le pavillon neutre de toutes les Cours qui ont consenti ou qui consentiront à le défendre, jusqu'à ce que S. M. voie le parti que prendra *la marine anglaise*, et qu'elle éprouve si celle-ci contiendra ou non, ainsi que ses corsaires; et à l'effet de faire voir à toutes les Puissances combien l'Espagne est prête à observer étant en guerre, les mêmes règles qu'elle désiroit étant neutre, S. M. se conforme aux autres points contenus dans la déclaration de la Russie; bien entendu que pour ce qui regarde *la place de Gibraltar*, le danger d'y entrer subsiste de la manière que cela est fixé par l'art. 4 de ladite déclaration, *au moyen du nombre de vaisseaux stationnés pour en former le blocus*; danger cependant que les vaisseaux neutres pourront éviter, en se conformant aux règles de précautions établies en la déclaration de S. M. du 13 dernier, qui a été communiquée à la Cour de Pétersbourg, par le moyen de son ministre ARANJUEZ, le 18 avril 1780. Signé *le Comte* DE FLORIDA-BLANCA.

1931. » L'Espagne fit plus en faveur des neutres en 1782. Elle renonça à son acte de navigation, et permit aux bâtimens neutres de faire le commerce de *cabotage* dans les Antilles, de la manière que la France et la Hollande en avoient agi à l'égard de leur possession.

1932. PORTUGAL. « Le Portugal rendit une ordonnance dont voici l'extrait. L'expérience ayant démontré que plusieurs corsaires des nations présentement en guerre, abusoient des commissions et lettres de marque dont ils étoient munis, malgré les égards et le bon accueil avec lesquels ils étoient admis dans les ports de notre Royaume, par une suite du sytème de l'exacte neutralité que nous avons résolu de suivre dans les circonstances présentes; et étant juste d'aviser aux moyens de faire cesser les désordres qui sont souvent résultés, lorsque nos lois à cet égard n'ont pas été convenablement respectées, non plus que la franchise souveraine de notre territoire; nous avons cru nécessaire d'ordonner, que dans les ports de ces États ou de ces domaines, il ne sera plus admis aucun corsaire de quelque Puissance que ce soit, de même que les prises que lesdits corsaires, navires ou frégates de guerre auroient faites ou feront, sans autre exception que dans le cas où le droit des gens rendroit l'hospitalité indispensable; avec cette condition toutefois, qu'il ne leur sera pas permis de vendre ou d'échanger lesdites prises qu'ils ameneroient dans le cas sus mentionné, et qu'ils ne demeureront que le temps nécessaire pour éviter le péril, ou pour obtenir les secours innocens dont ils auroient absolument besoin; et quand aux corsaires dont ils se trouveroient présentement dans les ports, on leur notifiera qu'ils aient à en sortir dans le terme de vingt jours, à compter de celui où cette notification leur aura été faite. Que le conseil de guerre l'entend ainsi, et en conformité de ce, le fasse exécuter, en expliquant sur-le-champ les ordres nécessaires aux gouverneurs et commandans de nos provinces, îles, forteresses et places maritimes. Au palais de Lisbonne, le 30 août 1780.

1933. » Lors du congrès de Rastadt, la Prusse, la Suède et le Danemarck vouloient encore former une neutralité armée : cette première Puissance étoit même entrée en négociation avec l'ambassadeur de France et les députés français du congrès pour la parfaite exécution de ce projet; mais les événemens politiques qui ont suivi de près ce projet, en ont empêché l'exécution.

1934. » Néanmoins si jamais la guerre sur mer se déclaroit (ce qu'à Dieu ne plaise), puissent les Puissances du Nord et du Midi en diminuer les calamités, en formant au même instant une confédération maritime qui, en faisant respecter leur pavillon, assure la liberté des mers, et que d'un pôle à l'autre on entende proclamer cette maxime salutaire, *Le pavillon neutre couvre sa cargaison.*

1735. » Par l'arrêté des Consuls du 29 frimaire an 8, le réglement du 26 juillet 1778 est remis en vigueur par rapport aux neutres. Voyez ci-après ce réglement.

CHAPITRE XXXVIII.

DES RUSES ET SRATAGÊMES DE GUERRE, DES PERFIDIES, DE LA GÉNÉROSITÉ, DE LA MAGNANIMITÉ ; CHOSES DONT ON NE PEUT SE SERVIR SANS BLESSER TOUTES LES CONVENANCES SOCIALES.

1936. RUSES ET STRATAGÊMES DE GUERRE. Les ruses et les stratagêmes de guerre sont des actes imprévus, pratiqués dans l'intention de tromper l'ennemi, sans cependant blesser en rien le droit naturel et des gens.

1937. « La terreur, dit Puffendorf, et la force ouverte, sont le caractère propre à la guerre, et la voie la plus commune dont on se sert contre un ennemi. Il est permis néanmoins d'employer aussi la ruse et l'artifice, pourvu qu'on le fasse sans aucun manque de foi ; c'est ce qu'un ancien capitaine appelle *coudre la peau du renard à celle du lion.* Ainsi on peut tromper l'ennemi par des faux bruits et de faux discours; mais on ne doit jamais *violer les engagemens où l'on est entré envers lui par quelque promesse ou par quelque convention.* Wolf dit : « Si on peut obtenir par la ruse ce qu'il étoit permis de se procurer par la force ouverte, il n'est pas douteux qu'elle ne soit permise dans la guerre, puisqu'elle est moins nuisible que la force ouverte ; mais comme il faut *garder ses promesses*, et qu'on doit tenir *pour vrai ce qu'on promet*, la ruse n'est permise que hors des promesses ».

1938. Dans la première guerre punique, Regulus, qui étoit prisonnier à Carthage, fut envoyé à Rome pour proposer l'échange des prisonniers, et partit après avoir juré de revenir. Dès qu'il fut arrivé, il opina dans le Sénat contre *l'échange proposé*, et ensuite *il retourna à Carthage* malgré les efforts de ses amis et de sa famille, préférant *le supplice au parjure.* Cicéron, *Off. liv. 1, ch. 13.* Voilà à-la-fois une ruse, une grandeur d'ame, et un dévouement qui caractérisent le véritable homme de guerre.

1939. « Les tromperies faites à l'ennemi sans perfidie, soit par des paroles, soit par des actions ; les piéges qu'on lui tend en usant des droits de la guerre, sont toujours des stratagêmes dont l'usage a toujours été reconnu pour légitime, et a fait souvent la gloire des grands capitaines ». Grotius.

1940. Les Romains étant assiégés dans le Capitole, jetèrent des pains dans l'endroit où étoient les ennemis, pour leur faire accroire qu'ils n'étoient pas encore exposés à la famine. Puffendorf.

1941. Josué voulant prendre la ville d'Haï, fit semblant de fuir, Puffendorf fait cette réflexion. « La fuite en elle-même ne signifie rien par institution ; si l'ennemi le prend pour un signe qu'on a peur, on n'est point tenu d'empêcher qu'il ne se trompe : *on ne fait qu'user de la liberté qu'on a d'aller d'un autre côté plus ou moins vite*, et avec telle ou telle contenance qu'on le trouve à propos.

1942. Quoique nos lois défendent aux navires français de porter en temps de guerre plusieurs pavillons, néanmoins, par représailles, les bâtimens armés en course portent ordinairement plusieurs pavillons, ce qui est toléré ; mais ce qui leur est très-expressément défendu, c'est de tirer le coup de canon de semonce sous pavillon simulé ; ce n'est donc point mettre en usage un stratagême perfide, que de courir les mers avec un pavillon qui n'est pas le sien ; mais c'est un stratagême loyal puisqu'il est autorisé par une convention tacite toute fondée sur la réciprocité.

1943. Des perfidies. La perfidie suppose plus que la finesse, la ruse et l'astuce ; c'est une fausseté noire et profonde, qui emploie des moyens puissans pour tromper cette confiance, fondée sur des garanties sacrées, telles que l'humanité, la bonne-foi, l'autorité des lois, et la reconnoissance. C'est une injustice qui devient d'autant plus criminelle, qu'elle couvre les plus noires pratiques, sous le masque de la vertu ; enfin c'est l'hypocrisie atroce, se présentant sous le masque de la bonne-foi, à la trop crédule confiance.

1944. Au rapport de Vattel et du politique Danois, un vaisseau anglais portant pavillon hollandais, fait signal de détresse à la vue d'un fort français : on vole à son secours ; quelle est sa surprise, ces hommes officieux, ce prétendu vaisseau hollandais est un corsaire anglais, qui fait prisonnier ceux qui venoient charitablement lui donner du secours. Qu'en est-il arrivé, un véritable vaisseau hollandais s'étant trouvé à la vue du même port, fait les mêmes signaux, on ne lui a donné aucun secours, le prenant pour un corsaire anglais ! ! !

1945. Voici un fait avéré par l'auteur des lettres hollandaises, tom. 4, fol. 275. Paris, Juin 1780. La frégate française la Sartine, sortit, il y a environ dix mois, de Madras sous pavillon parlementaire, pour ramener en France les Français qui s'étoient trouvés à Pondichéry, lorsque *le vaisseau anglais le Romney*, de 64 canons, l'ayant rencontrée, s'en empara. Voici de quelle manière cette incroyable action se passa.

1946. La Sartine rencontra, le premier du mois dernier, le Romney, à cinq lieues environ du Cap St.-Vincent ; la Sartine portoit pavillon parlementaire, et suivant les lois de la guerre, on ne peut, sans violer ces lois reconnues par toutes les nations, ne pas respecter ce pavillon, d'autant plus que les vaisseaux qui les portent naviguent sans canons montés. Le vaisseau anglais avoit arboré pavillon français, ce qui donna au capitaine de la frégate le désir de parler à celui qui commandoit le vaisseau anglais, qu'il croyoit être de sa nation ; au lieu de se rendre à ces désirs, *le capitaine anglais lui lâcha toute sa bordée, et fit feu sur lui de toute sa mousqueterie : le capitaine de la frégate fut tué, ainsi que son contre-maître et deux soldats, et une douzaine d'hommes furent blessés.* Un boulet de 24 tomba dans la chambre qu'occupoit la femme de l'ancien Gouverneur de Pondichéry, la frégate se trouvant on ne peut pas plus mal-traitée, celui qui en avoit pris le commandement pria le capitaine anglais de le prendre à conserve jusqu'au jour ; il y consentit avec peine, s'en repentit ensuite, et sur les onze heures du soir il ordonna au commandant de la frégate de s'éloigner, il le fit et prit la route de Cadix.

1947. Voilà un trait de perfidie dont heureusement les exemples sont très-rares; et il est tellement atroce, qu'il paroît incroyable, d'autant plus incroyable, que je suis porté à penser que comme il paroît que l'action a eu lieu la nuit, qu'elle a été l'effet de la méprise, et non d'une cruauté dont rougiroit peut-être un Cannibale. Au surplus, il ne faut pas se dissimuler que l'auteur de cette lettre écrivoit souvent sur le compte des Anglais avec le fiel le plus amer; il n'est guère de page de sa correspondance qui ne soit marquée au coin de ses passions; l'histoire de la machine infernale dont j'aurois bientôt occasion de parler, le prouvera évidemment: je sais, à ne pas en douter, que l'Anglais sur mer est extraordinairement perfide, dur et inhumain; mais il y a une grande différence entre la cruauté d'un tigre, et l'envie de nuire du chat.

1948. *De la générosité, de la magnanimité.* La générosité est une des qualités qui concourt à former un grand caractère, qui nous fait user de nos avantages, relâcher de nos droits, sacrifier nos intérêts en faveur des autres: cette qualité a pour principe, la bonté, l'humanité, la bienfaisance. La magnanimité est l'héroïsme de la générosité. L'une et l'autre sont deux qualités que doit posséder essentiellement l'homme de guerre. Ces deux vertus caractérisent dans le même rapport le vrai militaire, comme la vénalité et la cruauté caractérisent le lâche. Un homme brave est toujours compatissant et humain, et un lâche est toujours barbare et cruel.

1949. Le capitaine Inglis, Anglais, ignorant que le fort de San Fernando d'Oma n'étoit plus au pouvoir de sa nation, y aborda. Les Espagnols, loin de mettre à profit son erreur, eurent la générosité de l'y laisser séjourner trois jours pendant lesquels les commandans respectifs se rendirent de mutuelles visites. Le capitaine anglais dut même, au commandant espagnol, les vivres et les rafraîchissemens dont il avoit besoin pour gagner la Jamaïque. Gazette de France, du 28 mars 1780.

1950. Ce n'est pas ainsi que lors de la dernière guerre, les Anglais en agirent à l'égard du capitaine Nolin, de Marseille; ce capitaine entra dans le port de la Grenade, ne sachant pas que les Anglais s'en fussent emparés. On lui signifia qu'il étoit prisonnier, et que son navire étoit de bonne prise. Toute la grace qu'on lui fit, ce fut de lui laisser prendre sa pacotille. Emérigon, tom. 1, fol. 454.

1951. Suivant les lois de la guerre, le vaisseau qui, pour éviter de périr, se réfugie dans un port ennemi, est de bonne prise. Casarégis, *disc. 24, n.° 31.* Brillon, *tom. 5, pag. 481, n.° 13.*

1952. Cependant en 1746 le capitaine Edwards, commandant le vaisseau de guerre anglais l'Elisabeth, ayant beaucoup souffert d'une tempête sur les côtes de Cuba, se trouvant sur le point de faire naufrage, se réfugia dans le port de l'île. Il se présenta au Gouverneur de la Havanne, et lui dit : « Je viens vous livrer mon navire, mes matelots, mes soldats et moi-même ; je ne vous demande que la vie pour mon équipage.

1953. « Je ne commettrai point, dit le commandant espagnol, un action déshonorante : si nous vous eussions pris dans le combat en pleine mer, ou sur nos côtes, votre vaisseau seroit à nous, et vous seriez nos prisonniers ; mais battus par la tempête, et poussés dans ce port par la crainte du naufrage, j'oublie et je dois oublier que ma nation est en guerre avec la vôtre : *vous êtes des hommes, et nous le sommes aussi ; vous êtes malheureux, nous vous devons de la pitié.* Déchargez-donc avec assurance, et radoubés votre vaisseau. Trafiquez, s'il le faut, dans ce port, pour les frais que vous devez payer. Vous partirez ensuite, et vous aurez un passe-port jusqu'au-delà des Bermudes. Si vous êtes pris après ce terme, le droit de la guerre vous aura mis dans nos mains ; mais en ce moment je ne vois, dans des Anglais, que des *étrangers pour qui l'humanité réclame des secours* ». C'est là, s'écrie Raynal avec anthousiasme, que l'on reconnoît la générosité espagnole !

1954. Lorsqu'après un combat ou un naufrage les ennemis se sauvent à la nage, il est du devoir du vainqueur de leur donner tous les secours que l'humanité réclame en pareille circonstance. Les mariniers français, dont on connoît le courage et les autres vertus, ne manquent jamais, en pareilles circonstances, de s'empresser à satisfaire à ce devoir sacré.

1955. La frégate française *la Surveillante*, commandée par le brave capitaine *Couëdic*, ayant, l'avant-dernière guerre, criblé la frégate anglaise *le Quebec*, les matelots français mirent le plus grand empressement à sauver son équipage.

Des émigrés en temps de guerre, pendant le cours de la révolution, ayant fait naufrage sur les côtes de France, reçurent l'hospitalité, et furent remis sain et sauf sur une terre étrangère.

1956. Des choses *dont on ne peut se servir sans blesser toutes les convenances sociales.* S'il est permis d'employer à la guerre tous les moyens connus, il n'est pas dit pour cela qu'il soit permis d'employer tous les moyens nouvellement découvert ; cependant il est des moyens d'invention nouvelle que l'on peut mettre en usage sans blesser les convenances sociales ; tels sont les télégraphes, qui annoncent, dans le plus court espace de temps possible, la position militaire et politique des armées et des Gouvernemens; tels sont encore les ballons qui, avant la célèbre bataille de Fleurus, n'avoient jamais été employés dans aucune opération militaire, mais qui furent employés, pour la première fois, dans cette occasion : la raison est qu'il n'est pas défendu, en pareille circonstance, de se servir des moyens les plus expéditifs pour avoir, avec promptitude, tous les renseignemens utiles, et ce avec d'autant plus de raison, que tous peuvent s'en servir également, avec cette différence que le premier qui les emploie est le premier à en profiter.

1957. Mais toute invention qui, par sa nature, peut aggraver jusqu'à un certain point, les malheurs de la guerre, doit être proscrite par les nations, comme tendante à faire beaucoup de mal sans changer les résultats.

1958. Dupré, Dauphinois, présenta un feu si dévorant et si rapide, qu'on ne pouvoit ni l'éviter, ni l'éteindre; il étoit tel, qu'il recevoit une plus grande activité par le moyen de l'eau; l'épreuve ayant été faite devant la Cour de France, les artilleurs en frémirent; c'étoit fait des ennemis s'il eût été mis en usage; mais Louis XV s'emparant du secret, ce secret resta enseveli.

1959. En 1781, Kelly trouva un secret pour mettre aussi le feu à un vaisseau éloigné à une certaine distance, ayant fait part de cette découverte au bureau d'artillerie d'Angleterre, ce bureau n'en voulut pas profiter.

1960. Il existe une invention diabolique, connue sous le nom de machine infernale; cette machine produit, lors de son explosion, un désastre affreux, même à des distances très-éloignées.

1961. Il y a environ deux cents ans, que *Frédérick Jambelli, ingénieur Italien,* inventa cette machine pour détruire un pont que le Duc de Parme avoit fait bâtir près d'Anvers, dont il formoit le siége. Cette machine vomit un déluge de pierres, de poutres, de chaînes et de boulets; l'Escaut s'ouvrit, et ne présenta que des abîmes. Les eaux furent poussées avec tant de violence qu'elles passèrent sur les digues; la terre trembla à quatre lieues autour.

1962. Sur la fin du règne de Louis XIV, les Anglais, furieux dans leur vengeance, employèrent la machine infernale contre Saint-Malo. Cette machine, longue de trente pieds sur huit de hauteur, avoit son fond rempli de sable. Son premier pont, couvert d'un pied de maçonnerie, contenoit vingt milliers de poudre, le tout étoit hérissé de vieux canons et de mitrailles; le troisième pont étoit garni de six cent bouches à feu. Son effet n'ayant point répondu aux vues meurtrières de ses auteurs, parce qu'une partie ne sauta point, ils n'eurent d'autres barbares satisfactions que d'avoir occasionné dans la ville un foible ébranlement. Voilà quelle fut la brillante action qui ajouta un fleuron de plus à la couronne maritime britannique : heureusement que depuis cette époque aucune Puissance ne s'est trouvée tentée d'enrichir la sienne par un pareil stratagême; et certes il n'y a rien de surprenant, paree qu'il n'y a que des Anglais capables d'employer de pareils expédiens.

1963. Puisqu'il est prouvé que c'est un Italien qui a inventé cette cruelle machine; c'est donc à tort que l'auteur anonyme des intérêts malentendus de l'Angleterre, prétend, fol. 291, note 6, qu'elle est de l'invention *d'un réfugié Français* nommé *Fournier :* mais comme cet auteur étoit un Anglais, ou au moins un Anglomane, il n'est pas étonnant qu'il ait cherché à jeter de l'horreur sur un malheureux proscrit, enfant d'une nation que le Gouvernement de la Grande-Bretagne proscriroit en masse, si la chose étoit en son pouvoir. Si l'auteur des *Lettres hollandaises* a commis une erreur lorsqu'il a dit, tom. 2, fol. 93, que les machines infernales sont de l'invention de l'*amiral anglais Hardy*, il pouvoit bien avoir dit une vérité, en observant que les Anglais en faisoient construire une en 1779, pour la guerre d'Amérique.

A l'avenir je voudrois que tout homme qui présenteroit des grands moyens de destruction, fût pris sur-le-champ et renfermé étroitement dans un cachot, en lui interdisant toute espèce de communication; car enfin, si la nature nous porte à détruire les bêtes féroces qui en veulent à notre existence, ne nous conseille-t-elle pas aussi de renfermer l'homme qui a les mêmes inclinations : conséquemment c'est, je pense, le moyen le plus doux pour prévenir ses cruels désirs; il doit donc être employé.

1964. Que veulent ces monstres? L'art n'a-t-il pas fait assez pour détruire les hommes, en plaçant dans leurs mains les fusils, le baïonnettes, et les autres instrumens de guerre, que la fureur de la destruction a inventée? N'a-t-il même pas fait plus qu'il ne devoit, en creusant des mines sous leurs pas pour les faire périr en masse? Si le guerrier moissonne, dans le champ de Mars, des lauriers en combattant son ennemi en face, ne les flétrit-il pas en le détruisant par un stratagême aussi perfide? mais puisqu'il est reçu, et qu'à la honte de l'humanité, les nations guerroyantes n'y renonceront pas, au moins devroient-elles ne point passer outre. Hélas! quelle reconnoissance n'auroient pas les nations à l'homme philantrope qui auroit assez de crédit pour engager les Puissances d'Europe et d'Amérique à souscrire ensemble un traité général, dans lequel il seroit convenu de tous les instrumens meurtriers qui devroient être employés à la guere, avec renonciation formelle de ne jamais employer la mine, et autres expédiens semblables : certes, l'exécution d'un pareil projet lui mériteroit une statue placée sur le rempart de la première Puissance qui auroit souscrit ce traité, portant, dans son piédestal, cette inscription :

> L'humanité reconnoissante à un tel, qui, par son esprit philantropique, a diminué les calamités de la guerre.

Puisque l'ambition, l'orgueil, l'intérêt placent entre les mains des Puissances les moyens destructifs; puisque leurs procès ne se plaident qu'à coup de canons, soutenu des baïonnettes et des autres attirails meurtriers; puisqu'il est décidé que pour avoir quelques toises de terrain de plus, assez souvent inutile, et quelquefois à charge, il faut le couvrir de cadavres avant d'entrer en possession; puisque la raison n'est pas un antidote assez puissant pour guérir l'espèce humaine de cet affreux délire; puisqu'enfin on ne peut point trouver des moyens propres à préserver de cette rage l'humanité, que l'intérêt réciproque des belligérans fasse donc ce qu'un reste de raison auroit dû faire; c'est-à-dire, qu'ils s'interdissent ces moyens d'autant plus détestables, qu'ils peuvent être employés également, ou tour-à-tour, par les combattans. Eh ! pourquoi n'y renonceroient-ils pas ? l'amalgame du soufre, du nitre et du charbon ; cette infinité d'instrumens, forgés par les mains de la vengeance, ne sont-ils pas suffisans pour que le plus fort prouve au plus foible qu'il a raison ? Je ne vois d'autre nécessité d'y ajouter d'autres inventions que celle de sacrifier des hommes inutilement. Je fais donc des vœux bien sincères pour voir proscrire les mines, les brûlots, et tous les stratagêmes inventés pour faire périr les hommes en masse : puissent mes désirs être accomplis !

CHAPITRE XXXIX.

DE LA COURSE MARITIME.

1965. Il entre dans l'ordre de la nature de créer, de détruire, et de reproduire : cette alternative de création, de destruction et de reproduction, est un mystère que je ne chercherai pas à expliquer. Je me contenterai donc d'observer, qu'il n'entre pas moins dans les vues de la mère commune, que l'homme veille à sa conservation, et fasse ses efforts pour adoucir, autant qu'il dépend de lui, les calamités attachées à sa chétive existence.

1966. Il résulte de ces considérations, que les hommes sont toujours en guerre avec les hommes, parce que l'ambition, l'orgueil, et l'intérêt jetant parmi eux la pomme de dsicorde, ils se portent à des cruels expédiens, sinistres précurseurs des terribles luttes qui doivent les succéder : enfin, les partis sont-ils en présence, chacun fait tout ce qu'il peut pour l'emporter sur son ennemi; et toutes ces calamités ne se suspendent, que lorsque la victoire, assise sur des monceaux de ruines et de cadavres, présente une couronne de laurier au vainqueur, teinte du sang des victimes qui ont été immolées à sa colère.

1967. D'après ce court exposé, il est aisé de concevoir pourquoi, les hommes en état de guerre, se font le plus de mal qu'ils peuvent; mais ce qu'on ne conçoit pas aussi aisément, c'est le motif qui fait que les uns cherchent à faire aux autres, non-seulement un mal qui retombe sur eux, mais encore sur ceux qui, tranquille spectateurs de la cruelle scène, devroient n'éprouver aucun de ces malheurs. C'est cependant ce qui arrive dans la course maritime, et pour le prouver, je citerois les luttes continuelles de la France et de l'Angleterre.

1868. Les torches de la guerre ne sont pas aussitôt allumées, que la France et l'Angleterre arment des corsaires pour courir sur les paisibles navigateurs mandataires du commerce. La France motive sa conduite en allégant, avec raison, les représailles, et ensuite en disant, l'Angleterre est toute commerçante, elle couvre les mers de ses bâtimens marchands; j'en ai peu dehors, si je parviens à m'emparer de tous ses vaisseaux, je ruine son commerce, conséquemment, je la ruine, et en la ruinant, je lui ôte tous les moyens de défense ; dans ce cas tout l'avantage reste de mon côté.

1969. L'Angleterre tient ce langage : la France, à la vérité, a peu de vaisseaux marchands sur les mers, ses corsaires croisent d'un pôle à l'autre; mais elle a besoin d'importer des subsistances, des munitions navales : mettons d'abord des corsaires dehors pour intercepter tous ces approvisionnemens ; faisons convoyer nos vaisseaux marchands ; la France, sans subsistances et sans munitions, restera sans moyens de défense ; dans ce cas tout l'avantage restera de mon côté. Chimère !

1970. Que résulte-t-il de ce calcul respectif ? il résulte que l'Angleterre fait un peu moins de commerce, que la France reçoit un peu moins de provisions, que le tout enchérit à raison des frais de convoi, d'assurance, de fret, etc., etc.; que les nations neutres ont leur commerce singulièrement troublé, qu'elles paient tout plus cher ; que dans toute l'Europe les productions agricoles et industrielles restent stagnantes dans les magasins ; que l'agriculture est découragée ; que les arts et les sciences demeurent engourdis, et que le commerce est en grande partie ruiné, sans que pour cela l'une des nations belligérantes ait ôté à l'autre les moyens de lui nuire.

1971. Je compare le tort que se font deux nations belligérantes, lorsqu'en se faisant la guerre elles la font au commerce. Je les compare, dis-je, à deux athelètes vigoureux, qui, avant que de se livrer au combat, se feroient tirer chacun une palette de sang, qu'ils laisseroient couler pendant tout le temps de la lutte ; affoibli l'un et l'autre dans les mêmes rapports, en dernière analyse la victoire finiroit par couronner celui qui naturellement seroit le plus fort, comme elle auroit fait avant l'opération chirurgicale ; avec cette grande différence, qu'ils resteroient tous les deux infiniment plus affoiblis après le combat. Voilà le tableau, en raccourci, de deux nations qui, se faisant la guerre entre elles, la font au commerce. En effet, le commerce est le fluide qui leur donne la force et la vigueur ; et un pareil dénouement est d'autant plus cruel, que les autres nations qui n'avoient rien à démêler avec elles, se trouvent forcées d'en supporter les tristes résultats.

1972. On m'observera sans doute, que si le rapport des pertes que j'établis étoit parfaitement démontré, on pourroit peut-être pencher pour mon système ; mais que comme la guerre est un jeu de hasard, tout ce qui peut y être admis comme accessoire est soumis à la même cathégorie.

1973. Je conviens que le rapport que j'établis n'est rien moins que démontré ; je dirai plus, que tenant à des probabilités incalculables, il ne peut être parfaitement démontré ; mais je ne conviendrai pas pour cela, qu'il faille rejeter mon projet : c'est sans doute déjà trop que de jouer sur une chance, et que conséquemment c'est le comble de l'imprudence de vouloir jouer sur deux, sur-tout lorsqu'il est évidemment vrai, que quels que soient les résultats de ce second jeu, il s'y trouve des tiers sacrifiés qui n'ont pas pris aucune part à la querelle.

1974. Au reste, serois-ce la première fois que deux nations ennemies auroient renoncé à ce droit ? En décembre 1552, les Etats-Généraux ne rendirent-ils pas une ordonnance, par laquelle le commerce seroit toléré pendant la guerre, en prenant certaines précautions ? Bouchaud, *Th. d. Tr. de com.*, *pag. 251*, quoique le Gouverneur des Pays-Bas espagnols eût commencé de grandes hostilités sur toute la frontière, Louis XIV, par sa déclaration de guerre du 20 octobre 1673, ordonna que le commerce se continueroit de la même manière que par le passé. Cette déclaration portoit en substance :

« Sa Majesté a ordonné et ordonne, qu'à l'avenir il sera *délivré des passe-ports à tous capitaines, maîtres et propriétaires des vaisseaux*, *des marchands flamands*, *ET AUTRES ENNEMIS* de Sa Majesté qui voudront faire le commerce dans son royaume. »

1975. Si dans un temps où le commerce commençoit à naître, il étoit pris en considération par les Souverains, à plus forte raison aujourd'hui, où son utilité est fortement sentie, doit-il jouir d'une protection toute particulière de la part des Puissances de l'Europe.

1976. Dans la guerre de 1757, on regardoit comme une folie la protection qu'accordoit le Gouvernement anglais aux assurances que faisoit son commerce à celui de France : un Membre de la Chambre des Communes chercha à prouver que des pareilles transactions tendoient à refroidir le patriotisme des négocians, et même à les rendre traîtres, par les avis qu'ils pouvoient donner aux assurés, afin que leurs navires évitassent le danger de n'être point pris, et conséquemment de gagner les primes. Un autre Membre, qui s'aperçut que les inconvéniens qui pouvoient en résulter ne banlançoient pas les avantages, parla fortement en faveur de ces sortes d'assurances ; et pour en démontrer avec évidence l'avantage, il dit :

1977. « Pour convaincre mes compatriotes que ces assurances leur sont avantageuses, je leur ferai observer que l'assureur soutient l'assuré ; celui-ci, le commis au greffe de la Chambre, qui a tant pour cent sur la prime, et un demi pour cent pour régler et évaluer les pertes, sans compter les frais de de police; que l'assuré soutient encore les marchands facteurs, (les commissionnaires) à qui l'on s'adresse pour faire assurer; et enfin, le banquier qui reçoit le prix du change pour les sommes qu'il fait toucher. Si, dit il, à tous ces frais on ajoute la prime payée d'avance à l'assureur (a), on trouvera qu'ils montent à une somme plus considérable qu'on ne l'imagineroit au premier coup-d'œil. »

1978. Il est remarquable, sur-tout, que ce Membre fit une observation qui démontroit, en deux mots, tous les avantages du commerce des assurances. En adressant la parole à la Chambre des Communes, il dit :

1979. « *Remarquez, Messieurs, que le Gouvernement hollandais a fait des démarches à la Cour de Londres, pour l'engager à défendre qu'on assurât les vaisseaux français.* » Hist. pol. de l'Ang., tom. 6, fol. 364.

1980. Il est sans doute superflus d'observer, que les Hollandais ne craignoient point que l'Angleterre pût voir son intérêt compromis par la trahison; mais comme ayant une chambre d'assurance considérable, il est bien clair qu'ils appréhendoient la rivalité : et il faut convenir que les Hollandais couvroient bien mal adroitement leur vue; comme ils étoient loin de l'adresse de Wileberforce : on sait que ce Membre du parlement, s'apercevant de l'esprit d'anthousiasme philosophique qui s'empara simultanément des Français, s'empressa de parler avec véhémence sur la liberté des noirs; les anthousiastes en France, qui avoient déjà à regretter que le Danemarck les eût devancés, ne voulurent pas qu'il en fût de même de l'Angleterre; et vîte, pour briser les fers des noirs ils firent égorger les blancs, et ravager leurs propriétés. Après que tous ces forfaits furent consommés, le philosophe insulaire ne souffla plus le mot.

1981. A Dieu ne plaise que je veuille insinuer que les auteurs de tous ces désastres aient eu des intentions criminelles; je me donne bien de garde de le penser : au contraire, je pense que les choses ont été bien au-delà de ce qu'ils vouloient; mais malheureusement l'anthousiasme plongeant les hommes dans une espèce de délire, les empêchent de calculer tous les inconvéniens d'une démarche trop précipitée, qui fait avorter les projets les mieux conçus, et qui même fait plus de mal que les maux qu'ils vouloient prévenir.

1982. La course maritime est donc une chose injuste, surnaturelle, qui n'a d'autre but que de faire le mal gratuitement pour le plaisir de le faire :

(a) En Angleterre la prime se paye comptant d'avance.

cependant si une Puissance en guerre y renonçoit pendant que l'autre la pratiqueroit, il en résulteroit un grand dommage pour elle, il faudroit donc une renonciation réciproque ; et pour que cette renonciation fût exécutée dans toute sa plénitude, il faudroit que tous les points qu'elle contiendroit, fussent garantis par toutes les Puissances amies et ennemies.

SECTION XI.

CHAPITRE XL.

DES PRISES MARITIMES.

1983. Si les principes de la course maritime sont odieux, il n'en est pas de même des conséquences vues par rapport aux armateurs ; c'est sans doute faire un acte de patriotisme, que de seconder les desseins de l'État à cet égard, puisque c'est l'aider à supporter les charges de la guerre, s'associer avec lui pour affoiblir l'ennemi, en agissant contre par représailles. Aussi la déclaration du 24 juin 1778, porte-t-elle « que l'intention du Roi est de donner des marques honorables de sa satisfaction à ceux des armateurs qui se distingueront par des entreprises considérables. »

1984. Quelques prétendus philosophes ont vu, dans les armateurs en course, des hommes conduits par le condamnable motif de la cupidité ; tandis que des personnes plus justes, ont vu en eux des citoyens patriotes qui hasardoient leur fortune pour combattre l'ennemi qui menaçoit nos foyers ; je pourrois en citer plusieurs exemples sensibles, mais je me contenterai de n'en présenter qu'un seul, propre à convaincre ceux qui pourroient douter de ces vérités.

1985. Feu M. Gradis, de Bordeaux, professant la religion juive, étoit un homme dont toutes les actions étoient marquées au coin de l'humanité ; cependant, en 1761, il arma en course le vaisseau *le Prothée*, de soixante-quatre canons, qui prit l'*Ajax*, vaisseau anglais riche, de 8,000,000. Il avoit, à cette époque, plusieurs frégates en croisière pour son compte. Le vaisseau *le Prothée* fut le seul vaisseau de ligne français qui se fit voir dans les mers d'Europe durant cette année-là. *Cit. français, 20 flor. an 2, n.° 1265.* Cependant un peu trop de zèle pour le service de l'État l'emporta au-delà des bornes, ayant armé *les frégates du Roi, l'Opale* et *la Brune*, sans être munis d'une commission en guerre, ces frégates prirent quatre navires contre les lois de l'Etat.

1986. L'amiral, par un jugement rendu le 31 janvier 1761, confisca, à son profit, les deniers provenans de la vente desdites prises. Mais comme on fut persuadé qu'il avoit commis cette imprudence, plutôt par un zèle mal-entendu que par insubordination, par un arrêté du même jour il fut dit : « *Désirant traiter favorablement le sieur Gradis, l'amiral veut bien, par grace et sans tirer à conséquence, lui faire main-levée de ladite confiscation*, en payant, par lui préalablement, les frais de justice, et autres relatifs auxdites prises, à qui il appartiendra, si aucuns sont dus. »

1987. M. Gradis mourut, il y a quelque temps, à Bordeaux, regretté de tout le monde, notamment des pauvres dont il avoit aidé à supporter la misère. Il termina sa carrière en ordonnant que l'on brûlât pour une somme considérable d'engagemens, que des personnes tombées dans l'infortune avoient contractés en sa faveur.

1988. Croiroit-on qu'il y ait eu des personnes assez méprisables pour trouver, pour ainsi dire, des crimes dans les vertus de ce respectable citoyen, en cherchant à faire voir qu'elles n'étoient point l'effet de l'humanité, mais de l'ostentation ; par conséquent, ces mêmes personnes devoient juger que les armemens de M. Gradis étoient l'effet de la cupidité et non du patriotisme. Loin de nous une pareille interprétation ! s'il étoit permis de métamorphoser ainsi la vertu en vice, le cruel égoïste ne manqueroit pas d'alléguer la fausse maxime pour autoriser sa turpitude ; et je ne doute pas que ceux qui ont voulu ternir la réputation de l'homme de bien, n'aient été guidés par de pareils motifs. Au reste, ils allèguent des présomptions, et moi j'allègue des faits ; et comme les hommes justes ne prononcent que sur ce qu'ils voient, et non sur ce qu'ils pensent, je l'emporterai sans doute aisément sur le cruel hypocrite ; c'est ce que je ne doute nullement.

1989. Vatel dit : « C'est pour des étrangers un métier honteux que celui de prendre des commissions d'un prime, pour pirater sur une nation absolument innocente à leur égard. La soif de l'or est le seul motif qui les invite ; et la commission qu'ils reçoivent, en les assurant de l'impunité, ne peut laver leur infamie. »

C'est donc dans cette circonstance seulement, que la course devient odieuse, puisqu'elle ne peut avoir pour principe le patriotisme.

Si j'étois gouvernement, je ferois confisquer les biens de l'étranger qui me demanderoit des lettres de marque, fondé sur ce que faisant cette demande par intérêt, il doit être présumé disposé à trahir l'État, si sa cupidité le lui commande.

1990. L'ordonnance porte, tit. des Prises, art. 1.er : « Aucun ne pourra armer vaisseau en guerre sans commission de l'amiral. »

Il n'est pas permis, à celui qui n'est pas soldat, d'attaquer l'ennemi. Cicéron, *de offic. lib.*, *cap. 11*. Il suit de ce principe, que ceux qui arment en course contre les ennemis, doivent être munis d'une commission authentique de la part de leur Souverain, sans quoi ils sont traités, par les autres nations, *comme des pirates*. Hubner, *tom. 1.er part. 2, chap. 3, sect. 6*; d'Abreu, *part. 1, ch. 1.er, § 11 et suiv.*

Les armateurs peuvent courir sur les bâtimens des autres nations dans trois circonstances, 1.° lorsqu'ils ont commission de l'État; 2.° lorsqu'ils sont porteurs de lettres de marque; 3.° lorsqu'ils sont porteurs de lettres de contre-marque.

1991. La commission en guerre est une permission par écrit du Gouvernement, signée et scellée, qui autorise le capitaine d'un vaisseau, appartenant aux particuliers ou à l'État, à courir sur les ennemis lorsque la guerre est déclarée; comme les vaisseaux marchands peuvent être attaqués, que le droit leur permet de se défendre. Vattel, *lib. 3, ch. 14, § 223*; que s'ils prennent le navire agresseur, ils n'en acquièrent point la propriété; la plupart des capitaines marchands prennent une commission en guerre, afin de légitimer les prises qu'ils peuvent faire.

1992. Les lettres de marque sont aussi une permission accordée par l'État, dont les vaisseaux ou autres effets ont été pris ou arrêtés hors le fait de la guerre, par les sujets des autres États; dans cette circonstance les lettres de marque s'accordent donc par représailles. Voilà pourquoi on les appelle *lettres de marque ou de représailles* : d'où il suit que lorsqu'une nation déprède les vaisseaux d'une autre nation, sans une permission expresse mais tacite de son Gouvernement, la nation déprédée accorde des lettres de représailles à ses sujets.

Le mot *marque* vient du mot *marquis*, qui anciennement étoit un officier militaire proposé à la défense des frontières.

1993. Les lettres de contre-marque sont celles qui sont délivrés pour s'opposer aux corsaires déjà munis de lettres de marque de la part de leur Souverain; d'où il suit que lorsqu'il n'y a pas eu une déclaration de guerre d'une nation qui a délivré à ses armateurs des lettres de marque, et que la nation pillée accorde une patente à ses armateurs, que cette patente est appelée *lettre de contre-marque.*

1994. Les patentes délivrées en Angleterre pour exercer la piraterie en 1778, furent qualifiées par elle, comme elle le devoit, de *lettres de marque;* et la France qualifia celles qu'elle délivra, comme elle ne le devoit pas, *commission en course.* En effet, ce n'étoit pas là *des commissions en course,* mais *des lettres de contre-marque.* Cette distinction est essentielle à faire, parce qu'elle porte avec elle un caractère propre à faire connoître aux autres Puissances maritimes, la déloyauté du Gouvernement forban.

RÉGLEMENT

Concernant les prises faites sur mer, et la navigation des vaisseaux neutres pendant la guerre.

Du 21 octobre 1744.

1995. Le Roi s'étant fait représenter le réglement du 23 juillet 1704, concernant les prises faites en mer, et la navigation des vaisseaux neutres et alliés pendant la guerre, Sa Majesté auroit reconnu que les dispositions de ce réglement étoient alors également sages et convenables, et que même il seroit à désirer pour le bien du royaume, qu'elles puissent toutes être renouvelées pendant la présente guerre : mais comme il en est plusieurs qui ne sauroient s'accorder avec les traités et conventions qu'elle a faits avec les différentes Puissances. . . . . et que Sa Majesté s'est toujours fait une loi d'observer ses engagemens avec la fidélité la plus exacte, elle croit devoir faire céder ses intérêts à la foi qu'elle doit aux traités. D'un autre côté, Sa Majesté ne pouvant pas douter que ses ennemis ne se servent du pavillon et des passe-ports de quelques États neutres, contre la volonté et les engagemens de ces mêmes États; et Sa Majesté considérant que des conventions faites entre des Souverains, uniquement pour l'avantage et la sûreté de leurs sujets respectifs, ne peuvent avoir jamais eu pour objet de faciliter des fraudes dont le préjudice ne peut être douteux, elle se croit d'autant plus fondée à empêcher ces fraudes, qu'il n'est pas moins contre l'honneur et la dignité, que contre les intérêts des États neutres, que des sujets téméraires compromettent leur droit en abusant de leur pavillon et de leur passe-port.

Dans ces circonstances, Sa Majesté a jugé à propos de rappeler, dans le présent réglement, les dispositions de celui de 1704, en distinguant celles qui ne doivent être exécutées qu'à l'égard des États avec lesquels il n'a point été fait de conventions, d'y en ajouter de nouvelles conformes aux traités qu'elle a fait avec d'autres États, et d'y joindre même celles du réglement du 17 février 1694, afin que ceux de ses sujets qui armeront pour la course, soient pleinement informés des règles qu'ils doivent observer. Par ces considérations, Sa Majesté a ordonné et ordonne ce qui suit :

1996. ART. 1.er Fait Sa Majesté défenses aux armateurs Français d'arrêter en mer, et d'amener dans les ports de son royaume, les navires appartenans aux sujets des Princes neutres, sortis d'un des ports de leur domination, et chargés pour le compte des sujets desdits Princes neutres, de marchandises du crû, ou fabrique de leur pays, pour les porter en droiture en quelque État que ce soit, même en ceux avec qui Sa Majesté est en guerre, pourvu néanmoins qu'il n'y ait sur lesdits navires aucunes marchandises de contrebande.

1997. 2. Leur fait pareillement défenses d'arrêter les navires appartenans aux sujets des Princes neutres, sortis de quelqu'autre État que ce soit, même de ceux avec lesquels Sa Majesté est en guerre, et chargés pour le compte desdits sujets des Princes neutres, de marchandises qu'ils auront prises dans le pays ou État d'où ils seront partis, pour s'en retourner en droiture dans un des ports de la domination de leur Souverain.

1998. 3. Comme aussi leur fait défenses d'arrêter les navires appartenans aux sujets des Princes neutres partis des ports d'un État neutre ou allié de Sa Majesté, pour s'en aller dans un autre État pareillement neutre ou allié de Sa Majesté, pourvu qu'il ne soit pas chargé de marchandises du crû ou fabrique de ses ennemis, auquel cas les marchandises seront de bonne prise, et le navire relâché.

1999. 4. Défend pareillement Sa Majesté auxdits armateurs d'arrêter les navires appartenans aux sujets desdits Princes neutres, sortis des ports d'un État de Sa Majesté ou neutre, pour aller dans un port d'un État ennemi de Sa Majesté, pourvu qu'il n'y ait sur ledit navire aucunes marchandises de contrebande, ni du crû ou fabrique des ennemis de Sa Majesté, dans lequel cas lesdites marchandises seront de bonne prise, et les navires seront relâchés.

2000. 5. Si, dans les cas expliqués par les articles 1.er, 2, 3 et 4 de ce réglement, il se trouvoit sur lesdits navires neutres, de quelque nation qu'ils fussent, des marchandises ou effets appartenans aux ennemis de Sa Majesté, les marchandises ou effets seront de bonne prise, quand même elles ne seroient pas de fabrique du pays ennemi, et néanmoins les navires relâchés.

2001. 6. Veut Sa Majesté que tous vaisseaux pris, de quelque nation qu'ils soient, ennemie, neutre ou alliée, desquels il sera constaté qu'il y aura eu des papiers jetés à la mer, soient déclarés de bonne prise, avec leur cargaison, sur la seule preuve constante des papiers jetés à la mer, et sans qu'il soit besoin d'examiner quels étoient ces papiers, par qui ils ont été jetés, ni s'il en est resté suffisamment à bord pour justifier que le navire et son chargement appartient à des amis ou alliés.

2002. 7. On n'aura aucun égard aux passe-ports des Princes neutres, auxquels ceux qui les auront obtenus se trouveront avoir contrevenu, et les vaisseaux qui navigueront sur lesdits passe-ports, seront déclarés de bonne prise.

2003. 8. Un passe-port ou congé ne pourra servir que pour un seul voyage, et sera considéré comme nul, s'il est prouvé que le navire pour lequel il auroit été expédié, n'étoit, lors de l'expédition, dans aucun des ports du Prince qui l'a accordé.

2004. 9. Tous connoissemens trouvés à bord, non signés, seront nuls et regardés comme actes informes.

2005. 10. Tout navire qui sera de construction ennemie, ou qui auroit eu un propriétaire ennemi, ne pourra être censé neutre ni allié, s'il n'est trouvé à bord quelques pièces authentiques passées devant les officiers publics, qui puissent en assurer la date, qui justifient que la vente ou cession en a été faite à quelqu'un des sujets des Puissances alliées ou neutres, avant la déclaration de guerre; et si ledit acte translatif de propriété de l'ennemi au sujet neutre ou allié, n'a été duement enregistré devant le principal officier du lieu du départ, et n'est soutenu d'un pouvoir authentique donné par le propriétaire, dans le cas où il n'auroit pas fait lui-même ladite dernière vente. A l'égard des navires de fabrique ennemie, qui auront été pris par nos vaisseaux, ceux de nos alliés et de nos sujets, pendant la présente guerre, et qui auroient ensuite été vendus aux sujets des États alliés ou neutres, ils ne pourront être réputés de bonne prise s'il se trouve à bord des actes en bonne forme, passés par des officiers publics à ce préposés, justificatifs, tant de la prise que de la vente ou adjudication qui en auroit été faite ensuite aux sujets desdits alliés ou neutres, soit en France, soit dans les ports de nos alliés ; faute desquelles pièces justificatives, tant de la prise que de la vente, lesdits navires seront de bonne prise, sans que dans aucun cas les pièces qui pourroient être rapportées par la suite, puissent faire aucune foi, ni être d'aucune utilité, tant aux propriétaires desdits navires, qu'à ceux des marchandises qui pourroient y avoir été chargées.

2006. 11. On n'aura aucun égard aux passe-ports accordés par les Princes neutres ou alliés, tant aux propriétaires qu'aux maîtres de navires sujets des États ennemis de Sa Majesté, s'ils n'ont été naturalisés, et n'ont transféré leur domicile dans les États desdits Princes avant la déclaration de la présente guerre : ne pourront pareillement lesdits propriétaires et maîtres des navires, ou sujets des États ennemis, qui auront obtenu lesdites lettres de neutralité, jouir de leur effet, si depuis qu'elles ont été obtenues, ils sont retournés dans les États ennemis de Sa Majesté pour y continuer leur commerce.

2007. 12. Seront de bonne prise tous navires étrangers sur lesquels il y aura un subrecargue, marchand, commis ou officier-marinier d'un ennemi de Sa Majesté, ou dont l'équipage sera composé au-delà du tiers des matelots sujets des États ennemis de Sa Majesté, ou qui n'auront pas à bord le rôle de l'équipage, arrêté par les officiers publics des lieux neutres d'où les navires seront partis.

2008. 13. N'entendons comprendre dans la disposition du précédent article, les navires dont les capitaines, ou les maîtres, justifient par actes trouvés à bord, qu'ils ont été obligés de prendre des officiers-maritimes ou matelots dans les ports où il auront relâché, pour remplacer ceux du pays neutre, morts dans le cours de leur voyage.

2009. 14. Les navires appartenans aux sujets du Roi de Danemarck, et ceux appartenans aux sujets des États-Généraux des Provinces-Unies, pourront naviguer librement pendant la présente guerre, soit de leurs ports à des ports d'autres États neutres ou ennemis, ou d'un port neutre à un port ennemi, ou d'un port ennemi à un autre port ennemi, pourvu que ce ne soit pas une place bloquée, et que, dans ces deux derniers cas, ils ne soient pas chargés, en tout ou en partie, de marchandises réputées de contrebande par les traités, et ce nonobstant ce qui est porté par les quatre premiers articles du présent réglement, duquel néanmoins les

articles

articles 6, 7, 8, 9, 10, 11 et 12, seront exécutés à leur égard : et dans le cas qu'ils se trouveroient chargés, en tout ou en partie, desdites marchandises de contrebande, allant à un port ennemi, soit qu'ils fussent partis d'un autre port ennemi, ou d'un port neutre, lesdites marchandises seront de bonne prise, sans que les navires et le surplus de leur cargaison, ni leurs biens et effets puissent être retenus, quand même ils appartiendroient aux ennemis.

2010. 15. Il en sera usé de même à l'égard des navires appartenans aux sujets du Roi de Suède, et de ceux appartenans aux habitans des villes Anséatiques, dans lesquels néanmoins toutes marchandises sans distinction, appartenantes aux ennemis, quand même elles ne seroient pas de contrebande, seront de bonne prise; toutefois que les navires et le surplus de leur cargaison, ni leurs autres biens et effets puissent être retenus.

2011. 16. Tous navires sortis des ports du royaume qui n'auront à bord d'autres denrées et marchandises que celles qu'ils auront chargées, et qui se trouveront munis de congés de l'amiral de France, ne pourront être arrêtés par les armateurs Français, ni ramenés, par eux, dans les ports du royaume, sous quelque prétexte que ce puisse être.

2012. 17. En cas de contravention par les armateurs Français, aux défenses à eux faites par le présent réglement, veut Sa Majesté qu'il soit fait main-levée aux sujets des Princes neutres, des navires à eux appartenans, et des marchandises du chargement, dans le cas où elles ne seroient pas sujettes à confiscation, et que lesdits armateurs soient condamnés en leurs dommages et intérêts.

2013. 18. Veut au surplus, Sa Majesté, que le titre des prises, de l'ordonnance de la marine du mois d'août 1681, soit exécuté suivant sa forme et teneur, en ce qui n'y est dérogé par le présent réglement. Mande et ordonne Sa Majesté à M. l'amiral de France, de tenir la main à son exécution, et aux officiers de l'amirauté de le faire publier, afficher et enregistrer par-tout où besoin sera, à ce que nul n'en ignore. Fait au camp devant Fribourg, le 21 octobre 1744.

DÉCLARATION

Concernant la course sur les ennemis de l'État.

Du 24 juin 1778.

2014. ART. 1.er Les armateurs en course jouiront, à compter du jour de l'enregistrement et publication des présentes, de l'exemption des droits de traites pour les vivres, munitions, artillerie et ustensiles de toute espèce servant à la construction, avitaillement de leurs navires.

2015. 2. Il sera par nous incessamment statué sur les espèces et qualités des marchandises provenantes des prises qui pourront être consommées dans le royaume, ainsi que sur les droits auxquels elles seront assujetties.

2016. 3. Déclarons que notre intention est de donner des marques particulières et honorables de notre satisfaction à ceux des armateurs qui se distingueront par des entreprises plus considérables.

2017. 4. Pour encourager l'armement des grands bâtimens corsaires, qui sont tout-à-la-fois plus propres à la course, et d'une meilleure défense, il sera fourni de nos arsenaux les canons des calibres de douze et de huit livres de balles, qui seront nécessaires pour les batteries de quatre-vingt-quinze pieds de quille coupée, et au-dessus, sans nous réserver aucune portion dans le produit des prises ; à la charge toutefois que les canons qui se trouveront en nature après la course, seront remis dans les ports du désarmement aux Commissaires de nos ports et arsenaux : voulons, en conséquence, que les armateurs soient tenus d'en informer le Secrétaire de l'État, ayant le département de la marine, des armemens et constructions qu'ils voudront entreprendre, et que lesdits Commissaires des ports et arsenaux de marine soient tenus de faire constater, en leur présence, la mesure de la quille lorsqu'elle sera posée, et de viser le certificat qui en sera délivré par le constructeur du port : et le tout sera envoyé audit Secrétaire d'État, ayant le département de la marine, pour, sur le vu d'icelui, être expédié nos ordres, à l'effet de faire fournir et transporter les canons.

2018. 5. Si les canons ne peuvent être fournis à temps, nous autoriserons les armateurs à en acheter, et nous donnerons les ordres pour leur faire payer, dans un mois, après l'expédition du rôle d'équipage, la somme de 800 liv. pour tenir lieu de chaque canon de douze, et de 600 liv. pour chaque canon de huit : au moyen de quoi, la valeur desdits canons que nous aurons fournis en argent ou en nature, ne pourra être employée dans la dépense de l'armement, sauf à l'armateur qui n'aura pas eu de canons pris ou perdus, de nous remettre les canons qu'il aura achetés, ou les sommes que nous lui aurons fait payer à son choix.

2019. 6. Les salaires et parts des matelots déserteurs des corsaires, appartiendront, et seront acquis, moitié aux armateurs, moitié aux équipages.

2020. 7. Lorsque les corsaires particuliers auront été requis par les Commandans de nos escadres, vaisseaux ou frégates, de sortir avec eux des ports, ou de les joindre à la mer, lesdits corsaires participeront aux prises et aux gratifications pendant le temps qu'ils seront attachés auxdites escadres, vaisseaux et frégates ; et leur part sera fixée suivant le nombre de leurs canons montés sur affûts, proportionnément au nombre des canons de nos vaisseaux, et autres bâtimens avec lesquels ils auront fait lesdites prises, sans avoir égard aux calibres des canons, ni à la force des équipages desdits corsaires. Les gratifications portées par l'article suivant, auront lieu pour celles des prises qui seront faites par les corsaires, et appartiendront exclusivement aux équipages d'iceux : mais dans tous les cas où les corsaires particuliers n'ayant point été requis de se joindre à nos vaisseaux, feroient des prises à leur vue, ces prises appartiendront en totalité auxdits corsaires, qui, de leur côté, ne seront admis à aucuns partages dans les prises que nos vaisseaux pourroient faire à leur vue.

2021. 8. Il sera payé, des deniers de la marine, les gratifications suivantes, pour les prises qui seront faites par tous corsaires particuliers ;

SAVOIR :

Cent livres pour chaque canon du calibre de quatre et au-dessus jusqu'à 12 liv.

Cent cinquante livres pour chaque canon de douze livres et au-dessus.

Et *trente livres* pour chaque prisonnier fait sur les navires chargés en marchandises.

Cent cinquante livres pour chaque canon du calibre de quatre à douze.

Deux cent vingt-cinq livres pour celui de douze et au-dessus.

Et *quarante livres* pour chaque prisonnier fait sur des corsaires particuliers.

Deux cents livres pour chaque canon de quatre à douze.

Trois cents livres pour celui de douze et au-dessus.

Et *cinquante livres* pour chaque prisonnier qui aura été fait sur des vaisseaux et frégates de guerre.

Lorsqu'il y aura eu combat, le calcul sera fait sur le nombre d'hommes effectifs qui se seront trouvés au commencement de l'action.

Voulons, en outre, que toutes lesdites gratifications soient augmentées d'un quart en sus, pour les vaisseaux, frégates de guerre, et corsaires particuliers qui auront été enlevés à l'abordage ; ce qui aura également lieu pour les navires ennemis armés en guerre et marchandises, et dont le nombre des canons excédera celui des corsaires-preneurs.

2022. 9. Le nombre et le calibre des canons seront constatés par le procès-verbal d'inventaire de la prise, et celui des prisonniers, par les certificats de nos officiers dans les ports auxquels ils auront été remis, ainsi que sur les autres pièces jugées nécessaires pour constater le nombre d'hommes effectifs qui se seront trouvés au commencemet du combat.

2023. 10. Les gratifications portées par rticle 8, appartiendront en entier aux capitaines, officiers et équipages des corsaires qui auront fait la prise, dans la proportion des parts qui leur seront attribuées dans le tiers desdites prises : l'armateur sera tenu d'en faire la recette à la distribution, sans frais de commission, et sans qu'il puisse en imputer aucune partie sur le remboursement des avances.

2024. 11. Nous nous réservons d'accorder aux capitaines et officiers desdits corsaires qui se seront distingués, des récompenses particulières, même des emplois dans notre service de la marine, suivant la force des vaisseaux de guerre et corsaires ennemis dont ils se seront emparés, et selon la nature des combats qu'ils auront soutenus : nous réservant néanmoins de consulter le Conseil de marine du département, lorsque lesdits capitaines et officiers de corsaires particuliers paroîtront susceptibles d'obtenir, pour récompense, les grades d'enseigne et de lieutenant de vaisseau.

2025. 12. Lorsque les témoignages qui nous seront rendus de la bonne conduite des officiers et volontaires qui auront servi sur des corsaires, nous paroîtront suffisans, nous dispenserons ceux qui seront dans le cas d'être reçus capitaines de navires marchands, de l'obligation de servir une ou deux campagnes sur nos vaisseaux.

2026. 13. Les officiers et matelots des équipages des corsaires qui se trouvont hors d'état de continuer leur service par les blessures qu'ils auront reçues dans les combats, seront compris dans les états de demi-solde que nous accordons aux gens de mer : et nous accorderons pareillement des pensions aux veuves de ceux qui auront été tués, et qui seront morts de leurs blessures.

2027. 14. Les sociétés pour la course, s'il n'y a pas de convention contraire, seront réputées en commandite, soit que les intéressés se soient associés par des quotités fixes, ou par actions.

2028. 15. L'armateur pourra, par l'acte de société, ou par les actions fixes, porter le capital de l'entreprise à une somme déterminée, pour régler la répartition des profits, ou la contribution aux pertes; et si, d'après les comptes qui seront fournis, la construction et mise hors ne montent pas à la somme déterminée, le surplus sera employé aux dépenses des relâches, ou en cas de prises dudit corsaire, sera rendu aux actionnaires au marc la livre : si, au contraire, les dépenses de la construction et mise hors excèdent la somme fixée, l'armateur prélévera ses avances sur le produit des premières prises; et en cas d'insuffisance, il en sera également remboursé au marc la livre par l'actionnaire; ce qui aura lieu pareillement pour les dépenses des relâches, lorsque le produit des prises ne sera pas suffisant.

2029. 16. Les armateurs seront tenus, dans les actions qu'ils délivreront aux intéressés, de faire une mention sommaire des dimensions du bâtiment qu'ils se proposeront d'armer en course, du nombre et de la force de son équipage et de ses canons, ainsi que du montant présumé de la construction et mise hors.

2030. 17. Le compte de la construction et mise hors, qui formera toujours le capital de l'entreprise, hors le cas prévu par l'article 15, sera clos, arrêté et déposé avec les pièces justificatives, au greffe de l'amirauté, dans le quinzième jour après celui auquel le corsaire aura fait voile pour commencer la course, sauf à n'employer que par évaluation les articles de dépense qui, à cette époque, ne pourront pas être liquidés : lesquels seront ensuite alloués dans le compte de construction et mise hors pour leur vraie valeur, et sur les pièces justificatives qui seront rapportées.

2031. 18. Permettons néanmoins aux officiers de l'amirauté d'acorder à l'armateur, sur sa demande, un second délai de huit jours, pour déposer le compte mentionné en l'article précédent; mais passé ce terme, si l'armateur n'y a pas satisfait, il sera privé de tous droits de commission, par le seul fait de n'avoir pas déposé son compte.

2032. 19. Lorsque la construction d'un corsaire et mise hors ne pourront être achevées, soit par la conclusion de la paix, ou par quelqu'autre événement, la perte sera supportée par les intéressés suivant leur quotité et par les actionnaires, au marc la livre du capital sera évalué par arbitres, à la somme que l'entreprise auroit dû coûter si elle avoit été achevée.

2033. 20. Le droit de commission ordinaire sera de deux pour cent, sur le montant des dépenses de la construction, armement, relâches et désarmement. Il sera, en outre, alloué aux armateurs une semblable commission de deux pour cent sur les prises rentrées dans le port de l'armement, dont ils auront eu l'administration particulière, et un pour cent seulement pour la rentrée des fonds sur les prises qui auront été administrées par leurs commissionnaires, avec, sur le tout, un demi pour cent, pour la négociation des lettres de change.

2034. 21. Les engagemens pour la course ordinaire, s'il n'y a pas de convention contraire, y compris le temps des relâches, seront de quatre mois, à compter du jour que le vaisseau mettra à la voile, et doublera les caps ou pointes qui, suivant les usages locaux, déterminent un départ absolu : exceptons toutefois les relâches nécessaires pour amener des prises, prendre des vivres, faire de l'eau, espalmer, ou d'autres cas pressans, à la charge de remettre en mer aussitôt que le vent le permettra. Faisons très-expresses défenses aux équipages de quitter le vaisseau pendant la durée desdits engagemens, à peine d'être punis comme déserteurs.

2035. 22. Le tiers du produit des prises qui auront été faites, appartiendra à l'équipage du bâtiment qui les aura faites ; mais le montant des avances qui auront été payées, sera déduit sur les parts de ceux qui les auront reçues.

2036. 23. Les équipages des bâtimens armés en guerre et marchandises, n'auront que le cinquième des prises, et il ne leur sera fait aucune déduction pour les avances comptées à l'armement, ou pour les mois payés pendant le cours du voyage.

2037. 24. Lorsque nous voudrons bien accorder à des armateurs nos vaisseaux ou frégates pour être armés en course, les équipages ne pourront être engagés que de gré à gré, et on suivra les conditions ordinaires de la course, s'il n'y a pas de conventions contraires, ce qui aura également lieu pour les deux articles précédens.

2038. 25. Aucun armateur ne pourra donner aux matelots de plus fortes avances que celles qui seront ci-après spécifiées, ni plus de 30 sols de denier à dieu, sous quelque prétexte que ce soit, à peine de trois mille liv. d'amende et de radiation de l'excédent dans les comptes. Voulons que la totalité desdites avances soit payée avant le départ du corsaire, dans la proportion suivante :

Aux premiers et seconds maîtres d'équipage, *cent cinquante livres.*

Aux pilotes, contre-maîtres, charpentiers, maîtres de prise et capitaines d'armes, *cent livres.*

Aux seconds canonniers, charpentiers, bossemans, maîtres de chaloupes, calfats, voiliers, armuriers, quartiers-maîtres, et second chirurgien, *quatre-vingt livres.*

Aux sergens, matelots ayant la plus haute paye sur nos vaisseaux, *soixante-six livres.*

A ceux qui ont une paye moindre, *soixante livres.*

A ceux qui n'ont point encore servi, ou qui n'ont fait qu'une campagne, et aux soldats, *quarante-cinq livres.*

Aux mousses forts qui ont navigué, *vingt-sept livres.*

Aux autres mousses, *dix-huit livres.*

Les officiers-majors et volontaires n'auront aucunes avances;

Et à l'égard des bâtimens armés en guerre et en marchandises, les avances ne seront réglées que de gré à gré.

2039. 26. L'équipage sera tenu de se rendre à bord ving-quatre heures après l'avertissement qui aura été donné au son du tambour, ou par le coup de canon de départ, à peine d'être puni comme déserteur; ce qui aura lieu pour les matelots qui prendroient un faux nom, ou supposeroient un faux domicile.

2040. 27. La police qui est observée sur nos vaisseaux pour les équipages qui y sont embarqués, aura également lieu pour les officiers-mariniers, matelots et autres gens de mer embarqués sur les corsaires : enjoignons aux capitaines de faire garder sûrement à leur bord ceux qui seroient coupables de quelques crimes et délits, jusqu'à ce qu'ils soient conduits, à nos frais, au plus prochain ports ou arsenal de marine, suivant les ordres que nous ferons expédier à cet effet.

2041. 28. L'équipage sera obligé de travailler pour le service du bâtiment, toutes les fois qu'il sera commandé, et il sera retenu 30 sous par jour à ceux qui y manqueront, laquelle retenue sera faite d'après le rapport de l'écrivain, visé par le capitaine, et sera distribuée à ceux qui auront travaillé.

2042. 29. Le coffre du capitaine pris, ni les pacotilles ou marchandises qui pourroient lui appartenir, dans quelqu'endroit du bâtiment qu'elles soient chargées, ne pourront, dans aucun cas, être attribuées au capitaine du corsaire qui aura fait la prise. Permettons toutefois à l'armateur de stipuler en faveur dudit capitaine, et pour lui tenir lieu de dédommagement, une somme proportionnée à la valeur de la prise, et seulement lorsqu'elle arrivera à bon port.

2043. 30. Défendons pareillement aux officiers des amirautés de permettre que les capitaines-conducteurs des prises s'approprient, sous prétexte de droit ou d'usage, aucunes marchandises, effets ou meubles des bâtimens pris, à peine d'en demeurer, lesdits juges, responsables en leurs propres et privés noms : permettons cependant aux armateurs de régler, dans les instructions qu'ils donneront aux capitaines des corsaires, et de concert avec eux, des sommes modiques et proportionnées à la valeur des prises arrivées à bon port; et seront lesdites sommes payées aux capitaines-conducteurs des prises, pour leur tenir lieu de tous autres droits qui ont pu être tolérés jusqu'à présent.

2044. 31. Il ne sera rien déduit à l'équipage, en cas que le vaisseau désarme par l'ordre des armateurs, avant la fin de la course; mais si pendant l'armement, ou avant les deux tiers de la course expirés, le vaisseau se trouve hors d'état de servir, les armateurs pourront, dans le terme d'un mois, en substituer un autre, sur lequel l'équipage sera tenu de s'embarquer aux mêmes conditions, pour continuer la course.

2045. 32. Il ne sera promis, avant l'embarquement, aucunes parts dans les prises aux officiers-majors, volontaires, soldats, matelots ou autres; mais elles seront réglées immédiatement après le retour des vaisseaux, à proportion du mérite et du travail de chacun, dans un conseil tenu à cet effet; lequel sera composé du capitaine et des premiers officiers-majors, suivant l'ordre du rôle d'équipage, au nombre de sept, le capitaine compris, s'il se trouve assez de lieutenans pour completter le nombre; lesquels prêteront serment devant les Juges de l'amirauté, dans huit jours au plus tard, après la course finie, de procéder fidélement, et en leur ame et conscience, au réglement et à la répartition des parts.

2046. 33. Il ne pourra être accordé au capitaine plus de *douze parts*.

Au capitaine en second, plus de *dix parts*.

Aux deux premiers lieutenans, plus de *huit parts*.

Au premier maître, à l'écrivain et aux autres lieutenans, plus de *six parts*.

Aux

Aux enseignes, au maître chirurgien et aux deux maîtres, plus de *quatre parts.*

Aux maîtres de prises, pilotes, contre-maîtres, capitaines d'armes, maîtres canonniers, charpentiers, calfats, bossemans, maîtres de chaloupes, voiliers, armuriers, quartiers-maîtres, et second chirurgien, plus de *deux parts.*

Les volontaires auront *une part ou deux au plus.*

Les matelots, *une part ou une part et demi.*

Les novices, *d'une demi-part à trois quarts de part.*

Les mousses, *un quart de part ou une demi-part, suivant leurs services respectifs et leurs forces.*

2047. 34. Le nombre des parts attribuées à chaque grade par l'article précédent, ne pourra être diminué qu'à la pluralité de deux voix; mais une seule suffira pour déterminer le plus ou le moins attribué aux volontaires, matelots, soldats, novices et mousses; et en cas de partage d'avis à l'égard de ces derniers, la voix du capitaine sera prépondérante. L'écrivain n'aura de voix que pour remplacer chacun des officiers-majors, qui sera tenu de se retirer lorsqu'il s'agira de fixer les parts.

2048. 35. Le capitaine et les officiers-majors seront tenus d'assigner une somme sur le produit des prises, aux officiers et autres gens de l'équipage qui auront été blessés et estropiés dans les combats, et aux veuves et héritiers de ceux qui auront été tués, ou qui seront morts de leurs blessures; et seront lesdites sommes payées à ceux auxquels elles seront accordées en outre et par-dessus leurs parts, dans le tiers accordé à l'équipage, pourvu que lesdites gratifications n'excèdent pas le double de la valeur desdites parts.

2049. 36. Le capitaine et les officiers-majors, ainsi que l'écrivain, seront tenus de signer le réglement des parts, arrêté à la pluralité des voix, et de le présenter, dans trois jours, au greffe de l'amirauté, où il leur en sera fait lecture en présence des officiers du siége. Après avoir déclaré qu'ils n'y veulent rien changer, ils affirmeront qu'ils y ont procédé en leur ame et conscience, et il sera dressé procès-verbal du tout, ainsi que du dépôt dudit réglement.

2050. [illegible]. Nos procureurs aux siéges des amirautés tiendront la main à l'exécution des articles précédens: leur enjoignons de vérifier si les officiers qui se présenteront avec le capitaine pour prêter serment, sont les mêmes que ceux désignés par l'article 32, et si le réglement a été rédigé dans la forme prescrite. Voulons que les capitaines qui n'auroient pas convoqué les officiers-majors pour prêter serment dans le délai fixé par l'article ci-dessus, soient, à la requête, poursuite et diligence de nosdits procureurs, condamnés en 100 liv. d'amende pour chaque jour de retardement, et que le capitaine et les officiers qui auront procédé audit réglement, et qui ne l'auront pas déposé au greffe dans les trois jours suivans, soient condamnés chacun en 20 liv. d'amende par jour de retardement; lesdites sommes applicables à la masse des parts attribuées aux matelots et autres, auxquels il n'aura été réglé qu'une part et au-dessous.

2051. 38. Le réglement des parts, arrêté en la forme ci-dessus, sera définitivement exécuté : défendons aux Juges d'admettre aucunes actions, plaintes, ni réclamations de la part des officiers ou gens de l'épuipage à cet égard.

2052. 39. Aussitôt qu'il y aura quelque prise faite, l'écrivain prendra l'ordre du capitaine pour aller à bord se saisir des clefs, sceller les écoutilles, chambres, coffres, armoires, ballots, tonneaux et autres choses fermantes à clef ou emballées, sans excepter le coffre du capitaine, après toutefois que les papiers, ainsi que les hardes ou effets à son usage, en auront été retirés : ledit coffre restera à bord de la prise, et fera partie de son produit.

2053. 40. L'officier qui sera envoyé à bord du vaisseau pris, ou l'écrivain, se saisiront de tous les papiers, qui seront remis, dans un sac cacheté, à celui qui sera choisi pour conduire la prise; lequel ne pourra les remettre qu'entre les mains des officiers de l'amirauté du port où elle abordera.

2054. 41. Les capitaines des corsaires particuliers pourront rançonner, en mer, tous bâtimens marchands, suivant les circonstances; défendons néanmoins aux armateurs d'accorder aucun profit aux capitaines sur le produit des rançons, sous prétexte d'indemnité.

2055. 42. Aussitôt qu'une prise sera arrivée dans l'un des ports de notre royaume, le capitaine qui aura pris la prise, ou l'officier qui aura été obligé de l'amener, sera tenu d'en faire, devant les officiers de l'amirauté, rapport détaillé; lequel sera ensuite vérifié par l'auditoire de deux hommes au moins de son équipage, à l'exception des cas de relâche pour lesquels il suffira d'une simple déclaration; lesdits officiers de l'amirauté se transporteront sur-le-champ à bord de ladite prise pour en dresser procès-verbal, sceller les écoutilles et les chambres, faire inventaire de ce qui ne pourra être scellé, et établir des gardiens : ils procéderont ensuite à l'interrogatoire du capitaine, des officiers et autres gens de l'équipage du vaisseau pris; feront translater les pièces du bord par l'interprête-juré, s'il y en a dans le lieu, et adresseront, tant les expéditions desdites procédures, que les pièces orignaires et les translats, s'ils ont pu être faits, au secrétaire général de la marine, pour être procédé au jugement de la prise.

2056. 43. Le greffier de l'amirauté sera tenu d'envoyer lesdites pièces, par la poste, au secrétaire général de la marine, dans huitaine au plus tard, après l'arrivée des prises. Le directeur du bureau chargera le paquet sur la feuille d'avis, et en donnera au greffier un reçu par duplicata, dont l'un sera joint aux pièces pour être visé dans le jugement. Si l'envoi desdites pièces n'est pas fait dans le délai prescrit, les Juges et le greffier de l'amirauté seront condamnés, pour chaque jour de retard, en une somme égale aux vacations qui leur auroient été attribuées pour toutes les opérations faites jusqu'à cette époque, même à l'interdiction s'il y échet.

2057. 44. Il sera procédé, sans délai, à la levée des scellés et au déchargement des marchandises qui seront inventoriées et mises en magasin, lequel sera fermé de trois clefs différentes, dont l'une demeurera entre les mains du greffier de l'amirauté, une seconde entre celles du receveur des fermes, et la troisième sera remise à l'armateur.

2058. 45. Il sera procédé aussi, sans délai, à la décharge et à la vente provisoire des effets sujets à dépérissement, soit à la requête de l'armateur ou de celui qui le représentera, soit en leur absence, à la requête de nos procureurs ès-siéges des amirautés. Pourront même lesdits officiers desdites amirautés, lorsque les prises seront constamment ennemies d'après les pièces du bord, et les interrogatoires des prisonniers pris, permettre la vente des prises, et de toutes les marchandises dont ils seront chargés, sans attendre le jugement de bonne prise; laquelle vente se fera dans le délai fixé par le Juge de l'amirauté, à l'effet de quoi lesdites ventes seront affichées dans les différentes places de commerce, ainsi qu'il sera dit ci-après.

2059. 46. Permettons néanmoins aux officiers des amirautés, lorsqu'il se présentera des réclamateurs, d'ordonner que les effets réclamés pourront leur être délivrés suivant l'estimation qui en sera faite à dire d'experts, pourvu que lesdites réclamations soient fondées en titre, et à la charge par celui qui les aura faites, de donner bonne et suffisante caution, faute de quoi il sera passé outre.

2060. 47. Les armateurs seront tenus d'envoyer des états ou inventaires détaillés des effets qui composeront les prises, avec indication du jour de

66*

leur vente, qui aura été jugée par le Juge, dans les différentes places de commerce, et particulièrement à Paris, où ils seront affichés à la bourse; et il en sera délivré, sur les ordres du Lieutenant-général de police, un certificat duquel il sera fait mention dans le procès-verbal de la vente de la prise.

2061. 48. Il sera procédé, par le Conseil des prises, au jugement d'icelles; nous réservant, au surplus, de faire connoître nos intentions sur la forme de procéder audit Conseil, de manière que la justice la plus prompte soit rendue aux armateurs, et à ceux qui auront des réclamations à former.

2062. 49. Huit jours après que les jugemens auront été rendus, le greffier dudit Conseil sera tenu d'en envoyer l'expédition aux officiers de l'amirauté; lesquels, dans le délai de trois jours, les feront enregistrer au greffe de leur siége, pour être ensuite procédé à la vente de la prise, si fait n'a été.

2063. 50. Les marchandises seront exposées en vente, et criées par parties entières, ou par lots, ainsi qu'il sera convenu, pour le plus grand avantage des intéressés, entre l'armateur et les adjudicataires présens; et en cas de contestation, les officiers de l'amirauté régleront la forme de la vente. Le prix en sera payé comptant, ou en lettres de change acceptées à deux mois d'échéances au plus tard; et la livraison des effets vendus et adjugés sera commencée le lendemain de la vente, et continuée sans interruption.

2064. 51. Pour accélérer toutes les opérations relatives aux prises, les officiers de l'amirauté seront tenus, dans le cas où ils ne seroient pas en nombre suffisant pour la quantité des prises, et afin qu'il n'y ait aucun retardement, de commettre, sans délai, des gradués, même des praticiens du siége, et s'il est nécessaire, des commis-greffiers pour l'expédition des écritures; lesquels prêteront serment en la forme accoutumée: et il sera travaillé à toute heure, particulièrement pour profiter des marées et pour les recensemens dans les magasins.

2065. 52. Le Juge, à chaque séance, taxera ses droits, ceux de notre procureur et ceux du greffier, suivant le tarif de 1770, qui sera suivi dans toutes les amirautés, en désignant le nombre d'heures qui auront été employées. Voulons que lesdits droits soient réduits à moitié pour les vacations au déchargement, à l'inventaire et à la livraison des marchandises.

2066. 53. Le greffier sera tenu, sous peine de privation de ses vacations, de délivrer, sans frais, à l'armateur ou à son commissionnaire, un état de ce qu'il aura payé pour les vacations du Juge, de notre procureur et des huissiers ; ledit état sera visé et rapporté dans la liquidation particulière.

2067. 54. Quinze jours après que la livraison des effets vendus aura été achevée, l'armateur ou son commissionnaire déposera, au greffe de l'amirauté, le compte du produit de la prise, avec les pièces justificatives, sous peine de privation de son droit de commission ; si la production n'est pas complette, nous autorisons les Juges de l'amirauté à accorder à l'armateur quinze autres jours pour rapporter les pièces manquantes : laquelle permission sera accordée à l'armateur sur une simple requête, sans frais.

2068. 55. Il sera procédé à la liquidation particulière, dans le mois du jour du dépôt du compte porté par l'article précédent, sans que l'arrêté de ladite liquidation puisse être suspendu, sous prétexte d'articles qui ne seroient pas encore en état d'être liquidés, lesquels seront tirés pour mémoire, sauf à les comprendre ensuite dans la liquidation générale.

2069. 56. Lorsque la course aura produit des sommes suffisantes pour réarmer, la société sera continuée de droit, s'il n'y a pas de convention contraire, et il sera loisible à l'armateur de s'occuper, sur-le-champ, d'un réarmement pour le compte des mêmes intéressés, qui ne pourront, dans ce cas, être remboursés du principal de leur mise, ni en demander le remboursement que de gré à gré : voulons que les armateurs soient dispensés de faire la vente du corps du vaisseau corsaire, pour la fixation des dépenses relatives à la liquidation des six deniers pour livre des invalides ; mais si l'armateur juge à propos de requérir ladite vente, il sera tenu de se conformer aux formes prescrites par nos ordonnances pour la vente des vaisseaux, et d'en faire afficher le prospectus imprimé, à la bourse de Paris, et autres villes où il y aura des actionnaires ; et dans le cas où il resteroit adjudicataire du vaisseau corsaire, à l'effet de réarmer en course, les actionnaires seront libres d'y conserver leur intérêt, en le déclarant néanmoins dans un mois du jour de l'adjudication.

2070. 57. Les armateurs seront tenus de déposer, au greffe de l'amirauté, une expédition de chaque liquidation particulière, aussitôt qu'elle leur sera parvenue, ou au plus tard dans un mois de sa date. leur enjoignons pareillement de déposer au même greffe, dans le mois après la course finie, ou que la perte du corsaire sera connue ou présumée, les comptes de dépense des relâches et du désarmement, pour être procédé à la liquidation générale du produit de la course par les officiers de l'amirauté, dans un mois après la remise de toutes les pièces, sous peine de privation de toutes leurs vacations à ladite liquidation, sauf à laisser pour mémoire les articles qui pourroient donner lieu à un trop long retard, lesquels seront ensuite réglés par un supplément sommaire à la liquidation générale.

2071. 58. Les six deniers pour livre pour l'entretien des invalides de la marine, ne seront levés que sur le produit net de la portion des prises appartenante aux armateurs, toutes les dépenses de l'armement, relâches et désarmement déduites; et quant à la portion des gens de l'équipage, il leur sera fait déduction de six deniers pour livre payés à l'armement, sur les avances qui doivent être précomptées sur les parts.

2072. 59. Il sera dressé aux officiers de l'amirauté, par le secrétaire d'État ayant le département de la marine, des modèles de liquidations générales et particulières, auxquels ils seront tenus de se conformer, sauf les changemens que des cas particuliers rendront nécessaires; quant aux liquidations générales, elles seront imprimées, et il en sera envoyé des exemplaires à l'Amiral de France, au secrétaire d'État ayant le département de la marine, aux greffes des Juges et Consuls des villes dans lesquelles il y aura des actionnaires, qui pourront en prendre communication *gratis* et sans frais : il en sera envoyé aussi aux intéressés et actionnaires d'une somme de 3,000 liv. et au-dessus.

2073. 60. En cas de pillage, divertissement d'effets, déprédations, et autres malversations, il en sera informé par les officiers de l'amirauté, à la requête de nos procureurs, et procédé en la forme portée par l'ordonnance, pour être lesdites procédures envoyées, avant le réglement à l'extraordinare, au secrétaire général de la marine, et être par l'Amiral, avec les Commissaires du Conseil des prises, prononcé telles amendes ou peines civiles qu'il appartiendra; auquel cas lesdites procédures demeureront comme non-avenues : et où il écherroit des peines afflictives, lesdites procédures seront renvoyées dans lesdites amirautés, pour y être le procès continué jusqu'au jugement définitif inclusivement, sauf l'appel en nos cours.

2074. 61. Nos procureurs aux siéges des amirautés adresseront, dans les cinq premiers jours de chaque mois, au secrétaire d'État ayant le département de la marine, un état dans lequel toutes les prises arrivées dans les ports dépendans de la juridiction continueront d'être employées jusqu'à ce qu'elles aient été liquidées, avec des notes et observations sur l'état des procédures, et des motifs qui occasionneront des retards s'il y en a :

enjoignons à nos procureurs auxdits siéges de faire toutes les requisitions qui seront de leur ministère, pour l'exécution des dispositions contenues en notre présente déclaration.

2075. 62. Voulons, au surplus, que les dispositions du titre des prises de l'ordonnance de 1681, soient exécutés selon leur forme et teneur, en tout ce qui ne sera pas contraire aux présentes.

Si donnons, etc.

RÉGLEMENT

Concernant la navigation des bâtimens neutres en temps de guerre.

Du 26 juillet 1778.

2076. ART. 1.er FAIT défenses Sa Majesté à tous armateurs d'arrêter et conduire dans les ports du royaume, les navires des Puissances neutres, quand même ils sortiroient des ports ennemis, ou qu'ils y seroient destinés; à l'exception toutefois de ceux qui porteroient des secours à des places bloquées, investies ou assiégées. A l'égard des navires des États neutres, qui seroient chargés de marchandises de contrebande destinées à l'ennemi, ils pourront être arrêtés, et lesdites marchandises seront saisies et confisquées; mais les bâtimens et le surplus de leur cargaison seront relâchés, à moins que lesdites marchandises de contrebande ne composent les trois quarts de la valeur du chargement; auquel cas les navires et la cargaison seront confisqués en entier. Se réservant au surplus, Sa Majesté, de révoquer la liberté portée au présent article, si les Puissances ennemies n'accordent pas le réciproque dans le délai de six mois, à compter du jour de la publication du présent réglement.

2077. 2. Les maîtres des bâtimens neutres seront tenus de justifier sur mer de leur propriété neutre, par les passe-ports, connoissemens, factures et autres pièces du bord; l'une desquelles au moins constatera la propriété neutre, ou en contiendra une énonciation précise; et quant aux chartes-parties et autres pièces qui ne seront pas signées, veut Sa Majesté qu'elles soient regardées comme nulles et de nul effet.

2078. 3. Tous vaisseaux pris, de quelque nation qu'ils soient, neutres ou alliés, desquels il sera constaté qu'il y a eu des papiers jetés à la mer, ou autrement supprimés ou distraits, seront déclarés de bonne prise avec leurs cargaisons, sur la seule preuve des papiers jetés à la mer, et sans qu'il soit besoin d'examiner quels étoient ces papiers, parce qu'ils ont été jetés, et s'il en est resté suffisamment à bord pour justifier que le navire et son chargement appartiennent à des amis ou alliés.

2079. 4. Un passe-port ou congé ne pourra servir que pour un seul voyage, et sera réputé nul, s'il est prouvé que le bâtiment pour lequel il auroit été expédié, n'étoit, au moment de l'expédition, dans un des ports du Prince qui l'a accordé.

2080. 5. On n'aura aucun égard aux passe-ports des Puissances neutres, lorsque ceux qui les auront obtenus se trouveront y avoir contrevenu, ou lorsque les passe-ports exprimeront un nom de bâtiment différent de l'énonciation qui en sera faite dans les autres pièces du bord, à moins que les preuves du changement de nom, avec l'identité du bâtiment, ne fassent partie de ces mêmes pièces, et qu'elles aient été reçues par des officiers publics du lieu du départ, et enregistrées par-devant le principal officier public du lieu.

2081. 6. On n'aura pareillement égard aux passe-ports accordés par les Puissances neutres ou alliées, tant aux propriétaires qu'aux maîtres des bâtimens, sujets des États ennemis de Sa Majesté, s'ils n'ont été naturalisés, ou s'ils n'ont transféré leur domicile dans les États desdites Puissances, trois mois avant le 1.er septembre de la présente année; et ne pourront lesdits propriétaires et maîtres des bâtimens, sujets des États ennemis, qui auront obtenu lesdites lettres de naturalité, jouir de leur effet, si, depuis qu'elles ont été obtenues, ils sont retournés dans les États ennemis de Sa Majesté, pour y continuer leur commerce.

2082. 7. Les bâtimens de fabrique ennemie, ou qui auront eu un propriétaire ennemi, ne pourront être réputés neutres ou alliés, s'il n'est trouvé à bord quelques pièces authentiques passées devant des officiers publics, qui puissent en assurer la date, et qui justifient que la vente ou cession en a été faite à quelqu'un des sujets des Puissances alliées ou neutres, avant le commencement des hostilités, et si ledit acte translatif de propriété de l'ennemi au sujet neutre ou allié, n'a été duement enregistré par-devant le principal officier du lieu du départ, et signé du propriétaire ou du porteur de ses pouvoirs.

2083. 8. A l'égard des bâtimens de construction ennemie qui auront été pris par les vaisseaux de Sa Majesté, ceux de ses alliés ou de ses sujets, pendant

pendant la guerre, et qui auront ensuite été vendus aux sujets des États alliés ou neutres, ne pourront être réputés de bonne prise, s'il se trouve à bord des actes en bonne forme, passés par-devant les officiers publics à ce préposés; justificatifs, tant de la prise que de la vente, ou adjudication qui en auroit été faite ensuite aux sujets desdits Etats alliés ou neutres, soit en France, soit dans les ports des Etats alliés; faute desquelles pièces justificatives, tant de la prise que de la vente, lesdits bâtimens seront de bonne prise.

2084. 9. Seront de bonne prise tous bâtimens étrangers sur lesquels il y aura un subrecargue marchand, commis ou officiers-majors d'un pays ennemi de Sa Majesté, ou dont l'équipage sera composé au-delà du tiers des matelots, sujets des États ennemis de Sa Majesté, ou qui n'auront pas à bord le rôle d'équipage arrêté par les officiers publics des lieux neutres, d'où les bâtimens seront partis.

2085. 10. N'entend Sa Majesté comprendre dans les dispositions du précédent article, les navires dont les capitaines ou les maîtres justifieront par des actes trouvés à bord, qu'ils ont été obligés de prendre les officiers-majors ou matelots dans les ports où ils auront relâché, pour remplacer ceux du pays neutre qui seront morts dans le cours du voyage.

2086. 11. Veut Sa Majesté que dans aucun cas, les pièces qui pourroient être rapportées après la prise des bâtimens, puissent faire aucune foi, ni être d'aucune utilité, tant aux propriétaires desdits bâtimens, qu'à ceux des marchandises qui pourroient y avoir été chargées, voulant Sa Majesté qu'en toutes occasions l'on n'ait égard qu'aux seules pièces trouvées à bord.

2087. 12. Tous navires des Puissances neutres, sortis des ports du royaume, qui n'auront à bord d'autres denrées et marchandises que celles qui y auront été chargées, et qui se trouveront munis de congés de l'Amiral de France, ne pourront être arrêtés par les armateurs Français, ni ramenés par eux dans les ports du royaume, sous quelque prétexte que ce soit.

2088. 13. En cas de contravention de la part des armateurs Français, aux dispositions du présent réglement, il sera fait main-levée des bâtimens et des marchandises qui composent leur chargement, autres toutefois que celles sujettes à confiscation, et lesdits armateurs seront condamnés en tels dommages et intérêts qu'il appartiendra.

2089. 14. Ordonne Sa Majesté que les dispositions du présent réglement auront lieu pour les navires qui auroient échoués sur les côtes dépendantes de ses possessions.

2090. 15. Veut au surplus, Sa Majesté, que les dispositions du titre des prises de l'ordonnance de la marine, du mois d'août 1681, soient exécutées selon leur forme et teneur, en tout ce à quoi il n'aura pas été dérogé par le présent réglement, etc.

2091. D'après le titre 2, art. 1.er de la loi du 13 août 1791, le chef des classes, dans chacun des principaux ports, est chargé de la délivrance des congés, et même des commissions en guerre; mais par l'art. 3 de la loi du 23 thermidor an 3, il est dit :

2092. Art. 1.er « Il est permis à tous les citoyens Français d'armer en course pour courir sur les bâtimens ennemis.

2093. Art. 2. » La commission de la marine et des colonies est autorisée à délivrer, aux armateurs, des lettres de marque signées par cinq des membres composant le comité de salut public, et contre-signées par le Commissaire de la marine.

2094. Art. 3. » Tout armateur qui voudra armer en course, s'adressera à la commission de la marine et des colonies, et lui fera connoître la nature et les armemens projettés; la commission en rendra compte au comité, et expédiera les lettres de marque s'il y a lieu.

2095. Art. 4. » Les armateurs jouiront du bénéfice de la loi du 31 janvier 1793 (*vieux style*), qui permet de composer les équipages des corsaires d'un sixième de marins classés; ne pourront cependant être employés ceux des marins mis en requisition, et reconnus indispensables au service des bâtimens de la République.

2096. Art. 5. » Ils seront tenus, à la poudre près que leur vendra le Gouvernement, de se munir de tout ce qui sera nécessaire pour completter leurs armemens; il pourra cependant leur être fourni, des magasins des ports, les objets qui seront constatés pouvoir leur être accordés sans nuire aux besoins du service.

2097. Art. 6. » Les armateurs seront tenus de fournir un cautionnement, par écrit, de la somme de 50,000 liv.

2098. Art. 7. » Les ordonnances, lois de police et de discipline, relatives à la course et à la répartition des prises faites par les corsaires et aux indemnités, continueront à être exécutées en ce qui n'y est pas dérogé par le présent décret.»

2099. Art. 2. « Celui qui aura obtenu commission pour équiper un vaisseau en guerre, sera tenu de la faire enregistrer au greffe de l'amirauté du lieu où il fera son armement, et de donner caution de la somme de 15,000 liv., qui sera reçue par le lieutenant en présence de notre procureur. »

2100. L'objet de cet article, dit Valin, est de donner une sûreté au public à l'occasion des abus, malversations, ou déprédations qui pourroient être commises par les armateurs en course, ou par leurs gens.

2101. Art. 3. « Défendons à tous nos sujets de prendre commissions d'aucuns Rois, Princes ou États étrangers, pour armer des vaisseaux en guerre, et courir la mer sous leurs bannières, si ce n'est par notre permission, à peine d'être traités comme pirates. »

2102. Comme l'article parle d'une manière absolue *en disant tous nos sujets*, il est clair qu'il est interdit à tous Français, domiciliés ou non chez une Puissance étrangère, amie ou ennemie, de prendre aucune commission en course sans y être autorisé par l'État; une pareille contravention mérite la peine due aux pirates, comme le décident l'art. 4 de la déclaration du 1.er février 1650; l'arrêt du Conseil des 26 août 1650, et 31 octobre 1662. C'est, au surplus, ce qu'à décidé le Directoire exécutif, par son arrêté du 27 brumaire an 7, relativement aux armateurs Corses, qui, pendant l'invasion de leur île, avoient reçu des Anglais des lettres de marque : il leur fut ordonné de les remettre et de ne point s'en servir, à peine d'être jugés et condamnés comme pirates.

2103. Art. 4. « Seront de bonne prise tous vaisseaux appartenans à nos ennemis, ou commandés par des pirates, forbans, ou autres gens courant la mer, sans commission d'aucun Prince, ni Etat souverain.

2104. Art. 5. » Tout vaisseau combattant sous autre pavillon que celui de l'État dont il a commission, ou ayant commission de différens Princes ou États, sera aussi de bonne prise; et s'il est armé en guerre, les capitaines et officiers seront punis comme pirates. »

Arrêté du Conseil exécutif du 11 février 1793.

2105. Des négocians Français ayant adressé de divers ports de la République, et principalement de ceux de la Manche, des demandes pour être autorisés à naviguer sous pavillon étranger, après *s'être fait naturaliser* dans les pays dont ils empruntoient le pavillon, on a représenté au Conseil les avantages qui résulteroient de cette mesure, il prit la décision suivante :

Il n'y a pas lieu à délibérer, *chacun étant maître de faire ces sortes de spéculations, lorsqu'il le juge convenable.*

2106. Comme nous avons dit, il est d'usage, en temps de guerre, que les vaisseaux courent les mers sous des pavillons qui ne sont pas le leur. Par ordonnance du 17 mars 1796, il est néanmoins ordonné à tous vaisseaux armés en course d'arborer pavillon français, avant *de tirer le coup d'assurance ou de semonce;* défense leur est faite de le tirer sous pavillon étranger, à peine d'être privé de tout le provenu de la prise, qui sera confisqué au profit du Roi, si le vaisseau est jugé ennemi : et en cas que le vaisseau pris fût jugé neutre, les capitaines et armateurs seront condamnés aux dépens, dommages et intérêts envers les propriétaires.

2107. Lorsque des vaisseaux de guerre rencontrent en pleine mer des bâtimens qui leur paroissent suspects, l'usage les autorise à faire *la semonce, et à les obliger d'amener; ils tirent, pour cet effet, un coup de canon à poudre;* et la désobéissance seule, dès qu'elle est présumée volontaire, peut permettre, dans ce cas, de tirer à boulet. Telle est la pratique de toutes les nations : mais les officiers Anglais transgressent journellement cette règle; une conduite aussi intolérable excita des plaintes d'autant plus fréquentes, qu'elle produisit presque toujours des excès et des accidens; mais *le ministère anglais, loin de les trouver justes et d'y avoir égard, approuva, au contraire, la conduite des officiers Anglais, en soutenant, contre la notoriété, que l'usage de tirer à boulet étoit reconnu, et même innocent.* Lettres hol., *tom. 3, fol. 380. Voyez les us et cout. de la mer, fol. 440, 441, 514 et 515. Hubner, tom. 1, fol. 264. d'Abreu et Valin, tom. 2, fol. 270.*

2108. Les peines qui résultent du coup de semonce tiré à boulet, retombent sur l'armateur et le capitaine, et non sur l'équipage. Ord. du 18 juin 1704; arrêt du Conseil du 23 janvier 1706.

2109. D'après le droit conventionnel, les corsaires doivent se tenir, après le coup de semonce, hors de la portée du canon du navire semoncé, et envoyer à son bord un canot, avec quelques hommes, pour faire la vérification des papiers de bord; cependant il paroît que l'usage a prévalu, lorsque les choses se font sans excès et sans violences.

2110. Art. 6. « Seront encore de bonne prise les vaisseaux, avec leur chargement, dans lesquels il ne sera trouvé charte-partie, connoissemens ni factures. Faisons défenses à tous capitaines, officiers et équipages des vaisseaux preneurs de les soustraire, à peine de punition corporelle. »

2111. Contre le sentiment de d'Abreu, Valin estime qu'il n'est pas nécessaire que toutes ces pièces se trouvent à la fois à bord. Voyez l'art. 2 de la déclaration du 26 juillet 1778.

2112. 7. « Tous navires qui se trouveront chargés d'effets appartenans à nos ennemis, et les marchandises de nos sujets ou alliés qui se trouveront dans un navire ennemi, seront pareillement de bonne prise.

2113. Par l'art. 1.er du réglement du 26 juillet 1778, il est permis aux neutres de transporter les marchandises des sujets des Puissances ennemies, pourvu que cette liberté soit permise réciproquement par la Puissance ennemie; (1895) mais par la loi du 9 mai 1793, comme les neutres se laissoient enlever, par les Anglais, les marchandises françaises qu'ils portoient, il fut dit :

2114. Art. 1.er « Les bâtimens de guerre et corsaires français peuvent arrêter et amener dans les ports de la République les navires neutres qui se trouveront chargés, en tout ou en partie. . . ., de marchandises appartenantes aux ennemis.

2115. Art. 2. » Les marchandises appartenantes aux ennemis seront déclarées de bonne prise et confisquées au profit des preneurs; les comestibles appartenans à des neutres, et chargés pour des ports ennemis, seront payés sur le pied de leur valeur dans le lieu pour lesquels ils étoient destinés.

2116. Art. 3. » Dans tous les cas, les navires neutres seront relâchés du moment où le déchargement des comestibles arrêtés, ou des marchandises saisies, aura été effectué; le fret en sera payé au taux qui aura été stipulé par les chargeurs; une juste indemnité sera accordée à raison de leur détention.

2117. Art. 5. » La présente loi. . . . . cessera d'avoir son effet dès que les Puissances ennemies auront déclaré libres, et non saisissables, quoique destinés pour les ports de la République, les comestibles qui seront propriétés neutres, et les marchandises chargées sur des navires qui appartiendroient au Gouvernement, ou citoyens français.

2118. Art. 8. » Si aucun navire de nos sujets est repris sur nos ennemis, après qu'il aura demeuré entre leurs mains vingt-quatre heures, la prise sera bonne : et si elle est faite avant les vingt-quatre heures, il sera restitué au propriétaire avec tout ce qui étoit dedans, à la retenue du tiers qui sera donné au navire qui aura fait la rencontre. » (3437)

2119. L'ennemi, revêtu d'une autorité publique, est devenu *jure belli*, propriétaire de la chose qu'il avoit; conséquemment celui qui la reprend le remplaçant, en devient propriétaire à son tour : c'est pourquoi, lorsque les pirates font une capture, elle est rendue au propriétaire, parce que les pirates n'avoient point acquis la propriété de la capture. Mais le Roi ne profitant de la recousse que faisoient ses vaisseaux, il remettoit les navires repris aux propriétaires, comme il paroît par l'ord. du 15 juin 1770, et la lettre de M. de Sartine, du 30 août suivant.

2120. On a vu quelquefois des simples armateurs imiter cet exemple. Un navire de Dunkerque fut repris par un corsaire du même port vingt-quatre heures après la prise; les armateurs de ce corsaire rendirent à l'ancien propriétaire le navire repris, en lui donnant une déclaration par écrit, signée d'eux, dans laquelle ils renonçoient à tous leurs droits sur la prise.

2121. Tout ce qui est dit dans cet article s'applique à un confédéré. Pour que le droit de recousse puisse avoir lieu, après les vingt-quatre heures, il faut que la première prise ait été faite suivant les lois de la guerre : il en seroit autrement si l'ennemi s'étoit emparé de ce bâtiment contre ces lois. Ceux qui l'auroient repris ne pourroient exiger que le tiers de la reprise : argument tiré de l'art. 10 ci-après.

2122. Art. 9. « Si le navire, sans être recous, est abandonné par les ennemis; ou si, par tempête ou autre cas fortuit, il revient en la possession de nos sujets, avant qu'il ait été conduit dans aucun port ennemi, il sera rendu au propriétaire qui le réclamera dans l'an et jour, quoiqu'il ait été plus de vingt-quatre heures entre les mains des ennemis. »

2123. Valin, tom. 2, pag. 260, compare ce cas à celui du naufrage; et il soutient que le tiers de la valeur du navire ainsi recouvré, appartient à celui qui l'a sauvé des flots. Il est aisé de voir qu'il va bien plus loin que notre article, et l'art. 27 ci-après, qui veut que le vaisseau soit restitué. Le Guidon de la mer, ch. 11, le décide ainsi; le Consulat, ch. 287, le décide la même chose, en ajoutant qu'on doit accorder une honnête récompense à celui qui ramène le navire.

2124. Le navire qui est repris par son propre équipage, n'est pas dans le cas de la recousse, il doit seulement recevoir une juste récompense, qu'il partage avec les étrangers qui les ont aidés à faire la reprise; la raison est par rapport à l'équipage qu'il a travaillé à sa propre affaire, puisque, par-là, il recouvre son salaire, qu'il auroit perdu sans ce fait. Art. 8 du tit. de l'engagement. (1121) Quant à ceux qui ont aidé à faire la reprise, il ne leur est dû qu'une simple gratification, puisqu'ils ont agi sans commission, sans lettres de marque.

2125. Art. 10. « Les navires et effets de nos sujets ou alliés, repris sur les pirates, et réclamés dans l'an et jour de la déclaration qui en aura été faite à l'amirauté, seront rendus aux propriétaires, en payant le tiers de la valeur du vaisseau et des marchandises, pour frais de recousse.

2126. Art. 11. » Les armes, poudres, boulets, et autres munitions de guerre, même les chevaux et équipages qui seront transportés pour le service de nos ennemis, seront confisqués en quelque vaisseau qu'ils soient trouvés, et à quelque personne qu'ils appartiennent, soit de nos sujets ou alliés. .

2127. Art. 12. » Tout vaisseau qui refusera d'amener ses voiles, après la semonce qui lui aura été faite par nos vaisseaux, ou ceux de nos sujets armés en guerre, pourra y être contraint par artillerie ou autrement; et en cas de résistance et de combat, il sera de bonne prise. »

2128. D'après cet article, si le navire refuse d'amener ses voiles, il pourra y être contraint par la force; mais s'il ne résiste pas d'une manière offensive, et qu'il soit pris étant d'ailleurs en règle, il sera relaxé; mais s'il *fait résistance, qu'il se défende, il sera pris, quoique d'ailleurs en règle, sauf néanmoins dans le cas où il seroit prouvé qu'il a résisté par erreur.*

2129. Art. 13. « Défendons à tous capitaines de vaisseaux armés en guerre, d'arrêter ceux de nos sujets, amis ou alliés qui auront amenés leurs voiles, et représenté leur charte-partie, ou police de chargement, et d'y prendre, ou souffrir être pris aucune chose, à peine de vie. »

2130. Valin observe, sur cet article, que l'art. 2 de la déclaration du 1.er février 1650, en défendant également *de prendre aucune chose* dans le navire qui a amené ses voiles, ajoute, *sous quelque prétexte que ce soit;* ce qu'il faut entendre, dit-il, *même des vivres* ou rafraîchissement dont on auroit besoin, quoiqu'on offrît d'en payer la valeur, si ce n'étoit du consentement libre du maître du navire, et du plus grand nombre de son équipage.

2131. Question. Un corsaire manquant absolument de vivre en pleine mer, rencontre un navire neutre à qui il en demande; celui-ci lui en refuse, peut-il les prendre de vive force en payant, sans crainte de subir la peine infligée par l'ordonnance?

2132. Puffendorf, liv. 2, ch. 6, § 3, dit : « que pour sauver sa vie il n'est pas permis de donner la mort à des hommes qui ne nous attaquent pas. » Partant de ce principe, si le vaisseau neutre a tellement peu de vivre, qu'il soit certain qu'il en manquera avant de pouvoir s'en procurer d'autres, les lui enlever c'est donc chercher à conserver sa vie en sacrifiant la sienne : dans ce cas notre article paroît devoir être appliqué au corsaire qui se sera ainsi comporté.

2133. Si tout au contraire le vaisseau neutre a tellement de provisions, qu'avec de l'économie il n'est pas présumable qu'il en manque, en lui en enlevant une partie en payant, je ne vois pas que le corsaire qui aura été poussé à cette violence, mérite même aucune espèce de punition, parce que s'il est naturel de porter des secours à son semblable, et que son semblable soit sourd à la voix de la nature, il est naturel de lui faire faire de force ce qu'il auroit dû faire de bonne volonté.

2134. Art. 14. « Aucuns vaisseaux pris par capitaines étrangers, ne pourront demeurer plus de vingt-quatre heures dans nos ports et hâvres, s'ils n'y sont retenus par la tempête ou si la prise n'a été faite sur nos ennemis. »

2135. Mais, dit Valin, il faut prendre garde que cela ne regarde que les vaisseaux pris, introduits dans un port neutre (de nos ports) et nullement les vaisseaux amis ou neutres qui s'y sont réfugiés sans prises... Si c'étoit un vaisseau pris par un confédéré, ce seroit autre chose;.... par identité de raison, il en seroit de même quand il n'y auroit pas d'alliance avec le Prince dont le sujet auroit fait la prise.

2136. Valin dit encore : Le droit de la guerre permet de saisir et de confisquer l'ennemi dans cet asile (dans le port où il est entré), où il s'est réfugié pour éviter le naufrage. Il étaye cette doctrine de la prise du Belliqueux, frégate française, qui en 1756 fut forcée de relâcher devant Bristol, et ne se livra aux Anglais qu'après avoir cherché à appuyer son assertion de quelques raisons fort peu convenables; il continue en disant, de sorte que la loi contraire portée depuis quelques années par le Roi de Danemarck, dans la déclaration de guerre contre le Roi d'Espagne, à la supposer exempte de politique ou d'ostentation, est plus louable qu'inévitable. « Valin entend donc dire, qu'il étoit possible que dans l'acte de munificence du Roi de Danemarck il y eût de la politique ou de l'ostentation. Valin étoit la probité même, mais il étoit rempli de cet ancien droit des gens, publié par les Puffendorf, les Grotius, qui lui font porter un jugement sur le compte d'un Monarque qui, en plus d'une occasion, a soutenu le caractère non pas d'un homme dirigé par la politique

tique ou l'ostentation, mais d'un Monarque accoutumé d'accorder des bienfaits à l'humanité; j'en appelle à son acte sur l'abolition de l'esclavage des noirs, et à son ordonnance sur l'indigénat. (1859).

2137. Le Conseil des prises, sans chercher si on pouvoit considérer un acte de munificence comme un acte de politique ou d'ostentation, décida, le 13 ventôse an 9, que le navire prussien la Diana; et le 23 brumaire, que le navire le Saint-Antoine, qui s'étoient réfugiés dans nos ports, que quoique leurs papiers n'étoient point en règles, ils seroient néanmoins rélaxés; et je ne doute pas que si ces deux navires eussent été pris à quelque distance des côtes de France, ils n'eussent été de bonne prise.

2138. Art. 15. « Si dans les prises amenées dans nos ports par les navires de guerre armés en commission étrangère, il se trouve des marchandises qui soient à nos sujets ou alliés, celles de nos sujets leur seront rendues, et les autres ne pourront être mises en magasin, ni achetées par aucune personne, sous quelque prétexte que ce puisse être. »

2139. Valin fait une réflexion sur cet article, qui me paroît fort judicieuse, il dit: « On ne voit point d'autre motif de cette décision, qu'une raison de convenance, qui a fait regarder cette restitution d'effets, comme une juste récompense du service rendu au preneur, en lui donnant un asile.

2140. Art. 16. « Aussitôt que les capitaines des vaisseaux armés en guerre se seront rendus maîtres de quelques navires, ils se saisiront des congés, passe-ports, lettres de mer, charte-parties, connoissemens, et de tous autres papiers concernant la charge et destination du vaisseau, ensemble les clefs des coffres, armoires et chambres, et feront fermer les écoutilles et autres lieux où il y aura des marchandises.

2141. Art. 17. « Enjoignons aux capitaines qui auront fait quelque prise, de l'amener ou envoyer avec les prisonniers, au port où ils auront armé, à peine de perte de leurs droits et d'amende arbitraire; si ce n'est qu'ils fussent forcés, par la tempête ou par les ennemis, de relâcher en quelque autre port; auquel cas ils seront tenus d'en donner incessamment avis aux intéressés à l'armement. »

2142. Je crois que cet article doit être interprété ainsi : s'il y a moins de danger par rapport aux ennemis, de conduire la prise dans le port de l'armement que dans tout autre, il faut la conduire dans ce port; dans le cas contraire, on la conduira même dans un port étranger où elle pourra être en sûreté.

2143. Dans la dernière guerre, terminée définitivement par le traité d'Amiens, le Gouvernement anglais avoit permis à ses armateurs de conduire leurs prises, faites dans la Méditerranée, à Livourne, en Sicile, ou en Sardaigne; plusieurs corsaires de Bordeaux ayant fait des prises, et ces prises ayant abordé des ports d'Espagne, elles furent vendues en Espagne.

2144. Art. 18. « Faisons défenses, à peine de la vie, à tous chefs, soldats et matelots, de couler à fond les vaisseaux pris, et de descendre les prisonniers en des îles ou côtes éloignées, pour céler la prise. »

2145. Voyez dans la partie qui traite des commissaires des relations commerciales, le réglement du 8. nov. 1779.

Si au lieu de couler la prise à fond, l'armateur corsaire la vend en mer ou à terre; ou si, au lieu de descendre les prisonniers sur une côte éloignée, il les a remis à quelque capitaine de navire de leur nation ou d'une autre, l'article lui sera également applicable.

2146. Art. 19. « Et où les preneurs, ne pouvant se charger du vaisseau pris, ni de l'équipage, enleveroient seulement les marchandises, ou relâcheroient le tout par composition, ils seront tenus de se saisir des papiers, et d'amener au moins les deux principaux officiers du vaisseau pris, à peine d'être privés de ce qui leur pourroit appartenir en la prise, même de punition corporelle s'il y échet. »

2147. Il est des cas, dit Valin, où la prise embarrasse de manière qu'il n'est pas possible de s'en charger avec les prisonniers, pour la conduire ou l'envoyer en lieu de sûreté; et il en est d'autres, où il convient mieux de relâcher la prise pour ne pas interrompre la course.

2148. Les cas de la première espèce sont, par exemple, lorsque la prise est si délabrée par le combat ou par le mauvais temps, qu'elle fait assez d'eau pour faire craindre qu'elle ne coule bas; lorsque le navire pris marche si mal qu'il expose l'armateur corsaire à la reprise, ou lorsque le corsaire ayant aperçu des vaisseaux de guerre ennemis, se trouve obligé de prendre la fuite, et que la prise la retarde trop ou fait craindre la révolte.

2149. Comme le bien de l'Etat veut qu'on affoiblisse l'ennemi autant qu'il est possible, il est défendu aux corsaires français de rançonner les navires par eux pris, à moins que les circonstances ne leur permettent pas de les amariner. Vid. la déclar. du 24 juin 1778, art. 41. L'arrêt du Conseil, du 11 octobre 1780. Le billet de rançon sert de sauf conduit au navire rançonné, pourvu que le navire rançonné exécute les conditions qui lui ont été prescrites; s'il les viole il peut être repris.

2150. Le billet de rançon doit contenir, 1.° la défense au vaisseau rançonné de continuer sa navigation pour quelque temps et sous quelque prétexte que ce soit; 2.° le temps nécessaire pour retourner dans le lieu de son départ; de huit jours au plus, lorsque ce sont des bâtimens pêcheurs; et aux autres, le temps absolument nécessaire pour aller au lieu de leur destination; 3.° que passé ce dit temps, s'ils sont pris, ils seront déclarés de bonne prise au profit du corsaire qui les prendront. *Ord. du 1.er octob.* 1692; 4.° le port auquel le bâtiment doit se rendre; 5.° le temps dans lequel il doit arriver, qui ne pourra être plus long de quinze jours pour les vaisseaux pêcheurs, et de six semaines pour les autres bâtimens; 6.° la défense d'aller dans un autre port que celui dans lequel ils auront pris leur chargement; 7.° la permission de se rendre au lieu de leur destination, s'ils en sont plus près que de celui de leur départ; 8.° la permission au maître, venant de l'Amérique ou des côtes d'Italie, arrêté audeçà des Tropiques ou du Détroit; ou s'il est parti de l'Amérique ou le Levant, rencontré au-delà des Tropiques ou du Détroit, la permission de continuer son voyage; 9.° la défense d'arrêter le vaisseau sous quelque prétexte que ce puisse être, à peine de tous dépens, dommages et intérêts; 10.° l'ordre d'arrêter une seconde fois le navire rançonné, s'il est rencontré hors de la route qui lui aura été prescrite, et de l'amener dans le port du Royaume. Régl. du 27 janv. 1706.

2151. Si le navire rançonné n'exécutant point les conditions du rachat est pris une seconde fois, il n'en est pas moins hypothéqué envers le premier capteur, pour le prix de la rançon promise. Valin.

2152. Le capitaine doit faire le billet de rançon en double, signé des principaux de son équipage, et de ceux de l'équipage rançonné; au surplus ces billets se délivrent imprimé au bureau de la marine. Lorsque l'on délivre au corsaire ses autres papiers de mer, il n'est pas nécessaire que le vaisseau capteur s'empare des papiers de mer du vaisseau capturé. Art. 6 du Régl. du 27 janv. 1706.

2153. Art. 20. « Défendons de faire aucune ouverture des coffres, ballots, sacs, pipes, barriques, tonneaux et armoires, de transporter ni vendre aucune marchandise de la prise; et à toute personne d'en acheter ou receler, jusqu'à ce que la prise ait été jugée, ou qu'il ait été ordonné par justice, à peine de restitution du quadruple, et de punition corporelle. »

2154. D'après la lettre de Louis XIV au comte de Toulouse, du 25 septembre 1709, il est dit : « Je vous écris pour vous dire que je me remets absolument à vous à décider et à déterminer chacun de ces deux cas (auquel la restitution de l'objet volé, de la peine du quadruple et de la punition corporelle devroient être prononcés conjointement); en sorte que dans ceux *où vous jugerez que la peine du quadruple suffit*, vous l'ordonnerez sans parler de la peine corporelle; et que dans l'autre cas, que la peine du quadruple outre la restitution ne suffira point pour la punition de la contravention, vous puissiez, après avoir condamné les contrevenans à ces peines pécuniaires, *renvoyer le procès aux officiers de l'amirauté*, pour procéder extraordinairement contre les coupables, et les condamner aux peines corporelles qu'ils avisent qu'ils méritent, suivant la qualité du crime et de la contravention. »

2155. La loi du 22 août 1790, porte : Art. 51. « Tout vol d'effets quelconques, fait à bord d'une prise, lorsqu'elle n'est pas encore amarinée, sera regardé comme un vol d'effets particuliers; et l'homme qui s'en sera rendu conpable, sera frappé de douze coups de corde au cabestan.

2156. Art. 52. » Tout homme coupable d'avoir dépouillé un prisonnier de ses vêtemens, et de les lui avoir volés, sera frappé de vingt-quatre coups de corde au cabestan.

2157. Art. 21. » Aussitôt que la prise aura été amenée en quelques rades ou ports de notre royaume, le capitaine qui l'aura faite, s'il y est en personne, sinon celui qu'il en aura chargé, sera tenu de faire son rapport aux officiers de l'amirauté, de leur représenter et mettre entre leurs mains les papiers et prisonniers; de leur déclarer le jour et l'heure que le vaisseau aura été pris, en quel lieu et à quelle hauteur; si le capitaine a fait refus d'amener les voiles, ou de faire voir sa commission ou son congé, s'il a attaqué, ou s'il s'est défendu, quel pavillon il portoit, et les autres circonstances de la prise et de son voyage. »

2158. D'après la loi du 6 germinal an 8, l'officier d'administration de la marine du port dans lequel les prises maritimes seront amenées, ou le plus voisin de la côte où un navire ennemi ou neutre aura péri ou échoué, sera chargé, 1.° de l'apposition et de la vérification des scellés à bord des bâtimens capturés, soit par les vaisseaux de l'État, soit par les corsaires; 2.° de la réception, de l'affirmation des rapports et déclarations de l'audition des témoins, de l'inventaire des pièces de bord et de l'instruction; 3.° de tout ce qui a rapport aux bris, naufrage et échouement des bâtimens ennemis et neutres. Il doit être assisté, pour tous ces actes, du principal préposé des douanes, et appellera, en outre, à ceux relatifs aux prises, un fondé de pouvoir des équipages capteurs.

2159. Art. 22. « Après la déclaration reçue, les officiers de l'amirauté se transporteront incessamment sur le vaisseau, soit qu'il ait mouillé en rade, ou qu'il soit entré dans le port; dresseront procès-verbal de la quantité et qualité des marchandises, et de l'état auquel ils trouveront les chambres, armoires, écoutilles et fond de cale du vaisseau, qu'ils feront ensuite fermer et sceller du sceau de l'amirauté, et ils y établiront des gardes pour veiller à la conservation du scellé, et pour empêcher le divertissement des effets. »

Consultez la loi ci-dessus citée.

2160. Art. 23. « Le procès-verbal des officiers de l'amirauté sera fait en présence du capitaine ou maître du vaisseau pris; et s'il est absent, en la présence de deux principaux officiers ou matelots de son équipage; ensemble du capitaine ou autre officier du vaisseau preneur, et même des réclamateurs s'il s'en présente.

Voyez la loi précédemment citée.

2161. Art. 24. « Les officiers de l'amirauté entendront, sur le fait de la prise, le maître ou commandant du vaisseau pris, et les principaux de son équipage, même quelques officiers et matelots du vaisseau, s'il est besoin. »

Consultez la loi ci-dessus.

2162. Art. 25. « Si le vaisseau est amené sans prisonnier, charte-partie ni connoissemens, les officiers, soldats et équipage de celui qui l'aura pris, seront séparément examinés sur les circonstances de la prise, et pourquoi le navire a été examiné sans prisonniers; et seront le vaisseau et marchandises visités par experts, pour reconnoître, s'il se peut, sur qui la prise aura été faite. »

Quand une expertise ordonnée par un jugement préparatoire ne prouve rien, on doit se décider en faveur du capturé. Par exemple, lors de l'exécution de la loi du 29 ventôse an 6, qui déclaroit de bonne prise « tout bâtiment chargé, en tout ou en partie, des marchandises provenantes d'Angleterre ou de ses possessions, quel qu'en fût le propriétaire. » Il s'éleva diverses contestations sur la qualité des marchandises, que certains armateurs prétendoient être de *fabrique anglaise*, toutes les fois que les déclarations des experts n'ont rien pu déterminer de positif, les marchandises n'ont point été présumées de fabrique anglaise.

2164. Art. 26. « Si, par la déposition de l'équipage, des visites du vaisseau et des marchandises, on ne peut découvrir sur qui la prise aura été faite ; le tout sera inventorié, apprécié, et mis sous bonne et sûre garde, pour être restitué à qui il appartiendra, s'il est réclamé dans l'an et jour, sinon partagé, comme épave de mer, également entre nous, l'amiral et les armateurs. »

2165. Ce cas ne peut guère arriver que lorsqu'un navire est abandonné en pleine mer, et que, par hasard, il est rencontré par un corsaire ou autre navire.

2166. Art. 27. « S'il est nécessaire, avant le jugement de la prise, de tirer les marchandises du vaisseau, pour empêcher le dépérissement, il en sera fait inventaire en présence de notre procureur et des parties intéressées, qui le signeront, si elles peuvent signer, pour ensuite être mises sous la garde d'une personne solvable, ou dans des magasins fermant à trois clefs différentes, dont l'une sera délivrée aux armateurs, l'autre au receveur de l'amiral, et la troisième aux réclamateurs, s'y aucun ne se présente, sinon à notre procureur.

2167. Art. 28. « Les marchandises qui ne pourront être conservées, seront vendues sur la requisition des parties intéressées, et adjugées au plus offrant, en présence de notre procureur, à l'issue de l'audience, après trois remises d'enchères, de trois jours en trois jours, les proclamations préalablement faites, et affiches mises en la manière accoutumée.

2168. Art. 29. » Le prix de la vente sera mis entre les mains d'un bourgeois solvable, pour être délivré, après le jugement de la prise, à qui il appartiendra.

2169. Art. 30. » Enjoignons aux officiers de l'amirauté de procéder incessamment à l'exécution des arrêts et jugemens qui interviendront sur le fait des prises, et de faire faire incontinent et sans délai la délivrance des vaisseaux, marchandises et effets dont la main levée sera ordonnée, à peine d'interdiction, de 500 liv. d'amende, et de tous dépens, dommages et intérêts.

2170. Art. 31. » Sera prise, avant partage, la somme à laquelle se trouveront monter les frais de déchargemens, de la garde du vaisseau et des marchandises, suivant l'état qui en sera arrêté par le lieutenant de l'amirauté, en présence de notre procureur et des intéressés.

2171. Art. 32. » Après la distraction ci-dessus, le dixième de la prise sera délivré à l'amiral, et les frais de justice seront pris sur le restant, qui sera ensuite partagé entre les intéressés, conformément aux conditions de leur sûreté.

2172. Art. 33. » S'il n'y a aucun contrat de société, les deux tiers appartiendront à ceux qui auront fourni le vaisseau, avec les munitions et victuailles, et l'autre aux officiers, matelots et soldats.

2173. Art. 34. » Faisons défenses aux officiers de l'amirauté de se rendre adjudicataires, directement ou indirectement, des vaisseaux, marchandises et autres effets provenans des prises, à peine de confiscation, de 1,500 liv. d'amende, et d'interdiction de leur charge. »

CHAPITRE XLI.

INSTRUCTIONS POUR LA COURSE MARITIME ; CONDUITE QUE DOIVENT TENIR A LA MER LES CAPITAINES DE CORSAIRE.

2174. CASARÉGIS, *disc. 24*, *n.° 57*, dit : « Le capitaine armé en course représente, sur son bord, le Souverain; il est officier de guerre; il a la même autorité économique, et la même jurisdiction qu'un général d'armée. »

2175. Comme le Souverain, le capitaine corsaire doit être magnanime, grand dans ses actions et dans ses propos, fidèle observateur des lois de l'honneur, de la probité et de l'humanité, il doit veiller à ce qu'aucune ne soit violée ; comme l'officier de guerre, il doit être actif, vaillant, brave et prudent ; comme magistrat, aussi impassible que la justice elle-même, il ne doit souffrir rien qui lui répugne, et doit punir sévèrement le vrai coupable.

2176. Lorsqu'un capitaine en course rencontre un autre corsaire ou tout autre bâtiment avec qui il juge pouvoir se mesurer, il doit faire tous ses efforts pour l'attirer au combat ; s'il s'aperçoit que l'artillerie de l'ennemi est supérieure à la sienne, mais que son équipage ne pourra point résister au sien corps à corps, il doit abandonner la première voie, et tenter l'abordage. Il ne pourroit renoncer à ce dernier moyen, sans s'exposer à la honte du lâche, et être puni comme tel.

2177. Dans le jugement de l'amiral Bing, exécuté, dit-on injustement, le 14 mars 1757, sur le vaisseau de guerre le Monarque, pour n'avoir pas fait tout ce qu'il pouvoit faire pour sauver Minorque, le jugement de cet illustre malheureux portoit, en substance, cette loi qui paroît être tirée du Digeste, *liv. 49, tit. 16, de re militari.*

« Toute personne de l'armée navale qui, par lâcheté, par mauvaise volonté ou par négligence, quittera le combat, cessera son feu, ou ne donnera pas, ou ne fera pas *les derniers efforts* pour prendre ou couler bas chaque vaisseau qu'il sera de son devoir d'attaquer, toute personne convaincue d'un pareil crime, par le jugement d'une cour martiale, sera puni de mort. »

2178. Nos lois françaises ne parlent nullement, que je sache, du cas auquel un capitaine doit sauter à l'abordage, s'il le peut; néanmoins je ne doute pas que si la circonstance se présentoit, et que ne pouvant mieux faire, s'il n'en profitoit pas, il pourroit être accusé, par l'armateur, comme lâche, et puni comme tel, si le fait étoit prouvé.

2179. L'on m'a assuré, et je préviens que je ne parle que sur *des on dit*, qu'il y a quelquefois certains capitaines de corsaire, qui lors même qu'ils rencontrent quelques corsaires ennemis, même plus foibles qu'eux, les évitent pour ne point en venir au combat, parce qu'en pareille circonstance, dans aucun cas, il n'y a rien à gagner.

2180. Je n'ai vu, dans cette assertion, qu'une calomnie, où tout au moins une prévention dénuée de tout fondement. Le patriotisme, l'honneur qui caractérisent tous les officiers français, garantissent d'avance qu'ils n'ignorent pas que le Gouvernement ne leur permet pas de courir les mers, pour les faciliter à s'enrichir, mais pour nuire à l'ennemi le plus qu'ils peuvent, et que le plus sûr moyen de lui nuire, et d'affoiblir, autant que possible, sa marine militaire; donc, seroit singulièrement coupable le capitaine qui, non-seulement laisseroit échapper une pareille occasion, mais encore qui ne la rechercheroit pas.

2181. Si, lors du combat, le capitaine en course doit montrer la plus grande bravoure, s'il tourne à son avantage, aussi humain qu'il a été brave, il doit porter également des secours aux ennemis, qu'à ces propres gens, et avoir les plus grands soins de tout l'équipage et des passagers; sur-tout employer toute son autorité pour que tous ses subordonnés portent le plus grand égard aux malheureuses femmes que le sort aura fait tomber dans leurs mains.

Le capitaine en course doit aussi veiller, avec la plus grande attention, à ce qu'aucun matelot ne se déshonore en arrachant l'habit de dessus le corps du malheureux prisonnier qui a tombé en son pouvoir. (2156)

L'art. 2176 de l'ord. de 1765 y est formel; cet article porte : « Le capitaine qui

qui s'empare d'un vaisseau ennemi, doit veiller particulièrement à ce que son équipage traite les prisonniers avec douceur et humanité, et qu'ils ne soient pas dépouillés. »

2182. Si j'avois l'honneur de commander un corsaire, et que je vis un matelot prisonnier passer sur mon vaisseau couvert de haillons, je partagerois avec lui mes habits pour le vêtir, parce que si, d'un côté, la nature et les lois commandent d'employer la plus grande vigueur possible contre l'ennemi armé, elles nous commandent aussi d'employer la plus grande humanité envers l'ennemi vaincu, et désarmé. Il seroit sans doute inutile de citer le système de représailles : les simples particuliers n'ont le droit d'agir en représailles, que lorsque les individus contre lesquels ils veulent les exercer, n'en ont point donné eux-mêmes l'occasion. Les représailles appartiennent aux Gouvernemens, parce que, dans ce cas, ce sont des individus qui agissent légalement l'un contre l'autre; mais tout acte fait par un individu contre un autre individu qu'il n'a pas offensé, sous prétexte que sa nation en agit ainsi, n'est pas un acte de représailles, mais un acte d'injustice ; et il suffira, sans doute, de se rappeler que l'on est Français, pour que l'on se décide à mettre en pratique les vertus que j'établis ici en théorie. Au reste, les conseils que je donne ici ne sont présentés qu'à quelques mal-intentionnés qui, par hasard, pourroient se rencontrer sur les corsaires; la masse générale n'en a pas besoin, et grace au ciel, l'humanité n'a point à gémir des excès auxquels se sont livrés nos braves marins; et il seroit heureux pour elle, que notre rivale pût avoir à se féliciter d'une pareille vertu.

2183. On ne se rappellera sans doute pas, sans admiration, les traits de générosité des Français, rapportés par Prost de Royer, *dict. jurisp.* au mot *Amitié*; cet auteur, en faisant le juste éloge de sa nation, s'écrie avec l'enthousiasme de l'homme de bien :

2184. Voyez la dernière guerre! . . . . l'abolition du droit de représailles en faveur de l'Anglais *Asgill*, accordée par les Américains, demandée par Vergennes, désirée par le Roi et la Reine de France . . . . les égards des Français dans la prise de la baie d'Hudson . . . . . Voyez sur-tout, dans l'avant-dernière guerre, l'Anglais et le Français voyageant librement l'un chez l'autre, et séjournant dans les Etats respectifs, hormis dans les ports de mer de la marine de l'Etat. »

Voilà le droit des gens nouveaux : s'il diffère de celui publié par les Puffendorf, les Grotius et les Hobes, il est parfaitement d'accord avec la droit naturel dont les bases immuables sont posées sur la justice, la raison et l'humanité.

2185. 1.° Un capitaine de corsaire doit visiter tous les vaisseaux qu'il rencontre, sous quelque pavillon qu'ils soient.

2.° Il peut les héler sous tel pavillon qu'il voudra; mais s'il tire le coup de semonce, et s'il envoie son canot à bord, il faut que ce soit sous pavillon national.

3.° Le capitaine et tous les officiers de l'état-major et autres mariniers, doivent bien examiner si, lorsqu'ils approchent de quelque navire, il fait jet de papiers à la mer; dans le cas qu'il en jette, il faut en dresser un procès-verbal bien circonstancié, portant l'heure, le vent, la hauteur, la position du navire, comment, et par où il a fait le jet; ensuite on peut, sans autre examen, l'amariner et l'envoyer, parce que ce fait seul rend de bonne prise le navire et la cargaison : mais il faut bien prendre garde de ne pas faire de méprise à ce sujet, et de ne dire que la vérité, parce que la loi est aussi sévère pour punir les capteurs qui en imposent, qu'elle l'est envers les capturés qui ne sont point en règle. (*a*)

4.° Dans le cas où il n'y a point eu de jet de papiers à la mer, le premier soin de l'officier envoyé à bord du navire, doit être de demander au capitaine l'exhibition de tous les papiers de mer.

2186. Les papiers qui doivent se trouver indispensablement à bord, sont :

1.° L'acte de propriété;

2.° Le passe-port ;

3.° Le rôle d'équipage en bonne forme ;

4.° Les connoissemens signés ;

5.° La facture pour les voyages au-delà de la ligne.

2187. Les quatre premières pièces doivent nécessairement se trouver à bord ; et s'il en manque quelques-unes, le navire doit être amariné.

La facture est moins de rigueur, cependant s'il ne s'en trouvoit pas à bord des navires quelconques qui viendroient ou iroient au-delà la ligne, ce seroit un motif de suspicion suffisant pour qu'ils fussent envoyés en France, afin d'y être examinés par les Tribunaux.

(*a*) La confiscation est prononcée lorsque quelques papiers ont été jetés à la mer, quelqu'insignifians qu'on les suppose.

2188. Après avoir visité un bâtiment, il faut dresser un procès-verbal dans lequel on doit rapporter les faits les plus essentiels. (Voyez ci-après la formule de procès-verbal.)

2189. Il est indispensable de garder à bord du corsaire, le double du verbal de capture, parce que si le navire étoit repris, cette pièce seroit nécessaire pour faire juger par les Tribunaux, en cas de retour en garantie envers les armateurs et les intéressés du navire, si la prise avoit ou n'avoit pas de motif de suspicion suffisant pour être amarinée.

2190. Les procès-verbaux de capture doivent être portés de suite sur le journal de route, et signés par tous les officiers.

2191. Si tous les papiers désignés dans l'article précédent, sont à bord, il est nécessaire d'examiner s'ils sont tous en règle pour être valables. Voici quelques renseignemens sur chacuns.

2192. Si, après que le vaisseau rencontré en mer refuse d'amener ses voiles, après la semonce à poudre, on peut tirer dessus à boulet; s'il se rend sans résistance, et que ses papiers soient trouvés en règle comme neutre, il doit être relaxé.

2193. Si ce vaisseau ne se rend qu'après qu'il se sera défendu, quoiqu'il soit évidemment neutre, il doit être amariné.

Un capitaine de corsaire ne doit point semoncer un navire, quel qu'il soit, sous le canon de la forteresse d'une Puissance amie ou neutre, la capture qu'il feroit d'un pareil navire, seroit nulle.

2194. Un capitaine en course ne doit point aussi attaquer un vaisseau sur les côtes de la Puissance neutre.

2195. Si un capitaine a commencé l'attaque en pleine mer, il ne peut poursuivre l'ennemi et le prendre sous le canon ou les côtes de la Puissance neutre (*a*).

2196. Un capitaine en course ne peut inquiéter un vaisseau ennemi dans les ports, baies et rades des Puissances neutres.

2197. Pour s'assurer la propriété d'une prise, il ne suffit pas à un capteur de faire amener un vaisseau près son pavillon, il faut encore qu'il lui fasse

(*a*) Un corsaire anglais avoit pris pavillon américain, il s'empara, vers la fin du mois d'août 1777, de dix-huit bâtimens dans la rivière de Bordeaux. Le Roi de France annonça cet excès à la cour de Londres. Les Ministres britanniques jugèrent eux-mêmes qu'il méritoit la plus sérieuse attention; cependant cette violation du droit des gens ne fut suivie d'aucune réparation.

arborer le sien, si les circonstances le permettent ; mais, dans tous les cas, lorsqu'il semonce un autre bâtiment, il doit arborer son véritable pavillon.

2198. Lorsqu'un corsaire a pris un vaisseau ennemi, s'il prévoit ne pouvoir pas l'amener, il faut qu'il le rançonne.

2199. D'après l'ordonnance du 30 août 1782, art. 1, il est défendu aux capitaines armés en course, de rançonner, dans aucun cas, et sous aucun prétexte que ce puisse être, aucuns bâtimens ennemis, ni aucunes marchandises étant à bord desdits bâtimens. L'art. 2 défend à tout capitaine de prendre aucun ôtage, ni recevoir des bâtimens ennemis aucun écrit, acte, ou autre engagement qui puisse être suspecté de provenir de convention déguisée pour cause de rançon.

2200. Par l'arrêt du Conseil du 15 janvier 1783, il est défendu à tout capitaine en course, de revendre en mer, à des ennemis de l'Etat, les prises qu'ils auront faites sur eux.

2201. D'après plusieurs traités, notamment celui du 29 mars 1790, le pavillon turc, algérien ou tunicien, accompagné de passe-port pour certifier la neutralité du navire, *sauve le navire et la marchandise ennemis* : on ne va pas chercher, à l'égard de cette nation, si le navire est ennemi, pourvu qu'il soit monté d'un capitaine ottoman, muni de passe-port ; ou *si la marchandise appartient à un ennemi, le pavillon la couvre* ; ni si l'équipage est composé au-delà du tiers de sujets ennemis, comme le Conseil des prises l'a décidé le 17 messidor an 9, en faveur du navire algérien *la Madona del salute* et *la Rachel*.

RÈGLE GÉNÉRALE.

2202. Tout navire qui, après la semonce faite sous pavillon national (*a*), résistera et se battra, sera de bonne prise, quelle que soit sa cargaison, et la propriété du navire (*b*).

2203. Il faut laisser à bord du navire pris, deux personnes faisant partie de l'équipage, afin qu'on puisse les interroger sur le fait de la prise.

2204. Dans le cas où l'on ait des doutes sur la validité de la prise, il faut mettre dans l'ordre de route donné au capitaine, que l'on envoie ledit

(*a*) Arrêt du Conseil du 23 janvier 1706, d'après l'ordonnance du 17 mars 1696, il n'est plus temps d'arborer pavillon national après la semonce, il faut l'arborer avant.

(*b*) Article 12 de l'ordonnance titre des Prises.

navire en France, pour y être visité par les Tribunaux, en observant qu'on ne le considère point comme suspect.

2205. Il est essentiel, dans ce cas, de recommander au capitaine de ne faire, en arrivant dans quelque port d'Espagne ou de France que ce soit, qu'une simple déclaration de relâche, afin d'attendre les ordres de l'armateur.

2206. Toute marchandise d'ami, est confiscable si elle est trouvée dans un vaisseau ennemi; toute marchandise d'ennemi trouvée sur vaisseau ami, est confiscable en général, mais non en particulier; il faut, dans ce cas, consulter les traités ou lois de représailles, comme l'arrêté du Directoire, etc.

2207. M. Hubner dit (*a*) : « Les bâtimens neutres, dont les lettres de mer ne sont point en règle, ou qui se trouvent dépourvus de preuves raisonnables de leur neutralité, peuvent légitimement être saisis par les nations belligérantes, comme suffisamment suspects, et pouvant appartenir à l'ennemi. Les peuples qui sont en guerre ont le droit de les arrêter d'une manière convenable, jusqu'à ce que l'on se soit procuré les éclaircissemens nécessaires pour les juger : sauf à les relâcher s'il conste, dans la suite, qu'ils sont véritablement neutres, et qu'ils ont d'ailleurs agi comme tels. Cependant ils ne pourront prétendre à aucun dédommagement du retard de leur navigation, ou des frais occasionnés par la procédure, puisqu'ils ont été eux-mêmes la cause de ce qui leur est arrivé. »

2108. Le sentiment d'Hubner doit être d'autant plus suivi actuellement, que l'Angleterre emploie tous les moyens possibles pour faire refluer ses denrées dans l'étranger; on sait avec quel artifice elle a travaillé de tous les temps, et conséquemment on doit se faire une idée de celui qu'elle doit employer dans ce moment critique pour tromper la bonne foi et la vigilance de nos corsaires, on ne sauroit donc jamais mettre trop d'attention dans l'examen des pièces qu'exhibent les neutres, lors de la visite.

PROCÈS-VERBAL DE CAPTURE.

2209. FORMULE. Il n'est point venu à ma connoissance, qu'aucun ouvrage ait traité des procès-verbaux de capture. Je donnerai donc la formule suivante qu'on pourra amplifier ou modifier, suivant les circonstances.

(*a*) De la saisie des bâtimens neutres, tom. 1.er, fol. 120.

L'an 5 de la République, et le 30 thermidor, à neuf heures et demie du matin, nous soussignés officiers-majors et équipages du corsaire le Robuste, de Bordeaux, capitaine Germain; certifions, qu'étant par la latitude de quarante-quatre degrés, cinquante minutes nord; et par la longitude de sept degrés trente minutes méridien de Paris, vers six heures du matin, la vigie (*a*) a crié navire sous le vent, à nous, paroissant courir au N. N. E., avons sur-le-champ manœuvré pour en prendre connoissance : quand il nous a aperçu, il a tenu le vent tribord, amure gouvernant à L. N. E., et comme alors nous naviguions sous pavillon anglais, nous l'avons halé, et largué ensuite pavillon national, que nous avons assuré d'un coup de canon (*b*), alors nous avons mis le canot à la mer, et envoyé le citoyen Pieremont, second capitaine; Guillaume et Jean, matelots, à bord; ce premier ayant interpellé le capitaine de vaisseau de lui dire son nom, le nom du navire, et de quelle nation il étoit, d'où il venoit, où il alloit, et s'il avoit son passe-port, l'acte de propriété (*c*), le rôle d'équipage (*d*), les connoissemens signés (*e*), ainsi que les factures (*f*). Après nous avoir répondu que son nom étoit Antonio, et celui de son navire la Nostra-Madona, qu'il étoit Espagnol, qu'il étoit parti de Porto, et alloit à Bilboa, ensuite il nous a exhibé son passe-port, le rôle d'équipage et quelques factures. Comme il ne nous remettoit point ni connoissemens, ni acte de propriété, nous lui en avons réitéré la demande, alors il nous a dit qu'il avoit oublié ces pièces à terre; sur ce, nous lui avons déclaré que, conformément aux ordonnances, nous le capturions comme n'étant point en règle : en conséquence, nous nous sommes emparés de toutes les pièces littérales que nous avons pu découvrir à bord, et en avons fait bon et loyal inventaire (*g*), que nous avons recollé en présence dudit capitaine et son équipage, qui ont été interpellés de le signer, ce qu'ayant refusé de faire, nous en avons fait mention au bas dudit inventaire, et remis lesdites pièces, en présence dudit capitaine et équipage, dans un sac que nous avons cacheté, en l'invitant de le sceller de

(*a*) La sentinelle.

(*b*) Arrêt du Conseil, du 23 janvier 1706.

(*c*) Art. 4 du réglement du 17 février 1694, confirmé par plusieurs autres.

(*d*) Si ce rôle n'est point à bord, il ne peut en résulter que des présomptions. *Hubner*, (sauf pour les Américains.)

(*e*) Connoissemens ou charte-partie.

(*f*) S'il n'y a point de facture à bord, ce ne peut être qu'un motif de suspicion.

(*g*) Art. 16 du réglement du 25 octobre 1693.

son cachet (a), ce qu'il a encore refusé, et avons fermé les écoutilles (b) et autres endroits où il y avoit des marchandises, ainsi que les armoires et coffres, desquels nous avons gardé les clefs; quant au coffre du capitaine, nous l'avons fait apporter à bord du corsaire (c), où il a été scellé et cacheté, pour en être fait visite en présence du Juge-de-paix, à son arrivée.

Ce vaisseau n'ayant point de connoissement à bord, ni d'acte de propriété, et le capitaine ayant divagué dans ses réponses, nous l'avons amariné (d) conformément à nos ordonnances, comme n'étant point en règle.

Fait double (e) à bord dudit corsaire, le jour et an que dessus.

2210. Les signatures du capitaine et des principaux doivent suivre : il ne seroit même point inutile d'offrir au capitaine pris de le signer, ainsi qu'aux gens de son équipage; et en cas de refus, d'en faire mention.

RÉGLEMENT

Sur les prises qui seront conduites dans les ports étrangers, et les formalités à observer à ce sujet, par les Consuls de France qui y sont établis.

Du 8 novembre 1779.

2211. Art. 1.er Aussitôt que les Consuls de France, dans un des ports étrangers, auront connoissance qu'une prise ennemie y sera conduite, ils auront soin de s'y transporter sur-le-champ, même sans qu'ils en soient requis par le conducteur de la prise, ou de se rendre en rade à bord du bâtiment pris, dans le cas où il n'auroit pas encore pu entrer dans le port; ils y dresseront procès-verbal de la prise, scelleront les écoutilles et les chambres, feront inventaire de ce qui ne pourra être scellé, et établiront des gardiens.

2212. Art. 2. Soit que les Consuls aillent prendre la déclaration du conduc-

(a) Loi du 3 brumaire an 4, art. 2.

(b) Art. 2 de ladite loi, et 15 dudit réglement.

(c) Dito.

(d) Amariner signifie prendre possession.

(e) Il faut que le procès-verbal soit fait en double, pour, qu'en cas de prise du corsaire ou du navire, on puisse justifier sa conduite : quoique l'ordonnance ne prescrive pas d'en faire l'inventaire en double, il seroit à propos de le faire.

tenir de la prise, ou qu'elle leur soit faite à leur domicile, ainsi qu'il est prescrit par les ordonnances, ils auront soin de demander quel jour positivement la prise aura été faite, le nom du bâtiment pris, celui du bâtiment preneur, s'il étoit seul, ou de conserve avec un ou plusieurs autres, soit corsaires, soit vaisseaux ou frégates de guerre; le nom des gens d'équipage, passagers ou autres qui seront trouvés sur le bâtiment ennemi au moment de la prise.

2213. Art. 3. Le capitaine qui aura fait la prise, ou l'officier qui aura été chargé de l'amener, sera tenu d'en faire aux Consuls un rapport détaillé, lequel sera ensuite vérifié par l'interrogatoire de deux hommes au moins de l'équipage, à l'exception des cas de relâche, pour lesquels il suffira d'une simple déclaration d'un des officiers, qui sera signée par lui.

2214. Art. 4. Lorsqu'il sera conduit dans un des ports où sont établis des Consuls, des prises dont on se seroit emparé *sans lettres de marque*, ces officiers retiendront la prise dans le port, y établiront des gardiens nécessaires, demanderont main-forte en cas de besoin, et rempliront toutes les formalités civiles; ils dresseront des procès-verbaux, dans lesquels il sera fait mention du défaut de commission du preneur, et des réclamations qui leur seroient faites à cet égard, ou qui pourroient être adressées au Gouvernement de leur résidence, et dont il leur aura été donné connoissance; ils en rendront compte au secrétaire d'Etat ayant le département de la marine, et ils enverront la procédure qu'ils auront instruite, au secrétaire général de la marine.

2215. Art. 5. Ils procéderont à l'interrogatoire des capitaines, des officiers et autres gens de l'équipage des bâtimens pris, feront translater les pièces du bord par un interprète connu, auquel ils feront prêter serment; et ils adresseront, tant les expéditions desdits procès-verbaux, que les pièces originales et les translats (s'ils ont pu être faits), au secrétaire-général de la marine, pour être procédé au jugement desdites prises. Les Consuls ne prendront connoissance que des papiers trouvés sur les prises, qui concerneront la cargaison des bâtimens, comme rôles d'équipage et autres pièces de bord. Quant aux lettres et papiers particuliers, ils seront envoyés, sans être décachetés, au secrétaire d'Etat ayant le département de la marine.

2216. Art. 6. Dans le procès-verbal d'interrogatoire des équipages des bâtimens pris, les Consuls recevront les plaintes que les prisonniers pourroient faire du traitement qu'ils auroient éprouvé, du pillage qui pourroit avoir été commis; ils vérifieront les faits qui auront donné lieu à ces déclarations,

rations, et en rendront compte au secrétaire d'Etat ayant le département de la marine.

2217. Art. 7. Les Consuls seront tenus d'envoyer toutes les pièces ci-dessus, par *duplicata*, et par les voies les plus promptes et les plus sûres, huit jours au plus tard après l'arrivée de la prise dans le port; et si les postes sont établies dans les lieux de leur résidence, ils prendront un *récépissé* du directeur de la poste, ou celui du capitaine du navire qu'ils auront chargé de ces expéditions, dans le cas où l'envoi en devra être fait par mer.

2218. Art. 8. Le ministère des Consuls sera borné aux opérations ci-dessus, pour les prises qui seront faites par les armateurs français; et lorsque le jugement de ces prises leur sera parvenu, ils le feront notifier à ces armateurs, et remettront le bâtiment pris à la disposition de la personne qui sera commise par eux à cet effet, sans autres formalités ultérieures. Il leur est néanmoins enjoint de veiller, comme commissaires en cette partie, aux intérêts des armateurs, de prendre connoissance des ventes, de les empêcher même, s'ils y reconnoissent des abus qui puissent leur être préjudiciables, et d'en rendre compte au secrétaire d'Etat ayant le département de la marine.

2219. Art. 9. Cependant, si les marchandises provenant des prises faites par les corsaires ou autres bâtimens appartenans à des armateurs français, étoient sujettes à dépérissement, les Consuls sont autorisés à procéder, sans délai, au déchargement de ces effets, sans attendre la condamnation, pourvu toutefois que les bâtimens soient de construction ennemie, et que les prises aient tous les caractères qui annonceroient leur légitimité. Les Consuls feront faire l'estimation de ces marchandises, par quatre marchands domiciliés et connus dans le port de leur résidence; et lorsqu'ils auront attesté la nécessité de la vente provisoire de ces marchandises; il y sera procédé sans délai, et les négocians certifieront la somme que cette vente aura produite. Le magasin où seront déposés ces effets, avant la vente, sera fermé de deux clefs, dont l'une restera entre les mains du Consul, et l'autre entre les mains d'un des négocians qui auront certifié la nécessité de la vente provisoire, à moins que les armateurs n'aient un commissionnaire dans le port, spécialement chargé de leur pouvoir, auquel cas, cette clef sera remise à sa disposition; il en sera remis une troisième, s'il est nécessaire, au receveur des droits de douane.

2220. Art. 10. Les Consuls ne pourront rien exiger sur le produit des prises faites par les corsaires ou bâtimens appartenans à des armateurs français, mais il leur sera payé les droits ci-après, pour le temps qu'ils pourroient employer aux opérations qui leur sont prescrites, savoir :

Aux Consuls, pour le transport à bord des bâtimens, l'apposition des scellés, pour chaque vacation de deux heures . . . . 6 liv.

Au chancelier, pour chaque vacation de deux heures, y compris le papier et deux expéditions 3

Aux Consuls, pour l'inventaire, le déchargement, l'assistance à la vente provisoire qui pourroit être faite dans les cas prévus par l'article IX du présent réglement, par heure . . . 1 10

Au chancelier, pour les mêmes opérations, y compris le papier et deux expéditions comme ci-dessus, par heure . . 15

Il est expressément défendu aux Consuls de France, d'exiger une plus forte rétribution, et il leur est recommandé de simplifier les opérations, et d'y apporter autant de célérité que d'exactitude et d'économie.

2221. Art. 11. A l'égard des prises faites par les bâtimens de l'État, aussitôt que le jugement de bonne prise sera parvenu aux Consuls, ils procéderont sans délai à la levée des scellés, au déchargement des marchandises, qui seront inventoriées et mises en magasin, lequel sera fermé d'une double serrure, dont une clef restera entre les mains du Consul, et une seconde entre les mains du receveur des douanes, si le cas y échet.

2222. Art. 12. Si les effets provenans des prises faites par les vaisseaux de guerre, exigeoient un déchargement et une vente provisoire, les Consuls pourront pareillement y procéder, lorsque le bâtiment pris sera de construction ennemie, et muni d'un passe-port ennemi; ils dresseront, comme ci-dessus, un procès-verbal d'estimation, et de l'état dans lequel ces effets auront été trouvés, et ce procès-verbal sera signé de quatre négocians domiciliés et connus.

2223. Art. 13. Les Consuls tiendront la main à ce que ni les officiers, ni les gens de l'équipage preneur, ne s'emparent d'aucuns effets, marchandises, agrès ou ustensiles faisant partie de la cargaison des bâtimens pris; ils veilleront aussi à ce que les officiers des bâtimens de l'État, et les commandans des corsaires et navires preneurs, laissent aux prisonniers les hardes et effets à leur usage personnel, et de première nécessité.

2224. Art. 14. Immédiatement après que les Consuls auront reçu le jugement de bonne prise, qui doit leur être envoyé par le greffier du Conseil des prises, il sera procédé à la vente de la prise, si fait n'a été, et le prix en sera exigé par les Consuls, comptant, ou en lettres-de-change à deux mois d'échéance, souscrites par des négocians d'une solidité reconnue, et passées à l'ordre du trésorier-général de la marine, qui en fera remettre le montant au trésorier du port de France, dans lequel les bâtimens preneurs auront été armés, pour la répartition en être faite aux équipages.

2225. Art. 15. Toutes les ventes se feront publiquement par enchères, en observant les formalités usitées dans les ports de la résidence des Consuls, qui prendront avant tout, l'attache du gouverneur ou commandant de la place, ou de telles autres personnes auxquelles la connoissance en pourroit appartenir.

2226. Art. 16. Aucune vente de cargaison ne pourra être faite en bloc, sous quelque prétexte que ce puisse être, à moins que, sur le compte qui en sera rendu au secrétaire d'Etat ayant le département de la marine, il ne juge convenable d'en ordonner autrement; mais le bâtiment avec son artillerie, ses agrès, ustensiles et apparaux, devra toujours être vendu en un seul lot.

2227. Art. 17. Dans le cas où un bâtiment de guerre qui auroit conduit une prise ennemie dans un port étranger, seroit encore dans ce port lorsque le jugement de bonne prise sera parvenu aux Consuls, soit qu'il y eût été retenu par des vents contraires, par la nécessité d'être réparé, ou par quelqu'autre circonstance particulière, soit enfin qu'il y eût relâché avec une nouvelle prise ou autrement, pourvu toutefois que l'état-major ou l'équipage n'aient pas été changés dans l'intervalle; le Consul de France pourra faire une répartition provisoire par à-compte, si les cargaisons ont été vendues, et si le produit en a été réalisé, et particulièrement s'il s'est trouvé, à bord, des matières d'or ou d'argent, en lingots ou monnoyés, en se conformant aux réglemens du pays sur les monnoies. Cette répartition se fera cependant de manière que chaque individu ne reçoive pas plus de la moitié de la somme qui lui appartiendroit, si l'on procédoit à une répartition définitive. Les Consuls se conformeront d'ailleurs, dans cette répartition, à l'ordre de partage fixé par l'ordonnance du 28 mars 1778; ils prendront des quittances de tous ceux qui auront reçu cet à-compte, et enverront ces pièces justificatives au secrétaire d'Etat ayant le département de la marine, qui les fera passer aux administrateurs des ports où le bâtiment aura été amené, et où la répartition devra être définitivement consommée. Lorsque les répartitions provisoires auront lieu, il en sera fait deux états dans la forme indiquée par le modèle annexé au présent réglement, et qui seront aussi envoyés au secrétaire d'État ayant le département de la marine.

2228. Art. 18. Dans le cas où une prise auroit été faite par plusieurs bâtimens étant de conserve, ou réunis par rencontre fortuite, et où il pourroit s'élever quelque discussion sur les droits qu'ils pourroient avoir sur la prise, il ne sera donné aucun à-compte, ni fait aucune distribution provisoire, sous quelque prétexte que ce puisse être, du produit de la prise, et il en sera immédiatement rendu compte au secrétaire d'État ayant le département de la marine.

2229. Art. 19. S'il se trouvoit sur les navires ennemis, pris par les bâtimens de guerre, des effets que les Consuls présumeroient pouvoir être utiles au service de l'Etat, ils en rendront compte au secrétaire d'État ayant le département de la marine, qui, en conséquence de la réserve énoncée par l'article IV de l'ordonnance du 28 mars 1778, donnera ordre aux Consuls d'en faire faire l'estimation par des constructeurs ou experts du port de leur résidence, ou fera payer le prix de ces effets, s'ils étoient compris dans l'état de ceux dont le paiement est taxé par ledit article IV de cette ordonnance.

2230. Art. 20. Les Consuls feront passer au secrétaire-général de la marine, les requêtes et réclamations qui pourroient leur être adressées par des sujets des Etats de leur résidence, ou étrangers quelconques, qui revendiqueroient des marchandises, chargées pour leur compte, sur des navires ennemis ou neutres, qui seroient pris par des bâtimens Français, et auront soin d'envoyer des copies de ces pièces, certifiées et collationnées par eux, au secrétaire d'État ayant le département de la marine.

2231. Art. 21. Si les bâtimens pris appartenoient à des Puissances neutres, les équipages de ces bâtimens ne seroient pas regardés, par les Consuls, comme prisonniers, et seroient au contraire traités avec beaucoup d'égards, à moins que le capitaine et le tiers au moins de l'équipage ne soient reconnus pour être des ennemis de l'Etat; auquel cas tout l'équipage seroit traité, ainsi que les lois de la guerre le prescrivent, avec beaucoup d'humanité.

2232. Art. 22. Si dans le nombre des prisonniers qui pourroient être faits sur les bâtimens appartenant aux ennemis de l'Etat, il s'en trouvoit qui prouvassent, par des valables certificats, qu'ils n'étoient à bord qu'en qualité de passagers, et qu'ils ne sont employés ni dans la marine, ni dans le service militaire des Puissances ennemies, lorsque les Consuls s'en seront suffisamment assurés, ils pourront leur accorder la liberté, et ne pas les comprendre dans la liste des prisonniers qui doivent être échangés.

2233. Art. 23. Quand il arrivera, dans les lieux de la résidence des Consuls, des Français ou des étrangers, attachés au service de France, et qui auroient besoin de secours pour y entrer, soit qu'ils aient été faits prisonniers et mis en liberté à condition d'échange, soit qu'ils aient obtenu leur retour, sur l'engagement de ne pas servir contre les ennemis de l'État, avant que leur échange soit consommé, soit enfin des Français naufragés ou échappés de quelques possessions Françaises dévastées par l'ennemi, ou pour d'autres causes; leur conduite leur sera payée eu égard à leur grade, ainsi qu'il a été pratiqué par le passé.

2234. Art. 24. Les nègres et mulâtres ou gens de couleur qui seront trouvés sur les prises, seront regardés comme prisonniers, s'ils sont libres et font partie de l'équipage; et alors ils seront remis à titre d'échange aux Consuls ennemis, ou déposés dans la prison civile si la prise est abordée dans un des ports de sa Majesté catholique, ou des Etats-Unis de l'Amérique; s'ils sont esclaves et font partie de la cargaison, ils seront renvoyés dans un des ports de France par le premier vaisseau neutre ou Français, et adressés au procureur de l'amirauté du port dans lequel ils devront être débarqués.

2235. Art. 25. Les Consuls, ainsi qu'ils y sont autorisés, prendront soin des prisonniers qui leur seront remis, et pourvoiront à leur subsistance par les moyens les plus convenables, les plus économiques, et se concerteront avec les Consuls ou agens des Puissances ennemies pour leur échange; ils pourront même remettre, par avance, des prisonniers à la disposition de ces Consuls ou agens, en exigeant d'eux une soumission de rendre un nombre égal de Français détenus dans leurs ports, ou d'en faire remettre la même quantité de ceux détenus dans les États des Puissances ennemies; et ils auront soin d'adresser au secrétaire d'État ayant le département de la marine, un état des prisonniers qu'ils auroient remis aux Consuls de la nation ennemie, et de ceux qui leur auroient été rendus à titre d'échange.

2236. Art. 26. Ils détailleront, dans les comptes qu'ils rendront du produit des prises, les frais d'ouvriers et les dépenses par eux faites pour la conservation des bâtimens pris, le déchargement, le transport des marchandises, le loyer des magasins, frais d'affiches, de vente et autres, et se conformeront au modèle de liquidation particulière annexé au présent réglement; et tous les frais et dépenses seront prélevés sur le produit des prises. Il sera envoyé deux expéditions de ces états de liquidation au secrétaire d'État ayant la département de la marine.

2237. Art. 27. Les Consuls dresseront par *duplicata* un état de situation des prises faites sur les ennemis de l'État, conforme au modèle joint au présent réglement, et ils auront soin d'en remplir les colonnes avec la plus grande exactitude. Ils enverront, en même temps, des comptes distincts et détaillés de la dépense qu'ils auront faite relativement aux prisonniers, et ils auront soin d'adresser, tous les mois, deux expéditions de ces pièces au secrétaire d'État ayant le département de la marine.

2238. Art. 28. Les droits des Consuls sur les produits des ventes qui seront faites par eux au profit des états-majors et équipages des bâtimens de guerre, leur seront attribués pour tous frais et vacations quelconques, dans les proportions suivantes ; savoir,

Deux et demi pour cent pour le produit des premiers. .	20,000 fr.
Deux pour ceux depuis 20 liv. jusqu'à.	50,000
Un et demi pour cent depuis 50 jusqu'à.	100,000
Demi pour cent depuis 100 jusqu'à.	100,000

Se réservant de fixer la somme qui pourroit leur être accordée en forme de gratification, sur le produit des ventes, dans le cas où il seroit porté à plus de 300,000 fr.

Ces officiers se conformeront d'ailleurs aux ordonnances et aux usages établis pour toutes les opérations dont la marche ne leur seroit pas tracée par le présent réglement.

DÉCRET sur les prises faites par les corsaires français, et conduites en Danemarck.

Du 18 septembre 1793.

2239. La Convention nationale, après avoir entendu le rapport de son Comité de marine et des colonies, sur la pétition des citoyens Schmit, Barême, Valet et compagnie, armateurs du corsaire le Saint-Paul de Dunkerque, relatives aux six prises qu'il a conduites en Norvége, et dont le Gouvernement danois leur refuse la faculté de faire faire la vente ;

Considérant qu'il n'existe, dans la République, aucuns décrets ou actes du Corps législatif, qui ordonnent que tous navires ennemis pris par les croiseurs Français, et conduits en Danemarck ou en Suède, seront obligés de revenir dans les ports de la République, pour y être vendus ;

Considérant encore que les croiseurs de toutes Puissances belligérantes, ont la *faculté* de conduire leurs prises dans des ports neutres, sans que *raisonnablement on puisse prétendre que la neutralité soit enfreinte*, decrète ce qui suit :

2240. Art. 1.er Le Ministre des affaires étrangères est chargé de négocier avec le Gouvernement danois, et d'obtenir de lui, *conformément au droit des gens*, la faculté de faire vendre, dans ses États, les prises qui ont été ou qui seroient conduites dans ses ports, par les croiseurs français, pendant que la République sera en guerre. Le Ministre des affaires étrangères donnera, à cet effet, tous les ordres nécessaires à l'agent de la République près la Gouvernement danois. Il rendra compte à la Convention du résultat de ses négociations.

2241. Art. 2. La Convention nationale abroge, au surplus, toutes lois contraires au présent.

CHAPITRE XLII.

DES LETTRES DE MARQUE ET DE REPRÉSAILLES. (1992)

2242. Le mot représailles paroît tirer son étymologie du mot *represalia*, qui, comme l'observe Grotius, venant de la basse latinité, a passé dans la langue vulgaire. Quoi qu'il en soit, le mot *représailles* signifie parmi nous, et par rapport à notre objet, le droit qu'exerce une Puissance souveraine, contre une autre Puissance, pour s'indemniser des pertes que celle-ci lui a fait supporter par esprit de déprédation.

2243. D'après le droit naturel, le droit de représailles ne peut être exercé que par un individu contre un autre individu qui a agi contre lui pour lui nuire, et jamais contre un tiers qui n'a pris aucune part dans la querelle; d'où il suit que pour que le sujet d'une Puissance puisse agir valablement en représailles envers le sujet d'une autre Puissance, il faut qu'il soit autorisé par son Souverain : or, comme les nations sont représentées par leur Souverain, les individus, agissant en représailles, n'agissent point en leur nom, mais au nom de leur nation qui forment un corps moral; les représailles sont donc exercées, ou sensées exercées, par ces corps moraux, quoiqu'elles soient exercées par des individus qui en font partie.

Il suit de ces principes que tout individu, sous prétexte de représailles, agiroit au-delà de ce que prescrivent les lois qui les limitent, commettroient un crime dont ils seroient seuls responsables.

Ces conséquences doivent d'autant plus être respectées, que si je suppose l'ennemi dans ces actes hostiles se porte à des excès propres à outrager l'humanité, en violant essentiellement le droit naturel et des gens, sans y être autorisé par son Gouvernement, et que par la suite celui qui a été maltraité, le rencontrant lui ou un autre de sa nation, lui fasse subir le même sort sans y être autorisé, il en résulteroit deux crimes égaux entr'eux, qui en provoqueroient d'autres à l'infini. Par exemple, le 29 Juillet 1778, un vaisseau danois fut rencontré par un corsaire anglais; ce corsaire donna un coup d'épée au capitaine, pilla sa cargaison et maltraita son équipage; si ce danois se fût vengé ensuite sur un vaisseau anglais qui ne l'auroit point insulté, il auroit été répréhensible.

2244. Mais supposons qu'une Puissance permette à ses sujets de se livrer à toutes sortes d'excès contre les individus d'une autre nation : la justice, d'accord avec la nature, autorisera les actes de représailles; car ces deux nations, considérées comme deux individus, seront censées être sur un champ de bataille, sur lequel l'agresseur, se servant de tous les moyens pour faire succomber son adversaire, donnera le droit à celui-ci d'employer les mêmes moyens, pour s'en servir aux mêmes fins; conséquemment la honte d'une pareille conduite retombera sur l'être féroce qui, le premier, aura donné l'exemple de la férocité.

2245. Cependant la nature pose des limites à ces sortes de représailles; en effet, si une nation est assez barbare pour faire périr son ennemi dans les tourmens, ce ne sera pas une raison pour que l'autre puisse employer les mêmes moyens : il suffira à celle-ci d'employer ceux que lui pourront offrir les représailles, qui lui feront atteindre le même but, sans néanmoins offenser autant l'humanité. L'Impératrice de Russie, voyant ses vaisseaux maltraités par les Anglais, ordonna à ses capitaines de faire pendre les corsaires anglais qu'ils rencontreroient (1837).

2246. Art. 1.er « Ceux de nos sujets dont les vaisseaux ou autres effets auront été pris ou arrêtés hors le fait de la guerre, par les sujets des autres Etats, seront tenus, avant que d'avoir recours à nos lettres de représailles, de faire informer de la détention de leurs effets, par-devant le plus prochain Juge de l'amirauté des lieux de leur descente, et d'en faire

faire, faire l'estimation par experts nommés d'office, entre les mains desquels ils mettront les charte-parties, connoissemens et autres pièces justificatives de l'état et qualité du vaisseau, et de son chargement. »

2247. Rien n'est plus naturel, observe Valin, que celui qui se plaint d'une injustice qui lui a été faite, en rapporte la preuve, et justifie en quoi elle consiste.

2248. Que cette justification au reste doive se faire devant le Juge de l'amirauté, cela est tout clair, puisqu'il s'agit d'un délit maritime, ou d'une injustice relative à la navigation. Mais comme il est d'autres cas pour lesquels des lettres de représailles peuvent être obtenues, il convient d'ajouter ici, que pour ces autres cas, les lettres peuvent autoriser des représailles sur mer ou dans les ports, quoique l'injustice soufferte fût étrangère à la navigation. Ce qu'il y a alors, c'est que la preuve de l'injustice doit se faire par-devant d'autres Juges que ceux de l'amirauté.

2249. Art. 2. Sur l'information faite, et le procès-verbal justificatif de la valeur des effets pris et retenus, pourront nos sujets se retirer par-devant nous, pour obtenir nos lettres de représailles, qui ne leur seront néanmoins accordées qu'après avoir fait faire, par nos ambassadeurs, les instances, en la forme et dans le temps porté par les traités faits avec les Etats et Princes dont les sujets auront fait les déprédations.

« Parmi nous, dit Valin, il faut essentiellement des lettres du Roi; parce que, comme le remarque l'auteur du Guidon, page 501, *cetui droit est de Puissance absolue, qui ne se communique ni délègue aux Gouverneurs des provinces, villes et cités, amiraux, vice-amiraux ou autres magistrats.* »

Art. 3. Les lettres de représailles feront mention de la valeur des effets retenus ou enlevés, porteront permission d'arrêter et saisir ceux des sujets de l'Etat qui auront refusé de faire restituer les choses retenues, et régleront le temps pendant lequel elles seront valables.

2250. En vertu des lettres de représailles, dit Valin, l'impétrant est donc autorisé à armer en course contre les sujets de l'Etat qui ont refusé de lui rendre justice, et à faire sur eux des prises en mer, en observant les formalités prescrites à ce sujet. Il peut, à plus forte raison, saisir et arrêter les effets qu'il trouvera appartenant aux sujets de ce même Etat, soit dans le royaume ou en des pays amis; mais, dit-il, je pense que la saisie doit être faite *visâ juris*, par ordonnance de justice, et nullement par voie de fait, à moins qu'il n'y eût du péril dans la demeure.

2251. Le 2 mai 1796 (13 flor. an 4), M. Maupas, négociant à Paris, prêta, en ladite ville, à feu M. Sieveking, négociant de Hambourg, une somme, en conséquence ce dernier lui donna la reconnoissance suivante: « Je soussigné, G. H. Sieveking, négociant à Hambourg, actuellement à Paris, reconnois que le citoyen Pierre Maupas, négociant à Paris, ma remis la somme de quatre-vingt mille marcs de banque; laquelle somme je m'oblige de tenir à sa disposition en m'en prévenant trois mois d'avance : je m'oblige en outre de lui en payer l'intérêt à raison de quatre pour cent l'an, pendant tout le temps que la susdite somme de quatre-vingt mille marcs me restera entre les mains. Paris, le 13 floréal, an 4 de la République Française, ou le 2 mai 1796. *Signé,* SIEVEKING. » Plusieurs lettres de Sieveking viennent à l'appui de cette déclaration.

Sieveking étant mort, et Maupas ayant réclamé de sa veuve le paiement de sa créance, en vertu de la lettre que l'on vient de lire, cette dernière prétendit n'en avoir aucune connoissance.

Assignation donnée à la veuve de la part de Maupas, devant le prêteur de Hambourg; allégation de la veuve sur son ignorance, sur celle des associés de son mari, sur le silence de ses livres de commerce touchant cette créance; elle offre son serment et celui de ces mêmes associés, à l'appui de ces assertions; elle prétend que les titres sont faux et falsifiés. Sentence du prêteur, du 14 janv. 1802, qui ordonne que Maupas sera tenu de prouver l'authenticité et la vérité des écritures et signatures par lui représentées. Appel de cette sentence de la part de Maupas : la veuve Sieveking en relève également appel de son côté. Décret du Sénat, du 5 juin 1802, par lequel, sous prétexte des doutes et des incertitudes qui s'élèvent sur la créance réclamée, et sur la vérité de la reconnoissance produite, il admet la veuve Sieveking, ses associés, son teneur de livres, à jurer qu'ils n'ont aucune connoissance de cette créance; qu'il ne s'en trouve aucun vestige dans les livres et papiers du défunt, et qu'elle croit la reconnoissance fausse et falcifiée, sauf à statuer ensuite ce qu'il appartiendra. Opposition au décret, de la part de Maupas, et demande de la commission, portée et convenue par l'art. 9 du traité de Hambourg avec la France, le 1.er avril 1769, et renouvellé pour vingt ans en 1789. Décret du Sénat, du 28 juillet suivant, qui rejette la demande faite par Maupas, d'une commission, fondé sur ce qu'elle ne peut pas convenir à la prétention de la dette dont il est question : le Sénat observa, au surplus, que Maupas lui-même traînoit cette affaire, *quoique claire*, en longueur;

que si, cependant, les parties sont inclinées à vider cette affaire à l'amiable, on établiroit pour cette effet, *et sans nuire au décret*, une commission composée de Sénateurs.

Comme il n'entre pas dans mon sujet de présenter les détails propres à prouver l'injustice du décret du Sénat de Hambourg, d'autant plus que j'en ai parlé assez amplement dans mon Projet de Code, pag. 26, je me contenterai seulement d'observer que le citoyen Maupas, ayant fait appel au Gouvernement français, auroit dû conclure en demandant des lettres de représailles, conformément au titre des représailles de l'ord. de 1681. C'est mon avis (*a*).

2252. Art. 4. Les impétrans des lettres de représailles seront tenus de les faire enregistrer au greffe de l'amirauté du lieu où ils feront leur armement, et de donner caution jusqu'à concurrence de moitié de la valeur des effets déprédés.

2253. Art. 5. Les prises faites en mer, en vertu de nos lettres de représailles, seront amenées, instruites et jugées en la même forme et manière que celles qui auront été faites sur nos ennemis.

2254. Art. 6. Si la prise est déclarée bonne, la vente en sera faite par-devant le Juge de l'amirauté, et le prix en sera délivré aux impétrans sur et tant moins, ou jusqu'à concurrence de la somme pour laquelle les lettres auront été accordées, et le surplus demeurera déposé au greffe pour être restitué à qui il appartiendra.

2255. Art. 7. Les impétrans seront tenus, en recevant leurs deniers, d'endosser les lettres de représailles des sommes qu'ils auront reçues, et d'en donner bonne et valable décharge, qui sera déposée au greffe de l'amirauté, pour demeurer jointe à la procédure.

2256. Art. 8. Si l'exposé des lettres ne se trouve pas véritable, les impétrans seront condamnés aux dommages et intérêts des propriétaires des effets saisis, et à la restitution du quadruple des sommes qu'ils auront reçues.

(*a*) Voyez le Mémoire intitulé : *Appel au Gouvernement français*, dont la rédaction est attribuée au Jurisconsulte Dufriche-Foulaines. Cet ouvrage se trouve chez Suronne, libraire, au Palais du Tribunat, galerie de bois, n.° 258.

ARRÊTÉ

PORTANT RÈGLEMENT POUR LES ARMEMENS EN COURSE,

Du 21 prairial an 11 de la Rép. franç.

TITRE PREMIER.

Armemens en course.

CHAPITRE PREMIER.

Des sociétés pour la course.

2257. Art. 1.er Les sociétés pour la course, s'il n'y a pas de convention contraire, seront réputées en commandite, soit que les intéressés se soient associés par des quotités fixes ou par actions. (*Déclaration du 24 juin 1778, art. 14.*)

2258. Art. 2. L'armateur pourra, par l'acte de société ou par les actions, fixer le capital de l'entreprise à une somme déterminée, pour régler la répartition des profits ou la contribution aux pertes; et si, d'après les comptes qui seront fournis, la construction et mise-hors ne montent pas à la somme déterminée, le surplus sera employé aux dépenses des relâches, ou, en cas de prise du corsaire, sera rendu aux actionnaires, proportionnellement à leurs mises. Si au contraire les dépenses de la construction et mise-hors excèdent la somme fixée, l'armateur prélèvera ses avances sur le produit des premières prises; et en cas d'insuffisance, il en sera également remboursé par les actionnaires, proportionnellement à leurs mises; ce qui aura lieu pareillement pour les dépenses de relâches, lorsque le produit des prises ne sera pas suffisant. (*Déclaration du 24 juin 1778, art. 15.*)

2259. Art. 3. Les armateurs seront tenus, dans les actions qu'ils délivreront aux intéressés, de faire une mention sommaire des dimensions du bâtiment qu'ils se proposeront d'armer en course, du nombre et de la force de son équipage et de ses canons, ainsi que du montant présumé de la construction et mise-hors. (*Déclaration du 24 juin 1778, art. 16.*)

2260. Art. 4. Le compte de la construction et mise-hors, qui formera toujours le capital de l'entreprise, hors le cas prévu par l'art. 2 ci-dessus, sera clos, arrêté et déposé, avec les pièces justificatives, au greffe du Tribunal connoissant des matières de commerce, dans le quinzième jour après celui auquel le corsaire aura fait voile pour commencer la course ; sauf à n'employer que par évaluation les articles de dépense qui, à cette époque, ne pourront pas être liquidés, lesquels seront ensuite alloués, dans le compte de construction et mise-hors, pour leur vraie valeur, sur les pièces justificatives qui seront rapportées. (*Déclaration du 24 juin 1778, art. 17.*)

2261. Art. 5. Il pourra néanmoins être accordé à l'armateur, sur sa demande, un second délai de dix jours, pour déposer le compte mentionné en l'article précédent; mais passé ce terme, si l'armateur n'y a pas satisfait, il sera privé de tous droits de commission, pour le seul fait de n'avoir pas déposé son compte. Cette disposition est applicable aux bâtimens armés en guerre et marchandises, comme à ceux armés en course. (*Déclaration du 24 juin 1778, art. 18.*)

2262. Art. 6. Lorsque la construction d'un corsaire et sa mise-hors ne pourront être achevées, soit par la conclusion de la paix, ou par quelqu'autre événement, la perte sera supportée proportionnellement par les intéressés et par les actionnaires; et s'il n'y a pas eu de fixation pour le capital de l'entreprise, il sera évalué, par arbitres, à la somme que ladite entreprise auroit dû coûter si elle avoit été achevée. (*Déclaration du 24 juin 1778, art. 19.*)

2263. Art. 7. Le droit de commission ordinaire sera de deux pour cent sur le montant des dépenses de la construction, armemens, relâches et désarmemens; il sera en outre alloué aux armateurs une semblable commission de deux pour cent, sur les prises rentrées dans le port de l'armement, dont ils auront eu l'administration particulière; et à l'égard des prises qui auront été conduites dans d'autres ports, et qui auront été administrées par leurs commissionnaires, il sera alloué à ces commissionnaires deux pour cent, à l'armateur un pour cent, et au même un demi pour cent pour négociation des traites qui lui auront été remises pour la valeur des prises vendues dans un port autre que celui de l'armement. (*Déclaration du 24 juin 1778, art. 20.*)

2264. Art. 8. Lorsque la course aura produit des sommes suffisantes pour réarmer, la société sera continuée de droit, s'il n'y a pas de convention contraire; et il sera loisible à l'armateur de s'occuper sur-le-champ d'un réarmement pour le compte des mêmes intéressés, qui ne pourront, dans ce cas, être remboursés du principal de leur mise, ni en demander le remboursement que de gré à gré.

Les armateurs sont dispensés de faire la vente du corps du bâtiment corsaire, pour la fixation des dépenses relatives à la liquidation des droits des invalides de la marine; mais si l'armateur juge à propos de requérir ladite vente, il sera tenu de se conformer aux formes prescrites pour la vente des vaisseaux, et d'en faire afficher le prospectus imprimé à la bourse de Paris, et dans les principales villes maritimes où il y a des bourses de commerce; et dans le cas où il resteroit adjudicataire du bâtiment corsaire, à l'effet de le réarmer en course, les actionnaires seront libres d'y conserver leur intérêt, en le déclarant néanmoins dans un mois du jour de l'adjudication. (*Déclaration du 24 juin 1778, art. 56.*)

CHAPITRE II.

Équipages.

2265. Art. 9. Il ne pourra être embarqué sur les bâtimens armés en course, qu'un huitième de matelots inscrits et en état de servir sur les bâtimens de la République. En conséquence, les commissaires préposés à l'inscription maritime ne pourront recevoir d'enrôlemens, ni délivrer des permissions d'embarquer pour la course, qu'autant que le nombre des matelots employés à ce service, n'excédera pas le huitième de ceux inscrits.

Le ministre de la marine pourra néanmoins autoriser l'embarquement d'un plus grand nombre de marins inscrits, lorsque les besoins du service le permettront.

L'équipement de l'inscription maritime est tel, qu'il paroît nécessaire de limiter au huitième *le nombre des marins inscrits qui pourront être embarqués sur les corsaires.*

La loi du 31 janvier 1793, et l'arrêté du 23 thermidor an III, avoient accordé aux armateurs la faculté d'employer un sixième *de marins inscrits; mais la rareté des gens de mer força bientôt de restreindre cette permission; et dans les dernières années de la guerre, on ne toléra souvent l'embarquement des marins inscrits, que pour l'état-major et la mestrance.*

2266. Art. 10. Les armateurs de corsaires auront la faculté d'employer des marins étrangers, et ce, jusqu'aux deux cinquièmes de la totalité de l'équipage.

Ces marins étrangers, pendant le temps qu'ils seront employés sur les bâtimens armés en course, seront traités comme les marins français; ils participeront aux mêmes avantages, et seront soumis à la même police et discipline. (*Arrêtés des 23 messidor an III, et 16 ventôse an VI.*)

2267. Art. 11. Les capitaines des bâtimens armés pour la course, présenteront au bureau de l'inscription maritime les marins qu'ils auront engagés ; et sous peine de trois cents francs d'amende par chaque homme, ils ne pourront embarquer que des gens de mer qui auroient *été* portés sur le rôle d'équipage. Ils présenteront également au bureau, pour y être inscrits sur le rôle des classes, les Français non classés, et les étrangers qui en feront partie. (*Ordonnance du 31 octobre 1784, tit. IV, art. I.er*)

2268. Art. 12. Tout armateur ou capitaine de Corsaire qui sera convaincu d'avoir favorisé la désertion d'un marin levé pour le service ou employé sur un bâtiment de l'Etat, qui recevra à bord des marins inscrits au-delà du nombre autorisé pour les armemens en course, sera poursuivi comme embaucheur, et sa lettre de marque sera immédiatement révoquée. (*Ordonnance du 31 octobre 1784, tit. XVIII.*)

2269. Art. 13. Les gens de mer engagés sur des bâtimens armés en course, qui auront déserté dans le port de l'armement et qui seront arrêtés avant le départ, seront remis aux capitaines pour faire le voyage auquel ils s'étoient engagés, et pendant lequel ils n'auront que la moitié des salaires ou parts qu'ils auroient dû gagner.

Si lesdits déserteurs ne sont arrêtés qu'après le départ du bâtiment, ils seront condamnés à huit jours de prison, à la restitution des avances envers le capitaine ou les armateurs, et ils feront une campagne extraordinaire de dix mois sur les bâtimens de l'Etat, à deux tiers de solde.

Ceux qui déserteront pendant le voyage ou dans les relâches, perdront les salaires, parts, et toutes les sommes qui pourront leur être dues, lesquelles seront confisquées au profit de la caisse des invalides.

Lesdits déserteurs seront remis aux capitaines pour achever le voyage à demi-salaire; et feront, après leur retour, une campagne extraordinaire de six mois sur les bâtimens de l'Etat, à deux tiers de solde.

S'ils n'ont été arrêtés qu'après le départ du bâtiment auquel ils appartenoient, ils seront condamnés à huit jours de prison ; à la restitution des avances qui pourroient leur avoir été faites, et à une campagne extraordinaire d'un an, à deux tiers de solde, sur les bâtimens de l'Etat.

Chacun des marins composant l'équipage d'un bâtiment armé en course, sera tenu de se rendre à bord, ving-quatre heures après l'avertissement qui aura été donné au son du tambour ou par le coup de canon de départ, à peine d'être puni comme déserteur.

Les marins qui prendroient un faux nom ou un faux domicile, encourront la même peine. (*Ordonnance du 31 octobre 1784, titre XVIII.*)

2270. Art. 14. Lorsque les équipages des corsaires seront de quinze hommes et au-dessus, les mousses compris, il sera embarqué un chirurgien.

Les coffres à médicamens seront composés comme ceux des bâtimens de la République, en raison du nombre d'hommes de l'équipage.

CHAPITRE III.

Lettres de marque et cautionnement.

2271. Art. 15. Les lettres de marque, soit pour des armemens en course, soit pour des armemens en guerre et marchandises, ne peuvent être délivrées en Europe que par le Ministre de la marine et des colonies.

Chaque lettre de marque sera accompagnée d'un nombre suffisant de commissions de conducteurs de prises.

Ces lettres de marque et ces commissions seront conformes aux modèles annexés au présent réglement. (*Ordonnance de 1681, titre IX, livre III.*)

2272. Art. 16. Nul ne pourra obtenir des lettres de marque pour faire des armemens en course, ou en guerre et marchandises, s'il n'est citoyen français, ou s'il n'est, en pays étranger, immatriculé comme citoyen français sur les registres des commissariats des relations commerciales. (*Ordonnance de 1681, titre IX, livre III.*)

2273. Art. 17. S'il étoit reconnu qu'un armement en course a été fait, et qu'une lettre de marque a été délivrée sous un nom autre que celui du véritable armateur, la lettre de marque sera déclarée nulle et retirée.

La peine de six mille francs d'amende prononcée par l'article XV de la loi du 27 vendémiaire an 2, relative à l'acte de navigation, sera appliquée à l'armateur et à l'individu qui lui aura prêté son nom. (15)

Le produit de cette amende sera versé dans la caisse des invalides de la marine.

La sûreté des intérêts des actionnaires, des neutres induement capturés, et celle des droits attribués aux invalides de la marine, exigent cette précaution, dont les abus reconnus pendant la dernière guerre ont sur-tout fait sentir la nécessité.

2274.

2274. Art. 18. Les demandes de lettres de marque seront faites aux administrateurs de la marine ou aux commissaires des relations commerciales, qui les transmettront au Ministre de la marine et des colonies; mais lesdites lettres ne pourront être par eux délivrées aux armateurs, qu'après qu'il aura été vérifié si le bâtiment est solidement construit, gréé, armé et équipé; s'il est d'une marche supérieure; si son artillerie est en bon état; si le capitaine désigné par l'armateur est suffisamment expérimenté, et si l'armateur et ses cautions sont reconnus pour solvables.

La solvabilité de l'armateur et celle des cautions seront certifiées par les Tribunaux connoissant des affaires de commerce. Dans les ports étrangers, cette solvabilité sera attestée par le commissaire des relations commerciales, et, autant que possible, par l'assemblée des négocians français immatriculés dans le lieu.

Les capitaines désignés pour commander des corsaires, seront tenus de produire des certificats sur leur conduite et leurs talens, de la part des officiers sous les ordres desquels ils auront servi, ou des armateurs qui les auront déjà employés.

Ces diverses dispositions ont été observées par l'administration, pendant le cours de la dernière guerre.

2275. Art. 19. La durée des lettres de marque commencera à compter du jour où elles seront enregistrées au bureau de l'inscription maritime du port de l'armement.

D'après la nature des croisières, et sur les propositions transmises au Ministre par les administrateurs de la marine, ou les commissaires des relations commerciales, la durée des lettres de marque pourra être de six, douze, dix-huit et vingt-quatre mois. (*Ordonnance de 1681, titre IX, livre III.*)

2276. Art. 20. Tout armateur de bâtimens armés en course, ou en guerre et marchandises, sera tenu de fournir un cautionnement par écrit, de la somme de trente-sept mille francs.

Et si l'état-major et la mestrance, l'équipage et la garnison comprennent en tout plus de cinquante hommes, le cautionnement sera de soixante mille francs.

Dans ce dernier cas, le cautionnement sera fourni solidairement par l'armateur, deux cautions non intéressées dans l'armement, et par le capitaine.

L'ordonnance de 1681 exigeoit un cautionnement de quinze mille francs,

La loi du 21 thermidor an 3, avoit porté ce cautionnement à cinquante mille fr. (C'étoit pendant le temps des assignats.)

L'article XIII de la Convention du 8 vendémiaire an 9, entre la République française et les États-Unis d'Amérique, a fixé à soixante-treize mille six francs, les cautionnemens pour les navires qui ont plus de cent cinquante hommes d'équipage, et à trente-six mille huit cent vingt francs ceux à exiger pour les navires qui portent moins de cent cinquante matelots ou soldats : cette convention, promulguée le 15 frimaire an 10, doit servir de base pour la fixation des cautionnemens.

2277. Art. 21. La même personne ne pourra servir de caution pour plus de trois armemens non liquidés ; et à chaque acte de cautionnement, la personne qui le souscrira sera tenue de déclarer ceux qu'elle auroit pu souscrire précédemment pour la même cause.

Lorsque les cautions ne seront pas domiciliées dans le port de l'armement, l'armateur sera tenu de produire un certificat du Tribunal connoissant des affaires de commerce dans le lieu où seront domiciliées les cautions présentées, lequel certificat constatera leur solvabilité ; et une copie légalisée du pouvoir donné par la caution absente à celui qui la représentera, restera annexée à l'acte du cautionnement.

Les noms, professions et demeures des personnes qui auront cautionné des armateurs de corsaires, seront désignés sur un tableau, qui restera affiché dans le bureau de l'inscription maritime du port où les armemens auront eu lieu.

Les actes de cautionnement seront déposés audit bureau, et enregistrés à celui de l'inspection de la marine du chef-lieu de la préfecture de la marine.

Ce seroit rendre illusoire la mesure si nécessaire des cautionnemens, que de ne pas accompagner ces actes de toutes les formalités propres à assurer un recours réel en cas de besoin.

2278. Art. 22. Il est expressément défendu aux Préfets, officiers supérieurs et agens civils, militaires et commerciaux, de prolonger la durée d'une lettre de marque, sans y être spécialement autorisés par le Ministre de la marine et des colonies ; et cette autorisation, lorsqu'elle sera accordée, sera, ainsi que sa date, mentionnée sur la lettre de marque.

La seule autorité qui a le droit de conférer des lettres de marque, peut seule aussi avoir celui d'en prolonger la durée.

2279. Art. 23. Les Administrateurs de la marine et les Commissaires des relations commerciales, seront personnellement responsables de l'emploi des lettres de marque qui leur seront envoyées par le Ministre de la marine, et qui ne seront, conformément à l'article 18 ci-dessus, par eux remises aux armateurs et capitaines, qu'après que les vérifications prescrites par cet article auront été remplies, l'acte de cautionnement souscrit, et le rôle d'équipage arrêté.

La sévérité de cette disposition est motivée par les abus scandaleux qui ont eu lieu pendant la dernière guerre.

2280. Art. 24. Tout individu convaincu d'avoir falsifié ou altéré une lettre de marque, sera jugé comme coupable de faux en écritures publiques; il sera de plus responsable de tous dommages résultant de la falsification ou altération qu'il aura commise.

2281. Art. 25. Tant qu'un bâtiment continuera d'être employé à la course, il est défendu de lui donner un autre nom que celui sous lequel il aura été armé la première fois; et si un même corsaire étoit réarmé plusieurs fois, chaque nouvel armement pour lequel il auroit été délivré une lettre de marque, devra être indiqué numériquement sur la lettre de marque et sur le rôle d'équipage.

Cette précaution est nécessaire pour la liquidation des prises et pour faciliter les recours à exercer sur les armateurs.

CHAPITRE IV.

Encouragemens.

2282. Art. 26. Les gratifications suivantes seront payées pour les prises qui seront faites par des corsaires particuliers.

SAVOIR:

Navires de commerce chargés de marchandises.

Quarante francs pour chaque prisonnier amené dans les ports.

Bâtimens dits lettres de marque, *armés en guerre et en marchandises.*

Cent dix francs par chaque canon du calibre de 4 et au-dessus jusqu'à 12;
Cent soixante francs pour celui de 12 et au-dessus;
Quarante-cinq francs par chaque prisonnier amené dans les ports.

Corsaires particuliers armés en guerre seulement, et petits bâtimens de l'État, tels que brigs, Cutters, Lougres, etc.

Cent soixante francs par chaque canon du calibre de 4 à 12;
Deux cent quarante francs pour celui de 12 et au-dessus;
Cinquante francs par chaque prisonnier amené dans les ports.

Vaisseaux, Frégates de guerre, et Corvettes à trois mâts.

Deux cent quarante francs par chaque canon de 4 à 12;
Trois cent soixante francs pour celui de 12 et au-dessus;
Soixante francs par chaque prisonnier amené dans les ports.

Le nombre et le calibre des canons seront constatés par le procès-verbal d'inventaire de la prise; et celui des prisonniers, par le certificat des officiers, administrateurs ou agens auxquels ils auront été remis.

2283. Art. 27. La totalité desdites gratifications sera réparties entre les capitaines, officiers et équipages, proportionnément à la quotité des parts revenant à chacun dans le produit des prises.

2284. Art. 28. Les gratifications allouées aux officiers et équipages des corsaires, seront acquittées sur les fonds de la caisse des invalides de la marine.

2285. Art. 29. Les capitaines, officiers et volontaires des corsaires qui se seront distingués, recevront, sur les propositions qui en seront faites par les Préfets maritimes, les récompenses et avances dont ils seront jugés susceptibles.

2286. Art. 30. Les officiers et matelots des équipages des corsaires qui se trouveront hors d'état de continuer leurs services par les blessures qu'ils auront reçues dans les combats, participeront aux demi-soldes accordées aux gens de mer; les veuves de ceux qui auront été tués, ou qui seront morts de leurs blessures, recevront des pensions.

Les diverses dispositions contenues dans le présent titre, sont principalement empruntées des déclarations des 15 mai 1756 et 24 juin 1778.

Les gratifications sont seulement augmentées dans une très-modique proportion.

CHAPITRE V.

Police de la course, et rançons.

2287. Art. 31. Les lois et réglemens sur la police et la discipline militaire seront observés à bord des bâtimens armés pour la course, ou en guerre et marchandises.

Les délits commis par les marins employés sur ces bâtimens, seront jugés par les tribunaux institués pour l'armée navale. (*Déclaration du 24 juin 1778. Circulaire du 28 brumaire an 7. Rapport du Ministre de la justice au Directoire, du 16 brumaire an 7*).

2288. Art. 32. Les armateurs seront civilement et solidairement responsables, avec leurs capitaines, des infractions que ceux-ci commettront contre les ordres du Gouvernement, soit sur la navigation des bâtimens neutres, soit sur les pêcheurs ennemis.

Les lettres de marque pourront même être révoquées selon la nature des délits dont les capitaines se seront rendus coupables.

2289. Art. 33. Les capitaines de bâtimens armés en course, seront tenus d'arborer pavillon Français avant de tirer à boulet sur le bâtiment chassé, sous peine d'être privés, eux et les armateurs, de tout le produit de la prise, qui sera confisquée au profit de la République, si le bâtiment capturé est ennemi; et si le bâtiment est jugé neutre, les capitaines et armateurs seront condamnés aux dépens, dommages et intérêts envers les propriétaires.

Mais les équipages ne seront point privés de la part qu'ils auroient à la prise suivant leurs conventions avec les armateurs, et ils seront traités de même que si la prise étoit adjugée auxdits armateurs. (*Ordonnance du 17 mars 1696 et du 18 janvier 1704*).

2290. Art. 34. Dans le cas où une prise auroit été faite par un bâtiment non muni de lettres de marque, et sans que l'armateur eût fourni le cautionnement exigé, elle sera confisquée au profit de la République, et pourra même donner lieu à punition corporelle contre le capitaine du bâtiment capteur; le tout sauf le cas où la prise auroit été faite, dans la vue d'une légitime défense, par un bâtiment de commerce, d'ailleurs muni de passe-port ou congé de mer.

Tout capitaine convaincu d'avoir fait la course sous plusieurs pavillons, sera, ainsi que ses fauteurs et complices, poursuivi et jugé comme pirate. (*Ordonnances du 1.er février 1650, du 23 février 1674 et de 1681, tit. 9 liv. 3*).

Prisonniers de guerre.

2291. Art. 35. Tout capitaine de navire armé en guerre qui aura fait des prisonniers à la mer, sera tenu de les garder jusqu'au lieu de sa première relâche dans un port de France, sous peine de payer, pour chaque prisonnier qu'il aura relâché, cent francs d'amende au profit de la caisse des invalides de la marine, laquelle sera retenue sur ses parts de prises ou salaires, et prononcée par le conseil des prises.

2292. Art. 36. Lorsque le nombre des prisonniers de guerre excédera celui du tiers de l'équipage, il est permis au capitaine preneur d'embarquer le surplus de ce tiers ; et dans le cas où il manqueroit de vivres, un plus grand nombre, sur les navires des Puissances neutres qu'il rencontrera à la mer, en prenant, au bas d'une liste des prisonniers ainsi débarqués, une soumission signée du capitaine du bâtiment pris, et des autres principaux prisonniers, portant qu'ils s'engagent à faire échanger et renvoyer un pareil nombre de prisonniers français de même grade; laquelle liste originale sera remise, à la première relâche dans les ports de France, à l'administrateur de la marine; et, dans les ports étrangers, au commissaire des relations commerciales de la République française.

2293. Art. 37. Il est permis aux capitaines qui relâcheront dans les ports des Puissances neutres, d'y débarquer les prisonniers de guerre qu'ils auront faits, pourvu qu'ils en aient justifié la nécessité aux agens de la République, dont ils seront obligés de rapporter une permission par écrit, lesquels remettront lesdits prisonniers au commissaire de la nation ennemie, et en tireront un reçu avec obligation de faire tenir compte de l'échange desdits prisonniers par un pareil nombre de prisonniers français de même grade.

2294. Art. 38. Dans l'un et l'autre cas, les capitaines preneurs seront obligés, sans pouvoir s'en dispenser sous quelque prétexte que ce puisse être, de garder à leur bord le capitaine avec un des principaux officiers de l'équipage du bâtiment pris, pour les ramener dans les ports de France, où ils seront retenus pour servir d'otages, jusqu'à ce que l'échange promis ait été effectué.

Les dispositions consacrées par les articles 35, 36, 37 et 38, sont empruntées des ordonnances du 7 novembre 1703, du 4 octobre 1760, et de l'arrêté du 5 vendémiaire, an 6.

2295. Art. 39. Il est expressément défendu à tous capitaines de bâtimens armés en course, ou en guerre et marchandises, de rançonner à la mer aucun bâtiment muni d'un passe-port émané d'une Puissance neutre, lors même que ce passe-port seroit suspecté de simulation, ou pourroit être considéré comme illégal ou expiré.

Ils ne pourront même rançonner un bâtiment évidemment ennemi, sans l'autorisation de leurs armateurs et autres formalités préalables ci-après indiquées; et ne sera, à cet égard, considéré comme évidemment ennemi, que le bâtiment naviguant avec un passe-port émané d'une Puissance ennemie.

2296. Art. 40. Les armateurs qui voudront autoriser les capitaines de leurs corsaires à rançonner les bâtimens ennemis qu'ils auront arrêtés, en feront la déclaration par écrit à l'administrateur de la marine préposé à l'inscription maritime dans le port de l'armement, et demanderont à cet administrateur le nombre de traités de rançon qu'ils voudront remettre auxdits capitaines.

2297. Art. 41. Les traités de rançon seront conformes au modèle annexé au présent réglement.

Les administrateurs de la marine tiendront un registre de la délivrance de ces traités, ainsi que des déclarations qu'ils auront reçues des armateurs; et tous les mois lesdits administrateurs adresseront un extrait de ce registre à l'inspecteur de marine de l'arrondissement dans lequel ils sont employés.

2298. Art. 42. Lorsque les armateurs seront représentés par un fondé de pouvoir, ce dernier devra déposer au bureau de l'inscription maritime une copie légalisée de la procuration qu'il aura reçue.

2299. Art. 43. Les capitaines de corsaires qui, après l'accomplissement des formalités ci-dessus, rançonneront à la mer un bâtiment ennemi, seront tenus de prendre pour otage de la rançon, et d'amener dans un des ports de la République, au moins un des principaux officiers du bâtiment rançonné.

En outre cet officier, cinq hommes en sus, lorsque l'équipage du navire rançonné sera composé de trente hommes ou plus, trois lorsqu'il ne sera que de vingt hommes jusqu'à vingt-neuf inclusivement, et deux pour les autres cas, lesquels hommes seront choisis, autant qu'il sera possible, parmi les marins de la plus haute paie.

Les capitaines se feront donner par les commandans des bâtimens rançonnés, des vivres en quantité suffisante pour la nourriture des otages jusqu'au port où ils devront être conduits, et se feront délivrer, par lesdits commandans, copie de leurs passe-ports; ils remettront à ces derniers un double du traité de rançon.

2300. Art. 44. Il est défendu à tous capitaines de corsaires ou bâtimens armés en guerre et marchandises, de rançonner de nouveau un bâtiment ennemi qui a déjà subi une rançon, sous peine de nullité de la seconde rançon, et d'une amende de 500 francs, applicable à la caisse des invalides, et dont les armateurs seront civilement responsables.

Mais le bâtiment rançonné et rencontré par un second corsaire, pourra être pris et conduit soit dans les ports de la République, soit dans des ports alliés ou neutres.

Dans ce dernier cas, les obligations souscrites lors de la rançon cesseront d'être exigibles vis-à-vis de ceux qui devoient les remplir; mais l'armateur du corsaire capteur en deviendra personnellement débiteur envers l'armateur du premier corsaire, si mieux il n'aime ensuite lui abandonner la prise. Les otages seront, audit cas de prise faite postérieurement à la rançon, rédimés des charges attachées au titre d'otage, et ne seront plus considérés que comme simples prisonniers de guerre.

2301. Art. 45. Au retour de leurs croisières, les capitaines des corsaires déclareront, par écrit, à l'administrateur de la marine préposé à l'inscription maritime, s'ils ont fait ou non usage des traités de rançon à eux délivrés avant leur départ; ils remettront les traités qui n'auront pas été employés, et qui seront immédiatement annullés. S'ils ont fait des rançons à la mer ils, remettront les otages aux administrateurs de la marine, qui en adresseront de suite la liste au Ministre : ils présenteront aussi les traités souscrits par les commandans des navires rançonnés; et il en sera pris note par lesdits administrateurs, qui les viseront et les remettront aux capitaines.

2302. Art. 46. Audit cas de rançon, les administrateurs procéderont immédiatement à l'interrogatoire des otages, ainsi qu'à celui des officiers, maîtres et équipage du corsaire, pour s'assurer si la rançon a été légalement exercée, et si, outre les sommes et effets portés au traité de rançon, le capitaine n'a pas exigé d'autres sommes ou effets particuliers, comme encore s'il n'a rien été pris ni détourné ; de quoi il sera dressé procès-verbal.

Les actes, billets et obligations que les capitaines de corsaires auroient fait souscrire en contravention aux dispositions ci-dessus, seront paraphés par les administrateurs de la marine, et par eux remis aux trésoriers des invalides, qui en resteront dépositaires jusqu'au jugement définitif.

2303. Art. 47. Les capitaines qui, sans y être autorisés par leurs armateurs, et sans avoir reçu, avant leur départ, des traités de rançon, se permettront de rançonner à la mer des bâtimens même évidemment ennemis, et les capitaines

capitaines qui, munis de ces autorisations et traités, en auroient abusé en rançonnant des bâtimens naviguant avec des passe-ports de Puissances neutres, seront destitués de leur commandement: ils feront une campagne d'un an sur les bâtimens de l'État, à la plus basse paie de matelot; seront privés de leurs salaires et parts de prise, et déclarés incapables de jamais commander aucun navire armé en course, ou en guerre et marchandises.

A l'égard des rançons illégalement exigées, elles seront rendues aux rançonnés, s'ils justifient de leur neutralité, même avec dommages-intérêts, auxquels l'armateur pourra être condamné solidairement; et dans le cas contraire, elles seront confisquées au profit de la caisse des invalides de la marine.

2304. Art. 48. Le capitaine de corsaire qui auroit frauduleusement reçu des effets ou obligations autres que ceux exprimés au traité de rançon, pourra être poursuivi en restitution, à la requête des intéressés à l'armement, et, outre la restitution, condamné à 500 francs d'amende au profit de la caisse des invalides de la marine, et en outre déclaré incapable de commander aucun corsaire pendant la guerre durant laquelle cette infidélité aura eu lieu.

2305. Art. 49. Dans les cas prévus par les articles 47 et 48 ci-dessus, les pièces de la procédure commencée par les administrateurs de la marine contre les capitaines délinquans, seront adressées au Ministre de la marine, qui les transmettra au conseil des prises, pour être, par ce conseil, procédé au jugement desdits capitaines. Le jugement qui interviendra sera, aux frais des délinquans, affiché dans telles villes maritimes et en tel nombre d'exemplaires que le jugement désignera, et il en sera inséré un extrait sur le registre du quartier de l'inscription maritime auquel le capitaine appartiendra.

2306. Art. 50. Au surplus, les règles qui seront ci-après établies pour l'instruction, le jugement, la liquidation et la répartition des prises, sont déclarées communes aux rançons.

TITRE II.

Prises.

CHAPITRE PREMIER.

Captures.

2307. Art. 51. Seront de bonne prise tous bâtimens appartenant aux ennemis de l'Etat, ou commandés par des pirates, forbans, ou autres gens courant la mer sans commission spéciale d'aucune Puissance. (*Ordonnance de 1681, livre 3, titre 9, article 4.*)

2308. Art. 52. Tout bâtiment combattant sous autre pavillon que celui de l'Etat dont il a commission, ou ayant commission de deux Puissances différentes, sera aussi de bonne prise; et s'il est armé en guerre, les capitaines et officiers seront punis comme pirates. (*Ordonnance de 1681, livre 3, titre 9, article 5.*)

2309. Art. 53. Seront encore de bonne prise, soit les bâtimens, soit leurs chargemens en tout ou partie, dont la neutralité ne seroit pas justifiée conformément aux réglemens ou traités.

2310. Art. 54. Si un navire français ou allié est repris par des corsaires sur les ennemis de l'Etat après qu'il aura été vingt-quatre heures entre les mains de ces derniers, il appartiendra en totalité auxdits corsaires; mais dans le cas où la reprise aura été faite avant les vingt-quatre heures, le droit de recourse ne sera que du tiers de la valeur du navire recous et de sa cargaison.

L'ordonnance du 15 juin 1779 a confirmé ces dispositions, déjà prescrites par l'ordonnance de 1681.

Lorsque la reprise sera faite par un bâtiment de l'Etat, elle sera restituée aux propriétaires, mais sous la condition qu'ils paieront aux équipages repreneurs le trentième de la valeur de la reprise, si elle a été faite avant les vingt-quatre heures; et le dixième si la reprise a eu lieu après les vingt-quatre heures : tous les frais relatifs à cette reprise restituée, seront à la charge des propriétaires.

D'après l'ordonnance du 15 juin 1779, le tiers ou la totalité de la recousse appartenoit à l'Etat, suivant l'époque à laquelle elle étoit faite; mais les recousses étoient toujours rendues aux propriétaires, moyennant les gratifications indiquées dans l'article ci-contre.

2311. Art. 55. Si le navire, sans être recous, est abandonné par les ennemis, ou si, par tempête ou autre cas fortuit, il revient en la possession des Français avant qu'il ait été conduit dans un port ennemi, il sera rendu au propriétaire qui le réclamera dans l'an et jour, quoiqu'il ait été plus de vingt-quatre heures entre les mains des ennemis. (*Ordonnance de 1681, livre 3, titre 9, article 9.*)

2312. Art. 56. Les navires et effets des Français ou alliés, repris sur les pirates, et réclamés dans l'an et jour de la déclaration qui en aura été faite, seront rendus aux propriétaires, en payant le tiers de la valeur du navire et des marchandises, pour frais de recousse. (*Ordonnance de 1781, livre 3, titre 9, article 10.*)

2313. Art. 57. Tout navire qui refusera d'amener ses voiles, après la semonce qui lui en aura été faite, pourra y être contraint; et en cas de résistance et de combat, il sera de bonne prise. (*Ordonnance de 1681, livre 3, titre 9, article 12.*)

2314. Art. 58. Il est défendu à tous capitaines de bâtimens armés en guerre, d'arrêter ceux des Français, amis ou alliés qui auront amené leurs voiles et représenté leur charte-partie ou police de chargement, et, sous les peines corporelles prononcées par les lois, de prendre ou souffrir qu'il soit pris aucun effet à bord desdits bâtimens. (*Ordonnance de 1681, livre 3, titre 9, article 13.*)

2315. Art. 59. Aussitôt après la prise d'un navire, les capitaines capteurs se saisiront des congés, passe-ports, lettres de mer, chartes-parties, connoissemens et autres papiers existans à bord. Le tout sera déposé dans un coffre ou sac, en présence du capitaine pris, lequel sera interpellé de le sceller de son cachet; ils feront fermer les écoutilles et autres lieux où il y aura des marchandises, et se saisiront des clefs des coffres et armoires. (*Loi du 3 brumaire an 4.*)

2316. Art. 60. Il est défendu à tous capitaines, officiers et équipages de vaisseaux preneurs, de soustraire aucun papier ou effet du navire pris, à peine de deux ans d'emprisonnement, conformément à l'ordonnance de 1681, et de peines plus graves dans les cas prévus par la loi. (*Loi du 3 brumaire an 4, article 3.*)

2317. Art. 61. Les capitaines qui auront fait des prises, les ameneront ou enverront, autant qu'il sera possible, au port où ils auront armé; s'ils sont forcés par des causes majeures, de conduire ou d'envoyer leurs prises dans quelqu'autre port, ils seront tenus d'en prévenir immédiatement les armateurs. (*Ordonnance de 1781, livre 3, titre 9, article 17.*)

2318. Art. 62. Si le chef conducteur d'un navire pris, fait dans sa route quelques autres prises, elles appartiendront à l'armement dont il fait partie, ou à la division à laquelle il est attaché. (*Loi du 3 brumaire an 4, art. 8.*)

2319. Art. 63. Le chef conducteur d'une prise qui dans sa course sera reprise par l'ennemi, sera jugé, à son retour, comme le sont, en pareil cas, les commandans des bâtimens de l'Etat. (*Loi du 3 brumaire an 4, art. 8.*)

2320. Art. 64. Il est défendu, conformément à l'ordonnance de 1681, sous peine de la vie, à tous individus faisant partie de l'état-major ou de l'équipage d'un corsaire, de couler à fond des bâtimens pris, et de débarquer les prisonniers sur des îles ou côtes éloignées dans le dessein de céler la prise. (*Ordonnance de 1681, livre 3, titre 9, art. 18.*)

Et au cas où les preneurs ne pouvant se charger du vaisseau pris ni de l'équipage, enleveroient seulement les marchandises ou relâcheroient le tout par composition, ils seront tenus de se saisir des papiers et d'amener au moins les deux principaux officiers du vaisseau pris, à peine d'être privés de ce qui pourroit leur appartenir en la prise, même de punition corporelle, s'il y échet.

2321. Art. 65. Il est défendu de faire aucune ouverture des coffres, ballots, sacs, caisses, barriques, tonneaux ou armoires, de transporter ni vendre aucune marchandise de la prise, et à toutes personnes d'en acheter ou receler, jusqu'à ce que la prise ait été jugée, ou que la vente ait été légalement autorisée, sous peine de restitution du quadruple de la valeur de l'objet détourné, et de punitions plus graves suivant la nature des circonstances. (*Ordonnance de 1681, liv. 3, titre 9, art. 20.*)

2322. Art. 66. Aussitôt que la prise aura été amenée en quelque rade ou port de France, le chef conducteur sera tenu de faire son rapport à l'officier d'administration de la marine, de lui représenter et remettre sur inventaire et récépissé les papiers et autres pièces trouvées à bord, ainsi que les prisonniers faisant partie du navire pris, et de lui déclarer le jour et l'heure où le bâtiment aura été pris, en quel lieu ou à quelle hauteur, si le capitaine a fait refus d'amener les voiles, ou de faire voir sa commission ou son congé, s'il a attaqué ou s'il s'est défendu, quel pavillon il portoit, et les autres circonstances de la prise et de son voyage. (*Ordonnance de 1681, liv. 3, tit. 4, art. 21; et loi du 3 brumaire an 4, art. 6.*)

2323. Art. 67. Toutes les prises seront conduites dans les ports, sans pouvoir rester dans les rades ou aux approches de ces ports au-delà du temps nécessaire pour leur entrée dans les mêmes ports.

Lorsque le capitaine d'un navire armé en course aura conduit une prise dans un des ports de France, il sera tenu d'en faire la déclaration au bureau de la douane.

2324. Art. 68. Toutes les lettres généralement quelconques, trouvées sur les bâtimens ennemis qui seront pris, seront immédiatement remises au fonctionnaire supérieur de la marine ou à l'agent commercial dans le port où la prise abordera : celui-ci les fera passer au Ministre de la marine et des colonies.

Les lettres trouvées sur des bâtimens neutres, seront ouvertes et lues en présence de l'armateur ou de son représentant, et celles qui seront de nature à donner des éclaircissemens sur la validité de la prise, seront jointes à la procédure ; les autres lettres seront adressées au Ministre de la marine et des colonies. (*Lettre du 12 août 1778, et arrêté du 7 messidor an 6.*)

CHAPITRE II.

Procédures des prises.

2325. Art. 69. Après avoir reçu le rapport du conducteur de la prise, l'officier d'administration de la marine se transportera immédiatement sur le bâtiment capturé, dressera procès-verbal de l'état dans lequel il le trouvera, et posera, en présence du capitaine pris, ou de deux officiers ou matelots de son équipage, d'un préposé des douanes, du capitaine ou autre officier du navire capteur, et même des réclamans s'il s'en présente, les scellés sur tous les fermans.

Ces scellés ne pourront être levés qu'en présence d'un préposé des douanes. (*Ordonnance de 1681, et loi du 3 brumaire an 6.*)

2326. Art. 70. Le préposé des douanes prendra à bord un état détaillé des balles, ballots, futailles et autres objets qui seront mis à terre ou chargés dans les chalans et chaloupes : un double de cet état sera envoyé à terre, et signé par le garde-magasin, pour valoir réception des objets y portés.

A mesure du déchargement des objets, et au moment de leur entrée en magasin, il en sera dressé inventaire en présence d'un visiteur des douanes, qui en tiendra état et le signera à chaque séance.

2327. Art. 71. Il sera établi à bord un surveillant, lequel sera chargé, sous sa responsabilité, de veiller à la conservation des scellés, et des autres effets confiés à sa garde. (*Ordonnance de 1681, et loi du 3 brumaire an 6, art. 22, et art. 8.*)

2328. Art. 72. L'officier d'administration de la marine du port dans lequel les prises seront amenées, procédera de suite et au plus tard dans les vingt-quatre heures de la remise des pièces, à l'instruction de la procédure, pour parvenir au jugement des prises. (*Ordonnance de 1681, et loi du 3 brumaire an 4, art. 10.*)

2329. Art. 73. Cette instruction consiste dans la vérification des scellés, la réception et l'affirmation des rapports et déclaration du chef conducteur, l'interrogatoire de trois prisonniers au moins, dans le cas où il s'en trouveroit un pareil nombre, l'inventaire des pièces, états ou manifestes de chargement qui auront été remis ou qui seront trouvés à bord, la traduction des pièces du bord par un interprète juré, lorsqu'il y a lieu. (*Déclaration du 24 juin 1778, art. 42. Loi du 3 brumaire an 4, art. 11. Arrêté du 6 germinal an 8, art. 8.*)

2330. Art. 74. Si le bâtiment est amené sans prisonniers, charte-partie ni connoissemens, l'équipage du navire capteur sera interrogé séparément sur les circonstances de la prise, pour faire connoître, s'il se peut, sur qui la prise aura été faite. (*Ordonnance de 1681, art. 25, liv. 3, tit. 9. Loi du 3 brumaire an 4, art. 22.*)

2331. Art. 75. L'officier d'administration de la marine sera assisté, dans tous ces actes, du principal préposé des douanes, et appellera, en outre, le fondé de pouvoirs des équipages capteurs, s'il y en a; à défaut de fondé de pouvoirs, l'équipage sera représenté par le conducteur de la prise, réputé fondé de pouvoirs. (*Arrêté du 6 germinal an 8, art. 8.*)

2332. Art. 76. Dans le cas d'avaries ou de détérioration de tout ou partie de la cargaison, l'officier d'administration de la marine, en apposant les scellés, ordonnera le déchargement et la vente dans un délai fixé. La vente ne pourra cependant avoir lieu qu'après avoir été préalablement affichée dans le port de l'arrivée, et dans les communes et ports voisins, et après avoir appelé le principal préposé des douanes et le fondé de pouvoirs des équipages capteurs, *ou à son défaut le conducteur de la prise.*

Le produit de ces ventes sera provisoirement déposé dans la caisse des invalides de la marine. (*Ordonnance de 1681, liv. 3, tit. 9, art. 27 et 28. Loi du 3 brumaire an 4, art. 9. Arrêté du 6 germinal an 8, art. 15.*)

2333. Art. 77. Sont maintenues toutes les dispositions de l'arrêté du 6 germinal an 8, relatif à l'établissement d'un conseil des prises.

CHAPITRE LII.

Déchargement, manutention, vente et liquidation particulière des prises.

2334. Art. 78. Aussitôt que la procédure d'instruction sera terminée, il sera procédé, sans délai, à la levée des scellés et au déchargement des marchandises, qui seront inventoriées et mises en magasin, lequel sera fermé de trois clefs différentes, dont l'une demeurera entre les mains de l'officier supérieur de l'administration de la marine, une seconde entre celles du receveur des douanes, et la troisième sera remise à l'armateur, ou à celui qui le représentera. (*Déclaration du 24 juin, art. 44.*)

2335. Art. 79. Il sera procédé sans délai à la vente provisoire des effets sujets à dépérissement, soit sur la réquisition de l'officier d'administration, soit à la requête de l'armateur ou de celui qui le représentera.

Pourra même l'officier supérieur de l'administration de la marine, lorsque les prises seront évidemment ennemies, permettre la vente tant du navire que des cargaisons, sans attendre le jugement de bonne prise; laquelle vente se fera dans le délai qui aura été fixé par ledit officier supérieur, et toutefois après que les formalités prescrites par l'article 36 auront été remplies. (*Déclaration du 24 juin* 1778, *art. 45.*)

2336. Art. 80. Si la prise a été faite sous pavillon neutre, ou n'est pas évidemment ennemie, la vente même provisoire ne pourra avoir lieu sans le consentement du capitaine capturé; et en cas de refus, s'il y a nécessité de vendre, cette nécessité sera constatée par une visite d'experts nommés contradictoirement par l'armateur ou son représentant et ce même capitaine, ou d'office par l'officier supérieur de l'administration de la marine. (*Réglement du 8 nov.* 1779, *art. 8.*)

Cette disposition est nécessaire pour assurer aux neutres la restitution de leurs marchandises en nature dans le cas de main-levée, et pour mettre un terme à la cupidité des armateurs, dont la dernière guerre offre des exemples scandaleux.

2337. Art. 81. S'il se présente des réclamans, les effets par eux réclamés pourront leur être délivrés par l'officier d'administration, suivant l'estimation qui en sera faite à dire d'experts, pourvu que lesdites réclamations soient fondées en titre, et à la charge par celui qui les aura faites, de donner bonne et suffisante caution ; faute de quoi il sera passé outre. (*Déclaration du 24 juin* 1778, *art.* 46.)

2338. Art. 82. Les armateurs seront tenus d'envoyer des états ou inventaires détaillés des effets qui composeront les prises, avec indication du jour de leur vente, qui aura été fixé par l'officier supérieur de l'administration de la marine, dans les principales places de commerce, pour y être affichés à la bourse; et il en sera délivré, sur les ordres du Préfet de police, à Paris, et des Préfets de département ou de leurs préposés, dans les places où il y a des bourses de commerce, un certificat dont il sera fait mention dans le procès-verbal de vente. (*Déclaration du* 24 *juin* 1778, *art.* 47.)

2339. Art. 83. Il sera procédé, par le conseil des prises, au jugement d'icelles dans les délais et les formes prescrits par l'arrêté du 6 germinal an 8. (*Déclaration du* 24 *juin* 1778, *art.* 48.)

2340. Art. 84. Dans les huit jours qui suivront les jugemens, le secrétaire général dudit conseil sera tenu d'en envoyer l'expédition au Ministre de la marine et des colonies, qui la fera passer à l'officier d'administration, pour être ensuite procédé à la vente de la prise, si fait n'a été.

Les décisions du conseil des prises ne pourront être exécutées à la diligence des parties intéressées, qu'avec le concours du principal préposé des douanes. (*Déclaration du* 24 *juin* 1778, *art.* 49.)

2341. Art. 85. Les marchandises seront exposées en vente et criées par parties ou par lots, ainsi qu'il sera convenu entre les intéressés à la prise; et en cas de contestation, l'officier d'administration réglera la forme de la vente, qui ne pourra, dans aucun cas, être faite en bloc.

Le prix en sera payé comptant, ou en lettres de change acceptées à la satisfaction de l'armateur, et à deux mois d'échéance au plus tard.

La livraison des effets vendus et adjugés sera commencée le lendemain de la vente, et continuée sans interruption. (*Déclaration du* 24 *juin* 1778, *art.* 50.)

2342. Art. 86. Dans le cas où quelque adjudicataire ne se présenteroit pas à l'heure indiquée, ou au plus tard dans les trois jours après la livraison faite des derniers articles vendus, il sera procédé à la revente, à sa folle enchère, des objets qui lui auroient été adjugés. (*Loi du 3 brumaire an* 4, *article* 34.)

2343. Art. 87. Les dispositions prescrites par les lois pour les déclarations à l'entrée et à la sortie, ainsi que pour les visites et paiemens de droits, seront observées relativement aux armemens en course et aux navires pris sur

sur les ennemis de l'Etat, dans tous les cas où il n'y est pas dérogé par le présent réglement.

Les directeurs, inspecteurs et receveurs des douanes, prendront les mesures nécessaires pour prévenir toutes fraudes ou soustractions, à peine d'en demeurer personnellement responsables.

Les droits sur les objets de prise sont à la charge des acquéreurs, et seront toujours acquittés avant la livraison, entre les mains du receveur des douanes, avec lequel l'officier supérieur de l'administration de la marine se concertera, pour indiquer l'heure de la livraison.

Les marchandises dont l'entrée est prohibée ne pourront être vendues qu'à charge de réexportation.

2344. Art. 88. Dans le mois qui suivra la livraison complète des effets vendus, l'armateur ou son commissionnaire déposera au greffe du tribunal connaissant des matières de commerce, le compte du produit de la prise, avec les pièces justificatives, sous peine de privation de son droit de commission, et même sous plus forte peine, s'il y a lieu, dans le cas où le produit ne seroit pas complet.

Ce tribunal pourra accorder à l'armateur, sur sa simple requête et sans frais, quinze autres jours pour rapporter les pièces manquantes. (*Déclaration du 24 juin 1778, art. 24.*)

2345. Art. 89. Il devra être procédé à la liquidation particulière, dans le mois du jour du dépôt mentionné en l'article précédent, sans que l'arrêté de ladite liquidation puisse être suspendu sous prétexte d'articles qui ne seroient pas encore en état d'être liquidés, lesquels seront tirés pour mémoire, sauf à les comprendre ensuite dans la liquidation générale. (*Déclaration du 24 juin 1778, art. 55.*)

2346. Art. 90. Les armateurs seront tenus de déposer au greffe du tribunal connoissant des matières de commerce du lieu de l'armement, une expédition de chaque liquidation particulière, aussitôt qu'elle leur sera parvenue, et au plus tard dans un mois de sa date. (*Déclaration du 24 juin 1778, art. 57.*)

CHAPITRE IV.

Liquidations générales.

2347. Art. 91. Le tiers du produit des prises qui auront été faites appartiendra à l'équipage du bâtiment qui les aura faites; mais le montant des avances qui auront été payées, sera déduit sur les parts de ceux qui les auront reçues. (*Déclaration du 24 juin 1778, art. 22.*)

2348. Art. 92. Les équipages des bâtimens armés en guerre et marchandises n'auront que le cinquième des prises; et il ne leur sera fait aucune déduction pour les avances comptées à l'armement, ou pour les mois payés pendant le cours du voyage. (*Déclaration du 24 juin 1778, art. 23.*)

2349. Art. 93. Le coffre du capitaine pris, ni les pacotilles ou marchandises qui pourront lui appartenir, dans quelque endroit du bâtiment qu'elles soient chargées, ne pourront, dans aucun cas, être distribuées au capitaine du corsaire qui aura fait la prise; mais l'armateur pourra stipuler en faveur du capitaine, et pour lui tenir lieu de dédommagement, une somme proportionnée à la valeur de la prise; laquelle somme ne pourra toutefois excéder deux pour cent du montant net de la liquidation particulière de ladite prise. (*Déclaration du 24 juin 1778, art. 29.*)

2350. Art. 94. Dans le mois après la course finie, ou lorsque la perte du corsaire sera certaine ou au moins présumée, l'armateur déposera, au greffe du tribunal connoissant des matières de commerce du lieu de l'armement, les comptes de dépenses des relâches et du désarmement, pour être procédé à la liquidation générale du produit de la course, par les juges de ce tribunal, dans un mois après la remise de toutes les pièces, et sauf à laisser pour mémoire les articles qui pourront donner lieu à un trop long retard, lesquels seront ensuite réglés par un supplément sommaire à la liquidation générale; faute par l'armateur de faire ledit dépôt, il sera privé de tout droit de commission. (*Déclaration du 24 juin 1778, art. 57. Arrêt du conseil du 4 mars, 1781, art. 57.*)

2351. Art. 95. Il ne sera fait d'autre retenue au profit des invalides de la marine, que celle de cinq centimes par franc, prescrite par la loi du 9 messidor an 3. Mais cette retenue aura lieu sur le produit des rançons faites à l'ennemi en mer, comme sur le produit des prises amenées et confisquées. (*Déclaration du 24 juin 1778, art. 58.*)

2352. Art. 96. Les liquidations générales seront imprimées, et il en sera envoyé des exemplaires au Ministre de la marine et des colonies, au greffe des tribunaux de commerce des villes dans lesquelles il y aura des actionnaires, qui pourront en prendre communication *gratis* : il en sera envoyé en outre aux intéressés et actionnaires d'une somme de trois mille francs et au-dessus. (*Déclaration du 24 juin 1778, art. 59.*)

2353. Art. 96. En cas de pillage, divertissement d'effets, dépradations et autres malversations, il en sera informé par l'officier en chef de l'administration de la marine, à la requête de l'inspecteur, pour être, lesdites procédures, envoyées au Ministre de la marine et des colonies, et être, par le Conseil des prises, prononcé telle amende ou peine civile qu'il appartiendra; auquel cas lesdites procédures demeureront comme non avenues : et où il écherroit de prononcer des peines afflictives, lesdites procédures seront renvoyées aux cours martiales maritimes, pour y être le procès continué jusqu'à jugement définitif. (*Déclaration du 24 juin 1778, art. 60.*)

2354. Art. 98. Les inspecteurs de la marine adresseront, dans les premiers jours de chaque mois, au Ministre de la marine et des colonies, un état dans lequel toutes les prises arrivées dans les ports de leur arrondissement continueront d'être employées jusqu'à ce qu'elles aient été liquidées, avec des notes et des observations sur l'état des procédures et les motifs qui occasionneront des retards, s'il y en a.

CHAPITRE V.

Répartition.

2355. Art. 99. Il ne sera promis, avant l'embarquement, aucunes parts dans les prises, aux officiers-majors, officiers mariniers, volontaires, soldats, matelots ou autres; mais elles seront réglées immédiatement après le retour du corsaire, à proportion du mérite et du travail de chacun, dans un conseil tenu à cet effet dans le lieu des séances du tribunal connoissant des matières de commerce, en présence des juges de ce tribunal et du commissaire à l'inscription maritime. (*Déclaration du 24 juin 1778, art. 32.*)

Ce conseil sera composé du capitaine et des premiers officiers-majors, suivant l'ordre du rôle d'équipage, au nombre de sept, le capitaine compris, s'il se trouve assez de lieutenans pour completter le nombre : ces officiers prêteront devant les juges connoissant des matières de commerce, dans huit jours au plus après la course finie, le serment de procéder fidèlement, et en leur ame et conscience, au réglement et à la répartition des parts; ledit réglement, signé par le président du tribunal et par le commissaire à l'inscription maritime, conjointement avec les capitaines et les officiers-majors, sera déposé au greffe dudit tribunal. (*Arrêt du conseil d'État, du 15 décembre 1782.*)

2356. Art. 100. Si par l'effet de la perte du corsaire, de son absence sans nouvelles, ou de la prise qui en auroit été faite par l'ennemi, les officiers-majors ne pouvoient être rassemblés pour procédér audit réglement des parts, il y sera procédé à la requête du commissaire à l'inscription maritime, par un procès-verbal qui sera signé tant par lesdits juges que par ledit commissaire.

A la suite du procès-verbal, le tribunal rendra son jugement, qui énoncera les noms des officiers et équipages du corsaire, les qualités et le nombre des parts attribuées à chaque grade, enfin le nombre d'heures qui aura été employé à cette opération, et qui ne pourra pas excéder celui de six. (*Lettre de* M. de Castries, *du 10 novembre 1781.*)

2357. Art. 101. Il ne pourra être accordé au capitaine plus de 12 parts.

Au capitaine en second plus de . . . . 10.

Aux deux premiers lieutenans. . . . . 8.

Au premier maître, à l'écrivain ou commis aux revues, et aux autres lieutenans . . . . 6.

Aux enseignes, au maître chirurgien et au second maître . . . 4.

Aux conducteurs de prises, pilotes, contre-maîtres, capitaines d'armes, maîtres canonniers, charpentiers. . . . . 3.

Aux seconds canonniers, charpentiers, calfats, maîtres de chaloupes, voiliers, armuriers, quartiers-maîtres et seconds chirurgiens . . . . 2.

Aux volontaires . . . . 1 part ou deux au plus.

Aux matelots. . . . . 1 part ou part et demie.

Aux soldats. . . . . 1 demi-part ou une part.

Aux novices . . . . 1 demi-part ou trois quarts de part.

Aux mousses . . . . 1 quart de part ou demi-part, suivant leurs services respectifs et leurs forces. (*Déclaration du 24 juin 1778, art. 33.*)

2358. Art. 102. Le nombre des parts attribuées à chaque grade, ne pourra être diminué qu'à la pluralité de deux voix; mais la pluralité d'une seule suffira pour déterminer le plus ou le moins attribué aux volontaires, matelots, soldats, novices et mousses. En cas de partage d'avis, la voix du capitaine sera prépondérante.

L'écrivain n'aura de voix que pour remplacer chacun des officiers-majors qui sera tenu de se retirer lorsqu'il s'agira de fixer ses parts. (*Déclaration du 24 juin 1778, art. 34.*)

2359. Art. 103. Le réglement des parts assignera, sur le produit des prises, une somme aux officiers et autres gens de l'équipage qui auront été blessés et estropiés dans les combats, et aux veuves et enfans de ceux qui auront été tués ou qui seront morts de leurs blessures. Lesdites sommes seront payées à ceux auxquels elles seront accordées, en sus de leurs parts de prises, pourvu que ces gratifications n'excèdent pas le double de la valeur desdites parts. (*Déclaration du 24 juin 1778, art. 34.*)

2360. Art. 104. Le réglement des parts ainsi arrêté sera définitivement exécuté. Il est défendu à tous tribunaux d'admettre aucune action, plainte ni réclamation de la part des officiers ou gens de l'équipage, à cet égard.

2361. Art. 105. Dans la huitaine du jour où la liquidation générale des prises faites pendant la croisière aura été arrêtée par le tribunal connoissant des matières de commerce, l'armateur sera tenu de procéder au paiement des parts de prises revenant à l'équipage : en cas de refus ou de plus long retard, il y sera contraint, à la requête de l'inspecteur ou sous-inspecteur de la marine, poursuites et diligence du commissaire à l'inscription maritime. (*Arrêt du conseil d'Etat, du* 15 *décembre* 1782, *art.* 1.er)

2362. Art. 106. Le paiement des parts de prises ne pourra se faire qu'au bureau de l'inscription maritime, et sur l'état conforme au modèle joint à l'arrêt du 15 décembre 1782, lequel sera émargé par ceux des marins de l'équipage qui sauront signer. A l'égard de ceux qui ne sauroient pas signer, le paiement des parts qui leur reviendront sera certifié par le commissaire à l'inscription maritime.

Les à-comptes payés pendant la croisière ou avant la répartition générale ne seront alloués à l'armateur qu'autant qu'ils auront été payés au bureau de l'inscription maritime, et certifiés par le commissaire chargé de ce service. (*Arrêt du conseil d'Etat, du* 15 *décembre* 1782, *art.* 3.)

2363. Art. 107. L'armateur est tenu de remettre entre les mains du trésorier des invalides de la marine, dans le port où l'armement a été fait, le montant des parts et portions d'intérêt dans les prises appartenant aux morts ou absens, et faisant partie de l'équipage du corsaire, trois jours après la répartition qui aura été faite au bureau de l'inscription maritime, conformément à l'état qui en sera remis par le commissaire; de laquelle remise il sera donné décharge valable audit armateur par le trésorier des invalides. (*Arrêt du conseil d'Etat, du* 15 *décembre* 1782, *art.* 6.)

2364. Art. 108. Les parts de prises appartenant aux officiers mariniers et matelots non résidant dans le port où la répartition aura été faite, seront envoyées dans les quartiers de leur résidence, ainsi qu'il se pratique pour la remise des parts de prises des gens de mer employés sur les vaisseaux de l'État. (*Arrêt du conseil d'Etat, du 15 décembre 1782, art. 7.*)

2365. Art. 109. Les inspecteurs de la marine sont spécialement chargés de poursuivre les armateurs qui ne se conformeroient pas aux dispositions du présent réglement, à l'effet de les faire condamner, tant à faire procéder aux liquidations générales qu'aux répartitions entre les preneurs, et au dépôt entre les mains des trésoriers des invalides, des parts de prises revenant aux marins morts ou absens. (*Loi du 1.er octobre 1793.*)

2366. Art. 110. Il est expressément défendu aux marins employés sur les corsaires, de vendre à l'avance leurs parts de prises, et à qui que ce soit de les acheter, sous peine de perdre les sommes qui pourroient avoir été payées pour cet effet. Les parts de prises ne seront payées qu'aux marins eux-mêmes; et l'on n'aura aucun égard aux procurations qu'ils pourroient avoir données, pour en retirer le montant, à des personnes étrangères à leurs familles. (*Arrêt du conseil d'Etat, du 10 décembre 1745.*)

2367. Art. 111. Les parts de prises des marins, comme leurs salaires, sont déclarées insaisissables.

On n'aura aucun égard aux réclamations ou oppositions qui pourroient être formées par ceux qui se prétendroient porteurs d'obligations desdits marins, à moins que les sommes réclamées ne soient dues par eux ou par leurs familles, pour loyers de maison, subsistances et vêtemens qui leur auront été fournis du consentement du commissaire à l'inscription maritime, et que cette avance n'ait été préalablement apostillée sur les registres et matricules des gens de mer. (*Arrêt du conseil du 10 novembre 1745.*)

TITRE III.

Des Armemens en course et des prises dans les Colonies et dans les Ports étrangers.

2368. Art. 112. Dans les colonies et établissemens français situés au-delà des mers, les capitaines généraux, ou ceux qui en remplissent les fonctions, pourront seuls délivrer des lettres de marque ou proroger la durée de celles qui auroient été délivrées en Europe : toutefois en se conformant aux dispositions ordonnées par le présent réglement, dans le chapitre des lettres de marque et cautionnemens. (*Arrêté du 13 thermidor an 6.*)

2369. Art. 113. Lorsque des prises seront conduites dans les ports des colonies françaises, le préfet colonial, ou celui qui en remplit les fonctions, chargera un officier d'administration de se transporter sans retard à bord des bâtimens capturés, à l'effet d'y procéder aux formalités prescrites pour les prises conduites dans les ports de France (chapitre II du titre II. *Arrêté du* 6 *germinal an* 8, *art.* 19.)

2370. Art. 114. Le préfet colonial, ou celui qui le remplace, pourra, soit avant le jugement, en cas d'avarie ou détérioration, soit après le jugement, ordonner le déchargement ou la vente, en se conformant à ce qui est prescrit dans les chapitres II et III du titre II de ce réglement. (*Arrêté du* 6 *germinal an* 8, *art.* 20.)

2371. Art. 115. L'officier d'administration qui aura fait l'instruction, la remettra dans le plus bref délai, avec toutes les pièces y relatives, au préfet colonial, qui s'adjoindra le commissaire de justice, ou celui qui le représente, l'officier d'administration chargé de l'instruction, l'inspecteur de la marine et le commissaire de l'inscription maritime, à l'effet de statuer, tant sur le mérite de la procédure que sur la validité de la prise. (*Arrêté du* 6 *germinal an* 8, *art.* 21.)

2372. Art. 116. La commission, composée ainsi qu'il est dit ci-dessus, sera présidée par le Préfet colonial, et, en son absence, par le commissaire de justice; et les décisions y seront prises à la pluralité des voix. Un secrétaire nommé par le Préfet, fera les fonctions de greffier. (*Arrêté du* 6 *germinal an* 8, *art.* 22.)

2373. Art. 117. Les jugemens rendus dans les colonies sur les prises, seront sujets à l'appel devant le conseil des prises séant à Paris, et néanmoins seront susceptibles d'exécution provisoire, à la charge par celle des parties qui aura requis ladite exécution, de donner caution, et en outre de demeurer responsable des dommages et intérêts. (*Arrêté du* 6 *germinal an* 8, *art.* 23.)

2374. Art. 118. Si dans la quinzaine qui suivra les jugemens, il n'est point intervenu de réclamation de la part de l'une ou de l'autre des parties, ils deviendront définitifs, et, audit cas, il n'y aura lieu à aucun cautionnement.

Les réclamations, pour être valables, seront notifiées au greffier de la commission, qui sera tenu d'en donner un reçu. (*Arrêté du* 6 *germinal an* 8, *art.* 24.)

2375. Art. 119. Dans tous les cas le Préfet colonial adressera sans retard l'instruction, les pièces y relatives, et le jugement rendu pour chaque prise, au Ministre de la marine et des colonies, qui les fera parvenir au secrétariat du Conseil des prises, toutes les fois que l'affaire sera de nature à y être jugée; et attendu que les pièces originales pourroient être perdues, le Préfet colonial sera obligé d'en garder des copies collationnées. (*Arrêté du* 6 *germinal an* 8, *art.* 25.)

2376. Art. 120. Au surplus, les dispositions ordonnées par le présent réglement, pour les armemens en course, et pour les prises en France, seront exécutoires dans les colonies. (*Arrêté du* 6 *germinal an* 8, *art.* 26.)

2377. Art. 121. Il n'est rien innové en ce qui concerne les prises conduites dans les ports étrangers, à ce qui est ordonné par l'arrêté du 6 germinal an 8 : néanmoins, en cas de vente de prises dans lesdits ports, les commissaires des relations commerciales ne pourront prétendre qu'à une rétribution d'un demi pour cent, qui sera prélevée sur le produit net de la vente. (*Arrêté du* 9 *ventôse an* 9, *art.* 34.)

TITRE IV.

Dispositions générales.

2378. Art. 122. Il est défendu, sous peine de destitution et de plus grande peine, s'il y échet, à tous officiers, administrateurs, agens diplomatiques et commerciaux, et autres fonctionnaires appelés à surveiller l'exécution des lois sur la course et les prises, ou à concourir au jugement de la validité des prises faites par les croiseurs Français, d'avoir des intérêts directs ou indirects dans les armemens en course, ou en guerre et marchandises. Il leur est également défendu de se rendre, directement ou indirectement, adjudicataires de marchandises provenant des prises, et mises par eux en vente. (*Ordonnance du* 5 *mai* 1693. *Ordonnance de* 1681, *art.* 34, *titre* 9, *livre* 3. *Arrêté du* 13 *thermidor an* 6.)

2379. Art. 123. Un exemplaire du présent réglement sera annexé à chaque lettre de marque.

2380. Art. 124. Le grand Juge, Ministre de la justice, le Ministre de la marine et des colonies, le Ministre des finances et celui du trésor public, sont chargés, chacun en ce qui le concerne, de l'exécution du présent arrêté, qui sera inséré au bulletin des lois.

Le premier Consul, Signé **BONAPARTE.**

Par le premier Consul, *le secrétaire d'État*, signé H. B. MARET.

FORMULE

FORMULE D'ACTE DE CAUTIONNEMENT.

PORT d	An de la République.

Le (espèce du bâtiment) *le* (nom du navire), *armé pour la course*, ou en *guerre et marchandises*:

ACTE DE CAUTIONNEMENT.

2381. JE soussigné (*désigner les prénoms et nom, profession et domicile*), armateur du
le capitaine de
tonneaux, portant canons du calibre de armé
(*désigner si le bâtiment est armé en course, ou en guerre et marchandises*), ayant hommes d'équipage,
muni d'une lettre de marque expédiée le
par le Ministre de la marine, sous le n.°
enregistrée à le m'oblige de payer les dommages-intérêts et amendes auxquels je pourrois être condamné par suite du jugement des prises qui seront faites par ledit navire.

Je promets formellement de verser entre les mains de qui de droit, et sur le premier jugement qui l'ordonnera, une somme de francs, conformément à l'arrêté du Gouvernement de la République.

Pour sûreté de la présente obligation, j'engage tous mes biens présens et à venir, me soumettant, en cas d'inexécution de ma part, d'y être contraint par corps.

Fait double à le

Je soussigné (*désigner, etc. comme ci-dessus*) déclare que je me rends et porte caution de l'obligation ci-dessus souscrite par le citoyen , armateur du
sous les mêmes clauses et conditions; me soumettant à être

On énoncera dans le cautionnement, s'il est de 74,000 fr., que les deux cautions ne sont pas intéressées dans l'armement.

poursuivi et contraint solidairement pour les engagemens qu'il a contractés par ladite obligation, comme armateur dudit navire, le

Je déclare en outre que (*exprimer si la caution a fait ou non d'autres cautions; désigner les navires pour lesquels des cautionnemens antérieurs auroient été faits par le même, ainsi que les noms des armateurs de ces navires et les ports d'armement.*)

Fait à l'an le

Ledit cautionnement a été enregistré au bureau de l'inscription maritime à le et une des expéditions a été envoyée à l'inspecteur de marine à le

Nota. Si le corsaire a plus de cent cinquante hommes d'équipage, et si l'obligation doit être de 74,000 fr., le cautionnement devra être souscrit par deux cautions non intéressées dans l'armement, et par le capitaine.

N.°

FORMULE DE LETTRE DE MARQUE.

ARMEMENT du L

le Citoyen domicilié à a (*ou ont*) cautionné le Citoyen armateur du pour la somme de conformément à l'art. de l'arrêté du dont le capitaine dudit bâtiment a reçu un exemplaire.

GOUVERNEMENT FRANÇAIS.

LETTRE DE MARQUE.

2382. Le Gouvernement de la République permet par la présente à de faire armer et équiper en guerre un nommé du port de tonneaux, commandé par le capitaine avec tel nombre de canons, boulets, et telle quantité de poudre, plomb, et autres munitions de guerre et vivres qu'il jugera nécessaire pour le mettre en état de courir sur tous les ennemis de la République, et sur les pirates, forbans, gens sans aveu, en quelque lieu qu'il pourra les rencontrer; de les prendre et amener prisonniers avec leurs navires, armes et autres objets dont ils seront saisis; à la charge, par lesdits armateurs et capitaine, de se conformer aux lois, ordonnances, réglemens et arrêtés concernant la police de la navigation, et la course en particulier; de faire enregistrer la présente lettre au bureau de l'inscription maritime du lieu de son départ; d'y déposer un rôle signé et certifié d et du capitaine, contenant les noms et surnoms, âge, lieux de naissance et demeures des gens de son équipage, et à la charge par ledit capitaine de faire, à son retour, ou en cas de relâche, son rapport pardevant l'administrateur de la marine.

Le Gouvernement de la République invite toutes les Puissances amies et alliées de la République française, et leurs agens, à donner audit capitaine toute assistance, passage et retraite en leurs ports avec son dit bâtiment, et les prises qu'il aura pu faire; offrant d'en user de même en pareilles circonstances. Ordonne aux commandans des vaisseaux de l'État, de laisser passer ledit capitaine avec son bâtiment, et ceux qu'il aura pu prendre sur l'ennemi, et de lui donner secours et assistance.

Ne pourra la présente servir que pour mois seulement, à compter de la date de son enregistrement.

En foi de quoi le Gouvernement de la République a fait signer la présente lettre de marque par le Ministre de la marine et des colonies.

Donné à Paris, le l'an de la République française.

Par le Ministre de la marine et des colonies :

Enregistré au bureau de l'inscription maritime, à où il a été délivré commissions de conducteurs de prises pour le bâtiment ci-dessus désigné.

A le an

Le de marine,

COMMISSIONS POUR LES CONDUCTEURS DES PRISES.

2383. Le Gouvernement de la République autorise, par ces présentes, le citoyen capitaine du nommé le du port le tonneaux ou environ, armé et équipé en guerre au port de par le citoyen suivant la lettre de marque expédiée sous le n.° dûment enregistrée au bureau de l'inscription maritime de à amener ou à envoyer dans un des ports de France ou des colonies, tous les bâtimens des ennemis de la République, pirates, forbans, gens sans aveu, qu'il aura pu prendre et faire prisonniers; à moins que ledit capitaine du ou celui qu'il aura chargé de ladite prise, n'ait été forcé, par la tempête ou par les ennemis, de relâcher en quelque port neutre; auquel cas il sera tenu de justifier des motifs de la relâche, et d'en donner incessamment avis aux intéressés de l'armement, à la charge ou par son capitaine de prises, de faire, pardevant l'officier d'administration chargé de l'inscription maritime au lieu du retour ou de la relâche, le rapport ordonné par les lois, et de se conformer à celles relatives aux prises maritimes.

Le Gouvernement de la République invite toutes les Puissances, amies et alliées de la République française et leurs agens, à donner audit ou son capitaine de prises, toute assistance, passage et retraite en leurs ports, avec ladite prise, offrant d'en user de même en pareille circonstance. Mande et ordonne aux commandans des bâtimens de l'État de le laisser librement passer, et de lui donner secours et assistance.

Ledit capitaine sera tenu d'inscrire ci-dessous le nom et le pavillon du bâtiment pris, le jour et l'heure où il l'aura été, en quel lieu et à quelle hauteur.

En foi de quoi le Gouvernement de la République a fait signer les présentes par le Ministre de la marine et des colonies.

A Paris, le l'an de la République française.

Par le Ministre de la marine et des colonies :

Le an j'ai remis au citoyen capitaine du ci-dessus désigné commissions de conducteurs de prises, et celle-ci en fait partie.

Formule dont le capitaine remplira les blancs, et qu'il signera.

Je soussigné, capitaine du corsaire nommé le ai délivré la présente commission à conducteur de la prise nommée dont étoit maître du port et havre d en ladite prise faite par moi soussigné, capitaine dudit corsaire, à la hauteur de

Fait en mer le l'an de la République.

REPUBLIQUE FRANÇAISE.

PORT de (*nom du port où les traités de rançon auront été délivrés.*)

TRAITE DE RANÇON.

N.° (*numéro donné au traité par l'administrateur qui l'a délivré en blanc.*)
primata ou duplicata.

Le (espèce et nom du bâtiment.)

2384. Nous soussignés (*prénoms et nom du capitaine preneur*), capitaine du (*espèce du corsaire*) le (*nom du corsaire*, armé au port de (*nom du port de l'armement*), par le citoyen (*nom des armateurs*), cautionné par le citoyen (*nom des cautions*), porteur d'une lettre de marque expédiée sous le n.° (*n.° de la lettre de marque*), agissant d'après l'autorisation spéciale que j'ai reçue le (*date de la déclaration faite par les armateurs à l'administrateur de la marine*), desdits armateurs;

Et (*prénoms et nom du capitaine rançonné*), commandant le navire le (*nom du navire*), sommes convenus de ce qui suit :

SAVOIR:

Moi (*prénoms et nom du preneur*), j'ai pris le (*date de la capture*), de présent mois de de l'an à la hauteur de (*lieu où la capture a été faite*), ledit navire le (*nom du navire rançonné*), de (*port en tonneaux*) tonneaux, ayant (*force de l'équipage*) hommes d'équipage, naviguant sous pavillon (*nation dont le navire rançonné porte le pavillon*), muni d'un passe-port délivré à (*lieu où le passe-port a été délivré*), appartenant à (*noms des propriétaires*), demeurant à (*demeures des propriétaires*), chargé de (*nature de la cargaison*), pour le compte de (*noms des chargeurs*), expédié de (*port de l'expédition*), allant à (*celui de la destination), lequel navire j'ai rançonné à la somme de (*expliquer en toutes lettres la quotité de la rançon*), pour laquelle j'ai remis en liberté ledit navire.

Pour sûreté de ladite rançon, montant à la somme de (*répéter en toutes lettres la quotité de la rançon*), j'ai reçu en otage (*désigner les prénoms, noms, âges et grade des otages.*)

Et moi (*prénoms et nom du capitaine rançonné*), commandant ledit navire le tant en mon nom qu'en celui de propriétaires dudit navire et de sa cargaison, déclare m'être soumis volontairement au paiement de ladite rançon, montant à la somme de que je m'engage à acquitter ou faire acquitter par lesdits propriétaires, le plus promptement qu'il me sera possible.

Pour sûreté du présent traité, j'ai donné en otage audit capitaine du corsaire français le (*répéter le nom du corsaire, et les noms, âge et grade des otages*), lesquels otages ont signé avec nous.

Fait double, à bord du l'an le du mois de

(*Signature du capitaine preneur.*) (*Signature du capitaine rançonné.*)

(*Signatures des otages.*)

Le de marine, au port de certifie que le citoyen armateur du corsaire le muni d'une lettre de marque expédiée sous le n.° m'a déclaré par écrit, le du mois de l'an qu'il autorisoit le citoyen capitaine dudit corsaire, à user de la faculté de rançonner, laissée par le réglement du

En conséquence, j'ai remis audit citoyen capitaine dudit corsaire le traités de rançon en blanc, portant par duplicata les n.os

Fait à le du mois de de l'an de la République.

PORT **REGISTRE** *des Traités de rançon délivrés à des Capitaines de corsaires, conformément au règlement du*

NOM ET ESPÈCE du BATIMENT.	ARMÉ. Désigner si le bâtiment est armé pour la course seulement, ou en guerre et marchandises	Numéro de la lettre de marque.	NOMS de l'armateur.	NOMS de la caution.	NOMS du capitaine.	DATE de la déclaration faite par l'armateur pour autoriser le capitaine à rançonner.	NUMÉRO de l'enregistrement de cette déclaration.	NOMBRE de traités de rançon délivrés en blanc par duplicata au capitaine.	NUMÉROS apposés sur ces traités.	DATE à laquelle les traités de rançon ont été délivrés.	OBSERVATIONS.

Certifié conforme, *le secrétaire d'État*, signé H. B. MARET.

ORDONNANCE du Roi pour régler la conduite et fixer les obligations des commerçans et gens de mer de ses États, en temps de guerre, entre d'autres Puissances maritimes.

2385. Nous Chrétien VII, par la grace de Dieu, Roi de Danemarck et de Norwége, etc., etc., à tous ceux qu'il appartiendra.

Quoique les règles d'après lesquelles les commerçans et gens de mer nos sujets doivent se conduire, en temps de guerre, entre d'autres Puissances maritimes, soient déterminées par plusieurs de nos ordonnances antérieures, nous avons néanmoins jugé nécessaire, dans les circonstances actuelles, d'exposer, dans une seule ordonnance, le contenu de ces réglemens, modifié à plusieurs égards, et tel qu'il devra dorénavant servir de règle; afin que par la présente la plus grande publicité soit donnée aux principes invariables, d'après lesquels nous entendons maintenir en tous temps les droits des commerçans et gens de mer de nos États, et que personne ne puisse prétendre cause d'ignorance relativement aux devoirs qu'il aura à remplir comme sujet Danois, dans un cas semblable. En conséquence, c'est notre volonté royale, que le réglement suivant soit dorénavant ponctuellement observé, comme la seule règle de leur conduite, par tous ceux qui voudront prendre part aux avantages que la neutralité de notre pavillon en temps de guerre assure au commerce et à la navigation légitime de nos sujets. A ces causes, révoquant, par la présente, nos ordonnances antérieures relativement à la conduite de nosdits sujets, pendant une guerre maritime étrangère, nous ordonnons et publions ce qui suit:

Art. 1.er Quiconque des commerçans ou gens de mer de nos États voudra faire partir un vaisseau à lui appartenant, pour quelque port ou place étrangère, sur laquelle l'effet d'une guerre survenue entre d'autres Puissances maritimes pourra s'étendre, sera tenu de se procurer un passe-port royal en latin, et les autres papiers et actes requis pour l'expédition légitime d'un navire. A cette fin, nos sujets seront avertis, au commencement d'une pareille guerre, pour quels ports ou places étrangères on aura jugé nécessaire que leurs navires soient pourvus de notre passe-port royal en latin.

Art. 2. Ce passe-port ne pourra être délivré au propriétaire du vaisseau, qu'après qu'il aura obtenu le certificat qui constate sa propriété.

Art. 3. Pour obtenir le certificat ordonné par l'article précédent, il faut être notre sujet né dans nos États, ou avoir acquis, avant le commencement des

des hostilités entre quelques Puissances maritimes de l'Europe, la jouissance complète de tous les droits de sujet domicilié, soit de nos pays, soit de quelqu'autre État neutre. Le propriétaire du navire, pour lequel on demande le certificat, devra, dans tous les cas, résider dans quelque endroit de nos royaumes ou des pays à nous appartenans.

Art. 4. Il faudra, pour se procurer le certificat ci-dessus énoncé, se présenter par-devant le Magistrat de la ville ou place maritime d'où l'on expédie le navire, ou bien du lieu de la résidence de la plupart des propriétaires; ceux-ci seront tenus de certifier ou tous personnellement, soit par serment de vive voix, soit par formule de serment écrite et signée de leur propre main, ou du moins le propriétaire principal au nom de tous, que le navire est vraiment à eux, tous ensemble nos sujets appartenant, et qu'il n'a à son bord aucune contrebande de guerre qui soit pour le compte des Puissances belligérantes, ou pour celui de leurs sujets.

Art. 5. Durant le cours d'une guerre maritime étrangère, personne, né sujet d'une des Puissances qui s'y trouvent impliquées, ne pourra être capitaine d'un bâtiment marchand naviguant sous notre passe-port royal, à moins qu'il n'ait justifié d'avoir acquis le droit de bourgeoisie dans nos royaumes ou pays, avant le commencement des hostilités.

Art. 6. Tout capitaine marchand qui veut être admis à conduire un navire muni de notre passe-port royal, doit avoir acquis le droit de bourgeoisie quelque part dans nos États. Sa lettre de bourgeoisie devra être en tous temps à bord de son navire. Avant son départ du port où le passe-port lui aura été remis, il sera tenu de prêter serment suivant la formule prescrite, qu'à son su et de sa volonté, il ne sera rien commis ou entrepris relativement audit navire, qui puisse entraîner quelqu'abus des passe-ports et certificats qui lui ont été délivrés. L'acte de serment sera envoyé au département compétent avec la requête pour la délivrance du passe-port. Mais en cas que cela ne puisse s'effectuer par raison d'absence du capitaine, le propriétaire du navire sera tenu d'en donner connoissance audit département, et notre Consul ou commissaire de commerce dans le district où le capitaine se trouve, pourvoira sous sa responsabilité à ce qu'en recevant le passe-port, il prête le serment ordonné.

Art. 7. Il ne doit se trouver à bord des navires munis du passe-port ci-dessus ordonné aucun subrecargue, facteur, commis ni autre officier de navire sujet d'une Puissance en guerre.

Art. 8. La moitié de l'équipage des navires ci-dessus spécifiés, y compris les maîtres et contre-maîtres, sera composée de gens du pays. S'il arrive que l'équipage d'un navire devienne incomplet en pays étranger par désertion, mort ou maladie, et que le capitaine soit dans l'impossibilité de se conformer à la règle susdite, il lui sera permis d'engager autant de sujets étrangers, et de préférence ceux des pays neutres, qu'il en aura besoin pour continuer son voyage; de manière cependant que le nombre des sujets d'une Puissance en guerre, qui se trouveront à bord du navire, n'excède en aucun cas le tiers du nombre entier de l'équipage. Chaque changement qui y aura lieu, le capitaine sera obligé de le faire insérer, avec explication des causes qui l'ont rendu nécessaire, dans le rôle d'équipage appartenant au navire, lequel rôle sera duement attesté par le Consul ou commissaire de commerce, ou son délégué dans le premier port où le navire entrera, pour que cette attestation puisse servir de légitimation au capitaine par-tout où besoin sera.

Art. 9. Les actes et documens ci-après spécifiés devront toujours être à bord des navires pourvus de notre passe-port royal, savoir : *le certificat* ordonné par l'article 2.

La lettre de construction, et si le navire n'a pas été construit pour compte du propriétaire actuel, il y sera joint *le contrat de vente ou lettre d'achat.* Le premier de ces deux actes et le second, s'il a eu lieu, accompagneront la requête de l'armateur pour obtenir le passe-port.

Le passe-port royal, en latin, avec les traductions y appartenantes.

La lettre de jaugeage.

Le rôle d'équipage duement vérifié par les officiers à ce compétens.

Les charteparties et les *connoissemens* concernant la cargaison, et enfin *l'attestation du bureau de douane* établi sur les lieux où elle a été prise.

Art. 10. La lettre de jaugeage sera expédiée par des officiers à ce constitués dans les places maritimes de nos royaumes et pays. En cas qu'un de nos sujets ait acheté un navire en quelque port étranger, notre Consul ou commissaire de commerce sur le lieu sera autorisé à pourvoir au jaugeage et à expédier au capitaine une lettre de jaugeage provisoire, laquelle sera réputée valable jusqu'à ce que le navire arrive à quelque port de nos États, où il sera jaugé et marqué en due forme; après quoi il sera expédié dans la forme ordinaire une lettre de jaugeage, qui par la suite fera partie des papiers de mer appartenans au navire.

Art. 11. Il est défendu à tout armateur d'acquérir et à tout capitaine d'avoir à son bord des papiers de mer doubles; il n'y sera point arboré de pavillon étranger pendant que le navire poursuivra son voyage avec les papiers et actes par nous accordés à cet effet.

Art. 12. Notre passe-port royal n'est valable que pour un seul voyage, c'est-à-dire, depuis le temps que le navire, après en avoir été pourvu, aura quitté le port d'où il est expédié, jusqu'à son retour au même port; bien entendu que dans l'intervalle il n'aura pas changé de propriétaire, auquel cas l'acquéreur sera tenu de se procurer, sous son nom, les papiers et documens nécessaires.

Art. 13. Comme d'après les principes généralement établis, il ne sauroit être permis aux sujets d'une Puissance neutre, de transporter, par le moyen de leurs navires, des marchandises qui seroient réputées contrebande de guerre, si elles étoient destinées pour les ports d'une Puissance belligérante ou qu'elles appartinssent à ses sujets, nous avons jugé convenable de fixer expressément ce qui devra être compris sous la dénomination de contrebande de guerre, afin de prévenir qu'il ne soit abusé de notre pavillon pour couvrir le transport des articles défendus, et pour que personne ne puisse alléguer cause d'ignorance à ce sujet. Nous déclarons en conséquence que les articles et marchandises ci-après énoncés seront réputés contrebande de guerre : canons, mortiers, armes de toute espèce, pistolets, bombes, grenades, boulets, balles, fusils, pierres-à-feu, mèches, poudre, salpêtre, soufre, cuirasses, piques, épées, ceinturons, gibernes, selles et brides, en exceptant toutefois la quantité qui peut être nécessaire pour la défense du vaisseau, et de ceux qui en composent l'équipage.

En outre resteront en pleine vigueur les engagemens positifs contractés avec les Puissances étrangères, relativement aux marchandises et propriétés dont ces engagemens prohibent le transport en temps de guerre, et sera pour cet effet dressé un règlement particulier, pour être délivré à chaque armateur, quand il recevra notre passe-port royal.

Art. 14. En cas qu'un vaisseau destiné pour quelque port neutre, prenne pour sa cargaison des marchandises qui seroient contrebande de guerre, si elles étoient destinées pour un port appartenant à quelque Puissance belligérante, il ne suffira pas que le propriétaire et le capitaine ayant prêté le serment ordonné ci-dessus, mais l'affréteur et le capitaine seront de plus obligés de donner conjointement une déclaration différente de la déclaration générale de douane, dans laquelle seront spécifiés le genre, la quantité et le prix de ces marchandises. Cette déclaration sera vérifiée par les officiers de douane à l'endroit d'où le navire est expédié; après quoi l'officier de douane à ce compétent la fera incessamment parvenir à notre chambre générale des douanes, pour servir à contrôler et à constater l'arrivée des marchandises y spécifiées au lieu de leur destination y énoncée, à moins que l'arrivée n'en ait été empêchée par capture ou détention violente, ou par quelque autre accident, de quoi il sera fourni preuve suffisante. Le contrôle s'effectuera de la manière qui suit :

Le fréteur de ces marchandises devra fournir une attestation par écrit de notre Consul ou commissaire de commerce ou de leur fondé de pouvoirs au lieu pour lequel le navire est destiné, ou à leur défaut, du Magistrat compétent ou de quelque autre personne publiquement autorisée et qualifiée pour cet acte; laquelle attestation certifiera l'arrivée du vaisseau et le déchargement des marchandises conformément à la déclaration susmentionnée, et en sera la preuve légale. Cette attestation sera envoyée à notre collége général d'économie et de commerce aussitôt que le vaisseau sera arrivé au port pour lequel il est destiné, ou bien après son retour dans un des ports de nos royaumes. En cas que cette attestation ne soit pas remise dans un délai proportionné à la longueur du voyage, notre collége général d'économie et de commerce exigera du fréteur du navire une déclaration, telle qu'il consentiroit à l'affirmer par serment, portant qu'il n'a reçu aucune nouvelle ni du navire ni de ces marchandises. Si l'arrivée du navire et le déchargement des marchandises ci-dessus spécifiées dans un port neutre ne peuvent être prouvés, et qu'une prise en mer ou quelqu'autre événement malheureux n'en soit pas la cause, le fréteur paiera à la caisse de notre collége général d'économie et de commerce une amende de vingt rixdalers pour chaque last de commerce, que porte le navire; et seront en outre, autant l'armateur que le capitaine, soumis à l'action fiscale conformément aux lois.

Art. 15. Il est défendu à tous capitaines de navires de faire voile pour un port bloqué du côté de la mer par une des Puissances en guerre; au contraire, ils devront se conformer strictement aux renseignemens qui leur auront été donnés par les Magistrats compétens, relativement au blocus de ce port. En cas qu'un capitaine, voulant entrer dans un port dont le blocus ne lui auroit point été connu, rencontre quelque vaisseau de haut-bord, portant pavillon de quelque Puissance en guerre, dont le commandant l'avertisse que ce port est réellement bloqué, il sera obligé de se retirer incessamment, et ne tentera en aucune manière d'y entrer, tant que le blocus n'en sera pas levé.

Art. 16. Il ne sera permis à aucun de nos sujets de s'engager au service de quelque corsaire ou armateur en course d'un pays en guerre, ni d'armer lui-même des bâtimens pour pareille entreprise, ni d'avoir part ou intérêt dans ce genre d'équipement. Aucun armateur, aucun capitaine ne doit permettre qu'il soit fait un usage de son navire pour transporter des troupes ou munitions de guerre, de quelque espèce que ce puisse être. Au cas qu'un capitaine ne puisse empêcher que, pour pareil service, il soit abusé de son navire par une force irrésistible, il sera tenu de protester, d'une manière solennelle, par acte authentique, contre la violence qu'il n'a pas été en son pouvoir d'éviter.

Art. 17. Lorsqu'un vaisseau non convoyé par une protection militaire, sera hélé en mer par quelque bâtiment armé appartenant à une des Puissances belligérantes, et qui seroit autorisé à demander l'inspection des papiers de mer à bord des vaisseaux marchands, le capitaine n'opposera aucune résistence à cet examen, si le commandant du bâtiment armé annonce l'intention de le faire; mais il sera au contraire obligé d'exhiber fidèlement et sans dissimulation quelconque, tous les papiers et actes appartenans tant au navire qu'à sa cargaison.

Il est pareillement défendu, sous des peines sévères, tant au capitaine du navire qu'à ses officiers et équipage, de jeter à la mer, déchirer ou retenir aucun des documens faisant partie des papiers relatifs au navire et à la cargaison, soit avant la visite, soit pendant qu'elle se fera. Dans le cas que nous aurions accordé au commerce une protection armée sous notre pavillon, alors les capitaines marchands qui désireront d'être reçus sous convoi, seront tenus préalablement d'exhiber leurs papiers de mer au chef du convoi, et de se régler en tout d'après ses ordres.

Art. 18. Tout armateur ou capitaine qui contreviendra, en tout ou en partie aux articles et règles de cette ordonnance, sera déchu de son droit de bourgeoisie et de commerce maritime, et en outre soumis à l'action fiscale conformément aux lois, et puni d'après la qualité du délit, soit comme infracteur des ordonnances royales. Notre intention royale au contraire, est de protéger et maintenir les droits de tous nos chers et fidèles sujets, qui se conformeront strictement aux règles ci-dessus, dans leur commerce et navigation légitime. En conséquence nous avons ordonné à tous nos Ministres, Consuls, et autres agens en pays étrangers, d'employer leurs soins les plus actifs à ce qu'ils ne soient ni vexés ni molestés, et s'ils le sont, de leur aider obtenir justice et le redressement de leurs griefs. Promettons en outre d'appuyer toute réclamation fondée, qu'ils se trouveront dans le cas de nous faire humblement exposer.

Donnée à Copenhague ce 4 mai 1803.

Sous notre main et sceau.

CHRÉTIEN, *R.*

Navigation extérieure. *Ordonnance du Roi de Danemarck, relative au renouvellement du passe-port royal latin et du passe-port algérien, quand les navires qui en sont pourvus reviennent dans un autre port du pays que celui auquel ils appartiennent, ainsi qu'à ce qu'il faut payer pour l'usage de ces passe-ports.*

Nous Chrétien VII, par la grace de Dieu, Roi Danemarck et de Norwége, etc., etc. A tous ceux qu'il appartiendra :

Après avoir statué, par notre ordonnance du 4 mai de cette année, de quelle manière nos sujets doivent se mettre en règle pour obtenir que leurs navires soient munis de notre passe-port royal latin, et par l'art. 12 de ladite ordonnance, que ce passe-port sera valable du moment que le navire partira du port auquel il appartient, jusqu'à son retour au même port, pourvu que, dans cet intervalle, il n'ait pas changé de propriétaire; pour prévenir tout abus à cet égard, et fixer le droit qui sera perçu pour la protection que notre dit passe-port procure au commerce et à la navigation de nos sujets, nous avons jugé nécessaire d'ordonner ce qui suit :

§ 1.er Toutes les fois qu'un navire muni de notre passe-port royal latin, après s'en être servi pour quelque voyage, entrera dans un port de nos royaumes ou duchés, autre que celui auquel il appartient, le capitaine devra se présenter devant le Magistrat de l'endroit, produire devant lui ses papiers de mer, prêter serment qu'il n'a fait aucun abus de notre passe-port royal, et que son navire, autant qu'il peut le savoir, est encore la propriété de ceux dont les noms sont énoncés dans ledit passe-port. Après cette déclaration faite avec serment, le Magistrat dudit endroit donnera au capitaine une attestation, laquelle les employés de la douane, lors de l'expédition du navire, exigeront qu'on leur présente, et qui sera conçue comme il suit :

« Nous soussigné, Magistrat de la ville de N. N. du royaume de Danemarck (ou du royaume de Norwége, du duché de Slowrik ou du duché de Holstein), certifions, par la présente, que N. N., capitaine du navire N. N., lequel navire nous avons trouvé pourvu du passe-port royal latin, en date du . . . . n° . . . . . et d'un certificat du Magistrat de la ville de N. N., pour ledit navire, propriété de N. N., de ladite ville de N. N., et du port de . . . . lasts de commerce, expédié de N. N. à N. N., et autres endroits, en poursuivant son voyage avec ledit navire, a mouillé au port de cette ville, et que ledit capitaine N. N., poursuivant ultérieurement son voyage, et ayant actuellement pour destination le port de N. N. et autres endroits, nous a présenté le passe-port royal latin avec le certificat, ainsi que les autres documens ordonnés, appartenans à son navire, et que, les ayant soigneusement examinés, nous les avons trouvés en due forme, et que ledit capitaine s'étant mis en règle pour pouvoir faire usage ultérieurement de ces papiers, nous l'y autorisons par la présente attestation, muni de notre sceau et de la signature du secrétaire de cette ville. »

Le Magistrat que cela regarde, enverra d'abord cette déclaration du capitaine à notre collége d'économie et de commerce, qui la fera passer au Magistrat de l'endroit où est fixé le domicile des propriétaires ou du propriétaire principal, pour recevoir d'eux ou de lui l'assurance que cette déclaration est conforme à la vérité; bien entendu que si les propriétaires des navires désirent de les munir d'un nouveau passe-port royal latin, ils pourront l'obtenir, en observant les règles prescrites par notre ordonnance du 4 de cette année.

§ 2. Afin qu'une nouvelle acquisition des passe-ports algériens ne retarde pas la navigation de nos sujets, et qu'aucune différence dans les dates des divers passe-ports ne fournisse l'occasion de soupçonner quelqu'irrégularité, nous permettons, lorsqu'un navire pourvu du passe-port algérien entrera dans un port de nos royaumes ou duchés, à la suite d'un voyage, que ce même passe-port, s'il est nécessaire à ce navire pour une destination ultérieure, puisse avoir été produit devant le Magistrat, être délivré de nouveau au capitaine avec les autres papiers de mer; mais si le navire a navigué au-delà du Cap Finistère avec ce passe-port, ou que ce passe-port lui ait servi plus long-temps que les deux ans fixés pour en faire usage, sans que le paiement en ait été renouvelé auprès d'un de nos Consuls ou commissaires de commerce, le capitaine paiera comme s'il recevoit un nouveau passe-port algérien, d'après ce qui est fixé pour cela, dans notre patente du 14 avril 1783, avec les frais ordonnés par l'expédition de ce passe-port.

§ 3. En recevant notre passe-port royal latin, on paiera pour chaque last de commerce que peut contenir le navire, savoir:

S'il est destiné pour l'Europe, ou pour quelque port de l'Asie, ou de l'Afrique dans la Méditerranée, 32 schellings danois;

Si c'est pour les Indes-Occidentales ou l'Amérique, ou pour l'Afrique, depuis le détroit jusqu'au Cap de Bonne-Espérance, ou pour quelqu'une des îles à l'occident de la côte d'Afrique, 64 schellings danois;

Si c'est pour le Cap de Bonne-Espérance, ou pour quelque port ou endroit au-delà de Cap, un rixdaler danois.

§ 4. A cet égard, nous voulons gracieusement faire les exceptions suivantes :

1.° Quoique nos sujets, en recevant notre passe-port royal latin pour ceux de leurs navires qu'ils expédient pour le Groënland, l'Islande, les îles de Ferroe-le-Finmark et nos autres États en Europe, soient obligés de payer 32 schellings danois pour chaque last de commerce que les navires peuvent contenir, cette somme leur sera rendue, si l'on prouve, au retour de ces navires, que depuis qu'ils ont été munis de notre passe-port royal latin, ils n'ont pas fait de voyage à d'autres endroits que ceux qui sont ici nommés.

2.° On ne paiera, en recevant notre passe-port royal latin, pour les navires que l'on expédiera de la Norwége, chargés en bois, que 12 rixdalers danois, sans avoir égard à ce que les navires pourront contenir de lasts de commerce.

§ 5. Les 32, les 64 schellings et le rixdaler danois que l'on doit payer, d'après le § 3 de la présente ordonnance, en recevant notre passe-port royal latin, seront payés aussi chaque fois que, d'après le § 1.er de la même ordonnance, on sera dispensé de pourvoir le navire d'un nouveau passe-port pour une destination ultérieure. Nous autorisons en outre le Magistrat à exiger, pour avoir reçu la déclaration du capitaine, ce qui devroit être payé pour le certificat.

§ 6. Comme il est juste que nos sujets contribuent à la caisse de l'État proportionnément à la protection que notre passe-port royal latin procure à leurs navires et à leur commerce maritime, nous ordonnons qu'aussitôt qu'un navire, muni de notre dit passe-port, entrera dans un port étranger, et qu'il y déchargera sa cargaison, le propriétaire paie 16 schellings danois pour chaque last de commerce que pourra contenir son navire, et que cette augmentation de droit soit perçue et payée de la même manière et en même temps que le droit de fret des navires fixé par notre ordonnance du 10 novembre de l'année dernière.

Tous ceux de nos sujets que la présente ordonnance peut regarder, auront à s'y conformer très-humblement.

Donnée à notre château de Friderichsberg, le 1 juillet 1803.

Sous notre main et sceau.

CHRÉTIEN, *R.*

CINQUIEME

CINQUIÈME PARTIE.

SECTION XII.

CHAPITRE XLIII.

DES TESTAMENS, DE LA SUCCESSION DE CEUX QUI MEURENT EN MER, DES ACTES DE NAISSANCE ET DE DÉCÈS.

2386. Le testament est une déclaration et une ordonnance solennelle de ce que nous voulons être exécutés après notre mort. Cette déclaration est un acte fait dans les formes voulues par les lois, qui exprime les dernières volontés d'une personne au sujet de ses biens après sa mort; et comme elle ne contient une disposition de dernière volonté, qui ne commence à avoir son effet qu'après la mort du testateur, il suit de-là que le testateur peut toujours révoquer son testament jusqu'au dernier moment de sa vie.

2387. La volonté du testateur étant l'ame de son testament, cette volonté est respectée jusque dans les expressions ambiguës qui la cachent; conséquemment, de quelque façon que la volonté du testateur se puisse développer, les nuages dont elle est environnée ne lui font aucun obstacle; elle s'observe inviolablement, pour peu qu'on la puisse connoître.

2388. Le testament est ainsi appelé pour marquer évidemment que c'est une déclaration de notre volonté faite devant témoins.

2389. Une condition essentielle pour la validité d'un testament, est que le testateur ait la faculté de tester.

2390. Il y a trois sortes de testamens : les testamens écrits, les testamens olographes, et les testamens solennels. Les testamens écrits sont ceux que le testateur rédige ou fait rédiger par écrit, en présence de sept témoins; ce testament doit être revêtu de la signature des témoins et de celle du testateur. Le testament olographe est un testament entièrement écrit, daté et signé de la main du testateur; s'il y avoit des choses écrites d'une autre main, cette écriture étrangère en causeroit la nullité. Le testament solennel est celui qui est dicté par le testateur, reçu par personnes publiques, et revêtu des solennités requises par les ordonnances.

2391. S'il eût été trop dur de priver ceux qui, malades en mer, veulent tester, sous prétexte qu'ils auroient pu se précautionner avant que de partir, il auroit été d'une dangereuse conséquence d'attribuer aux testamens faits en mer, le même effet qu'à ceux qui sont faits avec les solennités requises en général : aussi ceux qui meurent en mer ne peuvent-ils faire leur testament par rapport à leurs meubles, immeubles ; en un mot, de l'universalité de leurs biens, les choses seules sur lesquelles ils peuvent tester se bornant à ce qu'ils ont avec eux dans le navire, ou qui étoient réputées y être, pour n'avoir été mises à terre qu'en vue de les rembarquer, et des sommes qui pourroient leur être dues pour leur gage, ou par des cédules et obligations trouvées avec leurs autres papiers dans le navire. De sorte, dit Valin, que la succession qui fait le sujet de ce titre, ne compensant que les objets que l'on vient d'indiquer, ce qui est réglé à cet égard, tant par cette ordonnance que par le réglement du 23 août 1739, n'a aucune influence sur les autres biens du défunt, soit qu'il s'agisse de l'intérêt de ses héritiers, soit que sa succession en général soit sujette au droit d'aubaine, ou de bâtardise, ou de déshérence.

2392. Art. I.er « Les testamens faits sur mer par ceux qui décéderont dans les voyages, seront réputés valables s'ils sont écrits et signés de la main du testateur (394), ou reçus par l'écrivain du vaisseau, en présence de trois témoins qui signeront avec le testateur; et si le testateur ne peut ou ne sait signer, il fera mention de la cause pour laquelle il n'aura pas signé. »

2393. L'article est applicable aux passagers comme aux gens de l'équipage; ce qui résulte explicitement du préambule du réglement du 23 août 1793. Il est aussi applicable au cabotage comme au long cours. Mais pour qu'un pareil testament soit valable, il faut, 1.° que le testament soit fait sur mer et non sur terre, quoique dans le cours du voyage on y soit descendu ; à moins que ce ne fût sur une terre étrangère ou une terre de la domination française, où il n'y auroit pas d'officier public ; 2.° que celui qui a fait son testament soit décédé dans ce voyage; de sorte qu'après le voyage, le testateur descendant à terre, son testament deviendra caduc : conséquemment il faut qu'il soit refait avec les formalités voulues par les lois.

2394. Il faut cependant observer que si c'est un testament olographe (2390) que le testateur ait eu le droit de faire, le testament vaudra quoique fait en mer ou à terre, non comme testament maritime, mais comme testament ordinaire.

2395. Comme aussi le testateur sera censé être mort en mer, après que le navire est arrivé, s'il n'a pas descendu à terre.

2396. Si le testament est olographe, il faut qu'il soit daté par mois, jour et an, mentionnant le lieu où il a été fait. Comme, par exemple, s'il est fait en pleine mer, il doit mentionner la longitude et latitude de tel ou tel méridien; s'il est fait en pays étranger ou dans un port ou havre français, il doit énoncer le lieu, et motiver, autant qu'il est possible; la raison pourquoi, dans ce dernier cas, deux notaires n'ont point été appelés.

2397. Art. 2. « Aucun ne pourra, par testament reçu par l'écrivain, (509) disposer que des effets qu'il aura dans le vaisseau, (2391) et des gages qui lui seront dus.

2398. Art. 3. » Ne pourront les mêmes dispositions valoir au profit des officiers du vaisseau, s'ils ne sont parens du testateur. »

2399. C'est-à-dire que les dispositions des articles précédens ne pourront valoir au profit, etc., afin de prévenir les suggestions, les captations et les violences. Mais, avec Valin, je ne conviens pas que cette interdiction aille jusqu'au matelot, parce qu'un matelot ne peut ni suggérer, ni capter, ni encore moins violenter un testateur, comme le pourroit un officier.

2400. Art. 4. « Incontinent après le décès de ceux qui mourront sur mer, l'écrivain fera l'inventaire des effets par eux délaissés dans le vaisseau, en présence des parens, s'il y en a, sinon de deux témoins à la diligence du maître. »

2401. Contre le sentiment de Valin, je dis que s'il n'y a pas d'écrivain en titre à bord du navire, pour faire l'inventaire, l'écrivain de droit, comme, par exemple le second capitaine, doit faire cet inventaire, à l'exclusion du capitaine qui ne peut pas se faire un titre à lui-même, certifié par des témoins qui pourroient lui être vendus; (514) je dis que s'il faisoit lui-même cet inventaire, il se feroit à lui-même un titre, parce qu'il est dépositaire né des effets du décédé. (520)

2402. L'inventaire fait en pareille circonstance, doit faire mention en détail de tous les effets, par poids, nombre, quantité et qualité suivant leur nature; si ce sont des papiers, il faut les coter et numéroter, en expliquant la nature du titre, le nom des personnes qu'ils mentionnent, leur date, etc. Enfin il faut que le tout soit expliqué de manière qu'il n'y puisse point y avoir de substitution, et que l'identité soit bien constatée; alors le tout doit être récolé et confronté par le capitaine, en présence de témoins; desquels récolement et confrontation il doit être fait mention dans ledit inventaire. Au reste, cet inventaire doit être terminé ainsi : Fait double, récolé et confronté par etc., pour l'un rester entre les mains du capitaine, et l'autre être remis au bureau de la marine.

2403. Art. 5. « Le maître demeurera chargé des effets du défunt, et sera tenu, après son retour, de les remettre, avec l'inventaire, entre [illegible] des héritiers, légataires ou autres qu'il appartiendra. »

2404. L'art. 26 du tit. 6 de l'édit de juillet 1720 déroge à l'or[illegible]ce. Par cet édit il étoit ordonné que cette remise se feroit au greffe de l'amirauté du lieu du désarmement; mais il faut observer que ce n'étoit qu'un double de l'inventaire qui devoit être remis, le capitaine gardant l'autre par-devers lui. Au reste, par les art. 2 et 3 du réglement du 23 août 1739, il est ordonné de remettre le produit des choses vendues, et le montant des soldes des gens de mer, entre les mains du trésorier des invalides; et les effets en nature, comme hardes, etc. au greffe de l'amirauté. Dans tous les cas, je crois que le capitaine doit retirer des récépissés de l'argent, de l'inventaire, et des choses inventoriées qu'il remet.

2405. Art. 6. « Si les effets délaissés par ceux qui n'auront point testé, sont chargés pour les pays étrangers, le maître pourra les négocier et en rapporter le provenu au retour; auquel cas, outre son fret, il sera payé de sa provision. »

2406. Comme cette faculté de vendre donnée au maître est un acte d'autorité dans l'intérêt des héritiers, il suit de-là que si le capitaine vendoit à crédit, il seroit responsable des débiteurs, sans avoir le droit de demander une commission du décroire. (248)

2407. Valin fait cette question: Pourquoi cette exception par rapport aux pays étrangers? Il suppose deux choses pour l'autoriser; la première, une prohibition; la seconde, l'avantage qu'il y a de vendre dans l'étranger. Or, comme il trouve que l'on peut retirer le même avantage en vendant dans nos colonies, il conclut en désirant que la vente puisse s'en faire également dans les colonies: au reste, il trouve le premier obstacle levé dans les lettres-patentes de 1717 qui permettent l'entrepôt.

2408. Je ne crois pas que ce soit l'un des motifs qu'expose le commentateur, qui ait provoqué cette disposition; car si lorsque l'ordonnance a été rédigée, la prohibition des marchandises dont il entend parler, avoit lieu, elles ne pourroient donc point être embarquées. Vouloir que ces sortes de marchandises puissent être vendues dans l'étranger, c'est vouloir 1.° qu'une marchandise prohibée puisse être embarquée et devenir le sujet d'une spéculation; 2.° que, quoique prohibée, elle puisse être apportée sur les lieux, si le capitaine ne juge pas à propos de la vendre, ce qui est absurde, car la loi ne peut point défendre et permettre également.

2409. La raison de cette disposition me paroît aussi simple que naturelle. Le commerce qui se fait dans l'intérieur est encourageant pour l'industrie, mais n'est pas essentiellement productif, ou bien s'il est productif pour le spéculateur, il ne l'est pas pour l'État; car si je suppose 3,000,000,000 d'argent en circulation, que l'on soit sans ressource et que le commerce se fasse dans l'intérieur, on aura beau créer, produire, plus il y aura de productions, plus tout diminuera de prix; avec cette différence, que ce sera toujours des productions qui auront eu pour base les matières premières de l'Etat : sous ce rapport, point de fortune augmentée dans l'État; mais si on vend dans l'étranger, on attire chez soi les matières premières et l'argent du dehors, conséquemment on augmente la fortune du particulier et de l'État. Or, l'ordonnance permettant au capitaine de vendre dans l'étranger les effets de celui qui est mort *ab intestat*, permet qu'il agisse dans l'intérêt des héritiers et du Gouvernement : au surplus, il laisse l'initiative au capitaine pour que les héritiers ne soient pas lésés dans une vente forcée. Néanmoins il ne faut pas se dissimuler que le Législateur a eu ici plutôt en vue l'intérêt général que celui du particulier, qu'il auroit pu également favoriser, s'il eût donné la faculté au capitaine de vendre sur le territoire français comme sur le territoire étranger.

2410. Art. 7. « Pourra aussi vendre les hardes et meubles des mariniers et passagers, les faire apporter, pour cet effet, au pied du mât, et les délivrer au plus offrant, dont sera tenu état par l'écrivain, et compté par le maître. »

2411. Dans ce cas le maître doit faire vendre seulement ce qui est susceptible de se détériorer, et faire faire un procès-verbal bien circonstancié dans lequel il doit être expliqué que cette vente a été faite après délibération, (367) et par rapport à telle ou telle chose.

2412. Art. 8. « Faisons défenses, à peine de punition exemplaire, à tous officiers de guerre et de justice établis dans les îles et pays de notre obéissance, de se saisir des effets des mariniers et passagers décédés sur les vaisseaux, et d'en empêcher la disposition ou le transport, sous quelque prétexte que ce soit. »

2413. Art. 9. » Les hardes des mariniers et passagers décédés sans héritiers et sans avoir testé, seront employées à faire prier Dieu pour eux; et de leurs autres effets étant sur le vaisseau, il en sera délivré un tiers au receveur de notre domaine, un tiers à l'amiral, et l'autre tiers à l'hôpital du lieu où le navire fera son retour, les dettes du défunt préalablement payées sur le tout. »

2414. Dans la loi du 8 juin 1792, il est dit, art. 16 : « *Les parts de prises, les soldes des déserteurs, les salaires des marins morts en mer, ainsi que le produit de leurs inventaires vendus pendant la campagne, et tous autres objets non réclamés, compris dans l'art. 4 du titre* 1 *de la loi du* 13 *mai* 1791, continueront à être versés par les armateurs, et sans frais, *dans la caisse des invalides de la marine.* »

2415. Art. 10. « Le partage ci-dessus ordonné ne pourra être fait qu'après l'an et jour, à compter du retour du vaisseau, pendant lequel les effets seront déposés entre les mains d'un bourgeois solvable. »

2416. Comme cet article est une conséquence du précédent, c'est donc au précédent qu'il faut se référer.

2417. Art. 11. « Si les effets délaissés ne peuvent être conservés pendant l'an et jour, sans diminution considérable, ils seront vendus par autorité des officiers de l'amirauté, et le prix déposé comme dessus. »

2418. D'après l'art. 17 de la loi du 8 juin 1792, seront mis en dépôt ès mains des receveurs des droits de la navigation, aux termes de l'art. 1 du titre 4 de la loi du 13 août 1791, seulement les marchandises et effets provenans des bris et naufrages ou épaves; *les hardes des marins décédés en mer, et autres objets*, dont la vente et la liquidation devront être ordonnées par *les tribunaux de commerce maritime*, pour être, lesdits dépôts, restitués aux parties intéressées, ou leur produit *versé dans la caisse des invalides*, *dans le délai d'une année, à compter de la date du dépôt.*

2419. Décès. La loi du 20 ventôse an 11, chap. 4, porte, par rapport aux actes de décès :

Art. 86. En cas de décès pendant un voyage de mer, il en sera dressé acte, dans les vingt-quatre heures, en présence de deux témoins pris parmi les officiers du bâtiment, ou, à leur défaut, parmi les hommes de l'équipage; cet acte sera rédigé, savoir : sur les bâtimens de l'État, par l'officier d'administration de la marine; et sur les bâtimens appartenant à un négociant ou armateur, par le capitaine (*a*), maître ou patron du navire. L'acte de décès sera inscrit à la suite du rôle d'équipage.

2420. Art. 87. Au premier port où le bâtiment abordera, soit de relâche,

(*a*) Voilà un droit nouveau qui rentre dans les vues de Valin. (517)

soit pour toute autre cause que celle de son désarmement, les officiers de l'administration de la marine, capitaine, maître ou patron qui auront rédigé des actes de décès, seront tenus d'en déposer deux expéditions, conformément à l'art. 60. (Voyez cet article.) (2423)

2421. A l'arrivée du bâtiment dans le port du désarmement, le rôle d'équipage sera déposé au bureau du préposé à l'inscription maritime; il enverra une expédition de l'acte de décès, de celui signé à l'officier de l'état civil du domicile de la personne décédée : cette expédition sera inscrite de suite sur les registres.

2422. Naissance. Chapitre 2 de la loi ci-dessus, du 20 ventôse an 11.

Art. 59. S'il naît un enfant pendant un voyage de mer, l'acte de naissance sera dressé, dans les vingt-quatre heures, en présence du père, s'il est présent, et de deux témoins pris parmi les officiers du bâtiment, ou, à leur défaut, parmi les hommes de l'équipage. Cet acte sera rédigé, savoir : sur les bâtimens de l'Etat, par l'officier d'administration de la marine, et sur les bâtimens appartenant à un armateur ou négociant, par le capitaine, maître ou patron du navire. L'acte de naissance sera inscrit à la suite du rôle d'équipage.

2423. Art. 60. Au premier port où le bâtiment abordera, soit de relâche, soit pour toute autre cause, l'administration de la marine, capitaine, maître ou patron, seront tenus de déposer deux expéditions authentiques des actes de naissance qu'ils auront rédigés, savoir; dans un port français, au bureau du préposé à l'inscription maritime; et dans un port étranger, entre les mains du commissaire des relations commerciales.

2424. L'une de ces expéditions restera déposée au bureau de l'inscription maritime, ou à la chancellerie du commissariat; l'autre sera envoyée au Ministre de la marine, qui fera parvenir une copie, de lui certifiée, de chacun desdits actes, à l'officier de l'état civil du domicile du père de l'enfant, ou de la mère, si le père est inconnu. Cette copie sera inscrite de suite sur le rôle d'équipage.

2425. Art. 61. A l'arrivée du bâtiment dans le port du désarmement, le rôle d'équipage sera déposé au bureau du préposé à l'inscription maritime, qui enverra une expédition de l'acte de naissance, de lui signée, à l'officier de l'état civil du domicile du père de l'enfant, ou de la mère, si le père est inconnu. Cette expédition sera inscrite sur les registres.

2426. D'après cette loi il est bien évident que le ministère des écrivains de bord sur les vaisseaux de l'Etat et sur les corsaires, devient inutile sous ce rapport, et dans cette hypothèse il est donc simple scribe. (528)

2427. Loi du 13 floréal an 11, chapitre 4, section 2.

Art. 278. « Les testamens faits sur mer, dans le cours d'un voyage, pourront être reçus; savoir: »

2428. A bord des vaisseaux et autres bâtimens de l'Etat, par l'officier commandant le bâtiment, ou à son défaut par celui qui le supplée dans l'ordre du service; *l'un ou l'autre conjointement avec l'officier d'administration, ou avec celui* qui en remplit les *fonctions*.

2429. Et *à bord des bâtimens de commerce, par l'écrivain du navire,* ou celui qui en fait *les fonctions;* l'un ou l'autre *conjointement avec le capitaine,* le maître, ou à leur défaut par ceux qui les remplacent. Dans tous les cas ces testamens devront être reçus en présence de deux témoins.

2430. Art. 279. « Sur les bâtimens de l'Etat, le testament du capitaine, ou celui de l'officier de l'administration; et sur les bâtimens de commerce, celui du capitaine, du maître ou patron, ou celui de l'écrivain, pourront être reçus *par ceux qui viennent après eux dans l'ordre de service,* en se conformant, pour le surplus, aux dispositions de l'article précédent.

2431. Art. 280. » Dans tous les cas il sera fait un double original des testamens mentionnés aux deux articles précédens.

2432. Art. 281. » Si le bâtiment aborde dans un port étranger, dans lequel se trouve un commissaire des relations commerciales de France, ceux qui auront reçu le testament seront tenus de déposer l'un des originaux clos ou cacheté, entre les mains de ce commissaire, qui le fera parvenir au Ministre de la marine, et celui-ci en fera le dépôt au greffe de la justice de paix du lieu du domicile du testateur.

2433. Art. 282. » Au retour du bâtiment en France, soit dans le port de l'armement, soit dans un port autre que celui de l'armement, les deux originaux du testament, également clos et cachetés, ou l'original qui resteroit, si conformément à l'article précédent l'autre avoit été déposé pendant le cours du voyage, seront remis au bureau du préposé de l'inscription maritime. Ce préposé les fera passer sans délai au Ministre de la marine, qui en ordonnera le dépôt, ainsi qu'il est dit au même article.

2434. Art. 283. » Il sera fait mention sur le rôle du bâtiment, à la marge du nom du testateur, de la remise qui aura été faite des originaux du testament, soit entre les mains d'un commissaire des relations commerciales, soit au bureau d'un préposé de l'inscription maritime.

2435. Art. 284. » Le testament ne sera point réputé fait en mer, quoiqu'il l'ait été dans le cours du voyage, si, au temps où il a été fait, le navire avoit abordé une terre, soit étrangère, soit de la domination française où il y a un officier public français; auquel cas il ne sera valable qu'autant qu'il aura été dressé suivant les formes prescrites en France, ou suivant celles usitées dans les pays où il aura été fait.

2436. Art. 285. » Les dispositions ci-dessus seront communes aux testamens faits par les simples passagers qui ne feront point partie de l'équipage.

2437. Art. 286. » Le testament fait sur mer, en la forme prescrite par l'article 278, ne sera valable qu'autant que le testateur mourra en mer, ou dans les trois mois après qu'il sera descendu à terre, et dans un lieu où il aura pu le refaire dans les formes ordinaires.

2438. Art. 287. » Le testament fait sur mer ne pourra contenir aucune disposition au profit des officiers du vaisseau, s'ils ne sont parens du testateur.»

2439. Les testamens compris dans les articles ci-dessus de la présente section, seront signés par les testateurs et par ceux qui les auront reçus.

2440. Si le testateur déclare qu'il ne sait ou ne peut signer, il sera fait mention de sa déclaration, ainsi que de la cause qui l'empêche de signer.

2441. Dans le cas où la présence de deux témoins est requise, le testament sera signé au moins par un d'eux, et il sera fait mention de la cause pour laquelle l'autre n'aura pas signé.

2442. Art. 288. « Un Français qui se trouvera en pays étranger, pourra faire ses dispositions testamentaires, par acte sous signature privée, ainsi qu'il est prescrit en l'article 260, ou par acte authentique, avec les formes usitées dans le lieu où il est passé.

2443. Art. 289. » Les testamens faits en pays étranger ne pourront être exécutés sur les biens situés en France, qu'après avoir été enregistrés au bureau du domicile du testateur, s'il en a conservé un, sinon au bureau de son dernier domicile connu en France; et dans le cas où le testament contiendroit des dispositions d'immeubles qui y seroient situées, il devra être, en outre, enregistré au bureau de la situation de ces immeubles, sans qu'il puisse être exigé un double droit.

2444. Art. 290. » Les formalités auxquelles les divers testamens sont assujettis par les dispositions de la présente section . . . . doivent être observées, à peine de nullité. »

2445. D'après ce que prescrit cette loi, il paroîtroit naturel de dire que le testateur peut faire un testament de tous ses biens; conséquemment cette loi déroge à celle précédemment énoncée, qui ne lui permettoit que de disposer de ceux qu'il avoit avec lui dans le navire.

Le Premier Consul à dit, à-propos des militaires;

« Le drapeau, dans quelque endroit qu'il se trouve, fixe la véritable résidence du militaire français : lorsqu'il est sous ce drapeau, il n'est pas chez l'étranger. »

Ne peut-on pas dire, avec autant de vérité :

« Le pavillon, dans quelque endroit qu'il se trouve, fixe la résidence du marin français : lorsqu'il est sous ce pavillon, il n'est plus dans un endroit étranger. »

Le marin peut donc tester sous son pavillon, de la même manière qu'il peut le faire dans toutes les parties de la France.

SIXIÈME PARTIE.

SECTION XIII.

CHAPITRE XLIV.

DES ACTIONS.

2446. On appelle *action*, en général, l'opération de chaque agent ; par conséquent, tout ce qu'on fait de commun et d'extraordinaire forme autant d'*action*. Par rapport à notre objet, le mot *action* signifie le droit qu'on a de faire une demande en justice, avoir *action* contre quelqu'un ; lorsque l'on use de ce droit pour former, par exemple, une demande, on dit : telle personne a exercé ses *actions* contre telle autre pour faire telle ou telle demande. De-là, les mots *action* criminelle, *action* civile, *action* personnelle, *action* réelle, *action mixte*.

2447. Toute action et demande doit avoir pour base quelqu'intérêt particulier, sans quoi elle ne peut subsister.

2448. Les actions sont personnelles, réelles ou mixtes.

2449. Actions personnelles. Les actions personnelles sont celles par lesquelles nous agissons contre celui qui est obligé envers nous : elles sont appelées personnelles, parce qu'elles sont attachées à la personne, et la suivent par-tout.

2450. Ces actions descendent de l'obligation personnelle qui provient de quatre causes qui sont le contrat, le presque-contrat, le délit, le presque-délit.

2451. Les actions personnelles ne s'intentent que contre ceux qui sont personnellement obligés, ou contre leurs héritiers.

2452. Actions réelles. Les actions réelles, autrement appelées revendication, sont celles par laquelle nous agissons contre celui qui n'est, en aucune manière, personnellement obligé envers nous, contre qui cependant nous formons une demande en justice, pour raison de quelque chose dont il a la possession, mais dont nous avons la propriété.

On les appelle réelles, parce qu'elles ne peuvent être dirigées que contre le possesseur de la chose qui nous appartient, ou sur laquelle nous avons quelques droits réels, et qu'elles cessent du moment que celui qui possédoit cette chose l'a abandonnée ou transmise à un autre.

2453. Celui qui intente une action réelle, conclut à ce qu'attendu que la propriété de la chose qu'il revendique lui appartient, le défendeur qui la possède soit condamné à lui restituer, et lui en abandonner la possession et jouissance.

2454. Comme l'action réelle s'exerce en vertu du droit de propriété, celui qui s'en sert doit prouver sa propriété, faute de quoi le défendeur est déchargé de la demande.

2455. ACTIONS MIXTES. Les actions mixtes sont celles qui participent des actions personnelles et des actions réelles, comme, par exemple, quand nous demandons qu'une personne soit condamnée à nous rendre quelque chose avec des dommages et intérêts. On les appelle mixtes, parce que d'abord la personne, en vertu de cette action, est tenu de rendre la chose, ce qui forme séparément une action réelle, et ensuite de payer les dommages et intérêts, ce qui forme ensuite une action personnelle de la jonction; des deux se forme une action appelée *action mixte*.

CHAPITRE XLV.

DE LA SAISIE ET VENTE DES VAISSEAUX, ET DE DISTRIBUTION DES PRIX. (765)

2456. DANS le titre de la Saisie, il est dit :

Art. 1.er « Tous navires et autres vaisseaux pourront être saisis et décrétés (2112) par autorité de justice; et seront tous privilèges et hypothèques purgés par décret (763) qui sera fait en la forme ci-après.

2457. Art. 2. » Le sergent, après avoir fait commandement de payer, procédera par saisie du vaisseau, déclarera, par son procès-verbal, le nom du maître, celui du bâtiment et son port, ensemble le lieu où il sera amarré, fera inventaire des agrès, ustensiles, armes et munitions, et y établira un gardien solvable. »

2458. Pour qu'un commandement soit valable, il doit être fait en vertu d'un titre emportant exécution parée, tel qu'est un jugement sans appel ou un acte passé ou reconnu par-devant notaire, duquel titre il faut dénoncer copie au débiteur, à sa personne ou à son domicile, en lui faisant commandement, s'il ne lui a auparavant été signifié.

2459. Art. 3. « Le procès-verbal sera signifié au domicile du saisi, s'il en a dans le ressort, avec assignation pour voir procéder à la vente; et s'il n'a domicile dans le ressort, la signification sera faite, et l'assignation donnée au maître; et si le saisi est étranger et hors du royaume, le tout sera signifié à notre procureur, qui sera tenu d'en donner incessamment avis à notre procureur-général. »

2460. Si le saisi français n'a pas de domicile dans le ressort, et que le navire n'ait point de maître ou capitaine, comme, par exemple, si étant en rade il étoit sous un gardien, il faut faire le commandement et signifier la saisie au propriétaire dans son vrai domicile; et s'il étoit absent pour faillite, voyage de long cours ou hors du royaume, ou s'il n'a pas de domicile connu, il faudra se conformer à l'ord. de 1667, art. 8 et 9, tit. 2.

2461. Art. 4. « Les criées et publications seront faites ensuite par trois dimanches consécutifs, à l'issue de la messe paroissiale du lieu où le vaisseau sera amarré, et les affiches seront apposées, le lendemain de chaque criée, au grand mât, sur le quai, à la principale porte de l'église et de l'auditoire de l'amirauté, et autres lieux accoutumés. »

2462. Comme il n'est pas permis de faire des criées les jours de fêtes nationales, et des jours fériés reconnus par l'État, si l'une de ces fêtes arrivoit un dimanche, il faudroit la faire le lendemain. Valin observe que dans ce cas n'y ayant pas effectivement trois publications à trois jours de dimanche, il faudroit en faire une autre surabondante, le dimanche après la dernière, comme il se pratique en saisie réelle d'immeubles.

2463. Art. 5. « Les publications et affiches déclareront aussi le nom du vaisseau saisi et son port, et le lieu où il sera gisant ou flottant, et indiqueront les jours d'audience auxquels les enchères auront été remises.

2464. Art. 6. » Il sera procédé à la réception des premières enchères, incontinent après la première criée, au jour désigné par l'affiche, et le Juge continuera de les recevoir après chaque criée, de huitaine en huitaine, à jour limité.

2465. Art. 7. » Après la troisième criée, l'adjudication sera faite par le Juge, au plus offrant et dernier enchérisseur, sans autre formalité. »

Un navire peut être vendu par décret, nonobstant toute opposition ou appellation quelconque, en donnant caution. (778) Valin.

2466. Art. 8. « Pourra toutefois le Juge accorder une ou deux remises qui seront publiées et affichées comme les précédentes.

2467. Art. 9. » L'adjudication des barques, chaloupes et autres bâtimens du port de dix tonneaux et au-dessous, sera faite à l'audience, après trois publications seulement, sur le quai, à trois divers jours ouvrables consécutifs, pourvu qu'il y ait huit jours francs entre la saisie et la vente.

2468. Art. 10. » Les adjudicataires seront tenus, dans les vingt-quatre heures de leur adjudication, d'en payer le prix, sinon de le consigner entre les mains d'un notable bourgeois, ou au greffe de l'amirauté, sans frais, et le temps passé y seront contraints par corps, et ce vaisseau sera publié de nouveau à l'issue de la messe paroissiale, et adjugé trois jours après la folle enchère. »

Je crois qu'actuellement, d'après l'art. 1 du tit. 4 de la loi du 9 août 1791, que cette consignation doit se faire entre les mains du receveur des droits sur la navigation. Au reste, il est prudent de voir avant quelle est la marche que l'on prescrit à cet égard.

2469. Art. 11. « Les oppositions afin de distraire seront formées au greffe, avant l'adjudication, après laquelle elles seront converties en opposition pour deniers. »

L'opposition dont il est ici question est une opposition formée qui a part dans le navire saisi.

2470. Art. 12. « Les opposans afin de distraire seront tenus de bailler leurs moyens d'opposition, dans trois jours après qu'elle aura été formée, pour y défendre, dans le même délai, et ensuite être la cause portée à l'audience sur un simple acte.

2471. Art. 13. » La maîtrise du vaisseau ne pourra être saisie ni vendue, ni aucune opposition afin de distraction ou de charge, être reçue pour raison de ce; et pourront les adjudicataires en disposer, sauf au maître à se pourvoir pour son dédommagement, si aucun lui est dû, contre ceux qui l'auront proposé. »

2472. L'interprétation de ces mots : « *La maîtrise du vaisseau ne pourra être saisie ni vendue, etc.*, est expliquée par les auteurs d'une manière bien ambiguë. » Je vais essayer de me faire entendre.

2473. Clairac dit, pag. 399, si la dette procède du fait du maître, l'exploit de saisie comprendra également la maîtrise. « La maîtrise étoit alors considérée comme une espèce de droit réel, qui étoit acquis, sur le navire, au capitaine élu, et dont le capitaine ne pouvoit être privé que pour cause légitime, parce que le maître étoit co-propriétaire du navire.» n.° 4, du jug. d'Oléron; et comme, d'après l'art. 4 du tit. des propriétaires, ces co-associés peuvent le congédier, (171) il suit de-là que le capitaine, simple mandataire, n'ayant plus aucun droit réel sur le navire, son droit de maîtrise ne peut être saisi ni vendu, parce qu'on ne peut point saisir ni vendre une chose qui n'existe pas; et si le Législateur a énoncé cette disposition dans l'ordonnance, il l'a énoncée pour détruire explicitement l'ancien droit.

2474. Dans l'ancien droit, lorsque la saisie provenoit des faits du maître, on étoit obligé de saisir la maîtrise (qui sans doute comprenoit son droit de maître et son intérêt) pour le déposer de son droit de commander, afin de pouvoir faire passer ce droit à un autre; aujourd'hui, de plein droit, le commandement peut être donné par les acquéreurs à qui bon leur semble; et le maître, comme simple mandataire, étant destitué, il n'a d'autre recours que contre ceux qui l'ont proposé. Cependant, s'il avoit intérêt dans le navire, et que la saisie ne procédât pas de son fait, il seroit en droit d'exiger, sur le produit de la vente du navire, le montant de son intérêt; dans ce cas il auroit une action réelle sur le navire (172) pour le montant de sa part, et une action personnelle (2449) sur son armateur pour ses dédommagemens. (174) Ceci paroît être le sentiment d'Emérigon, tom. 2, fol. 370, qui prétend que le capitaine intéressé au navire auroit droit, pour sa part, sur icelui.

2475. Le sentiment de cet auteur me paroît contraire aux principes et à notre article qui finit par ces mots : *Sauf au maître à se pourvoir pour son dédommagement..... contre ceux qui l'auront proposé.*

2476. Lorsque l'art. porte que la maîtrise ne pourra être *saisie*, il entend, comme il a été dit, abroger le droit ancien, lorsqu'il dit qu'elle ne pourra pas être *vendue, ni qu'il ne pourra être fait aucune opposition afin de distraction :* il me semble qu'il veut dire que les adjudicataires ne reconnoîtront pour propriétaire que le mandant; qu'ils ne vendront pas le navire pour la part du capitaine, eu égard à son opposition, mais qu'ils vendront le tout, sans avoir égard à son intérêt, sauf à lui, conformément à la finale de l'article, de se pourvoir envers son commettant, pour son dédommagement comme capitaine, et pour son dédommagement comme intéressé.

2477. Il ne faut pas se dissimuler que cet article est singulièrement amphibologique; et j'en suis d'autant plus persuadé, que y ayant ici société, on doit le décider, dans cette circonstance, comme dans toute autre; car, en règle générale, lorsqu'un associé a compromis sa société, les événemens retombent de droit sur la société ; et on trouveroit, avec raison, ridicule que l'associé qui n'y auroit pas donné lieu, voulût en être exempt, par cela seul qu'il n'y auroit pas contribué : on le renverroit, avec justice, et conformément à notre article, demander ses dédommagemens aux associés qui auroient donné lieu à l'événement.

2478. Art. 14. « Les oppositions pour deniers ne pourront être reçues que trois jours après l'adjudication.

2479. Art. 15. » Les créanciers opposans seront tenus, trois jours après la sommation qui leur en sera faite, de donner leurs causes d'opposition, et de produire les titres de leur créance au greffe, pour y répondre dans trois jours, et ensuite être procédé à la distribution du prix.

2480. Art. 16. » Les loyers des matelots employés au dernier voyage seront payés, par préférence, à tous créanciers ; après eux, les opposans pour deniers prêtés pour les nécessités du navire pendant le voyage ; ensuite ceux qui auront prêté pour radoub, victuailles et équipement avant le départ ; en quatrième lieu, les marchands chargeurs ; le tout par concurrence entre les créanciers étant en même degrés de privilége. Et quant aux créanciers chirographaires et autres non privilégiés, ils seront payés suivant les lois et coutumes des lieux où l'adjudication aura été faite. »

2481. « On ne trouve point, dit Valin dans cet article, une énumération exacte des collocations à faire par ordre de préference ; mais seulement la règle qu'il faut garder pour la préférence entre les seuls créanciers privilégiés qui y sont dénommés. Il ne s'ensuit donc point, ni qu'il n'y ait pas d'autres créanciers privilégiés, ni que ceux-ci doivent absolument entrer les premiers en ordre. »

2482. En effet, quoique les matelots soient placés en tête pour leurs loyers, ce qui comprend en même temps le capitaine et tous les autres officiers du navire de retour du voyage.

2483. La loi du 11 brumaire an 7, portant, art. 8 : « Il n'est rien innové par la présente aux dispositions de l'ordonnance de 1681, concernant le droit de suite, priviléges auxquels les navires et bâtimens de mer continueront d'être affectés, même dans les mains d'un nouvel acquéreur, pour les cas qui y sont exprimés, et sans qu'il soit besoin d'inscription. » Il suit donc de-là que l'on peut ranger les priviléges dans l'ordre suivant :

2484. L'article 4 de la loi du 4 germinal an 2, porte : « La république est préférée à tous les créanciers, pour droits, confiscation, amende et restitution, et avec la contrainte par corps. »

2485.

2485. CRÉANCE SUR LES VAISSEAUX *qui ont fait un ou plusieurs voyages avant d'être décrétés.*

1.° Les frais de justice occasionnés par la sentence d'ordre ;

2.° Les frais de saisie réelle et de décret ;

3.° Les gages du gardien du navire tant avant que depuis sa saisie réelle ;

4.° Le loyer des magasins où ont été placés les agrès et apparaux, s'ils ont été retirés du navire ;

5.° Le voilier pour raccommodage des voiles ;

6.° Le droit de calage et amarrage du navire depuis son arrivée au quai ;

7.° Les gages de l'équipage, sans que l'on puisse le renvoyer à se faire payer sur le fret des marchandises ;

8.° Les créanciers opposans, pour deniers prêtés à la grosse ou autrement pendant le voyage, pour la nécessité du navire ; de même ceux dont les marchandises ont été vendues pour les même causes, qu'ils y aient consentis ou non ;

9.° Ceux qui ont prêté à la grosse ou autrement, pour radoub, victuailles et équipement du navire avant son départ ; ce qui comprend par conséquent les charpentiers, calfateurs et autres ouvriers qui ont travaillé au radoub ; (130 et suiv.) les fournisseurs de bois, planches et fer, qui y ont été employés, les fournisseurs de voiles et cordages, et généralement de tout ce qui a servi à mettre le navire en état de faire le voyage ; (132 et suiv.) les cabaretiers qui ont fourni la nourriture aux matelots et autres gens de l'équipage, par ordre du maître avoué, en cela du propriétaire ou armateur, le vendeur. Tous ces individus sont rangés dans la même classe.

2486. Valin donne aussi privilége aux assureurs pour la prime qui leur est due ; et qui plus est, il veut qu'ils concourent, avec les donneurs à la grosse qui ont pour ainsi dire une hypothèque légale, et ne doivent être payés de leur intérêt nautique qu'après que l'opération est consommée ; mais je crois que les assureurs ne doivent point être privilegiés. Le privilége est de droit étroit ; si en matière d'assurance on l'accorde a certaines personnes par analogie des cas exprimés dans l'ordonnance, cette une faveur introduite pour l'avantage du commerce qui néanmoins doit avoir ses bornes. L'art. 6 des assureurs porte textuellement que *la prime sera payée d'avance ;* conséquemment lorsque l'assureur prend un billet de prime de l'assuré lui faisant crédit pour un fait de commerce, l'assuré contracte donc un engagement *chirographaire* ; et, par la même raison, la créance est donc une créance de la nature que lui donne sa qualité.

2487. Il est d'usage, dit Emerigon, tom. 1, fol. 81, qu'en diverses places les assurés font des billets de prime aux assureurs. A Marseille on fait souvent de pareils billets, *ils n'opèrent pas novation.*

2488. Pour voir jusqu'à quel point cette Jurisprudence est exacte ou erronée, entrons dans quelques détails ; et pour les présenter avec évidence, faisons les questions suivantes auxquelles nous répondrons.

2489. Pourquoi le Législateur a-t-il voulu que la prime se payât d'avance ? Il a voulu qu'elle se payât d'avance, pour éviter que des gens de mauvaise foi ne fissent point tort aux assureurs. En effet, toute personne, même inconnue, peut faire des chargemens avec une apparence propre à en imposer ; l'opération est-elle achevée, le débiteur disparoissant avec sa chose, donnant lieu à des recherches d'autant plus ruineuses, que souvent elles pourroient être infructueuses. Pour éviter ce grave inconvénient, le Législateur a donc voulu que la prime se payât d'avance.

2490. Lorsque la prime est payée en billet, y a-t-il ou n'y a-t-il pas novation ?

2491. La novation est un changement d'une obligation en une autre obligation postérieure : il y a plusieurs sortes de novations ; mais je ne m'arrêterai qu'à celle qui est relative à mon objet. L'effet de cette novation est d'éteindre une obligation antérieure pour en contracter une postérieure. Le droit voulant que la prime soit payée d'avance, il entend donc que l'assureur en soit propriétaire au moment qu'il signe l'assurance ; consentant à ce qu'elle ne lui soit payée qu'à terme, c'est une novation qu'il introduit dans son droit, puisque d'une chose à lui acquise, il en fait une chose à acquérir ; conséquemment, il y a novation *dans la cause*, c'est-à-dire, qu'ayant, par le droit, une valeur envers lui, la transmettant, par le fait, à son assuré, il métamorphose la prime en un prêt d'argent qui, dans ce cas, le rend comme tout autre prêteur, créancier chirographaire. Il n'est donc pas possible de dire que dans une chose nouvelle il n'y ait point de novation : il suit donc de ce principe, que par rapport au privilége de la prime, il faut suivre l'usage des places, qui certes ne sont point exemptes de contestations, parce que, encore une fois, le privilége est de droit étroit. (24 et suiv.)

2492. A la vérité on pourroit objecter qu'il n'y a pas de novation, puisque l'assureur, quoiqu'il ait reçu un billet de prime en paiement, est obligé de payer toute la perte s'il en survient ; et que, comme le contrat d'assurance est synallagmatique, (1248) tout doit être réciproque. Je répondrai à ces observations, que tout ceci ne regardant que l'intérêt des contractans, ils doivent exécuter ponctuellement leurs obligations respectives ; mais que par rapport au tiers les arrangemens de cette espèce, ne peuvent point être allégués, par la raison qu'ils n'y ont pas souscrit, et qu'ils ne doivent absolument voir que les règles de droit qui leur sont applicables.

2493. Créances privilégiées sur les navires *qui n'ont pas fait de voyage avant le décret.* Les charpentiers, les calfateurs et autres ouvriers employés à la construction, les créanciers pour le bois, cordages et autres choses fournies pour le bâtiment, seront payés par préférence à tous autres créanciers, et par concurrence entre eux.

2494. Privilége de sauvetage *sur les débris des navires naufragés et sur les assurances.*

1.° Ces frais sont préférés sur les sauvetages à tous créanciers, et doivent être préalablement pris sur le tout. Pothier.

2.° Pour le salaire des matelots, sur le navire et le fret ;

3.° Après ces paiemens, le produit des débris est distribué aux autres créanciers, suivant l'ordre prescrit dans la saisie.

Privilége des créanciers sur les facultés *chargées sur le navire.*

1.° Les frais de chargement, voiturage et magasinage dus pour les effets débarqués ;

2.° Le capitaine, pour le paiement du fret et avaries générales ;

3.° Celui qui a fourni ou prêté de l'argent pour réparer les marchandises du chargeur ;

4.° Tous ceux qui ont donné, avant le départ du navire, sur le chargement ou sur la pacotille. Si, dans la relâche, le marchand a pris de l'argent à la grosse, les seconds donneurs concourent également avec les premiers.

2495. Priviléges en matière de cession d'intérêt. Voir ce que j'ai par rapport aux cessions d'intérêt. (180)

2496. Privilége sur les assurances. Valin dit « que si la solvabilité du propriétaire du vaisseau qui a mis à la voile devient suspecte, les fournisseurs, etc. peuvent demander qu'il ait à déclarer s'il a fait assurer le vaisseau, et jusqu'à quelle somme, et qu'il ait à déposer la police d'assurance à l'amirauté ; à l'effet qu'en cas de perte du navire ils puissent exercer le privilége de leurs créances sur le recouvrement de l'assurance ; si non qu'il leur soit permis de faire assurer le navire, jusqu'à concurrence de leur dû, leur privilége toujours conservé, tant sur le navire que sur le montant de l'assurance ; il est d'usage, dit cet auteur, à l'amirauté de leur accorder.

2497. Il est aisé de voir, d'après l'opinion du commentateur, qu'il entend que les personnes qu'il désigne soient privilégiées sur les assurances ; cette assertion paroît répugner, avec juste raison, à Emérigon. « L'ordonnance, dit-il, n'accorde aux ouvriers et fournisseurs le privilége que *sur le navire* ; par conséquent ils n'en ont aucun sur les assurances, (comme s'en explique Valin.) Il faudroit que le privilége sur les sommes assurées fût accordé aux matelots et à tous les autres créanciers dont il est parlé dans l'art. 16 ; et il conclut en disant, que les fournisseurs et les ouvriers n'ont point le droit de demander au propriétaire du navire qui a mis à la voile, s'il a fait assurer le vaisseau, et jusqu'à quelle somme. » En effet, le privilége n'est affecté qu'à la chose ; elle en est seule le gage spécial.

2498. Privilége des donneurs a la grosse *sur les navires et marchandises*. Le donneur à la grosse sur le navire et les marchandises jouit d'un privilége solidaire sur l'un et sur l'autre, parce que le corps et les facultés n'ont établi qu'un seul capital.

2499. Art. 17. « Si le navire vendu n'a point encore fait de voyage, le vendeur, les charpentiers, calfateurs et autres ouvriers employés à la construction, ensemble les créanciers pour les bois, cordages et autres choses fournis pour le bâtiment, seront payés par préférence à tous créanciers, et par concurrence entre eux. (121 et suivans.)

2500. Art. 18. » Les intéressés au navire dont on saisira quelque portion, lorsqu'il sera prêt à faire voile, pourront le faire naviguer, en donnant caution jusqu'à concurrence de l'estimation qui sera faite de la portion saisie.

2501. Art. 19. « Pourront aussi les intéressés faire assurer la portion saisie, et prendre deniers à la grosse aventure pour coût de l'assurance dont ils seront remboursés, par préférence, sur le profit de retour. »

CHAPITRE XLVI.

DES AJOURNEMENS.

2502. Art. 1.er « Tous exploits donnés aux maîtres et mariniers dans le vaisseau pendant le voyage, seront valables comme s'ils étoient faits à domicile. »

2503. Cet article doit s'entendre par rapport aux engagemens que les mariniers ont pris pour cause de leur voyage, et non pour toute autre, de manière que sous le rapport des engagemens des mariniers, la loi ne leur reconnoît que leur vrai domicile, pour tout autre engagement de nature différente de ceux-ci.

2504. Il est aussi d'usage, dit Valin, d'assigner le capitaine ou le matelot, par exploit délivré au lieu où il loge et où il prend ses repas, en attendant son embarquement.

2505. Art. 2. « Aux affaires où il y aura des étrangers ou forains parties, et en celles qui concerneront les agrès, victuailles, équipages et radoubs des vaisseaux prêts à faire voile, et autres matières provisoires, les assignations seront données de jour à jour, et d'heure à autre, sans qu'il soit besoin de commission du Juge, et pourra être, le défaut, jugé sur-le-champ. »

On peut donc assigner les jours fériés. Note sur l'article 3 de la Jurisprudence de la marine.

2506. Art. 3. « Les Juges d'amirauté en première instance, tiendront le siége, pour les affaires ordinaires, trois jours de la semaine; et pour les causes provisoires, et celles des forains et étrangers, de jour en jour et d'heure à autre; et pourront les parties plaider en personnes sans être obligées de se servir du ministère d'avocats ni de procureurs. »

CHAPITRE XLVII.

DES PRESCRIPTIONS ET FIN DE NON-RECEVOIR.

2507. La prescription définie par rapport à notre objet, est l'affranchissement et la libération des droits incorporels, tels que sont les obligations, actions et autres, faute par celui à qui ces droits appartiennent de s'en être servi, et de les avoir exercés dans le temps fixé par la loi.

2508. La fin de non-recevoir, généralement parlant, sont toutes sortes d'exceptions péremptoires; mais dans un sens moins étendu, on entend, par ces mots, une exception qui repousse une demande sans qu'on entre dans le fond; conséquemment, lorsque la chose *est prescrite*, celui qui est assigné peut, sans entrer dans les moyens du fond, prétendre être mal assigné, vu que le demandeur n'est pas recevable en sa demande, comme ne l'ayant point faite en temps opportun.

Le même esprit qui a porté le Législateur à abréger les délais des assignations, et à accélérer les jugemens dans les affaires sommaires, l'a engagé pareillement à limiter la durée des actions qui peuvent être formées dans les cas qui appartiennent tout de même aux matières provisoires, l'intérêt du commerce maritime et de la navigation l'exigeoit de la sorte pour la tranquillité de ceux qui s'y livrent. Plus leurs opérations sont rapides et multipliées, plus leur libération doit être prompte, simple et entière.

Art. 1.er « Les maîtres et patrons ne pourront, par quelque temps que ce soit, prescrire le vaisseau contre les propriétaires qui les auront établis.

Art. 2. » Ne pourront aussi faire aucune demande pour leur fret, ni les officiers, matelots et autres gens de l'équipage pour leurs gages et loyers, un an après le voyage fini.

Art. 3. » Ceux qui auront fourni le bois et autres choses nécessaires à la construction, équipement et avituaillement des vaisseaux, les charpentiers, calfateurs et autres ouvriers employés à la fabrique et radoub, ne pourront faire aucune demande pour le prix de leur marchandise, ni pour leur peine et salaire après un an, à compter, à l'égard des marchands, du jour de la délivrance de leur marchandise; et pour les ouvriers, du jour que leurs ouvrages auront été reçus. »

Ainsi tous les dénommés au présent article, pour conserver leurs créances et le privilége qui leur est accordé sur le navire par l'art. 16 du titre de la Saisie, doivent, s'ils ne sont pas fondés en reconnoissance par écrit, former leur demande dans l'an de la livraison, sans quoi la fin de non-recevoir sera acquise contre eux, et pourra leur être opposée, tant de la part du propriétaire du navire, que de ses autres créanciers.

Art. 4. « Ne seront plus reçues aucunes actions contre les maîtres, patrons ou capitaines, en délivrance de marchandise chargée dans leur vaisseau, un an après le voyage accompli.

Art. 5. » Le marchand ne sera recevable à former aucune demande contre le maître, ni contre ses assureurs, pour dommage arrivé à sa marchandise, après l'avoir reçue sans protestation; ni le maître à intenter aucune action pour avaries contre le marchand, après qu'il aura reçu son fret sans avoir protesté de sa part. »

2509. L'action en réparation du dommage étant ouverte, soit contre le maître, soit contre les assureurs, il faut, pour la conserver, protester en recevant la marchandise; l'article ne déclare point dans quel temps il faut protester, mais l'usage est de le faire dans les vingt-quatre heures de la délivrance, à l'exemple de ce qui se pratique au sujet des marchandises qui viennent par terre. Cette protestation doit être faite devant le Juge-de-paix, et à défaut, par-devant un notaire ou autre officier public, s'il n'y a pas de notaire sur les lieux.

2510. Par rapport aux avariés communes, ou grosses et communes, (656) si lorsque le capitaine qui reçoit son fret, n'en est pas payé, il doit se les réserver dans la quitance qu'il délivre.

2511. Art. 6. « Les protestations n'auront aucun effet, si dans le mois elles ne sont suivies d'une demande en justice. »

2512. Comme toute action en paiement de dommage cesse, et est prescrite lorsque le dommage ne peut plus être reconnu et estimé, si le cas est pressant, il est donc intéressant de faire ses diligences dans le plus bref délai, pour faire constater la nature, la qualité et l'estimation des choses; à l'effet de quoi il faut faire faire la visite des marchandises ou du navire, et faire dresser procès-verbal de leur état, partie présente ou duement appelée.

2513. D'après l'arrêté des Consuls, du 2 thermidor an 10; art. 1.er, aucune réduction de droits ne peut être accordée pour cause d'avaries, que dans le cas d'échouement ou autres accidens de mer constatés suivant les formes prescrites, et qui emporteroient recours contre les assureurs. Ainsi les avaries qui arrivent par le vice propre de la chose, ne donnent lieu à aucune réduction par rapport aux droits.

2514. Daprès l'article 2, il faut que les experts nommés par le directeur ou le receveur des douanes, procèdent à leur expertage dans les vingt-quatre heures.

2515. Art. 7. « Le maître sera aussi recevable, après la délivrance des marchandises, à alléguer d'autres cas fortuits que ceux mentionnés dans son rapport.

2516. Art. 8. » Toute demande pour raison d'abordage, sera formée vingt-quatre heures après le dommage reçu, si l'accident arrive dans un port, havre ou autre lieu où le maître puisse agir. »

2517. Si le dommage a été fait en pleine mer, les vingt-quatre heures ne commencent à courir que du jour de l'arrivée au port.

2518. Art. 9. « Les taverniers n'auront aucune action pour la nourriture fournie aux matelots, si ce n'a été par l'ordre du maître (375); et en ce cas ils en feront la demande dans l'an et jour, après lequel ils n'y seront plus reçus. »

2519. L'an et le jour ne doit se compter que du jour que le cabaretier a cessé de fournir la nourriture aux matelots.

2520. Art. 10. « Les prescriptions ci-dessus n'auront lieu que lorsqu'il y aura cédule, obligation, arrêté ou interpellation judiciaire. »

2521. Dans les restrictions de l'article, il n'y a donc d'autre prescription que celle de trente ans; quant à l'interpellation judiciaire, il ne suffiroit pas pour l'établir qu'il y eût une simple sommation, il faut qu'il y ait sommation et assignation, et encore faut-il donner suite à cette assignation pour ne pas la laisser tomber en péremption. Si dans les matières ordinaires la péremption d'instance ne s'opère que par une cessation de procédures pendant trois ans, il n'en est pas de même dans celles où la durée de l'action est bornée à deux ans, à un an, ou à six mois, la règle étant certaine que l'instance périt alors par discontinuation des procédures pendant le même temps que l'on a pour former utilement l'action.

2522. Mais quoique l'action soit pressente, on n'est pas pour cela sans ressource, le défendeur ne pouvant, en pareil cas, obtenir sa décharge, qu'en affirmant par serment qu'il ne doit pas; ou si c'est un héritier, qu'en affirmant qu'il n'a pas connoissance de la dette.

2523. En 1753, un négociant s'étoit fait assurer 8000 liv. En 1764 les assureurs requirent que les risques fussent déclarés finis. L'assuré soutenoit que ses fonds n'étoient pas encore arrivés, et que la police ne renfermoit aucun terme. Sentence de l'amirauté de Paris, qui déchargea les assureurs, sur le fondement que les risques ne doivent pas être éternels. Pothier, *N.° 63*.

2524. Un vaisseau ayant été laissé dans un port pendant dix ans, et étant devenu inavigable, les assureurs ont été condamnés à payer, notamment par sentence du 19 décembre 1752. La raison de ce jugement paroît être que la loi n'a établi aucun terme fatal.

2525.

2525. Par arrêt du 19 août 1777, confirmatif d'une sentence de Dunkerque du 9 septembre 1776, un capitaine a été déclaré non-recevable en sa demande en dommages et intérêts par rapport *à un abordage*, fondé sur ce qu'il ne s'étoit pas pourvu dans les vingt-quatre heures, mais huit jours après.

2526. A l'égard de l'art. 10 du titre des avaries (1729), où il est dit : le mot *également* présentant des doutes, on a décidé communément, 1.° que le dommage énoncé dans cet article ne regarde que le navire et son propriétaire, et non les marchandises qui y sont chargées; 2.° que, par rapport au mot *également*, il faut entendre par portion égale. Kuricke, fol. 803, Vinnius sur Peckius, fol. 263 et 264.

Le navire le Comte d'Artois portoit des marchandises assurées par les sieurs Pollet et Herrewin; il en contenoit aussi beaucoup d'autres : le 22 mars 1771, il échoua à l'entrée du port de Dunkerque, toutes ces marchandises furent retirées du navire; Devinck, l'un des chargeurs, en fit transporter la plus grande partie dans ses magasins, et prétendit en avoir fait transporter aussi dans les magasins de l'amirauté; et, après avoir été huit mois sans rien réclamer des assureurs, il les fit avertir de l'échouement par un courtier, auquel ils promirent de payer la perte, se regardant comme bien averti.

D'après le compte rendu par le greffier de l'amirauté, il résultoit que la perte étoit de 46 fr. 14 s. 3 den. pour cent, Devinck présenta le sien à différens assureurs qui l'approuvèrent, et payèrent le montant des avaries; mais Pollet et Herrewin refusèrent d'approuver et de payer le compte qui leur fut présenté, soutenant que Devinck étoit non-recevable, parce que le délai fatal étoit expiré.

Ces premiers ayant été traduits à l'amirauté, ils fondèrent leurs moyens sur le défaut de protestations et de demande régulière dans le temps fixé par l'ordonnance; Devinck fonda les siens sur la promesse faite au courtier et sur l'usage. Sentence de l'amirauté de Dunkerque, qui condamna Pollet et Herrewin à payer le montant des avaries, et aux dépens. Appel de la part des assureurs, allégations de plusieurs fins de non-recevoir. La première résultoit des art. 5 et 6 de l'ordonnance (2508, art. 5.) et art. 47 du tit. des Assurances. (1625)

Les moyens de Devinck furent comme en cause principale, que les autres assureurs n'avoient fait aucune difficulté de payer, quoiqu'ils n'eussent été avertis que verbalement ou par lettre, que Devinck n'avoit point reçu ces marchandises, qu'il les avoit faites transporter dans les magasins de l'amirauté, qu'elles y avoient été vendues à la requête du ministère public, aux risques des assureurs appelés à la vente; et que par cette raison il avoit dû être dispensé de faire des protestations par écrit, et de former une demande qui n'en est que la suite. Il s'étaya de plus du courtier qui donna un certificat, et rapporta d'autres certificats de négocians, de courtiers, qui attestoient que l'usage étoit de n'exiger aucunes formalités de la part de l'assuré, lorsque les assureurs sont avertis du malheur arrivé au navire; il s'étaya même du sentiment de Valin et Pothier.

Cependant comme la loi est toujours supérieure aux considérations, et que les formalités prescrites par l'ordonnance paroissent avoir été constamment négligées, le Parlement, par son arrêt du 27 juillet 1779, prononça ce qui suit :

« Notre dite cour faisant droit sur le tout, met l'appellation et ce dont est appellé au néant; émendant, sans s'arrêter aux requêtes dudit Devinck dont il est débouté, n'ayant aucunement égard à celles desdits Herrewin et Pollet, condamne ledit Devinck à payer; savoir, audit Pollet la somme de 420 fr., et audit Herrewin celle de 175 fr. pour la prime de trois et demi pour cent, convenue de la somme de 12,000 fr. à l'égard dudit Pollet, et celle de 5,000 fr. à l'égard dudit Herrewin, avec les intérêts; en conséquence condamne ledit Devinck, et par corps, à rendre et restituer auxdits Pollet et Herrewin, dans trois jours, la somme de 7,700 fr. 12 s. par eux consignée, comme contraint au greffe de l'amirauté, pour le montant des condamnations contre eux prononcées par la sentence du 16 mai 1778, avec les intérêts de ladite somme, à compter du jour de la consignation jusqu'au parfait remboursement. Sur le surplus des demandes, fins et conclusions, met les parties hors de cour, et condamne ledit Devinck en tous les dépens des causes principales d'appel et demandes.

SIXIÈME PARTIE.

SECTION XIV.

CHAPITRE XLVIII.

DE LA LIBERTÉ DE LA PÊCHE.

2527. PAR le droit naturel, la mer appartient à tous les hommes; il est permis à chacun d'y naviguer (1850) et d'y faire la pêche, comme l'a fort bien observé Grotius dans son traité *de mare libero*. Néanmoins, le droit conventionnel des gens, et les stipulations que les grandes nations ont faites entre elles, ont posé des bornes à cette liberté. En effet, toutes les côtes ont été exceptées de la règle universelle; et il n'est plus permis de naviguer ou d'y pêcher que du consentement de la nation qui en a le domaine; mais quelles sont les limites qu'ont adoptées les nations? elles m'ont parues assez arbitraires chez certaines. Je désirerois donc que les indemnités des côtes fussent, comme il a été dit pour toute autre circonstance, portées à tant de toises. (1848)

2528. Il y a trois espèces de pêches : 1.° la pêche qui se fait le long des côtes ; 2.° la pêche qui se fait en pleine mer; 3.° la grande pêche.

2529. La pêche qui se fait le long des côtes est très-importante, puisqu'elle est la première école des mariniers; il est essentiel qu'elle soit régie par de bonnes lois; ces lois doivent régler la manière dont cette pêche doit se faire; interdire différentes espèces de filets et engins que la cupidité a fait imaginer pour prendre le poisson; déterminer la grandeur des mailles de tous les filets permis; enfin, ces lois doivent défendre, sous de graves peines, de jeter dans les rivières des noix vomiques, de la chaux, de la momie et d'autres drogues ou ingrédiens servant d'appât au poisson, qui n'étant propres qu'à donner tout d'un coup de gros bénéfices à celui qui s'en sert, donne une grande perte à la société, en faisant périr le jeune frai et le menu poisson, qui sans cela offriroit de grandes ressources.

Lord Sheffiels a observé que les pêcheurs écossais se servent de trop grands filets qui, étant trop chargés, ne peuvent se retirer que le lendemain, ce qui est très-préjudiciable, et qui prouve qu'il est nécessaire d'en déterminer les dimensions.

2530. Les Bataves trouvèrent la pêche du harang tellement avantageuse, qu'ils élevèrent une statue à Guillaume Beukeling qui leur apprit à les encaquer.

2531. La pêche du saumon, du hareng et de la sardine est considérable; la pêche du banc qui du lac Neagh va se jeter dans la mer du Nord à Coléranie, est loué, en Irlande, 6,000 liv. st. La quantité de saumon qu'on y pêche est immense : on assure que des pêcheurs ont pris d'un seul coup de filet 1452 saumons.

2532. La pêche en pleine mer est d'une très-grande importance, et est la seconde école des mariniers. Les poissons et les coquillages qu'elle donne forment une branche de commerce très-lucrative, en nourrissant les peuples répandus le long des côtes : d'ailleurs, elle attire beaucoup d'argent de l'étranger.

2533. Etant entré dans les vues de la nature que les hommes communiquassent entre eux, elle a divisé ses bienfaits en donnant aux uns une chose, et aux autres une autre chose ; de-là, la nécessité d'échanger son superflu pour se procurer celui des autres. Cette nécessité se présente particulièrement dans la pêche. L'Océan, la mer du Nord, la Méditerranée, la mer Baltique ont chacune leur poisson particulier qui même se trouve varié le long des côtes. Il appartient donc au Gouvernement, jaloux d'apporter la prospérité dans son Etat, de profiter avec vigilance de tous ces avantages; et il l'emportera sur les autres nations, et en favorisant plus la pêche qu'elles.

2534. La grande pêche est celle de la baleine et de la morue. La pêche de la baleine se fait dans la mer du Nord ou l'Océan septentrional, vers le *Spitkzberg* et le Groënland ; cette pêche est libre à toutes les nations. Les Bataves, les Hambourgeois et les Brémois y sont très-adonnés. Ces vaisseaux partent en avril, pour se trouver au commencement de juin à la hauteur de leur destination, afin de pouvoir entreprendre de pêcher lors de la fonte des glaces.

2535. Il y a deux espèces de baleines : les baleines proprement dites qui ont quelquefois 300 pieds de long, et les cachelots qui sont moins grands mais qui ont des dents, et dont on tire la cervelle que l'on appelle vulgairement sperme de baleine. Il y a environ vingt-cinq ans qu'un cachelot entra dans la rivière de Bayonne, y causa des grandes frayeurs et même des désordres, il fut harponné, et on en conserve l'image dans plusieurs maisons de la ville. Au reste, l'auteur du Négociant Anglais, tom. 2, fol. 156, deuxième édition, prétend, et peut-être avec raison, que les harponneurs de Bayonne, de Saint-Jean-de-Luz et des côtes de Biscaye, sont les meilleurs harponneurs du monde. On connoît sans doute assez tous les grands avantages de la pêche de la morue, pour que je croie être dispensé de les exposer.

2536. Dans la discussion qui eut lieu aux Communes du Parlement de la Grande-Bretagne, en 1791, relativement à un Tribunal à établir à Terre-Neuve, on cita des états prouvant que les pêcheries diminuoient, que 630 bâtimens marchands montés par 5077 hommes qui faisoient le commerce de Terre-Neuve en 1788, étoient réduits à 427, montés par 4270 hommes; que les vaisseaux pêcheurs étoient diminués de 148, et n'employoient plus que 1558 hommes, et que les bateaux étoient réduits à 118, et les hommes qui les montoient à 426. *Tab. de la Gr.-Bret. tom. 2, append. fol. 463.* A ces pêches on peut en ajouter une quatrième, qui est celle des étangs et petites rivières.

2537. Le propriétaire d'un étang, d'une rivière ayant le même droit sur le poisson de son étang et de la rivière, que le propriétaire d'une terre a sur le gibier qui l'habite; le premier, comme le second, peut exercer ce droit par lui-même, ou en faire l'objet d'un fermage.

2538. La pêche des rivières navigables fait partie du revenu de l'Etat, et il appartient au Gouvernement d'en disposer de la même manière que pourroit le faire un particulier qui en auroit la propriété.

2539. Il faut néanmoins observer que par rapport aux rivières ou portions de rivières qui appartiennent aux particuliers, ceux-ci ont seuls le droit de pêche, parce que la pêche, sous ce rapport, est considérée comme les fruits civils de leur propriété; d'où il résulte que les voisins n'y ont aucun droit de pêcher même à la ligne. Art. 18 du tit. 25 de l'ord. des eaux et forêts de 1669.

2540. Le droit de pêche dans la rivière d'autrui ne s'acquiert pas par la prescription, même immémoriale; il ne peut résulter que d'un titre, à moins qu'il n'y ait eu contradiction, auquel cas la prescription s'obtient par une jouissance paisible de trente ans.

2541. Ce droit de pêche sur la rivière ou sur l'étang d'autrui n'est pas ordinairement un droit individuel appartenant à une personne et à ses descendans ou représentans; le plus souvent c'est un droit réel attaché à une maison ou propriété voisine, et qui se transmet à chaque mutation aux nouveaux acquéreurs.

2542. Le concessionnaire du droit de pêche n'est pas libre de donner à sa jouissance une latitude exagérée, en pêchant, en tout temps, à toute heure et avec tels instrumens que bon lui semble; au contraire, sa jouissance est soumise à deux espèces de conditions.

2543. La première, c'est de se conformer, pour le temps et le mode de la pêche, aux ordonnances et réglemens de police intervenus sur cette matière, et qui ont pour objet de prévenir la dépopulation des étangs et rivières. Une autre condition, c'est de ne pêcher que jusqu'à concurrence des besoins de sa maison, sans fraude, excès, ni abus, et sans pouvoir disposer de sa pêche au profit de personnes étrangères, par vente, par présens ou autrement.

2544. Lorsque c'est un droit particulier à toute une commune entière, ce droit ne peut pas être exercé par chacun des habitans de cette commune, et ce pour prévenir la dépopulation de l'étang ou de la rivière. En pareil cas, la commune ne peut exercer son droit que collectivement, et par le moyen d'un représentant. Le mode ci-devant usité étoit d'adjuger le droit au plus offrant et dernier enchérisseur, et d'employer le prix de l'adjudication aux dépenses de la commune.

2545. « La mer, dit Cicéron, est par excellence le partage des vaisseaux. Elle est le lieu qui rapproche les hommes les uns des autres, et qui forme de tous ensemble une même famille dont les secours respectifs répondent aux besoins de chacun.

2546. Mais il est convenable que la liberté de la pêche, dont le motif est particulier, cède à l'intérêt général; aussi le Préteur romain, par un interdit, défendit-il de rien faire, ni dans la mer, ni au rivage, qui pût nuire à la navigation; c'est sur un pareil motif que sont basées nos lois, dont il résulte que s'il est permis de pêcher, il n'est point permis d'entraver la navigation, et que toute pêche qui entrave la navigation doit être défendue.

2547. Celui donc qui se livre à la pêche, jette ses filets ou établit ses madragues, doit par conséquent prévenir tout obstacle au cours du navire; il répondroit sans difficulté des dommages qui pourroit leur occasionner, un seul cas excepté; c'est lorsque les filets ou madragues ont été rompus par la faute ou malice des gens du navire. Au reste, si l'accident est arrivé par la faute du navire, on se borne à estimer le dommage fait aux filets ou à la madrague, sans avoir égard au poisson qu'il auroit pris. *L. 22, § 3, ff. ad leg. aquil.*

2548. Art. 1.er « Déclarons la pêche de la mer libre et commune à tous nos sujets, auxquels nous permettons de la faire tant en pleine mer que sur les grèves, avec les filets et engins permis par la présente ordonnance.

2549. Art. 2. » Nos sujets qui iront faire la pêche des morues, harengs et maquereaux sur les côtes d'Irlande, d'Ecosse, d'Angleterre et d'Amérique, et sur le banc de Terre-Neuve, et généralement dans toutes les mers où elle peut se faire, seront tenus de prendre un congé de l'amiral pour chaque voyage. »

2550. Pour faire la pêche sur les côtes d'une autre Puissance, il faut avoir égard aux traités.

2551. Voici l'arrêté dernier des Consuls, par rapport à la pêche de la morue.

Police de la pêche de la morue à l'île de Terre-Neuve.

Arrêté du 15 pluviôse.—Concession des places.

Art. 1.er Les havres et places, avec leurs grèves (ou graves) en dépendantes, aux côtes de l'île de Terre-Neuve, ne seront plus au choix du premier arrivé, ni du premier occupant.

Art. 2. Les armateurs qui se proposent d'expédier des navires pour la pêche de la morue aux côtes de Terre-Neuve, où les correspondans des armateurs se réuniront à Saint-Malo, le 10 ventôse prochain, sous la présidence du commissaire principal de marine, et les opérations auxquelles ils procéderont, seront terminées dix jours après cette réunion.

Art. 3. Cette assemblée dressera un état des havres et places qui étoient ordinairement occupés par les capitaines français avant la dernière guerre. Cet état, qui désignera le nom et le nombre de chaque place dans chaque havre, indiquera le nombre de bateaux pêcheurs auquel chaque place peut suffire.

Cet état sera envoyé au Ministre de la marine et des colonies.

Art. 4. Les armateurs des villes maritimes qui se proposent d'envoyer cette année des navires à la pêche, à la côte de Terre-Neuve, feront, au commissaire principal de marine, la déclaration du nombre de navires et de bateaux que chacun d'eux doit armer, ainsi que celle du havre où ils désirent les envoyer. Il sera dressé procès-verbal de ces déclarations.

Art. 5. Si deux ou plusieurs armateurs prétendent à-la-fois à l'occupation d'une place où leurs embarcations ne pourroient être rassemblées, sans qu'il en résultât, pour eux, un préjudice mutuel; et si ces armateurs ne se concilient pas sur le choix des places, il sera décidé par la voie du sort entre les divers concurrens.

Art. 6. Alors le tirage des places s'effectuera ainsi qu'il suit, en présence du commissaire principal de marine et des armateurs réunis; il sera fait autant de bulletins qu'il y aura de navires pour chaque armateur prétendant à la même place, et le nom de chaque navire sera mis sur chaque bulletin.

Ces bulletins seront mis dans un vase, et la place sera adjugée au navire dont le nom sortira le premier.

Si les armateurs réunis ne se concilioient point pour s'assigner respectivement les places, dont l'état sera dressé conformément à l'article 3, il sera mis dans un vase autant de bulletins qu'il y aura de navires dans l'expédition générale; ces bulletins seront tirés en présence de tous les armateurs réunis; à fur et mesure que le nom du navire sortira, son armateur lui choisira une place, et ainsi de suite jusqu'au dernier.

Art. 7. Il sera dressé procès-verbal du tirage au sort, autorisé par les deux articles précédens.

Art. 8. Aussitôt que les diverses places à occuper à la côte de Terre-Neuve, par les capitaines français, auront été déterminées, soit par les conventions et arrangemens conciliatoires, soit par la voie du sort, il sera dressé un tableau de la répartition des havres, places et grèves adjugés à chaque navire.

Art. 9. Ce tableau, rédigé suivant le plan topographique de la côte que les Français ont le droit d'occuper, conformément aux traités, présentera le nom de chaque havre; l'étendue de la grève qui dépend de chaque place; le nombre des bateaux auquel chaque place peut suffire; les noms des armateurs auxquels chaque place aura été adjugée; la ville où ils sont domiciliés; les noms des navires; leur port en tonneaux; la force de leur équipage; le nombre de bateaux; le port d'où chaque navire devra être expédié, et la désignation du havre qui lui aura été assigné.

Art. 10. Ce tableau de répartition sera adressé au Ministre de la marine et des colonies; il sera imprimé et rendu public.

Art. 11. Chaque armateur conservera, pendant trois ans, la jouissance du havre et de la place qui lui auront été adjugés, tant qu'il continuera d'expédier d'expédier le même nombre de navires, de bateaux ou d'hommes pour la pêche de la morue.

Il conservera, pendant le même temps, la propriété des échafauds, dépendances et grèves qu'il aura occupés et fait préparer dès cette année.

Art. 12. Les trois années expirées, il sera, conformément aux articles 5 et 6, procédé, par la voie du sort, au partage des places, à moins que les armateurs ne soient d'accord entre eux à conserver celles qu'ils occupoient; ce qui sera constaté par un nouveau procès-verbal, en présence du commissaire principal de marine à Saint-Malo.

Art. 13. Il sera délivré, dès cette année, à chaque armateur un bulletin de mise en possession, contenant le nom du havre et de la place qui leur auront été concédés pour chaque navire; et, dans le cas où lesdites places ne seroient pas désignées, ledit bulletin contiendra les renseignemens nécessaires pour constater et faire facilement reconnoître la place adjugée à l'armateur.

Art. 14. Le commissaire principal de marine à Saint-Malo adressera un état de ces bulletins aux administrateurs des ports d'où les navires seront expédiés.

Art. 15. Les échafauds, leurs dépendances et grèves, tels qu'ils se trouveront à l'arrivée des navires, appartiendront, dès le moment que la répartition des places aura été faite, conformément aux articles 4, 5 et 6 du présent réglement, au navire auquel chaque place aura été adjugée, ou à un autre navire armé, en remplacement, par le même armateur, quel que soit le nombre de bateaux qu'il équipe en plus que lors de l'armement du premier navire : si ledit armateur équipe moins de bateaux, il y aura lieu au partage de la grève seulement, en raison du moindre nombre de bateaux.

Ainsi, dans le cas où un navire qui, en l'an 11, auroit occupé une place pour vingt bateaux, et qui, en l'an 12, seroit remplacé par un navire qui n'occuperoit que dix bateaux, le capitaine devra céder la moitié de la grève qu'il occupoit précédemment; si le navire auquel la place a été adjugée pour l'an 11, n'est pas expédié ou remplacé la seconde année, sa place sera réputée vacante, et pourra être concédée à ceux qui la réclameront, sans que le premier concessionnaire qui l'aura abandonnée, puisse y conserver aucun droit, ni prétendre à aucune indemnité.

Art. 16. Quoique les limites de chaque grève doivent être déterminées autant qu'il sera possible, et ce, conformément à l'article 9 du présent réglement, deux capitaines qui partageront la même grève, s'arrangeront à l'amiable entre eux pour poser les limites dans lesquelles ils devront respectivement se renfermer.

S'ils ne parviennent pas à s'accommoder, les autres capitaines du même havre, ou du havre le plus voisin, assigneront, comme arbitres, à chacun, une étendue convenable à cette grève, et proportionnément en nombre effectif de ses bateaux.

Il sera dressé procès-verbal de cette démarcation de limites; et, au retour de la pêche, une copie de ce procès-verbal sera remise à l'administration de la marine dans le port d'armement.

Art. 17. Un armateur qui n'auroit point fait, cette année, les déclarations prescrites par l'article 4 du présent réglement, ou qui, dans les années postérieures, n'auroit pas obtenu, dans les formes prescrites, un bulletin de mise en possession, ne pourra s'établir sur une grève déjà occupée, ou qui seroit du nombre de celles indiquées par le tableau de répartition.

Il ne pourra également prétendre au partage d'un terrain non occupé, mais qu'un premier concessionnaire auroit défriché à neuf, et disposé pour faciliter et étendre l'exploitation de la pêche.

Les administrateurs de la marine, dans les ports d'armement, ne délivreront de rôles d'équipages aux navires destinés à être expédiés pour la pêche de la morue aux côtes de l'île de Terre-Neuve, qu'autant que les armateurs auront justifié qu'ils sont mis en possession d'une place, conformément au présent réglement.

Art. 18. Lorsque, postérieurement à l'an 11, un nouvel armateur voudra faire une expédition pour la pêche, il devra, à l'époque du 1.er ventôse au plus tard, en prévenir le commissaire principal de marine à Saint-Malo, et lui désigner la place dont il désire la concession.

La demande de ce nouvel armateur sera communiquée immédiatement par le commissaire aux autres armateurs ou capitaines concessionnaires dans le même havre.

S'ils déclarent que la place demandée existe, ledit commissaire fera délivrer sans retard au nouvel armateur un bulletin de mise en possession, et il en rendra compte au Ministre de la marine.

Si, au contraire, l'avis desdits armateurs est négatif, ledit commissaire communiquera la demande aux armateurs ou capitaines concessionnaires des deux havres voisins de celui où une place aura été réclamée; et, dans le cas où la réponse de ceux-ci seroit également négative, le nouvel armateur seroit tenu de choisir une autre place de la côte pour en demander la concession.

Mais si l'avis des concessionnaires voisins étoit opposé à celui des concessionnaires occupant un havre dont une portion de grève seroit réclamée, le commissaire principal de marine s'adjoindroit deux armateurs non intéressés à la réclamation, et après avoir examiné avec eux les avis et représentations exposés de part et d'autre, il prononcera, s'il y a lieu, à admettre ou rejeter la demande formée par le nouvel armateur.

Ledit commissaire en rendra compte au ministre de la marine.

Capitaines des navires employés à la pêche de la morue sur les côtes de l'île de Terre-Neuve.

Art. 19. Le capitaine le plus ancien remplira dorénavant les fonctions qui étoient précédemment attribuées au capitaine le premier arrivé.

Art. 20. Il est spécialement chargé de maintenir la discipline, la police et le bon ordre dans le havre; d'assurer à chaque capitaine la jouissance du havre et de l'étendue de grève qui lui sont assignés; d'inspecter les filets; de veiller à la sûreté des mouillages et rades; de recevoir les plaintes des capitaines pêcheurs, et d'y faire droit, lorsqu'il est compétent pour les juger, après avoir toutefois vérifié les faits et acquis des preuves autant qu'il lui est possible.

Il préside toutes les réunions de capitaines, qui peuvent avoir lieu dans le havre; il termine, comme *prud'homme arbitre*, et sans frais, les contestations qui peuvent s'élever entre les capitaines; il ne peut exiger aucune rétribution ni émolumens des capitaines pêcheurs; il garde minute des décisions qu'il prononce; il constate par des procès-verbaux toutes les contraventions au présent réglement commises pendant la durée de la pêche; il signe ces procès-verbaux, et les fait signer par les officiers et le maître d'équipage, et, à son retour, il doit remettre lesdites décisions et procès-verbaux à l'administrateur de la marine, dans le port d'où il est parti.

Il remettra aussi audit administrateur un rapport détaillé sur la navigation, et sur tout ce qui peut intéresser l'amélioration de la pêche.

Art. 21. Si le capitaine prud'homme étoit lui-même intéressé dans une contestation, ou s'il est absent, elle sera portée et soumise au jugement du prud'homme du havre le plus voisin.

Art. 22. Lorsque des bâtimens de l'État sont en station sur les côtes de l'île de Terre-Neuve, et que le capitaine prud'homme a eu connoissance de délits qui sont du ressort de la police correctionnelle, il les dénonce au commandant desdits bâtimens, et provoque contre les délinquans les peines prononcées par les lois sur la discipline des équipages.

Art. 23. S'il est commis des délits qui, en France, seroient du ressort des tribunaux criminels, le capitaine prud'homme remplit les fonctions de juge-de-paix; il forme la première instruction; il veille à ce que le prévenu ne puisse s'évader, et à son arrivée il remet les pièces au commissaire du gouvernement près le tribunal criminel.

Art. 24. La répartition des havres et places devant être déterminée, conformément au présent réglement, avant le départ des navires, l'intérêt que chaque capitaine avoit à aborder le premier, n'existe plus; néanmoins il est défendu aux capitaines de navires expédiés pour la pêche de la morue, sous peine de mille francs d'amende (ordonnance du 8 mars 1702), d'appareiller et de faire route pour la côte de Terre-Neuve avant le 30 germinal; il leur est également défendu, sous la même peine, d'expédier des bateaux à leur arrivée sur la côte, si le navire en est éloigné de plus de deux lieues, et même à une plus courte distance, s'il y a banquise formée; ce qui sera constaté par les journaux des capitaines et des officiers.

Art. 25. Chaque capitaine recevra avant son départ pour l'île de Terre-Neuve, de l'administrateur de la marine dans le port d'où il sera expédié, un bulletin de mise en possession, conforme au modèle ci-après. Il sera tenu d'exhiber ledit bulletin au capitaine prud'homme du havre où il devra être placé.

Bulletin de mise en possession.

Le navire le appartenant au citoyen de commandé par le citoyen du port de tonneaux, ayant hommes d'équipage, devant armer et équiper bateaux,

Le présent bulletin a été délivré par le de marine au citoyen capitaine du navire le conformément au réglement du an 11, pour constater que ledit capitaine a le droit d'occuper dans le havre de la place et dépendances, nommées qui a été adjugée audit navire, avec faculté de jouir de ladite place pendant trois ans, sans trouble ni empêchement,

Sont, en conséquence, requis tous ceux qui sont chargés de concourir à l'exécution dudit réglement, d'aider et de maintenir ledit cit. capitaine du navire le dans la possession et jouissance de ladite place, sous peine, par les contrevenans, de cinq cents francs d'amende (art. 4, tit. 6, liv. 5, de l'ordonnance du mois d'août 1681), et de tous dommages et intérêts qui pourroient être, au retour en France, réclamés auprès des tribunaux.

Nota. Si la place concédée ne peut être nominativement désignée, sa position topographique, son étendue et ses limites devront être indiquées avec assez de détails pour qu'elle soit facilement reconnue, et pour prévenir toute contestation entre les capitaines pêcheurs.

Art. 26. Il est défendu à tout capitaine de navire, expédié pour la pêche de la morue, d'occuper un havre ou une grève, dont la concession ne sera pas constatée par un bulletin de mise en possession, sous la peine portée ci-dessus, et d'interdiction de commandement.

Art. 27. Chaque capitaine expédié pour les côtes de Terre-Neuve, sera muni d'un exemplaire du présent réglement, ainsi que d'un exemplaire du tableau de répartition prescrit par larticle 9.

Art. 28. Il est défendu à tout capitaine, sous peine de cinq cents francs d'amende, de jeter du lest dans les havres; de s'emparer des sels et huiles qui auroient pu être laissés l'année précédente; de rompre, transporter ou dégrader les échafauds et leurs dépendances qui se trouveront dressés à la côte. (Art. 7, tit. 6, liv. 5 de l'ordonnance du mois d'août 1681.) Il est même expressément recommandé à tout capitaine d'améliorer la place qu'il occupe.

Art. 29. Il est défendu également à tout capitaine de s'emparer des chaloupes et bateaux qui seroient échoués sur la côte, sans un pouvoir spécial des propriétaires de chaloupes, à peine d'en payer le prix, et de 50 francs d'amende.

Mais si les propriétaires des chaloupes et bateaux ne s'en servent pas ou n'en ont pas disposé, ceux qui en auront besoin pourront, avec la permission du capitaine prud'homme, s'en servir pour faire leur pêche, à condition qu'à leur retour ils en paieront le loyer aux propriétaires.

Les capitaines qui auront employé ces chaloupes et bateaux, seront tenus de remettre au prud'homme du havre, et, en son absence, à un capitaine voisin, un État contenant le nombre des chaloupes, avec la soumission d'en payer le loyer, de les remettre au propriétaire, s'il arrive à la côte, ou à tout autre ayant pouvoir du propriétaire.

Si les chaloupes et bateaux ne sont pas remis au propriétaire pendant la durée de la pêche, les capitaines qui les auront employés seront tenus de les faire échouer en lieu de sûreté, de le faire constater par un certificat délivré par le capitaine prud'homme, et, en son absence, par le certificat d'un autre capitaine. (Art. 8, 9, 10, 11, titre 6, livre 5 de l'ordonnance de 1681).

Art. 30. Les capitaines seront tenus de procurer aux commandans des bâtimens de l'État, employés en station sur les côtes de l'île de Terre-Neuve, tous les renseignemens et détails que ces officiers leur demanderont sur l'exploitation de la pêche, sur la police observée par les pêcheurs, sur le nombre et l'état de leurs navires, de leurs bateaux, et de leurs équipages.

Instrumens de pêche.

Art. 31. L'usage des filets appelés *hallopes*, est défendu dans toute l'étendue des pêcheries françaises à la côte de Terre-Neuve.

Art. 32. Pour prendre le poisson appelé *capelan*, ou celui nommé *lançon*, servant l'un et l'autre d'appât à la morue, il ne pourra être employé que des seines ayant huit à neuf cents mailles de hauteur, et trente brasses de longueur lorsqu'elles seront montées.

Art. 33. Il est défendu de se servir de seines à capelan et à l'ançon, autrement qu'au moulinet, et sans jamais déborder à terre.

Art. 34. Il est défendu de couler entièrement les seines, ou d'en ajuster deux ensemble, de manière à ce qu'elles raclent sur le fond.

Art. 35. L'usage des seines à morue est maintenu.

Art. 36. Leur étendue sera à volonté; mais la grandeur des mailles au sac ne pourra être au-delà de 50 millimètres entre nœuds au carré.

Art. 37. Il est défendu de se servir des seines à morue, autrement qu'au moulinet, et sans jamais déborder à terre.

Art. 38. Un bateau débordant à la seine ne pourra approcher d'un bateau pêchant à la ligne, à une distance moindre que de cent vingt brasses.

Art. 39. A l'instant qu'un bateau à la seine débordera et approchera d'un bateau pêchant à la ligne à une distance réputée de cent vingt brasses, il jettera à la mer un tangon, qui restera pour mesurer la distance, en cas de réclamation.

Art. 40. Un bateau pêchant à la ligne, qui réclamera le mesurage des distances, pour prendre part au coup de filet, jettera, de son côté, à la mer une bouée mise sur son aussière, à l'endroit où celle-ci étoit tournée à l'avant du bateau, et il la filera ensuite.

Art. 41. Le maître du bateau à la ligne se rendra à bord du bateau de seine, pour y prendre une ligne de cent cinquante brasses, que celui-ci sera tenu d'avoir constamment à son bord, et il demandera un homme de l'équipage pour mesurer, avec lui, la distance d'une bouée à l'autre.

Art. 42. Le refus fait par le bateau de seine de jeter à la mer et de mesurer la distance, emportera conviction que l'espace est moindre de cent vingt brasses, et obligera de droit ce bateau à donner, en indemnité, à celui pêchant à la ligne, tout le poisson provenant de la pêche qu'il auroit faite dans le lieu où la contestation s'est élevée.

Art. 43. Sous peine de donner, à son tour, une batelée de morue au bateau pêchant à la seine, et même de plus grands dommages s'ils étoient adjugés; il est aussi défendu au bateau pêchant à la ligne de venir mouiller dans le circuit de la seine, ni d'en venir gêner les mouvemens, une fois que le bateau de seine aura été prévenu qu'il va déborder, et qu'il aura effectivement commencé à jeter son filet à la mer.

Art. 44. Toute demande en indemnité pour les faits prévenus par les articles ci-dessus, sera jugée, sommairement et sans appel, par les autres capitaines du havre non intéressés par leurs armemens, aux bâtimens en contestations. Ces capitaines seront convoqués et présidé par le prud'homme, et, s'il est intéressé ou absent, par le capitaine le plus ancien d'âge.

Art. 45. Toutes contraventions aux présens réglemens pour l'usage des seines, soit de la part des armateurs, soit de celle des capitaines de navires, seront punis par des amendes, conformément aux réglemens concernant les seines et autres filets prohibés, et notamment les amendes prononcées par les arrêts et déclarations de 1725, 1726, 1727 et 1754.

Ces amendes seront prononcées par le Tribunal de commerce des villes où les bâtimens feront leur retour.

Les procès-verbaux constatant lesdites contraventions seront, à cet effet, adressés à ces Tribunaux, par les capitaines prud'hommes qui en auront fait le rapport.

Art. 46. Le produit des amendes sera versé dans la caisse des invalides de la marine.

Art. 47. Le Grand-Juge, Ministre de la justice, en ce qui concerne les jugemens à prononcer par les Tribunaux, et le Ministre de la marine et des colonnies, pour tout ce qui est relatif à la police de la pêche et des pêcheurs, seront chargés de l'exécution du présent arrêté, qui sera inséré au bulletin des lois.

SECTION XV.

CHAPITRE XLIX.

DE DIVERSES ESPÈCES DE RETS OU FILETS.

2552. Art. 1.er Déclarons la pêche de la mer libre et commune *à tous nos sujets*, auxquels nous permettons de la faire, tant en pleine mer que sur les grèves, avec les filets et engins permis *par la présente ordonnance*.

2553. Art. 2. Nos sujets qui iront faire la pêche des morues, harengs et maqueraux sur les côtes d'Irlande, d'Ecosse, d'Angleterre et d'Amérique, et *sur le banc de Terre-Neuve*, et généralement dans toutes les mers *où elle se peut faire*, seront tenus de prendre un congé de l'Amiral pour chaque voyage.

2554. Art. 3. Les pêcheurs pourront se servir des rets ou filets appelés folles, *dreiges*, tramaux ou tramaillades, et autres mentionnés en la présente ordonnance, dans les temps et en la manière *ci-après réglée*.

Dreiges. Toutes les espèces de dreige et autres filets traînans ont été interdits et défendus par la déclaration du Roi, du 23 avril 1726. Il a été fait des changemens considérables par la déclaration déjà citée, et par celle du 18 mars 1727, sur le titre des parcs et pêcheries, auxquelles les pêcheurs doivent se conformer, soit pour la forme et la maille des filets, soit pour le temps et la manière de s'en servir.

2555. Art. 4. Les folles auront leurs mailles *de cinq pouces en quarré*, et elles ne pourront être laissées à la mer *plus de deux jours*, à peine de confiscation, et de vingt-cinq livres d'amende.

2556. Art. 5. Ceux qui pêcheront avec les folles, seront tenus d'être toujours sur leurs filets, *tant qu'ils seront à la mer*, pour les visiter de temps en en temps et de marée à autre, s'ils n'en sont empêchés par la tempête ou par les ennemis.

Ils doivent être sur leurs filets, soit pour avertir les navigateurs de leur position, afin qu'ils puissent éviter l'abordage de ces filets, soit pour les visiter, afin de les remettre dans leur premier état, s'ils les trouvent dérangés dans leur tente.

2557. Art. 6. Les rets de la dreige auront les mailles d'un pouce neuf lignes en quarré, et les trameaux ou hameaux, qui sont attachés des deux côtés du filet, auront les leurs de neuf pouces en quarré, sans qu'ils puissent être chargés de plus d'une livre et demie de plomb par brasse, sous les peines ci-dessus ordonnées.

La disposition de notre article n'a plus lieu depuis que les rets de la dreige ont été interdits par la déclaration du 23 avril 1726. Mais il ne faut pas confondre les rets *de la dreige ou drague, causse ou chausse,* avec un autre filet qui porte les mêmes noms et qui s'appelle aussi *ret traversier et chalut,* dont l'usage a été définitivement permis par l'ordonnance du Roi du 31 octobre 1744.

2558. Art. 7. Permettons toutefois de faire la pêche *des vivres,* avec des mailles *de treize livres en quarré,* depuis le 15 février *jusqu'au 15 avril seulement.*

Quoique la pêche des vivres soit encore permise, néanmoins on ne pourroit plus la faire avec la dreige, comme on la faisoit autrefois, attendu que cette dernière pêche a été défendue; mais il faut se conformer pour les filets aux réglemens postérieurs.

Comme la permission de la pêche des vivres n'étoit accordée que pendant le temps du carême, qui ne vient pas tous les ans au jour fixé par notre article, il fut rendu par le conseil d'Etat un arrêt le 28 mars 1687, par lequel : « Sa Majesté étant en son conseil, interprétant le présent article 5 » de son ordonnance du mois d'août 1681, sur le fait de la marine, titre » des diverses espèces de rets ou filets, a ordonné et ordonne qu'à l'avenir » la pêche appelée dreige ou des vivres, commencera deux jours avant le » premier de carême, et durera jusqu'au dernier jour d'icelui seulement. »

2559. Art. 8. Les pêcheurs qui voudront pêcher pendant la nuit, seront tenus de montrer trois différentes fois un feu, dans le temps qu'ils mettront *leurs filets à la mer,* à peine de cinquante livres d'amende et de réparation de toutes pertes et dommages qui en pourroient arriver.

Ces feux doivent être faits, à moins que ces filets ne fussent placés dans des lieux périlleux, parce que dans ce cas, bien loin que ces feux fussent salutaires à ceux qui les verroient pour éviter l'abordage, ils deviendroient au contraire des feux trompeurs, qui exposeroient aux peines portées par l'art. 45 du titre des naufrages.

2560. Art. 9. Si les filets d'un bateau dreigeur sont arrêtés et retenus par quelques ancres, rochers ou autres choses semblables, ensorte qu'il ne puisse dériver; *l'équipage sera tenu*, sous les mêmes peines, de montrer pendant la nuit *un feu*, tant que le bateau demeurera sur le lieu où ses filets sont attachés.

Ceci ne peut plus s'entendre de l'équipage d'un bateau dreigeur, puisque la pêche à la dreige est expressément défendue aujourd'hui, mais de tout autre bâtiment, dont les filets se trouvent arrêtés et retenus par quelques ancres ou rochers. Les pêcheurs, dans cette circonstance, sont tenus de montrer un feu, afin que les autres puissent prendre leurs mesures, soit pour éviter l'abordage, soit pour aller au secours de ce bateau pêcheur dont le feu annonce le danger où il se trouve.

2561. Art. 10. Les mailles *des filets appelés picots*, seront de pareille grandeur que celles de la dreige, et seront chargés d'un quarteron de plomb au plus par brasse; *défendons* de se servir pour battre l'eau, de perches ferrées ou pointues, à peine de dix livres d'amende.

Ces filets ne sont plus permis aujourd'hui, qu'autant qu'ils ne traîneront pas à la mer, suivant l'art. 20 de la déclaration du 23 avril 1726.

Les défenses portées en cet art. se trouvent également dans l'article qui vient d'être cité, et elles ont été réitérées par l'art. 3, titre 10 de la déclaration du 18 mars 1727, sous peine de confiscation de filets et instrumens, et de 100 liv. d'amende pour la première fois, de pareille confiscation, et de trois ans de galères en cas de récidive.

2562. Art. 11. Faisons défenses aux pêcheurs qui arriveront à la mer, de se mettre et jeter leurs filets en lieu où ils puissent nuire à ceux qui se seront trouvés les premiers sur le *lieu de la pêche*, ou qui l'auront déjà commencée, à peine de tous dépens, dommages et intérêts, et de cinquante livres d'amende.

Cette défense est faite pour éviter toute discussion à cet égard : la distance entre les pêcheurs a été réglée par la déclaration du 18 mars 1727, qui veut à l'art. 3 du tit. 1.er, que les pêcheries concernant les hauts parcs soient éloignées les unes des autres de six brasses au moins; et l'art. 6 du titre 2 veut, qu'à l'égard des bas parcs, les pêcheries soient éloignées les unes des autres de dix ou vingt brasses, selon qu'elles sont placées, ou en ligne directe, ou au-dessus, ou au-dessous ; entre les ravoirs il doit y avoir une espace de dix brasses conformément à l'art. 4 du tit. 4, et entre les pêheurs avec guidaux ; et il faut un intervalle de quinze brasses. C'est la disposition de l'art. 5 du titre 5.

2563. Art 12. Faisons encore défenses, sous pareilles peines, à tous pêcheurs qui se trouveront dans une flotte de pêcheurs, de quitter leur rumb ou rang pour se placer ailleurs, après que les pêcheurs de la flotte auront mis leurs filets à la mer.

2564. Art. 13. Permettons de faire la pêche avec des rets ayant des mailles de quatre lignes en quarré *et au-dessus.*

Parce que ce poisson qui est au-dessous de la moyenne espèce, se rassemble de manière qu'on en trouve des amas considérables, tantôt d'un côté, tantôt d'un autre ; d'ailleurs les autres poissons ne se mêlent guère avec celui-ci.

2565. Art. 14. Faisons défenses aux pêcheurs d'employer *de la résure* pour attirer la sardine, et à tous marchands d'en vendre qu'elle n'ait été visitée et trouvée bonne, à peine de trois cents livres d'amende.

La résure est un appât fait avec des œufs de moules, pour attirer la sardine ; mais il est défendu de s'en servir qu'après qu'elle a été visitée et reconnue bonne, parce que la résure de mauvaise qualité empoisonneroit la sardine. C'est pour la même raison que l'art. 39 de la déclaration du 23 avril 1726 défend à toutes personnes, sous peine de pareille amende de 300 liv. pour la première fois, et de 1000 liv. en cas de récidive, de jeter dans la mer, le long des côtes et aux embouchures des rivières, dans les mares et les étangs salés, de la chaux, des noix vomiques, noix de cyprès, coques du levant, momie, musc et autres drogues pour servir d'appât et empoisonner le poisson.

2566. Art. 15. Défendons de faire la pêche *du gangui et du borgin*, et celle *du marquesèque ou du nonnat*, pendant les mois de *mars*, *avril et mai*, à peine de confiscation des filets et bateaux, et de cinquante livres d'amende.

Gangui et borgin. Ces deux mots sont synonymes, et signifient un filet dont on se sert sur la Méditerranée, et dont les mailles sont fort étroites. Il est attaché à un petit bateau.

Le marquesèque est un filet qui a les mailles très-petites, et duquel on se sert sur les côtes de Provence, pour prendre le nonnat qui est le plus petit de tous les poissons.

2567. Art. 16. Défendons aussi, sous les mêmes peines, de pêcher pendant les mêmes mois *avec bouliers*, à deux cents brasses près des embouchures des étangs et rivières.

Le boulier est un filet fait comme une seine dont les pêcheurs se servent sur les côtes de la Méditerranée, et qu'ils tendent ordinairement aux embouchures des étangs salés. Mais comme cette espèce de seine est par-là un filet traînant, le boulier se trouve aujourd'hui proscrit tant par les art. 19, 20 et 22 de la déclaration du 23 avril 1726, que par l'art. 2, tit. 10 de celle du 18 mars 1727, à moins qu'il n'ait été réduit en forme de *ret traversier ou chalut* : et dans cette supposition, on ne pourroit, en aucune manière, en faire usage depuis le premier mai jusqu'au dernier août, à cause que c'est le temps où le poisson dépose son frai ; et depuis le premier septembre jusqu'au dernier avril, on ne pourroit s'en servir qu'à une lieue au large des côtes, conformément à l'art. 5 de l'ordonnance du 31 octobre 1744.

2568. Art. 17. Faisons en outre défenses aux pêcheurs qui se servent d'engins appelés fichures, de prendre les poissons enfermés dans les bastudes ou autres filets tendus *dans les étangs salés*, *à peine de punition corporelle.*

Les étangs salés, ce qui doit s'entendre non-seulement des filets tendus dans les étangs salés, mais encore dans la mer.

2569. Art. 18. Il y aura toujours au greffe de chaque siége d'amirauté, *un modèle des mailles* de chaque espèce de filets dont les pêcheurs demeurant dans l'étendue de la jurisdiction, se serviront pour faire leur pêche, tant en mer que sur les grèves : enjoignons à nos procureurs de tenir soigneusement la main à l'exécution du présent article, à peine de répondre des contraventions en leur nom.

SEPTIÈME PARTIE.

SECTION XVI.

CHAPITRE L.

DES PARCS ET PÊCHERIES.

2570. Les grèves de la mer sont reconnues parmi nous pour propriétés domaniales, sans aucune concurrence de jouissance avec les propriétaires riverains, à moins d'une concession expresse.

2571. Le Gouvernement s'est départi de la rigueur de ce droit pour la pêche du coquillage sur les grèves aux baies et embouchures des rivières navigables; mais cette indulgence ne s'étend pas jusqu'à autoriser l'établissement des parcs et pêcheries, ni aucune espèce de construction sur la grève, sans aucun égard aux prétentions des propriétaires riverains qui regardent la grève de la mer comme une dépendance de leur fonds.

2572. Il y a deux sortes de parcs établis sur les grèves : les uns sont construits avec des pierres rangées en forme de demi-cercles, et élevées à la hauteur de quatre pieds au plus, sans chaux, ciment ni maçonnerie, ayant dans le fond du côté de la mer une ouverture de deux pieds de largeur, fermée seulement d'une grille de bois, avec des trous en forme de mailles, d'un pouce au moins en quarré ; ces parcs, qui sont appelés en quelques endroits écluses, servent à la pêche du poisson, et en même-temps à élever des huîtres.

2573. Les parcs de la seconde espèce sont ceux qui ne pouvant être pratiqués que sur un terrain vaseux, sont construits avec des pieux entrelacés de clayonnage. On les appelle bouchots; ils servent, comme les écluses, à la pêche du poisson, et sont particulièrement destinés à élever les moules.

2574. Ces bouchots doivent avoir, du côté de la mer, une ouverture de pareille grandeur de deux pieds, qui ne peut être formée de filets, grilles de bois, panier ni autre chose.

2575. Ces parcs et bouchots ne peuvent pas être établis à l'embouchure des rivières navigables, ou sur les grèves de la mer, à une distance moindre dé 200 brasses du passage ordinaire des vaisseaux ; ceux qui se trouvent au-dessous de cette distance, doivent être démolis aux frais des propriétaires.

2576. Art. 1.er Permettons de tendre sur les grèves de la mer aux baies et aux embouchures des rivières navigables, des filets appelés hauts et bas parcs, ravoirs, courtines et *venets* de la qualité et en la manière prescrite par les articles suivans.

Les hauts et bas parcs ne sont que des filets disposés avec des pieux plantés à cet effet dans les sables ou dans la vase, sur les grèves de la mer, ou aux baies et aux embouchures des rivières navigables.

2577. Art. 2. Les mailles *des bas parcs, ravoirs*, courtines et venets, auront deux pouces en quarré, et ils seront attachés à des pieux plantés à cet effet *dans les sables* sur lesquels le ret sera tendu, *sans qu'il y puisse être enfoui.*

L'art. 1.er, tit. 2 de la déclaration du 18 mars 1727, est conforme à la disposition de notre article, pour ce qui regarde les bas parcs, les courtines et les venets.

On trouve dans la même déclaration, tit. 4, l'usage qu'on doit faire des ravoirs. L'art. 1.er du titre 2, déjà cité, est suivi de huit autres articles qui règlent non-seulement la forme et l'étendue des bas parcs, mais encore la distance qu'il doit y avoir de l'une à l'autre, la manière d'en user, et les peines des contraventions commises à cet égard.

Comme les mailles de ces filets doivent avoir deux pouces en quarré, pour que les petits poissons puissent s'échapper ; de même il est défendu d'enfouir les filets dans les sables, pour que les petits poissons puissent également s'échapper, parce qu'autrement ils seroient tenus par une espèce de digue que formeroient au bas du filet les matières que la mer en se retirant emporte toujours avec elle.

2578. Art. 3. Les mailles des hauts parcs auront un pouce ou neuf lignes au moins en quarré ; et ils seront tendus en telle sorte que le bas du filet ne touche point aux sables, et qu'il en soit éloigné *de trois pouces au moins.*

Afin que les petits poissons puissent passer aisément dessous, et s'échapper.

2579. Art. 4. Les parcs dans la construction desquels il entrera bois ou pierres, *seront démolis*, à la réserve de ceux bâtis avant l'année 1544, dans la jouissance desquels les possesseurs seront maintenus, conformément aux articles 84 et 85 de l'ordonnance du mois de mars 1584, pourvu qu'ils soient construits *en la manière ci-après.*

Ainsi il ne seroit pas permis de construire aujourd'hui en bois ou en pierre, des pêcheries sur les grèves de la mer, sans une permission expresse du Gouvernement.

Notre article, en ordonnant la démolition de tous les parcs dans la construction desquels il entre bois ou pierre, réserve ceux qui ont été bâtis avant l'année 1544; mais en même-temps qu'il en confirme la jouissance aux possesseurs, il les oblige à les construire conformément aux articles suivans, afin qu'ils ne puissent nuire au frai du poisson, ni au poisson du premier âge.

2580. Art. 5. Les parcs de pierre seront construits de pierres rangées en forme de demi-cercle, et élevés à la hauteur de quatre pieds au plus, sans chaux, ciment, *ni maçonnerie*, et ils auront dans le fond, du côté de la mer, une ouverture de deux pieds de largeur, qui ne sera fermée que d'une grille de bois, ayant des trous en forme de mailles d'un pouce au moins en quarré, depuis la St.-Remi *jusqu'à Pâques*, et de deux pouces en quarré, depuis Pâques *jusqu'à la St.-Remi.*

Pendant ce temps, c'est-à-dire jusqu'à Pâques, il suffit que les trous de la grille de bois soient d'un pouce en quarré, parce qu'ils ne servent qu'à la retraite des eaux, n'y ayant pour lors ni frai de poisson, ni poisson du premier âge.

Mais dans cette saison, c'est-à-dire jusqu'à la St.-Remi, il en est tout autrement, il faut que les trous de la grille de bois soient de deux pouces, parce que l'eau sortant de la pêcherie par une ouverture plus étroite, il en résulteroit cet inconvénient, que non-seulement le poisson du premier âge s'y trouveroit pris et arrêté, mais encore le frai du poisson.

2581. Art. 6. Les parcs appelés bouchots seront construits de bois entrelassés, *comme claies*, et auront dans le fond, du côté de la mer, une ouverture de pareille grandeur de deux pieds, qui ne pourra être fermée de filets, grilles de bois, paniers ni autre chose depuis le premier mai *jusqu'au dernier août.*

L'arrêt du Conseil du 2 mai 1739, en dérogeant à notre ordonnance sur le fait des bouchots, a introduit une police nouvelle à cet égard; et quoiqu'il n'ait eu pour objet que les bouchots des seigneuries de Luçon et de Champagne, néanmoins il doit être considéré comme un réglement général et comme la règle à suivre aujourd'hui; l'art. 6 veut que lesdits bouchots ou parcs de clayonnage, ayent les ailes, pannes, ou côtes de cent brasses de long seulement, et l'ouverture du côté de terre, cent brasses de largeur; qu'ils soient construits de bois entrelassés, comme claies, autour des pieux ou piquets enfoncés dans le sable, qui ne s'élèvent hors de terre de plus de cinq pieds; et que les pieux et claies qui forment lesdites pêcheries, en ligne diagonale de la côte jusqu'à la mer.

L'art. 8 s'exprime en ces termes: « L'ouverture ou l'extrémité de l'angle » desdits bouchots ou parcs de clayonnage sera de six pieds de large, sur » toute la hauteur du clayonnage, depuis le premier mai jusques et compris » le dernier septembre; et à cet effet, il sera défait, si besoin est, des deux » claies qui formeront les deux ailes desdits bouchots, l'espace qui con- » viendra pour opérer ladite ouverture: laquelle ne pourra être fermée » pendant ledit temps, de filets, grilles de bois, paniers, benâtres, ni de » quelque espèce d'engins et instrumens que ce puisse être, à peine de » cinquante livres d'amende, et de démolition de ce qui aura été fait en » contravention du présent article pour la première fois, de pareille amende, » et d'être privé de pouvoir tenir à l'avenir aucunes desdites pêcheries, en » cas de récidive. » L'art. 6 et 7 du même arrêt fixe encore plus particu- lièrement les proportions et les époques des temps desdites pêcheries.

2582. Art. 7. Et pour les parcs de bois *et de filets*, ils seront faits de simples claies d'un pied et demi de hauteur, auxquelles seront attachés des filets ayant les mailles d'un pouce en quarré; et les claies auront dans le fond, du côté de la mer, une ouverture aussi de deux pieds, qui ne pourra être fermée que d'un filet dont les mailles seront de deux pouces en quarré, depuis Pâques jusqu'à la St.-Remi, et d'un pouce au moins depuis la St.-Remi jusqu'à Pâques.

Ces parcs peuvent encore avoir lieu aujourd'hui, puisque la disposition de notre article ne paroît point avoir été abrogée par aucune loi postérieure.

2583. Art. 8. Faisons défenses à toutes personnes de quelque qualité et condition qu'elles puissent être, de bâtir ci-après sur les grèves de la mer aucuns parcs, dans la construction desquels il entre *bois ou pierre*, à peine de trois cents livres d'amende, et de démolition des parcs à leurs frais.

Depuis notre ordonnance il a toujours été défendu de bâtir sur les grèves de la mer aucuns parcs, dans la construction desquels il entre de bois ou de pierre: aussi la démolition de ceux qui avoient été bâtis, au mépris de notre article, a-t-elle été ordonnée par plusieurs arrêts, parce que le domaine du rivage et des grèves de la mer n'appartenoient qu'au Roi qui voulut l'abandonner au public, pour y pêcher librement, en observant les régle- mens concernant la pêche.

2584. Art. 9. Faisons aussi défenses aux Seigneurs des fiefs voisins de la mer

mer et à tous autres *de lever aucun droit* en deniers ou en espèces, sur parcs et pêcheries, et sur les pêches qui se font en mer ou sur les grèves, et de s'attribuer aucune étendue de mer pour y pêcher à l'exclusion d'autres, sinon en vertu d'aveux et dénombremens reçus en nos chambres des comptes avant l'année 1544, ou de concession *en bonne foi*, à peine de restitution du quadruple de ce qu'ils auront exigé, et de quinze livres d'amende.

2585. Art. 10. Faisons *pareillement défenses* à tous gouverneurs, officiers et soldats des îles et des forts, villes et châteaux construits sur le rivage de la mer, d'apporter aucun obstacle à la pêche dans le voisinage de leurs places, et d'exiger des pêcheurs, argent ou poisson, pour le leur permettre, à peine contre les officiers de perte de leurs emplois, et contre les soldats de punition corporelle.

Ces défenses ont été renouvelées par l'article 14, titre 10 de la déclaration du 18 mars 1727.

2586. Art. 11. Les parcs et bouchots qui se trouveront construits à l'embouchure des rivières navigables, ou sur les grèves de la mer, à deux cents brasses du passage ordinaire des vaisseaux et au-dessous, seront démolis *aux frais des propriétaires*.

2587. Art. 12. Faisons défenses à tous ceux qui font leur pêche *avec des guideaux*, de les tendre dans le passage ordinaire des vaisseaux, ni à deux cents brasses près, à peine de saisie et confiscation des filets, de cinquante livres d'amende, et de réparation des pertes et dommages que les guideaux auront causé.

On trouvera dans le titre 5 de la déclaration du 18 mars 1727, de nouvelles règles établies pour la pêche avec des guideaux; mais la disposition de notre article doit être observée avec la plus grande exactitude, non-seulement par tous ceux qui font leur pêche avec des guideaux, mais encore avec des filets sédentaires, parce qu'il s'agit de la sûreté de la navigation, à laquelle seroient nuisibles les guideaux et les filets sédentaires s'ils étoient tendus dans le passage ordinaire des vaisseaux ou à deux cents brasses près : c'est ce qui résulte encore de la déclaration du 18 mars 1727, titre 10, article premier.

2588. Art. 13. Ordonnons que les pieux pour tendre les guideaux qui se trouveront plantés dans le passage des vaisseaux, ou à deux cents brasses près, seront arrachés, quinzaine après la publication de la présente ordonnance, aux frais des propriétaires, et à la diligence de nos procureurs *en chacun siége*, à peine d'interdiction de leurs charges.

2589. Art. 14. Voulons que le procès soit fait et parfait à ceux qui replanteront des pieux aux mêmes lieux d'où ils auront été arrachés, en exécution de la présente ordonnance, et que les délinquans *soient condamnés au fouet.*

2590. Art. 15. Les pêcheurs dont les pieux et guideaux auront été ôtés comme nuisibles à la navigation, ou les pêcheries démolies, seront déchargés de toutes rentes et redevances qu'ils pourroient devoir *pour raison de ce*, à notre domaine ou à quelques seigneurs particuliers, auxquels nous faisons défenses, ainsi qu'à nos receveurs, d'en exiger le paiement, à peine de concussion.

2591. Art. 16. Faisons aussi défenses à toutes personnes de se servir de bouteux ou bout de quièvres, ruches, paniers *et autres engins*, pour prendre crevettes, *grenades ou salicots*, depuis le premier mars jusqu'au dernier *du mois de mai*; et de pêcher en aucune saison de l'année avec colerets, seines ou autres semblables filets qui se traînent sur les grèves de la mer, *à peine* d'amende arbitraire, saisie et confiscation des filets pour la première fois, et de punition corporelle en cas de récidive.

Par rapport aux *engins*, il faut voir les articles 1, 2 et 3, titre 7 de la déclaration du Roi, du 18 mars 1727, qui établissent la construction de cette sorte de rets, les mailles et la manière de s'en servir.

Les mots *grenades ou salicots* signifient un poisson qui est une espèce de petite écrevisse qui se prend avec l'engin appelé *bouteux ou bout de quièvres*, pendant certains mois de l'année; mais il est permis, par l'article 6 du même titre, d'en faire la pêche pendant toute l'année, avec la chaudière et autres instrumens sédentaires sur les fonds et entre les rochers, pourvu que les maîtres des filets qui sont attachés auxdits instrumens ayent au moins six lignes en quarré. L'article 4 du titre ci-dessus cité, veut que l'on ne puisse se servir *du bouteux ou bout de quièvres*, pour faire la pêche pendant le mois de mars, avril, mai, juin, juillet et août.

La défense de pêcher en aucune saison de l'année avec colerets, seines ou autres semblables filets qui se traînent sur les grèves de la mer, a été expressément renouvelée tant par la déclaration du 23 avril 1726, art. 19 et 22, que par celle du 18 mars 1727, sous des peines plus grandes encore que celles portées par notre article; car l'article 2, titre 10 de cette dernière déclaration, prononce la peine de confiscation des filets et instrumens, et de 100 liv. d'amende pour la première fois, de pareille confiscation et de trois ans de galères en cas de récidive.

2592. Art. 17. Défendons, en outre, de faire parcs, ravoirs et venets, dont les mailles soient de moindre grandeur *que celle ci-dessus*, et de faire des seines et colerets, *en vendre ou receler*, à peine *de vingt-cinq livres d'amende.*

Les mailles doivent être de deux pouces en quarré conformément à la disposition de l'article 2 du présent titre. Ces sortes de filets étant absolument prohibés, on ne peut en faire, ni en vendre ou receler, et l'amende est également encourue par ceux qui les font et par ceux qui les vendent ou les recèlent.

L'amende dont parle l'article en ce qui concerne les filets permis, mais dont la maille n'est pas conforme à celle qui est prescrite, a été portée à trois cents livres, outre la confiscation, par l'article 7, titre 10 de la déclaration du 18 mars 1727; et par rapport aux filets traînans qui sont totalement prohibés, elle a été également portée à trois cents livres, outre la confiscation, par l'article 23 de la déclaration du 23 avril 1726.

2593. Art. 18. Faisons pareillement défenses, et sous les mêmes peines de dreiger *dans les moulières*, d'en racler les fonds avec couteaux et autres semblables ferremens, *d'arracher le frai des moules*, et d'enlever celles qui ne sont pas encore en état d'être pêchées.

Dans les moulières on ne peut se servir d'un filet particulier pour la pêche du coquillage, qui est disposé en forme d'arc, et qui est armé de fer à l'orifice dans les moulières qui sont les endroits où les moules se trouvent en abondance sur les grèves de la mer, entre les rochers et sur la banche.

Notre article défend de racler les fonds des moulures avec des couteaux et autres semblables ferremens, d'arracher le frai qui doit servir à la génération des moules, et d'enlever les moules qui ne sont pas encore en état d'être pêchées. Cette disposition a été confirmée par une déclaration du 18 décembre 1728.

2594. Art. 19. Déclarons les pères et mères responsables des amendes encourues *par leurs enfans*, et les maîtres de celles auxquelles leurs valets et domestiques auront été condamnés, pour contravention aux articles du présent titre.

Ceci doit s'entendre des enfans qui seront et demeureront encore avec leurs parens, conformément à l'art. 15, tit. 10 de la déclaration du 18 mars 1727, conçu en ces termes : « Déclarons les pères, mères et chefs de » famille responsables des amendes encourues par leurs enfans et autres » qui demeureront encore avec eux, et les maîtres, de celles auxquelles » leurs valets et domestiques auront été condamnés pour contravention » aux présentes. »

2595. Art. 20. Permettons aux officiers de l'amirauté d'appliquer le tiers *des amendes* au paiement des frais faits pour parvenir aux condamnations.

2596. Art. 21. Leur enjoignons *de faire brûler* toutes les seines, colerets *et autres filets* qui ne seront de la qualité portée par la présente ordonnance, à l'effet de quoi ils seront tenus, à peine d'interdiction de leurs charges, de faire, *de mois en mois*, leur visite sur les côtes, et de temps en temps la perquisition dans les maisons des pêcheurs *et autres riverains de la mer.*

Lorsque les officiers du port trouvent dans leur visite, des filets et engins prohibés, chez les pêcheurs ou ailleurs, ils les font brûler en leur présence, sans forme ni figure de procès, pour ce qui concerne les condamnations d'amende. Dans ce cas ils doivent se conformer aux règles de la procédure et juger à la charge de l'appel : cependant, nonobstant l'appel et sans y préjudicier. « Les condamnations sont exécutoires jusqu'à la somme de trois cents livres, sans qu'il puisse être accordé de défenses, même lorsque l'amende sera plus forte, que jusqu'à concurrence de ce qui excédera ladite somme de trois cents livres, conformément à l'article 1.er, tit. 11 de la déclaration du 18 mars 1727, qui ordonne à l'art. 2, que ceux qui appelleront desdites sentences soient tenus de faire statuer sur leur appel, ou de le mettre en état d'être jugé définitivement dans un an du jour et date d'icelui; si non et à faute de ce faire, ledit temps passé, ladite sentence sorte son plein et entier effet, et l'amende distribuée conformément à ladite sentence, et le dépositaire d'icelle bien et valablement déchargé.»

Ces autres filets doivent s'entendre non-seulement de tous les filets traînans qui sont absolument prohibés, mais encore de tous les filets dont l'usage est permis; mais qui n'ont pas la maille prescrite par l'ordonnance et les réglemens. Mais ces visites ont été bornées à deux seulement, l'une au mois de mars, l'autre au mois de septembre, par les articles 9 et 10, titre 10 de la déclaration du 18 mars 1727. Les officiers de l'amirauté avoient le droit de faire leur visite et perquisition, non-seulement dans les maisons des pêcheurs, mais encore dans celle de tous les riverains de la mer où ils croiront pouvoir trouver des filets défendus.

SECTION XVII.

CHAPITRE LI.

DES MADRAGUES ET BORDIGUES.

Les madragues sont fort connues sur les côtes de la Méditerranée. Décormis, tom. 2, col. 1199, dit que c'est le sieur Antoine de Boyer qui en fut l'inventeur, ou du moins qui en fit passer l'invention, d'Espagne en Provence. On trouve dans Boniface, tom. 4, pag. 604, que « les madragues sont les grandes » machines dans la mer fixes et arrêtées de beaucoup de chambres, attachées » à terre par un long cordage appelé la queue de la madrague, et qui requièrent pour leur subsistance et établissement deux qualités essentielles; l'une, » que le poste où elles sont posées ne soit jamais éloigné de la terre, tout » au plus d'un demi mille parce qu'étant nécessaire que pour l'effet de la pêche » les filets baisent le fond de la mer, il faut aussi nécessairement que les » madragues ne soient pas dans un plus grand éloignement, à cause de la » plus grande profondeur de la mer; et l'autre que les thons ne viennent » pas s'y jeter du côté de la mer, ne faisant que cottoyer la terre du côté » du levant ou du ponant; et dans leur marche rencontrant la queue de » la madrague, ils se vont rendre dans les chambres de la madrague. »

Les bordigues sont des parcs formés de roseaux ou de cannes, construits ordinairement sur les canaux qui communiquent de la mer aux étangs salés, pour prendre le poisson dans le passage de l'un à l'autre, suivant Lamare dans son traité de la police, tom. 3, liv. 5, tit. 26, chap. 4, sect. 3, fol. 43 et 44.

2597. Art. 1.er Faisons défenses à toutes personnes de poser en mer *des madragues* ou filets à pêcher des thons, et d'y construire *des bordigues sans notre expresse permission*, à peine de confiscation et de trois mille livres d'amende.

2598. Art. 2. Ceux qui auront obtenu de nous *les lettres nécessaires*, pour l'établissement de quelque madrague ou bordigue, seront tenus de les faire enregistrer au greffe de l'amirauté, dans le détroit de laquelle ils devront faire leur pêche.

2599. Art. 3. Enjoignons aux propriétaires des madragues, de mettre sur les extrémités les plus avancées en mer des hoirins, bouées ou gaviteaux, à peine des dommages qui arriveront faute de l'avoir fait, *et de privation de leurs droits.*

Il est certain que les propriétaires des madragues qui auroient négligé de se conformer à la disposition de notre article, seroient non-seulement tenus des dommages auxquels leur négligence pourroit avoir donné lieu, mais encore ils seroient privés de leur droit de pêcherie.

2600. Art. 4. Faisons aussi défenses, sous les mêmes peines, de placer aucune madrague ou bordigue dans les ports *et autres lieux* où ils puissent nuire à la navigation, et d'y laisser, en levant leur madrague, les pierres ou baudes *qui y étoient attachées.*

On sent combien seroit nuisible à la navigation et au commerce maritime une madrague placée dans le port, aussi cela est sans exemple. Il en est de même des autres lieux dont parle notre article, comme les avenues des ports et tout espace qui ne seroit pas éloigné de 200 brasses du passage ordinaire des vaisseaux.

Il est ordonné de lever les pierres, et parce que les pierres ou baudes qui sont attachées aux filets des madragues sont trop grosses pour que les bâtimens puissent passer dessus, sans toucher, et par conséquent sans en recevoir du dommage.

2601. Art. 5. Ne pourront les capitaines des madragues, ôter la liberté aux autres pêcheurs, d'étendre *thonnaires ou combrières,* et de pêcher dans le voisinage de la madrague, pourvu qu'ils ne l'approchent point plus près de deux mille du côté du levant, et d'abord des thons.

Thonnaires sont des filets dont on se sert, sur la Méditerranée, pour prendre des thons et autres grands poissons; et combrières sont également des filets dont on se sert, sur les côtes de Provence, pour prendre des thons, palamides et autres grands poissons. Il est donc permis aux autres pêcheurs de tendre des thonnaires ou combrières pour pêcher dans le voisinage des madragues, en observant la distance prescrite par notre article.

2602. Art. 6. Les propriétaires et fermiers des bordigues seront tenus d'en curer annuellement les fosses et canaux, chacun à l'endroit et dans l'étendue de leur bordigue, ensorte qu'il y ait en tout temps *quatre pieds d'eau au moins,* à peine de trois cents livres d'amende, et d'y être mis ouvriers à leurs frais.

2603. Art. 7. Leur faisons défenses, sous même peine, de trois cents livres d'amende, de fermer leurs bordigues, depuis le premier mars *jusqu'au dernier juin :* enjoignons aux officiers de l'amirauté de les faire ouvrir pendant ce temps, à peine de suspension de leurs charges.

Pendant ce temps prescrit le poisson déposant ordinairement son frai, il est défendu de fermer les bordigues, afin que le petit poisson puisse s'échapper.

2604. Art. 8. Ne pourront les propriétaires et fermiers prétendre aucuns dépens, dommages et intérêts contre les mariniers, dont les bateaux auront abordé leurs bordigues, s'ils ne justifient que l'abordage a été fait *par leur faute ou malice.*

Dans ce cas les propriétaires ou fermiers des bordigues sont en droit de prétendre tous les dépens, dommages et intérêts qu'ils auront souffert.

SECTION XVIII.

CHAPITRE LII.

DE LA PÊCHE DU HARENG.

Le hareng est un poisson assez petit, qui a le dos bleu, et le ventre large et blanc. Les harengs aiment la lumière; et dès qu'ils l'aperçoivent, ils s'y rendent en foule, c'est pourquoi la pêche se fait ordinairement la nuit. Traité de la police de Lamare, liv. 5, tit 25, chap. 4, où l'on trouve également la manière de saler ce poisson. Il y a un arrêt du conseil d'État du 24 mars 1687, qui fixe le temps de la pêche en ces termes : » Sa Majesté étant en son conseil, a fait et fait très-expresses inhibitions et défenses à tous pêcheurs et autres personnes, de quelque qualité et condition qu'elles soient, d'aller, ni d'envoyer à la pêche du hareng après le mois de décembre passé, ni d'en acheter à bord d'aucun vaisseau étranger, en quelque saison que ce soit, à peine de cinq cents livres d'amende, confiscation du hareng, des équipages et vaisseaux, et autres peines s'il y écheoit.

2605. Art. 1.er Les mailles des rets ou aplets pour faire la pêche *du hareng*, auront un pouce en quarré, sans que les pêcheurs puissent y en employer d'autres, ni se servir des mêmes filets pour d'autres pêches, à peine de cinquante livres d'amende, et de confiscation des filets.

2606. Art. 2. Lorsqu'un équipage mettra ses filets à la mer pour faire la pêche du hareng, il sera tenu de les jeter dans une distance de cent brasses au moins des autres bateaux, et d'avoir *deux feux hauts*, l'un sur l'avant, et l'autre sur l'arrière de son bâtiment, sous pareille peine de cinquante livres d'amende, et de réparation de toutes pertes, dommages et intérêts résultans des abordages qui pourroient arriver faute de feu.

Afin que les autres bateaux, en voyant ces feux, évitent l'abordage des uns et des autres, attendu que les pêcheurs qui font cette pêche, sont toujours en grand nombre.

2607. Art. 3. Chaque équipage, après ses filets jetés à la mer, sera obligé, sous les mêmes peines, de garder un feu sur l'arrière *de son bateau,* et d'aller à la dérive le même bord au vent *que les autres pêcheurs.*

2608. Art. 4. Enjoignons, sous pareilles peines, aux maîtres de barques qui, pendant la nuit, voudront s'arrêter et jeter l'ancre, de se retirer si loin du lieu *où se fait la pêche,* qu'il n'en puisse arriver aucun dommage aux barques et bateaux étant à la dérive.

Autrement il seroit tenu du dommage qu'il causeroit, comme l'ayant causé par sa faute.

2609. Art. 5. Lorsqu'un équipage sera forcé, par quelqu'accident, de cesser sa pêche, ou de mouiller l'ancre, il sera tenu de montrer un feu *par trois différentes fois ;* la première, lorsqu'il commencera à tirer ses filets; la seconde, quand ils seront à moitié levés ; et la troisième, après les avoir entièrement tirés ; et alors il jettera *son feu à la mer ;*

Parce que non-seulement ce feu lui devient inutile, mais encore parce qu'il pourroit servir de faux signal.

2610. Art. 6. Si les filets sont arrêtés à la mer, l'équipage ne jettera point son troisième feu, mais il sera tenu d'en montrer *un quatrième*, et d'en garder jusqu'à ce que les filets *soient dégagés.*

2611. Art. 7. Faisons défenses, à peine de punition corporelle, à tous pêcheurs de montrer des feux sans nécessité, ni autrement que dans les temps et en la manière *ci-dessus prescrite ;*

Parce qu'autrement ces feux ne pourrroient être que des feux trompeurs, et montrés en vue de nuire et par malice : ce qui est conforme à loi *ne piscatores*, ff. *de incendiò, ruinâ, naufragia*, en ces termes, *ne piscatores nocte lumine ostenso, fallant navigatores.*

2612. Art. 8. Si la plus grande partie des pêcheurs d'une flotte cesse de pêcher,

pêcher, et mouille l'ancre, les autres seront tenus *d'en faire de même*, à peine de réparation de tout le dommage, et d'amende arbitraire.

Ce qui est conforme aux principes du droit, entre personnes qui ont le même intérêt à une chose.

SECTION XIX.

CHAPITRE LIII.

DE LA PÊCHE DES MOLUES.

2613. Art. 1.er QUAND nos sujets iront faire la pêche *des molues* aux côtes de l'île *de Terre-neuve*, le premier qui *arrivera ou enverra* sa chaloupe au havre appelé du Petit-Maître, aura le choix, et prendra l'étendue du galet qui lui sera nécessaire, et mettra au lieu dit, l'échafaud du croc, une affiche signée de lui, contenant le jour de son arrivée, et le nom du havre qu'il aura choisi.

On dit aujourd'hui morues. L'origine de la pêche des morues, ses progrès, la manière de la faire, de saler et de faire sécher les morues, tout est exposé en détail dans le *Traité de la police* de Lamare, tom. 3, liv. 5, tit. 27, chap. 5.

Par l'ordonnance du 7 mars 1702, il a été ordonné que ce seroit à l'avenir le maître du premier navire qui mouilleroit l'ancre sur les côtes de ladite île, qui aura le choix, et prendroit l'étendue du galet qui lui seroit nécessaire.

2614. Art. 2. Tous les maîtres qui arriveront ensuite, seront tenus d'aller ou envoyer successivement à l'échafaud du croc, et d'écrire sur la même affiche, le jour de leur arrivée, le nombre de leurs matelots, et les havres ou galets qu'ils auront choisis à proportion de la grandeur de leur vaisseau et *de leur équipage*.

Ceci est conforme à l'arrêt du Conseil d'État du 3 mars 1684, conçu en ces termes : « Les capitaines, maîtres et officiers des vaisseaux français qui iront pêcher aux côtes de Terre-neuve, seront tenus de déclarer par écrit, une heure après leur arrivée, les havres ou galets qu'ils auront choisis pour faire leur pêche ou sécherie, selon leur rang et ordre de leur arrivée, avec défenses d'y contrevenir, ni démolir aucun échafaud, loges ou autres ouvrages servant à ladite pêche, à peine de cinq cents livres d'amende, applicable aux hôpitaux des lieux d'où les vaisseaux seront partis, laquelle sera payée par les capitaines, maîtres et autres officiers qui auront contrevenu.

2615. Art. 3. Le capitaine arrivé le premier, *fera garder l'affiche* par un des hommes de son équipage, qu'il laissera sur le lieu, jusqu'à ce que tous les maîtres y aient écrit leur déclaration, qui sera mise ensuite entre ses mains.

2616. Le capitaine fera garder l'affiche pour que personne ne puisse l'ôter : ce qui causeroit beaucoup de confusion par l'ordre dans lequel les navires doivent être placés et rangés pour faire la pêche des morues.

2617. Art. 4. Faisons défenses à tous maîtres et mariniers, de s'établir en aucuns havres, ou s'accommoder d'aucuns galets, sans en faire leur déclaration *en la forme ordinaire*, et de troubler aucuns maîtres dans le choix qu'ils auront fait, à peine de cinq cents livres d'amende ;

C'est-à-dire, par écrit sur l'affiche, une heure après leur arrivée.

2618. Art. 5. Le premier de nos sujets qui arrivera avec son vaisseau, *en la baie de Canada*, pour y faire la pêche des morues, sera le maître du galet, pour y prendre la place qui lui sera nécessaire, même pour y marquer successivement à ceux qui viendront après lui, celles dont ils auront besoin, eu égard à la grandeur de leur vaisseau, et au nombre des gens dont ils sont équipés.

Notre article n'a plus ici pour objet la pêche du Petit-Nord, où il faut aller au havre du Petit-Maître et à l'échafaud du croc, mais la pêche dans la baie de Canada, située dans l'Océan septentrional, vers la côte de l'Amérique septentrionale et de la nouvelle France : elle s'étend depuis le pays du Labrador jusqu'en Virginie, et du côté de l'île de Terre-neuve et du grand banc.

2619. Art. 6. Faisons défenses au gouverneur ou capitaine *de la côte, depuis le cap des Rosiers* jusqu'au cap d'Espoir ; et à tous autres, sous peine de désobéissance, de troubler le premier maître arrivant dans la baie, au choix et en la distribution des places sur le galet.

Notre article défend au gouverneur ou capitaine de la côte de troubler le premier maître arrivant dans la baie, au choix et en la distribution des places sur le galet, mais s'il s'agissoit de quelque contravention à l'ordonnance du 28 mars 1702 ; ce seroit au gouverneur ou commandant d'en connoître, attendu qu'il lui est enjoint par cette ordonnance de tenir la main à son exécution.

Le cap des Rosiers est en Amérique dans la nouvelle France, à la pointe méridionale de la grande rivière de Saint-Laurent, où elle se rend dans le golfe de même nom, vers les monts de Notre-Dame, et entre le cap l'Évêque et l'île Percée.

2620. Art. 7. Faisons aussi défenses, sous peine de cinq cents livres d'amende, aux maîtres et équipages des vaisseaux qui arriveront, tant aux côtes de Terre-neuve, qu'en la baie de Canada, de jeter le lest *dans les havres*, de s'emparer des sels et huiles *qui s'y trouveront*, et de rompre, transporter ou brûler les échafauds, lesquels appartiendront aux maîtres qui auront fait choix des havres ou galets sur lesquels *ils auront été laissés :* de manière que les sels, les huiles et les échafauds ainsi abandonnés appartiendront aux maîtres qui auront fait choix des havres ou galets sur lesquels ils auront été laissés, et non à ceux qui seroient arrivés les premiers, mais qui auroient fait choix de tous autres havres ou galets.

2621. Art. 8. Leur défendons pareillement de s'emparer des chaloupes échouées sur le galet, ou laissées dans la petite rivière de la baie des Morues, sans un pouvoir spécial des propriétaires *des chaloupes*, à peine d'en payer le prix, et de cinquante livres d'amende.

Il n'en est pas des chaloupes comme des objets compris dans l'article précédent : elles sont censées appartenir aux propriétaires ; c'est pour cela que notre article défend de s'en emparer, sans un pouvoir spécial de leur part.

2622. Art. 9. Si toutefois les propriétaires des chaloupes ne s'en servent, ou n'en ont point disposé, ceux qui en auront besoin *pourront*, par la permission du capitaine *le premier arrivé*, s'en servir pour faire leur pêche, à condition de payer, à leur retour, les loyers *aux propriétaires*.

Le bien et l'avantage de la pêche exigeoient cette exception ; car les propriétaires des chaloupes n'étant point sur les lieux pour s'en servir, ou n'en ayant pas disposé, il étoit juste que ceux qui étoient à la pêche eussent, au besoin, la faculté de se servir de ces chaloupes.

2623. Art. 10. Le capitaine ou maître qui se saisira de quelques chaloupes, sera tenu de mettre entre les mains du maître qui lui en aura donné la permission, ou en son absence, en celle du capitaine établi sur le galet voisin, un état contenant le nombre des chaloupes, avec sa soumission d'en payer le loyer, même de les remettre au propriétaire, s'il arrive à la côte, et à tout autre ayant pouvoir de lui.

2624. Art. 11. Sera aussi tenu, après la pêche, de remettre en lieu de sûreté les chaloupes, et *d'en tirer certificat* du même capitaine, s'il est sur le lieu, sinon d'en prendre attestation d'un autre étant encore à la côte.

Il faut en tirer un certificat, afin que si, dans la suite, il arrivoit quelque infortune à ces chaloupes, le capitaine ou maître qui s'en seroit servi pour la pêche, et qui après la pêche les auroit mises en lieu de sûreté, ainsi qu'il paroîtroit par le certificat ou attestation, n'en pût être recherché ni inquiété par les propriétaires de ces chaloupes.

2625. Art. 12. Enjoignons au capitaine de premier navire arrivé aux côtes de Terre-neuve ou dans la baie de Canada, de dresser procès-verbal de toutes les contraventions aux articles ci-dessus, de le signer et faire signer par les officiers de son équipage, et de le mettre, à son retour, entre les mains des Juges de l'amirauté, *pour y être pourvu.*

2626. Art. 13. Défendons à tous maîtres de navires faisant la pêche des morues sur le banc de Terre-neuve ou dans la baie de Canada, de faire voile *pendant la nuit*, à peine de payer le dommage qu'ils pourroient causer en cas qu'ils abordent quelques vaisseaux, quinze cents livres d'amende et de punition corporelle, s'il arrive perte d'homme dans l'abordage.

Il est défendu de faire voile pendant la nuit, parce qu'il seroit moralement impossible de ne point aborder quelque vaisseau, les navires, tant qu'ils sont à la pêche, n'étant pas à l'ancre, et dérivant continuellement.

SECTION XX.

CHAPITRE LIV.

DES POISSONS ROYAUX.

2627. Art. 1.er DÉCLARONS les dauphins, esturgeons, saumons et truites, être poissons royaux, et en cette qualité nous appartenir, quand ils sont trouvés échoués *sur le bord de la mer*, en payant les salaires de ceux qui les auront rencontrés et mis en lieu de sûreté.

Dans ce cas, ces poissons appartiennent au Gouvernement seul, à l'exclusion de tout autre sur les autres côtes de la République : ainsi ceux qui les ont trouvés sur le rivage, ont droit simplement de prétendre le paiement de leurs salaires et les frais qu'ils peuvent avoir faits pour mettre ces poissons en sûreté.

2628. Art. [illegible] baleines, marsoins, veaux de mer, thons, souffleurs *et autres poissons à lard*, échoués et trouvés sur les grèves de la mer, seront partagés *comme épaves*, et tout ainsi que les autres effets échoués.

2629. Art. 3. Lorsque les poissons royaux et à lard auront été pris *en pleine mer*, ils appartiendront à ceux qui les auront pêchés, sans que nos receveurs, ni les seigneurs particuliers et leurs fermiers y puissent prétendre aucun droit, sous quelque prétexte que ce soit.

Il en seroit de même, si par l'industrie des pêcheurs, ils avoient été conduits ou poussés ensuite sur la côte, conformément à l'article 42, du titre des naufrages.

SECTION XXI.

CHAPITRE LV.

DES PÊCHEURS.

2630. Art. 1.er Trois mois après la publication de la présente ordonnance, il sera fait par le lieutenant de l'amirauté, à la diligence de notre procureur en chaque siége, une liste des pêcheurs *allant à la mer*, de l'âge de dix-huit ans et au-dessus, demeurant dans l'étendue de leur ressort, dans laquelle seront spécifiés le nom, l'âge et la demeure de chaque pêcheur, et la qualité de la pêche dont il se mêle; c'est-à-dire, de ceux qui vont actuellement à la pêche, et non pas des autres pêcheurs qui, par vieillesse, infirmités ou autres cause, ne vont plus à la mer.

2631. Art. 2. Les deux plus anciens maîtres pêcheurs de chaque paroisse seront tenus, au premier jour de carême de chaque année, d'envoyer au greffe du siége de l'amirauté dans le ressort duquel ils seront demeurans, un rôle de tous ceux de leur paroisse de l'âge de dix-huit ans et au-dessus, qui se mêleront d'aller à la mer pour pêcher, à peine de dix livres d'amende solidaire contre les anciens maîtres.

La disposition de notre article est suppléée aujourd'hui par le congé du bureau des classes que les maîtres des bâtimens pêcheurs sont tenus de prendre chaque année, à peine de confiscation de leurs bâtimens.

2632. Art. 3. Chaque maître de bateaux pêcheurs sera aussi tenu, sous peine de dix livres d'amende, de mettre au greffe de l'amirauté, *en prenant son congé*, une liste de ceux qui composent son équipage, contenant leur nom, âge et demeure.

2633. Art. 4. Les *pêcheurs de chaque port ou paroisse* où il y aura huit maîtres et au-dessus, éliront annuellement l'un d'entr'eux pour garde juré de leur communauté, lequel prêtera serment par-devant les officiers de l'amirauté, fera journellement visite des filets, et rapport aux officiers, des abus et contraventions à la présente ordonnance, à peine d'amende arbitraire.

2634. Art. 5. S'il y a moins de huit maîtres dans quelque port ou paroisse, *ils seront tenus* d'en convoquer des paroisses voisines, ou de se joindre avec eux, pour procéder à l'élection du Juré; laquelle se fera sans frais, présens, ni festins, à peine de vingt livres d'amende contre chacun contrevenant.

2635. Art. 6. Dans les lieux *où il y a des prud'hommes*, les pêcheurs s'assembleront annuellement pour les élire *par-devant les officiers de l'amirauté*, recevront le serment de ceux qui seront nommés, et *entendront sans frais* les comptes des deniers de leur communauté.

EXTRAIT du décret qui accorde une prime pour la pêche de la baleine et du cachelot.

Du 28 mai 1792.

Art. 1.er Les armateurs de tous les ports du Royaume qui se livreront à la pêche du nord et du midi, jouiront, à compter de la publication du présent décret, en observant les réglemens de la navigation française, de la prime de 50 liv. par tonneau de jauge accordée le 5 mai 1786, aux Nantukais établis en France.

EXTRAIT du décret relatif à la pêche du maquereau et du hareng.

Du 15 vendémiaire an 2.

Il est permis à tout Français de commencer et finir, à volonté et sans détermination d'aucune époque, la pêche du maquereau et du hareng sur les côtes de la République, en se conformant d'ailleurs aux lois du code maritime, relatives à la pêche, et non abrogées.

ARRÊTÉ du Directoire exécutif concernant la police du droit de la pêche.

Du 28 messidor an 6.

Le Directoire exécutif, sur le compte qui lui a été rendu par le Ministre de la justice, que, dans quelques-uns des départemens réunis, aucune règle de police n'est observée relativement au droit de pêche; que la faculté qu'ont tous les citoyens de pêcher dans les rivières navigables et flottables, sert même de prétexte pour occasionner de dégâts dans les propriétés d'autrui, et pour commettre toutes sortes de délits, et que certains tribunaux correctionnels de ces départemens se croient sans moyens pour réprimer de pareils désordres, faute de lois à ce sujet;

Vu, 1.° les art. 5, 6, 7, 8, 9, 10, 11, 12, 14, 17 et 18, tit. 31 de l'ordonnance des eaux et forêts de 1669, qui contiennent diverses dispositions propres à régler l'exercice du droit de pêche, de manière à ce qu'il ne dégénère pas en un abus nuisible;

2.° L'article 609 du code des délits et des peines, qui veut qu'en attendant les dispositions de l'ordonnance de 1669 aient pu être revisées, les tribunaux correctionnels appliquent aux délits qui sont de leur compétence les peines qu'elle prononce;

3.° Et l'article 11 de la loi du 12 vendémiaire an 4, portant que le Directoire exécutif, et chaque administration départementale ou municipale ou de bureau central, pourront, par délibération spéciale, ordonner la réimpression, l'affiche et la publication des lois anciennes ou récentes;

Considérant que la suppression du droit exclusif de la pêche, en donnant à chacun la faculté de pêcher dans les rivières navigables et flottables, n'entraîne point l'abrogation des règles établies pour la conservation des différentes sortes de poissons, et pour le maintien de l'ordre et le respect des propriétés; qu'ainsi les articles ci-dessus cités du tit. 31 de l'ordonnance de 1669 doivent continuer d'avoir leur exécution;

Considérant que le défaut de promulgation de ces articles dans les départemens réunis, ne peut pas dispenser les tribunaux de ces départemens d'appliquer les peines qu'ils prononcent, puisque la promulgation du code des délits et des peines, dont l'article 609 impose aux tribunaux l'obligation d'appliquer les peines qui sont établies par l'ordonnance de 1669, suffit pour rendre les dispositions pénales de cette ordonnance obligatoires dans les pays même où elle n'a pas été spécialement publiée, ainsi que le tribunal de cassation l'a jugé plusieurs fois, notamment le 7 vendémiaire dernier, en cassant un jugement rendu par le tribunal criminel du département des Vosges, le 20 prairial précédent, qui avoit admis le principe contraire; qu'en conséquence, le code des délits et des peines ayant été promulgué dans les départemens réunis, les tribunaux de ces départemens ne doivent pas hésiter à appliquer, lorsqu'il y a lieu, les peines que prononcent les articles ci-dessus cités du titre 31 de l'ordonnance de 1669;

Considérant néanmoins qu'il est utile de publier ces articles dans les départemens réunis,

Arrête ce qui suit :

Art. 1.er Les art. 5, jusqu'à ces mots, *pourvu que ce ne soit, etc.*; 6, jusqu'aux mots, *et du carcan, etc.* 7, 8, 9, 10, 11, 12, 14, 17 et 18 du titre 31 de l'ordonnance des eaux et forêts de 1669, relatifs à la police de la pêche, continueront d'être exécutés; en conséquence, et conformément à l'art. 609 du code des délits et des peines, les tribunaux correctionnels appliqueront à ceux qui contreviendront aux dispositions de ces articles, les peines qu'ils prononcent, jusqu'à ce qu'il en soit autrement ordonné par le Corps législatif.

Art. 2. Les articles ci-dessus cités du titre 31 de l'ordonnance de 1669, seront réimprimés, affichés et publiés dans toute l'étendue des neuf départemens réunis.

Art. 3. Le Ministre de la justice est chargé de l'exécution du présent arrêté qui sera inséré au Bulletin des lois, ainsi que les articles précités.

Suivent les articles précités.

Art. 5. « Leur défendons pareillement de pêcher, en quelques jours et saisons que ce puisse être, à autres heures que depuis le lever du soleil jusqu'à son coucher, sinon aux arches des ponts, aux moulins et aux gords où se tendent des dideaux, auxquels lieux ils pourront pêcher tant de nuit que de jour.

Art. 6. » Les pêcheurs ne pourront pêcher durant le temps de frai; savoir, aux rivières où la truite abonde sur tous les autres poissons, depuis le 1.er février (13 pluviôse) jusqu'à la mi-mars (25 ventôse); et aux autres, depuis le 1.er avril (12 germinal) jusqu'au 1.er juin (13 prairial) à peine, pour la première fois, de 20 francs d'amende et d'un mois de prison, et du double de l'amende et de deux mois de prison pour la seconde.

Art. 7.

Art. 7. » Exceptons toutefois de la prohibition contenue en l'article, la pêche aux saumons, aloses et lamproies, qui sera continuée en la manière accoutumée.

Art. 8. » Ne pourront aussi mettre bires ou nasses d'osier à bout des dideaux, pendant le frai, à peine de 20 fr. d'amende, et de confiscation du harnois pour la première fois, et d'être privés de la pêche pendant un an pour la seconde.

Art. 9. » Leur permettons néanmoins d'y mettre des chausses ou sacs, du moule de dix-huit lignes en carré (quatre centimètres environ) et non autrement, sur les mêmes peines ; mais après le temps de frai passé, ils y pourront mettre des bires ou nasses d'osier à jour, dont les verges seront éloignées les unes des autres de douze lignes (vingt-sept millimètres.)

Art. 10. » Faisons très-expresses défenses aux maîtres pêcheurs de se servir d'aucuns engins et harnois prohibés par les anciennes ordonnances sur le fait de la pêche, et en outre de ceux appelés *giles*, *tramail*, *furet*, *épervier*, *châlon* et *sabre*, dont elles ne font pas mention, et de tous autres qui pourroient être inventés au dépeuplement des rivières, comme aussi d'aller au harandage, et mettre des bacs en rivière, à peine de 100 fr. d'amende pour la première fois, et de punition corporelle pour la seconde.

Art. 11. » Leur défendons, en outre, de bouiller avec bouilles ou rabots tant sur les chevrins, racines, saules, osiers, terriers et arches, qu'en autres lieux, ou de mettre lignes avec échets et amorces vives, ensemble de porter chaînes et clairons en leurs batelets, et d'aller à la fare, ou de pêcher dans les noues avec filets, et d'y bouiller pour prendre le poisson et le frai qui a pu y être porté par le débordement des rivières, sous quelque prétexte, en quelque temps et manière que ce soit, à peine de 50 fr. d'amende contre les contrevenans, et d'être bannis des rivières pour trois ans, et de 300 fr. contre les maîtres particuliers ou leurs lieutenans qui en auront donné la permission.

Art. 12. » Les pêcheurs rejetteront en rivière les truites, carpes, barbeaux, brêmes et mouniers qu'ils auront pris, ayant moins de six pouces entre l'œil et la queue, et les tanches, perches et gardons qui en auront moins de cinq, à peine de 100 fr. d'amende et confiscation contre les pêcheurs et marchands qui en auront vendu ou acheté.

Art. 14. » Défendons à toutes personnes de jeter dans les rivières aucune chaux, noix vomique, coque de levant, momie et autres drogues ou appâts, à peine de punition corporelle.

Art. 17. » Défendons de prendre et enlever les épaves sans la permission de nos officiers de maîtrises, après la reconnoissance qui en aura été faite et qu'elles aient été adjugées à celui qui les réclame.

Art. 18. » Faisons défenses à toutes personnes d'aller sur les mares, étangs et fossés, lorsqu'ils seront glacés, pour en rompre la glace et y faire des trous, ni d'y porter flambeau, brandons et autres feux; à peine d'être punis comme de vol. »

ARRÊTÉ relatif à la prime accordée pour la pêche de la baleine et du cachalot.

Du 9 nivôse an 10.

Les Consuls de la République, sur le rapport des Ministres de l'intérieur et de la marine, le Conseil d'État entendu ; arrêtent :

Art. 1.er La loi du 27 mai 1792, qui accorde une prime de 50 fr. par tonneau de port de chacun des bâtimens expédiés par les armateurs français pour la pêche de la baleine et du cachalot, sera exécutée.

Art. 2. Cette prime sera allouée seulement sur le nombre de tonneaux que pourra charger chaque bâtiment, déduction faite de l'encombrement des vivres, des futailles et divers ustensiles de l'armement.

Art. 3. Le nombre des tonneaux sur lesquels les armateurs recevront la prime, sera constaté par une visite à laquelle l'administration de la marine et celle des douanes feront procéder de concert, et par un jaugeage exécuté selon la méthode prescrite par les lois et réglemens de la marine, et dont il sera dressé procès-verbal.

Art. 4. La prime sera acquittée sous les conditions suivantes :

1.° Que le navire suivra sa destination pour la pêche de la baleine ;

2.° Qu'il fera son retour dans un port de France;

3.° Qu'il n'apportera que l'huile de sa pêche, et qu'il n'en achetera pas de pêche étrangère.

Art. 5. Au retour de chaque navire, le préfet ou commissaire de la marine entendra collectivement ou séparément les hommes de l'équipage, et conférera avec leurs déclarations les journaux du bord pour reconnoître si les conditions prescrites par l'article précédent ont été ou non exécutées.

Faute d'accomplissement de ces conditions, l'armateur rendra le double de la prime à lui payée ; à l'effet de quoi, avant le départ dudit navire, il donnera caution : cette caution sera admise, si elle est recevable, par le préfet ou commissaire de la marine, le préposé des douanes préalablement entendu.

Art. 6. La prime sera avancée, dans les ports, sur les fonds d'encouragement mis à la disposition du Ministre de l'intérieur.

Art. 7. Pendant un an, à compter de ce jour, les armateurs pourront se pourvoir de navires étrangers, à la charge,

1.° D'en effectuer la francisation dans les formes prescrites par la loi du 21 septembre 1793 ;

2.° De ne pouvoir les employer qu'à la pêche, sans une autorisation spéciale du Gouvernement.

Art. 8. Les armateurs pourront, pendant trois années, composer leurs équipages de deux tiers de matelots étrangers et d'un tiers de matelots français. Après ces trois années il sera statué sur la composition des équipages destinés à la pêche de la baleine et du cachalot.

Art. 9. Du jour où le rôle d'équipage aura été remis par l'armateur au commissaire de l'inscription maritime, les individus y portés ne pourront être commandés pour le service des vaisseaux de l'État jusqu'au retour du navire pêcheur.

Art. 10. Les Ministres de l'intérieur et de la marine sont chargés, chacun en ce qui le concerne, de l'exécution du présent arrêté, qui sera inséré au bulletin des lois.

Le premier Consul, Signé BONAPARTE. Par le premier Consul, *le secrétaire d'État*, signé H. B. MARET. *Les Ministres de l'intérieur et de la marine*, signés, CHAPTAL, DECRÈS.

ARRÊTÉ relatif aux primes accordées pour l'encouragement de la pêche de la morue.

Du 17 ventôse an 10.

Les Consuls de la République, sur le rapport du Ministre de l'intérieur ; le conseil d'Etat entendu,

Arrêtent ce qui suit :

TITRE PREMIER.

Des primes pour l'encouragement de la pêche de la morue.

Art. 1.er Pendant trois ans, à compter de l'an 10, il sera accordé une prime aux armateurs pour la pêche de la morue, et aux négocians français qui exporteront les produits de cette pêche, savoir;

1.° Aux armateurs pour la pêche aux îles Saint-Pierre et Miquelon, et à la côte de Terre-Neuve, dite *la grande pêche*, cinquante francs par homme embarqué, depuis le capitaine jusqu'aux mousses inclusivement;

2.° Aux armateurs pour la pêche au Banc, appelée *petite pêche*, quinze francs par homme;

3.° Par cinq myriagrammes de morue de pêche française, exportée de France ou des lieux de pêche directement aux colonies françaises, douze francs;

4.° Par cinq myriagrammes de morue de pêche française, exportée des ports français de la Méditerranée pour l'Espagne, le Portugal, l'Italie, et aux Échelles du Levant, six francs;

5.° Par cinq myriagrammes de morue portée directement des lieux de pêche en Italie, en Espagne et en Portugal, cinq francs.

Art. 2. Il sera payé aux armateurs une prime d'un franc par chaque myriagramme d'huile de morue, ou de rogue pour la pêche de la sardine, qu'ils introduiront dans les ports de France, provenant de leur propre pêche.

TITRE II.

Des formalités à remplir pour avoir droit au paiement des primes.

Art. 3. Les primes seront payées par le Ministre de l'intérieur, sur les fonds d'encouragement du commerce et de la navigation, qui seront mis à sa disposition, aux époques et aux conditions qui seront ci-après spécifiés.

Art. 4. La prime accordée à raison du nombre d'hommes de l'équipage, sera payée sur la copie du rôle, certifiée par le commissaire de la marine d'après la revue qu'il aura passée.

Une expédition au rôle sera délivrée à l'armateur, qui la présentera, après le départ du navire, au Ministre de l'intérieur, lequel ordonnancera la prime dans le mois suivant.

Art. 5. Ladite prime est accordée à la charge par l'armateur,

1.° De faire suivre à son navire sa destination pour la pêche;

2.° De faire son retour dans un port de France, ou dans un port d'Espagne, de Portugal, d'Italie, ou des colonies françaises, qu'il déclarera avant le départ du navire;

3.° De n'apporter dans lesdits ports que des produits de sa pêche.

En cas de violation de ces conditions, l'armateur rendra le double de la prime, et donnera, à cet effet s'il en est requis, une caution qui sera reçue par le préfet du département.

Art. 6. La prime accordée pour l'exportation de France aux colonies françaises, en Italie, en Portugal, en Espagne et aux Échelles du Levant, sera payée aux conditions portées en l'article 4, et, en outre, à la charge par l'armateur ou capitaine,

1.° De déclarer aux bureaux de la marine et des douanes du port du départ, 1.° le nom de la colonie ou du port où il va, 2.° la quantité de morue qu'il exporte, 3.° le nom du navire, du capitaine et de l'armateur;

2.° De faire attester, par un certificat de deux courtiers, visé par le président du tribunal de commerce, que la morue est de bonne qualité et de pêche française;

3.° De faire vérifier et attester par deux employés, l'un des douanes, et l'autre de la marine, qui seront nommés à cet effet par les autorités compétentes, la quantité de morue faisant partie de sa cargaison, et de justifier qu'elle est pareille à celle portée dans ses connoissemens;

4.° De se faire délivrer, par le commissaire de la marine et le directeur ou le receveur des douanes au port du départ, un certificat de la déclaration par lui faite dans leurs bureaux;

5.° Enfin de présenter à son retour un certificat du préfet colonial, ou du préfet de l'arrondissement maritime, ou du commissaire de la marine, et du directeur ou du receveur des douanes, s'il est allé aux colonies françaises, du commissaire des relations commerciales s'il est allé en pays étranger, attestant, 1.° qu'il a exhibé les certificats et déclarations ci-dessus exigés, 2.° qu'il a mis à terre et vendu dans le port où il a abordé, la quantité de morue chargée à son bord.

Art. 7. La prime accordée pour la morue portée directement du lieu de la pêche en Espagne, en Portugal, en Italie et aux colonies, sera payée aux conditions portées en l'article 4, et, en outre, à la charge,

1.° Que le capitaine, assisté de trois principaux officiers mariniers ou matelots de son bâtiment, fera au commissaire des relations commerciales, au préfet colonial ou maritime, ou au commissaire de la marine du port où il abordera, la déclaration du lieu où il a pêché, de la quantité de morue qu'il a à bord, du nom du port du départ de France, du navire et de l'armateur;

2.° De représenter aux mêmes fonctionnaires publics l'expédition de la déclaration qu'il aura dû faire avant son départ, en vertu de l'article 5, du lieu où il vouloit se rendre;

3.° De faire faire, en présence d'un employé de la marine qui lui sera désigné, ou d'un des secrétaires du commissaire des relations commerciales, le déchargement et la pesée de sa cargaison;

4.° De rapporter un certificat du préfet colonial ou maritime, ou d'un commissaire de la marine, ou du commissaire des relations commerciales, portant qu'il a fait les déclarations ci-dessus, et énonçant la quantité de morue déchargée, pesée et vendue dans le port.

Art. 8. Les déclarations et certificats exigés par les articles ci-dessus, seront conformes aux modèles joints au présent arrêté.

Art. 9. Les préfets ou commissaires de la marine du lieu du départ de France ou de l'arrivée aux colonies, seront tenus d'enregistrer lesdits certificats et déclarations sur un registre tenu à cet effet, 2.° d'en envoyer sans délai les expéditions, par duplicata, au Ministre de la marine et des colonies, lequel en transmettra une au Ministre de l'intérieur.

Art. 10. Les commissaires des relations commerciales les adresseront, par duplicata, au Ministre des relations extérieures, qui les transmettra au Ministre de l'intérieur et à celui de la marine.

Art. 11. Les directeurs ou receveurs des douanes auront des registres pareils à ceux dont la tenue est prescrite par l'article 8, et feront l'envoi des déclarations et certificats qu'ils y enregistreront, par duplicata, au Ministre des finances, qui en transmettra un au Ministre de l'intérieur, et l'autre à celui de la marine et des colonies.

Art. 12. Le Ministre de l'intérieur confrontera les expéditions qui lui seront parvenues, avec celles que lui représenteront les armateurs ou capitaines: si elles sont conformes entr'elles, régulièrement faites et délivrées, il fera payer la prime accordée, dans le délai d'un mois, ainsi qu'il est dit à l'article 4.

Si le Ministre de la marine découvre quelque irrégularité ou fraude dans les pièces qui lui seront adressées il en préviendra sans délai le Ministre de l'intérieur.

Art. 13. Les formes pour justifier que l'huile et la rogue proviennent de leur pêche, seront les mêmes que celles portées en l'arrêté du 9 nivôse dernier, relatif à la prime accordée pour la pêche de la baleine.

TITRE III.

Des droits d'entrée en France et aux colonies sur la morue de pêche étrangère.

Art. 14. Il sera perçu pendant trois ans, à compter de la publication du présent arrêté, aux colonies françaises, un droit d'entrée de six francs par cinq myriagrammes de morue sèche et poisson salé de pêche étrangère, indépendamment des droits locaux actuels ou à venir.

Art. 15. Les droits d'entrée en France, sur la morue de pêche étrangère, continueront d'être perçus suivant le tarif actuellement existant.

Art. 16. Les Ministres des relations extérieures, de la marine, des finances, et de l'intérieur, sont chargés, chacun en ce qui le concerne, de l'exécution du présent arrêté, qui sera inséré au bulletin des lois.

Le premier Consul, Signé BONAPARTE. Par le premier Consul, *le secrétaire d'État*, signé H. B. MARET. *Le Ministre de l'intérieur*, signé CHAPTAL.

(*Suivent les modèles.*)

N.° I.er *Modèle de la déclaration à faire par le capitaine ou armateur, du port étranger ou des colonies où son navire doit revenir directement après la pêche, afin d'avoir droit à la prime de 50 ou de 15 fr. par chaque homme embarqué.* (Art. 5 de l'arrêté du 17 ventôse an 10.)

Je soussigné (*capitaine ou armateur*) du navire l   du port de   tonneaux, partant pour la pêche de la morue (*au banc, à Miquelon ou à Terre-Neuve*), ayant   hommes d'équipage, déclare vouloir, à mon retour, me rendre au port de   avec ma cargaison de morue (*sèche ou verte*).

De laquelle déclaration j'ai demandé acte au commissaire de la marine au port de   lieu de l'armement.

Fait à   le

N.° II. *Modèle de la déclaration à faire aux bureaux de la marine et des douanes, par les armateurs qui voudront exporter de la morue des ports de France aux colonies et dans les mers du Midi.* (Art. 6 de l'arrêté.)

Je soussigné (*capitaine ou armateur*) du navire le de tonneaux, ayant hommes d'équipage, armateur capitaine déclare vouloir me rendre au port de (*colonie de ou dans les Etats de*), avec myriagrammes ou tonneaux de morue sèche, laquelle a été reconnue de bonne qualité et de pêche française, par les citoyens courtiers, suivant le certificat ci-joint, par eux délivré le visé par le président du tribunal de commerce, et dont la quantité a été vérifiée et reconnue pareille à celle portée aux connoissemens, par un employé des douanes et un employé de la marine, suivant le certificat ci-joint, par eux délivré le de laquelle déclaration j'ai requis acte et expédition. A le

N.° III. *Modèle du certificat à délivrer par les Courtiers chargés de vérifier la qualité de la morue, et si elle est de pêche française.* (Art. 6 de l'arrêté.)

Nous soussignés courtiers de commerce près la bourse de département d arrondissement d dûment assermentés et patentés, attestons, après vérification faite, que la quantité de myriagrammes ou tonneaux de morue, destinée, par le citoyen armateur, à être embarquée sur le navire l capitaine du port de tonneaux, est de bonne qualité et de pêche française. En foi de quoi nous avons marqué de la marque les barils contenant ladite morue au nombre de n.° à inclusivement; et avons délivré le présent pour valoir ce que de raison.

A le

Vu par nous président du tribunal de commerce. A le

N.° IV. *Modèle du certificat à délivrer par l'Employé des douanes et celui de la marine, chargés de vérifier le poids de la morue.* (Art. 6 de l'arrêté.)

Nous soussignés (*on énoncera le nom et le grade de chaque employé*) nommés l'un par l'autre par à l'effet de faire la vérification du poids de la morue destinée par armateur, à être embarquée sur

sur le navire l du port de capitaine avons reconnu que ladite morue est contenue en barils, n.° à pesant ensemble, d'après la pesée que nous en avons fait faire en notre présence, myriagrammes ou tonneaux; et que le nombre, les numéros et le poids des barils sont conformes à ce qui est énoncé dans les connoissemens qui nous ont été représentés en règle par le capitaine. En foi de quoi nous avons délivré le présent.

A le

N.° V. *Modèle du certificat à délivrer dans les colonies par le Préfet colonial ou d'arrondissement, ou par un commissaire de la marine et par le directeur des douanes, ou par le commissaire des relations commerciales chez l'étranger, aux capitaines qui y porteront de la morue sèche de pêche française, venant d'un port de France.* (Art. 6 de l'arrêté.)

Je soussigné (*on mettra les qualités du fonctionnaire public*) certifie que le citoyen capitaine du navire l du port de partant du port français est entré dans le port de le qu'il m'a exhibé les certificats prescrits par l'article 6 de l'arrêté des Consuls de la République, du 17 ventôse an 10; que ces certificats sont en règle; et qu'en conformité de leur contenu, il a mis à terre et vendu en ce port la quantité de myriagrammes de morue sèche, portée tant dans ses certificats que dans ses connoissemens. En foi de quoi je lui ai délivré le présent. A le

N.° VI. *Modèle du certificat à délivrer par le Préfet colonial ou maritime, ou par le commissaire de la marine aux colonies, ou par le commissaire des relations commerciales en pays étranger, aux capitaines des navires qui apporteront de la morue sèche directement du lieu de pêche.*

Je soussigné (*on mettra le nom du fonctionnaire public*) atteste que le citoyen capitaine du navire l de hommes d'équipage, armé à par le citoyen venant de la pêche à nous a représenté la déclaration faite avant son départ de France, de son intention de venir en ce port après sa pêche, ladite déclaration dûment en forme; et qu'il a déclaré en présence des citoyens (*officiers-mariniers ou matelots de son bord, au nombre de trois*) avoir à son bord la quantité de myriagrammes de morue sèche, laquelle a été déchargée en ce port, pesée en présence du citoyen (*on mettra le nom et le grade de l'employé au bureau de la marine, ou du commissaire des relations commerciales*), reconnue du poids de myriagrammes, et a été vendue en ce port. En foi de quoi j'ai délivré le présent.

A le

HUITIÈME PARTIE.

SECTION XXI.

CHAPITRE LVI.

DES PORTS ET HAVRES.

Il n'y a rien de si important que la police des ports et havres, c'est pourquoi non-seulement notre ordonnance y a pourvu dans plusieurs titres, mais encore il a été fait des réglemens particuliers pour ceux qui par leur disposition ont paru exiger plus de précaution et de vigilance, afin qu'ils fussent toujours dans leur profondeur et netteté naturelle.

Non-seulement il est défendu de jeter dans les ports et havres aucunes immondices, mais encore le maître de quai ne doit pas souffrir qu'on place près du quai des tas d'ordures, de décombres ou de bourriers, parce que l'on pourroit ensuite les jeter furtivement dans le havre pendant la nuit.

2636. Art. 1.er *Les ports et havres* seront entretenus *dans leur profondeur et netteté :* faisons défenses *d'y jeter aucunes immondices,* à peine de dix livres d'amende, payables par les maîtres pour leurs valets, même par les pères et mères pour leurs enfans. (2594)

2637. Art. 2. Il y aura toujours des matelots à bord des navires *étant dans le port,* pour faciliter le passage des vaisseaux entrant et sortant, larguer les amarres, et faire toutes les manœuvres nécessaires, à peine de cinquante livres d'amende *contre les maîtres et patrons.*

Il faut distinguer les navires étant dans le port ayant leur équipage, de ceux qui l'ont congédié. Quant aux premiers, les capitaines doivent y laisser des matelots qui puissent faire les manœuvres convenables aux circonstances; et à l'égard des derniers, ils doivent avoir chacun un gardien aux frais des propriétaires. Ce gardien doit être un ancien officier-marinier ou matelot qui puisse veiller à la conservation du navire, et des agrès, apparaux et ustensiles dont la garde lui a été confiée; il doit aussi faire les manœuvres convenables aux circonstances. (677)

La contravention à notre article dans l'un et dans l'autre cas seroit punie de l'amende de cinquante livres et payée par les maîtres et patrons, sans espoir d'en être indemnisés par les propriétaires, si dans le premier cas ils avoient négligé de laisser à bord des matelots pour faire les manœuvres nécessaires aux circonstances, parce que ce seroit-là une faute qui leur seroit personnelle; il en seroit autrement, s'ils avoient laissé à leur bord des matelots conformément à notre article, et que ceux-ci s'en fussent absentés, ou qu'ils eussent négligé de faire leur devoir; alors le capitaine, quoique toujours responsable de leur prévarication, auroit son recours contre eux; et en cas d'insolvabilité de leur part, il seroit indemnisé par le propriétaire. Mais dans le second cas établi dans la note précédente, l'amende seroit entièrement supportée par les propriétaires, qui sont tenus d'établir des gardiens dans leurs navires, aussitôt que l'équipage en a été congédié.

2638. Art. 3. Ne pourront les mariniers amarrer leurs vaisseaux qu'aux anneaux et pieux *destinés à cet effet*, à peine d'amende arbitraire.

Les capitaines et lieutenans de port ne doivent pas souffrir que les navires soient amarrés ailleurs qu'aux anneaux et pieux destinés à cet effet dans tous les ports.

2639. Art. 4. Les vaisseaux dont les maîtres auront les premiers *fait leur rapport*, seront les premiers rangés à quai, d'où ils seront obligés de se retirer incontinent *après leur décharge*.

Comme il n'est pas permis de mettre aucunes marchandises à terre avant le rapport au greffe, ce sont les navires dont les maîtres ont été les plus diligens à faire leur rapport au bureau des classes, qui doivent être les premiers rangés à quai, et non pas ceux qui sont entrés les premiers dans le port.

La *décharge* suppose qu'il y a d'autres navires prêts à décharger ou à prendre leur chargement; autrement il n'y auroit aucun inconvénient de laisser encore à quai les vaisseaux après leur décharge : ce qui dépend au surplus des circonstances et des réglemens particuliers faits pour les différens ports et havres de la République.

2640. Art. 5. Les maîtres et patrons des navires qui voudront se tenir sur leurs ancres *dans les ports*, seront obligés d'y attacher hoirin, bouée ou gaviteau, à peine de cinquante livres d'amende, et de réparer tout le dommage qui en arrivera.

Quoiqu'il soit permis par notre article aux maîtres et patrons de navires de se tenir sur leurs ancres dans les ports, ils sont cependant tenus d'y attacher hoirin, bouée ou gaviteau, c'est-à-dire, un morceau de bois ou de liége ou un baril vide qui flotte sur l'eau, pour les marquer, afin qu'on puisse les apercevoir; et si ces ancres empêchoient le passage des autres navires, on seroit fondé de requérir les maîtres de les faire relever, et en cas de refus de leur part, ceux qui pourroient en recevoir du dommage, seroient en droit de le faire; conformément à ce que dit Hermenopule, *in promptuario*, titre *de rebus nauticis, licet in discrimen adductis qui se aliter explicare non possunt, alterius navis anchoras salutis suœ causâ prœcidere*. Et cela fondé sur la loi *si quis fumo*, §. *quod dicitur*, et encore plus particulièrement sur la loi *quem admodum*, §. 3, ff. *ad legem aquiliam.*

2641. Art. 6. Ceux qui auront des poudres dans leurs navires seront tenus aussi, à peine de cinquante livres d'amende, de les faire porter à terre incontinent *après leur arrivée*, sans qu'ils puissent les remettre dans leur vaisseau *qu'après qu'il sera sorti du port.*

Aujourd'hui dans presque tous les ports et havres de la République, suivant les réglemens particuliers qui sont intervenus depuis notre ordonnance, il est ordonné à tous maîtres de navires qui auront des poudres à bord, de les mettre à terre, avant d'entrer dans le havre, et de les déposer dans le magasin indiqué hors de la ville, et qui est construit ordinairement sur le bord de la mer. On sent combien cette précaution est nécessaire.

Lorsque le navire est sorti du port, le capitaine peut remettre dans son vaisseau les poudres qu'il a déposées dans le magasin à son ordinaire.

2642. Art. 7. Les marchands, facteurs et commissionnaires, ne pourront laisser sur les quais *leurs marchandises*, plus de trois jours, après lesquels elles seront enlevées à la diligence du maître de quai, où il y en aura d'établi, sinon de nos procureurs aux siéges de l'amirauté, et aux dépens *des propriétaires*, lesquels seront en outre condamnés en une amende arbitraire.

Non-seulement les marchands peuvent laisser leurs marchandises sur le quai, mais encore les ancres, les canons, les cables et tout ce qui a été déposé sur le quai, afin de rendre le service libre.

Il faut que les propriétaires soient connus et solvables. Car dans tous les cas, soit qu'on s'en prenne au propriétaire solvable ou non, soit qu'on attaque les facteurs ou commissionnaires en leur propre et privé nom, les condamnations prononcées contre les uns et les autres s'exécutent toujours avec privilége et préférence sur la chose.

2643. Art. 8. Il y aura dans chacun port et havre, des lieux destinés, tant pour travailler aux radoubs et calfats des vaisseaux, que pour goudronner les cordages; à l'effet de quoi, *les feux nécessaires* seront allumés à cent pieds au moins de distance de tous autres bâtimens, et à vingt pieds des quais, à peine de cinquante livres d'amende, et de plus grande en cas de récidive.

Il y a des ports où l'on ne peut allumer ces feux qu'en présence du maître capitaine de port. Il faut suivre à cet égard et pour tout le contenu en notre article, ce qui se trouve prescrit par les réglemens particuliers.

2644. Art. 9. Les maîtres et propriétaires des navires étant dans les ports *où il y a flux et reflux*, seront tenus sous les mêmes peines d'avoir toujours deux poinçons d'eau sur le tillac de leur vaisseau, pendant qu'on en chauffera les soutes; et dans les ports *d'où la mer ne se retire point*, d'être munis de sasses ou pelles creuses propres à tirer l'eau.

2645. Art. 10. Il y aura pareillement *des places destinées* pour les bâtimens en charge, et d'autres pour ceux qui seront déchargés, comme aussi pour rompre et dépecer les vieux bâtimens, et pour en construire de nouveaux.

Des places destinées. La disposition de notre article est observée dans tous les ports et havres, car on y trouve des places destinées au chargement et déchargement des navires, comme à la destruction des vieux et à la construction des nouveaux.

2646. Art. 11. Les propriétaires des vieux bâtimens hors d'état de naviguer seront tenus de les rompre, et d'en enlever incessamment les débris, à peine de confiscation et *de cinquante livres d'amende*, applicables à la réparation des quais, digues et jetées.

La peine portée par notre article n'a pas lieu de plein droit, elle doit être prononcée par un jugement.

2647. Art. 12. Seront tenus sous pareille peine *de cinquante livres d'amende*, ceux qui feront des fosses dans les ports pour travailler au radoub de leurs navires, de les remplir vingt-quatre heures après que leurs bâtimens en seront dehors.

Les cinquante livres d'amende sont encourue par le seul fait de la contravention, outre les dommages et intérêts qui pourroient en résulter.

2648. Art. 13. Enjoignons aux maçons et autres employés aux réparations des murailles, digues et jetées des canaux, havres et bassins, d'enlever les décombres et faire place nette incontinent *après les ouvrages finis*, à peine d'amende arbitraire, et d'y être pourvu à leurs frais.

2649. Art. 14. Faisons défenses à toutes personnes de porter et allumer *pendant la nuit* du feu dans le navire étant dans les bassins et havres; si non en cas de nécessité pressante, et en la présence ou par la permission *du maître de quai.*

Par la disposition de notre article, il paroissoit qu'on pouvoit en user autrement le jour. Mais depuis long-temps il n'est plus permis de faire du feu non-seulement à bord des navires qui sont dans les ports et havres, soit le jour, soit la nuit, mais encore sur les quais et proche des vaisseaux, pas même en fumant, en allumant de la chandelle ou autrement.

Mais s'il étoit d'une nécessité indispensable par rapport à certains événemens, d'allumer du feu dans un navire étant dans le port, on ne le pourroit faire, qu'après en avoir obtenu la permission du capitaine de port, qui doit être présent et qui doit avoir soin de faire éteindre le feu, avant que de se retirer du navire où il auroit été allumé.

2650. Art. 15. *Enjoignons* très-expressément aux hôteliers, cabaretiers, vendeurs de tabac, cidre, bière, et eau-de-vie, ayant maisons et cabarets sur les quais, de les fermer avant la nuit, et leur défe[illegible]ons d'y recevoir et d'en laisser sortir qui que ce soit avant le jour, à peine de cinquante livres d'amende, pour la première fois, et en cas de récidive, d'être expulsés du lieu.

Dans la plupart des ports et havres de la République, la disposition de notre article n'est plus observée à la rigueur : on ouvre les cabarets qui sont sur les quais avant le jour, et on les ferme à dix heures du soir. Il y a quelques villes maritimes où il faut avoir la permission d'en user ainsi, mais ces permissions s'obtiennent facilement.

2651. Art. 16. Celui qui aura dérobé *des cordages*, ferrailles ou ustensiles des vaisseaux étant dans les ports, sera flétri d'un fer chaud, portant la figure d'un ancre, et banni à perpétuité du lieu où il aura commis le délit; et s'il arrive *perte du bâtiment ou mort d'homme*, pour avoir coupé ou volé les cables, il sera puni du dernier supplice.

Le vol des cordages, voiles, agrès, ferrailles et ustensiles des vaisseaux étant dans un port, est la flétrissure du coupable avec un fer chaud, portant la figure d'une ancre, et le bannissement à perpétuité du lieu où il aura commis le délit, sans préjudice de la peine civile qui est du quadruple de la valeur des choses volées, outre la restitution suivant l'art. 5 du tit. des naufrages, *infrà*.

Par rapport à la *perte du bâtiment ou mort d'homme*, si le voleur, en coupant les cables pour les emporter, a donné lieu à la perte du bâtiment ou causé la mort de quelque homme, il doit être puni du dernier supplice suivant la disposition de notre article et le sentiment de Loccénius, *de jure maritimo*, lib. 1, cap. 7., n.° 12, fol. 81.

2652. Art. 17. Faisons défenses à toutes personnes d'acheter, *des matelots et compagnons de bateaux*, des cordages, ferrailles et autres *ustensiles de navire*, à peine de punition corporelle.

Cet article doit s'entendre des matelots et batteliers, et non des capitaines et autres officiers des vaisseaux, conformément à notre article.

La punition corporelle n'auroit pas lieu, s'il s'agissoit de marchandises, parce que les matelots peuvent avoir en propre, à leur retour, quelques marchandises; et les acheteurs ne deviendroient suspects que relativement à la quantité qu'ils en acheteroient.

2653. Art. 18. Faisons aussi défenses, sous mêmes peines, à toutes personnes, de faire ou vendre des étoupes de vieux cordages de vaisseaux, *si ce n'est par ordre* des maîtres ou propriétaires des navires, *lesquels pourront* seulement débiter celles qui proviendront de leurs bâtimens.

Ces défenses ont été faites pour prévenir le vol des cables et autres cordages dont on auroit pu faire ensuite des étoupes, puisqu'il n'est permis de faire ou vendre des étoupes de vieux cordages de vaisseaux, si ce n'est par ordre des maîtres ou propriétaires des navires. Il s'en suit de la fin de notre article, que s'il est permis aux propriétaires des navires de faire ou de vendre des étoupes de vieux cordages, cette faculté ne leur est accordée que pour celles qui proviendront de leurs bâtimens : de manière qu'il ne leur seroit pas permis de faire ou vendre des étoupes des cordages d'autres navires.

2654. Art. 19. Défendons, à peine de concussion, de lever aucuns droits de coutume, quaiage, balisage, lestage, délestage et ancrage, qu'ils ne soient inscrits dans une pancarte approuvée par les officiers de l'amirauté, et affichée dans l'endroit *le plus apparent du port*.

2655. Art. 20. Les pieux, boucles et anneaux destinés pour l'amarrage des vaisseaux, et les quais construits pour la charge et décharge des marchandises, seront entretenus des *deniers communs des villes*, et les maires et échevins obligés *d'y tenir la main*, à peine d'en répondre en leur nom.

2656. Art. 21. *Seront néanmoins tenus* des réparations et entretien des quais, boucles et anneaux, ceux qui jouissent des droits de coutume ou quaiage sur les ports et havres, à peine de privation de leurs droits *qui seront appliqués* au rétablissement des ruines qui s'y trouveront.

Notre

Notre article est une exception du précédent, et décide que les villes sont dispensées de l'entretien des pieux, boucles et anneaux destinés pour l'amarrage des vaisseaux, et des quais construits pour la charge et décharge des marchandises, lorsqu'il y a des particuliers qui jouissent des droits de coutume ou quaiage sur les ports et havres, parce que dans ce cas, c'est à ces derniers de fournir à cet entretien. Il étoit juste en même-temps que ces particuliers, négligeant d'y tenir la main, fussent soumis à une peine; c'est pourquoi notre article les prive de leurs droits qui sont appliqués au rétablissement des ruines qui s'y trouveront : ce qui ne doit pas s'entendre d'une privation absolue et perpétuelle de leurs droits, mais seulement d'une privation accidentelle qui finira après le rétablissement des lieux. Il convient cependant de les mettre en demeure par les voies légales, avant que de faire travailler à ce rétablissement.

2657. Art. 22. Enjoignons aux maires, échevins, syndics, jurats, Capitouls et Consuls des villes dont les égouts ont leur décharge dans les ports et havres, de les faire incessamment garnir *de grilles de fer*, et aux officiers de l'amirauté *d'y tenir la main*, à peine d'en répondre en leurs noms.

Non-seulement il faut qu'il y ait des grilles de fer à l'entrée de ces égouts, mais encore à leur issue dans le port, autrement l'objet de notre article qui est d'empêcher les immondices de la ville d'entrer dans le port, ne seroit point rempli.

2657. Art. 23. N'entendons toutefois, par la présente ordonnance, faire préjudice aux réglemens particuliers faits pour la police d'aucuns ports, qui se trouveront duement autorisés, ni aux jurats, échevins et autres juges qui en auront la connoissance; à l'effet de quoi les réglemens et les pièces justificatives de leur compétence seront par eux mises entre les mains du secrétaire d'État ayant le département de la marine, six mois après la publication de la présente ordonnance; faute de quoi elle sera exécutée à leur égard *selon sa forme et teneur*.

Ainsi cette ordonnance est exécutée aujourd'hui selon sa forme et teneur dans toutes les villes qui n'ont pas des réglemens particuliers; et dans celles-ci notre ordonnance est encore exécutée par rapport aux objets sur lesquels ces réglemens ne se sont pas expliqués.

SECTION XXII.

CHAPITRE LVII.

DU MAITRE DE QUAI, OU CAPITAINE DE PORT.

Le capitaine de port doit faire ranger suivant ce qui est prescrit par l'art. 4 du tit. précédent, qui veut que les vaisseaux dont les maîtres auront les premiers fait leur rapport, soient aussi les premiers rangés à quai, pour être plus à portée d'y décharger leurs marchandises, ce qui contribue beaucoup à l'activité du commerce.

Il faut que cet amarrage soit fait aux anneaux et pieux destinés à cette fin, de sorte qu'il n'est pas libre au maître de quai d'en ordonner autrement, suivant l'art. 3 du même titre précédent. Mais dans le cas où le maître de quai ordonneroit l'amarrage ailleurs, il faudroit lui obéir provisionnellement, sauf d'en porter des plaintes aux officiers compétens pour y remédier, parce que la police du port et des quais leur appartient spécialement, et le maître de quai ne l'exerce que sous leur direction.

2659. Art. 1.er *Le maître de quai* prêtera serment entre les mains du lieutenant, et fera enregistrer sa commission au greffe de l'amirauté du lieu *de son établissement.*

2660. Art. 2. Il aura soin *de faire ranger* et amarrer les vaisseaux *dans le port*; veillera à tout ce qui concerne la police des quais, ports et havres, et fera donner pour raison de ce *toutes assignations nécessaires.*

2661. Art. 3. Sera tenu au défaut du capitaine du port, lorsqu'il y aura de nos vaisseaux *dans le havre*, de faire les rondes nécessaires autour des bassins, et de coucher toutes les nuits *à bord de l'amiral.*

Dans ce cas, le capitaine de port doit faire les rondes nécessaires autour des bassins, pour y voir si tout est en sûreté et dans l'ordre convenable.

2662. Art. 4. Empêchera qu'il soit fait de jour ou de nuit aucun feu dans les navires, barques et bateaux, et autres bâtimens marchands ancrés ou amarrés dans le port, quand il y aura *de nos vaisseaux.*

De nos vaisseaux. On observe depuis long-temps la disposition de notre article, soit qu'il y ait dans le port des vaisseaux de l'Etat, ou seulement des vaisseaux marchands; ainsi qu'il a été observé sur l'art. 14 du titre précédent.

2663. Art. 5. Indiquera les lieux pour chauffer les bâtimens, goudronner les cordages, travailler aux radoubs et calfats, et pour lester et délester *les vaisseaux*; et il aura soin de poser et entretenir les feux, balises, tonnes ou bouées aux endroits nécessaires, suivant l'usage et la disposition *des lieux.*

2664. Art. 6. *Lui enjoignons de visiter,* une fois le mois, et toutes les fois qu'il y aura eu tempête, les passages ordinaires des vaisseaux, pour reconnoître si les fonds n'ont point changé, et d'en faire son rapport à l'amirauté, à peine de cinquante livres d'amende pour la première fois, et de destitution en cas de récidive. Cette visite une fois le mois, et toutés les fois qu'il y a eu tempête, est indispensable pour la sûreté des passages ordinaires des vaisseaux; ainsi le maître de quai seroit très-répréhensible et punissable aux termes de notre article, s'il négligeoit un point aussi essentiel.

2665. Art. 7. Il pourra couper, *en cas de nécessité*, les amarres que les maîtres ou autres étant dans les vaisseaux, refuseront de larguer, *après les injonctions verbales* qu'il leur en aura faites et réitérées

Lorsque l'on a recours à cet expédient, il faut que le cas soit pressant et exige célérité, pour que le capitaine de port soit autorisé à couper lui-même les amarres par voie de fait, et sans aucune formalité de procédure; mais il doit, au préalable, enjoindre verbalement à tous ceux qui sont sur les navires, dont les amarres gênent les opérations, de les larguer; et ce n'est qu'après leur avoir fait et réitéré plusieurs injonctions verbales, et sur leur refus, qu'il peut les couper lui-même. Quant aux autres obligations du maître de quai qui n'ont pas été prévues par notre ordonnance, il faut, comme pour tout le reste, consulter les réglemens particuliers à chaque port, parce que les obligations et les droits des maîtres de quai ne sont pas conformes dans tous les ports.

SECTION XXIII.

CHAPITRE LVIII.

DES PILOTES-LAMEURS OU LOCMANS

2666. DANS la loi 1.ère au code *de naviculariis*, les lamaneurs sont appelés *lavamentarios.* On les appelle en France *lamaneurs* ou *locmans*; cette dernière dénomination veut dire *habitans des lieux.* La fonction des pilotes lamaneurs consiste à conduire à l'entrée et à la sortie des rivières navigables, et à mettre en rade les bâtimens destinés à quelques voyages, afin de leur faire éviter les écueils, les bancs de sable et autres dangers existans à l'embouchure des fleuves ou le long des côtes. (708)

2667. Les capitainès qui connoissent les lieux où ils abordent, ne sont pas obligés de prendre de pilote. *Guidon de la mer.* Dans le cas contraire, ils répondroient de l'événement qui pourroit arriver. *Consulat, ord. de Wisbuy. D. Ansé, Kuricke, Targa, Stymanus, Loccénius, Clairac.*

2668. Néanmoins, comme la barre du port de Lisbonne rend l'entrée du port difficile, le Gouvernement britannique a rendu une loi qui défend, sous peine d'une amende, d'entrer dans ce port sans pilote. Lorsque le pilote est entré dans le navire, il s'empare de la barre du gouvernail, et l'entre de suite.

2669. L'ordonnance de Philippe II, tit. des avaries, art. 9, veut que le maître prenne un pilote aux lieux accoutumés, à peine de payer tout le dommage qui peut arriver s'il y manque. Je crois que cet article, qui n'est par rapport à nous qu'une raison écrite, doit être suivi à la lettre, 1.° parce qu'il est des circonstances qui exigent une grande pratique, que ne peut avoir un capitaine qui va rarement dans l'endroit où sont les obstacles; par exemple, Bayonne a une barre de sable mouvant qui se jette tantôt d'un côté, tantôt d'un autre, et qui en conséquence exige que les pilotes sondent souvent. Le capitaine pourra-t-il savoir de quel côté le banc de sable s'est jeté, si ces précautions n'ont pas été prises?

2670. Art. 1.er Dans les ports où il sera nécessaire d'établir des pilotes *Locmans et lamaneurs*, pour conduire les vaisseaux à l'entrée et sortie des ports et des rivières navigables, le nombre en sera réglé par les officiers de l'amirauté, de l'avis des échevins et *des plus notables bourgeois.*

2671. Art. 2. Aucun ne pourra faire les fonctions de *lamaneur*, qu'il ne soit âgé de vingt-cinq ans, et n'ait été reçu par-devant *les officiers de l'amirauté*, après avoir été examiné en leur présence et celle de deux échevins ou *notables bourgeois*, par deux anciens lamaneurs et deux anciens maîtres de navires.

Conformément à l'art. 1.er du tit. 3 du réglement du 15 août 1625, « aucun ne pourra faire les fonctions de pilote-lamaneur ou locman, qu'il ne soit âgé de vingt-cinq ans, et qu'il n'ait fait deux campagnes de trois mois au moins chacune, sur les vaisseaux du Roi. »

L'art. 4 du même réglement porte : « Les pilotes-lamaneurs ou locmans ne pourront être reçus que par les officiers de l'amirauté du lieu de leur demeure. Défend Sa Majesté aux officiers des autres amirautés de les recevoir, à peine d'interdiction. » En effet, tel lamaneur peut avoir la capacité requise pour être reçu dans le port de son domicile, sans que pour cela il soit propre à être reçu en cette qualité dans un autre port où le gissement des côtes est nécessairement différent.

2672. Art. 3. Le lamaneur sera examiné sur la connoissance et expérience qu'il doit avoir des manœuvres et fabriques des vaisseaux, ensemble des cours et marées, des basses, courans, écueils et autres empêchemens qui peuvent rendre difficiles l'entrée et sortie des rivières, ports et havres du lieu *de son établissement.*

La disposition de notre article a été entièrement confirmée par l'art. 2, tit. 3 du réglement de 1725.

2673. Art. 4. Les lamaneurs seront obligés de tenir toujours leurs chaloupes garnies d'ancres et avirons, et d'être en état d'aller au secours des vaisseaux *au premier ordre ou signal*, à peine de dix liv. d'amende, et de plus grande peine s'il y échoit.

Les lamaneurs sont obligés non-seulement d'aller au secours des vaisseaux au premier ordre qui leur en est donné avec toute la diligence possible ; mais encore sans que personne le leur ordonne lorsqu'ils aperçoivent quelque signal qui avertit qu'un vaisseau demande du secours.

2674. Art. 5. Faisons défenses, sous peine de punition corporelle, *à tous mariniers* qui ne seront point reçus pilotes-lamaneurs, de se présenter pour conduire les vaisseaux à l'entrée et sortie des ports et rivières.

Quelques habiles qu'ils puissent être : ce qui doit pourtant s'entendre du commandant, et non des autres mariniers employés pour la manœuvre.

2675. Art. 6. Pourront toutefois les maîtres des navires, au défaut de *pilotes-lamaneurs*, se servir des pêcheurs *pour les piloter.*

Rien ne seroit plus juste dans ce cas, que d'employer les pêcheurs qui par la navigation continuelle qu'ils font aux entrées et sorties des ports et havres et des rivières navigables, à la pêche, sont présumés en connoître tous les dangers, et pouvoir piloter les navires, c'est-à-dire, les conduire sûrement dans l'entrée et sortie des ports et rivières.

2676. Art. 7. Si le lamaneur se présente au maître qui aura un pêcheur à bord, avant que les lieux dangereux *soient passés*, il sera reçu, et le salaire du pêcheur sera déduit *sur celui de lamaneur.*

Si les lieux dangereux étoient passés, le pêcheur continuera sa manœuvre et sa conduite, jusqu'au lieu ordinaire, et aura le droit de pilotage. Si au contraire, le lamaneur arrive avant que les lieux dangereux soient passés, il sera reçu, et le salaire du pêcheur qui sera congédié, sera déduit sur celui du lamaneur à proportion du travail qu'il aura fait.

2677. Art. 8. Le lamaneur qui entreprendra, étant ivre, de piloter un vaisseau, sera condamné en cent sols d'amende, et interdit pour un mois *du pilotage.*

L'interdiction et l'amende prononcées par notre article contre le lamaneur qui, étant ivre, entreprend de piloter un vaisseau, sont des peines bien modérées, eu égard aux malheurs que son ivresse peut occasionner. Il est vrai que le maître peut le refuser, mais cette faculté lui seroit assez inutile, si dans le moment il n'y en avoit pas d'autre.

2678. Art. 9. Enjoignons aux lamaneurs de piloter les bâtimens qui se présenteront les premiers, et leur défendons de préférer les plus éloignés *aux plus proches, à peine de vingt-cinq livres d'amende.*

L'on prétend que le salaire du pilotage augmente à proportion de la distance des lieux pour lesquels les navires sont destinés. Il faut donc qu'ils pilotent les maîtres des navires qui se présentent les premiers; à la peine de vingt-cinq livres d'amende, on doit ajouter les dommages et intérêts que peut avoir souffert le maître qu'ils auront refusé mal-à-propos de piloter.

2679. Art. 10. Leur faisons aussi défenses d'aller *plus loin que les rades*, au-devant des vaisseaux qui voudront entrer dans les ports ou havres, de monter dans les navires *contre le gré des maîtres*, et de quitter les bâtimens qui entreront, qu'ils ne soient ancrés ou *amarrés au port;* et ceux qui sortiront, qu'ils ne soient *en pleine mer*, à peine de perte de leurs salaires, et de trente livres d'amende.

Les rades sont le terme des lamaneurs, pour aller au-devant des vaisseaux qui veulent entrer dans le port et havres, au-delà duquel terme il ne leur est pas permis d'aller, n'étant commis que pour la conduite des navires, depuis les rades jusque dans les ports. Les lamaneurs ne doivent jamais monter dans les navires contre le gré des maîtres, parce qu'il leur est libre de se passer d'eux et de se conduire eux-mêmes sans lamaneurs. Il est vrai qu'ils s'exposent à supporter en leur propre et privé nom les dommages qui pourroient en résulter, suivant la disposition expresse de la loi *item quœritur, 13, § si magister, ff. locati.*

Il ne suffit pas que le navire piloté soit entré dans le port, pour que le lamaneur puisse se retirer, mais il faut encore qu'il soit ancré ou amarré à quai. Comme il n'est pas permis au lamaneur qui va au-devant d'un navire qui veut entrer dans le port, d'aller plus loin que les rades; de même celui qui a entrepris de piloter un vaisseau pour sortir du port, ne peut le quitter que lorsqu'il est en pleine mer.

2680. Art. 11. Le maître du navire sera tenu, aussitôt que le pilote-lamaneur sera à bord du vaisseau, de lui déclarer combien son bâtiment *tire d'eau*, à peine de vingt-cinq livres d'amende au profit du lamaneur, pour chacun pied récélé.

Il est des bas fonds sur lesquels tel navire peut passer sans danger, tandis qu'un autre touchera, et courra risque d'y échouer. Il convient encore que le maître instruise le pilote-lamaneur de la marche de son navire, et de sa manière de porter la voile.

2681. Art. 12. *Sera fait en chaque port*, par le lieutenant de l'amirauté, à la diligence de notre procureur, et de l'avis des échevins, ou *de deux notables bourgeois*, un réglement du salaire des lamaneurs qui sera *écrit* dans un tableau mis au greffe, et affiché sur le quai.

Ces réglemens sont toujours concertés avec la chambre du commerce et avec les principaux armateurs, au lieu de deux notables bourgeois.

2682. Art. 13. Ne pourront les lamaneurs et mariniers exiger plus grande somme que celles portées au réglement, sous peine de punition corporelle, si ce n'est en temps de tourmente *et de péril évident*, auquel cas leur sera fait taxe particulière par les officiers de l'amirauté, de l'avis de deux marchands, eu égard au travail qu'ils auront fait et au danger qu'ils auront couru.

Dans cette occasion, la manœuvre est plus difficile et plus pénible, et mérite par conséquent une augmentation de salaire eu égard au travail que les lamaneurs auront fait, et au danger qu'ils auront couru.

2683. Art. 14. *Déclarons nulles* toutes promesses aux lamaneurs et autres mariniers, *dans le danger du naufrage*.

La nullité de ces promesses étant prononcée par notre article, il n'est pas nécessaire de prendre des lettres de rescision. Toutes promesses faites aux lamaneurs et autres mariniers dans le danger du naufrage sont donc nulles, parce qu'elles sont censées avoir été extorquées par force. L. *quò naufragium* § 8, ff. *de incendio, ruinâ, naufragio.*

2684. Art. 15. Enjoignons aux lamaneurs de visiter journellement les rades des lieux où ils seront établis, de lever les ancres *qui y auront été laissées*, et d'en faire, vingt-quatre heures après, leur déclaration au greffe de l'amirauté.

Ceci doit s'entendre de celles qui seront trouvées sans bouées, hoirins ou gaviteaux, et non de celles qui en auront, s'il ne leur est spécialement ordonné par les officiers de l'amirauté de les lever.

2685. Art. 16. S'ils reconnoissent quelques changemens dans les fonds et passages ordinaires des vaisseaux, et que les tonnes ou balises ne soient pas bien placées, ils seront tenus à peine de dix livres d'amende d'en donner avis *aux officiers de l'amirauté et au maître de quai.*

2686. Art. 17. *Il sera libre* aux maîtres et capitaines de navires français et étrangers de prendre tel lamaneur que bon leur semblera, pour entrer dans les ports et havres, sans que pour en sortir ils puissent être contraints de se servir de ceux qui les auront fait entrer.

Comme il est permis aux maîtres des navires français ou étrangers de se passer de lamaneurs, de même il leur est permis de prendre tel lamaneur qu'ils jugeront à propos, pour entrer dans les ports et havres, ainsi que pour en sortir, sans qu'ils puissent être contraints de se servir de ceux qui les auront fait entrer.

2687. Art. 18. Les lamaneurs qui, *par ignorance*, auront fait échouer un bâtiment, seront condamnés au fouet, et privés pour jamais du pilotage; et à l'égard de celui qui *aura malicieusement* jeté un navire sur un banc ou rocher, ou à la côte, il sera puni du dernier supplice, et son corps attaché à un mât planté près *du lieu du naufrage.*

Par la déclaration du 21 mars 1778, les pilotes-côtiers, l'amaneur, etc. qui ont un service continuel, jouissent des priviléges des matelots qui sont au service.

L'art. 11 du réglement du 10 mars 1784, porte : « Les pilotes, à peine de prison, ne pourront s'écarter du lieu de leur demeure, sous quelque prétexte que ce soit, sans congé des officiers de l'amirauté, qui ne pourront en accorder que pour des causes absolument nécessaires; et ceux qui les auront obtenues seront tenus d'en donner connoissance aux officiers des classes de leur département, à peine de . . . . . .

Art. 12. Ceux qui abandonneront leurs fonctions pour naviguer au petit cabotage, ou pour pratiquer la pêche au large, seront déchus de leur qualité de pilote-l'amaneur, et en conséquence inscrits de nouveau sur la matricule des gens de mer de service, pour être commandés à leur tour pour servir sur les vaisseaux du Roi.

L'art. 40 du 22 août 1790, titre 2, porte : « Tout pilote-côtier coupable d'avoir perdu un bâtiment quelconque de l'Etat ou du Commerce, lorsqu'il lorsqu'il s'étoit chargé de sa conduite, et qu'il auroit déclaré en répondre, si c'est par négligence ou ignorance, il sera condamné à trois ans de galères, si c'est volontairement il sera condamné à mort. »

Qu'il me soit permis ici de faire une petite disgression, parce que je la crois utile.

Notre ordonnance ne fait point mention de la punition que mérite le capitaine qui a fait périr son bâtiment par impéritie. Les lois grecques et romaines ne sont point muettes sur ce point. Une ancienne loi grecque, tirée d'Œchine, veut que le pilote qui a fait périr son vaisseau par ignorance ne puisse plus en conduire un autre, afin de ne pas compromettre la vie des citoyens.

Les Romains décidèrent, en termes généraux, que celui qui se comporteroit mal dans l'exercice d'un emploi quelconque, devoit être puni sans espérance d'y rentrer. *L. 12, c. de suscept. prœp. et acariis.*

EXTRAIT du décret relatif aux phares, amers, tonnes et balises.

Du 15 septembre 1792.

Art. 7. Il est enjoint aux pilotes l'amaneurs, sous peine de trois jours de prison, de prévenir les officiers municipaux du canton, ou ceux de l'endroit où ils aborderont, de la destruction des balises lorsqu'ils en auront connoissance, afin qu'on puisse y pourvoir.

DÉCRET relatif aux pilotes-lamaneurs.

Du 20 juin 1792.

L'Assemblée nationale, ouï le rapport de son comité de marine; considérant que la sûreté et la conservation des vaisseaux de l'État et du Commerce exigent qu'il soit pris des dispositions d'ordre et de police, qui seules doivent garantir les avantages résultans de l'établissement du pilotage, pour l'entrée et la sortie des ports, rades et rivières; considérant qu'il est important, avant de rien statuer définitivement à cet égard, de bien connoître les bases, tant générales que locales, qui doivent déterminer le service des pilotes-lamaneurs, décrète qu'il y a urgence.

Art. 1.er Aussitôt après la publication du présent décret, les Juges des tribunaux de Commerce dans tous les ports, havres et rivières où il y a actuellement des pilotes-lamaneurs, ou dans lesquels il paroîtroit convenable d'en établir, se réuniront aux officiers-municipaux du lieu; et, après avoir appelé le chef des classes, deux des principaux armateurs, deux des plus anciens enseignes, commandant actuellement des bâtimens de commerce, et un pilote au moins de chaque station, dans les endroits où il y en aura plusieurs, ils examineront, conjointement avec les personnes qu'ils auront appelées; si, dans le port ou la rivière qu'ils habitent, il est avantageux ou non de fixer le nombre des pilotes; et dans le premier cas, la quantité qu'il devroit en avoir; si, dans les endroits où il y a plusieurs stations, le nombre de celles actuellement existantes est trop ou trop peu considérable, et si le prix fixé par le pilotage, à raison de leur tirant d'eau ou de leur port en tonneaux, pour leur entrée ou sortie du port ou d'une station à l'autre, est suffisant, ou s'il doit être augmenté. Ils examineront également quels articles, tant généraux que locaux, d'ordre et de police, il seroit convenable d'adopter pour assurer le service; et de tout ce qui sera arrêté à ce sujet, il sera dressé procès-verbal, qui sera envoyé, sans aucun délai, au Ministre de la marine, par le tribunal de commerce dans les ports, havres et rivières où il y en aura, et par les municipalités qui rempliront relativement au présent décret, les fonctions des Juges de commerce dans les endroits où il n'y aura pas de tribunal de commerce.

Art. 2. Le Ministre de la marine adressera à l'Assemblée nationale tous ces procès-verbaux, avec ses observations sur les différens objets qu'ils contiendront, et ses vues particulières sur les pilotes-lamaneurs, pour être pris, par l'Assemblée, tel parti qu'elle jugera convenable.

Art. 3. En attendant que l'Assemblée nationale ait décrété un réglement sur les pilotes-lamaneurs, le nombre desdits pilotes demeurera dans chaque port, havre et rivière, provisoirement fixé à celui qui a été précédemment réglé; et quant aux places qui sont vacantes ou qui viendront à vaquer, le Pouvoir exécutif ne pourra délivrer les lettres d'admission prescrites par la loi du 10 août 1791, qu'aux plus anciens des aspirans qui auront subi l'examen ordonné par ladite loi, qui auront navigué pendant six ans, et qui seront âgés de trente ans accomplis.

Art. 4. Les fonctions des pilotes-lamaneurs exigeant un service continuel, et qui seroit très-dangereux d'interrompre, ils seront, comme par le passé, exempts d'être levés et commandés pour le service des vaisseaux de l'État, et pour tout autre service personnel.

L'article 15 de la loi du 3 brumaire an 4, porte, par rapport aux pilotes-lamaneurs ou locmans: « Nul ne pourra être reçu pilote-lamaneur ou locman, s'il n'est âgé de vingt-quatre ans, et s'il ne satisfait à un examen sur la connoissance des marées, des basses, courans, écueils et autres empêchemens qui peuvent rendre difficile l'entrée et la sortie des rivières, ports et havres dudit lieu de son établissement. »

Art. 16. Le Ministre de la marine enverra une lettre d'admission à chacun des maîtres au petit cabotage, pilotes-côtiers et pilotes-lamaneurs reçus par l'examinateur.

Art. 17. Le mode, les lieux et les époques des examens et du concours prescrits par les articles précédens, seront déterminés par un réglement.

2689. L'art. 15 précité qui est une répétition de l'ordonnance, n'exigeant point que le pilote-lamaneur soit examiné sur la connoissance des manœuvres, la fabrique des bâtimens, et sur l'expérience qui doit y avoir, présenteroit une lacune si elle n'avoit pas été précédemment remplie par l'ancienne loi Il paroît que les rédacteurs ayant consulté Valin qui, dans son commentaire, a gardé le silence sur ce point important, ils ont cru ne devoir point en parler. Cependant il est essentiel que le pilote ait une connoissance particulière de la manœuvre et de la fabrique des navires. On sait, par exemple, que les bâtimens bataves calent moins que les autres bâtimens, parce qu'ils sont plats par-dessous, conséquemment un bâtiment de cette nation passera dans un endroit sans toucher le fond; on ne pourra point passer un vaisseau français de la même capacité: quand à la manœuvre, il est indispensable qu'il en ait une connoissance particulière, pour commander celles qui sont nécessaires pour diriger le vaisseau selon ses désirs; et comme en pareille circonstance il faut que l'exécution soit aussi prompte que le commandement, n'ayant point le temps de délibérer, il faut donc qu'il ait les connoissances nécessaires pour commander.

2690. A la barre de Bayonne sur-tout il est nécessaire que le locman ait toute autre connoissance que celle des basses, écueils, etc. J'ai connu plusieurs pilotes de ce port, entre autres le p[illegible] major, qui étoient d'excellens marins. On doit donc conclure qu'il e[illegible]sentiel d'examiner les locmans, suivant ce qui est prescrit par l'ordonnance.

Clairac, page 490, dit : « L'examen des pilotes, locmans de rivière . . . doivent considérer et comprendre la grandeur, les proportions, et les conditions du bâtiment qu'ils entreprennent de mener, combien de brasses ou de pieds ils calent dans l'eau ; s'il est obéissant ou rétif au gouvernail. Ils doivent savoir l'usage du compas, et la correspondance de ses pointes ou rumbs à l'horizon ; et finalement le nom et le service de tous les cordages, manœuvres, et *les paroles du commandement*, pour les faire exploiter bien à point à l'équipage en navigant. »

2691. Une nouvelle loi de la même époque, 3 brumaire an 4, relative à l'avancement des gens de mer sur les vaisseaux de la République, porte, article 18 : « Il y a trois places de pilotes-côtiers. Ils ne pourront passer de l'une à l'autre, qu'après trente mois au moins de navigation dans la classe immédiatement inférieure. »

SECTION XXV.

CHAPITRE LX.

DU LESTAGE ET DÉLESTAGE.

2692. Art. 1.er Tous capitaines ou maîtres de navires venant de la mer, seront tenus, en faisant leur rapport aux officiers de l'amirauté, de déclarer la quantité de lest *qu'ils auront dans leur bord*, à peine de vingt livres d'amende.

Afin de vérifier par la visite du navire, si le maître a accusé juste, ayant à son bord la quantité de lest par lui déclarée ; et si, eu égard au port de son bâtiment, il ne devoit point avoir une plus grande quantité de lest.

2693. Art. 2. Les syndics et échevins des villes et communautés seront tenus de désigner, et même de fournir, si besoin est, les lieux ou emplacemens nécessaires et suffisans pour recevoir le lest, en sorte qu'il ne puisse être emporté *par la mer*.

2694. Art. 3. Après le délestage des bâtimens, les maîtres des bateaux ou gabarres qui auront été employé, seront tenus, à peine de trois livres d'amende, de faire leur déclaration aux officiers de l'amirauté, de la quantité de tonneaux *qui en auront été tirés*.

2695. Art. 4. Tous bâtimens embarquant ou déchargeant du lest, auront une voile qui tiendra aux bords, tant du vaisseau *que de la gabarre*, à peine de cinquante livres d'amende solidaire contre les maîtres des navires et gabarres.

Pour qu'il ne tombe pas une partie du lest dans l'eau, ce qui seroit inévitable sans cette précaution.

2696. Art. 5. Tous mariniers pourront être employés au lestage et délestage des vaisseaux, *avec les gens de l'équipage.*

Les maîtres peuvent employer au lestage et délestage de leurs navires les gens de leur équipage, ou tous autres mariniers, si l'équipage ne suffit pour l'opération.

2697. Art. 7. Faisons défenses à tous capitaines *et maîtres de navires* de jeter leur lest dans les ports, canaux, bassins et rades, à peine de cinq cents livres d'amende pour la première fois, et de saisie et confiscation de leurs bâtimens en cas de récidive; *et aux délesteurs* de le porter ailleurs que dans les lieux à ce destinés, à peine de punition corporelle.

L'objet de ces défenses est que les capitaines ne jettent pas frauduleusement une partie de leur lest en arrivant dans les ports, canaux, bassins et rades, pour épargner la dépense que cause la décharge du lest, parce que le lest rempliroit ou du moins diminueroit la profondeur des ports, canaux, bassins et rades.

Les délesteurs sont obligés de porter le lest dans les lieux à ce destinés, sans qu'ils puissent le porter ailleurs, à peine de punition corporelle.

2698. Art. 7. Faisons aussi défenses, *sous pareilles peines*, aux capitaines et maîtres de navires de délester leurs bâtimens, et aux maîtres et patrons de gabarres ou bateaux lesteurs, de travailler au lestage ou délestage d'aucuns vaisseaux *pendant la nuit.*

Afin que ceux qui travaillent au lestage et délestage ne soient point tentés, par l'obscurité de la nuit, de jeter autant de lest qu'ils le pourroient pour abréger leur travail.

2699. Art. 8. Enjoignons *au maître de quai* de tenir la main à ce que le lestage et délestage des vaisseaux soit fait conformément à la présente ordonnance, à peine d'en répondre en son nom et d'amende arbitraire.

Comme le capitaine de port a, par son emploi, l'inspection générale sur la police du havre, du port et de la rade, il lui est enjoint par notre article de tenir la main à ce que le lestage et délestage des vaisseaux soit fait conformément à la présente ordonnance, afin de pouvoir connoître les contraventions que les maîtres des navires ou les lesteurs peuvent commettre, et de dénoncer les contrevenans.

SECTION XXVI.

CHAPITRE LXI.

DES CAPITAINES GARDES-CÔTES.

2700. Art. 1.er *Les capitaines gardes-côtes*, leurs lieutenans et enseignes prêteront serment devant l'amiral ou ses lieutenans aux siéges, dans le district desquels ils seront établis, et y feront enregistrer leurs lettres.

La disposition de notre article et des suivans de ce titre a varié plusieurs fois par les différentes ordonnances qui ont été faites concernant le service de milices gardes-côtes. Il faut donc avoir recours, dans chaque département, à l'ordonnance qui les concernent, ou, pour mieux dire, aux lois nouvelles.

2701. Art. 2. Chaque capitainerie sera commposée d'un certain nombre de paroisses, dont les habitans seront sujets *au guet de la mer.*

2702. Art. 3. *Les capitaines gardes-côtes* feront la montre et revue des habitans des paroisses sujettes au guet de la mer, dans l'étendue de leurs capitaineries, le premier jour du mois de mai de chaque année, en présence des officiers de l'amirauté, qui en garderont le contrôle dans leur greffe.

Il faut voir, pour la disposition de notre article, les dernières ordonnances concernant les milices gardes-côtes, dans les différentes provinces du royaume, quoique changées depuis.

2703. Art. 4. Il y aura dans l'étendue de chaque capitainerie *un clerc du guet*, qui sera commis par l'amiral ou ses lieutenans, tant pour avertir les habitans sujets au guet de se trouver aux revues et de monter la garde, que pour tenir registre des défaillans.

2704. Art. 5. Faisons très-expresses inhibitions et défenses *à tous capitaines gardes-côtes*, de prendre aucune connoissance des bris, naufrages, échouemens, épaves et varechs, et de s'emparer des effets en provenans, à peine de suspension de leurs charges, de restitution du quadruple pour la première fois, et de punition exemplaire en cas de récidive.

La disposition de notre article spécialement confirmé, en tant que de besoin, par l'art. 3, tit. 10 du réglement du 20 janvier 1716, s'exécute aujourd'hui sous les mêmes peines.

2705. Art. 6. Les capitaines gardes-côtes, leurs lieutenans et enseignes jouiront de l'exemption du ban et arrière-ban.

Ces exemptions ont été étendues depuis par les ordonnances concernant le service des milices gardes-côtes dans chaque province.

SECTION XXVII.

CHAPITRE LXII.

DES PERSONNES SUJETTES AU GUET DE LA MER.

2706. Art. 1.er *Les habitans* des paroisses sujettes *au guet de la mer*, seront tenus de faire la garde sur la côte, quand elle sera commandée, à peine de trente sols d'amende contre le défaillant pour la première fois, et d'amende arbitraire pour la seconde.

Les habitans sont sujets au guet de la mer depuis l'âge de 16 ans jusqu'à soixante, et ceux qui n'ont aucune exemption particulière, comme les matelots qui doivent servir sur les vaisseaux de l'État; les charpentiers de navires, calfats et autres ouvriers affectés au service de la marine; ceux qui sont chargés du recouvrement des deniers nationaux, durant le temps de leur exercice; les commis des postes, des employés des douanes; les gardes-étalons; et enfin tous ceux que leur charge ou leur emploi exemple expressément de la garde des côtes.

Les cantons qui sont dans l'étendue de deux lieues de la mer conformément à l'article premier du titre 5 du réglement du 28 janvier 1716. Sur quoi il faut encore consulter les réglemens particuliers faits pour certaines provinces. Il est à observer que les peines prononcées par notre article n'avoient plus lieu sous l'ancien régime. Les gardes-côtes qui manquoient à leur devoir étoient punis militairement.

2707. Art. 2. *N'entendons toutefois* comprendre les habitans des paroisses qui doivent le guet ès villes, châteaux et places fortes situés sur la mer, lesquels seront tenus de l'y faire, et non sur la côte.

Cette distinction n'a pas lieu aujourd'ui, parce que la garde de ces villes, châteaux et places fortes situés sur le bord de la mer ou dans la mer, est confiée en tout temps à des troupes réglées, ou aux invalides.

2708. Art. 3. Le lieutenant de l'amirauté *jugera les amendes* sur le rapport du clerc du guet, lequel en fera la recette; et les deniers seront appliqués, à la diligence de notre procureur, aux réparations du corps-de garde.

Mais ces amendes n'ayant plus lieu aujourd'hui, la disposition de notre article devient inutile.

2709. Art. 4. Le clerc du guet sera tenu, à peine de destitution, de mettre, de six mois en six mois au greffe de l'amirauté, un rôle *des amendes payées* et de celles qui resteront à payer.

La disposition de notre article, qui dépend entièrement du précédent, n'a plus lieu.

2710. Art. 5. Le signal se fera de jour *par fumée et de nuit par feu.*

Rien n'est plus utile et plus nécessaire à la marine que les signaux, tant pour faire le guet sur les côtes et rivages de la mer, et pour faire entendre aux habitans de la campagne et à nos troupes l'approche des ennemis, que pour servir de signaux aux vaisseaux de guerre ou autres navires en temps de tourmente et tempête de mer, ou pour faire les signaux indiqués par l'art. 11, titre 8 du réglement du 28 janvier 1716. — « Le capitaine garde-» côte leur donnera les instructions pour les signaux, tels qu'il jugera à » propos de les établir; soit de feu, fumée, pavillons ou de coups de » canons, qui soient vus et ouïs d'un corps-de-garde à l'autre, et même » répétés par chacun d'eux, pour avertir des mouvemens qui se feront, et » des vaisseaux ennemis qui paroîtront. » Cependant les signaux par fumée le jour, et par feu la nuit, sont préférables, conformément au réglement du 23 novembre 1701, art. 13, qui en conséquence ordonne qu'il y ait sur les lieux où ils se devront faire les matières nécessaires pour cela, et qu'il charge les capitaines gardes-côtes d'y tenir la main.

2711. Art. 6. Les habitans des paroisses sujettes au guet de la mer, *seront tenus* d'avoir en tout temps dans leurs maisons, chacun un mousquet ou fusil, une épée, une demi-livre de poudre, et deux livres de balles, à peine de cent sols d'amende.

2712. Art. 7. Faisons défenses à tous huissiers de saisir pour dettes, même pour deniers royaux, les armes et munitions ci-dessus, à peine *de cinquante livres d'amende;* en laquelle, en cas de contravention, ils seront condamnés par les officiers de l'amirauté, bien que les actes et jugemens en vertu desquels les saisies auront été faites, ayent été donnés *par d'autres juges,* auxquels nous en interdisons la connoissance.

C'est ici une exception à la règle générale; que tout juge est compétent de de connoître l'exécution de ses jugemens; parce que l'ordonnance a voulu qu'il n'y eût que les juges de l'amirauté qui pussent connoître des contraventions faites à la disposition de notre article, comme étant une suite nécessaire d'un cas maritime; et en vertu de cette attribution faite aux officiers de l'amirauté, il s'en suit qu'ils sont seuls compétens pour connoître de l'opposition à une pareille saisie : de sorte que si elle étoit portée ailleurs qu'à l'amirauté, les juges de cette jurisdiction seroient fondés à revendiquer la cause, avec défenses aux parties de plaider ailleurs que par-devant eux, à peine d'amende; et autorisés à déclarer la saisie nulle, et à condamner l'huissier à l'amende prononcée par notre article : ce qui doit être exécuté par provision, nonobstant l'appel et sans y préjudicier, conformément à l'article 2, titre 10 du réglement de 1716. — « Dans les matières qui regar-» dent la garde-côte, leurs sentences pour les amendes seront exécutoires, » nonobstant et sans préjudice de l'appel, jusqu'à la somme de 50 liv.

Comme tout ce qui vient d'être dit, ainsi que la plupart des choses qui suivent, sont subordonnées aux circonstances, qui sont très-multipliées, et que d'ailleurs nos nouvelles lois ont apporté de grands changemens dans l'ordre militaire, qui lui-même varie aussi en raison des circonstances, on ne peut rien dire de positif à cet égard. En conséquence je me contenterai donc d'observer que par l'art. 64 du titre 7 de la loi du 3 brum. an 4, les troupes d'artillerie de la marine sont employées à la défense des ports, des côtes, et au service des batteries armées pour la marine, et que dans tous les cas la garde-nationale seroit obligée de faire le guet et tout autre service si besoin y étoit.

SECTION XXVIII.

CHAPITRE LXIII.

DU RIVAGE DE LA MER.

2713. Art. 1.er SERA réputé bord et rivage *de la mer*, tout ce qu'elle couvre et découvre pendant *les nouvelles et pleines lunes*, et jusqu'où *le grand flot de Mars* se peut étendre *sur les grèves*.

Ainsi dans les fleuves et rivières navigables qui affluent dans la mer, et jusqu'à l'endroit où le grand flot de Mars cesse de s'y faire sentir. Il est facile de connoître jusqu'où s'étend ordinairement le grand flot de Mars par le gravier qui y est déposé; ainsi il ne faut pas confondre cette partie avec l'espace où parvient quelquefois l'eau de la mer par les ouragans et par les tempêtes. Ainsi jugé à Aix le 11 mai 1742.

2714. Art. 2. *Faisons défenses* à toutes personnes de bâtir sur les rivages de la mer, d'y planter aucuns pieux, ni faire aucuns ouvrages qui puissent porter préjudice à la navigation, à peine de démolition des ouvrages, de confiscation des matériaux, et d'amende arbitraire.

Quoique la mer et ses bords soient, suivant les principes du droit naturel, des choses publiques et communes à tous avec faculté à chacun d'en user selon sa destination, néanmoins il ne doit pas être permis aux uns d'en jouir au préjudice des autres. Ainsi, pour prévenir les inconvéniens qui seroient résultés de la liberté d'user de la chose commune, il a fallu que cette liberté fût limitée par la puissance publique, ainsi que s'en explique Domat, tom. 2, du Droit public, liv. 1.er, tit. 8, sect. 2, note sur le n.° 1.er, fol. 61. « Il est du droit naturel aussi que cette licence commune à tous, étant une occasion continuelle de querelles, et d'une infinité de mauvaises suites, il y soit pourvu par quelque police; et il ne pouvoit y en avoir de plus juste et de plus naturelle que de laisser au Gouvernement à pourvoir à ces inconvéniens. Car, comme il est chargé du soin du repos public, que c'est à lui qu'appartient la police de l'ordre de la société; et que ce n'est qu'en lui que peut résider le droit aux choses qui peuvent être communes au public, dont il est le chef; c'est à lui que cette qualité donne la dispensation et l'usage de ce droit pour le rendre utile au public; » et c'est sur ce fondement que les ordonnances ont réglé l'usage des navigations, et de pêcher sur la mer et sur les rivières. Ainsi, le rivage de la mer doit être libre et accessible pour tous, et pour quiconque y veut pêcher. *Nemo igitur ad littus maris accedere prohibetur piscandi causâ*, *leg.* 4, ff. *de divisione rerum et qualitate.* Il est défendu, par notre article, de bâtir sur les rivages de la mer, d'y planter aucuns pieux, ni faire aucuns ouvrages qui puissent porter préjudice à la navigation : ce qui est conforme à la loi suivante, qui dit : *Riparum usus publicus est jure gentium sicut ipsius fluminis. Itaque navem ad eas appellere, funes ex arboribus ibi natis religare, retia siccare et ex mare reducere, onus aliquod in his reponere, cuilibet libertum est, sicuti per ipsum flumen navigare.*

Décret relatif aux détenteurs du rivage de la mer.

Du 21 prairial an 2.

Art. 1.er La Convention nationale maintient provisoirement dans leurs possessions, tous les détenteurs des portions du rivage de la mer qu'ils avoient rencloses et cultivées avant le mois de juillet 1789 : elle annulle tout partage qui pourroit en avoir été fait par les communes riveraines ; et charge ses comités d'aliénations, domaines réunis et d'agriculture, de lui présenter incessamment un projet de loi générale sur les parties du rivage de la mer susceptibles d'être utilisées.

SECTION XXIX.

CHAPITRE LXIV.

DES RADES.

QUAND l'ordonnance parle de rade, elle entend parler de tous les lieux d'ancrage qui sont à quelque distance de la côte où les vaisseaux trouvent fond, pour pouvoir y demeurer à l'ancrage ; et où ils mouillent ordinairement, en attendant le vent ou la marée, pour entrer dans le port, ou pour faire voile ; la rade, comme dit la loi 1, § 13, ff. *de fluminibus, est locus minimè portuosus, sed in quo naves in salo esse et commorari queunt.* Mais on doit observer les formalités prescrites à ce sujet, tant aux Français qu'aux étrangers : de sorte que s'ils y manquoient, ils ne pourroient pas se plaindre des poursuites qui pourroient être faites contre eux, comme d'un trouble et d'un empêchement.

2715 Art. 1.er *Voulons que les rades* soient libres à tous vaisseaux de nos sujets et alliés, dans l'étendue de notre domination ; faisons défenses à toutes personnes, de quelque qualité et condition qu'elles puissent être, de leur apporter *aucun trouble et empêchement*, à peine de punition corporelle.

2716. Art. 2. Enjoignons aux maîtres et aux capitaines de navires qui seront forcés, par la tempête, de couper leurs cables et de laisser quelques ancres dans les rades, d'y mettre des hoirins, bouées ou gaviteaux, *à peine de pertes de leurs ancres*, qui appartiendront à ceux qui les auront pêchées, et d'amende arbitraire.

89 *

Ce qui doit s'entendre néanmoins des cas où les capitaines, par négligence, ne mettroient point des hoirins, bouées ou graviteaux, aux ancres que la tempête les ont forcé de laisser dans la rade, tandis qu'ils l'auroient pu.

2717. Les maîtres des navires *venant prendre rade, mouilleront à cette distance* les uns des autres, que les ancres et cables ne puissent se mêler et porter dommage, à peine d'en répondre et d'amende arbitraire.

Les maîtres des navires qui viennent prendre rade, soit pour sortir d'un port, soit pour y entrer, et qui causent du dommage à ceux qui sont à l'ancre ou à la cape, doivent le réparer. Ainsi jugé à Aix le 30 juin 1750. Ceux qui portent du dommage à ceux qui sont déjà en rade, pour n'avoir pas mouillé à telle distance d'eux, que leurs ancres et leurs cables ne pussent se mêler et leur porter du dommage, conformément à l'avis de Targa, pag. 340, et du Consulat, ch. 179, 199 et 200. Ainsi jugé à Marseille le 13 juillet 1754. *Secus*, s'il est prouvé que le dommage soit arrivé par cas fortuit ou force majeure.

2718. Art. 4. Lorsqu'il y aura plusieurs bâtimens en même rade, celui qui se trouvera *le plus avancé vers l'eau, sera tenu* d'avoir, pendant la nuit, le feu au fanal, pour avertir les vaisseaux venant de la mer.

2719. Art. 5. Quand un vaisseau en rade voudra faire voile pendant la nuit, le maître sera tenu, dès le jour précédent, de se mettre *en lieu propre pour sortir*, sans aborder ou faire dommage à aucun de ceux qui seront en même rade, à peine de tous dépens, dommages et intérêts, et d'amende arbitraire.

SECTION XXX.

CHAPITRE LXV.

DES NAUFRAGES, BRIS ET ÉCHOUEMENS.

2720. Art. 1.er DÉCLARONS que nous avons mis et mettons sous notre protection et sauve-garde, *les vaisseaux, leurs équipages et chargemens* qui auront été jetés par la tempête sur les côtes de notre royaume, ou qui autrement y auront échoué, et généralement tout ce qui sera échappé du naufrage.

Sans aucune distinction entre les Français, leurs amis ou alliés, et ses ennemis, même les pirates, tout est compris dans notre article, hommes et biens indistinctement.

2721. Art. 2. *Enjoignons à nos sujets* de faire tout devoir pour secourir les personnes qu'ils verront dans le danger du naufrage. Voulons que ceux qui auront attenté *à leur vie et biens* soient punis de mort, sans qu'il leur puisse être accordé aucune grace, laquelle dès à présent nous avons déclaré nulle, et défendons à tous Juges d'y avoir aucun égard.

Cette injonction de fournir les secours convenables aux personnes qui sont dans le danger du naufrage est puisée dans les sentimens de la nature qui est la mère commune de tous les hommes. Aussi voit-on souvent de ces hommes intrépides qui, animés de ces beaux sentimens, affrontent les plus grands périls pour arracher leurs semblables du milieu des flots, et les rappeler à la vie qu'ils sont sur le point de perdre. C'est ainsi qu'un brave citoyen de Dieppe (Bouzard) s'échappant, le 31 août 1777, des bras de sa femme et de ses enfans pendant une tempête horrible, exposa avec magnanimité une vie qui étoit à eux comme à lui, pour la rendre à huit citoyens engloutis dans les flots et dévoués à une mort inévitable, et pour conserver une subsistance à vingt-deux enfans qui gémissoient sur le rivage des dangers de leurs pères; mais si Bouzard fit une action digne des plus grands éloges, et s'il donna un exemple mémorable de ces sentimens puisés dans la nature qui honorent l'humanité, sa récompense fut aussi bien flatteuse et bien honorable, et doit exciter ses semblables à secourir les personnes qu'ils verront dans le danger de naufrage, puisque le Roi, après l'avoir comblé de bienfaits, voulut encore le voir et le trouver sur son passage dans le salon d'Hercule au château de Versailles, le 3 janvier de l'année 1778, où il lui dit : *Voilà un brave homme, et véritablement un brave homme.*

Il y a quelque temps qu'un jeune homme s'amusant à patiner sur la Seine, la glace lui ayant manqué sous les pieds, il s'enfonça dans l'eau. Un jeune marinier, dont je n'ai pu savoir le nom, courut à son secours, se précipita dans le gouffre, fut le chercher sous la glace et le ramena sain et sauf : on m'a assuré que ce courageux marin n'avoit pas plus de dix-huit à dix-neuf ans. Nous voyons, dieu merci, ces actes de courage se réitérer souvent parmi nous. Ces actions répondent sans doute victorieusement aux détracteurs de la France, qui font leurs efforts pour prouver qu'elle n'est plus l'asile de l'humanité.

2722. Art. 3. Les seigneurs et habitans des paroisses voisines de la mer, incontinent après les naufrages et échouemens arrivés le long de leurs territoires, seront tenus d'en avertir les officiers de l'amirauté dans le district de laquelle les paroisses se trouveront assises; et à cet effet commettront, au commencement de chaque année, une ou plusieurs personnes pour y veiller, à peine de répondre du pillage qui pourroit arriver.

2723. *Seront en outre tenus*, en attendant l'arrivée des officiers, de travailler incessamment à sauver les effets provenant des naufrages et échouemens; et d'en empêcher le pillage, à peine aussi de répondre en leurs noms de toutes pertes et dommages dont ils ne pourront être déchargés qu'en représentant les coupables, ou en les indiquant et produisant des témoins à justice.

2724. Art. 5. Faisons défenses aux particuliers employés au sauvement *et à tous autres*, de porter dans leurs navires ni ailleurs qu'aux lieux à cet effet destinés, *sur les dunes, grèves ou falaises, et de receler* aucune portion des biens ou marchandises des vaisseaux *échoués ou naufragés*; comme aussi de rompre les coffres, ouvrir les ballots et couper les cordages ou mâtures, à peine de restitution *du quadruple et de punition corporelle.*

On entend par dunes, des hauteurs ou montagnes de sable qui sont sur le bord de la mer; par grèves, le terrain plat qui se trouve sur le bord de la mer hors de la portée de flot; et par falaises, de hauts rivages et des rochers escarpés.

2725. Art. 6. Incontinent après l'avis reçu, les officiers se transporteront *au lieu du naufrage*, feront travailler incessamment à sauver les effets, se saisiront des chartes-parties et autres papiers et enseignemens du vaisseau échoué, recevront les déclarations des maîtres, pilotes et autres personnes de l'équipage, dresseront procès-verbal de l'état du navire, feront inventaire des marchandises sauvées, les feront transporter et mettre en magasin ou lieu de sûreté, informeront des pillages, et feront le procès aux coupables, à peine d'interdiction de leurs charges, et de répondre en leurs noms de toutes pertes et dommages envers les intéressés.

2726. Art. 7. Les voituriers, charretiers et mariniers, seront tenus de se transporter avec chevaux, harnois et bateaux au lieu du naufrage, à la première sommation qui leur en sera faite de la part *des officiers de l'amirauté et des intéressés au naufrage*, à peine de vingt-cinq livres d'amende contre chacun des refusans.

Il en est du naufrage comme de l'incendie : non-seulement les dénommés dans notre article, mais encore tout homme en état de donner du secours peuvent être commandés à cette fin, et doivent obéir à la première sommation, soit verbale, soit par écrit, qui leur en est faite de la part des officiers compétens, à peine, en cas de refus, de vingt-cinq livres d'amende, peut être prononcée par le juge en personne qui a donné l'ordre de ailler, sur le requisitoire de l'officier, qui, en cas d'un second refus et sur une information sommaire de ce refus réitéré, pourra requérir le décret de prise-de-corps contre les rebelles, attendu le cas pressant et privilégié, indépendamment du mépris de la justice.

Les intéressés au naufrage sont, le capitaine, les gens de l'équipage, les armateurs, ceux qui ont quelque part dans le navire ou dans les marchandises de son chargement, ceux pour le compte desquels il a été fait quelque chargement dans le navire, ou enfin les assureurs, en cas d'abandon de la part des assurés. Tous ceux-là ou l'un d'eux ont également droit de requérir le secours des gens de métier en état de leur en donner; et en cas de refus, de les faire assigner en condamnation de l'amende de vingt-cinq livres portées par notre article : ce qui doit s'entendre néanmoins, avant l'arrivée des officiers de l'amirauté; car, dès qu'ils sont présens, c'est à eux à donner les ordres nécessaires. Voyez *infra* les art. 17 et 18.

2727. Art. 8. Les travailleurs seront employés par marées ou journées, et *il sera tenu rôle* dont l'appel sera fait au commencement et à la fin de chaque jour, sans qu'aucun autre puisse, après l'arrivée des officiers, s'immiscer au travail que ceux qui seront par eux choisis, à peine du fouet.

Il doit être régulièrement dressé procès-verbal par séance d'avant et après midi, de toutes les opérations, jusqu'à la consommation de l'ouvrage et à la retraite des officiers de l'amirauté.

2728. Art. 9. Sera pareillement tenu état par les mêmes officiers, des voitures qui seront faites pour porter les effets sauvés *dans les magasins*, et sera donné au voiturier, en partant du lieu du naufrage, un billet de charge, lequel il mettra *entre les mains du gardien*.

On doit donner aux voituriers, pour chaque voyage qu'ils font, un billet de leur charge qu'ils doivent remettre au gardien, pour que celui-ci puisse vérifier s'il ne manque rien à la charge de laquelle il devient alors responsable.

2729. Art. 10. Le gardien tiendra *état ou contrôle* de ce qui sera rapporté par chaque voiturier.

2730. Art. 11. Après le transport fait au magasin des marchandises sauvées, il sera par les officiers procédé à la reconnoissance et *vérification*, tant sur les inventaires faits au lieu de l'échouement, que sur les billets fournis aux voituriers, et sur le contrôle dressé par le gardien ; ensuite *sera fait taxe raisonnable* aux ouvriers pour leurs salaires, sur les états de leur travail.

La vérification est ordonnée afin de connoître par-là si les voituriers ont remis fidèlement au gardien, soit en la quantité, soit en la qualité, toutes les marchandises et effets qui leur ont été confiés pour les voiturer et transporter dans les magasins et autres dépôts.

2731. Art. 12. Les procès-verbaux de reconnoissance des effets sauvés, seront faits *en présence du maître*, si aucun il y a, sinon du plus apparent de l'équipage, et *signés de lui et du gardien*, lequel en demeurera chargé.

Tous ceux qui assistent aux procès-verbaux doivent signer à chaque séance; et en cas de refus, après due interpellation, il doit être fait mention des causes pour lesquelles ils n'ont pas signé.

2732. Art. 13. S'il ne se présente point de réclamation dans le mois, après que les effets auront été sauvés, il sera procédé, par les officiers, *à la vente* de quelques marchandises *des plus périssables*; et les deniers en provenans employés au paiement des salaires des ouvriers, *dont il sera dressé procès-verbal.*

Il doit être dressé procès-verbal de la vente, ainsi que des deniers en provenans qui doivent être déposés entre les mains du greffier qui est chargé de payer tout de suite les salaires des ouvriers et les autres frais, conformément à la taxe qui en a été faite; et quant au restant, s'il y en a, il en demeure comptable pour le délivrer à qui il sera dit et ordonné.

2733. Art. 14. Si les marchandises déposées au magasin se trouvent gâtées, le gardien sera tenu, après visite et par permission *des officiers*, d'y faire travailler par gens *à ce connoissant*, pour les remettre en état autant que faire se pourra.

2734. Art. 15. En cas que le dommage soit tel qu'il ne puisse être réparé, ni les marchandises gardées *sans perte considérable*, les officiers de l'amirauté seront tenus *de les faire vendre*, et de mettre les deniers *en main sûre* dont ils demeureront responsables.

2735. Art. 16. Défendons aux officiers de l'amirauté de se rendre *directement ou indirectement* adjudicataires des marchandises, à peine de restitution du quadruple et de privation de leurs charges.

2736. Art. 17. *Si lors de l'échouement* les propriétaires ou commissionnaires auxquels les marchandises sont adressées par les connoissemens, *ou ceux qui les auront chargées*, se présentent pour y mettre ordre eux-mêmes, enjoignons aux officiers de l'amirauté de se retirer, et de leur laisser la liberté entière *d'y pour*

Avec ceux qui les auront chargées, on doit encore entendre tous ceux qui

qui peuvent avoir quelque intérêt au navire ou à son chargement ; car si tous les intéressés ne se présentent point, pour mettre ordre eux-mêmes à l'échouement ou au naufrage, ou ne prouvent leur droit de réclamer, conformément à la disposition de l'article 25 ci-après.

Il est bien juste que lorsque tous les intéressés à la chose se présentent pour en prendre soin, ces réclamateurs ayant la liberté entière de pourvoir au sauvement de leurs propres effets, conformément à la disposition de la loi 12, ff. *de incendio*, et en ces termes : *licere uniquique naufragium suum impunè colligere constat.*

2737. Art. 18. *Voulons néanmoins* que les Juges de l'amirauté s'informent de la cause du naufrage ou échouement, de la nation du maître et des mariniers ; de la qualité des vaisseaux et marchandises, et à qui elles appartiennent ; et en cas que *l'échouement fût volontaire*, que les vaisseaux fussent *ennemis ou pirates*, ou que les marchandises *fussent de contrebande*, qu'ils s'assurassent *des hommes*, *des vaisseaux et marchandises.*

Notre article veut que les officiers de l'amirauté s'assurent des hommes, vaisseaux et marchandises dans les trois cas; si l'échouement ou le naufrage ont été volontaires; si les vaisseaux sont ennemis ou pirates, et si les marchandises sont de contrebande. Dans le premier cas, parce que le naufrage ou l'échouement volontaire étant un crime auquel tout l'équipage peut avoir participé, même l'armateur, il est naturel que les officiers s'assurent tout-à-la-fois des hommes qui doivent être punis de leur délit, du vaisseau et des marchandises qui peuvent être sujette à confiscation, à moins que l'armateur et les marchands-chargeurs n'eussent participé en aucune manière au crime de l'équipage; dans le second cas, si les vaisseaux sont ennemis ou pirates, les officiers de l'amirauté doivent également s'assurer des hommes, parce que s'ils sont ennemis, ils sont de droit prisonniers de guerre; et s'ils sont pirates, ils sont punissables de mort suivant les ordonnances et réglemens dont il a eté parlé au titre des prises; ils doivent encore s'assurer des vaisseaux et marchandises, parce que dans l'un et dans l'autre cas, tout est sujet à confiscation, sans aucune distinction; et enfin dans le dernier cas, si les marchandises sont de contrebande, les officiers de l'amirauté doivent aussi s'assurer des hommes, vaisseaux et marchandises, sauf de relâcher les hommes et les vaisseaux, s'il n'y a lieu à punir les premiers et à confisquer les navires, relativement à l'espèce de contrebande dont il sera question.

2738. Art. 19. Enjoignons à tous ceux qui auront tiré du fond de la mer ou trouvé sur les flots, des effets procédant de jet, bris ou naufrage, *de les mettre en sûreté*, et vingt-quatre heures après au plus tard, d'en faire leur déclaration aux officiers de l'amirauté dans le district de laquelle ils auront abordé, à peine d'être punis *comme receleurs*.

2739. Art. 20. Enjoignons aussi, sous les mêmes peines, à ceux qui auront trouvé sur les grèves et rivages de la mer quelques effets échoués ou jetés par le flot, de faire semblable déclaration dans *pareil temps*, soit que les effets soient du crû de la mer, ou qu'ils procèdent de bris, naufrages et échouemens.

2740. Art. 21. Les effets procédant des naufrages et échouemens, trouvés en mer ou sur les grèves, seront incessamment proclamés aux prônes des paroisses du port de la ville maritime la plus prochaine, *à la diligence de notre procureur* au siége de l'amirauté.

La disposition de notre article n'est plus en usage depuis l'édit du mois d'avril 1695, qui a dispensé les curés à l'article 32 de publier aux prônes les actes de justice. Aujourd'hui les nouvelles des naufrages parviennent en très-peu de temps aux parties intéressées par la seule correspondance du commerce.

2741. Art. 22. Les billets de proclamation contiendront la qualité des effets, le lieu et le temps auquel ils auront été trouvés; et les curés seront tenus d'en faire la publication, à peine de saisie *de leur temporel*.

2742. Art. 23. Les chartes-parties, connoissemens et autres écrits en langue étrangère, trouvés parmi les effets, seront aussi à la *diligence de nos procureurs*, communiqués aux Consuls des nations et aux interprètes, auxquels nous enjoignons d'en donner avis aux personnes intéressées et aux Magistrats des lieux y désignés.

2743. Art. 24. Les vaisseaux échoués, et les marchandises et autres effets provenant des bris et naufrages, trouvés en mer ou sur les grèves, pourront être réclamés *dans l'an et jour* de la publication *qui en aura été faite, et ils seront rendus* aux propriétaires ou à leurs commissionnaires, en payant *les frais faits pour les sauver.*

Conformément au droit Romain, *leg.* 1, ff. *de incendio, ruinâ* et *leg.* 2, cod. *de naufragiis*, et *leg.* 18, cod. *de furtis*, car toutes ces choses pendant l'an et jour *non censentur pro derelictis*, et le domaine en demeure à celui qui en étoit le véritable propriétaire avant le jet, bris et échouement ou naufrage, ainsi que nous l'apprennent les Jurisconsultes dans la loi 2, et-la loi *qui levandæ* ff. *de lege rhodiâ*, et la loi *quod ex naufragio*, ff. *de acquirendâ vel amittendâ possessione.*

Mais depuis que cette formalité de la publication n'est plus en usage, on doit faire courir le délai du jour de la déclaration faite au greffe de l'amirauté, ou au lieu du naufrage dans le cas du transport des officiers. On peut même dire que ce délai n'est pas fatal, ainsi que celui accordé aux héritiers de ceux qui sont décédés en mer, on admet toujours les réclamations, quoique faites après l'expiration du délai prescrit. Il en seroit tout autrement, s'il s'agissoit d'un naufrage arrivé en pleine mer ou à la portée des côtes, sans qu'il en restât aucun vestige permanent sur la surface des eaux. Dans ce cas il faut se conformer à l'art. 2 de la déclaration du Roi du 15 juin 1736. « Ordonnons que pour ce qui concerne les naufrages qui sont arrivés et arriveront en pleine mer ou à la portée des côtes, sans qu'il en reste aucun vestige permanent sur la surface des eaux, les propriétaires ou intéressés aux bâtimens et marchandises de leurs chargemens ainsi naufragés, ou leurs commissionnaires, soient tenus de faire, dans deux mois, à compter du jour de la nouvelle du naufrage, leur déclaration au greffe de l'amirauté du ressort où ledit naufrage sera arrivé, qu'ils entendent entreprendre le relèvement du fond de la mer, et le sauvement du bâtiment, marchandises et effets submergés, et d'y faire travailler dans le cours de six mois, à compter du jour de la première nouvelle du naufrage, sinon, et à faute de ce faire dans ledit délai de deux mois, et de faire travailler au sauvement dans le susdit délai de six mois, lesdits propriétaires et intéressés duement déchus de leur droit de propriété.

2744. Art. 15. *Les propriétaires* seront tenus de justifier leur droit par connoissemens, polices de chargement, factures et autres semblables pièces; *et les commissionnaires*, en outre leur qualité, par un pouvoir suffisant.

Les propriétaires du navire doivent représenter l'acte de propriété ou la déclaration faite avant le départ du vaisseau; et les propriétaires des marchandises, les polices de chargement, les factures particulières, ou la facture générale de la cargaison et autres semblables pièces suffisantes, pour établir en pareil cas le droit de propriété des effets échoués ou naufragés.

Comme les armateurs et les propriétaires du chargement ne se trouvent point ordinairement sur les lieux de l'échouement et du naufrage, et que les uns et les autres sont représentés par des commissionnaires ; il faut que ceux-ci soient porteurs d'un pouvoir suffisant, c'est-à-dire, d'une procuration authentique, et en bonne forme, accompagnée des pièces justificatives que devroit produire celui au nom duquel la réclamation se fait, s'il se présentoit en personne.

2745. Art. 26. Si les vaisseaux et effets échoués ou trouvés sur le rivage, ne sont point réclamés dans l'an et jour, *ils seront partagés* également entre nous, ou les Seigneurs auxquels nous avons cédé notre droit, *et l'amiral*, les frais du sauvement et de justice préalablement pris *sur le tout.*

2746. Art. 27. Si toutefois *les effets naufragés* ont été trouvés en pleine mer, *ou tirés de son fond*, la troisième partie en sera délivrée incessamment *et sans frais, en espèce ou en deniers*, à ceux qui les auront sauvés; et les deux autres tiers seront déposés, pour être rendus aux propriétaires, s'ils les réclament dans le temps ci-dessus; après lequel ils seront partagés également *entre nous et l'amiral, les frais de justice* préalablement pris sur les deux tiers.

2747. Art. 28. Les ancres tirées du fond de la mer, qui ne seront point réclamées dans deux mois, après la déclaration *qui en aura été faite*, appartiendront entièrement à ceux *qui les auront pêchées.*

2748. Art. 29. Les choses du crû de la mer, comme ambre, corail, *poissons à lard, et autres semblables*, qui n'auront appartenu à personne, demeureront aussi entièrement à ceux qui les auront tirées du fond de la mer, ou pêchées sur les flots; et s'ils les ont trouvées sur les grèves, ils n'en auront que le tiers, et les deux autres seront partagés entre nous, ou ceux à qui nous aurons donné notre droit, et l'amiral.

2749. Art. 30. Faisons défenses à tous Seigneurs particuliers et officiers de guerre ou de justice, de prendre aucune connoissance des bris et échouemens, et de s'en attribuer aucuns droits, à cause de leurs terres, offices ou commissions, et d'y troubler *les officiers de l'amirauté*, à peine de privation de leurs fiefs, offices et emplois; et à tous soldats et cavaliers, *de courir aux naufrages*, à peine de la vie.

2750. Art. 31. Seront néanmoins les gouverneurs des places, et commandans des garnisons des villes et lieux maritimes, tenus de donner main-forte *aux officiers de l'amirauté, et aux intéressés dans les naufrages*, quand ils en seront par eux requis, et d'envoyer pour cet effet des officiers et soldats, *dont ils répondront.*

2751. Art. 32. Enjoignons à ceux qui trouveront sur les grèves des corps noyés, de les mettre en lieu d'où le flot *ne les puisse emporter*, et d'en donner incontinent avis *aux officiers de l'amirauté*, auxquels ils feront rapport des choses trouvées sur les cadavres; leur défendons de les dépouiller ou enfouir dans les sables, à peine *de punition corporelle.*

C'est un acte d'humanité et de religion de retirer les corps noyés de dessus les grèves, et de les mettre en lieu d'où le flot ne puisse les emporter, afin de leur procurer la sépulture et de les empêcher d'être la pâture des poissons ou des autres animaux.

Comme il y a des hommes qui s'empressent de retirer les corps noyés de dessus les grèves, et de les mettre en lieu d'où le flot ne les puisse emporter il s'en trouve aussi d'assez méchans pour les dépouiller ou les enfouir dans les sables. Comme c'est-là un crime, notre article prononce la peine de punition corporelle contre les coupables.

2752. Art. 33. Aussitôt après l'avis reçu, les officiers se transporteront sur les lieux, pour dresser procès-verbal de l'état du cadavre et des choses *trouvées avec le corps.*

2753. Art. 34. Les curés seront tenus d'inhumer les cadavres dans le cimetière *de leur paroisse*, s'il est reconnu que les personnes fussent de la religion *catholique, apostolique et romaine;* à quoi faire ils seront contraints *par saisie de leur temporel.*

2754. Art. 35. Les vêtemens trouvés *sur le cadavre*, seront délivrés à ceux qui l'auront tiré sur les grèves et transporté au cimetière.

De quelque valeur qu'ils soient, ils doivent être délivrés à ceux qui ont tiré le cadavre sur le rivage et à ceux qui l'ont porté au cimetière, pour en faire le partage entre eux par égales portions.

2755. Art. 36. S'il se trouve sur le cadavre argent monnoyé, bagues ou autre chose de prix, le tout sera déposé au greffe de l'amirauté, pour être rendu à ceux *à qui il appartiendra*, s'il est réclamé *dans l'an et jour;* sinon il sera partagé également *entre nous, l'amiral,* et celui qui l'aura trouvé, les frais de justice et de l'inhumation *préalablement pris.*

On doit comprendre dans les frais de justice, les frais du procès-verbal de transport des juges pour la levée du cadavre et ceux de la vente des effets ; car les fonctions des officiers préposés ne doivent être gratuites de leur part, que lorsqu'il ne se trouve pas sur le cadavre, outre les vêtemens qui ne se comptent pas, à cause de l'article précédent, de quoi payer leurs vacations, après les frais de l'enterrement qui sont préférés.

2756. Art. 37. N'entendons par la présente ordonnance faire préjudice *au droit de varech*, attribué par la coutume de Normandie aux Seigneurs des fiefs voisins de la mer, en satisfaisant par eux *aux charges y portées.*

2757. Art. 38. Leur faisons toutefois défenses de faire transporter les choses échouées, *dans leurs maisons*, avant l'arrivée *des officiers de l'amirauté*, et jusqu'à ce qu'elles ayent été par eux *vues et inventoriées*, à peine de répondre de tout le chargement, et de déchéance *de leur droit.*

2758. Art. 39. Les officiers de l'amirauté établis *sur les côtes de Normandie*, après l'inventaire des effets sauvés, en chargeront *les Seigneurs des fiefs*, ou personnes solvables *en leur absence*, à peine d'en répondre *en leurs noms.*

2759. Art. 40. Le salaire des ouvriers employés à sauver et transporter les effets naufragés chez le Seigneur, sera taxé et payé en la manière prescrite par les articles 11 et 13 *du présent titre*, sans que les officiers de l'amirauté puissent taxer aucune chose aux Seigneurs pour droit de sauvement, vacations ou journées par eux prétendues employées à la garde du varech. Faisons défenses aux Seigneurs de rien exiger sous ce prétexte, à peine du quadruple, de quinze cents livres d'amende, et de privation de leur droit.

2760. Art. 41. Ne pourront les Seigneurs, sous prétexte de leur droit de varech, empêcher les maîtres de se servir de leur équipage pour alléger leurs bâtimens échoués, *et les remettre à flot*, ni les forcer de se servir de leurs valets et vassaux, sous pareille peine de quinze cents livres d'amende et de perte de leur droit.

2761. Art. 42. Ne pourront non plus *les riverains*, sous prétexte du même droit de varech, prétendre aucune part aux effets trouvés sur les flots ou pêchés *en pleine mer*, et amenés sur les grèves en l'endroit de leurs seigneuries, ni sur les poissons gras et autres qui y seront conduits et chassés *par l'industrie des pêcheurs.*

2762. Art. 43. Les Seigneurs des fiefs seront tenus, six mois après la publication des présentes, de faire borner entre eux du côté de la mer leurs terres qui aboutissent sur les grèves, à peine des dommages et intérêts *de qui il appartiendra.*

2763. Art. 44. Seront punis de mort les Seigneurs des fiefs voisins de la mer, *et tous autres* qui auront forcé les pilotes ou locmans de faire échouer les navires aux côtes qui joignent leurs terres, pour en profiter, sous prétexte de droit de varech ou autre, *tel qu'il puisse être.*

2764. Ceux qui allumeront la nuit des feux trompeurs sur les grèves de la mer, et dans les lieux périlleux, pour y attirer *et faire perdre les navires*, seront aussi punis de mort, et leurs corps attachés à un mât planté où ils auront fait les feux.

Ce crime est encore plus grand que dans le cas du précédent article, aussi l'ignominie est ajoutée à la peine de mort, afin que la honte et la sévérité du supplice servent à détourner de pareils crimes. Sur quoi il ne s'agit pas de juger par l'événement, mais bien par le seul fait d'avoir allumé des feux, pour tromper les navigateurs, suivant la disposition de la loi 15, ff. *ad legem corneliam de siccariis*, conçue en ces termes : *Nihil interest occidat, quis an causam mortis prœbeat.*

Ce crime inoui a été mis en pratique en Angleterre, il n'y a pas bien long-temps, comme on peut le voir par l'extrait suivant.

Londres, 3 mai 1803. Clef du Cabinet, n.° 2287.

Un délit d'un genre nouveau est devenu, aux dernières assises de Cornouailles, le sujet d'une procédure criminelle. Il s'agissoit d'une spéculation sur les naufrages, et qui consiste à mettre, pendant la nuit, sur un point dangereux de la côte, des fanaux qui puissent attirer de ce côté les malheureux navigateurs, afin de piller ensuite les bâtimens naufragés. Il est résulté de l'instruction du procès dont il s'agit, que ce calcul avoit été réellement fait.

DÉCLARATION DU ROI,

Concernant les naufrages et échouemens, registrée au Parlement.

Du 10 janvier 1770.

LOUIS, etc.

Art. 1.er Les Seigneurs et habitans des paroisses voisines de la mer, incontinent après les naufrages et échouemens, en avertiront, ou feront avertir les officiers de l'amirauté, dans le détroit de laquelle lesdites paroisses se trouveront assises. Voulons qu'il soit payé, par privilége et préférence, sur les premiers deniers de la vente des effets sauvés, à celui qui, le premier, aura donné avis du naufrage et échouement au siége de l'amirauté, trois livres par lieues, l'aller et le retour compris, à partir du lieu du naufrage et échouement, jusqu'à celui de la résidence dudit siége, et qu'il en soit fait mention dans le procès-verbal qui sera dressé par les officiers à leur arrivée, ainsi que de l'heure à laquelle ils auront été avertis.

Art. 2. Lesdits officiers de l'amirauté seront tenus de faire avertir les officiers des classes, le trésorier des invalides, et le receveur de l'Amiral, des bris, naufrages et échouemens arrivés sur les côtes de leur ressort, avant que de s'y transporter, afin qu'ils en puissent prendre connoissance.

Art. 3. Lesdits Seigneurs, leurs officiers, les curés, ou les syndics desdites paroisses, seront tenus, en attendant l'arrivée des officiers de l'amirauté, de faire travailler au sauvetage des effets provenant du naufrage et échouement, d'en empêcher le pillage, et de pourvoir à tout ce qui sera le plus urgent, comme aussi d'en informer les officiers de l'amirauté dès qu'ils seront arrivés, pour en être par eux fait mention dans leur susdit procès-verbal. Faisons défenses expresses à tous autres habitans d'y travailler hors la présence desdits Seigneurs, leurs officiers, curés ou syndics, et s'ils n'y sont pas par eux appelés, à peine de telle amende qu'il appartiendra, même s'il y échet, d'être poursuivis extraordinairement.

Art. 4. En cas qu'il ne se présente aucun commissionnaire ayant charge et pouvoir, ou toute autre personne qui offre d'avancer gratuitement les frais des ouvriers pour le sauvetage du vaisseau, effets et marchandises, les officiers de l'amirauté nommeront d'office un commissionnnaire qu'ils choisiront parmi les négocians, à l'effet de se transporter au lieu de l'échouement, pour y faire l'avance desdits frais, pour laquelle il lui sera alloué pour droit de commission demi pour cent par mois, des sommes qu'il aura avancées, non compris sa vacation, pour laquelle il ne pourra lui être taxé plus de six livres par chaque journée. Voulons qu'il soit payé du tout par privilége et préférence sur les premiers deniers qui proviendront de la vente des effets sauvés.

Art. 5. Aussitôt que les officiers de l'amirauté auront connoissance du nom du navire, de la nation, du capitaine, du lieu du départ, de celui de sa destination, et en gros de son chargement, ils seront tenus de le faire afficher au lieu le plus apparent de l'échouement, ainsi qu'à la porte de l'auditoire de l'amirauté.

Art. 6. Les voituriers, charetiers et mariniers seront tenus de se transporter,

porter, avec chevaux, harnois et bateaux, au lieu du naufrage et échouement, à la première sommation qui leur en sera faite de la part des Seigneurs, officiers, curés, syndics ou officiers de l'amirauté, à peine de cinquante livres d'amende contre chacun des refusans, même sous plus grande peine, s'il y échet; et sera l'ordonnance, portant condamnation en l'amende ou autre peine, affichée aux frais des contrevenans.

Art. 7. Il sera nommé d'office, par les officiers de l'amirauté, un gardien bon et solvable, des effets et marchandises sauvés du naufrage et échouement.

Art. 8. Faisons très-expresses inhibitions et défenses à tous les officiers des amirautés, de faire déposer dans les magasins appartenans à aucun d'eux, ou dépendans des maisons des villes où ils habitent, les effets et marchandises, agrès et apparaux sauvés des bris, naufrages et échouement, à peine d'interdiction, même en cas de récidive, de telle autre peine qu'il appartiendra.

Art. 9. Les travailleurs seront employés par marée ou journée, et il sera tenu un rôle par les officiers de l'amirauté : l'appel sera fait en leur présence au commencement et à la fin de chaque journée, sans qu'aucun autre puisse, après l'arrivée des officiers, s'immiscer au travail, que ceux qui auront été par eux choisis, à peine du fouet; et sera ledit rôle tenu conformément au modèle attaché sous le contre-scel des présentes.

Art. 10. Il sera pareillement tenu, par les mêmes officiers, un état des voitures qui auront été faites pour porter les effets sauvés dans les magasins, et il sera délivré au voiturier, en partant du lieu du naufrage, deux états de sa charge, qu'il remettra au gardien, lequel en gardera un, et rendra l'autre au voiturier, après avoir mis au pied d'icelui un reçu desdits effets.

Art. 11. Après le transport, fait au magasin, des marchandises sauvées, les officiers de l'amirauté procéderont à leur reconnoissance, description et vérification par quantité, qualité, poids, mesure, marque et numéros, et ce, tant sur les procès-verbaux faits au lieu de l'échouement, que sur les billets laissés au gardien et sur le contrôle qui en aura été dressé par ledit gardien : après quoi les salaires des ouvriers seront arrêtés sur le vu des états de leur travail et des états quittancés dudit gardien.

Art. 12. Les procès-verbaux de reconnoissance des effets sauvés, seront faits en présence du maître, si aucun y a, sinon du plus apparent de l'équipage, ou lui dûment appelé, et signés de lui et du gardien, lequel s'en chargera au pied du procès-verbal; et pourra ledit maître, ou le plus apparent de l'équipage, assister à toutes les autres opérations des officiers de l'amirauté.

Art. 13. S'il ne se présente point de réclamateur dans les trois mois après que les effets auront été sauvés, il sera procédé par les officiers à la vente de quelques marchandises des plus périssables, à l'effet de satisfaire au paiement des salaires des ouvriers, et seulement jusqu'à la concurrence de ce qu'il faudra de deniers pour payer lesdits salaires.

Art. 14. En cas que le navire ait été jugé sur l'avis de trois constructeurs à ce commis, être hors d'état d'être rétabli, les officiers de l'amirauté pourront ordonner que la coque dudit navire sera vendue, même sans attendre le délai de trois mois porté par l'article précédent.

Art. 15. Laissons à la prudence desdits officiers de faire et ordonner suivant l'exigence des cas, ce qui leur paroîtra nécessaire ou même utile pour la conservation du navire naufragé et échoué.

Art. 16. Dans tous les cas où le ministère des experts sera jugé nécessaire, ils seront nommés d'office par les officiers de l'amirauté, et il sera par eux fait droit à toutes les réquisitions que les parties intéressées auront pu faire avant ou après le rapport desdits experts.

Art. 17. Si lors ou depuis l'échouement les propriétaires ou les commissionnaires auxquels les marchandises auront été adressées par les connoissemens, se présentent pour y mettre ordre par eux-mêmes, les officiers de l'amirauté seront tenus de se retirer et de leur laisser la liberté d'y pourvoir.

Art. 18. Et où il ne seroit réclamé par lesdits propriétaires ou commissionnaires, qu'une partie des marchandises, les officiers de l'amirauté feront toujours travailler indistinctement au sauvement de toutes les marchandises du vaisseau, sans que lesdits propriétaires ou commissionnaires puissent s'immiscer au sauvement des marchandises par eux réclamées, sauf à eux à en demander et faire prononcer la remise, et à pourvoir au transport d'icelles, lorsqu'elles auront été mises hors du vaisseau et sur les grèves.

Art. 19. Lesdits propriétaires, commissionnaires ou porteurs de connoissemens ne seront tenus, audit cas, que de payer leur contingent des frais de sauvement, vacations et honoraires des officiers de l'amirauté relatifs audit sauvement.

Art. 20. En cas que la réclamation n'ait été faite ou que la remise des effets n'ait été ordonnée qu'après le transport des marchandises au magasin, les réclamateurs ne contribueront aux frais et vacations dûs avant leur réclamation, que par proportion à la valeur des marchandises sauvées; et sera tenu chaque réclamateur de donner bonne et suffisante caution, de parfournir auxdits frais, laquelle sera reçue par lesdits officiers en la forme ordinaire.

Art. 21. La remise des marchandises dont la réclamation aura été jugée valable, sera ordonnée par les officiers de l'amirauté, sur la requête du réclamateur et les conclusions de notre procureur audit siége; et sur le vu de l'ordonnance qui sera remise au gardien desdits effets pour sa décharge, il sera tenu d'en faire sur-le-champ la délivrance au réclamateur sans aucuns frais.

Art. 22. Les effets vendus seront pareillement livrés, sans frais, aux adjudicataires, sur la seule remise qui lui sera faite de l'extrait en forme du procès-verbal de vente.

Art. 23. Les officiers des amirautés ne pourront assister à la délivrance et livraison des effets réclamés ou adjugés, ni dresser des procès-verbaux de récensement ou récolement d'iceux, si ce n'est seulement qu'ils en eussent été expréssément requis par lesdits réclamateurs ou adjudicataires.

Art. 24. Si les effets et marchandises échoués ne sont point réclamés dans l'an et jour, les frais de justice ne pourront être prétendus avant l'expiration de ce délai, mais ils seront prélevés sur les deniers de la vente qui sera faite desdites marchandises et effets, par les officiers de l'amirauté, les officiers des classes, le trésorier des Invalides et le receveur de l'amiral présens ou duement appelés; et le surplus du produit de ladite vente sera remis, moitié au receveur de l'amiral, moitié au trésorier des Invalides.

Art. 25. Les officiers des classes, le trésorier des Invalides et le receveur des droits de l'amiral prendront connoissance desdits effets sauvés: ils s'informeront exactement s'ils ont été réclamés dans l'an et jour, et si la délivrance en a été faite au réclamateur, à l'effet de quoi les officiers de l'amirauté seront tenus de donner, sans frais, aux officiers des classes et au receveur de l'amiral, la communication des procès-verbaux, actes et jugemens rendus au sujet desdits réclamateurs.

Art. 26. Seront tenus les officiers des classes d'envoyer, au commencement de chaque année, au secrétaire d'État ayant le département de la marine, un état certifié d'eux du produit desdits effets sauvés des échouemens, bris et naufrages, qui n'auront pas été réclamés dans l'an et jour, lequel état sera aussi envoyé à l'Amiral par le recéveur de ses droits.

Art. 27. Voulons au surplus que le titre 9 du livre 4 de l'ordonnance du mois d'août 1681, soit exécuté en tout ce qui ne sera pas contraire aux dispositions des présentes.

Article 4 du message du Directoire du 23 thermidor an 4.

Le Directoire a dit dans son message : « Vous aurez, citoyens Représentans, à statuer sur la responsabilité des communes, en rendant les habitans desdites communes riveraines solidairement responsables du pillage des effets naufragés, et en appliquant aux naufragés la disposition générale des lois concernant les vols et pillages commis lors des émeutes.

SECTION XXXI.

CHAPITRE LXVI.

DE LA COUPE DU VARECH OU VRAICQ, SAR OU GOUESMON.

Le mot *varech* est un substantif masculin qui tire son étymologie de l'anglais, *wreck*, *sea wreck* ou *sea weeds*. Ce mot, qui n'est guère d'usage que dans les ordonnances de la marine, paroît avoir deux sens un peu différens l'un de l'autre, dont l'un est le vrai sens, et l'autre, quoiqu'abusif, est le plus connu.

Sous ce mot, dans la coutume de Normandie, sont comprises toutes choses que l'eau jette à terre par tourmente et fortune de mer, ou qui arrivent si près de terre, qu'un homme à cheval y puisse toucher avec sa lance : dans ce sens, qui est son sens vrai et positif, *varech* est bien dérivé de l'anglais *wreck*, ou des langues saxonnes et autres; il seroit presque synonyme d'*espaces*.

Et comme les herbes marines appelées dans certains pays, *sace*, et dans le plus grand nombre *gouesmon*, sont rapportées sur le rivage par les flots de la mer, lorsqu'elles sont détachées du fond où elles croissent, par les mauvais temps et les tempêtes; il en résulte que par abus on a confondu le mot *gouesmon* avec celui *varech*, qui est applicable à toutes choses apportées sur les grèves par la mer, comme il peut l'être en particulier au gouesmon.

Le droit de *varech* étoit un droit attribué, par la coutume de Normandie, aux Seigneurs voisins de la mer.

L'ordonnance de la marine du mois d'août 1681, liv. 4, tit. 10, règle la coupe du *varech, sar* ou *gouesmon.*

Comme cette herbe est propre à fumer les terres, l'empressement des habitans pour la recueillir est telle, qu'il a fallu établir une police dans cette partie. *L'Escalier.*

2765. Art. 1.er Les habitans des paroisses situées *sur les côtes de la mer*, s'assembleront le premier dimanche du mois de janvier de chaque année, à l'issue de la messe paroissiale, pour régler les jours auxquels devra commencer et finir la coupe de l'herbe appelée *varech ou vraicq, sart ou gouesmon*, croissant en mer à l'endroit de leur territoire.

Ces termes varech ou vraicq, sart ou gouesmon, expriment la même chose. C'est une herbe qui croît sur les rochers et sur les branches, ou bancs de pierre que la mer baigne continuellement ou à toutes les marées. En Normandie, on l'appelle varech ou vraicq; en Aunis, Saintonge et Poitou, sar ou sart; et en Bretagne, gouesmon.

2766. Art. 2. L'assemblée sera convoquée par les syndics, marguilliers ou trésoriers de la paroisse, et le résultat en sera publié et affiché à la principale porte de l'église à leur diligence, à peine de dix livres d'amende.

La disposition de notre article n'est pas observée depuis que ces assemblées ne sont plus en usage.

2767. Faisons défenses aux habitans de couper les vraicqs de nuit et hors les temps réglés par la délibération de leur communauté, de les cueillir ailleurs que dans l'étendue des côtes de leurs paroisses, et de les vendre *aux forains*, ou porter sur d'autres territoires, à peine de cinquante livres d'amende et de confiscation des chevaux et harnois.

2768. Art. 4. Faisons défenses *à tous Seigneurs* des fiefs voisins de la mer, de s'approprier aucune portion des rochers *où croît le varech*, d'empêcher leurs vasseaux de l'enlever dans le temps que la coupe sera ouverte, d'exiger aucune chose pour leur en accorder la liberté, et d'en donner la permission à d'autres, à peine de concussion.

2769. Art. 5. Permettons néanmoins à toutes personnes de prendre indifféremment en tout temps et en tous lieux les vraicqs jetés par le flot *sur les grèves*, et de les transporter où bon leur semblera.

Quant à la disposition de notre article, il n'est plus question du privilége des riverains, ni de la police établie par les articles précédens. Il est permis à quiconque indifféremment *primo occupanti*, d'enlever ce sart en tout temps et en tous lieux.

Arrêté du Directoire du 15 thermidor an 6.

Le Directoire exécutif étant informé que la levée du varech, pendant la nuit, sur les côtes, donne aux ennemis des facilités pour entretenir par le moyen des signaux ou autrement, des intelligences dans l'intérieur, a arrêté ce qui suit :

La levée du varech et autres herbes de mer, ne pourra se faire pendant la nuit, nonobstant toute déclaration ou réglement ancien qui l'auroit autorisée.

Le Ministre de la marine et des colonies donnera tout ordre en conséquence, et veillera à l'exécution du présent arrêté.

NEUVIÈME PARTIE.

SECTION XXXII.

DES TRIBUNAUX MARITIMES ET DE LEUR COMPÉTENCE, PRÉCÉDÉS DE QUELQUES POUVOIRS ADMINISTRATIFS.

CHAPITRE LXVII.

DES AMIRAUTÉS.

2770. Avant la révolution la jurisdiction maritime étoit divisée en deux parties, l'une étoit appelée amirauté, et l'autre tribunal des Juges et Consuls.

2771. L'amirauté étoit une véritable jurisdiction ayant le droit de glaive et conséquemment de juger les personnes tant au criminel qu'au civil, et certaines choses qui par leur nature étoient purement maritimes, ce qui résulte du titre de la compétence, art. 2 et 10. Le tribunal des Juges et Consuls jugeoient les choses; d'où il résultoit que les amirautés connoissoient de tous les procès, actions et contrats survenus pour vente de navires, naufrages, assurances, etc. etc., et les tribunaux consulaires de tous les actes de commerce purement mercantile.

2772. En *Angleterre* les cours maritimes sont, la cour de l'amirauté dans laquelle le Grand-Amiral ou son délégué jugent les affaires qui se passent en mer et les prises en temps de guerre; et la cour des délégués, nommés par une commission expresse, où l'on appelle des jugemens de l'amirauté.

La cour de l'amirauté s'étend par tout le royaume, et est aussi un tribunal criminel qui connoît de tous les détails commis sur mer ou sur les côtes, hors les limites d'aucun comté : les causes y sont jugées par un jury et des commissaires du Roi que préside le Juge de l'amirauté.

La marine anglaise est sous la direction du bureau des lords de l'amirauté, composé d'un premier lord qui est proprement le Ministre de la marine, de six autres lords et de deux secrétaires. Le Juge de l'amirauté est attaché à ce bureau.

Dans l'année 1801 le lord Howe, l'homme de l'Angleterre qui passe pour avoir le plus de connoissances nautiques, étoit Ministre de la marine. Actuellement c'est le lord Spencer.

Un hydrographe, un inspecteur du télégraphe, et un inspecteur des travaux de la marine, ont été ajoutés au nombre des personnes composant le bureau de l'amirauté.

Aujourd'hui, en France, toutes les attributions résultantes des contrats et des actions civiles sont données aux tribunaux de commerce.

2773. Pour présenter tout l'ordre possible dans cette partie, nous distinguerons d'abord ce qui compète, 1.° le bureau des classes; 2.° le capitaine de port; 3.° le tribunal de commerce; 4.° le commandant du bâtiment; 5.° le conseil martial; 6.° la cour martiale; 7.° les tribunaux criminels.

2774. Bureau des classes. Les officiers de classes sont chargés de la levée des matelots (13 à 16), de donner les congés (409) et de recevoir les rapports (547); enfin ils sont chargés de tout ce qui tient à la nature de toutes ces choses. D'après l'art. 1.er du décret du 21 septembre 1793, ils peuvent requérir directement la gendarmerie ou force armée pour contraindre les gens de mer et ouvriers classés, désobéissans, fuyards ou déserteurs à se représenter, et les faire conduire au port de l'armement.

2775. Capitaine de port, actuellement appelé *chef des mouvemens du port*. Les capitaines de port, les lieutenans sont chargés de la police des ports (f°. 690); ils sont chargés de veiller aux amarrages, à la propreté, entretien et conservation des vaisseaux désarmés, au lestage, délestage, aux mouvemens des vaisseaux et autres bâtimens dans l'intérieur des ports, pour leur carène, radoub, mâtage et démâtage, d'ordonner les manœuvres relatives, de faire sortir les vaisseaux du port dans la rade lorsqu'ils sont armés, et les faire rentrer de la rade dans le port pour être désarmés à la fin de leur campagne. Le chef des mouvemens est actuellement sous les ordres de l'ordonnateur du port.

D'après le décret du 9 août 1791, les ouvriers, pêcheurs, porte-faix et autres personnes dans les ports de commerce et sur les quais, ne peuvent refuser d'exécuter les ordres de cet officier. (2665)

2776. Tribunal de commerce. Tout le contentieux relatif aux transactions du commerce maritime, dont les amirautés connoissoient, sont actuellement de la compétence des tribunaux de commerce. Loi du 11 septembre 1790. (Voyez mes Institutions commerciales n°. 2608 et suivans.) Ce tribunal n'a point de vacances. Loi du 21 germinal an 4, art. 6.

Il juge jusqu'à 1000 fr. définitivement et sans appel. Loi du . . . . . .

Les

Les appels ressortent au tribunal civil de première instance. Art. 22 du tit. 3 de la loi du 28 ventôse an 8.

2777. COMMANDANT DE BATIMENT. Le commandant de bâtiment de l'État et l'officier commandant le quart ou la garde peuvent prononcer les peines de discipline contre les délinquans. Décret du 27 octobre 1798, sanct. le 2 décembre.

Les peines de discipline sont, 1.° le retranchement du vin, tout au plus pour trois jours; 2.° les fers sous le gaillard, au plus pendant trois jours; 3.° la prison, au plus pendant le même temps.

Les peines de discipline pour les officiers seront les arrêts, la prison, la suspension de leurs fonctions pendant un mois au plus, avec ou sans privation de solde pendant le même temps.

Les peines afflictives ne peuvent être prononcées que par un conseil de justice ou un conseil martial; ces peines sont :

1.° Les coups de corde au cabestan; 2.° la prison ou les fers sur le pont pendant plus de trois jours; 3.° La réduction de grade et de solde; 4.° la cale; 5.° la bouline; 6.° les galères; 7.° la mort. Décret du 22 août 1792.

2778. CONSEIL MARTIAL suivant la susdite loi, art. 3. Les peines afflictives ne peuvent être prononcées que par un conseil de justice et d'après le rapport d'un jury militaire qui, sur les charges et informations, aura constaté le délit et déclaré l'accusé coupable ou non coupable.

Art. 5. Le jury militaire doit être composé, pour les officiers mariniers et sous-officiers, de deux officiers de l'état-major ou deux officiers de troupes, et de cinq officiers ou sous-officiers; pour les matelots et autres gens de l'équipage, d'un officier de l'état-major, trois officiers mariniers et trois matelots.

Art. 6. Le conseil de justice doit être composé des officiers de l'état-major s'ils sont au nombre de cinq; et s'ils sont en moindre nombre, les premiers maîtres du vaisseau doivent y être appelés, en commençant par le maître d'équipage, le premier pilote et le maître canonnier.

2779. COUR MARTIALE. D'après le décret du 20 septembre 1791, sanct. le 12 octobre, art. 1.er, Il est dit : « qu'il sera établi dans chacun des ports de Brest, Toulon, Rochefort et l'Orient une cour martiale maritime qui sera composée d'un Grand-Juge et de deux assesseurs; que l'ordonnateur fera les fonctions de Grand-Juge; le plus ancien capitaine de vaisseau qui se trouvera dans le port, et le plus ancien chef d'administration feront celles d'assesseurs.

2780. Les cours martiales doivent prononcer sur tous les délits commis dans les arsenaux et sur tous ceux relatifs au service maritime, autres que les délits de police simple et de police correctionnelle. Ils doivent encore prononcer sur les délits commis à terre par les officiers, sous-officiers et soldats des troupes de marine militaire (a), sur les délits commis par les équipages des bâtimens en armement, jusqu'au moment de la mise en rade, et au désarmement depuis la rentrée dans le port, jusqu'au licenciement de l'équipage.

Cette cour ne peut prononcer que sur le rapport d'un jury.

2781. Tribunaux criminels. Les tribunaux criminels doivent connoître de tous les délits criminels commis en mer sur les vaisseaux marchands.

SECTION XXXIII.

CHAPITRE LXVIII.

DU CONSEIL DES PRISES.

2782. D'après le droit conventionnel, et contre la raison, chaque Puissance belligérante a le droit dans les prises maritimes, d'être Juge et partie dans sa propre cause envers les nations avec lesquelles elles n'ont rien à démêler ; en conséquence elles établissent des Juges pour prononcer sur la validité des prises conduites dans leurs ports ou dans des ports neutres, après avoir été faites par leurs armateurs.

2783. Ces tribunaux, qui sont des tribunaux d'exception, jugent donc les nationaux et les étrangers, soi-disant d'après les lois et les traités, mais le plus souvent d'après les circonstances. Aussi, ne peut-on pas dire qu'il y ait décidément une législation constante et une jurisprudence uniforme. L'Angleterre sur-tout en a une qui lui est absolument particulière : (1886) dans toutes les circonstances, de son propre mouvement, et d'après sa seule volonté, elle interprète les capitulations (1836), met les traités à la torture, enfin juge avec un arbitraire intolérable.

(a) La marine militaire comprenant les corsaires, les marins et autres qui ont commis des délits, sont-ils sujets à cette cour ? Je ne le pense pas ; je crois que l'on doit entendre par ces mots de marine militaire, marine militaire de l'Etat.

2784. Les institutions créées pour prononcer sur la validité des prises maritimes n'étant ni pouvant être des tribunaux, leur prononcé n'a pas la dénomination de jugement, mais de décisions qui peuvent être annullées ou maintenues par le Gouvernement; aussi ne sont-ils pas appelés par la loi tribunaux, mais conseils. Au surplus, quel que soit les effets arbitraires d'une pareille institution, elle est convenue entre toutes les puissances maritimes; conséquemment l'inconvénient qu'elle présente est censé n'être pas tel, puisqu'il est le résultat de la volonté générale.

2785. La base fondamentale de la procédure, résultante des prises maritimes, est dans les pièces de bord, dans les interrogatoires de l'équipage, du navire capteur et capturé, toutes autres preuves sont rejetées comme suspectées de fraude.

2786. D'après l'art. 8 de la loi du 6 germinal an 8, l'officier d'administration de la marine du port dans lequel les prises maritimes ont été amenées, ou le plus voisin de la côte où un navire ennemi ou neutre aura péri ou échoué : cet officier, comme on le verra dans cette loi, est chargé de l'instruction; dans d'autres circonstances, c'est ce conseil de prise lui-même qui instruit l'affaire; dans tous les cas, les parties peuvent fournir leur mémoire et leurs moyens de défenses; les communications s'en font par la voie du secrétariat à chaque partie.

2787. Après le délai fixé par la loi, le conseil prononce sur la validité ou l'invalidité de la prise, ses décisions sont définitives et sans appel, et on ne peut se pourvoir par requête civile, ni en cassation, contre ce qu'il a décidé.

ARRÊTÉ portant création d'un Conseil des prises.

Du 6 germinal an 8 de la République française.

Art. 1.er Il y aura à Paris un Conseil des prises; il siégera dans le local qui lui sera désigné.

Art. 2. Ce Conseil connoîtra des contestations relatives à la validité et à l'invalidité des prises, et à la qualité des bâtimens échoués et naufragés.

Art. 3. Ce Conseil sera présidé par un conseiller d'État, et composé, en outre, de huit membres.

Il aura, de plus, un commissaire du Gouvernement, un secrétaire et deux huissiers.

Art. 4. Les membres qui composent le Conseil des prises, sont à la nomination du premier Consul.

Art. 5. Les décisions du Conseil des prises devront être portées par cinq membres au moins.

Art. 6. En cas d'absence, maladie ou empêchement du commissaire du Gouvernement, il sera suppléé par l'un des membres au choix du président.

Art. 7. Le traitement des membres du Conseil des prises sera de dix mille francs par an pour chacun d'eux; celui du commissaire du Gouvernement, de quinze mille francs; celui du secrétaire, de dix mille francs, en y comprenant tous les frais de commis et fournitures; et celui des huissiers, de quinze cents francs.

Art. 8. L'officier d'administration de la marine du port dans lequel les prises maritimes seront amenées, ou le plus voisin de la côte où un navire ennemi ou neutre aura péri ou échoué, sera chargé, 1.° de l'apposition et de la vérification des scellés à bord des bâtimens capturés, soit par les vaisseaux de l'État, soit par les corsaires; 2.° de la réception et de l'affirmation des rapports et déclarations, de l'audition des témoins, de l'inventaire des pièces de bord, et de l'instruction; 3.° de tout ce qui a rapport aux bris, naufrage et échouement des bâtimens ennemis ou neutres.

Il sera assisté, pour tous ces actes, du principal préposé des douanes, et appellera, en outre, à ceux relatifs aux prises, un fondé de pouvoir des équipages capteurs.

Art. 9. Lorsqu'il résultera de l'instruction faite en vertu de l'article précédent, que le bâtiment aura été pris sous pavillon ennemi, ou qu'il est évidemment ennemi, et que, dans le délai d'une décade après cette instruction, il n'y aura point eu de réclamation dûment notifiée à l'officier d'administration, qui sera tenu d'en donner un reçu; il sera statué sur la validité de la prise.

Pour cet effet, l'officier d'administration s'adjoindra l'officier chargé, dans le même port, des fonctions de contrôleur de la marine, et le commissaire de l'inscription maritime : leur décision sera portée à la pluralité des voix.

L'officier d'administration enverra une expédition de cette décision au secrétariat du Conseil des prises.

Art. 10. Si la prise est conduite dans un port où l'officier d'administration ne puisse s'adjoindre les deux autres individus, il enverra son instruction et les pièces de bord dans le port le plus voisin où se trouveront les trois personnes désignées par l'article précédent, pour prononcer sur la prise.

Art. 11. Lorsqu'il aura été porté une décision qui déclarera le bâtiment de bonne prise; si cette décision ne donne lieu, pendant le délai d'une décade, à aucune réclamation dans la forme prescrite par l'article 9, il sera procédé à la vente, ainsi qu'il est porté en l'article 14 ci-après.

Art. 12. S'il y a une réclamation dans l'un des cas prévus par les articles 9 et 11, ou si la prise n'a pas été faite sous pavillon ennemi, ou n'est pas trouvée évidemment ennemie, ou si enfin le jugement porté en l'article 10 ne prononce pas la validité de la prise, l'officier d'administration enverra, dans le délai d'une décade, au secrétariat du Conseil des prises, tous les actes par lui faits, et toutes les pièces trouvées à bord.

Art. 13. L'instruction se fera devant le Conseil des prises, sur simples mémoires respectivement communiqués par la voie du secrétariat, aux parties ou à leurs défenseurs, qui justifieront préalablement de leurs droits et de leurs pouvoirs.

Les délais, pour cette instruction, ne pourront excéder trois mois pour les prises conduites dans les ports de la Méditerranée, et deux mois seulement pour les autres ports de France; le tout à compter du jour où les pièces auront été remises au secrétariat du Conseil des prises.

Les conclusions du commissaire du Gouvernement seront toujours données par écrit.

Art. 14. Les décisions du Conseil des prises seront exécutées à la diligence des parties intéressées, mais avec le concours et la présence, 1.° de l'officier d'administration de la marine; 2.° du principal préposé des douanes; et 3.° d'un fondé de pouvoir des équipages capteurs.

Art 15. Dans le cas où, conformément aux lois existantes, la vente provisoire des marchandises en tout ou en partie, et même celle du bâtiment, devra avoir lieu, elle sera ordonnée par l'officier d'administration de la marine, après avoir appelé, et le principal préposé des douanes, et le fondé de pouvoir des équipages capteurs.

Le produit de ces ventes sera provisoirement déposé dans la caisse des invalides de la marine.

Art. 16. Le Conseil d'administration des ports sera exclusivement chargé des liquidations, tant générales que particulières, des prises faites par les bâtimens de l'État.

Les contestations sur ces liquidations seront portées au Ministre de la marine.

Art. 17. Les liquidations, tant générales que particulières, des prises amenées par les corsaires seuls, ainsi que les contestations qui pourront s'élever sur ces liquidations, seront jugées dans la forme ordinaire.

Art. 18. Les liquidations des prises faites concurremment par des bâtimens de l'État et des corsaires, ainsi que les contestations qui pourront s'élever sur la part revenant à chacun, seront jugées comme celles en l'article 16.

Les liquidations et les contestations subsidiaires entre l'armateur et les intéressés, entreront dans les dispositions de l'article 17.

Art. 19. Lorsque des prises seront conduites dans les ports des colonies françaises, ou lorqu'un bâtiment ennemi ou neutre échouera, ou fera naufrage sur les côtes desdites colonies, il sera procédé conformément aux articles 8, 9, 10, 11 et 15 du présent réglement.

Art. 20. Dans tous les cas prévus par l'article 12, l'officier d'administration des colonies remettra, dans le plus bref délai, à l'ordonnateur de la marine, chaque instruction et toutes les pièces relatives aux prises, ainsi que celles concernant les bris, naufrages et échouemens : l'ordonnateur adressera le tout au Ministre de la marine, pour le faire parvenir au secrétariat du Conseil des prises.

Et attendu que les pièces originales pourroient être perdues, l'officier d'administration sera obligé de garder des copies collationnées desdites pièces originales.

Art. 21. Pourront néanmoins les agens particuliers et en chef du Gouvernement dans les colonies, et, à leur défaut, le commandant en chef et l'ordonnateur ou principal officier d'administration de la marine, dans le cas des réclamations indiquées dans les articles 9 et 10, et même lorsqu'il s'agira de prises faites sous pavillon neutre, ordonner sur le vu de l'instruction, qu'il sera statué sur la validité de la prise, conformément aux articles 9 et 10, et ordonner ensuite l'exécution provisoire de la décision ; mais à l'égard des prises faites sous pavillon neutre, l'exécution provisoire ne pourra avoir lieu que sur la demande expresse de l'une des parties, et à la charge par elle de donner bonne et suffisante caution, qui sera agréée par l'ordonnateur, et reçue par l'officier d'administration de la marine, et, en outre, de demeurer responsable des dommages-intérêts.

Art. 22. Chacun des articles 16, 17 et 18, s'appliquera, selon les cas, aux liquidations, tant particulières que générales, qui seront faites dans les colonies.

Art. 23. Lorsque des prises seront conduites dans des ports étrangers, les commissaires des relations commerciales se conformeront exactement aux traités conclus entre la France et les Puissances chez lesquelles ces commissaires seront établis, et aux instructions du Gouvernement.

Et dans le cas où le présent réglement pourra y recevoir son exécution, ils rempliront toutes les fonctions dont il charge l'officier d'administration des ports de la République, en se faisant assister de deux assesseurs choisis, s'il est possible, parmi les citoyens Français immatriculés et établis dans le lieu de la résidence de ces commissaires.

Art. 24. Ils enverront, comme il est porté en l'article 20 ci-dessus pour les colonies, l'instruction de la prise, et toutes les pièces devant servir à faire prononcer sur sa validité, au Ministre de la marine, pour les transmettre au Conseil des prises, et en garderont des copies collationnées.

Art. 25. Si la prise est déclarée valable par le Conseil des prises, le concours des commissaires des relations commerciales sera nécessaire pour les actes relatifs à l'exécution de la décision, et ils se feront assister comme il est porté en l'article 23.

Art. 26. Les commissaires des relations commerciales seront tenus de faire passer directement au Ministre de la marine, toutes les pièces qui devront servir à la liquidation des prises qui auront été faites par les bâtimens de l'État seuls, ou concurremment par les bâtimens de l'État et par les corsaires, pour que le Ministre les envoie au Conseil d'administration du port où le bâtiment de l'État aura été armé.

Art. 27. En conformité de la loi du 26 ventôse dernier, le Ministre de la justice, le Ministre de la marine et des colonies, et celui des relations extérieures, donneront, dans le plus bref délai, les ordres nécessaires pour que toutes les procédures de prises actuellement pendantes dans les divers Tribunaux, ou devant les commissaires aux relations commerciales, leur soient adressées; ils les feront remettre au secrétariat du Conseil des prises.

Art. 28. Le Gouvernement déterminera l'époque à laquelle le Conseil des prises devra cesser ses fonctions.

Art. 29. Toutes dispositions contraires au présent réglement, cesseront d'avoir aucun effet.

Art. 30. Le Ministre de la marine et des colonies, le Ministre des relations extérieures, et le Ministre de la justice, veilleront, chacun en ce qui le concerne, à l'exécution du présent réglement, qui sera inséré au bulletin des lois.

2788. Le Conseil des prises établi par l'arrêté des Consuls, du 6 germinal an 8, en vertu du 26 ventôse précédent, a rendu une décision relative à la prise du navire anglais *le Porcher*, capitaine *Black*, le 2 floréal an 11.

2789. L'affaire qui a donné lieu à cette décision fut considérée par le commissaire du Gouvernement, sous différens rapports, comme une des plus importantes dont jusqu'à cette époque le Conseil avoit pu s'occuper. FAIT.

2790. Le navire *le Porcher*, qualifié de vaisseau de guerre dans ses expéditions, partit de Calcutta le 18 février 1802 (29 pluviôse an 10) pour se rendre à Londres, en passant par Madras. Il étoit muni d'une commission en guerre à lui délivrée le 20 février 1800 (1.er ventôse an 8) pour le temps des hostilités, d'un passe-port du 21 janvier 1802 (1.er pluviôse an 10) d'une gazette du 3 février suivant (14 pluviôse), contenant une proclamation relative à la paix affichée à Calcutta, et d'une instruction en date du 12 du même mois de février (23 pluviôse an 10.)

2791. Le corsaire français *la Bellone* de Bordeaux, capitaine Jacque Perroud, pourvu d'une lettre de marque sous la date du 25 ventôse an 9 (16 mars 1801), étoit sorti de l'Ile-de-France le 6 frimaire an 10 (27 novembre 1801), avant l'arrivée en cette île de la nouvelle des préliminaires de paix. Le 5 ventôse suivant (24 février 1802), il eut connoissance du *Porcher*, et huit heures après qu'il l'eut aperçu, il l'amarina, et le conduisit ensuite à l'Ile-de-France.

2792. D'après le procès-verbal de capture, il paroît que quand *le Porcher* vit qu'il étoit poursuivi, il changea de direction en faisant force de voile; qu'un premier coup de canon à boulet le détermina à amener son pavillon, mais ne l'empêcha pas de continuer sa route, toutes voiles dehors; qu'enfin il ne mit en travers qu'après que plusieurs autres coups de canon à boulet eurent été tirés sur lui.

2793. Arrivé à l'Ile-de-France, le capitaine de prise fit sa déclaration au Juge-de-paix. Dans cette déclaration qui porte la date du 14 germinal (4 avril 1802), et qui est d'ailleurs conforme au procès-verbal de capture, il est dit qu'après l'examen des papiers et la réponse du capitaine anglais, le capitaine du corsaire s'étoit décidé à arrêter le navire et à l'expédier pour l'Ile-de-France.

2794.

2794. Mais ni le procès-verbal de capture, ni dans la déclaration du chef de prise, on n'a trouvé le détail des papiers, non plus que la réponse que dut faire le capitaine capturé.

2795. Dans l'interrogatoire qu'a subi le capitaine anglais, il avoua qu'il étoit anglais de nation, qu'il naviguait sous passe-port et pavillon anglais ; qu'il avoit armé à Londres pour le Bengale, d'où il sortoit lorsqu'il avoit été pris ; qu'il alloit à Madras ; que son état-major étoit anglais ; que son équipage étoit composé d'Anglais ; qu'il avoit été pris le 23 février 1802 (4 ventôse an 10. Le procès-verbal disoit que la prise avoit été faite le 5 ventôse) ; qu'il avoit amené au coup de canon de semonce, et que ce corsaire lui en avoit tiré quatre ensuite.

2796. Au surplus, il observa qu'après avoir amené, il avoit informé le corsaire, DE LA PAIX ENTRE LA FRANCE ET L'ANGLETERRE ; qu'il avoit même été à bord dudit corsaire et y avoit porté *une pièce du Gouvernement qui annonçoit officiellement la paix* ; mais que malgré ses représentations, le capitaine Perroud lui déclara qu'il l'arrêtoit, ce qu'il avoit effectivement fait.

2797. Le 5 floréal, le capitaine capturé s'adressa aux administrateurs généraux de l'Ile-de-France, auxquels il exposa qu'étant parti du Bengale sans convoi, par ordre de son Gouvernement, muni de la proclamation faite à Calcutta, des préliminaires de la paix, et avec les ordres les plus stricts de ne commettre aucune hostilité ; et ayant en conséquence déchargé toutes ses poudres, n'en réservant que deux barils pour les signaux, il avoit été arrêté peu de jours après, à sa très-grande surprise, par le corsaire *la Bellone*, qui étoit muni également depuis près de quatre jours de la proclamation faite à Calcutta, laquelle lui avoit été remise par le vaisseau anglais *le Tay*, parti quelques jours avant lui de Calcutta. Il ajouta que le capitaine *la Bellone* lui avoit dit avoir connoissance de ces préliminaires par la prise du vaisseau *le Tay*, faite trois ou quatre jours avant celle du sien.

2798. L'affaire fut en conséquence poursuivie devant le tribunal de commerce, et plaidée le 19 floréal. Le corsaire conclut à la confiscation de la prise, comme faite sur un Anglais porteur de lettres de marque, d'une instruction hostile et de papiers du Gouvernement qu'il avoit ordre de jeter à la mer en cas d'accident. Quant au capitaine capturé, il conclut d'abord à ce que la prise fût déclarée nulle et illégale, et solidairement au renvoi devant le conseil des prises, sauf à mettre préalablement le navire et la cargaison au sequestre.

93

1799. Le capitaine *Black* déduisoit ses moyens des articles 1.er et 11 des préliminaires de paix, de la connoissance que le corsaire en avoit à l'époque de la capture, de la proclamation de la paix à Calcutta, proclamation qu'il assuroit avoir exhibée au corsaire, et dont avant lui trois autres navires l'avoient instruit.

Il étaya son système d'un exemple tiré de sa nation, et puisé dans Emérigon.

« La paix est publiée à la Martinique, le 4 août 1748 ; un navire part le 5, et est pris le 6. Le tribunal de la Nouvelle-York ne balança pas de relâcher la prise, et de condamner les capteurs aux dommages et intérêts.

Le tribunal, après avoir entendu le commissaire du Gouvernement, visa,

1.° La procédure faite devant le Juge-de-paix;

2.° La lettre de marque du 20 février 1800, expédiée au capitaine *Black* pour tout le temps des hostilités;

3.° L'instruction qui lui avoit été donnée le 12 février 1802;

4.° L'article 11 des préliminaires de paix;

5.° La proclamation du Roi d'Angleterre;

6.° L'arrêté des Consuls du 18 vendémiaire an 10.

Et sans s'arrêter aux conclusions subsidiaires du capitaine Black, considérant que *la Bellone* étoit partie de l'Ile-de-France en plein état de guerre, pour la Colonie, puisqu'aucune nouvelle de la pacification n'y étoit, n'y ne pouvoit y être parvenue;

Que la lettre de marque de ce corsaire étoit dans toute sa force au moment de la capture;

Que cette capture avoit été faite avant l'expiration du délai de cinq mois;

Qu'il n'y avoit de nulles que les captures faites après les délais;

Que l'explication du traité de la part du Gouvernement anglais, est encore plus précise, et fait connoître clairement l'intention de ce Gouvernement;

Que l'arrêté des Consuls ne l'est pas moins; que cet arrêté déclare nulles les prises faites dans le délai par des bâtimens sortis des ports où les nouvelles de la paix seroient déjà parvenues;

Que le moyen tiré de la connoissance qu'avoit acquise le corsaire pendant sa croisière, étoit anéantie par les autorités même que le capitaine anglais envoyoit;

Il prononça, par jugement du 19 floréal an 10, la confiscation du navire et de la cargaison. Appel.

A cet appel le capitaine anglais observa que quoiqu'il y eût preuve au procès-verbal que le capitaine de *la Bellone* étoit instruit des préliminaires de la paix,

1.° Par un brig portugais qu'il avoit visité, navigant sous pavillon parlementaire, et qu'il avoit relâché à cause de son pavillon;

2.° Par un navire arabe alors à l'Ile-de-France;

3.° Par le navire anglais *le Tay* qui lui avoit représenté la publication officielle des préliminaires à Calcutta;

4.° Enfin par le *Porcher* lui-même, qui lui avoit représenté la même publication.

Néanmoins, pour confirmer d'autant cette preuve, il les sommoit de représenter les livres du bord *du Porcher* et de *la Bellone*, et les lettres de marque de ce dernier. *Accordé.*

Les armateurs de *la Bellone* répondirent que le navire portugais n'avoit ni mission ni caractère pour annoncer les préliminaires de paix; qu'il n'étoit porteur d'aucuns papiers officiels qui pussent garantir la vérité de son assertion; que tout ce qu'il avoit pu dire à ce sujet, ne pouvoit être considéré que comme des bruits vagues et insignifians, incapables de produire aucun effet légal, ni d'autoriser le corsaire à cesser l'exécution des ordres qu'il avoit reçus du Gouvernement français, pour courir sur les ennemis, et capturer leurs propriétés. Même observation par rapport aux autres navires.

Le tribunal d'appel jugea, le 15 messidor an 10 (4 juillet 1802), débouta le capitaine anglais de l'opposition qu'il avoit faite à un jugement par défaut rendu contre lui, le 28 précédent, confirmatif de la confiscation que le tribunal de commerce avoit prononcée. Ce jugement est fondé sur les considérations suivantes:

1.° Que la prise *du Porcher*, quoique faite après la signature des préliminaires de la paix, étoit une suite et une conséquence de la dernière guerre; qu'elle devoit être jugée conformément aux lois promulguées dans la Colonie, lesquelles rendoient le tribunal compétent pour le jugement des prises en définitif;

2.° Que les préliminaires ayant été adressés officiellement aux tribunaux, étoient devenus lois de la Colonie;

3.° Qu'il résultoit de l'art. 1.er que les Gouvernemens respectifs n'avoient pas pu envoyer ni permettre de courir sus pour dépouiller les sujets du Gouvernement devenu ami ; ce qui sans doute avoit motivé l'arrêté des Consuls du 18 vendémiaire de l'an 10 (10 octobre 1802);

4.° Qu'à l'égard des forces qui se trouvoient en mer à l'époque de la ratification, il étoit reconnu par le 1.er article des préliminaires que, pour faire cesser les hostilités de leur part, il falloit des ordres de leurs Gouvernemens, expédiés en toute diligence, au moyen des passe-ports fournis respectivement ;

5.° Que ces dispositions ne paroissent concerner que les vaisseaux de l'État; que quant aux bâtimens armés en guerre par le commerce, le terme de leur course et de leurs prises autorisées, avoit été fixé par l'art. 11 ; ce qui est confirmé par la proclamation du Roi d'Angleterre;

6.° Que la lettre du Ministre de la marine n'étoit pas connue à la Colonie; qu'elle avoit pu être altérée dans une gazette, et qu'en tout cas une lettre du ministre ne pouvoit rien changer aux dispositions arrêtées entre les Puissances ;

7.° Qu'il en étoit de même des ordres de l'amirauté d'Angleterre, du 11 octobre 1801 ;

8.° Que si l'intention des Puissances contractantes avoit été que la course cessât ainsi que les hostilités de Gouvernement à Gouvernement, aussitôt que les préliminaires auroient été ratifiés, elles n'auroient pas manqué de dire que toute prise seroit restituée de ce jour, de même qu'il a été stipulé pour les conquêtes ; tandis qu'elles ont voulu qu'elles ne cessassent qu'aux époques convenues, ce dont la proclamation du Roi d'Angleterre ne permet pas de douter ;

9.° Que dans le cas particulier, *la Bellone* avoit ordre de courir sur les sujets anglais, et que ces ordres n'avoient pas été révoqués,

10.° Que l'annonce des préliminaires de paix faite à *la Bellone* par le parlementaire portugais, par le navire arabe et par *le Tay* et *le Porcher*, n'étoit pas officielle; qu'elle ne pouvoit détruire la lettre de marque; qu'elle pouvoit être taxée de simulation, puisque ces navires ne présentoient ni passe-port, ni proclamation du Gouvernement de Calcutta, ni mission pour motiver les préliminaires de la paix; qu'ils se prévaloient seulement d'une gazette dont la force étoit plus que balancée par la présence à bord *du Porcher*, d'une lettre de marque et d'une instruction absolument semblables à celles données en temps de guerre aux bâtimens de commerce anglais.

Protestation de la part du capitaine anglais contre ce jugement. Pourvoi en cassation par-devant le Conseil des prises.

Ouï le rapport du citoyen *Lacoste*, membre du Conseil ;

Au moyen de ce qu'il résulte principalement des pièces, qu'à l'époque de la capture, le délai fixé d'abord par les préliminaires de paix, puis renouvelé par le traité solennel entre les deux Puissances, et au-delà duquel toutes les prises faites dans les mers de l'Inde doivent être restituées, n'étoit pas expiré ;

Que ce délai ayant été déterminé pour le cas où les capteurs, avant son expiration, ne seroient pas devenus certains de l'existence de la paix, la présomption légale subsiste en leur faveur jusqu'à la preuve contraire ;

Que cette preuve doit être de la nature de celle indiquée par l'arrêté des Consuls du 18 vendémiaire an 10, portant que les prises faites par les corsaires sortis des ports de France après avoir eu connoissance des préliminaires de paix, dont les ratifications avoient été échangées le 11 du même mois, seront annullées ;

Mais que rien ne justifie que le capitaine de *la Bellone* fût dans une situtation telle qu'il eût une pleine et suffisante conviction de la paix, et dût s'abstenir de toutes hostilités lorsqu'il s'empara du navire anglais *le Porcher ;*

Qu'en effet, d'abord il est reconnu qu'avant que le corsaire fût sorti du port de l'Ile-de-France pour commencer sa croisière, il étoit impossible que la nouvelle des préliminaires de paix fût parvenue dans cette colonie, ce qui ne permet pas de lui appliquer les dispositions de l'arrêté du 18 vendémiaire ;

Qu'ensuite l'exhibition de papiers relatifs à la paix, que, pour unique argument, on a tant répété avoir été faite au capitaine *Perroud*, par le navire arabe *le Saley*, qu'il arrêta, par le parlementaire portugais qu'il laissa continuer sa route, par le navire anglais *le Tay* qu'il fit conduire à l'Ile-de-France, enfin par *le Porcher* lui-même ; cette exhibition, constante à l'égard des deux derniers navires, en la supposant faite aussi par le parlemensaire et par l'arabe, malgré la dénégation des capteurs, ne portoit pourtant, selon le dire même des capturés, que sur un imprimé dit *Gazette extraordinaire de Calcutta, contenant un exemplaire de la proclamation intitulée au nom du Roi d'Angleterre, laquelle annonçoit les préliminaires de paix*, sans qu'aucunes signature authentiques ou aucun certificat légal, émanant même du pays ennemi, vinssent attester ni l'existence de ces préliminaires, ni celle de la proclamation;

Que lors même que la proclamation eût présenté au corsaire le moindre caractère d'authencité, il n'en eût pas moins été autorisé à prendre *le Porcher*, puisque les termes dans lesquels elle étoit conçue, indiquoient textuellement, que, relativement aux prises, les sujets anglais ne devoient s'abstenir des hostilités *que suivant et après les époques fixées par les préliminaires*; d'où le corsaire a dû raisonnablement conclure qu'il auroit certainement essuyé un combat en cas de supériorité de forces du *Porcher*, malgré l'existence des préliminaires, et que s'il eût été assez désintéressé pour relâcher sa prise, il n'en restoit pas moins exposé à tomber entre les mains des Anglais, jusqu'à l'expiration des délais;

Que le corsaire a dû encore être fortifié dans cette opinion, en se rappelant la manœuvre du *Porcher* pour l'éviter, et en voyant, à côté de la pièce informe que lui montroit le capitaine *Black*, des lettres de marque très-régulières, dont la durée s'étendait à tout le temps des hostilités, et des instructions très-positives sur l'état de guerre, entièrement muettes sur la paix, et dont la date étoit postérieure de neuf jours à celle qu'on lui indiquoit pour la publication à Calcutta de la proclamation des préliminaires;

Qu'il demeure donc pour constant que la capture est légitimée, d'un côté, par le fait de son antériorité aux époques fixées pour la restitution, tant par les préliminaires que par le traité de paix; de l'autre, par le défaut de connoissance suffisante de la cessation de toute hostilité;

Qu'au surplus ce seroit étrangement se méprendre sur l'objet de la course et les principes qui la dirigent, que de penser que de simples avis de l'existence de la paix, donnés vaguement en mer à un corsaire, par des navigateurs étrangers, ou sur la foi d'une gazette, dussent, en paralysant ses lettres de marque, être pour lui le signal de l'abandon de sa croisière, au risque même de tomber entre les mains de l'ennemi; qu'un semblable effet n'appartient qu'à l'ordre qui lui seroit intimé au nom du Gouvernement dont il tient l'autorisation formelle de capturer; que si cependant la communication de la paix lui étoit faite par la voie de l'ennemi, en vertu d'instructions spéciales et officielles dont il seroit porteur, la juste déférence pour les actes émanés de l'autorité d'un Souverain, détermineroit sans doute le corsaire à respecter cette sauve-garde, pourvu qu'elle fût réciproque ; mais que ce seroit être par trop libéral à son préjudice, et lui enlever arbitrairement le bénéfice des réglemens et des traités, que de restituer une prise qu'il a faite dans les termes précis de son droit, et lorsque les avis qu'il auroit reçus ne portoient point avec eux le cachet de l'authenticité et moins encore le gage de sa sûreté particulière ;

Qu'inutilement on s'est prévalu de la lettre du Ministre de la marine et des colonies, du 25 vendémiaire an 10, qui ne se trouvoit à l'instant de la prise, ni dans les mains du capturé, ni dans celles du capteur; que cette lettre ne s'applique nullement aux vaisseaux de l'État ou corsaires sortis des ports français avant la connoissance des préliminaires, et qu'elle ne dispensoit point les navires de commerce de se munir des sauf-conduits convenus entre les deux Gouvernemens, ni de témoignages authentiques de l'existence des préliminaires ;

Qu'ainsi, sous quelqué point de vue qu'on envisage la prise et les circonstances qui l'ont accompagnée, elle n'offre aucun motif de reproche contre le corsaire, et qu'en la lui adjugeant, ce sera tout-à-la-fois lui accorder le prix des dangers qu'il a courus, et maintenir l'exécution d'une clause formelle d'un traité solennellement conclu entre les deux nations ;

Le Conseil décide que la prise faite par le corsaire français *la Bellone*, du navire anglais *le Porcher*, est bonne et valable ; en conséquence adjuge aux armateurs et équipage duduit corsaire, tant ledit navire, ses agrès, ustensiles et apparaux, circonstances et dépendances, que les marchandises et effets de son chargement, pour le tout, si fait n'a été, être vendu aux formes et de la manière prescrites par les lois et réglemens sur le fait des prises, et le produit net être remis auxdits armateurs et équipage, prélèvement fait des retenues fixées au profit de la caisse des invalides de la marine et des prisonniers de guerre, par la loi du 3 brumaire an 4, et l'arrêté des Consuls du 7 fructidor an 8.

A quoi faire tous gardiens, consignataires, séquestres et dépositaires seront contraints par toutes voies dues et raisonnables, même par corps ; quoi faisant, déchargés.

Fait le 2 floréal, an 11 de la République française, une et indivisible.

CHAPITRE LXIX.

DES COMMISSAIRES DES RELATIONS COMMERCIALES.

2800. AVANT que le Gouvernement français ne fût établi en Consulat, on appeloit les officiers que le Gouvernement d'alors avoit établi dans l'étranger, Consuls; mais depuis que cette forme de Gouvernement a été établie, on appelle ces officiers, commissaires des relations commerciales; et même un Tribun m'a assuré que les Puissances étrangères ont donné ordre à leurs Consuls de prendre eux-mêmes la même dénomination en France.

2801. Il paroît que notre ordonnance n'a eu guère qu'en vue les Consuls établis dans les Échelles du Levant, aussi dans le titre qui les concernent ne trouvent-t-on que des dispositions qui ne sont applicables qu'à ces Consuls-là seulement, à fort peu de règles générales près; et comme par les traités qui ont été passés avec les différentes Puissances, les pouvoirs de ces officiers sont plus ou moins limités; il faut donc avoir égard aux traités.

2802. Les publicistes disent que l'établissement des Consulats n'appartient point au droit des gens, mais qu'il est du droit purement politique, et qu'il dépend des conventions arrêtées entre les Souverains: chacun d'eux étant fondé à empêcher tout commerce étranger dans ses États, ou à ne le permettre qu'à certaines conditions. Voyez Valin, *tom. 1, page 217*. Vattel, *liv. 2, ch. 2, n.° 34*. Bouchaud, *ch. 6, sect. 1, pag. 144*. Mes institutions commerciales *n.° 2658*.

2803. Aucun ne peut se dire Consul de la Nation française dans les pays étrangers, sans avoir commission du Gouvernement. Régl. du 3 mars 1781, titre 1, art. 3.

2804. Celui qui obtient du Gouvernement des lettres de commissaire des relations commerciales, doit les faire enregistrer, prêter le serment suivant l'adresse de ses provisions, et remplir les autres formalités voulues par les lois.

2805. Les commissaires des relations commerciales qui sont nommés, doivent être reconnus réciproquement, en présentant les provisions des patentes de leurs Gouvernemens, et en obtenant *l'exequatur*, ou dépêches du Gouvernement chez qui ils doivent résider. Argument du régl. du 3 mars 1781, titre 1, art. 4 et 6. Telle est la disposition du droit commun.

Casarégis,

Casarégis, *disc. 175, n.° 33 et suiv.* Targa, *cap. 96, pag. 396.* Valin, *tom. 1, pag. 232 et 245*, Émérigon, *tom. 1, page 109.*

2806. Les affaires criminelles doivent être instruites sur plaintes, sur dénonciation, ou d'office, par les commissaires, sans qu'il soit besoin du ministère public. Édit de juin 1778, art. 39.

2807. Lorsqu'il s'agit d'un cas qui mérite peine afflictive ou infamante, les Commissaires des relations commerciales doivent instruire le procès, et envoyer en France l'accusé avec la procédure, pour être jugé par les tribunaux compétens du premier port où le vaisseau fera sa décharge. Argumens de l'édit de 1778, art. 76 du réglement de 1781, tit. 3, art. 37.

2808. Le chancelier du Consulat est greffier, notaire et huissier tout ensemble. Édit de 1778, art. 8. Régl. de 1781, tit. 1, art. 106 et suiv.

2809. « Les Consuls, dit M. l'Escalier, sont des officiers civils établis en vertu de commissions, ou lettres de provisions, dans les Echelles du Levant, sur les côtes de Barbarie, d'Espagne, de Portugal, et les autres pays étrangers maritimes, où il se fait un commerce considérable. Les fonctions des Consuls sont en général de faciliter le commerce et de protéger les marchands de leur nation.

2810. Le commissaire doit appeler aux assemblées qu'il convoque pour les affaires générales du commerce et de la nation, tous les marchands, capitaines et patrons de vaisseaux français qui sont sur les lieux, lesquels sont obligés d'y assister; et les résolutions qui sont prises à ces assemblées, doivent être signées de ceux qui y ont assisté, et exécutées sur les mandemens du commissaire des relations commerciales.

2811. Dans les places de commerce des pays étrangers où il est entretenu des commissaires des relations commerciales, il est d'usage que le corps des négocians français élisent entre eux deux députés de la nation, dont les fonctions n'ont qu'un temps limité, et sont d'assister le commissaire dans toutes les affaires qui sont de l'intérêt du commerce français, de l'éclairer au besoin et de lui représenter les choses nécessaires. Les députés de la nation sont obligés, après leur temps expiré, de rendre compte au Consul des affaires dont ils ont été chargés, et du maniement qu'ils ont fait des deniers communs, en présence des députés nouvellement élus, et des plus anciens négocians.

2812. Le commissaire est obligé de tenir bon et fidèle mémoire des affaires importantes du commissariat, et doit l'envoyer tous les ans au Ministre de la marine, à qui il est tenu de rendre compte dans toutes les occasions. Il est défendu au commissaire d'emprunter, au nom de la nation française, aucune somme aux Turcs, Maures, Juifs ou autres, sous quelque prétexte que ce puisse être, même de côtiser ceux de la nation, à moins que ce ne soit par une délibération commune, qui en doit contenir les causes et la nécessité, à peine de payer en son nom.

2813. Pour ce qui est de la jurisdiction en matière civile et criminelle, les commissaires sont obligés de se conformer à l'usage et aux traités faits avec les Souverains des lieux de leur établissement, et leurs jugemens doivent être exécutés par provision en matière civile, en donnant caution; et définitivement et sans appel, en matière criminelle, lorsqu'il n'y échoit pas de peine afflictive, pourvu qu'ils soient rendus avec les députés et quatre notables de la nation : et lorsqu'il y échet peine afflictive, ils doivent instruire le procès, et l'envoyer avec l'accusé dans le premier vaisseau de la nation qui s'en retourne en France, pour être jugé par le tribunal criminel du premier port où le vaisseau doit faire sa décharge.

2814. Par une déclaration du 27 juin 1722, les Consuls peuvent donner leur jugement en matière civile, en appelant seulement les deux députés de la nation, ou à leur défaut deux des principaux négocians français.

2815. Le commissaire doit faire sortir des lieux de son établissement les Français, dont la vie et la conduite sont scandaleuses, en étant requis par les députés, notables et principaux négocians français, et en prévenant les Souverains des lieux, ou les personnes dépositaires de son autorité; et en faisant suivre les expulsés des pièces qui constatent leur renvoi, et le danger de leur conduite. Il doit soutenir en toutes les occasions raisonnables le commerce et les intérêts de la nation, et en prendre fait et cause au besoin auprès des Souverains du pays ou de leur représentans; il doit au besoin faire agir l'Ambassadeur de France établi chez la même Puissance, lorsqu'il ne peut pas obtenir justice et redressement sur les lieux.

2816. Le commissaire est tenu de faire l'inventaire des biens et effets de ceux qui décèdent sans héritiers sur les lieux, et des effets sauvés des naufrages, dont il doit charger le chancelier, en présence de deux notables marchands qui doivent signer l'inventaire avec lui. Il doit envoyer copie de ces inventaires, le plus promptement possible, au tribunal de commerce et au commissaire des classes du lieu où sont les intéressés, afin qu'ils en soient avertis.

2817. Il doit légaliser tous les actes de notoriété, les certificats de vie, les pièces et les papiers qui doivent faire foi, sans quoi ils n'ont aucune valeur en France. Les maîtres de bâtimens, qui abordent dans les ports où il y a un commissaire de la Nation française, sont tenus, en arrivant, de lui représenter leurs congés, de lui faire le rapport de leur voyage, et de prendre de lui, en partant, un certificat du temps de leur arrivée et départ, et de l'état et qualité de leur chargement, et de faire visiter et apostiller par lui leur rôle d'équipage.

2818. Les Consuls avoient autrefois des droits attribués sur toutes les marchandises que les Français apportoient et déchargeoient dans les endroits du ressort de leur Consulat; mais depuis 1767, en augmentant les appointemens des Consuls, on a supprimé ces droits; et il leur est expressément défendu, sous peine de concussion, d'en percevoir aucuns, *excepté à Cadix*, dont le Consulat a été excepté de cette disposition. Il leur est défendu aussi de faire aucun commerce (118).

2819. Il est défendu aux maîtres de navires et aux matelots de la nation, de se pourvoir par-devant les Juges du pays, dans les lieux où il y a un commissaire établi, lorsqu'ils ont entre eux quelque différend; et il leur est enjoint de s'adresser au commissaire de la Nation française, qui doit leur rendre prompte et bonne justice, sans frais.

2820. Dans les ports d'un grand commerce, le commissaire à sous ses ordres un vice-commissaire pour le seconder dans ses fonctions outre le *chancelier*; et ceux des ports les plus considérables qui ont dans leur dépendances d'autres petits ports, ont dans chacun de ces petits ports un vice-commissaire qui leur rend compte.

2821. Les commissaires français rendent compte aux Ambassadeurs ou envoyés de France, dans les cours dont leur commissariat dépendent, excepté des côtes de Barbarie, qui rendent directement compte au Ministre et à la Chambre de commerce de Marseille.

2822. La plupart des Nations étrangères, dont le commerce est considérable, ont aussi des commissaires à-peu-près dans les mêmes lieux et dans les mêmes Échelles que les Français, sur-tout les Anglais et les Hollandais.

2823. Voici les lieux où la nation française entretient ordinairement, en temps de paix, des commissaires. Les lois et les articles des traités qui les concernent.

EN ESPAGNE.

A Madrid.	Un commissaire général des relations commerciales chargé des affaires. un chancelier.
Cadix	un commissaire général des rel. com.
Andalousie	un vice-commissaire des rel. com. un chancelier.
Séville et San-Lucas.	un vice-commissaire des rel. com.
Malaga	un commissaire des rel. com.
Carthagène	un commissaire des rel. com.
Alicante.	un commissaire des rel. com. un vice-commissaire des rel. com.
Valence.	un vice-commissaire des rel. com.
Gijoin et ports des Asturies	un commissaire des rel. com.
la Corogne et ports de Galicie.	un commissaire des rel. com.
Saint-Ander.	un commissaire des rel. com.
Mayorque.	un commissaire des rel. com.
Barcelonne	un commissaire des rel. com. un vice-commissaire des rel. com.
Ténériffe et les ports des Canaries	un commissaire des rel. com.
Oran.	un commissaire des rel. com.

EN PORTUGAL.

Lisbonne.	un commissaire général des rel. com. un vice-commissaire des rel. com.
Porto.	un commissaire des rel. com.
l'Ile de Madère.	un commissaire des rel. com.
l'Ile de Fayard et Iles des Açores	un vice-commissaire des rel. com.

EN ITALIE.

Livourne.	un commissaire des rel. com.
Charles-Fort.	un vice-commissaire des rel. com.

A Rome	un commissaire des rel. com. un agent de commerce.
l'État ecclésiastique . . .	un agent de commerce.
Civita-Vecchia	un commissaire des rel. com.
Naples et les ports du royaume	un commissaire général des rel. com.
Messine	un vice-commissaire des rel. com.
Palerme	un commissaire des rel. com.
Cagliari et les ports de la Sardaigne	un commissaire des rel. com.
Ancône	un commissaire des rel. com.
Porto-Ferrajo	un vice-commissaire des rel. com.
Pesaro	un vice-commissaire des rel. com.
Senigaglia	un commissaire des rel. com.
Venise	un commissaire des rel. com.
Raguse	un commissaire général chargé des affaires.
Aux Iles Vénitiennes	un commissaire général chargé des affaires. un vice-commissaire.

PAYS DE LA DOMINATION DE L'EMPEREUR.

A Trieste	un commissaire des rel. com.

EN ANGLETERRE ET ILES BRITANNIQUES.

A Londres	un agent général de la marine.
Bristol	un commissaire des rel. com.
Hull	un vice commissaire des rel. com.
Édimbourg en Écosse . . .	un commissaire des rel. com.
Dublin en Irlande	un commissaire des rel. com.
Cork en Irlande	un vice-commissaire des rel. com.

DANS LES ÉCHELLES DU LEVANT ET EN BARBARIE.

A Maroc	un conseiller général et chargé des affaires auprès de l'Empereur de Maroc. un chancelier. un drogman.
Mogador	un vice-commissaire des rel. com.

A Alger	un commissaire général des rel. com. et chargé des affaires auprès du Dey. un vice-commissaire. un drogman-chancelier.
Alexandrie	un commissaire général des rel. com. un vice-commissaire des rel. com. un drogman. un chancelier.
Rosette	un vice-commissaire des rel. com. un drogman-chancelier.
Seyde	un vice-commissaire des rel. com. deux drogmans.
Alep	un commissaire des rel. com. un vice-commissaire de rel. com. un chancelier. un drogman.
Alexandrette	un vice-commissaire des rel. com.
Tripoli de Syrie	un commissaire des rel. com. un drogman.
la Turquie	un vice-commissaire des rel. com. un chancelier-drogman.
Smyrne	un commissaire général des rel. com. un vice-commissaire des rel. com. un drogman. un chancelier.
Constantinople	L'ambassadeur fait les fonctions de commissaire des rel. com. cinq drogmans. un chancelier.
Rhodes	un vice-commissaire des rel. com. un drogman.
Scio	un vice-commissaire des rel. com. un drogman.
Chypre	un commissaire des rel. com. un drogman.
Salonique	un commissaire des rel. com. un drogman.

A la Canée.	un commissaire des rel. com. un drogman-chancelier.
la Morée.	un commissaire général des rel. com. un vice-commissaire des rel. com. deux drogmans.
Coron.	un vice-commissaire des rel. com. un chancelier-drogman.
Les Dardanelles.	un vice-commissaire des rel. com.
Bassora.	un commissaire des rel. com. un chancelier.
Bagdad.	un vice-commissaire des rel. com.
Tunis.	un commissaire général et chargé des affaires auprès du Bey. un vice-commissaire des rel. com. un drogman. un chancelier.
Tripoli de Barbarie.	un commissaire général des rel. com. et chargé des affaires auprès du Pacha Bey. un vice-commissaire des rel. com. un chancelier. un drogman.
Athènes.	un vice-commissaire des rel. com.
Saint-Jean-d'Acre.	un commissaire des rel. com. un drogman-chancelier.

DANS LE NORD.

Saint-Pétersbourg.	un commissaire général des rel. com. un vice-commissaire des rel. com.
Cronstad.	un vice-commissaire des rel. com.
Gottembourg en Suède.	un commissaire des rel. com.
Varsovie.	un commissaire ou agent.
Elseneur en Danemarck.	un commissaire des rel. com.
Drontheim en Norwége.	un commissaire des rel. com.
Berghen en Norwége.	un commissaire des rel. com.
Christianstadt en Norwége	un vice-commissaire des rel. com.

Nota. Le Conseil des prises a déclaré qu'il n'y avoit pas lieu à faire droit sur une réclamation du commissaire général des relations commerciales de Danemarck établi à Bordeaux, tendante à se représenter comme défenseur des intérêts des parties ; parce que c'étoit à elles-mêmes, ou à un fondé de pouvoir spécial, à se pourvoir pour cet objet. Paris, le 16 messidor an 8, *Spectateur* de Bordeaux, n.° 277.

A Amsterdam	un commissaire pour la marine et le commerce. un chancelier.
Rotterdam.	un agent de la marine.
Hambourg.	un commissaire général des rel. com.
Nastock	un vice-commissaire des rel. com.
Dantzick	un commissaire général des rel. com.
Memel.	un commissaire des rel. com.

ÉTATS-UNIS DE L'AMÉRIQUE.

Philadelphie.	un commissaire général des rel. com. auprès des treize États-Unis.
Boston.	un commissaire des rel. com.
Rhode-Island.	un vice-commissaire des rel. com.
Portsmouth.	un vice-commissaire des rel. com.
Baltimore.	un commissaire des rel. com.
Richemond.	un vice-commissaire des rel. com.
New-York.	un commissaire des rel. com.
Wilmington.	un vice-commissaire des rel. com.
Charles-Town.	un vice-commissaire des rel. com.
Savannah.	un vice-commissaire des rel. com.

DANS LES INDES ORIENTALES.

Moka.	un agent de la nation.
Sumatra.	un agent de la nation.
Canton en Chine	un commissaire des rel. com. un chancelier. deux interprètes.
Cap de Bonne-Espérance.	un agent de la nation.
Batavia.	un agent de la nation.

Depuis peu on a mis les commissaires des relations commerciales dans la

dépendance

dépendance du Ministre des relations extérieures, et on les a soustraits de celle immédiate du Ministre de la marine, avec lequel ils ont cependant des rapports continuels dans leurs fonctions et leur service.

EXTRAIT du traité d'union conclu entre les Rois de France et d'Espagne, pacte de famille du 15 août 1761.

2824. Art. 22. L'amitié étroite qui unit les Monarques contractans, et les engagemens qu'ils prennent par ce traité, les déterminent aussi à stipuler que leurs états et sujets respectifs participeront aux avantages et à la liaison établie entre ces Souverains, (c'est-à-dire le Roi de France, de Naples et de Sicile) et LL. L. MM. N. se promettent de ne pas souffrir qu'en aucun cas, ni sous quelque prétexte que ce soit, leursdits états et sujets puissent rien faire ou entreprendre de contraire à la parfaite correspondance qui doit subsister inviolablement entre les trois couronnes. Art. 23. Pour cimenter d'autant plus cette intelligence et les avantages réciproques entre les sujets desdites couronnes, il a été convenu que les Espagnols ne seroient plus réputés aubains en France..... Ils pourront recueillir leurs successions, même *ab intestat*, soit par eux-mêmes, soit par leurs procureurs ou mendataires, quoiqu'ils n'aient point obtenus de lettres de naturalisation, et de transporter hors des Etats : (cette convention est réciproque), de sorte que les sujets des deux couronnes seront également traités en tout et partie (ce qui regarde cet article) dans les pays des deux dominations, comme les propres et naturels sujets de la Puissance dans les Etats de laquelle ils résideront. Art. 24. Les sujets des hautes parties contractantes seront traitées relativement au commerce et aux impositions dans chacun des deux royaumes en Europe, comme les propres sujets du pays où ils aborderont ou résideront, de sorte que le pavillon espagnol jouira en France des mêmes droits et prérogatives que le pavillon français, et pareillement, etc. Les sujets des deux monarchies, en déclarant leurs marchandises, paieront les mêmes droits qui seront payés par les nationaux ; l'importation et l'exportation leur sera également libre comme aux sujets naturels, et il n'y aura de droits à payer de part et d'autre, que ceux qui seront perçus sur les propres sujets du Souverain, ni des marchandises prohibées aux nationaux eux-mêmes.

EXTRAIT de la convention faite entre les deux cours pour l'intelligence de l'art. 24 du traité de 1761.

2825. Il résulte de cet article, que les deux cours ayant voulu resserrer fortement les liens qui les unissent, formèrent le projet de ne faire des Français et des Espagnols qu'un seul et même peuple, afin que de la communication réciproque des avantages dont chaque nation jouit dans son propre pays, il s'établît en faveur du commerce et de la navigation des deux une telle combinaison d'avantages, qu'aucune autre nation étrangère ne fût plus favorisée que les sujets respectifs dans les domaines des deux nations. Les articles qui suivent accordent aux deux nations respectives tous les mêmes avantages et priviléges ultérieurs sans restriction, qu'elles accordent aux nations les plus favorisées et aux sujets de leurs nations, soit dans les îles adjacentes des Canaries, que sur les côtes de France et d'Espagne; que quant à la visite des bâtimens, on se conformera à l'art. 1.er du traité d'Utrecht, et que pour ce qui concerne le débarquement et la visite des marchandises, on se conformera aux règles prescrites par l'article 11 dudit traité.

Convention entre la cour d'Espagne et la France, pour mieux régler les fonctions des Consuls et vice-Consuls, signée au Prado, le 13 mars 1769.

2826. *Admission des Consuls.* Art. 1.er Les Consuls doivent être admis et reconnus réciproquement après avoir présenté le diplome, chacun de son Souverain, et obtenu l'approbation de l'autre, et exhibé de deux documens au Gouverneur ou Magistrat du lieu où il doit servir, comme cela s'est fait ou a dû se faire jusqu'à présent.

Immunités personnelles. Art. 2. Les Consuls étant sujets des Princes qui les nomment, jouiront des immunités personnelles; ensorte qu'ils ne pourront être arrêtés, ni mis en prison, exceptés pour des crimes atroces, ni en cas que lesdits Consuls fussent négocians; car alors cette immunité personnelle doit s'entendre de ce qui regarde des dettes ou d'autres causes civiles qui ne seront pas criminelles ou quasi criminelles, ou qui ne proviennent pas du commerce, qu'eux-mêmes ou leurs dépendans exercent; mais ils ne doivent pas manquer aux attentions dues aux Gouverneurs et aux autres personnes qui représentent le Roi et la magistrature. Ils seront exempts de la charge de donner des logemens aux gens de guerre, hormis les cas d'une nécessité absolue, et lorsque toutes les maisons de la ville seront occupées; ils ne seront non plus sujets aux tributs et services personnels, et il leur sera permis de porter l'épée et le bâton, pour ornement extérieur de leur personne. Il leur est permis de mettre au-dessus de la porte de leur maison, un quadre sur lequel un vaisseau soit peint, avec l'inscription qui veut dire : *Consul d'Espagne* ou *Consul de France* ; bien entendu que cette enseigne ne pourra jamais être interprétée comme un droit d'asile, ni capable de soustraire la maison ou ses habitans des perquisitions des Magistrats du pays, mais seulement comme marque indicative de la demeure du Consul, pour les mariniers et autres nationaux. Il n'est pas permis de toucher ou saisir les papiers des Consuls sous quelque prétexte que ce soit, à moins que le Consul ne soit négociant ; car en ce cas, pour ce qui regarde les affaires de son commerce, l'on agira avec lui conformément aux traités par rapport aux négocians étrangers passagers. Et quand le Magistrat du lieu aura besoin de prendre déclaration juridique du Consul, on la fera par voie du tribunal de guerre s'il y en a, ou s'il n'y en a point, par la magistrature ordinaire et le Gouverneur ou le Juge ordinaire ; il devra envoyer préalablement un message de politesse au Consul, pour l'avertir de la nécessité où il se trouve d'aller à sa maison pour prendre quelques déclarations convenables pour .... l'administration de la justice; mais le Consul ne pourra retarder l'exécution de telles démarches, ni s'excuser, ni en manquer le jour et l'heure.

2827. *Vice-Consul.* Art. 3. Les Consuls peuvent nommer les vice-Consuls pour différens endroits de leur département; mais ceux-ci doivent aussi avoir l'approbation du Souverain du territoire, et ayant obtenu et présenté ces .... patentes au Gouverneur ou au Magistrat du lieu où ils doivent servir, ils seront reconnus pour vice-Consuls ; il leur sera également permis de porter le bâton et l'épée. Pour ces emplois on ne peut les donner aux natifs du pays, conformément aux ordonnances établies sur ce sujet, et à ce qui est convenu de part et d'autre.

2828. *Fonctions pour les vaisseaux.* Art. 4. Les Consuls et les vice-Consuls pourront aller à bord des vaisseaux de leur nation, après qu'ils seront admis, faire des questions aux capitaines et à l'équipage, vérifier leurs listes, prendre des déclarations sur la navigation, destination et les événemens qui leur sont arrivés, les accompagner à la douane et chez les Ministres et officiers du pays, pour leur servir d'agens et d'interprètes dans leurs affaires. Et comme il est décidé que le Magistrat, les gardes ou officiers de la douane ne peuvent aller à bord d'aucun vaisseau, sans être accompagnés du Consul ou du vice-Consul, ceux-ci doivent être particulièrement avertis de ne pas manquer l'heure ni l'endroit que le Magistrat et les Juges de la douane indiqueront lorsqu'ils se trouveront dans le cas d'aller à bord en compagnie du Consul ou vice-Consul, et s'ils manquent on ne les attendra pas.

2829. *Juridiction.* Art. 5. Les Consuls et les vice-Consuls ne se mêleront des vaisseaux de leur nation que pour accommoder à l'amiable les mariniers, par rapport au temps de leur service, fret et salaire. Ils ne se mêleront non plus d'une autre manière des différens qui s'élèvent entre *leurs compatriotes passagers ;* c'est-à-dire, lorsque ceux-ci veulent s'accorder, de sorte que chacun, soit capitaine, marinier ou passagers, conservera le droit naturel de recourir à la justice du pays, en cas qu'il se trouve préjudicié ou opprimé par le Consul ou vice-Consul.

2830. *Droit de réclamer.* Art. 6. Ils auront le droit de réclamer les mariniers et d'annoncer au Magistrat du pays les vagabons de leur nation, afin de procéder contre eux suivant les traités et les ordonnances du Souverain du territoire. On leur donnera des soldats pour garder, dans les prisons du pays, ces sortes de gens, à condition que le Consul les retienne jusqu'à ce que le Gouverneur les fasse remettre pour être renvoyés à leur patrie. Les mariniers qui sont déserteurs, ou qui sont pourvus de passe-ports et de subsides pour se rendre à leurs départemens, ne doivent être pris ou enrôlés; au contraire, il faut les restituer à leur pavillon ou au Consul qui les réclame, sans aucune difficulté, à moins qu'ils ne soient coupables de quelques autres crimes qui les rendent responsables envers le Magistrat du pays où ils sont réclamés.

2831. *Naufrage.* Art. 7. Par ordre du Roi du 27 juillet 1751, communiqué à l'intendant de marine de Cadix, il est déclaré que toutes les fois qu'un vaisseau fera naufrage dans la baie ou les ports des côtes du royaume, par tempête ou autres accidens, ayant à bord son équipage, et dans les endroits où il y a un Consul ou un vice-Consul de la même nation, l'on doit laisser à leur soin de faire tout ce qu'ils croient le plus convenable pour sauver le vaisseau, sa cargaison, etc., sans que les officiers et les Magistrats s'en mêlent d'une autre façon que de faciliter aux Consuls et aux capitaines toute l'assistance qu'ils demandent, afin de sauver le plutôt possible, et pour un juste prix, tout ce qu'ils peuvent, et d'éviter les désordres et les vols. En conséquence, il est convenu d'observer désormais ledit réglement du 17 juillet 1751, réciproquement avec les vaisseaux français en Espagne, et les vaisseaux espagnols en France. Et pour éviter les compétences dans l'examen juridique des naufragés, toutes les fois que l'autorité du Juge sera nécessaire pour légaliser l'inventaire des effets et de leur dépôt ou autres incidens qui pourront rendre la conduite des capitaines ou conducteurs suspecte, il fera exercer cette jurisdiction, en Espagne par les Ministres de marine, et en France par les Juges de l'amirauté, conformément aux ordonnances des deux couronnes. Les marchandises sauvées du naufrage doivent être déposées dans la douane avec l'inventaire, afin de ne payer les droits que lorsqu'elles seront embarquées pour leur destination hors du royaume.

2832. *Héritages à recueillir.* Art. 8. Les héritages des Français passagers en Espagne, et des Espagnols en France, qui meurent avec testament ou *ab intestat*, doivent se liquider par les Consuls ou vice-Consuls, conformément aux art. 33 et 34 du traité d'Utrecht, et le produit entier doit être délivré aux héritiers présens ou absens, sans que le tribunal de la croisade ou quelque autre Juge ecclésiastique puisse s'en mêler. Lorsqu'il s'agira de vérifier ou sauver le droit ou l'intérêt de quelque sujet du pays, ou d'une autre nation en qualité de créancier, ou par autre titre, il pourra avoir en sa faveur la jurisdiction militaire, et à son défaut, la jurisdiction ordinaire pourra, conjointement avec le Consul et non d'autre manière, procéder à former l'inventaire et à prendre des mesures pour mettre en sûreté les effets desdits héritages dans la maison d'un ou plusieurs négocians accrédités, avec le consentement du Consul. En vertu de l'article 34, les Consuls ou vice-Consuls auront la faculté de vérifier tous les fonds, effets et biens appartenans, de quelque manière que ce soit, à leurs Souverains respectifs.

2833. *Etendue de la convention.* Ces déclarations, droits et priviléges spécifiés en faveur des Consuls et vice-Consuls *espagnols et français* réciproquement, doivent servir de règle dorénavant pour les affaires respectives, sans qu'aucun autre *pactum* ou document puisse être allégué contre ce qui est contenu dans les articles précédens. Et si quelque autre nation veut y participer, afin de jouir en Espagne de tous ou de quelques-uns des droits et priviléges accordés aux Consuls ou vice-Consuls *espagnols ou français*, S. M. Catholique ne le refusera pas, à condition qu'elle accède en tout et par-tout, pour ce qui regarde l'*Espagne*, à la première convention, afin qu'elle contracte les obligations en même-temps qu'elle se met dans le cas de profiter de ses avantages ; S. M. Catholique ne s'oppose pas à ce que ces arrangemens soient communs et réciproques, parce qu'elle désire d'établir des règles fixes et raisonnables, pour éviter des embarras et dissentions dans le service des Consuls et vice-Consuls.

2834. *Ratification.* Art. 10. Cette convention doit être ratifiée de leurs Majestés *catholique et très-chrétienne*, et les ratifications seront échangées dans l'espace de quarante jours de la date.

En foi de quoi nous avons soussignés marquis de Grimaldi et marquis d'Ossun, conformément aux ordres de nos maîtres respectifs, signé la présente, et y avons fait apposer le sceau de nos armes. Au Prado, le 15 de mars 1769.

Signé le marquis Crimaldi ; le marquis d'Ossun.

2835. Art. 1.er Aucun ne pourra se dire Consul de la nation Française dans les pays étrangers, *sans avoir commission de nous*, qui ne sera accordée qu'à ceux qui auront *l'âge de trente ans.*

Un commissaire étant le représentant de sa nation dans le lieu de son établissement, doit avoir un âge mûr, capable de s'acquitter dignement des fonctions d'un poste de cette conséquence. Au surplus, il n'est pas étonnant que notre article exige dans un commissaire l'âge de trente ans, puisque par les ordonnances des 21 octobre 1685, et 3 novembre 1700, il est défendu à tous marchands et autres Français de s'embarquer pour le Levant à dessein de s'y établir, qu'après avoir été examinés et reçus par la chambre de commerce de Marseille, qui n'en doit recevoir aucuns qui n'aient l'âge de vingt-cinq ans.

2836. Art 2. Le Consulat venant à vaquer, *le plus ancien des députés de la nation* qui se trouvera en exercice, *fera la fonction de Consul,* jusqu'à ce qu'il y ait été par nous pourvu.

2837. Art. 3. Celui qui aura obtenu nos lettres de Consul dans les villes et places de commerce des États du Grand-Seigneur, *appelées Echelles du Levant,* et autres lieux de la Méditerranée, en fera la publication en l'assemblée des marchands du lieu de son établissement, et l'enregistrement en la chancellerie du Consulat, et aux greffes, tant de l'amirauté que de la chambre du commerce de Marseille, et prêtera le serment suivant l'adresse portée par ses provisions.

Dans tous les pays de la domination du Grand-Seigneur, il suffit, à l'égard des Français, que le commissaire se conforme à notre article, pour être reconnu de leur part; mais il doit notifier sa dignité au Gouverneur et autres officiers du lieu, de même qu'à l'Ambassadeur de France à la Porte, à qui il doit faire part de tout ce qui peut intéresser le bien du commerce. Voilà pour ce qui est des commissaires dans les États du Grand-

Seigneur ; mais à l'égard de ceux qui sont établis dans les Etats des autres Souverains, outre la publication de la commission du commissaire dans une assemblée générale de la nation, et son enregistrement en la chancellerie du commissariat, il faut de lettres *d'exequatur* de la part du Souverain du pays et l'attache du Gouvernement, et qu'ensuite le tout soit enregistré au greffe de l'amirauté du lieu, ainsi que nous en usons à l'égard des commissaires étrangers qui résident en France.

2838. Art. 4. Enjoignons aux Consuls d'appeler aux assemblées qu'ils convoqueront pour les affaires générales du commerce et de la nation, *tous les marchands*, capitaines et patrons français étant sur les lieux, *lesquels seront obligés d'y assister, à peine d'amende arbitraire*, applicable *au rachat des captifs*.

Il ne dépend pas du commissaire de convoquer les marchands qu'il juge à propos, il doit les convoquer tous, ainsi que tous les capitaines et patrons français qui se trouvent sur les lieux, à peine de nullité des délibérations et de prévarication.

Si les commissaires sont obligés de convoquer tous les marchands, capitaines et patrons étant sur les lieux, ceux-ci sont tenus d'assister à l'assemblée pour y donner leur avis, s'ils n'ont une excuse légitime.

Cette amende a été fixée à cinquante livres par l'ordonnance du 26 décembre 1708, renouvelée par l'article 26 de celle du 24 mai 1728.

L'ordonnance que nous venons de citer et qui fixe l'amende à 50 liv., l'applique aux besoins des Français pauvres; mais il ne paraît pas qu'elle ait pu rien changer à notre article, par rapport aux Echelles du Levant, puisque l'ordonnance du 12 avril 1702, qui applique tout de même au rachat des captifs les amendes encourues par ceux qui refusent de comparoître sur les assignations qui leur sont données pour déposer, les fixe pour le premier défaut à 20 liv.; et en cas de contumace, elles peuvent aller jusqu'à 100 liv., le provenu desquelles amendes doit être remis à la chambre du commerce de Marseille.

2839. Art. 5. Les artisans établis dans les Echelles, ni les matelots ne seront admis *aux assemblées*.

2840. Art. 5. Les résolutions de la nation seront signées de ceux *qui y auront assisté*, et exécutées *sur les mandemens des Consuls*.

Quoique tous n'aient pas été du même avis, ils doivent tous signer par bienséance, puisqu'ils doivent exécuter la délibération, lorsqu'elle est consentie par les deux tiers de l'assemblée.

Les commissaires sont chargés de faire exécuter les délibérations, qui sont exécutoires par la signature des deux tiers des délibérans, bien entendu que tous les vocaux aront été bien et dûment appelés.

2841. Art. 7. *Les députés* de la nation seront tenus, après leur temps expiré, de rendre compte au Consul du maniement qu'ils auront eu des deniers et affaires communes, en présence des députés nouvellement élus, et *des plus anciens négocians*.

Les députés sont les trésoriers des deniers de la nation, qui, suivant la disposition de l'art. 12 de l'ordonnance du 24 mai 1728, reçoivent les droits attribués au corps de la nation, de la part des capitaines et patrons des navires et bâtimens français, à qui le chancelier du commissariat ne peut délivrer les expéditions nécessaires, qu'en rapportant par eux le reçu des droits qu'ils auront payés auxdits députés; lesquels reçus doivent rester dans la chancellerie, pour être représentés lorsque les députés rendent compte de leur administration, en quittant la députation.

L'article 20 de la même ordonance de 1728, exige que six des anciens négocians soient appelés avec les nouveaux députés; mais cette disposition ne fait pas loi pour les Échelles du Levant, où il suffit d'appeler les deux députés, et à leur défaut, deux des principaux négocians, par argument tiré de la déclaration du 25 mai 1722.

2842. Art. 8. Le Consul enverra de trois mois en trois mois, au lieutenant de l'amirauté et aux députés *du commerce de Marseille*, copie des délibérations prises dans les assemblées, et des comptes rendus par les députés de la nation, pour être communiqués *aux échevins*, et par eux et les députés du commerce, débattus, si besoin est.

Pour ce qui regarde les commissariat des Echelles du Levant et des côtes d'Afrique; mais suivant la disposition des articles 10, 15 et 33 de l'ordonnance du 24 mai 1728, c'est au Ministre de la marine, que dans les autres commissariat, il faut communiquer toutes le délibérations qui regardent le commerce de l'intérêt général de la nation.

Ceci regarde encore les Échelles du Levant et les côtes d'Afrique; mais à l'égard des comptes rendus dans les autres commissariat par les députés sortis d'exercice, c'est au commissaire à les examiner et à les arrêter avec les nouveaux députés et six anciens négocians de la même ordonnance.

2843. Art. 9. *Les Consuls* tiendront bon et fidèle mémoire des affaires importantes

importantes de leur Consulat, et l'enverront tous les ans au secrétaire d'État ayant le département de la marine.

La disposition de cet article regarde indistinctement tous les commissariats.

2844. Art. 10. *Faisons défenses aux Consuls* d'emprunter au nom de la nation, aucunes sommes de deniers, des Turcs, Maures, Juifs ou autres, sous quelque prétexte que ce puisse être, et même de cottiser ceux de la nation, si ce n'est par délibération commune qui en contiendra les causes et la nécessité, à peine de payer en leur nom.

Il n'est pas permis aux commissaires de faire aucun emprunt, ni d'imposer aucune quotité à ceux de la nation, que dans les cas de nécessité, et pour l'avantage de la nation : ce qui ne peut être décidé que par la délibération qui aura été prise dans une assemblée des députés et principaux négocians de la nation, et qui contiendra les motifs de l'emprunt.

2845. Art. 11. Leur défendons en outre, à peine de concussion, de lever *plus grands droits* que ceux qui leur sont attribués, et d'en exiger aucun des maîtres et patrons de navires *qui mouilleront* dans les ports et rades de leur établissement, sans y charger ni décharger *aucunes marchandises.*

L'article 7 de l'ordonnance du 24 mai 1728, défend, tant au Consul qu'au corps des négocians français, de percevoir, sous quelque prétexte que ce soit, d'autres ni plus grands droits que ceux mentionnés dans les articles précédens, à peine de concussion, de manière que les maîtres et patrons des navires qui ne feront que mouiller dans les ports et rades, ne doivent aucuns droits aux commissaires, sous quelque prétexte que ce soit, comme pour avoir rendu des services extraordinaires auxdits maîtres et patrons; ainsi jugé par l'amirauté de Marseille, le 13 février 1749, en faveur des sieurs Chamai et Mousse, contre le sieur Nieulon, Consul français à Mayorque.

Ce n'est que dans le cas où les navires chargent ou déchargent des marchandises, que sont dûs les droits attribués aux commissaires.

2846. Art. 12. Et quant à la jurisdiction, tant en matière *civile que criminelle, les Consuls se conformeront à l'usage* et aux capitulations faites avec les Souverains *de leur établissement.*

Tout commissaire a droit de jurisdiction en vertu de l'usage passé en force de loi, s'il n'y a été dérogé expressément par le Souverain du pays, à la charge de recourir à ses officiers pour faire exécuter ses jugemens.

La juridiction du Consul s'étend non-seulement sur les nationaux établis dans l'étendue du commissariat; mais encore sur les maîtres et matelots des navires qui y abordent pour leur commerce, suivant la disposition expresse de l'ordonnance du 18 février 1687; de celle du 15 avril 1689, liv. 8, tit. 1, art. 26, et de celle du 24 mai 1728, art. 31, portant uniformément défenses aux capitaines et matelots de se pourvoir ailleurs que devant le Consul du lieu, pourront avoir entre eux, à peine de désobéissance, et injonction au Consul de leur rendre la plus prompte et la plus sommaire justice que faire se pourra. — Les matelots étrangers engagés au service d'un vaisseau français, doivent être soumis à la même jurisdiction de son Consul.

Suivant les plus anciennes capitulations, qui sont celles conclues entre les Rois de France et les Empereurs ottomans, ainsi que toutes celles qui les ont suivies, il a toujours été permis aux Consuls français établis dans les Échelles du Levant et dans les autres États du Grand-Seigneur, d'exercer toute justice civile et criminelle sur les navigateurs et marchands français de leurs districts.

2847. Art. 13. Les jugemens des Consuls seront exécutés par provision, *en matière civile* en donnant caution, et définitivement et sans appel, en matière criminelle, quand il n'écherra *peine afflictive*; le tout, pourvu qu'ils soient donnés avec les députés et quatre *notables de la nation*.

Quoique Décormis, tom. 2, col. 1314, prétende que les Consuls ne doivent connoître que des causes sommaires qui exigent célérité et une prompte exécution, il n'est pas moins vrai que toutes les affaires de commerce et de police entre les nationaux sont de la compétence du Consul: ainsi jugé par arrêt du parlement d'Aix, le 22 avril 1742, qui renvoya une affaire de compte devant le Consul d'Espagne, et par sentence de l'amirauté de Marseille, le 24 mars 1750, qui renvoya la reddition d'un compte devant le Consul français à Constantinople.

La déclaration du 25 mai 1722, qui règle le nombre des négocians que les Consuls doivent appeler, pour être autorisés à rendre leurs sentences, ne parle que des jugemens en matière civile, de manière qu'à l'égard des matières criminelles, dans le cas où il n'écherra peine afflictive, les sentences ne seront en dernier ressort et sans appel, qu'autant qu'elles auront été rendues conformément à notre article, auquel cette déclaration n'a nullement dérogé sur ce point.

DÉCLARATION DU ROI,

Pour autoriser les Consuls de la nation française à rendre leurs sentences, en y appellant deux députés ou principaux négocians de la nation.

Donnée à Paris, le 25 mai 1722.

« Voulons que les Consuls de la nation française établis dans les pays étrangers, donnent à l'avenir leurs sentences sur les affaires civiles dont la connoissance leur est attribuée, en appellant à leurs jugemens les deux députés de la nation, ou à leur défaut deux des principaux négocians français, sans qu'ils ayent besoin d'en appeler un plus grand nombre, dont nous les avons dispensés et dispensons. Ordonnons que les jugemens desdits conseils seront exécutés par provision en donnant caution, pourvu qu'ils soient rendus avec lesdits deux députés, ou principaux négocians de la nation; et ce nonobstant ce qui est porté par l'art. 13 du tit. 9 de l'ordonnance de la marine de 1681, auquel nous dérogeons à cet égard seulement. Si donnons, etc. »

2848. Art. 14. Et où il écherroit *peine afflictive*, ils instruiront *avec l'accusé*, dans le premier vaisseau *de nos sujets*, faisant son retour *en notre royaume*, pour être jugé par les officiers de l'amirauté du premier port où le vaisseau *fera sa décharge*.

2849. Art. 15. Pourront aussi les Consuls *après information faite*, et par l'avis des députés de la nation, faire sortir des lieux de leur établissement le Français *de vie et conduite scandaleuse:* enjoignons à tous capitaines et maîtres *de les embarquer, sur les ordres du Consul,* à peine de cinq cents livres d'amende applicable *au rachat des captifs*.

L'information doit contenir les preuves de la vie et conduite scandaleuse de quelqu'un des nationaux, sur laquelle information il convient que le commissaire, assisté des deux députés, rende un jugement portant la peine du bannissement du scandaleux.

Tous ceux dont l'humeur fâcheuse trouble la société par des querelles et des disputes fréquentes, et ceux dont la licence et la débauche sont un sujet de scandale continuel doivent être contraint à sortir, non pour leur faire changer de demeure, en les débarquant dans une autre Échelle où le scandaleux porteroit encore le trouble dans la société, mais pour le transporter en France.

Il convient de remettre au capitaine qui se charge du scandaleux, sur les ordres du commissaire, une copie du jugement et du procès-verbal portant remise du banni entre ses mains. Le capitaine doit être en même temps payé de la dépense du passage de cet homme, s'il n'a pas de quoi y fournir; et cette dépense doit être regardée comme une avarie à supporter par le général de la nation, par l'intérêt qu'elle a d'être délivrée de ces hommes dangereux.

Il est à observer que l'article 27 de l'ordonnance du 24 mai 1728, porte: « Que tout Français naturel ou naturalisé qui aura refusé d'exécuter les ordonnances, ou de se soumettre aux ordres du Roi, qui lui auront été notifiés par le Consul, sera par lui déféré à l'assemblée de la nation, et déclaré exclus du corps national, sans qu'il puisse y entrer dans la suite que par un ordre exprès de Sa Majesté. » — Ceux-là ne sont pas précisément dans le cas d'être bannis et renvoyés en France.

2850. Art. 16. Les Consuls commettront tant à l'exercice *de la chancellerie*, que pour l'exécution de leurs jugemens *et des autres actes de justice*, telles personnes qu'ils en jugeront capables, auxquelles ils feront *prêter le serment*, et dont ils demeureront *civilement responsables*.

Les commissaires n'ont plus de droit de nommer leur chancelier, le Roi s'en étant réservé la faculté par son édit du mois de juillet 1720, avec défenses à toutes personnes de prendre la qualité de chancelier, ni d'en faire les fonctions, sans en avoir obtenu un brevet de lui; sauf en cas d'absence ou de mort du chancelier, que le premier des députés pourra le représenter et en faire les fonctions jusqu'à ce qu'il y ait été pourvu; conséquemment cette disposition est applicable au Gouvernement actuel.

Le commissaire a encore le droit de commettre qui bon lui semble pour signifier ses jugemens et les mettre à exécution, ainsi que les autres actes de justice.

Le commissaire a conservé le droit de recevoir le serment du chancelier considéré, soit comme greffier, soit comme notaire, parce que dans l'un et dans l'autre cas, il est son juge. Il reçoit également le serment de ceux qu'il commet pour l'exécution de ses jugemens, et de tous les actes de justice.

2851. Art. 17. Les droits des actes et expéditions de la chancellerie seront *par eux réglés*, de l'avis des députés de la nation française, et *des plus anciens marchands*; le tableau en sera mis au lieu le plus apparent *de la chancellerie*, et l'extrait en sera envoyé incessamment par chaque Consul au lieutenant de l'amirauté et aux députés *du commerce de Marseille*.

Ces droits dont parle l'article doivent être réglés par les commissaires, chacun dans son commissariat, de l'avis des députés et des quatre plus anciens et principaux négocians du corps de la nation, suivant l'art. 33 de l'ordonnance du 24 mai 1728, et doivent être réglés à la chancellerie, ce qui ne dispense pas le chancelier de mettre le *solvit* au bas de chaque expédition qu'il délivrera.

2852. Art. 18. Les appellations des jugemens des Consuls, tant aux Echelles du Levant qu'aux côtes d'Afrique et de Barbarie, ressortiront *au Parlement d'Aix*, et toutes les autres, au Parlement le plus proche du Consulat où les sentences *auront été rendues*.

2853. Art. 19. En cas de contestation entre les Consuls et les négocians, tant aux Echelles du Levant qu'aux côtes d'Afrique et de Barbarie, *pour leurs affaires particulières*, les parties se pourvoiront au siége *de l'amirauté de Marseille*.

Par ces mots, *affaires particulières*, on doit entendre non-seulement tout ce qui peut concerner les droits du commissaire, mais encore de toutes autres contestations de quelque nature qu'elles puissent être.

2854. Art. 20. Le Consul sera tenu de faire l'inventaire des biens et effets de ceux qui décéderont *sans héritiers sur les lieux*, ensemble des effets *sauvés des naufrages*, dont il chargera le chancelier *au pied de l'inventaire*, en présence de deux notables marchands *qui le signeront*.

S'il y a quelque légitime héritier sur le lieu, le commissaire, ou à son défaut le premier des députés en exercice, est dispensé de faire l'inventaire porté par notre article, à moins qu'il ne soit requis de la part des créanciers d'apposer les scellés sur les meubles et effets du défunt.

Par rapport aux naufrages, le commissaire doit veiller au sauvement des effets, en observant ce qui est prescrit à ce sujet par les ordonnances et les lois pour les officiers de justice.

Pour que l'inventaire soit régulier, il doit être fait avec le chancelier qui, en qualité de greffier, se chargera de la garde des effets. Cet inventaire doit également être fait en présence de deux notables marchands qui le signeront; de sorte qu'il seroit contre la disposition de notre article, d'avoir recours à des marchands illitérés : ce qui paroîtroit extraordinaire.

2855. Art. 21. Si toutefois le défunt avoit constitué un procureur *pour recueillir ses effets*, ou s'il se présente un commissionnaire porteur du connoissement des marchandises sauvées, *les effets leur seront remis*.

Si le défunt a constitué avant sa mort un procureur pour recueillir ses effets, ou s'il a nommé par son testament un exécuteur testamentaire, il n'est plus question alors d'inventaire à faire de la part du commissaire.

Quant aux effets sauvés du naufrage, ils doivent être délivrés aux porteurs des pièces qui justifient le droit des réclamateurs, comme l'on verra *infrà* au titre des naufrages.

2856. Art. 22. Sera tenu le Consul d'envoyer incessamment copie de l'inventaire des biens du décédé, et des effets sauvés des naufrages aux officiers de l'amirauté et aux députés du commerce *de Marseille*, auxquels nous enjoignons d'en avertir *les intéressés*.

Ceci ne regarde encore que les commissaires des Echelles du Levant et des côtes d'Afrique et de Barbarie. Les commissaires des autres pays doivent envoyer les copies de ces inventaires au secrétaire d'État ayant le département de la marine. Suivant cette ordonnance et les réglemens postérieurs, les intéressés ont deux ans pour réclamer les successions, et un an pour les effets naufragés.

2857. Art. 23. Tous actes expédiés dans les pays étrangers *où il y aura des Consuls*, ne feront aucune foi en France, s'ils ne sont *par eux légalisés*.

Dans les pays où il y a des commissaires, c'est au commissaire ou à son défaut au premier député à légaliser les actes que l'on veut envoyer en France comme par-tout ailleurs; et dans les pays étrangers où il n'y a pas de commissaire, c'est à l'Ambassadeur, résidant ou envoyé du Gouvernement, et à défaut à deux notables négocians de la nation à légaliser ces actes. Il faut dans tous les cas que la légalisation soit accompagnée du sceau public, dont on a coutume de se servir dans le lieu.

2858. Art. 24. Les testamens reçus par le chancelier *dans l'étendue du consulat*, en présence du Consul et de deux témoins *signés d'eux*, seront réputés solennels.

Le chancelier ne peut recevoir ce testament que dans l'étendue de son commissariat. Ce testament doit être signé du Consul et du chancelier, ainsi que des témoins qui aient d'ailleurs les qualités requises par l'ordonnance de 1635, art. 39 et suiv.

2859. Art. 25. Les polices d'assurance, les obligations à grosse aventure ou à retour de voyage, et tous autres contrats maritimes, pourront être passés *en la chancellerie du consulat*, en présence de deux témoins *qui signeront*.

Non-seulement le chancelier a le pouvoir de les recevoir, mais l'art. 31 de l'ordonnance du 24 mai 1728, il a été défendu aux Français de passer aucuns actes absolument par-devant les notaires publics des lieux, à peine de nullité desdits actes ; et ces actes reçus par le chancelier emportent hypothèque, et sont aussi exécutoires sur les biens des obligés, quelque part qu'ils soient situés, que s'ils étoient passés par-devant des notaires en titre d'office.

2860. Art. 26. Le chancelier aura un registre coté et paraphé en chaque feuillet par le Consul et par le plus ancien *des députés de la nation*, sur lequel il écrira toutes les délibérations et les actes du consulat, enregistrera les polices d'assurances, les obligations et contrats qu'il recevra, les connoissemens ou polices de chargement qui seront déposés en ses mains par les mariniers et passagers, l'arrêté des comptes des députés de la nation et les testamens et inventaires des effets délaissés par les défunts ou sauvés des naufrages, et généralement les actes et procédures qu'il fera *en qualité de chancelier*.

Il est ainsi ordonné : pour éviter toute collusion et toute intelligence entre le commissaire et le chancelier. Cette obligation que notre article impose au chancelier a pour fondement la sûreté publique, afin d'avoir recours au registre dans le besoin, comme en cas de perte des expéditions des actes, ou qu'il s'agisse de confronter les expéditions de ces actes, sur les minutes qui auront été écrites par le chancelier.

2861. Art. 27. Les maîtres qui aborderont les ports *où il y a des Consuls* de la nation française, seront tenus en arrivant, de leur représenter *leurs congés*, de faire *rapport de leurs voyages*, et de prendre d'eux, en partant, *un certificat* du temps de leur arrivée et départ, et de l'état et qualité de leur chargement.

Dans les pays où il n'y a pas de commissaire ni de vice-commissaire de la nation, le capitaine français qui se trouve dans le cas d'y faire un rapport, doit le faire devant le magistrat du pays; et s'il y manque, ce défaut, dit M. Valin, ne peut être réparé. Il cite à cet égard *Casarégis*, disc. 1, n.° 38, et l'arrêt du parlement d'Aix, du 27 juin 1724, en faveur des assureurs sur le navire le *Victorieux*, contre le sieur Sarrebourse et autres assurés, faute par le capitaine d'avoir fait son rapport à l'Ile-de-Prince où il avoit touché, devant le commandant ou Juge portugais.

ORDONNANCE DU ROI,

Du 22 décembre 1686.

Par laquelle le Roi après avoir rappelé l'ordonnance de la marine du mois d'août 1681, le réglement du 24 octobre de la même année et l'ordonnance du 31 octobre 1686, qu'elle veut être exécutée selon leur forme et teneur. « Fait très-expresses inhibitions et défenses aux Consuls du Levant, de la côte de Barbarie et tous autres de donner aucuns congés ni passe-ports, sous quelque prétexte que ce puisse être, à peine de punition; et aux officiers de l'amirauté et commis préposés à la distribution des congés et passe-ports de M. l'Amiral, d'en délivrer aux capitaines et patrons français que pour les vaisseaux sortant des ports de ce royaume, et aux conditions portées par lesdites ordonnances du mois d'août 1681, et 31 octobre 1686, à peine d'interdiction, et autre plus grande s'il y échet. Enjoint Sa Majesté au sieur Girardin son Ambassadeur à la Porte, et auxdits Consuls de faire ôter ledit pavillon français des navires étrangers qui entreprendront de l'usurper, et de faire arrêter les capitaines et patrons français qui se trouveroient avoir prêté leur nom, pour leur être le procès fait et parfait suivant la rigueur des ordonnances. Mande, etc. »

ARRÊTÉ du Directoire exécutif qui règle la marche à suivre pour les affaires dont sont chargés les officiers consulaires des nations étrangères en France.

Du 22 messidor an 7.

Art. 1er. Les Consuls généraux, Consuls, vice-Consuls, commissaires ou agens de la marine et du commerce des nations étrangères dans la République française, communiquent directement avec les autorités judiciaires et administratives de leur arrondissement respectif.

Art. 2. Lorsque par une suite de leurs relations avec lesdites autorités, ils sont dans le cas de recourir aux divers ministères de la République, ils le font par l'intermédiaire de l'Ambassadeur, envoyé, résident ou chargé d'affaires de leur nation, lequel s'adresse au Ministre des relations extérieures.

Art. 3. Le Consul général peut lui-même être l'intermédiaire des autres agens consulaires de sa nation, à défaut d'Ambassadeur, envoyé, Ministre, Résident ou chargé d'affaires.

Art. 4. Tous les Ministres, et particulièrement celui des relations extérieures, sont chargés de l'exécution du présent arrêté.

LOI

LOI

Relative à la Police de la navigation, et des Ports de commerce.

Donnée à Paris, le 13 août 1791.

TITRE PREMIER.

De la compétence sur les affaires maritimes.

Art. 1er. Les tribunaux de commerce connoîtront, dans l'étendue de leurs districts respectifs, ou dans l'arrondissement prescrit, de toutes affaires de commerce de terre et de mer en matière civile seulement, sous les modifications ci-après, et sans y comprendre, quant à présent, la compétence pour les prises.

Art. 2. Dans tous les cantons où ne sera pas situé le tribunal de commerce, les Juges-de-paix connoîtront sans appel des demandes de salaires d'ouvriers et gens de mer, de la remise des marchandises, et de l'exécution des actes de voiture, des contrats d'affrétement et autres objets de commerce, pourvu que la demande n'excède pas leur compétence.

Art. 3. Les Juges-de-paix du canton, le Maire ou le premier officier municipal du lieu, et le syndic des gens de mer, seront tenus de se rendre au premier avertissement de quelque échouement, bris ou naufrage, pour procurer les secours nécessaires.

Art. 4. Les ordres seront donnés par le Juge-de-paix, dès qu'il sera présent, à son défaut, par l'officier municipal, et à leur défaut, par le syndic des gens de mer.

Art. 5. Dans tous les cas de bris ou naufrages, il en sera donné avis de suite au chef des classes le plus prochain, et au Juge-de-paix du canton, qui, avec le greffier du tribunal de paix, seront tenus de transporter sur les lieux, et d'y pourvoir au sauvement des navires et effets dont ils rapporteront état et procès-verbal.

Art. 6. Le Juge-de-paix pourra faire vendre de suite, sur la réquisition du chef des classes, les effets qui ne seront pas susceptibles d'être conservés; et s'il ne se présente point de réclamation dans le mois, il procédera en présence du même chef, à la vente des marchandises les plus périssables ; et sur les deniers en provenant, seront payés les salaires des ouvriers, suivant le réglement qu'il en aura fait provisoirement et sans frais.

Art. 7. En cas de contestation ou refus d'exécuter ce réglement, de la part de quelqu'une des parties intéressées, il sera porté, pour servir d'instruction seulement, au tribunal de commerce qui procédera de nouveau au réglement contesté.

Art. 8. Les réglemens d'avarie, et les autres demandes et actions civiles des intéressés au navire et marchandises, seront de la compétence du tribunal de commerce : le Juge-de-paix pourra cependant ordonner que la remise des effets sauvés soit faite aux réclamans après l'examen des preuves de leur propriété, et avec le consentement du chef des classes; à défaut de ce consentement, il renverra au tribunal de commerce la demande en réclamation.

Art. 9. Dans les cas de bris et naufrages des bâtimens espagnols, les Juges-de-paix se retireront à la première réquisition des Consuls d'Espagne, auxquels ils abandonneront les soins du sauvetage, en conformité des traités.

Art. 10. S'il se commet des vols, pillages ou autres délits, le Juge-de-paix y pourvoira provisoirement ; il en rapportera procès-verbal qu'il adressera au tribunal de district, sur lequel le commissaire du Roi et l'accusateur public seront tenus de faire poursuivre les coupables.

Art. 11. Lorsque des cadavres seront trouvés, soit dans les ports, soit sur les rivages, il en sera donné avis au Juge-de-paix du lieu, qui fera les diligences et poursuites nécessaires.

Art. 12. Les Juges de district connoîtront de tous les crimes et délits commis dans les ports et rades, et sur les côtes; de ceux commis en mer et dans les ports étrangers sur navires français, et dans toutes les factories françaises, et de toutes accusations et baratteries ou de faux, soit principal, soit incident à des affaires poursuivies aux tribunaux de commerce, sans préjudice des cas où la procédure par jurés pourra avoir lieu.

TITRE II.

Des Congés et Rapports.

Art. 1.er Le chef des classes, dans chacun des principaux ports, sera chargé de la délivrance des congés, passe-ports, et même de celle des commissions en guerre, dans les cas et de la manière qui auront été déterminés; et quant aux actes de propriété de navires, ils seront enregistrés au greffe des tribunaux de commerce, lesquels tribunaux seront en outre chargés de veiller à ce que les navigateurs n'éprouvent ni retard ni difficultés, et ne soient obligés de payer autres ni plus grands droits que ceux qui seroient établis sous quelque dénomination que ce soit.

Art. 2. Les congés seront faits à l'avenir dans la forme suivante.

Art. 3. Les congés ne seront délivrés que sur la présentation des actes de propriété, des billets de jauge, des procès-verbaux de visite de navires, des déclarations de chargement et acquit à caution, ou quittance de paiement des droits, et de la quittance du receveur des droits sur la navigation.

Art. 4. Les déclarations et rapports des officiers commandans les bâtimens de commerce, soit au retour du voyage, soit dans le cas de relâche ou d'accidens pendant le voyage, seront faits au bureau chargé de la délivrance des congés. Les commandans des bâtimens de commerce au long cours, tiendront un journal de voyage, chiffré et paraphé par le chef des classes du lieu de leur départ; et ils seront tenus, en faisant leur déclaration, de représenter leur journal qui sera visé par le préposé du bureau des classes, et les commandans seront tenus de les représenter au besoin.

Art. 5. Dans les ports et havres où il n'y a pas de bureau des classes, les déclarations des commandans de navires et gens de mer, seront reçus de la même manière par le Juge-de-paix : les vus de relâche pourront être donnés par le préposé de la douane.

TITRE III.

Des Officiers de Police dans les ports, et de leurs fonctions.

Art. 1.er Dans les villes maritimes où il y a des tribunaux de commerce, il sera nommé des capitaines et lieutenans de ports pour veiller à la liberté et sûreté des ports et rades de commerce, et de leur navigation, à la police sur les quais et chantiers des mêmes ports, au lestage et délestage, à l'enlèvement des cadavres, et à l'exécution des lois de police des pêches et du service des pilotes.

Art. 2. Dans les villes maritimes où il n'y a pas de tribunaux de commerce, il sera nommé seulement des lieutenans de ports : dans les ports obliques, un ancien navigateur sera chargé de veiller au lestage et délestage.

Art. 3. Les visites des navires sseront faites par d'anciens navigateurs, et les certificats de jaugeage seront délivrés par des jaugeurs nommés à cet effet.

Art. 4. Le nombre des officiers de port et de ceux préposés aux visites, sera réglé sur la demande des villes et sur l'avis du district, par les départemens.

Art. 5. Les officiers de port seront nommés par le conseil général de la commune de chaque ville de leur établissement.

Art. 6. Les Juges de commerce dans les villes où il s'en trouvera, et dans les autres, les officiers municipaux nommeront les navigateurs pour la visite des navires.

Art. 7. Les places de jaugeurs seront données au concours sur un examen public, fait en présence de la municipalité, par les examinateurs hydrographes.

Il y aura une méthode uniforme de jauger pour tous les bâtimens, qui sera déterminée par un réglement à cet effet.

Art. 8. Les capitaines et lieutenans de port seront nommés pour six ans. Les officiers préposés pour les visites, ne seront nommés que pour un an; les uns et les autres pourront être réélus; les jaugeurs le seront à vie.

Art. 9. Les procès-verbaux d'élection des capitaines et lieutenans de port, seront adressés au Ministre de la marine qui leur en fera expédier les commissions sans délai.

Art. 10. Ils prêteront le serment de fonctionnaires publics entre les mains du maire du lieu de leur résidence.

Art. 11. Nul ne pourra être élu capitaine ou lieutenant de port, ni officier de visite, s'il n'a trente ans accomplis, et n'a le brevet d'enseigne dans la marine française.

Art. 12. Lorsqu'un capitaine ou armateur voudra mettre un navire en armement, il sera tenu d'appeler deux officiers visiteurs qui, après avoir reconnu l'état du navire, donneront leur certificat de visite, en y exprimant brièvement les travaux dont le navire leur aura paru avoir besoin pour être en état de prendre la mer.

Art. 13. Lorsque l'armement sera fini et que le navire sera prêt à prendre charge, il sera requis une seconde visite; le procès-verbal de la première sera représenté, et le certificat devra exprimer le bon et dû état dans lequel se trouve alors le navire.

Art. 14. Ne seront assujettis à ces formalités que les navires destinés aux voyages de long cours; et au moyen de ces dispositions, toutes autres visites ordonnées par les précédentes lois sont supprimées.

Art. 15. Les capitaines de port porteront l'uniforme de lieutenant de vaisseau, et les lieutenans de port, celui d'enseigne.

Tous les navigateurs, pêcheurs, porte-faix, ouvriers et autres personnes dans les ports de commerce et sur leurs quais, ne pourront refuser le service auquel ils sont propres, sur les réquisitions des capitaines et lieutenans de port qui, dans tous les cas de refus et de contraventions aux lois de police, en rapporteront procès-verbal.

Art. 16. Les capitaines et lieutenans de port pourront, dans les cas où ils seroient injuriés, menacés ou maltraités dans l'exercice de leurs fonctions, requérir la force publique, et ordonner l'arrestation provisoire des coupables, à la charge d'en rapporter procès-verbal.

Art. 17. Les procès-verbaux des capitaines et lieutenans de port, rapportés contre des particuliers pour fait de contravention à la police, seront déposés au plus tard dans les vingt-quatre heures de leur date, au greffe de la municipalité de leur résidence, lorsque le procès-verbal sera rapporté dans le port; ce délai sera prolongé d'un jour par cinq lieues, lorsque le procès-verbal constatera un délit commis hors le lieu de la résidence de l'officier du port.

Art. 18. Les poursuites seront faites à la requête du procureur de la commune; il sera tenu de faire assigner les contrevenans à comparoir à heure fixe : le délai ne pourra être plus long que de vingt-quatre heures pour les parties résidant sur les lieux, et sera prolongé d'un jour par cinq lieues de distance de leur domicile, et le jugement sera rendu sur la première comparution et par défaut, et exécuté par provision.

Art. 19. Dans tous les cas où les procès-verbaux des capitaines et lieutenans de port, auront pour objet des intérêts publics ou d'administration, il en sera par eux adressé un double au Ministre de la marine et au Directoire du département du lieu.

TITRE IV.

Receveurs des droits sur la navigation.

Art. 1.er Pour la recette des droits sur la navigation, inventaire et dépôt des effets des morts ou déserteurs, et le dépôt des marchandises sauvées et sequestrées, ou des deniers provenant de leur vente, autres que ceux qui doivent être versés à la caisse des Invalides, il sera établi des receveurs dans les villes maritimes où il y aura des tribunaux de commerce; ces receveurs seront élus par les Juges de commerce. Ils seront tenus d'avoir des commis préposés à la recette des mêmes droits, dans les autres ports de l'arrondissement, sous leur inspection et leur responsabilité. Ils fourniront un cautionnement qui sera fixé par les directoires de département, en raison de l'importance de leur recette générale et particulière, et ne pourront être destitués que par délibération du conseil général du département.

Art. 2. Ils seront tenus de verser tous les mois le produit de la recette des droits à la caisse du district, y compris celles de leurs commis et préposés, et leur remise sera fixée au sou pour livre jusqu'à cinquante mille livres, à six deniers pour livre sur l'excédant de cinquante à cent mille livres, et à trois deniers pour livre sur le surplus.

Art. 3. Ils fourniront chaque année leur compte général en double au directoire de district qui l'examinera et l'enverra avec son avis au département qui l'arrêtera définitivement, et en enverra un double au Ministre de la marine.

TITRE V.

Application.

Art. 1.er Au moyen des dispositions contenues dans les articles précédens, les tribunaux d'amirauté, les receveurs, les maîtres de quais, les experts et visiteurs, et tous autres préposés à la police et service maritime des ports de commerce, demeurent supprimés. Ils cesseront toutes fonctions du moment que les officiers établis par le présent décret, pourront entrer en activité.

Art. 2. Les procès-civils pendant en première instance aux tribunaux d'amirauté, seront portés devant le tribunal de commerce. Les procès criminels seront portés devant le tribunal du district du chef-lieu du tribunal supprimé. Les appellations des tribunaux de commerce seront provisoirement portées aux tribunaux de district, dans l'ordre des appellations des tribunaux de commerce.

Art. 3. Dans les villes maritimes où les tribunaux de commerce vont être établis, les Juges élus seront installés par le conseil général de la commune, dans la forme prescrite pour l'installation des Juges de district.

Art. 4. Les greffiers des tribunaux de commerce des villes maritimes, seront nommés et installés par les Juges, de la même manière que les greffiers des tribunaux de district. Ils seront tenus de fournir le même cautionnement et recevront le même traitement, le tout conformément au titre IX du 16 août 1790.

Art. 5. La veille de l'installation des Juges de commerce, les officiers municipaux se rendront en corps aux auditoires des amirautés, feront apposer, par leur secrétaire-greffier, les scellés sur les armoires et autres dépôts de papiers ou minutes, en leur présence et en celles de l'ancien greffier du tribunal qui sera tenu de s'y trouver.

Dans les lieux où les papiers et minutes des greffes se trouveront déposés dans la maison du greffier, le scellé sera mis provisoirement en cette maison, sur les armoires et autres lieux de dépôt qui contiendront les papiers et minutes; il en sera ensuite dressé inventaire contradictoirement avec l'ancien greffier, et ils seront remis, savoir; ceux qui concernent l'exercice de la jurisdiction, au greffe du tribunal de district, si déjà n'a été, en conformité de la loi du 19 octobre dernier; et ceux qui ne sont relatifs qu'aux parties d'administration, au bureau du chef chargé de la délivrance des congés, à l'exception des registres des actes de propriété qui devront être déposés au greffe du tribunal de commerce.

Art. 6. Les officiers municipaux se transporteront également chez les anciens receveurs des droits de l'amirauté; ils arrêteront leurs registres, et vérifieront leurs caisses, le tout en présence de ces anciens receveurs qui seront tenus de s'y trouver. Le scellé sera mis provisoirement sur les armoires et autres lieux de dépôt, et sur la caisse; il en sera ensuite dressé inventaire contradictoirement avec les anciens receveurs, et ils seront remis aux receveurs qui auront été nommés.

Il sera incessamment proposé par les comités de marine et de commerce, un nouveau tarif des droits sur la navigation, et jusqu'à ce, les anciens droits d'amirautés continueront d'être payés.

MANDONS et ordonnons à tous les tribunaux, corps administratifs et municipalités, que les présentes ils fassent transcrire sur leurs registres, lire, publier et afficher dans leurs ressorts et départemens respectifs, et exécuter comme loi du royaume. Mandons et ordonnons pareillement aux officiers généraux de la marine, aux commandans des ports et arsenaux, aux intendans et ordonnateurs de la marine, et à tous autres qu'il appartiendra, de se conformer ponctuellement à ces présentes, et de tenir la main à leur exécution. En foi de quoi le sceau de l'État a été apposé à cesdites présentes. A Paris, le treize août mil sept cent quatre-vingt-onze.

EXTRAIT de la Loi du 22 août 1791.

Lorsqu'il arrive un naufrage, les préposés doivent se transporter, sans délai, sur les lieux où ils apprennent qu'il est survenu un naufrage, et en prévenir en même temps les officiers chargés d'y pourvoir (*a*). *Tit.* 7, *art.* 1.er

Les marchandises sauvées sont mises en dépôt; et s'il s'agit de marchandises étrangères, les préposés de la régie les gardent, de concert avec ceux commis, à cet effet, par les officiers. *Même article.*

Après la décharge totale du bâtiment naufragé, et le dépôt provisoire des marchandises dans le lieu le plus voisin du naufrage, s'il est établi un nouveau magasin, les marchandises y sont conduites par les préposés de la régie, auxquels il en est donné une clef. *Art.* 2.

Ces préposés assistent aux procès-verbaux de reconnoissance et de descriptions des effets sauvés, et ils signent ces actes, qui sont rédigés par les officiers compétens : il en doit être délivré des expéditions, qui seront taxées avec les frais du sauvetage. *Même article.*

Si tout ou partie des marchandises a besoin d'être bénéficié, le bénéficiement ne peut avoir lieu qu'en présence des préposés, qui sont tenus d'y assister à la première réquisition qui leur en est faite, à peine de demeurer responsables des événemens. Après le bénéficiement, les marchandises sont rétablies dans les magasins. *Art.* 3.

Lorsque les marchandises doivent être vendues, celui chargé d'en poursuivre la vente, est tenu de faire signifier aux préposés des douanes du bureau le plus voisin, le jour de cette vente, avec fixation d'un délai suffisant pour qu'ils puissent y assister; le tout à peine de répondre des droits sur la totalité des objets portés au procès-verbal de reconnoissance et de description. *Art.* 4.

Les préposés seront présens à ladite vente; ils veilleront à ce que les

---

(*a*) L'arrêté du 17 floréal an 9, article 1.er charge, à défaut des armateurs, propriétaires, subrécargues ou correspondans, l'officier en chef d'administration de la marine, et en son absence, celui qui le remplace dans l'ordre de service, du sauvetage, et de tout ce qui concerne les naufrages, quelle que soit la nature du navire. Ces dispositions sont applicables aux navires étrangers, à moins que les traités ou conventions ne contiennent des dispositions contraires.

Le produit de toutes les ventes provisoires, sera déposé à la caisse des invalides de la marine. *Art.* 3.

adjudicataires des marchandises observent les formalités prescrites pour les déclarations, visites et acquits des droits. *Même article.*

Les marchandises naufragées, dont l'entrée est prohibée, et que l'on voudra réexporter, seront mises en entrepôt sous la clef des préposés. La réexportation devra s'exécuter dans les trois mois de la remise qui en aura été faite aux propriétaires ou adjudicataires. *Art. 6.*

L'introduction en est cependant permise, en payant, les unes vingt pour cent de leur valeur; les autres, une moitié en sus des droits fixés par le tarif de 1791. 1.er *mars 1793, art. 7.*

Les marchandises anglaises sont seules exceptées. Elles ne peuvent être vendues qu'à charge de réexportation. *Loi du 10 brumaire, art. 5.*

Les droits sur les marchandises naufragées sont réglés de la même manière que ceux sur les marchandises avariées. *Loi du 22 août, tit. 7, art. 5.*

Ceux qui sont trouvés, par des préposés des douanes, saisis de marchandises naufragées, enlevées sans permission, doivent être, par eux, arrêtés et conduits à la maison d'arrestation. Les préposés remettront, dans le jour, leur procès-verbal au Juge-de-paix le plus prochain, sans que les frais, en aucun cas, puissent être à la charge de la régie. *Art. 7.*

Les marchandises saisies seront remises dans un dépôt ou magasin, pour être statué sur la propriété de ceux qui les réclameront, et en être usé comme pour le surplus du chargement. *Même article.*

Préposés des douanes. Tout capitaine arrivé dans les deux myriamètres de la côte, doit leur remettre copie de son manifeste.

Ils peuvent visiter, dans ladite étendue, tous bâtimens au-dessous de cent tonneaux.

Aller, soit avant, soit après la déclaration, à bord de tous bâtimens, même de ceux de guerre, entrant dans les ports ou rades ou en sortant, montant ou descendant les rivières; y demeurer jusqu'au déchargement ou sortie; ouvrir les écoutilles, chambres, armoires, caisses, balles, ballots, tonneaux et autres enveloppes. *4 germinal, tit. 2, art. 8.*

Il est enjoint de leur donner les ouvertures qu'ils requerront.

Dans le cas de refus de la part des capitaines, les préposés peuvent demander l'assistance d'un Juge, ou, à défaut, d'un officier municipal, pour être fait ouverture, en sa présence, desdites chambres et armoires, dont il est dressé procès-verbal aux frais desdits capitaines et maîtres de navire. *Tit. 13, art. 8.*

Les préposés peuvent, dans le cas de poursuite de la fraude, la saisir en-deçà d'un myriamètre (deux lieues) des frontières, pourvu qu'ils l'aient vue pénétrer, et qu'ils l'aient suivie sans interruption. *Tit. 13, art. 35.*

Ils sont autorisés, dans le même cas, à faire leurs recherches dans les maisons situées dans la même étendue, et y saisir les marchandises de contrebande, mais seulement lorsque, ne les ayant pas perdues de vue, ils arrivent au moment où elles sont introduites dans lesdites maisons. *Art. 36.*

S'il y a refus d'ouverture de porte, ils peuvent la requérir, en présence d'un Juge ou d'un officier municipal, qui, dans tous les cas, doit être appelé pour assister au procès-verbal. *Même article.*

Ils ont également la faculté de faire leurs recherches de jour, dans les maisons où des entrepôts seroient formés, en se faisant assister d'un officier municipal. *Art. 39.*

S'il n'est point constaté qu'il y ait motif de saisie, les préposés sont tenus de payer la somme de 24 liv. à celui au domicile duquel les recherches ont été faites, sauf plus grands dommages et intérêts, s'il y a lieu. *Art. 40.*

La régie n'est responsable de leur fait que dans l'exercice et pour raison de leurs fonctions.

FIN.

TABLE DES MATIÈRES

CONTENUES DANS CE VOLUME.

A.

B.

C. (*)

(*) La lettre C commence au mot Cabotage, f.° 783

D.

E.

G.

K.

L.

Venant

O.

Q.

R.

S.

U.

V.

FIN.

NOTICE

DES OUVRAGES DE L'AUTEUR.

Mémoire à consulter et Consultation pour une maison de Commerce d'Espagne, contre une maison de Commerce de France, in-8°; contenant une question de droit publiée avec sa solution, ayant pour base les Monnaies. (*Epuisé.*)

Instruction pour les Capitaines de Corsaires, sur la conduite qu'ils doivent tenir à la mer, par rapport aux neutres et autres bâtimens, seul Ouvrage sur cette partie, in-8°. (*Epuisé.*)

Science des Négocians et Teneurs de livres, in-4.°, par feu de la Porte; Ouvrage entièrement refondu, et considérablement augmenté; contenant des principes neufs, une tenue de livres pour la Comptabilité maritime, et une autre pour la Comptabilité rurale; un Commentaire de l'Ordonnance de 1673, et un Dictionnaire de Commerce; toutes ces dernières parties sont de la composition de l'Auteur. (*Epuisé.*)

Institutions Commerciales, in-4.°; ouvrage le plus complet qu'il ait encore paru sur la Législation et la Jurisprudence commerciale, renfermant toutes espèces de formules.

Science des Négocians et Teneurs de livres, in-4.°; seconde édition entièrement refondue, considérablement augmentée sur la première édition dont il est parlé plus haut. Cette édition est entièrement de l'Auteur, et contient beaucoup de choses très-intéressantes qui ne se trouvent pas dans la précédente.

Institution au Droit maritime, in-4.°; Ouvrage très-complet sur la Législation et la Jurisprudence maritime, contenant tout ce qu'ont écrit les Auteurs les plus accrédités sur cette partie, avec des réflexions et plusieurs choses neuves présentées par l'Auteur, notamment divers Parères, Mémoires, Plaidoyers et Consultations sur le contentieux maritime et commercial. Chez les Frères Levrault, Libraires, quai Malaquais, à Paris.

N. B. L'Auteur donne des Consultations pour le Commerce et la Marine. Il ne reçoit que les lettres et paquets affranchis.

www.ingramcontent.com/pod-product-compliance
Lightning Source LLC
Chambersburg PA
CBHW071403230926
51846CB00001B/7
9782012673793